三

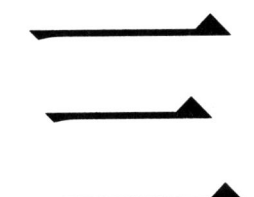

時令部

論述

錢東垣等輯《崇文總目輯釋・歲時類序》 原敘《詩》曰：「民生在勤，勤則不匱。」故堯、舜南面而治，考星之中，以授人時，秋成春作，教民無失。《周禮》六官亦因天地四時，分其典職。然則天時者，聖人之所重也。自夏有《小正》，周公始作《時訓》，日星氣節，七十二候，凡國家之政，生民之業，皆取則焉。孔子曰：「吾不如老圃」，至於山翁野夫耕桑、樹蓺，四時之説，其可遺哉？見《歐陽文忠公集》。

陳振孫《直齋書録解題・時令類序》 前史時令之書，皆入「子部農家類」。今案諸書，上自國家典禮，下及里閭風俗悉載之，不專農事也。故《中興館閣書目》別爲一類，列之「史部」，是矣。今從之。

馬端臨《文獻通考・經籍考・時令類序》 《宋中興藝文志》：前史時令皆入子部農家類，惟《中興館閣書目》別爲一類，列之史部，以諸家之所載不專爲農事故也。今從之。凡十七家，十八部，一百九十九卷。

焦竑《國史經籍志・時令類序》 《禮》有之，《夏時》曰：夏，四時之書也，其存者《夏小正》是已。月令雖晚出，而實古之遺法。蓋王政之施斂，民用之出藏，與夫攝養種植，隨俗嬉遊，亦可考見承平之遺風。故其書代有作者，嘗試丹青衆言，憑几以睇，四時物色，慘舒榮槁，粲然如將接之，而其宏鉅者，雖以磅礴天地，呼吸陰陽，而成歲功可也。前史類入農家，顧諸籍鱗次，非專爲農設，今特立歲時一條，從中興館閣例云。

《四庫全書總目提要・時令類序》 《堯典》首授時，舜初受命，亦先齊七政。後世推步測算，重爲專門，已別著録。其本天道之宜，以立人事之節者，則有時令諸書。孔子考獻徵文，以《小正》爲尚存夏道，然則先王之政，兹其大綱歟。後世承流，遞有撰述，大抵農家日用、閭閻風俗爲多，與《禮經》所載小異。然民事即王政也，淺識者歧視之耳。至於選詞章，隸故實，誇多鬥靡，浸失厥初，則踵事增華，其來有漸，不獨時令一家爲然。汰除鄙倍，採摘典要，亦未始非《豳風》、《月令》之遺矣。

雜録

錢東垣等輯《崇文總目輯釋・歲時類》 共十五部，計四十二卷。

《四庫全書總目提要・時令類》 右時令類二部，二十九卷，皆文淵閣實録。右時令類十一部，一百二十卷，内一部無卷數。皆附存目。

綜述

四民月令

《隋書・經籍志・農家》 《四民月令》一卷。後漢大尚書崔寔撰。

《舊唐書・經籍志・農家類》 《四民月令》一卷。崔寔撰。

《新唐書・藝文志・農家類》 崔寔《四民月令》一卷。

周中孚《鄭堂讀書記・時令類》 《四民月令》一卷。《心齋十書》本。漢崔寔撰。國朝任兆麟編。寔字子真，一名台，字元始，涿郡安平人，官至尚書。

錦帶

陳振孫《直齋書録解題・時令類》 《錦帶》一卷。梁元帝撰。比事儷語，若法帖中《章草》、《月儀》之類也。案：今本作《錦帶書》，題梁昭明太子蕭統撰。

荊楚歲時記

錢東垣等輯《崇文總目輯釋・歲時類》 《荊楚歲時記》二卷，宗懍撰。

《新唐書・藝文志・農家類》　宗懍《荊楚歲時記》一卷。

陳振孫《直齋書録解題・時令類》　《荊楚歲時記》六卷。案：唐、宋《藝文志》俱作一卷。

梁吏部尚書宗懍撰，記荊楚風物故事。

馬端臨《文獻通考・經籍考・時令》　《荊楚歲時記》四卷。

錢曾《讀書敏求記・時令》　宗懍《荊楚歲時記》一卷。杜公瞻注。流俗本正文與注混殽，此則舊本也。

荊楚歲時記

《新唐書・藝文志・農家類》　杜公贍《荊楚歲時記》二卷。

玉燭寶典

《新唐書・藝文志・農家類》　杜臺卿《玉燭寶典》十二卷。

陳振孫《直齋書録解題・時令類》　《玉燭寶典》十二卷。

隋著作郎博陵杜臺卿少山撰。以《月令》爲主，觸類而廣之，博采諸書，旁及時俗，月爲一卷，頗號詳洽。開皇中所上。

馬端臨《文獻通考・經籍考・時令》　《玉燭寶典》十二卷。

四時録

《新唐書・藝文志・農家類》　王氏《四時録》十二卷。

千金月令

《新唐書・藝文志・農家類》　《孫氏千金月令》三卷。孫思邈。

陳振孫《直齋書録解題・時令類》　《千金月令》三卷。唐孫思邈撰。

馬端臨《文獻通考・經籍考・時令》　《千金月令》三卷。陳氏曰：唐孫思邈撰。

齊人月令

錢東垣等輯《崇文總目輯釋・歲時類》　《齊人月令》一卷。孫思邈撰。

四時記

《新唐書・藝文志・農家類》　薛登《四時記》二十卷。

乘輿月令

《新唐書・藝文志・農家類》　裴澄《乘輿月令》十二卷。國子司業。貞元十一年上。

月令圖

《新唐書・藝文志・農家類》　王涯《月令圖》一軸。

鄭樵《通志・圖譜略・時令》　王涯《月令圖》。

保生月録

錢東垣等輯《崇文總目輯釋・歲時類》　《保生月録》一卷。韋行規撰。

《新唐書・藝文志・農家類》　韋行規《保生月録》一卷。

陳振孫《直齋書録解題・時令類》《韋氏月録》一卷。唐右領軍衛兵曹韋行規撰，李翺爲之序。

馬端臨《文獻通考・經籍考・時令》《保生月録》一卷。晁氏曰：唐韋行規撰。分十二月，雜記每月攝養、種藝、祈禳之術。李翺爲之序。

金谷園記

錢東垣等輯《崇文總目輯釋・歲時類》《金谷園記》一卷。李邕撰。

陳振孫《直齋書録解題・時令類》《金谷園記》一卷。題李邕撰，《館閣書目》云唐中散大夫。按邕字泰和，江都人，至北海太守，世號李北海。其父善，注《文選》者也。中散大夫，唐文散階，本傳不載，不知《書目》別何所據？唐世不應有兩李邕也。

馬端臨《文獻通考・經籍考・時令》《金谷園記》一卷。

秦中歲時記

錢東垣等輯《崇文總目輯釋・歲時類》《秦中歲時記》一卷。李綽撰。繹按《宋志》注云一名《成鎬記》。

《新唐書・藝文志・農家類》李綽《秦中歲時記》一卷。

陳振孫《直齋書録解題・時令類》《秦中歲時記》一卷。唐膳部郎中趙郡李綽撰。綽別未見，此據《中興書目》云爾。

馬端臨《文獻通考・經籍考・時令》《秦中歲時記》一卷。

四時録

錢東垣等輯《崇文總目輯釋・歲時類》《四時録》四卷。原釋闕。見天一閣鈔本。

時鑒新書

錢東垣等輯《崇文總目輯釋・歲時類》《時鑒新書》五卷。劉安靖撰。

咸鎬故事

晁公武《郡齋讀書志・儀注類》《咸鎬故事》一卷。袁本後志卷一儀注類第一。右唐韋慎微撰。纂長安自元日至除夕朝廷慶賀事。

陳振孫《直齋書録解題・時令類》《咸鎬故事》一卷。唐韋慎微撰。其書與前大同小異，竟不知何人作也。卷末卻有鬼神大者號儺公母一語。

馬端臨《文獻通考・經籍考・時令》《咸鎬故事》一卷。

輦下歲時記

馬端臨《文獻通考・經籍考・時令》《輦下歲時記》一卷。

歲華紀麗

錢東垣等輯《崇文總目輯釋・歲時類》《歲華紀麗》二卷。韓鄂撰。

《新唐書・藝文志・農家類》《歲華紀麗》二卷。

陳振孫《直齋書録解題・時令類》《歲華紀麗》七卷。案：《唐書・藝文志》作二卷，《宋史・藝文志》作四卷。唐韓鄂撰。采經、子、史傳，歲時事類，聚而以儷語間之。

馬端臨《文獻通考・經籍考・時令》《歲華紀麗》四卷。晁氏曰：唐韓諤撰。分四時十二月節，序以事實，爲偶儷之句附著之。

范邦甸等《天一閣書目・時令類》《歲華紀麗》七卷。烏絲闌緜紙鈔本。唐昌黎韓鄂撰。

錢曾《讀書敏求記・時令》韓諤《歲華紀麗》七卷。此是舊鈔，卷終闕字數行，又失去末葉，無從補入。後見章丘李中麓藏宋刻本，脱落正同，知是此本之祖。蓋因歲久，蠹敝紙渝，字跡不可捫揣，故鈔本仍之耳。

四時纂要

錢東垣等輯《崇文總目輯釋・歲時類》《四時纂要》五卷。韓鄂撰。

《新唐書・藝文志・農家類》韓鄂《四時纂要》五卷。

國朝時令

錢東垣等輯《崇文總目輯釋・歲時類》《國朝時令》一卷。賈昌朝撰。陳詩庭云：《讀書後志》、《通攷》並作十二卷，蓋益以昌朝注也。

陳振孫《直齋書録解題・時令類》《國朝時令集解》十二卷。左僕射真定賈昌朝子明撰。

馬端臨《文獻通考・經籍考・時令》《國朝時令》十二卷。

歲時雜詠

馬端臨《文獻通考・經籍考・時令》《歲時雜詠》。宣獻公宋庠及其孫剛叔撰。

范邦甸等《天一閣書目・時令類》《古今歲時雜詠》四十六卷。紅絲闌鈔本。每卷首有古司馬氏圖章。

續歲時雜詠

馬端臨《文獻通考・經籍考・時令》《續歲時雜詠》。

四序總要

錢東垣等輯《崇文總目輯釋・歲時類》《四序總要》十二卷。

周書月令

錢東垣等輯《崇文總目輯釋・歲時類》《周書月令》一卷。［原釋］闕。見天一閣鈔本。

月令小疏

錢東垣等輯《崇文總目輯釋・歲時類》《月令小疏》二卷。［原釋］闕。見天一閣鈔本。

十二月纂要

錢東垣等輯《崇文總目輯釋・歲時類》《十二月纂要》一卷。《宋志注》不知作者。

歲時雜記

陳振孫《直齋書録解題・時令類》《歲時雜記》二卷。侍講東萊呂希哲原明撰。

希哲，正獻公公著之子，號滎陽公。在歷陽時與子孫講誦，遇節日則休，學者雜記風俗之舊，然後團坐飲酒以爲樂，久而成編。承平舊事，猶有攷焉。

馬端臨《文獻通考・經籍考・時令》《歲時雜記》二卷。

夏小正傳

陳振孫《直齋書録解題・時令類》《夏小正傳》四卷。

漢戴德傳，給事中山陰傅崧卿注。

馬端臨《文獻通考・經籍考・時令》《夏小正傳》四卷。

錢曾《讀書敏求記・時令》《夏小正戴氏傳》四卷。《夏小正》，《大戴禮》之篇名也。政和中，山陰傅崧卿從其外兄關澮得之。關本合傳爲一卷，不著作傳人名氏。崧卿倣《左氏春秋》列正文于前，而附以傳月爲一篇，凡十有二篇，釐爲四卷，重刊于至大元年。

歲時廣記

范邦甸等《天一閣書目・時令類》《歲時廣記》四十一卷。烏絲闌鈔本。宋廣寒仙裔陳元靚撰。道山居士有序。新安朱鑑序云：「南穎陳君嘗編《博聞三録》，盛行於世。此書該而不冗，雅而不俚，自當並傳」云。

倪燦等《宋史藝文志補・時令類》陳元靚《歲時廣記》四卷。

錢曾《讀書敏求記・時令》陳元靚《歲時廣記》四卷。首列圖説，分四時爲四卷。諸書之有涉于節序者，搜討殆徧，亦可入之小類家。元靚，南宋人，自稱廣寒仙裔。朱鑑、劉純爲之序。

養生月覽

高儒《百川書志・時令》《養生月覽》二卷。南宋榕菴周守忠，編次諸書逐月養生宜忌之事五百一十七條。

倪燦等《宋史藝文志補・時令類》周守忠《養生月覽》二卷。

正朔考

周中孚《鄭堂讀書記補逸》卷一〇《正朔考》一卷。《説郛》本。宋魏了翁撰。

續編年月集要

范邦甸等《天一閣書目・時令類》《續編年月集要》二册。刊本。〇宋延祐庚申文江王元福撰并序。

歲華紀麗譜

嵇璜等《續通志・圖譜略・記有・歲時》元費著《歲華紀麗譜》。

歲華記麗補

錢曾《讀書敏求記・時令》費著《歲華記麗補》一卷。費著，元人。記成都歲時嬉遊之盛。予得之于癸巳老人，命侍史重録之。

四時氣候集解

高儒《百川書志・時令》 《四時氣候集解》四卷。皇朝進士河南李泰通叔集解，引用諸説甚詳。

范邦甸等《天一閣書目・時令類》 《四時氣候集解》四卷。刊本。明李某撰。

《四庫全書總目提要・時令類》 《四時氣候集解》四卷。江西巡撫採進本。明李泰撰。泰字淑通，鹿邑人，洪武丁丑進士。

運化玄樞

高儒《百川書志・時令》 《運化玄樞》五卷。皇朝臞仙編。

錢曾《讀書敏求記・時令》 臞仙《運化玄樞》一卷。

四時宜忌

《四庫全書總目提要・時令類》 《四時宜忌》一卷。編修程晉芳家藏本。明瞿佑撰。佑字宗吉，錢塘人。洪武初官國子助教。永樂間，官周王府右長史，謫戍保安，洪熙初赦還。此書記十二月所宜、所忌，歷引《孝經緯》、《荆楚歲時記》、《玉燭寶典》，而兼及於《濟世仁術》、《法天生意》、《指月録》、《白雲雜忌》諸書，甚至道家符録，亦皆載入，徵引雖博，究不免傷於蕪雜也。

四時氣候

錢曾《讀書敏求記・時令》 李泰《四時氣候》四卷。書成于洪熙乙巳，刊于景泰乙亥，視前人訓釋《月令》，頗加詳焉。

月令通纂

高儒《百川書志・時令》 《月令通纂》四卷。皇朝翰林學士金城黄諫纂。取《禮記・月令》、《尚書》「堯命羲和」之辭，分載時月之首，删取《養生月覽》、《農桑撮要》及方藥依時修爲者，逐月載之。

七十二候

高儒《百川書志・時令》 《七十二候》一卷。候下有註，不知作者。

月令通考

《四庫全書總目提要・時令類》 《月令通考》十六卷。内府藏本。明盧翰撰。翰有《易經中説》，已著録。此書以一歲十二月，每月雜採故事，兼及流俗舊聞。

歲時節氣集解

范邦甸等《天一閣書目・時令類》 《歲時節氣集解》一卷。刊本。明四明洪常撰。正德癸酉男憲識。

月令廣義

《四庫全書總目提要・時令類》 《月令廣義》二十五卷。直隸總督採進本。明馮應京撰，戴任續成之。應京有《六家詩名物疏》，已著録。任始末未詳，惟卷端有二私印，一曰「肩吾父」，一曰「新安布衣」而已。

日涉編

范邦甸等《天一閣書目・時令類》《日涉編》十五卷。刊本。明應城陳堦撰，弟坤校。其書雜采故實詩歌，按時令編次，每一月爲一卷。先叙月令節候，而三十日以次列之，皆以故實居前，詩歌居後。凡例十條，有自序。

《四庫全書總目提要・時令類》《日涉編》十二卷。内府藏本。明陳堦撰。堦字升也，應城人。是書雜採故實詩歌，按時令編次。

節宣輯

《四庫全書總目提要・時令類》《節宣輯》四卷。内府藏本。明上洛王朝瞌撰。朝瞌，周定王橚七世孫。成化三年，橚曾孫同鍒始分封上洛，萬曆三十二年，朝瞌襲封。其書專記時令，多襲舊文。

養餘月令

《四庫全書總目提要・時令類》《養餘月令》二十九卷。浙江巡撫採進本。明戴羲撰。羲字馭長，里貫未詳，崇禎中官光禄寺典簿。其書分紀歲序，而附以蠶、魚、竹、牡丹、芍藥、蘭、菊諸譜，鈔撮舊籍，無所發明。

廣月令

《四庫全書總目提要・時令類》《廣月令》三卷，《後集》二卷。安徽巡撫採進本。明王勳撰。

古今類傳歲時部

《四庫全書總目提要・時令類》《古今類傳歲時部》四卷。浙江巡撫採進本。國朝董穀士、董炳文同編。穀士字農山，炳文字霞山，烏程人。

周中孚《鄭堂讀書記補逸》卷一〇《古今類傳歲時部》四卷。未學齋刊本。國朝董穀士、董炳文同編。穀士，字農山，烏程人。炳文，字霞山，其弟也。

月令輯要

《四庫全書總目提要・時令類》《御定月令輯要》二十四卷，《圖説》一卷。康熙五十四年聖祖仁皇帝御定。

節序同風録

《四庫全書總目提要・時令類》《節序同風録》。無卷數。衍聖公孔昭焕家藏本。國朝孔尚任撰。

時令彙紀

《四庫全書總目提要・時令類》《時令彙紀》十六卷，《餘日事文》四卷。兩淮馬裕家藏本。國朝朱濂編。濂爵里未詳。是編所採皆四時十二月事實、詩賦，全用《藝文類聚》之體。復以是書但分節候，而無日次，故更作《餘日事文》四卷。

月令粹編

周中孚《鄭堂讀書記・時令類》《月令粹編》二十四卷。琳瑯仙館刊本。國朝秦嘉謨撰。嘉謨號味芸，江都人。

地理部

論述

《隋書・經籍志・地理序》 昔者先王之化民也，以五方土地，風氣所生，剛柔輕重，飲食衣服，各有其性，不可遷變。是故疆理天下，物其土宜，知其利害，達其志而通其欲，齊其政而修其教。故曰廣谷大川異制，人居其間異俗。《書》録禹別九州，定其山川，分其圻界，條其物産，辨其貢賦，斯之謂也。周則夏官司險，掌建九州之圖，周知山林川澤之阻，達其道路。地官誦訓，掌方志以詔觀事，以知地俗。春官保章，以星土辨九州之地，所封之域，以觀祆祥。夏官職方，掌天下之圖地，辨四夷、八蠻、九貉、五戎、六狄之人，與其財用九穀、六畜之數，周知利害，辨九州之國，使同其貫。司徒掌邦之土地之圖，與其人民之教，以佐王擾邦國，周知九州之域，廣輪之數，辨其山林、川澤、丘陵、墳衍、原隰之名物，及土會之法。然則其事分在衆職，而冢宰掌建邦之六典，實總其事。太史以典逆冢宰之治，其書蓋亦總爲史官之職。漢初，蕭何得秦圖書，故知天下要害。後又得《山海經》，相傳以爲夏禹所記。武帝時，計書既上太史，郡國地志，固亦在焉。而史遷所記，但述《河渠》而已。其後劉向略言地域，丞相張禹使屬朱貢條記風俗，班固因之作《地理志》。其州國郡縣山川夷險，時俗之異，經星之分，風氣所生，區域之廣，户口之數，各有攸叙，與古《禹貢》、《周官》所記相埒。是後載筆之士，管窺末學，不能及遠，但記州郡之名而已。晉世，摯虞依《禹貢》、《周官》，作《畿服經》，其州郡及縣分野封略事業，國邑山陵水泉，鄉亭城道里土田，民物風俗，先賢舊好，靡不具悉，凡一百七十卷，今亡。而學者因其經歷，並有記載，然不能成一家之體。齊時，陸澄聚一百六十家之説，依其前後遠近，編而爲部，謂之《地理書》。任昉又增陸澄之書八十四家，謂之《地記》。陳時，顧野王抄撰衆家之言，作《輿地志》。隋大業中，普詔天下諸郡，條其風俗、物産、地圖，上于尚書。故隋代有《諸郡物産土俗記》一百五十一卷，《區宇圖志》一百二十九卷，《諸州圖經集》一百卷。其餘記注甚衆。今任、陸二家所記之内而又別行者，各録在其書之上，自餘次之於下，以備地理之記焉。

錢東垣等輯《崇文總目輯釋・地理類序》 原叙：昔禹去水害，定民居，而別九州之名，記之《禹貢》。及周之興，畫爲九畿，而宅其中，内建五等之封，外撫四荒之表，《職方》之述備矣。及其衰也，諸侯並争，并吞削奪。秦漢以來，郡國州縣，廢興治亂，割裂分屬，更易不常。至於日月所照，要荒附叛，山川風俗，五方不同。行師用兵，順民施政，攷於圖牒，可以覽焉。見歐陽文忠公集。

焦竑《國史經籍志・地理類序》 古郡國計書上於蘭臺，蓋地志之屬，往往焉。《尚書》九州之志謂之九邱。邱，聚也。言九州所有皆聚此書也。《周官》別山川，分圻界，條物産，辨貢賦，六卿分掌之，而總於冢宰。太史以典逆冢宰，治其書，蓋昔之史職如此。漢承百王之末，壤地變改，劉向始略言其分域，丞相張禹使屬潁川朱贛條其風俗而宣究之，後世地志之濫觴也。摯虞《畿服經》至百七十卷，可謂備矣，而世罕傳。後人因其所經，自爲纂述，即未必成一家之體，而夷險之跡，區域之界，土風之宜，星經之分，考覽者率有資焉，悉次左方，以補圖經之闕。

《四庫全書總目提要・地理類序》地理類一 古之地志，載方域、山川、風俗、物産而已，其書今不可見，然《禹貢》、《周禮・職方氏》，其大較矣。《元和郡縣志》頗涉古蹟，蓋用《山海經》例。《太平寰宇記》增以人物，又偶及藝文，於是爲州縣志書之濫觴。元、明以後，體例相沿。列傳侔乎家牒，藝文溢於總集，末大於本，而輿圖反若附録。其間假借夸飾，以侈風土者，抑又甚焉。王士禎稱《漢中府志》載木牛流馬法，《武功縣志》載織錦璇璣圖，此文士愛博之談，非古法也。然踵事增華，勢難遽返，今惟去泰去甚，擇尤雅者録之。凡蕪濫之編，皆斥而存目。其編類首宫殿疏，尊宸居也；次總志，大一統也；次都會郡縣，辨方域也；次河防，次邊防，崇實用也；次山川，次古蹟，次雜記，次遊記，備考核也；次外紀，廣見聞也。若夫《山海經》、《十洲記》之屬，體雜小説，則各從其本類，兹不録焉。

耿文光《萬卷精華樓藏書記・地理類》 右地理類。

三代秦漢之專志久佚不傳，載於《周禮》、班史者，其大略也。唐志存者寥寥無幾，間有殘闕，亦無從考補。宋志詳於南方，其佳者皆有所依據，蓋當時舊本猶存，故得以奉爲圭臬也。其踵事增華，承源衍流，《太平寰宇記》即今志之祖本。明中人善修志，以有數書在前故也。其夸飾士風，標板鄉賢，雖明志之陋習，而名亦有所不免。我國家肇造區夏，統括寰瀛，四方大其和會，百産益以蕃昌。乾隆八年，詔修《大清一統志》，補前朝輿地之遺，正曆代史書之誤，蓋其盛爲自古所未有，故是編亦自古所未聞，誠總志之極軌也。省志初纂之本，略具厓岸，而訂訛補漏，視明爲優。其續修之本，愈後愈勝，或久於歲月，或出自名手，體例既允，考証尤確。光嘗合新、舊志互觀之，因詳知略，因密見疏，於此中得益不少也。方今治化昌明，羣賢輩出，地理且有專家，如顧，如錢，如戴，如洪，其昭昭者也。凡所著述，皆足垂法。惟府州縣志，纂次非人，則蕪雜殊甚。其人物，百不能識一也，其藝文，十不能取一也。然以晉志論，人物雖繁，有遍考而不得者，如「河汾諸老」是也；藝文雖濫，有瞥見而可喜者，如《絳守園池記注》是也。以此推彼，他方皆然矣。好古者無論精粗，廣爲蒐羅，苟得十一於千百，則所資於考証者不少也。況乎名山可以卧遊，斷碑可以稽古，所謂不出户庭，而周知天下者，此學是也。若夫秉筆修志，大體宜知沿革居首，因前以統後也；而以星野爲始者，非是也。藝文殿末，以後而証前也；而以文體備數者，非是也。其中有官事焉，有民事焉，有守土之鑑焉，有居鄉之鑑焉。邊防通於兵，水利通於農，兵、農具修，通於政典；山、川兼考，通於故實。紀載通於傳記，談論通於説部，歲時通於月令，物産通於《倉》《雅》，苟非積學功深，知周識遠，佐以考証之文，裁以簡雅之筆，未易肩斯任也。平日之聞見不孤，臨時之舉動自適，若繙閱數本，依例爲之，雖差强人意，究非根柢之學也。謹案：《四庫全書總目・地理類》凡分十目，總以六綱。首尊宸居，宫殿之屬；次大一統，總志之屬；次辨方域，都會郡縣之屬；次崇實用，河防、邊防之屬；次備攷核，山川、古蹟、雜記、遊記之屬；次廣見聞，外紀之屬。今所録者，凡八十五家，擇其尤雅者登之，分爲八卷。古志自周至明，爲四卷。上卷則最古之志與總志、郡縣各志也。今志官本爲二卷，私家名作爲二卷。其山川、古蹟、雜記之屬，皆列下卷，而亦無甚區別，惟以外紀終焉。有志於地理之學者，可以觀其大略矣。昌黎韓文公曰：土地之書，未嘗一得其門户，且謂古之人未有[不]通此而爲大賢君子者，方欲退而往學焉。此學之重可知矣。

雜録

《隋書・經籍志・地理》 右一百三十九部，一千四百三十二卷。通計亡書，合一百四十部，一千四百三十四卷。

《舊唐書・經籍志・地理》 右地理九十三部，凡一千七百八十二卷。

錢東垣等輯《崇文總目輯釋・地理類》 共八十三部，計六百四十七卷。繹按《玉海》引此，「六百」作「八百」，誤。云：始于《山海經》，終于《雲南風俗記》。

《新唐書・藝文志・地理類》 右地理類六十三家，一百六部，一千二百九十二卷。失姓名三十一家，李播以下不著録五十三家，九百八十九卷。

鄭樵《通志・藝文略・地里・地理》 右地理。六十四部，二千二百七十五卷。

鄭樵《通志・藝文略・地里》 凡地里十種，四百五十部，五千一百四十卷。

《宋史・藝文志・地理類》 右地理類四百七部，五千一百九十六卷。

倪燦等《宋史藝文志補・地理類》 右地理類二十六家，一千八十二卷。

倪燦等《補遼金元藝文志・地理類》 右地理類六十九家，一千四百五十五卷。

《明史・藝文志・地理類》 右地理類四百七十一部，七千四百九十八卷。

《四庫全書總目提要・地理類一》 案《太平御覽》所引有《漢宫殿疏》，劉知幾《史通》所引有《晉宫闕名》，皆自爲紀載，不與地志相雜。今别立子目，冠於地理類之首。

馬國翰《玉函山房藏書簿録・史編・地理類》 右地理類二百零三部，共三千四百八十四卷。

宋祖駿《補五代史藝文志・地理類》 右輿地類共二百七卷。

張之洞《書目答問・地理》 右地理類。山志遊記，如《説嵩》、《岱覽》之屬，今日通行有版本者。凡數十種，以非切要，不録。雜地志。如《桂勝》、《梵寶》、《晉乘蒐略》之屬，止關一方，又非古籍，不録。

又 地理第十。今人地理之學，詳博可据。前代地理書，特以考經文史事及沿革耳。若爲經世之用，斷須讀今人書，愈後出者愈要。

丁國鈞《補晉書藝文志・地理類》 右地理類存四十四家，失名八家六十七部。

姚振宗《後漢藝文志・地理類》 右地理類，凡四門，綜二十部。

姚振宗《三國藝文志・地理類》 右地理類，凡四門，綜二十六家，二十八部。侯《志》有《水經》，已録入《漢藝文志拾遺》，或謂三國時人撰，終無顯證，今不録。又萬震《巴蜀異物志》因汪師韓《文選注引羣書目録》之誤，已詳「萬氏《南州異物志》」條下，今并删除。

姚振宗《隋書經籍志考證・地理類》 右一百三十九部，一千四百三十二卷，通計亡書合一百四十部，一千四百三十四卷。案：此則原本尚有亡書一部，二卷，今不見已傳寫失之矣。著録部數不誤。

案：《七録》序目記傳録第十曰：土地部七十三種，一百七十一帙，八百六十九卷。本志增著六十七種，梁後新出者爲多焉。

又無名氏《廬山南陵雲精舍記》一卷，《司州記》二卷，《并帖省置諸郡舊事》

一卷，《巴蜀記》一卷，《元康六年户口簿記》三卷，《元嘉六年地記》三卷，《九州郡縣名》九卷，《京師録》七卷，《後園記》一卷，《古來國名》二卷，《水飾圖》二十卷，《甌閩傳》一卷，《男女國傳》一卷，《古今地譜》二卷，《齊州圖經》一卷，《幽州圖經》一卷，《朝覲記》六卷，《代都略記》三卷，《州郡縣簿》七卷，《大隋翻經婆羅門法師外國傳》五卷，《西域道里記》一卷，《諸蕃圖記》十七卷，《并州總管内諸州圖》一卷，黄閔《神壤記》一卷，任昉撰《地理書鈔》九卷，劉璆《京師寺塔記》十卷，釋曇景《京師寺塔記》二卷，又《外國傳》五卷，《慧生行傳》一卷，閭先生《閭象傳》二卷，虞孝敬《廣梁南徐州記》九卷，李諧《行記》一卷，劉師知《聘遊記》三卷，諸葛穎《北伐記》七卷，蔡允恭《并州入朝道里記》一卷，釋僧祐《世界記》五卷，凡三十六部，章氏考證皆遺之。又此在本志爲史部第十一類，章氏乃次于起居注類，後改爲第六類。

吴士鑒《補晉書經籍志·地理類》 右地理類六十四家，失姓名十二家。

沈家本《三國志注所引書目·地理》 以(土)[上]地理四部。

沈家本《世説注所引書目·地理》 以上地理二十家。

沈家本《續漢書志注所引書目·地理》 以上地理三十八家。

總志分部

禹所受地説書

汪師韓《文選注引群書目録上·地理》 《禹所受地説書》。

周公城名録

鄭樵《通志·藝文略·地里·地理》 《周公城名録》一卷。

應劭十三州記

姚振宗《後漢藝文志·地理類·宫殿都會總志》 應劭《十三州記》劭始末具正史類。章宗源《隋志考證》曰：《水經·淄水注》：「泰山萊蕪縣，魯之萊柞邑。」《泗水注》：「漆鄉，邾邑也。」並引應劭《十三州記》。侯《志》曰：《水經·泗水、淄水注》並引之，《夏水注》引云：「江別入沔，爲夏水源。」

風俗通

李昉《太平御覽經史圖書綱目》 應劭《風俗通》。

地理風俗記

姚振宗《後漢藝文志·地理類·宫殿都會總志》 應劭《地理風俗記》。章宗源《隋志考證》曰：《水經·河水注、温水注》、《御覽·香部》、《太平寰宇記·河北道》並引應劭《地理風俗記》。侯《志》曰：應劭《地理風俗記》，《水經注》屢引之。

按：應仲遠此兩書雖不傳，其體制略可想見。《十三州記》如班書《地理志》，《風俗記》如班氏志郡國。以後繫以分野、風俗，兩書當合爲一編，其即《續漢書》所謂十一種，百三十六篇之一歟。《水經·淮水注》、《御覽·州郡部》劍南道益州亦引之。

後漢輿地記

李昉《太平御覽經史圖書綱目》 《後漢輿地記》。

續漢書郡國志

李昉《太平御覽經史圖書綱目》 《續漢書郡國志》。

地理記

姚振宗《三國藝文志・地理類・總志郡縣》 張晏《地理記》。晏始末具正史類。《爾雅・釋鳥》郭璞注「鳥鼠同穴」：「鼠在内，鳥在外。今在隴西首陽縣鳥鼠同穴山中」。孔氏《尚書傳》云：「共爲雄雌」，張氏《地理記》云：「不爲牝牡。」《水經》：「《禹貢》山水澤地所在。鳥鼠同穴山在隴西首陽縣西南。」酈道元注：「張晏言不相爲牝牡，故因以名山。」洪亮吉《曉讀書齋初録》曰：張晏《漢書注》于地理最詳，郭璞注《爾雅》引張氏《地理記》云云，《水經注》即作張晏，是張晏所著又有《地理記》，惜不傳。

皇甫謐地書

文廷式《補晉書藝文志・地志類》 皇甫謐《地書》。《北史・崔廓傳》子賾，大業四年從駕往太山，詔問賾何處有羊腸坂。賾曰：臣按皇甫士安《地書》，太原北九十里有羊腸坂。

皇甫謐國都城記

秦榮光《補晉書藝文志・地理類・總志》 《國都城記》。据《初學記・地部》引。皇甫謐撰。

郡國記

秦榮光《補晉書藝文志・地理類・總志》 《郡國記》。据《太平寰宇記》卷百五十三引。皇甫謐撰。

春秋土地名

《隋書・經籍志・地理》 《春秋土地名》三卷。晉裴秀客京相璠撰。

土地記

文廷式《補晉書藝文志・地志類》 張氏《土地記》。郭璞注《山海經・海内南經》引之。

畿服經

文廷式《補晉書藝文志・地志類》 摯虞《畿服經》一百七十卷。《隋志》云：摯虞依《禹貢》、《周官》作《畿服經》，其州郡及縣分野、封略、事業、國邑、山陵、水泉、鄉亭、城郭、道里、土田、民物、風俗、先賢、舊好，疑是舊姓之誤。靡不具悉，凡一百七十卷。

太康三年地記

《新唐書・經籍志・地理類》 《地記》五卷。太康三年撰。

鄭樵《通志・藝文略・地里・地理》《太康三年地記》六卷。

文廷式《補晉書藝文志・地志類》《太康三年地記》五卷。見《舊唐志》。《新唐志》：六卷。《宋書・州郡志》：「始寧，《晉太康三年地志》有。」《魏志・陳羣傳注》云：案《晉太康三年地記》，晉户有三百三十七萬。《吴志・孫晧傳》注：《太康三年地記》曰：吴有太初宫，方三百丈，權所起也。昭明宫，方五百丈，晧所作也。餘書多引作《太康地記》，或作《太康地志》，近人畢沅有輯本。

太康州郡縣名

《舊唐書・經籍志・地理》《州郡縣名》五卷。太康三年撰。

《新唐書・藝文志・地理類》《太康州郡縣名》五卷。

鄭樵《通志・藝文略・地里・地理》《太康州郡縣名》三卷。

文廷式《補晉書藝文志・地志類》《太康三年州郡縣名》五卷。

晉太康地記

章宗源《隋書經籍志考證・地理》《太康地記》。卷亡。不著録。

今有輯本，亦從《續漢志》諸書抄撮爲之。

晉太康土地記

《新唐書・藝文志・地理類》《晉太康土地記》十卷。

鄭樵《通志・藝文略・地里・地理》《晉太康土地記》十卷。

太康地道記

沈家本《續漢書志注所引書目・地理》《晉太康地道記》。《百官》三。詳一編。

太康郡國志

文廷式《補晉書藝文志・地志類》《太康郡國志》。《通典》卷五十四引《太康郡國志》三條，載秦漢事甚詳，與《太康地記》當别是一書。

元康三年地記

《隋書・經籍志・地理》《元康三年地記》六卷。

李昉《太平御覽經史圖書綱目》晉《元康地記》。

章宗源《隋書經籍志考證・地理》《元康三年地記》六卷。《續漢・郡國志注》：雒陽城、王城、蒯鄉、訾城、坎陷聚、汲、銅關、安邑、梁城、堯城等，並引《晉元康地道記》。《文選・謝靈運斤竹澗詩注》：猿與獮猴不共山宿，臨旦相呼。《藝文類聚・地部》：荆州古蠻服地，秦滅楚，置郡縣，漢武分爲交州，至魏晉而荆州所部郡國三十。並稱《元康地記》。元康，惠帝年號，與《太康地記》自各爲一書。《續漢志注》所引稱元康者甚多，固非太康之訛。又《隋志》有《元康六年户口簿記》。

元康六年户口簿記

《隋書・經籍志・地理》《元康六年户口簿記》三卷。

鄭樵《通志・藝文略・地里・地理》《元康六年户口簿記》三卷。

文廷式《補晉書藝文志・地志類》《元康六年户口簿記》三卷。《宋書・州郡志》云，以太康元康定户。

晉地記

丁國鈞《補晉書藝文志・地理類》《晉地記》。謹按見《宋書・州郡志》。家大人曰：凡《太康地志》，宋志往往稱《太康地記》，其稱《晉地記》者凡四見。蓋又是一書，非《太康志》，亦非王隱《晉書》中《地道記》也，故別著於録。

九州志

章宗源《隋書經籍志考證・地理》《九州記》。卷亡。樂資撰。不著録。《水經・沔水注》鹽官縣有秦延山，秦始皇逕此，美人死，葬於山上，下有美人廟。此引樂資《九州志》。《江水注》：鄂，今武昌也。《史記・外戚世家集解》同引。稱《九州記》，《太平御覽》、《寰宇記》多引《九州要記》。

海東記

文廷式《補晉書藝文志・地志類》裴淵《海東記》。《北堂書鈔》一百三十六裴淵《海東記》曰：俚獠貴銅，鑄銅大鼓。東海豪富子女以金銀爲大釵，執以叩銅鼓，叩竟留遺主人，號之曰：銅鼓釵。《御覽》十八引此作《廣州記》，今仍據《書鈔》分列其目。《書鈔》七十九、一百五十七又引裴淵《南海記》。

永寧地志

文廷式《補晉書藝文志・地志類》《永寧地志》。《宋書・州郡志》董覽《吴地誌》云：「晉分永世。」《太康》、《永寧地誌》並無，疑是江左立。

九州郡縣名

《隋書・經籍志・地理》《九州郡縣名》九卷。

鄭樵《通志・藝文略・地里・地理》《九州郡縣名》九卷。

九州要記

鄭樵《通志・藝文略・地里・地理》《九州要記》四卷。

晉地道記

李昉《太平御覽經史圖書綱目》《晉地道記》。

周中孚《鄭堂讀書記補逸・地理類一・總志》《晉書地道記》一卷。經訓堂叢書本。

張之洞《書目答問・地理・古地志》王隱《晉書地道記》一卷。畢沅輯。經訓堂本。

地道記

李昉《太平御覽經史圖書綱目》《地道記》。

九州記

文廷式《補晉書藝文志・地志類》荀綽《九州記》。案《魏志・袁焕傳注》：渙子準，荀綽《九州記》稱準有儁才。核以羣書，所引實《兗州記》之文，疑晉、宋時止傳兗冀二州記，餘七州絶無可徵引者矣。

十二州志

李昉《太平御覽經史圖書綱目》 黄恭《十二州記》。

文廷式《補晉書藝文志・地志類》 黄義仲《十二州記》。《水經・河水注》兩引之，《藝文類聚》卷六引苗恭《十四州記》，即此書也，與《水經》所引詞亦略同。《御覽》一百五十七引黄恭《十四州記》三條。

十三州記

章宗源《隋書經籍志考證・地理》 《十三州記》。卷亡。黄義仲撰。不著録。

《水經・河水注》：郡之言君也。郡守專權，君臣之禮彌崇。今郡字，君在其左，邑在其右。君爲元首，邑以載名，故謂之郡。又縣，弦也。弦以貞直，言鄰民之位不輕其誓，施繩用法，不曲如弦。弦聲近縣，故以取名，今系字在半也。此引黄義仲《十三州記》。愚按《藝文類聚・地部》、苗恭《交廣記》建安二年，交阯太守士燮表言：伏見十二州皆稱曰州，而交獨爲交阯刺史，何天恩不平乎。若普天之下可爲十二州者，獨不可爲十三州。詔報聽許，拜南陽張津交州牧，錫弓矢，與中州方伯同，自津始也。

十四州記

丁國鈞《補晉書藝文志・地理類》 《十四州記》。苗恭。謹按見《藝文類聚》：家大人曰：恭，不知何時人。《玉海》于《晉地道記》下附此，蓋以爲晉人也，今据以著録。

廣志

尤袤《遂初堂書目・地理類》 黄恭《廣志》。

晉書州郡志

李昉《太平御覽經史圖書綱目》 《晉書州郡志》。

十三州志

《隋書・經籍志・地理》 《十三州志》十卷。闞駰撰。

《舊唐書・經籍志・地理》 《十三州志》十四卷。闞駰撰。

錢東垣等輯《崇文總目輯釋・地理類》 闞駰《十三州志》十四卷。

鄭樵《通志・藝文略・地里・地理》 《十三州志》十四卷。闞駰撰。

張之洞《書目答問・地理・古地志》 闞駰《十三州志》一卷。晉闞駰。張澍輯。二酉堂本。

永初山川古今記

《隋書・經籍志・地理》 《永初山川古今記》二十卷。齊都官尚書劉澄之撰。

《新唐書・藝文志・地理類》 劉澄之《永初山川古今記》二十卷。

李昉《太平御覽經史圖書綱目》 宋《永初古今山川記》。

又 劉澄之《宋初古今山川記》。

鄭樵《通志・藝文略・地里・名山洞府》 《永初山川古今記》二十卷。齊都官尚書劉澄之撰。

姚振宗《隋書經籍志考證・地理類》 《永初山川古今記》二十卷。齊都官尚書劉澄之撰。《宋書・順帝本紀》昇明元年八月，以驃騎長史劉澄之爲南豫州刺史。又《宗室傳》營浦侯遵考，高祖族弟也。曾祖淳，皇曾祖武原令混之弟。祖巖，父涓子，彭城内史。遵考，元徽元年卒，謚曰元公。子澄之，順帝昇明末貴達。澄之弟琨之，爲竟陵王誕司空主簿。誕作亂，以爲中兵參軍，終不受，乃殺之，追贈黄門郎，詔謝莊爲之誄云。《通鑑輯覽》齊高帝建元元年五月，齊主蕭道成弑汝陰王，滅其族，遂殺宋宗室，無少長皆死。劉澄之，遵考之子也。與褚淵善，淵爲之固請，故遵考之族得免。《唐書・藝文志》劉澄之《永初山川古今記》二十卷。章氏考證：《初學記・天部、文部》、《御覽・地部、州郡部、居處部》、《文選・苦熱行注》、《水經・夏水、河水、獲水、汾水、穀水注》及《寰宇記》並引之，或省「永初」字，或省「山川」字，或省「山川古今」字。又澄之，酈氏注或稱劉中書。案：宋武受禪，改元永初。永初之時，拓地稍廣。《宋書・州郡志》序言所据諸書，有《永初郡國》，故篇中時以爲言。是書蓋總名《永初郡國記》，故《初學記》、《御覽》引劉澄之《揚州記》、《荆州記》、《江州記》、《豫州記》、《梁州記》、《廣州記》、《交州記》，而本志亦别出《司州山川古今記》三卷，皆是書之篇目也。是書明著二十卷，而章氏云一卷，别以《御覽》諸書所引《廣州記》等六部分著于後，皆以爲本志不著録，何其謬歟。章氏唯欲自詡博覽，于本志多所竄亂，地理類尤甚焉。

元嘉六年地記

《隋書・經籍志・地理》《元嘉六年地記》三卷。

鄭樵《通志・藝文略・地里・地理》《元嘉六年地記》三卷。

姚振宗《隋書經籍志考證・地理類》《元嘉六年地記》三卷。不著撰人。案元嘉，宋文帝年號。是歲三月，立皇子劭爲皇太子。五月，于雍州置馮翊郡。九月，于秦州置隴西、宋康二郡，見《本紀》。是記蓋猶在劉澄之《永初郡國志》之前。

文廷式《補晉書藝文志・地志類》《元(康)[嘉]六年地記》三卷。

地理書

《隋書・經籍志・地理》《地理書》一百四十九卷。録一卷。陸澄合《山海經》已來一百六十家，以爲此書。澄本之外，其舊事並多零失。見存别部自行者，唯四十二家，今列之於上。

《舊唐書・經籍志・地理》《地理書》一百五十卷。陸澄撰。

《新唐書・藝文志・地理類》鄧基、陸澄《地理志》一百五十卷。

鄭樵《通志・藝文略・地里・地理》《地里書》一百五十卷。

姚振宗《隋書經籍志考證・地理類》《地理書》一百四十九卷。《録》一卷。陸澄撰。陸澄合《山海經》已來一百六十家，以爲此書。澄本之外，其舊事並多零失。見存别部自行者，唯四十二家，今列之于上。今案：列之于上者止三十九家，則已佚脱其三家，今無從而知之矣。陸澄，詳見雜傳類。本志篇叙曰：齊時陸澄聚一百六十家之説，依其前後遠近，編而爲部，謂之《地理書》。又曰陸澄所記之内而又别行者，録在其書之上。案四十二家，今惟見三十九家，尚有一百二十一家，其書名、撰人皆在陸書，今不可見矣。又澄合百六十家之書，而編卷止于百四十有九，知其中零雜小部不盈一卷者多矣。《史通・書志篇》曰：自沈瑩著《臨海水土》、周處撰《陽羨風土》，厥類衆夥，諒非一族，是以地理爲書，陸澄集而難盡。《唐書・經籍志》：《地理書》一百五十卷。陸澄撰。《唐書・藝文志》：鄧基、陸澄《地理志》一百五十卷。鄧基未詳，豈與陸澄同編是書者歟。案章氏考證云：《隋志》注言陸澄合《山海經》已來諸家，見存别部自行者二十四家，今志中所列共三十九家，自是于陸澄所合外，增著十五家云云。以四十二家爲二十四家，故有此誤會，謂增著十五家也。又附注云：《交州異物志》、《扶南異物志》、《臨海水土物志》、《涼州異物志》四家志，本著在陸澄書下，故計增著者惟十五家也。其語更不可曉，反覆推尋，蓋此四家本志著在陸任二記之後者，章乃移列於是書之前，乃就已書編次而言，與本志考證無涉，甚無謂也。恐其疑誤後人，故附識于此。本志此類淆亂已甚，章氏又復亂之，治絲而棼，益無端緒。

地理書抄

《隋書・經籍志・地理》《地理書抄》二十卷。陸澄撰。

鄭樵《通志・藝文略・地里・地理》《地里書抄》二十卷。陸澄撰。

姚振宗《隋書經籍志考證・地理類》《地理書鈔》二十卷。陸澄撰。陸澄有《地理書》，見前。章氏考證：《太平寰宇記・江南東道、山南東道》並引陸澄《地理書鈔》。案《梁書・文學・庾仲容傳》仲容鈔衆家地理書二十卷，疑即鈔陸氏之書，此或是歟。兩唐志有《雜記》十二卷，似即此書，以二十爲十二，誤倒其文也。

雜志記

《舊唐書・經籍志・地理》《雜志記》十二卷。

《新唐書・藝文志・地理類》《雜記》十二卷。

征齊道里記

李昉《太平御覽經史圖書綱目》 丘淵《征齊道記》。

章宗源《隋書經籍志考證・地理》 《征齊道里記》，卷亡，邱淵之撰。不著録。

《太平御覽》時序部邱淵之《征齊道里記》，曰城北十五里有柳泉，苻朗常以爲解禊處。《北堂書鈔》歲時部同。地部太山有延陵兒冢，稱邱淵之《齊記》，又黄邱有《鶩鸞峴》稱淵之《齊道記》，皆省文，可通。《史記・高祖紀》正義，王莽河枯事作《深邱道里記》，蓋邱淵字誤。

地　記

《隋書・經籍志・地理》《地記》二百五十二卷。梁任昉增陸澄之書八十四家，以爲此記。其所增舊書，亦多零失。見存別部行者，唯十二家，今列之於上。

《舊唐書・經籍志・地理》《地記》二百五十二卷。任昉撰。

《新唐書・藝文志・地理類》 任昉《地記》二百五十二卷。

鄭樵《通志・藝文略・地里・地理》《地記》二百五十二卷。梁任昉增陸澄之書，曰《地記》。

姚振宗《隋書經籍志考證・地理類》《地記》二百五十二卷。

地理書抄

《隋書・經籍志・地理》《地理書抄》九卷。任昉撰。

鄭樵《通志・藝文略・地里・地理》《地理書抄》九卷。任昉撰。

雜地記

《舊唐書・經籍志・地理》《雜地記》五卷。

《新唐書・藝文志・地理類》《雜地記》五卷。

鄭樵《通志・藝文略・地里・地理》《雜地志》五卷。

地理書抄

《隋書・經籍志・地理》《地理書抄》十卷。劉黄門撰。

《新唐書・藝文志・地理類》《地理志書鈔》十卷。

鄭樵《通志・藝文略・地里・地理》《地里書抄》十卷。劉黄門撰。

姚振宗《隋書經籍志考證・地理類》《地理書鈔》十卷。劉黄門撰。劉黄門，未詳。疑是梁劉璆，有《京師寺塔記》，見後。

章氏考證：《文選・西征賦注》引劉澄之《地理書》。《後漢書・獻帝紀・注》引劉澄之《地記》，《水經・河水、獲水、穀水、伊水、沭水、夏水、漾水、沅水、耒水、贛水注》並引劉澄之語，不著書名。案章氏以劉黄門謂即劉澄之，不言所出，未詳所据。豈以《水經注》稱劉中書，誤記爲黄門歟。若是則《水經注》等所引乃澄之《永初郡國記》，非此書也。案陸任二家所集，但依其前後遠近編而爲部，有如今之叢書重複互見，時所恆有。後人鈔節其書，省併複重，故有上三家書鈔，而失注鈔譔者姓名耳。《唐藝文志》有《地理志書鈔》十卷，即此書也。

輿地志

《隋書・經籍志・地理》《輿地志》三十卷。陳顧野王撰。

《舊唐書・經籍志・地理》《輿地志》三十卷。顧野王撰。

李昉《太平御覽經史圖書綱目》 顧野王《輿地記》。

又 《輿地志》。

《新唐書・藝文志・地理類》 顧野王《輿地志》三十卷。

鄭樵《通志・藝文略・地里・地理》《輿地志》三十卷。顧野王撰。

尤袤《遂初堂書目・地理類》 梁顧野王《輿地記》。

姚振宗《隋書經籍志考證・地理類》《輿地志》三十卷。陳顧野王撰。顧野王有《玉篇》，見經部小學家。《陳書》、《南史》本傳：所撰著《玉篇》三十卷、《輿地志》三十卷行于世。本志篇叙曰：陳時顧野王抄撰衆家之言，作《輿地志》。《唐書・經籍志》：《輿地志》三十卷。顧野王撰。《唐書・藝文志》：顧野王《輿地志》三十卷。章氏考證：王象之《輿地碑記目》曰：寶雲寺南高基，顧野王曾于此修《輿地志》，並建屋立像曰顧侍郎祠。《通典・州郡門注》及《太平御覽》、《寰宇記》引《輿地志》甚多。

十國都城記

《新唐書・藝文志・地理類》 顧野王《十國都城記》十卷。

鄭樵《通志・藝文略・地里・都城宮苑》《十國都城記》十卷。顧野王撰。

大魏諸州記

《舊唐書・經籍志・地理》《大魏諸州記》二十一卷。

《舊唐書・經籍志・地理》《魏諸州記》二十卷。

李昉《太平御覽經史圖書綱目》《大魏諸州記》。

《新唐書・藝文志・地理類》《後魏諸州記》二十卷。

鄭樵《通志・藝文略・地里・地理》《元魏諸州記》二十一卷。

古來國名

《隋書・經籍志・地理》《古來國名》二卷。

鄭樵《通志・藝文略・地里・地理》《古來國名》二卷。

魏輿地圖風土記

李昉《太平御覽經史圖書綱目》《後魏輿地圖風土記》。

國都城記

《舊唐書・經籍志・地理》《國(郡)[都]城記》九卷。周明帝撰。

《新唐書・藝文志・地理類》 周明帝《國都城記》九卷。

鄭樵《通志・藝文略・地里・都城宮苑》《國都城記》九卷。

國都城記

《隋書・經籍志・地理》《國都城記》二卷。

章宗源《隋書經籍志考證・地理》《國都城記》二卷。《元和郡縣志・河南道》：考城縣西南有戴水，今名戴陂。《太平御覽・州郡部》周穆王末，楚襲破徐，殺偃王，其子遂北徙彭城，今徐城是也。《寰宇記・河南道》自復通汴渠已來，舊濟遂絶，今濟陰定陶城南惟有濟隄及枯河而已，皆無水。並引《國都城記》。又《寰宇記・河南道》：封邱，衛地之延鄉，漢高祖與項籍戰敗，翟母免難之處。又云：古城凡七門，東西有三門，最北者名萊門。並稱《魯國都記》。《御覽・州郡部》引延鄉一事，祗稱《國都記》，無「魯」字。皆無撰名。《史記》正義：唐國，帝堯之裔子所封。《五帝本紀》。又城中高邱即古之陶邱。《夏本紀》。並稱徐才《宗國都城記》。又周封召公於燕地，在燕山之野，故國取名焉，《周本紀》。稱《宗國都城記》《晉世家》正義：唐爕父徙居晉水。《孔子世家》正義：鉅野有獲麟堆。俱稱《宗國都城記》。《唐志》有顧野王《十國都城記》十卷、周明帝《國都城記》九卷。

周地圖記

《隋書・經籍志・地理》《周地圖記》一百九卷。

李昉《太平御覽經史圖書綱目》《周地圖記》。

鄭樵《通志・藝文略・地里・圖經》《周地圖記》一百九卷。

姚振宗《隋書經籍志考證・地理類》《周地圖記》一百九卷。不著撰人。《唐書・經籍志》：《周地圖》九十卷。《唐書・藝文志》：《周地圖》一百三十卷。章氏考證：《文選・爲曹洪與魏文書注》、《後漢書・劉焉傳注》、《元和郡縣志・山南道》並引《周地圖記》，《太平御覽》、《寰宇記》尤多引之。

古今地譜

《隋書・經籍志・地理》《古今地譜》二卷。

鄭樵《通志・藝文略・地里・地理》《古今地譜》二卷。

姚振宗《隋書經籍志考證・地理類》《古今地譜》二卷。不著撰人。案《史記・夏本紀正義》引《古今地名》，似其書本爲《古今地名譜》，此敚名字歟。梁陶弘景著《古今州郡記》，或即從其書鈔出者。

隋區宇圖志

《隋書・經籍志・地理》《隋區宇圖志》一百二十九卷。

李昉《太平御覽經史圖書綱目》《隋區宇圖志》。

章宗源《隋書經籍志考證・地理》《隋區宇圖志》一百二十九卷。《唐志》虞茂《區宇圖》無志字。一百二十八卷。《隋書・崔廓傳》大業五年，受詔與諸儒撰《區宇圖志》二百五十卷。帝不善之，更令虞世基、許善心衍爲六百卷。《太平御覽・文部》、《隋大業拾遺》曰：大業之初，勑內史舍人豆盧威、起居舍人崔祖濬等撰《區宇圖志》一部五百餘卷，屬辭比事，全失修撰之意。帝不悅，勑祕書學士十八人修十郡志，內史侍郎虞世基總檢。世基先命學士各序一郡風俗，奏擬請體式。學士虞綽序京兆郡風俗，陸敬序河南郡風俗，袁郎序蜀郡風俗，杜寶序吳郡風俗。四人先成，世基奏聞，勑付世基擇善用之。世基乃鈔吳郡序以爲體式，及圖志第一。副本新成八百卷，奏之。帝以部帙太少，更遣重修，成一千二百卷。卷頭有圖，別造新樣。紙卷長二尺。敘山川則卷首有山川圖，敘郡國則卷首有郭邑圖。其圖上有山川城邑，題書字並用歐陽肅書，即率更令詢之長子，工於草隸，爲時所重。《太平寰宇記・河北道》故武城，夏禹七代孫芸封公子武於此建國。後漢光武封濟南王爲武城侯。前秦苻堅封長子清河王移居武城。《御覽・地部》龍岡縣石井，光武營軍所鑿，傍有叢荊棘生，皆蟠縈如人手結，云是光武繫馬處，並引《隋區宇圖志》。張彥遠《歷代名畫記》敘古之圖畫，有虞茂氏《區宇記》。

州郡縣簿

《隋書・經籍志・地理》《州郡縣簿》七卷。

姚振宗《隋書經籍志考證・地理類》《州郡縣簿》七卷。不著撰人。《玉海・地理・郡國類》隋《州郡縣簿》七卷，又曰隋開皇三年廢諸郡，大業三年改州爲郡。又曰大凡郡一百九十，縣一千二百五十五。

隋諸州圖經集

《隋書・經籍志・地理》《隋諸州圖經集》一百卷。郎蔚之撰。

《舊唐書・經籍志・地理》《隋圖經集記》一百卷。郎蔚之撰。

李昉《太平御覽經史圖書綱目》《隋圖經》。

《新唐書・藝文志・地理類》郎蔚之《隋圖經集記》一百卷。

鄭樵《通志・藝文略・地里・地理》《隋諸州圖經集記》一百卷。郎蔚之撰。

又《圖經》《隋諸州圖經集》一百卷。郎蔚之撰。

隋諸郡土俗物産

《隋書・經籍志・地理》《隋諸郡土俗物産》一百五十一卷。

鄭樵《通志・藝文略・地里・都城宫苑》《隋諸郡土俗物産》一百五十一卷。

姚振宗《隋書經籍志考證・地理類》《隋諸郡土俗物産》一百五十一卷。不著撰人。《太平御覽・文部・著書篇》《隋大業拾遺》曰：大業之初，勑内史舍人豆盧威、起居舍人崔祖濬，及龍川贊治侯偉等三十餘人撰《區宇圖志》，又著《丹陽郡風俗》，乃見以吴人爲東夷，度越禮義，及屬辭比事，失修撰之意。帝不悦，遣内史舍人柳陸宣勑責威等云：昔漢末，三方鼎立，大吴之國已稱人物，故晉武帝云：江東之有吴會，猶江西之有汝潁。衣冠人物，千載一時。及永嘉之末，華夏衣纓，盡過江表。此乃天下之名都。自陳平之後，碩學通儒，文人才子，莫非彼至。爾等著其風俗，乃爲東夷之人，度越禮義，于爾等可乎。然于著述之體，又无次序，各賜杖一頓。即日勑追祕書學士十八人修十郡志，内史侍郎虞世基總檢。于是世基命學士各序一郡風俗，奏擬請體式。學士著作郎虞綽序京兆郡風俗，學士宣惠尉陸敬序河南郡風俗，袁朗序蜀郡風俗，學士宣德郎杜寶序吴郡風俗。四人先成，以簡呈世基。世基具狀以四序奏聞，去取聽勑。帝曰：學士修書，頗得人意，各賜物二十段，付世基擇善用之。世基乃鈔吴郡序付諸頭以爲體式，及圖志第一。副本新成八百卷，奏之。帝以部帙太少，更遣子細重修，成一千二百卷。卷頭有圖，别造新樣。紙卷長二尺。叙山川則卷首有山水圖，叙郡國有郭邑圖，叙城隍有公館圖。其圖上山水城邑題書字及細字並用歐陽肅書，即率更令詢之長子，工于草隸，爲時所重。案此言一千二百卷者，蓋合上圖經圖志而重修之，仍名《區宇圖志》，其體如今之《通志》，合郡縣風俗、山川、人物、土産爲一編，是所謂正御書與通行者不同，故本志仍分載三書，止于三百八十卷也。本志篇叙曰：隋大業中，普詔天下諸郡條其風俗、物産、地圖上于尚書，故隋代有《諸郡物産土俗記》一百三十一卷。三十一，似五十一之訛。《區宇圖志》一百二十九卷、《諸州圖經集》一百卷，其餘記注甚衆。《唐書・經籍志》：《諸郡土俗物産記》十九卷。《藝文志》同。

諸郡土俗物産記

《舊唐書・經籍志・地理》《諸郡土俗物産記》十九卷。

《新唐書・藝文志・地理類》《諸郡土俗物産記》十九卷。

方物志

《隋書・經籍志・地理》《方物志》二十卷。許善心撰。

鄭樵《通志・藝文略・地里・地理》《方物志》二十卷。許善心撰。

大業拾遺録

李昉《太平御覽經史圖書綱目》杜寶《大業拾遺録》。

貞觀郡國志

鄭樵《通志・藝文略・地里・地理》《貞觀郡國志》十卷。

括地志序略

《舊唐書・經籍志・地理》《括地志序略》五卷。魏王泰撰。

《新唐書・藝文志・地理類》《[括地志]序略》五卷。魏王泰命著作郎蕭德言、祕書郎顧胤、記室參軍蔣亞卿、功曹參軍謝偃蘇勗撰。

鄭樵《通志・藝文略・地里・地理》《[括地志]序略》五卷。

括地志

《新唐書・藝文志・地理類》《括地志》五百五十卷。魏王泰。

鄭樵《通志・藝文略・地里・地理》《括地志》五百五十卷。

張之洞《書目答問・地理・古地志》《括地志》八卷。唐魏王泰。孫星衍輯。岱南閣本。

坤元録抄

鄭樵《通志・藝文略・地里・地理》《坤元録抄》二十卷。

尤袤《遂初堂書目・地理類》《坤元録》。

《宋史・藝文志・地理類》魏王泰《坤元録》十卷。

異物志

《舊唐書・經籍志・地理》《(暢)異物志》一卷。陳祈[暢]撰。

李昉《太平御覽經史圖書綱目》陳祁暢《異物志》。

鄭樵《通志・藝文略・地里・地理》陳祁暢《異物志》一卷。

職方記

《舊唐書・經籍志・地理》《職方記》十六卷。

《新唐書・藝文志・地理類》《職方記》十六卷。

鄭樵《通志・藝文略・地里・地理》《職方記》十六卷。

十道四蕃志

李昉《太平御覽經史圖書綱目》梁氏《十道志》。

錢東垣等輯《崇文總目輯釋・地理類》《十道志》十三卷。梁載言撰。繹按：《玉海》引《崇文目》同，《舊唐志》、《通志略》並十六卷，《書録解題》、《宋志》並作《十道四蕃志》十五卷。

《新唐書・藝文志・地理類》梁載言《十道志》十六卷。

鄭樵《通志・藝文略・地里・地理》《十道志》十六卷。梁載言撰。

又《十道四蕃志》三卷。梁載言撰。

晁公武《郡齋讀書志・地里類》《十道志》十三卷。袁本後志卷一地理類第三。

右唐梁載言撰。唐分天下爲十道。所載頗詳博，其書多稱咸通中沿革。載言，蓋唐末人也。

尤袤《遂初堂書目・地理類》《十道四番記》。

陳振孫《直齋書録解題・地理類》《唐十道四蕃志》十卷。案：《文獻通攷》作十三卷。唐太府少卿梁載言撰。其書廣記備言，頗可觀。載言不見於史，又有《具員故事》，題「鳳閣舍人」，及《梁四公記》，亦云載言所録。

《宋史・藝文志・地理類》梁載言《十道四蕃志》十五卷。

楊士奇等《文淵閣書目・古今志》《十道四蕃志》。一册。

兩京道里記

錢東垣等輯《崇文總目輯釋・地理類》《兩京道里記》三卷。繹按，唐志韋述撰。《通志略》、《宋志》並不著撰人。

《新唐書・藝文志・地理類》《兩京道里記》三卷。

鄭樵《通志・藝文略・地里・都城宮苑》《兩京道里記》三卷。唐世記洛陽至長安道路事。

尤袤《遂初堂書目・地理類》《兩京道里記》。

《宋史・藝文志・地理類》《兩京道里記》三卷。不知作者。

十道四蕃引

《宋史・藝文志・地理類》韓郁《十道四蕃引》一卷。

地理志

李昉《太平御覽經史圖書綱目》《地理志》。

郡國縣道記

李昉《太平御覽經史圖書綱目》《四夷郡國縣道記》。

《新唐書・藝文志・地理類》賈耽《古今郡國縣道四夷述》四十卷。

鄭樵《通志・藝文略・地里・地理》《古今郡國縣道四夷述》四十卷。

貞元十道録

李昉《太平御覽經史圖書綱目》《十道録》。

《新唐書・藝文志・地理類》（唐賈耽）《貞元十道録》四卷。

鄭樵《通志・藝文略・地里・地理》《貞元十道録》一卷。

《宋史・藝文志・地理類》（賈耽）《貞元十道録》四卷。

皇華四達記

錢東垣等輯《崇文總目輯釋・地理類》《皇華四達記》十卷。賈耽撰。繹按：《玉海》引《崇文目》同，《宋志》無記字。

《新唐書・藝文志・地理類》又《皇華四達記》十卷。

鄭樵《通志・藝文略・地里・地理》《皇華四達記》十卷。賈耽撰。

鄭樵《通志・藝文略・地里・朝聘》《皇華四達記》十卷。賈耽撰。

尤袤《遂初堂書目・地理類》《皇華四達記》。

《宋史・藝文志・地理類》賈耽《皇華四達》十卷。

元和郡縣圖志

李昉《太平御覽經史圖書綱目》《元和郡國志》。

《新唐書・藝文志・地理類》李吉甫《元和郡縣圖誌》五十四卷。

鄭樵《通志・藝文略・地里・地理》《元和郡縣圖志》五十四卷。李吉甫撰。

尤袤《遂初堂書目・地理類》《元和郡縣圖志》。

陳振孫《直齋書録解題・地理類》《元和郡縣志》四十卷。案：《新唐書・藝文志》李吉甫《元和郡縣圖誌》五十四卷。李吉甫撰。自京兆至隴右，凡四十七鎮。篇首有圖，今不存。

馬端臨《文獻通考・經籍考・地理》《元和郡縣志》四十卷。

《宋史・藝文志・地理類》李吉甫《元和郡縣圖志》四十卷。

楊士奇等《文淵閣書目・古今志》《元和郡縣圖志》。十八册。

范邦甸等《天一閣書目・地理類》《元和郡縣圖志》四十卷。緜紙紅絲闌鈔本。唐李吉甫撰并序。其書起京兆府，盡隴右道，凡四十七鎮，成四十卷。每鎮皆圖在篇首，冠于敘事之前。并目録兩卷，總四十二卷。卷末載程大昌、洪邁、張子顔後序三篇。

錢謙益等《絳雲樓書目・地誌類》 《元和郡縣圖志》八册。五十四卷。李吉甫，字宏憲。

《四庫全書總目提要・地理類一・總志》 《元和郡縣志》四十卷。浙江巡撫採進本。唐李吉甫撰。吉甫字宏憲，趙州人。御史大夫栖筠之子，以蔭補左司禦率府倉曹參軍。貞元初，爲太常博士，官至中書侍郎、同中書門下平章事。卒謚忠懿，事蹟具唐書本傳。是書據宋洪邁跋，稱爲元和八年所上。然書中更置宥州一條，乃在元和九年。蓋其事爲吉甫所經畫，故書成之後，又自續入之也。前有吉甫原序，稱起京兆府，盡隴右道，凡四十七鎮，成四十卷。每鎮皆圖在篇首，冠於叙事之前。並目録兩卷，共成四十二卷，故名曰《元和郡縣圖志》。後有淳熙二年程大昌跋，稱圖至今已亡，獨志存焉，故《書録解題》惟稱《元和郡縣志》四十卷。此本又闕第十九卷、二十卷、二十三卷、二十四卷、二十六卷、三十六卷，其第十八卷則闕其半，二十五卷亦闕二頁，又非宋本之舊矣。篇目斷續，頗難尋檢。考《水經注》本四十卷，至宋代佚其五卷，故水名闕二十有一。南宋刊版，仍均配爲四十卷，使相聯屬。今用其例，亦重編爲四十卷，以便循覽。仍註其所闕於卷中，以存舊第。其書唐志作五十四卷，證以吉甫之原序，蓋志之誤。又按《唐六典》及新舊《唐書・地理志》，貞觀初，分天下爲十道。一關内道，二河南道，三河東道，四河北道，五山南道，六隴右道，七淮南道，八江南道，九劍南道，十嶺南道。此書移隴右爲第十，殆以中葉後陷没吐蕃，故退以爲殿，致淮南一道在今本闕卷之中。以唐志淮南道所屬諸州考之，今本河南道内有所屬申、光二州列蔡州之後。江南道内有所屬之蘄、黄、安三州列鄂、沔二州之後，似乎傳寫之錯簡。然考《唐書・方鎮表》，大曆十四年，淮西節度使復治蔡州，尋更號申光蔡節度使。又永泰元年，蘄、黄二州隸鄂岳節度，升鄂州都團練使爲觀察使，增領岳、蘄、黄三州。元和元年，升鄂州觀察使爲武昌軍節度使，增領安、黄二州。則申州、光州嘗由淮南道割隸河南道，蘄州、安州、黄州亦嘗由淮南道割隸江南道。唐志偶失移併，非今本錯亂也。輿記圖經，隋唐志所著録者，率散佚無存。其傳於今者，惟此書爲最古，其體例亦爲最善。後來雖遞相損益，無能出其範圍。今録以冠地理總志之首，著諸家祖述之所自焉。

黄丕烈《蕘圃藏書題識續録・史類》 《元和郡縣志》四十卷。鈔校本。《郡縣志》近始有聚珍本及岱南閣刻，前此則惟鈔本流傳，然鈔必以舊乃佳。此本出冶坊浜陳冶泉家。冶泉名樹華，承累代書香之後，由茂才作宦，官至司馬而止。居平手自鈔校諸書，猶及與惠松崖、余蕭客諸君相周旋，故所藏書皆有淵源。罷官後，余猶及其一面。身後書籍零落，半歸他姓。聞有《蜀石經》、《左傳》殘本，見質諸葑門宋于庭孝廉處。宋又隨父任貴州作縣，其物攜行篋中。物主屢欲贖而無由，未知其作何歸結也。今仲魚從坊閒易得，不知其書之何來。余悉其原委，因誌數語，并著物之聚散，亦甚無定也，爲之慨然。蕘翁書於石泉古舍，乙丑六月十日。是書爲冶泉司馬鈔本，吾友黄君蕘圃既識其原委矣。越二年，又見錢獻之别駕所藏鈔本，每卷題武陵盧文弨校閱，蓋從吾郡盧抱經學士校本傳録，而誤書武林作武陵也。中有孫淵如觀察跋語及評校處，知觀察曾校閲一過，後即刻入岱南閣叢書者。然脱誤甚多，不及此本遠甚。因互爲一校，而并録錢、孫兩家之説，雖寥寥數則，究屬通人之筆，非憑空臆談比耳。嘉慶十二年秋日，海寧陳鱣記。校後數日，有書賈持鈔本來，係吴中周有香孝廉手校。蓋以孔葒谷農部、翁覃谿學士、戴東原吉士各家藏本彼此相參，補正千有餘處，可稱善本。孫觀察亦據以付刻，因亟對校，於是本復補得第十七卷所缺一葉，然是本亦有勝於周本者，知舊鈔正不可偏廢也。鱣再筆。

顧廣圻《思適齋書跋・史部》 《元和郡縣志》四十卷。鈔本。新刻不如此鈔本遠甚，惜乏暇日審正之，思適記。

張之洞《書目答問・地理・古地志》 《元和郡縣志》四十卷。唐李吉甫。附《拾遺》二卷。嚴觀。岱南閣本，又聚珍本、福本無《拾遺》。

九州要略

李昉《太平御覽經史圖書綱目》 《九土文括略》。

錢東垣等輯《崇文總目輯釋・地理類》 文括《九州要略》三卷。劉之推撰。

繹按：《宋志》九州，作九工。注云：工，一作州。

《新唐書・藝文志・地理類》 劉之推、文括《九州要略》三卷。

陳振孫《直齋書録解題・地理類》 《文括九州要略》三卷。劉之推撰。

《宋史・藝文志・地理類》 劉之推《文括九土一作「州」要略》三卷。

諸道山河地名要略

錢東垣等輯《崇文總目輯釋・地理類》《諸道山河地名要略》九卷。韋澳撰。繹按《玉海》引《崇文目》同。《宋志》此書下注云：一名《處分語》，一名《新集地理書攷》，後別有《新集地理志》九卷，卷數與此正同，疑是一書，或《宋志》誤也。

《新唐書・藝文志・地理類》韋澳《諸道山河地名要略》九卷。一作《處分語》。

鄭樵《通志・藝文略・地里・川瀆》《諸道山河地名要略》九卷。唐韋澳撰。

《宋史・藝文志・地理類》韋澳《諸道山河地名要略》九卷。一名《處分語》，一名《新集地理書》。

新集地理志

錢東垣等輯《崇文總目輯釋・地理類》《新集地理志》九卷。《通志略》不著撰人。原釋闕。見天一閣鈔本。繹按：《玉海》引《崇文目》同，舊本「理」譌作「里」，今校改。

鄭樵《通志・藝文略・地里・都城宮苑》《唐新集地里志》九卷。

十道記

錢東垣等輯《崇文總目輯釋・地理類》《十道記》一卷。繹按：《通志略》不著撰人，《宋志》趙珣撰。

鄭樵《通志・藝文略・地里・地理》《十道記》一卷。

《宋史・藝文志・地理類》（趙珣）《十道記》一卷。

郡國志

錢東垣等輯《崇文總目輯釋・地理類》《郡國志》十卷。

《新唐書・藝文志・地理類》《郡國志》十卷。

鄭樵《通志・藝文略・地里・地理》《元和郡國志》十卷。

古今地名

《新唐書・藝文志・地理類》《古今地名》三卷。

鄭樵《通志・藝文略・地里・地理》《古今地名》三卷。

汪師韓《文選注引群書目録上・地理》《古今地名》。

章宗源《隋書經籍志考證・地理》《古今地名》三卷。不著録。見《唐志》、《文選・劉越石答盧諶詩注》冥陵阪，在吴城北，今謂之吴阪。《史記・夏本紀正義》王屋山方七百里，高萬仞，本冀州之河陽山也。《藝文類聚・居處部》河南有鼎門，九鼎所定。《初學記・州郡部》韓武子食采於韓原。《太平寰宇記・河南道》王屋山狀如垣，故以名縣，並引《古今地名》。

郡國志

《宋史・藝文志・地理類》曹大宗《郡國志》二卷。

須知國鏡

《宋史・藝文志・地理類》曹璠《須知國鏡》二卷。

天下郡縣目

鄭樵《通志·藝文略·地里·地理》《天下郡縣目》一卷。朱梁時人作。

張萱等《内閣藏書目録·志乘部》《天下郡邑目録》一册。鈔本，莫詳編纂姓氏。

宋祖駿《補五代史藝文志·地理類》梁朝《天下郡縣目》一卷。

方輿記

李昉《太平御覽經史圖書綱目》《方輿記》。

錢東垣等輯《崇文總目輯釋·地理類》《方輿記》一百三十卷。原釋徐鍇。見《玉海·地理類》。繹按：《玉海》引《崇文目》同。

鄭樵《通志·藝文略·地里·地理》《方輿記》一百三十卷。僞唐徐鍇撰。

《宋史·藝文志·地理類》徐鍇《方輿記》一百三十卷。

地理手鏡

宋祖駿《補五代史藝文志·地理類》《地理手鏡》十卷。劉鷟撰。

宋書州郡志

李昉《太平御覽經史圖書綱目》《宋書州郡志》。

土物志

李昉《太平御覽經史圖書綱目》《土物志》。

地鏡經

李昉《太平御覽經史圖書綱目》《地鏡經》。

歷代記

李昉《太平御覽經史圖書綱目》《歷代記》。

三代地理志

錢東垣等輯《崇文總目輯釋·地理類》《三代地理志》七卷。原釋闕。見《天一閣鈔本》。繹按：舊本「理」譌作「里」，今校改《通志略》、《宋志》並六卷，不著撰人。

鄭樵《通志·藝文略·地里·地理》《三代地理志》六卷。

《宋史·藝文志·地理類》《三代地理志》六卷。

太平寰宇記

錢東垣等輯《崇文總目輯釋·地理類》《太平寰宇記》二百卷。樂史撰。繹按：《讀書後志》、《通考》記並作「志」，今本一百九十三卷。

鄭樵《通志・藝文略・地里・地理》《太平寰宇記》二百卷。宋朝樂史撰。

晁公武《郡齋讀書志・地里類》《太平寰宇志》二百卷。袁本《後志》卷一地理類第五。右皇朝樂史等撰。太平興國中，盡平諸國，天下一統。史悉取自古山經地志，考正謬誤，纂成此書，上之於朝。

尤袤《遂初堂書目・地理類》《太平寰宇記》。

陳振孫《直齋書録解題・地理類》《太平寰宇記》二百卷。太常博士直史館宜黄樂史子正撰。起自河南，周於海外。當太宗朝上之。

馬端臨《文獻通考・經籍考・地理》《太平寰宇記》二百卷。

《宋史・藝文志・地理類》樂史《太平寰宇記》二百卷。

楊士奇等《文淵閣書目・古今志》《太平寰宇記》五十册。

《太平寰宇記》三十册。

錢謙益等《絳雲樓書目・地誌類》《太平寰宇記》二十册。二百卷。樂史撰。宋初人，自江南歸朝，舉進士，居官以賄聞。

錢曾《讀書敏求記・地理輿圖》《太平寰宇記》二百卷，《目録》二卷。樂史序云：從梁至周，郡國割據，更名易地，暮四朝三。撰《太平寰宇記》，自河南，周于海外。若賈耽之漏落，吉甫之闕遺，此盡收焉。予攷之唐，分天下爲十道，後又分山南、江南爲東西道，古今山河兩戒之區别，至于斯爲盡善，而此書因之，且較詳于《九域志》。宜乎樂史之自以爲無掛漏也。祝穆《方輿勝覽》止南渡半壁天下，識者能無興小朝廷之慨乎！

《四庫全書總目提要・地理類一・總志之屬》《太平寰宇記》一百九十三卷。浙江汪啟淑家藏本。宋樂史撰。史有《廣卓異記》，已著録。宋太宗時，始平閩、越，并北漢。史因合輿圖所隸，考尋始末，條分件繫，以成此書。始於東京，迄於四裔。然是時幽、嬀、營、檀等十六州，晉所割以賂遼者，實未入版章。史乃因賈耽《十道志》、李吉甫《元和郡縣志》之舊，槩列其名。蓋太宗置封樁庫，冀復燕雲，終身未嘗少置。史亦預探其志，載之於篇，非無所因而漫録也。史進書序譏賈耽、李吉甫爲漏闕，故其書採摭繁富，惟取賅博。於列朝人物，一一竝登。至於題詠古蹟，若張祐金山詩之類，亦皆竝録。後來方志必列人物、藝文者，其體皆始於史。蓋地理之書，記載至是書而始詳，體例亦自是而大變。然史書雖卷帙浩博，而考據特爲精核，要不得以末流冗雜，追咎濫觴之源矣。原本二百卷，諸家藏本竝多殘闕。惟浙江汪氏進本，所闕自一百十三卷至一百十九卷，僅佚七卷。又每卷末附

校正一頁，不知何人所作。辨析頗詳，較諸本最爲精善，今據以著録。《文獻通考》作《太平寰宇志》，此本標題實作《太平寰宇記》，諸書所引，名亦兩岐。今考史進書原序亦作記字，則《通考》爲傳寫之誤，不足據也。

張之洞《書目答問・地理・古地志》《太平寰宇記》一百九十三卷。宋樂史。江西樂氏刻本，萬廷蘭刻本附一統志表。

天下驛程記

鄭樵《通志・藝文略・地里・都城宮苑》《天下驛程記》一卷。

六路水陸地里記

鄭樵《通志・藝文略・地里・川瀆》《六路水陸地里記》一卷。

黄虞稷《千頃堂書目・地理類上》《六路水陸地里記》一卷。

海外使程廣記

陳振孫《直齋書録解題・地理類》《海外使程廣記》三卷。

坐知天下記

《宋史・藝文志・地理類》樂史《坐知天下記》四十卷。

北道刊誤志

《宋史・藝文志・地理類》王瓘《北道刊誤志》十五卷。

刊誤志

楊士奇等《文淵閣書目·古今志》《刊誤志》。一册。

古今注

楊士奇等《文淵閣書目·古今志》崔豹《古今注》。一册。

中華古今注

楊士奇等《文淵閣書目·古今志》《中華古今注》。一册。

遼四京記

陳振孫《直齋書録解題·地理類》《遼四京記》一卷。亦無名氏。曰東京、中京、上京、燕京。

馬端臨《文獻通考·經籍考·地理》《遼四京記》一卷。

禹別九州賦

宋祖駿《補五代史藝文志·地理類》《禹別九州賦》三卷。趙鄰幾撰。

祥符州縣圖經

晁公武《郡齋讀書志·地里類》《圖經》。袁本《後志》卷一地理類第六。右皇朝李昉撰。

馬端臨《文獻通考·經籍考·地理》《圖經》。

《宋史·藝文志·地理類》李宗諤《圖經》九十八卷。

江表志

王圻《續文獻通考·經籍考·地理》《江表志》三卷。寧化鄭文寶著。

皇祐方域圖志

鄭樵《通志·藝文略·地里·地理》《皇祐方域圖志》五十卷。王洙等撰。

《宋史·藝文志·地理類》王洙《皇祐方域圖記》三十卷。

要覽

《宋史·藝文志·地理類》[王洙]《要覽》一卷。

地理新書

王圻《續文獻通考·經籍考·地理》《地理新書》。掌禹錫著。禹錫，郾城人。舉進士。博學多記，嘗預修《皇祐方域國志》及《郡國手鑑》。

九域志

鄭樵《通志·藝文略·地里·地理》《九域志》十卷。王存等撰。

晁公武《郡齋讀書志·地里類》《九域志》十卷。袁本《前志》卷二下地理類第十二。右皇朝王存被旨刪定，總二十三路、京府四、次府十、州二百四十二、軍三十七、監四、縣一千一百三十五。

尤袤《遂初堂書目·地理類》《皇朝九域志》。

陳振孫《直齋書録解題·地理類》《元豐九域志》十卷。知制誥丹陽王存正仲、集賢校理南豐曾肇子開、官制所檢討邯鄲李德芻等刪定，總二十三路、四京、十府、二百四十二州、三十七軍、四監、一千一百三十五縣。

馬端臨《文獻通考·經籍考·地理》《九域志》十卷。

《宋史·藝文志·地理類》王存《九域志》十卷。

楊士奇等《文淵閣書目·古今志》《九域志》五册。

又《九域志》二册。

《四庫全書總目提要·地理類一·總志》《元豐九域志》十卷。兩江總督採進本。宋承議郎知制誥丹陽王存等奉敕撰。存字敬仲，丹陽人。登進士第，調嘉興主簿，歷官尚書右丞，事蹟具《宋史》本傳。初，祥符中李宗諤、王曾先後修《九域圖》。至熙寧八年，都官員外郎劉師旦以州縣名號多有改易，奏乞重修。乃命館閣校勘曾肇、光禄丞李德芻刪定，而以存總其事。以舊書名圖而無繪事，請改曰志。迄元豐三年閏九月，書成。此本前有存等進書原序，稱國朝以來，州縣廢置與夫鎮戍城堡之名，山澤虞衡之利，前書所略，則謹志之。至於道里廣輪之數，昔人罕得其詳。今則一州之内，首敘州封，次及旁郡，彼此互舉，弗相混淆。總二十三路、京府四、次府十、州二百四十二、軍三十七、監四、縣一千二百三十五，釐爲十卷。王應麟稱其文見於《曲阜集》，蓋曾肇之詞也。其書始於四京，終於省廢州軍及化外羈縻州，凡州縣皆依路分隸。首具赤、畿、望、緊、上、中、下之名，次列地里，次列户口，次列土貢。每縣下又詳載鄉鎮，而名山、大川之目亦併見焉。其於距京、距府，旁郡交錯，四至、八到之數，縷析最詳，深得古人辨方經野之意，敘次亦簡潔有法。趙與貴《賓退録》尤稱其土貢一門備載貢物之額數，足資考核，爲諸志之所不及。自序所稱文直事核，洵無愧其言矣。其書最爲當世所重，民間又有别本刊行，内多古蹟一門。故晁公武《讀書後志》有《新舊九域志》之目。此爲明毛晉影鈔宋刻，乃元豐間經進原木，後藏徐乾學傳是樓中。字畫清朗，譌闕亦少。惟佚其第十卷，今以蘇州朱煥家鈔本補之，仍首尾完具。案張淏《雲谷雜記》稱，南渡後閩中刊書不精，如睦州宣和中始改嚴州，而新刊《九域志》直改爲嚴州。今檢此本内睦州之名尚未竄改，則其出於北宋刻本可知。近時馮集梧校刊此書，每卷末具列考證，其所據亦此本也。

吳壽暘《拜經樓藏書題跋記》卷三《元豐九域志》。《元豐九域志》十卷，吳中家枚菴先生從青芝堂影宋本録出，復以舊志校勘者。每葉大字二十二行，每行大字二十二。小字夾行，每行二十三，及二十四、二十五字。先君子從枚菴借鈔，並書其跋云：新定《九域志》十卷，青芝山堂影宋鈔本，復從元豐舊志校勘者。首卷原闕四京以下六版，又脱曹州濟陰郡半版，亦從舊志鈔補，并録入進表一篇，略成完書矣。新定本較舊志增多古跡一門，朱竹垞謂舊志多經進之書，此則民間流行之本，未知然否。慨自祝穆《方輿勝覽》，殘山剩水，僅記偏安州郡，惟此與樂史《寰宇記》猶見全宋規模，而流傳甚罕，識者所當什襲而寶貴之也。乾隆戊戌秋九月，枚菴漫士吳翌鳳書。先君子跋云：家枚菴僑居吳下，性喜藏書，每遇秘本，輒手爲傳録，蓋今之方山也。王正仲《九域志》流傳絶少，而有古跡者尤爲難得。癸卯夏，從枚菴借得，因亟鈔而藏諸拜經樓。又云壬子仲春，復以錢遵王影宋鈔本，及嘉興馮氏新刊本重校一過。

又　嘉興馮氏刊《元豐九域志》十卷。先君子以青芝堂鈔本校跋云：戊申秋日，仲魚新購得錢遵王影宋鈔《元豐九域志》，即從京師寄予，予受而讀之。庚戌仲夏南還，復以此本見遺，蓋嘉興馮氏新刊本也。仲魚留心地學，觀其跋語，足徵其討究之深。馮氏復借影鈔本重校，而補刊各卷之後，資仲魚之益亦不尠矣。予習懶廢學，慮遵王善本留諸插架，徒飽蟫腹，因取遵王本仍還仲魚，而以予舊日所藏青芝堂鈔本《九域志》有古跡者，重校一過，漫記于此。壽暘按：簡莊徵君得影宋鈔本，馮氏借校，補刊各條於每卷之後。徵君有書後一篇，論黎陽大伾山。據本志，復據《宋史》及《文獻通考》，謂蔡氏書《禹貢》，不當以黎陽縣繫今通利軍，爲王厚齋所未及者，先君録其文於此本之後。

張之洞《書目答問·地理·古地志》《元豐九域志》十卷。宋王存等。聚珍本、福本。馮集梧刻本。

新定九域志

《四庫全書總目提要・地理類存目一・總志》《新定九域志》十卷。浙江汪啓淑家藏本。此書與宋王存等所撰《元豐九域志》文竝相同，惟府、州、軍監、縣下多出古蹟一門。詳略失宜，視原書頗爲蕪雜。蓋即晁公武《讀書志》所云新本，朱彝尊跋以爲是民閒流行之書者也。首卷四京及京東路俱已闕，次卷亦有譌脱。彝尊曾見崑山徐氏家藏宋槧本，所紀闕文，與此本同。蓋即從徐氏録出者。張淏《雲谷雜記》稱，南渡後閩中刻《九域志》，誤改睦州爲嚴州。今檢毛晉家影鈔《九域志》舊本，睦字未改，而此本則已作嚴州。足知其出於南宋閩中刊本，而古蹟一門當即其時坊賈所增入矣。王士禎《居易録》載，所見《九域志》與此本合，而誤以爲即元豐經進之書，則亦未見王存原本也。

職方乘

趙希弁《讀書附志拾遺》《職方乘》三卷，《後集》十四卷。豫章。右洪芻所編也。曰《郡縣》，曰《城宇》，曰《山》，曰《水》，曰《觀寺》，曰《祠廟》，曰《冢墓》，曰《寶瑞》，曰《妖異》，曰《牧守》，曰《仙真》，曰《人物》，凡十二部。芻，字駒父，自少以詩名取重於時。登進士第，爲晉州學官。山谷素稱其才，嘗曰：「甥之文學，他日當大成，但願極加意於忠信孝友之地，甘受和，白受采，不但用文章照映今古，乃所望也。」又嘗作《釋權》以遺山谷，山谷答曰：「筆力縱横，極見日新之功。」芻之名因是益顯。靖康之初，爲尚書郎，三遷至諫議大夫。遭變，坐事貶文登。有《老圃集》行於世。續之者淳熙中帥程叔達也。李大異叙于後。

元豐郡縣志

《宋史・藝文志・地理類》李德芻《元豐郡縣志》三十卷。《圖》三卷。

職方機要

晁公武《郡齋讀書志・地里類》《職方機要》四十卷。袁本《後志》卷一地理類第八。右不題撰人姓名。序云：「本新、舊《九域志》，上據歷代史，旁取《左氏》、《水經》、《通典》，且采舊聞，參以小説，黜謬舉真，紬成此書。」其間載政和間事，蓋當時人也。

馬端臨《文獻通考・經籍考・地理》《職方機要》四十卷。

《宋史・藝文志・地理類》程縯《職方機要》四十卷。

輿地廣記

晁公武《郡齋讀書志・地里類》《輿地廣記》三十八卷。袁本前志卷二下地理類第二十四。右皇朝歐陽忞纂。自堯舜以來，至於五代，地里沿革離合，皆繫以今郡縣名。或云無所謂歐陽忞者，特假名以行其書耳。

尤袤《遂初堂書目・地理類》《輿地廣記》。

陳振孫《直齋書録解題・地理類》《輿地廣記》三十八卷。廬陵歐陽忞撰。政和中作，其前三卷以今之郡縣系於前代郡國之下。其序曰：「以今州縣求於漢，則爲郡。以漢郡縣求於三代，則爲州。三代之九州，散而爲漢之六十餘郡，又分而爲今之三百餘州，雖或離或合，不可討究，而吾胸中則已了然矣。」漢郡國一百三，今云六十餘郡，不可曉也。忞爲文忠族孫，行名皆連「心」字。

馬端臨《文獻通考・經籍考・地理》《輿地廣記》三十八卷。

《宋史・藝文志・地理類》歐陽忞《輿地廣記》三十八卷。

楊士奇等《文淵閣書目・古今志》《輿地廣記》。八册。

《四庫全書總目提要・地理類一・總志之屬》《輿地廣記》三十八卷。浙江鮑士恭家藏本。宋歐陽忞撰。晁公武《讀書志》謂實無其人，乃著書者所假託。陳振孫《書録解題》則以爲其書成於政和中。忞，歐陽修從孫，以行名皆連心字爲據。按此書非觸時忌，何必隱名，疑振孫之説爲是。然修，廬陵人，而此本有忞自序，乃自稱廣陵。豈廣、廬字形相近，傳寫致譌歟。其書前四卷，先敘歷代疆域，提其綱要。五卷以後，乃列宋郡縣名，體例特爲清析。其前代州邑，宋不能有，如燕雲十六州之類者，亦附各道之末，名之曰化外州，亦足資考證。雖其時土宇狹隘，不足括輿地之全，而端委詳明，較易尋覽，亦輿記中之佳本也。

黄丕烈《蕘圃藏書題識・史類二》《輿地廣記》三十八卷。校影宋本。此本鈔手惡劣，一依宋刻行款鈔，尚爲善本。余從顧明經抱冲處，假得季侍御滄葦所藏宋本二十一卷，校勘一過。其第十八卷改曰建雄軍，以上全缺，當再訪善本補校，以成完璧。嘉慶戊午十一月冬至後四日，香嚴居士周錫瓚識。初，余借抱冲藏殘宋本二十一卷，校勘於聚珍板本上。苦彼此不對，因借香嚴家舊鈔本相證，知舊鈔與宋刻甚近，特稍有差誤耳。時海甯陳仲魚見而假歸，遂録其副。自後還香嚴，香嚴手校宋刻於上，余復覆之，此戊午年事也。今乙丑冬，香嚴令鈔胥别寫清本，以此爲筆資，易余四金去，持贈鈔手。余前所校聚珍本，已轉歸廬江張太守矣。嘉慶丙寅立春後十日，蕘翁黄丕烈記。

顧廣圻《思適齋書跋・史部》《輿地廣記》三十八卷。宋刻本。歐陽忞《輿地廣記》新刻本，有校勘、札記二卷，大指專爲掊擊朱校而作。

張之洞《書目答問・地理・古地志》《輿地廣記》三十八卷，《札記》二卷。宋歐陽忞。士禮居校本。又聚珍本、福本無札記。

又《輿地廣記》殘本二十一卷。宋刻本。殘宋槧本歐陽忞《輿地廣記》。起十八卷四葉，盡三十八卷五葉，大較存廿一卷。季滄葦藏，有圖記，先後兄抱冲收得。

一統程途

范邦甸等《天一閣書目・地理類》《一統程途》一卷。不著撰人名氏。

國照

鄭樵《通志・藝文略・地里・地理》《國照》十卷。曹臻撰。

《宋史・藝文志・地理類》 曹璠《國照》十卷。

諸州雜記

鄭樵《通志・藝文略・地里・地理》《諸州雜記》八卷。

九丘總要

《宋史・藝文志・地理類》 王日休《九丘總要》三百四十卷。

黄虞稷《千頃堂書目・地理類・補宋》 王日休《九丘總要》三百四十卷。

倪燦等《宋史藝文志補・地理類》 王日休《九邱總要》三百四十卷。

九域賦

黄虞稷《千頃堂書目・地理類・補宋》 潘翼《九域賦》一卷。字雄飛。青田人。

倪燦等《宋史藝文志補・地理類》 潘翼《九域賦》一卷。字雄飛。青田人。

九州圖志

黄虞稷《千頃堂書目・地理類・補宋》 薛季宣《九州圖志》。

倪燦等《宋史藝文志補・地理類》 薛季宣《九州圖志》。

輿地會元

黄虞稷《千頃堂書目・地理類・補宋》 倪樸《輿地會元》。四十卷。浦江人。

倪燦等《宋史藝文志補・地理類》　倪朴《輿地會元》四十卷。浦江人。

地理總括

王圻《續文獻通考・經籍考・地理》　《地理總括》。翁夢得著。

黄虞稷《千頃堂書目・地理類・補宋》　翁夢得《地理總括》。

倪燦等《宋史藝文志補・地理類》　翁夢得《地理總括》。

地理詳辨

黄虞稷《千頃堂書目・地理類・補宋》　唐仲友《地理詳辨》二卷。

倪燦等《宋史藝文志補・地理類》　唐仲友《地理詳辨》二卷。

輿地要覽

《宋史・藝文志・地理類》　李和篪《輿地要覽》二十三卷。

歷代疆域志

陳振孫《直齋書録解題・地理類》　《歷代疆域志》十卷。臨川布衣吴澥撰。

馬端臨《文獻通考・經籍考・地理》　《歷代疆域志》十卷。

王圻《續文獻通考・經籍考・地理》　《宇内辨疆域志》吴澥著。澥，崇仁人。隆興初進士，以朝臣薦召對，孝宗壯之，除太學録。

輿地紀勝

馬端臨《文獻通考・經籍考・地理》　《輿地紀勝》二百卷。

陳振孫《直齋書録解題・地理類》　《輿地紀勝》二百卷。知江寧縣金華王象之撰。蓋以諸郡圖經，節其要略，而山川景物、碑刻詩詠初無所遺，行在宫闕、官寺實冠其首，關河版圖之未復者，猶不與焉。眉山李説齋季允爲之序。

楊士奇等《文淵閣書目・古今志》　《輿地紀勝》三十册。

又　《輿地紀勝》十八册。

黄虞稷《千頃堂書目・地理類・補宋》　王象之《輿地紀勝》二百卷。

張金吾《愛日精廬藏書志・地理類・總志》　《輿地紀勝》二百卷。影寫宋刊本。從錢塘何氏藏宋刊本影寫。宋東陽王象之編。是書敘述詳核，採摭繁富。凡沿革、風俗、形勝、景物、古迹、官吏、人物、仙釋、碑記、詩文，分門臚載。上可作考證地理之資，下可爲登臨題詠之助。其所引書，如《國朝會要》、《中興會要》、《高宗聖政》、《孝宗聖政》、《中興遺史》等書，皆傳本久絶，藉此得考見崖略。

張之洞《書目答問・地理・雜地志》　《輿地紀勝》二百卷。宋王象之。廣州新刻本。闕三十二卷。

皇州郡縣志

《宋史・藝文志・地理類》　范子長《皇州郡縣志》一百卷。

皇朝方域志

陳振孫《直齋書録解題・地理類》　《皇朝方域志》二百卷。東陽布衣王希先撰。凡前代謂之《譜》，十六《譜》爲八十卷。本朝謂之《志》，爲一百二十卷。《譜》敘當時事實，而注以今之郡縣。《志》述今日疆理，而系於古之州國。古今參考，《譜》、《志》互見，地理學之詳明者，無以過此矣。嘉熙二年上于朝，得永免文解。其父玠，本建寧人，己未進士，試詞科不中，頗該洽。希先述其遺稾，以成此書。

馬端臨《文獻通考・經籍考・地理》 《皇朝方域志》二百卷。

嵇璜等《續通志・圖譜略・記元・地理》 王希先《方域譜》。

方輿勝覽

趙希弁《讀書附志・地理類》 《方輿勝覽》四十三卷，後集七卷，續集二十卷。右建安祝穆和父編。新安吕午伯可序。

王圻《續文獻通考・經籍考・地理》 《方輿勝覽》。祝穆著。

楊士奇等《文淵閣書目・古今志》 《方輿勝覽》十册。

《方輿勝覽》二十二册。

錢謙益等《絳雲樓書目・地志類》 祝穆《方輿勝覽》十四册。七十卷。南宋人。穆字和父，建安人。元刻首行標題云《新編方輿勝覽》，宋雕本新編下多四六、必用四字。

黄虞稷《千頃堂書目・地理類・補宋》 祝穆《方輿勝覽》七十卷。字和父，建安人。從朱熹學。所載係東南十七路，西北多缺。

《四庫全書總目提要・地理類一・總志》 《方輿勝覽》七十卷。兩淮鹽政採進本。宋祝穆撰。穆字和甫，建陽人。《建寧府志》載穆父康國，從朱子居崇安。穆少名丙，與弟癸同受業於朱子。宰執程元鳳、蔡抗録所著書以進，除迪功郎，爲興化軍涵江書院山長。是書前有嘉熙己亥吕午序，蓋成於理宗時。所記分十七路，各係所屬府州軍於下，而以行在所臨安府爲首。蓋中原隔絶，久已不入輿圖，所述者惟南渡疆域而已。書中體例，大抵於建置沿革、疆域、道里、田賦、户口、關塞、險要他志乘所詳者，皆在所略。惟於名勝、古蹟多所臚列，而詩賦序記，所載獨備。蓋爲登臨題詠而設，不爲考證而設。名爲地記，實則類書也。然採摭頗富，雖無裨於掌故，而有益於文章。摛藻掞華，恒所引用。故自宋元以來，操觚家不廢其書焉。考葉盛《水東日記》稱元絳閔忠詩石刻在康州，《方輿勝覽》乃載在封州。又誤以爲魏矼作，亦譌數字。幸真跡石刻尚存三洲巖中，則小小舛誤，亦所不免，要不害其大致之詳贍爾。

孫星衍《平津館鑒藏書籍記・地理》 《新編方輿勝覽》七十卷。題建安祝穆和父编，前有嘉熙己亥吕午序、嘉熙己亥祝穆序，所述止南宋版圖。首載建置沿革，次事要，分十八子目，末四六聯句，皆備南京幕府酬應之用。黑口板，每葉小字廿八行，行廿八字。收藏有高卧樓白文方印，臣璐私印朱文方印，半查朱文方印，叢書樓白文長方印，李氏寒香閣藏書記朱文方印。

黄丕烈《百宋一廛書録》 《新編方輿勝覽》。祝穆《方輿勝覽》止南渡半壁天下，不及欒史《太平寰宇記》之全備。然《寰宇記》僅見鈔本，《方輿勝覽》猶有刻本。我輩講求板刻，此書宋本，亦在可珍之列。雖所存者數卷，而字畫之精，楮墨之妙，洵无有過是者。每卷皆有官印一方，雖其文莫辨，尚是宋元舊藏，幸勿以殘本忽之。

于敏中等《天禄琳琅書目・宋版史部》 《方輿勝覽》四函三十二册。宋祝穆編。七十卷。吕午序、祝穆自序、祝洙跋，卷首有引用文集目一卷。書首有咸淳二年六月，福建轉運使司禁止麻沙書坊翻版榜文。祝穆跋爲咸淳丁卯季春，丁卯係咸淳三年，是書當是咸淳二年開雕，成於三年。因洙重訂是書，故禁坊間翻刻舊版。洙稱先君子《方輿勝覽》行於世者三十餘年，版老字漫，遣工新之，重整凡例，分爲七十卷。又云元本拾遺，各入本州之下，新增五百餘條並標出，是此書不盡爲祝穆之舊矣。編次首浙西，訖利州，凡十七路，每州郡分標事要二十門。考穆字和甫，嘗從朱子受業，以儒學昌其家。子洙，寶祐中進士。景定間，爲涵江書院山長。郡守徐直諒薦其趨向不凡，學問有本。《宋史》載吕午字伯可，歙縣人，嘉定時進士，官至中奉大夫。孫齊之氏印無考。孫氏齊之白文卷六。闕補吕序。一目録。九之十二卷一。十九卷三。十九二十卷四。十五十四卷五。八九卷九。七卷十。五卷二十六。七八卷三十八。七卷四十五。十一卷五十八。十。

張金吾《愛日精廬藏書志・地理類・總志》 《新編方輿勝覽》七十卷。舊抄本。宋建安祝穆和父編。

禹貢疆理廣記

趙希弁《讀書附志・地理類》 《禹貢疆理廣記》六卷。右長沙易祓編而爲之説。

燕北金疆地里記

尤袤《遂初堂書目・地理類》 《燕北金疆地里記》。

春秋地譜

馬端臨《文獻通考・經籍考・地理》《春秋地譜》十二卷。

地理叢考

《宋史・藝文志・地理類》薛常州《地理叢考》一卷。

楊士奇等《文淵閣書目・古今志》《地理叢考》。一册。

地理論

《宋史・藝文志・地理類》《地理論》六卷。

地理五龍祕法

《宋史・藝文志・地理類》毛漸《地理五龍祕法》一部。卷亡。

金初州郡志

孫德謙《金史藝文略・地理》《金初州郡志》。無撰人。

郡縣志

楊士奇等《文淵閣書目・古今志》《郡縣志》。二十五册。

地理古鑑

楊士奇等《文淵閣書目・古今志》《地理古鑑》。一册。

西漢地理疏

王圻《續文獻通考・經籍考・地理》《西漢地理疏》六卷。徐天麟著。

詩地理考

王圻《續文獻通考・經籍考・地理》《[詩]地理考》王應麟著。

大元一統志

楊士奇等《文淵閣書目・古今志》《大元大一統志》。一百八十二册。

又《大元大一統志》。六百册。

王圻《續文獻通考・經籍考・地理》《大元一統志》。卜蘭禧、岳鉉等進。

黄虞稷《千頃堂書目・地理類・補元》《大元一統志》一千卷。年卜蘭溪、岳鉉等進。

倪燦等《補遼金元藝文志・地理類》《[元]大一統志》一千卷。集賢大學士孛蘭肹、昭文館大學士岳鉉等進。本有誤孛蘭肹爲卜蘭溪者，得吴氏藏本正之。

錢大昕《補元史藝文志・地理類》《大一統志》七百五十五卷。至元二十八年，集賢大學士札馬剌丁、祕書少監虞應龍等進。

又《大一統志》一千卷。大德七年，集賢大學士孛蘭肹、昭文館大學士祕書監岳鉉等上。

吴壽暘《拜經樓藏書題跋記》卷三 《元大一統志》。元槧《大一統志》殘本，六巨册。自六十五至七百五十一中少九十七卷，僅存三十九卷。全卷二十八，不全卷十一，共四百三番，每番二十行，行二十字，字大悦目。其方域則四川彭州崇甯濛陽、威州通化、茂州、簡州新建、嘉定府路、眉州、沔州、蓬州、重慶路、夔州永康、達州彭水、紹慶路等。先君子跋見《愚谷文存》中。此書有跋云：《竹汀集》跋見南濠朱氏本，凡四百四十三番，每册首有處州路儒學教授印。其方域則河南、湖廣、陝西、浙江等省。元修《一統志》凡二本，一至元二十三年札馬剌丁、虞應龍等修，成於二十八年。七百五十五卷。大德初，復從趙忭請，命卜蘭禧、岳鉉重修。按宫詹所見，蓋非此本。暘謹按：宫詹文集跋又云：史以孛蘭肹爲卜蘭禧，譯音之轉也。第六百十八卷劉易從作陳易從，引《彭州古今録》唐高宗儀鳳三年云云。先君子書條云：按《新唐書・吐蕃傳》二百十六卷。上元三年，攻鄯、廓、河、芳四州，詔周王顯爲洮州道行軍元帥，率工部尚書劉審禮等十二總管等討之。李敬元率審禮擊吐蕃青海上，審禮敗没，無儀鳳三年事，疑工部尚書即易從之父，《一統志》惜未詳其名耳。陳易從，前《古跡門・九女冢》作劉易從，此蓋誤作陳然。《明一統志・名宦》亦誤作陳侯，更考之。敬元，此誤作敬立。《通鑑紀事本末》載劉審禮父子事甚詳，又後易從坐李敬業事云。下書曰：按劉易從事，《舊唐書》謂李敬貞誣搆而死，《新唐書》謂爲酷吏周興誣搆而死。初不言李敬業，且敬業敗於嗣聖元年，至永昌時已五六載，《元一統志》疑有誤。

元輿地要覽

楊士奇等《文淵閣書目・古今志》 《輿地要覽》。三册。

黄虞稷《千頃堂書目・地理類・補元》 郝衡《大元輿地要覽》七卷。

倪燦等《補遼金元藝文志・地理類》 郝衡《大元混一輿地要覽》七卷。

錢大昕《補元史藝文志・地理類》 郝衡《大元混一輿地要覽》七卷。

元混一方輿勝覽

高儒《百川書志・地理》 《方輿勝覽》三卷。宋省軒劉應李編。

錢大昕《補元史藝文志・地理類》 《聖朝混一方輿勝覽》三卷。

吴壽暘《拜經樓藏書題跋記》卷三 《元混一方輿勝覽》。《元混一方輿勝覽》三卷，不著撰人名氏。元槧巾箱本，每葉二十四行，每行大小字俱二十，字畫端楷，紙墨古雅。按《潛研堂文集》跋云：《元混一方輿勝覽》三卷，無撰人名。蓋書肆所刊，其文簡陋，然今時流傳者已少矣。《元史・地理志》大都路領州十，此云州九者，龍慶州本縉山縣，屬上都路之奉聖州，延祐三年始升爲州故也。《成宗紀》至元三十一年，復立平陽之芮城、陵川等縣。蓋元初二縣曾廢，此書澤州無陵川縣，解州無芮城縣，可證其刊於世祖朝。而書中又有冀甯、晉甯之名，係大德中所改，則刊成之後，別有竄易，要皆書肆射利者爲之，而不自知其抵牾也。大甯路有霍州、景州，史志無之，此書亦未詳其沿革，姑記之以俟攷。余今夏得一銅官印，文曰景州之印，當爲河閒路之景州。背文曰「宣課行乙未年三月日造」，無年號，蓋蒙古太宗七年印也。

潘祖蔭《滂喜齋藏書記・史部》 元刻《聖朝混一方輿勝覽》三卷。八册。不題撰人。分上中下三卷，前有水記云：是本凡山川、人物、沿革本末，靡不具載，學士大夫端坐窗几而欲周知天下，操弄翰墨而欲得助江山，不勞餘力，盡在目中，信乎其爲勝覽矣。蓋書肆之所爲也。丁氏《持靜齋目》亦著録，謂其略於形勢，而詳於名勝，然自祝穆《方輿勝覽》已如此矣。丁本首尾序皆不全，此本并無序。

萬邦一覽集

黄虞稷《千頃堂書目・地理類・補元》 滕賓《萬邦一覽集》□卷。

錢大昕《補元史藝文志・地理類》 滕賓《萬邦一覽集》。

古職方録

王圻《續文獻通考・經籍考・地理》 《古職方録》八卷。《松陽志略》。浦江吴萊著。

黄虞稷《千頃堂書目・地理類・補元》　吴萊《古職方録》八卷。

倪燦等《補遼金元藝文志・地理類》　吴萊《古職方録》八卷。

錢大昕《補元史藝文志・地理類》　吴萊《古職方録》八卷。

元郡邑指掌

楊士奇等《文淵閣書目・古今志》　《元郡邑指掌》。十册。

錢大昕《補元史藝文志・地理類》　《郡邑指掌》十册。

地理考異

錢大昕《補元史藝文志・地理類》　汪從善《地理考異》六卷。

地理指掌圖注

金門詔《補三史藝文志・地理類・元》　暢訥《地理指掌圖注》。暢師文父撰。

九州志

王圻《續文獻通考・經籍考・地理》　《九州志》。蕭𣄰著。𣄰，奉元人。博極羣書，讀書南山三十年。

黄虞稷《千頃堂書目・地理類・補元》　蕭𣄰《九州志》。

倪燦等《補遼金元藝文志・地理類》　蕭𣄰《九州志》。

錢大昕《補元史藝文志・地理類》　蕭𣄰《九州志》。

大明志書

王圻《續文獻通考・經籍考・地理》　《大明志》洪武庚戌命儒士魏俊民、黄箎、劉儼、丁鳳、鄭思先、鄭權等編類。

黄虞稷《千頃堂書目・地理類上》　《大明志書》洪武三年令儒士魏俊民、黄箎、劉儼、丁鳳、鄭思堯、鄭樞等類編天下州郡地理形勢、降附顛末，爲書凡行省十二、府一百十、州百八、縣八百八十七、安撫司三、長官司一，東至海，南至瓊崖，西至臨洮，北至北平。本年十二月書成，命秘書監刊行，俊民等皆授以官。

《明史・藝文志・地理類》　《大明志書》洪武三年詔儒士魏俊民等類編天下州郡地理形勢、降附顛末爲書。卷亡。

大明清類天文分野書

楊士奇等《文淵閣書目・古今志》　《大明清類天文分野書》十二册。

祁承㸁《澹生堂藏書目・國志・統志》　《天文分野志六册》二十四卷。

黄虞稷《千頃堂書目・地理類上》　《大明清類天文分野書》二十四卷。其書以十二分野星次，分配天下府縣于郡縣之下，又詳載古今建置沿革之由。洪武十七年閏十月書成，仍頒賜燕、周、楚、齊六王。

寰宇通衢書

楊士奇等《文淵閣書目・國朝》　《寰宇通衢》一部，一册。闕。

晁瑮《晁氏寶文堂書目・圖誌》　《寰宇通衢》舊刻。

黄虞稷《千頃堂書目・地理類上》　《寰宇通衢書》一卷。洪武二十七年九月書成，先是上以輿地之廣，不可無書以紀之，乃命翰林儒臣及廷臣以天下道里之數編類爲書。其方隅之目有八，東距遼東都司陸行爲里三千九百四十四、馬驛六十四、水陸兼行爲里三千四十五、驛四十。又自遼東東北三萬衛，爲驛四、爲里三百六十。西極四川松潘衛，陸行爲里五千五百六十、馬驛九十二、水陸兼行爲里八千三十、驛一百有四。又西南距雲南金齒陸行爲里六千六百四十四。景泰中再命重修。

《四庫全書總目提要・地理類存目一・總志》 《寰宇通衢》一卷。內府藏本。明洪武中官撰。案黄虞稷《千頃堂書目》曰：《寰宇通衢》一卷，洪武二十七年九月書成。先是，太祖以輿地之廣，不可無書以紀之，乃命翰林儒臣以天下道里之數，類編爲書。其方隅之目有八，所言皆與此本合。

洪武誌書

王圻《續文獻通考・經籍考・地理》 《洪武誌書》洪武二十八年成。

天下郡邑

楊士奇等《文淵閣書目・國朝》 《天下郡邑》一部，一册。完全。

又 《天下郡邑》一部，一册。闕。

天下郡邑衙門

楊士奇等《文淵閣書目・國朝》 《天下郡邑衙門》一部，一册。完全。

天下都司衛所

楊士奇等《文淵閣書目・國朝》 《天下都司衛所》一部，一册。完全。

寰宇分合志

黄虞稷《千頃堂書目・地理類上》 徐樞《寰宇分合志》八卷。廣陵人，教諭。

《明史・藝文志・地理類》 徐樞《寰宇分合志》八卷。

英廉奏《全毁書目》 《寰宇分合志》四本。明徐樞撰。

夏原吉天下郡縣志

黄虞稷《千頃堂書目・地理類上》 夏原吉《天下郡縣志》一百卷。

大明一統賦

范邦甸等《天一閣書目・地理類》 《大明一統賦》四卷。刊本序殘。撰人無考。內第二節及二十二節俱已抽毁。

徐𤊹《徐氏家藏書目・總志》 《大明一統賦》一卷。

丁丙《善本書室藏書志・地理類・總志》 《大明一統賦》三卷。明嘉靖刊本。是賦仿亡是公、烏有先生，設爲問答之詞，曰不虛生，曰莫旦氏。分二十三節，總萬餘言，自爲之注。前無序，後有嘉靖丁酉某序。云成化間有莫旦氏者，吴人也，著《大明一統賦》。協辭比事，秩以整；鋪采摛文，沛以贍。而尊聞傳信，又鑿鑿不誣。撫臺蔡半洲翁每爲稱善，間以出示，泰乃請歸郡齋刻之。版印模糊，閱之頗費目力。

大明一統賦補

趙琦美《脈望館書目・史・總志》 《大明一統賦補》一本。

錢謙益等《絳雲樓書目・地誌類》《大明一統賦補》。

寰宇通志

范邦甸等《天一閣書目・地理類》《寰宇通志》二百卷。刊本。

王圻《續文獻通考・經籍考・地理》《寰宇通志》。洪武十三年太祖命儒臣類集天下道里方隅，總爲八目，以便覽閲，景泰七年始成。

張萱等《内閣藏書目録・志乘部》《寰宇通志》四十九册。全。景泰七年，大學士陳公循等奉敕修。闕第八卷。

錢謙益等《絳雲樓書目・地誌類》《寰宇通志》四十册。一百十九卷。景泰中編，準祝穆《方輿勝覽》爲之。先是洪武二十七年，《寰宇通衢》書成，凡分八目，皆紀天下驛道也。一卷。《方輿勝覽》，祝穆字和父撰。

黄虞稷《千頃堂書目・地理類上》《寰宇通志》一百十九卷。景泰七年大學士陳循等奉勅修。

《明史・藝文志・地理類》《寰宇通志》一百十九卷。景泰中修。

張金吾《愛日精廬藏書志・地理類・總志》《寰宇通志》一百十九卷。明景泰刊本。明文淵閣大學士陳循等奉勅撰。成祖時，採録天下郡縣圖經，編纂方始，成祖上賓，更歷三朝，未克竣事。景帝即位，紹述先志，續命纂輯，勒爲成書，爲卷凡一百一十有九，名曰《寰宇通志》。英宗復辟，以其書汎濫，命儒臣約爲《一統志》。自《一統志》行，而是書遂晦。三百年來流傳絶少，故著於録云。

景帝《御製序》景泰七年。

陳循等《進書表》同上。

大明一統志

范邦甸等《天一閣書目・地理類》《明一統志》九十卷。明弘治乙丑慎獨齋刊行。明李賢等奉敕撰。天順五年御製序，卷首有進書表。

王圻《續文獻通考・經籍考・地理》《大明一統志》。天順五年成。初，成祖命儒臣纂修未就，至是命李賢、吕原等重修，凡九十卷。

徐𤊹《徐氏家藏書目・總志》《大明一統志》九十卷。

祁承㸁《澹生堂藏書目・國志・統志》《大明一統志》二十四册。九十卷。

黄虞稷《千頃堂書目・地理類上》《大明一統志》九十卷。天順五年四月吏部尚書李賢，學士彭時、吕原等同修。

《明史・藝文志・地理類》《一統志》九十卷。天順中，李賢等修。

《四庫全書總目提要・地理類一・總志》《明一統志》九十卷。内府藏本。明吏部尚書兼翰林院學士李賢等奉敕撰。案沈文《聖君初政志》，稱洪武三年命儒臣魏俊等六人編類天下郡縣地理形勢，爲《大明志》，今其書不傳。後成祖採天下郡縣圖經，命儒臣纂輯爲一書，亦未及成而中輟。至英宗復辟後，乃命賢等重編。天順五年四月，書成奏進，賜名《大明一統志》。御製序文冠其首，鋟版頒行。考輿志之書出自官撰者，自唐《元和郡縣志》、宋《元豐九域志》外，惟元岳璘等所修《大元一統志》最稱繁博。《國史經籍志》載其目，共爲一千卷。今已散佚無傳，雖《永樂大典》各韻中頗見其文，而割裂叢碎，又多漏脱，不復能排比成帙。惟浙江汪氏所獻書内，尚存原刊本二卷，頗可以考見其體製。知明代修是書時，其義例一仍元志之舊，故書名亦沿用之。其時纂修諸臣，既不出一手，舛譌牴牾，疎謬尤甚。如以唐臨洵爲漢縣，遼無章宗，而以爲陵在三河。金宣宗葬大梁，而以爲陵在房山。以漢濟北王興居爲東漢名宦，以箕子所封之朝鮮爲在永平境内，俱乖迕不合，極爲顧炎武《日知録》所譏。至所摘王安石《處州學記》「地最曠大山長谷荒」之語，則併句讀而不通矣。此本内多及嘉靖、隆慶時所建置，蓋後人已有所續入，亦不盡出天順之舊。我國家辨方定位，首重輿圖，《大清一統志》近復奉詔重修，起例發凡，彌臻盡善。此書之舛略，本無可採；特是職方圖籍，爲有國之常經。歷朝俱有成編，不容至明而獨闕，故仍録存，以備一代之掌故焉。

大明寰宇記

黄虞稷《千頃堂書目・地理類上》《大明寰宇記》一卷。

輿地一覽

黃虞稷《千頃堂書目·地理類上》 曹嗣榮《輿地一覽》十五卷。字繩之，松江人，兵部郎中。（盧補）

《明史·藝文志·地理類》 曹嗣榮《輿地一覽》十五卷。

輿地經

黃虞稷《千頃堂書目·地理類上》 黃省曾《輿地經》一卷。

皇輿考

范邦甸等《天一閣書目·地理類》 《皇輿考》十卷。刊本。明嘉靖丁巳張天復撰并序。

趙琦美《脈望館書目·史·總志》 《皇輿考》一本。

張萱等《内閣藏書目録·志乘部》 《皇輿考》四册全。嘉靖間學憲張天復著。

錢謙益等《絳雲樓書目·地誌類》 《皇輿攷》。

黃虞稷《千頃堂書目·地理類上》 張天復《皇輿考》十二卷。嘉靖間輯。

《明史·藝文志·地理類》 張天復《皇輿考》十二卷。

《四庫全書總目提要·地理類存目一·總志之屬》 《皇輿考》十二卷。副都御史黃登賢家藏本。 明張天復撰。天復號内山，山陰人。嘉靖丁未進士，官至雲南按察司副使，事蹟附見《明史·文苑傳》其子元忭傳中。是書取《閩本志略》稍加潤飾，其自序云：文襄桂公《輿地圖志》、宫諭念菴羅公《廣輿圖》、司馬許公《九邊論》，詞約而事該，故往往引三家之説冠於篇端。文襄桂公者桂萼，念菴羅公者羅洪先，司馬許公者許論也。其大意在規《明一統志》之失，但貪列人物，依然挂一漏萬。至若四至八到，郡縣沿革，皆略而不詳，未爲善本。

天文輿地略

晁瑮《晁氏寶文堂書目·圖誌》 《天文輿地略》。

朱睦㮮《萬卷堂書目·雜志》 《天文輿地略》一卷。

小方輿勝覽

晁瑮《晁氏寶文堂書目·圖誌》 《小方輿勝覽》。

歷代地理指掌

朱睦㮮《萬卷堂書目·雜志》 《歷代地理指掌》一卷。桂萼。

黃虞稷《千頃堂書目·地理類上》 桂萼《歷代地理指掌》四卷。又《大明輿地指掌圖》一卷。嘉靖六年十二月萼爲吏部尚書進呈。《昭代遺聞》云，李默撰。

《明史·藝文志·地理類》 桂萼《歷代地理指掌》四卷。

大明一統志略

徐𤊹《徐氏家藏書目·總志》 《一統志略》十六卷。廖世昭。

祁承㸁《澹生堂藏書目·國志·統志》 《大明一統志略》二册。十六卷。

黃虞稷《千頃堂書目·地理類上》 廖世昭《大明一統志略》十六卷。字師賢，懷安人。正德丁丑進士，海州知州，以病改國子監博士，好讀書，有文名。

《四庫全書總目提要·地理類存目一·總志》 《志略》十六卷。編修汪如藻家藏本。 明廖世昭撰。世昭，福建懷安人。正德丁丑進士，官國子監博士。是書首題南京兵部武庫司刊行，蓋當時官本。前載《周禮・職方氏》九州全文，其後每省爲一圖，而終以四裔。各略載其沿革、山川、人物、古蹟、土産，舛譌闕略，殊無可觀。其四裔一卷，傳聞附會，尤多失真，地志中之最劣者也。

輿圖紀敘

稽璜等《續通志・圖譜略・記有・地理》 明桂萼《輿圖紀敘》。

《四庫全書總目提要・地理類存目一・總志之屬》 《輿圖紀敘》二卷。江西巡撫採進本。明桂萼撰。萼有《桂文襄奏議》，已著録。是編即嘉靖八年爲大學士時所上。首爲總圖，次則兩京十三省各爲一圖，附以四夷圖。但略具兵馬錢糧之總數，併府州縣衛之名亦不具列。所述利病，亦皆敷衍之詞。其奏進疏乃稱，披此圖如祖宗之親歷地方者然。而世宗批答，亦稱其明白要切，具見體國經濟。皆不可解也。

明一統賦

范邦甸等《天一閣書目・地理類》 《明一統賦》補一卷。刊本。不著撰人名氏。

輿地略

朱睦㮮《萬卷堂書目・雜志》 《輿地略》十一卷。蔡汝南。

黄虞稷《千頃堂書目・地理類上》 蔡汝南《輿地略》十一卷。

《明史・藝文志・地理類》 蔡汝楠《輿地略》十一卷。

博物策會

趙琦美《脈望館書目・史・總志》 《博物策會》四本。

徐𤊹《徐氏家藏書目・總志》 《博物策會》十七卷。戴璟。

錢謙益等《絳雲樓書目・地誌類》 戴璟《博物策會》。

郡志遺補

晁瑮《晁氏寶文堂書目・圖誌》 《郡志遺補》。

郡縣地理沿革

朱睦㮮《萬卷堂書目・雜志》 《郡縣地理沿革》十五卷。吴龍。

錢謙益等《絳雲樓書目・地誌類》 《郡縣沿革考》十五卷。吴龍。

黄虞稷《千頃堂書目・地理類上》 吴龍《郡縣地里沿革》十五卷。字豊人。

《明史・藝文志・地理類》 吴龍《郡縣地理沿革》十五卷。

皇輿圖考

趙琦美《脈望館書目・史・總志》 《皇輿圖考》四本。

大明一統志輯

趙琦美《脈望館書目・史・總志》 《大明一統志輯》六本。

徐𤊹《徐氏家藏書目・總志》 《一統志輯》二十卷。張應圖。

錢謙益等《絳雲樓書目・地誌類》 《大明一統志輯》朱竹垞先生《寰宇廣記》甚好，修爲一統志便不佳。

輿圖總覽義例

趙琦美《脈望館書目・史・南直總志》《輿圖總覽義例》一本。

職方鈔

黄虞稷《千頃堂書目・地理類上》 蔡文《職方鈔》十卷。字孚中，龍溪人，嘉靖丁未進士，巡撫貴州，都御史。

《明史・藝文志・地理類》 蔡文《職方鈔》十卷。

都邑便覽

黄虞稷《千頃堂書目・地理類上》 沈位《都邑便覽》。

廣輿記

范邦甸等《天一閣書目・地理類》《廣輿記》二十四卷。刊本。明陸應陽撰，申時行序。

又《廣輿記》二十四卷。刊本。明申時行脩并序。

徐𤊹《徐氏家藏書目・總志》《廣輿記》二十四卷。陸應暘。

祁承㸁《澹生堂藏書目・圖志・統志》《廣輿記》十册。二十四卷，陸應暘。

黄虞稷《千頃堂書目・地理類上》 陸應陽《廣輿記》二十四卷。

《明史・藝文志・地理類》 陸應陽《廣輿記》二十四卷。

郡縣沿革類名

徐圖等《行人司重刻書目・地理類》《郡縣沿革類名》二本。

一統水陸路程

黄虞稷《千頃堂書目・地理類上》《一統水陸路程》八卷。

輿地圖志

黄虞稷《千頃堂書目・地理類上》 沈元華《輿地圖志》三十卷。秀水人。

地理纂要

黄虞稷《千頃堂書目・地理類上》 許聞造《地理纂要》。海寧人。

郡縣釋名

徐𤊹《徐氏家藏書目・總志》《天下郡縣釋名》十五卷。郭子章。

黄虞稷《千頃堂書目・地理類上》 郭子章《郡縣釋名》十六卷。

《明史・藝文志・地理類》 郭子章《郡縣釋名》十六卷。

《四庫全書總目提要・地理類存目一・總志》《郡縣釋名》二十六卷。浙江鮑士恭家藏本。明郭子章撰。子章有《蠙衣生易解》，已著録。其書以郡縣地名一一詮釋其文義，文義可通則略爲訓詁。如福州則云取百順之名，永清則云取邊境永清之類，皆固陋之甚。至不可解者則置而不言，亦何取於釋名乎。

古今郡國名類

黃虞稷《千頃堂書目・地理類上》 郭子章《古今郡國名類》三卷。

《明史・藝文志・地理類》 郭子章《古今郡國名類》三卷。

職方考鏡

黃虞稷《千頃堂書目・地理類上》 盧傳印《職方考鏡》六卷。

《明史・藝文志・地理類》 盧傳印《職方考鏡》六卷。

輿圖摘要

馬國翰《玉函山房藏書簿録・史編・地理類》 《輿圖摘要》十五卷。豹變齋本。明李日華撰。此及官制、備考，皆擬史而作。

秦漢圖記

祁承㸁《澹生堂藏書目・圖志》 《秦漢圖記》二册。十二卷。郭子章合刊《三輔黃圖》六卷、《西京雜記》六卷。

黃虞稷《千頃堂書目・地理類上》 梁義卿《秦漢圖記》十二卷。

一統名勝志

黃虞稷《千頃堂書目・地理類上》 曹學佺《一統名勝志》一百九十八卷。

《明史・藝文志・地理類》 曹學佺《一統名勝志》一百九十八卷。

輿地名勝志

《四庫全書總目提要・地理類存目一・總志》 《輿地名勝志》一百九十三卷。江蘇巡撫採進本。明曹學佺撰。學佺有《易經通論》，已著録。學佺以博洽聞，著述甚富。是書則由雜採而成，頗無倫次。時亦舛謬，又多不著出典，未爲善本。

輿圖考

徐𤊹《徐氏家藏書目・總志》 《輿圖考》一卷。建陽袁中道。

黃虞稷《千頃堂書目・地理類上》 袁中道《輿圖考》一卷。

地理圖會

祁承㸁《澹生堂藏書目・圖志・統志》 《地理圖會》二册。十四卷。王圻載《三才考》。

輿地要略

祁承㸁《澹生堂藏書目・圖志・通志》 《輿地要略》二卷。屠隆鴻苞本。

新域編

祁承㸁《澹生堂藏書目・圖志・郡志》 《新域編》。

曹學佺郡縣釋名

祁承㸁《澹生堂藏書目·圖志·通志》《郡縣釋名》十五册。十五卷。曹學佺。

方輿勝覽

祁承㸁《澹生堂藏書目·圖志》《方輿勝覽》一册。二卷。

南京至北京驛道方面

楊士奇等《文淵閣書目·舊志》《南京至北京驛道方面》一册。

黄虞稷《千頃堂書目·地理類上》《南京至北京驛道方面》一册。

寰中一覽

錢謙益等《絳雲樓書目·地誌類》《寰中一覽》五册。

黄虞稷《千頃堂書目·地理類上》《寰中一覽》五册。

郡縣同名考

錢謙益等《絳雲樓書目·地誌類》《郡縣同名考》。

郡邑纂類

黄虞稷《千頃堂書目·地理類上》伊乘《郡邑纂類》。

郡邑沿革

黄虞稷《千頃堂書目·地理類上》胡槐《郡邑沿革》。

輿圖考

黄虞稷《千頃堂書目·地理類上》屠焯《輿圖考》。秀水人。

職方紀略

黄虞稷《千頃堂書目·地理類上》唐景亮《職方紀略》。

目營小輯

黄虞稷《千頃堂書目·地理類上》陸化熙《目營小輯》四卷。

《四庫全書總目提要·地理類存目一·總志之屬》《目營小輯》四卷。浙江鮑士恭家藏本。明陸化熙撰。化熙有《詩通》，已著録。是書以十三省布政司爲綱，繫以所屬府州縣衛所。凡土貢之宜、鹽課之增損、屯田之税鈔，悉隨地詮敘。至太僕寺、行太僕寺，并各苑馬寺監馬數增耗，及邊關堡寨之廢置，武弁員額駐屯之處，多有《明會典》所未載者。前有自序，題辛酉仲夏。辛酉爲天啓元年，而書中永平府條下有天啓五年八月現在官兵十一萬七千八十六員名、馬騾駝牛五萬三千八百五十二匹隻，及所支月餉數，則序作於辛酉，書成又在乙丑後矣。其曰目營者，自序謂取目若營四海之意，蓋亦有志時務者也。

地里日鈔

黃虞稷《千頃堂書目・地理類上》 柯夏卿《地里日鈔》。

方輿勝覽

黃虞稷《千頃堂書目・地理類上》 馮如京《方輿勝覽》。

方輿勝覽

黃虞稷《千頃堂書目・地理類上》 程百一《方輿勝覽》。

方輿勝略

黃虞稷《千頃堂書目・地理類上》 江方度《方輿勝略》十八卷。

直省路程考

黃虞稷《千頃堂書目・地理類上》 《直省路程考》二卷。

地圖綜要

黃虞稷《千頃堂書目・地理類上》 吴學儼《地圖綜要》三卷。

地圖總要

嵇璜等《續通志・圖譜略・記有・地理》 朱紹本《地圖總要》。

輿地圖考

軍機處《禁毁書目》 《輿地圖考》三本。查《輿地圖考》係明程道生撰，內九邊一卷，語多指斥，應請銷燬。

肇域志

丁丙《善本書室藏書志・地理類・總志》 《肇域志》二册。鈔本。 前有崑山顧炎武自序云：此書自崇禎己卯起，先取《一統志》，後取各省府州縣志，又取二十一史，參互書之。凡閱志書一千餘部。本行不盡，則注之旁；旁又不盡，則別爲一集，曰備録。年來餬口，未遑刪訂，以成一家之書。歎精力之已衰，懼韋編之莫就，庶後之人有同志者續而傳之，俾區區二十餘年之苦心不終泯没爾。後嘉慶五年，錢塘梁同書識云：此志不甚傳於世，今爲許君周生得之，可寶也。儀徵阮元又識云：此《肇域志》稿，未成之書。其志願所規畫者甚大，而《方輿紀要》實能成其志。程瑶田識云：《肇域志》外間流傳轉寫者，止山東布政司一屬，餘偏訪無之。許君得其手稿二十册，(繩)[蠅]頭細書，闕者北直隸及江西、四川兩布政司耳。此書未經脱稿，世間當無第二本矣。桐城胡虔又識云：是書每本計四十餘葉，葉三十行，行五十餘字，小如蠅頭，無一率筆，每行夾縫旁註之字尤精妙。姚椿識云：惜乎！阮公撫浙時不以屬詁經精舍諸人士一編校也。許慶宗自記云：乾隆五十八年，得先生手稿於粵東李氏，蓋李之先自吴門購歸者。咸豐間，溧陽繆武烈公官浙西，從許氏後人季仁優貢借録一部，閲三月始成，凡百三十餘萬言。任校讐者，周白山、胡培系也。未幾遭庚申之亂，繆公殉難，許氏書先質柴垛橋許辛泉家，書益不可問矣。同治甲子，左文襄公克復浙省，即就辛泉屋爲行臺，余謁見時述及所遺書多不全，當時惜未之請檢也。此胡培系司校讐時專録浙江布政司一屬，偶逃劫火，特借而録之，以存什一，亦敬恭桑梓之意也。

天下郡國利病書

《四庫全書總目提要・地理類存目一・總志》《天下郡國利病書》一百二十卷。兩江總督採進本。國朝顧炎武撰。炎武有《左傳杜解補正》，已著録。是書蓋雜取天下府州縣志書，及歷代奏疏文集，竝明代《實録》，輯録成編。其中採掇舊文，同異兼收，閒有矛盾之處，編次亦絶無體例，蓋未成之稾本也。

黄丕烈《蕘圃藏書題識・史類二》《天下郡國利病書》三十四册。稾本。乾隆己酉九秋，友人張秋塘以《天下郡國利病書》原稿示余，共三十四册，曰：此亭林真跡也。余留閲至山東省，見卷首葉不全，書中文義亦有殘闕。還之。往晤秋塘，云：是書是樓舊物，後歸顧、歸王，此乃得自王蓮涇家，其殘闕者，安知非即亭林序所云「亂後多有散佚」者乎？時書歸蔣春臯，余甚悔前此之不即收也。壬子秋，有五柳居書友攜是書來，亟以數十金易之。是書本數與《蘇州府志・藝文門》載「傳寫本三十四册」之説相合，每本旁有小數一至三十四，唯缺第十四本。今之强分十五爲十四者，定係後人僞作。每本部葉標某省或某府字樣。次序先後起自北直，而蘇、松、常、鎮、江甯、廬州、安慶、鳳、甯、徽、淮、徐、揚，河南、山東、山西、陝西、四川、浙江、江西、湖廣、福建、廣東、廣西、雲南、貴州、交趾、西南夷、九邊四夷而止。他省不分府，南直獨分者，亭林籍南直，紀載加詳故也。每本有「備録」字。案《肇域志》序有云：本行不盡，則注之旁，旁又不盡，則别爲一集，曰備録。則此書與《肇域志》相出入，否則如《利病書序》所云：「有得即録，共成四十餘帙，一爲輿地之記，一爲利病之書，兩書本合而存之與。《府志》載是書爲一百卷，而外閒傳寫又分一百二十卷，今觀原稿，並無卷次，則分卷之説，俱不足信。且各省先後，傳寫本不復如原稿次第，即所缺之第十四本，或居十三本河南省之後，而缺在河南，或居十五本山東省之前，而所缺在山東，皆不得而知之也。今十五本從「新店淺」云云起，決非完書。傳寫本山東省缺起處數葉，河南省亦於起處多兩葉，余爲録入。其本數已分三十四爲六十，有原稿部葉别之，仍可弗亂。

黄丕烈《蕘圃藏書題識再續録・史類》《天下郡國利病書》不分卷。稿本。

張之洞《書目答問・地理・今地志》《天下郡國利病書》一百二十卷。顧炎武。活字版本。不善。

歷代輿地徵信編殘本

《四庫全書總目提要・地理類存目一・總志》《歷代輿地徵信編殘本》六卷。兩江總督採進本。國朝錢邦寅撰。邦寅字馭少，丹徒人。是編成於雍正中，前無總目，不知原本卷帙幾何。此所存殘稾題曰前集，自第一卷至第四卷，敘歷代疆域分合。第五卷至第六卷之上半，爲形勝紀略。第六卷之下半爲水道紀略，以下則全佚焉。其考據議論，亦頗博辨，而脱落斷爛，即此所存之六卷已不盡可讀矣。

南懷仁坤輿圖説

嵇璜等《清通志・圖譜略・臣下地理》《南懷仁坤輿圖説》。謹按：是書上卷自坤輿至人物，分十五條，皆言地之所生。下卷載海外諸國道里、山川、民風、物産，分爲五大州，而終以西洋七奇圖説。

閲史津逮

《四庫全書總目提要・地理類存目一・總志》《閲史津逮》。無卷數。江西巡撫採進本。國朝朱約淳撰。約淳字博成，餘姚人。順治辛丑進士，官泰安縣知縣。是書以閱史不諳地理，無由識其形勢，乃考訂往牒，正其舛譌，各繪以圖。前有自序，稱首《禹貢》，從其朔也。職方所載，代有殊名，作歷代疆域圖十有一。海寓瓜分，英雄角逐，作歷代割據圖八。行臺分建，元創明因，作省會圖十有七。玉門西限，長城北起，作九邊圖十有一。羌人畢至，百粵胥通，作鎮番圖二、鎮蠻圖三。神京都燕，輸將及焉，作漕河海運圖各一。古河北播，今通淮泗，作黄河圖一。文命四敷，明堂咸享，作域外圖九。既有省會，必詳分野，作天文圖一。今考其省會圖内有北直隸、南直隸等圖，福建省圖尚無臺灣、澎湖，蓋成於明之末年，入國朝未及改修云。

讀史方輿紀要

耿文光《萬卷精華樓藏書記・地理類七》 《讀史方輿紀要》一百三十卷，《輿圖勝覽》四卷。國朝顧祖禹撰，彭元瑞注。敷文閣本，龍萬育刊。前有景范自序三首，熊開元、吴興祚、彭士望、魏禧四序，凡例二十六則。是書皆取正史，故書名冠以「讀史」。原刻本最佳，龍刻活字本不善。是書以古今之方輿，衷之於史，即以古今之史，質之於方輿，故曰《讀史方輿紀要》。《地理志》始於班固，最爲雅馴。劉昭補後漢郡國，參入古今地名，爲功不少，所惜微有謬誤耳。《晉志》僅存郛郭，《齊志》略標形勢，沈約州郡詳而未精，魏收墜形穢而不備。《隋志》兼及梁、陳、齊、周，裨益頗多而經緯未盡。劉昫《唐志》略於天寶以後，歐陽氏略於天寶以前，功過不相掩也。五代史薛志曾見數條，較歐志頗勝。歐志無乃過略，與宋志詳略失倫。遼、金二志，金志差勝。國初元志缺漏，又在宋志之下，是書本之正史，他書所見亦節取焉。

增訂廣輿記

《四庫全書總目提要・地理類存目一・總志》 《增訂廣輿記》二十四卷。兩江總督採進本。國朝蔡方炳撰。方炳字九霞，號息關，崑山人。明山西巡撫懋德之子也。是編因明陸應暘《廣輿記》而稍删補之，大抵鈔撮《明一統志》，無所考正。自列其父於人物中，亦乖體例。懋德不愧於人物，宜待天下後世記之，不可出自方炳。方炳自作家傳，亦無不可。特不可載於輿記也。

分野

錢曾《讀書敏求記・地理輿圖》 《分野》一卷。以九州配周天度數，而以十二時分十二分野，各隸之以二十八宿，離之合之，規布星辰于指掌之中，真奇書也。

大地山河圖說

丁立中《八千卷樓書目・地理類・總志》 《大地山河圖說》一卷。國朝孫蘭撰。刊本。

皇輿表

嵇璜等《清通志・圖譜略・地理》 《皇輿表》。謹按：《坤輿圖志》前史率多舛訛，康熙十八年特命儒臣詳加考正，易圖爲表，瞭如指掌。嗣因幅員日廣，外藩、屬國次第歸誠，如喀爾喀、青海諸部，無不稱臣向化，比於郡縣。復奉敕考其山川、封域，增列於編，以補原書之所未載。

古今約說

《四庫全書總目提要・地理類存目一・總志》 《古今約說》。無卷數。兩江總督採進本。國朝邵元龍編。自署曰古九峯，蓋松江人也。其書節鈔古今輿地故實詩文，排輯成編，漫無體例。兼有塗乙空闕處，猶未完之稿也。

山河兩戒考

《四庫全書總目提要・地理類存目一・總志》《山河兩戒考》十四卷。安徽巡撫採進本。國朝徐文靖撰。文靖有《禹貢會箋》，已著録。星野之説，見於《周禮・保章氏》，以星土辨九州之地。所封封域，皆有分星，以觀妖祥。鄭康成註云：大界則九州。州中諸國之封域，於星亦有分焉，其書亡矣。堪輿雖有郡國所入度，非古數也。如鄭氏所言，以九州爲大限，而諸國地域遠於國都者，其上應之星自不得盡同，是星野不主列國而主乎其地。《漢書・地理志》於漢時郡縣略著梗概，至唐而僧一行又據山河以分，於義尤近。然其説有云，魏徙大梁則西河合於東井，秦拔宜陽而上黨入於輿鬼，彼此遷就，益涉支離。特其文辭綜博，足以自達所見，故後代言分野者悉宗之。文靖廣採羣書以爲之註，此八卷是也。自卷九至卷十四則文靖所續補，亦引羣書爲之註。自漢以降，星野之書已亡。説者徒就《春秋》内外傳，以其所及，推其所不及。牽合附會，皆所不免。是書雖詳於考古，不涉占驗，然博引曲證，以資談論則可，於實用毫無所當也。

[乾隆]清一統志

清敕撰《國朝宮史・書籍九・志乘》《大清一統志》一部。聖祖仁皇帝命纂。《大清一統志》以京師各省、外藩、蒙古、蒙古屬國、朝貢諸國爲經，分類二十有六爲緯，曰圖，曰表，曰疆域，曰分野，曰建置沿革，曰形勢，曰風俗，曰城池，曰學校，曰户口，曰田賦，曰職官，曰山川，曰古蹟，曰關隘，曰津梁，曰隄堰，曰陵墓，曰祠廟，曰寺觀，曰名宦，曰人物，曰流寓，曰列女，曰仙釋，曰土産，凡三百五十六卷。乾隆九年，告成校刊。

[乾隆]續修清一統志

《四庫全書總目提要・地理類一・總志》《大清一統志》五百卷。乾隆二十九年奉敕撰。是書初於乾隆八年纂輯成書。每省皆先立統部，冠以圖表，首分野、次建置沿革、次形勢、次職官、次户口、次田賦、次名宦，皆統括一省者也。其諸府及直隸州又各立一表，所屬諸縣系焉。皆首分野、次建置沿革、次形勢、次風俗、次城池、次學校、次户口、次田賦、次山川、次古蹟、次關隘、次津梁、次堤堰、次陵墓、次寺觀、次名宦、次人物、次流寓、次列女、次仙釋、次土産，各分二十一門，共成三百四十二卷。而外藩及朝貢諸國，别附録焉。迨乾隆二十年，天威震疊，平定伊犁，拓地二萬餘里，爲自古輿圖所未紀。而府州縣之分併改隸，與職官之增減移駐，亦多與舊制異同。乃特詔重修，定爲此本。嗣乾隆二十八年，西域愛烏罕霍罕、啟齊玉蘇、烏爾根齊諸回部，滇南整欠、景海諸土目，咸相繼内附。乾隆四十年，又討定兩金川，開屯列戍，益廣幅員。因竝載入簡編，以昭大同之盛軌。蓋版圖廓於前，而蒐羅彌博。門目仍其舊，而體例加詳。一展卷而九州之砥屬，八極之會同，皆可得諸指掌間矣。昔唐分天下爲十道，隴右道本居第六，李吉甫《元和郡縣志》乃退列爲第十，以其地已陷没吐蕃故也。宋之疆域最狹，歐陽忞《輿地廣記》其於所不能有者，别立化外州之名，已爲巧飾。至祝穆《方輿勝覽》，則併淮北亦不及一字矣。蓋衰弱之朝，土宇日蹙，故記載不得不日減。聖明之世，畈章日擴，故編摩亦不得不日增。今志距詔修舊志之時僅數十載，而職方所隸已非舊志所能該。威德遐宣，嚮從景附，玆其明驗矣。虞舜益地之圖，僅區九州爲十二，又何足與昭代比隆哉。

張之洞《書目答問・地理・今地志》《大清一統志》五百卷。乾隆二十九年敕續編。殿本。乾隆八年本止三百四十二卷。

元和郡縣補志

周中孚《鄭堂讀書記補逸・地理類一・總志》《元和郡縣補志》。不分卷數。蒲盧學舍刊本。

欽定三流道里表

丁立中《八千卷樓書目・地理類・總志》《欽定三流道里表》不分卷。乾隆四十五年阿桂等奉敕撰。刊本。

方輿新鈔

周中孚《鄭堂讀書記補逸·地理類一·總志》《方輿新鈔》十二卷。國朝張朱梅撰。

晉書地理志新補正

周中孚《鄭堂讀書記補逸·地理類一·總志》《晉書地理志新補正》五卷。國朝畢沅撰。

欽定五軍道里表

丁立中《八千卷樓書目·地理類·總志》《欽定五軍道里表》十八卷。乾隆四十四年史夢琦等奉敕撰。刊本。

補三國疆域志

周中孚《鄭堂讀書記補逸·地理類一·總志》《補三國疆域志》二卷。國朝洪亮吉撰。

東晉疆域志

周中孚《鄭堂讀書記補逸·地理類一·總志》《東晉疆域志》四卷。更生齋全集本。亦洪亮吉撰。

十六國疆域志

周中孚《鄭堂讀書記補逸·地理類一·總志》《十六國疆域志》十六卷。

新斠注地理志

周中孚《鄭堂讀書記補逸·地理類一·總志》《新斠注地理志》十六卷。岑陽官舍刊本。國朝錢坫撰。

實録事跡

嵇璜等《清通志·圖譜略·御定地理》《實録事跡》。命將軍等臣詳考道里形勢，按圖增補，且拓爲大圖，於聖武豐功標注地名之右，恭紀太祖、太宗親征，及遣諸王貝勒等征討輪蹏所及之地。計圖一百四十有四，列聖開創丕基，山川疆域，釐然可考。恭繹御製鴻篇，所以述祖烈而示來兹，誠可永垂不朽矣。

歷代地理韻編今釋

李慈銘《越縵堂讀書記·地理類》《歷代地理韻編今釋》。清李兆洛撰。李申耆《歷代地理韻編今釋》，用力甚勤，頗稱完密。今日偶取閱之，蓋不無漏舛。如西城下失注「北魏縣荆州東恆農郡」，以《魏書·地形志》於此「城」字誤作「域」，李氏遂於入聲十三職中別出「西域」一縣，不知魏收於此縣下，明注二漢屬漢中，晉屬魏興，則其爲西城無疑，且亦萬無以西域名縣之理。惟不知此即西城，遂并東恆農亦迷其處，以爲今河南南陽府内鄉縣地，不知在今陝西興安府、湖北鄖陽府接壤之竟也。地理之學，紛如亂絲，誠理董爲難矣。又今直隸之定州，始於北魏道武帝天興三年，由安州改，歷齊、周，隋初皆因之，而李氏以爲始於唐，亦誤。大凡著述不能無誤，以閻百詩之博學强識，自誇爲不漏不誤，錢竹汀猶笑之，況他人乎？然著書以地理及金石爲尤難，如宋人王象之《輿地碑目》，余嘗隨手翻得一葉，其江陰軍下云，「崇聖院銅鐘銘，唐太子宏冀所置。」案此乃南唐元宗之太子，後主之兄，謚爲文獻者，王氏蓋誤認爲高宗之太子宏，故列於開元天寶之上，不知高宗太子是單名宏，此在江陰，必南唐所置者也。又近人劉寶楠《漢石例》一書，亦爲精覈，余亦嘗偶一翻之，其二千石稱碑例中，列竹邑侯相張壽碑，不知竹邑是縣名，漢晉之制，縣爲侯國者，其令長亦稱相，張壽乃縣長，非郡國守相秩二千石也。此皆史學之最淺者，失之眉睫，愈見其難。光緒丁丑（一八七七）二月初五日。

皇朝輿地韻編

張之洞《書目答問・地理・今地志》《皇朝地輿韻編附輿圖》一卷。字兆洛，江寧屬本。

佚名輿地略

丁立中《八千卷樓書目・地理類・總志》《輿地略》一卷。不著撰人名氏。抄本。

括地略

丁立中《八千卷樓書目・地理類・總志》《括地略》一卷。不著撰人名氏。抄本。

皇輿圖説

朱記榮《國朝未刊遺書志略・史目》《皇輿圖説》四十八卷。嘉興錢儀吉。

新譯地理備考

張之洞《書目答問・地理・外紀》《新譯地理備考》十卷。西洋瑪吉士，海山仙館本。

光緒府廳州縣歌

丁立中《八千卷樓書目・地理類・總志》《光緒府廳州縣歌》一卷。不著撰人名氏。刊本。

都會郡縣分部

北京市

析津志典

楊士奇等《文淵閣書目・古今志》《析津志典》。三十四册。

黄虞稷《千頃堂書目・地理類補・元》 熊自得《析津志典》。字夢祥，豐城人，崇文監丞。

倪燦等《補遼金元藝文志・地理類》 熊自得《析津志典》。字夢祥，豐城人，崇文監丞。

錢大昕《補元史藝文志・地理類》 熊自得《析津志典》。字夢祥，豐城人，崇文監丞。

北平志

楊士奇等《文淵閣書目・舊志》 《北平志》。二册。

黄虞稷《千頃堂書目・地理類上》 《北平志》四卷。

北平圖志

楊士奇等《文淵閣書目・舊志》 《北平圖志》。一册。

北平八府志

黄虞稷《千頃堂書目・地理類上》 劉崧《北平八府志》三十卷。

《明史・藝文志・地理類》 劉崧《北平八府志》三十卷。

北平府圖志

楊士奇等《文淵閣書目・舊志》 《北平府圖志》。一册。

黄虞稷《千頃堂書目・地理類上》 《北平府圖志》。一册。

順天府志

楊士奇等《文淵閣書目・新志》 《順天府志》。一册。

趙琦美《脈望館書目・史・北直》 《順天府志》。八本。

[萬曆]順天府志

徐𤊹《徐氏家藏書目・北直隸》 《順天府志》六卷。沈應文。

張萱等《内閣藏書目録・志乘部・北直隸》 《順天府志》。六册。全。萬曆癸巳，京兆尹沈應文修。又六册，全。同前。

祁承㸁《澹生堂藏書目・圖志・郡志》 《順天府志》。六册。六卷。

黄虞稷《千頃堂書目・地理類上》 沈應文《順天府志》六卷。萬曆癸巳年修。

《明史・藝文志・地理類》 沈應文《順天府志》六卷。

《四庫全書總目提要・地理類存目三・都會郡縣之屬》 《順天府志》六卷。兩淮馬裕家藏本。明謝杰撰，沈應文續成之。杰有《使琉球録》，已著録。應文字徵甫，餘姚人。隆慶戊辰進士，官至南京吏部尚書。是書成於萬曆癸巳，頗爲簡略。所立金門圖、京兆圖諸名，粉飾求新，尤明季纖佻之習。

宛平縣圖志

楊士奇等《文淵閣書目・舊志》 《宛平縣圖志》。二册。

黄虞稷《千頃堂書目・地理類上》 《宛平縣圖志》。一册。

宛平縣志

楊士奇等《文淵閣書目・新志》 《宛平縣志》。

孤竹志

徐㶷《徐氏家藏書目・北直隸》《孤竹志》六卷。撫寧。

昌平縣圖志

楊士奇等《文淵閣書目・舊志》《昌平縣圖志》。二册。

黄虞稷《千頃堂書目・地理類上》《昌平縣圖志》。二册。明初修。

昌平縣志

楊士奇等《文淵閣書目・新志》《昌平縣志》。

[隆慶]昌平志

徐㶷《徐氏家藏書目・北直隸》《昌平州志》八卷。

張萱等《内閣藏書目録・志乘部・北直隸》《昌平志》。四册。全。隆慶間，郡人崔學履修。

祁承㸁《澹生堂藏書目・圖志・州志》《昌平州志》。四册。八卷。崔學履。

黄虞稷《千頃堂書目・地理類上》崔學履《昌平州志》。隆慶間修。

[康熙]昌平州志

丁立中《八千卷樓書目・地理類・都會郡縣》[康熙]《昌平州志》二十六卷。國朝潘問奇撰。刊本。

隆慶州志并永寧志

楊士奇等《文淵閣書目・新志》《隆慶州志》并《永寧志》。三册。

[嘉靖]隆慶志

范邦甸等《天一閣書目・地理類》《隆慶志》十卷。刊本。明謝庭社編。

[成化]延慶州志

張萱等《内閣藏書目録・志乘部・北直隸》《延慶州志》。三册。全。成化乙未，州人蘇乾修。

祁承㸁《澹生堂藏書目・圖志・州志》《延慶州志》。三册。九卷。蘇乾輯。

黄虞稷《千頃堂書目・地理類上》蘇乾《延慶州志》。成化乙未修。郡人。

懷柔縣志

楊士奇等《文淵閣書目・新志》《懷柔縣志》。

張萱等《内閣藏書目録・志乘部・北直隸》《懷柔縣志》。一册。莫詳編纂姓氏。鈔本。

黄虞稷《千頃堂書目・地理類上》《懷柔縣志》。不詳撰人。

懷柔縣志略

張萱等《内閣藏書目録・志乘部・北直隸》《懷柔縣志略》。二册。全。莫詳編纂姓氏。鈔本。

黄虞稷《千頃堂書目・地理類上》《懷柔縣志略》。

密雲縣圖志

楊士奇等《文淵閣書目・舊志》《密雲縣圖志》。二册。

密雲縣志

楊士奇等《文淵閣書目・新志》《密雲縣志》。

趙琦美《脈望館書目・史・北直》《密雲縣志》。二本。

[萬曆]密雲縣志

張萱等《内閣藏書目録・志乘部・北直隸》《密雲縣志》。二册。全。萬曆戊寅，郡人劉效祖修。

祁承㸁《澹生堂藏書目・圖志・邑志》《密雲縣志》。二册。十七卷。劉效祖輯。

黄虞稷《千頃堂書目・地理類上》劉效祖《密雲縣志》。萬曆間修。

順義縣圖志

楊士奇等《文淵閣書目・舊志》《順義縣圖志》。二册。

順義縣志

楊士奇等《文淵閣書目・新志》《順義縣志》。

[隆慶]順義縣志

趙琦美《脈望館書目・史・北直》《順義縣志》。四本。

張萱等《内閣藏書目録・志乘部・北直隸》《順義縣志》。四册。全。隆慶壬寅，邑令靳東齊修。又四册，全。同前。

黄虞稷《千頃堂書目・地理類上》靳東齊《順義縣志》。隆慶壬寅修。

平谷縣圖志

楊士奇等《文淵閣書目・舊志》《平谷縣圖志》。二册。

平谷縣志

楊士奇等《文淵閣書目・新志》《平谷縣志》。

[嘉靖]平谷縣志

趙琦美《脈望館書目・史・北直》《平谷縣志》。三本。

張萱等《内閣藏書目録・志乘部・北直隸》《平谷縣志》。三册。全。嘉靖壬申，縣令劉愛修。又三册，全。同前。

黄虞稷《千頃堂書目・地理類上》劉愛《平谷縣志》。嘉靖壬申修。令。

通州圖志

楊士奇等《文淵閣書目・舊志》《通州圖志》。二册。

通州志

趙琦美《脈望館書目・史・北直》《通州志》。四本。

順天府通州志

范邦甸等《天一閣書目・地理類》《順天府通州志》八卷。刊本。明沈明臣纂，王世貞序。

[嘉靖]通州志略

范邦甸等《天一閣書目・地理類》《通州志略》十三卷。刊本。明嘉靖己酉，郡人楊行中纂輯并序，知州汪有執後序。

張萱等《内閣藏書目録・志乘部・北直隸》《通州志略》。一册。嘉靖己酉，州人楊行中修。

黄虞稷《千頃堂書目・地理類上》楊行中《通州志略》。嘉靖己酉修。州人。

漷縣圖志

楊士奇等《文淵閣書目・舊志》《漷縣圖志》。二册。

漷縣志

楊士奇等《文淵閣書目・新志》《漷縣志》。

[萬曆]漷縣志

趙琦美《脈望館書目・史・北直》《漷縣志》。二本。

張萱等《内閣藏書目録・志乘部・北直隸》《漷縣志》。二册。全。萬曆癸巳，邑令魏之幹修。

黄虞稷《千頃堂書目・地理類上》魏之幹《漷縣志》。萬曆癸巳修。令。

大興縣圖志

楊士奇等《文淵閣書目・舊志》《大興縣圖志》。一册。

黄虞稷《千頃堂書目・地理類上》《大興縣圖志》。二册。

大興縣志

楊士奇等《文淵閣書目・新志》《大興縣志》。

房山縣圖志

楊士奇等《文淵閣書目・舊志》《房山縣圖志》。一册。

房山縣志

楊士奇等《文淵閣書目・新志》《房山縣志》。

趙琦美《脈望館書目・史・北直》《房山志》。二本。

[萬曆]房山縣志

張萱等《内閣藏書目録・志乘部・北直隸》《房山縣志》。二册。全。萬曆癸未，訓導黄榜修。又二册，全。同前。

黄虞稷《千頃堂書目・地理類上》黄榜《房山縣志》。萬曆癸未修。訓導。

良鄉縣圖志

楊士奇等《文淵閣書目・舊志》《良鄉縣圖志》。二册。

良鄉縣志

楊士奇等《文淵閣書目・新志》《良鄉縣志》。

趙琦美《脈望館書目・史・北直》《良鄉縣志》。四本。

[萬曆]良鄉縣志

徐圖等《行人司重刻書目・地理類》《良鄉縣志》。二本。

張萱等《内閣藏書目録・志乘部・北直隸》《良鄉縣志》。二册。全。萬曆庚寅，邑令余鏜修。

黄虞稷《千頃堂書目・地理類上》余鏜《良鄉縣志》。萬曆庚寅修。邑令。

上海市

[紹熙]雲間志

《宋史・藝文志・地理類》楊潛《雲間志》三卷。

楊士奇等《文淵閣書目・舊志》《雲間志》。三册。

阮元《四庫未收書目提要・地理類》《雲間志》三卷。宋楊潛撰，見《宋史・藝文志》。按雲間即今江南之華亭縣，在宋時兼今松江全郡之地。此志體例繁簡得中，不讓宋人會稽、新安諸志。書成于紹熙四年，而知縣題名，載至淳祐八年而止，則張穎以下三十人，是後人所續。又進士題名，載至寳祐元年姚勉榜錢拱之而止，則慶元五年趙汝詒以下二十四人，亦後人續入也。又載樓鑰等記，並爲後人所增。考之元徐碩《至元嘉禾志》，華亭一縣，全取是書中語，知潛此志，爲當時所重矣。

雲間通志

《明史・藝文志・地理類》 錢岡《雲間通志》十八卷。

雲間志略

英廉奏《全燬書目》 《雲間志略》。八本。明何三畏撰。

松江府圖志

楊士奇等《文淵閣書目・舊志》 《松江府圖志》。一册。

松江郡志

楊士奇等《文淵閣書目・舊志》 《松江郡志》。四册。

黃虞稷《千頃堂書目・地理類下》 劉蒙《松江郡志》八卷。四明人。松江教授。（盧補）

倪燦等《補遼金元藝文志・地理類》 劉蒙《松江郡志》八卷。四明人。松江教授。大德中脩。

錢大昕《補元史藝文志・地理類》 劉(恭)[蒙]《松江志》八卷。四明人。松江教授。

續松江志

楊士奇等《文淵閣書目・舊志》 《續松江志》。二册。

黃虞稷《千頃堂書目・地理類下》 錢全袞《續松江志》十六卷。郡人。（盧補）

倪燦等《補遼金元藝文志・地理類》 錢全袞《續松江志》十六卷。郡人。

錢大昕《補元史藝文志・地理類》 錢全袞《續松江志》十六卷。

松江府并屬縣志

楊士奇等《文淵閣書目・新志》 《松江府并屬縣志》。三册。

又 《松江府并屬縣志》。三册。

松江府志

黃虞稷《千頃堂書目・地理類上》 魏驥《松江府志》。

[正德]松江府志

趙琦美《脈望館書目・史・南直・松江府》 《松江府志》。八本。

范邦甸等《天一閣書目・地理類》 《松江府志》三十二卷。刊本。明正德壬申，翰林院侍讀學士郡人顧清纂脩并序。

祁承㸁《澹生堂藏書目・圖志・郡志》 《松江府志》。八册。三十二卷。顧清。

黃虞稷《千頃堂書目・地理類上》 顧清《松江府志》三十二卷。正德中修。

《明史・藝文志・地理類》 顧清《松江府志》三十二卷。

《四庫全書總目提要・地理類存目二・都會郡縣》 《松江府志》三十二卷。內府藏本。明顧清撰。清字士廉，華亭人。弘治癸丑進士，官至南京禮部尚書，事蹟具《明史》本傳。其書頗詳悉有體，稍勝他輿記之冗濫。

周中孚《鄭堂讀書記補逸・地理類三・都會郡縣》 《松江府志》三十二卷。明刊本。明顧清撰。【略】爲之志者，宋紹熙間楊潛等始撰《雲間志》三卷，元至元中徐碩撰《嘉禾志》三十二卷，亦兼載郡事焉。大德己亥，知府張之翰、教授劉蒙修《松江郡志》八卷，謂之前志。至正十七年，華亭錢全衮修《續松江志》十六卷，明永樂中，訓導魏驥奉詔修《松江府志》三卷，正統間，教授孫鼎增補而刊之，謂之《新志》。成化九年，郡人錢岡撰《雲間通志》十八卷。通志者，會諸志而成書者也。至正德中，諸志流傳漸尠，通志又間有訛脱，知府劉琬屬東江以重修，未果。後知府陳威復屬之，始即事。知府喻時繼至，志乃成。其書取諸舊志，參互考證，正譌補闕，并益以成化後事，凡分三十一目，中又分十七子目，詳博而不傷於冗濫，叙述亦具有史體，堪與王守溪《姑蘇志》並稱焉。書成於正德壬申，東江有自序，并冠以府城、府境二圖。又有引用書目及修纂名氏、預修職官。末有陸儼山深後序。

［崇禎］增刻松江府志

黃虞稷《千頃堂書目·地理類上》 陳繼儒《松江府志》九十四卷。崇禎中修。

《明史·藝文志·地理類》 陳繼儒《松江府志》九十四卷。

［嘉慶］松江府志

周中孚《鄭堂讀書記補逸·地理類三·都會郡縣》 《松江府志》八十四卷。

嘉慶丁丑刊本。國朝松江府知府宋如林主修。如林字仁圃，鑲紅旗漢軍，舉人。今官貴州按察使。吾郡志自康熙癸卯知府郭廷弼修後，已百五十年，久未修輯。至嘉慶壬申，署郡篆周希甫有聲因郡人之請，始議設局重修。而仁圃蒞任，乃延孫淵如星衍、朱意園渌總其成，復延莫寶齋晉後先考證，重加釐訂，而一時紳士咸爲採訪搜羅，綜核尋究，閲六載而書成。凡爲志十、表二、傳六。每門又各附子目，冠以巡幸、宸翰，爲卷首上下，又冠以圖三十有八，其捃摭可謂詳矣。惟所修專憑縣志，而各縣志多歷久未修，惟吾邑志，初修於嘉慶甲戌，故此次增輯，於吾邑最詳。其於人物遵《一統志》例，不分名臣、忠臣、儒林、文苑、孝友、獨行諸目。總以時代叙次，合爲古今人傳，可謂斬盡枝節。而藝術仍別爲目，尤見重學術品行而輕微技偏長之意。至《列女傳》中分完節、烈女、貞孝、賢淑、才女六目，不似他志乘專載節烈一類，亦深得劉子政、范蔚宗遺意，皆修志者所當取法也。惟《職官表》於縣秩下止載知縣及教職，而不及縣丞以下，爲略所不當略。又於暫署各令俱一概羅列，與實授者漫無區別，爲詳所不當詳耳。前有仁圃序及凡例、纂修銜名。

［弘治］上海縣志

楊士奇等《文淵閣書目·舊志》 《上海縣志》。二册。

范邦甸等《天一閣書目·地理類》 《上海縣志》八卷。刊本。明弘治十七年，邑人唐錦編纂，吴郡王鏊叙，郡人錢福後序。

趙琦美《脈望館書目·史·南直·松江府》 《上海縣志》。二本。唐錦。

祁承㸁《澹生堂藏書目·圖志·邑志》 《上海縣舊志》。二册。八卷。

黃虞稷《千頃堂書目·地理類上》 唐錦《上海縣志》八卷。

上海志

晁瑮《晁氏寶文堂書目·圖誌》 《上海志》。

上海縣志

趙琦美《脈望館書目·史·南直·松江府》 《上海縣志》一本。徐存齋修。

［嘉靖］上海縣志

黃虞稷《千頃堂書目·地理類上》 鄭洛《上海縣續志》八卷。

周中孚《鄭堂讀書記補逸·地理類三·都會郡縣》 《上海縣志》八卷。汲古閣繡谷亭藏明刊本。明鄭洛書撰。

[萬曆]上海縣志

徐𤊹《徐氏家藏書目·南直隸》《上海縣志》十卷。松江府顏洪範。

祁承㸁《澹生堂藏書目·圖志·邑志》《上海縣新志》。四册。十二卷。張之象纂。

黄虞稷《千頃堂書目·地理類上》張之象《上海縣續志》十卷。

周中孚《鄭堂讀書記補逸·地理類三·都會郡縣》《上海縣志》十卷。影鈔明刊本。明顏洪範重修。

[康熙]上海縣志

周中孚《鄭堂讀書記補逸·地理類三·都會郡縣》《上海縣志》十二卷。康熙癸亥刊本。國朝上海縣知縣史彩主修。

[乾隆]上海縣志

周中孚《鄭堂讀書記補逸·地理類三·都會郡縣》《上海縣志》十二卷。乾隆庚午刊本。國朝上海縣知縣李文耀主修。

[乾隆]重修上海縣志

周中孚《鄭堂讀書記補逸·地理類三·都會郡縣》《上海縣志》十二卷。乾隆甲辰刊本。國朝上海縣知縣范廷杰主修。

[嘉慶]上海縣志修例一卷

周中孚《鄭堂讀書記補逸·地理類三·都會郡縣》《[嘉慶]上海縣志修例》一卷。陸氏虛室自刊本。國朝陸慶循撰。

[嘉慶]上海縣志二十卷

周中孚《鄭堂讀書記補逸·地理類三·都會郡縣》嘉慶《上海縣志》二十卷。丁丑歲刊本。國朝上海縣知縣王大同等主修。

華亭稾本

楊士奇等《文淵閣書目·舊志》《華亭稾本》。一册。

[正德]華亭縣志

張萱等《内閣藏書目録·志乘部·南直隸》《松江府華亭縣志》。四册。全。正德辛巳，貢士沈錫等修。

祁承㸁《澹生堂藏書目·圖志·邑志》《華亭縣志》。四册。十六卷。又四册。七卷。孔輔纂。

黄虞稷《千頃堂書目·地理類上》沈錫等《華亭縣志》。正德辛巳修。貢士。

黄虞稷《千頃堂書目·地理類上》孫承恩《華亭縣志》十六卷。

馬國翰《玉函山房藏書簿録·史編·地理類》《華亭縣舊志》十六卷。明刊本。明松江知府孔輔、華亭知縣聶豹撰，正德辛巳刊。有翰林院編修邑人孫承澤序。按聶以理學著名，詳見《子編·儒家類》。

[乾隆]華亭縣志

周中孚《鄭堂讀書記補逸・地理類三・都會郡縣》《華亭縣志》十六卷。儀松堂刊本。國朝華亭縣知縣程明愫主修。

[乾隆]婁縣志

周中孚《鄭堂讀書記補逸・地理類三・都會郡縣》《婁縣志》三十卷。乾隆辛亥刊本。國朝婁縣知縣謝廷薰主修。

分建南匯縣志

周中孚《鄭堂讀書記補逸・地理類三・都會郡縣》《分建南匯縣志》十六卷。雍正甲寅刊本。國朝南匯縣知縣欽璉主修。

[乾隆]南匯縣新志

周中孚《鄭堂讀書記補逸・地理類三・都會郡縣》《南匯縣新志》十五卷。乾隆癸丑刊本。國朝南匯縣知縣胡志熊主修。

[乾隆]奉賢縣志

周中孚《鄭堂讀書記補逸・地理類三・都會郡縣》《奉賢縣志》十卷。乾隆戊寅刊本。國朝奉賢縣知縣李治灝等主修。

金山縣志

晁瑮《晁氏寶文堂書目・圖誌》《金山縣志》。

[乾隆]金山縣志

周中孚《鄭堂讀書記補逸・地理類三・都會郡縣》《金山縣志》二十卷。乾隆辛未刊本。國朝金山縣知縣常琬主修。

[萬曆]青浦縣志

趙琦美《脈望館書目・史・南直・松江府》《青浦縣志》。四本。

祁承㸁《澹生堂藏書目・圖志・邑志》《青浦縣志》。四册。八卷。王圻輯。

黃虞稷《千頃堂書目・地理類上》王圻《青浦縣志》八卷。

[康熙]青浦縣志

周中孚《鄭堂讀書記補逸・地理類三・都會郡縣》《青浦縣志》十卷。康熙己酉刊本。國朝青浦縣知縣魏球主修。

[正德]練川志

朱睦㮮《萬卷堂書目・雜志》《練川圖記》三卷。都穆。

黃虞稷《千頃堂書目・地理類上》都穆《練川圖記》二卷。

[元]練川志

錢大昕《補元史藝文志・地理類》 秦輔之《練川志》。

[洪熙]練川志

黄虞稷《千頃堂書目・地理類上》 曾魯《練川志》。洪熙間修。

練川圖記

晁瑮《晁氏寶文堂書目・圖誌》《練川圖志》。

錢謙益等《絳雲樓書目・地誌類》《練川圖記》。

浦杲練川志

黄虞稷《千頃堂書目・地理類上》 浦杲《練川志》。

[萬曆]嘉定縣志

祁承㸁《澹生堂藏書目・圖志・邑志》《嘉定縣志》。八册。二十二卷。韓浚輯。

黄虞稷《千頃堂書目・地理類上》 韓浚《嘉定縣志》二十二卷。萬曆間修。

《四庫全書總目提要・地理類存目三・都會郡縣之屬》 萬曆《嘉定縣志》二十卷。兩淮鹽政採進本。明韓浚撰。浚字遂之，淄川人。官嘉定縣知縣。元至元中秦輔之始刱縣志。明自洪熙至嘉靖，凡經四修，竣於萬曆乙巳，復續爲是編。頗勝他志之鄙陋，然亦時有疎舛。如以水利列於人物之後，已覺不倫。以古蹟及寺觀敘於雜記門中，更爲非例。又如疆域考稱自宋分崑山之東境以置縣，不知《南畿志》載宋割崑山、安亭等五鄉於練祁市置縣，《輿地考》載嘉定縣原名疁城鄉也。

嘉定縣志

趙琦美《脈望館書目・史・南直・蘇州府》《嘉定縣志》四本。嘉靖十六年脩。

龔弘嘉定縣志

黄虞稷《千頃堂書目・地理類上》 龔弘《嘉定縣志》五卷。嘉靖間修。

浦南金嘉定縣志

黄虞稷《千頃堂書目・地理類上》 浦南金《嘉定縣志》十二卷。嘉靖間修。

蔡俶仁嘉定縣志

朱睦㮮《萬卷堂書目・地志》《嘉定縣志》六卷。蔡俶仁。

黄虞稷《千頃堂書目・地理類上》 蔡淑仁《嘉定縣志》六卷。嘉靖間修。

楊旦嘉定縣志

徐圖等《行人司重刻書目・地理類》《嘉定縣志》。四本。

黃虞稷《千頃堂書目・地理類上》 楊旦《嘉定縣志》四册。嘉靖丁巳修。令。（吴補）。

張萱等《内閣藏書目録・志乘部・南直隸》 《嘉定縣志》。四册。嘉靖丁巳，邑令楊旦修。

[康熙]嘉定縣志

黃虞稷《千頃堂書目・地理類上》 趙昕《嘉定縣志》二十四卷。

[乾隆]寶山縣志

丁立中《八千卷樓書目・地理類・都會郡縣》 乾隆《寶山縣志》十卷。國朝章鑰撰。刊本。

崇明縣志

趙琦美《脈望館書目・史・南直・蘇州府》 《崇明縣志》。二本。

崇明志

黃虞稷《千頃堂書目・地理類上》 秦約《崇明志》。

季篪崇明縣志

黃虞稷《千頃堂書目・地理類上》 季篪《崇明縣志》。

[正德]崇明縣志

朱睦㮮《萬卷堂書目・地志》 《崇明縣志》十卷。陳文。

黃虞稷《千頃堂書目・地理類上》 陳文《崇明縣志》十卷。

[康熙]崇明縣志

周中孚《鄭堂讀書記補逸・地理類三・都會郡縣》 《重修崇明縣志》十四卷。康熙甲子刊本。國朝崇明縣知縣朱衣點主修。

天津市

[同治]續天津縣志

丁立中《八千卷樓書目・地理類・都會郡縣》 （光緒）[同治]《天津縣志》二十卷。國朝吴惠元撰。刊本。

薊州圖志

楊士奇等《文淵閣書目・舊志》 《薊州圖志》。二册。

薊州志

楊士奇等《文淵閣書目・新志》 《薊州志》。

[嘉靖]薊州志

范邦甸等《天一閣書目・地理類》《薊州志》十八卷。刊本。明熊相脩。

張萱等《内閣藏書目録・志乘部・北直隸》《薊州志》。四册。全。嘉靖甲申，兵憲熊相修。

祁承㸁《澹生堂藏書目・圖志・州志》《薊州志》四册。十八卷。熊相。

黄虞稷《千頃堂書目・地理類上》熊相《薊州志》嘉靖甲申修。兵備。

薊州志

朱睦㮮《萬卷堂書目・地志》《薊州志》九卷。汪浦。

黄虞稷《千頃堂書目・地理類上》汪浦《薊州志》九卷。

《明史・藝文志・地理類》汪浦《薊州志》九卷。

薊州志

趙琦美《脈望館書目・史・北直》《薊州志》。二本。又四本。

薊州志

徐圖等《行人司重刻書目・地理類》《薊州志》。六本。

[康熙]薊州志

丁立中《八千卷樓書目・地理類・都會郡縣》康熙《薊州志》八卷。國朝張[朝]琮撰。刊本。

寶坻縣圖志

楊士奇等《文淵閣書目・舊志》《寶坻縣圖志》。二册。

寶坻縣志

楊士奇等《文淵閣書目・新志》《寶坻縣志》。

寶坻縣志

趙琦美《脈望館書目・史・北直》《寶坻縣志》。二本。

[弘治]寶坻縣志

徐𤊹《徐氏家藏書目・北直隸》《寶坻縣志》七卷。弘治中莊襗脩。

張萱等《内閣藏書目録・志乘部・北直隸》《寶坻縣志》。二册。弘治壬戌，邑令莊襗修。

黄虞稷《千頃堂書目・地理類上》莊襗《寶坻縣志》七卷。弘治壬戌修。邑令。

[嘉靖]寶坻縣志

張萱等《内閣藏書目録・志乘部・北直隸》又《寶坻縣志》二册。嘉靖丙寅，教諭劉思聰修。

黄虞稷《千頃堂書目・地理類上》　劉思聰《寶坻縣志》。嘉靖丙寅修。教諭。

武清縣圖志

楊士奇等《文淵閣書目・舊志》　《武清縣圖志》。二册。

武清縣志

楊士奇等《文淵閣書目・新志》　《武清縣志》。

[萬曆]武清縣志

徐𤊹《徐氏家藏書目・北直隸》　《武清縣志》十卷。萬曆丙戌，陶允光脩。

張萱等《内閣藏書目録・志乘部・北直隸》　《武清縣志》。二册。全。萬曆丁亥，邑令陶允光修。又二册，全。同前。

黄虞稷《千頃堂書目・地理類上》　陶允光《武清縣志》。萬曆丁亥修。令。

静海縣圖志

楊士奇等《文淵閣書目・舊志》　《静海縣圖志》。二册。

静海縣志

楊士奇等《文淵閣書目・新志》　《静海縣志》。

[萬曆]静海縣事蹟

張萱等《内閣藏書目録・志乘部・北直隸》　《静海縣事蹟》。一册。萬曆乙未，教諭蔣楷編鈔本。

黄虞稷《千頃堂書目・地理類上》　蔣楷《静海縣事蹟》。萬曆乙未修。教諭。

河北省

裴秀冀州記

章宗源《隋書經籍志考證・地理》　《冀州記》卷亡，裴秀撰。不著録。《史記・封禪書》索隱顧氏按，裴秀《冀州記》曰：緱山仙人廟者，昔有王喬，犍爲武陽人，爲柏人令。於此得仙，非王子喬也。

吴士鑒《補晉書經籍志・地理類》　裴秀《冀州記》。《史記・封禪書》索隱《北堂書鈔》。

荀綽冀州記

汪師韓《文選注引群書目録上・地理》　荀綽《冀州記》。

章宗源《隋書經籍志考證・地理》　《冀州記》卷亡，荀綽撰。不著録。《世説・言語》篇注：滿奮，字武秋，高平人。《文選・奏彈王源》注同。性清平，有識。又裴頠，稽古善言名理。《賞譽》篇注：楊淮見王綱不振，遂縱酒，不以官事規意。《品藻》篇注：楊喬，清朗有遠意；楊髦，清平有貴識，並爲後出之儁；又閭邱沖，清平有鑒識，博學有文義，並引荀綽《冀州記》。按此書所記似非地理類，前志皆不著録，無從考定，今姑依名編之。《北堂書鈔》設官部。裴康，字仲預；楷，字叔則，並爲名士。此稱喬潭《冀州記》。

文廷式《補晉書藝文志・地志類》 荀綽《冀州記》。《魏志・陳思王植傳》注、《崔琰傳》注、《裴潛傳》注、《牽招傳》注、《夏侯尚傳》注、《世説・德行》門注、《言語》門注、《品藻》門注、《文選・沈休文奏彈王源》注、《御覽》卷二百四十七，並引此書。又《世説・言語》門注引《冀州記》曰：裴頠宏濟有清識，稽古善言名理，履行高整，自少知名，歷侍中尚書左僕射，爲趙王倫所害。此條不稱撰人。

喬潭冀州記

文廷式《補晉書藝文志・地志類》 喬潭《冀州記》。《書鈔》六十五喬潭《冀州記》云：裴康，字仲預；楷，字叔則，並爲名士，至太子衛率。按《御覽》二百四十七引荀綽《冀州記》與此文同，然喬潭字與荀綽字不近，不得致誤，今仍別存其目。

趙記

《隋書・經籍志・地理》 《趙記》十卷。

鄭樵《通志・藝文略・地里・郡邑》 《趙記》十卷。

姚振宗《隋書經籍志考證・地理類》 《趙記》十卷。不著撰人。《北史・李靈附傳》，李公緒，字穆叔，趙郡平棘人。雅好著書，撰《趙記》八卷、《趙語》十二卷，並行於世。章氏考證：《北齊書》：李公緒撰《趙語》十三卷。「語」當作「記」。《御覽・州郡部》：李公緒《趙記》曰：趙孝成王造壇臺之名爲趙都朝諸侯，故曰信都。《寰宇記・河東道》李穆叔《趙記》曰：轑陽東北有五指山，上有一手一足之迹，其大如箕，指數俱全。《史記・趙世家》正義：龍山有四麓，各有一穴，大如車輪，春風出東，秋風出西，夏風出南，冬風出北，不相奪倫，此稱邢子勵《趙記》。案：李公緒有趙李家儀，見前《儀注》篇。章氏謂：《趙語》當作《趙記》，不知本傳别有《趙記》八卷，無庸遷就其説。李氏爲趙郡之甲族，此穆叔記其鄉國之書。邢子勵未詳，不知在前在後矣。

冀州圖經

《隋書・經籍志・地理》 《冀州圖經》一卷。

李昉《太平御覽經史圖書綱目》 《冀州圖經》。

鄭樵《通志・藝文略・地里・圖經》 《冀州圖經》一卷。

章宗源《隋書經籍志考證・地理》 《冀州圖經》一卷。《太平御覽・地部・冀州圖經》曰：紇真山在城之東北，望山乾代那，如數百里内然。《寰宇記》多引《冀州圖》，省「經」字。

冀州圖記

汪師韓《文選注引群書目録上・地理》 《冀州圖記》。

幽州圖經

《隋書・經籍志・地理》 《幽州圖經》一卷。

鄭樵《通志・藝文略・地里・圖經》 《幽州圖經》一卷。

焦竑《國史經籍志・地里・圖經》 《幽州圖經》一卷。

姚振宗《隋書經籍志考證・地理類》 《幽州圖經》一卷。不著撰人。案冀州、齊州、幽州隋以前皆屬北朝。以上四書大抵皆北朝人作。《寰宇記》數引舊圖經，似即此類。

河北記

李昉《太平御覽經史圖書綱目》 《河北記》。

畿內諸縣圖經

鄭樵《通志・藝文略・地里・圖經》《畿內諸縣圖經》十八卷。

焦竑《國史經籍志・地里・圖經》《畿內諸縣圖經》十八卷。

河北路圖經

鄭樵《通志・藝文略・地里・圖經》《河北路圖經》一百六十一卷。

焦竑《國史經籍志・地里・圖經》《河北路圖經》一百六十一卷。

[雍正]畿輔通志

《四庫全書總目提要・地理類一・都會郡縣之屬》《畿輔通志》一百二十卷。通行本。國朝兵部尚書直隸總督李衛等監修。自元以來，如《析津志》諸書，所紀祗及於京師。至明代，以畿内之地直隸六部，與諸省州縣各統於布政司者，體例不侔，故諸省皆有通志，而直隸獨闕。本朝定鼎京師，特置直隸巡撫，以專統轄。康熙十一年，大學士衛周祚奏，令天下郡縣，分輯志書，詔允其請。於是直隸巡撫于成龍、格爾古德等始創爲之，屬翰林院侍講郭棻、董其事。僅數月而書成，討論未爲詳確。雍正七年，世宗憲皇帝命天下重修通志，上諸史館，以備《一統志》之採擇。督臣唐執玉祇奉明詔，乃延原任辰州府同知田易等，設局於蓮花池，蒐羅纂集，其後劉於義及李衛相繼代領其事，至雍正十三年而書成。凡分三十一目。人物、藝文二門又各爲子目。訂譌補闕，較舊志頗爲完善云。案通志皆以總督巡撫董其事，然非所纂録，與總裁官之領修者有別。故今不題某撰而題某監修，從其實也。監修每閲數官，惟題經進一人，唐宋以來之舊例也。謹於此書發其凡，後皆仿此。

石家莊地區

真定府圖志

楊士奇等《文淵閣書目・舊志》《真定府圖志》。二册。

真定府志

晁瑮《晁氏寶文堂書目・圖誌》《真定府志》。

趙琦美《脈望館書目・史・北直・真定府》《真定府志》。十本。

焦竑《國史經籍志・地里・都城宮苑》《真定府志》三十五卷。

徐圖等《行人司重刻書目・地理類》《真定府志》。十本。

真定府新志

楊士奇等《文淵閣書目・新志》《真定府志》。

晁瑮《晁氏寶文堂書目・圖誌》《真定府新志》。

[嘉靖]真定府志

范邦甸等《天一閣書目・地理類》《真定府志》三十三卷。刊本。明雷禮脩項廷吉序。

徐𤊹《徐氏家藏書目・北直隸》《真定府志》三十二卷。雷禮。

張萱等《内閣藏書目録・志乘部・北直隸》《真定府志》。十二册。全。嘉靖己酉，大名府判雷禮修。

祁承㸁《澹生堂藏書目・圖志・郡志》《真定府志》。十册。三十三卷。

黄虞稷《千頃堂書目・地理類上》 雷禮《真定府志》三十二卷。嘉靖己酉爲郡判時修。

《明史・藝文志・地理類》 雷禮《真定府志》三十二卷。

《四庫全書總目提要・地理類存目三・都會郡縣之屬》 嘉靖《真定府志》三十三卷。兩淮鹽政採進本。明雷禮撰。禮有《六朝索隱》已著録。是編乃禮以吏部考功司郎中謫大名通判時奉檄所修。爲圖一、表四、紀四、志九、傳十五。法綱目體，大書以敘事，分注以載言。又分立諸侯王表、帝系傳、后妃傳、世家傳，均與地志之例不合。又表傳所載，事皆複出，尤非體也。

真定縣圖志

楊士奇等《文淵閣書目・舊志》《真定縣圖志》。二册。

真定縣志

楊士奇等《文淵閣書目・新志》《真定縣志》。

[萬曆]真定縣志

祁承㸁《澹生堂藏書目・圖志・邑志》《真定縣志》。二册。八卷。

玉川志

趙琦美《脈望館書目・史・北直・真定府》《(王)[玉]山志》。四。

獲鹿縣圖志

楊士奇等《文淵閣書目・舊志》《獲鹿縣圖志》。二册。

獲鹿縣志

楊士奇等《文淵閣書目・新志》《獲鹿縣志》。

徐圖等《行人司重刻書目・地理類》《獲鹿縣志》。三本。

獲鹿縣志

黄虞稷《千頃堂書目・地理類上》 索禮《獲鹿縣志》十二卷。

[嘉靖]獲鹿縣志

張萱等《内閣藏書目録・志乘部・北直隸》《獲鹿縣志》。三册。全。嘉靖丙辰，縣令趙惟勤修。又三册。全。同前。

黄虞稷《千頃堂書目・地理類上》 趙惟勤《獲鹿縣志》。嘉靖丙辰修。令。

[乾隆]獲鹿縣志

祁承㸁《澹生堂藏書目・圖志・邑志》《獲鹿縣志》。三册。十二卷。

丁立中《八千卷樓書目・地理類・都會郡縣》 乾隆《獲鹿縣志》十二卷。國朝韓國瓚撰。刊本。

行唐縣圖志

楊士奇等《文淵閣書目・舊志》《行唐縣圖志》。二册。

行唐縣志

楊士奇等《文淵閣書目・新志》《行唐縣志》。

晁瑮《晁氏寶文堂書目・圖誌》《行唐縣志》。一。

[正德]行唐縣志

張萱等《内閣藏書目録・志乘部・北直隸》《行唐縣志》。一册。正德戊寅，邑令吴德温修。又一册。全。同前。

祁承㸁《澹生堂藏書目・圖志・邑志》《行唐縣志》。五册。一卷。

黃虞稷《千頃堂書目・地理類上》吴德温《行唐縣志》。正德戊寅修。令。

靈壽縣圖志

楊士奇等《文淵閣書目・舊志》《靈壽縣圖志》。二册。

靈壽縣志

楊士奇等《文淵閣書目・新志》《靈壽縣志》。

[萬曆]靈壽縣志

張萱等《内閣藏書目録・志乘部・北直隸》《靈壽縣志》。四册。全。萬曆丙子，邑令張照修。

祁承㸁《澹生堂藏書目・圖志・邑志》《靈壽縣志》。四册。十卷。

黃虞稷《千頃堂書目・地理類上》張照《靈壽縣志》。萬曆丙子修。令。

[康熙]靈壽縣志

丁立中《八千卷樓書目・地理類・都會郡縣》康熙《靈壽縣志》十卷。國朝陸隴其撰。刊本。

[同治]靈壽縣志

丁立中《八千卷樓書目・地理類・都會郡縣》同治《靈壽縣志》十一卷。國朝劉賡年撰。刊本。

束鹿縣圖志

楊士奇等《文淵閣書目・舊志》《束鹿縣圖志》。二册。

束鹿縣志

楊士奇等《文淵閣書目・新志》《束鹿縣志》。

祁承㸁《澹生堂藏書目・圖志・邑志》《束鹿縣志》

[隆慶]束鹿縣志

張萱等《内閣藏書目録・志乘部・北直隸》《束鹿縣志》。二册。全。隆慶戊辰，邑人賈衡修。又三册。全。同前。

黄虞稷《千頃堂書目・地理類上》賈衡《束鹿縣志》。隆慶戊辰修。邑人。

晉州圖志

楊士奇等《文淵閣書目・舊志》《晉州圖志》。二册。

晉州志

楊士奇等《文淵閣書目・新志》《晉州志》。

趙琦美《脈望館書目・史・北直・真定府》《晉州志》。六本。

[萬曆]晉州志

張萱等《内閣藏書目録・志乘部・北直隸》《晉州志》。四册。萬曆丁丑，州守容若玉修。

祁承㸁《澹生堂藏書目・圖志・州志》《晉州志》。四册。十卷。

黄虞稷《千頃堂書目・地理類上》容若玉《晉州志》。萬曆丁丑修。守。

[康熙]晉州志

丁立中《八千卷樓書目・地理類・都會郡縣》康熙《晉州志》十卷。國朝郭建章撰。刊本。

藁城縣圖志

楊士奇等《文淵閣書目・舊志》《藁城縣圖志》。二册。

藁城縣志

楊士奇等《文淵閣書目・新志》《藁城縣志》。

[嘉靖]藁城縣志

祁承㸁《澹生堂藏書目・圖志・邑志》《藁城縣志》。二册。十卷。

[萬曆]藁城縣志

張萱等《内閣藏書目録・志乘部・北直隸》《藁城縣志》二册。全。萬曆甲午，邑人李正儒修。又二册。全。同前。

黄虞稷《千頃堂書目・地理類上》李正儒《藁城縣志》。萬曆甲午修。邑人。

高邑縣圖志

楊士奇等《文淵閣書目·舊志》《高邑縣圖志》。二册。

高邑縣志

楊士奇等《文淵閣書目·新志》《高邑縣志》。

趙琦美《脈望館書目·史·北直·真定府》《高邑縣志》。一本。

祁承㸁《澹生堂藏書目·圖志·邑志》《高邑縣志》。二册。二卷。

高邑縣志

黄虞稷《千頃堂書目·地理類上》周至德《高邑縣志》。嘉靖丙申修。令。

趙州圖志

楊士奇等《文淵閣書目·舊志》《趙州圖志》。二册。

趙州志

楊士奇等《文淵閣書目·新志》《趙州志》。

晁瑮《晁氏寶文堂書目·圖誌》《趙州志》。二本。

朱睦㮮《萬卷堂書目·地志》《趙州志》。

徐圖等《行人司重刻書目·地理類》《趙州志》。一本。

[弘治]趙州志

范邦甸等《天一閣書目·地理類》《趙州志》八卷。刊本。明弘治戊午，學正陳紀編，御史王鑑之序。

黄虞稷《千頃堂書目·地理類上》陳紀《趙州志》八卷。

[隆慶]趙州志

范邦甸等《天一閣書目·地理類》《趙州志》十卷。刊本。明蔡懋昭脩并識。

張萱等《内閣藏書目録·志乘部·北直隸》《趙州志》。四册。全。隆慶初，州守蔡懋昭修。

黄虞稷《千頃堂書目·地理類上》蔡照懋《趙州志》。隆慶初修。守。

又　□□□《趙州志》十卷。隆慶間修。

井陘縣圖志

楊士奇等《文淵閣書目·舊志》《井陘縣圖志》。二册。

井陘縣志

楊士奇等《文淵閣書目·新志》《井陘縣志》。

[萬曆]井陘縣志

張萱等《内閣藏書目録·志乘部·北直隸》《井陘縣志》。三册。全。萬曆甲戌，邑人李春芳修。又三册。全。同前。

祁承㸁《澹生堂藏書目・圖志・邑志》《井陘縣志》。三册。六卷。

黄虞稷《千頃堂書目・地理類上》李春芳《井陘縣志》。萬曆甲戌修。邑人。

新樂縣圖志

楊士奇等《文淵閣書目・舊志》《新樂縣圖志》。二册。

新樂縣志

楊士奇等《文淵閣書目・新志》《新樂縣志》。

[萬曆]新樂縣志

張萱等《内閣藏書目録・志乘部・北直隸》《新樂縣志》。二册。全。萬曆辛卯，邑令張正蒙修。又二册。全。同前。

祁承㸁《澹生堂藏書目・圖志・邑志》《新樂縣志》。二册。十卷。

黄虞稷《千頃堂書目・地理類上》張正蒙《新樂縣志》。萬曆辛卯修。令。

新樂縣志

黄虞稷《千頃堂書目・地理類上》孫昌《新樂縣志》。

深澤縣圖志

楊士奇等《文淵閣書目・舊志》《深澤縣圖志》。二册。

深澤縣志

楊士奇等《文淵閣書目・新志》《深澤縣志》。

張萱等《内閣藏書目録・志乘部・北直隸》《深澤縣志》。一册。莫詳編纂姓氏。

祁承㸁《澹生堂藏書目・圖志・邑志》《深澤縣志》。

黄虞稷《千頃堂書目・地理類上》□□□《深澤縣志》。

無極縣圖志

楊士奇等《文淵閣書目・舊志》《無極縣圖志》。二册。

無極縣志

楊士奇等《文淵閣書目・新志》《無極縣志》。

祁承㸁《澹生堂藏書目・圖志・邑志》《無極縣志》。二册。二卷。

黄虞稷《千頃堂書目・地理類上》熊曄《無極縣志》六卷。

[萬曆]無極縣志

張萱等《内閣藏書目録・志乘部・北直隸》《無極縣志》。二册。全。萬曆癸酉，邑人安嘉士修。

黄虞稷《千頃堂書目・地理類上》安嘉士《無極縣志》。萬曆癸酉修。邑人。

贊皇縣圖志

楊士奇等《文淵閣書目・舊志》《贊皇縣圖志》。二册。

贊皇縣志

楊士奇等《文淵閣書目・新志》《贊皇縣志》。

[萬曆]贊皇縣志

張萱等《内閣藏書目録・志乘部・北直隸》《贊皇縣志》。三册。全。萬曆丁丑，縣令葉福修。

祁承㸁《澹生堂藏書目・圖志・邑志》《贊皇縣志》。三册。九卷。

黄虞稷《千頃堂書目・地理類上》葉福《贊皇縣志》。萬曆丁丑修。令。

元氏縣圖志

楊士奇等《文淵閣書目・舊志》《元氏縣圖志》。二册。

元氏縣志

楊士奇等《文淵閣書目・新志》《元氏縣志》。

晁瑮《晁氏寶文堂書目・圖誌》《元氏縣志》。

[嘉靖]元氏縣志

張萱等《内閣藏書目録・志乘部・北直隸》《元氏縣志》。二册。嘉靖戊申，邑令周居魯修。

祁承㸁《澹生堂藏書目・圖志・邑志》《元氏縣志》。二册。二卷。

黄虞稷《千頃堂書目・地理類上》周居魯《元氏縣志》。二卷。嘉靖戊申修。令。

欒城縣圖志

楊士奇等《文淵閣書目・舊志》《欒城縣圖志》。二册。

欒城縣志

楊士奇等《文淵閣書目・新志》《欒城縣志》。

張萱等《内閣藏書目録・志乘部・北直隸》《欒城縣志》。二册。全。萬曆甲戌，邑人馬東畲等修。

祁承㸁《澹生堂藏書目・圖志・邑志》《欒城縣志》。二册。六卷。

黄虞稷《千頃堂書目・地理類上》馬東畲等《欒城縣志》。萬曆甲戌修。邑人。

[道光]欒城縣志

丁立中《八千卷樓書目・地理類・都會郡縣》[道光]《欒城縣志》十二卷。國朝李鈖撰。刊本。

[同治]欒城縣志

丁立中《八千卷樓書目・地理類・都會郡縣》［同治］《欒城縣志》十六卷。國朝陳詠撰。刊本。

平山縣志

楊士奇等《文淵閣書目・新志》《平山縣志》。

[嘉靖]平山縣志

張萱等《内閣藏書目録・志乘部・北直隸》《平山縣志》。二册。全。嘉靖乙卯，邑人仇天民修。又二册。全。同前。

祁承㸁《澹生堂藏書目・圖志・邑志》《平山縣志》。二册。五卷。

黄虞稷《千頃堂書目・地理類上》仇天民《平山縣志》。嘉靖乙卯修。邑人。

張家口地區

宣化府志

楊士奇等《文淵閣書目・新志》《宣化府志》。

北口三廳志

丁立中《八千卷樓書目・地理類・都會郡縣》《北口三廳志》十七卷。國朝金志章撰。抄本。

蔚州志

楊士奇等《文淵閣書目・新志》《蔚州志》。

蔚州舊志

馬國翰《玉函山房藏書簿録・史編・地理類》《蔚州舊志》四卷。明三原來臨撰。有崇禎八年武陵楊嗣昌序。自華州已下數志，雖不及華亭、武功、朝邑、高陵、萊蕪五志之著名，以出明人手筆，統著於目。

保安州志

楊士奇等《文淵閣書目・新志》《保安州志》。

[萬曆]保安州志

徐圖等《行人司重刻書目・地理類》《保安州志》。二本。

張萱等《内閣藏書目録・志乘部・北直隸》《保安州志》。二册。全。萬曆甲申，州守劉必紹修。

祁承㸁《澹生堂藏書目・圖志・州志》《保安州志》。二册。二卷。劉必紹輯。

黄虞稷《千頃堂書目・地理類上》劉必紹《保安州志》。萬曆甲申修。守。

[道光]保安州志

丁立中《八千卷樓書目・地理類・都會郡縣》 [道光]《保安州志》十卷。國朝楊桂森撰。刊本。

[乾隆]懷安縣志

丁立中《八千卷樓書目・地理類・都會郡縣》 [乾隆]《懷安縣志》二十卷。國朝楊大崑撰。刊本。

[道光]萬全縣志

丁立中《八千卷樓書目・地理類・都會郡縣》 [乾隆]《萬全縣志》十卷。國朝左承業撰。刊本。

承德地區

[乾隆]熱河志

《四庫全書總目提要・地理類一・都會郡縣之屬》 《欽定熱河志》八十卷。乾隆四十六年奉敕撰。熱河即古武列水，避暑山莊在焉。舊設熱河道，領四廳。今置承德府，領平泉一州，灤平、豐寧、赤峯、建昌、朝陽五縣。此志猶以熱河名者，神臯奥區，鑾輿歲莅，蒐狩朝覲，中外就瞻，地重體尊，不可冠以府縣之目，故仍以行殿所在爲名也。凡分二十四門。華蓋時臨，奎文日富，敬録弁首，曰天章。省方觀民，勵精無逸，編年紀載，曰巡典。琛賮鱗集，梯航旅來，威德式彰，曰徠遠。軒衛隨行，明堂斯建，詳陳規制，曰行宫。肄武習勢，三秋大獮，周阹原麓，曰圍場。地接堯封，界分周索，四至八到，曰疆域。周秦以來，或爲荒服，或爲甌脱，或爲羈縻，或爲僑置，或爲郡縣，或爲京邑，引據史傳，辨訂是非，兼列八表十二圖，曰建置沿革。删星野之談天，測斗極之出地，曰晷度。巨流爲經，衆川爲緯，曰水。區列方隅，標舉形勢，曰山。涵泳聖化，澤以詩書，曰學校。喀喇沁、翁牛特、土默特、奈曼敖、漢巴林、喀爾喀右翼諸部，隸於境内者表其世系，曰藩衛。紺宇金地，或以奉敕而建，或以效祝而營，曰寺廟。畫疆分職，臂指相維，曰文秩。羽衛連營，以追察哈爾四旗，曰兵防。國朝官斯地者，遷除歲月，以次臚載，曰職官題名。前代官是地者，不可盡詳，録其有功可紀者，曰宦蹟。靈秀挺生，垂光史册，曰人物。山澤膏沃，金粟豐贏，曰食貨。草木禽魚，正名百類，曰物産。故址流傳，遺文有證，曰古蹟。前朝舊典，曰故事。諸部軼聞，曰外紀。詩歌制作，關於風土者，曰藝文。竝考古證今，辨疑傳信，既精且博，蔚爲輿記之大觀。案熱河所屬，自漢魏以前皆鮮卑、烏桓地也。慕容氏崛起龍城，始置郡縣。《魏書・地形志》約略可稽。齊周以後，大抵與契丹、庫莫奚參錯而居。前朝諸史，務侈幅員，每以邊境郡名移置長城之外。核驗地理，殊不足憑。後惟遼、金、元三朝，實奄有其地。然以無紀載，故輿記靡徵。明棄大寧，渺如絶域。其所敘録，益傳聞失其真矣。我國家肇造區夏，統括寰瀛。太宗文皇帝日擒十四台吉，先定其地。聖祖仁皇帝校練七萃，初出松亭，後喀爾喀汗貢厥上腴，益宏文囿刈蘭之界。北跨臨潢，遂仙苑天開，爻閭畢集。我皇上法天不息，率祖攸行，時邁其邦，地同三輔。四方大其和會，百産益以蕃昌。郡邑區分，膠庠鼎建。民殷俗美，炳然與三代同風。其盛爲自古所未有。故詞臣珥筆，敬述斯編，亦自古之所未聞。豈非地祕其靈，天珍其奥，自開闢以至今日，越千萬載待聖朝而發其光哉。

唐山地區

永平府圖志

楊士奇等《文淵閣書目・舊志》 《永平府圖志》。二册。

永平府志

楊士奇等《文淵閣書目・新志》《永平府志》。

晁瑮《晁氏寶文堂書目・圖誌》《永平府志》。

趙琦美《脈望館書目・史・北直・保定府》《永平府志》。四本。

焦竑《國史經籍志・地理・都城宮苑》《永平府志》十卷。

徐圖等《行人司重刻書目・地理類》《永平府志》。四本。

祁承㸁《澹生堂藏書目・圖志・郡志》《永平府志》。

吴紹古永平府志

張萱等《内閣藏書目録・志乘部・北直隸》又《永平府志》。三册。不全。鄱陽吴紹古纂次。鈔本。

黄虞稷《千頃堂書目・地理類上》吴紹古《永平府志》。鄱陽人。

永平府志

黄虞稷《千頃堂書目・地理類上》郭造卿《永平府志》。

[弘治]永平府志

范邦甸等《天一閣書目・地理類》《永平(州)[府]志》十卷。刊本。明弘治十四年翰林徐穆序。

張萱等《内閣藏書目録・志乘部・北直隸》《永平府志》。四册。全。弘治戊辰，郡人張廷綱修。

黄虞稷《千頃堂書目・地理類上》張廷綱《永平府志》十卷。弘治戊午修。廷綱，郡人。

《明史・藝文志・地理類》張廷綱《永平府志》十一卷。

[萬曆]永平府志

張萱等《内閣藏書目録・志乘部・北直隸》又《永平府志》。三十八册。不全。萬曆辛卯，郡守張維城修。闕二册。

黄虞稷《千頃堂書目・地理類上》張維城《永平府志》。萬曆辛卯修。郡守。

[萬曆]永平府志

黄虞稷《千頃堂書目・地理類上》徐國柱《永平府志》十卷。

[康熙]永平府志

《四庫全書總目提要・地理類存目三・都會郡縣》《永平府志》二十四卷。内府藏本。國朝宋琬撰。琬字玉叔，號荔裳，萊陽人。順治丁亥進士。官至四川按察使。琬與施閏章齊名，時號南施、北宋。而此《志》不見所長。卷端題：「永平府知府蕭山張朝琮重修。」其竄亂失真歟。

遷安縣圖志

楊士奇等《文淵閣書目・舊志》《遷安縣圖志》。二册。

遷安縣志

楊士奇等《文淵閣書目・新志》《遷安縣志》。

[萬曆]遷安縣志

張萱等《内閣藏書目録・志乘部・北直隸》《遷安縣志》。二册。全。萬曆壬午，邑人王之衡修。

黄虞稷《千頃堂書目・地理類上》王之衡《遷安縣志》。萬曆壬午修。邑人。

昌黎縣圖志

楊士奇等《文淵閣書目・舊志》《昌黎縣圖志》。二册。

昌黎縣志

楊士奇等《文淵閣書目・新志》《昌黎縣志》。

昌黎志

趙琦美《脈望館書目・史・北直・永平府》《昌黎志》。二本。

[嘉靖]昌黎縣

徐𤊹《徐氏家藏書目・北直隸》《昌黎志》四卷。永平府撫寧縣。

[嘉靖]昌黎縣志

張萱等《内閣藏書目録・志乘部・北直隸》《昌黎縣志》。二册。全。嘉靖甲子，縣令楚孔生修。

黄虞稷《千頃堂書目・地理類上》楚孔生《昌黎縣志》。嘉靖甲子修。令。

[萬曆]昌黎縣志

張萱等《内閣藏書目録・志乘部・北直隸》又《昌黎縣志》。萬曆己丑，邑令石之峯修。

黄虞稷《千頃堂書目・地理類上》石之峰《昌黎縣志》。萬曆己丑修。令。

盧龍縣圖志

楊士奇等《文淵閣書目・舊志》《盧龍縣圖志》。二册。

盧龍縣志

楊士奇等《文淵閣書目・新志》《盧龍縣志》。

玉田縣圖志

楊士奇等《文淵閣書目・舊志》《玉田縣圖志》。一册。

玉田縣志

楊士奇等《文淵閣書目・新志》《玉田縣志》。

張萱等《内閣藏書目録・志乘部・北直隸》《玉田縣志》。一册。全。莫詳編纂姓氏。鈔本。

黄虞稷《千頃堂書目・地理類上》□□□《玉田縣志》。

[乾隆]臨榆縣志

丁立中《八千卷樓書目・地理類・都會郡縣》[乾隆]《臨榆縣志》十四卷。國朝鍾和梅撰。刊本。

遵化縣圖志

楊士奇等《文淵閣書目・舊志》《遵化縣圖志》。二册。

遵化縣志

楊士奇等《文淵閣書目・新志》《遵化縣志》。

祁承㸁《澹生堂藏書目・圖志・邑志》《遵化縣志》。五册。十二卷。張杰。

黄虞稷《千頃堂書目・地理類上》張杰《遵化縣志》。

撫寧縣圖志

楊士奇等《文淵閣書目・舊志》《撫寧縣圖志》。二册。

撫寧縣志

楊士奇等《文淵閣書目・新志》《撫寧縣志》。

[萬曆]撫寧縣志

張萱等《内閣藏書目録・志乘部・北直隸》《撫寧縣志》。二册。全。萬曆乙亥，教諭鄭思恭修。

黄虞稷《千頃堂書目・地理類上》鄭思恭《撫寧縣志》。萬曆乙亥修。教諭。

欒亭縣圖志

楊士奇等《文淵閣書目・舊志》《欒亭縣圖志》。二册。

欒亭縣志

楊士奇等《文淵閣書目・新志》《欒亭縣志》。

［天啓］欒亭志

張萱等《内閣藏書目録・志乘部・北直隸》《欒亭縣志》。二册。全。萬曆癸巳，邑令潘敦復修。

黄虞稷《千頃堂書目・地理類上》 潘敦復《欒亭縣志》。萬曆癸巳修。令。

灤州圖志

楊士奇等《文淵閣書目・舊志》《灤州圖志》。二册。

灤州志

楊士奇等《文淵閣書目・新志》《灤州志》。

晁瑮《晁氏寶文堂書目・圖誌》《灤州志》。五。

徐圖等《行人司重刻書目・地理類》《灤州志》。五本。

［嘉靖］灤州志

朱睦㮮《萬卷堂書目・地志》《灤州志》十一卷。陳士元。

張萱等《内閣藏書目録・志乘部・北直隸》《灤州志》。五册。全。嘉靖戊申，知州陳士元修，庶吉士張公居正序。

黄虞稷《千頃堂書目・地理類上》 陳士元《灤州志》十一卷。嘉靖戊申修。守。

《明史・藝文志・地理類》 陳士元《灤州志》十一卷。

灤城縣志

徐圖等《行人司重刻書目・地理類》《灤城縣志》。二本。

豐潤縣圖志

楊士奇等《文淵閣書目・舊志》《豐潤縣圖志》。二册。

豐潤縣志

楊士奇等《文淵閣書目・新志》《豐潤縣志》。

［隆慶］豐潤縣志

張萱等《内閣藏書目録・志乘部・北直隸》《豐潤縣志》。二册。全。隆慶庚午，邑人石邦政修。

黄虞稷《千頃堂書目・地理類上》 石邦政《豐潤縣志》。隆慶庚午修。

《四庫全書總目提要・地理類存目三・都會郡縣之屬》《豐潤縣志》十三卷。兩淮馬裕家藏本。明石邦政撰。邦政，豐潤人。其書成於隆慶庚午。門目冗雜，絶無義例。且於歷代帝王妄爲區別，以行款高下示其子奪，尤爲無理。

廊坊地區

東安縣圖志

楊士奇等《文淵閣書目・舊志》《東安縣圖志》。二册。

東安縣志

楊士奇等《文淵閣書目·新志》《東安縣志》。

[萬曆]東安縣志

張萱等《内閣藏書目録·志乘部·北直隸》《東安縣志》。二册。全。萬曆癸未邑人張文舉修。

黄虞稷《千頃堂書目·地理類上》張文舉《東安縣志》。萬曆癸未修。邑人。

三河縣圖志

楊士奇等《文淵閣書目·舊志》《三河縣圖志》。二册。

三河縣志

楊士奇等《文淵閣書目·新志》《三河縣志》。

[萬曆]三河縣志

張萱等《内閣藏書目録·志乘部·北直隸》《三河縣志》。二册。全。萬曆己酉，縣令王自修。

黄虞稷《千頃堂書目·地理類上》王自《三河縣志》。萬曆己酉修。令。

[乾隆]三河縣志

丁立中《八千卷樓書目·地理類·都會郡縣》乾隆《三河縣志》十六卷。國朝陳杲撰。刊本。

香河縣圖志

楊士奇等《文淵閣書目·舊志》《香河縣圖志》。二册。

香河縣志

楊士奇等《文淵閣書目·新志》《香河縣志》。

張萱等《内閣藏書目録·志乘部·北直隸》《香河縣志》。一册。莫詳編纂姓氏。鈔本。

黄虞稷《千頃堂書目·地理類上》□□□《香河縣志》。

霸州圖志

楊士奇等《文淵閣書目·舊志》《霸州圖志》。二册。

霸州志

楊士奇等《文淵閣書目·新志》《霸州志》。

徐圖等《行人司重刻書目·地理類》《霸州志》。三本。

霸州舊志

趙琦美《脈望館書目·史·北直》《霸州舊志》。一本。

霸州新志

趙琦美《脈望館書目·史·北直》《[霸州]新志》。四本。

[嘉靖]霸州志

范邦甸等《天一閣書目·地理類》《霸州志》十卷。刊本。明嘉靖周復浚脩并序。

張萱等《内閣藏書目録·志乘部·北直隸》《霸州志》。二册。全。嘉靖戊(中)[申]州人周復俊修。

黄虞稷《千頃堂書目·地理類上》周復俊《霸州志》。嘉靖戊申修。州人。

[嘉靖]霸州志

朱睦㮮《萬卷堂書目·地志》《霸州志》九卷。高濬。

[萬曆]霸州志

張萱等《内閣藏書目録·志乘部·北直隸》又《霸州志》。三册。全。萬曆乙未，州守錢達道修。

祁承㸁《澹生堂藏書目·圖志·州志》《霸州志》。三册。十二卷。錢達道輯。

黄虞稷《千頃堂書目·地理類上》錢達道《霸州志》。萬曆乙未修。守。

保定縣志

楊士奇等《文淵閣書目·新志》《保定縣志》。

張萱等《内閣藏書目録·志乘部·北直隸》《保定縣志》。一册。全。莫詳編纂姓氏。鈔本。

黄虞稷《千頃堂書目·地理類上》□□□《保定縣志》。

固安縣圖志

楊士奇等《文淵閣書目·舊志》《固安縣圖志》。二册。

徐圖等《行人司重刻書目·地理類》《固安(國)[圖]志》。二本。

固安縣志

楊士奇等《文淵閣書目·新志》《固安縣志》。

趙琦美《脈望館書目·史·北直》《固安縣志》二本。又二本。

[嘉靖]固安縣志

張萱等《内閣藏書目録·志乘部·北直隸》《固安縣志》。二册。全。嘉靖乙丑，邑人蘇志皋修。

黄虞稷《千頃堂書目·地理類上》蘇志皋《固安縣志》。嘉靖己丑修。邑令。

大城縣圖志

楊士奇等《文淵閣書目・舊志》《大城縣圖志》。二册。

大城縣志

楊士奇等《文淵閣書目・新志》《大城縣志》。

趙琦美《脈望館書目・史・北直》《大城縣志》。二本。

[崇禎]大城縣志

張萱等《内閣藏書目録・志乘部・北直隸》《大城縣志》。二册。全。萬曆癸未，縣令狄同煃修。

黄虞稷《千頃堂書目・地理類上》狄同煃《大城縣志》。萬曆癸未修。令。

文安縣圖志

楊士奇等《文淵閣書目・舊志》《文安縣圖志》。二册。

文安縣志

楊士奇等《文淵閣書目・新志》《文安縣志》。

[萬曆]文安縣志略

張萱等《内閣藏書目録・志乘部・北直隸》《文安縣志略》。一册。全。萬曆間，教諭車鳴時撰。鈔本。

黄虞稷《千頃堂書目・地理類上》車鳴時《文安縣志略》。萬曆間修。教諭。

永清縣圖志

楊士奇等《文淵閣書目・舊志》《永清縣圖志》。二册。

永清縣志

楊士奇等《文淵閣書目・新志》《永清縣志》。

[萬曆]永清縣志

張萱等《内閣藏書目録・志乘部・北直隸》《永清縣志》。二册。全。萬曆甲午，教諭王約編。又二册。全。莫詳纂修姓氏。鈔本。

黄虞稷《千頃堂書目・地理類上》王約《永清縣志》。萬曆甲午修，教諭。

[乾隆]永清縣志

張之洞《書目答問・地理・附録國朝省志府州縣誌善本》《永清縣志》。章學誠。

[同治]永清縣志

丁立中《八千卷樓書目・地理類・都會郡縣》 同治《永清縣志》十四卷。國朝李秉鈞撰。刊本。

保定地區

保定府圖志

楊士奇等《文淵閣書目・舊志》 《保定府圖志》。二册。

保定府志

楊士奇等《文淵閣書目・新志》 《保定府志》。

晁瑮《晁氏寶文堂書目・圖誌》 《保定府志》。

趙琦美《脈望館書目・史・北直・保定府》 《保定府志》。十二本。

保定府志

《明史・藝文志・地理類》 張欽《保定府志》二十五卷。

黄虞稷《千頃堂書目・地理類上》 張欽《保定府志》二十五卷。

[弘治]重修保定志

范邦甸等《天一閣書目・地理類》 《保定府志》二十五卷。刊本。明知府章律編，商輅序。

[萬曆]保定府志

焦竑《國史經籍志・地里・都城宫苑》 《保定府志》四十卷。

張萱等《内閣藏書目録・志乘部・北直隸》 《保定府志》。十二册。全。隆慶辛未，郡判馮惟敏修。

祁承㸁《澹生堂藏書目・圖志・郡志》 《保定府志》。十二册。四十卷。

黄虞稷《千頃堂書目・地理類上》 馮惟敏《保定府志》四十卷。隆慶辛未修，郡判。

[康熙]保定府志

丁立中《八千卷樓書目・地理類・都會郡縣》 康熙《保定府志》二十九卷。國朝李逢源撰。刊本。

[康熙]保定府志

丁立中《八千卷樓書目・地理類・都會郡縣》 康熙《保定府志》二十九卷。國朝紀弘謨撰。刊本。

清苑縣圖志

楊士奇等《文淵閣書目・舊志》 《清苑縣圖志》。二册。

清苑縣志

楊士奇等《文淵閣書目・新志》《清苑縣志》。

徐圖等《行人司重刻書目・地理類》《清苑縣志》。一本。

[嘉靖]清苑縣志

范邦甸等《天一閣書目・地理類》《清苑縣志》六卷。刊本。明嘉靖戊戌，知縣李廷寶脩，御史宋璉序。

[萬曆]清苑縣志

張萱等《内閣藏書目録・志乘部・北直隸》《清苑縣志》。四册。全。萬曆戊子，縣令王政修。

祁承㸁《澹生堂藏書目・圖志・邑志》《清苑縣志》。四册。四卷。

黄虞稷《千頃堂書目・地理類上》王政《清苑縣志》。萬曆戊子修。令。

淶水縣圖志

楊士奇等《文淵閣書目・舊志》《淶水縣圖志》。二册。

淶水縣志

楊士奇等《文淵閣書目・新志》《淶水縣志》。

[嘉靖]淶水縣志

祁承㸁《澹生堂藏書目・圖志・邑志》《淶水縣志》。一册。三卷。

張萱等《内閣藏書目録・志乘部・北直隸》《淶水縣志》。一册。全。嘉靖庚申，邑令唐治修。

黄虞稷《千頃堂書目・地理類上》唐治《淶水縣志》三卷。嘉靖庚子修。令。

涿州圖志

楊士奇等《文淵閣書目・舊志》《涿州圖志》。二册。

涿州志

楊士奇等《文淵閣書目・新志》《涿州志》。

涿州志

高儒《百川書志・地理》《涿州志》十二卷。皇明州學訓導唐舜卿編修。

黄虞稷《千頃堂書目・地理類上》唐遜卿《涿州志》十二卷。州學訓導。

《明史・藝文志・地理類》唐舜卿《涿州志》十二卷。

[弘治]涿州志

范邦甸等《天一閣書目・地理類》《涿州志》十二卷。刊本。明弘治癸丑，張遜脩，翰林院陸簡序。

趙琦美《脈望館書目・史・北直》《涿州志》。四本。

徐𤊹《徐氏家藏書目・北直隸》《涿州志》十二卷。正德中張遜脩。

張萱等《内閣藏書目録・志乘部・北直隸》《涿州志》。四册。全。弘治癸丑，州守張遜修。

祁承㸁《澹生堂藏書目・圖志・州志》《涿州志》。四册。十二卷。張遜輯。

黄虞稷《千頃堂書目・地理類上》張遜《涿州志》十二卷。弘治癸丑修。守。

[正德]涿州志

黄虞稷《千頃堂書目・地理類上》劉坦《涿州志》。正德甲戌修。

中山記

文廷式《補晉書藝文志・地志類》張曜《中山記》。章宗源曰：《水經・滱水注》多引《中山記》，其言城中有山，故曰中山。《通典・州郡門》注取之《御覽》一百六十一州郡部，《寰宇記》河北道並稱張曜《中山記》。

定興縣圖志

楊士奇等《文淵閣書目・舊志》《定興縣圖志》。二册。

定興縣志

楊士奇等《文淵閣書目・新志》《定興縣志》。

祁承㸁《澹生堂藏書目・圖志・邑志》《定興縣志》。

定興縣志略

張萱等《内閣藏書目録・志乘部・北直隸》《定興縣志略》。一册。全。莫詳編纂姓氏鈔本。

黄虞稷《千頃堂書目・地理類上》《定興縣志略》。

容城縣志

楊士奇等《文淵閣書目・新志》《容城縣志》。

[隆慶]容城縣志

張萱等《内閣藏書目録・志乘部・北直隸》《容城縣志》。二册。全。隆慶戊辰邑令李蓁春修。

黄虞稷《千頃堂書目・地理類上》李蓁春《容城縣志》。隆慶戊辰修。令。

[萬曆]容城縣志

《四庫全書總目提要・地理類存目三・都會郡縣之屬》萬曆《容城縣志》七卷。兩淮鹽政採進本。明蔣如苹撰。如苹，字賓王，益都人。由貢生官容城縣知縣。初隆慶閒，邑令李蓁春創爲縣志，自隆慶三年以後，事蹟無徵。萬曆甲辰，如苹增補爲是編。凡十類。其創立「宫室門」，已失縣志之例。又《輿地志》所載唐復置縣，後罷，宋代復置。不知五代晉時歸於遼，宋時僅置縣於拒馬河。此沿革之大者，不應脱略。又濡水在縣西，亦曰北易水，雹水在縣南，即鮑水，載於《水經注》及《寰宇記》諸書者甚詳，亦脱漏不載，則其疎舛亦可見矣。

安州志

楊士奇等《文淵閣書目・新志》《安州志》。

趙琦美《脈望館書目・史・北直・保定府》《安州志》。二本。

徐圖等《行人司重刻書目・地理類》《安州志》。四本。

祁承㸁《澹生堂藏書目・圖志・州志》《安州志》。四册。十卷。

［嘉靖］安州志

朱睦㮮《萬卷堂書目・地志》《安州志》五卷。張寅。

張萱等《内閣藏書目録・志乘部・北直隸》《安州志》。四册。全。嘉靖乙未，州守張寅修。

黄虞稷《千頃堂書目・地理類上》張寅《安州志》五卷。嘉靖乙未修。守。

［萬曆］新安縣志

張萱等《内閣藏書目録・志乘部・北直隸》《新安縣志》。二册。全。萬曆丙申，邑令張守身修。

黄虞稷《千頃堂書目・地理類上》張守身《新安縣志》。萬曆丙申修。令。

蠡縣圖志

楊士奇等《文淵閣書目・舊志》《蠡縣圖志》。二册。

蠡縣志

楊士奇等《文淵閣書目・新志》《蠡縣志》。

晁瑮《晁氏寶文堂書目・圖誌》《蠡縣志》。

［嘉靖］蠡縣志

范邦甸等《天一閣書目・地理類》《蠡縣志》五卷。刊本。明知縣李復初脩，邑人崔三畏序。

張萱等《内閣藏書目録・志乘部・北直隸》《蠡縣志》。二册。全。嘉靖甲午，邑令李復初修。

黄虞稷《千頃堂書目・地理類上》李復初《蠡縣志》。嘉靖甲午修。令。

蠡縣志

趙琦美《脈望館書目・史・北直・保定府》《蠡縣志》。一本。又二本。

徐圖等《行人司重刻書目・地理類》《蠡縣志》。二本。

祁承㸁《澹生堂藏書目・圖志・邑志》《蠡縣志》。二册。五卷。

［隆慶］蠡縣志

張萱等《内閣藏書目録・志乘部・北直隸》又《蠡縣志》。二册。全。隆慶辛未，邑令劉伯縉修。

黄虞稷《千頃堂書目・地理類上》劉伯縉《蠡縣志》。隆慶辛未修。令。

博野縣圖志

楊士奇等《文淵閣書目・舊志》《博野縣圖志》。二册。

博野縣志

楊士奇等《文淵閣書目・新志》《博野縣志》。

［嘉靖］博野縣志

張萱等《内閣藏書目録・志乘部・北直隸》《博野縣志》。二册。全。嘉靖丙戌，邑人孫昂修。

黄虞稷《千頃堂書目・地理類上》孫昂《博野縣志》。嘉靖丙戌修。邑人。

博野縣志

祁承㸁《澹生堂藏書目・圖志・邑志》《博野縣志》。二册。五卷。

定州圖志

楊士奇等《文淵閣書目・舊志》《定州圖志》。二册。

定州志

楊士奇等《文淵閣書目・新志》《定州志》。

晁瑮《晁氏寶文堂書目・圖誌》《定州志》。

范邦甸等《天一閣書目・地理類》《定州志》。一册。刊本。

趙琦美《脈望館書目・史・北直・真定府》《定州志》。二本。

祁承㸁《澹生堂藏書目・圖志・州志》《定州志》。六册。十六卷。

總定州志

晁瑮《晁氏寶文堂書目・圖誌》《總定州志》。

［嘉靖］定州志

朱睦㮮《萬卷堂書目・地志》《定州志》四卷。倪璣。

黄虞稷《千頃堂書目・地理類上》倪璣《定州志》四卷。嘉靖壬午修。守。

《明史・藝文志・地理類》倪璣《定州志》四卷。

張萱等《内閣藏書目録・志乘部・北直隸》《定州志》。三册。全。嘉靖壬午，州守倪璣修。

阜平縣圖志

楊士奇等《文淵閣書目・舊志》《阜平縣圖志》。二册。

阜平縣志

楊士奇等《文淵閣書目·新志》《阜平縣志》。

[嘉靖]阜平縣志

張萱等《内閣藏書目録·志乘部·北直隸》《阜平縣志》。二册。全。嘉靖壬戌，邑博李延賞修。

祁承㸁《澹生堂藏書目·圖志·邑志》《阜平縣志》。二册。十二卷。

黄虞稷《千頃堂書目·地理類上》李延賞《阜平縣志》。嘉靖壬戌修。邑博。

唐縣圖志

楊士奇等《文淵閣書目·舊志》《唐縣圖志》。二册。

唐縣志

楊士奇等《文淵閣書目·新志》《唐縣志》。

張萱等《内閣藏書目録·志乘部·北直隸》又《唐縣志》。一册。莫詳編纂姓氏鈔本。

[嘉靖]唐縣志

張萱等《内閣藏書目録·志乘部·北直隸》《唐縣志》。一册。全。嘉靖己亥，邑令孫廷臣修。

黄虞稷《千頃堂書目·地理類上》孫廷臣《唐縣志》。嘉靖己亥修。令。

廣昌縣志

楊士奇等《文淵閣書目·新志》《廣昌縣志》。

上谷郡圖經

汪師韓《文選注引群書目録上·地理》《上谷郡圖經》。

章宗源《隋書經籍志考證·地理》《上谷郡圖經》。卷亡。不著録。《文選·放歌行》注：《上谷郡圖經》曰，黄金臺，易水東南十八里，燕昭王置千金於臺上，以延天下之士。

易州圖志

楊士奇等《文淵閣書目·舊志》《易州圖志》。二册。

易州志

楊士奇等《文淵閣書目·新志》《易州志》。

晁瑮《晁氏寶文堂書目·圖誌》《易州志》。

祁承㸁《澹生堂藏書目·圖志·州志》《易州志》。四册。十六卷。

[弘治]易州志

范邦甸等《天一閣書目・地理類》《易州志》二十卷。刊本。明戴銑輯并序。

朱睦㮮《萬卷堂書目・地志》《易州志》二十卷。戴銑。

黃虞稷《千頃堂書目・地理類上》戴銑《易州志》三十卷。

《明史・藝文志・地理類》戴銑《易州志》三十卷。

易州舊志

趙琦美《脈望館書目・史・北直・保定府》《易州舊志》。四本。

[嘉靖]易水新志

趙琦美《脈望館書目・史・北直・保定府》《[易水]新志》。四本。

張萱等《内閣藏書目録・志乘部・北直隸》《易州新志》。四册。全。嘉靖壬辰，州學正林烇章修。

黃虞稷《千頃堂書目・地理類上》林烇章《易州新志》。嘉靖壬辰修。州學正。

新城縣志

楊士奇等《文淵閣書目・新志》《新城縣志》。

祁承㸁《澹生堂藏書目・圖志・邑志》《新城縣志》。四册。四卷。

又《新城縣志》。四册。十二卷。

[萬曆]新城縣志

張萱等《内閣藏書目録・志乘部・北直隸》《新城縣志》。二册。全。萬曆乙亥，邑人方廉修。

黃虞稷《千頃堂書目・地理類上》方廉《新城縣志》。萬曆乙亥修。邑人。

[萬曆]新城縣志

張萱等《内閣藏書目録・志乘部・北直隸》《新城縣志》。三册。全。萬曆乙酉，教諭何濟等修。

黃虞稷《千頃堂書目・地理類上》何濟等《新城縣志》。萬曆乙酉修。教諭。

雄縣圖志

楊士奇等《文淵閣書目・舊志》《雄縣圖志》。一册。

雄縣志

楊士奇等《文淵閣書目・新志》《雄縣志》。

趙琦美《脈望館書目・史・北直・保定府》《雄縣志》。一本。又二本。

徐圖等《行人司重刻書目・地理類》《雄縣志》。二本。

祁承㸁《澹生堂藏書目・圖志・邑志》《雄縣志》。二册。二卷。

雄乘

晁瑮《晁氏寶文堂書目・圖誌》《雄乘》。

[嘉靖]雄乘

朱睦㮮《萬卷堂書目・雜志》《雄乘》二卷。王齊。

雄縣地乘

黄虞稷《千頃堂書目・地理類上》王齊學《雄縣地乘》十卷。新蔡人。

[萬曆]雄縣志

張萱等《内閣藏書目録・志乘部・北直隸》《雄縣志》。二册。全。萬曆丁亥，邑人馬文學修。

黄虞稷《千頃堂書目・地理類上》馬文學《雄縣志》。萬曆丁亥修。邑人。

[萬曆]雄縣志

黄虞稷《千頃堂書目・地理類上》董勸等《雄縣志》。萬曆壬辰修。邑人。

張萱等《内閣藏書目録・志乘部・北直隸》又《雄縣志》。二册。全。萬曆壬辰，邑人董勸等修。

安肅縣圖志

楊士奇等《文淵閣書目・舊志》《安肅縣圖志》。二册。

安肅縣志

楊士奇等《文淵閣書目・新志》《安肅縣志》。

徐圖等《行人司重刻書目・地理類》《安肅縣志》。二本。

祁承㸁《澹生堂藏書目・圖志・邑志》《安肅縣志》。二册。二卷。

[嘉靖]安肅縣志

張萱等《内閣藏書目録・志乘部・北直隸》《安肅縣志》。二册。全。嘉靖壬子，教諭邢學修。

黄虞稷《千頃堂書目・地理類上》邢學《安肅縣志》。嘉靖壬子修。教諭。

[嘉慶]安肅縣志

丁立中《八千卷樓書目・地理類・都會郡縣》嘉慶《安肅縣志》十六卷。國朝張鈍撰。刊本。

高陽縣志

楊士奇等《文淵閣書目・新志》《高陽縣志》。

高陽縣志

趙琦美《脈望館書目・史・北直・保定府》《高陽縣志》。二本。又一本。

祁承㸁《澹生堂藏書目・圖志・邑志》《高陽縣志》。十册。十四卷。

[嘉靖]高陽縣志

張萱等《内閣藏書目録・志乘部・北直隸》《高陽縣志》。一册。全。嘉靖丙申，縣令周至德修。

[嘉靖]高陽縣志

張萱等《内閣藏書目録・志乘部・北直隸》《高陽縣志》。二册。全。嘉靖壬子，邑博林鳳儀修。

黄虞稷《千頃堂書目・地理類上》林鳳儀《高陽縣志》。嘉靖壬子修。邑博。

祁州圖志

楊士奇等《文淵閣書目・舊志》《祁州圖志》。二册。

祁州志

楊士奇等《文淵閣書目・新志》《祁州志》。

[嘉靖]祁州志

朱睦㮮《萬卷堂書目・地志》《祁州志》六卷。潘恩。

張萱等《内閣藏書目録・志乘部・北直隸》《祁州志》。二册。全。嘉靖乙酉，州守潘恩修。

祁承㸁《澹生堂藏書目・圖志・州志》《祁州志》。二册。六卷。

黄虞稷《千頃堂書目・地理類上》潘恩《祁州志》六卷。嘉靖乙酉修。守。

《明史・藝文志・地理類》潘恩《祁州志》六卷。

慶都縣圖志

楊士奇等《文淵閣書目・舊志》《慶都縣圖志》。二册。

慶都縣志

楊士奇等《文淵閣書目・新志》《慶都縣志》。

慶都縣志

趙琦美《脈望館書目・史・北直・保定府》《慶都縣志》。二本。

[萬曆]慶都乘

張萱等《内閣藏書目録・志乘部・北直隸》《慶都乘》。二册。全。萬曆戊子，縣令張前光修。

黃虞稷《千頃堂書目・地理類上》　張前光《慶都乘》二册。萬曆戊子年修。前光縣令。

慶都縣志

張萱等《内閣藏書目録・志乘部・北直隸》　《慶都縣志》。四册。莫詳編纂姓氏。

慶都縣志

祁承㸁《澹生堂藏書目・圖志・邑志》　《慶都縣志》。二册。五卷。

曲陽縣圖志

楊士奇等《文淵閣書目・舊志》　《曲陽縣圖志》。二册。

曲陽縣志

楊士奇等《文淵閣書目・新志》　《曲陽縣志》。

祁承㸁《澹生堂藏書目・圖志・邑志》　《曲陽縣志》。二册。十三卷。

完縣圖志

楊士奇等《文淵閣書目・舊志》　《完縣圖志》。二册。

完縣志

楊士奇等《文淵閣書目・新志》　《完縣志》。

[萬曆]完縣志

張萱等《内閣藏書目録・志乘部・北直隸》　《完縣志》。二册。全。萬曆戊子，邑令趙桐修。

黃虞稷《千頃堂書目・地理類上》　趙桐《完縣志》。萬曆戊午修。令。

祁承㸁《澹生堂藏書目・圖志・邑志》　《完縣志》。二册。二卷。

滿城縣圖志

楊士奇等《文淵閣書目・舊志》　《滿城縣圖志》。二册。

滿城縣志

楊士奇等《文淵閣書目・新志》　《滿城縣志》。

[萬曆]滿城縣志

祁承㸁《澹生堂藏書目・圖志・邑志》　《滿城縣志》。四册。八卷。

黃虞稷《千頃堂書目・地理類上》　張邦政《滿城縣志》八卷。萬曆甲寅修。

滄州地區

河間府圖志

楊士奇等《文淵閣書目·舊志》《河間府圖志》。二册。

河間府志

楊士奇等《文淵閣書目·新志》《河間府志》。

[嘉靖]河間府志

范邦甸等《天一閣書目·地理類》《河間府志》二十八卷。刊本。明嘉靖庚子，翰林張璧纂并序。

朱睦㮮《萬卷堂書目·地志》《河間府志》二十八卷。樊文深。

趙琦美《脈望館書目·史·北直·河間府》《河間府志》。十二本。

焦竑《國史經籍志·地里·都城宮苑》《河閒府志》二十八卷。

張萱等《内閣藏書目録·志乘部·北直隸》《河閒府志》。十二册。全。嘉靖庚子，郡人樊深修。

黄虞稷《千頃堂書目·地理類上》樊文深《河間府志》二十八卷。嘉靖庚子修。文深，郡人。

《明史·藝文志·地理類》樊文深《河間府志》二十八卷。

《四庫全書總目提要·地理類存目三·都會郡縣之屬》嘉靖《河閒府志》二十八卷。兩淮鹽政採進本。明樊深撰。深號西田，河閒人。嘉靖壬辰進士。官至通政司通政使。事蹟附見《明史·楊思忠傳》。其以深爲大同人，則因深以軍籍登第也。是編成於嘉靖庚子。凡十六門，分子目六十有一。是時天津衛未分爲府，興濟縣亦尚未廢。河閒所屬凡州二縣十六，故今天津滄州、静海、青縣、鹽山、慶雲、南皮皆併載志中。深自序稱，一方之山川墳土，習俗往蹟，咸蒐輯罔遺。若夫述怪誕以表奇特，著事應以實祥異，增仙釋以備觀覽，名教之所禁者，皆得而略焉。其體例頗謹嚴，而採掇古事，不免貪多。假借附會，均所不免。仍不出明人地志之積習也。

[萬曆]河間乘史

張萱等《内閣藏書目録·志乘部·北直隸》《河閒乘史》。四册。全。即《河閒縣志》。萬曆辛卯，邑令趙完璧修。

祁承㸁《澹生堂藏書目·圖志·邑志》《河閒乘史》。四册。四卷。趙完璧。

黄虞稷《千頃堂書目·地理類上》趙完璧《河間乘史》。萬曆辛卯修。令。

[萬曆]河間府志

祁承㸁《澹生堂藏書目·圖志·郡志》《河閒府志》。十二册。二十八卷。又十五册。十五卷。杜應芳。

[乾隆]河間府新志

黄虞稷《千頃堂書目·地理類上》賈忠《河間府志》二十卷。

河間縣圖志

楊士奇等《文淵閣書目·舊志》《河閒縣圖志》。二册。

河間縣志

楊士奇等《文淵閣書目・新志》《河間縣志》。

滄州圖志

楊士奇等《文淵閣書目・舊志》《滄州圖志》。二册。

滄州志

楊士奇等《文淵閣書目・新志》《滄州志》。

滄州志

趙琦美《脈望館書目・史・北直・河間府》《滄州志》。四本。

徐𤊹《徐氏家藏書目・北直隸》《滄州志》四卷。河間府。

[萬曆]滄州志

祁承㸁《澹生堂藏書目・圖志・州志》《滄州志》。四册。八卷。李夢熊。

滄州志

黃虞稷《千頃堂書目・地理類上》廖紀又《滄州志》四卷。

《明史・藝文志・地理類》廖紀《滄州志》四卷。

長蘆志

趙琦美《脈望館書目・史・北直・河間府》《長蘆志》。三本。

長蘆新志

趙琦美《脈望館書目・史・北直・河間府》《[長蘆]新志》。二本。

鹽山縣圖志

楊士奇等《文淵閣書目・舊志》《鹽山縣圖志》。二册。

鹽山縣志

楊士奇等《文淵閣書目・新志》《鹽山縣志》。

鹽山縣志

祁承㸁《澹生堂藏書目・圖志・邑志》《鹽山縣志》。四册。十六卷。李正華。

[嘉靖]鹽山縣志

黃虞稷《千頃堂書目・地理類上》 時尚儒《鹽山縣志》。嘉靖間修。

[隆慶]鹽山縣志

黃虞稷《千頃堂書目・地理類上》 霍焰《鹽山縣志》。隆慶壬申修。邑人。

張萱等《内閣藏書目録・志乘部・北直隸》《鹽山縣志》。二册全。隆慶壬申，邑人霍餤修。

吴橋縣圖志

楊士奇等《文淵閣書目・舊志》《吴橋縣圖志》。二册。

吴橋縣志

楊士奇等《文淵閣書目・新志》《吴橋縣志》。

[萬曆]吴橋縣志

張萱等《内閣藏書目録・志乘部・北直隸》《吴山志》。四册。全。即《吴橋縣志》。萬曆甲戌，邑人李懿修。

祁承㸁《澹生堂藏書目・圖志・邑志》《吴橋縣志》。四册。九卷。李懿。

東光縣志

楊士奇等《文淵閣書目・新志》《東光縣志》。

晁瑮《晁氏寶文堂書目・圖誌》《東光縣志》。不全。

東光縣志

徐𤊹《徐氏家藏書目・北直隸》《東光縣志》四卷。河間府。廖紀。

黃虞稷《千頃堂書目・地理類上》 廖紀《東光縣志》四卷。

[萬曆]東光縣志

祁承㸁《澹生堂藏書目・圖志・邑志》《東光縣志》。二册。四卷。余良弼。

黃虞稷《千頃堂書目・地理類上》 余良弼《東光縣志》四卷。萬曆間修。

肅寧縣圖志

楊士奇等《文淵閣書目・舊志》《肅寧縣圖志》。二册。

肅寧縣志

楊士奇等《文淵閣書目・新志》《肅寧縣志》。

[萬曆]肅寧縣志

張萱等《内閣藏書目録・志乘部・北直隸》《肅寧縣志》。一册。萬曆間編，莫詳姓氏鈔本。

[萬曆]肅寧縣志

祁承㸁《澹生堂藏書目・圖志・邑志》《肅寧縣志》。二册。二卷。成性。

黄虞稷《千頃堂書目・地理類上》成性《肅寧縣志》二卷。萬曆修。

交河縣圖志

楊士奇等《文淵閣書目・舊志》《交河縣圖志》。二册。

交河縣志

楊士奇等《文淵閣書目・新志》《交河縣志》。

[萬曆]交河縣志

張萱等《内閣藏書目録・志乘部・北直隸》《交河縣志》。二册。全。萬曆戊子，縣令馬仲良修。

黄虞稷《千頃堂書目・地理類上》馬仲良《交河縣志》六卷。萬曆戊子修。令。

黄虞稷《千頃堂書目・地理類上》蔣景倫《交河縣志》七卷。萬曆修。

興濟縣志

楊士奇等《文淵閣書目・新志》《興濟縣志》。

[嘉靖]興濟縣志

張萱等《内閣藏書目録・志乘部・北直隸》《興濟縣志》。二册。全。嘉靖壬子，邑令蕭蕃修。

祁承㸁《澹生堂藏書目・圖志・邑志》《興濟縣志》二册。二卷。鄭孝。

黄虞稷《千頃堂書目・地理類上》蕭蕃《興濟縣志》。嘉靖壬子修。令。

青縣志

楊士奇等《文淵閣書目・新志》《青縣志》。

[正德]青縣志

張萱等《内閣藏書目録・志乘部・北直隸》《青縣志》。一册。正德丙寅，邑人馬政編。鈔本。

黄虞稷《千頃堂書目・地理類上》馬政《青縣志》。正德丙寅修。令。

應震青縣志

祁承㸁《澹生堂藏書目・圖志・邑志》《青縣志》。二册。二卷。應震。

[同治]青縣志

丁立中《八千卷樓書目・地理類・都會郡縣》 同治《青縣志》八卷。國朝劉傑撰。刊本。

南皮縣圖志

楊士奇等《文淵閣書目・舊志》《南皮縣圖志》。二册。

南皮縣志

楊士奇等《文淵閣書目・新志》《南皮縣志》。

[萬曆]南皮縣志

黄虞稷《千頃堂書目・地理類上》 徐升階《南皮縣志》十七卷。萬曆間修。

任邱縣圖志

楊士奇等《文淵閣書目・舊志》《任邱縣圖志》。二册。

任邱縣志

楊士奇等《文淵閣書目・新志》《任邱縣志》。

晁瑮《晁氏寶文堂書目・圖誌》《任丘志》。

趙琦美《脈望館書目・史・北直・河間府》《任丘縣志》。二本。

徐圖等《行人司重刻書目・地理類》《任丘縣志》。二本。

[隆慶]任丘縣志

張萱等《内閣藏書目録・志乘部・北直隸》《任丘縣志》。二册。全。隆慶丁卯，邑令林大畜修。

任丘縣志

祁承㸁《澹生堂藏書目・圖志・邑志》《任邱縣志》。四册。三卷。馮治。

[萬曆]任丘志集

張萱等《内閣藏書目録・志乘部・北直隸》《任丘縣志》。三册。全。萬曆戊寅，縣令顧問修。

黄虞稷《千頃堂書目・地理類上》 顧問《任丘縣志》。萬曆戊寅修。令。

[乾隆]任邱縣志

丁立中《八千卷樓書目・地理類・都會郡縣》 [乾隆]《任邱縣志》十二卷。國朝李鼎玉、王養晦撰。刊本。

獻州圖志

楊士奇等《文淵閣書目・舊志》《獻縣圖志》。一册。

獻縣志

楊士奇等《文淵閣書目・新志》《獻縣志》。

趙琦美《脈望館書目・史・北直・河間府》《獻縣志》。一本。

[萬曆]獻縣志

張萱等《内閣藏書目録・志乘部・北直隸》《獻縣志》。二册。全。萬曆乙酉，教諭李汝桂修。

黄虞稷《千頃堂書目・地理類上》李汝桂《獻縣志》。萬曆乙酉修。教諭。

衡水地區

衡水縣圖志

楊士奇等《文淵閣書目・舊志》《衡水縣圖志》。一册。

衡水縣志

楊士奇等《文淵閣書目・新志》《衡水縣志》。

[萬曆]衡水縣志

張萱等《内閣藏書目録・志乘部・北直隸》《衡水縣志》。二册。萬曆辛卯，教諭諸鍾等修。

祁承㸁《澹生堂藏書目・圖志・邑志》《衡水縣志》。二册。六卷。

黄虞稷《千頃堂書目・地理類上》諸鍾等《衡水縣志》。萬曆辛卯修。教諭。

饒陽縣圖志

楊士奇等《文淵閣書目・舊志》《饒陽縣圖志》。一册。

饒陽縣志

楊士奇等《文淵閣書目・新志》《饒陽縣志》。

張萱等《内閣藏書目録・志乘部・北直隸》《饒陽縣志》。一册。莫詳編纂姓氏。鈔本。

祁承㸁《澹生堂藏書目・圖志・邑志》《饒陽縣志》。三册。三卷。

黄虞稷《千頃堂書目・地理類上》□□□《饒陽縣志》。

阜城縣圖志

楊士奇等《文淵閣書目・舊志》《阜城縣圖志》。一册。

阜城縣志

楊士奇等《文淵閣書目・新志》《阜城縣志》。

張萱等《内閣藏書目録・志乘部・北直隸》《阜城縣志》。二册。全。萬曆癸酉，縣令翟邦固修。

祁承㸁《澹生堂藏書目・圖志・邑志》《阜城縣志》。二册。二卷。翟邦固。

黃虞稷《千頃堂書目・地理類上》翟邦固《阜城縣志》。萬曆癸酉修。令。

景州圖志

楊士奇等《文淵閣書目・舊志》《景州圖志》。二册。

景州志

楊士奇等《文淵閣書目・新志》《景州志》。

［隆慶］景州志

張萱等《内閣藏書目録・志乘部・北直隸》《景州志》。三册。全。隆慶壬申，訓導徐大佑修。

黃虞稷《千頃堂書目・地理類上》徐大佑《景州志》。隆慶壬申修。訓導。

羅相景州志

祁承㸁《澹生堂藏書目・圖志・州志》《景州志》。三册。六卷。羅相。

棗强縣志

楊士奇等《文淵閣書目・新志》《棗强縣志》。

［萬曆］棗强縣志

張萱等《内閣藏書目録・志乘部・北直隸》《棗强縣志》。二册。全。萬曆甲午，邑人宋室修。

祁承㸁《澹生堂藏書目・圖志・邑志》《棗强縣志》。二册。四卷。

黃虞稷《千頃堂書目・地理類上》宋室《棗强縣志》四卷。萬曆甲午修。邑人。

深州圖志

楊士奇等《文淵閣書目・舊志》《深州圖志》。二册。

深州志

楊士奇等《文淵閣書目・新志》《深州志》。

［萬曆］深州志

徐圖等《行人司重刻書目・地理類》《深州志》。四本。

張萱等《内閣藏書目録・志乘部・北直隸》《深州志》。四册。全。萬曆戊寅，州守劉應民修。

祁承㸁《澹生堂藏書目・圖志・州志》《深州志》。四册。十二卷。

黃虞稷《千頃堂書目・地理類上》劉應民《深州志》。萬曆戊寅修。守。

安平縣圖志

楊士奇等《文淵閣書目・舊志》《安平縣圖志》。二册。

安平縣志

楊士奇等《文淵閣書目・新志》《安平縣志》。

［萬曆］安平縣志

張萱等《内閣藏書目録・志乘部・北直隸》《安平縣志》。四册。全。萬曆己丑，邑人王三餘修。

祁承㸁《澹生堂藏書目・圖志・邑志》《安平縣志》。四册。六卷。

黃虞稷《千頃堂書目・地理類上》王三餘《安平縣志》。萬曆己丑修。守。

武强縣圖志

楊士奇等《文淵閣書目・舊志》《武强縣圖志》。二册。

武强縣志

楊士奇等《文淵閣書目・新志》《武强縣志》。

祁承㸁《澹生堂藏書目・圖志・邑志》《武强縣志》。二册。二卷。

［隆慶］武强縣志

張萱等《内閣藏書目録・志乘部・北直隸》《武强縣志》。四册。隆慶庚午，邑令錢博學修。

黃虞稷《千頃堂書目・地理類上》錢博學《武强縣志》。隆慶庚午修。令。

武邑縣圖志

楊士奇等《文淵閣書目・舊志》《武邑縣圖志》。二册。

武邑縣志

楊士奇等《文淵閣書目・新志》《武邑縣志》。

［萬曆］武邑縣志

張萱等《内閣藏書目録・志乘部・北直隸》《武邑縣志》。二册。萬曆庚寅，學博黃試編。

祁承㸁《澹生堂藏書目・圖志・邑志》《武邑縣志》。二册。四卷。

黃虞稷《千頃堂書目・地理類上》黃試《武邑縣志》。萬曆庚寅修。學博。

故城縣圖志

楊士奇等《文淵閣書目・舊志》《故城縣圖志》。二册。

故城縣志

楊士奇等《文淵閣書目・新志》《故城縣志》。

趙琦美《脈望館書目・史・北直・保定府》《故城縣志》。二本。

[萬曆]故城縣志

張萱等《内閣藏書目録・志乘部・北直隸》《故城縣志》。三册。萬曆甲午，南大司馬周世選修。

祁承㸁《澹生堂藏書目・圖志・邑志》《故城縣志》。三册。五卷。周世選。

黄虞稷《千頃堂書目・地理類上》周世選《故城縣志》。萬曆甲午修。

[萬曆]故城縣志

祁承㸁《澹生堂藏書目・圖志・邑志》《故城縣志》。五册。五卷。李元忠。

冀州圖志

楊士奇等《文淵閣書目・舊志》《冀州圖志》。二册。

冀州志

楊士奇等《文淵閣書目・新志》《冀州志》。

李德美冀州志

朱睦㮮《萬卷堂書目・地志》《冀州志》三卷。李德美。

黄虞稷《千頃堂書目・地理類上》李德美《冀州志》三卷。

[成化]冀州志

張萱等《内閣藏書目録・志乘部・北直隸》《冀州全志》。四册。全。成化乙巳，教諭曹安修。

黄虞稷《千頃堂書目・地理類上》曹安《冀州全志》四卷。成化乙巳修。安官教諭。

《明史・藝文志・地理類》曹安《冀州志》四卷。

信都記

李昉《太平御覽經史圖書綱目》《信都記》。

[嘉靖]冀州志

祁承㸁《澹生堂藏書目・圖志・州志》《冀州志》。四册。十卷。

張萱等《内閣藏書目録・志乘部・北直隸》《冀州全志》。四册。郡人張璽修。

范邦甸等《天一閣書目・地理類》《冀州志》十卷。刊本。明郡人張璽輯并序。

黄虞稷《千頃堂書目・地理類上》張璽《冀州全志》。四册。郡人。（吴補）

邯鄲地區

廣平府圖志

楊士奇等《文淵閣書目・舊志》《廣平府圖志》。二册。

廣平府志

楊士奇等《文淵閣書目・新志》《廣平府志》。

徐圖等《行人司重刻書目・地理類》《廣平府志》。五本。

廣平府并屬縣志

楊士奇等《文淵閣書目・新志》《廣平府并屬縣志》。二册。

新修廣平府志

晁瑮《晁氏寶文堂書目・圖誌》《新修廣平府志》。

[嘉靖]廣平府志

范邦甸等《天一閣書目・地理類》《廣平府志》十六卷。刊本。明陳棐脩，項廷吉序。

朱睦㮮《萬卷堂書目・地志》《廣平府志》十六卷。陳棐。

趙琦美《脈望館書目・史・北直・廣平府》《廣平府志》四本。缺十五之十八。

張萱等《內閣藏書目録・志乘部・北直隸》《廣平府志》。四册。全。嘉靖己酉，給事中陳棐謫長垣縣丞修。

祁承爜《澹生堂藏書目・圖志・郡志》《廣平府志》。四册。十六卷。陳棐輯。

黄虞稷《千頃堂書目・地理類上》陳棐《廣平府志》十六卷。嘉靖己酉給事中光州陳棐謫長垣丞時修。

《明史・藝文志・地理類》陳棐《廣平府志》十六卷。

廣平縣圖志

楊士奇等《文淵閣書目・舊志》《廣平縣圖志》。二册。

廣平縣志

楊士奇等《文淵閣書目・新志》《廣平縣志》。

[萬曆]廣平縣志

張萱等《內閣藏書目録・志乘部・北直隸》《廣平縣志》。二册。全。萬曆庚寅，邑令陳鎜修。

黄虞稷《千頃堂書目・地理類上》陳鎜《廣平縣志》。萬曆庚寅修。令。

清漳志

楊士奇等《文淵閣書目・舊志》《清漳志》。二册。又《清漳志》。一册。又

《清漳志》。五册。

清漳新志

陳振孫《直齋書録解題・地理類》《清漳新志》十卷。司理參軍方杰撰。嘉定六年，太守趙汝譡蹈中也。

馬端臨《文獻通考・經籍考・地理》《清漳新志》十卷。

《宋史・藝文志・地理類》方杰《清漳新志》十卷。

楊士奇等《文淵閣書目・舊志》《清漳志》。十册。

大名府圖志

楊士奇等《文淵閣書目・舊志》《大名府圖志》。一册。

大名府志

楊士奇等《文淵閣書目・新志》《大名府志》。

大名郡志

晁瑮《晁氏寶文堂書目・圖誌》《大名郡志》。

[弘治]大名府志

黄虞稷《千頃堂書目・地理類上》唐錦《大名府志》十六卷。弘治間修。

[正德]大名府志

范邦甸等《天一閣書目・地理類》《大名郡志》十卷。刊本。明唐錦編集，韓福序。

唐錦大名府志

朱睦㮮《萬卷堂書目・地志》《大明府志》十八卷。唐錦。

趙琦美《脈望館書目・史・北直・大名府》《大名府志》。八本。

徐𤊹《徐氏家藏書目・北直隸》《大名府志》二十八卷。唐錦。

祁承㸁《澹生堂藏書目・圖志・郡志》《大名府志》。八册。二十八卷。

《明史・藝文志・地理類》唐錦《大名府志》二十八卷。

[嘉靖]大名府志

黄虞稷《千頃堂書目・地理類上》潘仲驂《大名府志》二十八卷。嘉靖間修。

[嘉靖]大名府志

張萱等《内閣藏書目録・志乘部・北直隸》《大名府志》。八册。全。嘉靖甲辰，教諭鄭禮修。

黄虞稷《千頃堂書目・地理類上》鄭禮《大名府志》。嘉靖甲辰修。教諭。

[隆慶]大名縣志

張萱等《内閣藏書目録・志乘部・北直隸》《大名府志》。三册。全。隆慶庚午，邑人張師尹等修。

黄虞稷《千頃堂書目・地理類上》張師尹《大名府志》。隆慶庚午修，邑人。

[咸豐]大名府志

丁立中《八千卷樓書目・地理類・都會郡縣》（乾隆）[咸豐]《大名府志》二十二卷。國朝朱煐撰。刊本。

大名縣圖志

楊士奇等《文淵閣書目・舊志》《大名縣圖志》。一册。

大名縣志

楊士奇等《文淵閣書目・新志》《大名縣志》。

晁瑮《晁氏寶文堂書目・圖誌》《大名縣志》。

趙琦美《脈望館書目・史・北直・大名府》《大名縣志》三本。

元城縣圖志

楊士奇等《文淵閣書目・舊志》《元城縣圖志》。一册。

元城縣志

楊士奇等《文淵閣書目・新志》《元城縣志》。

[康熙]元城縣志

丁立中《八千卷樓書目・地理類・都會郡縣》[康熙]《元城縣志》六卷。國朝陳偉郭景儀撰。刊本。

邯鄲縣圖志

楊士奇等《文淵閣書目・舊志》《邯鄲縣圖志》。二册。

邯鄲縣志

楊士奇等《文淵閣書目・新志》《邯鄲縣志》。

趙琦美《脈望館書目・史・北直・廣平府》《邯鄲縣志》。二本。

徐圖等《行人司重刻書目・地理類》《邯鄲縣志》。二本。

[萬曆]邯鄲縣志

張萱等《内閣藏書目録・志乘部・北直隸》《邯鄲縣志》。四册。全。萬曆癸酉，邑人張成教修。

黄虞稷《千頃堂書目・地理類上》張成教《邯鄲縣志》。萬曆癸酉修。邑人。

洺州記

章宗源《隋書經籍志考證・地理》《洺州記》卷亡。不著録。《初學記・州郡部》：龍崗縣西北有百峯山。《太平寰宇記》河北道干將城、榆溪山、風門山、封爵觀並引《洺州記》。

永年縣圖志

楊士奇等《文淵閣書目・舊志》《永年縣圖志》。二册。

永年縣志

楊士奇等《文淵閣書目・新志》《永年縣志》。

[光緒]永年縣志

丁立中《八千卷樓書目・地理類・都會郡縣》光緒《永年縣志》四十卷。國朝夏詒鈺撰。刊本。

易陽志

晁瑮《晁氏寶文堂書目・圖誌》《易陽志》。

曲周縣圖志

楊士奇等《文淵閣書目・舊志》《曲周縣圖志》。二册。

曲周縣志

楊士奇等《文淵閣書目・新志》《曲周縣志》。

趙琦美《脈望館書目・史・北直・廣平府》《曲周縣志》。二本。

徐圖等《行人司重刻書目・地理類》《曲周縣志》。二本。

[嘉靖]曲周縣志

張萱等《内閣藏書目録・志乘部・北直隸》《曲周縣志》。二册。全。嘉靖辛酉，邑人聶鶴齡修。

黄虞稷《千頃堂書目・地理類上》聶鶴齡《曲周縣志》。嘉靖辛酉修。邑人。

館陶志

趙琦美《脈望館書目・史・山東・東昌府》《館陶志》。三本。

魏縣圖志

楊士奇等《文淵閣書目・舊志》《魏縣圖志》。一册。

魏縣志

楊士奇等《文淵閣書目・新志》《魏縣志》。

徐圖等《行人司重刻書目・地理類》《魏縣志》。一本。

[萬曆]魏縣志

趙琦美《脈望館書目・史・北直・大名府》《魏縣志》。四本。

張萱等《内閣藏書目録・志乘部・北直隸》《魏縣志》。四册。全。萬曆乙亥，邑令李幼淑修。

黄虞稷《千頃堂書目・地理類上》李幼淑《魏縣志》四卷。萬曆乙亥修。令。

成安縣圖志

楊士奇等《文淵閣書目・舊志》《成安縣圖志》。二册。

成安縣志

楊士奇等《文淵閣書目・新志》《成安縣志》。

趙琦美《脈望館書目・史・北直・廣平府》《成安縣志》。二本。

[嘉靖]成安縣志

張萱等《内閣藏書目録・志乘部・北直隸》《成安縣志》。四册。嘉靖甲子，邑令劉希尹修。

黄虞稷《千頃堂書目・地理類上》劉希尹《成安縣志》。嘉靖甲子修。令。

涉縣志

范邦甸等《天一閣書目・地理類》《涉縣志》二卷。藍絲闌鈔本。

祁承㸁《澹生堂藏書目・圖志・邑志》《涉縣志》。三册。八卷。

雞澤縣圖志

楊士奇等《文淵閣書目・舊志》《雞澤縣圖志》。二册。

雞澤縣志

楊士奇等《文淵閣書目・新志》《雞澤縣志》。

[萬曆]雞澤縣志

張萱等《内閣藏書目録・志乘部・北直隸》《雞澤縣志》。二册。全。萬曆癸巳，邑人趙瑟等修。

黄虞稷《千頃堂書目・地理類上》趙瑟《雞澤縣志》。萬曆癸巳修。邑人。

肥鄉縣圖志

楊士奇等《文淵閣書目・舊志》《肥鄉縣圖志》。二册。

肥鄉縣志

楊士奇等《文淵閣書目・新志》《肥鄉縣志》。

趙琦美《脈望館書目・史・北直・廣平府》《肥鄉縣志》。一本。

徐圖等《行人司重刻書目・地理類》《肥鄉縣志》。二本。

[萬曆]肥鄉縣志

張萱等《内閣藏書目録・志乘部・北直隸》《肥鄉縣志》。二册。全。萬曆庚寅，縣令廉靖修。

黄虞稷《千頃堂書目・地理類上》 廉靖《肥鄉縣志》。萬曆庚寅修。令。

鄴縣圖經

李昉《太平御覽經史圖書綱目》《鄴縣圖經》。

石虎鄴中記

李昉《太平御覽經史圖書綱目》《石虎鄴中記》。

吴士鑒《補晉書經籍志・地理類》《石虎鄴中記》。《太平御覽》。

鄴中記

李昉《太平御覽經史圖書綱目》 陸翽《鄴中記》。

《隋書・經籍志・地理》《鄴中記》二卷。晉國子助教陸翽撰。

《新唐書・藝文志・地理類》 陸翽《鄴中記》二卷。

鄭樵《通志・藝文略・地里・郡邑》《鄴中記》二卷。晉陸翽撰。

陳振孫《直齋書録解題・地理類》《鄴中記》一卷。案《唐書・藝文志》有《陸翽鄴中記》二卷，疑即是書。不著名氏。記自魏而下，及僭僞都鄴者六家宫殿事迹。案《唐志》有《鄴都故事》二卷，肅、代時馬温所作。今書多引之。

馬端臨《文獻通考・經籍考・地理》《鄴中記》一卷。

文廷式《補晉書藝文志・地志類》 陸翽《鄴中記》三卷。今存一卷。

[宋]臨漳志

《宋史・藝文志・地理類》 楊樵《臨漳志》十卷。

[正德]臨漳縣志

范邦甸等《天一閣書目・地理類》《臨漳縣志》十卷。刊本。明正德丙寅，陳文淮撰，陶景芳序。

張萱等《内閣藏書目録・志乘部・河南》《臨漳縣志》。一册。全。正德丙寅，邑令陶景芳修。

黄虞稷《千頃堂書目・地理類上》 景芳《臨漳縣志》。正德丙寅修。令。

臨漳志

趙琦美《脈望館書目・史・河南・彰德府》《臨漳志》。二本。

臨漳縣志

祁承㸁《澹生堂藏書目・圖志・邑志》《臨漳縣志》。五册。十卷。

[嘉靖]磁州志

范邦甸等《天一閣書目・地理類》《磁州志》四卷。刊本。明訓導朱鸞脩，周文龍序。又《磁州志》四卷。刊本。明正德十四年紀純序，嘉靖癸丑周文龍序，紀文簡後跋。

磁州志

趙琦美《脈望館書目・史・河南・彰德府》《磁州志》。二本。

徐圖等《行人司重刻書目・地理類》《磁州志》。四本。

祁承㸁《澹生堂藏書目・圖志・州志》《磁州志》。四册。

[嘉靖]磁州志

張萱等《内閣藏書目録・志乘部・河南》《磁州志》。四册。全。嘉靖庚申，州守羅潮修。

黄虞稷《千頃堂書目・地理類上》羅潮《磁州志》。嘉靖庚申修。守。

磁州志

黄虞稷《千頃堂書目・地理類上》劉淔《磁州志》四卷。

《明史・藝文志・地理類》劉淔《磁州志》四卷。

武安志

楊士奇等《文淵閣書目・舊志》《武安志》。八册。

[嘉靖]武安縣志

范邦甸等《天一閣書目・地理類》《武安縣志》四卷。刊本。明嘉靖丁未，陳璋序。

張萱等《内閣藏書目録・志乘部・河南》《武安縣志》。一册。全。嘉靖丁未，教諭陳璋修。

黄虞稷《千頃堂書目・地理類上》陳璋《武安縣志》。嘉靖丁未修。教諭。

邢臺地區

順德府志

晁瑮《晁氏寶文堂書目・圖誌》《順德府志》。

趙琦美《脈望館書目・史・北直・真定府》《順德府志》。八本。

徐圖等《行人司重刻書目・地理類》《順德府志》。八本。

[嘉靖]順德府志

朱睦㮮《萬卷堂書目・地志》《順德府志》三十五卷。高仙。

祁承㸁《澹生堂藏書目・圖志・郡志》《順德府志》。八册。三十五卷。

黄虞稷《千頃堂書目・地理類上》 高遷《順德府志》十五卷。

[萬曆]順德府志

張萱等《内閣藏書目録・志乘部・北直隸》 《順德府志》。四册。全。萬曆甲申，大學士郭公朴續，郡守王守誠修。又四册。全。同前。

黄虞稷《千頃堂書目・地理類上》 王守誠《順德府志》四卷。郡守。又郭樸《順德府志》四卷。萬曆甲申朴續，郡守王守誠修。大學生。

邢臺縣圖志

楊士奇等《文淵閣書目・舊志》 《邢臺縣圖志》。二册。

邢臺縣志

楊士奇等《文淵閣書目・新志》 《邢臺縣志》。

[萬曆]邢臺縣志

張萱等《内閣藏書目録・志乘部・北直隸》 《邢臺縣志》。二册。全。萬曆庚寅，邑令朱誥修。

黄虞稷《千頃堂書目・地理類上》 朱誥《邢臺縣志》。萬曆庚寅修。令。

柏鄉縣圖志

楊士奇等《文淵閣書目・舊志》 《柏鄉縣圖志》。二册。

柏鄉縣志

楊士奇等《文淵閣書目・新志》 《柏鄉縣志》。

[萬曆]柏鄉縣志

張萱等《内閣藏書目録・志乘部・北直隸》 《柏鄉縣志》。二册。萬曆丙子，邑人魏撝謙修。

祁承㸁《澹生堂藏書目・圖志・邑志》 《柏鄉縣志》。二册。九卷。

黄虞稷《千頃堂書目・地理類上》 魏撝謙《柏鄉縣志》。二册。萬曆丙子修。撝謙，邑人。

寧晉縣圖志

楊士奇等《文淵閣書目・舊志》 《寧晉縣圖志》。二册。

寧晉縣志

楊士奇等《文淵閣書目・新志》 《寧晉縣志》。

[嘉靖]寧晉縣志

趙琦美《脈望館書目・史・北直・真定府》 《寧晉縣志》二本。

張萱等《内閣藏書目録・志乘部・北直隸》 《寧晉縣志》。二册。全。嘉靖辛酉，教諭胡向等修。

祁承㸁《澹生堂藏書目・圖志・邑志》《寧晉縣志》。二册。五卷。

黄虞稷《千頃堂書目・地理類上》 胡向等《寧晉縣志》。嘉靖甲寅修。令。

隆平縣志

楊士奇等《文淵閣書目・新志》《隆平縣志》。

晁瑮《晁氏寶文堂書目・圖誌》《隆平縣志》。

祁承㸁《澹生堂藏書目・圖志・邑志》《隆平縣志》。三册。十卷。

唐山縣圖志

楊士奇等《文淵閣書目・舊志》《唐山縣圖志》。二册。

唐山縣志

楊士奇等《文淵閣書目・新志》《唐山縣志》。

南宮縣圖志

楊士奇等《文淵閣書目・舊志》《南宮縣圖志》。二册。

南宮縣志

楊士奇等《文淵閣書目・新志》《南宮縣志》。

徐圖等《行人司重刻書目・地理類》《南宮縣志》。二本。

[萬曆]南宮縣志

張萱等《内閣藏書目録・志乘部・北直隸》《南宮縣志》。三册。全。萬曆間，縣令邢侗修。

祁承㸁《澹生堂藏書目・圖志・邑志》《南宮縣志》。三册。十三卷。

黄虞稷《千頃堂書目・地理類上》 邢侗《南宮縣志》。萬曆間修。令。

鉅鹿縣圖志

楊士奇等《文淵閣書目・舊志》《鉅鹿縣圖志》。二册。

鉅鹿縣志

楊士奇等《文淵閣書目・新志》《鉅鹿縣志》。

[萬曆]鉅鹿縣志

張萱等《内閣藏書目録・志乘部・北直隸》《鉅鹿縣志》。三册。全。萬曆癸未，知縣何文極修。

黄虞稷《千頃堂書目・地理類上》 何文極《鉅鹿縣志》。萬曆癸未修。令。

任縣圖志

楊士奇等《文淵閣書目・舊志》《任縣圖志》。二册。

任縣志

楊士奇等《文淵閣書目・新志》《任縣志》。

[隆慶]任縣志

黄虞稷《千頃堂書目・地理類上》 林大畜《任縣志》。隆慶丁卯修。令。

沙河縣圖志

楊士奇等《文淵閣書目・舊志》《沙河縣圖志》。二册。

沙河縣志

楊士奇等《文淵閣書目・新志》《沙河縣志》。

[萬曆]沙河縣志

張萱等《内閣藏書目録・志乘部・北直隸》《沙河縣志》。二册。全。萬曆己丑，縣令姬自修修。

黄虞稷《千頃堂書目・地理類上》 姬自修《沙河縣志》。萬曆乙丑修。令。

臨城縣圖志

楊士奇等《文淵閣書目・舊志》《臨城縣圖志》。二册。

臨城縣志

楊士奇等《文淵閣書目・新志》《臨城縣志》。

[嘉靖]臨城縣志

張萱等《内閣藏書目録・志乘部・北直隸》《臨城縣志》。一册。全。嘉靖甲寅，縣令王永興修。又一册，全。同前。

祁承㸁《澹生堂藏書目・圖志・邑志》《臨城縣志》。一册。七卷。

黄虞稷《千頃堂書目・地理類上》 王永興《臨城縣志》。嘉靖甲寅修。令。

内邱縣圖志

楊士奇等《文淵閣書目・舊志》《内邱縣圖志》。二册。

内邱縣志

楊士奇等《文淵閣書目・新志》《内邱縣志》。

[萬曆]内丘縣志

趙琦美《脈望館書目・史・北直・順德府》《内丘縣志》。二本。

徐圖等《行人司重刻書目・地理類》《内丘縣志》。二本。

張萱等《内閣藏書目録・志乘部・北直隸》《内丘縣志》。二册。全。萬曆庚寅，縣令郝學詩修。

黄虞稷《千頃堂書目・地理類上》郝學詩《内丘縣志》。萬曆庚寅修。令。

新河縣圖志

楊士奇等《文淵閣書目・舊志》《新河縣圖志》。二册。

新河縣志

楊士奇等《文淵閣書目・新志》《新河縣志》。

趙琦美《脈望館書目・史・北直・真定府》《新河縣志》。二本。

徐圖等《行人司重刻書目・地理類》《新河縣志》。二本。

[萬曆]新河縣志

張萱等《内閣藏書目録・志乘部・北直隸》《新河縣志》。三册。全。萬曆丙申，邑令徐治民修。

祁承㸁《澹生堂藏書目・圖志・邑志》《新河縣志》。三册。十卷。

黄虞稷《千頃堂書目・地理類上》徐治民《新河縣志》。萬曆丙申修。令。

清河縣圖志

楊士奇等《文淵閣書目・舊志》《清河縣圖志》。二册。

清河縣志

楊士奇等《文淵閣書目・新志》《清河縣志》。

趙琦美《脈望館書目・史・北直・廣平府》《清河縣志》。二本。

范邦甸等《天一閣書目・地理類》《清河縣志》。三卷。刊本。明知縣孟仲遴脩并序。

[嘉靖]清河縣志

張萱等《内閣藏書目録・志乘部・南直隸》《清河縣志》。二册。全。嘉靖乙丑，邑令吴宗吉修。

黄虞稷《千頃堂書目・地理類上》吴宗吉《清河縣志》。嘉靖乙丑修。令。

[萬曆]清河縣志

張萱等《内閣藏書目録・志乘部・北直隸》《清河縣志》。二册。全。萬曆辛巳，邑令向日紅修。

黄虞稷《千頃堂書目・地理類上》向日紅《清河縣志》。萬曆辛巳修。令。

威縣圖志

楊士奇等《文淵閣書目・舊志》《威縣圖志》。二册。

威縣志

晁瑮《晁氏寶文堂書目・圖誌》《威縣圖志》。

趙琦美《脈望館書目・史・北直・廣平府》《威縣志》。二本。又二本。

威縣志

范邦甸等《天一閣書目・地理類》《威縣志》二卷。刊本。明知縣錢朮脩。

[嘉靖]威縣志

張萱等《内閣藏書目録・志乘部・北直隸》《威縣志》。四册。全。嘉靖丁未，邑令(吳)[胡]容修。又四册，全。同前。

黄虞稷《千頃堂書目・地理類上》(吳)[胡]容《威縣志》八卷。嘉靖間修。

廣宗縣圖志

楊士奇等《文淵閣書目・舊志》《廣宗縣圖志》。二册。

廣宗縣志

楊士奇等《文淵閣書目・新志》《廣宗縣志》。

[隆慶]廣宗縣志

張萱等《内閣藏書目録・志乘部・北直隸》《廣宗縣志》。三册。全。隆慶辛未，邑人吕信修。

徐圖等《行人司重刻書目・地理類》《廣宗縣志》。三本。

黄虞稷《千頃堂書目・地理類上》吕信《廣宗縣志》。隆慶辛未修。邑人。

平鄉縣圖志

楊士奇等《文淵閣書目・舊志》《平鄉縣圖志》。二册。

平鄉縣志

楊士奇等《文淵閣書目・新志》《平鄉縣志》。

[萬曆]平鄉縣志

張萱等《内閣藏書目録・志乘部・北直隸》《平鄉縣志》。二册。全。萬曆甲申，教諭徐繼芳修。

黄虞稷《千頃堂書目・地理類上》徐繼芳《平鄉縣志》。萬曆甲申修。

南和縣圖志

楊士奇等《文淵閣書目・舊志》《南(河)[和]縣圖志》。二册。

南和縣志

楊士奇等《文淵閣書目・新志》《南和縣志》。

趙琦美《脈望館書目・史・北直・順德府》《南和縣志》。二本。

[嘉靖]南和縣志

張萱等《内閣藏書目録・志乘部・北直隸》《南和縣志》。二册。嘉靖丙午，邑令華希閔修。

黄虞稷《千頃堂書目・地理類上》華希閔《南和縣志》。嘉靖丙午修。令。

南和縣志

黄虞稷《千頃堂書目・地理類上》朱鋭《南和縣志》四卷。

山西省

河東記

鄭樵《通志・藝文略・地里・郡邑》《河東記》三卷。

河東路圖經

鄭樵《通志・藝文略・地里・圖經》《河東路圖經》一百一十四卷。

焦竑《國史經籍志・地里・圖經》《河東路圖經》一百十四卷。

[成化]山西通志

范邦甸等《天一閣書目・地理類》《山西通志》十七卷。刊本。明成化甲午，胡謐脩并序。

又《山西通志》十七卷。刊本。明成化乙未，張燮序。

黄虞稷《千頃堂書目・地理類上》《胡謐山西通志》十七卷。成化間修。

《四庫全書總目提要・地理類存目二・都會郡縣之屬》《成化山西志》十六卷。兩淮鹽政採進本。不著撰人名氏。考國朝雍正甲寅宜興儲大文所纂《山西志》云，舊《志》成於成化甲午，督學僉事胡謐創修。則此本爲胡謐所撰矣。其後有嘉靖周斯盛《志》、萬曆李維楨《志》皆本此《志》而增修者也。謐，四川馬湖沐川長官司人。永樂辛丑進士。見太學題名碑。修志之時，距其登第之歲已五十四年矣。

[嘉靖]山西通志

張萱等《内閣藏書目録・志乘部・山西》《山西通志》。十二册。全。嘉靖癸亥，學憲周斯盛修。

黄虞稷《千頃堂書目・地理類上》周斯盛《山西通志》三十三卷。嘉靖癸亥爲山西提學僉事時修。

《明史・藝文志・地理類》周斯盛《山西通志》三十三卷。

[雍正]山西通志

《四庫全書總目提要・地理類一・都會郡縣之屬》《山西通志》二百三十卷。通行本。國朝巡撫山西都察院右副都御史覺羅石麟等監修。山西之有通志，始於明成化中督學僉事胡謐。後嘉靖中副使周斯盛、萬曆中按察使李維禎皆踵事排纂。至本朝康熙壬戌，督學道劉梅又因舊本重編，凡五易稾而始成。分類共三十有二，所增輯甚夥，而譌複者亦頗不少。雍正七年，石麟等奉詔纂輯，乃開局會城，因舊本續加增訂。旁咨博訪，廣其類爲四十。凡遺聞故事，比舊加詳。其發凡起例者爲原任庶吉士儲大文。大文於地理之學頗能研究，所著《存硯樓集》，訂正輿記者爲多。故此志山川形勢，率得其要領。其特立經籍一門，乃用施宿《會稽志》、袁桷《四明志》之例，亦有資考據云。

太原市

并州記

李昉《太平御覽經史圖書綱目》《并州記》。

晉陽志

黄虞稷《千頃堂書目・地理類・補金》蔡珪《晉陽志》十二卷。字正甫，真定人。進士。除翰林修撰。禮部郎中。

倪燦等《補遼金元藝文志・地理類》[金]蔡珪《晉陽志》十二卷。

金門詔《補三史藝文志・地理類・金》蔡珪《晉陽志》十二卷。

錢大昕《補元史藝文志・地理類》蔡珪《晉陽志》十二卷。

龔顯曾《金藝文志補録・地理類》《晉陽志》十二卷。蔡珪。

太原府志

楊士奇等《文淵閣書目・舊志》《太原府志》。五册。又《太原府志》。五册。

楊士奇等《文淵閣書目・新志》《太原府圖志》。二册。又《太原府志》。又《太原府志》。

[萬曆]太原府志

祁承㸁《澹生堂藏書目・圖志・郡志》《太原府志》。六册。二十六卷。

太原府固晉縣志

楊士奇等《文淵閣書目・新志》《太原府固晉縣志》。一册。

陽曲縣志

楊士奇等《文淵閣書目・新志》《陽曲縣志》。

[萬曆]太原府陽曲縣志

張萱等《内閣藏書目録・志乘部・山西》《太原府陽曲縣志》。二册。全。萬曆辛卯，縣令鮑猷書修。又二册。全。同前。

黄虞稷《千頃堂書目・地理類上》鮑猷書《陽曲縣志》。萬曆辛卯修。令。

陽曲縣志

祁承㸁《澹生堂藏書目・圖志・邑志》《陽曲縣志》。四册。十卷。

太原縣志

楊士奇等《文淵閣書目・新志》《太原縣志》。

徐圖等《行人司重刻書目・地理類》《太原縣志》。二本。

祁承㸁《澹生堂藏書目・圖志・邑志》《太原縣志》。三册。六卷。

太原府太原縣志

范邦甸等《天一閣書目・地理類》《太原府太原縣志》十卷。刊本。明任亨泰撰，劉大同序。

[嘉靖]太原縣志

范邦甸等《天一閣書目・地理類》《太原縣志》六卷。刊本。明高汝行纂，張祉序。

朱睦㮮《萬卷堂書目・地志》《太原縣志》六卷。高汝行。

張萱等《内閣藏書目録・志乘部・山西》《太原縣志》。二册。嘉靖辛卯，邑人高汝行修。

黄虞稷《千頃堂書目・地理類上》高汝行《太原縣志》六卷。嘉靖辛卯修。邑人。

徐溝縣志

楊士奇等《文淵閣書目・新志》《徐溝縣志》。

徐溝縣志

張萱等《内閣藏書目録・志乘部・山西》《徐溝縣志》。一册。全。訓導劉鳳修。鈔本。

黄虞稷《千頃堂書目・地理類上》劉鳳《徐溝縣志》。訓導。

[萬曆]徐溝縣志

祁承㸁《澹生堂藏書目・圖志・邑志》《徐溝縣志》。二册。二卷。

清源縣志

楊士奇等《文淵閣書目・新志》《清源縣志》。

清源縣舊志

張萱等《内閣藏書目録・志乘部・山西》《清源縣舊志》。一册。全。莫詳編纂姓氏。鈔本。

黄虞稷《千頃堂書目・地理類上》《清源縣舊志》。

雁北地區

大同府舊志

楊士奇等《文淵閣書目・舊志》《大同府志》。四册。

大同府圖志

楊士奇等《文淵閣書目・舊志》《大同府圖志》。一册。

大同府志

楊士奇等《文淵閣書目・新志》《大同府志》。

晁瑮《晁氏寶文堂書目・圖誌》《大同志》。

范邦甸等《天一閣書目・地理類》《大同府志》三卷。刊本。不著撰書人名氏。

趙琦美《脈望館書目・史・山西・大同府》《大同府志》。五本。

徐圖等《行人司重刻書目・地理類》《大同府志》。四本。

[正德]大同府志

高儒《百川書志・地理》《大同府志》十八卷。皇明潞郡張欽編次。

黃虞稷《千頃堂書目・地理類上》張欽《大同府志》十八卷。

《明史・藝文志・地理類》張欽《大同府志》十八卷。

《四庫全書總目提要・地理類存目二・都會郡縣》正德《大同府志》十八卷。兩淮鹽政採進本。明張欽撰。欽字敬之,號心齋。正德辛未進士。官至工部左侍郎。太學題名碑作通州衛人,而此書自署曰潞郡。蓋通州爲潞河所經也。事蹟具《明史》本傳。是編乃正德癸酉欽官行人奉使代藩時所作。凡四十門。其沿革門紀大同晉置始興郡,後魏徙都平城,不知北魏始爲新興,至天興中乃徙平城。山川門白帝山祇載白登臺爲古蹟,不知白登有繁畤宮室、武廟諸蹟,載於《水經注》及《通典》者甚詳。又黄河在大同廢東勝州南八里,自榆林北塞經此乃折而南,書中僅云自東勝界南流至太原,往往失之舛略。蓋邊地少書,又倉卒脱稾故也。其別立烽堠一門,又卷首圖説中有車營、戰車諸圖,爲他志書所無之例。蓋大同在明代爲嚴邊,故尤詳於武備云。

大同府志

祁承㸁《澹生堂藏書目・圖志・郡志》《大同府志》。十册。三十二卷。

[萬曆]大同府志

黃虞稷《千頃堂書目・地理類上》汪承爵《大同府志》二十二卷。萬曆壬子爲知府修。

大同縣志

楊士奇等《文淵閣書目・新志》《大同縣志》。

趙琦美《脈望館書目・史・山西・大同府》《大同縣志》。二本。

靈邱縣志

楊士奇等《文淵閣書目・新志》《靈邱縣志》。

[康熙]靈邱縣志

丁立中《八千卷樓書目・地理類・都會郡縣》（乾隆）[康熙]《靈邱縣志》四卷。國朝宋起鳳撰。刊本。

懷仁縣志

楊士奇等《文淵閣書目・新志》《懷仁縣志》。

山陰縣志

祁承㸁《澹生堂藏書目・圖志・山川》《山陰縣志》。四册。十二卷。張天復、柳文仝修。

[嘉慶]山陰縣志

丁立中《八千卷樓書目・地理類・都會郡縣》嘉慶《山陰縣志》三十卷。國朝徐元梅撰。刊本。

廣靈縣志

楊士奇等《文淵閣書目・新志》《廣靈縣志》。

渾源縣志

楊士奇等《文淵閣書目・新志》《渾源縣志》。

[弘治]渾源州志

范邦甸等《天一閣書目・地理類》《渾源州志》五卷。刊本。明知州董錫編脩并序弘治癸丑閻鉦序。

應州志

楊士奇等《文淵閣書目・新志》《應州志》。

朔州志

楊士奇等《文淵閣書目・新志》《朔州志》。

黃虞稷《千頃堂書目・地理類上》侯樹屏《朔州志》六卷。

馬邑縣志

楊士奇等《文淵閣書目・新志》《馬邑縣志》。

忻縣地區

忻州志

楊士奇等《文淵閣書目·新志》《忻州志》。

[嘉靖]忻州志

張萱等《内閣藏書目録·志乘部·山西》《忻州志》。二册。全。嘉靖丙辰，郡人党承志修。

黄虞稷《千頃堂書目·地理類上》党承志《忻州志》。嘉靖丙辰修。郡人。

[萬曆]忻州志

祁承㸁《澹生堂藏書目·圖志·州志》《忻州志》。四册。四卷。

定襄縣志

楊士奇等《文淵閣書目·新志》《定襄縣志》。

祁承㸁《澹生堂藏書目·圖志·邑志》《定襄縣志》。三册。三卷。

[萬曆]定襄縣志

張萱等《内閣藏書目録·志乘部·山西》《定襄縣志》。二册。全。萬曆乙卯，邑人傅納誨修。

黄虞稷《千頃堂書目·地理類上》傅納誨《定襄縣志》。萬曆乙卯修。

静樂縣志

楊士奇等《文淵閣書目·新志》《静樂縣志》。

張萱等《内閣藏書目録·志乘部·山西》《静樂縣志》。一册。全。莫詳編纂姓氏。鈔本。

黄虞稷《千頃堂書目·地理類上》□□□《静樂縣志》。

代州志

楊士奇等《文淵閣書目·新志》《代州志》。

徐圖等《行人司重刻書目·地理類》《代州志》。一本。

[萬曆]代州志書

張萱等《内閣藏書目録·志乘部·山西》《代州志》。二册。全。萬曆乙酉，州判官周弘禴修。

黄虞稷《千頃堂書目·地理類上》周宏禴《代州志》二卷。萬曆乙酉修。州判官。

《明史·藝文志·地理類》周弘禴《代州志》二卷。

崞縣志

楊士奇等《文淵閣書目·新志》《崞縣志》。

趙琦美《脈望館書目·史·山西·太原府》《崞縣志》。一本。

[嘉靖]崞縣志

張萱等《内閣藏書目録·志乘部·山西》《崞縣志》。二册。全。嘉靖丙寅，邑令尹際可修。

繁峙縣志

楊士奇等《文淵閣書目·新志》《繁峙縣志》。

[萬曆]繁峙縣志

張萱等《内閣藏書目録·志乘部·山西》《繁峙縣志》。二册。全。萬曆丁亥，邑令高文登修。

黄虞稷《千頃堂書目·地理類上》高文登《繁時縣志》。萬曆丁亥修。令。

保德州志

楊士奇等《文淵閣書目·新志》《保德州志》。

[正德]保德州志

張萱等《内閣藏書目録·志乘部·山西》《保德州志》。三册。正德丙寅，州守周山修。

河曲縣志

楊士奇等《文淵閣書目·新志》《河曲縣志》。

[嘉靖]河曲縣志

張萱等《内閣藏書目録·志乘部·山西》《河曲縣志》。二册。嘉靖戊子，邑人王鑛修。

黄虞稷《千頃堂書目·地理類上》王鑛《河曲縣志》。嘉靖戊子修。邑人。

岢嵐州志

楊士奇等《文淵閣書目·新志》《岢嵐州志》。

[萬曆]岢嵐州志

張萱等《内閣藏書目録·志乘部·山西》《岢嵐州志》。二册。全。萬曆辛卯，郡人宋柱石等修。

祁承㸁《澹生堂藏書目·圖志·州志》《岢嵐州志》。二册。二卷。

黄虞稷《千頃堂書目·地理類上》宋柱石等《岢嵐州志》。萬曆辛卯修。郡人。

晉中地區

榆次縣志

楊士奇等《文淵閣書目・新志》《榆次縣志》。

趙琦美《脈望館書目・史・山西・太原府》《榆次縣志》。二本。

徐圖等《行人司重刻書目・地理類》《榆次縣志》。二本。

張萱等《内閣藏書目録・志乘部・山西》《榆次縣志》。二册。全。邑人閻樸修。

祁承㸁《澹生堂藏書目・圖志・邑志》《榆次縣志》。三册。十卷。

黄虞稷《千頃堂書目・地理類上》閻樸《榆次縣志》十卷。邑人。

樂平縣志

楊士奇等《文淵閣書目・新志》《樂平縣志》。

祁承㸁《澹生堂藏書目・圖志・邑志》《樂平縣志》二册。十卷。

樂平縣新志

晁瑮《晁氏寶文堂書目・圖誌》《樂平縣新志》。

[嘉靖]樂平縣志

張萱等《内閣藏書目録・志乘部・山西》《樂平縣志》。二册。全。嘉靖戊申，邑人喬永固修。

黄虞稷《千頃堂書目・地理類上》喬永固《樂平縣志》。嘉靖戊申修。邑人。

遼州志

楊士奇等《文淵閣書目・舊志》《遼州志》。二册。

楊士奇等《文淵閣書目・新志》《遼州志》。

[正德]遼州志

張萱等《内閣藏書目録・志乘部・山西》《遼州志》。四册。全。正德丁卯，州守楊惠編。鈔本。

黄虞稷《千頃堂書目・地理類上》楊惠《遼州志》。正德丁卯修。守。

遼州志

祁承㸁《澹生堂藏書目・圖志・州志》《遼州志》。一册。四卷。

和順縣志

楊士奇等《文淵閣書目・新志》《和順縣志》。

祁承㸁《澹生堂藏書目・圖志・邑志》《和順縣志》。二册。二卷。

[萬曆]和順縣志

黄虞稷《千頃堂書目・地理類上》李繼元《和順縣志》。萬曆乙酉修。令。

張萱等《内閣藏書目録・志乘部・山西》《和順縣志》。二册。全。萬曆乙酉，縣令李繼元修。

榆社縣志

楊士奇等《文淵閣書目・新志》《榆社縣志》。

太谷縣志

楊士奇等《文淵閣書目・新志》《太谷縣志》。

[萬曆]太谷縣事蹟

張萱等《内閣藏書目録・志乘部・山西》《太谷縣事蹟》。一册。萬曆甲午，教諭趙宗周編。鈔本。

黄虞稷《千頃堂書目・地理類上》趙宗周《太谷縣事蹟》。萬曆甲午修。教諭。

[萬曆]太谷縣志

祁承㸁《澹生堂藏書目・圖志・邑志》《太谷縣志》。四册。十卷。

平遥縣志

楊士奇等《文淵閣書目・新志》《平遥縣志》。

楊廷謨平遥縣志

黄虞稷《千頃堂書目・地理類上》楊廷謨《平遥縣志》十二卷。萬曆間修。

[萬曆]平遥縣志

張萱等《内閣藏書目録・志乘部・山西》《平遥縣志》。二册。全。萬曆乙卯，邑人冀琯等修。

黄虞稷《千頃堂書目・地理類上》冀琯等《平遥縣志》。萬曆乙卯修。

靈石縣志

楊士奇等《文淵閣書目・新志》《靈石縣志》。

徐圖等《行人司重刻書目・地理類》《靈石縣志》。一本。

[萬曆]靈石縣志

張萱等《内閣藏書目録・志乘部・山西》《靈石縣志》。二册。全。萬曆丁丑，縣令白夏修。

黄虞稷《千頃堂書目・地理類上》白夏《靈石縣志》。萬曆丁丑修。令。

平定州志

楊士奇等《文淵閣書目・新志》《平定州志》。

祁承㸁《澹生堂藏書目・圖志・州志》《平定州志》。四册。十二卷。
徐圖等《行人司重刻書目・地理類》《平定州志》。四本。

盂縣志

楊士奇等《文淵閣書目・新志》《盂縣志》。

[嘉靖]盂縣志

張萱等《内閣藏書目録・志乘部・山西》《盂縣志》。四册，全。嘉靖辛亥，邑人張叔謦修。
黄虞稷《千頃堂書目・地理類上》張叔謦《盂縣志》。嘉靖辛亥修。邑人。

壽陽記

章宗源《隋書經籍志考證・地理》《壽陽記》。卷亡。宋王元謨撰。不著録。《御覽》時序部：明義樓南有明義井，引宋王元謨《壽陽記》，《寰宇記》淮南道引有後漢朱陽《九江壽春記》。

壽陽縣志

楊士奇等《文淵閣書目・新志》《壽陽縣志》。
祁承㸁《澹生堂藏書目・圖志・邑志》《壽陽縣志》。二册。二卷。

[萬曆]壽陽縣志

張萱等《内閣藏書目録・志乘部・山西》《壽陽縣志》。二册。全。萬曆辛巳，教諭侯封等修。
黄虞稷《千頃堂書目・地理類上》侯封等《壽陽縣志》。萬曆辛巳修。教諭。

[乾隆]壽陽縣志

丁立中《八千卷樓書目・地理類・都會郡縣》乾隆《壽陽縣志》十卷。國朝龔導江撰。刊本。

[萬曆]祁縣志

張萱等《内閣藏書目録・志乘部・山西》《祁縣志》。二册。全。萬曆壬午，邑令張應舉修。
祁承㸁《澹生堂藏書目・圖志・邑志》《祁縣志》。二册。八卷。
黄虞稷《千頃堂書目・地理類上》張應舉《祁縣志》。萬曆壬午修。令。

介休縣志

楊士奇等《文淵閣書目・新志》《介休縣志》。
徐圖等《行人司重刻書目・地理類》《介休縣志》。二本。

[隆慶]介休縣志

張萱等《内閣藏書目録・志乘部・山西》《介休縣志》。二册。全。隆慶己巳，教諭李斗修。

黄虞稷《千頃堂書目・地理類上》李斗《介休縣志》。隆慶己巳修。教諭。

呂梁地區

石州志

楊士奇等《文淵閣書目・新志》《石州志》。

[萬曆]永寧州志

張萱等《内閣藏書目録・志乘部・山西》《永寧州志》。一册。全。萬曆丙戌，郡人梁天敘編。鈔本。

黄虞稷《千頃堂書目・地理類上》梁天叙《永寧州志》。萬曆修。

興縣志

楊士奇等《文淵閣書目・新志》《興縣志》。

[萬曆]興縣志

張萱等《内閣藏書目録・志乘部・山西》《興縣志》。一册。全。萬曆丁丑，訓導緱純修。

黄虞稷《千頃堂書目・地理類上》侯純《興縣志》。萬曆丁丑修。訓導。

嵐縣志

楊士奇等《文淵閣書目・新志》《嵐縣志》。

[萬曆]嵐縣志

張萱等《内閣藏書目録・志乘部・山西》《嵐縣志》。一册。全。萬曆丁亥修，莫詳姓氏。

黄虞稷《千頃堂書目・地理類上》□□□《嵐縣志》。萬曆丁亥修。

交城縣志

楊士奇等《文淵閣書目・新志》《交城縣志》。

[萬曆]交城縣志

張萱等《内閣藏書目録・志乘部・山西》《交城縣志》。一册，全。萬曆戊子，縣令張文璧修。

黄虞稷《千頃堂書目・地理類上》張文璧《交城縣志》。萬曆戊子修。令。

交城縣志

祁承㸁《澹生堂藏書目・圖志・邑志》《交城縣志》。二册。八卷。

文水縣志

楊士奇等《文淵閣書目・新志》《文水縣志》。

朱睦㮮《萬卷堂書目・地志》《文水縣志》八卷。樊從簡。

[嘉靖]汶水縣志

張萱等《内閣藏書目録・志乘部・山西》《汶水縣志》。二册。全。嘉靖癸丑，邑令樊從簡修。

黄虞稷《千頃堂書目・地理類上》樊從簡《文水縣志》八卷。嘉靖癸丑修。令。

文水縣志

祁承㸁《澹生堂藏書目・圖志・邑志》《文水縣志》。四册。十卷。

汾州圖志

楊士奇等《文淵閣書目・舊志》《汾州圖志》。二册。

汾州志

楊士奇等《文淵閣書目・新志》《汾州志》。

汾州志

趙琦美《脈望館書目・史・山西・汾州》《汾州志》。一本。

汾州志

焦竑《國史經籍志・地里・郡邑》《汾州志》八卷。孔天胤。

黄虞稷《千頃堂書目・地理類上》孔天胤《汾州志》八卷。

《明史・藝文志・地理類》孔天胤《汾州府志》八卷。

[萬曆]汾州志

張萱等《内閣藏書目録・志乘部・山西》《汾州志》。三册。全。萬曆乙酉，郡人王緝修。

黄虞稷《千頃堂書目・地理類上》王緝《汾州府志》。萬曆乙未修。郡人。

[萬曆]汾州府志

祁承㸁《澹生堂藏書目・圖志・郡志》《汾州府志》。四册。十六卷。

[乾隆]汾州府志

張之洞《書目答問・地理・附録國朝省志府州縣誌善本》《汾州府志》。戴震。

孝義縣志

楊士奇等《文淵閣書目・新志》《孝義縣志》。

趙琦美《脈望館書目・史・山西・汾州》《孝義志》。三本。

[嘉靖]孝義縣志

張萱等《内閣藏書目録・志乘部・山西》《孝義縣志》。三册。全。嘉靖甲寅，邑人張晃修。

黄虞稷《千頃堂書目・地理類上》張冕《孝義縣志》。嘉靖甲寅修。邑人。

石樓縣志

楊士奇等《文淵閣書目・新志》《石樓縣志》。

寧鄉縣志

楊士奇等《文淵閣書目・新志》《寧鄉縣志》。

[萬曆]寧鄉縣志

張萱等《内閣藏書目録・志乘部・山西》《寧鄉縣志》。二册。全。萬曆己丑，邑令王文煒修。

黄虞稷《千頃堂書目・地理類上》王文煒《寧鄉縣志》。萬曆己丑修。令。

[康熙]寧鄉縣志

馬國翰《玉函山房藏書簿録・史編・地理類》《寧鄉縣志》十卷。國朝寧鄉知縣新安呂履恒元素撰。成於康熙壬午。

臨縣志

楊士奇等《文淵閣書目・新志》《臨縣志》。

[嘉靖]臨縣志

張萱等《内閣藏書目録・志乘部・山西》《臨縣志》。二册。全。嘉靖癸丑，邑人武思仁修。

黄虞稷《千頃堂書目・地理類上》武思仁《臨縣志》。嘉靖癸丑修。邑人。

晉東南地區

潞州志

楊士奇等《文淵閣書目・舊志》《潞州志》。三册。

潞州志

楊士奇等《文淵閣書目・新志》《潞州志》。

潞州志

晁瑮《晁氏寶文堂書目・圖誌》《潞州志》。

潞州志

范邦甸等《天一閣書目・地理類》《潞州志》十二卷。刊本。明馬暾脩，程敏政序。

潞州志

徐圖等《行人司重刻書目・地理類》《潞州志》。六本。

[嘉靖]潞安府志

徐圖等《行人司重刻書目・地理類》《潞安府志》。十二本。

張萱等《内閣藏書目録・志乘部・山西》《潞安府志》。十二册。全。嘉靖甲子，郡人栗應麟修。

黄虞稷《千頃堂書目・地理類上》栗應麟《潞安府志》十二卷。嘉靖甲子修。郡人。

《明史・藝文志・地理類》栗應麟《潞安府志》十二卷。

[萬曆]潞安府志

祁承㸁《澹生堂藏書目・圖志・郡志》《潞安府志》。十册。二十卷。

上黨記

李昉《太平御覽經史圖書綱目》《上黨記》。

章宗源《隋書經籍志考證・地理》《上黨記》。卷亡。不著録。《續漢・郡國志》注：令狐徵君隱城東山中，即壺關三老令狐茂，上書訟戾太子者也。《水經・沁水注》：長平城在郡之南，秦壘在城西。《元和郡縣志・河東道》：曹公之園，壺關起土山於城西北角，穿地道於城西，内築界城以遮之。《史記・趙世家》集解：馮亭冢在壺關城西五里，並引《上黨記》。

秦榮光《補晋書藝文志・地理類・都會郡縣》《上黨國記》。石勒命記室。佐明楷、程機撰。据本書載記。案《史通》云勒命其臣徐光宗、曆傳暢、鄭愔等撰。《御覽》引作《上黨記》。

沈家本《續漢書志注所引書目・地理》《上黨記》。郡國五。

長治縣志

趙琦美《脈望館書目・史・山西・潞安州》《長治志》。二本。

徐圖等《行人司重刻書目・地理類》《長治縣志》。二本。

[萬曆]長治縣志

張萱等《内閣藏書目録・志乘部・山西》《長治縣志》。二册。全。萬曆戊子，邑令張主敬修。

黄虞稷《千頃堂書目・地理類上》張主敬《長治縣志》。萬曆戊子修。令。

襄垣縣志

楊士奇等《文淵閣書目・新志》《襄垣縣志》。

［隆慶］襄垣縣志

張萱等《内閣藏書目録・志乘部・山西》《襄垣縣志》。二册。全。隆慶戊辰，邑令姚九功重修。

黄虞稷《千頃堂書目・地理類上》姚九功《襄垣縣志》。隆慶戊辰修。令。

黎城縣志

楊士奇等《文淵閣書目・新志》《黎城縣志》。

趙琦美《脈望館書目・史・山西・潞安州》《黎城縣志》。二本。

［隆慶］黎城縣志

張萱等《内閣藏書目録・志乘部・山西》《黎城縣志》。二册。全。隆慶辛未，邑人靳惟精修。

黄虞稷《千頃堂書目・地理類上》靳惟精《黎城縣志》。隆慶辛未修。邑人。

高陽志

趙琦美《脈望館書目・史・山西・潞安州》《高陽志》二本。查

壺關縣志

楊士奇等《文淵閣書目・新志》《壺關縣志》。

趙琦美《脈望館書目・史・山西・潞安州》《壺關志》。二本。

澤州圖志

楊士奇等《文淵閣書目・舊志》《澤州圖志》。二册。

澤州志

楊士奇等《文淵閣書目・新志》《澤州志》。

澤州古志

楊士奇等《文淵閣書目・新志》《澤州古志》。

［隆慶］澤州志

徐圖等《行人司重刻書目・地理類》《澤州志》。四本。

張萱等《内閣藏書目録・志乘部・山西》《澤州志》。四册。全。隆慶辛未，郡人裴宇修。

黄虞稷《千頃堂書目・地理類上》裴宇《澤州志》。隆慶辛未修，郡人。

高平縣志

楊士奇等《文淵閣書目・新志》《高平縣志》。

[嘉靖]高平縣志

徐圖等《行人司重刻書目・地理類》《高平縣志》。二本。

張萱等《内閣藏書目録・志乘部・山西》《高平縣志》。二册。全。嘉靖乙未，邑人郭鋆修。

黄虞稷《千頃堂書目・地理類上》郭鋆《高平縣志》。嘉靖乙未修。郡人。

高平縣志

黄虞稷《千頃堂書目・地理類上》劉應台《高平縣志》十五卷。

鳳臺縣志

張之洞《書目答問・地理・附録國朝省志府州縣誌善本》《鳳臺縣志》。李兆洛。

陽城記

李昉《太平御覽經史圖書綱目》《陽城記》。

陽城縣志

楊士奇等《文淵閣書目・新志》《陽城縣志》。

[萬曆]陽城縣志

張萱等《内閣藏書目録・志乘部・山西》《陽城縣志》。三册。全。萬曆庚辰，邑人栗魁周修。

黄虞稷《千頃堂書目・地理類上》栗魁周《陽城縣志》。萬曆庚辰修。邑人。

長子縣志

楊士奇等《文淵閣書目・新志》《長子縣志》。

[萬曆]長子縣志

趙琦美《脈望館書目・史・山西・潞安州》《長子志》。二本。

張萱等《内閣藏書目録・志乘部・山西》《長子縣志》。二册。全。萬曆丙戌，邑令何出圖修。

黄虞稷《千頃堂書目・地理類上》何出圖《長子縣志》。萬曆丙戌修。令。

沁州志

楊士奇等《文淵閣書目・舊志》《沁州志》。二册。

楊士奇等《文淵閣書目・新志》《沁州志》。

趙琦美《脈望館書目・史・山西・汾州》《沁州志》。四本。又三本。

[萬曆]沁州志

張萱等《内閣藏書目録・志乘部・山西》《沁州志》。三册。全。萬曆戊子，郡人楊可大修。

黄虞稷《千頃堂書目・地理類上》楊可大《沁州志》。萬曆戊子修。郡人。

沁源縣志

楊士奇等《文淵閣書目・新志》《沁源縣志》。

武鄉縣志

楊士奇等《文淵閣書目・新志》《武鄉縣志》。

[萬曆]武鄉縣志

張萱等《内閣藏書目録・志乘部・山西》《武鄉縣志》。二册。全。萬曆癸巳，縣令黄元會修。

黄虞稷《千頃堂書目・地理類上》黄元會《武鄉縣志》。萬曆癸巳修。令。

潞城縣志

楊士奇等《文淵閣書目・新志》《潞城縣志》。

[萬曆]潞城縣志

張萱等《内閣藏書目録・志乘部・山西》《潞城縣志》。三册。全。萬曆辛卯，邑令馮惟賢修。

黄虞稷《千頃堂書目・地理類上》馮惟賢《潞城縣志》。萬曆辛卯修。令。

平順志

趙琦美《脈望館書目・史・山西・潞安州》《平順志》。二本。

[嘉靖]陵川縣志

張萱等《内閣藏書目録・志乘部・山西》《陵川縣志》。二册。全。嘉靖壬子，邑人趙孟乾修。

黄虞稷《千頃堂書目・地理類上》趙孟乾《陵川縣志》。嘉靖壬子修。邑人。

沁水縣志

楊士奇等《文淵閣書目・新志》《沁水縣志》。

[萬曆]沁水縣志

張萱等《内閣藏書目録・志乘部・山西》《沁水縣志》。三册。全。萬曆戊寅，教諭陳嘉猷修。

黄虞稷《千頃堂書目・地理類上》 陳嘉猷《沁水縣志》。萬曆戊寅修，教諭。

屯留縣志

楊士奇等《文淵閣書目・新志》 《屯留縣志》。

屯留志

趙琦美《脈望館書目・史・山西・潞安州》 《屯留志》。二本。

［嘉靖］屯留縣志

張萱等《内閣藏書目録・志乘部・山西》 《屯留縣志》。二册。全。嘉靖己未，教諭任世華修。

黄虞稷《千頃堂書目・地理類上》 任世華《屯留縣志》六卷。嘉靖己未修。教諭。

臨汾地區

平陽府志

楊士奇等《文淵閣書目・舊志》 《平陽府志》。四册。《平陽府志》。四册。《平陽府志》。二册。

又《新志》 《平陽府志》。

晁瑮《晁氏寶文堂書目・圖誌》 《平陽府志》。

祁承㸁《澹生堂藏書目・圖志・郡志》 《平陽府志》。十二册。十卷。

［正德］平陽志

徐圖等《行人司重刻書目・地理類》 《平陽府志》。十四本。

張萱等《内閣藏書目録・志乘部・山西》 《平陽府志》。十四册。全。正德己卯，郡守閔槐修。

黄虞稷《千頃堂書目・地理類上》 閔懷《平陽府志》。正德乙卯修。守。

臨汾縣志

楊士奇等《文淵閣書目・新志》 《臨汾縣志》。

［萬曆］臨汾縣志

張萱等《内閣藏書目録・志乘部・山西》 《臨汾縣志》。一册。全。萬曆辛卯，縣令邢雲路修。

黄虞稷《千頃堂書目・地理類上》 邢雲路《臨汾縣志》。萬曆辛卯修。令。

汾西縣志

楊士奇等《文淵閣書目・新志》 《汾西縣志》。

［嘉靖］汾西縣志

張萱等《内閣藏書目録・志乘部・山西》 《汾西縣志》。一册。全。嘉靖乙西，學博王鼒編。鈔本。

黃虞稷《千頃堂書目・地理類上》 王鼒《汾西縣志》。嘉靖乙酉修。學博。

[康熙]汾西縣志

丁立中《八千卷樓書目・地理類・都會郡縣》 康熙《(汶)[汾]西縣志》八卷。國朝蔣鳴龍撰。刊本。

岳陽志

楊士奇等《文淵閣書目・舊志》《岳陽志》。六册。

岳陽縣志

楊士奇等《文淵閣書目・新志》《岳陽縣志》。

[萬曆]岳陽縣志

張萱等《内閣藏書目録・志乘部・山西》《岳陽縣志》。二册。全。萬曆辛巳，邑令王協夢修。

黃虞稷《千頃堂書目・地理類上》 王協夢《岳陽縣志》。萬曆辛巳修。令。

翼城縣志

楊士奇等《文淵閣書目・新志》《翼城縣志》。

晁瑮《晁氏寶文堂書目・圖誌》《翼城縣志》。

[嘉靖]翼城縣志

范邦甸等《天一閣書目・地理類》《翼城縣志》六卷。刊本。明邑人楊汝澤纂并序，嘉靖戊(寅)[申]劉岸序。

張萱等《内閣藏書目録・志乘部・山西》《翼城縣志》。二册。全。嘉靖戊申，教諭劉岸修。

朱睦㮮《萬卷堂書目・地志》《翼城縣志》六卷。

黃虞稷《千頃堂書目・地理類上》 劉岸《翼城縣志》。嘉靖戊申修。教諭。

黃虞稷《千頃堂書目・地理類上》 楊汝江《翼城縣志》六卷。

丁立中《八千卷樓書目・地理類・都會郡縣》 嘉靖《翼城縣志》六卷。明鄔桂枝撰。明刊本。

曲沃縣志

楊士奇等《文淵閣書目・新志》《曲沃縣志》。

曲沃志

趙琦美《脈望館書目・史・山西・平陽府》《曲沃志》。四本。

[嘉靖]曲沃縣志

范邦甸等《天一閣書目・地理類》《平陽府曲沃縣志》五卷。刊本。明知縣劉魯生脩并序。

張萱等《内閣藏書目録・志乘部・山西》《曲沃縣志》。四册。全。嘉靖辛亥，縣令劉魯生修。

黄虞稷《千頃堂書目・地理類上》劉魯生《曲沃縣志》。嘉靖辛亥修。令。

吉州圖經

鄭樵《通志・藝文略・地里・圖經》《吉州圖經》九卷。

吉州志

楊士奇等《文淵閣書目・舊志》《吉州志》。十一册。《吉州志》。十四册。

又《新志》《吉州志》。

[萬曆]吉州志

張萱等《内閣藏書目録・志乘部・山西》《吉州志》。二册。萬曆乙酉，郡人丁汝謙修。

黄虞稷《千頃堂書目・地理類上》丁汝謙《吉州志》。萬曆乙酉修。郡人。

隰州志

楊士奇等《文淵閣書目・新志》《隰州志》。

永和縣志

楊士奇等《文淵閣書目・新志》《永和縣志》。

[隆慶]永和縣志

張萱等《内閣藏書目録・志乘部・山西》《永和縣志》。二册。全。隆慶戊辰，邑令張守禮修。

黄虞稷《千頃堂書目・地理類上》張守禮《永和縣志》。隆慶戊辰修。令。

大寧縣志

楊士奇等《文淵閣書目・新志》《大寧縣志》。

[萬曆]大寧縣志

張萱等《内閣藏書目録・志乘部・山西》《大寧記》。一册。全。萬曆癸酉，吴應台編，即《大寧縣志》之權輿也。

黄虞稷《千頃堂書目・地理類上》吴應台《大寧記》。萬曆癸酉修。即《大寧縣志》之權輿。

蒲縣志

楊士奇等《文淵閣書目・新志》《蒲縣志》。

[嘉靖]蒲縣志

張萱等《内閣藏書目録・志乘部・山西》《蒲縣志》。二册。全。嘉靖己酉，學博高相等修。

黃虞稷《千頃堂書目・地理類上》 高相等《蒲縣志》。二册。嘉靖己酉修。學博。（吳補）

蒲縣志

朱睦㮮《萬卷堂書目・地志》《蒲縣志》十卷。韓竹。

黃虞稷《千頃堂書目・地理類上》 韓竹《蒲縣志》十卷。

洪洞縣志

楊士奇等《文淵閣書目・新志》《洪洞縣志》。

洪洞志

趙琦美《脈望館書目・史・山西・平陽府》《洪洞志》。四本。

[萬曆]洪洞縣志

徐圖等《行人司重刻書目・地理類》《洪洞縣志》。三本。

張萱等《内閣藏書目録・志乘部・山西》《洪洞縣志》。三册。全。萬曆辛卯，邑人晉朝臣修。

黃虞稷《千頃堂書目・地理類上》 晉朝臣《洪洞縣志》。萬曆辛卯修。邑人。

洪洞縣志

朱睦㮮《萬卷堂書目・地志》《洪洞縣志》八卷。韓廷偉。

黃虞稷《千頃堂書目・地理類上》 韓廷偉《洪洞縣志》八卷。

趙城縣志

楊士奇等《文淵閣書目・新志》《趙城縣志》。

[嘉靖]趙城縣志

張萱等《内閣藏書目録・志乘部・山西》《趙城縣志》。四册。全。嘉靖丙寅，教諭竇經修。

黃虞稷《千頃堂書目・地理類上》 竇經《趙城縣志》。嘉靖丙寅修。教諭。

魏永安記

《隋書・經籍志・地理》《魏永安記》三卷。温子昇撰。

焦竑《國史經籍志・地理・郡邑》《魏永安記》三卷。温子昇。

霍州志

楊士奇等《文淵閣書目・新志》《霍州志》。

霍州志

趙琦美《脈望館書目・史・山西・平陽府》《霍州志》。三本。

[嘉靖]霍州志

徐圖等《行人司重刻書目・地理類》《霍州志》。二本。

張萱等《内閣藏書目録・志乘部・山西》《霍州志》。二册。全。嘉靖戊午，邑人劉照修。

黄虞稷《千頃堂書目・地理類上》劉煦《霍州志》。嘉靖戊午修。邑人。

浮山縣志

楊士奇等《文淵閣書目・新志》《浮山縣志》。

[嘉靖]浮山縣志

張萱等《内閣藏書目録・志乘部・山西》《浮山縣志》。二册。全。嘉靖壬辰，訓導杜綏修。

黄虞稷《千頃堂書目・地理類上》杜綏《浮山縣志》。嘉靖壬辰修，訓導。

太平縣志

楊士奇等《文淵閣書目・新志》《太平縣志》。

[嘉靖]太平縣志

張萱等《内閣藏書目録・志乘部・山西》《太平縣志》。二册。全。嘉靖丙寅，邑人李養恕修。

黄虞稷《千頃堂書目・地理類上》李養恕《太平縣志》。嘉靖丙寅修，邑人。

襄陵縣志

楊士奇等《文淵閣書目・新志》《襄陵縣志》。

[隆慶]襄陵縣志

趙琦美《脈望館書目・史・山西・平陽府》《襄陵縣志》。四本。

徐圖等《行人司重刻書目・地理類》《襄陵縣志》。四本。

張萱等《内閣藏書目録・志乘部・山西》《襄陵縣志》。四册。全。隆慶戊辰，教諭吕調元修。

黄虞稷《千頃堂書目・地理類上》吕調元《襄陵縣志》。隆慶戊辰修，教諭。

襄陵縣志

朱睦㮮《萬卷堂書目・地志》《襄陵縣志》十九卷。李咨。

黄虞稷《千頃堂書目・地理類上》李咨《襄陵縣志》十七卷。

鄉寧縣志

楊士奇等《文淵閣書目・新志》《鄉寧縣志》。

[萬曆]鄉寧縣志

張萱等《内閣藏書目録・志乘部・山西》《鄉寧縣志》。二册。全。萬曆壬辰，邑令焦守己修。

黄虞稷《千頃堂書目・地理類上》焦守己《鄉寧縣志》。萬曆壬辰修，令。

運城地區

解州志

晁瑮《晁氏寶文堂書目・圖誌》《解州志》。

[嘉靖]解州志

張萱等《内閣藏書目録・志乘部・山西》《解州志》。四册。全。嘉靖乙酉，修撰謫判解州吕柟修。

黄虞稷《千頃堂書目・地理類上》吕柟《解州志》四卷。嘉靖乙酉修。

《明史・藝文志・地理類》吕柟《解州志》四卷。

安邑縣志

楊士奇等《文淵閣書目・新志》《安邑縣志》。

祁承㸁《澹生堂藏書目・圖志・邑志》《安邑縣志》。四册。十卷。

安邑縣志略

張萱等《内閣藏書目録・志乘部・山西》《安邑縣志略》。一册。莫詳姓氏。鈔本。

黄虞稷《千頃堂書目・地理類上》□□□《安邑縣志略》。

絳州志

楊士奇等《文淵閣書目・新志》《絳州志》。

趙琦美《脈望館書目・史・山西・平陽府》《絳州志》。二本。又四本。

黄丕烈《蕘圃藏書題識續録・史類》《絳州志》。明刻本。殘存卷一、卷二、卷四至卷七。乙亥夏五月二十七日，梅雨曉晴。有書船友估人從胥門訪余於縣橋，蓋其囊中攜有元本《千金方》在也。《千金方》元本余所見不下四五部，皆索重直，卒未之買。而此本目録後有碑牌，可知翻刻之由，蓋因近得前宋金匱官本故也。余雖不能買此書，而此一語可證錢遵王閣宋本鈔之説，即出是刻也。因附識之。是書得於攜《千金方》來之書友，其意不在此《絳州志》，余因無所交易，聊以家刻小種易之。書載「内閣藏書目録」，可寶也。

黄丕烈《蕘圃藏書題識再續録・史類》《絳州志》十卷。明刻本。余往聞杭州瓶花齋吴氏有舊地志幾種，大半爲余同年張子和買歸。子和，本昭文人，癸丑成進士，授庶常。告假歸，掌教紹興之蕺山，故於杭獲之也。今人已故，而物之存否，未可知。今明刻《絳州志》亦出瓶花齋卷中，吴城字敦復一印，即其主人。余故樂有是書并藏書者，而表出之。乙亥仲夏，復翁偶記。

[正德]絳州志

張萱等《内閣藏書目録・志乘部・山西》《絳州志》。二册。全。正德辛巳，蒲人王文鳴修。

黄虞稷《千頃堂書目・地理類上》王文鳴《絳州志》。正德辛巳修。蒲人。

[萬曆]絳州志

張萱等《内閣藏書目録・志乘部・山西》又《絳州志》。二册。萬曆庚辰，郡人趙相修。

黄虞稷《千頃堂書目・地理類上》趙相《絳州志》。萬曆庚辰修。郡人。

聞喜縣志

楊士奇等《文淵閣書目・新志》《聞喜縣志》。

徐圖等《行人司重刻書目・地理類》《聞喜縣志》。二本。

[萬曆]聞喜縣志

張萱等《内閣藏書目録・志乘部・山西》《聞喜縣志》。三册。全。萬曆初，邑人李汝寬修。

黄虞稷《千頃堂書目・地理類上》李汝寬《聞喜縣志》。萬曆間修。

垣曲縣志

楊士奇等《文淵閣書目・新志》《垣曲縣志》。

晁瑮《晁氏寶文堂書目・圖誌》《垣曲縣志》。

[嘉靖]垣曲縣志

張萱等《内閣藏書目録・志乘部・山西》《垣曲縣志》。二册。全。嘉靖丙申，邑令李袞修。

黄虞稷《千頃堂書目・地理類上》李袞《垣曲縣志》。嘉靖丙申修。令。

絳縣志

楊士奇等《文淵閣書目・新志》《絳縣志》。

[嘉靖]絳縣志

張萱等《内閣藏書目録・志乘部・山西》《絳縣志》。二册。全。嘉靖乙未，邑人吉大來修。

黄虞稷《千頃堂書目・地理類上》吉大來《絳縣志》。嘉靖乙未修。邑人。

河津縣志

楊士奇等《文淵閣書目・新志》《河津縣志》。

[嘉靖]河津縣志

張萱等《内閣藏書目録・志乘部・山西》《河津縣志》。二册。全。嘉靖癸酉，邑令張汝乾修。

黄虞稷《千頃堂書目・地理類上》張汝乾《河津縣志》。嘉靖癸酉修。令。

臨津縣志

楊士奇等《文淵閣書目・新志》《臨津縣志》。

稷山縣志

楊士奇等《文淵閣書目・新志》《稷山縣志》。

[正德]稷山縣志

張萱等《内閣藏書目録・志乘部・山西》《稷山縣志》。二册。全。正德甲戌，邑人梁弘濟修。

黄虞稷《千頃堂書目・地理類上》梁宏濟《稷山縣志》。正德甲戌修。邑人。

芮城縣志

楊士奇等《文淵閣書目・新志》《芮城縣志》。

[隆慶]芮城縣志

張萱等《内閣藏書目録・志乘部・山西》《芮城縣志》。一册。全。隆慶辛未，邑人劉良臣修。

黄虞稷《千頃堂書目・地理類上》劉良臣《芮城縣志》。隆慶辛未修。

夏縣志

楊士奇等《文淵閣書目・新志》《夏縣志》。

夏縣志

朱睦㮮《萬卷堂書目・地志》《夏縣志》三卷。馬巒。

黄虞稷《千頃堂書目・地理類上》馬巒《夏縣志》二卷。

平陸縣志

楊士奇等《文淵閣書目・新志》《平陸縣志》。

平陸志

趙琦美《脈望館書目・史・山西・平陽府》《平陸志》。二本。

[隆慶]平陸縣志

張萱等《内閣藏書目録・志乘部・山西》《平陸縣志》。二册。隆慶丁卯，邑人崔汝孝修。

黄虞稷《千頃堂書目・地理類上》崔汝孝《平陸縣志》。隆慶丁卯修。吴校修下有邑人。

蒲州志

楊士奇等《文淵閣書目・新志》《蒲州志》。

范邦甸等《天一閣書目・地理類》《蒲州志》三卷。刊本。明孝泉王輪編并序。

[嘉靖]蒲州志

趙琦美《脈望館書目・史・山西・平陽府》《蒲州志》。三本。

張萱等《内閣藏書目録・志乘部・山西》《蒲州志》。三册。全。嘉靖乙卯，州守邊像修。

黄虞稷《千頃堂書目・地理類上》邊象《蒲州志》。嘉靖乙卯修。守。

萬泉縣志

楊士奇等《文淵閣書目・新志》《萬泉縣志》。

[萬曆]萬泉縣志

張萱等《内閣藏書目録・志乘部・山西》《萬泉縣志》。二册。全。萬曆丙戌，訓導吴汝蘭修。

黄虞稷《千頃堂書目・地理類上》吴汝蘭《萬泉縣志》。萬曆丙戌修。訓導。

榮河縣志

楊士奇等《文淵閣書目・新志》《榮河縣志》。

[嘉靖]榮河縣志

張萱等《内閣藏書目録・志乘部・山西》《榮河縣志》。二册。全。嘉靖戊戌，猗氏教諭宋綱修。

黄虞稷《千頃堂書目・地理類上》宋綱《榮河縣志》。嘉靖戊戌修。猗氏諭。

[萬曆]臨晉縣志

張萱等《内閣藏書目録・志乘部・山西》《臨晉縣志》。一册。全。萬曆甲午，教諭董邦輔編。鈔本。

黄虞稷《千頃堂書目・地理類上》董邦輔《臨晉縣志》。萬曆甲午修。教諭。

猗氏縣志

楊士奇等《文淵閣書目・新志》《猗氏縣志》。

内蒙古自治區

［同治］蒙古游牧記

耿文光《萬卷精華樓藏書記・地理類八》　《蒙古遊牧記》十六卷。國朝張穆撰。壽陽祁氏本。同治六年刊。何秋濤校。前有咸豐年壽陽祁相國序。

［乾隆］河套志

《四庫全書總目提要・地理類存目三・都會郡縣之屬》　《河套志》六卷。江西巡撫採進本。國朝陳履中撰。履中字執夫，商邱人。官至分巡寧夏兵備道。是志成於乾隆壬戌。凡河套之建置沿革、山川、城堡、關塞、古蹟、物産悉分門彙載。末附以藝文二卷。如引《魏書》以證涿祁山之爲榆林府地，引《册府元龜》藥彦稠爲邠州節度使，補五代沿革之闕。又證後魏代郡之即漢朔方郡，據《通鑑註》大城之屬朔方，以證《漢書》列傳之大城塞，徵引頗爲繁富。

黑龍江省

龍沙紀略

《四庫全書總目提要・地理類三・雜記》　《龍沙紀略》一卷。内閣中書方維甸家藏本。國朝方式濟撰。式濟字屋源，號沃園。康熙己丑進士。官中書舍人。是編乃式濟之父澄嶧謫居黑龍江時，式濟往省，因據所見聞，考核古蹟，勒爲九門，一曰方隅，二曰山川，三曰經制，四曰時令，五曰風俗，六曰飲食，七曰貢賦，八曰物産，九曰屋宇，總名曰《龍沙記略》。考《後漢書・班超傳》贊曰：「坦步葱雪，咫尺龍沙。」章懷太子注曰：「調葱嶺雪山、龍堆沙漠也。」《漢書・匈奴傳》曰：「康居、烏孫豈能踰白龍堆而寇西邊。」孟康注曰：「龍堆形如土龍，高大者二三丈，卑者丈餘，在西域中。」又酈道元《水經注》曰：「鄯善國東垂當白龍堆。」則龍堆在西不在東。又《漢書・武帝本紀》曰：衛青復將六將軍絶幕。顔師古注曰：沙上曰幕，直度曰絶。《後漢書・西域傳》曰：「孝武深維長久之計，命遣虎臣浮河絶幕。」又竇憲《燕然山銘》稱：「絶大漠。」李陵《别歌》稱：「經萬里兮渡沙漠。」則沙漠迤繞西北，亦不在東。自劉孝標有《賦得龍沙宵月明》詩，李白有「將軍分虎竹，戰士卧龍沙」之句，始悮以龍沙爲一地，而詩家遂沿爲塞外之通稱。式濟記東北之事而以龍沙爲書名，蓋沿用舊文之故。不知自唐以來，渤海大氏奄有斯土，已久爲城郭宫室之國，豈可以龍沙爲目哉。然白山黑水之間，古來輿記大抵得諸傳聞，即近時修志乘者，秉筆之人亦未必親至其地。式濟久住於斯，又閑居多暇，得以游覽詢訪，究其詳悉。如辨混同江源出長白山，土人呼爲「松阿里江」。松阿里江北與諾尼江合流，東北受黑龍江，又南受烏蘇里江，匯注於海。因其納三江之大，故名「混同」。蓋松阿里自南而北，黑龍江自北而南，歷二千五百里之遥，兩江不得混稱。其上游未會時，仍當稱松阿里江云云。此足證《金史》混同江一名黑龍江之誤，又辨《金史》宋瓦之譌松花。又搜討黑龍江源與塞外入江諸小水，及精奇尼江、諾尼江諸派，亦多《盛京通志》所未載，固志輿圖者所必考。舊附述本堂諸詩集後。今以所載悉屬地理，故析而録諸史部焉。

張之洞《書目答問・地理・今地志》　《龍沙紀略》一卷。方式濟。借月山房本。述本堂詩集附刻本。

遼寧省

遼　志

晁瑮《晁氏寶文堂書目・圖誌》　《遼志》。

遼東總志

晁瑮《晁氏寶文堂書目・圖誌》　《遼東總志》。

遼東新刻總志

晁瑮《晁氏寶文堂書目・圖誌》 《遼東新刻總志》。

遼東志

范邦甸等《天一閣書目・地理類》 《遼東志》九卷。刊本。明陳愷脩董越序。

朱睦㮮《萬卷堂書目・地志》 《遼東志》九卷。

徐圖等《行人司重刻書目・地理類》 《遼東志》。四本。

祁承㸁《澹生堂藏書目・圖志・關鎮》 《遼東志》。六册。九卷。

[正統]遼東志

《明史・藝文志・地理類》 畢恭《遼東志》九卷。

[弘治]遼東志

黄虞稷《千頃堂書目・地理類上》 畢恭《遼東志》九卷。山東人。遼東指揮。正統八年修。弘治中揔兵韓斌重修。

又 陳寬、韓斌《遼東志》。弘治間修。

全遼志

黄虞稷《千頃堂書目・地理類上》 徐文華、劉琦、程啓克、潘珍《全遼志》。嘉靖間修。

[嘉靖]遼東志

黄虞稷《千頃堂書目・地理類上》 任洛等《全遼志》。嘉靖間修。

[嘉靖四十五年]全遼志

范邦甸等《天一閣書目・地理類》 《全遼志》六卷。刊本。明畢恭撰并序。

趙琦美《脈望館書目・史・山東・萊州府》 《全遼志》。六。

黄虞稷《千頃堂書目・地理類上》 李輔重修《遼東志》□卷。南昌人。嘉靖乙丑重修，巡撫王之誥序。（盧補）

《明史・藝文志・地理類》 李輔《重修遼東志》十二卷。

[乾隆]續修盛京通志

清敕撰《國朝宮史・書籍門・志乘》 欽定《盛京通志》一部。乾隆九年，皇上駕幸盛京，敬瞻列祖開創之績，陪京宏盛之規，而舊纂通志一書，未爲精核，特命重修，釐爲三十五門。曰聖製、曰御製、曰京城、曰壇廟、曰宮殿、曰山陵、曰星土、曰建置沿革、曰疆域形勝、曰山川、曰城池、曰關郵、曰户口、曰田賦、曰職官、曰學校、曰公署、曰選舉、曰兵防、曰名宦、曰人物、曰忠節、曰孝義、曰文學、曰隱逸、曰流寓、曰方伎、曰仙釋、曰列女、曰祠祀、曰古蹟、曰風俗、曰物産、曰雜志、曰藝文，凡三十二卷，乾隆十二年校刊。

[乾隆]三修盛京通志

《四庫全書總目提要・地理類一・都會郡縣之屬》 欽定《盛京通志》一百二

十卷。乾隆四十四年，奉敕撰。我國家發祥長白，實肇基於俄朵里城。後肇祖原皇帝始遷赫圖阿拉，是爲興京。太宗文皇帝戡定遼東，實作周邑。暨世祖章皇帝定鼎順天，遂以奉天爲盛京。兩都竝建，垂萬萬世之丕基，非惟山海形勝控制八紘，凡締造之規模，征伐之功烈，麟麟炳炳，亦具在於斯。舊有志書三十二卷，經營草創，敘述未詳。因命補正其書，定爲此本。發凡起例，一一皆稟睿裁。聖製御製，舊本僅載十之三，今悉補録。又以御製分綸音、天章二門，各從體製。京城門中，舊本不載盛京、興京、東京創建修葺之由，及太祖、太宗制勝定都始末。壇廟門中，舊本不載營造制度及重修年月，又不載尊藏册寶及堂子歲祭諸儀。宮殿門中，舊本亦不載重修年月，御題聯額及尊藏聖容、聖訓、實録、玉牒、戰圖及乾隆四十三年設立諫木事。山陵門中，舊本不載謁陵及歲事儀注，所述三陵官制，亦多舛誤。山川、城池兩門中，舊本均不載太祖、太宗戰績。人物門中，不載開國宗室王公，又諸勳臣事蹟亦不悉具，今併詳考增修。其餘星土、建置沿革、疆域形勝、祠祀、古蹟、陵墓、雜志、風俗、土産八門，竝援據經史，糾謬補漏。關郵、户口、田賦、職官、學校、官署、選舉、兵防八門，舊本所載，止於乾隆八年，今竝按年續載。名宦、歷代忠節、孝義、文學、隱逸、流寓、方技、仙釋、列女、藝文十門，亦參訂删補，俾不冗不漏。其官名、人名、地名，舊本音譯，往往失真，今併一一釐正，體裁精密，考證詳明。溯豐邑之初基，述阪泉之鴻績，經綸開創，垂裕無疆。啟佑規模，萬年如覿。固與偏隅輿記，徒侈山川、人物者，區以別矣。

遼載前集

《四庫全書總目提要・地理類存目三・都會郡縣之屬》《遼載前集》二卷。兩淮馬裕家藏本。國朝林本裕撰。本裕字益長，奉天人。是編備載盛京故事。自序云折衷於《盛京志》。前集則仿龍門志乘，後集則仿涑水編年。今後集未見，此其前集也。首總論，次圖考，餘分二十一門，亦頗勤於蒐採。然留都記載，而地名仍題前代之稱，於體例終爲乖迕，是亦不檢之過也。

遼　載

丁立中《八千卷樓書目・地理類・都會郡縣》《遼載》二十一卷。國朝林本裕撰。抄本。

陝西省

三秦記

李昉《太平御覽經史圖書綱目》 辛氏《三秦記》。

章宗源《隋書經籍志考證・地理》《三秦記》。卷亡。辛氏撰。不著録。

馬國翰《玉函山房藏書簿録・史編・地理類》《三秦記》一卷。辛氏撰。杜氏《通典・州郡門》注云：辛氏《三秦記》之類，自述其鄉國靈怪。唐時其書尚存，故《北堂書鈔》、《初學記》、《括地志》、《漢書注》、《史記》索隱、正義諸書皆引之，今佚。武威張澍輯刊。

張之洞《書目答問・地理・雜地志》 辛氏《三秦記》一卷。二酉堂輯本。張[澍]輯。摯虞《決疑要注》、《三輔舊事》、《三輔故事》、劉昞《十三州志》、段龜龍《涼州記》、《涼州異物志》、《西河舊事》、《喻歸西河記》、段國《沙州記》皆刻，二酉堂叢書内篇葉無多，不別列。

關中記

《舊唐書・經籍志・地理》《關中記》一卷。潘岳撰。

錢東垣等輯《崇文總目輯釋・地理類》《關中記》一卷。潘岳撰。繹按，《書録解題》、《宋志》並葛洪撰。

《新唐書・藝文志・地理類》 潘岳《關中記》一卷。

鄭樵《通志・藝文略・地里・地理》《關中記》一卷。潘岳撰。

章宗源《隋書經籍志考證・地理》《關中記》一卷。潘岳撰。不著録。

吴士鑒《補晉書經籍志・地理類》 潘岳《關中記》一卷。隋、唐《志》並同。《史記・司馬相如傳》索隱、《文選・西都賦》注、《北堂書鈔》、《太平御覽》並引潘岳《關中記》，惟《書録解題》及《通考》、《宋志》誤作葛洪撰。

沈家本《續漢書志注所引書目・地理》《關中記》。郡國二。二《唐志》、《關中記》一卷。潘岳撰。《宋志》作葛洪撰。《玉海》十五。引《中興書目》晉葛洪撰。載長安山川及宫殿、陵廟。攷《晉書・葛洪傳》，足迹未至關中，何緣作《記》？本傳總叙洪所著亦無此《記》，自當以《唐志》爲是此注及《文選》注竝稱潘岳。

關中記

陳振孫《直齋書録解題・地理類》《關中記》一卷。晉葛洪稚川撰。所載殊簡略。

《宋史・藝文志・地理類》 葛洪《關中記》一卷。

關中記

尤袤《遂初堂書目・地理類》《關中記》。

馬端臨《文獻通考・經籍考・地理》《關中記》一卷。

陝西路圖經

鄭樵《通志・藝文略・地里・圖經》《陝西路圖經》八十四卷。

聚米圖經

鄭樵《通志・藝文略・地里・蠻夷》《聚米圖經》五卷。

尤袤《遂初堂書目・地理類》《西戎聚米圖經》。

陝西續收志

楊士奇等《文淵閣書目・新志》《陝西續收志》。

[成化]陝西志

晁瑮《晁氏寶文堂書目・圖誌》《皇明舊陝西志》。零册。

趙琦美《脈望館書目・史・陝西總志》 舊《通志》廿三本。伍福佟。少四、五、八、九、十。一卷，十六卷。廿。

《四庫全書總目提要・地理類存目二・都會郡縣》《陝西志》三十卷。兩淮鹽政採進本。明伍餘福撰。餘福字天錫，臨川人。正德丁丑進士。官陝西按察司副使。是編成於成化乙未，以府、州、縣、衛所、寺、監爲綱，而各繫門目於其下。如《一統志》之例。陝西爲古都會地，舊蹟頗多，金石尤富。諸書記載頗詳。其所採摭，尚未能詳備。

黄虞稷《千頃堂書目・地理類上》 伍福《陝西通志》三十五卷。成化乙未修。字天錫，江西臨川人。正統甲子舉人。按察司副使。

《明史・藝文志・地理類》 伍福《陝西通志》三十五卷。成化中修。

[嘉靖]雍大記

高儒《百川書志・地理》《雍大記》三十六卷。皇明大復山人何景明編。

晁瑮《晁氏寶文堂書目・圖誌》《雍大記》。

范邦甸等《天一閣書目・地理類》《雍大記》三十六卷。刊本。明何景明撰。嘉靖壬午，叚炅編集并序。

趙琦美《脈望館書目・史・陝西總志》《雍大記》。十本。

王圻《續文獻通考・經籍考・地理》《雍大記》。信陽州何景明著。

徐𤊹《徐氏家藏書目・陝西省》《雍大記》三十六卷。何景明。

張萱等《内閣藏書目録・志乘部・陝西》《雍大記》。十册，全。嘉靖間，陝西學憲何景明編輯，未完，僉憲周宗化續成之。凡三十六卷。

祁承㸁《澹生堂藏書目・圖志・通志》《雍大紀》。十册。三十六卷。何景明。

錢謙益等《絳雲樓書目・地誌類》《雍大記》。六册。三十六卷。何景明。

黄虞稷《千頃堂書目・地理類上》何景明《雍大記》三十六卷。周宗化續成。景明時爲學使。

《明史・藝文志・地理類》何景明《雍大記》三十六卷。

《四庫全書總目提要・地理類存目二・都會郡縣之屬》《雍大記》三十六卷。浙江汪啟淑家藏本。

彭元瑞等《天禄琳琅書目後編・明版史部》《雍大記》。一函，十册。明何景明撰。景明字仲默，信陽人。弘治壬戌進士。官陝西提學副使。入《明史・文苑傳》。書三十六卷，以代《陝西通志》。分六門：曰考易，以代沿革八卷；曰考迹，以代地理五卷；曰紀運，列周秦漢唐明帝王五卷；曰紀治，詳列代君臣事蹟七卷；曰志獻，以代人物五卷；曰志貢，以代藝文六卷。景明以病去官，僉事周宗化攝學政，續成之前有段炅序。泰興季氏藏本書中有墨蹟三段：一爲張鳳翼，在目録後。二爲吴岫，在凡例後，及末卷後吴跋。兩段文句相同，字亦稚拙，坊賈所爲，非其真蹟也。

雍地乘

高儒《百川書志・地理》《雍地乘》十卷。皇明鏡堂子新蔡王齊元修編。

[嘉靖]陝西通志

范邦甸等《天一閣書目・地理類》《陝西通志》四十卷。刊本。明嘉靖壬寅，翰林王邦瑞纂并序。

趙琦美《脈望館書目・史・陝西總志》《新通志》十七本。衆傷三十三起，至四十卷。

徐圖等《行人司重刻書目・地理類》《陝西通志》。十七本。

黄虞稷《千頃堂書目・地理類上》馬理《陝西通志》四十卷。嘉靖壬寅修。

《明史・藝文志・地理類》馬理《陝西通志》四十卷。嘉靖中修。

全陝政要略

朱睦㮮《萬卷堂書目・雜志》《全陝要政》四卷。龔輝。

《四庫全書總目提要・地理類存目二・都會郡縣》《全陝政要略》四卷。浙江范懋柱家天一閣藏本。明龔輝撰。輝，餘姚人。嘉靖癸未進士。官至工部左侍郎。是書首陝西省治，次自西安府以下分府紀録。有藩封、公署、官師、户口、田賦、河防、關隘、馬政、屯田諸目，末爲邊鎮圖，於山川形勢、關隘、汛地、道里遠近皆繪而列之。輝初承巡按御史登州浦鎔檄，纂輯《全陝政要》，總督三邊軍務楊守禮爲之序。後以卷帙繁重，復節爲此本，僅存梗概，故名曰略焉。

陝西總志

趙琦美《脈望館書目・史・陝西總志》《陝西總志》。

陝西總志摘

趙琦美《脈望館書目・史・陝西總志》《陝西總志摘》。一本。

[萬曆]陝西通志

祁承㸁《澹生堂藏書目・圖志・通志》《陝西通志》。十册。三十五卷。周宇、馮從吾仝輯。

黃虞稷《千頃堂書目・地理類上》周宇、馮從吾《陝西通志》三十五卷。

陝西圖經

黃虞稷《千頃堂書目・地理類上》殷奎《陝西圖經》。

陝西行都司志

黃虞稷《千頃堂書目・地理類上》包節《陝西行都司志》十二卷。

《明史・藝文志・地理類》包節《陝西行都司志》十二卷。

《四庫全書總目提要・地理類存目三・都會郡縣》《陝西行都司志》十二卷。浙江巡撫採進本。不著撰人名氏。《千頃堂書目》作包節撰。考節字元達，華亭人，占籍嘉興。嘉靖壬辰進士。官監察御史，出按湖廣。抗疏劾守陵大璫廖斌不法，反被誣下詔獄，謫莊浪衛，卒於戍所。隆慶初，追贈光禄寺少卿。事蹟具《明史》本傳。此書紀事止於嘉靖。且莊浪衛正陝西地，當即節書矣。凡分地理、建置、官師、兵防、歲計、人物六門，而以所屬各衛分載其中。能闕所不知，故簡陋而不荒謬。《凡例》謂學校、祀典不立類，以建置大端。惟此二事，故統置於建置之下，例殊未允。自郡縣、山川、人物以外，無一不從建置起，能全附之建置乎。

[康熙]續修陝西通志

周中孚《鄭堂讀書記補逸・地理類二・都會郡縣》《陝西通志》三十二卷。康熙、壬慶重刊本。

[雍正]陝西通志

《四庫全書總目提要・地理類一・都會郡縣之屬》《陝西通志》一百卷。通行本。國朝署理陝西總督吏部尚書劉於義等監修。陝西舊《通志》爲康熙中巡撫賈漢復所修，當時皆稱其簡當。而閱時既久，因革損益頗不相同。雍正七年，敕各省大吏纂輯通志，陝西督撫以其事屬之糧儲道沈青崖。青崖因據漢復舊本，參以明代馬、馮二家之書，斟酌增删，釐成百卷，分爲三十二類。雍正十二年，於義等始表上之。陝西省治本漢唐舊都，故紀載較多。如《三輔黃圖》、《長安志》皆前人所稱善本，而卷帙既繁，異同亦夥。至其隸轄支郡，若綏葭鳳興之類，則又地近邊隅，志乘荒略，不免沿習傳譌。是編訂古證今，詳略悉當，視他志之撦撏附會者較爲勝之。書中間有案語以參考同異，亦均典核可取云。

三志合編

丁立中《八千卷樓書目・地理類・都會郡縣》《三志合編》七卷。國朝黃本驥編。三長物齋本。

西安市

西京記

《隋書・經籍志・地理》《西京記》三卷。

《舊唐書・經籍志・地理》《西京記》三卷。薛冥志。

《新唐書・藝文志・地理類》薛冥《西京記》三卷。

鄭樵《通志・藝文略・地里・都城宮苑》《西京記》三卷。薛冥撰。

姚振宗《隋書經籍志考證・地理類》《西京記》三卷。不著撰人。《周書・薛寘傳》：寘河東汾陰人也。幼覽篇籍好屬文。仕西魏。入周位驃騎大將軍、開府儀同、浙州刺史，封郚陽縣侯。卒謚曰理。撰《西京記》三卷，引據該洽，世稱其博聞焉。

京師録

《隋書・經籍志・地理》《京師録》七卷。

鄭樵《通志・藝文略・地里・都城宮苑》《京師録》七卷。

姚振宗《隋書經籍志考證・地理類》《京師録》七卷。不著撰人。案：此亦似周隋人所録，記當時之制度。

雍州圖經

汪師韓《文選注引群書目録上・地理》《雍州圖經》。

章宗源《隋書經籍志考證・地理》《雍州圖經》。卷亡。不著録。《文選・西征賦》注：全節閿鄉縣東十里鳩澗西，潼水在華陰縣界，溫湯在新豐縣界，溫泉在藍田縣界，徐敬業《登琅邪城詩》注：金谷水出藍田縣西，終南山西入灞水，並引《雍州圖經》。

兩京記

李昉《太平御覽經史圖書綱目》《兩京記》。

兩京新記

《新唐書・藝文志・地理類》韋述《兩京新記》五卷。

鄭樵《通志・藝文略・地里・都城宮苑》《兩京新記》五卷。韋述撰。

尤袤《遂初堂書目・地理類》《兩京新記》。

《宋史・藝文志・地理類》韋述《兩京新記》五卷。

孫星衍《平津館鑒藏書籍記・外藩版》《兩京新記》一卷。影寫本。題唐韋述撰。《新唐書・藝文志》：韋述《兩京新記》五卷。《宋志》猶著録，不知亡於何時。彼國僅第三卷，卷首又闕數葉，末有己未天瀑跋。

阮元《四庫未收書目提要・地理類》《兩京新記》一卷。（佚存叢書本、粵雅堂叢書本。）唐韋述撰。原本五卷，見《宋史・藝文志》及程大昌《雍録》。明郎瑛《七修類稿》亦嘗及之。朱彝尊書熙甯《長安志》後云：東西京記，世無全書，則彝尊所見已非完本矣。此一卷，在原書爲第三卷，所載坊寺、宅觀、園祠，于東西南北比次頗詳。日本人採在《佚存叢書》中。唐人著述現存者少，兹遵《四庫全書》採録莫休符《桂林風土記》之例，爲録存之。

張之洞《書目答問・地理・雜地志》《兩京新記》一卷。唐韋述。佚存叢書本，粵雅堂本。

西京雜記

錢謙益等《絳雲樓書目・地誌類》《西京雜記》。韋述，唐人。述有《東都記》，記地理甚詳。

長安志

鄭樵《通志・藝文略・地里・都城宮苑》《長安志》十卷。宋敏求撰。

晁公武《郡齋讀書志・地里類》《長安志》十卷。袁本《前志》《後志》未收。右皇朝宋敏求撰。敏求因韋氏所記，搜采羣書，罔有遺軼。二紀而成。凡府縣之政，官尹之職，河渠關塞之類，至於風俗物産、宮室道衖，無不詳備，世稱其博。趙彦若爲之序。

趙希弁《讀書附志・地理類》《長安志》二十卷。右龍圖閣直學士、右諫議大夫、修《國史》常山宋敏求所撰也。熙寧九年二月五日，太常博士、充集賢校理、崇文院檢討，同知宗正丞事趙彦若序。敏求亦嘗爲《河南志》，時以朝奉郎守太常丞、充集賢校理、編修《唐書》官、通判西京留守司兼畿内勸農事、飛騎尉署銜。元豐六年二月戊辰，端明殿學士兼翰林侍讀學士司馬光序。《讀書志》中有《河南志》，而無《長安志》云。

尤袤《遂初堂書目・地理類》《長安志》。

陳振孫《直齋書録解題・地理類》《長安志》二十卷。宋敏求撰。趙彦若元考爲之序。二書凡例微不同，然漢、唐舊都遺事詳矣。

馬端臨《文獻通考・經籍考・地理》《長安志》十卷。

《宋史・藝文志・地理類》宋敏求《長安志》一十卷。

楊士奇等《文淵閣書目・舊志》《長安志》。十册。《長安志》。二册。

朱睦㮮《萬卷堂書目・地志》《長安(縣)志》二十卷。宋敏求。

張萱等《内閣藏書目録・志乘部・陝西》《西安府長安志》。四册。全。宋龍圖閣學士宋敏求修。

祁承㸁《澹生堂藏書目・圖志・通志》《長安志》。四册。三卷。宋敏求。

錢謙益等《絳雲樓書目・地誌類》《長安志》。十卷，宋敏求撰，司馬温公序。次道又有《東京記》三卷。《河南志》廿卷。蘇子容《宋次道墓誌》云，國朝都汴，沿舊方鎮、府、寺、邸第、閭里、坊巷增易數矣。人罕識其故處者，公依韋述類例，撰《東京記》三卷，又撰《長安》、《河南志》各二十卷。

黄虞稷《千頃堂書目・地理類上》《重修長安志》。宋龍圖閣學士宋敏求有此志。嘉靖間重修。

《四庫全書總目提要・地理類三・古蹟》《長安志》二十卷。兩淮馬裕家藏本。宋宋敏求撰。敏求有《唐大詔令》，已著録。是編皆考訂長安古蹟，以唐韋述《西京記》疎略不備，因更博採羣籍，參校成書。凡城郭、官府、山川、道里、津梁、郵驛，以至風俗、物産、宫室、寺院，纖悉畢具。其坊市曲折，及唐盛時，士大夫第宅所在，皆一一能舉其處，粲然如指諸掌。司馬光嘗以爲考之韋記，其詳不啻十倍。今韋氏之書久已亡佚，而此志精博宏贍，舊都遺事，藉以獲傳，實非他地志所能及。程大昌《雍録》稱其引類相從，最爲明晰。然細細校之，亦不免時有駁複。如曲臺既入未央，而又八之三雍，是分一爲二矣。長門宫在都城之外長門亭畔，而列諸長信宫内，則失其位置矣。況宫殿園囿又多空存其名，不著事迹，則亦無可尋繹矣云云。其説雖不爲無見，實則凌雲之材，不以寸折爲病也。敏求尚有《河南志》，與此凡例稍異，而竝稱贍博，今已不存。又楊慎《丹鉛録》謂杜常華《清宫詩》見《長安志》。詩中曉風乃作曉星，檢今本實無此詩。蓋慎喜僞託古書，不足爲據，非此志有所殘闕。惟晁公武《讀書志》載有趙彦若序，今本無之，則當屬傳寫佚脱耳。

黄丕烈《蕘圃藏書題識・史類二》《長安志》二十卷，《長安志圖》三卷。明本。《杜常華清宫詩》：行盡江南數十程，曉風殘月入華清；朝元閣上西風急，都入長楊作雨聲。「曉風」字重下句「西風」字，或改作「曉乘」，字亦未佳。楊升菴云：見宋敏求《長安志》，乃是「星」字。敏求又云：「長楊」非宫名，朝元閣去長楊五百里，此乃風入長楊，樹葉似雨聲也。前説今本乃無之，後説則本李好文《志圖》中語，而升菴以爲敏求，蓋誤。升菴好辨，博而不審詳，往往如是。此所以來後人正楊之譏也。是本舊爲陶爾成所藏，今歸於朝爽閣中。爾成嗜書，而所藏多叢雜，此書雖有刻本，而流傳甚少，且次道爲此書號稱博洽爾成，諸書當以此爲第一，殊可寶也。庚寅菊月之廿三日温陵黄虞稷記。

又《長安志》八卷。明刻本。元李好文《長安志圖》、宋宋敏求《長安志》靈巖山館曾有刊本。余所藏者璜川吴氏舊鈔本。

又《長安志》二十卷。鈔本。《長安志》二十卷，宋常山宋次道所撰，舊有圖，亡已久矣。此本前列圖二十有三，闕三。分爲三卷，則元至正初東明李好文官陜西行臺侍御史時所補也。是書傳本甚少。乾隆戊戌春日，假得朱文游所藏汪退谷本，曾經朱竹垞鈔讀者而誤闕尚多。信乎善本之難也。

張之洞《書目答問・地理・雜地志》《長安志》二十卷。宋宋敏求。經訓堂本。

長安圖記

陳振孫《直齋書録解題・地理類》《長安圖記》一卷。案：吕大防著《長安圖記》，此本作《長安國記》，誤。今改正。丞相汲公吕大防知永興軍，以爲正長安故圖，著其説於上。今信安郡有此圖，而別録其説爲一編。

焦竑《國史經籍志・地里・名山洞府》《長安圖記》一卷。吕大防。

長安志圖

楊士奇等《文淵閣書目・舊志》《長安圖志》。二册。

黃虞稷《千頃堂書目・地理類・補元》 李好文《長安圖記》三卷。

倪燦等《補遼金元藝文志・地理類》 李好文《長安圖記》三卷。

《四庫全書總目提要・地理類三・古蹟》 《長安志圖》三卷。安徽巡撫採進本。元李好文撰。好文字惟中，東明人。至治元年進士。官至光禄大夫、河南行省平章政事。致仕，給翰林學士承旨一品禄終其身。事蹟具《元史》本傳。此書結衔稱陝西行臺御史。考本傳稱好文至正元年除國子祭酒，改陝西行臺治書侍御史，尋遷河東道廉訪使。又稱至正四年仍除陝西行臺治書侍御史，六年始除侍講學士。此書蓋再任陝西時作也。

錢大昕《補元史藝文志・地理類》 李好文《長安志圖》三卷。

張之洞《書目答問・地理・雜地志》 《長安志圖》三卷。元李好文。經訓堂本。

類編長安志

楊士奇等《文淵閣書目・舊志》 《類編長安志》。五册。

張金吾《愛日精廬藏書志・地理類・都會郡縣》 《類編長安志》十卷。舊抄本。菉竹堂藏書。元京兆路儒學教授駱天驤纂編，開成路儒學教授薛延年校正。是書取宋敏求志删去繁蕪，撮其樞要，增入金元沿革，分門類聚，故曰類編。宋元地志，大江以北自《齊乘》外無一存者，是書雖以古蹟爲主，凡州郡之變更，城郭之遷移，以及山川、名勝、宫室、第宅、邱陵、冢墓，與夫古今興廢之殊，名賢游覽之作，無不備録，又附之以紀異辨惑，而以石刻終焉，則列之郡縣志中，當無不可。所採如地理叢編、三輔會要，今且無有知其名者，金元詩文所載尤夥，俱足以資參考。是書也，非所謂絶無僅有者歟。卷首題薛延年校正，延年當即注《人倫大統賦》者，《文淵閣書目》、《菉竹堂書目》俱著録。此本有葉伯寅圖記及葉氏藏書印記，知即菉竹堂舊藏本也。

西安府并屬縣志

楊士奇等《文淵閣書目・新志》 《西安府并屬縣志》。八册。

西安府志

祁承㸁《澹生堂藏書目・圖志・郡志》 《西安府志》。十二册。二十五卷。王紹徽纂修。

[乾隆]西安府志

馬國翰《玉函山房藏書簿録・史編・地理類》 《西安府志》八十卷。國朝陝西巡撫鎮洋畢沅秋帆撰。

長安志

張之洞《書目答問・地理・附録國朝省志府州縣誌善本》 《長安志》。董祐誠。

畢沅校長安志

耿文光《萬卷精華樓藏書記・地理類三》 《長安志》二十卷，《附圖》三卷。宋宋敏求撰。

長安縣志

范邦甸等《天一閣書目・地理類》 《長安縣志》三卷。刊本。明嘉靖辛卯年康海序，進士張敏纂。

[萬曆]長安縣志

黃虞稷《千頃堂書目・地理類上》 李燁然《長安縣志》。萬曆間修。

咸寧縣志

祁承㸁《澹生堂藏書目・圖志・邑志》 《咸寧縣志》。四册。八卷。王紹徽。

咸陽地區

咸陽縣志

趙琦美《脈望館書目・史・陝西・西安府》 《咸陽縣志》。二本。

徐圖等《行人司重刻書目・地理類》 《咸陽縣志》。二本。

咸陽志

黃虞稷《千頃堂書目・地理類上》 殷奎《咸陽志》。

[萬曆]咸陽縣志

張萱等《內閣藏書目録・志乘部・陝西》 《咸陽縣志》。二册。全。萬曆辛卯，邑人張應詔修。

黃虞稷《千頃堂書目・地理類上》 張應詔《咸陽縣志。萬曆辛卯修。邑人。

[嘉靖]興平志續志藝文志

張萱等《內閣藏書目録・志乘部・陝西》 《興平志》。一册。《興平續志》。一册。《藝文志》一册。嘉靖癸亥，邑令章平修。

黃虞稷《千頃堂書目・地理類上》 章平《興平縣志》一卷，又《續志》一卷，又《藝文志》一卷。嘉靖癸亥修。令。

錢謙益等《絳雲樓書目・地誌類》 《高陵編》。

[嘉靖]高陵縣志

張萱等《內閣藏書目録・志乘部・陝西》 《高陵縣志》。二册。全。嘉靖辛丑，邑人呂柟修。

黃虞稷《千頃堂書目・地理類上》 呂柟《高陵縣志》七卷。嘉靖辛丑修。邑人。

馬國翰《玉函山房藏書簿録・史編・地理類》 《高陵縣舊志》七卷。高邑刊本。明呂柟撰。有《四書因問》，已著録。經編志作于嘉靖辛丑，有馬理、徐效賢、王九思、劉守臣四序及呂自序，附載楊九式、呂涇野先生續傳。

鄠縣志

晁瑮《晁氏寶文堂書目・圖誌》 《鄠縣志》。

[嘉靖]鄠縣志

張萱等《內閣藏書目録・志乘部・陝西》 《鄠縣志》。二册。嘉靖癸巳，王九思修。

黄虞稷《千頃堂書目・地理類上》 王九思《鄠縣志》。嘉靖癸巳。修。

涇陽圖經

李昉《太平御覽經史圖書綱目》《涇陽圖經》。

[嘉靖]涇陽縣志

張萱等《内閣藏書目録・志乘部・陝西》《涇陽縣志》。二册。全。嘉靖戊寅，邑人魏學曾修。

黄虞稷《千頃堂書目・地理類上》 魏學曾《涇陽縣志》。二册。嘉靖戊寅修。邑人。

[嘉靖]續修涇陽縣志

朱睦㮮《萬卷堂書目・地志》《涇陽縣志》十二卷。李錦。

黄虞稷《千頃堂書目・地理類上》 李錦《涇陽縣志》十二卷。

[乾隆]涇陽縣志

馬國翰《玉函山房藏書簿録・史編・地理類》《涇陽縣志》十卷，《凡例圖目》一卷。國朝涇陽知縣餘杭葛晨撰并序。乾隆四十三年刊。

[道光]涇陽縣志

馬國翰《玉函山房藏書簿録・史編・地理類》《涇陽縣新志》三十卷。《涇渠志》三卷。國朝涇陽知縣新建胡元瑛小碧撰。道光二十二年刊。志涇渠視舊志加詳。

[成化]重修三原志

范邦甸等《天一閣書目・地理類》《西安府三原縣志》十六卷。刊本。朱昱脩，王嶼序。

張萱等《内閣藏書目録・志乘部・陝西》《三原縣志》。四册。成化辛丑，毘陵朱昱修。

黄虞稷《千頃堂書目・地理類上》 朱昱《三原縣志》二十卷。昱，常州處士。成化辛丑王端毅恕聘修。

《四庫全書總目提要・地理類存目二・都會郡縣》《三原縣志》十六卷。兩淮馬裕家藏本。明朱昱撰。其書分類太繁，例多叢脞。如户口列之食貨門，參雜不倫。縣治、官制俱列之公署門，亦綱目倒置。人物分十七類，甲科、鄉貢、封贈、廕敘悉隸焉，而獨以顯達一類別爲一卷，冠於前，其識趣可知矣。遠不及所修《毘陵志》也。

[嘉靖]盩厔縣志

徐圖等《行人司重刻書目・地理類》《盩厔縣志》。二本。

張萱等《内閣藏書目録・志乘部・陝西》《盩厔縣志》。二册。全。嘉靖癸亥，邑人王三聘修。

黄虞稷《千頃堂書目・地理類上》 王三聘《盩厔縣志》。嘉靖癸亥修。邑人。

醴泉縣志

晁瑮《晁氏寶文堂書目・圖誌》《醴泉縣志》。

[嘉靖]醴泉縣志

張萱等《内閣藏書目録・志乘部・陝西》《醴泉縣志》。二册。全。嘉靖乙未，學博夾璋修。

范邦甸等《天一閣書目・地理類》《醴泉縣志》四卷。刊本。明訓導夾璋編，邑人劉永吉序。

黄虞稷《千頃堂書目・地理類上》夾璋《醴泉縣志》四卷。嘉靖乙未修。學博。

[康熙]醴泉縣志

周中孚《鄭堂讀書記補逸・地理類三・都會郡縣》《醴泉縣志》六卷。康熙中刊本。國朝醴泉縣知縣裘陳佩修。陳佩字循卓，號厚齋，錢塘人。康熙癸酉副榜。是縣以地有醴泉得名。昉於隋之開皇十八年，其前後則各異其名，分隸州郡焉。明洪武初，屬西安府之乾州。嘉靖時，直隸西安府，國朝因之。縣志始輯於萬曆己亥訓導夾璋，崇禎戊辰，邑人苟好善繼修爲六卷。至康熙戊寅，厚齋知縣事時已六十年矣。乃取苟志，重爲潤色，去繁溽而存精要，參以舊聞，并補遺逸，分爲九門，冠以十圖，皆獨出己見而成。不藉他人爲助云：書成於康熙己卯，自爲序。明年分巡副使賈諠又爲序之。

邠志

楊士奇等《文淵閣書目・舊志》《邠志》。二册。

[嘉靖]邠州志

張萱等《内閣藏書目録・志乘部・陝西》《邠州志》。二册。全。嘉靖庚戌，郡人閻奉恩修。

黄虞稷《千頃堂書目・地理類上》閻奉恩《邠州志》。嘉靖庚戌修。郡人。

孔天胤邠州志

祁承㸁《澹生堂藏書目・圖志・州志》《邠州志》。二册。八卷。孔天胤輯。

[萬曆]三水縣志

張萱等《内閣藏書目録・志乘部・陝西》《三水縣志》。二册。全。萬曆辛巳，邑令陳渠修。

黄虞稷《千頃堂書目・地理類上》陳渠《三水縣志》。萬曆辛巳修。令。

[乾隆]三水縣志

張之洞《書目答問・地理・附録國朝省志府州縣誌善本》《三水縣志》。孫星衍。

【隆慶】淳化志

張萱等《内閣藏書目録・志乘部・陝西》《淳化縣志》。二册。全。隆慶庚午，邑人羅廷繡修。

黄虞稷《千頃堂書目・地理類上》羅廷繡《淳化縣志》八卷。隆慶庚午修。邑人。

【乾隆】淳化縣志

張之洞《書目答問・地理・附録國朝省志府州縣誌善本》《淳化縣志》。洪亮吉。

【萬曆】長武縣志

張萱等《内閣藏書目録・志乘部・陝西》《長武縣志》。二册。全。萬曆癸未，教諭李尊等修。

黄虞稷《千頃堂書目・地理類上》李尊等《長武縣志》。萬曆癸未修。教諭。（吴補）

【嘉靖】乾州志

張萱等《内閣藏書目録・志乘部・陝西》《乾州志》。一册。全。嘉靖乙酉，郡人宋廷佐修。

【隆慶】永壽縣志

張萱等《内閣藏書目録・志乘部・陝西》《永壽縣志》。二册。全。隆慶壬申，邑人楊儀修。

黄虞稷《千頃堂書目・地理類上》楊儀《永壽縣志》。隆慶壬申修。邑人。

渭南地區

【嘉靖】渭南縣志

范邦甸等《天一閣書目・地理類》《渭南縣志》。四册。刊本。明南大吉撰并序。

朱睦㮮《萬卷堂書目・地志》《渭南縣志》十八卷。南大吉。

黄虞稷《千頃堂書目・地理類上》南大吉《渭南縣志》十八卷。

【萬曆】渭南縣志

趙琦美《脈望館書目・史・陝西・西安府》《續渭南縣志》。二本。

張萱等《内閣藏書目録・志乘部・陝西》《續渭南縣志》。二册。全。萬曆庚寅，邑人南軒修。

黄虞稷《千頃堂書目・地理類上》南軒《續渭南志》十二卷。萬曆庚寅修。邑人。盧校改十二卷爲二册。

渭南縣志

祁承爜《澹生堂藏書目・圖志・邑志》《渭南縣志》。二册。十二卷。

富平志

趙琦美《脈望館書目・史・陝西・西安府》《富平志》。一本。

[萬曆]富平縣志

張萱等《内閣藏書目録・志乘部・陝西》《富平縣志》。二册。全。萬曆甲申，邑人孫丕揚修。

黄虞稷《千頃堂書目・地理類上》孫丕揚《富平縣志》十卷。萬曆甲申修。邑人。

[乾隆]富平縣志

丁立中《八千卷樓書目・地理類・都會郡縣》[乾隆]《富平縣志》八卷。國朝吴六鰲撰。刊本。

臨潼縣志

朱睦㮮《萬卷堂書目・地志》《臨潼縣志》二卷。

徐圖等《行人司重刻書目・地理類》《臨潼縣志》。二本。

彭昭臨潼縣志

朱睦㮮《萬卷堂書目・地志》《臨潼縣志》十二卷。彭昭。

[嘉靖]臨潼縣志

張萱等《内閣藏書目録・志乘部・陝西》《臨潼縣志》。二册。全。嘉靖間，學博樊玠修。

黄虞稷《千頃堂書目・地理類上》樊玠《臨潼縣志》。嘉靖修。學博。

[乾隆]臨潼縣志

丁立中《八千卷樓書目・地理類・都會郡縣》[乾隆]《臨潼縣志》九卷。國朝史傳遠撰。刊本。

[隆慶]藍田縣志

祁承㸁《澹生堂藏書目・圖志・邑志》《藍田縣志》。一册。二卷。

張萱等《内閣藏書目録・志乘部・陝西》《藍田縣志》。二册。全。隆慶辛未，邑人李東修。

黄虞稷《千頃堂書目・地理類上》李東《藍田縣志》。隆慶辛未修。邑人。

[道光]藍田縣志

丁立中《八千卷樓書目・地理類・都會郡縣》[道光]《藍田縣志》十六卷。國朝胡元煐撰。刊本。

[嘉靖]同州志

張萱等《内閣藏書目録・志乘部・陝西》 《同州志》。二册。全。嘉靖辛丑，學博胡珍修。

黄虞稷《千頃堂書目・地理類上》 胡珍《同州志》。嘉靖辛丑修。學博。

[天啓]同州志

祁承㸁《澹生堂藏書目・圖志・州志》 《同州志》附五縣。四册。十八卷。

[咸豐]同州府志

丁立中《八千卷樓書目・地理類・都會郡縣》 [咸豐]《同州府志》三十四卷。國朝李思繼、武訪疇撰。刊本。

朝邑縣志

趙琦美《脈望館書目・史・陝西・西安府》 《朝邑縣志》。二本。

[正德]朝邑縣志

黄虞稷《千頃堂書目・地理類上》 韓邦靖《朝邑縣志》二卷。

《四庫全書總目提要・地理類一・都會郡縣之屬》 《朝邑縣志》二卷。兵部侍郎紀昀家藏本。 明韓邦靖撰。邦靖字汝慶，號五泉，朝邑人。正德戊辰進士。官至工部員外郎。事蹟附見《明史・韓邦奇傳》。是書成於正德己卯。上卷四篇，曰總志、曰風俗、曰物産、曰田賦，下卷三篇，曰名宦、曰人物、曰雜記。上卷僅七頁，下卷僅十七頁。古今志乘之簡，無有過於是書者。而宏綱細目，包括略備。蓋他志多誇飾風土，而此志能提其要，故文省而事不漏也。然敘次點綴，若有餘閒，寬然無局促束縛之迹。自明以來，關中輿記，惟康海《武功縣志》與此志最爲有名。論者謂《武功志》體例謹嚴，源出《漢書》。此《志》筆墨疎宕，源出《史記》。然後來志乘，多以康氏爲宗，而此志莫能繼軌，蓋所謂不可無一，不容有二者也。前有邦靖自序，又有康海序，末有吕枏後序及朝邑知縣陵川王道跋，並文格高潔，與志適相配云。

馬國翰《玉函山房藏書簿録・史編・地理類》 《朝邑縣舊志》二卷。明刊本。明山西左參議朝邑韓邦靖汝度撰。分總志、風俗、物産、田賦、名宦、人物、雜記，凡七目。上下千年，鉅細包括，明以來與康氏《武功志》並推絶作。

張之洞《書目答問・地理・古地志》 《朝邑縣志》三卷。明韓邦靖、葉夢龍重刻本，得月簃續刻本，三長物齋摘本，此兩志及國朝陸隴其《靈壽縣志》十卷，最有名。然已爲洪稚存、章實齋所議。

丁立中《八千卷樓書目・地理類・都會郡縣》 正德《朝邑縣志》二卷。明韓邦靖撰。刊本。小石山房本。

校正朝邑志

馬國翰《玉函山房藏書簿録・史編・地理類》 《校正朝邑志》二卷。濟南書院刊本。國朝王元啓撰。有惺齋《四書講義》已著録。此編以韓氏《朝邑志》舊本多脱誤，乃爲校正重刊。

[萬曆]續朝邑縣志

張萱等《内閣藏書目録・志乘部・陝西》 《續朝邑志》。二册。萬曆間，邑人王學謨修。

祁承㸁《澹生堂藏書目・圖志・邑志》《朝邑縣志》。二册。八卷。

黃虞稷《千頃堂書目・地理類上》 王學謨續《朝邑志》。萬曆修。邑人。

《四庫全書總目提要・地理類存目三・都會郡縣》《續朝邑縣志》八卷。陝西巡撫採進本。明王學謨撰。學謨字子揚，朝邑人。嘉靖癸丑進士。官至大同左衛兵備道。初正德己卯，韓邦靖作《朝邑縣志》，當時號爲佳本。學謨此《志》成於萬曆甲申，繼邦靖之《志》而作，故以續名。然名爲續邦靖書，而邦靖所録此《志》仍録，蓋病邦靖之略，而欲以詳贍勝之。特以邦靖名重，不敢訟言相攻，故諱曰續耳。自序謂匠意綴詞，稍稍自異。其大旨可見。觀所敘録，視冗濫之輿記，尚爲有法，然筆力去邦靖遠矣。

[乾隆]朝邑縣志

張之洞《書目答問・地理・附録國朝省志府州縣誌善本》《朝邑縣志》。錢坫。

郃陽縣志

晁瑮《晁氏寶文堂書目・圖誌》《郃陽縣志》。

[萬曆]郃陽縣志

張萱等《内閣藏書目録・志乘部・陝西》《重修郃陽縣志》。二册。全。萬曆癸未，縣丞葉夢熊修。

黃虞稷《千頃堂書目・地理類上》 葉夢熊《重修郃陽縣志》七卷。萬曆癸未修，丞。

[順治]重修郃陽縣志

祁承㸁《澹生堂藏書目・圖志・邑志》《郃陽縣志》。二册。七卷。

澄城縣志

趙琦美《脈望館書目・史・陝西・西安府》《澄城縣志》。一本。

[嘉靖]澄城縣志

張萱等《内閣藏書目録・志乘部・陝西》《澄城縣志》。二册，全。嘉靖己酉，邑人石道立修。

黃虞稷《千頃堂書目・地理類上》 石道立《澄城縣志》。嘉靖己酉修。令。

[嘉靖]韓城縣志

趙琦美《脈望館書目・史・陝西・西安府》《韓城縣志》。二本。

張萱等《内閣藏書目録・志乘部・陝西》《韓城縣志》。二册。全。嘉靖二十年，邑令全文修。

黃虞稷《千頃堂書目・地理類上》 全文《韓城縣志》。嘉靖辛丑修。令。

華州志

徐圖等《行人司重刻書目・地理類》《華州志》。四本。

[隆慶]華州志

張萱等《内閣藏書目録・志乘部・陝西》 《華州志》。四册。全。隆慶壬申，州守李可久修。

黄虞稷《千頃堂書目・地理類上》 李可久《華州志》。隆慶壬申修。令。張光孝《華州志》。

馬國翰《玉函山房藏書簿録・史編・地理類》 《華州舊志》八卷，《續志》四卷。明金華山人張光孝撰。隆慶六年，知州陽城李可久校定。續四卷，東崖山人劉遇奇撰，知州蒲城馮昌奕重修。

華陰縣志

晁瑮《晁氏寶文堂書目・圖誌》 《華陰縣志》。

華陰志

黄虞稷《千頃堂書目・地理類上》 趙儒《華陰志》。

[萬曆]華陰縣志

馬國翰《玉函山房藏書簿録・史編・地理類》 《華陰縣舊志》八卷。明刊本。明華陰知縣古穰王九疇、邑人張毓翰同撰。萬曆甲寅刊。有馮從吾序。

[嘉靖]蒲城縣志

張萱等《内閣藏書目録・志乘部・陝西》 《蒲城縣志》。二册。全。嘉靖丁酉，教諭徐效賢修。

黄虞稷《千頃堂書目・地理類上》 徐效賢《蒲城縣志》。嘉靖丁酉修。教諭。

耀州志

趙琦美《脈望館書目・史・陝西・西安府》 《耀州志》。一本。

[嘉靖]耀州志

朱睦㮮《萬卷堂書目・地志》 《耀州志》十一卷。喬世寧。

張萱等《内閣藏書目録・志乘部・陝西》 《耀州志》。三册。全。嘉靖丁巳，州人喬世寧修。

黄虞稷《千頃堂書目・地理類上》 喬世寧《耀州志》十一卷。嘉靖丁巳修。州人。

《明史・藝文志・地理類》 喬世寧《耀州志》十一卷。

[萬曆]同官縣志

張萱等《内閣藏書目録・志乘部・陝西》 《同官縣志》。一册。全。萬曆乙酉，邑令楊光溥修。

黄虞稷《千頃堂書目・地理類上》 楊光溥《同官縣志》。萬曆乙酉修。令。

白水縣志

趙琦美《脈望館書目・史・陝西・西安府》《白水縣志》。二本。

張萱等《内閣藏書目録・志乘部・陝西》《白水縣志》。二册。全。邑令莊璹修。

黄虞稷《千頃堂書目・地理類上》莊璹《白水縣志》。令。

潼關志

晁瑮《晁氏寶文堂書目・圖誌》《潼關志》。

趙琦美《脈望館書目・史・陝西總志》《潼關志》。二本。

[嘉靖]潼關衛志

張萱等《内閣藏書目録・志乘部・陝西》《潼關衛志》。二册。全。嘉靖乙未。邑人孟秋等修。

祁承㸁《澹生堂藏書目・圖志・州志》《潼關衛志》。二册。十卷。

黄虞稷《千頃堂書目・地理類下》孟秋等《潼關志》。

黄虞稷《千頃堂書目・地理類上》孟秋《潼關衛志》十卷。嘉靖乙卯修。邑人。

《明史・藝文志・地理類》孟秋《潼關衛志》十卷。

商洛地區

商州志

朱睦㮮《萬卷堂書目・地志》《商州志》二卷。任慶雲。

《明史・藝文志・地理類》任慶雲《商州志》八卷。

商州志

趙琦美《脈望館書目・史・陝西・西安府》《商州志》。六本。

徐圖等《行人司重刻書目・地理類》《商州志》。六本。

[嘉靖]鎮安縣志

黄虞稷《千頃堂書目・地理類上》蕭廷傑《鎮安縣志》。嘉靖甲午修。令。

張萱等《内閣藏書目録・志乘部・陝西》《鎮安縣志》。一册。全。嘉靖甲午，邑令蕭廷傑修。

鎮安縣志

朱睦㮮《萬卷堂書目・地志》《鎮安縣志》一卷。黄時遲。

黄虞稷《千頃堂書目・地理類上》黄時遲《鎮安縣志》一卷。

[嘉靖]洛南縣志

張萱等《内閣藏書目録・志乘部・陝西》《洛南縣志》。一册。嘉靖十三年，商州訓導劉仲緬修。

黄虞稷《千頃堂書目・地理類上》劉仲《洛南縣志》。嘉靖甲午修。商明訓導。

[嘉靖]商略商南縣集

張萱等《内閣藏書目録・志乘部・陝西》 《商略》。六册。《商州志》也。嘉靖癸卯，邑人任慶雲修。

黄虞稷《千頃堂書目・地理類上》 任慶雲《商略》八卷。一作十六卷。商故無志，慶雲考求散佚，自爲義例。馬理、童承叙皆爲之序。嘉靖癸卯修。邑人。

《四庫全書總目提要・地理類存目二・都會郡縣之屬》 《商略》無卷數。浙江范懋柱家天一閣藏本。明《任慶雲》撰。慶雲，商州人。正德癸酉舉人。官至陝州知州。其書首州志，次鎮安、洛南、山陽、商南四邑志。各分地理、建置、學校、典禮、官師、選舉、人士、雜述等八門。目録之前有題詞曰：今之郡邑，古之國也。國可以言語、言策，郡邑不可以言紀，故言略。蓋本之華嶠，若《文選》之典引云爾。然《國語》、《國策》原非地志，班固典引亦符命之流，引類殊爲紕繆。至於華嶠曰「略」，語出《史通》，亦史志之别名，非地志之名也。則其書可知矣。

[萬曆]商南縣志

張萱等《内閣藏書目録・志乘部・陝西》 《商南縣志》。一册。全。萬曆丁丑，邑令方本清修。

黄虞稷《千頃堂書目・地理類上》 方本清《商南縣志》。萬曆丁丑修。令。

寶鷄地區

鳳翔府志

楊士奇等《文淵閣書目・舊志》 《鳳翔府志》。一册。

晁瑮《晁氏寶文堂書目・圖誌》 《鳳翔府志》。

鳳翔府并屬縣志

楊士奇等《文淵閣書目・新志》 《鳳翔府并屬縣志》。三册。

[正德]鳳翔府志

范邦甸等《天一閣書目・地理類》 《鳳翔府志》八卷。刊本。明知府王江脩并序，郡人王麒序。

朱睦㮮《萬卷堂書目・地志》 《鳳翔府志》八卷。王麒。

黄虞稷《千頃堂書目・地理類上》 《王麒鳳翔府志》八卷。

[萬曆]鳳翔府志

張萱等《内閣藏書目録・志乘部・陝西》 《重修鳳翔府志》。四册。萬曆丁丑，郡人周易修。

黄虞稷《千頃堂書目・地理類上》 周易《鳳翔府志》五卷。萬曆丁丑重修。易郡人。嘉靖辛丑進士。叙州府知府。

[萬曆]重修鳳翔府志

《明史・藝文志・地理類》 周易《鳳翔府志》五卷。

鳳翔府志

祁承㸁《澹生堂藏書目・圖志・郡志》 《鳳翔府志》。四册。五卷。

[乾隆]鳳翔府志

馬國翰《玉函山房藏書簿録・史編・地理類》《鳳翔府志》十二卷，目例、圖考一卷。國朝鳳翔知府滿洲達靈阿撰。因康熙四十九年知府華亭朱琦柯亭舊志重修，乾隆三十一年刊。

寶鷄縣志

黃虞稷《千頃堂書目・地理類上》許莊《寶鷄縣志》六卷。

[乾隆]續修寶鷄縣志

丁立中《八千卷樓書目・地理類・都會郡縣》[乾隆]《寶鷄縣志》十二卷。國朝鄧夢琴撰。刊本。

[萬曆]岐山縣志

張萱等《内閣藏書目録・志乘部・陝西》《岐山縣志》。四册。全。萬曆庚寅，邑令於邦棟修。

黃虞稷《千頃堂書目・地理類上》於邦棟《岐山縣志》。萬曆庚寅修。令。

[嘉靖]扶風縣志

張萱等《内閣藏書目録・志乘部・陝西》《扶風縣志》。二册。全。嘉靖戊午，邑令孫科修。

黃虞稷《千頃堂書目・地理類上》孫科《扶風縣志》。嘉靖戊午修。令。

[嘉慶]扶風縣志

丁立中《八千卷樓書目・地理類・都會郡縣》[嘉慶]《扶風縣志》十七卷。國朝宋世犖撰。刊本。

麟遊縣志略

張萱等《内閣藏書目録・志乘部・陝西》《麟遊縣志略》。一册。莫詳編纂姓氏。鈔本。

黃虞稷《千頃堂書目・地理類上》《麟遊縣志略》。

汧陽縣志略

張萱等《内閣藏書目録・志乘部・陝西》《汧陽縣志略》。一册。全。莫詳編纂姓氏。鈔本。

黃虞稷《千頃堂書目・地理類上》《汧陽縣志略》。

[嘉靖]新修隴州志

張萱等《内閣藏書目録・志乘部・陝西》《新修隴州志》。二册。嘉靖乙卯，州同吉天恩修。

祁承㸁《澹生堂藏書目・圖志・州志》《隴州志》。二册。四卷。

黃虞稷《千頃堂書目・地理類上》吉天恩《新修隴州志》。嘉靖乙卯修。州同知。

[康熙]隴州志

馬國翰《玉函山房藏書簿録・史編・地理類》《隴州志》八卷，目圖一卷。國朝隴州知州錢塘羅彰彝松山撰。康熙五十二年刊。

[乾隆]隴州志

馬國翰《玉函山房藏書簿録・史編・地理類》《隴州續志》十卷。國朝隴州知州南豐吴炳蔚然撰。乾隆三十一年刊。

丁立中《八千卷樓書目・地理類・都會郡縣》[乾隆]《隴州志》八卷附《雜記》一卷。國朝吴炳撰。刊本。

武功志

趙琦美《脈望館書目・史・陝西・西安府》《武功志》。一本。又一本。

[正德]武功縣志

錢謙益等《絳雲樓書目・地誌類》康海《武功縣志》三卷。

黄虞稷《千頃堂書目・地理類上》康海《武功縣志》三卷。

《四庫全書總目提要・地理類一・都會郡縣之屬》《武功縣志》三卷。兩江總督採進本。明康海撰。海字德涵，武功人。弘治壬戌進士第一。授翰林院修撰。

張之洞《書目答問・地理・古地志》《武功縣志》三卷。明康海。党金衡重刻本、得月簃續刻本、三長物齋摘本。

馬國翰《玉函山房藏書簿録・史編・地理類》《武功縣舊志》二卷。明翰林院修撰武功康海德涵撰。書凡七篇，分地理、建置、祠祀三目，藝文散附各條，削地志繁濫之例歸于簡賅。

武功縣志

祁承㸁《澹生堂藏書目・圖志・邑志》《武功縣志》。四册。四卷。

[康熙]武功縣續志

黄虞稷《千頃堂書目・地理類上》張文熙《武功縣續志》一卷。

[嘉慶]武功縣志

耿文光《萬卷精華樓藏書記・地理類二》《武功縣志》三卷，《續志》一卷。明康海撰。緑野書院本。嘉慶甲戌年校刊，邑人孫景烈評注有《序》，秀水張樹勳續有《跋》。是書初刻於正德已卯，吕柟、何景明序。再刻於許令趙崡序。三刻於乾隆辛巳，即評注之本。此第四刻也。其續之者有韓、沈、錢三家，張氏合三家之書爲一，共述七篇，以續康志，即今所傳之本是也。板刻尚工，惟評點不佳，悉宜删去。康氏《自序》曰：《武功志》先君子嘗述之，予卒成先人之志，略序撰之。凡山川、城郭與風俗，推移皆地理所具，作地理第一。官署、學校及諸有司所興行皆建置之事，作建置第二。治民人者先其神，故祠祀興焉，作祠祀第三。有田則有賦，有身則有役，田賦之政，國所重焉，作田賦第四。疆域人民非官不守，禮樂教化非官不行，作官師第五。文獻之事邦邑所先，以稽古昔以啟後賢，作人物第六。科貢制行士由以興，作選舉第七。凡七篇。胡可泉曰：康太史武功，童太史志沔陽，猶存史體可倣也。石邦教曰：七篇文簡而明，事覈而要，且其義昭勸鑒尤嚴，而公鄉國之史莫良於此志矣。陳稼門曰：《武功志》凡作記載，悉關國計民生、人心風俗，確乎可傳。孫景烈《郃封聞見録》曰：武功沿革，自康氏之志得其實者半，失其實者亦半。王阮亭曰：近世志書，文簡事覈，訓詞爾雅，無如康對山之《武功志》，次則王渼陂之《鄠志》，呂涇野之《高陵志》，韓五泉之《朝邑志》，喬三石之《耀志》，胡可泉之《秦志》，趙浚谷之《平涼志》，孫立亭之《富平志》，張光孝之《華志》，皆秦人也；又馬燧之《同州志》，劉九經之《郿志》，皆稱作者史蓮勺知汾州之介休作志七卷，義例精覈。何大復《雍大記》與康同時作於關中，又曰：《武功・官師志》學柳于厚先友記。文光案，阮亭是説見於《蠶尾集》，又見於《池北偶談》，大略相同。《漁洋説部》諸書並文集互見，複出者甚多，不止此一條也。王氏曰：康對山與李空同善，李爲韓忠定草疏，劉瑾欲置之死。康往見瑾救之，得免。瑾敗。康坐罷去，益縱情聲妓，恣遊山水。李議論嚴刻，馬中錫作《中山狼傳》以詆之，王渼陂遂填詞爲中山狼院本。録於《山志》。趙氏曰：其書以山川、城郭、古蹟、宅墓併入地理，以官署、學校、津梁、市集併入建置，以祠廟、寺觀併入祠祀，益以田賦、官師、人物、選舉凡七門，而藝文則附於各條之下，其病既失之太簡，而官師人物尤多可議，大抵明人多不知而作，有意新奇破壞古法，而一時耳食者羣相附和，至今不悟。録於《亦有生齋集》。文光案：乾隆間，刻《武功志》，並刻《對山集》，見本書序。《對山集》《四庫》已收。

[嘉靖]鳳縣志

趙琦美《脈望館書目・史・陝西・漢中府》《鳳縣志》。二本。

張萱等《内閣藏書目録・志乘部・陝西》《鳳縣志》。二册。全。嘉靖乙巳，教諭余塘修。

黄虞稷《千頃堂書目・地理類上》余塘《鳳縣志》。嘉靖乙巳修。教諭。

榆林地區

懷遠縣志

范邦甸等《天一閣書目・地理類》《懷遠縣志》二卷。刊本有三友堂印章。明人編脩，不載撰人名氏。

懷遠志

趙琦美《脈望館書目・史・南直・鳳陽府》《懷遠志》。二本。

董士錫懷遠志

張之洞《書目答問・地理・附録國朝省志府州縣誌善本》《懷遠志》董士錫。

[嘉靖]葭州志

張萱等《内閣藏書目録・志乘部・陝西》《葭州志》。二册。全。嘉靖丁酉，郡人柴希高修。

黄虞稷《千頃堂書目・地理類上》柴希高《葭州志》。嘉靖丁酉修。郡人。

神木縣志

楊士奇等《文淵閣書目・新志》《神木縣志》。

[嘉靖]神木縣志

張萱等《内閣藏書目録・志乘部・陝西》《神木縣志》。一册。全。嘉靖癸巳，膠東崔廷槐修。

黄虞稷《千頃堂書目・地理類上》 崔廷槐《神木縣志》。嘉靖癸巳修。膠東人。

府谷縣志

楊士奇等《文淵閣書目・新志》《府谷縣志》。

徐圖等《行人司重刻書目・地理類》《府谷縣志》。二本。

[萬曆]綏德州志

張萱等《内閣藏書目録・志乘部・陝西》《綏德州志》。二册。全。萬曆己卯，郡人趙世勳修。

黄虞稷《千頃堂書目・地理類上》 趙世勛《綏德州志》。萬曆己卯修。郡人。

[萬曆]米脂縣志

張萱等《内閣藏書目録・志乘部・陝西》《米脂縣志》。二册。全。萬曆庚寅，邑令張可立修。

黄虞稷《千頃堂書目・地理類上》 張可立《米脂縣志》。萬曆庚寅修。令。

[萬曆]吴堡縣志

張萱等《内閣藏書目録・志乘部・陝西》《吴堡縣志》。一册。全。萬曆甲午，邑令王邦麒編。鈔本。

黄虞稷《千頃堂書目・地理類上》 王邦麒《吴堡縣志》。萬曆甲午修。令。

延安地區

延安府志

楊士奇等《文淵閣書目・舊志》《延安府志》。一册。

延安府并屬縣志

楊士奇等《文淵閣書目・新志》《延安府并屬縣志》。三册。

[弘治]延安府志

張萱等《内閣藏書目録・志乘部・陝西》《延安府志》。四册。全。弘治甲子，郡守王彦奇修。

黄虞稷《千頃堂書目・地理類上》 王彦奇《延安府志》八卷。弘治甲子修。守。

延安志

晁瑮《晁氏寶文堂書目・圖誌》《延安志》。

[萬曆]延安縣志

張萱等《内閣藏書目録・志乘部・陝西》《延安縣志》。一册。全。萬曆乙未，邑令董尚志修。

延安縣志

王圻《續文獻通考·經籍考·地理》《延安志》。朱霽修。霽仕衢州路總管，有惠政。

[萬曆]安塞縣志

張萱等《内閣藏書目録·志乘部·陝西》《安塞縣志》。二册。全。萬曆辛巳，邑令方盡美修。

黄虞稷《千頃堂書目·地理類上》方盡美《安塞縣志》。萬曆辛巳修。令。

甘泉志

《宋史·藝文志·地理類》張慥《甘泉志》十五卷。

甘泉縣志略

張萱等《内閣藏書目録·志乘部·陝西》《甘泉縣志略》。一册。全。莫詳編纂姓氏。鈔本。

黄虞稷《千頃堂書目·地理類上》《甘泉縣志略》。

安定縣志

黄虞稷《千頃堂書目·地理類上》惲應翼《安定縣志》七卷。

保安縣志

張萱等《内閣藏書目録·志乘部·陝西》《保安縣志》。一册。全。莫詳編纂姓氏。鈔本。

保安縣志

黄虞稷《千頃堂書目·地理類上》□□□《保安縣志》。

宜州縣志

朱睦㮮《萬卷堂書目·地志》《宜州縣志》十卷。張倫。

黄虞稷《千頃堂書目·地理類上》張倫《宜州縣志》十卷。

宜川縣志

張萱等《内閣藏書目録·志乘部·陝西》《宜川縣志》。一册。莫詳編纂姓氏。鈔本。

延長縣志

黄虞稷《千頃堂書目·地理類上》董尚志《延長縣志》。萬曆乙未修。令。

[萬曆]鄜州志

張萱等《内閣藏書目録・志乘部・陝西》《鄜州志》。二册。全。萬曆乙酉，郡人王邦俊修。

黄虞稷《千頃堂書目・地理類上》王邦俊《鄜州志》。萬曆乙酉修。郡人。

[道光]鄜州志

馬國翰《玉函山房藏書簿録・史編・地理類》《鄜州志》五卷。國朝鄜州直隸州知州歙縣吴鳴捷蔗薌撰。道光癸巳刊。

洛川縣志

黄虞稷《千頃堂書目・地理類上》□□□《洛川縣志》。

洛川縣志

張萱等《内閣藏書目録・志乘部・陝西》《洛川縣志》。一册，全。莫詳編纂姓氏。

[嘉慶]洛川縣志

馬國翰《玉函山房藏書簿録・史編・地理類》《洛川縣志》二十卷。國朝洛川知縣劉毓秀撰。天下志乘多矣，不可勝紀。録濟南府歷章二志，記桑梓之地也。録寧鄉、武鄉二志，先大夫攝篆之區也。余筮仕關中，由洛川而石泉，而涇陽，而隴州，録四志並及所録之府、州記，宦遊也，餘雖别儲數百本，不具録。

中部縣志

朱睦㮮《萬卷堂書目・地志》《中部縣志》五卷。張仁。

黄虞稷《千頃堂書目・地理類上》張仁《中部縣志》。五卷。

[嘉靖]中部縣志

張萱等《内閣藏書目録・志乘部・陝西》《中部縣志》。二册。全。嘉靖壬寅，邑人劉儒修。

黄虞稷《千頃堂書目・地理類上》劉儒《中部縣志》。嘉靖壬寅修。邑人。

漢中地區

興元志

《宋史・藝文志・地理類》閻蒼舒《興元志》二十卷。

漢中志

楊士奇等《文淵閣書目・舊志》《漢中志》。一册。

漢中府并屬縣志

楊士奇等《文淵閣書目・新志》《漢中府并屬縣志》。一册。

漢中府志

晁瑮《晁氏寶文堂書目・圖誌》《漢中府志》。

趙琦美《脈望館書目・史・陝西・漢中府》《漢中府志》。四本。又三本。

徐圖等《行人司重刻書目・地理類》《漢中府志》。四本。

漢中府志

范邦甸等《天一閣書目・地理類》《漢中府志》十卷。刊本。明知府趙于南偹輯并序。

漢中府志

朱睦㮮《萬卷堂書目・地志》《漢中府志》八卷。雷有暘。

祁承㸁《澹生堂藏書目・圖志・郡志》《漢中府志》。四册。八卷。

黄虞稷《千頃堂書目・地理類上》雷有暘《漢中府志》八卷。

[嘉靖]漢中府志

張萱等《内閣藏書目録・志乘部・陝西》《漢中府志》。四册。嘉靖癸卯，郡丞張幼養修。

黄虞稷《千頃堂書目・地理類上》張幼養《漢中府志》。嘉靖癸卯修。郡丞。

漢中府志

黄虞稷《千頃堂書目・地理類上》胡纘宗《漢中府志》十卷。

《明史・藝文志・地理類》胡纘宗《漢中府志》十卷。

褒城志

趙琦美《脈望館書目・史・陝西・漢中府》《褒城志》。二本。

褒城縣志

張萱等《内閣藏書目録・志乘部・陝西》《褒城縣志》。二册。全。邑人張棟修。

黄虞稷《千頃堂書目・地理類上》張棟《褒城縣志》。邑人。

城固縣志

祁承㸁《澹生堂藏書目・圖志・邑志》《城固縣志》。

[嘉靖]城固縣志

張萱等《内閣藏書目録・志乘部・陝西》《城固縣志》。一册。嘉靖丙寅，邑人胡璉修。

祁承㸁《澹生堂藏書目・圖志・邑志》《城固縣志》。一册。二卷。楊守正。

黃虞稷《千頃堂書目・地理類上》 胡璉《城固縣志》。嘉靖丙寅修。邑人。

洋州古今志

《宋史・藝文志・地理類》 鄭郥《洋州古今志》十六卷。

[隆慶]洋縣志

張萱等《内閣藏書目録・志乘部・陝西》《洋縣志》。二册。全。隆慶壬申，邑人薛選修。

黃虞稷《千頃堂書目・地理類上》 薛選《洋縣志》。隆慶壬申修。邑人。

西鄉志

趙琦美《脈望館書目・史・陝西・西安府》《西鄉志》。二本。又一本。

寧羌州志

趙琦美《脈望館書目・史・陝西・漢中府》《寧羌州志》。二本。

徐圖等《行人司重刻書目・地理類》《寧羌州志》。一本。

[嘉靖]寧羌州志

張萱等《内閣藏書目録・志乘部・陝西》《寧羌州志》。二册。全。嘉靖甲寅，州守王一鳴修。

黃虞稷《千頃堂書目・地理類上》 王一鳴《寧羌州志》。嘉靖甲寅修。守。

[嘉靖]略陽縣志

趙琦美《脈望館書目・史・陝西・漢中府》《略陽縣志》。二本。

張萱等《内閣藏書目録・志乘部・陝西》《略陽縣志》。二册。全。嘉靖壬子，邑令李遇修。

黃虞稷《千頃堂書目・地理類上》 李遇《略陽縣志》。嘉靖壬子修。令。

范邦甸等《天一閣書目・地理類》《略陽縣志》六卷。刊本。明知縣李遇春編輯并序。

安康地區

興安州志

祁承㸁《澹生堂藏書目・圖志・州志》《興安州志》。六卷。李正芳。

黃虞稷《千頃堂書目・地理類上》 李正芳《興安州志》六卷。

[嘉靖]興安州志

張萱等《内閣藏書目録・志乘部・陝西》《興安州志》。二册。全。嘉靖丁亥，州守鄭琦修。

黃虞稷《千頃堂書目・地理類上》 鄭琦《興安州志》。嘉靖丁亥修。守。

[乾隆]興安府志

馬國翰《玉函山房藏書簿録・史編・地理類》《興安府志》三十卷。國朝興安知府李國麒撰。乾隆戊申刊。

[嘉慶]興安府志

馬國翰《玉函山房藏書簿録・史編・地理類》《興安府續志》七卷，《補遺》一卷。並刊本。國朝興安知府上元葉世倬健莽撰，嘉慶十九年刊。

丁立中《八千卷樓書目・地理類・都會郡縣》[嘉慶]《興安府志》三十卷。國朝葉世倬撰。刊本。

[萬曆]漢陰縣新志

張萱等《内閣藏書目録・志乘部・陝西》《漢陰縣新志》二册。全。萬曆乙酉，邑令袁一翰修。

黄虞稷《千頃堂書目・地理類上》袁一翰《漢陰縣新志》。萬曆乙酉修。令。

[萬曆]平利縣志

張萱等《内閣藏書目録・志乘部・陝西》《平利縣志》二册。全。萬曆己卯，邑人羅憲祖修。

黄虞稷《千頃堂書目・地理類上》羅憲祖《平利縣志》。萬曆己卯修。邑人。

[萬曆]洵陽縣志

張萱等《内閣藏書目録・志乘部・陝西》《洵陽縣志》二册。全。萬曆辛巳，邑人沈本泗修。

黄虞稷《千頃堂書目・地理類上》沈本泗《洵陽縣志》。萬曆辛巳修。邑人。

[乾隆]洵陽縣志

丁立中《八千卷樓書目・地理類・都會郡縣》[乾隆]《洵陽縣志》十四卷。國朝龔瑛撰。刊本。

[成化]白河縣志

張萱等《内閣藏書目録・志乘部・陝西》《白河縣志》一册。成化戊戌，邑令普鄲修。

黄虞稷《千頃堂書目・地理類上》普鄲《白河縣志》。成化戊戌修。

[康熙]石泉縣志

馬國翰《玉函山房藏書簿録・史編・地理類》《石泉縣志》一卷。鈔本。國朝邑人張峻蹟撰。石泉知縣潘瑞奇校定。康熙丁卯梓版。今版毁無存，余知石泉時鈔存此本。

新疆維吾爾自治區

清西域圖志

嵇璜等《清通志・圖譜略・御定地理》《皇輿西域圖志》。謹按：西陲疆索列代未紀，以幅員所限，語言不通也。我皇上聖武遠揚，膚功耆定，拓地二萬餘里，準噶爾回部之人皆在廷執事，音譯既便，諸臣馳驅是役者親履其地，俾司校勘既詳且覈，夫豈漢唐之程督異域者所可同日語哉。

《四庫全書總目提要・地理類一・都會郡縣》《欽定皇輿西域圖志》五十二卷。乾隆二十一年，奉敕撰。乾隆二十七年，創成初稾。嗣以昄章日闢。

張之洞《書目答問・地理・邊防》《皇輿西域圖志》五十二卷。乾隆二十七年。敕撰。殿本。

新疆識略

張之洞《書目答問・地理・邊防》《新疆識略》十卷。徐松代松筠撰。刻本。

哈密志

祁承㸁《澹生堂藏書目・國朝史類・風土・異域》《哈密志》。一卷。

寧夏回族自治區

[弘治]寧夏新志

范邦甸等《天一閣書目・地理類》《寧夏府寧夏縣新志》八卷。刊本。明胡汝礪編，王珣序。

黄虞稷《千頃堂書目・地理類上》胡汝礪《寧夏志》八卷。弘治間修。

《明史・藝文志・地理類》胡汝礪《寧夏新志》八卷。

寧夏新志

徐圖等《行人司重刻書目・地理類》《寧夏新志》五本。

[嘉靖]寧夏新志

張萱等《内閣藏書目録・志乘部・陝西》《寧夏新志》。四册，全。嘉靖庚子，郡人管律修。

黄虞稷《千頃堂書目・地理類上》管律《寧夏新志》。嘉靖庚子修。郡人。

[萬曆]寧夏志

黄虞稷《千頃堂書目・地理類上》石茂華《寧夏志》四卷。萬曆間修。

[萬曆]朔方志

張萱等《内閣藏書目録・志乘部・陝西》《朔方志》。四册。全。萬曆己卯，督撫羅鳳翔修。

黄虞稷《千頃堂書目・地理類上》羅鳳翔《朔方志》。萬曆己卯修。督撫。（吴補）

[萬曆]朔方新志

馬國翰《玉函山房藏書簿録・史編・地理類》 ［明］《朔方新志》六卷。明刊本。明郎中寧夏胡汝礪撰。作于弘治辛酉嘉靖中。巡撫蒲州楊守禮重修，名《寧夏志》。萬曆丁巳户部山西清吏司主事寧夏楊壽曾再修，更今名。

固原地區

[嘉靖]固原州志

范邦甸等《天一閣書目・地理類》 《平涼府固原州志》二卷。刊本。明楊經纂輯，唐龍序。

固原州志

黃虞稷《千頃堂書目・地理類上》 楊寧《固原州志》二卷。

《明史・藝文志・地理類》 楊寧《固原州志》二卷。

固原縣志

張萱等《内閣藏書目録・志乘部・陝西》 《固原縣志》。一册。邑人張志道修。

黃虞稷《千頃堂書目・地理類上》 張志道《固原州志》。邑人。

固原縣志

祁承㸁《澹生堂藏書目・圖志・邑志》 《固原縣志》。

[萬曆]固原州志

祁承㸁《澹生堂藏書目・圖志・州志》 《固原州志》。二册。二卷。劉敏寬輯。

青海省

[順治]西寧志

《四庫全書總目提要・地理類存目三・都會郡縣》 《西寧志》七卷。内府藏本。國朝蘇銑撰。銑交河人。順治丙戌進士。由衛輝府推官行取監察御史、巡按山西。裁闕改補西寧道，又調嶺東道。是編即其順治十二年官西寧道時所作。西寧在國初爲軍民指揮使司，本臨邊之地。文獻罕徵，故其書亦潦草冗雜，絶無體例。蓋刱始者難工也。

甘肅省

秦記

丁國鈞《補晉書藝文志・地理類》 《秦記》阮籍。謹按，《御覽》卷四百七十四引。

秦榮光《補晉書藝文志・地理類・都會郡縣》 《秦記》。

秦州圖經

尤袤《遂初堂書目・地理類》《秦州圖經》。

秦州志

尤袤《遂初堂書目・地理類》《秦州志》。

秦州記

汪師韓《文選注引群書目録上・地理》《秦州記》。

章宗源《隋書經籍志考證・地理》《秦州記》。卷亡。郭仲產撰。不著録。《後漢書・隗囂傳》注，隴山在隴州汧源縣西，《太平御覽・州郡部》仇池山，一名仇維山，上有池，似覆壺。前志云是縣以山得名。《寰宇記》山南西道云，山有池，似覆壺，有瀑布，望之如舒布。並引郭仲彦《秦州記》。《續漢・郡國志》注，中平五年，分置南安郡。《水經・河水注》河峽崖旁，唐述窟。《文選・四愁詩》注，隴坂九曲，不知高幾里。並引《秦州記》，不著撰名。

沈家本《續漢書志注所引書目・地理》郭仲產《秦州記》。郡國五。

涼州記

李昉《太平御覽經史圖書綱目》段龜龍《涼州記》。

隴右記

李昉《太平御覽經史圖書綱目》《隴右記》。

隴西記

李昉《太平御覽經史圖書綱目》《隴西記》。

章宗源《隋書經籍志考證・地理》《隴西記》。卷亡。不著録。《太平御覽・地部》：襄武有錦鏡峽，即黑水所經。其峽四望花木明媚，照影其中，因以稱之。《寰宇記・隴右道》同。此引《隴西記》又地部云：武都紫水有泥，其色赤紫而黏。貢之，用封璽書，故詔誥有紫泥之美。《寰宇記》同。此稱《隴右記》。

甘肅志

楊士奇等《文淵閣書目・舊志》《甘肅志》。一册。

晁瑮《晁氏寶文堂書目・圖誌》《甘肅志》。

[乾隆]甘肅通志

《四庫全書總目提要・地理類一・都會郡縣》《甘肅通志》五十卷。通行本。

國朝巡撫甘肅都察院右副都御史許容等監修。甘肅所領八府三州，明代皆隸於陝西布政司。至本朝康熙二年，始以陝西右布政司分駐鞏昌，轄臨洮等府。後又改爲甘肅布政司，增置甘涼諸郡，設巡撫以莅之，於是甘肅遂别爲一省。

關中隴右山南九州別録

《新唐書・藝文志・地理類》《關中隴右山南九州別録》六卷。

鄭樵《通志・藝文略・地里・郡邑》唐《關中隴右山南九州別録》六十卷。

蘭州市

鎮洮補遺

《宋史・藝文志・地理類》李洪《鎮洮補遺》一卷。

臨洮府并屬縣志

楊士奇等《文淵閣書目・新志》《臨洮府并屬縣志》。一册。

臨洮府志

朱睦㮮《萬卷堂書目・地志》《臨洮府志》十卷。熊爵。

黃虞稷《千頃堂書目・地理類上》熊爵《臨洮府志》十卷。

《明史・藝文志・地理類》熊爵《臨洮府志》十卷。

蘭州志

范邦甸等《天一閣書目・地理類》《蘭州志》三卷。刊本。明邑人文志貞脩并序。

蘭州志

黃虞稷《千頃堂書目・地理類上》李泰《蘭州志》十二卷。

《明史・藝文志・地理類》李泰《蘭州志》十二卷。

慶陽地區

慶陽府并屬縣志

楊士奇等《文淵閣書目・新志》《慶陽府并屬縣志》。一册。

慶陽府志

楊士奇等《文淵閣書目・新志》《慶陽府志》。

[嘉靖]重修慶陽府志

張萱等《内閣藏書目録・志乘部・陝西》《重修慶陽府志》。四册。全。嘉靖丁巳，郡人王福等修。

祁承㸁《澹生堂藏書目・圖志・郡志》《慶陽府志》。四册。二十卷。

黃虞稷《千頃堂書目・地理類上》王福等《重修慶陽府志》。嘉靖丁巳修。郡人。

慶陽府志

黃虞稷《千頃堂書目・地理類上》韓鼎《慶陽府志》十卷。

《明史・藝文志・地理類》 韓鼎《慶陽府志》十卷。

[萬曆]寧州志

張萱等《内閣藏書目録・志乘部・陝西》 《寧州志》。二册。全。萬曆丙子，州守馬彦卿修。

黄虞稷《千頃堂書目・地理類上》 馬彦卿《寧州志》。萬曆丙子修。守。

鎮原縣志

朱睦㮮《萬卷堂書目・地志》 《鎮原縣志》四卷。徐和用。

黄虞稷《千頃堂書目・地理類上》 徐用和《鎮原縣志》四卷。

[萬曆]鎮原縣志

張萱等《内閣藏書目録・志乘部・陝西》 《鎮原縣志》。二册。全。萬曆甲午，邑令李槃修。

黄虞稷《千頃堂書目・地理類上》 李槃《鎮原縣志》。萬曆甲午修。令。

天水地區

秦州志

黄虞稷《千頃堂書目・地理類》 胡纘宗《秦州志》三十卷。

《明史・藝文志・地理類》 胡纘宗《秦州志》三十卷。

秦安志

黄虞稷《千頃堂書目・地理類》 胡纘宗《秦安志》二卷。

禮縣志

祁承㸁《澹生堂藏書目・圖志・邑志》 《禮縣志》二册。二卷。劉澤遠。

兩當縣志

祁承㸁《澹生堂藏書目・圖志・邑志》 《兩當縣志》二册。二卷。楊愚。

西和州志

《宋史・藝文志・地理類》 張士佺《西和州志》十九卷。

[雍正]西和縣志

丁立中《八千卷樓書目・地理類・都會郡縣》 [雍正]《西和縣志》四卷。國朝邱思永撰。抄本。

[光緒]階州直隸州續志

丁立中《八千卷樓書目・地理類・都會郡縣》 [光緒]《階州直隸州志》三十二卷。國朝葉(思)[恩]沛撰。刊本。

文州古今記

《宋史・藝文志・地理類》 章穎《文州古今記》十二卷。

文州續記

《宋史・藝文志・地理類》 杜孝嚴《文州續記》四卷。

仇池記

章宗源《隋書經籍志考證・地理》 《仇池記》。卷亡。不著録。《後漢書・南蠻西南夷傳》注：仇池百頃，天形四方，壁立千仞，自然樓櫓御敵，分置調均，有踰人功。仇池凡二十一道，可攀援而上。此引《仇池記》，無撰名。《太平御覽・居處部》：城東有苜蓿園，此稱郭仲產《仇池記》。

同谷志

《宋史・藝文志・地理類》 李脩己《同谷志》十七卷。

續同谷志

《宋史・藝文志・地理類》 李錡續《同谷志》十卷。

臨夏回族自治州

河州志

徐圖等《行人司重刻書目・地理類》 《河州志》。四本。

《明史・藝文志・地理類》 朱捷《河州志》四卷。

張掖地區

甘州記

汪師韓《文選注引群書目録上・地理》 《甘州記》。

章宗源《隋書經籍志考證・地理》 《甘州記》。卷亡。不著録。《文選》謝靈運《七里瀨詩》注《甘州記》曰：桐廬縣有七里瀨，瀨下數里至嚴陵瀨。

[道光]續修山丹縣志

丁立中《八千卷樓書目・地理類・都會郡縣》 [道光]《山丹縣志》十卷。國朝黃璟謝述孔撰。刊本。

沙州記

李昉《太平御覽經史圖書綱目》 段國《沙州記》。

章宗源《隋書經籍志考證・地理》 《沙州記》卷亡，段國撰，不著録。《藝文類聚・地部》龍涸北四十里有白馬，《關初學記・地部》吐谷渾於河上作橋，謂之河厲。《太平御覽・地部》羊鶻山多石少樹木，甚似魯國鄒山。《人事部》國人年五十以上齒皆落，將因地寒多障氣也。《寰宇記》隴右道三危山有鳥、鼠同穴，並引段國《沙州記》。《水經・河水注》洮水與墊江水俱出嵹臺山，山南即墊江源，山東則洮水源。《初學記・州郡部》同。又從東洮至西洮百二十里，《後漢書・馬防傳》注同。此引《沙州記》，不著撰名。

秦榮光《補晉書藝文志・地理類・都會郡縣》 《沙州記》。段國撰。据《類聚》引。

燉煌新録

錢東垣等輯《崇文總目輯釋・地理類》 《燉煌新録》一卷。繹按，《書録解題》云：有敘稱天成四年《沙州傳舍集》，而不著名氏。《通志略》作李延範撰。

鄭樵《通志・藝文略・地里・郡邑》 《燉煌新録》一卷。唐李延範撰。

宋祖駿《補五代史藝文志・地理類》 《燉煌新録》一卷。

定西地區

鞏昌府志

楊士奇等《文淵閣書目・舊志》 《鞏昌府志》。一册。

鞏昌府并屬縣志

楊士奇等《文淵閣書目・新志》 《鞏昌府并屬縣志》。二册。

鞏昌府新志

黃虞稷《千頃堂書目・地理類上》 劉文琦《鞏昌府新志》二十八卷。

會寧縣志

祁承㸁《澹生堂藏書目・圖志・邑志》 《會寧縣志》。一册。二卷。高拱辰。

平涼地區

平涼府并屬縣志

楊士奇等《文淵閣書目・新志》 《平涼府并屬縣志》一册。

[嘉靖]平涼府志

張萱等《内閣藏書目録・志乘部・陝西》 《平涼府志》。十册。嘉靖庚申。郡人趙時春修。

黃虞稷《千頃堂書目・地理類上》 趙時春《平涼府志》十三卷。嘉靖庚申修。郡人。

《明史・藝文志・地理類》 趙時春《平涼府志》十三卷。

《四庫全書總目提要・地理類存目三・都會郡縣》 《平涼府通志》十三卷。陝西巡撫採進本。明趙時春撰。時春字景仁，號浚谷，平涼人。嘉靖丙戌進士。官至右副都御史巡撫山西。事蹟具《明史》本傳。是書以平涼爲西北要地，舊未有志，因創修之。分十七門，曰建革、曰山川、曰户口、曰田賦、曰物産、曰壇祠、曰藩封、曰官師、曰兵制、曰學校、曰人物、曰孝節、曰風俗、曰河渠、曰寇戎、曰寺觀、曰祥異。其考證敘述具有史法，在關中諸志之内最爲有名。惜其漫漶磨滅，已不可繕寫，故僅存其目於此焉。

[嘉靖]莊浪縣志

張萱等《内閣藏書目録・志乘部・陝西》 《莊浪縣志》。二册。全。嘉靖丙寅，邑令寶文修。

黄虞稷《千頃堂書目・地理類上》 寶文《莊浪縣志》。嘉靖丙寅修。令。

莊浪縣志

祁承㸁《澹生堂藏書目・圖志・邑志》 《莊浪縣志》。

靈臺縣志

祁承㸁《澹生堂藏書目・圖志・邑志》 《靈臺縣志》。

靈臺縣志

黄虞稷《千頃堂書目・地理類上》 張鳳池《靈臺縣志》。

涇川志

陳振孫《直齋書録解題・地理類》 《涇川志》十三卷。知涇縣濡須王林叔永撰。嘉定癸酉趙南塘序之。初，縣歲有水患，庚午冬，叔永改卜於舊治之東二里，曰留村。

馬端臨《文獻通考・經籍考・地理》 《涇川志》十三卷。

楊士奇等《文淵閣書目・舊志》 《涇川志》五册。

山東省

兗州記

文廷式《補晉書藝文志・地志類》 荀綽《兗州記》。章宗源考證曰，《世説・文學篇注》引此書云：袁準有俊才，太始中位給事中。《北堂書鈔・設官部》、《藝文類聚・職官部》、《御覽・職官部》所引並同。余按《魏志・杜畿傳》注、《鍾會傳》注、《世説・品藻門》注、《初學記》卷十二並引此書，章氏偶未檢也。

三齊記

李昉《太平御覽經史圖書綱目》 《三齊記》。

沈家本《續漢書志注所引書目・地理》 《三齊記》。郡國四。

三齊略記

章宗源《隋書經籍志考證・地理》 《三齊略記》。卷亡。不著録。《續漢・郡國志》注，鬲城東蒲臺。《水經・河水注》同。平牟㠸侯國南有犬蹲山，又南山康成書帶草。《御覽・地部》同。《水經・濡水注》，始皇於海中作石橋，海神爲之竪柱。《藝文類聚・靈異部》。《初學記・地理部》，始皇作石橋，有神人驅石下海，鞭石流血。《御覽・天部》同。《後漢書・蔡邕傳》注，寧戚扣牛角歌詞，《北堂書鈔・樂部》同。並引《三齊略記》。或省「略」字。

文廷式《補晉書藝文志・地志類》　《三齊略記》。《水經》河水注、濡水注並引之，當是晉人書。《藝文類聚》卷六引此書，始皇作石橋，有神人驅石事。《初學記・地理部》、《御覽・天部》所引並同。《御覽》二十九引此書，沛公避項羽入免井事，又卷四十二引此書曰，鄭玄刊注詩書栖嚳山，今山有古井不竭，猶生細草，葉形似韭，俗稱鄭公書帶。

齊記

章宗源《隋書經籍志考證・地理》　《齊記》。卷亡。伏琛撰。不著録。《水經・濟水注》，博昌城西有南北二城。《後漢書・耿弇傳》注，小城内有漢景王祠。《初學記・天部》，安邱城南雹都泉出雹。《太平御覽・禮儀部》，朱虎城東有魏獨行君子管寧墓碑，魏徵士邴原墓碑。《寰記記・河南道》，堯山南有二水，名東西丹水，並引伏琛《齊記》。《御覽・居處部》瑯琊臺始皇碑稱伏滔《地記》。

文廷式《補晉書藝文志・地志類》　伏琛《齊記》。《水經・濟水注》引之。《初學記》卷二引作伏琛《齊地記》，又《水經・河水篇注》云：又東逕千乘城北，伏琛之所謂千乘北城者也，是伏琛亦可稱伏琛之。《御覽》一百七十七引伏滔《地記》述琅琊臺秦碑事，疑是伏琛《齊地記》之誤，今不録。　一百五十七、二百九十四稱伏琛《齊地記》，卷四十二引伏琛《齊記》，五十六、七十一伏琛《齊地記》。

齊地記

《新唐書・藝文志・地理類》　晏模《齊地記》二卷。

鄭樵《通志・藝文略・地里・郡邑》　《齊地記》二卷。晏模撰。

章宗源《隋書經籍志考證・地理》　《齊地記》二卷。晏謨撰。不著録。見《唐志》。《水經・濟水注》：臨濟縣有南北二城。《元和郡縣志・河南道》：太白自言高不如東海勞。《初學記・州郡部》：石塞堰武帝時造，並引晏謨《齊記》。《寰宇記》亦多引之。《史記・晏子傳正義》：齊城三百里有夷安，即晏平仲邑，誤稱晏子《齊記》。愚按：《晉書》慕容德載記，德如齊城，望晏嬰冢曰：平仲死，葬近城，豈有意，青州刺史晏謨對曰：臣先人儉以矯世，豈擇地而葬乎，德問謨以齊之山川邱陵，賢哲舊事，謨歷對詳辯，畫地成圖，德深嘉之。据此則謨爲晉人，故《水經注》已引之。

齊地記

李昉《太平御覽經史圖書綱目》　解道虎《齊記》。

又　唐《齊地記》。

章宗源《隋書經籍志考證・地理》　《齊地記》卷亡。解道康撰。不著録。《太平御覽・天部》解道康《齊地記》曰，齊有不夜城，蓋古者有日夜中燃於東境，故萊子立此城，以不夜爲名。《史記・封禪書索隱》，臨淄天齊五泉，稱解道彪《齊地記》。

京東路圖經

鄭樵《通志・藝文略・地里・圖經》　《京東路圖經》九十八卷。

三齊記

錢東垣等輯《崇文總目輯釋・地理類》　《三齊記》一卷。李胐撰。

鄭樵《通志・藝文略・地里・郡邑》　《三齊記》一卷。李胐撰。

尤袤《遂初堂書目・地理類》　張胐《三齊記》。

《宋史・藝文志・地理類》　張胐《齊記》一卷。

齊乘

黄虞稷《千頃堂書目·地理類·補元》于欽《齊乘》六卷。

楊士奇等《文淵閣書目·舊志》《齊乘》。六册。《齊乘》。五册。

趙琦美《脈望館書目·史·山東總志》《齊乘》三本。

王圻《續文獻通考·經籍考·地理》《齊乘》青州于欽著。

祁承㸁《澹生堂藏書目·圖志·通志》《齊乘》六册。六卷。于欽。

錢謙益等《絳雲樓書目·地誌類》《齊乘》六卷。元于欽撰。蘇天爵序官止兵部侍郎。

倪燦等《補遼金元藝文志·地理類》于欽《齊乘》六卷。

《四庫全書總目提要·地理類一·都會郡縣》《齊乘》六卷。浙江范懋柱家天一閣藏本。元于欽撰。欽字思容，益都人。歷官兵部侍郎。是書專記三齊輿地，凡分八類。曰沿革、曰分野、曰山川、曰郡邑、曰古蹟、曰亭館、曰風土、曰人物。敘述簡核而淹貫，在元代地志之中最有古法。其中間有舛誤者。如宋建隆三年改濰州置北海軍，以昌邑縣隸之；乾德三年復陞濰州，又增昌樂隸之，均見宋《地理志》，而是書獨遺。又壽光爲古紀國，亦不詳及。其他如以華不注爲靡笄山，以臺城爲在濟南東北十三里，顧炎武《山東考古録》皆嘗辨之。然欽本齊人，援據經史，考證見聞，較他地志之但據輿圖，憑空言以論斷者，所得究多，故向來推爲善本。卷首有至元五年蘇天爵序，亦推挹甚至，蓋非溢美矣。

錢大昕《補元史藝文志·地理類》于欽《齊乘》六卷。字思容，益都人。兵部侍郎。

張之洞《書目答問·地理·古地志》《齊乘》六卷。元于欽。明刻本。乾隆間周氏刻本。

少陽乘

黄虞稷《千頃堂書目·地理類上》李時颺《少陽乘》二十卷。益都人。續于欽齊乘而成。

《明史·藝文志·地理類》李時颺《少陽乘》二十卷。

齊魯通志

黄虞稷《千頃堂書目·地理類上》黄瓚《齊魯通志》一百卷。

《明史·藝文志·地理類》黄瓚《齊魯通志》一百卷。

[嘉靖]山東通志

晁瑮《晁氏寶文堂書目·圖誌》《山東通志》。

范邦甸等《天一閣書目·地理類》《山東通志》四十卷。刊本。明四明陸釴纂并序。

徐𤊹《徐氏家藏書目·山東省》《山東通志》四十卷。

張萱等《内閣藏書目録·志乘部·山東》《山東通志》。十二册。全。嘉靖癸巳，參政陳沂修。

黄虞稷《千頃堂書目·地理類上》陸釴《山東通志》四十卷。字舉之，鄞縣人。正德庚辰進士，一甲第二名。

黄虞稷《千頃堂書目·地理類上》陳沂《山東通志》。嘉靖癸巳修。參政。

《明史·藝文志·地理類》陸釴《山東通志》四十卷。

《四庫全書總目提要·地理類存目二·都會郡縣之屬》《山東通志》四十卷。兩淮鹽政採進本。明陸釴撰。案明有兩陸釴，其一崑山人，見《明史·文苑傳》。此陸釴字舉之，號少石子，鄞縣人。正德辛巳進士。官至山東提學副使。與其兄銓竝附見《明史·王慎中傳》。是編在地志之中，號爲佳本。體例不務新奇，而詳核有法。惟海市常變圖稍嫌枝蔓。幻化無定之形，豈繪畫所可該括耶。

[雍正]山東通志

《四庫全書總目提要·地理類一·都會郡縣》《山東通志》三十六卷。通行本。國朝巡撫山東都察院右副都御史岳濬等監修。初，明嘉靖中，山東巡按御史方遠宜始屬副使陸釴等創修通志四十卷，爲目五十有二，附目十。本朝康熙十二年，巡撫張鳳儀、布政使施天裔重爲修輯。太抵仍舊文者十之八九，新增者十之一二而已。此本乃雍正七年岳濬奉詔重修。延檢討杜詔等開局排纂，至乾隆元年始告成。後任巡撫法敏表進於朝。中間體例，於舊志多有改革。如宦績人物，舊志於列國卿大夫縷載無遺，此本則以經傳所有者槩從刊削，而斷自漢始。又田賦、兵防，舊志疎略不具。運道、海疆，則併闕如。此本悉爲補輯。又人物之外，舊志别分隱逸、孝義、儒林、文苑諸目，往往配隸失宜，此則悉從删削。又如以北蘭陵爲南蘭陵，以今濟陽爲唐宋之濟陽，以復舊之新泰爲兩設之新泰，皆沿譌之尤甚者，此本均爲辨明，亦多所考證焉。

濟南市

齊州記

《隋書·經籍志·地理》《齊州記》四卷。李叔布撰。

《舊唐書·經籍志·地理》《齊州記》四卷。李叔布撰。

李昉《太平御覽經史圖書綱目》《齊州郡志》。

《新唐書·藝文志·地理類》李叔布《齊州記》四卷。

鄭樵《通志·藝文略·地里·郡邑》《齊州記》四卷。李叔布撰。

姚振宗《隋書經籍志考證·地理類》《齊州記》四卷。李叔布撰。章氏考證云一卷，不知所見何本。李叔布始末未詳。

齊州圖經

《隋書·經籍志·地理》《齊州圖經》一卷。

鄭樵《通志·藝文略·地里·圖經》《齊州圖經》一卷。

濟南府圖志

楊士奇等《文淵閣書目·舊志》《濟南府圖志》。八册。

濟南府并屬縣志

楊士奇等《文淵閣書目·新志》《濟南府并屬縣志》。八册。

淄博市

淄川志

趙琦美《脈望館書目·史·山東·濟南府》《淄川志》一本。

[嘉靖]淄川縣志

范邦甸等《天一閣書目·地理類》《淄川縣志》六卷。刊本。明知縣王琮脩并序。

臨淄縣志

朱睦㮮《萬卷堂書目·地志》《臨淄縣志》四卷。蔡縉。

棗莊市

嶧縣志

趙琦美《脈望館書目・史・山東・兗州府》《嶧縣志》二本。

徐圖等《行人司重刻書目・地理類》《嶧縣志》二本。

德州地區

德州志

趙琦美《脈望館書目・史・山東・濟南府》《德州志》三本。

徐圖等《行人司重刻書目・地理類》《德州志》二本。

[正德]德州志

黄虞稷《千頃堂書目・地理類上》周山保《德州志》正德丙寅修。守。

[嘉靖]德州志

黄虞稷《千頃堂書目・地理類上》鄭瀛《德州志》三卷。

[萬曆]德州志

《四庫全書總目提要・地理類存目三・都會郡縣》萬曆《德州志》十二卷。兩淮鹽政採進本。明李棆撰。棆長洲人。萬曆二年以貢生官德州學正。是編爲目凡十一。明制，德州領德平、平原二縣，而志惟載本州，不及屬邑。凡例謂二邑各自有志，故不載，是猶可也。於建置志特立坊表一門，已覺淺陋。至寓賢即屬流寓，竝非盡通籍之人，乃敘於宦績，更爲龐雜。且德州爲漕運孔道，山川一門，不載運河，則脱略已甚矣。是書所列職官，至天啓中止。即學正一官，棆後尚有二十人，則又續有增益，非棆舊本矣。

濟南陵縣志

楊士奇等《文淵閣書目・舊志》《濟南陵縣志》。一册。

陵縣志

趙琦美《脈望館書目・史・山東・濟南府》《陵縣志》四本。

陵縣志

張萱等《内閣藏書目録・志乘部・山東》《陵縣志》。二册。全。嘉靖癸丑，邑令孫昺修。

黄虞稷《千頃堂書目・地理類上》孫昺《陵縣志》。嘉靖癸丑修。令。

德平縣志

朱睦㮮《萬卷堂書目・地志》《德平縣志》四卷。趙鏞。

臨邑縣志

趙琦美《脈望館書目・史・山東・濟南府》《臨邑志》三本。

[萬曆]臨邑縣志

黄虞稷《千頃堂書目・地理類上》邢侗《臨邑縣志》十六卷。

平原縣志

黄虞稷《千頃堂書目・地理類上》黄景章《平原縣志》。

[萬曆]樂陵縣志

張萱等《内閣藏書目録・志乘部・山東》《樂陵縣志》二册。全。萬曆辛卯，教諭朱宜純修。

黄虞稷《千頃堂書目・地理類上》朱宜純《樂陵縣志》萬曆辛卯修。

[崇禎]商河縣志

丁立中《八千卷樓書目・地理類・都會郡縣》[崇禎]《商河縣志》二卷。明賈前席撰。明刊本。

武城縣志

徐圖等《行人司重刻書目・地理類》《武城縣志》二本。

夏津縣志

朱睦㮮《萬卷堂書目・地志》《夏津縣志》。

[嘉靖]夏津縣志

范邦甸等《天一閣書目・地理類》《夏津縣志》二卷。刊本。明易時中脩輯并序。

黄虞稷《千頃堂書目・地理類上》易時中《夏津縣志》二卷。

恩縣志

晁瑮《晁氏寶文堂書目・圖誌》《恩縣志》。

趙琦美《脈望館書目・史・山東・東昌府》《恩縣志》二本。

[嘉靖]恩縣志

范邦甸等《天一閣書目・地理類》《恩縣志》九卷。刊本。明邑人張季霖纂脩，梁貴亨序。

寧津縣圖志

楊士奇等《文淵閣書目・舊志》《寧津縣圖志》。二册。

寧津縣志

楊士奇等《文淵閣書目・新志》《寧津縣志》。

[嘉靖]寧津縣志

趙琦美《脈望館書目・史・北直・河間府》《寧津縣志》二本。脱第八卷。

張萱等《内閣藏書目録・志乘部・北直隸》《寧津縣志》三册全。嘉靖間邑人王良貴修。

祁承㸁《澹生堂藏書目・圖志・邑志》《寧津縣志》二册。八卷。王良貴。

黄虞稷《千頃堂書目・地理類上》王良貴《寧津縣志》嘉靖間修。邑人。

慶雲縣圖志

楊士奇等《文淵閣書目・舊志》《慶雲縣圖志》。二册。

慶雲縣志

楊士奇等《文淵閣書目・新志》《慶雲縣志》。

[萬曆]慶雲縣志

張萱等《内閣藏書目録・志乘部・北直隸》《慶雲縣志》。四册。全。萬曆戊寅邑人楊州鶴修。

祁承㸁《澹生堂藏書目・圖志・邑志》《慶雲縣志》四册。十卷。楊州鶴。

黄虞稷《千頃堂書目・地理類上》楊州隺《慶雲縣志》。萬曆戊寅修。邑人。

惠民地區

武定州志

范邦甸等《天一閣書目・地理類》《武定州志》二卷。刊本。明知縣劉佃脩輯。

朱睦㮮《萬卷堂書目・地志》《武定州志》一卷。劉佃。

[萬曆]武定州志

黄虞稷《千頃堂書目・地理類上》邢侗《武定州志》十五卷。

《明史・藝文志・地理類》邢侗《武定州志》十五卷。

[崇禎]武定州志

黄虞稷《千頃堂書目・地理類上》□□□《武定州志》二十五卷。崇禎間修。

陽信縣志

晁瑮《晁氏寶文堂書目・圖誌》《陽信縣志》。

[萬曆]利津縣志

張萱等《内閣藏書目録・志乘部・山東》《利津縣志》。一册。全。萬曆癸酉邑令賈光大修。

黄虞稷《千頃堂書目・地理類上》賈光大《利津縣志》。萬曆癸酉修。令。

利津縣志

徐圖等《行人司重刻書目・地理類》《利津縣志》二本。

霑化縣志

徐圖等《行人司重刻書目・地理類》《霑化縣志》二本。

[嘉靖]霑化縣志

張萱等《内閣藏書目録・志乘部・山東》《霑化縣志》。一册。全。嘉靖己未邑令石璽修。

黄虞稷《千頃堂書目・地理類上》石璽《霑化縣志》。嘉靖己未修。令。

鄒平縣志

范邦甸等《天一閣書目・地理類》《鄒平縣志》八卷。刊本。明知縣葉林脩輯。

晁瑮《晁氏寶文堂書目・圖誌》《鄒平縣志》。

趙琦美《脈望館書目・史・山東・濟南府》《鄒平志》一本。

長山志

趙琦美《脈望館書目・史・山東・濟南府》《長山志》二本。

蒲臺縣志

張萱等《内閣藏書目録・志乘部・山東》《蒲臺縣志》。一册。全。萬曆辛卯，邑人王汝彦修。

黄虞稷《千頃堂書目・地理類上》王汝彦《蒲臺縣志》。萬曆辛卯修。邑人。

青城縣志

楊士奇等《文淵閣書目・新志》《青城縣志》。一册。

趙琦美《脈望館書目・史・山東・濟南府》《青城志》一本。又二本。

[萬曆]青城縣志

張萱等《内閣藏書目録・志乘部・山東》《青城縣志》。二册。全。萬曆己卯，教諭朱夢龍修。

黄虞稷《千頃堂書目・地理類上》朱夢龍《青城縣志》。萬曆己卯修。教諭。

高苑縣志

朱睦㮮《萬卷堂書目・地志》《(鎮)高苑縣志》六卷。葛臣。

黄虞稷《千頃堂書目・地理類上》葛臣《高苑縣志》六卷。

新城縣志

朱睦㮮《萬卷堂書目・地志》《新城縣志》八卷。胡鳴應。

黄虞稷《千頃堂書目・地理類上》胡應鳴《新城縣志》八卷。

青州府并屬縣志

楊士奇等《文淵閣書目・新志》《青州府并屬縣志》。七册。

青州府志

徐圖等《行人司重刻書目・地理類》《青州府志》。十二本。

祁承㸁《澹生堂藏書目・圖志・郡志》《青州府志》五十二卷。馮惟訥。

[嘉靖]青州府志

范邦甸等《天一閣書目・地理類》《青州府志》十八卷。刊本。明嘉靖乙丑，郡人(馬)[馮]惟訥纂，郎中李攀龍序。

黄虞稷《千頃堂書目・地理類上》馮惟訥《青州府志》十八卷。

《明史・藝文志・地理類》馮惟訥《青州府志》十八卷。

[萬曆]益都縣志

祁承㸁《澹生堂藏書目・圖志・邑志》《益都縣志》。二册。九卷。田仰輯。

[嘉靖]昌樂縣志

晁瑮《晁氏寶文堂書目・圖誌》《昌樂縣志》。

[嘉靖]臨朐縣志

范邦甸等《天一閣書目・地理類》《臨朐縣志》四卷。刊本。明王家士脩并序。

[萬曆]安邱縣志

《四庫全書總目提要・地理類存目三・都會郡縣》《安邱縣志》二十八卷。兵部侍郎紀昀家藏本。明馬文煒撰。文煒字仲韜，號定宇，安邱人。嘉靖壬戌進士。官至右都御史，巡撫江西。是志成於萬曆己丑。體例頗爲謹嚴。其沿革、封建、秩官、貢舉、貤封俱列爲表，藝文惟列古人著述，較他志亦爲清省。惟典禮雅樂，國家通制，非安邱所獨有，而各爲一考。此劉知幾所論天文諸志誤學《史記》者也。《史記》据黄帝以來，故可立天官一書，至歷代非各有一天，無庸複志，其説具《史通》表志篇中。

[康熙]續安邱縣志

《四庫全書總目提要・地理類存目三・都會郡縣》《續安邱志》二十五卷。兵部侍郎紀昀家藏本。國朝王訓撰。訓字敷彝,安邱人。順治丁亥進士。官萬全縣知縣。是編續馬文煒之書,體例相近。凡例稱馬志二十八卷,今續二十五卷者,地理、封建本無可續,如佩德不至,害及一邑,則亦略之。惡惡短也。

杞紀

《四庫全書總目提要・地理類存目三・都會郡縣》《杞紀》二十二卷。河南巡撫採進本。國朝張貞撰。貞字起元,號杞園,安邱人。康熙壬子拔貢。官翰林院孔目。【略】所採之書凡四百餘種,可謂勤矣。然以爲杞之故墟,既於繫年録春秋經文之載杞事者,復爲年表、世次、系家,不幾於疊床架屋乎?且又全録春秋經傳及經傳別解爲四卷,不更贅乎?於遺書録《夏小正》,於人物收姮娥,其泛濫抑又甚矣。藝林内録《齊風》「汶水湯湯」之詩,則以徐州入濟之汶,爲青州入濰之汶。至如《振鷺》、《有瞽》、顧炎武《大禹陵詩》,皆一例採入,尤不免地志之錮習也。

諸城縣志

祁承㸁《澹生堂藏書目・圖志・邑志》《諸城縣志》四册。十卷。祝天保輯。

平度州志

黄虞稷《千頃堂書目・地理類上》郭維洲《平度州志》二卷。

《明史・藝文志・地理類》郭維洲《平度州志》二卷。

煙台地區

萊州府圖志

楊士奇等《文淵閣書目・舊志》《萊州府圖志》。二册。

萊州府并屬縣志

楊士奇等《文淵閣書目・新志》《萊州府并屬縣志》。一册。

萊州府志

晁瑮《晁氏寶文堂書目・圖誌》《萊州府志》三。

趙琦美《脈望館書目・史・山東・萊州府》《萊州府志》一本,又三本,又三本。

毛紀萊州府志

范邦甸等《天一閣書目・地理類》《萊州府志》十卷。刊本。明郡人毛紀脩輯并序。

[嘉靖]萊州府志

黄虞稷《千頃堂書目・地理類上》胡杞忠《萊州府志》八卷。

《明史・藝文志・地理類》 胡杞忠《萊州府志》八卷。

登州府圖志

楊士奇等《文淵閣書目・舊志》 《登州府圖志》。二册。

登州府并屬縣志

楊士奇等《文淵閣書目・新志》 《登州府并屬縣志》。二册。

[嘉靖]登州府志

范邦甸等《天一閣書目・地理類》 《登州府志》十卷。刊本。明嘉靖庚申邑人王言脩并序。

徐圖等《行人司重刻書目・地理類》 《登州府志》五本。

徐𤊹《徐氏家藏書目・山東省》 《登州府志》十卷。吴祀。

黄虞稷《千頃堂書目・地理類上》 潘滋《登州府志》十卷。

《明史・藝文志・地理類》 潘滋《登州府志》十卷。

[同治]黄縣志稿

丁立中《八千卷樓書目・地理類・都會郡縣》 [同治]《黄縣志》五卷。國朝尹繼美撰。刊本。

[康熙]萊陽縣志

丁立中《八千卷樓書目・地理類・都會郡縣》 [康熙]《萊陽縣志》十卷。國朝鄒知新撰。刊本。

寧海州志

黄虞稷《千頃堂書目・地理類上》 楊循吉《寧海州志》二卷。

《明史・藝文志・地理類》 楊循吉《寧海州志》二卷。

[正德]寧海縣志

黄虞稷《千頃堂書目・地理類中》 戴顯《寧海縣志》。正德初修。邑令。

[萬曆]寧海縣志

黄虞稷《千頃堂書目・地理類中》 曹學程《寧海縣志》十卷。萬曆壬辰修。邑令。

[崇禎]寧海縣志

黄虞稷《千頃堂書目・地理類中》 宋奎光《寧海縣志》十二卷。崇禎壬辰修。邑令。

臨沂地區

沂州志

晁瑮《晁氏寶文堂書目・圖誌》《沂州志》。

趙琦美《脈望館書目・史・山東・兖州府》《沂州志》四本。

舒祥沂州志

黄虞稷《千頃堂書目・地理類上》舒祥《沂州志》四卷。

《明史・藝文志・地理類》舒祥《沂州志》四卷。

何格沂州府志

范邦甸等《天一閣書目・地理類》《沂州府志》四卷。刊本。明知州何格脩并序。

黄虞稷《千頃堂書目・地理類上》何格《沂州志》四卷。

戚縣志

楊士奇等《文淵閣書目・新志》《戚縣志》。

郯城志

趙琦美《脈望館書目・史・山東・兖州府》《郯城志》二本。

[嘉慶]續修郯城縣志

張之洞《書目答問・地理・附録國朝省志府州縣誌善本》《郯城志》陸繼輅。

費縣志

趙琦美《脈望館書目・史・山東・兖州府》《費縣志》二本。

祁承㸁《澹生堂藏書目・圖志・邑志》《費縣志》四册。四卷。

[康熙]費縣志

丁立中《八千卷樓書目・地理類・都會郡縣》[康熙]《費縣志》十卷。國朝黄學勲撰。刊本。

莒州志

黄虞稷《千頃堂書目・地理類上》任順《莒州志》六卷。

《明史・藝文志・地理類》任順《莒州志》六卷。

趙琦美《脈望館書目・史・山東・青州府》《莒州志》四本。

[萬曆]日照縣志

徐圖等《行人司重刻書目・地理類》《日照縣志》二本。

黄虞稷《千頃堂書目・地理類上》 杜一岸《日照縣志》。萬曆間修。

泰安地區

[弘治]泰安州志

高儒《百川書志・地理》《泰安州志》十卷，皇明鑒察御史李錦編輯。

《明史・藝文志・地理類》 李錦《泰安州志》十卷。

泰安州志

趙琦美《脈望館書目・史・山東・濟南府》《泰安州志》二本。

[萬曆]泰安州志

黄虞稷《千頃堂書目・地理類上》 任宏烈《泰安州志》六卷。萬曆間修。

肥城縣志

趙琦美《脈望館書目・史・山東・兖州府》《肥城縣志》二本。

新泰縣志

張萱等《内閣藏書目録・志乘部・山東》《新泰縣志》。二册。全。嘉靖壬戌邑人孫述等修。

黄虞稷《千頃堂書目・地理類上》 孫述等《新泰縣志》。嘉靖壬戌修。

萊蕪縣志

趙琦美《脈望館書目・史・山東・濟南府》《萊蕪縣志》一本。不全。

[嘉靖]萊蕪縣志

祁承㸁《澹生堂藏書目・圖志・邑志》《萊蕪縣志》二册。七卷。陳甘雨輯。

章丘志

晁瑮《晁氏寶文堂書目・圖誌》《章丘志》。

趙琦美《脈望館書目・史・山東・濟南府》《章邱志》二本。

[嘉靖]章邱縣志

范邦甸等《天一閣書目・地理類》《濟南府章邱縣志》四卷。刊本。明楊循吉撰戴儒序。

朱睦㮮《萬卷堂書目・地志》《章丘新志》四卷。楊循吉。

黄虞稷《千頃堂書目・地理類上》 楊循吉《章丘新志》四卷。

章丘新志

朱睦㮮《萬卷堂書目・地志》《章丘新志》四卷。

東平州志

楊士奇等《文淵閣書目・舊志》《東平州志》。一册。

[康熙]東平州續志

徐㷆《徐氏家藏書目・山東省》《東平州志》八卷。

平陰縣志

趙琦美《脈望館書目・史・山東・兖州府》《平陰縣志》二本。

濟寧地區

兖州府并屬縣志

楊士奇等《文淵閣書目・新志》《兖州府并屬縣志》。三册。

兖州府志

趙琦美《脈望館書目・史・山東・兖州府》《兖州府志》十二本。

盧熊兖州志

黄虞稷《千頃堂書目・地理類上》盧熊《兖州志》。

[萬曆]兖州府志

范邦甸等《天一閣書目・地理類》《兖州府志》五十一卷。刊本。明知府朱泰遊季勳同編四。明包大爟序。

[萬曆]續修兖州府志

祁承㸁《澹生堂藏書目・圖志・郡志》《兖州府志》十二册。五十二卷于慎行。

黄虞稷《千頃堂書目・地理類上》于慎行《兖州府志》五十二卷。

滋陽縣圖志

楊士奇等《文淵閣書目・舊志》《滋陽縣圖志》。一册。

嵫陽志

趙琦美《脈望館書目・史・山東・兖州府》《嵫陽志》二本。

[咸豐]滋陽縣志

丁立中《八千卷樓書目・地理類・都會郡縣》[咸豐]《滋陽縣志》十四卷。國朝黄師誾等撰。刊本。

魯國志

楊士奇等《文淵閣書目・舊志》《魯國志》。十二册。

東野志

黄虞稷《千頃堂書目・地理類下》吕兆祥《東野志》四卷。

曲阜志

趙琦美《脈望館書目・史・山東・兖州府》《曲阜志》三本。

鄒縣志

晁瑮《晁氏寶文堂書目・圖誌》《鄒縣志》。

[嘉靖]鄒縣志

范邦甸等《天一閣書目・地理類》《鄒縣志》四卷。刊本。明訓導謝秉秀編孟公肇序。

朱睦㮮《萬卷堂書目・地志》《鄒縣志》四卷。謝秉秀。

[萬曆]鄒縣志

徐𤊹《徐氏家藏書目・山東省》《鄒縣志》四卷。萬曆中胡繼先。

鄒縣志

祁承㸁《澹生堂藏書目・圖志・邑志》《鄒縣志》四册，六卷。徐明綱緝。

鄒縣志

黄虞稷《千頃堂書目・地理類上》蔡繡《鄒縣志》四卷。

[康熙]增輯鄒縣志

丁立中《八千卷樓書目・地理類・都會郡縣》[康熙]《鄒縣志》三卷。國朝蔣陳錫撰。刊本。

滕縣志

趙琦美《脈望館書目・史・山東・兖州府》《滕縣志》二本。

[萬曆]滕志

周中孚《鄭堂讀書記補逸·地理類三·都會郡縣》《滕志》八卷。明刊本。明王元寶撰，張彩續編。元寶號對峰，滕縣人。

濟寧府圖志

楊士奇等《文淵閣書目·舊志》《濟寧府圖志》。四册。

莫璁濟寧州志

黄虞稷《千頃堂書目·地理類上》《(黄)[莫]璁濟寧州志》十三卷。

《明史·藝文志·地理類》莫驄《濟寧州志》十三卷。

濟寧州志

趙琦美《脈望館書目·史·山東·兗州府》《濟寧州志》三本。

祁承㸁《澹生堂藏書目·圖志·州志》《濟寧州志》。五册。八卷。

[萬曆]濟寧州志

《四庫全書總目提要·地理類存目三·都會郡縣之屬》[萬曆]《濟寧州志》八卷。兩淮鹽政採進本。明王國楨撰。國楨字翼廷，安邑人。萬曆己丑進士。官至濟寧兵河道副使。以州志舊本殘闕，屬諸生朱夢得、張維屏分纂，而國楨爲之裁定。列目凡八，又分子目五十。僅三月而成書，故其間踳駁挂漏，不一而足。

[康熙]濟寧州志

丁立中《八千卷樓書目·地理類·都會郡縣》[康熙]《濟寧州志》十卷。國朝廖有恒撰。刊本。

嘉祥縣志

朱睦㮮《萬卷堂書目·地志》《嘉祥縣志》六卷。周詔。

汶上縣志

趙琦美《脈望館書目·史·山東·兗州府》《汶上志》二本。

[萬曆]汶上縣志

黄虞稷《千頃堂書目·地理類上》栗可仕《汶上縣志》八卷。

菏澤地區

曹州志

趙琦美《脈望館書目·史·山東·兗州府》《曹州志》。四本。

祁承㸁《澹生堂藏書目·圖志·州志》《曹州志》。四册。十六卷。

許恩曹州志

徐𤊹《徐氏家藏書目・山東省》《曹州志》十卷。許恩。

鉅野縣志

晁瑮《晁氏寶文堂書目・圖誌》《鉅野縣志》。

趙琦美《脈望館書目・史・山東・兗州府》《鉅野縣志》四本。

徐圖等《行人司重刻書目・地理類》《鉅野縣志》二本。

鉅野志

趙琦美《脈望館書目・史・山東・兗州府》《鉅野志》一本。

鄆城縣志

徐圖等《行人司重刻書目・地理類》《鄆城縣志》。二本。

曹縣志

晁瑮《晁氏寶文堂書目・圖誌》《曹縣志》。

趙琦美《脈望館書目・史・山東・兗州府》《曹縣志》一本。

曹縣志

黃虞稷《千頃堂書目・地理類上》陳策《曹縣志》。

定陶縣志

趙琦美《脈望館書目・史・山東・兗州府》《定陶縣志》一本。

東明縣圖志

楊士奇等《文淵閣書目・舊志》《東明縣圖志》。二册。

東明縣志

晁瑮《晁氏寶文堂書目・圖誌》《東明縣志》。

趙琦美《脈望館書目・史・山東・兗州府》《東明志》二本。

[嘉靖]東明縣志

張萱等《內閣藏書目録・志乘部・北直隸》《東明縣志》。二册，全。嘉靖丙申邑令高襐修，又二册，全。

黃虞稷《千頃堂書目・地理類上》高襐《東明縣志》。嘉靖丙申修。

[萬曆]東明縣志

黄虞稷《千頃堂書目・地理類上》 常澄《東明縣志》。蒲城人。萬曆辛丑修。

[天啓]續修東明縣志

黄虞稷《千頃堂書目・地理類上》 張福臻《續修東明縣志》十卷。字澹如，高密人。天啓癸亥。修。

聊城地區

東昌府圖志

楊士奇等《文淵閣書目・舊志》《東昌府圖志》。四册。

東昌府并屬縣志

楊士奇等《文淵閣書目・新志》《東昌府并屬縣志》。一册。

東昌府志

朱睦㮮《萬卷堂書目・地志》《東昌府志》九卷。李珏。

黄虞稷《千頃堂書目・地理類上》 李珏《東昌府志》九卷。

《明史・藝文志・地理類》 李珏《東昌府志》九卷。

[萬曆]東昌府志

徐𤊹《徐氏家藏書目・山東省》《東昌府志》二十二卷。

黄虞稷《千頃堂書目・地理類上》 王命爵《東昌府志》二十二卷。

聊城志

趙琦美《脈望館書目・史・山東・東昌府》《聊城志》二本。

[正德]博平縣志

范邦甸等《天一閣書目・地理類》《東昌府博平縣志》八卷。刊本。明知縣胡瑾脩并序。

[正德]莘縣志

范邦甸等《天一閣書目・地理類》《莘縣志》十卷。刊本。明教諭吴宗器脩并序。

朝城縣志

晁瑮《晁氏寶文堂書目・圖誌》《朝城縣志》。

[嘉靖]朝城縣志

范邦甸等《天一閣書目・地理類》《朝城縣志》八卷。刊本。明謝註纂并序。

黃虞稷《千頃堂書目・地理類上》謝註《朝城縣志》六卷。

朝城志

趙琦美《脈望館書目・史・山東・東昌府》《朝城志》二本。

[嘉靖]冠縣志

范邦甸等《天一閣書目・地理類》《冠縣志》五卷。刊本。明知縣姚本脩教諭陳以道序。

高唐州圖志

楊士奇等《文淵閣書目・舊志》《高唐州圖志》。一册。

高唐州志

徐圖等《行人司重刻書目・地理類》《高唐州志》二本。

黃虞稷《千頃堂書目・地理類上》王大化《高唐州志》二卷。

[嘉靖]高唐州志

范邦甸等《天一閣書目・地理類》《高唐縣志》七卷。刊本。明同知江金脩并序。

黃虞稷《千頃堂書目・地理類上》金江《高唐州志》。

東阿縣志

晁瑮《晁氏寶文堂書目・圖誌》《(東)[東]阿縣志》。

東阿縣志

朱睦㮮《萬卷堂書目・地志》《東阿縣志》六卷。董梁。

東阿縣志

黃虞稷《千頃堂書目・地理類上》謝東秀《東阿縣志》四卷。

陽穀志

趙琦美《脈望館書目・史・山東・兗州府》《陽穀志》一本。

壽張縣圖志

楊士奇等《文淵閣書目・舊志》《壽張縣圖志》。一册。

臨青州志

范邦甸等《天一閣書目・地理類》《臨青州志》十卷。刊本。明州人方元焕編。

臨清州志

趙琦美《脈望館書目・史・山東・東昌府》《臨清州志》三本。二志二本。三志四本。

徐圖等《行人司重刻書目・地理類》《臨清州志》。四本。

臨清州志

朱睦㮮《萬卷堂書目・地志》《臨清州志》六卷。周禧。

《明史・藝文志・地理類》周禧《臨清州志》十八卷。

[乾隆]臨清直隸州志

丁立中《八千卷樓書目・地理類・都會郡縣》[乾隆]《臨清直隸州志》十一卷。國朝(周)[張]度撰。刊本。

江蘇省

三吴郡國志

姚振宗《三國藝文志・地理類・總志郡縣》韋昭《三吴郡國志》。昭始末具經部詩類。章宗源《隋志考證》曰：《寰宇記・江南東道》引韋昭《三吴郡國志》曰：孔姥墩，昔有孔氏婦少寡，有子八人，訓以義方，漢哀平間俱爲郡守，因名之，亦曰八子墩。《輿地碑記目》曰：《吴興録》，韋昭作。吾友陶慎甫云：今本《湖州府志》亦云：吴韋昭有《吴興録》，出宋談鑰《吴興志》。《韻府》引《圖經》云：漢分會稽爲吴郡，與吴興、丹陽爲三吴。案：吴興立郡始于孫晧寶鼎二年，見晧傳。《輿地碑記目》所載《吴興録》似即是書之子目，故章氏考證不别出，附見于此。兩《唐志》有《分吴會丹陽三郡記》三卷，不著撰人，疑即此書。

分吴會丹陽三郡記

《舊唐書・經籍志・地理》《分吴會丹陽三郡記》三卷。

《新唐書・藝文志・地理類》《分吴會丹楊三郡記》二卷。

鄭樵《通志・藝文略・地里・郡邑》《分吴會丹陽三郡記》二卷。

章宗源《隋書經籍志考證・地理》《分吴會丹陽三郡記》二卷不著録。見《新唐志》、《舊唐志》三卷。《太平御覽・人事部》：土城者，句踐時得西施、鄭旦，作土城貯之。《兵部》：卞山者，句踐於此山鑄銅。《禮儀部》：種山，大夫種所葬也。並引《吴會分地記》。

吴地記

《舊唐書・經籍志・地理》《吴地記》一卷。張勃撰。

《新唐書・藝文志・地理類》張勃《吴地記》一卷。
鄭樵《通志・藝文略・地里・郡邑》《吴都記》一卷。張勃撰。
又《吴地記》一卷。張勃撰。
尤袤《遂初堂書目・地理類》《吴地記》。
馬端臨《文獻通考・經籍考・地理》《吴地記》一卷。
文廷式《補晉書藝文志・地志類》張勃《吴地記》一卷。

吴郡記

《隋書・經籍志・地理》《吴郡記》一卷。顧夷撰。
又《吴郡記》二卷。晉本州主簿顧夷撰。
章宗源《隋書經籍志考證・地理》《吴郡記》一卷。顧夷撰。

吴郡志

汪師韓《文選注引群書目録上・地理》《吴郡志》。

吴郡地理記

李昉《太平御覽經史圖書綱目》王僧虔《吴地記》。
汪師韓《文選注引群書目録上・地理》《吴地里志》。
章宗源《隋書經籍志考證・地理》《吴郡地理記》。卷亡。王僧虔撰。不著録。
《太平御覽・逸民部》：王僧虔《吴郡地理記》曰處士陸著。漢桓靈間州府交辟，不就，臨卒誡諸子弟云勿苟仕濁世。子弟遵訓，終身不仕，並有盛名。

巡撫揚州記

章宗源《隋書經籍志考證・地理》《巡撫揚州記》七卷。諸葛穎撰。《唐志》卷同。「巡撫」，舊唐志作「巡總」。

揚州記

李昉《太平御覽經史圖書綱目》劉澄之《揚州記》。
章宗源《隋書經籍志考證・地理》《揚州記》。卷亡劉澄之撰。不著録。
沈家本《世説注所引書目・地理》《揚州記》言語。《初學記・地部》、《御覽・天部》引劉澄之《揚州記》。
文廷式《補晉書藝文志・地志類》《揚州記》。《世説・言語門》注《揚州記》曰：冶城，吴時鼓鑄之所。吴平猶不廢，王茂宏所治也。

吴地記

李昉《太平御覽經史圖書綱目》陸道瞻《吴郡記》。
鄭樵《通志・藝文略・地里・郡邑》《吴地記》一卷。齊陸道瞻撰。
顧櫰三《補後漢書藝文志・輿地類》陸瞻《吴郡記》。

南兖州記

李昉《太平御覽經史圖書綱目》《南兖州記》。
《新唐書・藝文志・地理類》阮叙之《南兖州記》一卷。
鄭樵《通志・藝文略・地里・郡邑》《南兖州記》一卷。陸叙之撰。

章宗源《隋書經籍志考證・地理》《南兖州記》一卷。阮昇之撰。不著録。《新唐志》阮叙之《南兖州記》一卷。《太平御覽・地部》：瓜步山東五里有赤岸山，州郡部南兖州地有鹽亭一百二十三所。《寰宇記》淮南道同。盱眙，春秋時善道地。《寰宇記》淮南道江都臺。釣臺，吴王濞之釣臺。又海陵縣孤山有神祠，悉生大竹。又高郵縣有土山，上有石井、石臼。並引阮昇之《南兖州記》。河南道都梁山、東陽山、盱眙山，又淮南道故齊寧縣、江都孝義里、廣陵茱萸溝六事、《御覽地部》引都梁宫殿，隋大業元年所立，並稱阮昇之《記》，似此書撰在隋唐間。

南兖州志

李昉《太平御覽經史圖書綱目》《南兖州志》。

吴地記

錢東垣等輯《崇文總目輯釋・地理類》《吴地記》一卷。繹按，顧夷、王隱、王僧虔、董遇、陸廣微、張勃並有《吴地記》，卷數各異。今本一卷，陸廣微撰，當即此書。

尤袤《遂初堂書目・地理類》陸廣微《吴地記》。

陳振孫《直齋書録解題・地理類》《吴地記》一卷。唐陸廣微撰。郡人也。多記古吴國事。唐末有秀州，天禧中始割嘉興縣置，故此記合二郡爲一。

《宋史・藝文志・地理類》陸廣微《吴地記》一卷。

范邦甸等《天一閣書目・地理類》《吴地記》一卷。刊本。有萬古同心之學、天一閣主人二印。唐陸廣微撰。

徐𤊹《徐氏家藏書目・南直隷》《吴地記》一卷。唐陸廣微。

又《各省雜誌》《吴地記》一卷。唐陸廣微。

錢謙益等《絳雲樓書目・地誌類》《吴地記》。一卷。唐陸廣微撰。吴郡人也。

《四庫全書總目提要・地理類三・古蹟之屬》《吴地記》一卷，附後集一卷。江蘇巡撫採進本。舊本題唐陸廣微撰。《宋史・藝文志》作一卷，與今本合。

董氏吴地記

李昉《太平御覽經史圖書綱目》董監《吴地記》。

章宗源《隋書經籍志考證・地理》《吴地記》。卷亡。董覽撰。不著録。《初學記・地部》伍子胥廟《太平御覽》富春陽城山、姑蘇山、硯石山、香山、定山，曲阿南武城袁山、松城，並引董覽《吴地記》。

江左記

鄭樵《通志・藝文略・地里・郡邑》《江左記》一卷。張參撰。

《宋史・藝文志・地理類》張參《江左記》三卷。

吴地記

黄丕烈《蕘圃藏書題識・史類二》《吴地記》一卷。校本。壬子季春，从余友顧鑑平轉假伊師張白華所儲《吴地記》及《吴郡圖經續記》二書，俱係錢叔寶校刊之本，而龍公所梓者也，故合裝一册。余臨校《吴地記》，於是本間有錢本未善處即辨正於下，至余所云據校本者，蓋錢本中硃墨所改，未知何人手筆，不及詳矣。其《吴郡圖經續記》當求他本臨校之。蕘圃烈記。

烈案：錢本有跋云，大明萬曆二年歲次甲戌六月朔旦，郡理泰和龍公宗武捐俸編梓，板留長洲錢氏懸磬室。

吴　記

錢謙益等《絳雲樓書目・地誌類》《吴記》。

江南路圖經

鄭樵《通志・藝文略・地里・圖經》 《江南路圖經》一百十四卷。

[康熙]江南通志

《四庫全書總目提要・地理類一・都會郡縣》 《江南通志》二百卷。通行本。

國朝兵部尚書、兩江總督趙宏恩等監修。先是康熙二十二年，總督于成龍與江蘇巡撫余國柱、安徽巡撫徐國相等，奉部檄創修通志，凡七十六卷。雍正七年，署兩江總督尹繼善等奉詔重修。乃於九年之冬開局江寧，屬原任中允黄之雋等司其事。因舊志討論潤色，刊除踳駁，補苴罅漏。凡閲五載，至乾隆元年書成。總督宏恩及江蘇巡撫顧琮、安徽巡撫趙國麟等具表上之。卷首恭録聖諭及御製詩文以尊謨典。次輿地、次河渠、次食貨、次學校、次武備、次職官、次選舉、次人物、次藝文、次雜類。發凡起例，較舊志頗有體裁。惟纂輯不出一手，微有牴牾。黄之雋《笣堂集》中嘗稱：是書刻本與原纂多有舛互。如灊山在六安州之霍山，而仍謂即元時所置之潛山縣，黄積、程元譚俱東晉時新安守，而誤入西晉。其他遺漏重複者甚多，皆之雋離局以後爲他人所竄改者也。司馬光修《資治通鑑》，以《史記》以下屬劉攽，三國以下屬劉恕，唐以下屬范祖禹，始終不易，其知此意歟。

南京市

丹陽記

章宗源《隋書經籍志考證・地理》 《丹陽記》卷亡。山謙之撰。不著録。《文選》簫賦注：江寧縣慈母山臨江生簫管竹，圓緻異於衆處。《藝文類聚》《北堂書鈔・樂部》並同。謝玄暉《登三山詩》：江寧縣北二十里濱江有三山相接，名爲三山，舊時津濟道也。石闕銘注：牛頭山兩峯似天闕。《藝文類聚・居處部》同。祭古冢文注：東府，孝文王道子府。《初學記・地部》：大長安道西張子布橋者，本張子布宅處也。並引山謙之《丹陽記》。愚按：謙之，劉宋人，故《世説》注已引其書。《言語篇》注引東府事與《選》注同，雖不著名謙之，然可知爲謙之。若《太平御覽・地部》所引《丹陽記》如烈州句下載《輿地志》，張公洲下載《梁書》，加子洲載《三十國春秋》，其書皆在山謙之後，不宜入於《丹陽記》，恐非謙之本文。

丹陽記

焦竑《國史經籍志・地里・都城宮苑》 《丹陽記》二卷。

京邦記

《新唐書・藝文志・地理類》 《京邦記》二卷。

鄭樵《通志・藝文略・地里・都城宮苑》 《京邦記》二卷。

丹陽郡圖經

汪師韓《文選注引群書目録上・地理》 《丹陽郡圖經》。

章宗源《隋書經籍志考證・地理》 《丹陽郡圖經》卷亡，不著録。《文選》范蔚宗《樂游苑詩》注：樂游苑，宫城北三里，晉時藥園也。謝靈運《送方山詩》注：方山，在江寧縣東，下有湖水。舊揚州有四津，方山爲東，石頭爲西。顔延年《觀北湖田收詩》注：樂游苑，晉時藥園，元嘉中築堤壅水，名爲北湖。並引《丹陽郡圖經》。

江寧圖經

李昉《太平御覽經史圖書綱目》 《江寧圖經》。

江寧府圖經

鄭樵《通志・藝文略・地里・圖經》《江寧府圖經》六卷。

金陵地記

錢東垣等輯《崇文總目輯釋・地理類》《金陵地記》一卷。黄元之撰。繹按《宋志》作元黄之，傳寫之誤。

鄭樵《通志・藝文略・地里・郡邑》《金陵地記》一卷。黄元之撰。

《宋史・藝文志・地理類》元廣之《金陵地記》六卷。

秣陵記

《新唐書・藝文志・地理類》《秣陵記》二卷。

鄭樵《通志・藝文略・地里・郡邑》《秣陵記》二卷。

[乾道]建康志

趙希弁《讀書附志・地理類》《建康志》十卷。右師史正志所修而爲之序，乾道五年三月也。

陳振孫《直齋書録解題・地理類》《建康志》十卷。府帥史正志志道撰。時乾道五年。

《宋史・藝文志・地理類》史正志《建康志》十卷。

[慶元]建康續志

趙希弁《讀書附志・地理類》《建康續志》十卷。慶元六年八月，帥吴琚續之，又爲之序。

陳振孫《直齋書録解題・地理類》《建康續志》十卷。府帥吴琚居父以郡人朱舜庸所編銓次，與前《志》並行。時慶元六年。

馬端臨《文獻通考・經籍考・地理》《續建康志》十卷。

建康志

尤袤《遂初堂書目・地理類》《建康志》。

馬端臨《文獻通考・經籍考・地理》《建康志》十卷。

楊士奇等《文淵閣書目・舊志》《建康志》二十六册。

[景定]建康志

趙琦美《脈望館書目・史・南直》（宋）[景定]《建康志》。十二本。

錢謙益等《絳雲樓書目・地誌類》周應合[景定]《建康志》。十二册。五十卷。應合，武寧人。作志時爲江東宣司幹，官建康。《續志》宋朱舜庸編。留守吴琚作序，慶元中。

黄虞稷《千頃堂書目・地理類・補宋》周應合[景定]《建康志》五十卷。武寧人，别號溪園先生。祖友賢，敷文閣學士。應合舉淳祐進士。任江寧府教授，入爲翰林修撰。疏斥賈似道，謫饒州通判。終朝散大夫。

倪燦等《宋史藝文志補・地理類》周應合[景定]《建康志》五十卷。武寧人。翰林修撰。疏斥賈似道謫外。

《四庫全書總目提要・地理類一・都會郡縣之屬》[景定]《建康志》五十卷。兩淮馬裕家藏本。宋周應合撰。應合，武寧人。自號溪園先生。淳祐閒舉進士，官至實録院修撰。以疏劾賈似道，謫饒州通判。是書乃其以承直郎差充江南東路安撫司幹辦公事時所作也。初，建炎二年建行宫於金陵，改爲建康府，設江南東路安撫司以治之，爲沿江重鎮。乾道慶元閒，屢輯地志，而記載尚多闕略。景定中，寶章閣學士江東安撫使知建康府馬光祖始屬應合取乾道、慶元二志合而爲一，增入慶元以後之事，正譌補闕，别編成書。首爲留都四卷、次爲圖表誌傳四十五卷、末爲拾遺一卷。援據該洽，條理詳明。凡所考辨俱見典覈。如論丹陽之名本出建業；論六朝揚州嘗治建業，後始爲廣陵一郡之名，皆極精核。光祖序稱其博物洽聞，學力充贍，不誣也。明嘉靖萬曆閒，是書尚有刊本在南京國子監，見黃佐《南廱志》中。然所存版止七百五十九面，則亦已闕佚不全。其後流傳幾絶。朱彝尊《曝書亭集》有是書跋，稱周在浚嘗語以曾覩是書闕本，訪之三十年未得，後從曹寅處借歸録之，始復傳於世云。

顧廣圻《思適齋集外書跋輯存・史類》 ［景定］《建康志》五十卷。鈔本。此讀未見書齋所藏景定《建康志》，依宋本舊鈔也。失去者十二卷。六至十二、十九至三十三、四十三、四十四。蕘圃既從家抱冲本鈔完，復以卷中闕葉屬予補寫，意謂當是所據宋本模糊，抱冲本雖有或係出於補板，故不羼入而附於後，蓋慎之至也。抱冲本有錢竹汀先生校語十餘條，别爲一紙録之。嘉慶丁巳顧潤蕡記。

張之洞《書目答問・地理・古地志》 ［景定］《建康志》五十卷。宋周應合。岱南閣别行本。

集慶路續志

黃虞稷《千頃堂書目・地理類・補元》 戚光《集慶路續志》□卷。天曆二年，南臺御史趙世延命郡士光輯。

錢大昕《補元史藝文志・地理類》 戚光《集慶路續志》。

［至正］金陵新志

晁瑮《晁氏寶文堂書目・圖誌》 《金陵新志》。元刻。

趙琦美《脈望館書目・史・南直》 元《金陵志》。十二本。甲。校過。

徐𤊹《徐氏家藏書目・南直隸》 《金陵志》十五卷。元張鉉。

錢謙益等《絳雲樓書目・地誌類》 元修《金陵新志》。十二册。十五卷。元張佐。

黃虞稷《千頃堂書目・地理類・補元》 張鉉《金陵新志》十五卷。字用鼎，陝西人。官奉元路學古書院山長。至正中修。

倪燦等《補遼金元藝文志・地理類》 張鉉《金陵新志》十五卷。字用鼎陝西人。

《四庫全書總目提要・地理類一・都會郡縣》 ［至大］《金陵新志》十五卷。兩江總督採進本。元張鉉撰。鉉字用鼎，陝西人。嘗爲奉元路學古書院山長。至正初，江南諸道行御史臺諸臣將重刊宋周應合所撰《建康志》，而其書終於景定中，嗣後七八十年紀載闕略，雖郡人戚光於至順閒嘗修有《集慶續志》，而任意改竄，多變舊例，未爲詳審。復議增輯以繼景定《志》之後。因聘鉉主其事，凡六閲月而書成。首爲圖考，次通紀，次世表、年表，次志、譜、列傳，而以摭遺論辨終焉。令本路儒學雕本印行。至明嘉靖中，黃佐修《南雍志》，尚載有此書版一千一百六十四面，是今所流傳印本猶出自原刻也。其書略依《周志》凡例，而元代故實則本之戚光《續志》及路州司縣報呈事蹟。其閒如官屬姓名已入前志者，不復具録，而世、譜、列傳則前志所有者仍捃載無遺，體例殊自相矛盾。又其凡例中以戚志删去地圖，不合古義，譏之良是。至於世表、年表則地志，事殊國史，原不必仿旁行斜上之法，轉使氾濫無稽。《戚志》删除，深合體例。鉉乃一槩譜之，亦爲失當。然其學問博雅，故薈萃損益，本末燦然，無後來地志家附會叢雜之病。其古蹟門中所載梁始興忠武、王安成康王二碑，朱彝尊皆嘗爲之跋，而不引是書爲證，豈其偶未見歟。

錢大昕《補元史藝文志・地理類》 張鉉《金陵新志》十五卷。字用鼎，陝西人。

洪武志

楊士奇等《文淵閣書目・舊志》 《洪武志》二册。

應天府舊志

楊士奇等《文淵閣書目・舊志》《應天府志》五册。

應天府[新]志

楊士奇等《文淵閣書目・新志》《應天府志》。

金陵志

楊士奇等《文淵閣書目・舊志》《金陵志》。八册。又《金陵志》。十四册。

趙琦美《脈望館書目・史・南直》《金陵志》。十二本。

南畿志

晁瑮《晁氏寶文堂書目・圖誌》《南畿總志》。

趙琦美《脈望館書目・史・南直總志》《南畿志》。十本。

范邦甸等《天一閣書目・地理類》《南畿志》六十四卷。刊本。明餘姚聞人詮撰并序。鄞縣陳沂編集并序。

張萱等《内閣藏書目録・志乘部・南直隸》《南畿志》。二十册全。嘉靖間太僕卿鄞人陳沂修。

黄虞稷《千頃堂書目・地理類上》陳沂《南畿志》六十四卷。

《明史・藝文志・地理類》陳沂《南畿志》六十四卷。

《四庫全書總目提要・地理類存目三・都會郡縣》《南畿志》六十四卷。浙江汪啟淑家藏本。明聞人詮撰。詮字邦正，餘姚人。嘉靖丙戌進士，官至湖廣按察司副使。明以應天府爲南京，稱根本重地。有《京城圖志》，僅載都城，未詳郡縣。詮以監察御史提督南畿學政，因與南京太僕寺卿陳沂纂輯是書。沂即撰《金陵古今圖考》及《金陵世紀》者也。前三卷爲總志，分子目凡八，次列十四府四州，分子目凡十二。採掇尚爲簡核，而亦不免於譌漏。

應天府志

徐𤊹《徐氏家藏書目・南直隸》《應天府志》。三十卷。

[萬曆]應天府志

張萱等《内閣藏書目録・志乘部・南直隸》《應天府志》。十册。全。萬曆丁丑，京兆尹程嗣功修。又八册。不全。同前。

祁承㸁《澹生堂藏書目・圖志・郡志》《應天府志》。八册。三十二卷。

黄虞稷《千頃堂書目・地理類上》《應天府志》三十二卷。萬曆丁丑府尹程嗣功修。

《明史・藝文志・地理類》程嗣功《應天府志》三十二卷。

《四庫全書總目提要・地理類存目三・都會郡縣》[萬曆]《應天府志》三十三卷。兩淮鹽政採進本。明王一化撰。一化里貫始末皆未詳。其作此書時，則官應天府教授也。應天在明爲南京，而舊無府志。萬曆丁丑，一化始創是編。凡爲紀三、表九、志十一、傳九。如《郡紀門》引《金陵志》、《水經注》、《荆州記》諸書以證揚州之三江；又引《括地志》以證丹陽之屬秦鄣郡；授據頗爲該治。又如引《宋景定志》及《通鑑註》謂丹陽治所即漢之宛陵，亦足證舊志之誤。又《明會典》及《明史・職官志》諸書皆載明封爵惟公侯伯三等，志中封爵表詳載孫炎之追封男爵，頗足補史傳之闕佚。然如靈谷諸寺創自齊梁，舊蹟見於《景定志》、《建康志》、《丹陽記》諸書者甚詳，乃遺漏不載，則疎漏亦尚未免也。

湖孰志

黃虞稷《千頃堂書目・地理類下》 丁雄飛《湖孰志》。

上元縣舊志

楊士奇等《文淵閣書目・舊志》《上元縣志》六册。

上元縣新志

楊士奇等《文淵閣書目・新志》《上元縣志》。

上元縣志

趙琦美《脈望館書目・史・南直》《上元縣志》五本。

[萬曆]上元縣志

焦竑《國史經籍志・地里・都城宫苑》《上元縣志》十二卷。

徐𤊹《徐氏家藏書目・南直隸》《上元縣志》十二卷。李登。

黃虞稷《千頃堂書目・地理類上》 李登《上元縣志》十二卷。

江寧舊志

楊士奇等《文淵閣書目・舊志》《江寧舊志》四册。

趙琦美《脈望館書目・史・南直》《江寧舊志》四本。

江寧縣志

楊士奇等《文淵閣書目・新志》《江寧縣志》。

趙琦美《脈望館書目・史・南直》《江寧縣志》五本。

[正德]江寧縣志

黃虞稷《千頃堂書目・地理類上》 劉雨《江寧縣志》。

[萬曆]江寧縣志

徐𤊹《徐氏家藏書目・南直隸》《江寧縣志》十卷。周詩、石允珍。

黃虞稷《千頃堂書目・地理類上》 李登《江寧縣志》十卷。

又 盛敏耕《江寧縣志》十卷。周詩《江寧縣志》十卷。

[乾隆]江寧縣新志

周中孚《鄭堂讀書記補逸・地理類三・都會郡縣》《江寧縣新志》二十六卷。乾隆戊辰刊本。國朝江寧縣知縣袁枚修。

江浦縣志

楊士奇等《文淵閣書目・新志》《江浦縣志》。

徐圖等《行人司重刻書目・地理類》《江浦縣志》四本。

[萬曆]江浦縣志

黄虞稷《千頃堂書目・地理類上》張夢柏《江浦縣志》八卷。

[崇禎]江浦縣志

黄虞稷《千頃堂書目・地理類上》李維樾《江浦縣志》十二卷。

六合縣志

楊士奇等《文淵閣書目・新志》《六合縣志》。

六合志

趙琦美《脈望館書目・史・南直》《六合志》四本。

[嘉靖]六合縣志

范邦甸等《天一閣書目・地理類》《六合縣志》八卷。刊本。明嘉靖癸巳邑人黄紹文纂脩，王宗聖序。

黄虞稷《千頃堂書目・地理類上》□紹文《六合縣志》八卷。

蘇州地區

蘇州記

章宗源《隋書經籍志考證・地理》《蘇州記》。卷亡。不著録。《太平御覽・居處部・周文學科》：孔子弟子言偃宅在常熟縣西。《人事部》：通賢橋東有吴丞相顧雍宅。《寰宇記》江南東道淹梅澳，昔有梅樹，吴國採爲姑蘇臺梁，後忽於此沈，至今河側猶有梅溪。並引《蘇州記》。

吴郡圖經

鄭樵《通志・藝文略・地里・圖經》《吴郡圖經》六卷。李宗諤撰。

陳振孫《直齋書録解題・地理類》《蘇州圖經》六卷。翰林學士饒陽李宗諤昌武等撰。景德四年，詔以四方郡縣所上圖經，刊修校定爲一千五百六十六卷。以大中祥符四年頒下，今皆散亡，館中僅存九十八卷。余家所有惟蘇、越、黄三州刻本耳。

馬端臨《文獻通考・經籍考・地理》《蘇州圖經》六卷。

焦竑《國史經籍志・地里・圖經》《吴郡圖經》六卷。李宗諤。

吴郡續圖經

鄭樵《通志・藝文略・地里・圖經》《吴郡續圖經》三卷。朱長文撰。

尤袤《遂初堂書目・地理類》《吴郡續圖經》。

陳振孫《直齋書録解題・地理類》《吴郡圖經續記》三卷。祕書省正字郡人朱長文伯原撰。記祥符以後事，亦頗補前志之闕遺。長文，吴中名士，病廢不仕，自號樂圃，卒於元符元年。

馬端臨《文獻通考·經籍考·地理》《吴郡圖經續記》三卷。

《宋史·藝文志·地理類》朱長文《吴郡圖經續記》三卷。

范邦甸等《天一閣書目·地理類》《吴郡圖經續記》三卷。宋元豐七年，朱長文撰并序。元祐元年，臨卭常安民後序。明嘉靖戊申三月，錢穀刊。

徐𤊹《徐氏家藏書目·南直隸》《吴郡圖經續記》二卷。宋朱長文著。

錢謙益等《絳雲樓書目·地誌類》《吴郡圖經續記》。三卷。朱長文撰。記祥符以後事。續李宗諤《蘇州圖經》，故名《續記》也。

《四庫全書總目提要·地理類一·都會郡縣》《吴郡圖經續記》三卷。江蘇巡撫採進本。宋朱長文撰。長文字伯原，蘇州人。未冠登進士、乙科，以足疾不仕。後以蘇軾薦，充本州教授，召爲太常博士，遷祕書省正字、樞密院編修。書成於元豐七年。上卷分封域、城邑、户口、坊市、物産、風俗、門名、學校、州宅、南園、倉務、海道、亭館、牧守、人物十五門，中卷分橋梁、祠廟、宫觀、寺院、山水六門。下卷分治水、往迹、園第、冢墓、碑碣、事志、雜録七門。徵引博而敘述簡。文章爾雅，猶有古人之風。首有長文自序一篇，末有後序四篇，一爲元祐元年常安民作，一爲元祐七年林虙作，一爲元符二年祝安上作，一爲紹興四年孫佑作。州郡志書，五代以前無聞。北宋以來，未有古於《長安志》及是記者矣。朱彝尊跋咸淳《臨安志》，曆數南北宋地志，不及是記，知彝尊未見其書，爲希覯之本也。長文自序稱古今文章別爲吴門總集，書中亦屢言某文見總集，今其書已不傳，是記亦幸而僅存耳。

張之洞《書目答問·地理·古地志》《吴郡國經續記》三卷。宋朱長文、得月簃本、琳琅祕室本、學津本。

平江府五縣正圖經

《宋史·藝文志·地理類》《平江府五縣正圖經》二卷。

吴郡志

陳振孫《直齋書録解題·地理類》《吴郡志》五十卷。參政郡人范成大至能撰。書始成未行，而石湖没。有求附見某事而弗得者，譁曰此非石湖筆也。太守不能決，藏其書學官。然周益公爲范墓碑，述所著書目有焉。及紹定初，桐川李壽朋儔老爲守，始取而刻之。而書止於紹熙，案：《文獻通攷》作其書止於紹興。其後事實俾寮屬用褚少孫《史記》例補成之。趙南塘履常作序，訂其爲石湖書不疑。且謂郡士龔頤正、案：《宋史·藝文志》作龔頤正，此本誤作「順正」，今改正。滕宬、周南皆嘗薦所聞於公者，而龔尤多。

馬端臨《文獻通考·經籍考·地理》《吴郡志》五十卷。

晁瑮《晁氏寶文堂書目·圖誌》《吴郡志》。范石湖修。

楊士奇等《文淵閣書目·舊志》《吴郡志》。十二册。

焦竑《國史經籍志·地里·郡邑》《吴郡志》五十卷。范成大。

毛晋《汲古閣書跋》《吴郡志》。余舞象之年，應童子試，入郡受業于伯暐高師。師爲府學博士員，率余登大成殿，禮夫子像，次謁韋刺史祠。見西廡方策半架，塵封蠹蝕，抽而視之，迺《吴郡志》，不知何人所作，何代所鐫也。衆從太史公錢師榮木樓獲宋刻范文穆公《吴郡志》，珍爲髻珠，亦不知其板何在也。適禹修方公爲雲間刺史，葺理郡志，馳書招余與眉公先生共事。因攜此帙入頑仙廬，眉公開卷見門類總目，擊節嘆賞，得未曾有，題數語于後。時有史辰伯在座，眉公指謂余曰：貴郡文獻都在此老腹笥中。史因掀髯縱談，撫卷曰：此志爲趙宋紹定刻板，藏學宫韋刺史祠中。余恍然昔年所見，深愧童蒙覿面失之。亟理棹入吴門，再拜韋祠，但見朽木五片，疊香爐下，摸板尋行，與藏本無二。叩訪其餘，已入庖丁爨煙矣。嗚呼惜哉。異代異寶，不遇賞音，竟付煨燼，尚留蠹餘木屑，豈神授余耶。亟鋟諸梓，以答神貺。惜文穆公全集，杳不可得，活字《詩稿》，亥豕不堪著眼，僅存《田園雜興》石版在石湖草堂，當與白太傅《詩石記》爲一郡雙璧。郡人毛晉識。

錢謙益等《絳雲樓書目·地誌類》范成大《吴郡志》。十册。五十卷。

黄虞稷《千頃堂書目·地理類補·宋》范成大《吴郡志》五十卷。

倪燦等《宋史藝文志補·地理類》范成大《吴郡志》五十卷。

《四庫全書總目提要·地理類一·都會郡縣》《吴郡志》五十卷。兵部侍郎紀昀家藏本。宋范成大撰。成大有《驂鸞録》，已著録。是書爲成大末年所作。郡人龔頤、滕茂、周南相與贊成之。時有求附於籍不得者，會成大殁，乃騰謗謂不出於成大手，遂寢不行。故至元《嘉禾志》序，謂《吴郡志》以妄議不得刊也。紹定初，廣德李壽朋始爲鋟版，趙汝談爲之序。以周必大所撰成大基誌定是書，實所自爲。

并申明龔頤三人者，常爲成大蒐訪，故謗有自來。其論乃定，壽朋又以是書止紹興三年，其後諸大建置，如百萬倉、嘉定新邑、許浦水軍、顧逕移屯皆未及載，復令校官汪泰亨補之，自謂仿褚少孫補《史記》例。然少孫補《史記》雖爲妄陋，猶不混本書。泰亨所續，當時不别署爲續志，遂與本書淆亂，體例殊乖。其書凡分三十九門，徵引浩博，而敘述簡核，爲地志中之善本。刊版久佚。此本猶紹定舊槧，往往於夾註之中又有夾註。考成大以前惟姚宏補註《戰國策》嘗有此例，而不及此書之多，亦可云著書之刱體矣。

張之洞《書目答問·地理·古地志》 《吴郡志》五十卷，附《校勘記》。宋范成大。守山閣本。汲古閣本、金壺本。

續吴郡志

吴壽暘《拜經樓藏書題跋記》卷三 《續吴郡志》。《續吴郡志》二卷，舊鈔本，前有戒菴老人自序，云《吴郡志》以蘇、松，東南二府，大志也。紀載郡之封域、山川、户口、物産、人才、風俗以至城池、廨宇、井邑、先賢之遺蹟，下至佛老之廬皆次焉。二府東南大都，其風土亦已略見於《禹貢周職方》《爾雅》諸書，如子貢之《越絶》，趙曄之《春秋》，張勃、陸廣微之《記録》，羅處約、朱長文之《圖經》，龔明之輩《紀聞》、《紀事》則備矣。彙而成書，則有范成大《吴郡志》。由今而觀，《范志》峻而整，雖詳尚有未備者。仙人隱士之居址，名山勝境之出處，菴觀、寺院、橋梁、道路所興起之跡，此皆前志所遺失也，故續其志云。

蘇州府志

楊士奇等《文淵閣書目·舊志》 《蘇州府志》十九册。

楊士奇等《文淵閣書目·新志》 《蘇州府志》三册。

趙琦美《脈望館書目·史·南直·蘇州府》 《蘇州府志》五本。甲洪武十□。又十本。乙。

蘇州府并屬縣圖志

楊士奇等《文淵閣書目·新志》 《蘇州府并屬縣圖志》十六册。

蘇州志

晁瑮《晁氏寶文堂書目·圖誌》 《蘇州志》。

[洪武]蘇州府志

錢謙益等《絳雲樓書目·地誌類》 《蘇州志》。五十卷。盧熊著。熊字公武，崑山人。洪武初爲兗州太守。又嘗著《兗州志》及《孔顔世系譜》，劉欽謨著《蘇州續志》、《蘇州志》，洪武中蘇守湯德刊。宋文憲序之。

黄虞稷《千頃堂書目·地理類上》 盧雍《蘇州府志》四十六卷。（盧補）

張金吾《愛日精廬藏書志·地理類·都會郡縣》 《蘇州府志》五十卷，圖一卷。抄本傳録。從陳君子準藏明洪武刊本。

蘇州續志

黄虞稷《千頃堂書目·地理類上》 劉昌《蘇州續志》。成化中知府鄱陽邱霽聘邑人劉昌、李應禎等修，蓋續范成大志也。

《明史·藝文志·地理類》 劉昌《蘇州續志》一百卷。

姑蘇志

晁瑮《晁氏寶文堂書目・圖誌》《姑蘇志》。

姑蘇舊志

祁承㸁《澹生堂藏書目・圖志・郡志》《姑蘇舊志》。十册。五十卷。

[正德]姑蘇志

趙琦美《脈望館書目・史・南直・蘇州府》《吴郡志》廿本。即《姑蘇志》，王守溪。修。

徐𤊹《徐氏家藏書目・南直隸》《姑蘇志》六十卷。

張萱等《内閣藏書目録・志乘部・南直隸》《姑蘇志》。二十册。全。正德丙寅，大學士王鏊尚書，吴寬修。

祁承㸁《澹生堂藏書目・圖志・郡志》《姑蘇新志》。二十册。六十卷。王鏊。

黄虞稷《千頃堂書目・地理類上》王鏊《姑蘇志》六十卷。正德丙寅修。

《明史・藝文志・地理類》王鏊《姑蘇志》六十卷。

《四庫全書總目提要・地理類一・都會郡縣》《姑蘇志》六十卷。兩江總督採進本。明王鏊撰。鏊有《史餘》，已著録。蘇州自宋范成大、明盧熊二志後，纂輯久闕。弘治中，吴寬嘗與張習、都穆續修未竟，惟遺稾僅存。後廣東林世遠爲蘇州守，以其事屬鏊。鏊乃與郡人杜啟、祝允明、蔡羽、文璧等共相討論，發凡舉例，咸本於寬，而芟繁訂譌，多所更益，凡八月而書成。首列沿革、守令、科第三表。自沿革分野以下，分爲三十一門，而人物門中又分子目十二。繁簡得中，考核精當。在明人地志之中，猶爲近古。陳繼儒《見聞録》稱鏊修志時以楊循吉喜謡諑，不欲與之同局。志成，遣使送之循吉，循吉方櫛沐，不暇抽看，但顧簽票云不通不通。使者還述其語，鏊以問之。循吉曰：府志修於我朝，原當以蘇州名志。姑蘇，吴王臺名也。以此志名可乎。鏊始大服云云。然考鏊自序，紀其初修志時，有欲屬諸楊儀部，而楊儀部固辭之語。是鏊未嘗擯去循吉，不與共事。繼儒所載，恐不足信。至志書題古地名，自宋代已有是例。核以名實，良有未安。無論是言之真僞，其説要不爲無理，固不必曲爲鏊諱矣。

[乾隆]蘇州府志

周中孚《鄭堂讀書記補逸・地理類三・都會郡縣》《蘇州府志》八十卷。乾隆戊辰刊本。國朝蘇州府知府覺羅雅爾哈善等主修。雅爾哈善字蔚文，滿洲正紅旗翻繹舉人。蘇郡自明王守溪鏊修《姑蘇志》後，越百七十餘年，本朝康熙中，復重修府志，然自雍正二年分析以來，四境視舊縮十之三，新邑轉增其四，故凡疆域、山川、户口、田賦、文武有司以至城池廨宇、鄉井第宅、前賢遺跡肯所合者，皆當按地而分，修爲新志。乾隆壬戌，蔚文守是郡，乃於明年延吴中諸名宿蒐羅掌故，詳加參訂。中更署府趙叔叙，錫禮後任知府傅毅菴椿歷五載而書成。凡分三十五門，附十六目，冠以十圖。大抵依據宋范氏成大《吴郡志》、明盧氏熊《府志》及王氏《姑蘇志》康熙中《舊志》而於其中文從其善，事取其核，旁采諸史羣籍，及各縣志，靡不參稽蒐討，用力勤而需時久，故能記載精詳，足資考索。至若微顯闡幽，發潛德而彰善類，誠一邦之鉅典也。所列修志姓名，自纂修以下不過十五人，而王艮齋、峻惠松厓、棟李容山、果褚筠心、廷璋浦二田起龍俱在其中，是知秉筆之得人，實賴主修者之知人善使也。前有巡撫安寧及蔚文、毅菴三序，凡例十則，又附舊志序五篇。

[嘉靖]吴邑志

朱睦㮮《萬卷堂書目・地志》《吴邑志》十六卷。楊循吉。

焦竑《國史經籍志・地里・郡邑》《吴邑志》十六卷。楊循吉。

黄虞稷《千頃堂書目・地理類上》楊循吉《吴邑志》十六卷，又《吴中故語》

一卷，又《蘇談》一卷，又《吴中故實記》一卷，又《續吴中故實記》一卷，又《補遺》一卷，又《蘇州府纂修識略》五卷。

《四庫全書總目提要・地理類存目二・都會郡縣》 《吴邑志》十六卷。浙江巡撫採進本。明楊循吉撰。循吉有《蘇州府纂修識略》，已著録。是編成於嘉靖八年，較他志乘爲典核。然首敘《吴國本末》爲史考，已非一邑之事。又引《春秋》所載吴事爲經考，又併非吴地之事矣。仍不免志書牽引之習也。

吴縣記

汪師韓《文選注引群書目録上・地理》 顧(徽)[微]《吴地志》。

章宗源《隋書經籍志考證・地理》 《吴縣記》。卷亡。顧微撰。不著録。《文選・頭陀寺碑文》注，顧微《吴縣記》曰：佛法詳其始而典籍亦無聞焉，魯莊七年夜明，佛生之日也。

吴縣志

趙琦美《脈望館書目・史・南直・蘇州府》 《吴縣志》。四本。

[崇禎]吴縣志

范邦甸等《天一閣書目・地理類》 《蘇州府吴縣志》五十四卷。刊本。明崇禎十五年知縣牛若麟纂脩并序，邑人徐汧、王心一、李謨、鄭敷教均有序。

長洲縣志

趙琦美《脈望館書目・史・南直・蘇州府》 《長洲縣志》四本。

長洲縣志

黄虞稷《千頃堂書目・地理類上》 楊循吉《長洲縣志》十卷。

[隆慶]長洲縣志

范邦甸等《天一閣書目・地理類》 《長洲縣志》十四卷。刊本。明隆慶五年知縣張德夫脩，郡人顧存仁序。

黄虞稷《千頃堂書目・地理類上》 皇甫汸、黄姬水等《長洲縣志》十四卷。

[康熙]長洲縣志

丁立中《八千卷樓書目・地理類・都會郡縣》 [康熙]《長洲縣志》二十二卷。國朝祝聖培撰。刊本。

[乾隆]元和縣志

丁立中《八千卷樓書目・地理類・都會郡縣》 [乾隆]《元和縣志》三十二卷。國朝江之煒張若爔撰。刊本。

[康熙]吴郡甫里志

周中孚《鄭堂讀書記補逸・地理類三・都會郡縣》 《吴郡甫里志》十二卷。樹德堂刊本。國朝陳惟中撰。惟中字堯心，號心齋，長洲人。甫里在吴郡長洲縣東五十里，其東屬崑山縣。唐陸天隨龜蒙所隱處。里舊有志，草創於明成化中嚴維學恒，繼修於隆慶中馬子問用拯，萬曆中金問川夢祥，崇禎中趙衡遠魏史。心齋復重加考輯，或刪補原本，或增入新編，其於古今題詠及里中前人著述搜羅略備，分爲三十二門，冠以圖考，名爲《吴郡甫里志》。曰甫里，就一鄉而言；曰吴郡，表所隸也。又地界長崑二邑，故不從邑而從郡也。其書每門具崖略於前，而詳載詩文於後，門類有似志書而體裁頗近總集。雖未悉合作志條例，亦可供修志者之采擇也。前有康熙壬午蔡九霞方炳序，及自序、凡例、歷朝纂修姓氏。

婁地記

李昉《太平御覽經史圖書綱目》 顧啓期《婁地記》。

《隋書・經籍志・地理》 《婁地記》一卷。吴顧啓期撰。

汪師韓《文選注引群書目録上・地理》 顧啟期《婁地記》。

姚振宗《三國藝文志・地理類・總志郡縣》 顧啓期《婁地記》一卷。《隋書・經籍志》：《婁地記》一卷。吴顧啓期撰。章宗源《隋志考證》曰：《文選》謝靈運《游赤石詩》注。《藝文類聚・草部》、《太平御覽・地部》並引顧啓期《婁地記》。案《御覽》、《經史圖書綱目》作顧啓期《婁地説》。洪亮吉《吴疆域志》曰：揚州吴郡婁，漢舊縣，吴侯國。案啓期始末未詳，但據《隋志》所題知爲吴人耳。吴之顧氏，世大族，自丞相雍而下不少知名之士。啓期又似其字，非其名。

玉峰志

楊士奇等《文淵閣書目・舊志》 《玉峰志》。四册。

項公澤玉峰志

王圻《續文獻通考・經籍考・地理》 《玉峰志》。項公澤宰崑山修。

[淳祐]玉峰志

阮元《四庫未收書目提要・地理類》 《玉峰志》三卷，《玉峰續志》一卷。宋淩萬頃、邊實同撰。萬頃字叔度，景定三年進士，本陽羨人，因其父壻於崑山顔氏，因家焉。邊實，陳留人，其高祖始遷崑山，詳前志《邊惇德傳》，而《續志》又復爲《自序》一篇，誇其家世。玉峯本崑山地，宋南渡時始析爲縣，即今之嘉定是也。志中所載沿革風俗以及人物古蹟甚悉。宋元時崑山志乘，世不多得，是册足備一方之文獻也。

[至正]崑山郡志

黄虞稷《千頃堂書目・地理類上》 楊譓《崑山州志》。明初修。

錢大昕《補元史藝文志・地理類》 楊譓《崑山郡志》。

阮元《四庫未收書目提要・地理類》 《崑山郡志》六卷。元楊譓撰。按譓字履祥，自號東溪老人，事蹟無考。前有至正四年楊維禎《序》，云與譓同出文公，則譓乃閩人流寓於玉峯者。崑山本縣治，元成宗元貞二年升爲州，故此書有郡志之名。延祐中，移州治於太倉，故《志》中有新治舊治之别。書法簡要得體，可與《玉峯志》並傳。惟鐵崖序稱二十二卷，今據書止六卷，首尾完具，豈成書之後，重爲刪定耶。（按此書衹風俗起，至異事止，十六門，非完本也。）

崑山縣志

晁瑮《晁氏寶文堂書目・圖誌》 《崑山縣志》。

趙琦美《脈望館書目・史・南直・蘇州府》 《崑山縣志》四本。

徐𤊹《徐氏家藏書目・南直隸》 《崑山縣志》八卷。

[宣德]崑山縣志

黃虞稷《千頃堂書目・地理類上》 季篚《崑山縣志》。宣德年修。

崑山縣志

黃虞稷《千頃堂書目・地理類上》 董正位《崑山縣志》二十六卷。

崑山縣志

黃虞稷《千頃堂書目・地理類上》 殷奎《崑山縣志》八卷。

[嘉靖]崑山縣志

范邦甸等《天一閣書目・地理類》 《崑山縣志》十六卷。刊本。明嘉靖十七年，邑人方鵬纂脩并序。

[萬曆]崑山縣志

張萱等《内閣藏書目録・志乘部・南直隸》 《崑山縣志》。四册。萬曆丙子，邑太學生周世昌修。

黃虞稷《千頃堂書目・地理類上》 周昌世《崑山縣志》八卷。萬曆丙子修。邑太學生。

周中孚《鄭堂讀書記補逸・地理類三・都會郡縣》 《崑山新陽合志》三十八卷。乾隆庚午刊本。國朝崑山縣知縣鄒召南、新陽縣知縣張予介主修。召南號炎山，漢陽人，乾隆丁巳進士。予介號石屏。平原人，乾隆丙辰進士。按崑山即秦時所建婁縣。梁天監中分婁縣置信義縣，後又分信義置崑山縣。歷唐、宋、元、明至國朝皆因之。雍正二年，從督臣分大縣之晴，復分縣爲新陽，與崑山同城分治，仍俱屬蘇州府。崑山舊志自明萬曆二年修後，直至分縣以來未經編輯新志。乾隆戊辰，炎山、石屏始同請常熟王艮齋峻創修合志，閲二載而告成。凡分三十一門，冠以四圖，并附舊志序於卷末。所輯先諸正史，次省府縣志，旁及文集、碑刻、公移之類。大都約繁就簡，兼小大，綜古今，存美刺，不漏不冗，蓋由責成於一人之手，故其書爲近今志乘之良焉。後之修地志者，尚其鑒諸。前有炎山序，及沈歸愚德潛崑山令馬爍、新陽令張文運三序。凡例、修刻姓名并附修志議示詳文。

丁立中《八千卷樓書目・地理類・都會郡縣》 [乾隆]《崑山新陽縣志》三十八卷。國朝鄒召南張予介撰。刊本。

太倉州志

趙琦美《脈望館書目・史・南直・蘇州府》 《太倉州志》四本。

[景泰]太倉志

黃虞稷《千頃堂書目・地理類上》 蔣奎章《太倉志》。景泰間修。

[成化]太倉州志

黃虞稷《千頃堂書目・地理類上》 陸容《太倉州志》。成化間修。

[弘治]太倉州志

黃虞稷《千頃堂書目·地理類上》 桑悅《太倉州志》十二卷。

《明史·藝文志·地理類》 桑悅《太倉州志》十一卷。

[嘉靖]太倉州志

范邦甸等《天一閣書目·地理類》 《太倉州志》十卷。刊本。明嘉靖戊申，知州周鳳岐脩并序，州人王積、古郢劉彥心均有序。

徐𤊹《徐氏家藏書目·南直隸》 《太倉州志》十卷。周鳳岐。

[嘉靖]太倉州新志

范邦甸等《天一閣書目·地理類》 《太倉州新志》八卷。刊本。明嘉靖五年知州李端新脩，長洲祝允明序。

[嘉靖]太倉州志

張萱等《内閣藏書目録·志乘部·南直隸》 《太倉州志》。四册。全。嘉靖丁未，州守周士佐修。

祁承㸁《澹生堂藏書目·圖志·州志》 《太倉州志》四册。十卷，張寅輯。

黃虞稷《千頃堂書目·地理類上》 周士佐周鳳岐《太倉州志》十卷。嘉靖丁未修。守。

[崇禎]太倉州志

黃虞稷《千頃堂書目·地理類上》 錢肅樂《太倉州志》十五卷。崇禎間修。

太倉州新志

黃虞稷《千頃堂書目·地理類上》 張采《太倉州新志》十卷。

[崇禎]太倉直隸州志

丁立中《八千卷樓書目·地理類·都會郡縣》 [崇禎]《太倉直隸州志》十卷。明劉彥心撰。刊本。

琴川志

趙琦美《脈望館書目·史·南直·蘇州府》 《琴川志》三本。

[淳祐]琴川志

錢謙益等《絳雲樓書目·地誌類》 《琴川志》南宋鮑廉序稱，淳祐元年。

[至正]重修琴川志

黃虞稷《千頃堂書目·地理類·補宋》 盧鎮《琴川志》二十六卷。

倪燦等《宋史藝文志補・地理類》　《琴川志》二十六卷。失名。

阮元《四庫未收書目提要・地理類》　《重修琴川志》十五卷。元盧鎮撰。鎮，字子安，淮南人。至正間以領兵副元帥兼常熟州知州事。按：琴川，常熟别名。齊以南沙爲常熟縣，升縣爲州始於元元貞二年，明洪武三年復改爲縣。舊志捌始於宋慶元間，縣令孫應時，至淳祐辛丑鮑廉更加飾焉。旁搜博採，列爲十門，而書乃詳。其後時久人殊，卷帙散佚，百餘年間未有取而續之者。元至正時，鎮宰是地，乃屬耆老顧德昭等搜求孫鮑舊本，復參攷異同，重付諸梓。凡所未載，並附卷末。書中云晉案者，惜佚其姓，疑德昭名也。其于城池之形勢，山水之崇深，與夫兵賦之多寡，文獻之昭垂，罔不記載詳明，了無餘蘊，是可與施宿嘉泰《會稽志》、梁克家淳熙《三山志》抗衡，非明人全用己説者可比。鎮《後序》所云，其續志則始于有元。今闕佚已久，無從補録。是册從汲古閣毛子晉舊校本影寫，著録家惟見于黄虞稷《千頃堂書目》，亦不詳其姓氏。崇禎間邑人龔立本跋此書，云邑中邵兵部麟武得於興福寺，僅半部，後歸許文學彀美，彀美復于南都書肆購其所佚之半，始成全帙，則此書在前明已稱難得，今復二百餘年，宜倍珍惜也。

張金吾《愛日精廬藏書志・地理類・都會郡縣》　《重修琴川志》十五卷。影寫元刊本。從外舅言耐偲先生藏元刊本書寫。元盧鎮撰。《琴川志》自宋慶元丙辰縣令孫應時創修後，迨嘉定庚午縣令葉凱始廣其傳，至淳祐辛丑縣令鮑廉又加飾之，然後始爲成書。更百餘年，舊梓殘毁無遺。鎮屬耆老顧德昭等徧求舊本，參考異同，重鋟諸梓，則鎮特因鮑氏原本重爲刊板耳，非有所更定也。案《自序》曰「其成書後，凡所未載，各附卷末」，是則凡分附卷末者，皆鎮所增葺以補鮑氏所未備者，故仍題鎮名云。

戴良《序》至正乙巳。

丘岳《序》寶祐甲寅。

褚中《序》。

《自序》至正癸卯。

龔立本《跋》崇禎己巳。

琴川新志

黄虞稷《千頃堂書目・地理類上》　張洪《琴川新志》八卷。

常熟縣志

晁瑮《晁氏寶文堂書目・圖誌》　《常熟縣志》。

舊常熟志

趙琦美《脈望館書目・史・南直・蘇州府》　《舊常熟志》四本。

[弘治]常熟縣志

朱睦㮮《萬卷堂書目・地志》　《常熟縣志》四卷。桑揄。

黄虞稷《千頃堂書目・地理類上》　桑瑾《常熟縣志》四卷。弘治間修。

《四庫全書總目提要・地理類存目二・都會郡縣》　《常熟縣志》四卷。兩淮馬裕家藏本。明楊子器撰。子器字名父，慈谿人。成化丁未進士。弘治中官常熟知縣。因舊《琴川志》而葺之，改題今名。即其標目，賢於舊志遠矣。

[嘉靖]常熟縣志

范邦甸等《天一閣書目・地理類》　《常熟縣志》十三卷。刊本。明嘉靖乙亥，邑人鄧韍撰次并後序，知縣馮汝弼叙。

黄虞稷《千頃堂書目・地理類上》　鄧韍《常熟縣志》十三卷。嘉靖間修。

[萬曆]常熟縣私志

黄虞稷《千頃堂書目・地理類上》　《常熟二家私志》。一龔立本。一姚宗儀。

海虞別乘

黃虞稷《千頃堂書目・地理類上》 陳三恪《海虞別乘》。

[弘治]吴江縣志

朱睦㮮《萬卷堂書目・地志》 《吴江縣志》二十三卷。莫旦。

黃虞稷《千頃堂書目・地理類上》 莫旦《吴江縣志》二十三卷。弘治間修。

[嘉靖]吴江縣志

張萱等《内閣藏書目録・志乘部・南直隸》 《吴江縣志》。十册。全。嘉靖辛酉邑人徐師曾修。

祁承㸁《澹生堂藏書目・圖志・邑志》 《吴江縣志》。十册。二十八卷。

黃虞稷《千頃堂書目・地理類上》 徐師曾《吴江縣志》二十八卷。嘉靖辛酉修。邑人。

[嘉慶]黎里志

周中孚《鄭堂讀書記補逸・地理類三・都會郡縣》 《黎里志》十六卷，孚遠堂刊本。國朝徐達源撰。達源字无際，號山民，吴江人。官翰林院待詔。黎里鎮在吴江縣東南四十五里，城遠地偏，土俗頗淳，而市廛蕃阜。山民生長於此，以歷世既久，未有爲之志者，因廣哀遐集以成是志。自沿革以迄藝文，凡分三十四門，而人物、列女、藝文三門已居全書之半。冠以《題詠姓氏考》、《撰文姓氏考》及《鎮圖學舍圖》、《八景圖》爲卷首，不入卷數。

無錫志

尤袤《遂初堂書目・地理類》 《無錫志》。

楊士奇等《文淵閣書目・舊志》 《無錫志》四册。

[元]無錫縣志

黃虞稷《千頃堂書目・地理類・補元》 王仁輔《無錫志》二十八卷。

錢大昕《補元史藝文志・地理類》 王仁輔《無錫志》二十八卷。字文友。鞏昌人。

[洪武]無錫縣志

《四庫全書總目提要・地理類一・都會郡縣》 《無錫縣志》四卷。兩江總督採進本。不著撰人名氏。考《千頃堂書目》有元王仁輔《無錫縣志》二十八卷，與此本卷數不符，蓋別一書也。考《明史・地理志》，洪武二年四月始改無錫州爲縣。又是志古今郡縣表末雖止於陞無錫縣爲州，然標題實稱無錫縣，已爲明初之制。又郡縣表止元貞，而學校類中載至正辛巳鄉舉陸以衛，則所紀已下逮元末，是洪武中書矣。第一卷爲邑里，第二卷爲山川，第三卷爲事物，分上、下二子卷，第四卷爲詞章，亦分上、中、下三子卷。中又分小類二十一。詞簡而事該，亦地志之善本。惜首卷原序已佚，其撰次本末不可得而考也。《元史・地里志》稱成宗元貞元年陞無錫爲州，此志乃云二年。作志者紀録時事，歲月必確，以是推之，知《元史》疏漏多矣，是亦書貴舊本之一驗也。

丁立中《八千卷樓書目・地理類・都會郡縣》 [洪武]《無錫縣志》四卷。不著撰人名氏。抄本。

馬蹟山志

丁立中《八千卷樓書目・地理類・山水》 《馬蹟山志》八卷。國朝許棫、馮效亮撰。刊本。

瞻橋小志

周中孚《鄭堂讀書記補逸・地理類八・雜記》 《瞻橋小志》四卷。原刊本。國朝王鑑撰。鑑，字字任，無錫人。瞻橋在無錫縣東七十里秦伯鄉，本名磚橋。子任世居於此，易以今名。并撰次見聞，仿宋漫堂《滄浪小志》之例，分原始、本志、水道、古蹟、神異、名族六門，爲一卷，人物一卷，藝文二卷，而冠以地圖。其書爲一隅而作，所載頗泛濫而無當，易名瞻橋，亦殊憑應也。前有乾隆丁巳自序。

江陰志

尤袤《遂初堂書目・地理類》 《江陰志》。

楊士奇等《文淵閣書目・舊志》 《江陰志》五册。

鄭應申江陰志

《宋史・藝文志・地理類》 鄭應申《江陰志》十卷。

江陰縣志

晁瑮《晁氏寶文堂書目・圖誌》 《江陰縣志》。

江陰縣新志

晁瑮《晁氏寶文堂書目・圖誌》 《江陰縣新志》。

洪貫江陰縣志

黄虞稷《千頃堂書目・地理類上》 洪貫《江陰縣志》。

[正德]江陰縣志

黄虞稷《千頃堂書目・地理類上》 黄溥《江陰縣志》。

[嘉靖]江陰縣志

范邦甸等《天一閣書目・地理類》 《江陰縣志》十五卷。刊本。明嘉靖戊申，邑人張衮纂并序，武進唐順之序，知縣趙錦後序。

[嘉靖]江陰志

趙琦美《脈望館書目・史・南直・常州府》 《江陰志》六本。張衮修。

徐圖等《行人司重刻書目・地理類》 《江陰縣志》六本。

黄虞稷《千頃堂書目・地理類上》 張衮《江陰縣志》二十二卷。

[崇禎]江陰縣志

黃虞稷《千頃堂書目·地理類上》 馮士仁《江陰縣志》八卷。

鎮江地區

南徐州記

《隋書·經籍志·地理》《南徐州記》二卷。山謙之撰。

《舊唐書·經籍志·地理》《南徐州記》二卷。山謙之撰。

李昉《太平御覽經史圖書綱目》 山謙之《南徐州記》。

《新唐書·藝文志·地理類》 山謙之《南徐州記》二卷。

鄭樵《通志·藝文略·地里·郡邑》《南徐州記》二卷。山謙之撰。

章宗源《隋書經籍志考證·地理》《南徐州記》二卷。山謙之撰。《唐志》同。《文選》七發注：京江。《禹貢》：北江。《春秋》：朔望輒有太濤。《求自試表》注、《初學記·地理部》並同。《藝文類聚·山部》：蒜山北江中有伏牛山。《太平御覽·地部》：丹徒縣女山暨陽縣秦履山暨陽北馬鞍山、南沙縣中州山、剡縣三白山並引山謙之《南徐州記》。《世説·捷悟篇》注：徐州人多勁悍，號精兵。《排調篇》注：徐州都督北府之號，自晉王舒起。《史記·絳侯周勃世家》正義：丹徒峴龍目湖並引《南徐州記》，不著山謙之名。

廣梁南徐州記

《隋書·經籍志·地理》《廣梁南徐州記》九卷。虞孝敬撰。

鄭樵《通志·藝文略·地里·郡邑》《廣梁南徐州記》九卷。虞孝恭撰。

姚振宗《隋書經籍志考證·地理類》《廣梁南徐州記》九卷。虞孝敬撰。虞孝敬有《高僧傳》見前雜傳類。案：此爲廣州、梁州、南徐州三記合并爲帙者，似梁代地記之殘賸。

京口記

《隋書·經籍志·地理》《京口記》二卷。宋太常卿劉損撰。

《舊唐書·經籍志·地理》《京口記》二卷。劉損之撰。

李昉《太平御覽經史圖書綱目》 劉禎《京口記》。

《新唐書·藝文志·地理類》 劉損之《京口記》二卷。

鄭樵《通志·藝文略·地里·郡邑》《京口記》二卷。宋劉損撰。

章宗源《隋書經籍志考證·地理》《京口記》二卷。宋太常卿劉損撰。《唐志》作劉損之。《藝文類聚·地部》：城北四十餘里有小岡名下鼻。《山部》：石門二山頭相對，又蒜山無峯嶺，北臨中江。《文選》顏延年《遊蒜山詩》注同。《水部》：縣城東南大路得屠兒浦。《居處部》：唐頹山南隅得郄鑒故宅。《菓部》：南國多林檎。《北堂書鈔·地理部》：有龍目湖，秦始皇改名爲丹徒。《初學記·地理部》同。又曰：去城九里有白石峴。《御覽·地部》作自在峴。《太平御覽·地部》：黃鶴山、北顧山、馬蹄山、嘉子洲並稱。劉禎《京口記·輿地碑記目·京口舊記》山謙之、劉損之皆作。山謙之《記》未見逸篇。

潤州圖經

《舊唐書·經籍志·地理》《潤州圖經》二十卷。孫處玄撰。

《新唐書·藝文志·地理類》 孫處玄《潤州圖注》二十卷。

鄭樵《通志·藝文略·地里·圖經》《潤州圖注》十二卷。孫處玄撰。

焦竑《國史經籍志·地里·圖經》《潤州圖經》二十卷。孫處元。

鎮江圖經

尤袤《遂初堂書目・地理類》 《鎮江圖經》。

[嘉定]鎮江志

陳振孫《直齋書録解題・地理類》 《鎮江志》三十卷。教授天台盧憲子章撰。

馬端臨《文獻通考・經籍考・地理》 《鎮江志》三十卷。

焦竑《國史經籍志・地里・圖經》 《鎮江志》三十卷。盧憲。

阮元《四庫未收書目提要・地理類》 [嘉定]《鎮江志》二十二卷。(丹徒包氏刊本)宋盧憲撰。《宋史・藝文志》有熊克《鎮江志》十卷,而無憲此書。《書録解題》云:《鎮江志》三十卷,教授天台盧憲子章撰。《文獻通考》亦著録之。此書中稱憲者四條,稱盧憲者一條,故知是憲之書。書中所載事蹟,惟史彌堅最詳,趙善湘次之。攷彌堅以嘉定六年九月守鎮江,八年九月請祠;善湘以嘉定十四年十二月守鎮江,十七年召還,寶慶二年再任。案:元至順《鎮江志・學校門》載教官盧憲,嘉定癸酉謁廟事。癸酉爲嘉定六年,正彌堅守郡之日,書當(原本當誤堂,據《瀛洲筆談》校。)成於此時也。此書不見於近代藏書家著録,所存卷數與《書録解題》不同,中間脱文錯簡,往往而是。案其目録,似于體例間有未協,蓋由原本已多譌脱,經後人重爲編次。小有牴牾,固所不免。然宋人地志之存于今者,十不得一,而鎮江自六朝以後,遞爲重地,南渡以前之遺文墜典,如唐孫處元《圖經》、祥符《圖經》、《潤州集類》、《京口集》之類,世無傳本,藉此以存厓略,零圭碎璧,尤可寶惜,今從舊鈔本校正繕寫之。

鎮江志

《宋史・藝文志・地理類》 熊克《鎮江志》十卷。

[至順]鎮江志

錢大昕《補元史藝文志・地理類》 俞希魯《鎮江府志》。

阮元《四庫未收書目提要・地理類》 [至順]《鎮江志》二十一卷。(丹徒包氏刊本)。此書不著撰人姓名。案鎮江自東晉以來,屹爲重地。志乘之書,而宋乾道間有熊克所撰者十卷,見于《宋史・藝文志》;嘉定間盧憲所撰者三十卷,見于《書録解題》。今乾道《志》久已失傳,嘉定《志》尚有傳鈔之本,已出後人掇拾。此書體例大致取法于嘉定《志》,而紀載詳備,較爲過之。大約宋志主于徵文,此則重于攷獻;宋志旁稽典籍,務覈異同,此則備録故事,多詳興廢。鎮江在宋爲邊防之地,故其志攷(原本攻誤岐,據《瀛洲筆談》校。)守形勢,网羅古今,在元爲財賦之區,故此書物産土貢,臚陳名狀,其用意各有所在,不得而同也。至于郡守參佐,宋志近徵唐代,此則遠溯六朝;鄉賢寓公,宋志旁搜隋氏以前,此則詳于兩宋及元,互爲補苴,不可偏廢。然此書自明以來,藏書家絶無著録之者,洵爲罕覯之祕笈。此舊鈔本,編次失當,文字多舛,今重加校定繕寫,俾考京口故實者得以取資也。以之抗行袁桷之志四明,殆無媿焉。

鎮江志

楊士奇等《文淵閣書目・舊志》 《鎮江志》。十五册。

又 《鎮江志》。六册。

鎮江府志

楊士奇等《文淵閣書目・新志》 《鎮江府志》。

趙琦美《脈望館書目・史・南直・鎮江府》 《鎮江府志》。八本。

鎮江府并屬縣志

楊士奇等《文淵閣書目・新志》《鎮江府并屬縣志》。四册。

[萬曆]鎮江府志

黃虞稷《千頃堂書目・地理類上》王樵《鎮江府志》三十六卷。

《明史・藝文志・地理類》王樵《鎮江府志》三十六卷。

[正德]丹徒縣志

趙琦美《脈望館書目・史・南直・鎮江府》《丹徒縣志》。二本。

范邦甸等《天一閣書目・地理類》《鎮江府丹徒縣志》四卷。刊本。明藍田李東目録，蕭山何世學續增并序。

朱睦㮮《萬卷堂書目・地志》《丹徒縣志》四卷。楊琬。

祁承㸁《澹生堂藏書目・圖志・邑志》《丹徒縣志》。二册。四卷。楊琬等輯。

黃虞稷《千頃堂書目・地理類上》楊琬《丹徒縣志》四卷。

丹陽志

趙琦美《脈望館書目・史・南直・鎮江府》《丹陽志》。二本。

[隆慶]丹陽縣志

祁承㸁《澹生堂藏書目・圖志・邑志》《丹陽縣志》。四册。十二卷。馬豸。

溧陽縣志

楊士奇等《文淵閣書目・舊志》《溧陽縣志》。一册。

趙琦美《脈望館書目・史・南直》《溧陽縣志》。二本。又四本。又四本。

溧陽新志

楊士奇等《文淵閣書目・新志》《溧陽縣志》。

溧陽縣野志續編

祁承㸁《澹生堂藏書目・圖志・邑志》《溧陽縣野志續編》。五册。八卷。狄斯彬。

黃虞稷《千頃堂書目・地理類上》狄斯彬《溧陽縣野志續編》八卷。

溧水縣舊志

楊士奇等《文淵閣書目・舊志》《溧水縣志》。四册。

溧水縣新志

楊士奇等《文淵閣書目・新志》《溧水縣志》。

溧水志

黃虞稷《千頃堂書目・地理類上》方彦《溧水志》二卷。

朱睦㮮《萬卷堂書目・地志》《溧水志》二卷。方彦。

溧水中山志

楊士奇等《文淵閣書目・舊志》《溧水中山志》。三册。

[嘉靖]高淳縣志

范邦甸等《天一閣書目・地理類》《高淳縣志》四卷。刊本。明嘉靖癸未，知縣劉啟東纂，邢珣、頓鋭均有序，賈宗魯後序。

江乘地記

李昉《太平御覽經史圖書綱目》《江乘地記》。

章宗源《隋書經籍志考證・地理》《江乘地記》卷亡。不著録。

句曲縣志

楊士奇等《文淵閣書目・舊志》《句曲縣志》。一册。

句容縣志

楊士奇等《文淵閣書目・舊志》《句容縣志》。四册。

句容縣新志

楊士奇等《文淵閣書目・新志》《句容縣志》。

句容志

趙琦美《脈望館書目・史・南直》《句容志》一本。

[弘治]句容縣志

范邦甸等《天一閣書目・地理類》《江寧府句容縣志》十二卷。刊本。明弘治丙辰，儒學訓導程文纂輯，南京户部郎中周琦序，教諭曾昇後序，邑人王韶後序。

毘陵記

鄭樵《通志・藝文略・地里・郡邑》《毘陵記》一卷。

毘陵志

陳振孫《直齋書録解題・地理類》《毘陵志》十二卷。教授三山鄒補之撰。

馬端臨《文獻通考・經籍考・地理》《毘陵志》十二卷。

《宋史・藝文志・地理類》鄒補之《毘陵志》十二卷。

倪燦等《宋史藝文志補・地理類》鄒補之《毘陵志》十二卷。開化人常州教授。

［咸淳］重修毘陵志

倪燦等《宋史藝文志補・地理類》史能之《重脩毘陵志》三十卷。字子善四明人，常州知府。

黃丕烈《蕘圃藏書題識・史類二》［咸淳］《重修毘陵志》三十卷。舊鈔本原闕第廿卷，趙味辛校本。嘉慶庚午中秋後一日，書船友邵姓攜咸淳《毘陵志》刻本求售。案之目録祇二十卷，其第二十卷《財賦》云云係剜補，知其不全而僞爲者。乃取舊藏鈔本勘之，知王本二十卷始《地理》，終《財賦》，即是本所從出矣。若與趙本配，刻本又得二十九卷，其二十卷彼此闕如，惜索直太昂，未能即得，聊誌以記。異復翁謂此書法非京兆不辦，并書數語以誌。是書向無人論及，及余得此，余友五柳陶君復於玉峰骨董鋪中獲一舊鈔本，不如祝本遠甚。曾歸五硯，今又散諸他矣。余惜世無副本，校葊鈔後，余亦傳録，此本己卯中夏重裝，因記。

常州圖經

尤袤《遂初堂書目・地理類》潘洞《常州圖經》。

常州圖經

尤袤《遂初堂書目・地理類》《常州圖經》。

常州府志

晁瑮《晁氏寶文堂書目・圖誌》《常州府志》［志字原脱。今補。］

趙琦美《脈望館書目・史・南直・常州府》《常州府志》十本。内續集二本。

［洪武］毘陵志

楊士奇等《文淵閣書目・舊志》《毘陵志》。十册。

黃虞稷《千頃堂書目・地理類上》謝應芳《毘陵續志》十卷。洪武丁巳修。

《明史・藝文志・地理類》謝應芳《毘陵續志》十卷。

毘陵志

楊士奇等《文淵閣書目・舊志》《毘陵志》。二册。

晁瑮《晁氏寶文堂書目・圖誌》《毘陵志》欠一本。

［成化］毘陵志

黃虞稷《千頃堂書目・地理類上》王與《毘陵志》四十卷。成化十八年修。

《明史・藝文志・地理類》王與《毘陵志》四十卷。

《四庫全書總目提要・地理類存目二・都會郡縣》《毘陵志》四十卷。江蘇巡撫採進本。明王僎撰。僎字廷貴，武進人。景泰辛未進士，官至南京吏部尚書，謚文肅。是編體例頗詳整，惟齊高、梁武雖從斯郡發祥，然奄有江東，各存國史，修郡志者但可載其軼聞舊蹟，以備考徵。乃於人物之首冠以二帝，附以諸王，揆以斷限之法，於義爲濫，蓋輿記務侈土風，而不知著書各有體例也。

［成化］重修毘陵志

范邦甸等《天一閣書目・地理類》《重修毘陵志》四十卷，《常州府志續集》六卷。刊本。明成化六年，郡人朱昱纂修并序，金溪徐瓊序，郡人王倎序并跋。

《四庫全書總目提要・地理類存目二・都會郡縣》《重修毘陵志》四十卷。江蘇巡撫採進本。明朱昱撰。昱字懋易，武進人。初，成化己丑常州知府卓天錫聘昱修郡志，書成未刻。越十有三年戊寅，新淦孫仁來知府事，仍屬昱增修之。其書先圖、次表、次志，凡十有七門。昱《後志》云：以宋咸淳《志》爲本，次以洪武十年《續志》及永樂十六年、景泰五年敕天下郡縣纂輯志書之副稾。案：咸淳《毘陵志》爲史能之撰，洪武《續志》爲謝應芳撰，其原書皆有體例，故所修比他志爲善。惟命周忱賑荒、以王恕爲巡撫諸敕諭，不專爲常州一府，而牽連載之，未免失於氾濫云。

毘陵續志

黄虞稷《千頃堂書目・地理類上》朱昱《毘陵續志》八卷。

［正德］常州府志續集

楊士奇等《文淵閣書目・新志》《常州府并屬縣志》。八册。

《明史・藝文志・地理類》張愷《常州府志續集》八卷。

黄虞稷《千頃堂書目・地理類上》張愷《常州府志續集》八卷。正德八年修。愷，無錫人。鹽運使。

《四庫全書總目提要・地理類存目二・都會郡縣》《常州府志續集》八卷。兩淮鹽政採進本。明張愷撰。愷，無錫人。成化甲辰進士，仕履未詳。初，王僎撰《常州府志》四十卷，止於成化二十年。此續修之，凡見於舊志者不録。其敘事止於正德七年，則其書當成於是歲後也。《江南通志》載：無錫張愷《常郡續志》八卷，與此本卷數相合。其所載惟官署人物，蓋以沿革、山川各門已載前志故也。

［萬曆］重修常州府志

范邦甸等《天一閣書目・地理類》《常州府無錫縣志》二十四卷。刊本。明萬曆甲戌，邑人秦梁纂脩并序，吴郡嚴訥序，邑人秦夔序。

黄虞稷《千頃堂書目・地理類上》唐鶴徵《常州府志》二十卷。萬曆戊午年修。時鶴徵以太常寺卿家居。

《明史・藝文志・地理類》唐鶴徵《常州府志》二十卷。

［萬曆］武進縣志

祁承㸁《澹生堂藏書目・圖志・邑志》《武進縣志》。八册。八卷。唐鶴徵纂。

宜興志

尤袤《遂初堂書目・地理類》《宜興志》。

楊士奇等《文淵閣書目・舊志》《宜興志》。一册。

[萬曆]宜興志

趙琦美《脈望館書目・史・南直・常州府》《宜興志》五本。

祁承㸁《澹生堂藏書目・圖志・邑志》《宜興縣志》。五册。十卷。王狄輯。

揚州地區

廣陵郡圖經

姚振宗《後漢藝文志・地理類・州郡》 王逸《廣陵郡圖經》。《范書・文苑傳》：王逸字叔師，南郡宜城人也。元初中舉上計吏，爲校書郎，順帝時爲侍中。《史通・史官篇》曰：劉曹二史皆當代所撰，能成其事者，蓋唯劉珍、蔡邕、王沈、魚豢之徒耳。而舊史載其同作非止一家，如王逸、阮籍亦預其列，則逸嘗與史事。此子玄見《東觀記》舊本銜題所載者。章宗源《隋志考證》曰：《文選・蕪城賦》注王逸《廣陵郡圖經》曰：郡城，吴王濞所築。

侯《志》曰：王逸《廣陵郡圖經》，《文選・蕪城賦》注引之。

江都圖經

汪師韓《文選注引群書目録上・地理》《江都圖經》。

章宗源《隋書經籍志考證・地理》《江都圖經》。卷亡，不著録。《文選》爲曹公與孫權書注《江都圖經》曰，江西壽春屬魏。魏揚州刺史鎮壽春。

[紹熙]廣陵志

陳振孫《直齋書録解題・地理類》《廣陵志》十二卷。教授三山鄭少魏、江都尉會稽姚一謙撰。紹熙元年，太守鄭興裔也。

馬端臨《文獻通考・經籍考・地理》《廣陵志》十二卷。

《宋史・藝文志・地理類》 鄭少魏《廣陵志》十二卷。

廣陵志

楊士奇等《文淵閣書目・舊志》《廣陵志》。二册。

維揚志

楊士奇等《文淵閣書目・舊志》《維陽志》。十五册。

維揚新志

晁瑮《晁氏寶文堂書目・圖誌》《維揚新志》。

[嘉靖]維揚志

晁瑮《晁氏寶文堂書目・圖誌》[嘉靖]《維揚志》。揚刻。

范邦甸等《天一閣書目・地理類》[嘉靖]《維揚志》三十八卷。刊本。嘉靖壬寅，郡人盛儀撰，胡植崔桐俱有序。

黄虞稷《千頃堂書目・地理類上》 盛儀《維揚志》三十八卷。嘉靖間修。郡人。太僕卿。

《四庫全書總目提要・地理類存目二・都會郡縣》 ［嘉靖］《惟揚志》三十八卷。浙江范懋柱家天一閣藏本。明盛儀撰。儀字德章，江都人。弘治乙丑進士。官至太僕寺卿。揚州輿記，宋代有紹熙《廣陸志》、嘉泰《廣陵志》、寶祐《惟揚志》，歲久散佚。高宗本有《惟揚新志》，而採録未備。嘉靖二十年，知府歸安朱懷幹請於巡按御史胡植屬儀輯爲是書，沿寶祐舊名，以惟揚爲稱。且謂《禹貢》：淮海惟揚州，寶祐志本此。今作維揚者，誤也。首郡邑古今圖，次建革以下十八志，又秩官、人物二列傳。纂次頗有端緒，在明代地志中差爲完善。惟以古今關涉揚州事蹟，倣綱目編年紀載，別爲歷代一志，則體例殊嫌創見。

維揚郡乘

黄虞稷《千頃堂書目・地理類上》 趙鶴《維揚郡乘》。

江陽譜

楊士奇等《文淵閣書目・舊志》 《江陽譜》。八册。

江陽續譜

楊士奇等《文淵閣書目・舊志》 《江陽續譜》。二册。

揚州府并屬縣志

楊士奇等《文淵閣書目・新志》 《揚州府并屬縣志》。四册。

又 《揚州府并屬縣志》。五册。

揚州府志

趙琦美《脈望館書目・史・南直・揚州府》 《揚州府志》。十本。

徐圖等《行人司重刻書目・地理類》 《揚州府志》。六本。

《明史・藝文志・地理類》 高宗本《揚州府志》十卷。

［萬曆］揚州府志

祁承㸁《澹生堂藏書目・圖志・郡志》 《揚州府志》。二十二册。二十七卷。

黄虞稷《千頃堂書目・地理類上》 楊洵《揚州府志》二十七卷。

［康熙］揚州府志

黄虞稷《千頃堂書目・地理類上》 金鎮《揚州府志》四十卷。

［康熙］揚州府志

《四庫全書總目提要・地理類存目三・都會郡縣》 《揚州府志》四十卷。兩淮鹽政採進本。國朝張萬壽撰。萬壽字鶴秋，浮山人。康熙中官揚州府知府。《揚州府志》自明成化至萬壽凡經五修，而益繁蕪。考書首載萬曆中楊洵舊志序，歷敘門目，其端緒尚爲清整。萬壽多所增益，其體例轉不及原書也。

江都志

趙琦美《脈望館書目・史・南直・揚州府》《江都志》四本。

〔嘉靖〕揚州府江都縣志

張萱等《内閣藏書目録・志乘部・南直隸》《揚州府江都縣志》。四册。全。嘉靖壬戌，邑人葛洞修。

黄虞稷《千頃堂書目・地理類上》葛洞《江都縣志》八卷。嘉靖壬戌間修。邑人。

《四庫全書總目提要・地理類存目三・都會郡縣》〔嘉靖〕《江都縣志》八卷。兩淮鹽政採進本。明葛洞撰。洞字近園，江都人。初，江都以附郭無專志。嘉靖壬戌，知縣趙訥屬洞因府志而增葺之，凡八門。《藝文》用《吴郡志》例，附各門之内。其《人物》一門則訥所裁定也。草創之初，記載殊爲簡略。每條末所繫論贊皆以「知縣趙曰」四字冠之，是縣令諭示鄉民之體也，以入志書，不學甚矣。

〔萬曆〕江都縣志

黄虞稷《千頃堂書目・地理類上》陸君弼《江都縣志》二十三卷。萬曆間修，張寧修訂。

《四庫全書總目提要・地理類存目三・都會郡縣》〔萬曆〕《江都縣志》八卷。兩淮鹽政採進本。明陸君弼撰。君弼，江都人，萬曆中貢生。是書因嘉靖壬戌葛洞舊志重修，而以史法變其體例，曰紀、曰表、曰志、曰傳。紀之目一、表之目五、志之目七、傳之目十。夫史之有紀，爲帝王作也，稱之一邑則僭矣。其表較他志頗善，然既作郡縣紀，又作郡縣表，繁複與《永州》同。提封萬井，周制也，以名疆域，不免鷗閣虬户之譏。其《郡縣紀》中稱建興中吴主亮使衛尉馮朝城廣陵，三年冬十月，魏主以舟師擊吴，登廣陵故城。案吴城廣陵在五鳳二年，當魏正始二年，曹丕擊吴則在黄初三年，先後顛倒三十年，不知何以舛誤至是也。

瓜州分司志

趙琦美《脈望館書目・史・南直・揚州府》《瓜州分司志》四本。

儀真志

《宋史・藝文志・地理類》韓挺《儀真志》七卷。

儀真志

楊士奇等《文淵閣書目・舊志》《儀真志》。五册。

儀真縣志

徐圖等《行人司重刻書目・地理類》《儀真縣志》四本。

〔永樂〕儀真縣志

黄虞稷《千頃堂書目・地理類上》胡彦成《儀真縣志》七卷。永樂間修。

[嘉靖]儀真志

黄虞稷《千頃堂書目·地理類上》 楊孫仲張渠《儀真志》六十四卷。嘉靖間修。

[隆慶]儀真縣志

范邦甸等《天一閣書目·地理類》《揚州府儀徵縣志》十四卷。刊本。明隆慶元年，知縣昆陽申嘉瑞重脩并序，蜀郡邊維垣序。

張萱等《内閣藏書目録·志乘部·南直隸》《儀徵縣志》。四册。全。隆慶丁卯邑，令申嘉瑞修。

黄虞稷《千頃堂書目·地理類上》 申嘉瑞、李文、陳國光《儀真縣志》十四卷。隆慶間修。

[崇禎]儀真縣志

黄虞稷《千頃堂書目·地理類上》 姜埰、李坫《儀真縣志》。崇禎間修。

高郵志

陳振孫《直齋書録解題·地理類》《高郵志》三卷，《續修》十卷。興化縣主簿孫祖義撰。郡守趙不慙刻之。淳熙四五年間也。其書在圖志中最爲疏略。嘉定中，守汪綱再修，稍詳定矣。

馬端臨《文獻通考·經籍考·地理》《高郵志》三卷，《續修》十卷。

《宋史·藝文志·地理類》 孫祖義《高郵志》三卷。

高郵郡志

晁瑮《晁氏寶文堂書目·圖誌》《高郵郡志》。

[隆慶]高郵州志

趙琦美《脈望館書目·史·南直·揚州府》《高郵志》四本，又四本。

張萱等《内閣藏書目録·志乘部·南直隸》《高郵州志》。四册。全。隆慶間，州守范維恭修。

黄虞稷《千頃堂書目·地理類上》 范惟恭敬《高郵州志》。隆慶間修。

又 王應元《高郵州志》十二卷。

高郵州志

黄虞稷《千頃堂書目·地理類上》 張珩《高郵州志》三卷。

《明史·藝文志·地理類》 張珩《高郵州志》三卷。

[乾隆]高郵州志

丁立中《八千卷樓書目·地理類·都會郡縣》［乾隆］《高郵州志》十二卷。國朝馮馨撰。刊本。

興化縣志

楊士奇等《文淵閣書目·新志》《興化縣志》。

[嘉靖]興化縣志

趙琦美《脈望館書目・史・南直・揚州府》《興化舊志》四本。

[萬曆]興化縣新志

趙琦美《脈望館書目・史・南直・揚州府》《新志》九本。

張萱等《内閣藏書目録・志乘部・南直隸》《興縣新纂》。九册。全。即《興化志》。萬曆辛卯，邑令歐陽東鳳修。

寶應志略

晁瑮《晁氏寶文堂書目・圖誌》《寶應志略》。

寶應舊志

趙琦美《脈望館書目・史・南直・揚州府》《寶應舊志》二本。

寶應新志

趙琦美《脈望館書目・史・南直・揚州府》《新志》八本。又三本。

[嘉靖]寶應縣志略

范邦甸等《天一閣書目・地理類》《寶應縣志略》四卷。刊本。明嘉靖十七年，餘姚聞人詮撰。

朱睦㮮《萬卷堂書目・地志》《寶應縣志》四卷。宋佐。

黃虞稷《千頃堂書目・地理類上》 宋佐《寶應縣志》四卷。

[隆慶]寶應縣志

范邦甸等《天一閣書目・地理類》《寶應縣志》十卷。刊本。明隆慶三年，知縣楚蘄湯一賢輯并序，教諭吴鐸跋。

[萬曆]寶應縣志

張萱等《内閣藏書目録・志乘部・南直隸》《寶應縣志》。十二册。全。萬曆甲午邑，令陳煃修。

黃虞稷《千頃堂書目・地理類上》 陳煃《寶應縣志》。萬曆間修。

[淳熙]吴陵志

陳振孫《直齋書録解題・地理類》《吴陵志》十卷。不著名氏。淳熙壬寅所修。後三年乙巳，太守錢塘萬鍾元亨屬僚佐參正而刻之。泰州在唐爲吴陵縣。

馬端臨《文獻通考・經籍考・地理》《吴陵志》十卷。

項預吴陵志

《宋史·藝文志·地理類》 項預《吴陵志》十四卷。

泰州郡志節要

張萱等《内閣藏書目録·志乘部·南直隸》 《泰州郡志節要》。一册，全。莫詳編纂姓氏。鈔本。

黄虞稷《千頃堂書目·地理類上》 《泰州郡志節要》。不知撰人。

［嘉靖］泰州新志

范邦甸等《天一閣書目·地理類》 《泰州新志》八卷。刊本。明嘉靖龍飛儒學學正陳琦脩輯。泰州謝源序。

黄虞稷《千頃堂書目·地理類上》 陳奇《泰州志》八卷。

《明史·藝文志·地理類》 陳奇《泰州志》八卷。

［崇禎］泰州志

《四庫全書總目提要·地理類存目三·都會郡縣》 《泰州志》十卷。兩淮馬裕家藏本。明劉萬春撰。萬春字公孕，泰州人。萬曆丙辰進士，官至浙江布政司參政。是書成於崇禎癸酉，與他志體例略同，而意主黜僞存真，頗不徇其鄉曲。其論學究而藹理學之堂，方技而割隱君之席，及諛墓之文、雖工不録者，皆切中州郡志書之弊也。

泰興縣志

晁瑮《晁氏寶文堂書目·圖誌》 《泰興縣志》。

［萬曆］泰興縣志

趙琦美《脈望館書目·史·南直·揚州府》 《泰興志》二本。

張萱等《内閣藏書目録·志乘部·南直隸》 《泰興縣志》。二册。全。萬曆壬午，邑令高桂修。

黄虞稷《千頃堂書目·地理類上》 高桂《泰興縣志》。萬曆間修。

［萬曆］泰興縣新志纂

黄虞稷《千頃堂書目·地理類上》 歐陽東鳳《泰興縣新志纂》九册。即《興化志》。萬曆辛卯修。

［光緒］泰興縣志

丁立中《八千卷樓書目·地理類·都會郡縣》 ［光緒］《泰興縣志》二十六卷。國朝楊激雲撰。刊本。

靖江縣志

祁承㸁《澹生堂藏書目·圖志·邑志》 《靖江縣志》。六册。十二卷。朱家。

洪貫靖江縣志

黃虞稷《千頃堂書目·地理類上》 洪貫《靖江縣志》。

南通地區

淮南通川志

《宋史·藝文志·地理類》 孫昭先《淮南通川志》十卷。

通州志

楊士奇等《文淵閣書目·舊志》 《通州志》。二册。

通州新志

楊士奇等《文淵閣書目·新志》 《通州志》。

通州志略

晁瑮《晁氏寶文堂書目·圖誌》 《通州志略》。

[永樂]通州志

黃虞稷《千頃堂書目·地理類上》 嚴敦大《通州志》。永樂間修。

[景泰]通州志

黃虞稷《千頃堂書目·地理類上》 孫徽《通州志》一卷。景泰間修。

[弘治]通州志

黃虞稷《千頃堂書目·地理類上》 施紀《通州志》二卷。弘治間修。

[嘉靖]通州志

范邦甸等《天一閣書目·地理類》 《通州志》六卷。刊本。明嘉靖庚寅，通州舉人顧磐編考，莆田舉人林穎重脩，知州南海鍾汪序，莆田陳待科後跋。

黃虞稷《千頃堂書目·地理類上》 顧磐林穎《通州志》六卷。嘉靖庚寅顧磐創草，林穎修。

[嘉靖]續修通州志

趙琦美《脈望館書目·史·南直·揚州府》 《通州志》四本。

黃虞稷《千頃堂書目·地理類上》 丁鉄《通州志》四卷。嘉靖甲寅修。

[嘉靖]三修通州志

黃虞稷《千頃堂書目・地理類上》 錢峰、江一山、淩梓、張梓、姚遜《通州志》八卷。嘉靖己未。修。

[萬曆]通州志

徐𤊹《徐氏家藏書目・南直隸》《通州志》八卷。沈明臣脩。

張萱等《内閣藏書目録・志乘部・南直録》《通州志》。四册。全。萬曆戊寅，鄞人沈明臣修。

黃虞稷《千頃堂書目・地理類上》 沈明臣陳大科顧養謙《通州志》八卷。萬曆丁丑修。

《明史・藝文志・地理類》 沈明臣《通州志》八卷。

《四庫全書總目提要・地理類存目三・都會郡縣》《通州志》八卷。兩淮馬裕家藏本。明沈明臣撰。明臣字嘉則，鄞縣人。嘉靖中諸生，嘗與徐渭同參胡宗憲幕府。《明史・文苑傳》附見《徐渭傳》中。明南直隸、北直隸皆有通州，此編《南通州志》也。書成於萬曆丁丑。其秩官、科第諸門，皆括之以表，於例頗善。

[乾隆]直隸通州志

周中孚《鄭堂讀書記補逸・地理類三・都會郡縣》《直隸通州志》二十二卷。乾隆乙亥刊本。國朝直隸通州知州王繼祖主修。繼祖字敬亭，漢軍正紅旗舉人。通州舊隸揚州府，康熙十一年海門縣併入通州而州始大，雍正二年升爲直隸州，以府屬之泰興、如皋二縣屬焉。然州雖升建，未有志書。至乾隆十八年，敬亭始檄行各屬，於舊時郡邑諸志外，旁搜廣采而彙集之。明年開局編纂，延高郵夏醴谷之轉總其事，郡邑諸生襄其成，九閲月而告竣。凡分門十有八，分目八十有九。據舊志所載，補闕正訛，芟繁詳略，其昔無而今有者俱詳審而增益之。於是三十年來未備之事，皆得綱綜條貫，記載靡遺。又明年刊成。敬亭隨谷俱有序，凡載纂修姓氏、凡例及舊志諸序。

崇川咫聞録

耿文光《萬卷精華樓藏書記・地理類七》《崇川咫聞録》十八卷。

海門志

趙琦美《脈望館書目・史・南直・揚州府》《海門志》。二本。

[嘉靖]海門縣志

范邦甸等《天一閣書目・地理類》《海門志》十卷。刊本有天一閣、古司馬氏二印。明嘉靖丁酉，邑人崔桐輯并序，洛陽陳大壯序。

徐𤊹《徐氏家藏書目・南直隸》《海門縣志》八卷。崔桐。

黃虞稷《千頃堂書目・地理類上》 崔桐《海門縣志》十卷。嘉靖間修。

海門縣志

黃虞稷《千頃堂書目・地理類上》 尹壐《海門縣志》。

如皋縣志

晁瑮《晁氏寶文堂書目・圖誌》《如皋縣志》。

[嘉靖]如臯縣志

范邦甸等《天一閣書目・地理類》《如臯縣志》十卷。刊本。明嘉靖三十九年，海陽謝紹祖脩輯并跋，嘉靖丙申，郡人崔桐舊序，童蒙吉重脩序。

徐𤊹《徐氏家藏書目・南直隸》《如臯縣志》十卷。謝紹祖。

張萱等《内閣藏書目録・志乘部・南直隸》《如臯縣志》。三册。全。嘉靖庚申，教諭謝紹祖修。

黃虞稷《千頃堂書目・地理類上》謝紹祖《如臯縣志》十卷。嘉靖庚申修。令。

如臯志

趙琦美《脈望館書目・史・南直・揚州府》《如臯志》二本。

淮陰地區

楚州圖經

陳振孫《直齋書録解題・地理類》《楚州圖經》二卷。教授霅川吴莘商卿撰。太守毗陵錢之望大受，時淳熙十三年。

馬端臨《文獻通考・經籍考・地理》《楚州圖經》二卷。

《宋史・藝文志・地理類》錢之望、吴莘《楚州圖經》二卷。

淮陰圖經

李昉《太平御覽經史圖書綱目》《淮陰圖經》。

淮安府志

楊士奇等《文淵閣書目・舊志》《淮安府志》。三册。

晁瑮《晁氏寶文堂書目・圖誌》《淮安府志》。

徐圖等《行人司重刻書目・地理類》《淮安府志》六本。

淮安府并屬縣志

楊士奇等《文淵閣書目・新志》《淮安府并屬縣志》。一册。

淮安府并屬縣圖

楊士奇等《文淵閣書目・新志》《淮安府并屬縣圖》。一册。

[正德]淮安府志

范邦甸等《天一閣書目・地理類》《淮安府志》十六卷。刊本。明正德十三年，知府薛鎏纂脩。

[成化]淮安府志

黃虞稷《千頃堂書目・地理類上》金銑顧達《淮安府志》十四卷。成化間修。

[萬曆]淮安府志

范邦甸等《天一閣書目・地理類》《淮安府志》二十卷。刊本。明萬曆改元冬，淮安府知府陳文燭纂脩并序，山陽縣學訓導浙東黃九川跋。

趙琦美《脈望館書目・史・南直・淮安府》《淮安府志》四本。

徐圖等《行人司重刻書目・地理類》《淮安府志》四本。

徐𤊹《徐氏家藏書目・南直隸》《淮安府志》二十卷。

張萱等《内閣藏書目録・志乘部・南直隸》《淮安府志》。四册。全。萬曆癸酉，郡守陳文燭修。又四册全，同前。

黃虞稷《千頃堂書目・地理類上》陳文燭《淮安府志》二十卷。萬曆癸酉修。郡守。

《明史・藝文志・地理類》陳文燭《淮安府志》十六卷。

[天啓]淮安府志

黃虞稷《千頃堂書目・地理類上》宋祖舜《淮安府志》二十四卷。天啓間修。

山陽志

楊士奇等《文淵閣書目・舊志》《山陽志》。六册。

[嘉靖]山陽縣志

張萱等《内閣藏書目録・志乘部・南直隸》《山陽縣志》。一册。全。嘉靖甲午，學博王汝霖修。

黃虞稷《千頃堂書目・地理類上》王汝霖《山陽縣志》。嘉靖甲午修。學博。

清河志

趙琦美《脈望館書目・史・南直・淮安府》《清河志》二本。

安東縣志

張萱等《内閣藏書目録・志乘部・南直隸》《安東縣志》。一册，全。教諭詹泰編。鈔本。

黃虞稷《千頃堂書目・地理類上》詹泰《安東縣志》。

[萬曆]宿遷縣志

范邦甸等《天一閣書目・地理類》《宿遷縣志》八卷。刊本。明萬曆五年，知縣喻文偉纂脩并序，掌宿遷學事何議、司訓劉算均有後序。

張萱等《内閣藏書目録・志乘部・南直隸》《宿遷縣志》。二册。全。萬曆丁丑，教諭何儀等修。

黃虞稷《千頃堂書目・地理類上》何儀等《宿遷縣志》。萬曆丁丑修。教諭。

盱眙圖經

李昉《太平御覽經史圖書綱目》《盱眙圖經》。

都梁志

趙希弁《讀書附志・地理類》《都梁志》六卷。右郡守何季羽所修也，詩文附焉。

陳振孫《直齋書録解題・地理類》《都梁志》八卷。郡守霍箎、教授周之瑞修。紹熙元年也。

馬端臨《文獻通考・經籍考・地理》《都梁志》八卷，《續》一卷。

都梁志

《宋史・藝文志・地理類》鄭昉《都梁志》二卷。

都梁志

楊士奇等《文淵閣書目・舊志》《都梁志》六册。

[正德]盱眙縣志

朱睦㮮《萬卷堂書目・地志》《盱眙縣志》二卷。陳維淵。

盱眙縣志

趙琦美《脈望館書目・史・南直・鳳陽府》《盱眙縣志》二本。

盱眙縣志

黄虞稷《千頃堂書目・地理類上》馬汝礪《盱眙縣志》二卷。

盱眙縣志

祁承㸁《澹生堂藏書目・圖志・邑志》《盱眙縣志》。四册。十二卷。李上元修。

鹽城地區

[萬曆]鹽城縣志

張萱等《内閣藏書目録・志乘部・南直隸》《鹽城縣志》。二册，全。萬曆癸未，邑令楊瑞雲修。

黄虞稷《千頃堂書目・地理類上》楊瑞雲《鹽城縣志》。萬曆癸未修。令。

[乾隆]鹽城縣志

周中孚《鄭堂讀書記補逸・地理類三・都會郡縣》《鹽城縣志》十卷。乾隆壬戌刊本。國朝鹽城縣知縣程國棟主修。國棟字玉亭，烏程人，康熙癸巳舉人。鹽城於漢屬臨淮郡，後漢屬廣陵郡，三國時廢，晉武帝太康二年復立，安帝更今名。以後所屬不常，元屬淮安路，明改路爲府，縣仍屬焉。萬曆初，知縣楊瑞雲始創爲志。國朝順治中知縣賈國泰略加增輯重刊，其後康熙中知縣陳繼美，雍正初知縣于本宏相繼增修，然止粗具稾本，未及告成。乾隆丁巳，玉亭由嘉定調任，乃集邑之人士據舊志分纂，正譌補闕，續以近所見聞，成是志。凡分地理、建置、民事、秩官、名宦、選舉、人物、藝文、雜記、九門，每門又各分子目，冠以縣境、城邑、縣署、學宮四圖。敍述詳核，實較舊志爲勝焉。前有乾隆七年《自序》、凡例及《纂修姓氏》，並載楊賈《原序》二篇。

徐州地區

徐地録

《舊唐書・經籍志・地理》《徐地録》一卷。劉芳撰。

《新唐書・藝文志・地理類》劉芳《徐地録》一卷。

鄭樵《通志・藝文略・地里・郡邑》《徐地録》一卷。劉芳撰。

章宗源《隋書經籍志考證・地理》《徐地録》一卷。劉芳撰。不著録。見《唐志》、《北堂書鈔》藝文部，徐州有秦始皇碑。地理部延陵縣，南有茅君山。《太平寰宇記》河南道，合鄉故城古之互鄉。又云，後漢承宫躬稼於蒙山，並引劉芳《徐州記》。

重修徐州圖經

《宋史・藝文志・地理類》《重修徐州圖經》三卷。嘉定中撰。

徐州記

李昉《太平御覽經史圖書綱目》陽曄《徐州記》。

徐地記

焦竑《國史經籍志・地里・郡邑》《徐地記》二卷。晏範模。

徐州并屬縣志

楊士奇等《文淵閣書目・新志》《徐州并屬縣志》。一册。

[弘治]重修徐州志

晁瑮《晁氏寶文堂書目・圖誌》《徐州志》。

趙琦美《脈望館書目・史・南直・徐州》《徐州舊志》。六本。

祁承㸁《澹生堂藏書目・圖志・州志》《徐州前志》。六册。十卷。

徐州新志

晁瑮《晁氏寶文堂書目・圖誌》《徐州新志》。

趙琦美《脈望館書目・史・南直・徐州》《徐州新志》。六本。

[嘉靖]徐州志

范邦甸等《天一閣書目・地理類》《徐州府志》十二卷。刊本。明四明王梃編輯并序。

徐𤊹《徐氏家藏書目・南直隸》《徐州志》十二卷。

徐州後志

祁承㸁《澹生堂藏書目・圖志・州志》《徐州後志》六册。十二卷。汪應軫。

[萬曆]徐州志

張萱等《内閣藏書目録・志乘部・南直隸》《徐州志》。六册。全。隆慶壬申，蕭縣教諭姚應龍等修。

黄虞稷《千頃堂書目・地理類上》姚應龍《徐州志》。隆慶壬申修。蕭縣教諭。

徐州洪志

趙琦美《脈望館書目・史・南直・徐州》《徐州洪志》二本。

晁瑮《晁氏寶文堂書目・圖誌》《徐州洪志》二。

[嘉靖]徐州洪志

徐𤊹《徐氏家藏書目・南直隸》《徐州洪志》十卷。陳穆。嘉靖壬寅刻。

黄虞稷《千頃堂書目・地理類下》陳穆《徐州洪志》十卷。

《明史・藝文志・地理類》陳穆《徐州洪志》十卷。

呂梁志

徐𤊹《徐氏家藏書目・南直隸》《呂梁志》八卷。嘉靖乙卯，工部主事聞。王應時刻。

黄虞稷《千頃堂書目・地理類下》王應時《呂梁志》八卷。

呂梁洪志

黄虞稷《千頃堂書目・地理類下》《呂梁洪志》九卷。不知撰人。

《明史・藝文志・地理類》馮世雍《呂梁洪志》一卷。

豐縣志

楊士奇等《文淵閣書目・舊志》《豐縣志》。一册。

趙琦美《脈望館書目・史・南直・徐州》《豐縣志》二本。

徐圖等《行人司重刻書目・地理類》《豐縣志》四本。

[隆慶]豐縣志

張萱等《内閣藏書目録・志乘部・南直隸》《豐縣志》。二册。全。萬曆癸酉，邑令尹梓修。

黄虞稷《千頃堂書目・地理類上》尹梓《豐縣志》。萬曆癸酉修。令。

[嘉靖]沛縣志

范邦甸等《天一閣書目・地理類》《沛縣志》十卷。刊本。明嘉靖二十二年，知縣永年王治脩，教諭馬偉、訓導黄杲、泰順張慶暘同編輯，廣平馬偉撰序，張慶暘後序。

張萱等《内閣藏書目録・志乘部・南直隸》《沛縣志》。三册。全。嘉靖癸卯，邑令王治修。

祁承㸁《澹生堂藏書目・圖志・關鎮》《沛縣志》。三册。十卷。

黄虞稷《千頃堂書目・地理類上》王治《沛縣志》。嘉靖癸卯修。令。

邳縣志

晁瑮《晁氏寶文堂書目·圖誌》《邳州志》。

[嘉靖]重修邳州志

范邦甸等《天一閣書目·地理類》《邳州志》十卷。刊本。明嘉靖丁酉，按察楊輔纂脩，知州陳柏校正均有序。

張萱等《内閣藏書目録·志乘部·南直隸》《邳州志》。四册。全。嘉靖丁丑，州守陳柏修。

黄虞稷《千頃堂書目·地理類上》陳柏《邳州志》。嘉靖丁酉修。守。

[萬曆]睢寧縣志

張萱等《内閣藏書目録·志乘部·南直隸》《睢寧縣志》。二册。全。萬曆丙戌，教諭黄廷敕修。

黄虞稷《千頃堂書目·地理類上》黄廷敕《睢寧縣志》。萬曆丙戌修。教諭。

[隆慶]海州志

范邦甸等《天一閣書目·地理類》《海州志》十卷。刊本。明隆慶壬申，同知惠安張峯纂脩，沔陽陳文燭序，知州仁和鄭復亨跋。

張萱等《内閣藏書目録·志乘部·南直隸》《海州志》。四册。全。隆慶壬申，州守張峯修。

黄虞稷《千頃堂書目·地理類上》張峰《海州志》。隆慶壬申修。守。

[萬曆]贛榆縣志

張萱等《内閣藏書目録·志乘部·南直隸》《贛榆縣志》。二册。全。萬曆庚寅，邑令樊兆程修。

黄虞稷《千頃堂書目·地理類上》樊兆程《贛榆縣志》。萬曆庚寅修。令。

浙江省

吴興録

顧櫰三《補後漢書藝文志·輿地類》《吴興》一卷。韋昭撰。

又《吴興堂》一卷。韋昭撰。

秦榮光《補晉書藝文志·地理類·都會郡縣》《吴興録》。据《輿地碑目》引。韋昭撰。

會稽土地記

《隋書·經籍志·地理》《會稽土地記》一卷。朱育撰。

鄭樵《通志·藝文略·地里·郡邑》《會稽土地記》一卷。朱育撰。

會稽記

姚振宗《三國藝文志·地理類·總志郡縣》朱育《會稽記》四卷。育始末具經部詩類。《隋書·經籍志》，《會稽土地記》一卷，朱育撰。《唐·經籍志》雜傳類，《會稽記》四卷，朱育撰。《藝文志》雜傳記類，朱育《會稽記》四卷。章宗源《隋志考證》曰：《世說・言語篇》注引《會稽土地志》，不著朱育名。又《史記・五帝本紀》正義引《會稽舊記》，《太平御覽》禮儀部引《會稽十城地志》，皆不著撰人。案：《吳志・虞翻傳》注，引《會稽典録》，孫亮太平三年，育爲郡門下書佐，對太守濮陽興訪本郡人物及吳會分郡始末，凡千數百言，似即此書之緣起。《隋志》《土地記》一卷，兩《唐志》似合人物土地爲一書，故四卷。又以其書人物爲多，故入傳記類。

會稽舊記

章宗源《隋書經籍志考證・地理》《會稽舊記》卷亡。不著録。《史記・五帝紀》正義，《會稽舊記》曰，舜，上虞人，去虞三十里有姚邱，即舜所生也。

會稽記

《隋書・經籍志・地理》《會稽記》一卷。賀循撰。

鄭樵《通志・藝文略・地里・郡邑》《會稽記》一卷。賀循撰。

姚振宗《隋書經籍志考證・地理類》《會稽記》一卷。賀循撰。賀循有《喪服要》，見經部三禮類。章氏考證《史記・越世家・正義》：少康少子號曰於越，越國之稱始此。《御覽・地部》：石簣山，其形似簣，在宛委山上。並引賀循《會稽記》。案本志雜傳類有《會稽先賢像贊》五卷，不著撰人。兩《唐志》並云賀氏撰。似其舊本與此爲一書。凡六卷，後人分析言地域、山川者入此類，遂分屬兩篇。又《宋書・州・郡志》會稽始寧令下引賀續《會稽記》，或循之後別有修纂者。又疑續爲循字之誤，又或續上有循字，循蓋續朱育之書也。

文廷式《補晉書藝文志・地志類》賀循《會稽記》一卷。《御覽》四十七石簣山條引賀循記。

會稽記

李昉《太平御覽經史圖書綱目》孔靈符《會稽記》。

又 孔曄《會稽記》。

汪師韓《文選注引群書目録上・地理》孔靈符《會稽記》。孔曄。

章宗源《隋書經籍志考證・地理》《會稽記》。卷亡。孔靈符撰。不著録。《宋書・孔季恭傳》季恭會稽山陰人。子靈符，爲會稽太守。《文選・遊天台山賦》注，赤城山瀑布，冬夏不竭。天臺山舊名五縣之餘地，赤城山上有石橋、石屏風。顔延年和《靈運詩》注，秦望山在州城正南。江文通《雜體詩》注，始寧縣有嶀山，剡縣有嵊山。《後漢書・鄭宏傳》注，若耶溪風呼爲鄭公風。《藝文類聚》山部，赤城山南有天台靈嶽、玉石璿臺，又餘姚縣南百里有太平山，又會稽山南有宛委山，又射的山西南水中有白鶴。《太平御覽》地部，諸暨縣西北有烏帶山，上虞有龍頭山，並引孔靈符《會稽記》。《初學記》地理部，四明山高峯軼雲，連岫蔽日，稱孔曄《會稽記》。《御覽》地部，始寧縣壇讌山，剡縣白石山、璽山、大夫種墓，諸暨縣羅山、陳音山、銅牛山、赤城山、亭山，永興縣洛思山、城西門怪山，居處部重山、南白樓亭，並稱孔曄《會稽記》。愚按《寰宇記》江南東道引射的白斛一百，射的元斛一千之語，稱孔曄記。《御覽》地部同引之，則稱孔靈符，疑曄乃靈符名，而以字行，故《宋書》本傳衹稱靈符也。《藝文類聚》山部，引塗山、土城山、秦望山三事，稱孔皋《會稽記》，皋乃曄字之訛。

會稽記

李昉《太平御覽經史圖書綱目》夏侯曾先《會稽記》。

兩浙路圖經

《宋史・藝文志・地理類》《兩浙路圖經》九十五卷。

浙江要略

楊士奇等《文淵閣書目・舊志》《浙江要略》。一册。

[嘉靖]浙江通志

范邦甸等《天一閣書目・地理類》《浙江通志》七十二卷。刊本。明嘉靖辛酉武進薛應旂纂并序，華亭徐階有序。

徐圖等《行人司重刻書目・地理類》《浙江志》二十本。

徐𤊹《徐氏家藏書目・浙江省》《浙江通志》七十二卷。薛應旂。

張萱等《内閣藏書目録・志乘部・浙江》《浙江通志》十九册。不全。嘉靖辛酉學憲薛應旂修闕一册。

祁承㸁《澹生堂藏書目・圖志・通志》《浙江通志》。二十册。七十二卷。

黄虞稷《千頃堂書目・地理類中》薛應旂《浙江通志》七十二卷。嘉靖辛酉提學浙江時修。

《明史・藝文志・地理類》薛應旂《浙江通志》七十二卷。

[乾隆]浙江通志

《四庫全書總目提要・地理類一・都會郡縣》《浙江通志》二百八十卷。通行本。國朝文華殿大學士兼吏部尚書兼管浙江江南總督嵇曾筠等監修。浙江自明嘉靖中，提學副使薛應旂始輯爲《通志》七十二卷。至國朝康熙二十一年，總督趙士麟、巡撫王國安復因薛《志》增修，斟酌損益，義例粗備。此本於雍正九年辛亥，總督李衛開局編纂，迄乙卯而告竣，曾筠等具表上進。司其事者原任侍讀學士沈翼機、編修傅王露、檢討陸奎勳也。總爲五十四門，視舊志增目一十有七。所引諸書，皆具列原文，標列出典。其近事未有記載者，亦具列其案牘，視他志體例特善。其有見聞異辭者，則附加考證於下方。雖過求賅備，或不無繁複叢冗。然信而有徵之目，差爲不愧矣。

浙江通志

張之洞《書目答問・地理・附録國朝省志府州縣誌善本》《浙江通志》。

杭州市

臨安志

秦榮光《補晉書藝文志・地理類・都會郡縣》《臨安志》。郭璞撰。据《吴越備史》。

吴郡緣海四縣記

李昉《太平御覽經史圖書綱目》《吴郡沿海四縣記》。

章宗源《隋書經籍志考證・地理》《吴郡緣海四縣記》。卷亡。不著録。《文選》謝靈運《富春詩》注：錢塘西南五十里有定山。《太平御覽》地部：葉海有會骸山，傳云山有金牛。昔有兄弟三人共鑿求之，坎崩同死，因以爲名。並引《吴郡緣海四縣記》。

吴郡緣海記

李昉《太平御覽經史圖書綱目》《吴郡緣海記》。

臨海記

李昉《太平御覽經史圖書綱目》《臨海記》。

吴郡臨海記

章宗源《隋書經籍志考證·地理》《吴郡臨海記》。卷亡。不著録。《太平御覽·地部》:《吴郡臨海記》曰虞縣有穿山,下有洞穴,昔有在海中行者,舉帆從穴中過。

舊本杭州圖經

尤袤《遂初堂書目·地理類》《舊本杭州圖經》。

[乾道]臨安志

陳振孫《直齋書録解題·地理類》《臨安志》十五卷。府帥吴興周淙彦廣撰。首卷爲行在所,於宫闕殿閣全不記載,籍曰禁省嚴祕,不敢明著。其視宋次道《東京記》,何其大不侔。其他沿革,亦多疏略。然淙有才具,其尹京開湖濬河,皆有成緒。今城中河道通利,民户爲脚船以濟行旅者,蓋自此始。

馬端臨《文獻通考·經籍考·地理》《臨安志》十五卷。

《宋史·藝文志·地理類》周淙《臨安志》十五卷。

《四庫全書總目提要·地理類一·都會郡縣》[乾道]《臨安志》三卷。浙江孫仰曾家藏本。宋周淙撰。淙字彦廣,湖州長興人。乾道五年以右文殿修撰知臨安府,創爲此志。原本凡十五卷,見《宋史·藝文志》。其後淳祐間施諤、咸淳間潛說友歷事編纂,皆有成書。今惟潛《志》尚存鈔帙。周、施二《志》世已無傳。此本爲杭州孫仰曾家所藏宋槧本。卷首但題作《臨安志》,而中閒稱高宗爲光堯太上皇帝,稱孝宗爲今上,紀牧守至淙而止,其爲乾道《志》無疑。惟自第四卷以下,俱已闕佚,所存者僅什之一二,爲可惜耳。第一卷紀宫闕、官署,題曰行在所,以别於郡志,體例最善。後潛《志》實遵用之。二卷分沿革、星野、風俗、州境、城社、户口、廨舍、學校、科舉、軍營、坊布、界分、橋梁、物産、土貢、税賦、倉場、館驛等諸子目,而以亭臺、樓觀、閣軒附其後。敘録簡括,深有體要。三卷紀自吴至宋乾道中諸牧守,詳略皆極得宜。淙尹京時,撩湖浚渠,頗留心於地利,故所著述亦具有條理。今其書雖殘闕不完,而於南宋地志中爲最古之本,考武林掌故者,要必以是書稱首焉。

[淳祐]臨安志

阮元《四庫未收書目提要·地理類》[淳祐]《臨安志》六卷。宋施諤撰。按兩浙古志,北宋圖經,久已無考。至南宋建爲行都,其志乘傳于今者,則有周淙乾道《志》、潛說友咸淳《志》二種,已經《四庫全書》采録。此志從宋刻殘本影寫,僅存五卷至十卷,無序目可稽,觀書中敘録皆至淳祐間府尹趙與籌而止,其爲施諤所撰淳祐《志》無疑。所存唯城府、山川二門,前有總論一篇,異于他志。其敘城府一,首城社、次官宇、次舊治古蹟、次今治續建,爲第五卷;城府二,首學校、次樓觀、次園館、次廂隅、次軍營,爲第六卷;城府三,首坊巷、次界分、次橋梁、次倉場庫、務、次館驛,爲第七卷;敘山川一,首城内諸山、次城南諸山、次城西諸山、次亭館、次古跡,爲第八卷;山川二,首城東諸山、次城内外諸嶺、次諸洞、次諸石、次諸塢、次峪衕關,爲第九卷;山川三,首江、次湖、次河渠、次水閘,爲第十卷。諸門皆爲咸淳志所本,而各條下引載前賢題詠詩文,則互有詳略,此與乾道、咸淳二志備載南宋數朝掌故,藉補史傳之遺,皆未可以殘缺廢也。

吴壽暘《拜經樓藏書題跋記》卷三[淳祐]《臨安志》。淳祐《志》六卷。每葉十四行,每行大字十九,小字雙行十九。簡莊徵君從吴中爲先君子鈔得,同時黄蕘圃主事亦録一本。蕘圃主事跋云:今歲夏秋之交,賈人從乍浦韓氏得書數百種,盛稱中多舊本。書大都皆余所有,不復過問。惟相傳有《臨安志》六卷本,余甚疑之,蓋乾道則太多,咸淳則太少,遂就賈人處索觀其書。卷中所志,淳祐而止。余曰是必施諤《臨安志》也。賈人初不知，因余言遂信之。擬與交易，云已售出。惜未歸之。頃晤簡莊，知是書在彼處，外府之藏也。當倩胥録其副，同人賦詩紀事。簡莊倡，而兔牀與余和之，洵爲藝林佳話云。己巳季冬十有一月復翁書於石泉古舍。簡莊徵君跋云：吾杭在南宋建都爲臨安府，其志凡三修，一爲乾道時周淙撰，一爲淳祐時施諤撰，《四庫書目提要》作施鍔，杭堇浦、厲樊榭《咸淳志跋》作施愕，今黄蕘圃與余定作施諤。一爲咸淳時潛説友撰乾道《志》十五卷。久佚。同郡孫晴厓從都下得宋槧本，止三卷，余曾録副本。咸淳《志》百卷，秀水朱竹垞從海鹽胡氏、常熟毛氏先後購得宋刻八十卷，又借鈔十三卷，尚七卷，後歸吾鄉馬氏道古樓收藏。錢唐吴繡谷購鈔其半，繼而竹垞之孫稼翁又以宋槧十七册售於同郡趙氏小山堂，趙氏復從吴本補録其餘，未及裝整即歸王氏寶日軒，又轉歸於吴氏存雅堂。乾隆三十八年歙鮑緑飲從平湖高氏得宋槧本二十二册，中間節次缺失而盡於八十一卷，每册有季滄葦圖記。據緑飲跋云：内第四卷至九卷實季氏補鈔，中稱理宗爲今上，應是施諤淳祐《志》羼入，餘二十册紙墨精好，較勝趙氏本，而六十五六兩卷又竹垞所未見也。因斥去季氏補鈔施志六卷，就趙本補録，通得九十五卷，未幾歸於吾鄉吴氏拜經樓。餘姚盧氏抱經堂嘗從吴氏借鈔，今爲余所得者也。近客吴中，有持書目來者云平湖韓氏出售中有《臨安志》四册，因與黄君蕘圃亟取觀之。書凡六卷，所列山川、城府二門，雖編爲卷一至六，然前尚有缺卷，其紀載至淳祐十一二年止，避諱亦僅及理宗，其爲淳祐志無疑。殆即從季氏本轉録者，乃以厚價購之。攷《直齋書録》、《文獻通攷》及《宋史・藝文志》皆不著録，而施之字里出處亦未詳明。其時知臨安府事者爲趙與籌。《志》中備載其建置、倉敖、設育嬰堂、濬西湖、開運河諸善政。按《宋史》云：與籌所至，急於財利，幾於聚斂之臣，而盧熊《蘇州府志》稱其知平江，適郡中饑，分場設粥，全活數萬人。再守郡，行鄉飲、射禮於學宫，復修飾殿堂、齋廬，廣弦誦以嚴教養，弟子爲立生祠。熊之言當有所受，則志亦未必虚譽，兼可以證史傳異文。書雖不全，良足寶貴，遂與乾道、咸淳二志共藏，目爲宋臨安三志，并賦詩紀事。嘉慶十有四年冬十有二月海甯陳鱣書。

臨安志

楊士奇等《文淵閣書目・舊志》 《臨安志》。四十册。

[咸淳]臨安志

黄虞稷《千頃堂書目・地理類・補宋》 潛説友《臨安志》一百卷。咸淳四年，以司農少卿知臨安府。

倪燦等《宋史藝文志補・地理類》 潛説《臨安志》一百卷。今闕七卷。

《四庫全書總目提要・地理類一・都會郡縣》 [咸淳]《臨安志》九十三卷。浙江巡撫採進本。元潛説友撰。説友字君高，處州人。宋淳祐甲辰進士。咸淳庚午以中奉大夫權户部尚書，知臨安軍府事。封縉雲縣開國男。時賈似道勢方熾，説友曲意附和，故得進。越四年，以誤捕似道私秫罷。明年起守平江，元兵至，棄城先遁。及宋亡，在福州降元，受其宣撫使之命。後以官軍支米不得，王積翁以言激衆，遂爲李雄剖腹死。其人殊不足道，而其書則頗有條理。前十五卷爲行在所録，記宫禁曹司之事。自十六卷以下，乃爲府志。區畫明晰，體例井然，可爲都城紀載之法。其宋代詔令編於前代之後，則用徐陵《玉臺新咏》置梁武於第七卷例也。他所敘録，亦縷析條分，可資考據。故明人作《西湖志》諸書，多採用之。朱彝尊謂宋人地志幸存者，若宋次道之志長安，梁叔子之志三山，范致能之志吴郡，施武子之志會稽，羅端良之志新安，陳壽老之志赤城，每患其太簡，惟潛氏此志獨詳。然其書流傳既久，往往闕佚不全，舊無完帙。彝尊從海鹽胡氏、常熟毛氏先後得宋槧本八十卷，又借鈔一十三卷，而其碑刻七卷終闕，無可考補，今亦姑仍其舊焉。

張之洞《書目答問・地理・古地志》 [咸淳]《臨安志》九十三卷。《札記》三卷。宋潛説友。黄士珣校。汪遠孫刻本。

杭州府舊志

楊士奇等《文淵閣書目・舊志》 《杭州府志》。九册。又《杭州府志》。十五册。

杭州府新志

楊士奇等《文淵閣書目・新志》 《杭州府志》。四册。

[洪武]杭州府志

黄虞稷《千頃堂書目・地理類中》 徐一夔《杭州府志》。九册。洪武中修。

[成化]杭州府志

范邦甸等《天一閣書目・地理類》 《杭州府志》六十三卷。刊本。明成化十一年，巡撫吴文元纂，仁和夏時正序，布政寧良序。

黄虞稷《千頃堂書目・地理類中》 夏時正《杭州府志》六十四卷。成化十一年修。仁和人。大理寺卿。

《明史・藝文志・地理類》 夏時正《杭州府志》六十四卷。成化中修。

《四庫全書總目提要・地理類存目二・都會郡縣》 [成化]《杭州府志》六十三卷。浙江范懋柱家天一閣藏本。明夏時正撰。時正字季爵，仁和人。正統乙丑進士。官至大理寺卿。是書成於成化乙未。因洪武中徐一夔《志》及永樂、景泰《續志》增修。分封畛、山川、公署、風土、學校、水利、軍政、詔赦、郵政、壇廟、名宦、科貢、人物、墳墓、寺觀、書籍、碑碣、紀遺十八門。所收頗冗濫，如載凌雲翰嘲析産小詞之類，皆非地志之體。其《凡例》稱引用諸書皆簡節全文，或因而足以已意，故皆不著所出。其大略可睹矣。

[萬曆]杭州志

徐圖等《行人司重刻書目・地理類》 《杭州府志》二十八本。

徐𤊹《徐氏家藏書目・浙江省》 《杭州府志》一百卷。陳善。

張萱等《内閣藏書目録・志乘部・浙江》 《杭州府志》。二十八册。全。萬曆己卯，郡人布政陳善修。

祁承㸁《澹生堂藏書目・圖志・郡志》 《杭州府志》。四十册。一百卷。陳善。

黄虞稷《千頃堂書目・地理類中》 陳善《杭州府志》一百卷。萬曆己卯修。又《外志》一卷。聯合合郡導山、導川之源委，使昭然在目。附全志末。

《明史・藝文志・地理類》 陳善《杭州府志》一百卷。《外志》一卷。全郡山川原委。

錢塘記

章宗源《隋書經籍志考證・地理》 《錢塘記》卷亡，劉道真撰。不著録。《後漢書・朱儁傳》注：郡議曹華信立塘以防海水，縣境蒙利。《水經》漸江水注、《御覽・人事部》同。《藝文類聚・水部》：明聖湖在縣南，去縣三里，父老相傳湖有金牛。《初學記・地部》：去邑十里有詔息湖，相傳秦始皇巡狩經塗暫憩，因以詔息爲名。《太平御覽》：石姥山有一石甑，大數十圍。《器物部》同。靈隱山有方穴，昔有人採鐘乳見龍跡。《藥部》同。《珍寶部》：縣東南有峴山，相傳採金于此。《木部》：靈隱山四布似蓮花，中央生穀樹，甚高大。《寰宇記江南東道》：石膏山出石膏若雪，一名稽留山。並引劉道真《錢塘記》。

錢唐縣志

楊士奇等《文淵閣書目・新志》 《錢唐縣志》。

[萬曆]錢塘縣志

徐𤊹《徐氏家藏書目・浙江省》 《錢塘縣志》十卷。聶心湯。

祁承㸁《澹生堂藏書目・圖志・邑志》《錢塘縣志》。五册。五卷。聶心湯。

黄虞稷《千頃堂書目・地理類中》 聶心湯《錢塘縣志》十卷。萬曆己酉修。縣令。字純孑。

丁丙《善本書室藏書志・地理類・都會郡縣》《錢塘縣志》十卷。明萬曆刊本。令金川聶心湯純中甫纂修。心湯，新淦人。令錢塘日，建化灣塘及捍江塘，民思其德。蒞邑五載時，當萬曆三十七年，乃纂斯志。一曰紀疆，沿革、城濠、里陌、河梁、田賦、物産列焉；二曰紀勝，山水列焉；三曰紀制，公署、署廨、壇廟、祠墓、祀觀列焉；四曰紀都，吴越、南宋列焉；五曰紀官，官制、令丞、簿尉、師儒、名宦傳列焉；六曰紀士，辟舉、進士、鄉舉、貢士、武試、楷書、封贈、恩廕列焉；七曰紀獻先喆、寓賢、列女列焉；八曰紀事，灾祥、風俗列焉；九曰紀文，賦、詩、紀、雜文列焉；十曰外紀，釋、仙、藝、異談列焉。有凡例，有縣疆、縣治二圖，並《自序》，而邑人黄汝亨、陳禹謨、虞淳熙、吴之鯨各爲序。是志僅列《千頃堂書目》，暨《南宋雜事詩》引用書目。乾隆開四庫館時亦未採進，流傳絶稀，勿以明志而輕視之。

[康熙]錢塘縣志

丁立中《八千卷樓書目・地理類・都會郡縣》 [康熙]《錢塘縣志》三十七卷。國朝魏嵘撰。刊本。

又 [康熙]《錢塘縣志》三十七卷。國朝吴允嘉撰。抄本殘。

仁和縣志

楊士奇等《文淵閣書目・新志》《仁和縣志》。

[嘉靖]仁和縣志

黄虞稷《千頃堂書目・地理類中》 沈朝宣《仁和縣志》十四卷。字三吾，邑人。嘉靖己酉修。

《四庫全書總目提要・地理類存目三・都會郡縣》 [嘉靖]《仁和縣志》十四卷。浙江巡撫採進本。明沈朝宣撰。朝宣字三吾，仁和人。官江陵知縣。此志撰於嘉靖己酉。《凡例》謂義類悉依洪武《府志》。案《西湖游覽志》云洪武初徐一夔著《杭州府志》，頗稱簡明，則所據者一夔本也。體例頗謹嚴，較他地志之冗濫，差爲勝之。其稱杭州府舊志備載詔赦，蓋用咸淳《臨安志》例，不知其時臨安爲都城，所以備録。明代已非都城，即爲贅文，其説最協。至於碑刻之文，祇載其目，使後世無從考證，則失之太簡。又引用諸書，或足以己意，皆不著其所出，則益啓杜撰之門矣。其書舊未刊板，萬曆中諸生鄭圭有鈔本，爲邑令周宗建攜去。國朝順治丁酉，錢塘知縣沈某於宗建家求得之，邑人朱之浩始爲傳寫之。浩跋稱其時贅細註，略而不詳，尚需增輯云。

餘杭縣志

楊士奇等《文淵閣書目・新志》《餘杭縣志》。

晁瑮《晁氏寶文堂書目・圖誌》《餘杭縣志》。

趙琦美《脈望館書目・史・浙江・杭州府》《餘杭縣志》二本。

[嘉靖]餘杭縣志

范邦甸等《天一閣書目・地理類》《餘杭縣志》十卷。刊本。明知縣王介夫纂，錢塘吴鼎序。

黄虞稷《千頃堂書目・地理類中》 王確《餘杭縣志》十卷。嘉靖間修。邑令。

[萬曆]餘杭縣志

黄虞稷《千頃堂書目・地理類中》 戴日强《餘杭縣志》。萬曆間修。

《四庫全書總目提要・地理類存目三・都會郡縣》［萬曆］《餘杭縣志》十卷。兩淮鹽政採進本。明戴日强撰。日强，蒙城人。官餘杭縣知縣。是編成於萬曆丙辰。分十門，子目六十有二。中間紀載多舛誤。如沿革門云漢高帝時屬荊吳國，不知漢時餘杭爲西部都尉治，仍屬會稽郡。城墉門云古城在今縣溪南，莫詳所始，不知咸淳《臨安志》載漢熹平二年所改，經兩次遷移，至後唐時號爲清平軍。殊爲踈於考訂。至第一卷既立山川一門，而九卷又別立《徑山志》；既有古蹟一門，又別立《洞霄志》，更爲冗複矣。

臨平記　附録　補遺　續補遺

丁立中《八千卷樓書目・地理類・雜記》《臨平記》四卷，《附録》一卷。明沈謙撰。明刊本。掌故叢編本。

富陽志

楊士奇等《文淵閣書目・舊志》《富陽志》。二册。

富陽縣志

楊士奇等《文淵閣書目・新志》《富陽縣志》。

富春縣志

趙琦美《脈望館書目・史・浙江・杭州府》《富春縣志》。二本。

富春人物志

王圻《續文獻通考・經籍考・地理》《富春人物志》。楊維禎修。

［正統］富春志

張萱等《内閣藏書目録・志乘部・浙江》《富春志》。二册。全。即《富陽縣志》。正統五年，邑令吴堂修。

黄虞稷《千頃堂書目・地理類中》吴堂《富春志》六卷。字允升。知縣。樂平人。永樂辛丑進士。正統五年修。

《明史・藝文志・地理類》吴堂《富春志》六卷。

重修富春志

黄虞稷《千頃堂書目・地理類中》王之獻《重修富春志》十二卷。

臨安志

胡師安等《元西湖書院重整書目》《臨安志》。

臨安縣志

楊士奇等《文淵閣書目・新志》《臨安縣志》。

[嘉靖]臨安縣志

張萱等《内閣藏書目録・志乘部・浙江》《臨安縣志》。二册。全。嘉靖丙戌，邑令廖瑜修。

黄虞稷《千頃堂書目・地理類中》廖瑜《臨安縣志》八卷。嘉靖丙戌修。邑令。

[萬曆]臨安縣志

黄虞稷《千頃堂書目・地理類中》黄鼎象《臨安縣志》四卷。萬曆辛亥修。邑令。

[嘉靖]於潛縣志

楊士奇等《文淵閣書目・新志》《於潛縣志》。

張萱等《内閣藏書目録・志乘部・浙江》《於潛縣志》。三册。全。汪煒修。

黄虞稷《千頃堂書目・地理類中》汪曄《於潛縣志》五卷。嘉靖庚子修。邑令。

[康熙]於潛縣志

丁立中《八千卷樓書目・地理類・都會郡縣》[康熙]《於潛縣志》十八卷。國朝劉國儒撰。刊本。

昌化縣志

楊士奇等《文淵閣書目・新志》《昌化縣志》。

徐𤊹《徐氏家藏書目・浙江省》《昌化縣志》四卷。

[嘉靖]昌化縣志

黄虞稷《千頃堂書目・地理類中》汪子卿《昌化縣志》九卷。嘉靖間修。邑人。

[嘉靖]重修昌化縣志

黄虞稷《千頃堂書目・地理類中》戴儀《昌化縣志》。嘉靖間修。庠生。

[萬曆]昌化縣志

張萱等《内閣藏書目録・志乘部・浙江》《昌化縣志》。四册。全。萬曆壬辰，邑令周洛都修。

黄虞稷《千頃堂書目・地理類中》周洛都《昌化縣志》十卷。萬曆壬辰修。邑令。

嚴州圖經

尤袤《遂初堂書目・地理類》《嚴州圖經》。

《宋史・藝文志・地理類》 董(棻)[弅]《嚴州圖經》八卷。

楊士奇等《文淵閣書目・古今志》 《嚴州圖經》。六册。

王圻《續文獻通考・經籍考・地理》 《嚴州圖經》。董(彝)[弅]著。

倪燦等《宋史藝文志補・地理類》 董弅《嚴州圖經》。

丁丙《善本書室藏書志・地理類・都會郡縣》 《嚴州重修圖經》三卷。影寫宋紹興本。宋董弅撰。陳公亮、劉文富重修。前冠太宗皇帝初領防禦使詔、太上皇帝初授節度使制,及宣和四年、建炎二年敕書,乃建隆元年太宗爲睦州刺史封天水縣開國子,宣和三年高宗授遂安、慶源等軍節度使進封康王也;次列紹興己未春知軍州事董棻序,乃舊志序也;次列紹興丙午正月迪功郎州學教授劉文富序,即重修志序也;次列子城圖、建德府内外城圖、府境總圖、建德縣境圖、淳安縣境圖、桐廬縣境圖、遂安縣境圖、壽昌縣境圖、分水縣境圖,次分卷各爲子目,今惟存嚴州、建德、淳安三卷耳。初爲嚴豹人藏,錢竹汀鑒爲世無二本,黄蕘圃再三欲購而未遂,朱述之鈔之,而述記於開有益齋,余借陸存齋所藏而影寫之,與乾道《臨安志》可稱合璧焉。

新定志

馬端臨《文獻通考・經籍考・地理》 《新定志》八卷。

陳振孫《直齋書録解題・地理類》 《新定志》八卷。郡守東平董弅令升撰。紹興己未也。淳熙甲辰,武義陳公亮重修。

楊士奇等《文淵閣書目・舊志》 《新定志》五册。

[景定]嚴州續志

《四庫全書總目提要・地理類一・都會郡縣之屬》 [景定]《嚴州續志》十卷。兩淮鹽政採進本。宋鄭瑶、方仁榮同撰。瑶時官嚴州教授,仁榮時官嚴州學録,其始末則均未詳也。所紀始於淳熙,訖於咸淳。標題惟曰《新定續志》,不著地名,蓋刊附紹興舊志之後,而舊志今佚也。嚴州於宋爲遂安軍,度宗嘗領節度使。即位之後,升爲建德府,故卷首載立太子詔及升府省劄,體裁視他志稍殊。惟物産之外別增瑞産一門,但紀景定麥秀四岐一條,鄉飲之外別增鄉會一門,但紀楊王主會一條,則皆乖義例耳。然敘述簡潔,猶輿記中之有古法者。其户口門中載寧宗楊皇后爲嚴人,而鄉會門中亦載主集者爲新安郡王、永寧郡王。新安者楊谷,永寧者楊石,皆后兄楊次山之子也。而《宋史》乃云后會稽人,當必有誤。此可訂史傳之譌矣。

黄丕烈《蕘圃藏書題識・史類二》 《新定續志》十卷。宋本。往余從書友包中見殘宋本《嚴州圖經》,因徧閲諸家書目,以究其書原委。恭讀《四庫全書總目》,僅於景定《嚴州續志》條下載有紹興舊志今佚之語。而所收者爲《新定續志》,然民間未有是書也。歲庚申,聞浙省書坊從故家買得舊志書幾至充棟,相傳有影宋鈔寶慶《四明志》,因屬書友之往浙省者,贈以盤纏,爲余代訪。越半月,僅以一種來。啟包見板口闊而黑,視之則《新定續志》也。心疑爲非宋刻,即持示同人,賣書人如錢聽默、藏書家如周香嚴,雖皆素稱識書者,然但詫爲未見書,而宋刻與否,初不敢以意定也。惟西賓顧澗蘋與余賞析,謂非宋刻,而何因。思余所藏《中興館閣録續録》有咸淳時補版,皆似此。紙墨款式閒有闊墨口者,可知宋刻書非必定白口,或細黑口也。蓋古籍甚富,人所見未必能盡。欲執一二種以定之,何能無誤耶?是書前有方逢辰序,存三、四、五集。然其中序述志成之由,謂出於錢君可則之守嚴,而志中書籍門載有《新定續志》,知郡華文錢寺丞任内刊,云云。此爲向所未經表明者,故特著之。至於編纂爲浙漕進士、州學學録方仁榮,迪功郎差充嚴州州學教授兼釣臺書院山長。鄭珤目録後及卷十終,皆兩載之,亦可以得其始末矣。書凡十卷,目録完好,惟序闕三葉。前二或別有序,皆不可知。顧余獨有奇焉者,序第五葉末,餘紙有字跡反印者,當是水溼所致。驗之爲前志所載,太宗皇帝詔敕文爰憶曩所見《嚴州圖經》中有之,且版刻楮墨,與圖經無二者,或二書本藏一處,相爲比附而行,不知何時散佚,令人區而二之留此,以待他日。延平之合,蓋《嚴州圖經》僅載於《宋史・藝文志》,謂是董棻撰,八卷。《解題》及《通考》皆云:「《新定志》八卷,董棻令升撰。紹興己未也。淳熙甲辰武義陳公亮重修。」不知宋之志藝文者何以稱爲《嚴州圖經》而不云《新定志》,抑或淳熙重修,故改是名歟。按:方序中亦有淳熙後闕而不修之語。安得圖經並列,一一相爲證明也。【略】余既收得此未見書,因坐齋中讀之而誌其顛末如此。嘉慶五年閏四月芒種後三日。雨窗書。黄丕烈。是書之來,湖人施錦章爲我向伊親陶士秀處訪來,所云故家未知誰何,卷中有吴焯尺鳬西泠吴氏圖章，當是瓶花齋物也。先是士秀以番錢四枚買得宋刻《司馬温公集》，易余六十金而去，今聞其得故家書有三間屋，價止青蚨二十四兩，令人可歎可笑。此書以白金卅金相易，則其他之直錢不從可推乎，然余謂書友之以書賺錢，原爲貿易常態，而此人頗不俗。蓋書友得書總以完善爲妙，若此書自目録後俱全，且有圖章鈐於首，儻欲求盡善，何不可以破爛不全之序文而去之乎，即此以見其有識，爲誌其姓氏云。

黄丕烈《百宋一廛書録》《新定續志》。此《新定續志》爲宋鄭瑶、方仁榮撰，即《四庫全書總目》所云《景定嚴州續志》也。前方逢辰序，存三、四、五葉。前已失去，然其序述志成之由，謂出於錢君可則之守嚴，而志中書籍一條載有《新定續志》，知郡華文錢寺丞任内刊，云云。此爲向來所未經表明者，故特著之。至編纂爲浙漕進士州學録方仁榮、迪功郎差充嚴州州學教授兼、釣臺書院山長鄭瑶。目録及卷十終皆兩載之，亦可以得始末矣。至於書名《新定》，新定乃其郡名，與《元豐九域志》之新定標題者異。

顧廣圻《思適齋書跋・史部》《新定續志》十卷。宋刻本。宋本《新定續志》闕序之一、二葉，《皎峯集》有其文，兹從録出，依後葉款式而縮於一紙，以備讀而已。儻天壤閒有原刻出，幸勿執而求其合也。嘉慶庚申五月十有七日。澗薲居士記。

嚴州府舊志

楊士奇等《文淵閣書目・舊志》《嚴州府志》。四册。

嚴州府新志

楊士奇等《文淵閣書目・新志》《嚴州府志》。

[景泰]嚴州府志

黄虞稷《千頃堂書目・地理類中》錢禮《嚴州府志》。景泰癸酉修。郡守。

[弘治]嚴州府志

范邦甸等《天一閣書目・地理類》《嚴州府志》二十二卷。刊本。明弘治六年，知府李德恢重脩，淳安胡拱辰序，郡人宋旻後序。

黄虞稷《千頃堂書目・地理類中》李德恢《嚴州府志》二十三卷。弘治癸丑修。郡守。

《明史・藝文志・地理類》李德恢《嚴州府志》二十三卷。

[萬曆]嚴州府志

范邦甸等《天一閣書目・地理類》《嚴州府新志》二十五卷。刊本。明萬曆六年，知府楊守仁主脩，郡人徐楚纂脩并序，胡拱辰舊序。

張萱等《内閣藏書目録・志乘部・浙江》《嚴州府志》。十二册。全。萬曆(庚)[戊]寅，郡人徐楚修。又十二册全。

黄虞稷《千頃堂書目・地理類中》徐楚《嚴州府志》二十四卷。萬曆戊寅修。郡人。

[萬曆]續修嚴州府志

祁承㸁《澹生堂藏書目・圖志・郡志》《嚴州府志》。十二册。二十四卷。呂昌期輯。

黄虞稷《千頃堂書目・地理類中》俞炳然《嚴州府志》二十四卷。萬曆癸丑修。建德人。

《四庫全書總目提要・地理類存目三・都會郡縣》[萬曆]《嚴州府志》二十四卷。兩淮鹽政採進本。是書爲萬曆甲寅所修。首頁題名叢雜無緒。或曰主修，或曰同修，或曰纂修，或曰續修，或曰彙集，莫知撰人爲誰。蓋與事者欲附名，故瞀亂如是。前載舊志凡例，頗見體裁。是志乃不肎遵用之，多所更張，務求諧俗，則其書可知矣。

[至元]建德府節要圖經

錢大昕《補元史藝文志・地理類》 方回《建德府節要圖經》，至元十四年安撫使。

建德縣志

楊士奇等《文淵閣書目・新志》《建德縣志》。

祁承㸁《澹生堂藏書目・圖志・邑志》《建德縣志》。

壽昌縣志

楊士奇等《文淵閣書目・新志》《壽昌縣志》。

[嘉靖]壽昌縣志

張萱等《内閣藏書目録・志乘部・浙江》《壽昌縣志》。四册。全。嘉靖辛酉，洪一馨修。

黃虞稷《千頃堂書目・地理類中》 洪一鼇《壽昌縣志》十二卷。嘉靖辛酉修。邑人。

[萬曆]壽昌縣志

祁承㸁《澹生堂藏書目・圖志・邑志》《壽昌縣志》。二册。十二卷。李世芳。

淳安縣志

楊士奇等《文淵閣書目・新志》《淳安縣志》。

[成化]淳安縣志

黃虞稷《千頃堂書目・地理類中》 吴福《淳安縣志》。成化丙申修。邑人。

[嘉靖]淳安縣志

祁承㸁《澹生堂藏書目・圖志・邑志》《淳安縣志》。四册。十七卷。姚鳴鸞修。

黃虞稷《千頃堂書目・地理類中》 姚鳴鸞《淳安縣志》。嘉靖甲申修。邑令。

范邦甸等《天一閣書目・地理類》《淳安縣志》十七卷。刊本。明嘉靖三年，知縣姚鳴鸞重脩，邑人王子言序。

[萬曆]淳安縣志

黃虞稷《千頃堂書目・地理類中》 陳三槐《淳安縣志》。萬曆戊戌修。教諭。

遂安縣志

楊士奇等《文淵閣書目・新志》《遂安縣志》。

[成化]遂安縣志

黄虞稷《千頃堂書目・地理類中》 陸希和、俞謐《遂安縣志》。成化丁酉修。邑人。

[嘉靖]遂安縣志

黄虞稷《千頃堂書目・地理類中》 俞乾亨俞乾貞《遂安縣志》十卷。嘉靖戊午修。邑人。

[萬曆]遂安縣志

張萱等《内閣藏書目録・志乘部・浙江》 《遂安縣志》。五册。全。萬曆丙子，邑人俞乾貞修。

[萬曆]重修遂安縣志

祁承㸁《澹生堂藏書目・圖志・邑志》 《遂安縣志》。二册。四卷，毛一鷺。

黄虞稷《千頃堂書目・地理類中》 毛一鷺《遂安縣志》四卷。萬曆壬子修。邑人。

[乾隆]續修遂安縣志

丁立中《八千卷樓書目・地理類・都會郡縣》 [乾隆]《遂安縣志》十卷。國朝鄒錫疇撰。刊本。

丁立中《八千卷樓書目・地理類・都會郡縣》 [乾隆]《遂安縣志》十卷。國朝孫斯盛撰。刊本。

桐廬縣志

楊士奇等《文淵閣書目・新志》 《桐廬縣志》。

晁瑮《晁氏寶文堂書目・圖誌》 《桐廬縣志》。

[萬曆]桐廬縣志

黄虞稷《千頃堂書目・地理類中》 李紹賢《桐廬縣志》。萬曆丁丑修。邑令。

[萬曆]續修桐廬縣志

張萱等《内閣藏書目録・志乘部・浙江》 《桐廬縣志》。二册。全。萬曆乙酉，邑人羅昌齡等修。

祁承㸁《澹生堂藏書目・圖志・邑志》 《桐廬縣志》。二册。四卷。楊束編。

黄虞稷《千頃堂書目・地理類中》 羅昌齡《桐廬縣志》。萬曆乙酉修。邑令。

分水縣志

楊士奇等《文淵閣書目・新志》 《分水縣志》。

[萬曆]分水縣志

張萱等《内閣藏書目録・志乘部・浙江》 《分水縣志》。二册。全。萬曆丁丑，邑令方夢龍修。

祁承㸁《澹生堂藏書目・圖志・邑志》《分水縣志》。二册。八卷。方夢龍。

黄虞稷《千頃堂書目・地理類中》方夢龍《分水縣志》十二卷。萬曆丁丑修。邑令。

[康熙]分水縣志

丁立中《八千卷樓書目・地理類・都會郡縣》[康熙]《分水縣志》六卷。國朝李檠撰。刊本。

新城縣圖志

楊士奇等《文淵閣書目・舊志》《新城縣圖志》。二册。

新城縣志

楊士奇等《文淵閣書目・新志》《新城縣志》。

[景泰]新城縣志

黄虞稷《千頃堂書目・地理類中》凌誌《新城縣志》。景泰間修，邑人。

[嘉靖]新城縣志

黄虞稷《千頃堂書目・地理類中》袁澤《新城縣志》。嘉靖己丑重修。邑令。

[嘉靖]續修新城縣志

黄虞稷《千頃堂書目・地理類中》聶瑩《新城縣志》。嘉靖壬寅重修。邑令。

[萬曆]新城縣志

黄虞稷《千頃堂書目・地理類中》周天球《新城縣志》四卷。萬曆乙亥修。吴人。

[道光]新城縣志

周中孚《鄭堂讀書記補逸・地理類三・都會郡縣》《浙江新城縣志》二十四卷。道光癸未刊本。國朝署新城縣知縣吴墉主修。墉字蘭坡，吴縣人。新城縣立於吴黄武間，自晉迄唐，省置不一。南宋爲畿輔地，元明以來皆隸杭郡。其志則始於宋乾道間邑令耿秉，今已不傳。明永樂間邑人袁璞亦有《新城志稾》存，而景泰五年邑人凌誌、嘉靖八年邑令袁澤、二十三年邑令聶瑩、萬曆四年邑人方廉遞修之。國朝康熙十二年邑令張瓚又修爲志八卷，至道光壬午蘭坡爲令時已閲百五十年，乃亟爲修輯，延張蒔塘吉安總其事，以蒔塘曾攝篆於此也。而姜小枚皋、嚴夢華良裘、皆爲之協纂，詳加採訪，以成是志。自圖考以至藝文，分爲三十六類，末殿以拾遺一類，凡六閲月而告成，所載事蹟，極爲詳核，較之前志，其明備實倍蓰之。曰《浙江新城縣志》者，以別於濟南之新城也。前有知杭州府任醴渠蘭《序》及蘭坡《序》、《凡例》、《纂修名氏》并載舊志序十一篇。

[永樂]蕭山縣志

楊士奇等《文淵閣書目・新志》《蕭山縣志》。

黄虞稷《千頃堂書目・地理類中》 張崇《蕭山縣志》。永樂壬寅修。邑令。

[宣德]蕭山縣志

黄虞稷《千頃堂書目・地理類中》 吴汝方《蕭山縣志》。宣德丁未修。邑令。

[弘治]蕭山縣志

黄虞稷《千頃堂書目・地理類中》 何鋹《蕭山縣志》。弘治戊申修。邑丞。

[正德]蕭山縣志

黄虞稷《千頃堂書目・地理類中》 田惟祐《蕭山縣志》。

[嘉靖]蕭山縣志

范邦甸等《天一閣書目・地理類》《蕭山縣志》六卷。刊本。明嘉靖丁巳，知縣林策編，邑人黄九皋、山陰王畿均有序。

祁承㸁《澹生堂藏書目・圖志・邑志》《蕭山縣舊志》。四册。六卷。林策。

黄虞稷《千頃堂書目・地理類中》 魏堂續《蕭山縣志》六卷。嘉靖丁巳修。

[萬曆]蕭山縣志

張萱等《内閣藏書目録・志乘部・浙江》《蕭山縣志》。四册。全。萬曆己丑，邑令劉會修。

祁承㸁《澹生堂藏書目・圖志・邑志》《蕭山縣新志》。四册。六卷。劉會。

黄虞稷《千頃堂書目・地理類中》 劉會《蕭山縣志》六卷。萬曆己丑修。邑令。

蕭山縣志補遺

黄虞稷《千頃堂書目・地理類中》 翁文《蕭山縣志補遺》。字本道。邑人。

[天啓]蕭山縣志

黄虞稷《千頃堂書目・地理類中》 王學孝《蕭山縣志》。萬曆間修。教諭。

又 張汝醇《蕭山縣志》。天啓間修。教諭。

[康熙]續修蕭山縣志

丁立中《八千卷樓書目・地理類・都會郡縣》 [康熙]《蕭山縣志》二十一卷。國朝劉儼撰。刊本。

嘉興地區

[淳熙]嘉禾志

尤袤《遂初堂書目・地理類》《嘉禾志》。

陳振孫《直齋書録解題・地理類》《嘉禾志》五卷。郡守毗陵張元成撰。爲書極草草。

馬端臨《文獻通考・經籍考・地理》《嘉禾志》五卷。

《宋史・藝文志・地理類》 張元成《嘉禾志》四卷。

嘉禾郡志

楊士奇等《文淵閣書目・舊志》 《嘉禾郡志》。六册。

[至元]嘉禾志

楊士奇等《文淵閣書目・舊志》 《嘉禾志》。十五册。

晁瑮《晁氏寶文堂書目・圖誌》 《嘉禾志》。元刻十六。

黄虞稷《千頃堂書目・地理類下》 徐碩《嘉禾志》三十二卷。

《四庫全書總目提要・地理類一・都會郡縣》 [至元]《嘉禾志》三十二卷。兩淮馬裕家藏本。元徐碩撰。碩里貫未詳，始末亦無可考。其作此書時，則方官嘉興路教授也。秀州自宋初未有圖經，淳熙中，知州事張元成始延聞人伯紀刱爲之。後岳珂守郡，復延郡人闞栻續修。會珂改調，事遂中輟，僅存五卷。至元中，嘉興路經歷單慶屬碩纂輯，因踵栻舊本續成之，廣其門爲四十三，而卷數增多至二十有七。郭晦、唐天麟各爲之序，嘉興路總管劉傑與郡官共刊行之。志中兼及松江府華亭縣，蓋元時本隸嘉興路，明初始析置也。其書序次甚詳，每條下間繫以考證，尤爲典核。而碑碣一門多至十一卷。自三國、六朝以迄南宋，凡石刻之文，悉全載無遺。如《吴征北將軍陸禕碑》、《梁秦駐山碑》、唐黄州司馬陸元感《陳府君環墓銘》、《宗城令顧謙墓志》，皆歐趙所未著録。《吴趙静海鎮遏使朱行先碑》，吴任臣《十國春秋》實據以立行先傳。其他零篇斷什，爲耳目所未覩者尚多，殊足爲考獻徵文之助。惟書中但有人物及進士題名，而不立官師一志，使前人宦績闕然無傳，未免漏略。又江海、湖泖、浦漵、溪潭、陂塘、河港、涇溝、堰牐分爲八類，使源流支絡，開卷井然，體例甚當。而樓閣、堂館、亭宇亦分爲三類，則强析名目，未免失之瑣碎，是其所短焉。

黄丕烈《蕘圃藏書題識再續録・史類》 [至元]《嘉禾志》三十二卷。貞節堂鈔本。嘉慶庚申秋七月，借錢少詹本手校訖。此鈔本至元《嘉禾志》六册，三十二卷。貞節堂袁氏借錢少詹本傳録者，頃與嘉泰《會稽志》並歸於余。余雖未借少詹本，時已惜其鈔寫不精，及假原本手校，知鈔胥遇筆誤處往往脱寫上一字，而重下一字，以足一行。且有無故而空一葉、半葉者，向非余之借原本手爲校勘，安知後之人不信爲本書面目固如是乎。雖原本亦屬鈔寫，較諸此本頗整齊，至於闕失誤謬，亦復不少，任讀者自領之。七月十五中元節，黄丕烈識。

黄丕烈《蕘圃藏書題識續録・史類》 [至元]《嘉禾志》三十二卷。舊鈔本。《嘉禾志》向蓄袁氏貞節堂鈔本，而借嘉定錢少詹家藏鈔本手校一過。袁本亦從錢本鈔出，譌謬更甚，行款亦多改移。今吴枚庵家書有此鈔本，雖非絶精，然與錢本多同，間有一二似勝錢本，爰以臨寫錢本覆勘，卷中紅筆爲枚庵所校，余續校者於紅筆多用名以別之。時嘉慶癸亥冬至後九日。蕘翁記。

嘉興府志

楊士奇等《文淵閣書目・新志》 《嘉興府志》。

趙琦美《脈望館書目・史・浙江・嘉興府》 《嘉興府志》六本。

[弘治]嘉興府志

黄虞稷《千頃堂書目・地理類中》 柳琰《嘉興府志》三十二卷。弘治壬子修。郡守。

《明史・藝文志・地理類》 柳琰《嘉興府志》三十二卷。

《四庫全書總目提要・地理類存目二・都會郡縣》 《嘉興府志》三十二卷。兩淮馬裕家藏本。明柳（琬）[琰]撰。琬，儀真人。成化丙戌進士。官嘉興府知府。是編成於弘治壬子。以府與所屬七縣各爲一志，其例皆分二十一門。序述參差，詳略失當。

[正德]嘉興府志補

黄虞稷《千頃堂書目・地理類中》 鄒衡《嘉興府志補》三卷。正德壬申修。

郡人。

《四庫全書總目提要・地理類存目二・都會郡縣》《嘉興志補》十二卷。浙江巡撫採進本。明鄒衡撰。衡，嘉善人。初，宋嘉定甲戌岳珂守嘉禾，始命闕栻創郡志，未成。元至元間，郡博士徐碩續爲三十二卷。明弘治中，郡守柳邦用再加纂輯，衡復取宋元諸志，增所未備。其已見於柳《志》者不録，故謂之志補。書成於正德元年。卷首竝載徐碩舊《志》唐天麟、郭晦二人序。蓋欲表《舊志》義例，故存其原序，以見端末也。

[嘉靖]嘉興府志

徐𤊹《徐氏家藏書目・浙江省》《嘉興府志》二十卷。

張萱等《内閣藏書目録・志乘部・浙江》《嘉興府志》。十册。全。嘉靖己酉，趙文華修。

祁承㸁《澹生堂藏書目・圖志・郡志》《嘉興府舊志》。十册。二十卷。

黄虞稷《千頃堂書目・地理類中》趙文華《嘉興府圖記》二十卷。嘉靖丁未修。郡守趙瀛梓。瀛，三原人。

《四庫全書總目提要・地理類存目三・都會郡縣》《嘉興府圖記》二十卷。浙江巡撫採進本。明趙文華撰。文華，慈谿人。嘉靖己丑進士，官至工部尚書。《明史・姦臣傳》附見《嚴嵩傳》中。是書乃文華官通政使時，遭憂家居，應郡守之請而作。分方畫、邦制、物土、人文，凡四門，而附以叢記。敘述頗有體例。其方畫每朝爲一地圖，殊可爲法。然文華小人之尤，其姓名人羞稱之，故傳本頗稀，此殆毁棄之餘歟。

[萬曆]嘉興府志

范邦甸等《天一閣書目・地理類》《嘉興府志》三十二卷。刊本。明知府劉應鈳重脩并序，郡人沈堯中編纂。

祁承㸁《澹生堂藏書目・圖志・郡志》《嘉興府新志》。十六册。三十二卷。沈堯中。

黄虞稷《千頃堂書目・地理類中》沈堯中《嘉興府志》三十二卷。萬曆庚戌修。郡人。

嘉興府志

錢謙益等《絳雲樓書目・地誌類》洪皓《嘉興府志》。

[萬曆]嘉興府志遺稿

黄虞稷《千頃堂書目・地理類中》《嘉興府志遺稿》。萬曆間郡守龔勉聘郡人嚴從簡修，未竣稿，後郡守曹代蕭復聘郡人黄洪憲補修。

[康熙]嘉興府志

范邦甸等《天一閣書目・地理類》《嘉興府志》十八卷。刊本。國朝康熙二十年，袁國梓重脩并序，杜臻、吴源起、張天植均有序。

[嘉慶]嘉興府志

張之洞《書目答問・地理・附録國朝省志府州縣誌善本》《嘉興府志》。伊湯安。

嘉興縣志

楊士奇等《文淵閣書目・新志》《嘉興縣志》。

[崇禎]嘉興縣志

徐𤊹《徐氏家藏書目・浙江省》《嘉興縣志》二十三卷。黄承昊修。

黄虞稷《千頃堂書目・地理類中》黄承昊《嘉興縣志》。崇禎丁丑修。邑人。

秀水縣志

祁承㸁《澹生堂藏書目・圖志・邑志》《秀水縣志》。五册。八卷。

秀水縣志

黄虞稷《千頃堂書目・地理類中》戴經《秀水縣志》。

秀水縣志

黄虞稷《千頃堂書目・地理類中》周顯宗《秀水縣志》。

[萬曆]秀水縣志

黄虞稷《千頃堂書目・地理類中》黄洪憲《秀水縣志》。萬曆丙申修。邑人。

[康熙]秀水縣志

范邦甸等《天一閣書目・地理類》《秀水縣志》十卷。刊本。知縣任之鼎脩，教諭范正軺編，邑人王庭撰序。

嘉善志

晁瑮《晁氏寶文堂書目・圖誌》《嘉善志》。

嘉善縣志

晁瑮《晁氏寶文堂書目・圖誌》《嘉善縣志》。[志字原脱。今補。]

[正德]嘉善縣志

朱睦㮮《萬卷堂書目・地志》《嘉善縣志》六卷。倪璣。

趙琦美《脈望館書目・史・浙江・嘉興府》《嘉善縣志》二本。

黄虞稷《千頃堂書目・地理類中》倪機《嘉善縣志》六卷。正德丁丑修。縣丞。

[嘉靖]嘉善縣志

黄虞稷《千頃堂書目・地理類中》郁天民《嘉善縣志》。嘉靖庚戌修。邑人。

[萬曆]嘉善縣志

祁承㸁《澹生堂藏書目・圖志・邑志》《嘉善縣志》。六册。十二卷。章士雅修。

黄虞稷《千頃堂書目・地理類中》 盛唐袁黄《嘉善縣志》十二卷。萬曆丙申修。邑人。

[嘉靖]平湖縣志

范邦甸等《天一閣書目・地理類》 《平湖縣志》十九卷。刊本。明嘉靖癸亥，知縣程楷、郡人過庭訓、邑人陸澄原同纂，均有序。

黄虞稷《千頃堂書目・地理類中》 顧廷對《平湖縣志》九卷。嘉靖癸亥修。邑令。

[天啓]平湖縣志

黄虞稷《千頃堂書目・地理類中》 楊拙修《平湖縣志》十九卷。天啓丁卯修，教諭。

[乾隆]乍浦志

丁立中《八千卷樓書目・地理類・都會郡縣》 [乾隆]《乍浦志》(八)[六]卷，《續纂》二卷。國朝宋景開撰。刊本。

武原志

楊士奇等《文淵閣書目・舊志》 《武原志》。三册。

海鹽縣志

楊士奇等《文淵閣書目・新志》 《海鹽縣志》。

[弘治]海鹽縣志

黄虞稷《千頃堂書目・地理類中》 陳暹《海鹽縣志》四卷。弘治庚戌修。教諭。

又 朱祚《海鹽縣志》。

[嘉靖]海鹽縣志

黄虞稷《千頃堂書目・地理類中》 徐泰《海鹽縣》五志。嘉靖庚寅修。邑人。

海鹽縣近志

黄虞稷《千頃堂書目・地理類中》 仇俊卿《海鹽縣近志》。

[天啓]海鹽縣圖經

黄虞稷《千頃堂書目・地理類中》 樊維城《海鹽縣圖經》十六卷。天啓壬戌修。邑令。

《四庫全書總目提要・地理類存目二・都會郡縣》 《海鹽縣圖經》十六卷。浙江汪啟淑家藏本。明胡震亨撰。震亨字孝轅，晚自稱遯叟，海鹽人。萬曆丁酉舉人。由固城縣教諭歷官兵部員外郎。是書凡七篇，首方域、次食貨、次戍海、次隄海、次官師、次人物、次雜識。蓋與姚士粦參修而成，然不署士粦之名，僅見卷首樊維城《序》中。其不曰志而曰圖經者，用北宋州縣圖經例也。

澉水志

錢謙益等《絳雲樓書目・地誌類》 《海鹽澉水志》。

《四庫全書總目提要・地理類一・都會郡縣》 《澉水志》八卷。浙江巡撫採進本。宋常棠撰。棠字召仲，號竹窗，海鹽人。仕履未詳。澉水在海鹽縣東三十六里，《水經》所謂谷水流出爲澉浦者是也。唐開元五年，張庭珪奏置鎮。宋紹定三年，監澉浦鎮税、修職郎羅叔韶使棠爲誌，凡分十五門，曰地理、曰山、曰水、曰廨舍、曰坊巷、曰坊場、曰軍寨、曰亭堂、曰橋梁、曰學校、曰寺廟、曰古蹟、曰物産、曰碑記、曰詩詠，而冠以輿圖。前有叔韶及棠二序，敘述簡核，綱目該備。而八卷之書，爲頁止四十有四。明韓邦靖撰《朝邑縣志》言約事盡，世以爲特絶之作。今觀是編，乃知其源出於此。可謂體例精嚴，藻不妄抒者矣。謹案：澉水雖見《水經注》，然是書乃志地，非志水，不可入之山水中。以鎮亦郡縣之分區，故附綴於都會郡縣類焉。

續澉水志

黃虞稷《千頃堂書目・地理類下》 董穀《澉水志》十卷。

《四庫全書總目提要・地理類存目二・都會郡縣》 《澉浦續志》九卷。浙江巡撫採進本。明董穀撰。穀字碩甫。正德丙子舉人。官安義漢陽二縣知縣。罷官後，自號碧里山樵，又曰漢陽歸叟。居海鹽之澉水鎮。嘗得宋常棠澉水舊志，校而刊之。因採元明事蹟，續成此編。小變棠之體例，分地理、職官、公署、貢賦、兵衛、祠宇、人品、雜記、藝文九門。規矩在前，弗能偭錯。較他邑志之冗濫，尚有典型。然能知棠書之善，而必欲改弦易轍，稍出入之，猶不免明人自用之習。故精簡古雅亦終不逮棠書也。

[永樂]海寧縣志

楊士奇等《文淵閣書目・新志》 《海寧縣志》。

黃虞稷《千頃堂書目・地理類中》 曾昶《海寧縣志》六卷。永樂戊戌修。訓導。

[嘉靖]海寧縣志

范邦甸等《天一閣書目・地理類》 《海寧縣志》九卷。刊本。明嘉靖三十六年，知縣蔡完脩并序。

徐𤊹《徐氏家藏書目・浙江省》 《海寧縣志》九卷。

張萱等《内閣藏書目録・志乘部・浙江》 《海寧縣志》。嘉靖丁巳，邑令蔡完修。

黃虞稷《千頃堂書目・地理類中》 蔡完《海寧縣志》九卷。嘉靖丁巳修。邑令。

又 董穀《海寧縣志》九卷。

吳壽暘《拜經樓藏書題跋記》卷三 《海甯縣志》。縣志九卷。明嘉靖閒知海甯縣事古亭蔡完所修。首有《自序》，後有海甯學諭東吳張志《跋》。此册爲苕上書林家良輔翁所贈。先君題云：蔡古亭明府《海甯縣志》在談孺木先生輯《海昌外志》時云其板尚藏庫中。迄今百數十年，即印本且不多見。予訪購有年，昨歲聞梅里李氏有是書，屬苕上吴良輔物色之。今夏始得卷帙完整，洵足珍也。方良輔之得也，中途有人欲邀之，良輔曰息壤在彼，卒以遺予，竟不持一錢而去，是亦估而有士行者歟。乾隆四十七年立秋前三日槎客吴某誌。

海寧志補

黃虞稷《千頃堂書目・地理類中》 朱迪《海寧志補》四卷。

海昌圖志

楊士奇等《文淵閣書目・舊志》 《海昌圖志》。四册。

海昌外志

黄虞稷《千頃堂書目・地理類中》 談遷《海昌外志》八卷。字孺木。邑人。

《四庫全書總目提要・地理類存目三・都會郡縣》 《海昌外志》。無卷數。浙江巡撫採進本。國朝談遷撰。遷字孺木，一字仲木，海寧人。是志題曰海昌，以海寧爲吴海昌郡，從古名也。書不分卷帙，所列凡輿地、食貨、職官、建置、選舉、人物、叢談、藝文八門。以篇頁計之，當爲八卷，偶未標題耳。遷學頗博涉，較舊志多所考證，而人物瑣分門類，典籍不詳卷帙，猶沿地志之積習焉。

吴壽暘《拜經樓藏書題跋記》卷三 《海昌外志》。談孺木先生所著。不分卷，凡輿地、食貨、職官、建置、選舉、人物、叢談、藝文八門。首自敘及樓鞏、沈升、蔡完序，又許令典及先生所作趙無聲先生《甯志備攷引》，先君子有題記數條。

海寧州志

范邦甸等《天一閣書目・地理類》 《海寧州志》六卷。刊本。明李光先脩并序。

[康熙]海寧縣志

丁立中《八千卷樓書目・地理類・都會郡縣》 [康熙]《海寧縣志》十三卷。國朝許三禮撰。刊本。

[天順]桐鄉縣志

黄虞稷《千頃堂書目・地理類中》 危山《桐鄉縣志》七卷。天順五年修。教諭。

[弘治]桐鄉縣續志

黄虞稷《千頃堂書目・地理類中》 錢榮《桐鄉縣續志》十四卷。弘治十五年修。邑人。

[正德]桐鄉縣志

朱睦㮮《萬卷堂書目・地志》 《桐鄉縣志》十卷。任洛。

張萱等《内閣藏書目録・志乘部・浙江》 《桐鄉縣志》。三册。全。正德甲戌，邑令任洛修。

黄虞稷《千頃堂書目・地理類中》 任洛《桐鄉縣志》十卷。正德甲戌修。邑令。

崇德縣志

楊士奇等《文淵閣書目・新志》 《崇德縣志》。

[正德]崇德志

黄虞稷《千頃堂書目・地理類中》 董遵《崇德志》五卷。蘭溪人，正德丁丑修。

[隆慶]崇德志

黄虞稷《千頃堂書目・地理類中》 朱潤《崇德志》。隆慶間修。邑令。

[萬曆]崇德志

黃虞稷《千頃堂書目・地理類中》 胡其久《崇德志》。萬曆辛巳修。邑人。

[萬曆]續修崇德縣志

祁承㸁《澹生堂藏書目・圖志・邑志》 《崇德縣志》。六册。十二卷。靳一派纂。

黃虞稷《千頃堂書目・地理類中》 靳一派《崇德志》。萬曆辛亥修。邑令。

崇德州語溪志

楊士奇等《文淵閣書目・舊志》 《崇德州語溪志》三册。

吳興記

《隋書・經籍志・地理》 《吳興記》三卷。山謙之撰。

李昉《太平御覽經史圖書綱目》 《吳興記》。

鄭樵《通志・藝文略・地里・郡邑》 《吳興記》三卷。山謙之撰。

章宗源《隋書經籍志考證・地理》 《吳興記》三卷。山謙之撰。宋王象之《輿地碑記目》曰：《吳興記》山謙之撰。《續漢書・郡國志》注：中平年分故障縣置安吉縣，興平二年分烏程縣爲永樂。《世説・言語篇》注：於潛縣東有印渚。並引《吳興記》。《初學記・地理部》：烏程縣車蓋山於潛舊縣天目山、臨安縣東石鏡山。《藝文類聚》：烏程縣西温山出御荈。並稱山謙之《吳興記》。《太平寰宇記》江南東道所引尤多。

朱記榮《國朝未刊遺書志略・史目》 《吳興記》一卷，烏程嚴可均輯。

吳興統記

鄭樵《通志・藝文略・地里・郡邑》 《吳興統記》十卷。

陳振孫《直齋書録解題・地理類》 《吳興統記》十卷。攝湖州長史左文質撰。分門別類，古事頗詳。序稱甲辰歲者，本朝景德元年也。

馬端臨《文獻通考・經籍考・地理》 《吳興統記》十卷。

《宋史・藝文志・地理類》 左文質《吳興統記》十卷。

吳興志

楊士奇等《文淵閣書目・舊志》 《吳興志》。四册。

[淳熙]吳興續志

楊士奇等《文淵閣書目・舊志》 《吳興續志》四册。

[嘉泰]吳興志

陳振孫《直齋書録解題・地理類》 《吳興志》二十卷。樞密院編修郡人談鑰元時撰。案：《文獻通攷》作談鑰撰。原本誤作「論」，今改正。嘉泰元年也。其爲書草率，未得爲盡善。

馬端臨《文獻通考・經籍考・地理》 《吳興志》二十卷。

《宋史・藝文志・地理類》 談鑰《吳興志》二十卷。

陸心源《皕宋樓藏書志・地理類二・都會郡縣》 《吳興志》二十卷。舊抄本。

宋談鑰撰唐人權載之序《正元十道録》謂：言地理者獨魏公，且因許其經濟遠大之業，及觀魏公所論六典地域之差次，四方貢賦之名物，與夫州郡廢置、山川險阻無一不備，然後知載之不妄許可。今州縣之編雖與並載寰宇者不類，條目纖悉亦豈易爲苟，非其人則詳略勿當，是非雜糅，何以信後。吴興東南最盛處，于今爲股肱郡。山水清遠，人物賢貴，宜有大手筆以志其寔。左文質統記，或謂失之猥，并李宗諤所上《圖經》肦于此者，又未免簡脱之病，顧方欲請于郡。一日太守李公郎中偶自言及是，且謂郡有博物君子談君監簿慨然以此自任。今書成以鋟木之資屬歸安周令，未幾李公詔還，富公寺正來繼，又捐金以竟之，甚盛事也。兆於談君乃同年進士，喜是編出其手，因從周令借觀，始知郎中除日已屬意乎此。大概本舊志，參正史，補遺訂誤，無一不滿人意。列二十卷，卷各有目。數千百年間事了然不疑。《三輔黄圖》殆不是過。蓋嘗謂人之筆力根于天性，充于學問猶運舟挽鈞，力有分量，弗可强勉。紹興以來亦有好事者續圖經、續編志，非不盡力，如震州荻塘之辨，卒亦聽訛而止，吁談君誠良史，才奚可多得。會將推平素學獻華夷編，經理中原如指諸掌兆，淺學寡聞非敢自齒于權載之列。談君事業當超出乎唐魏公之上於以見。是編更數君子而後定，歷二賢守而後傳，是豈無待而然哉。嘉泰改元臘月郡丞廣信傅兆敬序《書録解題》：《吴興志》二十卷，樞密院編修郡人談鑰元時撰，嘉泰元年也。其爲書草率，未能盡善。案：談鑰字元時，歸安人。淳熙八年進士。《新湖州府志》有傳。原本久佚，此從《永樂大典》録出。中間有《明志》竄入。陳直齋雖譏其未能盡善，然宋以前遺文逸事爲勞鉞、王珣、張鐸、栗祁諸志所未收者甚多，足爲攷古者之助。

湖州府志

楊士奇等《文淵閣書目·新志》《湖州府志》。

晁瑮《晁氏寶文堂書目·圖誌》《湖州府志》。

趙琦美《脈望館書目·史·浙江·湖州府》《湖州府志》四本。

[景泰]湖州府志

黄虞稷《千頃堂書目·地理類中》陳頎《湖州府志》二十二卷。姑蘇人。司訓。景泰間修。

[弘治]湖州府志

朱睦㮮《萬卷堂書目·地志》《湖州府志》二十四卷。江翁儀。

黄虞稷《千頃堂書目·地理類中》王珣《湖州府志》二十四卷。弘治辛亥修。郡守。

《明史·藝文志·地理類》江翁儀《湖州府志》二十四卷。

《四庫全書總目提要·地理類存目二·都會郡縣》[弘治]《湖州府志》二十四卷。兩淮鹽政採進本。明王珣撰。珣，曹縣人。成化己丑進士。官至右副都御史巡撫寧夏。是志乃弘治辛亥珣官湖州知府時所重修。初，宋談鑰嘗輯《吴興志》，而文頗蕪陋。明景泰間訓導陳頎乃因談《志》續爲一編。成化甲午，知府九江勞鉞又令郡人張淵補所未備，增爲二十二卷。珣以郡縣續有分析，復屬郡人汪翁儀、唐應徵、陳遠等論次增輯，列爲三十三目，分禮、樂、射、御、書、數六集。舊本因前有勞鉞《序》，遂題爲《成化志》，非也。

[成化]湖州府志

范邦甸等《天一閣書目·地理類》《湖州府志》二十四卷。刊本。明成化十一年，知府勞鉞纂并序，夏時正、彭華均有序。

黄虞稷《千頃堂書目·地理類中》勞鉞《湖州府志》二十二卷。九江人。郡守。成化甲午，命郡士張淵增陳志所未備。

［嘉靖］湖州府志

徐圖等《行人司重刻書目・地理類》《湖州府志》六本。

祁承㸁《澹生堂藏書目・圖志・郡志》《湖州府舊志》六册。十六卷。浦南金輯。

黄虞稷《千頃堂書目・地理類中》浦南金《湖州府志》十六卷。嘉靖壬寅修。教諭。

［嘉靖］吴興掌故

范邦甸等《天一閣書目・地理類》《吴興掌故集》十七卷。刊本。明雲間徐獻忠撰并識。

徐𤊹《徐氏家藏書目・各省雜誌》《吴興掌故》十七卷。徐獻忠。

祁承㸁《澹生堂藏書目・圖志・通志》《吴興掌故集》。八册。十七卷。徐獻忠輯。

錢謙益等《絳雲樓書目・地誌類》徐獻忠《吴興掌故集》。十七卷。字伯臣，華亭人。嘉靖間舉於鄉，後授奉化知縣。

黄虞稷《千頃堂書目・地理類中》徐獻忠《吴興掌故集》十七卷。華亭人。知縣。

《明史・藝文志・地理類》徐獻忠《吴興掌故集》十七卷。

《四庫全書總目提要・地理類存目三・都會郡縣之屬》《吴興掌故集》十七卷。兩淮鹽政採進本。明徐獻忠撰。獻忠字伯臣，一號長谷，華亭人。嘉靖乙酉舉人，官奉化縣知縣。《明史・文苑傳》附見《文徵明傳》中。是編乃其寓居湖州時所作。分類十三。曰宦業、曰鄉賢、曰遊寓、曰著述、曰金石刻、曰藝文、曰名園、曰古蹟、曰山墟、曰水利、曰風土、曰物産、曰雜考。考訂多未詳審，如所載寓賢以作《漁隱叢話》之胡仔列入明代，尤爲舛誤也。

［萬曆］湖州府志

徐𤊹《徐氏家藏書目・浙江省》《湖州府志》十四卷。

張萱等《内閣藏書目録・志乘部・浙江》《湖州府志》。八册。全。嘉靖間，郡人唐樞修。

祁承㸁《澹生堂藏書目・圖志・郡志》《湖州府新志》八册。十四卷。唐樞。

黄虞稷《千頃堂書目・地理類中》栗祁《湖州府志》十四卷。隆慶末聘郡人唐樞修。樞殁，郡推官張應雷續成。董份序。

《四庫全書總目提要・地理類存目三・都會郡縣之屬》《湖州府志》十四卷。兩淮馬裕家藏本。明唐樞撰。樞有《易修墨守》，已著録。是書分土地、人民、政事三門，每門各綴以子目，與他志小異。然如沿革之中參述祥異，體例亦未能精當也。

［天啓］吴興備志

黄虞稷《千頃堂書目・地理類中》董斯張、閔元衢《吴興備志》。

《四庫全書總目提要・地理類一・都會郡縣》《吴興備志》三十二卷。兩淮鹽政採進本。明董斯張撰。斯張字遐周，烏程人。是編輯録湖州故事，分二十六徵：曰帝胄、曰宫闈、曰封爵、曰官師、曰人物、曰笄褘、曰寓公、曰象緯、曰建置、曰巖壑、曰田賦、曰水利、曰選舉、曰戰守、曰賑恤、曰祥孽、曰經籍、曰遺書、曰金石、曰書畫、曰清閟、曰方物、曰璅、曰詭、曰匡籍。採摭極富，於吴興一郡遺聞瑣事，徵引略備。每門皆全録古書，載其原文。有所考正，則附著於下。蓋張鳴鳳《桂故》、《桂勝》體例如是，而斯張因之。雖意主博奥，不無以泛濫爲嫌。然當時著書家影響附會之談，剽竊撏撦之習，實能一舉而空之。故所摘録，類皆典雅確核，足資考據。明季諸書，此猶爲差有實際。黄茅白葦之中，可以謂之翹楚矣。

陸心源《皕宋樓藏書志・地理類四・都會郡縣》《吴興備志》三十二卷。舊抄本。明董斯張撰。

[嘉靖]烏程縣志

朱睦㮮《萬卷堂書目·地志》《烏程縣志》二卷。唐樞。

徐𤊹《徐氏家藏書目·浙江省》《烏程縣志》二卷。

張萱等《内閣藏書目録·志乘部·浙江》《烏程縣志》。一册。全。嘉靖間，邑人唐樞修。

黄虞稷《千頃堂書目·地理類中》唐樞《烏程縣志》二卷。嘉靖間修。邑人。

[崇禎]烏程縣志

徐𤊹《徐氏家藏書目·浙江省》《烏程縣志》卷。劉沂春刻。

黄虞稷《千頃堂書目·地理類中》劉沂春《烏程縣志》十二卷。崇禎丁丑修。邑令。

烏程歸安志

楊士奇等《文淵閣書目·新志》《烏程歸安志》。共一册。

歸安縣志

徐𤊹《徐氏家藏書目·浙江省》《歸安縣志》八卷。

[嘉靖]歸安縣志

徐𤊹《徐氏家藏書目·浙江省》《歸安縣志》二卷。

張萱等《内閣藏書目録·志乘部·浙江》《歸安縣志》。二册。全。邑人劉塾修。

祁承㸁《澹生堂藏書目·圖志·邑志》《歸安縣志》。二册。二卷，劉塾。

黄虞稷《千頃堂書目·地理類中》劉塾《歸安縣志》。邑人。

吴興東林志

朱睦㮮《萬卷堂書目·雜志》《吴興東林志》四卷。黄惟用。

黄虞稷《千頃堂書目·地理類下》黄維用《吴興東林志》四卷。

[洪武]長興志

黄虞稷《千頃堂書目·地理類中》劉昊《長興志》。洪武初修。邑人。

[永樂]長興縣志

黄虞稷《千頃堂書目·地理類中》周鎬夫《長興縣志》。永樂中修。

[弘治]長興縣志

黄虞稷《千頃堂書目·地理類中》臧衍《長興縣志》六卷。弘治二年修。邑人。

[嘉靖]長興縣志

黄虞稷《千頃堂書目·地理類中》黄光昇《長興縣志》二卷。嘉靖初修。邑人。

[嘉靖]重修長興縣志

趙琦美《脈望館書目・史・浙江・湖州府》《長興縣志》。四本。

張萱等《內閣藏書目録・志乘部・浙江》《長興縣志》。四册。全。嘉靖己未，邑人大司寇顧應祥修。

黄虞稷《千頃堂書目・地理類中》顧應祥《長興縣志》十二卷。嘉靖己未修。邑人。大司寇。

[崇禎]長興縣志

黄虞稷《千頃堂書目・地理類中》姚光佑《長興縣志》十二卷。崇禎十一年修。邑人。

長興安吉志

楊士奇等《文淵閣書目・新志》《長興安吉志》。共一册。

[嘉靖]安吉州志

范邦甸等《天一閣書目・地理類》《安吉州志》十六卷。刊本。明嘉靖十三年，伍餘福纂，增城湛若水序。

趙琦美《脈望館書目・浙江・湖州府》《安吉州志》。六本。伍餘福。嘉靖十三年。

黄虞稷《千頃堂書目・地理類中》伍餘福《安吉州志》十六卷。嘉靖甲午修。州守。

[嘉靖]安吉州志

范邦甸等《天一閣書目・地理類》《安吉州志》八卷。刊本。明嘉靖丁巳，知縣江一麟編，邑人陳良謨序，德清蔡汝南序。

趙琦美《脈望館書目・浙江・湖州府》《安吉州志》。三本。江一麟編。嘉靖丙辰年。

張萱等《內閣藏書目録・志乘部・浙江》《安吉州志》。二册。全。嘉靖丁巳，州守江應麟修。

祁承㸁《澹生堂藏書目・圖志・州志》《安吉州志》。又三册。八卷。江一麟編。

黄虞稷《千頃堂書目・地理類中》江一麟《安吉州志》八卷。嘉靖丁巳修。州守。吳校改一爲應。

《明史・藝文志・地理類》江一麟《安吉州志》八卷。

[乾隆]安吉縣志

丁立中《八千卷樓書目・地理類・都會郡縣》[乾隆]《安吉縣志》十六卷。國朝劉薊植撰。刊本。

[同治]安吉縣志

丁立中《八千卷樓書目・地理類・都會郡縣》[同治]《安吉縣志》十八卷。國朝汪榮撰。刊本。

[嘉靖]孝豐縣志

張萱等《內閣藏書目録・志乘部・浙江》《孝豐縣志》。二册，全。嘉靖丁亥，邑令郭昌修。

黄虞稷《千頃堂書目・地理類中》 陳表《孝豐縣志》。嘉靖丁亥修。教諭。吴校陳表内閣目郭昌。令。

孝豐縣志

黄虞稷《千頃堂書目・地理類中》 唐樞《孝豐縣志》六卷。

[萬曆]孝豐縣志

黄虞稷《千頃堂書目・地理類中》 黄朝選《孝豐縣志》二卷。萬曆壬寅修。邑令。

餘不志

楊士奇等《文淵閣書目・舊志》 《餘不志》。二册。

[嘉靖]德清縣志

范邦甸等《天一閣書目・地理類》 《德清縣志》十卷。刊本。明嘉靖乙酉，知縣方日乾侑并序。

張萱等《内閣藏書目録・志乘部・浙江》 《德清縣志》。三册。全。嘉靖乙酉，邑人陳霆修。

祁承㸁《澹生堂藏書目・圖志・邑志》 《德清縣志》二册。十卷。陳霆。

黄虞稷《千頃堂書目・地理類中》 陳寔《德清縣志》十卷。嘉靖乙酉修。邑人。

德清縣志

朱睦㮮《萬卷堂書目・地志》 《德清縣志》十二卷。許東望。

[天啓]德清縣志

黄虞稷《千頃堂書目・地理類中》 蔡奕琛《德清縣志》。天啓間修。邑人。

仙潭志

黄虞稷《千頃堂書目・地理類下》 陳霆《仙潭志》。

餘英志

楊士奇等《文淵閣書目・舊志》 《餘英志》。二册。

德清武康志

楊士奇等《文淵閣書目・新志》 《德清武康志》。共一册。

[弘治]武康縣志

范邦甸等《天一閣書目・地理類》 《武康縣志》一册。刊本。明弘治辛酉，知縣易綱編集莆田陳琳序。

黄虞稷《千頃堂書目・地理類中》 易綱《武康縣志》。弘治辛酉修。邑令。

[嘉靖]武康縣志

徐𤊹《徐氏家藏書目・浙江省》 《武康縣志》八卷。

范邦甸等《天一閣書目・地理類》 《武康縣志》八卷。刊本。明(弘治辛酉)[嘉靖庚戌]，駱文盛脩，程嗣功序。

張萱等《内閣藏書目録・志乘部・浙江》 《武康縣志》。二册。全。嘉靖庚戌，邑人駱文盛修。

祁承爜《澹生堂藏書目・圖志・邑志》 《武康縣志》。二册。八卷。駱文盛輯。

黄虞稷《千頃堂書目・地理類中》 駱文盛《武康縣志》八卷。嘉靖庚戌修。邑人。

[乾隆]武康縣志

丁立中《八千卷樓書目・地理類・都會郡縣》 [乾隆]《武康縣志》八卷。國朝劉守成撰。刊本。

寧波地區

四明圖經

《宋史・藝文志・地理類》 張津《四明圖經》十二卷。

李慈銘《越縵堂讀書紀・地理類》 [乾道]《四明圖經》。宋張津等撰。夜卧閲《乾道四明圖經》，乾道五年直祕閣知明州張津等撰，咸豐四年鄞徐同叔時棟所校刻，近年新印行者。此書四庫未收，據徐氏校勘記言，卷八至卷十二爲篇什、碑記，完好無恙；卷七以前皆叢殘之書，並目亦亡。然今刻首列縉雲縣主簿三山黄鼎序，次列十二卷目録，不知何本？據校勘記所言，似本於李處士孝謙《四明文獻録》。徐氏既無序跋，不可得而詳也。宋世圖經僅有存者，固爲可貴；然觀其總叙一篇，其中舛誤已多。如云：漢興，封劉賈爲荆王，又嘗封閩越王之子爲東甌王，元鼎五年，東甌國除。不知東甌地於明州無涉也。又云：唐肅宗乾元元年，復爲明州，仍兼浙東觀察使。不知唐代明州刺史未嘗兼浙東觀察使也。又云：錢元瓘自號爲吴越王，據有兩浙十三州之地。不知吴越王之封，武肅受之朱温，非由文穆自號也。

[寶慶]四明志

陳振孫《直齋書録解題・地理類》 《四明志》二十一卷。贛州録事參軍盧陵羅璿修。時胡榘仲方尚書爲守，璿其鄉人也。

馬端臨《文獻通考・經籍考・地理》 《四明志》二十一卷。

楊士奇等《文淵閣書目・舊志》 《四明志》。十册。

于敏中等《天禄琳琅書目後編・宋版史部》 《四明志》。二函。十册。宋羅濬撰，濬廬陵人，官贛州録事參軍。《文獻通考》作璿，誤。書二十一卷，一卷至十一卷爲郡志，分九門，四十六子目。十二卷至二十一卷爲鄞、奉化、慈谿、定海、昌國、象山六縣志，縣自爲門。當時明州雖建府，而不置倚郭縣，如今直隸州制，故體例如此。前有濬序，列編類文字銜名府學學正袁藻，學録劉叔温，直學汪燀，學諭王坰，繆暹、蔣淵明，教諭伍孚獻七人。據序，《四明圖經》七卷，成於乾道中守郡張津。至寶慶三年，焕章閣學士通議大夫知慶元府兼沿海制置使盧陵胡榘命校官方萬里增訂，未成。四年，濬來遊四明，屬之編定，即此本也。考書中職官、科第、姓名、事蹟，間及咸淳。蓋後所增益，非盡濬舊，然均宋時舊籍也。至元延祐中，袁桷撰《四明志》，今亦竝傳，然門目迥異，故著録家以此爲《寶慶四明志》，袁本爲《延祐四明志》別之。

史浩，字直翁，鄞縣人。紹興十四年進士，相孝宗，贈會稽郡王，謚文惠。浩初爲孝宗建王府教授，又兼直講。隆興元年，拜尚書右僕射，旋予祠。淳熙五年，復爲右丞相。十年，除太保。致仕，封魏國公。治第鄞之西湖，建閣奉兩朝賜書。上爲書明良慶會名其閣，舊學名其堂，故有舊學印章。其曰復隱，蓋在請老再歸後也。

瞿鏞《鐵琴銅劍樓藏書目録・地理類・都會郡縣》［寶慶］《四明志》二十一卷。鈔本。宋羅濬撰。有圖四葉。其書成於寶慶，而卷中及紹定以後事乃出後人增訂，非原本矣。

《四庫全書總目提要・地理類一・都會郡縣》［寶慶］《四明志》二十一卷。南淮鹽政採進本。宋羅濬撰。濬，廬陵人，官贛州録事參軍。《文獻通考》作羅璿，蓋傳寫誤也。先是，乾道中，知明州張津始纂輯《四明圖經》，而捜採未備。寶慶三年，煥章閣學士、通議大夫、知慶元府兼沿海制置使廬陵胡榘，復命校官方萬里，因圖經舊本，重加增訂。如唐刺史韓察之移州城，唐及五代郡守姓名，多據碑刻史傳補入。其事未竟，會萬里赴調中輟。濬與榘同里，適遊四明，遂屬之編定。凡一百五十日而成書。前十一卷爲郡志，分叙郡、叙山、叙水、叙產、叙賦、叙兵、叙人、叙祠、叙遺九門，各門又分立四十六子目。第十二卷以下則爲鄞、奉化、慈谿、定海、昌國、象山各縣志，每縣俱自爲門目，不與郡志相混。蓋當時明州雖建府號，而不置倚郭之縣，州故與縣各領疆土，如今直隸州之體，特與他郡不同也。《宋史・藝文志》僅有張津《圖經》十二卷，及《四明風俗賦》一卷，不載是書。惟陳振孫《書録解題》載之，其卷數與此本相合，蓋猶從宋槧鈔存者。志中所列職官、科第名姓及他事蹟，或下及咸淳，距寶慶三四十年，蓋後人已有所增益，非盡羅濬之舊。然但遂條綴附，而體例未更，故叙述謹嚴，不失古法。元袁桷延祐《四明志》亦據爲藍本，多採用焉。

［開慶］四明續志

《四庫全書總目提要・地理類一・都會郡縣》開慶《［四明］續志》十二卷。兩淮鹽政採進本。《續志》十二卷，則開慶元年慶元府學教授梅應發、添差通判鎮江府劉錫所撰。其分子目三十有七。其自序稱，《續志》之作，所以志大使丞相履齋先生吴公三年治鄞之政績，其已作而述者不復志，故所述多吴潛在官事實。而山川疆域已詳於舊志者，則槩未之及。是因一人而别修一郡之志，名爲輿圖，實則家傳，於著作之體殊乖。然案《宋史・吴潛傳》載，潛以右丞相罷爲觀文殿大學士，尋授沿海制置大使判慶元府。至官，條具軍民久遠之計，告於政府，奏皆行之。又積錢百十七萬三千八百有奇，代民輸帛。前後所蠲五百四十九萬一千七百有奇。是潛涖鄞以後，宦績頗有可觀。二人所述，尚不盡出於諛頌。至潛所著文集，世久無傳。後人掇拾叢殘，編爲遺稾，亦殊傷闕略。此志載《潛吟稾》二卷，其古今體詩二百九首，詩餘二卷，共詞一百三十首，皆世所未覩。雖其詞不必盡工，而名臣著作藉以獲存，固亦足資援據，故今仍與羅濬書竝録存焉。

瞿鏞《鐵琴銅劍樓藏書目録・地理類・都會郡縣》［寶慶］《四明續志》十二卷。鈔本。是書簡端有序，題開慶元年迪功郎、慶元府學教授梅應發，奉議郎添差沿海制置大使司主管機宜文字新添差通判鎮江府劉錫百拜謹書，蓋二人同纂之書也。書成於開慶而題曰寶慶者，承前志而言。專紀吴丞相潛判慶元府時政事，後附吟稾二卷、詩餘二卷，爲志乘創體。履齋著作，藉是以傳。是書向來與《寶慶志》，藏書家皆未見。自謝山全氏得宋槧本於陸參政懋龍家，後歸趙谷林，録副以傳。

［延祐］四明志

《四庫全書總目提要・地理類一・都會郡縣》［延祐］《四明志》十七卷。浙江巡撫採進本。元袁桷撰。桷字伯長，慶元人。宋知樞密院事韶之曾孫。少爲麗澤書院山長，以薦改翰林國史院檢閲官，累遷侍講學士。卒贈江浙行省參知政事，追封陳留郡公，謚文清，事蹟具《元史》本傳。桷文章博贍，爲一時臺閣之冠。所著《易説》、《春秋説》諸書，見於蘇天爵墓誌銘者，世久無傳。惟《清容居士集》及此志尚存。書成於延祐七年，蓋慶元路總管馬澤屬桷撰次者也。凡分十二考，曰沿革、曰土風，曰職官，曰人物，曰山川，曰城邑，曰河渠，曰賦役，曰學校，曰祠祀，曰釋道，曰集古。條例簡明，最有體要。桷先世在宋，多以文學知名，稱東南故家遺獻。没後會朝廷修史，遣使求郡國軼文故事，惟袁氏所傳爲多。故其於鄉邦舊典，尤多貫串。志中考核精審，不支不濫，頗有良史之風。視至元嘉禾、至正無錫諸志，更爲賅治。惟自第九卷至第十一卷爲傳寫者所脱佚，已非全帙。然元時地志，鈔帙無多。存之亦足以資考究，固未可以不完廢也。

錢大昕《補元史藝文志・地理類》　袁桷[延祐]《四明志》二十卷。

[至元]四明續志

楊士奇等《文淵閣書目・舊志》　《四明續志》。四册。

黃虞稷《千頃堂書目・地理類・補元》　王元恭《四明續志》十二卷。字居敬，真定人。至正二年爲明州總管。

倪燦等《補遼金元藝文志・地理類》　王元恭《四明續志》十二卷。字居敬，真定人。至正二年爲明州總管。

錢大昕《補元史藝文志・地理類》　王元恭《四明續志》十二卷。字居敬，真定人。慶元路總管。

陸心源《皕宋樓藏書志・地理類四・都會郡縣》　《四明續志》十二卷。舊抄本。馬笏齋舊藏。元王元恭撰道地、圖道、方志，先王立圖之本也。辯封域，謹職守，司徒立政之要也。四明爲浙東望郡，藩閫所鎮，鑾徼所通，風俗所會，土地所宜，人物之所輩出，山林、川澤、丘陵、墳衍、原隰，名物之所當周知。宋寶慶間有志，暨入國朝，當延祐、庚申，殆將百年。城邑改觀，時俗因革，未有攷其事而修之者。於是郡人侍講袁公桷作爲新志，又廿有二年。會部使者贍思父巡行至郡，俾重刊舊志，與新書並傳，亦既敘其説於篇端。余叨守是邦，思所以亘歴今古，補其缺略。乃命耆髦之士日與討論，復成續志。凡一十二卷，庶幾先後該貫，觀覽無遺。少禆立國立政之本要，以備太史氏之採擇云。至正元年壬午三月既望，蠡吾王元恭序。案：王元恭，博野人。至元六年，以正議大夫任慶元路總管府。其書後袁桷志而作。《四庫》未收，各家書目亦未著録。凡分十三門，曰沿革、曰土風、曰職官、曰人物、曰城邑、曰山川、曰河渠、曰土産、曰賦役、曰學校、曰祠祀、曰釋道、曰集古。

明州府志

楊士奇等《文淵閣書目・舊志》　《明州府志》二册。

寧波府志

楊士奇等《文淵閣書目・新志》　《寧波府志》。

[天順]寧波郡志

趙琦美《脈望館書目・史・浙江・寧波府》　《寧波府舊志》四本。楊寔佟。

徐圖等《行人司重刻書目・地理類》　《寧波府志》四本。

黃虞稷《千頃堂書目・地理類中》　楊寔《四明郡志》十卷。成化四年修。

[成化]寧波簡要志

王圻《續文獻通考・經籍考・地理》　《寧波簡要志》。黃潤玉著。

黃虞稷《千頃堂書目・地理類中》　黃潤玉《寧波簡要志》五卷。

《四庫全書總目提要・地理類存目二・都會郡縣之屬》　《寧波府簡要志》五卷。兩淮馬裕家藏本。明黃潤玉撰。潤玉有《四明文獻録》，已著録。是編以舊志太冗，乃删除繁贅，定爲是編。體例簡潔，亦康海《武功志》之亞。然《武功志》藝文散入各類中，此則僅存其篇題而文皆不録，則未免太簡矣。

[嘉靖]寧波府志

范邦甸等《天一閣書目・地理類》　《寧波府志》四十二卷。刊本。明嘉靖三十九年，張時徹纂脩并序，郡人聞淵，慈谿葉照均有序。

徐𤊹《徐氏家藏書目・浙江省》　《寧波府志》四十二卷。張時徹。

張萱等《内閣藏書目録・志乘部・浙江》　《寧波府志》。十六册。全。嘉靖庚申，郡人南大司馬張時徹修。

祁承㸁《澹生堂藏書目・圖志・郡志》《寧波府志》。十六册。二十卷。張時徹。

黄虞稷《千頃堂書目・地理類中》張時徹《寧波府志》四十二卷。嘉靖庚申修。鄞縣人。南大司馬。

《明史・藝文志・地理類》張時徹《寧波府志》四十二卷。

四明志徵

黄虞稷《千頃堂書目・地理類中》戴鯨《四明志徵》。

鄞縣志

楊士奇等《文淵閣書目・新志》《鄞縣志》。

鄞縣志

黄虞稷《千頃堂書目・地理類中》《鄞縣志》。永樂間修。未刊。

[乾隆]鄞縣志

丁立中《八千卷樓書目・地理類・都會郡縣》[乾隆]《鄞縣志》三十卷。國朝陳鍾琛撰。刊本。

[至元]奉化志

錢大昕《補元史藝文志・地理類》《奉化志》十卷。至元中，縣尹丁濟屬邑人舒津陳著撰，皇慶延祐重修。

奉化建平二府志

楊士奇等《文淵閣書目・新志》《奉化建平二府志》。

[永樂]奉化縣志

楊士奇等《文淵閣書目・新志》《奉化縣志》。

黄虞稷《千頃堂書目・地理類中》《奉化志》。永樂庚子修。莫詳作者。

[景泰]奉化縣志

黄虞稷《千頃堂書目・地理類中》汪綸《奉化志》。景泰甲戌修。邑人。

[弘治]奉化縣志

黄虞稷《千頃堂書目・地理類中》徐紹先《奉化志》十卷。弘治壬子修。邑令。

[嘉靖]奉化縣志

趙琦美《脈望館書目・史・浙江・寧波府》《奉化縣志》四本。

張萱等《内閣藏書目録・志乘部・浙江》《奉化縣志》四册。全。嘉靖乙未，邑人謝瀧修。

黄虞稷《千頃堂書目・地理類中》謝雍《奉化縣志》。嘉靖壬辰修。邑人。

[嘉靖]奉化縣圖志

祁承㸁《澹生堂藏書目・圖志・邑志》《奉化縣志》。四册。十二卷。倪復纂。

黄虞稷《千頃堂書目・地理類中》倪復《奉化縣志》十二卷。

丁立中《八千卷樓書目・地理類・都會郡縣》[乾隆]《奉化縣志》十四卷。國朝曹膏撰。刊本。

象山縣志

楊士奇等《文淵閣書目・新志》《象山縣志》。

[嘉靖]象山縣志

范邦甸等《天一閣書目・地理類》《象山縣志》十五卷。刊本。明嘉靖三十五年，知縣毛德京脩并序。

徐𤊹《徐氏家藏書目・浙江省》《象山縣志》十五卷。

張萱等《内閣藏書目録・志乘部・浙江》《象山縣志》。三册，全。嘉靖丙辰，王廂修。

黄虞稷《千頃堂書目・地理類中》周茂伯《象山縣志》。嘉靖丙辰修。布衣。吴校改周茂伯爲王廂。

[萬曆]象山縣志

祁承㸁《澹生堂藏書目・圖志・邑志》《象山縣志》四册。十六卷。陸應暘纂。

黄虞稷《千頃堂書目・地理類中》邵景堯《象山縣志》十五卷。

又 陸應陽《象山縣志》十六卷。萬曆丙午修。

定海縣志

楊士奇等《文淵閣書目・新志》《定海縣志》。

定海志

趙琦美《脈望館書目・史・浙江・寧波府》《定海志》二本。

[嘉靖]定海縣志

范邦甸等《天一閣書目・地理類》《定海縣志》十三卷。刊本。明嘉靖四十二年，郡人張時徹纂脩并序，東蜀劉應箕、叙知縣何愈後序。

張萱等《内閣藏書目録・志乘部・浙江》《定海縣志》。四册。全。嘉靖癸亥，鄞人張時徹修。

祁承㸁《澹生堂藏書目・圖志・邑志》《定海縣志》。四册。十二卷。張時徹。

黄虞稷《千頃堂書目・地理類中》 張時徹《定海縣志》十二卷。嘉靖癸亥修。鄞人。

[乾隆]鎮海縣志

《續修四庫全書總目提要・地理類》 [乾隆]《鎮海縣志》八卷。乾隆十七年刊本。

慈溪縣新志

楊士奇等《文淵閣書目・新志》 《慈溪縣志》。

慈溪縣志

趙琦美《脈望館書目・史・浙江・寧波府》 《慈溪縣志》二本。

[正德]慈谿志

祁承㸁《澹生堂藏書目・圖志・邑志》 《慈谿縣志》。四册。二十卷。周旋纂。内缺一册。

黄虞稷《千頃堂書目・地理類中》 周旋《慈谿志》。（嘉靖）[正德]間修。邑人。

[天啓]慈谿縣志

黄虞稷《千頃堂書目・地理類中》 姚宗文《慈谿縣志》十六卷。天啓甲子修。邑人。

金鄉縣志

祁承㸁《澹生堂藏書目・圖志・邑志》 《金鄉縣志》。四册。十五卷。郭東藩。

[咸豐]金鄉縣志

丁立中《八千卷樓書目・地理類・都會郡縣》 [咸豐]《金鄉縣志》四卷。國朝李壘撰。刊本。

餘姚縣志

楊士奇等《文淵閣書目・新志》 《餘姚縣志》。

[嘉靖]餘姚縣志

范邦甸等《天一閣書目・地理類》 《餘姚縣志》十七卷。刊本。明嘉靖乙未，邑人楊撫脩并序。

張萱等《内閣藏書目録・志乘部・浙江》 《餘姚縣志》。四册，全。嘉靖乙未，邑人楊撫等修。

黄虞稷《千頃堂書目・地理類中》 楊撫岑原道胡膏《餘姚志》十七卷。嘉靖乙未修。邑人。

[萬曆]新修餘姚縣志

祁承㸁《澹生堂藏書目・圖志・邑志》《餘姚縣志》。六册。二十四卷。楊文煥輯。

寧海縣志

楊士奇等《文淵閣書目・新志》《寧海縣志》。

李光先寧海州志

朱睦㮮《萬卷堂書目・地志》《寧海州志》二卷。李光先。

[萬曆]寧海縣志

張萱等《内閣藏書目録・志乘部・浙江》《寧海縣志》。四册。全。萬曆壬辰，邑令曹學程修。

張輔寧海縣志

黄虞稷《千頃堂書目・地理類中》張輔《寧海縣志》。未脱稿。

舟山地區

[寧慶]昌國志

楊士奇等《文淵閣書目・舊志》《昌國志》二册。

[大德]昌國圖志

《四庫全書總目提要・地理類一・都會郡縣》[大德]《昌國州圖志》七卷。

浙江范懋柱家天一閣藏本。元馮復京、郭薦等同撰。復京，漳川人。官昌國州判官。薦，里貫未詳。官鄞縣教諭。昌國州，即今定海縣。宋熙寧六年置昌國縣，元至元十五年始升爲州。此書成於大德二年七月。凡分八門，曰敘州、曰敘賦、曰敘山、曰敘水、曰敘物産、曰敘官、曰敘人、曰敘祠。前有州官請耆儒修志牒一篇，末有郭薦等繳申文牒一篇，冠以復京序。據序中所述始末，蓋復京求得舊志，屬薦等訂輯，而復京爲之審定者也。其大旨在於刊削浮詞，故其書簡而有要，不在康海《武功志》、韓邦靖《朝邑志》下。海書、邦靖書爲作者盛推，而此書不甚稱於世。殆年代稍遠，鈔本稀傳歟。據原目所載，卷首當有環山、環海及普陀山三圖。圖志之名，實由於是。此本有録無書，蓋傳寫者佚之矣。

錢大昕《補元史藝文志・地理類》《昌國州圖志》七卷。大德中馮復京、郭薦撰。

昌國縣志

楊士奇等《文淵閣書目・新志》《昌國縣志》。

[正德]昌國縣志

黄虞稷《千頃堂書目・地理類中》 陶恭《昌國縣志》五卷。邑人。正德元年修，隆慶三年恭孫積纂附成書。

紹興地區

會稽郡十城地志

章宗源《隋書經籍志考證・地理》 《會稽郡十城地志》卷亡。不著録。《太平御覽・禮儀部》上虞縣東南古塚磚題文曰：居在本土，厥姓黄。卜葬於此，大富强。易卦吉龜卦凶。此引《會稽郡十城地志》。

會稽郡記

沈家本《世説注所引書目・地理》 《會稽郡記》。言語。隋唐志皆不著録，《御覽》禮儀部引《會稽郡十城地志》，不知是此書否。

[乾寧]會稽録

楊士奇等《文淵閣書目・古今志》 [乾寧]《會稽録》一册。

[祥符]越州圖經

尤袤《遂初堂書目・地理類》 《舊越州圖經》。

陳振孫《直齋書録解題・地理類》 《越州圖經》九卷。李宗諤祥符所上也。末有祕閣校理李垂、邵焕修，案：《宋史・藝文志》作邵焕修，此本作「撰修」，誤，今改正。及覆修名銜。然則書成於衆手，而宗諤特提總其凡耳。

馬端臨《文獻通考・經籍考・地理》 《越州圖經》九卷。

《宋史・藝文志・地理類》 李宗諤《越州圖經》九卷。

新修紹興圖經

尤袤《遂初堂書目・地理類》 《新修紹興圖經》。

越州新志

王圻《續文獻通考・經籍考・地理》 《越州新志》。陳公亮修。

[嘉泰]會稽志

陳振孫《直齋書録解題・地理類》 《會稽志》二十卷。通判吴興施宿武子，郡人馮景中、陸子虛、朱鼒、王度等撰。陸放翁爲之序。首稱禹會諸侯，而以思陵巡狩，陸府配之，氣壯文雅，蓋奇作也。嘉泰辛酉，陸年已七十七矣。未幾，始落致仕爲史官，至八十五歲乃終。其筆力老而不衰，於此序見之。

馬端臨《文獻通考・經籍考・地理》 《會稽志》二十卷。

《宋史・藝文志・地理類》 陸游《會稽志》二十卷。

《宋史・藝文志・地理類》 沈作賓、趙不迹《會稽志》二十卷。

楊士奇等《文淵閣書目・舊志》 《會稽志》。十册。

錢謙益等《絳雲樓書目・地誌類》 《會稽志》十册。南宋施宿撰。凡二十卷，陸游作序。宿湖州長興人，施武子，撰《會稽志》，陸務觀爲作序，其文載《渭南文集》中。而《宋史・藝文志》云陸游《會稽志》三十卷，真可爲大噱也。

［嘉泰］會稽志續志

祁承㸁《澹生堂藏書目・圖志・郡志》《會稽郡舊志》。十二册。二十八卷。

《四庫全書總目提要・地理類一・都會郡縣》［嘉泰］《會稽志》二十卷［寶慶］《續志》八卷。浙江范懋柱家天一閣藏本。《會稽志》二十卷，宋施宿等撰。續志八卷，宋張淏撰。宿，字武子，湖州人。司諫元之子，嘗知餘姚縣，遷紹興府通判。淏，字清源，本開封人，僑居婺州。官至奉議郎，其履貫略見《金華志》，而所作《續志序》，乃自稱僑寓是邦，則又常卜居會稽矣。宋自南渡以後，升越州爲紹興府，其牧守每以宰執重臣領之，稱爲大藩，而圖志未備。直龍圖閣沈作賓爲守，始謀纂輯。華文閣待制趙不迹、寶文閣學士袁説友等，相繼編訂，而宿一人實始終其事。書成於嘉泰元年，陸游爲之序。其不稱《紹興府志》而稱《會稽志》者，用長安、河南、成都、相臺諸志例也。其後二十五年，淏以事物沿革今昔不同，因彙次嘉泰辛酉後事，作爲續編。復於前志内補其遺逸，廣其疏略，正其譌誤，釐爲八卷。書成於寶慶元年，淏自爲之序。所分門類，不用以綱統目之例，但各以細目標題。前志爲目一百十七，續志爲目五十。不漏不支，敘次有法。如姓氏、送迎、古第宅、古器物、求遺書、藏書諸條，皆他志所弗詳。宿獨能蒐採輯比，使條理秩然。淏所續亦簡核不苟，皆地志中之有體要者。其刊版歲久不傳。明正德庚午，郡人王綖復訪求舊本校刻，今又散佚，故藏書之家罕見著録。蓋亦僅存之本矣。

張金吾《愛日精廬藏書志・地理類・都會郡縣》《會稽志》二十卷，《會稽續志》八卷。明正德刊本。宋施宿等撰。續志宋張淏撰。陸游序。嘉泰元年。張淏續志自序。寶慶元年。

會稽續志

陳振孫《直齋書録解題・地理類》《會稽續志》八卷。梁國張淏撰。續記辛酉後事，而亦補前《志》之遺。前《志》無進士題名，此其尤不可遺者也。

馬端臨《文獻通考・經籍考・地理》《會稽續志》八卷。

趙琦美《脈望館書目・史・浙江・紹興府》《會稽續志》二本。張淏。

焦竑《國史經籍志・地里・郡邑》《會稽（蜀）［續］志》八卷。張淏。

黄虞稷《千頃堂書目・地理類・補宋》張淏《會稽續志》八卷。

倪燦等《宋史藝文志補・地理類》張淏《會稽續志》八卷。

越郡志略

黄虞稷《千頃堂書目・地理類中》司馬相《越郡志略》十卷。會稽人。

《明史・藝文志・地理類》司馬相《越郡志略》十卷。

紹興郡志

黄虞稷《千頃堂書目・地理類・補元》韓性《紹興郡志》八卷。

倪燦等《補遼金元藝文志・地理類》韓性《紹興郡志》八卷。

金門詔《補三史藝文志・地理類・元》韓性《郡志》八卷。

錢大昕《補元史藝文志・地理類》韓性《紹興志》八卷。

紹興府舊志

楊士奇等《文淵閣書目・舊志》《紹興府志》。二册。

紹興府新志

楊士奇等《文淵閣書目・新志》《紹興府志》。

鈔紹興府志

趙琦美《脈望館書目・史・浙江・紹興府》《鈔紹興府志》四本。

[弘治]紹興府志

黄虞稷《千頃堂書目・地理類中》戴冠《紹興府志》四十二卷。長洲人。府訓導。弘治庚申修。

[嘉靖]紹興府志

黄虞稷《千頃堂書目・地理類中》南大吉《紹興府志》十二卷。嘉靖元年修。

[萬曆]紹興府志

范邦甸等《天一閣書目・地理類》《紹興府志》五十卷。刊本。明萬曆丙戌，郡人張元忭纂脩并序趙錦序。

徐圖等《行人司重刻書目・地理類》《紹興府志》十六本。

徐𤊹《徐氏家藏書目・浙江省》《紹興府志》五十卷。羅萬化。

張萱等《内閣藏書目録・志乘部・浙江》《紹興府志》十六册。萬曆丙戌，郡人狀元張元忭會元孫鑛同修。

祁承㸁《澹生堂藏書目・圖志・郡志》《紹興府志》。十六册。(六)[五]十卷。張元忭孫鑛輯。

黄虞稷《千頃堂書目・地理類中》張元忭孫鑛《紹興府志》(六)[五]十卷。萬曆丙戌修。郡人。

《明史・藝文志・地理類》張元忭《紹興府志》(六)[五]十卷。

《四庫全書總目提要・地理類存目三・都會郡縣》《紹興府志》五十卷。兩淮馬裕家藏本。明張元忭、孫鑛同撰。元忭，字子藎，山陰人。隆慶辛未進士，官至左諭德，事蹟具《明史・儒林傳》。鑛有《月峯評經》，已著録。是志分十八門，每門以圖列於書後，較他志易於循覽，體例頗善。末爲序志一卷。凡紹興地志諸書，自《越絶書》、《吴越春秋》以下，一一考核其源流得失，亦爲創格。

[萬曆]紹興府志

丁立中《八千卷樓書目・地理類・都會郡縣》[萬曆]《紹興府志》三十二卷。明劉應鈳撰。明刊本。

山陰縣志

楊士奇等《文淵閣書目・新志》《山陰縣志》。又《山陰縣志》。

[嘉靖]山陰縣志

范邦甸等《天一閣書目・地理類》《山陰縣志》十二卷。刊本。明嘉靖癸卯，知縣許東望脩并序。

徐𤊹《徐氏家藏書目・浙江省》《山陰縣志》十二卷。

張萱等《内閣藏書目録・志乘部・浙江》《山陰縣志》。□册。嘉靖癸卯，邑令楊家相修。

黄虞稷《千頃堂書目・地理類中》張天復柳文《山陰志》十二卷。

又 楊家相《山陰縣志》。嘉靖癸卯修。令。

會稽縣志

楊士奇等《文淵閣書目・新志》《會稽縣志》。

[萬曆]會稽縣新志

范邦甸等《天一閣書目・地理類》《會稽縣新志》十六卷。刊本。明萬曆癸酉，郡人張元忭脩并序，邑人商廷試序。

趙琦美《脈望館書目・史・浙江・紹興府》《會稽縣志》四本。

徐𤊹《徐氏家藏書目・浙江省》《會稽縣志》十六卷。

張萱等《内閣藏書目録・志乘部・浙江》《會稽縣志》。四册。全。萬曆乙亥，邑人狀元張元忭修。

祁承㸁《澹生堂藏書目・圖志・邑志》《會稽縣志》。四册。十六卷。張元忭修。

黄虞稷《千頃堂書目・地理類中》張元忭《會稽志》十六卷。隆慶乙亥修。邑人。狀元。

[至正]諸暨志

錢大昕《補元史藝文志・地理類》黄鄰《諸暨志》十二卷。至正丁酉。

諸暨縣志

楊士奇等《文淵閣書目・新志》《諸暨縣志》。

晁瑮《晁氏寶文堂書目・圖誌》《諸暨縣志》。

[景泰]諸暨縣志

黄虞稷《千頃堂書目・地理類中》駱象賢《諸暨縣志》。景泰癸酉修。邑人。

[正德]諸暨縣志

黄虞稷《千頃堂書目・地理類中》彭瑩《諸暨縣志》。正德庚辰修。邑令。

[嘉靖]諸暨縣志

黄虞稷《千頃堂書目・地理類中》朱廷立《諸暨縣志》。嘉靖甲申修。邑令。

[嘉靖]重修諸暨縣志

黄虞稷《千頃堂書目・地理類中》徐履祥《諸暨縣志》八卷。嘉靖乙巳修。邑令。

[隆慶]諸暨縣志

趙琦美《脈望館書目・史・浙江・紹興府》《諸暨縣志》。四本。

祁承㸁《澹生堂藏書目・圖志・邑志》《諸暨縣志》。四册。二十卷。駱問禮輯。

黄虞稷《千頃堂書目・地理類中》駱問禮《諸暨縣志》二十卷。隆慶壬申修。邑人。

[萬曆]諸暨縣志

張萱等《内閣藏書目録・志乘部・浙江》　《諸暨縣志》。四册。全。萬曆癸酉，邑人駱問禮修。

[至正]上虞志

錢大昕《補元史藝文志・地理類》　《上虞志》。至正中，縣尹張叔温延邑人張德潤袁集，後縣尹林希元屬學博陳子翬重修。

[永樂]上虞志

楊士奇等《文淵閣書目・新志》　《上虞縣志》。

黄虞稷《千頃堂書目・地理類中》　袁(鋒)[鏵]《上虞志》十二卷。永樂戊戌修。兄鉉彙成。

[正統]上虞縣志

黄虞稷《千頃堂書目・地理類中》　郭南《上虞縣志》十二卷。正統辛酉私纂修。

[萬曆]上虞縣志

黄虞稷《千頃堂書目・地理類中》　陳絳葛揄《上虞縣志》十二卷。萬曆癸未修。

[萬曆]新修上虞縣志

趙琦美《脈望館書目・史・浙江・紹興府》　《上虞縣志》八本。

祁承㸁《澹生堂藏書目・圖志・邑志》　《上虞縣志》。八册。二十(四)卷。徐時聘。

徐𤊹《徐氏家藏書目・浙江省》　《上虞縣志》二十卷。

黄虞稷《千頃堂書目・地理類中》　徐待聘《上虞縣志》二十卷。萬曆丙午修。邑令。

[嘉定]剡録

楊士奇等《文淵閣書目・舊志》　《剡録》三册。

錢謙益等《絳雲樓書目・地誌類》　《剡録》。

《四庫全書總目提要・地理類一・都會郡縣》　《剡録》十卷。江蘇巡撫採進本。宋高似孫撰。似孫字續古，號疎寮，餘姚人。淳熙十一年進士，歷官校書郎、出倅徽州，遷守處州。陳振孫《書録解題》稱：似孫爲館職時，上韓侂冑生日詩九首。每首皆暗用錫字，寓九錫之意，爲清議所不齒，知處州尤貪酷。其讀書以奥僻爲博，以怪澀爲奇，至有甚可笑者，就中詩猶可觀。周密《癸辛雜識》亦記其守處州日，私挾官妓洪渠事。其人品蓋無足道。其詩有《疎寮小集》尚傳於世，而文則不少槩見。此書乃其所作《嵊縣志》也。嵊爲漢剡縣地，故名曰《剡録》。前有嘉定甲戌似孫自序，及嘉定乙亥嵊縣令史之安序。蓋成於甲戌而刊於乙亥，故所題前後差一年。其書首爲縣紀年，次爲城境圖，次爲官治志，附以令丞簿尉題名。次爲社志學志，附以進士題名。次爲寮驛、樓亭、放生池、版圖、兵籍，次爲山水志，次爲先賢傳，次爲古奇跡古阡，次爲書，次爲文，次爲詩，次爲畫，次爲紙，次爲古物，次爲物外記，次爲草木禽魚。徵引極爲該洽，唐以前佚事遺文，頗賴以存。其先賢傳，每事必註其所據之書，可爲地志紀人物之法。其山水記，仿酈道元《水經注》例，脈絡井然，而風景如覩，亦可爲地志紀山水之法。統核全書，皆序述有法，簡潔古雅。

迴在後來《武功》諸志之上，殊不見其怪澀可笑。陳振孫云云，殆不可解。豈其他文奇僻，又異於此書歟。

黄丕烈《蕘圃藏書題識再續録・史類》《剡録》十一卷。校影宋鈔本。始余從少詹借此書時云别有一本，前有序文者。頃從少詹壻瞿安槎處寄到，復影寫高史二序以弁諸首云。己未中秋後八日，蕘圃丕烈。丙子秋七月十日借得西畇草堂陳氏藏本，手校一過，亦止六卷，與余所藏影周本合。蓋周本出沈與文，此陳本出吴方山也。卷首無序，卷一標題下有方山吴岫小方印二印。其文上一印陽文，方山二字并列。下一印陰吴岫二字。直下卷六下結尾末有姑蘇吴岫家藏小方印一。其文六字，作三行，陽文。吴沈蓋同時，則其書之同出一源可知，故字形多相似者。余校時遇誤字，一一證之。見古本面目，非盡出傳録之誤，或刻本已如是耳。七夕後四日，復翁識。此八卷至十二卷，余從錢少詹藏本補録者也。少詹本與周香嚴所藏影宋殘本行款悉同，而筆墨差少古致，大約國初人鈔本。前有語古小長方印，又一小方印，其文曰髯，皆何義門先生之章也。中多紅筆大隆案：以上載《楹書隅録》。繆輯題識。添改字，余傳録時，悉一以墨筆臨之而注其上方。惟兩處曾屬澗蘋以紅筆影摹之，重其爲義門所校也。前卷一至卷六，上下遇異同或校正處，皆覆勘之而注曰錢本，明兩本之異也。較周所藏，差爲增益。然兩本比較，終少七卷。未知何故，俟更訪之。蕘圃。余於地志之書素所寶愛，不獨吾郡之舊志爲留心蒐訪也。此《剡録》一書，始從周香嚴借鈔殘本，又從錢少詹借鈔完本，似可爲愜心矣。然此書舊時書目及各藏書著録多不載其名，即有名存而卷數未詳，無從考核。伏讀國朝《四庫全書總目》定爲十卷，云是江蘇巡撫進本。前有嘉定甲戌似孫自序，及嘉定乙亥嵊縣令史之安序。而兩本皆無序，是年遠失之耳。所序原書序次，自縣紀年以迄草木禽魚，詁一一與今本都合。而所載之十卷，與所鈔之十二卷中脱七卷之故，仍不解其故。古書難信有如此者。黄丕烈又記。右《剡録》，列十二卷，闕第七。考簡明目録只作十卷，又不言有殘闕之處，未審何故。諸家書目著録者亦鮮，無從考核也。嘉慶乙亥仲夏，借本傳録畢，聊記其後，枚菴。

[至正]嵊志

黄虞稷《千頃堂書目・地理類下》 許汝霖《嵊志》十八卷。

倪燦等《補遼金元藝文志・地理類》 許汝霖《嵊志》十八卷。

錢大昕《補元史藝文志・地理類》 許汝霖《嵊志》十八卷。至正。

嵊縣志

楊士奇等《文淵閣書目・新志》《嵊縣志》。

[成化]嵊縣志

黄虞稷《千頃堂書目・地理類中》 錢悌《嵊縣志》。成化甲午修。邑人。

剩録

《明史・藝文志・地理類》《剩録》八卷。

[弘治]嵊縣志

范邦甸等《天一閣書目・地理類》《嵊縣志》十卷。鈔本。不著撰人名氏，內分歷代沿革至藝文共三十六門。

黄虞稷《千頃堂書目・地理類中》 周山夏雷《嵊縣志》十卷。弘治辛酉修。邑人。

[萬曆]嵊縣志

張萱等《內閣藏書目録・志乘部・浙江》《嵊縣志》。四册。全。萬曆戊子，邑人周汝登修。

祁承㸁《澹生堂藏書目・圖志・邑志》《嵊縣志》。四册。十三卷。周海門先生。

黄虞稷《千頃堂書目・地理類中》周汝登《嵊縣志》十三卷。萬曆戊子修。邑人。

[乾隆]嵊縣志

丁立中《八千卷樓書目・地理類・都會郡縣》[乾隆]《嵊縣志》十八卷。國朝李以琰撰。刊本。

[道光]嵊縣志

丁立中《八千卷樓書目・地理類・都會郡縣》[道光]《嵊縣志》十六卷。國朝李式圃朱禄撰。刊本。

新昌志

《宋史・藝文志・地理類》梁希夷《新昌志》一卷。

[成化]新昌縣志

范邦甸等《天一閣書目・地理類》《新昌縣志》十五卷。刊本。明儒學訓導吴江莫旦纂。

黄虞稷《千頃堂書目・地理類中》莫旦《新昌縣志》十六卷。成化丁酉修。訓導。

周中孚《鄭堂讀書記補逸・地理類三・都會郡縣》《新昌縣志》十六卷。明刊本。明莫旦撰。旦字景周，號鱸鄉，吴江人。新昌，即漢剡縣地，屬會稽郡。唐屬越州，後梁開平二年，吴越析剡縣，置今縣。剡即宋時改稱嵊縣者也。新昌縣舊無志書，成化丙申，汀州李楫知縣事，因屬景周纂修爲是編。自圖像以迄紀異，凡分四十二門。其書不期月而告成，故分門叢雜，體例多乖。如記邑人事蹟，至分二十三門之多，殊爲繁縟。至官是地者，衹有來宦一門。記名宦二十五人，而餘則并其名氏仕貫，一概闕如，亦嫌過略。其前圖像内，及於禮器割牲釋奠，與夫鄉賢去思德政諸祠，圖所不當圖，已屬可笑。而又圖及邑之先賢遺像凡二十，竟似家乘之作，此更弇陋矣。雖創始者難爲功，而亦足見古地志之非盡可觀也。末有成化丁酉李楫書後，同知黄璧後序，及邑人張炎等募刊疏。又有正德辛巳，知縣涂相重刻此本時跋。據楫書後，稱有郡守浮梁戴公序，而此本無之，蓋佚脱矣。

[萬曆]新昌縣志

范邦甸等《天一閣書目・地理類》《新昌縣志》十三卷。刊本。明萬曆七年，知縣田琯纂并序，賈應璧、吕光洵、潘晟、李若愚均有序。

張萱等《内閣藏書目録・志乘部・浙江》《新昌縣志》。四册。全。萬曆乙卯，邑令田琯修。

祁承㸁《澹生堂藏書目・圖志・邑志》《新昌縣志》。四册。十三卷。田琯纂。

黄虞稷《千頃堂書目・地理類中》吕光洵《新昌縣志》十三卷。萬曆己卯修。邑人。

南明志

錢大昕《補元史藝文志・地理類》黄奇孫《南明志》。南明在新昌縣。

台州地區

[嘉定]赤城志

陳振孫《直齋書録解題·地理類》《赤城志》四十卷。國子司業郡人陳耆卿壽老撰。其前爲圖十有三。

馬端臨《文獻通考·經籍考·地理》《赤城志》四十卷。

《宋史·藝文志·地理類》《赤城志》四十卷。陳耆卿序。

楊士奇等《文淵閣書目·舊志》《赤城志》。十册。

張萱等《内閣藏書目録·志乘部·浙江》《赤城舊志》。四册。全。宋嘉定間，郡人陳耆卿修。即《台州府志》也。

祁承㸁《澹生堂藏書目·圖志·郡志》《赤城舊志》。六册。四十卷。陳耆卿輯。

《四庫全書總目提要·地理類一·都會郡縣》[嘉定]《赤城志》四十卷。兩淮馬裕家藏本。宋陳耆卿撰。耆卿字壽老，號篔窗，台州臨海人。登嘉定七年進士。官至國子司業。其事蹟不見《宋史》。惟謝鐸《赤城新志》稍著其仕履而亦不詳。今以所著《篔窗集》考之，則嘉定十一年嘗爲青田縣主簿，嘉定十三年爲慶元府府學教授。又趙希弁《讀書附志》稱耆卿集中沂邸箋、表爲多。案：宋史孝宗孫吴興郡王柄追封沂王，其嗣子希瞿，寧宗嘗立爲皇子，即濟王竑。耆卿必嘗爲其府記室，而希弁略其文也。此爲所撰台州總志，以所屬臨海、黄巖、天台、仙居、寧海五縣，條分件繫，分十五門。其曰赤城者，《文選》孫綽《天台山賦》稱「赤城霞起以建標」，李善注引支遁《天台山銘序》曰「往天台當由赤城山爲道徑」，又引孔靈符《會稽記》曰「赤城，山名。色皆赤，狀似雲霞」，又引《天台山圖》曰「赤城山，天台之南門也」。梁始置赤城郡，蓋因山爲名。耆卿此志，即用梁郡名耳。耆卿受學於葉適，文章法度，具有師承，故敘述咸中體裁。明謝鐸嘗續其書，去之遠甚。舊與耆卿書合編，今析出別存其目。陳振孫《書録解題》載此志之前有圖十三，此本乃無一圖，殆傳寫者艱於繪畫，久而佚之矣。

張金吾《愛日精廬藏書志·地理類·都會郡縣》《赤城志》四十卷。明弘治刊本。宋陳耆卿撰圖牒之傳尚矣。今地踰萬里，縣不登萬户，亦必有成書焉。矧以台爲名邦，且稱輔郡，綿涉千歲，迭更數百守而闕亡，以詔難之歟。抑因陋襲簡不暇問歟。蓋昔有守四人，嘗廑其力於斯矣。如尤公袤，唐公仲友，李公兼類，鞅掌不克就。

赤城續志

陳振孫《直齋書録解題·地理類》《赤城續志》八卷。郡人吴子良拾其所遺續載之。

馬端臨《文獻通考·經籍考·地理》《赤城續志》八卷。

楊士奇等《文淵閣書目·舊志》《赤城續志》。二册。

赤城三志

陳振孫《直齋書録解題·地理類》《赤城三志》四卷。郡人林表民逢吉撰。紹定己丑，水壞城，修治興築，本末詳焉。

馬端臨《文獻通考·經籍考·地理》《赤城三志》四卷。

[元統]赤城志

錢大昕《補元史藝文志·地理類》[元統]《赤城志》。楊敬德修。

[弘治]赤城新志

王圻《續文獻通考·經籍考·地理》《赤城新志》。禮部侍郎謝鐸著。浙江太平人。

祁承㸁《澹生堂藏書目・圖志・郡志》《赤城新志》。四册。二十四卷。謝鐸輯。

黄虞稷《千頃堂書目・地理類中》謝鐸《赤城新志》二十三卷。弘治丁巳修。郡人。國子祭酒。

《明史・藝文志・地理類》謝鐸《赤城新志》二十三卷。

《四庫全書總目提要・地理類存目二・都會郡縣》《赤城新志》二十三卷。浙江范懋柱家天一閣藏本。明謝鐸撰。鐸有《赤城論諫録》，已著録。台州自嘉定以後，建置沿革宋陳耆卿《志》已具。鐸因其體例，續輯此編。時台州已陞爲府，又析黄巖爲太平縣，故鐸爲太平人云。

台州三縣志

尤袤《遂初堂書目・地理類》《台州三縣志》。

台州路志

楊士奇等《文淵閣書目・舊志》《台州路志》。十册。

錢大昕《補元史藝文志・地理類》《台州路志》十册。

台州府志

楊士奇等《文淵閣書目・舊志》《台州府志》。五册。

楊士奇等《文淵閣書目・新志》《台州府志》。

趙琦美《脈望館書目・史・浙江・台州府》《台州府舊志》三本。

又《台州府新志》二本。

臨海縣志

楊士奇等《文淵閣書目・新志》《臨海縣志》。

[嘉靖]臨海縣志

范邦甸等《天一閣書目・地理類》《台州府臨海縣志》二十六卷。刊本。明嘉靖十八年，劉養浩脩，邑人蔡潮、僊居、應大猷均有序。

祁承㸁《澹生堂藏書目・圖志・邑志》《臨海縣志》。四册。二十六卷。

張萱等《内閣藏書目録・志乘部・浙江》《臨海縣志》。四册。全。嘉靖閒，邑人余寬等修。

黄虞稷《千頃堂書目・地理類中》余寬《臨海縣志》。嘉靖己亥修。邑人。又金賁亨《臨海縣志》。又應大猷《臨海縣志》二十六卷。

天台圖經

尤袤《遂初堂書目・地理類》《天台圖經》。

天台圖經

王圻《續文獻通考・經籍考・地理》《天台圖經》。宋之瑞輯。

天台郡志

楊士奇等《文淵閣書目・舊志》《天台郡志》。十册。

錢大昕《補元史藝文志・地理類》 章嘉《天台郡志》。

[洪武]天台縣志

黄虞稷《千頃堂書目・地理類中》 曹宜約《天台縣志》。洪武間修。

[宣德]天台縣志

楊士奇等《文淵閣書目・新志》 《天台縣志》。

黄虞稷《千頃堂書目・地理類中》 杜寧《天台縣志》。宣德間修。

[正德]天台縣志

趙琦美《脈望館書目・史・浙江・台州府》 《天台縣志》三本。

黄虞稷《千頃堂書目・地理類中》 劉俸《天台縣志》。正德辛巳修。邑令。

張萱等《内閣藏書目録・志乘部・浙江》 《天台縣志》。三册。全。正德間，邑令劉俸修。

[萬曆]天台縣志

黄虞稷《千頃堂書目・地理類中》 張弘代《天台縣志》十二卷。萬曆庚子修。邑令。

[萬曆]續修天台縣志

黄虞稷《千頃堂書目・地理類中》 胡來聘《天台縣志》十二卷。萬曆乙卯修。邑令。

《四庫全書總目提要・地理類存目三・都會郡縣》 《天台縣志》二十卷。兩淮馬裕家藏本。明張宏代撰。胡來聘續修。宏代，靈璧人；來聘，全州人，皆天台知縣也。宏代書不知成於何年，來聘所續則成於萬曆乙卯。前十三卷隨事立類，爲大目十一，小目五十有八，詩文別爲七卷，附於後。

[康熙]天台縣志

周中孚《鄭堂讀書記補逸・地理類三・都會郡縣》 《天台縣志》十五卷。康熙中刊本。國朝台州府同知兼攝縣事李德燿主修。德燿字羽昭，里貫未詳。天台僻處海嶠，西漢以前無聞，東漢興平間初立始平縣，隸會稽郡。西晉太康初，改曰始豐，隸臨海郡，後或隸東揚州，或隸赤城，或隸章安、永嘉，名與地代有更易。宋初始改爲天台，元屬之台州路，明屬之天台府，國朝仍之。邑之有志，自宋嘉泰間宋之瑞《圖經》始，迄明曹宜約有《縣志》，杜寧有《志稿》，范理有《志要》，劉俸、張宏代、胡來聘又相繼編纂而益備。羽昭攝篆時，已逾六十餘載，乃延衆士蒐遺文，本之舊裁，修爲新志。凡分十門，又分七十二子目，冠以圖考舊序，簡而能該，詳而有要，頗爲他志中之善本。前有康熙癸亥羽昭《序》及《凡例》，又有知府鮑復泰、同州郭維垣、通判張友虞、知縣黄執中四序。

丁立中《八千卷樓書目・地理類・都會郡縣》 [康熙]《天台縣志》十五卷。國朝(王)[黄]執中撰刊本。

仙居縣志

楊士奇等《文淵閣書目・新志》 《仙居縣志》。

[萬曆]仙居縣志

黄虞稷《千頃堂書目・地理類中》 顧震宇《仙居縣志》。十六卷。萬曆己酉修。邑令。

[崇禎]仙居縣志

黄虞稷《千頃堂書目・地理類中》 蕭鳴盛《仙居縣志》。崇禎四年修。邑令。

黄巖志

陳振孫《直齋書録解題・地理類》 《黄巖志》十六卷。知縣永嘉蔡範蓮甫撰。嘉定甲申。

馬端臨《文獻通考・經籍考・地理》 《黄巖志》十六卷。

黄巖州河插志

楊士奇等《文淵閣書目・舊志》 《黄巖州河插志》。三册。

黄巖縣志

楊士奇等《文淵閣書目・新志》 《黄巖縣志》。

[萬曆]黄巖縣志

范邦甸等《天一閣書目・地理類》 《黄巖縣志》七卷。刊本。明萬曆己卯，知縣袁應祺纂并序，新都汪道昆叙。

張萱等《内閣藏書目録・志乘部・浙江》 《黄巖縣志》。三册。全。萬曆己卯，邑令袁應祺修。

祁承㸁《澹生堂藏書目・圖志・邑志》 《黄巖縣志》。四册。七卷。袁應祺輯。

黄虞稷《千頃堂書目・地理類中》 袁應祺《黄巖縣志》七卷。萬曆己卯修。邑令。

[光緒]黄巖縣志

丁立中《八千卷樓書目・地理類・都會郡縣》 [光緒]《黄巖縣志》四十卷。國朝王棻王詠霓撰。刊本。

太平縣草志

黄虞稷《千頃堂書目・地理類中》 黄綰《太平縣草志》。

[嘉靖]太平縣志

范邦甸等《天一閣書目・地理類》 《太平縣志》八卷。刊本。明嘉靖庚子，葉良佩纂并序。

張萱等《内閣藏書目録・志乘部・浙江》 《太平縣志》。二册。全。嘉靖庚子，邑人葉良佩修。

黄虞稷《千頃堂書目・地理類中》 葉良佩《太平縣志》。嘉靖庚子修。邑人。

金華地區

金華録

晁瑮《晁氏寶文堂書目・圖誌》 《金華録》。

金華府舊志

楊士奇等《文淵閣書目・舊志》《金華府志》。一册。

金華府新志

楊士奇等《文淵閣書目・新志》《金華府志》。

[成化]金華府志

范邦甸等《天一閣書目・地理類》《金華府志》二十卷。刊本。明成化十六年，知府周宗智纂脩，淳安商輅序。

黄虞稷《千頃堂書目・地理類中》周宗智《金華府志》二十卷。成化庚子修。郡守。

《四庫全書總目提要・地理類存目二・都會郡縣》《金華府志》三十卷。兩淮馬裕家藏本。不著撰人名氏。前列成化庚子商輅序，稱爲知府周宗智撰，而志中乃載及隆萬時事，豈後來又因宗智之本稍益以近事耶？宗智，大冶人，天順庚辰進士。

[萬曆]金華府志

趙琦美《脈望館書目・史・浙江・金華府》《金華府志》十本。

張萱等《内閣藏書目録・志乘部・浙江》《金華府志》。十册。全。萬曆間，郡人陸光儀修。

祁承㸁《澹生堂藏書目・圖志・郡志》《金華府志》。十册。三十卷。陸鳳儀輯。

黄虞稷《千頃堂書目・地理類中》陸鳳儀《金華府志》三十卷。萬曆戊寅修。郡人。

金華縣新志

楊士奇等《文淵閣書目・新志》《金華縣志》。

金華縣志

朱睦㮮《萬卷堂書目・地志》《金華縣志》。

趙琦美《脈望館書目・史・浙江・金華府》《金華縣志》二本。

祁承㸁《澹生堂藏書目・圖志・邑志》《金華縣志》。

[嘉靖]金華縣志

張萱等《内閣藏書目録・志乘部・浙江》《金華縣志》。四册。全。（萬曆[嘉靖]庚子，邑人戚雄修。

黄虞稷《千頃堂書目・地理類中》戚雄《金華縣志》四卷。嘉靖庚子修。邑人。

[萬曆]金華縣志

黄虞稷《千頃堂書目・地理類中》胡頌《金華縣新志》十卷。萬曆戊戌修。邑人。

[成化]湯溪縣志

黄虞稷《千頃堂書目・地理類中》 宋約《湯溪縣志》。成化十年修。邑令。

張萱等《内閣藏書目録・志乘部・浙江》 《湯谿縣志》。一册，全。成化間，開化儒士金弘訓修。

黄虞稷《千頃堂書目・地理類中》 金弘訓《湯溪縣志》。開化儒士。成化間修。

[萬曆]湯溪縣志

祁承㸁《澹生堂藏書目・圖志・邑志》 《湯溪縣志》四册。八卷。楊維誠。

黄虞稷《千頃堂書目・地理類中》 汪文璧《湯溪縣志》八卷。萬曆癸卯修。邑令。

蘭溪縣志

楊士奇等《文淵閣書目・新志》 《蘭溪縣志》。

[弘治]蘭谿縣志

范邦甸等《天一閣書目・地理類》 《蘭谿縣志》五卷。刊本。明弘治癸丑，王用檢編，邑人章懋序。

祁承㸁《澹生堂藏書目・圖志・邑志》 《蘭溪縣志》。二册。(十)[五]卷。章懋編。

黄虞稷《千頃堂書目・地理類中》 章懋、鄭錡《蘭溪縣志》五卷。弘治癸丑修。邑人。

[正德]蘭谿縣志

范邦甸等《天一閣書目・地理類》 《蘭谿縣志》五卷。刊本。明正德庚午，知縣王用檢纂，邑人章懋序。

張萱等《内閣藏書目録・志乘部・浙江》 《蘭谿縣志》。二册。全。正德庚午，邑人尚書章懋修。

[萬曆]蘭溪縣志

黄虞稷《千頃堂書目・地理類中》 程子鏊《蘭溪縣志》九卷。萬曆乙巳修。邑令。

武義縣志

楊士奇等《文淵閣書目・新志》 《武義縣志》。

[正德]武義縣志

黄虞稷《千頃堂書目・地理類中》 董遵《武義縣志》五卷。正德庚辰修。蘭溪人。

[嘉靖]武義縣志

黄虞稷《千頃堂書目・地理類中》 黄春《武義縣志》。嘉靖癸未修。邑令。

又 熊秋芳《武義縣志》。嘉靖甲申修。邑令。

［萬曆］武義縣志

趙琦美《脈望館書目・史・浙江・金華府》《武義縣志》四本。

張萱等《內閣藏書目録・志乘部・浙江》《武義縣志》。四册。全。萬曆庚寅，教諭陳堯言修。

黃虞稷《千頃堂書目・地理類中》陳堯言《武義縣志》八卷。萬曆庚寅修。教諭。

［萬曆］續修武義縣志

黃虞稷《千頃堂書目・地理類中》張國震《武義縣志》十卷。萬曆己酉修。邑令。

［嘉慶］武義縣志

丁立中《八千卷樓書目・地理類・都會郡縣》［嘉慶］《武義縣志》十二卷。國朝張謍堠撰。刊本。

［延祐］永康志

錢大昕《補元史藝文志・地理類》《永康志》。延祐中陳安可修。

永康縣志

楊士奇等《文淵閣書目・新志》《永康縣志》。

［成化］永康縣志

黃虞稷《千頃堂書目・地理類中》歐陽汶、尹士達《永康縣志》。成化間修。

［正德］永康縣志

朱睦㮮《萬卷堂書目・地志》《永康縣志》八卷。胡楷。

黃虞稷《千頃堂書目・地理類中》陳泗《永康縣志》八卷。正德甲戌修。邑人。

［嘉靖］永康縣志

范邦甸等《天一閣書目・地理類》《永康縣志》八卷。刊本。明嘉靖壬午，葉式脩并序。

黃虞稷《千頃堂書目・地理類中》洪垣《永康縣志》。嘉靖間修。

［萬曆］永康縣志

張萱等《內閣藏書目録・志乘部・浙江》《永康縣志》。四册。萬曆辛巳，邑令吳安國修。

黃虞稷《千頃堂書目・地理類中》吳安國《永康縣志》。萬曆辛巳修。令。

應廷育永康縣志

黃虞稷《千頃堂書目・地理類中》應廷育《永康縣志》十卷。

[康熙]續修永康縣志

周中孚《鄭堂讀書記補逸・地理類三・都會郡縣》《永康縣志》十六卷。

康熙戊寅刊本。國朝永康縣知縣沈藻主修。藻字火先，號琳峰，華亭人。康熙乙丑進士。永康爲秦漢之烏傷縣，隸會稽郡。吴赤烏八年始分置永康縣，屬東陽郡。後郡名屢改，而縣屬如故。我朝則因明改金華府之舊焉。康熙辛未，琳峯宰是邑，以舊志俱佚，僅存一二種，又未合體裁，乃延吴縣朱雪鴻謹編纂是志。依洪瞻《府志》之例，立標題四十有三，各爲小序。其於舊志，正訛補遺，削冗整亂。義例謹嚴，筆法簡潔，雖出於雪鴻一人所創之稾，而琳峯亦親加考訂，實合二手而成，不失爲良志云。前有楚黄張希良《序》及琳峯《序》、《凡例》，又載舊序、輿圖、歷代修志姓氏。

[道光]永康縣志

丁立中《八千卷樓書目・地理類・都會郡縣》［道光］《永康縣志》十二卷。

國朝廖重機撰。刊本。

括蒼慶元志

《宋史・藝文志・地理類》 邵笥《括蒼慶元志》一卷。

慶元縣志

楊士奇等《文淵閣書目・新志》《慶元縣志》。

張萱等《内閣藏書目録・志乘部・浙江》《慶元縣志》。二册。全。莫詳編纂姓氏。

[萬曆]慶元縣志

黄虞稷《千頃堂書目・地理類中》 沈維龍《慶元縣志》。萬曆丙子修。邑令。

[萬曆]重修慶元縣志

黄虞稷《千頃堂書目・地理類中》 汪獻忠《慶元縣志》。萬曆戊午修。邑令。

[崇禎]慶元縣志

黄虞稷《千頃堂書目・地理類中》 楊芝瑞《慶元縣志》。崇禎壬午修。邑令。

東陽記

《舊唐書・經籍志・地理》《東陽記》一卷。鄭緝之撰。

《新唐書・藝文志・地理類》 鄭緝之《東陽記》一卷。

鄭樵《通志・藝文略・地里・郡邑》《東陽記》一卷。鄭緝之撰。

王圻《續文獻通考・經籍考・地理》《東陽記》鄭緝之著。

章宗源《隋書經籍志考證・地理》《東陽記》卷亡，鄭緝之撰。不著録。《藝文類聚・水部》：北山有湖爲徐公湖。《北堂書鈔・武功部》：岑山，每至雲雨冥晦，輒聞鼓音。《太平御覽・居處部》：石步廊，去歌山十里，臨流虚構，可容百人坐。《樂部》：晉中朝有王質者入山伐木，至石室見童子四人彈琴而歌，質聽俄頃，所坐斧柯爛盡。《水經》漸江水注同。並引鄭緝之《東陽記》。

[紹興]東陽志

尤袤《遂初堂書目・地理類》《東陽志》。

陳振孫《直齋書録解題・地理類》《東陽志》十卷。樞密鄱陽洪遵景嚴撰。紹興二十四年案：《文獻通攷》作紹興二十四年，此本作三十四年，誤。紹興止有三十二年也。今改正。爲通判時所作。

馬端臨《文獻通考・經籍考・地理》《東陽志》十卷。

《宋史・藝文志・地理類》洪遵《東陽志》十卷。

[咸淳]東陽志

王圻《續文獻通考・經籍考・地理》《咸淳東陽志》宋之槐修。

[延祐]東陽志

錢大昕《補元史藝文志・地理類》《東陽志》。延祐七年，戴璧等輯。

續東陽志

黃虞稷《千頃堂書目・地理類・補元》瞻思《續東陽志》六卷。浙江。

倪燦等《補遼金元藝文志・地理類》瞻思《續東陽志》六卷。

金門詔《補三史藝文志・地理類・元》瞻思《續東陽志》。

錢大昕《補元史藝文志・地理類》瞻思《續東陽志》六卷。

東陽志

楊士奇等《文淵閣書目・舊志》《東陽志》。三册。

東陽縣志

楊士奇等《文淵閣書目・新志》《東陽縣志》。

[成化]東陽縣志

黃虞稷《千頃堂書目・地理類中》繆樗《東陽縣志》九卷。成化癸卯修，邑令。

[隆慶]東陽縣志

祁承㸁《澹生堂藏書目・圖志・邑志》《東陽縣志》五册。十七卷。吴準。

黃虞稷《千頃堂書目・地理類中》鄭準《東陽縣志》九卷。隆慶壬申修。邑令。

東陽私志

黃虞稷《千頃堂書目・地理類中》錢奎《東陽私志》。金華人。趙寬爲序。

[康熙]新脩東陽縣志

范邦甸等《天一閣書目・地理類》《新脩東陽縣志》二十二卷。刊本。國朝康熙十九年，香沙趙衍纂華亭沈荃序。

義烏志

王圻《續文獻通考・經籍考・地理》《義烏志》七卷。黃溍修。溍，義烏人。官翰林侍講學士。天資介特，文辭謹嚴而精。

黃虞稷《千頃堂書目・地理類下》黃溍《義烏志》七卷。

倪燦等《補遼金元藝文志・地理類》黃溍《義烏志》七卷。

錢大昕《補元史藝文志・地理類》黃溍《義烏志》七卷。

[正統]義烏縣志

楊士奇等《文淵閣書目・新志》《義烏縣志》。

黃虞稷《千頃堂書目・地理類中》劉伯詢《義烏縣志》十四卷。正統乙丑修。邑令。

[隆慶]義烏縣志

張萱等《内閣藏書目録・志乘部・浙江》《義烏縣志》。二册。隆慶壬申，教諭鄭茂林等修。

黃虞稷《千頃堂書目・地理類中》鄭茂林《義烏縣志》。隆慶壬申修。教諭。

[萬曆]義烏縣志

徐𤊹《徐氏家藏書目・浙江省》《義烏縣志》二十卷。

祁承㸁《澹生堂藏書目・圖志・邑志》《義烏縣志》。六册。二十卷。

黃虞稷《千頃堂書目・地理類中》周士英《義烏縣志》二十卷。萬曆丙申修。邑令。

[崇禎]義烏縣志

黃虞稷《千頃堂書目・地理類中》熊人霖《義烏縣志》二十卷。崇禎庚辰修。邑令。

浦江縣經

王圻《續文獻通考・經籍考・地理》《浦江縣經》。宋之槐修。

浦江縣志

楊士奇等《文淵閣書目・新志》《浦江縣志》。

浦江志略

晁瑮《晁氏寶文堂書目・圖誌》《浦江志略》。

[嘉靖]浦江縣志

朱睦㮮《萬卷堂書目・地志》《浦江縣志》八卷。

范邦甸等《天一閣書目・地理類》《浦江縣志》八卷。刊本。明知縣毛鳳韶脩。

黄虞稷《千頃堂書目・地理類中》毛鳳詔《浦江志略》八卷。嘉靖丙戌修。邑令。麻城人。

《四庫全書總目提要・地理類存目二・都會郡縣》《浦江志略》八卷。浙江汪啟淑家藏本。明毛鳳韶撰。鳳韶字瑞成，麻城人。正德辛巳進士。官至雲南按察司僉事。是編乃嘉靖丙戌鳳韶爲浦江知縣時所作。分疆域、民物、官守、城社、財賦、學校、人物、雜志八門，又分子目四十有五。較他志頗爲簡質，而大旨欲仿《通鑑綱目》，以名字爵謚爲褒貶，又仿尹起莘例，自爲發明而散署邑人之名，已非志體。至於正傳之外，間有附録，自云仿《春秋大全》，不知《春秋大全》何與志書之例，蓋明之中葉士大夫已如是之陋矣。

[萬曆]浦江縣志

黄虞稷《千頃堂書目・地理類中》周尚禮《浦江縣志》十卷。萬曆庚寅修。二府攝縣事。

[萬曆]續修浦江縣志

黄虞稷《千頃堂書目・地理類中》黎弘道《浦江縣志》。萬曆戊午修。邑令。

[崇禎]浦江縣志

黄虞稷《千頃堂書目・地理類中》吴應台《浦江縣志》。崇禎丁丑修。邑令。

衢州圖經

《宋史・藝文志・地理類》《衢州圖經》一卷。

王圻《續文獻通考・經籍考・地理》《衢州圖經》。張元成輯。

衢州府志

楊士奇等《文淵閣書目・舊志》《衢州府志》。二册。又《新志》《衢州府志》。

趙琦美《脈望館書目・史・浙江・衢州府》《衢州府舊志》三本。《新志》二本。

徐圖等《行人司重刻書目・地理類》《衢州府志》二本。

徐𤊹《徐氏家藏書目・浙江省》《衢州府志》。

[弘治]衢州府志

范邦甸等《天一閣書目・地理類》《衢州府志》十五卷。刊本。明弘治十六年，郡人吾冔編集，長州吴寬序。

黄虞稷《千頃堂書目・地理類中》吾冔吴夔《衢州府志》十(四)[五]卷。弘治癸亥修。

《明史・藝文志・地理類》吾冔《衢州府志》十(四)[五]卷。

[嘉靖]衢州府志

張萱等《内閣藏書目録・志乘部・浙江》《衢州府志》。六册。嘉靖間，郡守鄭伯興修。

祁承爜《澹生堂藏書目・圖志・郡志》《衢州府志》。六册。十六卷。趙鏜輯。

黄虞稷《千頃堂書目・地理類中》 趙鏜《衢州府志》。嘉靖間修。

又 鄭伯輿《衢州府志》。嘉靖間修。令。（吴補）

[天啓]衢州府志

黄虞稷《千頃堂書目・地理類中》 葉秉敬《衢州府志》十六卷。天啓壬戌修。郡人。

[嘉定]信安志

陳振孫《直齋書録解題・地理類》《信安志》十六卷。教授衛玠撰。太守四明劉垕也。實嘉定己卯。

馬端臨《文獻通考・經籍考・地理》《信安志》十六卷。

《宋史・藝文志・地理類》 毛憲《信安志》十六卷。

信安續志

陳振孫《直齋書録解題・地理類》《信安續志》二卷。教授葉汝明撰。太守四明袁甫廣微。紹定初也。

馬端臨《文獻通考・經籍考・地理》《信安續志》二卷。

信安志

楊士奇等《文淵閣書目・舊志》《信安志》。六册。

西安縣志

楊士奇等《文淵閣書目・新志》《西安縣志》。

龍游縣志

楊士奇等《文淵閣書目・新志》《龍游縣志》。

[天順]龍游縣志

黄虞稷《千頃堂書目・地理類中》 王瓚《龍游縣志》十卷。天順間修。邑令。

[弘治]龍游縣志

黄虞稷《千頃堂書目・地理類中》 袁文紀《龍游縣志》十四卷。弘治戊午修。邑令。

[萬曆]龍游縣志

張萱等《内閣藏書目録・志乘部・浙江》《龍游縣志》。四册。全。萬曆丙子，邑令涂杰修。

祁承爜《澹生堂藏書目・圖志・邑志》《龍游縣志》。二册。十卷。徐可求。

黄虞稷《千頃堂書目・地理類中》 余湘童佩《龍游縣志》十卷。萬曆丙子修。邑令。

開化縣志

楊士奇等《文淵閣書目・新志》《開化縣志》。

[弘治]開化縣志

黄虞稷《千頃堂書目・地理類中》方泌《開化縣志》十卷。弘治乙卯修。邑人。

[萬曆]開化縣志

張萱等《内閣藏書目録・志乘部・浙江》《開化縣志》。二册。全。萬曆戊子，邑人余文漸修。

黄虞稷《千頃堂書目・地理類中》汪應望《開化縣志》十卷。萬曆戊子修。邑令。

[萬曆]續修開化縣志

黄虞稷《千頃堂書目・地理類中》徐公敬《開化縣志》十卷。萬曆辛丑修。邑人。

[崇禎]開化縣志

黄虞稷《千頃堂書目・地理類中》汪慶伯《開化縣志》十卷。崇禎辛未修。邑人。

常山縣志

楊士奇等《文淵閣書目・新志》《常山縣志》。

[成化]常山縣志

黄虞稷《千頃堂書目・地理類中》樊瑩《常山縣志》。成化丁亥修。邑人。

[萬曆]常山縣志

張萱等《内閣藏書目録・志乘部・浙江》《常山縣志》。四册。全。萬曆(辛巳)[乙酉]，邑人詹(宲)[萊]修。

黄虞稷《千頃堂書目・地理類中》詹萊《常山縣志》十五卷。萬曆乙酉修。邑人。

江山縣志

楊士奇等《文淵閣書目・新志》《江山縣志》。

[正德]江山縣志

朱睦㮮《萬卷堂書目・地志》《江山縣志》十卷。徐文溥。

黄虞稷《千頃堂書目・地理類中》徐文溥《江山縣志》十卷。正德庚辰修。

邑人。

[嘉靖]江山縣志

黄虞稷《千頃堂書目・地理類中》 黄綸《江山縣志》。嘉靖甲辰修。邑令。

[天啓]江山縣志

黄虞稷《千頃堂書目・地理類中》 徐日葵《江山縣志》十卷。天啓癸亥修。邑人。

温州地區

永嘉記

李昉《太平御覽經史圖書綱目》 鄭緝之《永嘉記》。

章宗源《隋書經籍志考證・地理》 《永嘉記》。卷亡。鄭緝之撰。不著録。《初學記・地部》：鄭緝之《永嘉記》曰懷化縣有蔣公湖，父老傳云先代有祭祀祈請者，湖輒下大魚與之。《文部》：硯溪，一源中多石硯。《北堂書鈔・藝文部》同。《藝文類聚・山部》有柘林水，有梧桐水，有桃枝水。並引《永嘉郡記》，不著撰名。

沈家本《世説注所引書目・地理》 《永嘉記》。輕詆。《初學記》地部引鄭緝之《永嘉記》。

永嘉圖經

李昉《太平御覽經史圖書綱目》 《永嘉圖經》。

永嘉志

《宋史・藝文志・地理類》 周澂《永嘉志》七卷。

永嘉譜

陳振孫《直齋書録解題・地理類》 《永嘉譜》二十四卷。禮部侍郎郡人曹叔遠器遠撰。曰《年譜》、《地譜》、《名譜》、《人譜》。時紹熙三年，太守宛陵孫楙屬器遠裒集，創爲義例如此。器遠，庚戌進士，蓋初第時也。

馬端臨《文獻通考・經籍考・地理》 《永嘉譜》二十四卷。

《宋史・藝文志・地理類》 曹叔達《永嘉志》二十四卷。

楊士奇等《文淵閣書目・舊志》 《永嘉譜》。十册。

嵇璜等《續通志・圖譜略・記元・地理》 宋曹叔遠《永嘉譜》。

永寧編

晁公武《郡齋讀書志・地里類》 《永寧編》十五卷。待制郡人陳謙益之撰。漢分章安之東甌鄉爲永寧，今永嘉四邑是也，故以名編。時嘉定九年，留元剛茂潛爲太守。

趙希弁《讀書附志・地理類》 《永寧編》十五卷。温州。右嘉定中守留元剛序，陳謙所述也。叙州、叙縣、叙山、叙水、叙賦、叙役、叙兵、叙人、叙産、叙祠、叙遺凡十一類。

馬端臨《文獻通考・經籍考・地理》 《永寧編》十五卷。

《宋史・藝文志・地理類》 陳謙《永寧編》十五卷。

温州路志

楊士奇等《文淵閣書目·舊志》《温州路志》十册。

錢大昕《補元史藝文志·地理類》《温州路志》十册。

[洪武]温州府圖志

黄虞稷《千頃堂書目·地理類中》任敬《温州府圖志》。洪武十一年修。郡守。

温州府舊志

楊士奇等《文淵閣書目·舊志》《温州府志》。十二册。

温州府新志

楊士奇等《文淵閣書目·新志》《温州府志》。

[弘治]温州府志

范邦甸等《天一閣書目·地理類》《温州府志》二十二卷。刊本。明弘治癸亥，郡人王瓚編集并序，知府鄧淮序。

趙琦美《脈望館書目·史·浙江·處州府》《温州府志》。六本。

張萱等《内閣藏書目録·志乘部·浙江》《温州府志》。六册。全。弘治間郡人王瓚修。

黄虞稷《千頃堂書目·地理類中》王瓚《温州府志》二十二卷。弘治癸亥修。永嘉人。

《明史·藝文志·地理類》王瓚《温州府志》二十三卷。

[嘉靖]温州府志

范邦甸等《天一閣書目·地理類》《温州府志》八卷。刊本。明嘉靖丁酉邑人張孚敬脩并序。

黄虞稷《千頃堂書目·地理類中》張孚敬《温州府志》八卷。

[萬曆]温州府志

祁承㸁《澹生堂藏書目·圖志·郡志》《温州府志》。十二册。十八卷。王光蘊。

《千頃堂書目·地理類中》湯日昭《温州府志》十八卷。萬曆乙巳修。郡守。

《四庫全書總目提要·地理類存目三·都會郡縣》[萬曆]《温州府志》十八卷。兩淮鹽政採進本。明王光蘊撰。光蘊字季宣，温州人。官至寧國府同知。是編成於萬曆丁巳。凡爲類十二，爲目七十四。頗多舛略。如形勝門祇略敘舊志數行，而梁邱遲《永嘉郡教》所稱控山帶海云云，祝穆《方輿勝覽》所稱郡當甌越之衝云云，皆未之載。此皆失諸眉睫之前。學校門祇載梅溪、鴈山兩書院，而永嘉書院之建於宋時，載於王圻《續文獻通考》者，亦不及詳。其挂漏可想。又治行志中分郡良吏、邑良吏爲二門，體例亦嫌繁碎也。

永寧志

楊士奇等《文淵閣書目·舊志》《永寧志》一册。《温州路永寧志》。八册。

永嘉縣志

楊士奇等《文淵閣書目・新志》《永嘉縣志》。

[嘉靖]永嘉縣志

黄虞稷《千頃堂書目・地理類中》王叔果《永嘉縣志》十卷。

[萬曆]永嘉縣志

祁承㸁《澹生堂藏書目・圖志・邑志》《永嘉縣志》五册十七卷。王光藴修。

樂清志

陳振孫《直齋書録解題・地理類》《樂清志》十卷。縣令信安袁采君載撰。

馬端臨《文獻通考・經籍考・地理》《樂清志》十卷。

[大德]樂清縣志

楊士奇等《文淵閣書目・舊志》《樂清縣志》。二册。

[永樂]温州府樂清縣志

楊士奇等《文淵閣書目・新志》《樂清縣志》。

范邦甸等《天一閣書目・地理類》《樂清縣志》八卷。刊本。不著撰人名氏。内分建置沿革至詩文，共二十七門。

[隆慶]樂清縣志

張萱等《内閣藏書目録・志乘部・浙江》《樂清縣志》。二册。全。隆慶壬申，邑令胡用賓修。

祁承㸁《澹生堂藏書目・圖志・邑志》《樂清縣志》。二册。七卷。胡用賓輯。

黄虞稷《千頃堂書目・地理類中》胡用賓《樂清縣志》七卷。隆慶壬申修。邑令。

[永樂]瑞安縣志

楊士奇等《文淵閣書目・新志》《瑞安縣志》。

黄虞稷《千頃堂書目・地理類中》《瑞安縣志》。永樂乙未修。不知作者。

[嘉靖]瑞安縣志

黄虞稷《千頃堂書目・地理類中》劉畿《瑞安縣志》。嘉靖乙卯修。邑令。

[萬曆]瑞安縣志備遺

黄虞稷《千頃堂書目・地理類中》秦激《瑞安縣志備遺》二卷。萬曆乙亥修。邑人。

平陽州志

錢大昕《補元史藝文志・地理類》《平陽州志》。大德十一年永嘉教諭章嘉修。

平陽縣圖志

楊士奇等《文淵閣書目・舊志》《平陽縣圖志》。二册。

平陽縣志

楊士奇等《文淵閣書目・新志》《平陽縣志》。

[正德]平陽縣志

范邦甸等《天一閣書目・地理類》《平陽縣志》二十八卷。刊本。明正德十四年韓文序。

[弘治]平陽縣志

黃虞稷《千頃堂書目・地理類中》《平陽縣志》。弘治間修。不知作者。

[隆慶]平陽縣志

張萱等《内閣藏書目録・志乘部・浙江》《平陽縣志》。二册。全。隆慶辛未，邑人侯一元修。

祁承㸁《澹生堂藏書目・圖志・邑志》《平陽縣志》。二册。八卷。朱東光輯。

黃虞稷《千頃堂書目・地理類中》侯一元《平陽縣志》八卷。隆慶辛未修。邑人。

[萬曆]泰順縣志

祁承㸁《澹生堂藏書目・圖志・邑志》《泰順縣志》。二册。八卷。侯一元纂。

黃虞稷《千頃堂書目・地理類中》侯一元、侯一麟《泰順縣志》八卷。萬曆癸酉修。

張萱等《内閣藏書目録・志乘部・浙江》《泰順縣志》。二册。全。萬曆癸酉，邑令王克家修。

[崇禎]泰順縣志

黃虞稷《千頃堂書目・地理類中》包大方、周克俊《泰順縣志》八卷。崇禎癸酉修。邑人。

麗水地區

處州圖經

王圻《續文獻通考・經籍考・地理》《處州圖經》。盧憲著。憲字子章，天台人。宋時。爲教授。

括蒼志

尤袤《遂初堂書目・地理類》《括蒼志》。

陳振孫《直齋書録解題・地理類》《括蒼志》七卷。教授曾賁撰。乾道六年，太守四明樓璩叔韞序。鑰之父也。

馬端臨《文獻通考・經籍考・地理》《括蒼志》七卷。

《宋史・藝文志・地理類》曾賁《括蒼志》十卷。

括蒼續志

陳振孫《直齋書録解題・地理類》《括蒼志續》一卷。郡人陳百朋撰。

馬端臨《文獻通考・經籍考・地理》《括蒼續志》一卷。

《宋史・藝文志・地理類》陳(柏)[百]朋《括蒼續志》一卷。

王圻《續文獻通考・經籍考・地理》[嘉(太)[泰]]《括蒼志略》。陳百朋修。

處州路志

楊士奇等《文淵閣書目・舊志》《處州路志》。八册。

王圻《續文獻通考・經籍考・地理》《處州路志》。皇慶修。

錢大昕《補元史藝文志・地理類》《處州路志》十册。麗水梁載著。

金門詔《補三史藝文志・地理類・元》皇慶《處州路志》。

處州志

楊士奇等《文淵閣書目・舊志》《處州志》。三册。

處州府志

楊士奇等《文淵閣書目・新志》《處州府志》。

[成化]處州府志

范邦甸等《天一閣書目・地理類》《處州府志》十八卷。刊本。明成化二十二年，訓導劉宣編，青齊劉翊華亭夏寅均有序。

黃虞稷《千頃堂書目・地理類中》劉宣《處州志》。成化壬寅修。訓導。

括蒼志

祁承㸁《澹生堂藏書目・圖志・郡志》《括蒼志》。八册。正十五卷，續四卷。何鏜。

《明史・藝文志・地理類》何鏜《括蒼志》五十五卷。

括蒼郡志補遺

黃虞稷《千頃堂書目・地理類中》鄭宣《括蒼郡志補遺》。

括蒼志補遺

祁承㸁《澹生堂藏書目・圖志・郡志》《括蒼志補遺》。四册。四卷。樓公璩。

黃虞稷《千頃堂書目・地理類中》 樓公璩《栝蒼志補遺》四卷。

《明史・藝文志・地理類》 樓公璩《括蒼志補遺》四卷。

[萬曆]括蒼彙紀

黃虞稷《千頃堂書目・地理類中》 何鏜《栝蒼彙紀》十五卷。萬曆己卯修。郡人。又《括蒼志》五十五卷，《續志》四卷。

《明史・藝文志・地理類》 何鏜《括蒼彙紀》十五卷。

《四庫全書總目提要・地理類存目三・都會郡縣》 《括蒼彙紀》十五卷。兩淮鹽政採進本。 明何鏜撰。鏜字振卿，號賓巖，處州衛人。嘉靖丁未進士，官至江西提學僉事。鏜以處州舊志十邑各爲一編，體例不當。又自成化以後，記載闕如，因彙爲是編。考隋代始置處州，治括蒼縣。本以括蒼山得名，今爲處州。全府之志，不應以一縣冠一郡；又不應以一山該一境，名實相乖，於義未允。然宋無吳郡，而范成大爲《吳郡志》，則譌誤相沿，亦不自鏜輩始矣。

丁立中《八千卷樓書目・地理類・都會郡縣》 [(嘉靖)[萬曆]]《栝蒼彙紀》十五卷。明何鏜撰。明刊本。

[萬曆]處州府續志

徐𤊹《徐氏家藏書目・浙江省》 《處州府續志》。

黃虞稷《千頃堂書目・地理類中》 葉志淑《續處州府志》八卷。萬曆癸卯修。郡人。

丁丙《善本書室藏書志・地理類・都會郡縣》 《續處州府志》八卷。明刊本。 前有萬曆三十一年處州府知府宣城許國志序，郡人羅陽、葉志淑纂修。《序》曰：成化癸卯郡守郭公命學官輯爲郡志。至萬曆己卯幾近百年，新昌熊公敦請鄉達何先生爲總裁，又徵府學暨十邑諸生三十四人分類校正。凡八閱月而成，即所稱前志也。迄今又踰二紀，其間建置事宜與仁賢芳軌多有可述者。宣城許公來蒞吾栝者八年，車轍殆徧十邑，有府志之續，以余在前志時曾與校修之列，迺以總脩見屬，凡續次舍、官師、選舉、地里、禋祀、治行、往哲、武功八門。

[崇禎]處州府志

黃虞稷《千頃堂書目・地理類中》 王一中《處州府志》十八卷。崇禎乙亥修。郡人。

麗水縣志

楊士奇等《文淵閣書目・新志》 《麗水縣志》。

景寧縣志

張萱等《内閣藏書目録・志乘部・浙江》 《景寧縣志》。二册。全。教諭顔汝霖修。

[嘉靖]景寧縣志

黃虞稷《千頃堂書目・地理類中》 程達《景寧縣志》。嘉靖丁亥修。邑令。

[萬曆]景寧縣志

黃虞稷《千頃堂書目・地理類中》 賴汝霖《景寧縣志》六卷。萬曆癸未修。教諭。

宣平志

趙琦美《脈望館書目・史・浙江・處州府》《宣平志》一本。

[嘉靖]宣平縣志

張萱等《内閣藏書目録・志乘部・浙江》《宣平縣志》。一册。嘉靖丙午，邑人鄭禧修。

黄虞稷《千頃堂書目・地理類中》鄭禧《宣平縣志》。嘉靖丙午修。邑人。

[紹定]青田志

王圻《續文獻通考・經籍考・地理》[紹定]《青田志》。陳百朋修。

青田縣志

楊士奇等《文淵閣書目・新志》《青田縣志》。

[成化]青田縣志

黄虞稷《千頃堂書目・地理類中》葉仕寧《青田縣志》四卷。成化間修。邑人。

[嘉靖]青田縣志

張萱等《内閣藏書目録・志乘部・浙江》《處州府青田縣志》。二册。全。嘉靖甲寅，邑人陳中州修。

黄虞稷《千頃堂書目・地理類中》陳中州《青田縣志》。嘉靖甲寅修。邑人。

[咸淳]縉雲志

王圻《續文獻通考・經籍考・地理》[咸淳]《縉雲志》。俱陳百朋修。

縉雲縣志

楊士奇等《文淵閣書目・新志》《縉雲縣志》。

[萬曆]縉雲縣志

張萱等《内閣藏書目録・志乘部・浙江》《縉雲縣志》。二册。全。萬曆戊寅，邑令黄季茂修。

祁承㸁《澹生堂藏書目・圖志・邑志》《縉雲縣志》。二册。四卷。黄季茂纂。

黄虞稷《千頃堂書目・地理類中》黄季茂《縉雲縣志》。萬曆戊寅修。邑令。

[康熙]縉雲縣志

丁立中《八千卷樓書目・地理類・都會郡縣》[(乾隆)[康熙]]《縉雲縣志》

十卷。國朝曹懋極撰。刊本。

松陽志略

錢大昕《補元史藝文志・地理類》吴萊《松陽志略》。

松陽縣志

楊士奇等《文淵閣書目・新志》《松陽縣志》。

[隆慶]松陽縣志

黄虞稷《千頃堂書目・地理類中》《松陽縣志》。隆慶間修。不知作者。

[隆慶]遂昌縣志

張萱等《内閣藏書目録・志乘部・浙江》《遂昌縣志》。四册。全。隆慶戊辰，邑令池浴德修。

黄虞稷《千頃堂書目・地理類中》池浴德《遂昌縣志》。隆慶戊辰修。邑令。

[萬曆]壽昌縣志

黄虞稷《千頃堂書目・地理類中》李世芳《壽昌縣志》十二卷。萬曆甲申修。教諭。

遂昌縣續志

黄虞稷《千頃堂書目・地理類中》翁學淵《遂昌縣續志》。邑人。

[崇禎]遂昌縣志

黄虞稷《千頃堂書目・地理類中》許九綸《遂昌縣志》。崇禎壬午修。邑人。

[嘉靖]雲和縣志

張萱等《内閣藏書目録・志乘部・浙江》《雲和縣志》。一册。全。嘉靖乙酉，邑令胡希銓修。

祁承㸁《澹生堂藏書目・圖志・關鎮》《雲和縣志》。一册。五卷。汪屺輯。

黄虞稷《千頃堂書目・地理類中》汪屺《雲和縣志》五卷。嘉靖乙酉修。教諭。

龍泉縣志

徐𤊹《徐氏家藏書目・浙江省》《龍泉縣志》二十卷。葉溥。

黄虞稷《千頃堂書目・地理類中》葉溥《龍泉縣志》二十卷。

安徽省

豫州記

李昉《太平御覽經史圖書綱目》劉澄之《豫州記》。

章宗源《隋書經籍志考證・地理》《豫州記》卷亡。劉澄之撰。不著録。《初學記・地部》劉澄之《豫州記》曰陳縣北有芍陂湖，魏將王淩與吴張休交戰處也；又云城父縣有巢湖，湖周五里，中有三山，南有四鼎山御覽地部同。

淮南記

《隋書・經籍志・地理》《淮南記》一卷。

鄭樵《通志・藝文略・地里・郡邑》《淮南記》一卷。

姚振宗《隋書經籍志考證・地理類》《淮南記》一卷。不著撰人。章氏考證《寰宇記・江南西道》，《淮南記》曰：吴初以周瑜屯牛渚，晉謝尚亦鎮此城。《御覽》地部莫邪山亦引《淮南記》一條。案《晉書・文苑・伏滔傳》，滔從桓温伐袁真，至壽陽，以淮南屢叛，著論二篇，名曰《正淮論》。其上篇曰：淮南者，三代揚州之分也。當春秋時，吴、楚、陳、蔡之輿地。戰國之末，楚全有之，而考烈王都焉。《漢書・地理志》九江郡壽春邑，楚考烈王自陳徙此。秦併天下，建立郡縣，是爲九江。劉項之際，號曰東楚。爰自戰國至于晉之中興，六百有餘年，保淮南者九姓，稱兵者十一人，皆亡不旋踵，禍溢于世，而終莫戒焉。案：九姓、十一人者，據論所載，則其始爲楚考烈王，漢黥布，淮南王長長子安，東漢初李憲，三國初袁術，魏王淩、毌丘儉、諸葛誕，晉祖約及袁真，其事並見《史》、《漢》、《三國志》、《晉書》，袁真事見《桓温傳》。其後之稱兵犯順者：晉安帝隆安中，豫州刺史庾楷與王恭、桓玄等五人合從向闕。宋泰始中，刺史殷琰爲晉安王子勛城守逾時，其最爲痛酷者，侯景因之以反噬；最可悼惜者，王琳城陷而身亡。諸書所引有漢朱陽《九江壽春記》、宋王玄謨《壽陽記》。此記不知在何時。

淮南路圖經

鄭樵《通志・藝文略・地里・圖經》《淮南路圖經》九十卷。

焦竑《國史經籍志・地里・圖經》《淮南路圖經》九十四卷。

合肥市

廬州志

《宋史・藝文志・地理類》練文《廬州志》十卷。

廬州府并屬縣圖志

楊士奇等《文淵閣書目・新志》《廬州府并屬縣圖志》。三册。

廬州府并屬縣志

楊士奇等《文淵閣書目・新志》《廬州府并屬縣志》。三册。

廬州府志

晁瑮《晁氏寶文堂書目・圖誌》《廬州府志》。

廬州府舊志

趙琦美《脈望館書目・史・南直・廬州府》《廬州府舊志》六本。

[萬曆]廬州府志

趙琦美《脈望館書目・史・南直・廬州府》《廬州府新志》六本。杜璁。

張萱等《内閣藏書目録・志乘部・南直隸》《廬州府志》。六册。全。萬曆乙亥，郡人僉憲杜璁修。

黄虞稷《千頃堂書目・地理類上》杜璁《廬州府志》萬曆乙亥修。郡人。僉憲。

[淳熙]合肥志

陳振孫《直齋書録解題・地理類》《合肥志》四卷。合肥主簿唐錡撰。郡守鄭興裔也。時淳熙十五年。

馬端臨《文獻通考・經籍考・地理》《合肥志》四卷。

合肥志

《宋史・藝文志・地理類》劉浩然《合肥志》十卷。

合肥志

《宋史・藝文志・地理類》王知新《合淝志》十卷。

合肥郡志

楊士奇等《文淵閣書目・舊志》《合肥郡志》。三册。

合肥志

楊士奇等《文淵閣書目・舊志》《合肥志》。十册。

趙琦美《脈望館書目・史・南直・廬州府》《合肥志》二本。

銅陵市

銅陵縣志

范邦甸等《天一閣書目・地理類》《銅陵縣志》八卷。刊本。明嘉靖四十二年，知縣李士元總裁，教諭沈梅纂脩。首列本縣申文、牒文，本學申文。

徐𤊹《徐氏家藏書目・南直隸》《銅陵縣志》八卷。嘉靖癸亥，李士元。

黄虞稷《千頃堂書目・地理類上》李士元《銅陵縣志》八卷。

銅陵志

趙琦美《脈望館書目・史・南直・池州府》《銅陵志》四本。

巢湖地區

巢縣志

趙琦美《脈望館書目・史・南直・廬州府》《巢縣志》二本。

徐圖等《行人司重刻書目・地理類》《巢縣志》二本。

[萬曆]巢縣志

張萱等《内閣藏書目録・志乘部・南直隸》《巢縣志》。二册。全。萬曆壬辰，邑令馬如麟修。

黄虞稷《千頃堂書目・地理類上》馬如麟《巢縣志》。萬曆壬辰修。邑令。

濡須志

楊士奇等《文淵閣書目・舊志》《濡須志》。十二册。

含山縣志

楊士奇等《文淵閣書目・舊志》《含山縣志》。一册。

[嘉靖]含山縣志

趙琦美《脈望館書目・史・南直・和州》《含山志》三本。

張萱等《内閣藏書目録・志乘部・南直隸》《含山縣志》。三册。全。嘉靖乙卯邑令牟蓁修。

黄虞稷《千頃堂書目・地理類上》牟蓁《含山縣志》。嘉靖乙卯修。令。

歷陽圖經

李昉《太平御覽經史圖書綱目》《歷陽圖經》。

歷陽郡縣圖經

汪師韓《文選注引群書目録上・地理》《歷陽郡縣圖經》。

歷陽縣郡圖經

章宗源《隋書經籍志考證・地理》《歷陽縣郡圖經》卷亡。不著録。《文選・奏彈曹景宗》注：《歷陽縣郡圖經》曰，東關歷陽縣西南一百里。《御覽》地部谿籠山、梁山二事，引《歷陽圖經》，省郡縣二字。

歷陽志

陳振孫《直齋書録解題・地理類》《歷陽志》十卷。郡守九華程九萬鵬飛、教授天台黄宜達之撰。慶元元年。

馬端臨《文獻通考・經籍考・地理》《歷陽志》十卷。

《宋史・藝文志・地理類》程九萬《歷陽志》十卷。

歷陽志補遺

《宋史・藝文志・地理類》趙興清《歷陽志補遺》十卷。

和州志

楊士奇等《文淵閣書目・舊志》《和州志》。二册。

和州并屬縣志

楊士奇等《文淵閣書目・新志》 《和州并屬縣志》。一册。

[嘉靖]和州志

范邦甸等《天一閣書目・地理類》 《和州志》十七卷。刊本。明嘉靖七年，知府易鸞脩，南京國子監祭酒湛若水序，南京禮部主客司郎中鄒守益序。

[萬曆]和州志

趙琦美《脈望館書目・史・南直・和州》 《和州志》四本。

張萱等《内閣藏書目録・志乘部・南直隸》 《和州志》。四册。全。萬曆乙亥，學正齊柯修。

黄虞稷《千頃堂書目・地理類上》 齊柯《和州志》萬曆乙亥修。學正。

和州志

徐圖等《行人司重刻書目・地理類》 《和州志》三本。

和州志

黄虞稷《千頃堂書目・地理類上》 劉禹錫《和州志》八卷。萬曆間修。

[乾隆]和州志

張之洞《書目答問・地理・附録國朝省志府州縣誌善本》 《和州志》章學誠。

無爲志

陳振孫《直齋書録解題・地理類》 《無爲志》三卷。教授宋宜之纂。太守柴瑾爲之序。

馬端臨《文獻通考・經籍考・地理》 《無爲志》三卷。

《宋史・藝文志・地理類》 宋宜之《無爲志》三卷。

焦竑《國史經籍志・地里・郡邑》 《無爲志》三卷。宋宜之。

[嘉靖]無爲州志

范邦甸等《天一閣書目・地理類》 《廬州府無爲州志》八卷。刊本。明嘉靖七年，知州吴臻修并序，豐城劉善毓序。正德己卯儒學學正閩城洪晅序。

[萬曆]無爲州志

張萱等《内閣藏書目録・志乘部・南直隸》 《無爲州志》。四册。全。萬曆壬午，郡丞查志文修。

黄虞稷《千頃堂書目・地理類上》 查志文《無爲州志》。萬曆壬午修。郡丞。

蟂磯志

黄虞稷《千頃堂書目・地理類下》《蟂磯志》一卷。

廬江縣志

晁瑮《晁氏寶文堂書目・圖誌》《廬江縣志》。

廬江縣志

朱睦㮮《萬卷堂書目・地志》《廬江縣志》十二卷。王萬年。

安慶地區

安慶府志

楊士奇等《文淵閣書目・舊志》《安慶府志》。六册。

安慶府屬縣志

楊士奇等《文淵閣書目・新志》《安慶府屬縣志》。二册。

[嘉靖]安慶府志

范邦甸等《天一閣書目・地理類》《安慶府志》十六卷。刊本。明嘉靖元年，天水胡纘宗纂修白沙景暘序，後有王崇慶跋。

趙琦美《脈望館書目・史・南直・安慶府》《安慶府志》八本。又八本。

祁承㸁《澹生堂藏書目・圖志・郡志》《安慶府志》八册。三十一卷。

黄虞稷《千頃堂書目・地理類上》胡纘宗《安慶府志》三十一卷。

《明史・藝文志・地理類》胡纘宗《安慶府志》三十一卷。

《四庫全書總目提要・地理類存目二・都會郡縣》嘉靖《安慶府志》三十卷。兩淮鹽政採進本。明胡纘宗撰。纘宗字世甫，自號鳥鼠山人，泰安人。正德戊辰進士。官至左副都御史巡撫河南。事蹟附見《明史》劉訒傳。是編乃嘉靖元年纘宗爲安慶知府時所作。爲記二、表二、志十二、傳十二，不分細目。其門人王漢序之曰：今郡縣志分門立類，撮要標目，爲類書之體，而非史之例。是志一循古文，無復分門立類之規，規也。然第四卷已作職官表，第七卷又作職官志，則於例亦頗不純。又顧炎武《日知録》曰：胡纘宗作《安慶府志》，於正德中劉七事大書曰「七年閏五月，賊七來寇江境」，而分註於賊七之下曰「姓劉氏」，舉以示人，無不笑之。不知近日之學爲秦漢文者，皆賊七之類也。是亦好古之過矣。

[嘉靖]續修安慶府志

范邦甸等《天一閣書目・地理類》《安慶府志》三十二卷。刊本。明嘉靖辛亥，知府李遜纂修并序，郡人齊之鸞序。

張萱等《内閣藏書目録・志乘部・南直隸》《安慶府志》。八册。全。嘉靖癸丑，郡守李遜修。

黄虞稷《千頃堂書目・地理類上》李遜《安慶府志》。嘉靖癸丑修。守。

懷寧圖經

李昉《太平御覽經史圖書綱目》《懷寧圖經》。

[弘治]桐城縣志

徐圖等《行人司重刻書目·地理類》《桐城縣志》一本。

望江縣志

朱睦㮮《萬卷堂書目·地志》《望江縣志》八卷。朱軾。

黄虞稷《千頃堂書目·地理類上》朱軾《望江縣志》八卷。

望江志

趙琦美《脈望館書目·史·南直·安慶府》《望江志》二本。

太湖縣志

黄虞稷《千頃堂書目·地理類上》李世洽《太湖縣志》十卷。

潛山縣志

徐𤊹《徐氏家藏書目·南直隸》《潛山縣志》八卷。章應召。

黄虞稷《千頃堂書目·地理類上》章應召《潛山縣志》八卷。

[萬曆]潛山縣志

黄虞稷《千頃堂書目·地理類上》金燕《潛山縣志》。萬曆丙戌修。

[萬曆]續修潛山縣志

黄虞稷《千頃堂書目·地理類上》陳邦符、金廷傑《潛山縣志》。萬曆辛卯修。

[萬曆]三修潛山縣志

黄虞稷《千頃堂書目·地理類上》王立吾《潛山縣志》。萬曆乙卯修。

六安地區

[萬曆]六安州志

張萱等《内閣藏書目録·志乘部·南直隸》《六安州志》。三册。全。萬曆甲申，州守劉垓修。

祁承㸁《澹生堂藏書目·圖志·州志》《六安州志》三册。八卷。劉垓。

黄虞稷《千頃堂書目·地理類上》劉垓《六安州志》萬曆甲申修。守。

[乾隆]六安直隸州志

丁立中《八千卷樓書目·地理類·都會郡縣》[乾隆]《六安直隸州志》五十

卷。國朝周廣業撰。刊本。

[萬曆]霍邱縣志

趙琦美《脈望館書目・史・南直・鳳陽府》《霍丘志》二本。

祁承㸁《澹生堂藏書目・圖志・邑志》《霍邱縣志》二册。十卷。楊其善。

壽春圖經

李昉《太平御覽經史圖書綱目》《壽春圖經》。

壽春記

李昉《太平御覽經史圖書綱目》《壽春記》。

壽州志略

晁瑮《晁氏寶文堂書目・圖誌》《壽州志略》。

[嘉靖]壽州志

范邦甸等《天一閣書目・地理類》《壽州志》八卷。明嘉靖二十六年，知州栗永禄編次并序。同知蔡繼芳，郡人張沛，均有序。

莊桐壽州志

趙琦美《脈望館書目・史・南直・鳳陽府》《壽州志》四本。

祁承㸁《澹生堂藏書目・圖志・州志》《壽州志》四册。四卷。莊桐。

舒城縣志

朱睦㮮《萬卷堂書目・地志》《舒城縣志》二卷。馬汝礪。

舒城縣志

黄虞稷《千頃堂書目・地理類上》陳惟淵《舒城縣志》二卷。

[萬曆]舒城縣志

趙琦美《脈望館書目・史・南直・廬州府》《舒城志》六本。

張萱等《内閣藏書目録・志乘部・南直隸》《舒城縣志》。六册。全。萬曆庚辰，邑令陳魁士修。

黄虞稷《千頃堂書目・地理類上》陳魁士《舒城縣志》。萬曆庚辰修。令。

舒城縣志

黄虞稷《千頃堂書目・地理類上》劉大烈《舒城縣志》十卷。

［萬曆］霍山縣志

趙琦美《脈望館書目・史・南直・廬州府》《霍山縣志》四本。

張萱等《内閣藏書目録・志乘部・南直隸》《霍山縣志》。四册，全。萬曆己丑邑令陳維翰修。

黄虞稷《千頃堂書目・地理類上》陳維翰《霍山縣志》。萬曆己丑修。令。

［天啓］霍山縣志

黄虞稷《千頃堂書目・地理類上》陳春先《霍山縣志》。天啓間修。

阜陽地區

中岳潁州志

《新唐書・藝文志・地理類》樊文深《中岳潁州志》五卷。

鄭樵《通志・藝文略・地里・郡邑》《中岳潁州志》五卷。樊文深撰。

焦竑《國史經籍志・地里・郡邑》《中岳潁州志》五卷。樊文深。

［正德］潁州志

范邦甸等《天一閣書目・地理類》《潁州志》六卷。刊本。明正德六年，同知廬陵劉節編輯，郡人儲珊序并跋。

［嘉靖］潁州志

范邦甸等《天一閣書目・地理類》《潁州志》二十卷。刊本。明嘉靖間，吕景蒙編次，并序及後跋。

張萱等《内閣藏書目録・志乘部・南直隸》《潁州志》。四册。全。嘉靖丙申，州判官吕景蒙修。

黄虞稷《千頃堂書目・地理類上》吕景蒙《潁州志》二十卷。嘉靖丙申修。州判官。

《明史・藝文志・地理類》吕景蒙《潁州志》二十卷。

潁州志

趙琦美《脈望館書目・史・南直・鳳陽府》《潁州志》。三本。

祁承㸁《澹生堂藏書目・圖志・州志》《潁州志》。三册。二十卷。甯中立。

［成化］亳州志

黄虞稷《千頃堂書目・地理類上》賀思聰《亳州志》。成化間修。

［弘治］亳州志

黄虞稷《千頃堂書目・地理類上》王浩《亳州志》十卷。弘治間修。

《明史・藝文志・地理類》王浩《亳州志》十卷。

[嘉靖]亳州志

徐𤊹《徐氏家藏書目·南直隸》《亳州志》八卷。李先芳。

黃虞稷《千頃堂書目·地理類上》李先芳《亳州志》四卷。

陳觀亳州志

黃虞稷《千頃堂書目·地理類上》陳觀《亳州志》。字尚賓，桐鄉人。

章學誠亳州志

張之洞《書目答問·地理·附録國朝省志府州縣誌善本》《亳州志》。章學誠。

[順治]蒙城縣志

范邦甸等《天一閣書目·地理類》《蒙城縣志》十二卷。刊本。國朝順治乙未，知縣田本沛纂脩并序。

下蔡志

楊士奇等《文淵閣書目·舊志》《下蔡志》。三册。

太和縣志

趙琦美《脈望館書目·史·南直·鳳陽府》《太和縣志》三本。

徐圖等《行人司重刻書目·地理類》《太和縣志》二本。

[乾隆]太和縣志

丁立中《八千卷樓書目·地理類·都會郡縣》[乾隆]《太和縣志》八卷。國朝成兆豫撰。刊本。

宿縣地區

宿州志

晁瑮《晁氏寶文堂書目·圖誌》《宿州志》。二。

趙琦美《脈望館書目·史·南直·鳳陽府》《宿州志》二本。

[嘉靖]宿州志

范邦甸等《天一閣書目·地理類》《宿州志》八卷。刊本。明嘉靖丁酉，德興余鍧重脩并引。

[萬曆]宿州志

祁承㸁《澹生堂藏書目·圖志·州志》《宿州志》三册。十三卷。崔維嶽。

宿州志

黃虞稷《千頃堂書目・地理類上》 李朝宗《宿州志》一卷。

［隆慶］碭山縣志

張萱等《内閣藏書目録・志乘部・南直隸》 《碭山縣志》。二册。全。隆慶壬申，邑令王廷卿修。

黃虞稷《千頃堂書目・地理類上》 王廷卿《碭山縣志》。隆慶壬申修。令。

［崇禎］碭山縣志

《四庫全書總目提要・地理類存目三・都會郡縣》 崇禎《碭山縣志》二卷。兩淮鹽政採進本。明劉芳撰。芳字百子，石屏人。官碭山縣知縣。先是萬曆戊午，知縣陳秉良屬邑人王文焕撰縣志，二旬而成。崇禎己卯，芳復與邑人汪用霖續修此編。其沿革載東漢爲梁國碭山縣，不知東漢時沛國亦分界其地。又云晉省歸夏邑，不知《南畿志》載晉下邑即碭地，非省併也。又以下邑作夏邑，更誤矣。又分門至四十二，率多冗雜。如既以水土爲一門，又以風俗爲一門。以古蹟爲一門，又以八景爲一門。殊紛紜少緒也。

［萬曆］蕭縣志

張萱等《内閣藏書目録・志乘部・南直隸》 《蕭縣志》。二册。萬曆庚寅，邑令康焯修。

黃虞稷《千頃堂書目・地理類上》 康焯《蕭縣志》。萬曆庚寅修。令。

靈璧志

趙琦美《脈望館書目・史・南直・鳳陽府》 《靈璧志》二本。

鳳陽靈璧縣志

徐𤊹《徐氏家藏書目・南直隸》 《鳳陽靈璧縣志》十卷。鍾大章。

黃虞稷《千頃堂書目・地理類上》 鍾大章《靈璧縣志》十卷。

靈璧縣志

祁承㸁《澹生堂藏書目・圖志・邑志》 《靈璧縣志》。三册。十卷。陳秦交修。

［正德］泗州志

范邦甸等《天一閣書目・地理類》 《泗州志》十二卷。刊本。明正德辛巳，山陰汪應軫重脩并序。

祁承㸁《澹生堂藏書目・圖志・州志》 《泗州志》二册。十二卷。

《明史・藝文志・地理類》 汪應軫《泗州志》十二卷。

黃虞稷《千頃堂書目・地理類上》 汪應軫《泗州志》十二卷。正德中爲庶吉士，以疏諫南巡，出知泗州時編。

［嘉靖］泗志備遺

晁瑮《晁氏寶文堂書目・圖誌》 《泗志備遺》。

范邦甸等《天一閣書目・地理類》《泗志備遺》三卷。刊本。明嘉靖，泗州判官侯廷訓撰并序。唐龍序。

祁承㸁《澹生堂藏書目・圖志・州志》《泗州備遺志》二册。二卷。

黄虞稷《千頃堂書目・地理類上》汪應軫《泗州備遺志》二卷。

泗州志

趙琦美《脈望館書目・史・南直・鳳陽府》《泗州志》四本。

胡純泗州志

黄虞稷《千頃堂書目・地理類上》胡純《泗州志》。會稽人。

虹縣志

趙琦美《脈望館書目・史・南直・鳳陽府》《虹縣志》二本。

[嘉靖]虹縣志

張萱等《内閣藏書目録・志乘部・南直隸》《虹縣志》。四册。全。嘉靖丙寅，邑人王萬年修。

黄虞稷《千頃堂書目・地理類上》王萬年《虹縣志》。嘉靖間修。

五河縣志

趙琦美《脈望館書目・史・南直・鳳陽府》《五河縣志》四本。

[萬曆]懷遠縣志

祁承㸁《澹生堂藏書目・圖志・邑志》《懷遠縣志》三册。九卷。王存敬訂。

[乾隆]懷遠縣志

丁立中《八千卷樓書目・地理類・都會郡縣》[乾隆]《懷遠縣志》三卷。國朝蘇其炤撰。刊本。

滁縣地區

濠梁志

陳振孫《直齋書録解題・地理類》《濠梁志》三卷。郡守永嘉張季樗撰。時嘉泰初元。

馬端臨《文獻通考・經籍考・地理》《濠梁志》三卷。

[成化]中都志

高儒《百川書志・地理》《中都志》十卷。皇明給事中柳瑛編纂。

范邦甸等《天一閣書目・地理類》《中都志》刊本。明成化六年，郡人柳瑛撰并跋。姑蘇劉昌序，豐城周汝德後序。

趙琦美《脈望館書目・史・南直・鳳陽府》《中都志》六本。

徐𤊹《徐氏家藏書目・南直隸》《中都志》十卷。劉昌。

張萱等《内閣藏書目録・志乘部・南直隸》《中都志》。六册。全。嘉靖辛亥，邑人柳瑛修。

黃虞稷《千頃堂書目・地理類上》 柳瑛《中都志》十卷。字庭英，鳳陽人。天順丁丑進士。河南按察司僉事。又嘗著皇明大禮。

《明史・藝文志・地理類》 柳瑛《中都志》十卷。

《四庫全書總目提要・地理類存目二・都會郡縣》 《中都志》十卷。浙江范懋柱家天一閣藏本。明柳瑛撰。瑛字廷玉，臨淮人。天順丁丑進士。官至河南按察使僉事。初，明太祖吳元年，改濠州爲臨濠府。洪武三年，改爲中立府，定爲中都。立宗社，建宫室。七年，又改爲鳳陽。此志不曰「鳳陽」，而曰「中都」，用太祖制也。其書成於成化丁未。體例厖雜，最爲冗濫。

丁立中《八千卷樓書目・地理類・都會郡縣》 [洪武]《中都志》十卷。明柳瑛撰。明刊本。

[天啓]鳳陽新書

徐𤊹《徐氏家藏書目・南直隸》 《鳳陽新書》八卷。袁文新。

《明史・藝文志・地理類》 袁又新《鳳陽新書》八卷。

黃虞稷《千頃堂書目・地理類上》 袁又新《鳳陽新書》八卷。

鳳陽府志

楊士奇等《文淵閣書目・舊志》 《鳳陽府志》。一册。

鳳陽府并屬縣志

楊士奇等《文淵閣書目・新志》 《鳳陽府并屬縣志》。四册。

又 《鳳陽府并屬縣圖志》。四册。

鳳陽府志

晁瑮《晁氏寶文堂書目・圖誌》 《鳳陽府志》。

永陽志

陳振孫《直齋書録解題・地理類》 《永陽志》三十五卷。滁守林⿰山票命法曹龔維蕃修。

馬端臨《文獻通考・經籍考・地理》 《永陽志》三十五卷。

《宋史・藝文志・地理類》 林⿰山票《永陽志》三十五卷。

永陽郡縣圖志

《宋史・藝文志・地理類》 曾旼《永陽郡縣圖志》四卷。

永陽圖志

楊士奇等《文淵閣書目・舊志》 《永陽圖志》。八册。

永陽志

黃虞稷《千頃堂書目・地理類中》 陳璉《永陽志》二十六卷。

《明史・藝文志・地理類》 陳璉《永陽志》二十六卷。

[萬曆]滁陽志

祁承㸁《澹生堂藏書目・圖志・州志》《滁陽志》六册。十四卷。戴瑞卿。

滁州圖志

楊士奇等《文淵閣書目・新志》《滁州圖志》。一册。

[弘治]滁州志

黄虞稷《千頃堂書目・地理類上》 曾□《滁州志》。弘治間修。

[嘉靖]滁州志

趙琦美《脈望館書目・史・南直・滁州》《(涂)[滁]州志》三本。

張萱等《内閣藏書目録・志乘部・南直隸》《滁州志》。三册。全。嘉靖丙申，郡人胡松修。又三册全。同前。

黄虞稷《千頃堂書目・地理類上》 胡松《滁州志》四卷。嘉靖丙申修。郡人。

《明史・藝文志・地理類》 胡松《滁州志》四卷。

《四庫全書總目提要・地理類存目三・都會郡縣》《滁州志》四卷。浙江范懋柱家天一閣藏本。明胡松撰。松字汝茂，滁州人。嘉靖己丑進士。官至南京吏部尚書。謚恭肅。事蹟具《明史》本傳。同時又有績溪胡松，字茂卿。正德甲戌進士，官至工部尚書。《明史》以二人合傳，以名姓相同故也。是編乃松官禮部精膳司郎中，以使事歸里，知州林元倫屬成此志。先述天文、山川、物産各爲一篇，次則皆以編年紀事，間附論斷，與他地志分目者不同。然傳記、輿圖各有本例，以志名而用史體，文雖創而義則乖矣。

天長縣志

范邦甸等《天一閣書目・地理類》《天長縣志》七卷。刊本。明嘉靖庚戌，邑人王心編輯，唐臣戴愬均有序。

祁承㸁《澹生堂藏書目・圖志・邑志》《天長縣志》。四册。七卷。王心輯。

黄虞稷《千頃堂書目・地理類上》 王心《天長縣志》八卷。

來安縣志

楊士奇等《文淵閣書目・舊志》《來安縣志》。一册。

[嘉靖]來安縣志

張萱等《内閣藏書目録・志乘部・南直隸》《(東)[來]安縣志》。二册。全。嘉靖戊午，學博林大珠修。

黄虞稷《千頃堂書目・地理類上》 魏大用《來安縣志》。嘉靖間修。

又 林大珠《來安縣志》一册。嘉靖戊午修。學博。（吴補）

[天啓]來安縣志

黄虞稷《千頃堂書目・地理類上》 周之冕《來安縣志》十卷。萬曆間修。

全椒志

楊士奇等《文淵閣書目・舊志》《全椒志》。一册。

[萬曆]全椒縣志

趙琦美《脈望館書目・史・南直・滁州》《全椒縣志》三本。

張萱等《内閣藏書目録・志乘部・南直隸》《全椒縣志》。三册。全。萬曆庚辰，縣令田梃修。

黄虞稷《千頃堂書目・地理類上》田梃《全椒縣志》。萬曆庚辰修。令。

定遠縣志

晁瑮《晁氏寶文堂書目・圖誌》《定遠縣志》。

趙琦美《脈望館書目・史・南直・鳳陽府》《定遠志》二本。

[嘉靖]定遠縣志

徐圖等《行人司重刻書目・地理類》《定遠縣志》三本。

祁承㸁《澹生堂藏書目・圖志・邑志》《定遠縣志》三册。十卷。高鶴修。

《四庫全書總目提要・地理類存目三・都會郡縣》《定遠縣志》十卷。兩淮馬裕家藏本。明高鶴撰。鶴字若齡，山陰人。嘉靖庚戌進士，官定遠縣知縣。是書自序稱：杜門三日而成。世無此理，或刊本譌月爲日歟。其記載甚簡略，而體例乃頗冗雜。列疆域、道路於建置沿革之前，是未出縣名，先臚縣境。所謂四界八至，不知爲何地而言。端緒殊覺倒置。至於屯田一門，僅四行。惠政一門，僅三行。又職官題名之下各書其人之字號，如書肆官籍之式，亦皆非體也。

丁立中《八千卷樓書目・地理類・都會郡縣》[嘉靖]《定遠縣志》十卷。明高鶴撰。明刊本。

鳳陽縣志

趙琦美《脈望館書目・史・南直・鳳陽府》《鳳陽縣志》二本。

徐圖等《行人司重刻書目・地理類》《鳳陽縣志》二本。

臨淮志

晁瑮《晁氏寶文堂書目・圖誌》《臨淮志》。

趙琦美《脈望館書目・史・南直・鳳陽府》《臨淮志》二本。

[嘉靖]臨淮縣志

范邦甸等《天一閣書目・地理類》《鳳陽府臨淮縣志》二卷。刊本有哦翠山房圖章。明嘉靖甲午，邑人楊鵠顧、承芳纂輯。泉州知府鳳陽高越序，浙江金華府推官張翼翔後序。

臨淮縣志

黄虞稷《千頃堂書目・地理類上》沈軫《臨淮縣志》一卷。

臨淮縣志

黄虞稷《千頃堂書目・地理類上》 鄭之亮《臨淮縣志》。

臨淮縣志

祁承㸁《澹生堂藏書目・圖志・邑志》《臨淮縣志》四册。八卷。邢仕誠校。

[乾隆]鳳陽縣志

丁立中《八千卷樓書目・地理類・都會郡縣》[乾隆]《鳳陽縣志》十六卷。國朝貢震孫維龍撰。刊本。

蕪湖地區

太平州圖志

楊士奇等《文淵閣書目・舊志》《太平州圖志》。九册。

又《太平州圖志》。五册。

太平路圖志

楊士奇等《文淵閣書目・舊志》《太平路圖志》。十册。

錢大昕《補元史藝文志・地理類》《太平路圖志》。十册。

太平府并屬縣志

楊士奇等《文淵閣書目・新志》《太平府并屬縣志》。一册。

太平府新志

楊士奇等《文淵閣書目・新志》《太平府志》。

太平府志

晁瑮《晁氏寶文堂書目・圖誌》《太平府志》五。

趙琦美《脈望館書目・史・南直・太平府》《太平府志》五本。

[弘治]太平府志

黄虞稷《千頃堂書目・地理類上》 鍾城《太平府志》二十卷。字德卿，當塗人。景泰甲戌進士。官提學副使。

《明史・藝文志・地理類》 鍾城《太平府志》二十卷。

[嘉靖]太平府志

范邦甸等《天一閣書目・地理類》《太平府志》十二卷。刊本。明嘉靖十年，九峯山人鄒璧纂脩并序，郡人祝鑾序。

張萱等《内閣藏書目録・志乘部・南直隸》《太平府志》。四册。全。嘉靖辛卯，山人無錫鄒璧修。

黃虞稷《千頃堂書目・地理類上》 鄒璧《太平府志》十二卷。無錫人，嘉靖辛卯修。

又 祝鑾《太平府志》十二卷。

蕪湖圖志

《宋史・藝文志・地理類》 王招《蕪湖圖志》九卷。

蕪湖縣志

晁瑮《晁氏寶文堂書目・圖誌》《蕪湖(廠)[縣]志》。

趙琦美《脈望館書目・史・南直・太平府》《蕪湖縣志》二本。

[景泰]蕪湖縣志

黃虞稷《千頃堂書目・地理類上》 黃讓《蕪湖縣志》五卷。

姑熟記

李昉《太平御覽經史圖書綱目》《姑熟志》。

姑熟志

尤袤《遂初堂書目・地理類》《姑熟志》。

陳振孫《直齋書録解題・地理類》《姑孰志》五卷。教授長樂林楠子長撰。太守楊愿原仲也。寔淳熙五年。

馬端臨《文獻通考・經籍考・地理》《姑孰志》五卷。

《宋史・藝文志・地理類》 林晡《姑孰志》五卷。

[嘉靖]建平縣志

范邦甸等《天一閣書目・地理類》《建平縣志》九卷。刊本。明嘉靖辛卯，知縣連鑛編修并序，鄒守益序并跋。

徐圖等《行人司重刻書目・地理類》《建平縣志》。二本。

祁承㸁《澹生堂藏書目・圖志・邑志》《建平縣志》。二册。八卷。連鑛。

桐汭新志

陳振孫《直齋書録解題・地理類》《桐汭新志》二十卷。教授錢塘趙子直撰。紹熙五年也。太守林棐序。案：《文獻通攷》作紹定五年。

馬端臨《文獻通考・經籍考・地理》《桐汭新志》二十卷。

桐汭志

楊士奇等《文淵閣書目・舊志》《桐汭志》。五册。

桐汭縣志

楊士奇等《文淵閣書目・舊志》《桐汭縣志》。五册。

廣德州志

楊士奇等《文淵閣書目・舊志》《廣德州志》。一册。

廣德州并屬縣志

楊士奇等《文淵閣書目・新志》《廣德州并屬縣志》。一册。

［嘉靖］廣德州志

范邦甸等《天一閣書目・地理類》《廣德州志》十卷。刊本。明嘉靖丙申，知州朱麟裁正儒學學正鄒乘編輯。鄒守益序，朱麟序，邑人潘潤後序。

趙琦美《脈望館書目・史・南直・寧國府》《廣德州志》四本。

張萱等《内閣藏書目録・志乘部・南直隸》《廣德州志》。四册。全。嘉靖丙申，鄒守益謫州判官修。

黄虞稷《千頃堂書目・地理類上》鄒守益《廣德州志》。嘉靖間修。

［萬曆］廣德州志

徐𤊹《徐氏家藏書目・南直隸》《廣德州志》十卷。李德陽。

黄虞稷《千頃堂書目・地理類上》李德陽《廣德州志》十卷。

《明史・藝文志・地理類》李德陽《廣德州志》十卷。

［乾隆］續修廣德州志

張之洞《書目答問・地理・附録國朝省志府州縣誌善本》《廣德州志》周廣業。

寧國府圖志

楊士奇等《文淵閣書目・舊志》《寧國府圖志》。一册。

寧國府并屬縣圖志

楊士奇等《文淵閣書目・新志》《寧國府并屬縣圖志》。一册。

寧國府志

晁瑮《晁氏寶文堂書目・圖誌》《寧國府志》。

趙琦美《脈望館書目・史・南直・寧國府》《寧國府志》一本。又二本。

［嘉靖］寧國府志

范邦甸等《天一閣書目・地理類》《寧國府志》十卷。刊本。明嘉靖十五年，知府任邱黎晨校刊，通判李默編纂，餘姚聞人詮序。

祁承㸁《澹生堂藏書目・圖志・郡志》《甯國府舊志》。四册。十卷。

黄虞稷《千頃堂書目・地理類上》李默《寧國府志》十卷。

《明史・藝文志・地理類》　李默《寧國府志》十卷。

[嘉靖]續修寧國縣志

范邦甸等《天一閣書目・地理類》　《寧國縣志》四卷。刊本。明嘉靖二十八年，知縣四明范鎬纂修并序。

[萬曆]寧國府志

張萱等《内閣藏書目録・志乘部・南直隸》　《寧國府志》。八册。萬曆丁丑，郡人梅守德修。

黄虞稷《千頃堂書目・地理類上》　梅守德《寧國府志》萬曆丁丑修。郡人。

又　陳俊《寧國府志》二十卷。

宣城記

李昉《太平御覽經史圖書綱目》　《紀義宣城記》。

汪師韓《文選注引群書目録上・地理》　《宣城記》。

章宗源《隋書經籍志考證・地理》　《宣城記》。卷亡。紀義撰。不著録。《文選・重答劉秣陵書》注，臨城縣南四十里蓋山有舒姑泉。《藝文類聚・水部》、《御覽・地部》同。又《文苑英華》浩虚舟《舒姑泉賦》以記云舒氏女化爲泉爲韻。《藝文類聚・鳥部》，侍中紀昌睦初生，有白燕一雙出屋，既表素質，宦途亦通。《御覽・羽族部》同。《北堂書鈔》，洪矩吴時爲廬江太守，清儉，徵還，船輕皆以載土。《御覽・地部》、《禮儀部》同。《寰宇記・江南西道》，周黄爲寧國長，後遷丞相。並引紀義《宣城記》。

宣城圖經

李昉《太平御覽經史圖書綱目》　《宣城圖經》。

宣城郡圖經

汪師韓《文選注引群書目録上・地理》　《宣城郡圖經》。

章宗源《隋書經籍志考證・地理》　《宣城郡圖經》。卷亡。不著録。《文選》鮑明遠《還都道中詩》注，南陵縣西南水路一百三十里，謝玄暉《敬亭山詩》注，敬亭山，宣城縣北十里，並引《宣城郡圖經》。《御覽・地部》引十餘事。

宣城志

楊士奇等《文淵閣書目・舊志》　《宣城志》。十二册。

又　《宣城志》。四册。

宣乘翼

黄虞稷《千頃堂書目・地理類上》　梅鼎祚《宣乘翼》。（盧補）

涇縣志

趙琦美《脈望館書目・史・南直・寧國府》　《涇縣志》三本。

[嘉靖]涇縣志

范邦甸等《天一閣書目・地理類》《涇縣志十卷》刊本。明嘉靖壬子，邑人王廷幹纂脩并序。

[嘉慶]涇縣志

張之洞《書目答問・地理・附録國朝省志府州縣誌善本》《涇縣志》。洪亮吉。

春穀志

尤袤《遂初堂書目・地理類》《春穀志》。

徽州地區

新安記

李昉《太平御覽經史圖書綱目》《新安記》。

[淳熙]新安志

尤袤《遂初堂書目・地理類》《新安志》。

陳振孫《直齋書録解題・地理類》《新安志》十卷。通判贛州郡人羅愿撰。時淳熙二年，太守則趙不悔也。

馬端臨《文獻通考・經籍考・地理》《新安志》十卷。

《宋史・藝文志・地理類》羅願《新安志》十卷。

楊士奇等《文淵閣書目・舊志》《新安志》。七册。

《四庫全書總目提要・地理類一・都會郡縣》《新安志》十卷。兩江總督採進本。宋羅願撰。願有《爾雅翼》，已著録。初梁蕭幾作《新安山水記》，王篤又作《新安記》，唐亦有《歙州圖經》，及宋大中祥符中李宗諤撰《次州郡圖經》，頒之天下，於是舊志皆佚。洎經方臘之亂，新圖經亦隨散失。願嘗雜采諸書，創爲稿本，而未就。淳熙二年，趙不悔爲州守，乃俾願續成之。其書第一卷爲州郡；第二卷爲物産、貢賦；第三卷至五卷爲所屬之歙、休寧、祁門、婺源、績溪、黟六縣；第六卷七卷爲先達；第八卷爲進士題名，凡賢良、明經、賜策、獻策、特奏名、武舉皆附之，義民、仙釋亦併在是卷；九卷爲牧守；十卷爲雜録。敘述簡括，引據亦極典核。於先達皆書其官，别於史傳，較爲有體。其物産一門，乃願專門之學，徵引尤爲該備。其所誌貢物，如乾蕷、藥臘、芽茶、細布之類，皆史志所未載。所列先達小傳，具有始末。如汪藻曾爲符寶郎之類，亦多史傳所遺，趙不悔序稱其博物洽聞，故論載甚廣。而其序事簡括不繁，又自得立言之法。願自序亦自以爲儒者之書，具有微旨，不同鈔取記簿，皆不愧也。

新安續志

楊士奇等《文淵閣書目・舊志》《新安續志》。二册。

新安後續志

楊士奇等《文淵閣書目・舊志》《新安後續志》。五册。

黃虞稷《千頃堂書目・地理類補・元》洪焱祖《續新安志》十卷。

倪燦等《補遼金元藝文志・地理類》洪焱祖《續新安志》十卷。

錢大昕《補元史藝文志・地理類》洪焱祖《續新安志》十卷。

[洪武]新安志

黃虞稷《千頃堂書目・地理類上》 朱同《重編新安志》十卷。洪武間修。明初禮部侍郎。

《明史・藝文志・地理類》 朱同《新安志》十卷。

徽州志

楊士奇等《文淵閣書目・新志》 《徽州志》。二册。

[弘治]徽州府志

范邦甸等《天一閣書目・地理類》 《徽州府志》十二卷。刊本。明弘治十五年，郡守蘭州彭澤纂脩，林瀚汪舜民均有序。

黃虞稷《千頃堂書目・地理類上》 彭澤《徽州府志》十二卷。

《四庫全書總目提要・地理類存目二・都會郡縣》 《徽州府志》十二卷。兩淮馬裕家藏本。明汪舜民撰。舜民，婺源人。成化乙未進士。官至右副都御史巡撫鄖陽。是書成於弘治壬戌。分目過多，如沿革之外又出郡名一門，人物至分爲十四類，皆傷煩碎。又風俗、形勝二門，皆標題夾註，有似類書，亦乖體例。

徽州府志

趙琦美《脈望館書目・史・南直・徽州府》 《徽州府志》四本。

徐圖等《行人司重刻書目・地理類》 《徽州府志》十本。

又 《徽州府志》六本。

[嘉靖]新安志補

趙琦美《脈望館書目・史・南直・徽州府》 《新安補志》二本。

黃虞稷《千頃堂書目・地理類上》 方信《新安志補》。

周中孚《鄭堂讀書記補逸・地理類三・都會郡縣》 《新安志補》八卷。寫本。

[嘉靖]徽州府志

范邦甸等《天一閣書目・地理類》 《徽州府志》二十二卷。刊本。明嘉靖四十五年，郡人汪尚寧纂并序，工部尚書胡松序。

徐𤊹《徐氏家藏書目・南直隸》 《徽州府志》二十二卷。

張萱等《内閣藏書目録・志乘部・南直隸》 《徽州府志》。十册。全。嘉靖丙寅，郡守何東序修。

祁承㸁《澹生堂藏書目・圖志・郡志》 《徽州府志》。十册。(三)[二]十二卷。

黃虞稷《千頃堂書目・地理類上》 何東序《徽州府志》二十二卷。嘉靖丙寅修。守。

《明史・藝文志・地理類》 何東序《徽州府志》二十二卷。

歙縣圖經

李昉《太平御覽經史圖書綱目》 《歙縣圖經》。

[萬曆]歙志

祁承㸁《澹生堂藏書目・圖志・邑志》 《歙縣志》。三十卷。謝陛輯。

[弘治]休寧志

黄虞稷《千頃堂書目·地理類上》程敏政《休寧縣志》三十八卷。弘治間修。

休寧志補

黄虞稷《千頃堂書目·地理類中》程一枝《休寧志補》。

[嘉靖]休寧縣志

范邦甸等《天一閣書目·地理類》《休寧縣志》八卷。刊本。明嘉靖二十七年，知縣宋國華纂脩并序。

黄虞稷《千頃堂書目·地理類上》宋□《休寧縣志》。嘉靖間修。

[萬曆]休寧縣志

徐𤊹《徐氏家藏書目·南直隸》《休寧縣志》八卷。邵庶。

黄虞稷《千頃堂書目·地理類上》邵庶《休寧縣志》八卷。萬曆間修。

旌川志

陳振孫《直齋書録解題·地理類》《旌川志》八卷。知旌德縣歷陽李瞻伯山撰。紹熙三年，謝昌國爲序。

馬端臨《文獻通考·經籍考·地理》《旌川志》八卷。

楊士奇等《文淵閣書目·舊志》《旌川志》。三册。

[萬曆]旌德縣志

徐𤊹《徐氏家藏書目·南直隸》《旌德縣志》十卷。蘇宇庶。

黄虞稷《千頃堂書目·地理類上》蘇宇庶《旌德縣志》十卷。

[嘉靖]寧國縣志

祁承㸁《澹生堂藏書目·圖志·邑志》《寧國縣志》四册。四卷。

[萬曆]績溪縣志

祁承㸁《澹生堂藏書目·圖志·邑志》《績溪縣志》三册。十二卷。何棠纂。

祁門志

錢大昕《補元史藝文志·地理類》汪元相《祁門志》。

[萬曆]祁門縣志

祁承㸁《澹生堂藏書目·圖志·邑志》《祁門縣志》二册。四卷。謝存仁。

黟縣志

祁承㸁《澹生堂藏書目・圖志・邑志》《黟縣志》二册。六卷。王家光。

池州地區

池陽記

《宋史・藝文志・地理類》范致明《池陽記》一卷。

[乾道]秋浦志

尤袤《遂初堂書目・地理類》《秋浦志》。

晁公武《郡齋讀書志・地里類》《秋浦志》八卷。太守南昌胡兆乾道八年修。

馬端臨《文獻通考・經籍考・地理》《秋浦志》八卷。

《宋史・藝文志・地理類》胡兆《秋浦志》八卷。

楊士奇等《文淵閣書目・舊志》《秋浦志》。二册。又《秋浦志》。八册。

[端平]秋浦新志

趙希弁《讀書附志・地理類》《秋浦新志》十六卷。右端平丙申江東倉使兼知池州王伯大修，自爲序。

陳振孫《直齋書録解題・地理類》《秋浦新志》十六卷。三山王伯大幼學以前志缺陋重修。時以庾節攝郡事，端平丙申也。

馬端臨《文獻通考・經籍考・地理》《秋浦新志》十六卷。

池州府并屬縣志

楊士奇等《文淵閣書目・新志》《池州府并屬縣志》。一册。

池州府圖志

楊士奇等《文淵閣書目・新志》《池州府圖志》。五册。

[嘉靖]池州府志

范邦甸等《天一閣書目・地理類》《池州府志》九卷。刊本。明嘉靖二十四年，知府王崇纂脩并序，推官蘇志仁後序。

趙琦美《脈望館書目・史・南直・池州府》《池州府志》四本。

張萱等《内閣藏書目録・志乘部・南直隸》《池州府志》。四册。全。嘉靖乙巳，郡守王崇修。

祁承㸁《澹生堂藏書目・圖志・郡志》《池州府志》。四册。九卷。

黄虞稷《千頃堂書目・地理類上》王崇《池州府志》九卷。嘉靖乙巳修。

《明史・藝文志・地理類》王崇《池州府志》九卷。

杏花村志

《四庫全書總目提要・地理類存目六・古蹟》《杏花村志》十二卷。浙江巡撫採進本。國朝郎遂撰。遂字趙客，號西樵子，池州人。

青陽志

趙琦美《脈望館書目・史・南直・池州府》 《青陽志》二本。

[萬曆]青陽縣志

黄虞稷《千頃堂書目・地理類上》 蔡立身《青陽縣志》。温州平陽人。

[萬曆]太平縣志

范邦甸等《天一閣書目・地理類》 《太平縣志》十卷。刊本。明萬曆庚辰，知縣張廷榜纂脩并序，邑人陳宣序。

石埭縣志

趙琦美《脈望館書目・史・南直・池州府》 《石埭志》四本。

徐圖等《行人司重刻書目・地理類》 《石埭縣志》四本。

[康熙]石埭縣志

黄虞稷《千頃堂書目・地理類上》 姚子莊《石埭縣志》八卷。

建德志

趙琦美《脈望館書目・史・南直・池州府》 《建德志》二本。

東流志

趙琦美《脈望館書目・史・南直・池州府》 《東流志》四本。

[萬曆]東流縣志

范邦甸等《天一閣書目・地理類》 《東流縣志》十二卷。刊本。明萬曆三年，邑人汪文纂，知縣陳春序，教諭謝明序，汪文後序，邑人楓坑宋邦輔後序。

江西省

豫章舊志

李昉《太平御覽經史圖書綱目》 《豫章舊志》。

顧櫰三《補後漢書藝文志・輿地類》 《豫章舊志(傅)[傳]》八卷。徐整撰。

姚振宗《三國藝文志・地理類・總志郡縣》 徐整《豫章舊志》八卷。整始末具經部詩類。《唐書・經籍志》雜傳類：《豫章舊志》八卷，徐整撰。《藝文志》雜傳記類徐整《豫章舊志》八卷。章宗源《隋志考證》曰：《豫章舊志》三卷，晉會稽太守熊默撰。《唐志》有徐整撰八卷，無熊默。《續漢・郡國志》注、《世説》規箴篇注、《水經・廬江水注》、《後漢書・馮衍傳》注、《藝文類聚》祥瑞部、鳥部並引《豫章舊志》。侯《志》曰：《世説》規箴篇注、《水經・廬江水注》俱引此書，而不系人名，此書《隋志》作晉熊默撰三卷，《唐志》作徐整撰八卷，今從《唐志》，書似宜入地理類，而隋唐志俱入雜傳。案：《新唐志》雜傳記類徐整《豫章舊志》八卷，又《豫章烈士傳》三卷，諸書所引舊志是否爲徐整本文，雖不盡可辨，而所載有縣邑官守諸事，不皆爲人物傳記之文，實爲地理之屬，今以列士傳別入傳記類，而以此志分析于此。

豫章記

汪師韓《文選注引群書目録上・地理》 張僧鑒《豫章記》。

章宗源《隋書經籍志考證・地理》 《豫章記》卷亡。張僧鑒撰。不著録。《文選・別賦注》：張僧鑒《豫章記》曰：洪井有鸞岡，舊説洪崖先生乘鸞所憩處也。鸞岡西有鶴嶺，王子喬控鶴所經過處。江文通《廬山詩注》同。

豫章記

《隋書・經籍志・地理》 《豫章記》一卷。雷次宗撰。

《新唐書・藝文志・地理類》 雷次宗《豫章記》一卷。

鄭樵《通志・藝文略・地里・郡邑》 《豫章記》一卷。雷次宗撰。

章宗源《隋書經籍志考證・地理》 《豫章記》一卷。雷次宗撰。《唐志》同。《宋志》稱《豫章古今記》三卷。王象之《輿地碑目》言《豫章古今志》見《隋志》。然「古今」二字非《隋志》本有。《藝文類聚》軍器部載雷孔章爲豐城令，得龍淵、太阿二劍。《御覽・兵部》同。《晉書・張華傳》即取資此記。然《水經・贛水注》引次宗言鸞岡、鶴嶺，以舊説爲繫風捕影之論。《文選・別賦注》亦引舊説，而不載次宗辨論。是次宗亦不專尚奇異也。《太平寰宇記・江南西道》洪井風雨池、洪州城大湖、龍沙堆、王喬壇、椒邱城、昌邑城、許子將墓、建城縣、樂平縣、吉州、陶侃母墓、建昌縣共十二事引次宗《豫章記》。其不著次宗名者不録。

江州記

李昉《太平御覽經史圖書綱目》 劉澄之《江州記》。

章宗源《隋書經籍志考證・地理》 《江州記》。卷亡，劉澄之撰。不著録。《初學記》地部劉澄之《江州記》曰：興平縣蔡子池南有石穴，深一百許丈，石色青，堪爲書研。《御覽》地部同。

江西諸郡圖經

尤袤《遂初堂書目・地理類》 《江西諸郡圖經》。

江州圖經

《宋史・藝文志・地理類》 《江州圖經》一卷。

楊士奇等《文淵閣書目・舊志》 《江州圖經》十二册。

[嘉靖]江西通志

范邦甸等《天一閣書目・地理類》 《江西通志》三十七卷。刊本。明嘉靖四年，布政林庭㭿脩，巡撫陳洪謨序。

徐𤊹《徐氏家藏書目・江西省》 《江西通志》三十七卷。

黄虞稷《千頃堂書目・地理類中》 林庭㭿《江西通志》三十七卷。

《明史・藝文志・地理類》 林庭㭿《江西通志》三十七卷。

《四庫全書總目提要・地理類存目二・都會郡縣》 嘉靖《江西通志》三十七卷。兩淮鹽政採進本。明林廷㭿、周廣同撰。廷㭿字利瞻，閩縣人。弘治己未進士。官至工部尚書。謚康懿。事蹟附見《明史・林瀚傳》。廣字充之，崑山人。弘治乙丑進士。官至南京刑部右侍郎。事蹟具《明史》本傳。是編乃嘉靖中廷㭿官江西布政司參政、廣官按察司副使時所作。凡藩省志三卷、諸府志三十四卷。藩省志分十二門，諸府志分二十七門，體例略同他志。惟姦宄一門，仿諸史姦臣酷吏傳例，以示鑑戒，獨爲小異。史載廣在正德中，以劾錢寧獲罪，幾死。又載其平生嚴冷，無笑容。巡撫江西，墨吏皆望風而去。其嫉惡之嚴，可以想見。此門其廣所刱意歟。

[嘉靖]江西大志

范邦甸等《天一閣書目・地理類》《江西大志》七卷。刊本。明嘉靖丙辰，臬史王宗沐纂并序。

又《江西省大志》七卷。刊本。無撰書人名氏。

徐𤊹《徐氏家藏書目・江西省》《江西通志》七卷。王宗沐。

江西總志

趙琦美《脈望館書目・史・江西》《江西總志》廿本。

江西省大志

趙琦美《脈望館書目・史・江西》《江西省大志》四本。

[萬曆]江西大志

黄虞稷《千頃堂書目・地理類中》 王宗沐《江西大志》八卷。

《明史・藝文志・地理類》 王宗沐《江西大志》八卷。

丁立中《八千卷樓書目・地理類・都會郡縣》 [萬曆]《江西省大志》八卷。明夏良正撰。明刊本。

江西省志

黄虞稷《千頃堂書目・地理類中》 姜鴻緒《江西省志》。

[康熙]江西通志

周中孚《鄭堂讀書記補逸・地理類二・都會郡縣》《江西通志》五十四卷。康熙癸亥刊本。國朝兩江總督于成龍等監修。江西自明嘉靖間林廷棉、周廣等修通志三十七卷，歷年既久，文獻無徵。康熙十二年，始有重修之舉，而事又中輟。閱十年，禮部奉旨督催各省通志，成龍既修《江南通志》，乃移檄江西署撫張所志延集文士，開局編纂，搜羅志乘，芟繁補闕，凡閱十月，新任巡撫安世鼎蒞事而書成。凡分二十五門，又附以十四門，藝文一門，又分二十四子目。較諸舊志，頗爲詳具，然舛譌疏漏，亦所不免。五十九年，巡撫白潢又增修之，名《西江志》。訂誤補遺，號爲善本。雍正七年，巡撫謝旻等又重修，爲《江西通志》一百六十二卷。文簡事核，著録於《四庫全書》。而二書體例條目，則多本之是志也。前有成龍世鼎所志及學政高璜四序，又有凡例及修志姓氏。

[雍正]江西通志

《四庫全書總目提要・地理類一・都會郡縣》《江西通志》一百六十二卷。通行本。國朝江西巡撫都察院右副都御史謝旻等監修。江西省志創於明嘉靖間參政林廷棉。其後久未纂輯，舊聞放失。至本朝康熙二十二年，巡撫安世鼎始續修之。康熙五十九年，巡撫白潢又增修之，名曰《西江志》。其體例條目雖多本諸舊志，而廣蒐博訪，訂舛正譌，在地記之中號爲善本。雍正七年，巡撫謝旻奉詔纂修省志，乃與原任檢討陶成等開局編輯。其規模一本之白志，而間加折衷。文簡事核，釐然有序。其志人物，如宋之京鏜、章鑑，一則以其身爲宰輔而依附權姦，一則以其位列鈞衡而棄主私遁，俱削去不載。亦頗有合於大義。惟元劉秉忠，其先世雖瑞州人，而自遼及金，北遷已久，乃援其祖貫，引入鄉賢。將孔子自稱殷人，亦可入中州志乘乎？是則圖經之積習，湔除未盡者矣。

南昌市

豫章記

錢東垣等輯《崇文總目輯釋・地理類》《豫章記》三卷。徐廙撰。原釋闕。

見天一閣鈔本。

豫章舊圖經

尤袤《遂初堂書目・地理類》《豫章舊圖經》。

豫章職方

尤袤《遂初堂書目・地理類》《豫章職方》。

豫章職方乘

《宋史・藝文志・地理類》洪芻《豫章職方乘》三卷。

[隆興]續職方乘

《宋史・藝文志・地理類》程叔達隆興《續職方乘》十卷。

豫章職方乘　續乘

尤袤《遂初堂書目・地理類》《豫章職方乘》，又《續乘》。

陳振孫《直齋書録解題・地理類》《豫章職方乘》三卷、《後乘》十二卷。郡人洪芻駒父宣和己亥撰。乘，取晉《乘》爲名。《後乘》淳熙十一年太守程叔達序。

馬端臨《文獻通考・經籍考・地理》《豫章職方乘》三卷、《後乘》十二卷。

豫章職方乘

焦竑《國史經籍志・地里・郡邑》《豫章職方乘》十五卷。（趙子直）[洪芻、程叔達]。

豫章志

楊士奇等《文淵閣書目・舊志》《豫章志》。二册。《豫章志》。六册。《豫章志》。三册。《豫章志》。十一册。《豫章志》。四册。《豫章志》。十四册。

豫章續志

楊士奇等《文淵閣書目・舊志》《豫章續志》。六册。

南昌府圖志

楊士奇等《文淵閣書目・舊志》《南昌府圖志》。二册。

豫章大記

黃虞稷《千頃堂書目·地理類中》 郭子章《豫章大記》一百六十卷。

董慎續豫章志

黃虞稷《千頃堂書目·地理類中》 董慎《續豫章志》。

續豫章職方乘

黃虞稷《千頃堂書目·地理類·補元》 劉有慶、潘斗元《續豫章職方乘》十四卷。（盧補）

倪燦等《補遼金元藝文志·地理類》 劉有慶、潘斗元《續豫章職方乘》十四卷。

錢大昕《補元史藝文志·地理類》 劉有慶、潘斗元《續豫章職方乘》十四卷。

續豫章志

黃虞稷《千頃堂書目·地理類中》 趙迎山《續豫章志》十二卷。

黃虞稷《千頃堂書目·地理類·補元》 趙迎山《續豫章志》十三卷。

倪燦等《補遼金元藝文志·地理類》 趙迎山《續豫章志》十三卷。

錢大昕《補元史藝文志·地理類》 趙迎山《續豫章志》十三卷。

朱睦㮮《萬卷堂書目·雜志》 《續豫章志》十三卷。趙近山。

江西南昌府志

楊士奇等《文淵閣書目·新志》 《江西南昌府志》。一册。

南昌府志

徐𤊹《徐氏家藏書目·江西省》 《南昌府志》五十卷。盧廷選修。

黃虞稷《千頃堂書目·地理類中》 盧廷選《南昌府志》[五]十卷。

《明史·藝文志·地理類》 盧廷選《南昌府志》五十卷。

萍鄉市

萍實志

趙希弁《讀書附志·地理類》 《萍實志》十卷。《續志》二卷。右邑宰周世昌所修，征官王大節所續也。

萍鄉志

趙琦美《脈望館書目·史·江西·袁州府》 《萍鄉志》二本。

[咸豐]萍鄉縣志

丁立中《八千卷樓書目·地理類·都會郡縣》 [咸豐]《萍鄉縣志》十一卷。

國朝陳喬樅撰。刊本。

景德鎮市

浮梁志

晁瑮《晁氏寶文堂書目·圖誌》《浮梁志》。

浮梁縣志

范邦甸等《天一閣書目·地理類》《浮梁縣志》十四卷。刊本。明汪宗伊脩并序，盧瓊序。

黄虞稷《千頃堂書目·地理類中》汪宗伊《浮梁縣志》十四卷。

浮梁縣志

祁承㸁《澹生堂藏書目·圖志·邑志》《浮梁縣志》。二册。八卷。

九江地區

尋陽記

《新唐書·藝文志·地理類》張僧監《潯陽記》二卷。

李昉《太平御覽經史圖書綱目》《尋陽記》。

鄭樵《通志·藝文略·地里·郡邑》《尋陽記》二卷。張僧監撰。

文廷式《補晉書藝文志·地志類》張僧鑒《尋陽記》二卷。據《豫章十代文獻録》引《豫章書題》二卷。見《新唐志》、《説郛》中有此書。按《江圖》、《尋陽記》、《初學記》、《世説新語》注多引之。《永樂大典》卷六千三百三十九引《江州志》云：張僧監，南陽人。父須無徙尋陽，世爲江州别駕從事。僧監善屬文。先是須無嘗作《九江圖》，具載八州曲折成江者九，僧監因之，遂作《尋陽記》。後又有張密者，不知何許人，亦著《九江新舊録》，或曰其裔也。《尚書·禹貢》正義引張須元《緣江圖》，元蓋无字之誤。

九江記

李昉《太平御覽經史圖書綱目》《九江記》。

九江録

李昉《太平御覽經史圖書綱目》《九江録》。

九江新舊録

錢東垣等輯《崇文總目輯釋·地理類》《九江新舊録》三卷。張容撰。

《新唐書·藝文志·地理類》張容《九江新舊録》三卷。咸通人。

鄭樵《通志·藝文略·地里·郡邑》《九江新舊録》三卷。唐張容撰。

《宋史·藝文志·地理類》張脩《九江新舊録》三卷。

九江圖經

李昉《太平御覽經史圖書綱目》《九江圖經》。

潯陽志

陳振孫《直齋書録解題・地理類》《潯陽志》十二卷。迪功郎晁百揆元采撰。淳熙三年，太守開封曹訓爲之序。

馬端臨《文獻通考・經籍考・地理》《潯陽志》十二卷。

《宋史・藝文志・地理類》晁百揆《潯陽志》十二卷。

江州舊圖經

尤袤《遂初堂書目・地理類》《江州舊圖經》。

尋陽續志

楊士奇等《文淵閣書目・舊志》《尋陽續志》。一册。

九江府志

楊士奇等《文淵閣書目・舊志》《九江府志》。

又《九江府志》。一册。

九江府圖經志

楊士奇等《文淵閣書目・舊志》《九江府圖經志》。一册。

九江府新志

楊士奇等《文淵閣書目・新志》《九江府志》。

九江郡志

黄虞稷《千頃堂書目・地理類中》何棐《九江郡志》。

陸夢龍九江府志

黄虞稷《千頃堂書目・地理類中》陸夢龍《九江府志》二十一卷。

[嘉靖]九江府志

范邦甸等《天一閣書目・地理類》《九江府志》十六卷。刊本。明楊一清編并序。

德化縣志

祁承㸁《澹生堂藏書目・圖志・邑志》《德化縣志》。二册。十卷。

[乾隆]德化縣志

丁立中《八千卷樓書目・地理類・都會郡縣》乾隆《德化縣志》十六卷。國朝高植撰。刊本。

[乾隆]德化縣志

丁立中《八千卷樓書目·地理類·都會郡縣》[乾隆]《德化縣志》十八卷。國朝魯鼎梅撰。刊本。

德安縣志

楊士奇等《文淵閣書目·新志》《德安縣志》。

德安縣志

范邦甸等《天一閣書目·地理類》《德安縣志》四卷。刊本。明臨川曾節編，蒲塘周振校并序。

德安縣志

黃虞稷《千頃堂書目·地理類中》劉鍾《德安縣志》八卷。

瑞昌縣志

楊士奇等《文淵閣書目·新志》《瑞昌縣志》。

[嘉靖]瑞昌縣志

張萱等《内閣藏書目録·志乘部·江西》《瑞昌縣志》。四册。全。嘉靖乙卯，邑人朱綽修。

黃虞稷《千頃堂書目·地理類中》朱綽《瑞昌縣志》。嘉靖間修。

[隆慶]瑞昌縣志

范邦甸等《天一閣書目·地理類》《瑞昌縣志》八卷。刊本。明知縣劉儲編，江一鵬序。

湖口縣志

楊士奇等《文淵閣書目·新志》《湖口縣志》。

趙琦美《脈望館書目·史·江西·九江府》《湖口縣志》二本。

彭澤縣志

楊士奇等《文淵閣書目·新志》《彭澤縣志》。

[嘉靖]寧州志

范邦甸等《天一閣書目·地理類》《寧州志》十八卷。刊本。明龔暹編并序。

武寧縣志

晁瑮《晁氏寶文堂書目・圖誌》《武寧縣志》。

［嘉靖］武寧縣志

范邦甸等《天一閣書目・地理類》《武寧縣志》六卷。刊本。明晉安徐麟纂脩，邑人潘槐同脩，嘉靖二十二年陸深序。

南康圖經

李昉《太平御覽經史圖書綱目》《南康圖經》。

南康志

陳振孫《直齋書録解題・地理類》《南康志》八卷。郡守朱端章撰。淳熙十二年。

馬端臨《文獻通考・經籍考・地理》《南康志》八卷。

南康府舊志

楊士奇等《文淵閣書目・舊志》《南康府舊志》。一册。

南康府志

楊士奇等《文淵閣書目・舊志》《南康府志》。二册。

南康府新志

楊士奇等《文淵閣書目・新志》《南康府志》。

［正德］南康府志

范邦甸等《天一閣書目・地理類》《南康府志》十卷。刊本。明陳霖脩并序。

黄虞稷《千頃堂書目・地理類中》陳霖《南康府志》。正德間修。

［萬曆］南康府志

黄虞稷《千頃堂書目・地理類中》田琯《南康府志》。萬曆癸巳修。

《四庫全書總目提要・地理類存目三・都會郡縣》《南康志》十二卷。兩淮馬裕家藏本。明田琯撰。琯，大田人。隆慶辛未進士。官南康府知府。是書成於萬曆癸巳。門目雖繁，而條貫有序，猶輿記中之不甚猥雜者。

建昌府圖志

楊士奇等《文淵閣書目・舊志》《建昌府圖志》。二册。

建昌府志

晁瑮《晁氏寶文堂書目・圖誌》《建昌府志》。

趙琦美《脈望館書目・史・江西・建昌府》《建昌府志》八本。

建昌府舊志

祁承㸁《澹生堂藏書目・圖志・郡志》《建昌府舊志》。六册。十九卷。

建昌府新志

祁承㸁《澹生堂藏書目・圖志・郡志》《建昌府新志》。五册。十四卷。

上饒地區

信州圖經

李昉《太平御覽經史圖書綱目》《信州圖經》。

廣信府圖經志

楊士奇等《文淵閣書目・舊志》《廣信府圖經志》。三册。

廣信府志

楊士奇等《文淵閣書目・新志》《廣信府志》。三册。

晁瑮《晁氏寶文堂書目・圖誌》《廣信府志》。

趙琦美《脈望館書目・史・江西・廣信府》《廣信府志》四本。

徐圖等《行人司重刻書目・地理類》《廣信府志》六本。

祁承㸁《澹生堂藏書目・圖志・郡志》《廣信府志》六册。二十卷。

廣信郡志

范邦甸等《天一閣書目・地理類》《廣信郡志》二十卷。刊本。明郡人汪俊脩并序。

[嘉靖]廣信府志

黄虞稷《千頃堂書目・地理類中》 江汝璧《廣信府志》二十卷。

《明史・藝文志・地理類》 江汝璧《廣信府志》二十卷。

《四庫全書總目提要・地理類存目二・都會郡縣》 嘉靖《廣信府志》二十卷。兩淮鹽政採進本。明費寀撰。寀字子和，鉛山人。正德辛未進士。官至禮部尚書。事蹟附見《明史・費宏傳》。廣信自成化初始有志。嘉靖乙酉，寀以編修家居，乃與同郡江汝璧、楊麟等增修，定爲此本，凡八門。

孟猷上饒志

《宋史・藝文志・地理類》 孟猷《上饒志》十卷。

上饒志

楊士奇等《文淵閣書目・舊志》《上饒志》。一册。

玉山縣志

祁承爜《澹生堂藏書目・圖志・邑志》《玉山縣志》四册。十卷。史謨纂。

弋陽縣志

徐𤊹《徐氏家藏書目・江西省》《弋陽縣志》十二卷。

[康熙]續修弋陽縣志

周中孚《鄭堂讀書記補逸・地理類三・都會郡縣》《弋陽縣志》八卷。康熙中刊本。

[乾隆]續修弋陽縣志

丁立中《八千卷樓書目・地理類・都會郡縣》乾隆《弋陽縣志》十三卷。國朝連柱等撰。刊本。

貴溪縣志

黄虞稷《千頃堂書目・地理類中》伍餘福《貴溪縣志》。

鉛山縣志

楊士奇等《文淵閣書目・舊志》《鉛山縣志》。四册。

晁瑮《晁氏寶文堂書目・圖誌》《鉛山縣志》。

范邦甸等《天一閣書目・地理類》《鉛山縣志》十二卷。刊本。無撰書人名氏。

趙琦美《脈望館書目・史・江西・廣信府》《鉛山縣志》一本。

徐𤊹《徐氏家藏書目・江西省》《鉛山縣志》。

[萬曆]鉛書

徐𤊹《徐氏家藏書目・江西省》《鉛書八卷》。笪繼良。

祁承爜《澹生堂藏書目・圖志・邑志》《鉛山縣志》八册。三十四卷。笪繼良纂。

黄虞稷《千頃堂書目・地理類中》笪繼良《鉛書八卷》。

永豐志

楊士奇等《文淵閣書目・舊志》《永豐志》。一册。

[嘉靖]永豐縣志

范邦甸等《天一閣書目・地理類》 《永豐縣志》四卷。刊本。明管景脩并序。

永豐縣志

祁承㸁《澹生堂藏書目・圖志・邑志》 《永豐縣志》六册。八卷。

廣永豐縣志

祁承㸁《澹生堂藏書目・圖志・邑志》 《廣永豐縣志》三册。十二卷。

李思敬永豐縣志

黄虞稷《千頃堂書目・地理類中》 李思敬《永豐縣志》二十四卷。

[嘉靖]婺源縣志

范邦甸等《天一閣書目・地理類》 《婺源縣志》六卷。刊本。明嘉靖十九年南海璇溪馮炫著，增城湛若水撰序，邑人汪思序，胡容後序。

[嘉靖]婺源縣志

黄虞稷《千頃堂書目・地理類上》 汪應蛟、余懋衡《婺源縣志》十卷。嘉靖間修。

星源續志

錢大昕《補元史藝文志・地理類》 汪幼鳳《星源續志》。婺源人。

饒州志

王圻《續文獻通考・經籍考・地理》 《饒州志》二卷。四明史定之著。

饒州府舊志

楊士奇等《文淵閣書目・舊志》 《饒州府志》。二册。

饒州府新志

楊士奇等《文淵閣書目・新志》 《饒州府志》。五册。

饒州府志

晁瑮《晁氏寶文堂書目・圖誌》 《饒州府志》。

趙琦美《脈望館書目・史・江西・饒州府》 《饒州府志》二本。

[正德]饒州府志

范邦甸等《天一閣書目・地理類》《饒州府志》四卷。刊本。明知府陳策脩并序。

[萬曆]饒州府志

祁承㸁《澹生堂藏書目・圖志・郡志》《饒州府志》。十二册。四十五卷。

《四庫全書總目提要・地理類存目三・都會郡縣》[萬曆]《饒州府志》四十五卷。兩淮鹽政採進本。明陳大綬撰。大綬，浮梁人。萬曆乙未進士。官至福建布政使參議。饒州自正德辛未劉録撰志以後，百有餘年，大綬始撰此志。分十三門，又分子目八十。書成於萬曆乙卯。其中如寺觀之建自唐宋者，應敘於古蹟，乃歸於秩祀門，二氏非秩祀也。輿地志既分山水爲二門，而古蹟門内又載石城山，殊無條理。沿革門載漢建安十五年孫權置鄱陽郡，治舊縣，不知初治在鄱陽，後徙治吴芮故城，亦考之未詳也。

徐湛鄱陽記

李昉《太平御覽經史圖書綱目》徐湛《鄱陽記》。

番陽志

尤袤《遂初堂書目・地理類》唐王休楩《番陽志》。

鄱陽記

鄭樵《通志・藝文略・地里・郡邑》《鄱陽記》一卷。王仲通撰。

鄱陽縣記

《宋史・藝文志・地理類》王德璉《鄱陽縣記》一卷。

番陽志

《宋史・藝文志・地理類》史定之《番陽志》三十卷。

鄱陽縣圖經

鄭樵《通志・藝文略・地里・郡邑》《鄱陽縣圖經》一卷。

鄱陽圖志

楊士奇等《文淵閣書目・舊志》《鄱陽圖志》。十二册。

鄱陽續志

黄虞稷《千頃堂書目・地理類下》吴存《鄱陽續志》。

錢大昕《補元史藝文志・地理類》吴存《鄱陽續志》。

倪燦等《補遼金元藝文志・地理類》吴存《鄱陽續志》。

鄱陽縣志

祁承㸁《澹生堂藏書目・圖志・邑志》《鄱陽縣志》六册。十六卷。

[道光]鄱陽縣志

丁立中《八千卷樓書目・地理類・都會郡縣》[道光]《鄱陽縣志》三十四卷。國朝陳驤撰。刊本。

[同治]鄱陽縣志

丁立中《八千卷樓書目・地理類・都會郡縣》[同治]《鄱陽縣志》三十四卷。國朝陳驤撰。刊本。

鄧秀餘干縣志

朱睦㮮《萬卷堂書目・地志》《餘干縣志》十六卷。鄧秀。

黄虞稷《千頃堂書目・地理類中》鄧秀《餘干縣志》十六卷。

餘干縣志

趙琦美《脈望館書目・史・江西・饒州府》《餘干縣志》二本。

祁承㸁《澹生堂藏書目・圖志・邑志》《餘干縣志》二册。五卷。

[順治]樂平縣志

丁立中《八千卷樓書目・地理類・都會郡縣》[順治]《樂平縣志》十四卷。國朝索景濂撰。刊本。

[嘉慶]樂平縣志

丁立中《八千卷樓書目・地理類・都會郡縣》嘉慶《樂平縣志》二十六卷。國朝陳訥王猷撰。刊本。

饒州德興志

楊士奇等《文淵閣書目・舊志》《饒州德興志》。一册。

德興縣志

祁承㸁《澹生堂藏書目・圖志・邑志》《德興縣志》四册。十四卷。

萬年縣續志

趙琦美《脈望館書目・史・江西・饒州府》《萬年縣續志》二本。

祁承㸁《澹生堂藏書目・圖志・邑志》《萬年縣續志》二册。五卷。

宜春地區

袁州府舊志

楊士奇等《文淵閣書目・舊志》《袁州府志》。一册。又《袁州府志》。一册。

袁州府新志

楊士奇等《文淵閣書目・新志》《袁州府志》。三册。

[正德]袁州府志

黄虞稷《千頃堂書目・地理類中》嚴當歐陽誠《袁州府志》。正德間修。

[正德]袁州府新志

范邦甸等《天一閣書目・地理類》《袁州府志》十四卷。刊本。明嚴嵩脩并序。

黄虞稷《千頃堂書目・地理類中》嚴嵩《袁州府新志》十四卷。

袁州府志

朱睦㮮《萬卷堂書目・地志》《袁州府志》九卷。陳定。

黄虞稷《千頃堂書目・地理類中》陳定《袁州府志》。九卷。

《明史・藝文志・地理類》陳定《袁州府志》。九卷。

袁州府志

趙琦美《脈望館書目・史・江西・袁州府》《袁州府志》六本。

徐圖等《行人司重刻書目・地理類》《袁州府志》四本。

又《袁州府志》十二本。

徐𤊹《徐氏家藏書目・江西省》《袁州府志》。

祁承㸁《澹生堂藏書目・圖志・郡志》《袁州府志》。十一册。十一卷。熊。

[萬曆]袁州府志

黄虞稷《千頃堂書目・地理類中》黄鳴喬《袁州府志》。萬曆間修。

[崇禎]袁州府志

黄虞稷《千頃堂書目・地理類中》袁業泗《袁州府志》。崇禎間修。

宜春記

李昉《太平御覽經史圖書綱目》《宜春記》。

宜春志

陳振孫《直齋書録解題・地理類》《宜春志》十卷。袁州教授南城童宗説修。太守李觀民也。

馬端臨《文獻通考·經籍考·地理》《宜春志》十卷。

[嘉定]宜春志　集　續修志　集

趙希弁《讀書附志·地理類》《宜春志》十卷，《集》八卷，《續修志》四卷，《集》六卷。右嘉定中守滕强恕修，郡人張嗣古序。《續志》、《集》則嘉熙初守郭正己也。

續修宜春志

《宋史·藝文志·地理類》陳哲夫《續修宜春志》十卷。陳哲夫。

宜春舊志

楊士奇等《文淵閣書目·舊志》《宜春志》。六册。又《宜春志》。十三册。《宜春志》。十三册。

鈐岡志

趙希弁《讀書附志·地理類》《鈐岡志》三卷。右嘉定甲戌邑令謝好古修。

鈐岡續志

王圻《續文獻通考·經籍考·地理》《鈐岡續志》。趙尚之修。《分宜》有縣，起宋雍熙，至嘉定間，謝令謀作縣志不果，淳祐間黄尉始成之。元興六十有七載，浚儀趙尚之爲尹，百廢具興，乃作《鈐岡新志》，以續前編。

[咸豐]分宜縣志

丁立中《八千卷樓書目·地理類·都會郡縣》咸豐《分宜縣志》十七卷。國朝陳喬樅撰。刊本。

萬載縣志

黄虞稷《千頃堂書目·地理類中》韋明傑《萬載縣志》十二卷。

[咸豐]萬載縣志

丁立中《八千卷樓書目·地理類·都會郡縣》咸豐《萬載縣志》十八卷。國朝陳喬樅撰。刊本。

瑞陽志

趙希弁《讀書附志·地理類》《瑞陽志》十卷《縣志》三卷。右嘉定六年郡守周綸修，郡人雷孝友序。

瑞州郡縣志

《宋史·藝文志·地理類》雷孝友《瑞州郡縣志》十九卷。

[宋]瑞陽志

黃虞稷《千頃堂書目・地理類・補宋》《瑞陽志》二十一卷。

倪燦等《宋史藝文志補・地理類》《瑞陽志》二十一卷。失名。

[元]瑞陽志

錢大昕《補元史藝文志・地理類》楊升雲《瑞陽志》。

瑞陽郡志

楊士奇等《文淵閣書目・舊志》《瑞陽郡志》。十册。

瑞州志

楊士奇等《文淵閣書目・舊志》《瑞州志》。二册。

瑞州府志

楊士奇等《文淵閣書目・新志》《瑞州府志》。

晁瑮《晁氏寶文堂書目・圖誌》《瑞州府志》。

[正德]瑞州府志

范邦甸等《天一閣書目・地理類》《瑞州府志》十四卷。刊本。明知府鄺璠編并序，楊外雲序。

黃虞稷《千頃堂書目・地理類中》鄺璠《瑞州府志》十四卷。正德間修。

[正德]瑞州府志

黃虞稷《千頃堂書目・地理類中》熊相《瑞州府志》十四卷。

《明史・藝文志・地理類》熊相《瑞州府志》十四卷。

[崇禎]瑞州府志

黃虞稷《千頃堂書目・地理類中》陶履中《瑞州府志》二十四卷。崇禎間修。

上高縣志

黃虞稷《千頃堂書目・地理類中》鄭廷俊《上高縣志》二卷。

新昌縣志

楊士奇等《文淵閣書目・新志》《新昌縣志》。

新昌志

晁瑮《晁氏寶文堂書目・圖誌》《新昌志》。

[嘉靖]新昌縣志

范邦甸等《天一閣書目・地理類》《新昌縣志》九卷。刊本。明嘉靖辛卯知縣余宗梁脩并序。

[康熙]新昌縣志

丁立中《八千卷樓書目・地理類・都會郡縣》康熙《新昌縣志》十八卷。國朝劉作樑撰。刊本。

臨江軍圖經

《宋史・藝文志・地理類》袁震《臨江軍圖經》七卷。

重修臨江志

《宋史・藝文志・地理類》李伸《重修臨江志》七卷。

臨江志

楊士奇等《文淵閣書目・舊志》《臨江志》。四册。又《臨江志》。四册。《臨江志》。四册。

臨江府新志

楊士奇等《文淵閣書目・新志》《臨江府志》。三册。

臨江府志

晁瑮《晁氏寶文堂書目・圖誌》《臨江府志》。

趙琦美《脈望館書目・史・江西・臨江府》《臨江府志》四本。

[隆慶]臨江府志

范邦甸等《天一閣書目・地理類》《臨江府志》十四卷。刊本。明管大勳脩并序。

徐𤊹《徐氏家藏書目・江西省》《臨江府志》十四卷。

祁承㸁《澹生堂藏書目・圖志・郡志》《臨江府志》。五册。十四卷。

[崇禎]清江縣志

《四庫全書總目提要・地理類存目三・都會郡縣》《清江縣志》八卷。兩淮馬裕家藏本。明秦鏞撰。鏞，無錫人。崇禎丁丑進士。官清江縣知縣。清江向無志，崇禎壬午，鏞始創修。凡分八目，視他志稍爲簡明。

新吴志

陳振孫《直齋書録解題・地理類》《新吴志》二卷。知奉新縣盱江張國均維之撰。新吴，縣舊名。嘉定甲戌。

馬端臨《文獻通考・經籍考・地理》《新吴志》二卷。

豐水志

楊士奇等《文淵閣書目・舊志》《豐水志》。三册。

續豐水志

黄虞稷《千頃堂書目・地理類下》李肖翁《續豐水志》六卷。字克家，富州人。本學教諭。遷提舉。

倪燦等《補遼金元藝文志・地理類》李肖翁《續豐水志》六卷。字克家富川人本學教諭遷提舉。

錢大昕《補元史藝文志・地理類》李肖翁《豐水續志》六卷。字克家富州人儒學提舉。

南昌府豐城縣志

范邦甸等《天一閣書目・地理類》《南昌府豐城縣志》十卷。刊本。明李賁脩并識。

[嘉靖]豐乘

黄虞稷《千頃堂書目・地理類中》李貴《豐乘》十卷。李裕孫。嘉靖癸丑進士。由翰林院庶吉士，歷官四川副使。

豐城縣志

趙琦美《脈望館書目・史・江西・南昌府》《豐城縣志》二本。

靖安志

楊士奇等《文淵閣書目・舊志》《靖安志》。一册。

撫州地區

撫州府志

楊士奇等《文淵閣書目・新志》《撫州府志》。四册。

晁瑮《晁氏寶文堂書目・圖誌》《撫州府志》。

徐𤊹《徐氏家藏書目・江西省》《撫州府志》。

[弘治]撫州府志

范邦甸等《天一閣書目・地理類》《撫州府志》二十八卷。刊本。明知府吕傑脩并序。

趙琦美《脈望館書目・史・江西・撫州府》《撫州府志》八本。

祁承㸁《澹生堂藏書目・圖志・郡志》《撫州府志》八册。二十八卷。

黄虞稷《千頃堂書目・地理類中》徐喆《撫州府志》。弘治間修。

[嘉靖]撫州府志

黄虞稷《千頃堂書目・地理類中》徐良傅《撫州府志》十六卷。嘉靖間修。

[崇禎]撫州府志

黄虞稷《千頃堂書目・地理類中》蔡邦俊《撫州府志》。崇禎間修。

臨川記

李昉《太平御覽經史圖書綱目》荀伯子《臨川記》。

章宗源《隋書經籍志考證・地理》《臨川記》卷亡。荀伯子撰。不著録。《太平寰宇記・江南西道》：臨川莫巨山嶺内有石人，體有塵則興風，潤則致雨，民以爲準。《御覽・地部》同。王右軍故宅，其地爽塏，山川如畫。每至重陽日，郡守從事多游於斯。《御覽・州郡部》同。並引荀伯子《臨川記》，不著撰名。

[景定]臨川志

黄虞稷《千頃堂書目・地理類・補宋》景定《臨川志》三十五卷。

倪燦等《宋史藝文志補・地理類》景定《臨川志》三十五卷。失名。

臨川志

楊士奇等《文淵閣書目・舊志》《臨川志》。四册。又《臨川志》。一册。《臨川志》。十二册。

臨川記

黄虞稷《千頃堂書目・地理類中》傅占衡《臨川記》三十三卷。

崇仁縣志

徐𤊹《徐氏家藏書目・江西省》《崇仁縣志》二十卷。

[嘉靖]金溪縣志

范邦甸等《天一閣書目・地理類》《金溪縣志》九卷。刊本。明王蓂撰并序。

黄虞稷《千頃堂書目・地理類中》王經《金溪縣志》。

[嘉靖]宜黄縣志

范邦甸等《天一閣書目・地理類》《宜黄縣志》十四卷。刊本。明黄漳脩并序。

樂安縣志

晁瑮《晁氏寶文堂書目・圖誌》《樂安縣志》志字原脱。今補。

樂安縣志

黄虞稷《千頃堂書目・地理類上》李舜臣《樂安縣志》二卷。

[正德]建昌府志

范邦甸等《天一閣書目・地理類》《建昌府志》十九卷。刊本。明夏良勝脩并序。

盱江志

尤袤《遂初堂書目・地理類》《盱江志》。

《宋史・藝文志・地理類》童宗説《盱江志》十卷。

楊士奇等《文淵閣書目・舊志》《盱江前志》。六册。

盱江續志

《宋史・藝文志・地理類》姜得平又《續志》十卷。

楊士奇等《文淵閣書目・舊志》《盱江後志》。五册。

盱江志　續志

陳振孫《直齋書録解題・地理類》《盱江志》十卷、《續》十卷。郡守胡舜舉紹興戊寅俾郡人童宗説、黄敷忠爲之。《續志》，慶元五年三山陳岐修，亦郡守也。

馬端臨《文獻通考・經籍考・地理》《盱江志》十卷，《續》十卷。

焦竑《國史經籍志・地里・郡邑》《盱江志》二集二十卷。童宗説。

[正德]新城縣志

范邦甸等《天一閣書目・地理類》《新城縣志》十三卷。刊本。明黄文鸞脩并序。

新城縣志

黄虞稷《千頃堂書目・地理類中》王材《新城縣志》十卷。

[大德]南豐郡志

張萱等《内閣藏書目録・志乘部・江西》《南豐郡志》。三册。全。元大德間郡守李彝修，又三册。全。

黄虞稷《千頃堂書目・地理類下》李彝《南豐郡志》三册。大德間南豐郡守。

倪燦等《補遼金元藝文志・地理類》李彝《南豐郡志》三册。大德間南豐郡守。

錢大昕《補元史藝文志・地理類》李彝《南豐郡志》三册。

南豐郡志

楊士奇等《文淵閣書目·舊志》《南豐郡志》。五册。又《南豐郡志》。三册。《南豐郡志》。三册。《南豐郡志》。三册。

[萬曆]南豐縣志

徐𤊹《徐氏家藏書目·江西省》《南豐縣志》七卷。萬曆丙戌王璽修。

黄虞稷《千頃堂書目·地理類中》王璽《南豐縣志》七卷。

南豐縣續志

黄虞稷《千頃堂書目·地理類中》曾思孔《南豐縣續志》。

進賢縣志

朱睦㮮《萬卷堂書目·地志》《進賢縣志》十四卷。楊三和。

進賢縣志

黄虞稷《千頃堂書目·地理類中》楊三和《進賢縣志》十卷。

進賢縣志

趙琦美《脈望館書目·史·江西·南昌府》《進賢縣志》一本。

井岡山地區

吉州記

《宋史·藝文志·地理類》吴機《吉州記》三十四卷。

吉安屬縣志

楊士奇等《文淵閣書目·舊志》《吉安屬縣志》。三册。

吉安府舊志

楊士奇等《文淵閣書目·舊志》《吉安府志》。二册。

吉安志

楊士奇等《文淵閣書目·舊志》《吉安志》。十四册。

吉安府新志

楊士奇等《文淵閣書目・新志》《吉安府志》。四册。

吉安郡志

黄虞稷《千頃堂書目・地理類中》徐輔《吉安郡志》。

劉養正吉安府志

朱睦㮮《萬卷堂書目・地志》《吉安府志》三十三卷。劉養正。

黄虞稷《千頃堂書目・地理類中》劉養正《吉安府志》三十二卷。

吉安府志

范邦甸等《天一閣書目・地理類》《吉安府志》十九卷。刊本。明王昂編。

趙琦美《脈望館書目・史・江西・吉安府》《吉安府志》十本。

徐𤊹《徐氏家藏書目・江西省》《吉安府志》。

祁承㸁《澹生堂藏書目・圖志・郡志》《吉安府志》十一册。三十六卷。

黄虞稷《千頃堂書目・地理類中》王安《吉安府志》十九卷。

王時槐吉安府志

黄虞稷《千頃堂書目・地理類中》王時槐《吉安府志》二十六卷。

《明史・藝文志・地理類》王時槐《吉安府志》二十六卷。

吉志補

祁承㸁《澹生堂藏書目・圖志・郡志》《吉志補》六册。十二卷，郭子章。

黄虞稷《千頃堂書目・地理類中》郭子章《吉志補》二十卷。

《明史・藝文志・地理類》郭子章《吉志補》二十卷。

廬陵縣志

趙琦美《脈望館書目・史・江西・吉安府》《廬陵縣志》四本。

祁承㸁《澹生堂藏書目・圖志・邑志》《廬陵縣志》四册。四卷。

泰和縣志

周中孚《鄭堂讀書記補逸・地理類三・都會郡縣》《泰和縣志》十二卷。康熙中刊本。

[光緒]泰和縣志

丁立中《八千卷樓書目・地理類・都會郡縣》光緒《泰和縣志》十六卷。國朝周之鏞撰。刊本。

吉永州志

楊士奇等《文淵閣書目・舊志》《吉永州志》。三册。

吉水縣志

晁瑮《晁氏寶文堂書目・圖誌》《吉水縣志》。

趙琦美《脈望館書目・史・江西・吉安府》《吉水縣志》二本。

祁承爜《澹生堂藏書目・圖志・邑志》《吉水縣志》四册。十卷。

安成記

章宗源《隋書經籍志考證・地理》《安成記》卷亡。王烈之撰。不著録。《初學記・天部》：縣人謝稟行田路遇神人曰：汝無仙骨。人事部：縣有孝子符表，母死慟，殯葬於四望岡。太守王府君表其墓。《太平寰宇記・江南西道》：廬陵縣落亭石、安福縣安福城並引王烈之《安成記》。又萍鄉縣羅霄山澤水所出，天旱祀之，即雨，稱王孚《安成記》。《御覽・地部》亦作王孚。

安福縣志

祁承爜《澹生堂藏書目・圖志・邑志》《安福縣志》。三册。十六卷。

[嘉定]龍泉志

王圻《續文獻通考・經籍考・地理》嘉定《龍泉志》。陳百朋修。

龍泉縣志

楊士奇等《文淵閣書目・新志》《龍泉縣志》。

祁承爜《澹生堂藏書目・圖志・邑志》《龍泉縣志》四册。九卷。

永甯編

焦竑《國史經籍志・地里・郡邑》《永甯編》十五卷。陳謙。

[萬曆]永寧縣志

徐𤊹《徐氏家藏書目・江西省》《永寧縣志》六卷。萬曆己酉蕭山單有學修。

黃虞稷《千頃堂書目・地理類中》單有學《永寧縣志》六卷。

永寧縣志

祁承爜《澹生堂藏書目・圖志・邑志》《永寧縣志》二册。二卷。

又《永寧縣志》二册。

永新縣志

趙琦美《脈望館書目・史・江西・吉安府》《永新縣志》二本。

[萬曆]永新縣志

祁承爜《澹生堂藏書目・圖志・邑志》《永新縣志》四册。八卷。

黃虞稷《千頃堂書目・地理類中》尹臺《永新縣志》。

[同治]新淦縣志

丁立中《八千卷樓書目・地理類・都會郡縣》　同治《新淦縣志》十卷。國朝劉坤一等撰。刊本。

峽江縣新志

趙琦美《脈望館書目・史・江西・臨江府》　《峽江縣新志》二本。

贛州地區

章貢志

尤袤《遂初堂書目・地理類》　《章貢志》。

楊士奇等《文淵閣書目・舊志》　《章貢志》。八册。

又　《章貢志》。六册。

李盛章貢志

《宋史・藝文志・地理類》　李盛《章貢志》。十二卷。

贛州圖經

《宋史・藝文志・地理類》　周夢祥《贛州圖經》卷亡。

贛州府舊志

楊士奇等《文淵閣書目・舊志》　《贛州府志》。二册。

贛州府新志

楊士奇等《文淵閣書目・新志》　《贛州府志》。三册。

贛州府志

晁瑮《晁氏寶文堂書目・圖誌》　《贛州府志》。

[嘉靖]贛州府志

范邦甸等《天一閣書目・地理類》　《贛州府志》十二卷。刊本。明郡人董天錫脩并序。

趙琦美《脈望館書目・史・江西・贛州府》　《贛州府志》四本。

徐圖等《行人司重刻書目・地理類》　《贛州府志》四本。

祁承㸁《澹生堂藏書目・圖志・郡志》　《贛州府志》四册。十二卷。

[天啓]贛州府志

徐㶿《徐氏家藏書目・江西省》　《贛州府志》二十卷。余文龍修。

《明史・藝文志・地理類》　余文龍《贛州府志》二十卷。

《四庫全書總目提要・地理類存目三・都會郡縣》 天啓《贛州府志》二十卷。兩淮鹽政採進本。明謝詔撰。詔，贛縣人。萬曆甲戌進士。官至四川左布政使。贛州舊志修於嘉靖丙申，天啓元年辛酉，詔續修之。爲類十四，爲目七十九。其體例頗爲舛互，亦多錯誤。如亭館舊蹟，例應敘於古蹟門，乃悉歸之營建志，則古來勝地，似悉建於明代矣。又鄉賢志分行業、忠義、孝友各門，又別立質行一門，未免繁複。又沿革門謂晉太康三年改爲南康郡，今考《晉書》，乃太康二年，非三年也。

[嘉靖]雩都縣志

范邦甸等《天一閣書目・地理類》 《雩都縣志》二卷。刊本。明知縣許來學脩并序。

[萬曆]雩都縣志

徐𤊹《徐氏家藏書目・江西省》 《雩都縣志》十卷。萬曆甲午李淶修。

黄虞稷《千頃堂書目・地理類中》 李淶《雩都縣志》十卷。別本有注文云。字源甫，雩都人。隆慶辛未進士。

[康熙]雩都縣志

周中孚《鄭堂讀書記補逸・地理類三・都會郡縣》 《雩都縣志》十四卷。康熙己丑刊本。國朝雩都縣知縣盧振先主修。

[隆慶]信豐縣志

黄虞稷《千頃堂書目・地理類中》 □□□《信豐縣志》十二卷。隆慶間修。

[咸豐]長寧縣志

丁立中《八千卷樓書目・地理類・都會郡縣》 咸豐《長甯縣志》四卷。國朝蘇霈芬撰。刊本。

[嘉靖]瑞金縣志

范邦甸等《天一閣書目・地理類》 《瑞金縣志》八卷。刊本。

南安志

陳振孫《直齋書録解題・地理類》 《南安志》二十卷、《補遺》一卷。太守方崧卿、教授許開修。

馬端臨《文獻通考・經籍考・地理》 《南安志》二十卷《補遺》一卷。

《宋史・藝文志・地理類》 許開《南安志》二十卷。

南安舊志

楊士奇等《文淵閣書目・舊志》 《南安志》。三册。

南安府圖志

楊士奇等《文淵閣書目・舊志》 《南安府圖志》。一册。

南安府志

楊士奇等《文淵閣書目·新志》《南安府志》。

祁承㸁《澹生堂藏書目·圖志·郡志》《南安府志》四册。二十六卷。

[嘉靖]南安府志

黄虞稷《千頃堂書目·地理類中》□□□《南安府志》十二卷。嘉靖間修。

[光緒]南安府志

丁立中《八千卷樓書目·地理類·都會郡縣》光緒《南安府志》十二卷。國朝楊錞等撰。刊本。

南康記

李昉《太平御覽經史圖書綱目》鄧德明《南康記》。

秦榮光《補晉書藝文志·地理類·都會郡縣》《南康記》。劉德明撰。据《寰宇記》引。案《通典》注作劉嗣之《漢書》張耳傳注引作鄧德明。

章宗源《隋書經籍志考證·地理》《南康記》卷亡。鄧德明撰。不著録。《水經》泿水注：州治中盧耽少棲仙術，善解雲飛。《藝文類聚·歲時部》同。《漢書》張耳傳注：大庾領一也，桂陽騎田二也，九真都龐領三也，臨賀萌渚領四也，始安越城領五也。又見《後漢書》吳祐傳、劉表傳注。《初學記·政理部》雩都縣，土壤肥沃，偏宜甘蔗。郡以獻御。並引鄧德明《南康記》，《太平寰宇記·江南西道》聶都山，三石形似人，居中者爲君，左曰夫人，右曰女郎，此稱劉德明《南康記》又同卷引平亭横亭横浦廢關二事，稱劉嗣之《南康記》，《通典》州郡門注亦稱劉嗣之。

南康記

李昉《太平御覽經史圖書綱目》王歆之《南康記》。

章宗源《隋書經籍志考證·地理》《南康記》卷亡。王韶之撰。不著録。《初學記·地理部》：雩都縣有君山，大風雨後聞絃管聲。其山謂之仙宮。《藝文類聚·地部》：湘源有長瀨，其傍石或像人形，土人名爲令史山。部寧都溪西有一山，狀如鼓，相傳謂之石鼓。《太平御覽·地部》歸美山，山石紅丹赫若采繪，名曰女媧石，並引王韶之《南康記》。《御覽·地部》赤石山、峡山、官山三事，皆語涉唐天寶則鄧王所記，外別有一《南康記》。

南康記

《宋史·藝文志·地理類》朱端章《南康記》。八卷。

南康府志

祁承㸁《澹生堂藏書目·圖志·郡志》《南康府志》八卷。

南康志

楊士奇等《文淵閣書目·舊志》《南康志》。八册。又《南康志》。八册。

［嘉靖］南康縣志

范邦甸等《天一閣書目・地理類》《南安府南康縣志》十三卷。刊本。明劉昭文編并序。

［嘉靖］崇義縣志

范邦甸等《天一閣書目・地理類》《崇義縣志》一册。刊本。明王庭耀脩并序，鄭喬序。

福建省

甌閩傳

《隋書・經籍志・地理》《甌閩傳》一卷。

鄭樵《通志・藝文略・地里・郡邑》《甌閩傳》一卷。

姚振宗《隋書經籍志考證・地理類》《甌閩傳》一卷。不著撰人。

閩中記

鄭樵《通志・藝文略・地里・郡邑》《閩中記》一卷。唐林諝撰。

重修閩中記

《新唐書・藝文志・地理類》林諝《閩中記》十卷。

鄭樵《通志・藝文略・地里・郡邑》《重修閩中記》十卷。林世程撰。

尤袤《遂初堂書目・地理類》《閩中志》。

陳振孫《直齋書録解題・地理類》《閩中記》十卷。唐林諝撰。本朝慶曆中有林世程者重修，其兄世矩作序。諝，郡人，養高不仕，當大中時。世程，亦郡人也。其言永嘉之亂，中原仕族林、黄、陳、鄭四姓先入閩，可以證閩人皆稱光州固始之妄。

馬端臨《文獻通考・經籍考・地理》《閩中記》十卷。

《宋史・藝文志・地理類》林世程《重修閩中記》十卷。

又 林諝《閩中記》十卷。

楊士奇等《文淵閣書目・舊志》《閩中記》。二册。

錢東垣等輯《崇文總目輯釋・地理類》《閩中記》十卷。林諝撰，林世程重修。

繹按：《通志略》、《宋志》並云：林諝，《閩中記》一卷。林世程重修《閩中記》十卷，是。諝書本一卷，後世程續修，合成十卷。《唐志》僅題林諝撰，非是今從《書録解題》林世程，《宋志》作程世程，誤。

福建路圖經

鄭樵《通志・藝文略・地里・圖經》《福建路圖經》五十三卷。

福建八府圖志

楊士奇等《文淵閣書目・舊志》《福建八府圖志》。一册。

八閩疆理

楊士奇等《文淵閣書目・舊志》《八閩疆理》。一册。

[弘治]八閩通志

范邦甸等《天一閣書目・地理類》 《八閩通志》八十七卷。刊本。明弘治二年，莆田黄仲昭纂脩并序，彭韶序。

徐𤊹《徐氏家藏書目・福建省》 《八閩通志》八十七卷。黄仲昭。

黄虞稷《千頃堂書目・地理類中》 黄仲昭《八閩通志》八十七卷。

《明史・藝文志・地理類》 黄仲昭《八閩通志》八十七卷。

《四庫全書總目提要・地理類存目二・都會郡縣》 [弘治]《八閩通志》八十七卷。兩淮鹽政採進本。 明黄仲昭撰。仲昭名潛，以字行。成化丙戌進士。官至江西提學僉事。事蹟具《明史》本傳。其書於輿記之中較爲詳整，然以户口、水利列之食貨門中，則牽强不倫，此創例之未協者也。

福建總志

趙琦美《脈望館書目・史・福建》 《福建總志》三十本。

[萬曆]閩大記

徐𤊹《徐氏家藏書目・福建省》 《閩大記》五十五卷。王應山。

黄虞稷《千頃堂書目・地理類中》 王應山《閩大記》五十五卷。

《明史・藝文志・地理類》 王應山《閩大記》五十五卷。

全閩大記略

徐𤊹《徐氏家藏書目・福建省》 《全閩大記略》八卷。王應山。

張萱等《内閣藏書目録・志乘部・福建》 《全閩大記》。二册。萬曆間侯官王應山撰。

黄虞稷《千頃堂書目・地理類中》 王應山《全閩大記略》八卷。

[萬曆]閩書

徐𤊹《徐氏家藏書目・福建省》 《閩書》一百五十四卷。何喬遠。

黄虞稷《千頃堂書目・地理類中》 何喬遠《閩書》一百五十四卷。

《明史・藝文志・地理類》 何喬遠《閩書》一百五十四卷。

《四庫全書總目提要・地理類存目三・都會郡縣》 《閩書》一百五十四卷。福建巡撫採進本。 明何喬遠撰。喬遠字稚孝，號匪莪，晉江人。萬曆丙戌進士。官至南京工部右侍郎。事蹟附見《明史・洪文衡傳》。閩自唐林諝有《閩中記》，宋慶曆中林世程重修之。歷南宋及元，皆無總志。明成化間，莆人黄仲昭始爲《八閩通志》，王應山復爲《閩大記》、《閩都記》、《全閩記略》，皆草創未備。喬遠乃薈萃郡邑各志，參考前代載記，以成是書。分二十二門：曰方域，曰建置，曰風俗，曰版籍，曰扞圉，曰前帝，曰君長，曰文莅，曰武軍，曰英舊，曰方技，曰宦寺，曰方外，曰閨閣，曰島夷，曰靈祀，曰祥異，曰萑葦，曰南産，曰蓄德，曰我私。其標目詭異，多乖志例。扞圉志載兵防及將弁兵士額數，而復有武軍志以詳其人。文莅志則合職官、名宦而爲一，分併均失其當。前帝志載宋端宗及少帝昺，端宗雖即位於福州，然正史已詳，不宜復入志中。且帝昺即位於粤之硇洲，尤與閩無涉。英舊志載人物，而復分縉紳、弁幹、關柝、韋布、閭巷、僑寓、裔派爲七類，轉覺淆雜。宦寺志專載五代林延遇，明張敏、蕭敬三人，亦非志中所應有。蓄德志雜載叢談逸事，竝及詩話、文評，於名爲不稱。我私志則喬遠自志其宗族，雖倣古人自敘之例，而稱名不典，語多鄙野。其文辭亦好刊削，字句往往不可句讀。蓋不能出明人纖佻矯飾之習。《明史》本傳亦稱所撰《閩書》一百五十卷。案書實一百五十四卷，蓋刊本誤脱「一四」字。頗行於世，然援據多舛云。

[乾隆]福建通志

《四庫全書總目提要・地理類一・都會郡縣》《福建通志》七十八卷。通行本。國朝浙閩總督兵部尚書郝玉麟等監修。福建自宋梁克家《三山志》以後，記輿地者不下數十家，惟明黄仲昭《八閩通志》頗稱善本，而亦不免闕略。又自明立福建布政司，分建屬郡，以福、興、泉、漳爲下四府，延、建、邵、汀爲上四府。國朝德威遠届，鯨海波恬。臺灣既入版圖，而福州所屬之福寧亦升州爲府，泉州所屬之永春、漳州所屬之龍巖，又各析置爲直隸州，建置沿革，多與昔異。以舊志相較，每與今制不同，且福建三面環海，港汊内通，島嶼外峙，一切設險列戍之要，舊志亦多未詳。雍正七年，承詔纂輯通志，因取舊志之煩蕪未當者，刪汰冗文，別增新事。其疆域制度，悉以現行者爲斷。至乾隆二年書成，玉麟等具表上之。自星野至藝文，爲類三十，爲卷七十有八。視舊志增多十四卷。如沿海島澳諸圖，舊志所不載者，皆爲詳繪補入，足資考鏡。於體例亦頗有當焉。

福州市

[淳熙]三山志

楊士奇等《文淵閣書目・舊志》《三山志》。八册。《三山志》。十一册。《三山志》。八册。

王圻《續文獻通考・經籍考・地理》《三山志》四十卷。梁克家纂輯。

徐𤊹《徐氏家藏書目・福建省》[淳熙]《三山志》四十二卷。宋梁克家。

黄虞稷《千頃堂書目・地理類・補宋》梁克家[淳熙]《三山志》四十二卷。

《四庫全書總目提要・地理類一・都會郡縣》[淳熙]《三山志》四十二卷。兩淮馬裕家藏本。宋梁克家撰。克家字叔子，泉州晉江人。紹興三十年廷試第一，授平江簽判，召爲祕書省正字。乾道中，累官右丞相，封儀國公。卒謚文靖。事蹟具《宋史》本傳。史稱其爲文深厚明白，自成一家。制命尤温雅，多行於世。今所作已罕流傳，惟此書尚有寫本。凡分九門：一曰地理，二曰公廨，三曰版籍，四曰財賦，五曰兵防，六曰秩官，七曰人物，八曰寺觀，九曰土俗。朱彝尊《曝書亭集》有是書跋，議其附山川於寺觀，未免失倫。今觀其人物，惟收科第；土俗時出謡讖，亦皆於義未安。然其志主於紀録掌故，而不在誇耀鄉賢，侈陳名勝。固亦核實之道，自成志乘之一體，未可以常例繩也。其所紀十國之事，多有史籍所遺者，亦足資考證。視後來何喬遠《閩書》之類，門目猥雜，徒溷耳目者，其相去遠矣。

三山續志

楊士奇等《文淵閣書目・舊志》《三山續志》。四册。

黄虞稷《千頃堂書目・地理類下》[致和]《三山續志》。福建。

錢大昕《補元史藝文志・地理類》[致和]《三山續志》。

倪燦等《補遼金元藝文志・地理類》[致和]《三山續志》。福建失名。

[正德]福州府志

范邦甸等《天一閣書目・地理類》《福州府志》四十卷。刊本。明正德十五年郡人林庭㭿脩并序。

徐𤊹《徐氏家藏書目・福建省》《福州正德志》四十卷。林廷㭿。

黄虞稷《千頃堂書目・地理類中》林廷㭿《福州府志》四十卷。正德間修。

[萬曆]福州府志

范邦甸等《天一閣書目・地理類》《福州府志》三十六卷。刊本。明郡人林燫輯。

徐圖等《行人司重刻書目・地理類》《福州府志》八本。

徐𤊹《徐氏家藏書目・福建省》林文恪《福州府志》三十六卷。林濂。

張萱等《内閣藏書目録・志乘部・福建》《福州府志》。八册。全。嘉靖間郡人尚書林燫修。

黄虞稷《千頃堂書目・地理類中》林燫《福州府志》三十六卷。嘉靖間修，郡人。尚書。

《明史・藝文志・地理類》林燫《福州府志》三十六卷。

丁丙《善本書室藏書志・地理類・都會郡縣》《福州府志》三十六卷。明刊本。祁氏澹生堂藏書。此書前題資善大夫南京禮部尚書郡人林燫輯，舉人袁表、劉鎮太學生馬熒同修，實則表所手撰也。卷一至八爲輿地志，分子目七：曰建置，曰山川，曰疆域，曰土風，曰城池，曰水利，曰食貨；卷九至十五爲官政志，分子目六：曰祀典，曰戎備，曰公署，曰職員，曰歷官，曰名宦；卷十六至三十二爲人文志，分子目十三：曰選舉，曰先儒，曰名賢，曰忠烈，曰良吏，曰先達，曰孝友，曰隱逸，曰文苑，曰鄉行，曰遷寓，曰方技，曰列女；卷三十三至三十六爲雜物志，分子目四：曰古蹟，曰時事，曰邱墓，曰寺觀。燫，字貞恒，閩縣人。嘉靖二十六年進士，選庶吉士，授檢討，歷官至南京禮部尚書，贈太子少保，謚文恪。《明史》有傳。表，字景從，亦閩縣人。嘉靖戊午舉人，授中書舍人，歷官黎平太守。著有《通客集》八卷。此志前後無序跋、凡例，不知修於何時。據鄉舉表終於萬曆七年，則成書當在十年前也。乾隆甲戌，福州知府徐景熹修府志，徧求其書不得見，徐志凡例是百餘年前閩中已無其書，矧至今日益足珍祕矣。每册鈐有山陰祁氏藏書之章，曠翁手識白文二方印，澹生堂經籍記，朱文長方印。

福州府志

徐𤊹《徐氏家藏書目・福建省》袁水雲《福州府志》二十四卷。袁表。

黄虞稷《千頃堂書目・地理類中》袁表《福州府志》二十四卷。

[萬曆]閩都記

徐𤊹《徐氏家藏書目・福建省》《閩都記》三十二卷。王應山。

黄虞稷《千頃堂書目・地理類中》王應山《閩都記》三十二卷。

《明史・藝文志・地理類》《閩都記》三十二卷。

福州府志

祁承㸁《澹生堂藏書目・圖志・邑志》《福州府志》十六册。五十卷。謝肇淛。

[萬曆]福州府志

徐𤊹《徐氏家藏書目・福建省》林楚石《福州府志》七十六卷。林材。

祁承㸁《澹生堂藏書目・圖志・郡志》《福州府志》。二十册。七十六卷。謝肇淛。

黄虞稷《千頃堂書目・地理類中》林材《福州府志》七十六卷。

《明史・藝文志・地理類》林材《福州府志》七十六卷。

[乾隆]福州府志

丁立中《八千卷樓書目・地理類・都會郡縣》[乾隆]《福州府志》七十六卷。國朝徐景(嵩)[熹]撰。刊本。

新縣志

祁承㸁《澹生堂藏書目・圖志・邑志》《新縣志》。一册。一卷。

[嘉靖]閩縣志

張萱等《内閣藏書目録・志乘部・四川》《閩縣志》。一册。全。嘉靖壬寅邑人鄧盛期等修。

閩縣志

祁承㸁《澹生堂藏書目・圖志・邑志》《閩縣志》。十六册。

侯官縣志

祁承㸁《澹生堂藏書目・圖志・邑志》《侯官縣志》。二十册。

廈門市

同安志

尤袤《遂初堂書目・地理類》《同安志》。

陳振孫《直齋書録解題・地理類》《同安志》十卷。毗陵錢紳伸仲撰。宣和五年，太守曰曾元禮。未幾而有狄難。至紹興十二年，太守張彥聲始取而刻之。

馬端臨《文獻通考・經籍考・地理》《同安志》十卷。

《宋史・藝文志・地理類》錢紳《同安志》十卷。

同安後志

《宋史・藝文志・地理類》《同安後志》十卷。

續同安志

《宋史・藝文志・地理類》蔡時《續同安志》一卷。

同安縣志

楊士奇等《文淵閣書目・新志》《同安縣志》。

蔡獻臣同安縣志

徐𤊹《徐氏家藏書目・福建省》《同安縣志》十二卷。蔡獻臣。

祁承㸁《澹生堂藏書目・圖志・邑志》《同安縣志》五册。十卷。蔡獻臣。

黄虞稷《千頃堂書目・地理類中》蔡獻臣《同安志》十二卷。

建陽地區

建寧志

趙琦美《脈望館書目・史・福建・邵武府》《建寧志》二本。

[弘治]建寧府志

黄虞稷《千頃堂書目・地理類中》劉璵《建寧府志》六十卷。上海人。弘治六年任建寧知府時修。

《明史・藝文志・地理類》 劉璵《建寧府志》六十卷。

[嘉靖]建寧府志

范邦甸等《天一閣書目・地理類》 《建寧府志》二十一卷。刊本。明嘉靖二十年弋陽汪佃重脩并序，范嵩序。

徐㶿《徐氏家藏書目・福建省》 《建寧府舊志》二十一卷。汪佃。

祁承㸁《澹生堂藏書目・圖志・郡志》 《建寧府志》。二十一卷。

黄虞稷《千頃堂書目・地理類中》 汪佃《建寧府志》二十一卷。

建寧新志

徐㶿《徐氏家藏書目・福建省》 《建寧府新志》四十卷。

黄虞稷《千頃堂書目・地理類中》 □□□《建寧府新志》四十卷。

[萬曆]建寧府志

祁承㸁《澹生堂藏書目・圖志・郡志》 《建寧府志》。二十册。五十二卷，仙克謹。

[弘治]建陽縣志

范邦甸等《天一閣書目・地理類》 《建陽縣志》十六卷。刊本。明弘治十七年，知縣馮繼科纂脩并序，邑人趙文序。

又 《建陽縣志》四卷。刊本。明弘治十七年，邑人趙文脩并序。

徐㶿《徐氏家藏書目・福建省》 《建陽縣舊志》十六卷。馮繼科。

張萱等《内閣藏書目録・志乘部・福建》 《建寧府建陽縣志》。四册。全。弘治甲子，邑令馮繼科修。

黄虞稷《千頃堂書目・地理類中》 區玉、劉童《建陽縣志》。弘治間修。區字廷璋，番禺人。知縣。

黄虞稷《千頃堂書目・地理類中》 馮繼科、朱淩《建陽縣志》十六卷。弘治甲子修。令，繼科，番禺人。淩，邑人。

建陽縣志

楊士奇等《文淵閣書目・新志》 《建陽縣志》。

[景泰]建陽縣志

黄虞稷《千頃堂書目・地理類中》 黄璿《建陽縣志》。景泰庚午修。邑人。

《四庫全書總目提要・地理類存目二・都會郡縣》 《建陽縣志》四卷、《雜志》三卷、《續志》一卷。兩淮馬裕家藏本。明黄璿撰。璿建陽人。是書成於景泰庚午。卷首於輿圖之外增以先賢畫像十二。傳刻失真，殆可不必。雜誌三卷亦璿所作，而題曰：「知非子黄景衡集。」景衡即璿之字，見前志劉章目録序中。蓋其書乃修志之餘，摭拾佚事。因同於小説家流，故署其號也。《續志》一卷，乃弘治甲子邑人袁銛所撰。名繼前志，實則體例各殊。

[萬曆]建陽縣志

徐㶿《徐氏家藏書目・福建省》 《建陽縣新志》八卷。魏時應刻。

祁承㸁《澹生堂藏書目・圖志・山川》 《建陽縣志》。四册。八卷。魏時應。

黄虞稷《千頃堂書目・地理類中》 陳紀、溥國珍《建陽縣志》八卷。萬曆辛丑修。並邑人。紀，廣東按察司副使。國楨，嘉興守，摠裁。

黃虞稷《千頃堂書目·地理類中》 魏時應《建陽縣志》八卷。楊德政主修。時應，南昌人。

建安記

李昉《太平御覽經史圖書綱目》 蕭子開《建安記》。

章宗源《隋書經籍志考證·地理》 《建安記》卷亡，蕭子開撰。不著録。《太平寰宇記》：江南東道：「將樂縣金泉山南，枕溪有細泉出沙，彼人以夏中水小，披沙淘之得金。山之西有金泉祠焉。」此引蕭子開《建安記》。又「止馬亭，當飛猿嶺口，馬之登降，於此止息，故名。」此稱洪氏《建安記》。

建安志

《宋史·藝文志·地理類》 劉牧《建安志》二十四卷。

陳振孫《直齋書録解題·地理類》 《建安志》二十四卷。删定官郡人林光撰。慶元四年，郡守永嘉張叔椿俾僚屬成之。

馬端臨《文獻通考·經籍考·地理》 《建安志》二十四卷。

建安續志

陳振孫《直齋書録解題·地理類》 《建安續志》一卷。《續志》，嘉定十二年府學士人所録。

馬端臨《文獻通考·經籍考·地理》 《建安續志》一卷。

建安續志類編

《宋史·藝文志·地理類》 劉牧《建安續志類編》二卷。

建安郡志

楊士奇等《文淵閣書目·舊志》 《建安郡志》。十八册。又《建安郡志》。五册。又《建安郡志》。九册。

建安續志

楊士奇等《文淵閣書目·舊志》 《建安續志》。二册。

建安志

王圻《續文獻通考·經籍考·地理》 《建安志》二十卷。林光撰。光，乾道初登第。又嘗著《時務論》、《兵論》、《迂論》數十篇。

建安甌寧志

楊士奇等《文淵閣書目·新志》 《建寧府建安甌寧志》。共五册。

崇安志

楊士奇等《文淵閣書目·舊志》 《崇安志》。四册。《崇安志》。二册。

崇安續志

楊士奇等《文淵閣書目・舊志》《崇安續志》。一册。

崇安縣志

楊士奇等《文淵閣書目・新志》《崇安縣志》。

崇安志

趙琦美《脈望館書目・史・福建・建寧府》《崇安志》五本。

[弘治]崇安縣志

黄虞稷《千頃堂書目・地理類中》李讓《崇安縣志》。天台人。訓導。

《四庫全書總目提要・地理類存目二・都會郡縣》《崇安縣志》四卷。浙江范懋柱家天一閣藏本。明李讓撰。讓天台人。官崇安訓導。書末有弘治癸亥崇安縣丞錢塘沈相刻書跋，而科第門中所載乃至正德十四年己卯。蓋書成之後，又有所續附也。其書凡分五十七門，猥雜殊甚。卷首列諸儒圖像，自胡安國以下凡十六人。皆略具眉目，不可別爲某某，僅以題識辯姓名，不知何取。與《建陽縣志》所繪同一鄙陋也。

[隆慶]崇安縣志

徐𤊹《徐氏家藏書目・福建省》《崇安縣志》八卷。邱雲霄。

祁承㸁《澹生堂藏書目・圖志・邑志》《崇安縣志》三册。八卷。余乾貞。

黄虞稷《千頃堂書目・地理類中》邱雲霄《崇安縣志》八卷。

浦城縣志

楊士奇等《文淵閣書目・新志》《浦城縣志》。

[成化]浦城縣志

范邦甸等《天一閣書目・地理類》《浦城縣志》四卷。刊本。明教諭胡昱纂脩。

張萱等《内閣藏書目録・志乘部・福建》《浦城縣志》。四册。全。成化庚子，教諭胡昱修。

黄虞稷《千頃堂書目・地理類中》胡昱《浦城縣志》。成化庚子修。教諭。

[萬曆]浦城縣志

徐𤊹《徐氏家藏書目・福建省》《浦城縣志》十六卷。黎明範。

祁承㸁《澹生堂藏書目・圖志・關鎮》《浦城縣志》。四册。十六卷，黎民範。

黄虞稷《千頃堂書目・地理類中》黎民範《浦城縣志》十六卷。萬曆間修。

松溪縣志

楊士奇等《文淵閣書目・新志》《松溪縣志》。

[嘉靖]松溪縣志

張萱等《内閣藏書目録・志乘部・福建》《松谿縣志》。二册。全。嘉靖庚申，邑令來端本修。

祁承㸁《澹生堂藏書目・圖志・邑志》《松溪縣志》。二册。十四卷。來端本重修。

黄虞稷《千頃堂書目・地理類中》來端本《松溪縣志》。嘉靖庚申修。令。

[嘉靖]松溪縣志

范邦甸等《天一閣書目・地理類》《松溪縣志》十四卷。刊本。明嘉靖丁酉，知縣黄金教諭廖芝脩均有序。

政和志

楊士奇等《文淵閣書目・舊志》《政和志》。一册。

[永樂]政和縣志

楊士奇等《文淵閣書目・新志》《政和縣志》。

范邦甸等《天一閣書目・地理類》《政和縣志》四卷。刊本。明永樂甲申，知縣黄裳脩，劉薦恪序。

張萱等《内閣藏書目録・志乘部・福建》《政和縣志》。一册。全。永樂間典史郭斯垕修鈔本。

黄虞稷《千頃堂書目・地理類中》郭斯垕《政和縣志》。永樂間修。典史。

南劍州圖經

鄭樵《通志・藝文略・地里・圖經》《南劒州圖經》六卷。

《宋史・藝文志・地理類》《南劍州圖經》一卷。

焦竑《國史經籍志・地里・圖經》《南劒州圖經》二十六卷。

[嘉靖]南平縣志

范邦甸等《天一閣書目・地理類》《南平縣志》十七卷。刊本。明嘉靖改元壬午，劉繼善脩輯并序，劉璋璜仲昭均有序。

順昌志

楊士奇等《文淵閣書目・舊志》《順昌志》。二册。

順昌縣志

楊士奇等《文淵閣書目・新志》《順昌縣志》。

[正德]順昌縣志

徐𤊹《徐氏家藏書目・福建省》《順昌縣志》十卷。馬惟魯。

朱睦㮮《萬卷堂書目・地志》《順昌縣志》(一)[十]卷。馬惟魯。

黄虞稷《千頃堂書目・地理類中》馬惟魯《順昌縣志》十卷。

[萬曆]順昌縣志

張萱等《内閣藏書目録・志乘部・福建》《順昌縣志》。四册。全。萬曆丙子，邑令舒俸修。

黄虞稷《千頃堂書目・地理類中》舒俸《順昌縣志》。萬曆丙子修。令。

[乾道]武陽志

陳振孫《直齋書録解題・地理類》《武陽志》十卷。教授葛元隲撰。太守廖遲元達，乾道六年也。

馬端臨《文獻通考・經籍考・地理》《武陽志》十卷。

《宋史・藝文志・地理類》葛元隲《武陽志》十卷。

武陽志

《宋史・藝文志・地理類》何友諒《武陽志》二十七卷。

武陽志

楊士奇等《文淵閣書目・舊志》《武陽志》。一册。

武陽志略

楊士奇等《文淵閣書目・舊志》《武陽志略》。一册。

黄虞稷《千頃堂書目・地理類下》陳士元《武陽志略》一卷。邵武人。與黄鎮成爲友。

倪燦等《補遼金元藝文志・地理類》陳士元《武陽志略》一卷，邵武人。

錢大昕《補元史藝文志・地理類》陳士元《武陽志略》一卷，邵武人。

邵武府新志

徐𤊹《徐氏家藏書目・福建省》《邵武府新志》三十卷。

[弘治]邵武府志

祁承㸁《澹生堂藏書目・圖志・郡志》《邵武府志》。六册。二十五卷。黄仲昭輯。

黄虞稷《千頃堂書目・地理類中》黄仲昭《邵武府新志》二十五卷。

《明史・藝文志・地理類》黄仲昭《邵武府志》二十五卷。

[嘉靖]邵武府志

范邦甸等《天一閣書目・地理類》《邵武府志》十五卷。刊本。明嘉靖癸卯陳讓編，次玉山夏浚序。

范邦甸等《天一閣書目・地理類》《邵武府志》一卷。刊本。明晉江陳讓撰，高對序，知府邢址後序。

徐𤊹《徐氏家藏書目・福建省》《邵武府舊志》十五卷。陳讓。

祁承㸁《澹生堂藏書目・圖志・郡志》《邵武府志》六册。十五卷。陳讓輯。

黄虞稷《千頃堂書目・地理類中》陳讓《邵武府志》十五卷。

《四庫全書總目提要・地理類存目三・都會郡縣》[嘉靖]《邵武府志》十五卷。兩淮鹽政採進本。明陳讓撰。讓字以禮。嘉靖壬辰進士。官至監察御史。是編成於嘉靖癸卯。分天文、地理、王制、人物、外志五大綱，繫以二十八子目，附以三圖三表。其特創之例在以應侯附星野，遂使農家占驗冠於郡邑建置之前。蓋牽於天文自爲一門，不得不爾。其實分野之説，以二十八宿割屬九州，既已聚訟，以嶺外蠻荒之地，引而測驗於揚州，益茫然矣。揚州占牛女，既已疑似，邵武一郡而亦占牛女，更牛之一毛矣。故劉基《清類天文分野》之書，今推步家不用。近時李光地注《禹貢》，亦主閩屬揚州之説，是猶楊僕移關耳，非篤論也。又人物門中別立李忠定世家一篇，何李二氏世家一篇，亦爲創例。世家者以爵土世其家也，司馬遷以特筆尊孔子，蓋以子孫世守其祀，顔曾孟以下無不列傳矣，李綱等雖曰賢者，豈可僭用孔子例乎。

[萬曆]邵武府志

祁承㸁《澹生堂藏書目·圖志·郡志》《邵武府志》。十二册。六十四卷。

邵武府邵武縣志

楊士奇等《文淵閣書目·新志》《邵武府邵武縣志》。

[正統]光澤縣志

楊士奇等《文淵閣書目·新志》《光澤縣志》。

黃虞稷《千頃堂書目·地理類中》米倫《光澤縣志》。正統元年修。

[正德]光澤縣志

范邦甸等《天一閣書目·地理類》《光澤縣志》八卷。刊本。明正德十三年鍾華輯，邑人上官祐序。

徐𤊹《徐氏家藏書目·福建省》《光澤縣志》八卷。

張萱等《内閣藏書目録·志乘部·福建》邵武府《光澤縣志》。二册。全。正德戊寅，縣令鍾華修。

黃虞稷《千頃堂書目·地理類中》鍾華《光澤縣志》八卷。正德戊寅修。令。

[萬曆]光澤縣志

祁承㸁《澹生堂藏書目·圖志·邑志》《光澤縣志》。二册。九卷。汪正誼修。

黃虞稷《千頃堂書目·地理類中》汪正誼《光澤縣志》。萬曆間修。

[光緒]光澤縣志

《續修四庫全書總目提要·地理類》《光澤縣志》三十卷。光緒丁酉縣署增刊本。知縣鈕承藩增修。此志成於清道光庚子，知縣盛朝輔原修，邑人高澍然總纂，增修則光緒二十三年丁酉也。表四卷：曰時事表，曰官師表，曰選舉表，曰恩例表；略十卷：曰輿地略，曰山川略，曰陂塘略，曰風俗略，曰學校略，曰武備略，曰賦役略，曰建置略，曰經籍略，曰金石略；傳十二卷：曰列傳，曰儒林傳，曰文苑傳，曰孝友傳，曰忠節傳，曰良吏傳，曰武功傳，曰義行傳，曰高士傳，曰方技傳，曰列女傳；録四卷：曰宦績録，曰寓賢録，曰雜録，曰叙録。此編體例秩然，搜採亦富。凡所徵引，一一註明。秉筆得人，可稱佳志。

寧德地區

福寧志

楊士奇等《文淵閣書目·舊志》《福寧志》一册。

福寧縣志

楊士奇等《文淵閣書目・新志》《福寧縣志》。

[嘉靖]福寧州志

范邦甸等《天一閣書目・地理類》《福寧州志》十二卷。刊本。明嘉靖十七年訓導閔文振纂脩，郡人陳褒序。

福寧州志

趙琦美《脈望館書目・史・福建・福寧州》《福寧州志》四本。

祁承㸁《澹生堂藏書目・圖志・州志》《福甯州志》。

[萬曆]福寧州志

徐𤊹《徐氏家藏書目・福建省》《福寧州舊志》十卷。游朴。

張萱等《内閣藏書目録・志乘部・福建》《福寧州志》。五册。全。萬曆癸巳，州守史起欽修。

黄虞稷《千頃堂書目・地理類中》游朴《福寧州志》十卷。

又 史起欽《福寧州志》。萬曆癸巳修。守。

[萬曆]重修福寧州志

徐𤊹《徐氏家藏書目・福建省》《福寧州新志》十六卷。張大光。

黄虞稷《千頃堂書目・地理類中》張大光《福寧州新志》十六卷。萬曆間修。

《明史・藝文志・地理類》張大光《福寧州志》十六卷。

寧德志

楊士奇等《文淵閣書目・舊志》《寧德志》。一册。

寧德縣志

楊士奇等《文淵閣書目・新志》《寧德縣志》。

[嘉靖]寧德縣志

范邦甸等《天一閣書目・地理類》《寧德縣志》四卷。刊本。明嘉靖戊戌，浮梁閔文振纂脩，邑人陳褒序。

[萬曆]寧德縣志

徐𤊹《徐氏家藏書目・福建省》《寧德縣志》八卷。舒應元。

張萱等《内閣藏書目録・志乘部・福建》《寧德縣志》。二册。全。萬曆辛卯，陳瑄修。

黄虞稷《千頃堂書目・地理類中》舒應元《寧德縣志》八卷。

又 陳瑄《寧德縣志》。萬曆辛卯修。

[嘉靖]壽寧縣志

范邦甸等《天一閣書目・地理類》《壽寧縣志》四卷。刊本。明嘉靖十八年，知縣張鶴年編并序，劉尚平蔡宗堯均有序。

[萬曆]壽寧縣志

趙琦美《脈望館書目・史・福建・建寧府》《壽寧志》二本。

祁承㸁《澹生堂藏書目・圖志・邑志》《壽寧縣志》。二册。八卷。戴鏜。

[崇禎]壽寧縣志

徐𤊹《徐氏家藏書目・福建省》《壽寧縣待志》二卷。馮夢龍。

黃虞稷《千頃堂書目・地理類中》馮夢龍《壽寧縣待志》二卷。

福安志

楊士奇等《文淵閣書目・舊志》《福安志》。一册。

福安縣志

楊士奇等《文淵閣書目・新志》《福安縣志》。

[萬曆]福安縣志

徐𤊹《徐氏家藏書目・福建省》《福安縣志》九卷。陸以載。

黃虞稷《千頃堂書目・地理類中》陸以載《福安縣志》九卷。

羅源志

楊士奇等《文淵閣書目・舊志》《羅源志》。一册。

福州府羅源縣志

楊士奇等《文淵閣書目・新志》《福州府羅源縣志》。一册。

[萬曆]羅源縣志

徐𤊹《徐氏家藏書目・福建省》《羅源縣志》八卷。陳良諫。

祁承㸁《澹生堂藏書目・圖志・邑志》《羅源縣志》。二册。八卷。陳良棟。

黃虞稷《千頃堂書目・地理類中》陳良謙《羅源縣志》八卷。

連川志

陳振孫《直齋書録解題・地理類》《連川志》十卷。知連江縣豫章陶武克之撰。嘉定乙亥。

馬端臨《文獻通考・經籍考・地理》《連川志》十卷。

連江志

楊士奇等《文淵閣書目・舊志》《連江志》。一册。

連江縣志

楊士奇等《文淵閣書目・新志》《連江縣志》。

古田縣志

楊士奇等《文淵閣書目・新志》《古田縣志》二册。

[萬曆]古田縣志

徐𤊹《徐氏家藏書目・福建省》《古田縣志》十二卷。劉日暘。

黄虞稷《千頃堂書目・地理類中》劉日暘《古田縣志》十二卷。

[萬曆]續修古田縣志

祁承㸁《澹生堂藏書目・圖志・邑志》《古田縣志》四册十四卷，王繼禮。

[崇禎]古田志略

徐𤊹《徐氏家藏書目・福建省》《古田志略》八卷。楊德周。

黄虞稷《千頃堂書目・地理類中》楊德周《古田志略》八卷。

莆田地區

浦陽志

尤袤《遂初堂書目・地理類》《浦陽志》。

楊士奇等《文淵閣書目・舊志》《莆陽志》。三册。《莆陽志》。五册。《莆陽志》。五册。

[乾道]莆陽志

《宋史・藝文志・地理類》陸琰《莆陽志》。七卷。

[紹熙]莆陽志

陳振孫《直齋書録解題・地理類》《莆陽志》十五卷。郡守趙彦勵懋訓，紹熙三年集郡士爲之。

馬端臨《文獻通考・經籍考・地理》《莆陽志》十五卷。

《宋史・藝文志・地理類》趙彦勵《莆陽志》十五卷。

王圻《續文獻通考・經籍考・地理》《莆陽志》十五卷，趙彦勵集。

莆陽志

黄虞稷《千頃堂書目・地理類中》黄體勤、林若乾《莆陽志》二十卷。

莆陽志

王圻《續文獻通考·經籍考·地理》《莆陽志》十卷，俱彭惠安著。

黃虞稷《千頃堂書目·地理類中》彭韶《莆陽志》十卷。

[弘治]興化府志

范邦甸等《天一閣書目·地理類》《興化府志》五十四卷。刊本。明弘治十六年黃仲昭撰，陳效序。

黃虞稷《千頃堂書目·地理類中》周瑛《興化府志》五十四卷。萬曆間修。

《明史·藝文志·地理類》周瑛《興化府志》五十四卷。

游洋志

楊士奇等《文淵閣書目·舊志》《游洋志》。一册。又《游洋志》。三册。

[萬曆]興化府志

徐𤊹《徐氏家藏書目·福建省》《興化府舊志》二十六卷。康太和。

張萱等《内閣藏書目録·志乘部·福建》《興化府志》。十册。全。萬曆乙亥，郡人康太和修。

黃虞稷《千頃堂書目·地理類中》康太和《興化府志》二十六卷。萬曆乙亥修。郡人。

[萬曆]重修興化府志

趙琦美《脈望館書目·史·福建·興化府》《興化府志》十二本。

徐𤊹《徐氏家藏書目·福建省》《興化府新志》五十九卷。林堯俞。

祁承㸁《澹生堂藏書目·圖志·郡志》《興化府志》。十二册。五十八卷，林堯俞輯。

黃虞稷《千頃堂書目·地理類中》林堯俞《興化新志》五十九卷。萬曆間修。

興化府莆田縣志

楊士奇等《文淵閣書目·新志》《興化府莆田縣志》。四册。

仙溪志

楊士奇等《文淵閣書目·舊志》《仙溪志》二册。

王圻《續文獻通考·經籍考·地理》《仙溪志》十五卷。黃巖孫氏[字]景傳，温陵人。寶祐間爲仙遊尉，纂集此書。

瞿鏞《鐵琴銅劍樓藏書目録·地理類·都會郡縣》《仙溪志》四卷。鈔本。題迪功郎興化軍仙遊縣尉黃巖孫編。有自序及陳堯道劉克莊序。巖孫，字景傳，温陵人。書作於寶祐丁巳，而進士題名及咸淳、景炎，後人次第增入，非原本矣。其書紀載甚略，惟人物差詳。

仙遊縣志

楊士奇等《文淵閣書目·新志》《仙遊縣志》。

[嘉靖]仙遊縣志

范邦甸等《天一閣書目・地理類》《仙遊縣志》八卷。刊本。明嘉靖戊戌，莆陽林有年纂脩并後序，林富序。

張萱等《内閣藏書目録・志乘部・福建》《仙遊縣志》。四册。全。嘉靖戊戌，邑人林有年修。

祁承㸁《澹生堂藏書目・圖志・邑志》《仙遊縣志》。四册。八卷，林富。

黄虞稷《千頃堂書目・地理類中》林有年《仙遊縣志》。嘉靖戊戌修。邑人。

仙遊縣志

黄虞稷《千頃堂書目・地理類中》彭大治《仙遊縣志》。

仙遊縣志

徐𤊹《徐氏家藏書目・福建省》《仙遊縣志》八卷。邑令沈盤。

黄虞稷《千頃堂書目・地理類中》沈盤《仙遊縣志》八卷。

永福志

楊士奇等《文淵閣書目・舊志》《永福志》。一册。

永福縣志

楊士奇等《文淵閣書目・新志》《永福縣志》。

[萬曆]永福縣志

徐𤊹《徐氏家藏書目・福建省》《永福縣志》五卷。謝肇淛。

閩清縣志

楊士奇等《文淵閣書目・新志》《閩清縣志》。

福清縣志

楊士奇等《文淵閣書目・新志》《福清縣志》。二册。

晁瑮《晁氏寶文堂書目・圖誌》《福清縣志》。

趙琦美《脈望館書目・史・福建・福州府》《福清縣志》三本。

長樂志

尤袤《遂初堂書目・地理類》《長樂志》。

[淳熙]長樂志

陳振孫《直齋書録解題・地理類》《長樂志》四十卷。府帥清源梁克家叔子撰。淳熙九年序。時永嘉陳傅良君舉通判州事，大略皆出其手。

馬端臨《文獻通考・經籍考・地理》《長樂志》四十卷。

《宋史・藝文志・地理類》梁克家《長樂志》四十卷。

長樂縣圖經

楊士奇等《文淵閣書目・舊志》《長樂縣圖經》。一册。

長樂縣志

楊士奇等《文淵閣書目・新志》《長樂縣志》。

鄭世威長樂縣志

徐圖等《行人司重刻書目・地理類》《長樂縣志》四本。

徐𤊹《徐氏家藏書目・福建省》《長樂縣志》八卷。鄭世威。

祁承㸁《澹生堂藏書目・圖志・邑志》《長樂縣志》四册。八卷。鄭世威。

黄虞稷《千頃堂書目・地理類中》鄭世威《長樂乘》八卷。

[嘉靖]長樂縣志

范邦甸等《天一閣書目・地理類》《長樂縣志》五卷。刊本。明嘉靖庚子，邑人顏容瑞編并序。

[崇禎]長樂縣志

徐𤊹《徐氏家藏書目・福建省》《長樂新志》八卷。夏允彝。

黄虞稷《千頃堂書目・地理類中》夏允彝《長樂志》十一卷。

晉江地區

泉州路清源志

楊士奇等《文淵閣書目・舊志》《泉州路清源志》。十二册。

清源志

陳振孫《直齋書録解題・地理類》《清源志》七卷。通判州事永嘉戴溪肖望撰。時慶元己未，太守信安劉潁也。

馬端臨《文獻通考・經籍考・地理》《清源志》七卷。

《宋史・藝文志・地理類》劉灝《清源志》七卷。

楊士奇等《文淵閣書目・舊志》《清源志》。六册。又《清源志》。四册。

王圻《續文獻通考・經籍考・地理》《清源志》。戴溪修。

清源續志

錢大昕《補元史藝文志・地理類》吴鑒《清源續志》二十卷。字明之，閩人。

[萬曆]泉郡志

黄虞稷《千頃堂書目・地理類中》[萬曆]《泉郡志》二十二卷。

[嘉靖]泉州府志

黄虞稷《千頃堂書目・地理類中》 林俊《泉州府志》二十六卷。嘉靖間修。

泉州府志

朱睦㮮《萬卷堂書目・地志》 《泉州府志》二十三卷。史于光。

泉州府志

趙琦美《脈望館書目・史・福建・泉州府》 《泉州府志》。十本。

[隆慶]泉州府志

徐𤊹《徐氏家藏書目・福建省》 《泉州府舊志》二十二卷。黄光昇。

張萱等《内閣藏書目録・志乘部・福建》 《泉州府志》。十二册。全。隆慶間郡人大司寇黄光昇修。

黄虞稷《千頃堂書目・地理類中》 黄光昇《泉州府志》二十二卷。隆慶間修。

[萬曆]泉州府志

徐𤊹《徐氏家藏書目・福建省》 《泉州府新志》二十四卷。黄鳳翔。

祁承㸁《澹生堂藏書目・圖志・郡志》 《泉州府志》。十二册。二十四卷。黄鳳翔修。

黄虞稷《千頃堂書目・地理類中》 黄鳳翔《泉州府志》二十四卷。萬曆間修。

《明史・藝文志・地理類》 黄鳳翔《泉州府志》二十四卷。

周中孚《鄭堂讀書記補逸・地理類三・都會郡縣》 《泉州府志》二十四卷。明刊本。明黄鳳翔等撰。

惠安縣志

楊士奇等《文淵閣書目・新志》 《惠安縣志》。

[嘉靖]泉州府惠安縣志

范邦甸等《天一閣書目・地理類》 《泉州府惠安縣志》十三卷。刊本。明嘉靖庚寅，邑人張岳輯并序，林應標序，何彦跋。

徐𤊹《徐氏家藏書目・福建省》 《惠安縣志》十三卷。張岳。

祁承㸁《澹生堂藏書目・圖志・邑志》 《惠安縣志》。四册。十三卷，張岳。

黄虞稷《千頃堂書目・地理類中》 張岳《惠安縣志》十二卷。

永春縣桃源志

楊士奇等《文淵閣書目・舊志》 《永春縣桃源志》。一册。

永春縣志

楊士奇等《文淵閣書目・新志》 《永春縣志》。

[嘉靖]永春縣志

范邦甸等《天一閣書目・地理類》《永春縣志》九卷。刊本。明嘉靖同安林希元輯，林鈫序。

黄虞稷《千頃堂書目・地理類中》林希元《永春縣志》九卷。嘉靖丙戌修。

[萬曆]永春縣志

祁承㸁《澹生堂藏書目・圖志・邑志》《永春縣志》。四册。十二卷。林鈫修。

黄虞稷《千頃堂書目・地理類中》宋安期《永春縣志》十二卷。萬曆間修。

德化縣志

楊士奇等《文淵閣書目・新志》《德化縣志》。

又《德化縣志》。

[康熙]德化縣志

范邦甸等《天一閣書目・地理類》《德化縣志》。一册。刊本。國朝四明范正輅脩。

又《德化縣志》十六卷。刊本。國朝康熙二十六年，四明范正輅纂脩并序。

龍尋志

楊士奇等《文淵閣書目・舊志》《龍尋志》。一册。

安溪縣志

楊士奇等《文淵閣書目・新志》《安溪縣志》。

[嘉靖]安溪縣志

張萱等《内閣藏書目録・志乘部・福建》《安谿縣志》。二册。嘉靖己丑，邑人林有年編鈔本。

朱睦㮮《萬卷堂書目・地志》《安溪縣志》十卷。林有皐。

黄虞稷《千頃堂書目・地理類中》林有年《安溪縣志》十卷。嘉靖己丑修。邑人。

[嘉靖]續修安溪縣志

范邦甸等《天一閣書目・地理類》《安溪縣志》八卷。刊本。明嘉靖壬子，林有年纂并序，汪瑀後序。

[隆慶]安溪縣志

祁承㸁《澹生堂藏書目・圖志・邑志》《安溪縣志》。二册。七卷。王用子。

南安縣志

楊士奇等《文淵閣書目・新志》《南安縣志》。

龍溪地區

[正德]漳州府志

范邦甸等《天一閣書目・地理類》《漳州府志》三十四卷。刊本。明正德癸酉，莆田周瑛纂脩，姚謨、陳珂均有序。

黄虞稷《千頃堂書目・地理類中》周瑛《漳[州]志》。

[萬曆]漳州府志

范邦甸等《天一閣書目・地理類》《重脩漳州府志》三十三卷。刊本。明萬曆元年，知府羅青霄輯并序。

張萱等《内閣藏書目録・志乘部・福建》《漳州府志》。十四册。全。萬曆癸(卯)[酉]，郡人謝彬修。

黄虞稷《千頃堂書目・地理類中》謝彬《漳州府志》。萬曆癸(卯)[酉]修。郡人。

[萬曆]重修漳州府志

徐𤊹《徐氏家藏書目・福建省》《漳州府新志》三十八卷。徐鑾、張燮。

祁承㸁《澹生堂藏書目・圖志・郡志》《漳州府志》。十二册。三十八卷。劉庭蕙。

黄虞稷《千頃堂書目・地理類中》林德芬《漳州府志》三十卷。

又 閔夢德《漳州府志》。萬曆間修。

又 徐鑾、張燮《漳州府新志》三十八卷。

《明史・藝文志・地理類》徐鑾《漳州府志》三十八卷。

漳州府龍溪縣志

楊士奇等《文淵閣書目・新志》《漳州府龍溪縣志》。二册。

[嘉靖]龍溪縣志

范邦甸等《天一閣書目・地理類》《龍溪縣志》八卷。刊本。明嘉靖甲午，邑人林魁李愷同輯。

龍溪縣志

祁承㸁《澹生堂藏書目・圖志・邑志》《龍溪縣志》三册。六卷。

海澄縣志

徐𤊹《徐氏家藏書目・福建省》《海澄縣志》二十卷。張燮。

黄虞稷《千頃堂書目・地理類中》張燮《海澄縣志》二十卷。

海澄縣志

張萱等《内閣藏書目録·志乘部·福建》《海澄縣志》。一册。全。莫詳修纂姓氏。

祁承㸁《澹生堂藏書目·圖志·邑志》《海澄縣志》。一册。二卷。

漳浦縣志

楊士奇等《文淵閣書目·新志》《漳浦縣志》。

[嘉靖]浦縣志

范邦甸等《天一閣書目·地理類》《浦縣志》十二卷。刊本。明嘉靖九年周仲脩，林魁序。

[萬曆]漳浦縣志

張萱等《内閣藏書目録·志乘部·福建》《漳浦縣志》。四册。全。萬曆乙卯，邑人王應顯等修。

祁承㸁《澹生堂藏書目·圖志·邑志》《漳浦縣志》。四册。十六卷。陳所立。

黄虞稷《千頃堂書目·地理類中》王應顯等《漳浦縣志》。萬曆乙卯修，郡人。

[萬曆]詔安縣事蹟

張萱等《内閣藏書目録·志乘部·福建》《詔安縣事蹟》。一册。萬曆甲午，編莫詳姓氏鈔本。

黄虞稷《千頃堂書目·地理類中》□□□《詔安縣事蹟》。萬曆甲午修。

平和縣志

范邦甸等《天一閣書目·地理類》《平和縣志》七卷。刊本。明鄭應旂輯，莆見川序。

張萱等《内閣藏書目録·志乘部·福建》《平和縣志》。二册。全。莆田鄭應旂修。

黄虞稷《千頃堂書目·地理類中》鄭應旂《平和縣志》。莆人。

祁承㸁《澹生堂藏書目·圖志·邑志》《平和縣志》。二册。八卷。

南靖縣志

楊士奇等《文淵閣書目·新志》《南靖縣志》。

范邦甸等《天一閣書目·地理類》《南靖縣志》。一册。鈔本。不著撰人名氏。

[隆慶]南靖縣志

張萱等《内閣藏書目録·志乘部·福建》《南靖縣志》。二册。全。隆慶間修，莫詳姓氏。

黄虞稷《千頃堂書目・地理類中》 □□□《南靖縣志》。隆慶間修。

[萬曆]南靖縣志

祁承㸁《澹生堂藏書目・圖志・邑志》 《南靖縣志》。二册。十卷。陳宗愈。

長泰縣志

楊士奇等《文淵閣書目・新志》 《長泰縣志》。

范邦甸等《天一閣書目・地理類》 《長泰縣志》一册。鈔本。不著撰人名氏。

[嘉靖]長泰縣志

范邦甸等《天一閣書目・地理類》 《長泰縣志》十二卷。刊本。明嘉靖戊午，知縣張傑夫脩，王時槐序。

[萬曆]長泰縣志

張萱等《内閣藏書目録・志乘部・福建》 《長泰縣志》。二册。全。萬曆壬午，邑令方應時修。

黄虞稷《千頃堂書目・地理類中》 方應時《長泰縣志》。萬曆壬午修。令。

[萬曆]重修長泰縣志

祁承㸁《澹生堂藏書目・圖志・邑志》 《長泰縣志》。三册。十卷。管橘。

龍巖地區

鄞江志

陳振孫《直齋書録解題・地理類》 《鄞江志》八卷。汀州，郡守古靈陳昱日華，俾昭武士人李皐爲之。時慶元戊午。郡有鄞江溪，故名。

馬端臨《文獻通考・經籍考・地理》 《鄞江志》八卷。

《宋史・藝文志・地理類》 李皐《汀州志》八卷。

楊士奇等《文淵閣書目・舊志》 《汀州志》。三册。

臨汀志

楊士奇等《文淵閣書目・舊志》 《臨汀志》。二册。又《臨汀志》。二册。

[弘治]汀州府志

徐㶿《徐氏家藏書目・福建省》 《汀州府志》十八卷。

[嘉靖]汀州郡志

范邦甸等《天一閣書目・地理類》 《汀州郡志》十八卷。刊本。明嘉靖六年，知府邵有道總裁，訓導郡人伍晏編輯并序，劉震序。

祁承㸁《澹生堂藏書目・圖志・郡志》 《汀州府志》。六册。十九卷。何雲編。

汀州府長汀縣志

楊士奇等《文淵閣書目・新志》《汀州府長汀縣志》。三册。

龍巖州志

楊士奇等《文淵閣書目・新志》《龍巖縣志》。

[嘉靖]龍巖縣志

徐𤊹《徐氏家藏書目・福建省》《龍巖縣志》二卷。邑令湯相。

范邦甸等《天一閣書目・地理類》《龍巖州志》七卷。刊本。明嘉靖三十七年知縣(楊)[湯]相纂脩，王鳳靈、葉邦榮均有序。

黄虞稷《千頃堂書目・地理類中》湯相《龍巖縣志》二卷。

[萬曆]龍巖縣志

張萱等《内閣藏書目録・志乘部・福建》《龍巖縣志》。二册。全。萬曆戊子，縣令吴守忠修。

祁承㸁《澹生堂藏書目・圖志・邑志》《龍巖縣志》。二册。十卷。吴守忠。

黄虞稷《千頃堂書目・地理類中》吴守忠《龍巖縣志》。萬曆戊子間修。令。

[嘉靖]漳平縣志

范邦甸等《天一閣書目・地理類》《漳平縣志》十卷。刊本。明嘉靖二十八年，曾汝檀脩，湛若水、盧璧、劉鑄均有序。

張萱等《内閣藏書目録・志乘部・福建》《漳平縣志》。一册。全。嘉靖己(丑)[酉]，邑人曾汝檀修。

黄虞稷《千頃堂書目・地理類中》曾汝檀《漳平縣志》。嘉靖己(丑)[酉]修，邑人。

[萬曆]寧洋縣志

張萱等《内閣藏書目録・志乘部・福建》《寧洋縣志》。一册。全。萬曆辛卯，縣令宋煉重修。

祁承㸁《澹生堂藏書目・圖志・邑志》《寧洋縣志》。一册。五卷。

黄虞稷《千頃堂書目・地理類中》宋煉《寧洋縣志》。萬曆辛卯修。令。

連城縣志

楊士奇等《文淵閣書目・新志》《連城縣志》。

[嘉靖]連城縣志

祁承㸁《澹生堂藏書目・圖志・邑志》《連城縣志》。二册。八卷。陶文淵。

黄虞稷《千頃堂書目・地理類中》陶文淵《連城縣志》。嘉靖間修。

[天啓]連城縣志

黄虞稷《千頃堂書目・地理類中》張大觀《連城縣志》。天啓間修。

[崇禎]連城縣志

黄虞稷《千頃堂書目・地理類中》 陶文彦《連城縣志》。崇禎間修。

武平縣志

楊士奇等《文淵閣書目・新志》 《武平縣志》。

[嘉靖]武平縣志

范邦甸等《天一閣書目・地理類》 《武平縣志》二卷。刊本。明嘉靖己未，知縣徐甫宰纂，王時槐序。

上杭縣志

楊士奇等《文淵閣書目・新志》 《上杭縣志》。

上杭縣志

徐𤊹《徐氏家藏書目・福建省》 《上杭縣志》七卷。郭造卿。

黄虞稷《千頃堂書目・地理類中》 郭造卿《上杭縣志》七卷。

[成化]永定縣志

范邦甸等《天一閣書目・地理類》 《永定縣志》三卷。刊本。明成化二十年，謝弼脩并序。

永定縣志

祁承㸁《澹生堂藏書目・圖志・邑志》 《永定縣志》。一册。十二卷。王環、何守成編。

三明地區

延平志

尤袤《遂初堂書目・地理類》 《延平志》。

陳振孫《直齋書録解題・地理類》 《延平志》十卷。郡守新安胡舜舉汝士與郡人廖拱、廖挺哀集，時紹興庚辰也。序言與《盱江志》並行，蓋其爲建昌守，亦嘗修圖志云。

馬端臨《文獻通考・經籍考・地理》 《延平志》十卷。

延平志

楊士奇等《文淵閣書目・舊志》 《延平志》二册。又《延平志》二册。

延平續志

楊士奇等《文淵閣書目・舊志》《延平續志》四册。《延平續志》二册。《延平續志》二册。

[嘉靖]延平府志

范邦甸等《天一閣書目・地理類》《延平府志》十七卷。刊本。明嘉靖四年，郡人鄭慶雲纂并序，林釴序。

延平府志

徐𤊹《徐氏家藏書目・福建省》《延平府舊志》二十二卷。游居敬。

黃虞稷《千頃堂書目・地理類中》 游居敬《延平府志》(三十四)[二十二]卷。

《明史・藝文志・地理類》 游居敬《延平府志》(三十四)[二十二]卷。

[萬曆]延平府志

范邦甸等《天一閣書目・地理類》《重脩延平府志》三十四卷。刊本。明知府易可久纂。

趙琦美《脈望館書目・史・江西・延平府》《延平府志》。六本。

徐𤊹《徐氏家藏書目・福建省》《延平府新志》三十四卷。

祁承㸁《澹生堂藏書目・圖志・郡志》《延平府志》。六册。三十四卷，吴必學、林瑄輯。

黃虞稷《千頃堂書目・地理類中》《延平府新志》三十四卷。

延平府續志

徐𤊹《徐氏家藏書目・福建省》《延平府續志》五卷。

黃虞稷《千頃堂書目・地理類中》《延平府新志續志》五卷。

延平府南平縣志

楊士奇等《文淵閣書目・新志》《延平府南平縣志》。二册。

南平縣志

趙琦美《脈望館書目・史・江西・延平府》《南平縣志》。四本。

[萬曆]歸化縣志

祁承㸁《澹生堂藏書目・圖志・邑志》《歸化縣志》。一册。十卷。周憲章。

清流縣志

楊士奇等《文淵閣書目・新志》《清流縣志》。

[嘉靖]清流縣志

范邦甸等《天一閣書目·地理類》《清流縣志》五卷。刊本。明嘉靖乙巳，知縣陳桂芳編集并序。

[萬曆]清流縣志

徐𤊹《徐氏家藏書目·福建省》《清流縣志》五卷。邑令沅宗文。

黄虞稷《千頃堂書目·地理類中》阮宗文《清流縣志》五卷。

寧化縣志

楊士奇等《文淵閣書目·新志》《寧化縣志》。

[嘉靖]寧化縣志

祁承㸁《澹生堂藏書目·圖志·邑志》《寧化縣志》。二册。十卷。張洵。

[康熙]寧化縣志

周中孚《鄭堂讀書記補逸·地理類三·都會郡縣》《寧化縣志》七卷。康熙癸亥刊本。國朝李世熊撰，祝文郁訂。世熊字元仲，寧化人。文郁字焕章，漢軍正黄旗人。由監生官寧化縣知縣。寧化屬福建汀州府，在萬山之中。初邑令屢徵元仲修志，元仲以舊志蕪濫荒略，乃創爲是編。凡分土地、人民、政事三部爲大綱，其土地之目十六，如風俗、疆界之類。人民之目十五，如官師、選舉之類。政事之目十九，如賦貢、禮儀之類。前有自撰凡例，謂「班氏十志，彙其事而以己意裁成之。叙議錯行，首尾竟輻，郡邑志當仿其體而爲之」云云。故其書每事皆連綴爲一篇，而加以裁斷，盡變舊志面目。在郡邑諸志中别爲一體。至於人物、土産之類，則勢仍有所不能也。其所叙述，務掃俗習，惟稍覺芀蔓。雖云七卷，實分作八册，篇頁亦綦多矣。書成而未及刊刻。至康熙二十二年，焕章來知縣事，訪知元仲有是稾，因爲增芟其十之一二，序而付之梓。前載地圖凡十，又有長汀黎士宏序。

沙縣志

楊士奇等《文淵閣書目·新志》《沙縣志》。

[嘉靖]沙縣志

范邦甸等《天一閣書目·地理類》《沙縣志》十卷。刊本。明嘉靖乙巳，葉聯芳輯并序，李邦光序。

徐𤊹《徐氏家藏書目·福建省》《沙縣舊志》十卷。葉聯芳。

黄虞稷《千頃堂書目·地理類中》葉聯芳《沙縣志》十卷。

[萬曆]沙縣志

徐𤊹《徐氏家藏書目·福建省》《沙縣新志》十二卷。黄文梯。

張萱等《内閣藏書目録·志乘部·福建》《沙縣志》。八册。全。萬曆間，邑人黄文梯修。

黄虞稷《千頃堂書目·地理類中》黄文梯《沙縣志》十二卷。萬曆間修。邑人。

袁應文沙縣志

祁承㸁《澹生堂藏書目・圖志・邑志》《沙縣志》。八册。十卷。袁應文。

［萬曆］永安縣志

徐𤊹《徐氏家藏書目・福建省》《永安縣志》十卷。

張萱等《内閣藏書目録・志乘部・福建》《永安縣志》。二册。全。萬曆甲午，邑人蕭時中修。

黄虞稷《千頃堂書目・地理類中》蕭時中《永安縣志》。萬曆甲午修。邑人。

將樂縣志

楊士奇等《文淵閣書目・新志》《將樂縣志》。

［弘治］將樂縣志

范邦甸等《天一閣書目・地理類》《將樂縣志》十四卷。刊本。明弘治乙丑，劉言脩何士麟序。

［萬曆］將樂縣志

張萱等《内閣藏書目録・志乘部・福建》《延平府將樂縣志》。四册。全。萬曆乙酉，邑令黄仕禎修。

黄虞稷《千頃堂書目・地理類中》黄仕禎《將樂縣志》。萬曆乙酉修。

尤川志

楊士奇等《文淵閣書目・舊志》《尤川志》。三册。

尤溪縣志

楊士奇等《文淵閣書目・新志》《尤溪縣志》。

［嘉靖］尤溪縣志

范邦甸等《天一閣書目・地理類》《尤溪縣志》七卷。刊本。明太素山人田頊輯并後序，知縣李文兖刊并序。

尤溪縣志

張萱等《内閣藏書目録・志乘部・福建》《尤谿縣志》。二册。

黄虞稷《千頃堂書目・地理類中》□□□《尤溪縣志》。

［嘉靖］大田縣志

張萱等《内閣藏書目録・志乘部・福建》《大田縣志》。二册。全。嘉靖丁未，邑令謝廷訓修。

黄虞稷《千頃堂書目・地理類中》謝廷訓《大田縣志》。嘉靖丁未修。令。

[萬曆]大田縣志

徐𤊹《徐氏家藏書目・福建省》《大田縣志》(四)[三]十一卷。劉維楝。

祁承㸁《澹生堂藏書目・圖志・邑志》《大田縣志》二册三十一卷。

黄虞稷《千頃堂書目・地理類中》劉惟楝《大田縣志》三十一卷。

[乾隆]大田縣志

丁立中《八千卷樓書目・地理類・都會郡縣》[乾隆]《大田縣志》十二卷。國朝杜昌丁撰。刊本。

建寧縣志

楊士奇等《文淵閣書目・新志》《建寧縣志》。

[嘉靖]建寧縣志

范邦甸等《天一閣書目・地理類》《建寧縣志》七卷。刊本。明嘉靖乙巳，知縣何孟倫輯，熊汲、王衲均有序。

張萱等《内閣藏書目録・志乘部・福建》《建寧縣志》。二册。全。嘉靖丙午，邑令何孟倫修。

黄虞稷《千頃堂書目・地理類中》何孟倫《建寧縣志》。嘉靖丙午修。令。

泰寧縣志

楊士奇等《文淵閣書目・新志》《泰寧縣志》。

[嘉靖]泰寧縣志

范邦甸等《天一閣書目・地理類》《泰寧縣志》四卷。刊本。明嘉靖十七年教諭凌瀚脩，無序跋。

朱睦㮮《萬卷堂書目・地志》《泰寧縣志》四卷。凌翰。

徐𤊹《徐氏家藏書目・福建省》《泰寧縣志》八卷。凌瀚。

黄虞稷《千頃堂書目・地理類中》凌瀚《泰寧縣志》八卷。字德容。蘭溪人。

[萬曆]泰寧縣志

張萱等《内閣藏書目録・志乘部・福建》《泰寧縣志》。一册。萬曆甲申，江一龍修。

黄虞稷《千頃堂書目・地理類中》江一龍《泰寧縣志》。萬曆甲申修。

臺灣省

[康熙]臺灣紀略

《四庫全書總目提要・地理類存目三・都會郡縣》《臺灣紀略》一卷。大學士英廉購進本。國朝林謙光撰。謙光字芝楣，長樂人。是編乃康熙二十三年平定鄭克塽以後所作。分十三篇：一曰形勢，二曰沿革，三曰建置，四曰山川，五曰沙線礁嶼，六曰城郭，七曰户役、賦税，八曰學校、選舉，九曰津梁，十曰天時，十一曰地理，十二曰風俗，十三曰物産，而附以澎湖版圖。開闢之初，規模草創。故其文皆略存梗概，不及新志之詳明，然固新志之椎輪也。

臺灣記略

《四庫全書總目提要·地理類存目六·雜記》《臺灣記略》一卷。大學士英廉家藏本。國朝李麟光撰。麟光號蓉洲，武進人。是編雜記臺灣山川，附以《暹羅別記》一篇。篇帙寥寥，疑爲删削不完之本也。

[乾隆]續修臺灣府志

周中孚《鄭堂讀書記補逸·地理類三·都會郡縣》《續修臺灣府志》二十六卷。乾隆甲午刊本。國朝臺灣府知府余文儀主修。

[嘉慶]臺灣志略

馬國翰《玉函山房藏書簿録·史編·地理類》《臺灣志略》二卷。青照堂本。國朝李元春輯録。諸家記臺灣事迹者彙爲一編，地志一、風俗二、物産三、勝蹟四、原事五、軍政六、兵燹七、戎略八、叢談九。

臺灣小志

丁立中《八千卷樓書目·地理類·雜記》《臺灣小志》一卷。不著撰人名氏。刊本。

河南省

晉中州記

文廷式《補晉書藝文志·地志類》《晉中州記》。《水經·穀水注》，《晉中州記》曰：惠帝爲太子，出聞蝦蟆聲，問人爲是官是私。侍官賈充對曰：在官地爲官蝦蟆，在私地爲私蝦蟆。令曰：若官蝦蟆，可給廩。

司州記

《隋書·經籍志·地理》《司州記》二卷。

鄭樵《通志·藝文略·地里·郡邑》《司州記》二卷。

姚振宗《隋書經籍志考證·地理類》《司州記》二卷。不著撰人。《晉書·地理志》：漢武帝初置司隸校尉，所部郡凡七。魏氏受禪置司州，所部郡五。晉定司州，統郡一十二。《宋書·州郡志》：司州刺史，漢之司隸校尉也。晉江左以來，淪没戎寇，雖永和、太元王化暫及，太和、隆安還復湮陷。牧司之任，示舉大綱而已。武帝北平關、洛，河南底定，置司州刺史，治虎牢，領河南、滎陽、弘農實土三郡，合二十七縣。又有河内、東京兆二僑郡。河内寄治河南，領十縣。東京兆寄治滎陽，領六縣。少帝景平初，司州復没北虜。文帝元嘉末，僑立於汝南，尋亦省廢。明帝復於南豫州之義陽郡立司州，漸成實土焉。領郡四，縣二十。

司州山川古今記

《隋書·經籍志·地理》《司州山川古今記》三卷。劉澄之撰。

鄭樵《通志·藝文略·地里·川瀆》《司州山川古今記》三卷。劉澄之撰。

京西路圖經

鄭樵《通志・藝文略・地里・圖經》《京西路圖經》四十六卷。

[天順]河南志

黄虞稷《千頃堂書目・地理類上》劉昌《河南志》。

[成化]河南總志

黄虞稷《千頃堂書目・地理類上》胡謐《河南總志》十九卷。

《明史・藝文志・地理類》胡謐《河南總志》十九卷。

[嘉靖]河南通志

范邦甸等《天一閣書目・地理類》《河南通志》四十五卷。刊本。明嘉靖三十五年，鄒守愚撰，李濂後序。

祁承㸁《澹生堂藏書目・圖志・通志》《河南通志》。十二册。四十五卷。

黄虞稷《千頃堂書目・地理類上》李濂《河南通志》四十五卷。祥符人。僉事。

黄虞稷《千頃堂書目・地理類上》鄒守愚《河南通志》四十五卷。

《明史・藝文志・地理類》鄒守愚《河南通志》四十五卷。

河南全志略

錢謙益等《絳雲樓書目・地誌類》《河南全志略》。

[順治]河南通志

周中孚《鄭堂讀書記補逸・地理類二・都會郡縣》《河南通志》五十卷。順治辛丑刊本。國朝河南巡撫賈漢復等監修。河南自明天順間，提學副使劉昌始創爲通志。成化己亥，副使胡謐又略加芟潤爲十九卷。續修於嘉靖乙卯都御史(邵)[鄒]守愚，閲三年而成於都御史潘恩，凡四十五卷。成化、嘉靖二志，均見於《明史・藝文志》。至國朝順治十八年，漢復等復屬巡道副使沈荃據舊志，參之郡邑諸志，補闕訂譌，自春徂秋，而成是書。自圖考而下，分三十類。其記載頗爲詳核有要。攷直省總志，以是志最修在先，故康熙中嘗頒諸天下以爲式。後雍正九年，總督王士俊等監修新志八十卷，著録於《四庫全書》者，即以是志爲藍本也。前有漢復進疏序及荃序，又有二十一序，作者皆在省官僚、各屬縉紳，大半見於修志姓氏云。

[雍正]河南通志

《四庫全書總目提要・地理類一・都會郡縣》《河南通志》八十卷。通行本。國朝總督河南山東軍務兵部右侍郎王士俊等監修。河南之名，宋代惟屬洛陽一郡，故宋敏求作《河南志》，僅記西都典故，而不及他州。自明初設河南布政司，所屬八府，實跨河以北，封疆於古稍殊，故郡邑雖各有偏記，而未有統爲一書者。嘉靖中始創爲之，亦僅具崖略而已，徵引未能賅洽，考證亦未能精確。國朝順治十八年，復加續修，條理粗備，黄之雋謂康熙中嘗頒諸天下以爲式。後閲六七十年，未經修葺。郡邑分併與新制多不相合。雍正九年，河東總督田文鏡承命排纂，乃延編修孫灝、進士顧棟高等，開局蒐討。文鏡歿後，王士俊代爲總督，乃成書表上。考古證今，體例頗爲整密，惟書成之後，陳許二州陞爲府，鄭州改隸開封，盧氏改隸陝州，南召復立縣治，因刊版已竣，皆未及增改云。

[乾隆]續河南通志

《四庫全書總目提要・地理類存目三・都會郡縣》《續河南通志》八十卷。河南巡撫採進本。國朝河南巡撫阿思喀監修。《河南通志》修於雍正九年，阿思喀以乾隆三十一年奉詔纂修《一統志》，徵諸省書送館，乃續修此編。其事蹟皆與前志相接，惟前志分四十二目，不立總綱，此編則分輿地、河渠、食貨、學校、武備、職官、人物、藝文八志，而各系以子目，爲小異云。

鄭州市

舊本鄭州圖經

尤袤《遂初堂書目・地理類》《舊本鄭州圖經》。

[嘉靖]鄭州志

范邦甸等《天一閣書目・地理類》《鄭州志》六卷。刊本。明嘉靖壬子，吳三樂序。

范邦甸等《天一閣書目・地理類》《鄭州志》六卷。刊本。明王繼洛重脩，吳三樂序。

張萱等《内閣藏書目録・志乘部・河南》《鄭縣志》。二册。全。嘉靖辛亥，州守徐恕修。

黄虞稷《千頃堂書目・地理類上》徐恕《鄭州志》。嘉靖辛亥修。守。

黄虞稷《千頃堂書目・地理類上》吳三樂《鄭州志》六卷。

《明史・藝文志・地理類》吳三樂《鄭州志》六卷。

[萬曆]鄭州志

祁承㸁《澹生堂藏書目・圖志・州志》《鄭州志》四册。四卷。陳大忠纂。

滎陽縣志

范邦甸等《天一閣書目・地理類》《滎陽縣志》二卷。藍絲闌鈔本。

[萬曆]滎陽縣志

張萱等《内閣藏書目録・志乘部・河南》《滎陽縣志》。二册。全。萬曆丙子，教諭朱絃等修。

黄虞稷《千頃堂書目・地理類上》朱絃等《滎陽縣志》。萬曆丙子修。教諭。

[萬曆]重修滎陽縣志

祁承㸁《澹生堂藏書目・圖志・邑志》《滎陽縣志》二册。五卷。石廷舉。

滎澤縣志

祁承㸁《澹生堂藏書目・圖志・邑志》《滎澤縣志》二册。五卷。石世官。

河陰縣志

祁承㸁《澹生堂藏書目・圖志・邑志》《河陰縣志》。

[嘉靖]汜水縣志

范邦甸等《天一閣書目・地理類》《汜水縣志》二卷。藍絲闌鈔本。明嘉靖甲寅，陳邑言撰，楊惟善跋。

[萬曆]汜乘

祁承㸁《澹生堂藏書目・圖志・邑志》《汜水縣志》四册。八卷。鄭人文。

開封地區

陳留志

李昉《太平御覽經史圖書綱目》江微《陳留志》。

夷門記

鄭樵《通志・藝文略・地里・郡邑》《夷門記》一卷。王權撰。

《宋史・藝文志・地理類》王權《大梁夷門記》一卷。

宋祖駿《補五代史藝文志・地理類》《大梁夷門記》一卷。王權撰。

汴州記

宋祖駿《補五代史藝文志・地理類》《汴州記》一卷，邱光庭撰。

開封府圖經

鄭樵《通志・藝文略・地里・圖經》《開封府圖經》十八卷。

開封府并屬縣志

楊士奇等《文淵閣書目・新志》《開封府并屬縣志》。十册。《開封府并屬縣志》。八册。《開封府并屬縣志》。七册。

[萬曆]開封郡志

趙琦美《脈望館書目・史・江南總志》《開封郡志》八本。

張萱等《内閣藏書目録・志乘部・河南》《開封郡志》。八册。全。萬曆戊子，宗室睦㮮修。

[萬曆]開封府志

祁承㸁《澹生堂藏書目・圖志・郡志》《開封府志》。八册。三十四卷。

徐𤊹《徐氏家藏書目・河南省》《開封府志》三十四卷。

《四庫全書總目提要・地理類存目三・都會郡縣》[萬曆]《開封府志》三十

四卷。兩淮鹽政採進本。明曹金撰。金祥符人。嘉靖丁未進士。官至兵部右侍郎兼僉都御史巡撫陝西。是書與他志體例略同，惟以仙釋居前，宦蹟居後。而仙釋、宦蹟之間又介以藝文，編次殊爲無法。

[萬曆]開封府志

黄虞稷《千頃堂書目・地理類上》 朱睦㮮《開封府志》八卷。萬曆戊子修。

《明史・藝文志・地理類》 朱睦㮮《開封府志》八卷。

[萬曆]祥符縣志

張萱等《内閣藏書目録・志乘部・河南》 《祥符縣志》。四册。全。萬曆甲申，邑令李天麟修。

黄虞稷《千頃堂書目・地理類上》 李天麟《祥符縣志》四卷。萬曆甲申修。令。

[萬曆]重修祥符縣志

祁承㸁《澹生堂藏書目・圖志・邑志》 《祥符縣志》。四册。四卷。張同德、王惟儉勤美。

黄虞稷《千頃堂書目・地理類上》 王惟儉、朱勤美《祥符縣志》四卷。

陳留縣志

祁承㸁《澹生堂藏書目・圖志・邑志》 《陳留縣志》。二册。七卷。蔣時行。

[嘉靖]杞縣志

范邦甸等《天一閣書目・地理類》 《開封府杞縣志》八卷。刊本。明嘉靖丙午，趙惟恒撰，蔡時雍序。

黄虞稷《千頃堂書目・地理類上》 王顯志《杞縣志》八卷。

[萬曆]杞乘

祁承㸁《澹生堂藏書目・圖志・邑志》 《杞縣志》三册。四十八卷。馬應龍。

黄虞稷《千頃堂書目・地理類上》 馬應龍《杞乘》四十八卷。安丘人。萬曆壬辰進士。禮部。主事。

[嘉靖]尉氏縣志

范邦甸等《天一閣書目・地理類》 《尉氏縣志》五卷。刊本。明汪新纂脩并序，嘉靖戊申，馬錫序。

張萱等《内閣藏書目録・志乘部・河南》 《尉氏縣志》。五册。全。嘉靖戊申，教諭汪心修。

黄虞稷《千頃堂書目・地理類上》 汪心《尉氏縣志》。嘉靖戊申修。教諭。

[萬曆]洧川縣志

張萱等《内閣藏書目録・志乘部・河南》 《洧川縣志》。四册。全。萬曆丙戌，邑人范守己修。

黄虞稷《千頃堂書目・地理類上》 范守己《洧川縣志》。萬曆丙戌修。邑人。

新鄭志

趙琦美《脈望館書目・史・河南總志》《新鄭志》一本。

[弘治正德間]新鄭縣志

黃虞稷《千頃堂書目・地理類上》劉棨《新鄭縣志》五卷。

[萬曆]新鄭縣志

張萱等《内閣藏書目録・志乘部・河南》《新鄭縣志》。二册。全。萬曆丙子，邑人高才修。

黃虞稷《千頃堂書目・地理類上》高才《新鄭縣志》五卷。萬曆丙子修。

[萬曆]續修新鄭縣志

祁承㸁《澹生堂藏書目・圖志・邑志》《新鄭縣志》四册。四卷。陳大忠。

登封縣志

楊士奇等《文淵閣書目・舊志》《登封縣志》。一册。

[成化]登封縣志

范邦甸等《天一閣書目・地理類》《登封縣志》六卷。刊本。明成化二十一年畢亨述，許誥跋。

[正德]登封縣志

都穆《南濠居士文跋》卷二《登封縣志》。登封，河南之屬邑也。山有嵩高，在其境内爲五岳之尊。《詩》云：「嵩高維岳，峻極于天。」又云：「維岳降神，生甫及申。」而《孟子》云：「禹避舜之子于陽城。」説者謂陽城乃嵩山下深谷，今有啟母之石存焉。登封而有山如是，是豈直一邑一郡之重，固將爲天下之重也。余昔奉使道經其地，大雪中由少室抵嵩，于少林寺觀達摩面壁石，其形宛然石上。于嵩陽廢宮觀漢武所封大將軍柏，殆三代時物，以爲平生奇逢。今觀邑令李君斯志，其中述作若盧照鄰、沈佺期、宋之問、李太白、王摩詰、白樂天皆唐之名流，而大儒君子若范文正、程伊川、邵康節亦皆在焉。又爲之驚喜，謂他志之所未有，則其重又不止于山而已。李君之爲此，去取甚嚴，叙事有法，可以一洗他志之陋，而况有山與文以重之耶！噫，是可傳已。

[萬曆]登封縣志

張萱等《内閣藏書目録・志乘部・河南》《登封縣志》。二册，全。萬曆戊子，邑令周大元修。

黃虞稷《千頃堂書目・地理類上》周大元《登封縣志》。萬曆戊子修。令。

張曛登封縣志

黃虞稷《千頃堂書目・地理類上》 張曛《登封縣志》十卷。

[康熙]登封縣志

《四庫全書總目提要・地理類存目三・都會郡縣》 《登封縣志》十卷。內府藏本。國朝張聖誥撰。聖誥字紫書,號韋菴,廣寧人。官登封縣知縣。初順治五年,聖誥之叔父朝端知登封,始刱修縣志。康熙十八年,聖誥族兄壎亦知是縣,又續增之。康熙三十一年,聖誥又知是縣,復因舊本重修。一姓相承,遞相纂輯,其事頗異。書分九門:曰圖繪,曰輿地,曰嶽祀,曰建置,曰山川,曰職官,曰方外,曰物産,曰藝文。體例與他志略同,惟他志景必有八,八景之詩必七律,最爲惡習。聖誥力破是例,差有識云。

[嘉靖]蘭陽縣志

范邦甸等《天一閣書目・地理類》 《蘭陽縣志》十卷。刊本。明嘉靖丙午許燧撰,嘉靖乙巳李希程序。

祁承㸁《澹生堂藏書目・圖志・邑志》 《蘭陽縣志》四册。十卷。李希程編,李若素續編。

儀封縣志

范邦甸等《天一閣書目・地理類》 《儀封縣志》四卷。藍絲闌鈔本。

儀封縣志

朱睦㮮《萬卷堂書目・地志》 《儀封縣志》八卷。曾繼芳。

黃虞稷《千頃堂書目・地理類上》 曹維芳《儀封縣志》八卷。

[萬曆]儀封縣志

張萱等《内閣藏書目録・志乘部・河南》 《儀封縣志》。二册。萬曆乙亥,邑人張鹵修。

黃虞稷《千頃堂書目・地理類上》 張鹵《儀封縣志》。萬曆乙亥修。邑人。

考城圖經

《宋史・藝文志・地理類》 《考城圖經》一卷。

考城縣志

朱睦㮮《萬卷堂書目・地志》 《考城縣志》二卷。

[萬曆]考城縣志

張萱等《内閣藏書目録・志乘部・河南》 《考城縣志》。四册。全。萬曆乙酉,邑令杜志晦修。

黃虞稷《千頃堂書目・地理類上》 杜志晦《考城縣志》。萬曆乙酉修。令。

[嘉靖]通許縣志

范邦甸等《天一閣書目・地理類》《通許縣志》十六卷。刊本。明嘉靖二十二年邑人韓玉纂，主事李枝序。

張萱等《内閣藏書目録・志乘部・河南》《通許縣志》。二册。全。嘉靖癸未，邑人韓玉修。

黄虞稷《千頃堂書目・地理類上》韓玉《通許縣志》。嘉靖癸酉修。邑人。

[天啓]通許縣志

祁承㸁《澹生堂藏書目・圖志・邑志》《通許縣志》二册。二卷。安良澤。

[正德]中牟縣志

范邦甸等《天一閣書目・地理類》《中牟縣志》七卷。刊本。明正德乙亥，韓思忠序。

朱睦㮮《萬卷堂書目・地志》《中牟縣志》七卷。張孫讚。

黄虞稷《千頃堂書目・地理類上》韓思忠《中牟縣志》七卷。

[萬曆]中牟縣志

祁承㸁《澹生堂藏書目・圖志・邑志》《中牟縣志》二册。六卷。陳幼學。

[萬曆]密縣新志

張萱等《内閣藏書目録・志乘部・河南》《密縣新志》。一册。全。萬曆癸酉邑人蕭文元修。

祁承㸁《澹生堂藏書目・圖志・邑志》《密縣志》一册。蕭文元。附白松詩。

黄虞稷《千頃堂書目・地理類上》蕭文元《密縣新志》。萬曆癸酉修。邑人。

郟鄏志

楊士奇等《文淵閣書目・舊志》《郟鄏志》。一册。

[嘉靖]鞏縣志

范邦甸等《天一閣書目・地理類》《鞏縣志》八卷。刊本。明嘉靖乙卯，周泗序。

張萱等《内閣藏書目録・志乘部・河南》《鞏縣志》。二册。全。嘉靖乙卯，邑令周泗修。

黄虞稷《千頃堂書目・地理類上》周泗《鞏縣志》。嘉靖乙卯修。令。

鞏郡記

黄虞稷《千頃堂書目・地理類上》胡纘宗《鞏郡記》三十卷。

《明史・藝文志・地理類》胡纘宗《鞏郡記》三十卷。

新鄉地區

衛輝府并屬縣志

楊士奇等《文淵閣書目・新志》《衛輝府并屬縣志》。二冊。《衛輝府并屬縣志》。二冊。

[嘉靖]衛輝府志

范邦甸等《天一閣書目・地理類》《衛輝府志》七卷。刊本。明嘉靖乙酉張衍慶序。

黄虞稷《千頃堂書目・地理類上》李遇春《衛輝府志》七卷。

《明史・藝文志・地理類》李遇春《衛輝府志》七卷。

衛郡府總志

趙琦美《脈望館書目・史・河南・衛輝府》《衛郡府總志》三本，又三本。

[萬曆]衛輝府志

祁承㸁《澹生堂藏書目・圖志・郡志》《衛輝府志》。五冊。十六卷。

[正德]新鄉縣志

范邦甸等《天一閣書目・地理類》《新鄉縣志》六卷。藍絲闌鈔本。明李錦編輯，正德元年潁川儲珊序。

新鄉縣志

祁承㸁《澹生堂藏書目・圖志・邑志》《新鄉縣志》二冊。七卷。

汲郡志

黄虞稷《千頃堂書目・地理類・補元》王惲《汲郡志》十五卷。

倪燦等《補遼金元藝文志・地理類》王惲《汲郡志》十五卷。

錢大昕《補元史藝文志・地理類》王惲《汲郡志》十五卷。

汲縣志

祁承㸁《澹生堂藏書目・圖志・邑志》《汲縣志》。

[嘉靖]封邱縣志

范邦甸等《天一閣書目・地理類》《封邱縣志》四卷。刊本。明嘉靖辛丑，知縣朱縉脩教諭，張堯弼序。

黄虞稷《千頃堂書目・地理類上》(宋)[朱]縉《封丘縣志》四卷。

[萬曆]封丘縣志

張萱等《内閣藏書目録・志乘部・河南》《封丘縣志》。二冊。全。萬曆乙亥，邑令胡以祚修。

黄虞稷《千頃堂書目·地理類上》 胡以祚《封丘縣志》。萬曆乙亥修。令。

[萬曆]續修封邱縣志

祁承㸁《澹生堂藏書目·圖志·邑志》《封邱縣志》四册。八卷。邊有猷。

[萬曆]獲嘉縣志

趙琦美《脈望館書目·史·河南·衛輝府》《獲嘉縣志》四本。

祁承㸁《澹生堂藏書目·圖志·關鎮》《獲嘉縣志》四册。十卷。

[萬曆]温縣志

祁承㸁《澹生堂藏書目·圖志·邑志》《温縣志》。二册。二卷。

[天順]玉川志

朱睦㮮《萬卷堂書目·雜志》《[玉]川志》七卷。陳貴。

[嘉靖]玉川志

趙琦美《脈望館書目·史·河南·懷慶府》《濟源縣玉川志》四本。

祁承㸁《澹生堂藏書目·圖志·邑志》《濟源縣志》四册。十二卷。

[嘉靖]輝縣志

范邦甸等《天一閣書目·地理類》《輝縣志》十卷。刊本。明嘉靖六年劉希龍序。

[嘉靖]延津縣志

范邦甸等《天一閣書目·地理類》《延津縣志》一卷。刊本。明張宗仁校正，唐子順增脩。

[隆慶]延津縣志

張萱等《内閣藏書目録·志乘部·河南》《延津縣志》。二册，全。隆慶丁卯，邑人宋守志修。

黄虞稷《千頃堂書目·地理類上》 宋守志《延津縣志》。隆慶丁卯修。邑人。

[萬曆]延津志

祁承㸁《澹生堂藏書目·圖志·邑志》《延津縣志》二册。四卷。宋守志、李戴編。

黄虞稷《千頃堂書目·地理類上》 黄裁《延津縣志》二卷。

胙城縣志

祁承㸁《澹生堂藏書目·圖志·邑志》《胙城縣志》四册。八卷。

[萬曆]原武縣志

張萱等《内閣藏書目録・志乘部・河南》《原武縣志》。二册。全。萬曆甲午，邑令張祥修。

祁承㸁《澹生堂藏書目・圖志・邑志》《原武縣志》二册。二卷。(門)[閻]邦寧。

黃虞稷《千頃堂書目・地理類上》張祥《原武縣志》。萬曆甲午修。令。

[弘治]陽武縣志

范邦甸等《天一閣書目・地理類》《陽武縣志》三卷。刊本。明弘治癸丑張天瑞序。

[嘉靖]陽武縣志

范邦甸等《天一閣書目・地理類》《陽武縣志》七卷。刊本。明嘉靖五年吕枏脩并序。

[萬曆]陽武縣志

祁承㸁《澹生堂藏書目・圖志・邑志》《陽武縣志》二册。八卷。王東魯。

[萬曆]武陟縣志

祁承㸁《澹生堂藏書目・圖志・邑志》《武陟縣志》。一册。七卷。

孟縣志

楊士奇等《文淵閣書目・舊志》《孟縣志》。一册。

祁承㸁《澹生堂藏書目・圖志・邑志》《孟縣志》二册。四卷。

又《孟縣志》四册。十三卷。

懷慶府并屬縣志

楊士奇等《文淵閣書目・新志》《懷慶府并屬縣志》。二册。

又《懷慶府并屬縣志》。二册。

[正德]懷慶府志

范邦甸等《天一閣書目・地理類》《懷慶府志》十二卷。刊本。明正德戊寅何瑭撰無序跋。

祁承㸁《澹生堂藏書目・圖志・郡志》《懷慶府志》六册。十二卷。

黃虞稷《千頃堂書目・地理類上》何瑭《懷慶府志》十二卷。

《明史・藝文志・地理類》何瑭《懷慶府志》十二卷。

懷慶府志

晁瑮《晁氏寶文堂書目・圖誌》《懷慶府志》。

趙琦美《脈望館書目・史・河南・懷慶府》《懷慶府志》三本，又四本。

徐圖等《行人司重刻書目・地理類》《懷慶府志》三本。

河内縣志

祁承㸁《澹生堂藏書目・圖志・邑志》《河内縣志》。四册。四卷。

修武縣志

祁承㸁《澹生堂藏書目・圖志・邑志》《修武縣志》。二册。八卷。

修武縣志

黄虞稷《千頃堂書目・地理類上》冷宗元《修武縣志》六卷。

安陽地區

魏郡圖經

李昉《太平御覽經史圖書綱目》《魏郡圖經》。

鄴城新記

焦竑《國史經籍志・地里・郡邑》《鄴城新記》二卷。劉公鋭。

鄴中記

焦竑《國史經籍志・地里・郡邑》《鄴中記》二卷。晉陸翽。

鄴縣記

鄭樵《通志・藝文略・地里・郡邑》《鄴縣記》一卷。

相臺志

鄭樵《通志・藝文略・地里・郡邑》《相臺志》十二卷。陳臻撰。

晁公武《郡齋讀書志・地里類》《相臺志》十二卷。袁本前志卷二下，地理類第六。

右皇朝韓琦欲編次未成，郡守李琮命郡文學掾陳申之效宋敏求《河南志》成此書。

尤袤《遂初堂書目・地理類》《相臺志》。

馬端臨《文獻通考・經籍考・地理》《相臺志》十二卷。

《宋史・藝文志・地理類》李獻父《相臺志》十二卷。

楊士奇等《文淵閣書目・舊志》《相臺志》六册。

焦竑《國史經籍志・地里・郡邑》《相臺志》十二卷。陳申之。

續相臺志

楊士奇等《文淵閣書目・舊志》《續相臺志》十册。

朱睦㮮《萬卷堂書目・雜志》《續相臺志》十卷。闕復。

黄虞稷《千頃堂書目・地理類・補元》《相臺續志》十卷。不知撰人。

倪燦等《補遼金元藝文志・地理類》《相臺續志》十卷。不知撰人。

錢大昕《補元史藝文志・地理類》《相臺續志》十卷。

相臺志節

楊士奇等《文淵閣書目・舊志》《相臺志節》一册。

彰德府并屬縣志

楊士奇等《文淵閣書目・新志》《彰德府并屬縣志》。二册。《彰德府并屬縣志》。四册。

[嘉靖]彰德府志

范邦甸等《天一閣書目・地理類》《彰德府舊志》八卷。刊本。明嘉靖元年崔銑脩并序。又《彰德府志》八卷。刊本。明蘇則曾校刊，崔銑序。

張萱等《内閣藏書目録・志乘部・河南》《彰德府志》。四册。全。嘉靖元年，郡人崔銑修。

黄虞稷《千頃堂書目・地理類上》崔銑《彰德府志》八卷。嘉靖元年修。

《明史・藝文志・地理類》崔銑《彰德府志》八卷。一名《鄴乘》。

《四庫全書總目提要・地理類存目二・都會郡縣》《彰德府志》八卷。兩淮馬裕家藏本。明崔銑撰。銑有《讀易餘言》，已著録。是書成於嘉靖壬午。自序謂本宋《相臺志》、元《相臺續志》而益以諸縣之輿記。其書頗爲謹嚴，蓋銑本儒者故也。

[萬曆]彰德府續志

張萱等《内閣藏書目録・志乘部・河南》《彰德府續志》。三册，全。萬曆辛巳大學士郭公朴修。

黄虞稷《千頃堂書目・地理類上》郭朴《彰德府續志》三卷。萬曆辛巳修。大學士。

《明史・藝文志・地理類》郭朴《彰德府續志》三卷。

彰德府志安陽縣附

祁承爜《澹生堂藏書目・圖志・郡志》《彰德府志安陽縣附》。七册。八卷。

[嘉慶]安陽縣志

張之洞《書目答問・地理・附録國朝省志府州縣誌善本》《安陽志》武億。

南樂縣圖志

楊士奇等《文淵閣書目・舊志》《南樂縣圖志》。二册。

[正統以前]南樂縣志

楊士奇等《文淵閣書目・新志》《南樂縣志》。

南樂縣志

晁瑮《晁氏寶文堂書目・圖誌》《南樂縣志》。

趙琦美《脈望館書目・史・北直・大名府》《南樂縣志》一本。

徐圖等《行人司重刻書目・地理類》《南樂縣志》二本。

[萬曆]南樂縣志

張萱等《内閣藏書目録・志乘部・北直隸》《南樂縣志》。二册，全。萬曆初縣令錢博學修。又二册全，同前。

黄虞稷《千頃堂書目・地理類上》錢博學《南樂縣志》。萬曆初修。令。

南樂縣志

黄虞稷《千頃堂書目・地理類上》葉木《南樂縣志》二卷。

濮州志

黄虞稷《千頃堂書目・地理類上》侯文度《濮州志》十卷。嘉靖間修。

[嘉靖]濮州志

黄虞稷《千頃堂書目・地理類上》鄧韍《濮州志》十卷。

《明史・藝文志・地理類》鄧韍《濮州志》十卷。

[萬曆]濮州志

祁承㸁《澹生堂藏書目・圖志・州志》《濮州志》六册。六卷。

黄虞稷《千頃堂書目・地理類上》李先芳《濮州志》六卷。萬曆間修。

[嘉靖]范縣志

范邦甸等《天一閣書目・地理類》《曹州府范縣志》八卷。刊本。明訓導王鐸輯，勞德潤序。

東郡圖經

章宗源《隋書經籍志考證・地理》《東郡圖經》卷亡。不著録。《文選・陽給事誄》注：《東郡圖經》曰：滑臺城，即鄭之廩延。

東郡志

楊士奇等《文淵閣書目・舊志》《東郡志》。十六册。

晁瑮《晁氏寶文堂書目・圖誌》《東郡志》。元刻。

黄虞稷《千頃堂書目・地理類上》宋訥《東郡志》十六卷。

《明史・藝文志・地理類》宋訥《東郡志》十六卷。

錢大昕《補元史藝文志・地理類》宋某《東郡志》十六卷。侍御史。

滑縣圖志

楊士奇等《文淵閣書目・舊志》《滑縣圖志》。二册。

滑縣志

楊士奇等《文淵閣書目・新志》《滑縣志》。

[嘉靖]滑縣志

徐𤊹《徐氏家藏書目・北直隸》《滑縣志》六卷。大名府張佳允。

張萱等《内閣藏書目録・志乘部・北直隸》《滑縣志》。二册。全。嘉靖庚寅，邑令張佳胤修。又二册全。同前。

黄虞稷《千頃堂書目・地理類上》張佳胤《滑縣志》六卷。嘉靖庚寅修。令。

孫昌滑縣志

黄虞稷《千頃堂書目・地理類上》孫昌《滑縣志》。

濬縣圖志

楊士奇等《文淵閣書目・舊志》《濬縣圖志》。二册。

濬縣志

楊士奇等《文淵閣書目・新志》《濬縣志》。

[嘉靖]濬縣志

范邦甸等《天一閣書目・地理類》《濬縣志》二卷。刊本。明王璜脩并序。

張萱等《内閣藏書目録・志乘部・北直隸》《濬縣志》。三册。全。嘉靖己丑，邑令王璜修。

黄虞稷《千頃堂書目・地理類上》王璜《濬縣志》。嘉靖己丑修。令。

[萬曆]濬縣志

張萱等《内閣藏書目録・志乘部・北直隸》《濬縣志》。二册。全。萬曆庚辰，邑令任養心修。

黄虞稷《千頃堂書目・地理類上》任養心《濬縣志》。萬曆庚辰修。令。

内黄縣圖志

楊士奇等《文淵閣書目・舊志》《内黄縣圖志》。二册。

内黄縣志

楊士奇等《文淵閣書目・新志》《内黄縣志》。

内黄志

晁瑮《晁氏寶文堂書目・圖誌》《内黄志》。

趙琦美《脈望館書目・史・北直・大名府》《内黄志》一本。

[嘉靖]内黄縣志

張萱等《内閣藏書目録・志乘部・北直隸》《内黄縣志》。二册。全。嘉靖丁酉，邑人周萬金修。又二册。全。同前。

黃虞稷《千頃堂書目・地理類上》 周萬金《内黄縣志》。嘉靖丁酉修。邑人。

[萬曆]内黄縣志

黃虞稷《千頃堂書目・地理類上》 林文俊《内黄縣志》九卷。

清豐縣圖志

楊士奇等《文淵閣書目・舊志》 《清豐縣圖志》。二册。

[正統以前]清豐縣志

楊士奇等《文淵閣書目・新志》 《清豐縣志》。

清豐縣志

趙琦美《脈望館書目・史・北直・大名府》 《清豐縣志》四本。

徐圖等《行人司重刻書目・地理類》 《清豐縣志》二本。

[嘉靖]清豐縣志

張萱等《内閣藏書目録・志乘部・北直隸》 《清豐縣志》。六册。全。嘉靖戊午，邑人晁瑮修。又六册。全。同前。

黃虞稷《千頃堂書目・地理類上》 晁瑮《清豐縣志》十六卷。嘉靖戊午修。邑人。

開州圖志

楊士奇等《文淵閣書目・舊志》 《開州圖志》。二册。

[正統以前]開州志

楊士奇等《文淵閣書目・新志》 《開州志》。

[嘉靖]開州志

朱睦㮮《萬卷堂書目・地志》 《開州志》十卷。王崇慶。

《明史・藝文志・地理類》 王崇慶《開州志》十卷。

黃虞稷《千頃堂書目・地理類上》 王崇慶《開州志》十六卷。

開州志

趙琦美《脈望館書目・史・北直・大名府》 《開州志》。二本。

[萬曆]開州志

張萱等《内閣藏書目録・志乘部・北直隸》 《開州志》。四册。全。萬曆甲午州守沈堯中修。又四册。全。同前。

黃虞稷《千頃堂書目・地理類上》 沈堯中《開州志》。萬曆甲午爲州守修。

長垣縣圖志

楊士奇等《文淵閣書目・舊志》《長垣縣圖志》。二册。

[正統以前]長垣縣志

楊士奇等《文淵閣書目・新志》《長垣縣志》。

[正德]長垣縣志

范邦甸等《天一閣書目・地理類》《長垣縣志》九卷。刊本。明正德丙子，庠生劉芳等編，知縣張治道序。

黄虞稷《千頃堂書目・地理類上》張治道《長垣縣志》九卷。

長垣志

晁瑮《晁氏寶文堂書目・圖誌》《長垣志》。

趙琦美《脈望館書目・史・北直・大名府》《長垣志》三本。

長垣縣志

徐圖等《行人司重刻書目・地理類》《長垣縣志》四本。

[萬曆]長垣縣志

張萱等《内閣藏書目録・志乘部・北直隸》《長垣縣志》。二册。萬曆丁丑，邑令胡宥修。又二册。全。同前。

黄虞稷《千頃堂書目・地理類上》胡宥《長垣縣志》。萬曆丁丑修。令。

湯陰縣志

祁承㸁《澹生堂藏書目・圖志・邑志》《湯陰縣志》。二册。四卷。

[嘉靖]鄴乘

黄虞稷《千頃堂書目・地理類上》崔銑《鄴乘》十卷。嘉靖元年修。

[嘉靖]淇縣志

范邦甸等《天一閣書目・地理類》《淇縣志》十卷。刊本。明嘉靖劉伯璋序。

趙琦美《脈望館書目・史・河南・衛輝府》《淇縣志》。二本。

祁承㸁《澹生堂藏書目・圖志・邑志》《淇縣志》。二册。十卷。

[萬曆]林縣志

祁承㸁《澹生堂藏書目・圖志・邑志》《林縣志》四册。八卷。

商邱地區

歸德州志

黄虞稷《千頃堂書目・地理類上》 湯緒《歸德州志》三卷。

歸德州新志

黄虞稷《千頃堂書目・地理類上》 黄古愚《歸德州新志》八卷。

[嘉靖]歸德志

范邦甸等《天一閣書目・地理類》 《歸德志》八卷。刊本。明李嵩撰。嘉靖癸卯，朱家相序。

黄虞稷《千頃堂書目・地理類上》 李嵩《歸德府志》八卷。

《明史・藝文志・地理類》 李嵩《歸德府志》八卷。

[嘉靖]歸德府志

張萱等《内閣藏書目録・志乘部・河南》 《歸德府志》。五册。全。嘉靖丙寅，郡守陳洪範修。

黄虞稷《千頃堂書目・地理類上》 陳洪範《歸德府志》。嘉靖丙寅修。守。

[萬曆]商邱縣志

張萱等《内閣藏書目録・志乘部・河南》 《商丘縣志》。四册。全。萬曆癸未，中丞宋公纁大學士沈公鯉修。

祁承㸁《澹生堂藏書目・圖志・邑志》 《商邱縣志》四册。

黄虞稷《千頃堂書目・地理類上》 宋纁沈鯉《商丘縣志》四册。萬曆癸未修。

[嘉靖]夏邑縣志

范邦甸等《天一閣書目・地理類》 《夏邑縣志》八卷。刊本。明知府李念編并序。

范邦甸等《天一閣書目・地理類》 《夏邑縣志》八卷。刊本。明嘉靖戊申，蔡汝南著，丁鵬程序。

朱睦㮮《萬卷堂書目・地志》 《夏邑縣志》八卷。黄虎臣。

[萬曆]夏邑縣志

張萱等《内閣藏書目録・志乘部・河南》 《夏邑縣志》。四册，全。萬曆辛卯，邑令高奎修。

黄虞稷《千頃堂書目・地理類上》 高奎《夏邑縣志》。萬曆辛卯修。令。

夏邑縣志

祁承㸁《澹生堂藏書目・圖志・邑志》 《夏邑縣志》二册。

柘城縣志

朱睦㮮《萬卷堂書目・地志》《柘城縣志》一卷。

祁承㸁《澹生堂藏書目・圖志・邑志》《柘城縣志》。二册。

[嘉靖]柘城縣志

徐𤊹《徐氏家藏書目・河南省》《柘城縣志》十卷。歸德府。

范邦甸等《天一閣書目・地理類》《柘城縣志》十卷。藍絲闌鈔本。明嘉靖三十六年，教諭壽濂脩并序。

[弘治]睢州志

范邦甸等《天一閣書目・地理類》《睢州志》二卷。藍絲闌鈔本。明弘治乙丑，李孟暘序。

范邦甸等《天一閣書目・地理類》《睢州志》九卷。藍絲闌鈔本。明弘治十八年，郡人李孟暘脩并序。

黄虞稷《千頃堂書目・地理類上》李孟暘《睢州志》一卷。

《明史・藝文志・地理類》李孟暘《睢州志》一卷。

[嘉靖]睢州志

徐圖等《行人司重刻書目・地理類》《睢州志》四本。

張萱等《内閣藏書目録・志乘部・河南》《睢州志》。四册。全。嘉靖癸亥，州守程應修。

黄虞稷《千頃堂書目・地理類上》程應登《睢州志》七卷。嘉靖癸卯修。

又 程應登《(雁)[睢]州志》七卷。嘉靖間修。(别本補)

《明史・藝文志・地理類》程應登《(雁)[睢]州志》七卷。

[嘉靖]虞城縣志

范邦甸等《天一閣書目・地理類》《虞城縣志》二卷。藍絲闌鈔本。明嘉靖甲寅，莊一鶚序。

朱睦㮮《萬卷堂書目・地志》《虞城縣志》二卷。

虞城縣志

祁承㸁《澹生堂藏書目・圖志・邑志》《虞城縣志》四册。

[嘉靖]永城縣志

范邦甸等《天一閣書目・地理類》《永城縣志》六卷。刊本。明嘉靖甲辰，葛守禮序。

朱睦㮮《萬卷堂書目・地志》《永城縣志》六卷。鄭禮。

張萱等《内閣藏書目録・志乘部・河南》《永城志》。二册。全。嘉靖甲辰，教諭鄭禮修。

祁承㸁《澹生堂藏書目・圖志・邑志》《永城縣志》。二册。

黄虞稷《千頃堂書目・地理類上》鄭禮《永城縣志》。嘉靖甲辰修。教諭。

寧陵縣志

朱睦㮮《萬卷堂書目・地志》《寧陵縣志》六卷。

[隆慶]寧陵縣志

張萱等《内閣藏書目録・志乘部・河南》《寧陵縣志》。三册，全。隆慶丁卯，州守徐纁修。

祁承㸁《澹生堂藏書目・圖志・邑志》《寧陵縣志》。三册。

黄虞稷《千頃堂書目・地理類上》徐纁《寧陵縣志》。隆慶丁卯修。守。

吕坤寧陵縣志

黄虞稷《千頃堂書目・地理類上》吕坤《寧陵縣志》十二卷。

周口地區

陳郡録

汪師韓《文選注引群書目録上・地理》何法盛《陳郡録》。

戴昕商水縣志

朱睦㮮《萬卷堂書目・地志》《商水縣志》一卷。戴昕。

劉遷商水縣志

祁承㸁《澹生堂藏書目・圖志・邑志》《商水縣志》。一册。五卷。劉遷纂。

嚴憲扶溝縣志

黄虞稷《千頃堂書目・地理類上》嚴憲《扶溝縣志》五卷。

[嘉靖]扶溝縣志

范邦甸等《天一閣書目・地理類》《扶溝縣志》八卷。刊本。明嘉靖壬子，方瑜序。

扶溝志

趙琦美《脈望館書目・史・河南總志》《扶溝志》一本。

[萬曆]扶溝縣志

祁承㸁《澹生堂藏書目・圖志・邑志》《扶溝縣志》三册。四卷。何出圖。

歸德府鹿邑縣志

范邦甸等《天一閣書目・地理類》《歸德府鹿邑縣志》。藍絲闌鈔本。

[嘉靖]鹿邑縣志

朱睦㮮《萬卷堂書目・地志》《鹿邑縣志》十卷。王堯日。

張萱等《内閣藏書目録·志乘部·河南》《鹿邑縣志》。二册。全。嘉靖戊申，邑人王堯日修。

黄虞稷《千頃堂書目·地理類上》王堯日《鹿邑縣志》十二卷。嘉靖戊申修。邑人。

鹿邑縣括地志

黄虞稷《千頃堂書目·地理類上》張朝瑞《鹿邑縣括地志》。

陳州舊志

晁瑮《晁氏寶文堂書目·圖誌》《陳州舊志》。

陳州志

晁瑮《晁氏寶文堂書目·圖誌》《陳州志》二。

[正德]陳州府志

范邦甸等《天一閣書目·地理類》《陳州府志》四卷。刊本。明正德癸酉，馮相撰。嘉靖丁巳，李應霈序。

黄虞稷《千頃堂書目·地理類上》馮相《陳州志》四卷。

《明史·藝文志·地理類》馮相《陳州志》四卷。

趙時雍輯陳州志

祁承㸁《澹生堂藏書目·圖志·州志》《陳州志》六册。十二卷。趙時雍輯。

[嘉靖]沈邱縣志

范邦甸等《天一閣書目·地理類》《沈邱縣志》一卷。刊本。明嘉靖庚寅李宗元編并序。

[萬曆]沈邱縣志

張萱等《内閣藏書目録·志乘部·河南》《沈丘縣志》。三册。全。萬曆甲午，邑令劉世光修。

黄虞稷《千頃堂書目·地理類上》劉世光《沈丘縣志》。萬曆甲午修。世光，山陽人。知縣。

沈邱縣志

祁承㸁《澹生堂藏書目·圖志·邑志》《沈邱縣志》。

王介西華縣志

朱睦㮮《萬卷堂書目·地志》《西華縣志》四卷。王介。

西華縣志

祁承㸁《澹生堂藏書目・圖志・邑志》《西華縣志》。三册。七卷，胡連編。

[萬曆]西華縣新志

朱睦㮮《萬卷堂書目・地志》《西華縣新志》八卷。董第。

張萱等《内閣藏書目録・志乘部・河南》《西華縣志》。二册。全。萬曆甲寅，邑令董第修。

黄虞稷《千頃堂書目・地理類上》董第《西華縣志》七卷。萬曆甲寅修。令。

[嘉靖]太康縣志

范邦甸等《天一閣書目・地理類》《太康縣志》十卷。刊本。明嘉靖三年，邑人安都纂，訓導任才鼎序。

張萱等《内閣藏書目録・志乘部・河南》《太康縣志》。四册。全。嘉靖甲申，邑人安都修。

黄虞稷《千頃堂書目・地理類上》安都《太康縣志》。嘉靖甲申修。邑人。

太康縣志

祁承㸁《澹生堂藏書目・圖志・邑志》《太康縣志》。四册。八卷。張爾基。

[萬曆]項城縣志

張萱等《内閣藏書目録・志乘部・河南》《項城縣志》。二册。全。萬曆庚寅，教諭王都修。

黄虞稷《千頃堂書目・地理類上》王都《項城縣志》。萬曆庚寅修。教諭。

祁承㸁《澹生堂藏書目・圖志・邑志》《項城縣志》二册。十卷。王欽誥纂。

許昌地區

中岳潁川志

《舊唐書・經籍志・地理》《中岳潁川志》五卷。樊文深撰。

潁川志

楊士奇等《文淵閣書目・舊志》《潁川志》。一册。

吕景蒙潁川志

黄虞稷《千頃堂書目・地理類上》吕景蒙《潁川志》二十卷。

許州志

晁瑮《晁氏寶文堂書目・圖誌》《許州志》。

又《許州志》三。

徐圖等《行人司重刻書目・地理類》《許州志》三本。

〔弘治〕許州志

范邦甸等《天一閣書目・地理類》《許州舊志》二十卷。刊本。明李東陽序，弘治癸丑邵寶序。

范邦甸等《天一閣書目・地理類》《許州志》八卷。刊本。明弘治癸丑王鉢編，邵寶序，大學士翁賈序。

祁承㸁《澹生堂藏書目・圖志・州志》《許州志》四册。二十卷，邵寶。

黄虞稷《千頃堂書目・地理類上》邵寶《許州志》三卷。

《明史・藝文志・地理類》邵寶《許州志》三卷。

〔嘉靖〕許州志

范邦甸等《天一閣書目・地理類》《許州志》一卷。刊本。明嘉靖辛丑張良知序。

鄢陵志

晁瑮《晁氏寶文堂書目・圖誌》《鄢陵志》。

趙琦美《脈望館書目・史・河南總志》《鄢陵志》一本。

〔嘉靖〕鄢陵縣志

范邦甸等《天一閣書目・地理類》《鄢陵縣志》八卷。刊本。明嘉靖十四年杜柟序。

張萱等《内閣藏書目録・志乘部・河南》《鄢陵縣志》。二册，全。嘉靖乙未，邑人劉訒修。

祁承㸁《澹生堂藏書目・圖志・邑志》《鄢陵縣志》。二册。八卷。劉訒。

黄虞稷《千頃堂書目・地理類上》劉訒《鄢陵縣志》。嘉靖乙未修。邑人。

〔道光〕鄢陵縣志

張之洞《書目答問・地理・附録國朝省志府州縣誌善本》〔道光〕《鄢陵志》。洪符孫。

〔嘉靖〕郾城縣志

范邦甸等《天一閣書目・地理類》《郾城縣志》十二卷。刊本。明陳璣重脩并序，嘉靖甲寅解縉序，洪武戊寅倪俊後序。

趙琦美《脈望館書目・史・河南總志》《偃城志》四本。

祁承㸁《澹生堂藏書目・圖志・邑志》《郾城縣志》。四册。十二卷。趙應式。

黄虞稷《千頃堂書目・地理類上》趙應式《郾城縣志》十二卷。

〔順治〕郾城縣志

周中孚《鄭堂讀書記補逸・地理類三・都會郡縣》《郾城縣志》十卷。補刊本。國朝郾城縣知縣荆其惇修，傅鴻鄰補修。其惇字勅五，丹陽人。順治乙丑進士。鴻鄰字翰宸，遼東自在州人。郾城，古郾子國也。漢置縣，屬潁川郡。後周以後屬許州，迄於國朝，皆因之。舊志創於明，至勅五爲令，奉文重修，爲是志。凡分輿地、建置、籍賦、祀典、職官、人物、古蹟、祥異、吟咏、藝文十門，又分子目四十有一。翰宸繼任，復就其書，補以後事，并爲汰蕪酌要，校前頗賅備焉。前有順治己亥邑人李溥序，并載撫院催修志帖及修志姓氏。翰宸補修時，有康熙甲寅教諭趙季芳序。

[嘉靖]襄城縣志

范邦甸等《天一閣書目・地理類》《襄城縣志》八卷。刊本。明嘉靖辛亥林鸞撰并序。

張萱等《内閣藏書目録・志乘部・河南》《襄城縣志》。三册。全。嘉靖辛亥，學博林鸞修。

黄虞稷《千頃堂書目・地理類上》林鸞《襄城縣志》。嘉靖辛亥修。學博。

[萬曆]襄城縣志

祁承㸁《澹生堂藏書目・圖志・邑志》《襄城縣志》四册。八卷。譚性教。

[嘉靖]魯山縣志

范邦甸等《天一閣書目・地理類》《魯山縣志》二卷。刊本。明嘉靖吴三樂撰，茹子嘉後序。

范邦甸等《天一閣書目・地理類》《魯山縣志》十卷。刊本。明教諭孫鐸纂脩，吴三樂序。

[萬曆]魯山縣志

張萱等《内閣藏書目録・志乘部・河南》《魯山縣志》。二册。全。萬曆壬辰，教諭王世宷修。

黄虞稷《千頃堂書目・地理類上》王世宷《魯山縣志》。萬曆壬辰修。教諭。

郟縣志

張萱等《内閣藏書目録・志乘部・河南》《郟縣志》。四册。全。莫詳編纂姓氏，鈔本。

祁承㸁《澹生堂藏書目・圖志・關鎮》《郟縣志》二册。

黄虞稷《千頃堂書目・地理類上》□□□《郟縣志》。

長葛縣志

晁瑮《晁氏寶文堂書目・圖誌》《長葛縣志》。

[正德]長葛縣志

范邦甸等《天一閣書目・地理類》《長葛縣志》六卷。刊本。明正德丁丑，邑人車明珏編，知縣李璇序。

祁承㸁《澹生堂藏書目・圖志・邑志》《長葛縣志》。二册。六卷。車明理編。

黄虞稷《千頃堂書目・地理類上》李旋《長葛縣志》六卷。

[萬曆]長葛縣志

張萱等《内閣藏書目録・志乘部・河南》《長葛縣志》。二册。全。萬曆癸未，邑令黎塾修。

黄虞稷《千頃堂書目・地理類上》黎塾《長葛縣志》。萬曆癸未修。河南令。

洧乘志

趙琦美《脈望館書目・史・河南總志》《洧乘志》一本。

臨穎志

晁瑮《晁氏寶文堂書目・圖誌》《臨穎志》。

趙琦美《脈望館書目・史・河南總志》《臨穎志》二本。

[嘉靖]臨穎縣志

范邦甸等《天一閣書目・地理類》《臨穎縣志》八卷。刊本。明嘉靖己丑，賈詠撰，金棟序。

臨穎縣志

祁承㸁《澹生堂藏書目・圖志・邑志》《臨穎縣志》四册。八卷。張福臻。

[嘉靖]臨穎縣志

范邦甸等《天一閣書目・地理類》《臨穎縣志》八卷。刊本。明知縣盧鏜脩，邑人賈詠序。

黃虞稷《千頃堂書目・地理類上》杜枏《臨穎縣志》八卷。又續録十卷。

[嘉靖]舞陽縣志

范邦甸等《天一閣書目・地理類》《舞陽縣志》十三卷。刊本。明張穎纂脩并序，嘉靖丙申楊灝後序。

舞陽縣志

祁承㸁《澹生堂藏書目・圖志・邑志》《舞陽縣志》二册。

[嘉靖]葉縣志

范邦甸等《天一閣書目・地理類》《葉縣志》四卷。刊本。明嘉靖壬寅。太常寺卿牛鳳撰。

[萬曆]葉縣志

張萓等《内閣藏書目録・志乘部・河南》《葉縣志》。二册。全。萬曆壬辰，邑令高文登修。

祁承㸁《澹生堂藏書目・圖志・關鎮》《葉縣志》。二册。

黃虞稷《千頃堂書目・地理類上》高文登《葉縣志》二卷。萬曆壬辰修。令。

[萬曆]寶豐縣志

張萓等《内閣藏書目録・志乘部・河南》《寶豐縣志》。萬曆戊子，學博繆應龍修。

黄虞稷《千頃堂書目·地理類上》 繆應龍《寶豐縣志》。萬曆戊子修。學博。

寶豐縣志

祁承爜《澹生堂藏書目·圖志·邑志》 《寶豐縣志》二册。

黄虞稷《千頃堂書目·地理類上》 曹珍《寶豐志》九卷。

[萬曆]禹州志

徐圖等《行人司重刻書目·地理類》 《禹州志》四本。

張萱等《内閣藏書目録·志乘部·河南》 《禹州志》。四册。全。萬曆九年，都人徐衍祚修。

祁承爜《澹生堂藏書目·圖志·州志》 《禹州志》。四册。十卷。徐衍祚纂。

黄虞稷《千頃堂書目·地理類上》 徐衍祚《禹州志》十卷。萬曆辛巳修。郡人。

《明史·藝文志·地理類》 徐衍祥《禹州志》十卷。萬曆中，鈞州改曰禹州。

駐馬店地區

[嘉靖]確山縣志

范邦甸等《天一閣書目·地理類》 《確山縣志》二卷。刊本。明嘉靖丁巳，陳耀文纂脩，劉大實序，王漸後序。

祁承爜《澹生堂藏書目·圖志·邑志》 《確山縣志》。二册。

西平縣志

趙琦美《脈望館書目·史·河南·汝州》 《西平縣志》一本。

祁承爜《澹生堂藏書目·圖志·關鎮》 《西平縣志》。

王介西平縣志

黄虞稷《千頃堂書目·地理類上》 王介《西平縣志》四卷。

汝寧府并屬縣志

楊士奇等《文淵閣書目·新志》 《汝寧府并屬縣志》。四册。《汝寧府并屬縣志》。二册。

汝寧府志

祁承爜《澹生堂藏書目·圖志·郡志》 《汝寧府志》八册。

黄虞稷《千頃堂書目·地理類上》 陳鑾《汝寧府志》八卷。

《明史·藝文志·地理類》 陳鑾《汝寧府志》八卷。

汝南記

章宗源《隋書經籍志考證·地理》 《汝南記》。卷亡。杜預撰。

汝南府志

徐圖等《行人司重刻書目・地理類》《汝南府志》八本。

[正德]汝南志

徐𤊹《徐氏家藏書目・河南省》《汝南志》三十八卷。

黄虞稷《千頃堂書目・地理類上》馬志《汝南志》三十八卷。正德間修。

又 强晟《汝南志》三十八卷。

[萬曆]汝南志

黄虞稷《千頃堂書目・地理類上》李本固《汝南新志》二十二卷。萬曆間修。

《明史・藝文志・地理類》李本固《汝南新志》二十二卷。

[嘉靖]汝陽縣志

黄虞稷《千頃堂書目・地理類上》焦希程《汝陽縣志》。嘉靖癸亥修。邑人。

[萬曆]汝陽縣志

祁承㸁《澹生堂藏書目・圖志・邑志》《汝陽縣志》四册。

黄虞稷《千頃堂書目・地理類上》李宗延《汝陽縣志》四卷。

[萬曆]新蔡縣志

祁承㸁《澹生堂藏書目・圖志・邑志》《新蔡縣志》二册。

泌陽縣志

楊士奇等《文淵閣書目・舊志》《泌陽縣志》。一册。

[嘉靖]泌陽縣志

范邦甸等《天一閣書目・地理類》《泌陽縣志》一卷。刊本。明嘉靖乙未趙民質序。

[嘉靖]續修泌陽縣志

張萱等《内閣藏書目録・志乘部・河南》《泌陽志》。二册，全。嘉靖癸亥，邑人焦希程修。

祁承㸁《澹生堂藏書目・圖志・邑志》《泌陽縣志》二册。

李鵬泌陽縣志

黄虞稷《千頃堂書目・地理類上》李鵬《泌陽縣志》二卷。

[正統以前]遂平縣志

楊士奇等《文淵閣書目・新志》《遂平縣志》。

遂平縣志

祁承㸁《澹生堂藏書目・圖志・邑志》《遂平縣志》二册。

[嘉靖]汝寧府上蔡縣志

范邦甸等《天一閣書目・地理類》《汝寧府上蔡縣志》三十六卷。刊本。明嘉靖己丑邑人馬勷纂并序。

上蔡縣志

祁承㸁《澹生堂藏書目・圖志・邑志》《上蔡縣志》二册。

真陽縣志

祁承㸁《澹生堂藏書目・圖志・邑志》《真陽縣志》二册。

信陽地區

義陽志

陳振孫《直齋書録解題・地理類》《義陽志》八卷。郡守河内闞良臣撰。紹熙二年也。信陽軍，唐申州，所謂申、光、蔡，吴元濟所據，竭天下之力以取之者。

馬端臨《文獻通考・經籍考・地理》《義陽志》八卷。

[成化]信陽州志

黄虞稷《千頃堂書目・地理類上》江貴(信)《信陽州志》。

《明史・藝文志・地理類》江貴《信陽州志》二卷。

[萬曆]信陽州志

祁承㸁《澹生堂藏書目・圖志・州志》《信陽州志》四册。

黄虞稷《千頃堂書目・地理類上》楊若梓《信陽州志》八卷。萬曆間修。

《四庫全書總目提要・地理類存目三・都會郡縣》[萬曆]《信陽州志》八卷。兩淮鹽政採進本。明劉尚朴撰。尚朴，信陽人。萬曆乙未進士。官至山東布政司參政。先是，州人禮部侍郎何洛文撰州志未成。尚朴採其遺稾，續作此書。凡爲類十九，成於萬曆丁巳。序次冗雜，殊乖體要。

[成化]息縣志

黄虞稷《千頃堂書目・地理類上》夏賫《息縣志》八卷。

[嘉靖]息縣志

范邦甸等《天一閣書目・地理類》　《息縣志》八卷。刊本。明嘉靖癸丑，知縣邵鳴岐纂脩序。

[嘉靖]固始縣志

范邦甸等《天一閣書目・地理類》　《固始縣志》十卷。刊本。明嘉靖壬寅，李磐纂脩，劉士逵序。

固始縣志

祁承㸁《澹生堂藏書目・圖志・邑志》　《固始縣志》二册。

徐自明浮光圖志

《宋史・藝文志・地理類》　《浮光圖志》三卷。

李棣浮光圖志

《宋史・藝文志・地理類》　李棣《浮光圖志》二十卷。

[弘治]光州志

黄虞稷《千頃堂書目・地理類上》　張輝《光州志》十卷。

《明史・藝文志・地理類》　張輝《光州志》十卷。

光州志

晁瑮《晁氏寶文堂書目・圖誌》　《光州志》。

趙琦美《脈望館書目・史・河南・汝寧府》　《光州志》一本。

徐圖等《行人司重刻書目・地理類》　《光州志》四本。

羅山縣舊志

楊士奇等《文淵閣書目・舊志》　《羅山縣志》。一册。

羅山縣志

祁承㸁《澹生堂藏書目・圖志・邑志》　《羅山縣志》二册。

[嘉靖]商城縣志

范邦甸等《天一閣書目・地理類》　《商城縣志》八卷。刊本。明劉繪撰，嘉靖辛亥，萬炯序。

商城縣志

祁承㸁《澹生堂藏書目·圖志·邑志》《商城縣志》二册。

[嘉靖]光山縣志

范邦甸等《天一閣書目·地理類》《光州光山縣志》九卷。刊本。明嘉靖丙辰王家士撰。

又《光山縣志》九卷。刊本。明知縣沈紹慶脩并序。

黄虞稷《千頃堂書目·地理類上》沈紹慶《光山縣志》。

光山縣志

趙琦美《脈望館書目·史·河南·汝寧府》《光山縣志》三本。

祁承㸁《澹生堂藏書目·圖志·邑志》《光山縣志》一册。

南陽地區

南陽府并屬縣志

楊士奇等《文淵閣書目·新志》《南陽府并屬縣志》。三册。《南陽府并屬縣志》。三册。

南陽郡志

晁瑮《晁氏寶文堂書目·圖誌》《南陽郡志》。

[嘉靖]南陽府志

范邦甸等《天一閣書目·地理類》《南陽府志》十四卷。刊本。明嘉靖辛亥，葉珠序。

黄虞稷《千頃堂書目·地理類上》葉珠《南陽府志》十四卷。

《明史·藝文志·地理類》葉珠《南陽府志》十卷。

[萬曆]南陽府志

祁承㸁《澹生堂藏書目·圖志·郡志》《南陽府志》四册。十八卷。

宛志略

黄虞稷《千頃堂書目·地理類上》朱器封《宛志略》。

[萬曆]南陽府南陽縣志

張萱等《内閣藏書目録·志乘部·河南》《南陽府南陽縣志》二册。萬曆乙亥，邑令程遜修。

祁承㸁《澹生堂藏書目·圖志·邑志》《南陽縣志》二册。

黃虞稷《千頃堂書目・地理類上》 程遜《南陽縣志》。萬曆乙亥修。令。

[嘉靖]裕州志

范邦甸等《天一閣書目・地理類》 《裕州志》六卷。刊本。掌州事南陽府通判定陶虞岡牛孟耕脩次。

黃虞稷《千頃堂書目・地理類上》 牛孟耕《裕州志》六卷。

《明史・藝文志・地理類》 牛孟耕《裕州志》六卷。

[萬曆]裕州志

祁承㸁《澹生堂藏書目・圖志・州志》 《裕州志》。二册。

張萱等《内閣藏書目録・志乘部・河南》 《裕州志》。二册。全。萬曆辛卯，州守浦士衡修。

黃虞稷《千頃堂書目・地理類上》 浦士衡《裕州志》。萬曆辛卯修。守。

[正德]唐縣志

趙琦美《脈望館書目・史・河南・南陽府》 《唐縣志》二本。

張萱等《内閣藏書目録・志乘部・河南》 《唐縣志》。二册。全。正德戊寅，邑人靄霞修。

祁承㸁《澹生堂藏書目・圖志・邑志》 《唐縣志》二册。二卷。

黃虞稷《千頃堂書目・地理類上》 靄霞《唐縣志》。正德戊寅修。邑人。

[正德]新野縣志

黃虞稷《千頃堂書目・地理類上》 冷宗元《新野縣志》六卷。

[萬曆]新野縣志

張萱等《内閣藏書目録・志乘部・河南》 《新野縣志》。二册。全。萬曆丁丑，邑令傅來鵬修。

黃虞稷《千頃堂書目・地理類上》 傅來鵬《新野縣志》。萬曆丁丑修。令。

新野縣志

祁承㸁《澹生堂藏書目・圖志・邑志》 《新野縣志》四册。

[嘉靖]鄧州志

范邦甸等《天一閣書目・地理類》 《鄧州志》五卷。刊本。明嘉靖丁巳張僊撰，趙輔後序。

黃虞稷《千頃堂書目・地理類上》 張仙《鄧州志》六卷。

《明史・藝文志・地理類》 張僊《鄧州志》六卷。

[嘉靖]重修鄧州志

范邦甸等《天一閣書目・地理類》 《鄧州志》十六卷。刊本。明嘉靖甲子，楊準撰。

張萱等《内閣藏書目録・志乘部・河南》 《鄧州志》。四册。全。嘉靖甲子，州守潘廷楠修。

祁承㸁《澹生堂藏書目・圖志・州志》 《鄧州志》四册。

黃虞稷《千頃堂書目・地理類上》 潘廷楠《鄧州志》。嘉靖間修。

鄧州志

徐圖等《行人司重刻書目・地理類》《鄧州志》二本。

[萬曆]淅川縣志

張萱等《内閣藏書目録・志乘部・河南》《淅川縣志》。一册。全。萬曆乙酉，教諭林邦柱修。

黄虞稷《千頃堂書目・地理類上》林邦柱《淅川縣志》。萬曆乙酉修。教諭。

[隆慶]南召縣志

張萱等《内閣藏書目録・志乘部・河南》《南召縣志》。二册。隆慶辛未，邑人李邈修。

祁承㸁《澹生堂藏書目・圖志・邑志》《南召縣志》。二册。

黄虞稷《千頃堂書目・地理類上》李邈《南召縣志》。隆慶辛未修。邑人。

[萬曆]桐柏縣志

張萱等《内閣藏書目録・志乘部・河南》《桐柏縣志》。一册。全。萬曆甲戌，泌陽行人葛登名修。

黄虞稷《千頃堂書目・地理類上》葛登名《桐柏縣志》。萬曆甲戌修。泌陽行人。

桐柏縣志

祁承㸁《澹生堂藏書目・圖志・邑志》《桐柏縣志》二册。

鎮平縣志

晁瑮《晁氏寶文堂書目・圖誌》《鎮平縣志》一。

[萬曆]鎮平縣志

張萱等《内閣藏書目録・志乘部・河南》《鎮平縣志》。二册。全。萬曆丁丑，邑令翁金堂修。

祁承㸁《澹生堂藏書目・圖志・邑志》《鎮平縣志》。二册。

黄虞稷《千頃堂書目・地理類上》翁金堂《鎮平縣志》。萬曆丁丑修。令。

内鄉縣志

祁承㸁《澹生堂藏書目・圖志・邑志》《内鄉縣志》二册。

洛陽地區

洛陽記

《隋書・經籍志・地理》《洛陽記》四卷。

文廷式《補晉書藝文志・地志類》《洛陽記》四卷。無撰人名氏。章宗源《考證》得七條，如《水經・穀水》注引《洛陽記》云：千金堨，魏時所修。則晉人語也。

洛陽記

《隋書・經籍志・地理》《洛陽記》一卷。陸機撰。

《舊唐書・經籍志・地理》《洛陽記》一卷。陸機撰。

《新唐書・藝文志・地理類》陸機《洛陽記》一卷。

鄭樵《通志・藝文略・地里・都城宮苑》《洛陽記》一卷。陸機撰。

文廷式《補晉書藝文志・地志類》陸機《洛陽記》一卷。章宗源攷證得六條，按《後漢書・鮑永傳注》引此書曰：上商里，在洛陽東北，本殷頑人所居，故曰上商里宅也。《御覽》一百九十五，陸機《洛陽記》曰：宮門及城中大道，皆分作三，中央御道，兩邊築土牆，高四尺餘，外分之，唯公卿、尚書、章服過從中道，凡人皆行左右，左入右出，夾道種榆槐樹，此三道四通五達也，此其所遺也。

洛陽記

文廷式《補晉書藝文志・地志類》華延儁《洛陽記》。章宗源《考證》：《北堂書鈔・樂部》、《初學記・橋部》、《後漢書・皇后紀》注、《太平御覽・服用部》、《寰宇記・河南道》並引華延儁《洛陽記》。《御覽》一百八十七、一百八十八、一百九十四、居處部亦引之。一百九十五稱華氏《洛陽記》，六百九十九亦引之，一百七十九稱華延儁《洛中記》。

洛陽記

《舊唐書・經籍志・地理》《洛陽記》一卷。戴延之撰。

《新唐書・藝文志・地理類》戴延之《洛陽記》一卷。

鄭樵《通志・藝文略・地里・都城宮苑》《洛陽記》一卷。戴延之撰。

丁國鈞《補晉書藝文志・地理類》《洛陽記》一卷。戴延之。謹按見兩《唐志》。延之即著《西征記》之戴祚，晉末江東人。

文廷式《補晉書藝文志・地志類》戴延之《洛陽記》一卷。見《唐志》。

洛陽記

李昉《太平御覽經史圖書綱目》楊龍驤《洛陽記》。

汪師韓《文選注引群書目録上・地理》楊佺期《洛陽記》。志祖案，記隋唐志作圖。

沈家本《續漢書志注所引書目・地理》楊佺期《洛陽記》。郡國二。《隋志》、《洛陽圖》一卷。晉懷州刺史楊佺期撰。舊《唐志》同《新志》作《洛城圖》，《文選》注亦引作《洛陽記》。佺期《晉書》有傳，不言爲懷州刺史。

洛陽圖經

汪師韓《文選注引群書目録上・地理》《洛陽圖經》。

章宗源《隋書經籍志考證・地理》《洛陽圖經》。卷亡。不著録。《文選・東京賦》注：濯龍池名，故歌曰濯龍望如海，河橋渡似雷。應吉甫《華林園集詩注》，華林園在城内東北隅，魏明帝起，名芳林園，齊王芳改爲華林，並引《洛陽圖經》。《御覽・州郡部》、《寰宇記・河南道》，引有《洛陽地圖》。

河南十二縣境簿

章宗源《隋書經籍志考證・地理》《河南十二縣境簿》。卷亡。不著録。《水經・穀水注》：河南縣城東十五里，有千金堨。又九曲瀆在河南鞏縣西，西至洛陽。

伊水注：廣成澤，在新城縣界黄阜西北。《初學記》居處部：晉有平樂、鹿子、桑梓諸苑。原注《晉宫閣名》並列。又曰：洛陽城西有桑梓苑。《御覽》居處部，句上有曰河南縣有鹿子苑一句。《太平寰宇記》河南道：繭觀在廣陽門，並引《河南十二縣境簿》。《文選・閒居賦》注：城南五里洛水浮橋，阮嗣宗《詠懷詩》注：城東首陽山上有首陽祠，宋孝武《宣貴妃誄》注：洛陽縣東城第一建春門，並引《河南郡縣境界簿》。

河南圖經

李昉《太平御覽經史圖書綱目》《河南圖經》。

河南郡圖經

章宗源《隋書經籍志考證・地理》《河南郡圖經》。卷亡。不著録。《文選・西征賦》注：潘岳父冢鞏縣西南三十五里。《懷舊賦》注：嵩邱在縣西南十五里。《洛神賦》注：景山，緱氏縣南七里。嗣宗《詠懷詩》注：東有三門，最北頭曰上東門，並引《河南郡圖經》。

東都記

《舊唐書・經籍志・地理》《東都記》三十卷。鄧行儼撰。

《新唐書・藝文志・地理類》鄧行儼《東都記》三十卷。貞觀著作郎。

鄭樵《通志・藝文略・地里・郡邑》《東都記》三十卷。鄧行儼撰。

[宋]河南志

鄭樵《通志・藝文略・地里・都城宫苑》《河南志》二十卷。宋敏求撰。

晁公武《郡齋讀書志・地里類》《河南志》二十卷。袁本前志卷二下地理類第七。右皇朝宋敏求以唐韋述《兩京記》爲未備，演之爲《長安》、《河南志》。司馬光爲之序。

陳振孫《直齋書録解題・地理類》《河南志》二十卷。宋敏求撰。司馬温公序之，時元豐六年，次道殁矣。

《宋史・藝文志・地理類》宋敏求《河南志》二十卷。

洛陽志

尤袤《遂初堂書目・地理類》《洛陽志》。

楊士奇等《文淵閣書目・舊志》《洛陽志》。十三册。

河南志

楊士奇等《文淵閣書目・舊志》《河南志》。五册。《河南志》。二册。

河南府并屬縣志

楊士奇等《文淵閣書目・新志》《河南府并屬縣志》。一册。《河南府并屬縣志》。三册。

[弘治]河南郡志

晁瑮《晁氏寶文堂書目・圖誌》《河南府志》。

張萱等《内閣藏書目録・志乘部・河南》《河南郡志》十二册。弘治(乙)[己]未郡守陳宣修。

祁承㸁《澹生堂藏書目・圖志・郡志》《河南府志》十二册。

黄虞稷《千頃堂書目・地理類上》 喬縉《河南郡志》四十二卷。

又 陳宣《河南郡志》十二册。弘治(乙)[己]未修。宣，河南府知府。

《明史・藝文志・地理類》 喬縉《河南郡志》四十二卷。

[嘉靖]河南郡志

范邦甸等《天一閣書目・地理類》《河南郡志》四十五卷。刊本。明嘉靖三十五年鄒守愚撰，李濂後序。

[嘉靖]洛陽縣志

范邦甸等《天一閣書目・地理類》《洛陽縣志》八卷。刊本。明路直纂脩，嘉靖戊子喬遷序。

張萱等《内閣藏書目録・志乘部・河南》《洛陽縣志》。□册。全。嘉靖戊子，邑人路直修。

祁承㸁《澹生堂藏書目・圖志・邑志》《雒陽縣志》四册。

黄虞稷《千頃堂書目・地理類上》 路直《洛陽縣志》。嘉靖戊子修。邑人。

孟津縣志

祁承㸁《澹生堂藏書目・圖志・邑志》《孟津縣志》。一册。

臨汝圖志

《宋史・藝文志・地理類》 張貴謨《臨汝圖志》十五卷。

[正德]汝州志

范邦甸等《天一閣書目・地理類》《汝州志》八卷。刊本。正德元年承天貴編輯，張邦瑞序。

張萱等《内閣藏書目録・志乘部・河南》《汝州志》。四册。全。江陰(陳大)[承天]貴修。

祁承㸁《澹生堂藏書目・圖志・州志》《汝州志》。四册。

黄虞稷《千頃堂書目・地理類上》 (陳大)[承天]貴《汝州志》。江陰人。

[萬曆]汝州志

黄虞稷《千頃堂書目・地理類上》 方應選《汝州志》四卷。

《明史・藝文志・地理類》 方應選《汝州志》四卷。

嵩縣志

晁瑮《晁氏寶文堂書目・圖誌》《嵩縣志》。

趙琦美《脈望館書目・史・河南・河南府》《嵩縣志》二本。

[萬曆]伊陽縣志

趙琦美《脈望館書目・史・河南・汝州》《伊陽縣志》一本。不全。

張萱等《内閣藏書目録・志乘部・河南》《伊陽縣志》。二册。全。萬曆癸巳，邑令胡從賓修。

祁承㸁《澹生堂藏書目・圖志・邑志》《伊陽縣志》。二册。

黄虞稷《千頃堂書目・地理類上》 胡從賓《伊陽縣志》。萬曆癸巳間修。令。

靈寶志

趙琦美《脈望館書目・史・河南・河南府》 《靈寶志》一本。

[嘉靖]靈寶縣志

張萱等《内閣藏書目録・志乘部・河南》 《靈寶縣志》。二册。全。邑令荀汝安修。

祁承㸁《澹生堂藏書目・圖志・邑志》 《靈寶縣志》二册。

黄虞稷《千頃堂書目・地理類上》 荀汝安《靈寶縣志》。

[嘉靖]靈寶縣志

范邦甸等《天一閣書目・地理類》 《陝州靈寶縣志》二卷。刊本。明嘉靖丙辰王獻芝撰，萬莪跋。

[嘉靖]閿鄉縣志

晁瑮《晁氏寶文堂書目・圖誌》 《閿鄉縣志》。

范邦甸等《天一閣書目・地理類》 《閿鄉縣志》十卷。刊本。明嘉靖李應奎撰，邵演後序。

[萬曆]閿鄉縣志

祁承㸁《澹生堂藏書目・圖志・邑志》 《閿鄉縣志》。二册。

[隆慶]澠池縣志

趙琦美《脈望館書目・史・河南・河南府》 《沔池志》二本。

祁承㸁《澹生堂藏書目・圖志・邑志》 《沔池縣志》。二册。

張萱等《内閣藏書目録・志乘部・河南》 《澠池縣志》。一册。全。隆慶丁卯，學博蒲汝寬修。

黄虞稷《千頃堂書目・地理類上》 蒲汝寬《澠池縣志》。隆慶丁卯修。學博。

偃師縣志

晁瑮《晁氏寶文堂書目・圖誌》 《偃師縣志》。

[弘治]偃師縣志

范邦甸等《天一閣書目・地理類》 《偃師縣志》二卷。藍絲闌鈔本。明弘治十七年魏津序，馮伯達後序。

[嘉靖]偃師縣志

趙琦美《脈望館書目・史・河南・河南府》 《偃師縣志》四本。又二本。

張萱等《內閣藏書目録・志乘部・河南》《偃師縣志》。四册。全。嘉靖甲子邑人高良棟修。

祁承㸁《澹生堂藏書目・圖志・邑志》《偃師縣志》四册。

黃虞稷《千頃堂書目・地理類上》高良棟《偃師縣志》。嘉靖甲子修。

[乾隆]偃師縣志

張之洞《書目答問・地理・附録國朝省志府州縣誌善本》《偃師志》。武億。

宜陽記

姚振宗《三國藝文志・地理類・總志郡縣》阮籍《宜陽記》。籍始末具經部易類。

宜陽縣志

晁瑮《晁氏寶文堂書目・圖誌》《宜陽縣志》。

祁承㸁《澹生堂藏書目・圖志・邑志》《宜陽縣志》二册。

[萬曆]永寧縣志

張萱等《內閣藏書目録・志乘部・河南》《永寧縣志》。一册。全。萬曆己丑，邑人田子堅修。

黃虞稷《千頃堂書目・地理類上》田子堅《永寧縣志》。萬曆己丑修。邑人。

[弘治]盧氏縣志

范邦甸等《天一閣書目・地理類》《盧氏縣志》八卷。刊本。明陶濬編輯，劉繼重脩，喬縉序。

張萱等《內閣藏書目録・志乘部・河南》《盧氏縣志》。二册。全。弘治十八年，邑令劉繼修。

祁承㸁《澹生堂藏書目・圖志・邑志》《盧氏縣志》二册。

黃虞稷《千頃堂書目・地理類上》劉繼《盧氏縣志》。弘治乙丑修。令。

弘農郡圖經

汪師韓《文選注引群書目録上・地理》《宏農郡圖經》。

章宗源《隋書經籍志考證・地理》《弘農郡圖經》。卷亡。不著録。《文選・西征賦》注：《弘農郡圖經》曰曹陽，桃林縣東十二里。

[正德以前]陝州志

都穆《南濠居士文跋》卷二《陝州志》。今之州邑，大率有志，予所見多矣。然往往彼此如一，冗雜可厭。近閲《陝州志》，而重有嘉焉。志修于知州事安福顔君德侔，其文辭雖簡，而事實不遺。蓋有得乎古人叙事之法，使志州邑者而皆若是，是可謂之志矣。余向以使事道陝得識顔君，知爲賢守，今復觀此，蓋信其爲守之賢不可及也。州故召公聽政之所《甘棠》遺愛，至今猶存斯志也。雖與召公之《棠》并傳于世可也。

[萬曆]陝州志

張萱等《内閣藏書目録・志乘部・河南》《陝州志》。二册。全。萬曆壬午，邑人王承蕙修。

黄虞稷《千頃堂書目・地理類上》王承蕙《陝州志》。萬曆壬午修。令。

陝州志

黄虞稷《千頃堂書目・地理類上》程緒《陝州志》十卷。

《明史・藝文志・地理類》程緒《陝州志》十卷。

[嘉靖]新安縣志

張萱等《内閣藏書目録・志乘部・河南》《新安縣志》。二册。全。嘉靖乙丑，邑令王訓修。

黄虞稷《千頃堂書目・地理類上》王訓《新安縣志》。嘉靖乙丑修。令。

湖北省

荆州文學記官志

顧懷三《補後漢書藝文志・輿地類》王粲《荆州文學記官志》。

南雍州記

《隋書・經籍志・地理》《南雍州記》六卷。鮑至撰。

《新唐書・藝文志・地理類》鮑堅《南雍州記》三卷。

鄭樵《通志・藝文略・地里・郡邑》《南雍州記》三卷。鮑堅撰。

南雍州記

《舊唐書・經籍志・地理》《南雍州記》三卷。郭仲彦撰。

李昉《太平御覽經史圖書綱目》郭仲産《南雍州記》。又《南雍州記》。

章宗源《隋書經籍志考證・地理》《南雍州記》。卷亡。郭仲産撰。不著録。

《太平寰宇記》：山南東道，穰縣石橋，水汚爲池，出靈龜，如金縷；又云，武當山廣三四百里，干霄出霧，學道者常百數，相繼不絶，並引郭仲産《南雍州記》。《史記・韓世家》正義：穰，楚之别邑，秦初侵楚，封公子悝爲穰侯，後屬韓，秦昭王取之，此稱郭仲雍記。雍當作産。

荆湖北路圖經

鄭樵《通志・藝文略・地里・圖經》《荆湖北路圖經》六十三卷。

襄沔記

《新唐書・藝文志・地理類》吳從政《襄沔記》三卷。

鄭樵《通志・藝文略・地里・郡邑》《襄沔記》三卷。唐吳從政撰。

陳振孫《直齋書録解題・地理類》《襄沔記》三卷。唐吳從政撰。删宗懍《荆楚歲時記》、盛宏之《荆州記》、鄒閎甫《楚國先賢傳》、習鑿齒《襄陽耆舊傳》、郭仲産《襄陽記》、鮑堅《南雍州記》集成此書，其紀襄、漢事迹詳矣。景龍中人，自號棲閑子。

馬端臨《文獻通考・經籍考・地理》《襄沔記》三卷。

《宋史・藝文志・地理類》吴從政《襄沔雜記》三卷。

錢東垣等輯《崇文總目輯釋・地理類》《襄沔記》三卷。吴從政撰。繹按：《宋志》記上有襍字。

荆南地志

《隋書・經籍志・地理》《荆南地志》二卷。蕭世誠撰。

李昉《太平御覽經史圖書綱目》蕭[世]誠《荆南志》。

《新唐書・藝文志・地理類》梁元帝《荆南地志》二卷。

鄭樵《通志・藝文略・地里・郡邑》《荆南地志》二卷。梁元帝撰。

姚振宗《隋書經籍志考證・地理類》《荆南地志》二卷。蕭世誠撰。蕭世誠，梁元帝姓字也。有《漢書》注，見正史類《金樓子・著書篇》、《荆南志》一秩二卷，金樓自撰。《梁書・本紀》所著《荆南志》一卷，《南史・本紀》、《荆南地記》一卷。《唐書・藝文志》：梁元帝《荆南地志》二卷。章氏考證：《太平御覽》地部：華容方臺山，山出雲母，土人候雲所出處，于下掘取，無不大獲，此引蕭世誠《荆南志》。又高沙湖一事，枝江縣一事，《寰宇記》山南東道，四事並引《荆南志》，又石首縣陽岐山一事，《御覽》稱《荆南記》。

荆州記

沈家本《續漢書志注所引書目・地理》《荆州記》。郡國四。詳二編。

荆州土地

章宗源《隋書經籍志考證・地理》《荆州土地志》。卷亡。不著録。《藝文類聚》舟車部：桓宣穆遣人尋廬山上有一湖，中有敗艑；菓部：宜都出大枇杷，並引《荆州土地志》，不著撰名。

荆州記

《新唐書・藝文志・地理類》郭仲産《荆州記》二卷。

鄭樵《通志・藝文略・地里・郡邑》《荆州記》二卷。郭仲産撰。

荆州記

章宗源《隋書經籍志考證・地理》《荆州記》。卷亡。劉澄之撰。不著録。《初學記・地部》：劉澄之《荆州記》曰，華容縣東南有雲夢澤，一名巴丘湖，荆州之藪也。

荆州記

《隋書・經籍志・地理》《荆州記》三卷。宋臨川王侍郎盛弘之撰。

鄭樵《通志・藝文略・地里・郡邑》《荆州記》三卷。宋盛宏之撰。

汪師韓《文選注引群書目録上・地理》任宏之《荆州記》。

姚振宗《隋書經籍志考證・地理類》《荆州記》三卷。宋臨川王侍郎盛弘之撰。盛弘之始末未詳。《通典》州郡門序曰：凡言地理者多矣，在辨區域，徵因革、知要害，察風土，纖介畢書，樹石無漏，盈盈百軸，豈所謂撮機要者乎。如誕而不經，偏記雜説，何暇編舉，注曰，謂辛氏《三秦記》、常璩《華陽國志》、羅含《湘中記》、盛弘之《荆州記》之類，皆自述鄉國靈怪，人賢物盛，參以他書，則多紕謬，既非通論，不暇取之矣。章氏考證：弘之書見引最多，《文選》注：《初學記》、《藝文類聚》、《太平御覽》皆引之。如《藝文・居處部》：穀城門石人腹銘曰，摩兜鞬慎莫言。《御覽・文部》：冠軍縣張唐墓碑背曰，白楸之棺，易朽之裳，銅錢不入，瓦器不藏，嗟矣後人，幸勿見傷。並出弘之《荆州記》。

荆州記

章宗源《隋書經籍志考證・地理》《荆州記》。卷亡，庾仲雍撰。不著録。《文選》郭景純《遊仙詩》注：大城西有靈谿水，臨沮縣有青溪山；張景陽《雜詩》注：有北有四關，魯陽伊闕之屬也；《藝文類聚》居處部：秭歸縣有屈原宅，女須廟，擣衣石猶存。《太平御覽・居處部》同。地部：巴楚有明月峽、廣德峽、東突峽，今謂之巫峽、秭歸峽、歸鄉峽。並引庾仲雍《荆州記》。

文廷式《補晉書藝文志・地志類》庾仲雍《荆州記》。

荆州記

文廷式《補晉書藝文志・地志類》范汪《荆州記》。《初學記》、《類聚》、《御覽》諸書多引之，或作「荆州記」，蓋涉汪字而誤。《書鈔》一百六引范汪《州記》云：舜葬九疑，民俗始作韶歌，孔校云，疑是《荆州記》。

章宗源《隋書經籍志考證・地理》《荆州記》。卷亡。范汪撰。不著録。《史記・五帝紀》正義：丹水縣在丹川，堯子朱所封也；《藝文類聚・居處部》：宛有三女樓，伍子胥宅，又云：安昌里有光武宅，枕白水。所謂龍飛白水也；《太平御覽・服用部》：安成郡，今屬江州，出桃枝，席獸部：夷陵縣峽口，猿鳴至清遠，並引范汪《荆州記》。

[萬曆]湖廣總志

趙琦美《脈望館書目・史・湖廣》《湖廣總志》。四十本。

王圻《續文獻通考・經籍考・地理》《湖廣通志》。副使魏裳著。裳，蒲圻人。

徐𤊹《徐氏家藏書目・湖廣省》《湖廣總志》九十八卷。

張萱等《内閣藏書目録・志乘部・湖廣》《湖廣總志》。四十册。全。萬曆丙子，徐學謨、魏裳等同修。

祁承㸁《澹生堂藏書目・圖志・通志》《湖廣總志》。四十册。九十八卷。

黄虞稷《千頃堂書目・地理類中》徐學謨《湖廣總志》九十八卷。内閣目萬曆丙子徐學謨、魏裳等同修。

《明史・藝文志・地理類》魏裳《湖廣通志》九十八卷。

《四庫全書總目提要・地理類存目三・都會郡縣》[萬曆]《湖廣總志》九十八卷。兩淮鹽政採進本。明徐學謨撰。學謨有《春秋億》，已著録。學謨四任湖廣，習其故事。此其萬曆中爲左布政使時作也。不以州郡分卷，惟以事類編輯，分三十二門，命曰總志。其削去各志所書禮樂一門，紀事一門，以會典通行，不爲一地而設，國史事祕，本非外臣所窺，其論亦頗有裁制。然通行之典制，本不專繫於一地，删之可也。至於朝廷政令專爲一地而發者，有詔諭可稽，有奏議可考，亦有案牘可尋，實不待披求國史，然後能知。此則欲省編輯之力，姑爲託詞者矣。

[嘉靖]湖廣通志

范邦甸等《天一閣書目・地理類》《湖廣通志》二十卷。刊本。明嘉靖元年山陰薛綱脩，東湖吴廷舉續編。

湖廣通志

朱睦㮮《萬卷堂書目・地志》《湖廣通志》二十卷。劉武臣。

湖廣通志

黄虞稷《千頃堂書目・地理類中》張天復《湖廣通志》。

〔雍正〕湖廣通志

《四庫全書總目提要・地理類一・都會郡縣》《湖廣通志》一百二十卷。通行本。國朝總督湖廣等處地方兵部尚書兼都察院右副都御史邁柱等監修。楚中輿記見於前史者，如盛宏之《荆州記》，庾仲雍《湘州記》、《漢水記》，梁元帝《荆南地誌》，郭仲彦《湘州記》、《湘州副圖記》，陶岳《零陵總記》，韋宙《零陵録》，范致明《巴陵古今記》，吴從政《襄沔記》，類多湮没不傳，即傳者亦殘闕失次。魏裳《湖廣通志》，廖道南《楚大紀》，陳士元《楚故略》出自近代，又往往闕漏冗雜，不足依據。是志成於雍正十一年，乃邁柱及湖北巡撫德齡、湖南巡撫趙宏恩奉詔纂輯。以湖南、湖北合爲一書，與《江南通志》合上江下江爲一者，體例相同。大致據康熙甲子舊志爲本，而以類附益之。其目或增或併，總爲三十一門，又附見者十三門，人物門内又别爲四子目，條分縷析，按籍可稽。惟長沙遠隔洞庭，當時開局武昌，採訪未周，故所載稍略，不及湖北之詳備云。

〔嘉慶〕湖北通志未成稿

張之洞《書目答問・地理・附録國朝省志府州縣誌善本》《湖北通志》。章學誠原稿。

武漢市

武昌記

李昉《太平御覽經史圖書綱目》 史苓《武昌記》。

章宗源《隋書經籍志考證・地理》《武昌記》。卷亡。史筌撰。不著録。《水經・江水注》：樊口南有大姥廟，孫權嘗獵於山下，得一豹，見一姥問是，何不豎豹尾。《太平御覽・天部》：武城東有金牛崗，西有石鼓山，上有三石鼓，鳴必天雨。時序部，樊山東有小溪，盛夏常有寒氣，故謂之寒溪。並引《武昌記》，不著撰名。《北堂書鈔・武功部》，武昌有峴山，欲陰雨，上有聲如吹角，此稱史筌《武昌記》。《御覽・兵部》，峴山作龍山，稱史岑《武昌記》。

武昌府志

楊士奇等《文淵閣書目・舊志》《武昌府志》。二册。又《武昌府志》二册。

湖廣武昌府志

楊士奇等《文淵閣書目・新志》《湖廣武昌府志》。一册。

〔萬曆〕武昌府志

張萱等《内閣藏書目録・志乘部・湖廣》《武昌府志》。六册。全。萬曆癸巳，郡人郭正域等修。

黄虞稷《千頃堂書目・地理類中》 郭正域、丁應泰《武昌府志》六卷。萬曆癸巳修。郡人。

《明史・藝文志・地理類》 郭正域《武昌府志》六卷。

武昌志

趙希弁《讀書附志・地理類》《武昌志》三十卷。右郡守古括王信所修也，詩文附焉。

陳振孫《直齋書録解題・地理類》《武昌志》三十卷。郡守括蒼王信成之命教授許中應等撰。

馬端臨《文獻通考・經籍考・地理》《武昌志》三十卷。

[嘉靖]漢陽府志

范邦甸等《天一閣書目・地理類》《漢陽府志》三卷。刊本。明嘉靖丙午戴金撰，賈應春後序。

張萱等《内閣藏書目録・志乘部・湖廣》《漢陽府志》。四册，全。嘉靖丙午，邑人朱衣修。

黄虞稷《千頃堂書目・地理類中》朱衣《漢陽府志》十卷。嘉靖丙午修。郡人。

《明史・藝文志・地理類》朱衣《漢陽府志》三卷。

漢陽府志

祁承㸁《澹生堂藏書目・圖志・郡志》《漢陽府志》六册。十二卷。秦聚奎修。

漢陽府志

楊士奇等《文淵閣書目・新志》《漢陽府志》。又《漢陽府志》。

漢陽縣志

楊士奇等《文淵閣書目・舊志》《漢陽縣志》。一册。

江夏圖經

李昉《太平御覽經史圖書綱目》《江夏圖經》。

江夏記

李昉《太平御覽經史圖書綱目》《江夏記》。

江夏志

黄虞稷《千頃堂書目・地理類中》顔文選郭正域《江夏志》。

[萬曆]黄陂縣志

張萱等《内閣藏書目録・志乘部・湖廣》《黄陂縣志》。一册。全。萬曆辛卯修，莫詳姓氏。

黄虞稷《千頃堂書目・地理類中》□□□《黄陂縣志》。萬曆間修。

孝感地區

孝感縣志

趙琦美《脈望館書目・史・湖廣・德安府》《孝感縣志》四本。

[嘉靖]應山縣志

范邦甸等《天一閣書目・地理類》《應山縣志》二卷。刊本。明嘉靖十九年陳之良撰，顏木序。

黃虞稷《千頃堂書目・地理類中》王朝璲《應山縣志》三卷。

鄖城志

陳振孫《直齋書録解題・地理類》《鄖城志》十二卷。教授傅巖撰。慶元戊午，太守李楫。

馬端臨《文獻通考・經籍考・地理》《鄖城志》十二卷。

《宋史・藝文志・地理類》傅巖《鄖城志》十二卷。

德安州志

楊士奇等《文淵閣書目・舊志》《德安州志》。二册。

德安府志

楊士奇等《文淵閣書目・新志》《德安府志》。

趙琦美《脈望館書目・史・湖廣・德安府》《德安府志》。三本。

[正德]德安府志

范邦甸等《天一閣書目・地理類》《德安府志》十二卷。刊本。明正德十二年李夢陽序。

祁承㸁《澹生堂藏書目・圖志・郡志》《德安府志》四册。十二卷。

[萬曆]德安府志

張萱等《内閣藏書目録・志乘部・湖廣》《德安府志》。五册。萬曆庚寅陳士元修。

黃虞稷《千頃堂書目・地理類中》陳士元《德安府志》。萬曆庚寅修。

安陸州志

楊士奇等《文淵閣書目・新志》《安陸州志》。

[正德]安陸州志

朱睦㮮《萬卷堂書目・地志》《安陸州志》十四卷孫交。

黃虞稷《千頃堂書目・地理類中》孫交《安陸州志》二十卷。正德間修。

雲夢志

趙琦美《脈望館書目・史・湖廣・德安府》《雲夢志》二本。

黃岡地區

黃州圖經

陳振孫《直齋書録解題・地理類》《黃州圖經》四卷、《附録》一卷。李宗諤祥符所修《圖經》，亦頗有後人附益者。郡守李訦又以近事爲《附録》焉。訦，參政邴漢老之子也。

馬端臨《文獻通考・經籍考・地理》《黄州圖經》四卷。《附録》一卷。

《宋史・藝文志・地理類》李說《黄州圖經》五卷。

齊安志

陳振孫《直齋書録解題・地理類》《齊安志》二十卷。郡守吕昭問俾教授厲居正重修。慶元己未也。

馬端臨《文獻通考・經籍考・地理》《齊安志》二十卷。

《宋史・藝文志・地理類》厲居正《齊安志》二十卷。

黄州圖志

楊士奇等《文淵閣書目・舊志》《黄州圖志》。一册。

黄州府志

楊士奇等《文淵閣書目・舊志》《黄州府志》。二册。

楊士奇等《文淵閣書目・新志》《黄州府志》。

[弘治]黄州府志

范邦甸等《天一閣書目・地理類》《黄州府志》十卷。刊本。明弘治庚申，傅瀚撰。

黄虞稷《千頃堂書目・地理類中》舒旌《黄州府志》十卷。

《明史・藝文志・地理類》舒旌《黄州府志》十卷。

[萬曆]黄州府志

張萱等《内閣藏書目録・志乘部・湖廣》《黄州府志》。三册。全。萬曆乙亥，郡人周思久修。

黄虞稷《千頃堂書目・地理類中》周思久《黄州府志》。萬曆乙亥修。郡人。

[萬曆]黄岡縣志

黄虞稷《千頃堂書目・地理類中》□□□《黄岡縣志》十卷。萬曆間修。

[萬曆]黄安初乘

張萱等《内閣藏書目録・志乘部・湖廣》《黄安初乘》。二册。即《黄安縣志》。萬曆乙酉，邑令余相修。

黄虞稷《千頃堂書目・地理類中》余相《黄安初乘》。萬曆乙酉修。令。

[嘉靖]羅田縣志

張萱等《内閣藏書目録・志乘部・湖廣》《羅田縣志》。一册。全。嘉靖壬戌，黄州郡丞袁福徵修。

黄虞稷《千頃堂書目・地理類中》袁福徵《羅田縣志》。嘉靖壬戌修。黄州郡丞。

[嘉靖]羅田縣志

范邦甸等《天一閣書目・地理類》《羅田縣志》八卷。刊本。明知縣祝翊纂并序。

[嘉靖]蘄水縣志

范邦甸等《天一閣書目・地理類》《蘄水縣志》四卷。刊本。明何瑞纂脩，嘉靖丁未胡仲詰序。

[萬曆]蘄水縣志

張萱等《內閣藏書目録・志乘部・湖廣》《蘄水縣志》。二册，全。萬曆間縣令閻士選修。

黄虞稷《千頃堂書目・地理類中》閻士選《蘄水縣志》。萬曆間修。令。

蘄春志

《宋史・藝文志・地理類》陸峻、丁光遠《蘄春志》十卷。

蘄州志

楊士奇等《文淵閣書目・舊志》《蘄州志》。二册。

[嘉靖]蘄州志

范邦甸等《天一閣書目・地理類》《蘄州志》九卷。刊本。明甘澤纂脩嘉靖八年吴稷序。

黄虞稷《千頃堂書目・地理類中》甘澤《蘄州志》九卷。

《明史・藝文志・地理類》甘澤《蘄州志》九卷。

[嘉靖]重修蘄州志

張萱等《內閣藏書目録・志乘部・湖廣》《蘄州志》。三册。全。嘉靖間湖廣僉憲翁學淵修。

黄虞稷《千頃堂書目・地理類中》翁學淵《蘄州志》十二卷。嘉靖間修。僉事。又王儼、陳吉言、郝守正《蘄州志》十二卷。

梅川志

趙希弁《讀書附志・地理類》《梅川志》三卷。右寶慶丙戌重修。清江張洽序。

[萬曆]黄梅縣志

張萱等《內閣藏書目録・志乘部・湖廣》《黄梅縣志》。一册，全。萬曆癸未黄州司理曾維倫修。

黄虞稷《千頃堂書目・地理類中》曾維倫《黄梅縣志》。萬曆癸未修。黄州司理。

後魏興國土地記

李昉《太平御覽經史圖書綱目》《後魏興國土地記》。

興國州志

楊士奇等《文淵閣書目・舊志》《興國州志》。一册。《興國州志》。一册。

興國州志

趙琦美《脈望館書目・史・湖廣・武昌府》《興國州志》二本。

[正統]嘉魚縣志

黄虞稷《千頃堂書目・地理類中》莫旦《嘉魚縣志》。

崇陽志

王圻《續文獻通考・經籍考・地理》《崇陽志》，嚴士真著。

黄虞稷《千頃堂書目・地理類下》嚴士真《崇陽志》。

倪燦等《補遼金元藝文志・地理類》嚴士真《崇陽志》。

錢大昕《補元史藝文志・地理類》嚴士真《崇陽志》。

崇陽志

黄虞稷《千頃堂書目・地理類中》陳洪烈《崇陽志》四卷。

蒲圻縣志

晁瑮《晁氏寶文堂書目・圖誌》《蒲圻縣志》。四。欠二。

趙琦美《脈望館書目・史・湖廣・武昌府》《蒲圻縣志》四本。

朱睦㮮《萬卷堂書目・地志》《蒲圻州志》四卷。廖道南。

黄虞稷《千頃堂書目・地理類中》魏裳《蒲圻縣志》四卷。

荆州地區

荆州圖經

李昉《太平御覽經史圖書綱目》《荆州圖經》。

荆州圖副記

章宗源《隋書經籍志考證・地理》《荆州圖副記》。卷亡。不著録。《水經・沔水注》：武當山形特秀，異於衆岳，亭亭遠出，藥食延年萃焉。此引《荆州圖副記》。《文選注》、《後漢書注》諸書所引或稱《荆州圖記》，或稱《荆州圖》。

荆州府志

楊士奇等《文淵閣書目・舊志》《荆州府志》。二册。

楊士奇等《文淵閣書目・新志》《荆州府志》。

[嘉靖]荊州府志

范邦甸等《天一閣書目・地理類》《荊州府志》十二卷。刊本。明嘉靖十一年，王寵懷纂脩，吉水何省安序。

朱睦㮮《萬卷堂書目・地志》《荊州府志》十(一)[二]卷。王寵懷。

黃虞稷《千頃堂書目・地理類中》王寵懷《荊州府志》十二卷。

《明史・藝文志・地理類》王寵懷《荊州府志》十二卷。

[萬曆]荊州府志

張萱等《内閣藏書目録・志乘部・湖廣》《荊州府志》。六册。全。萬曆甲午，教諭楊學淳修。

黃虞稷《千頃堂書目・地理類中》楊學淳《荊州府志》。萬曆甲午修。教諭。

沙陽志

楊士奇等《文淵閣書目・舊志》《沙陽志》。二册。

江陵記

章宗源《隋書經籍志考證・地理》《江陵記》。卷亡。伍端休記。不著録。《太平御覽》地部：州城北有楚平王冢，枝江斑竹崗又有平王冢，未知孰是，又云城西北有大林，春秋魯文公六年，楚大飢，戎師於大林，即此地也。又云州城東有曹公林，建安十三年，曹操師頓此林，因謂曹公林。並引伍端休《江陵記》。

荊門志

尤袤《遂初堂書目・地理類》《荊門志》。

《宋史・藝文志・地理類》王銖《荊門志》十卷。

楊士奇等《文淵閣書目・舊志》《荊門志》。一册。

重修荊門志

《宋史・藝文志・地理類》王棨《重修荊門志》十卷。

[正德]荊門州志

黃虞稷《千頃堂書目・地理類中》林球《荊門州志》十卷。

《明史・藝文志・地理類》林球《荊門州志》十卷。

荊門州志

黃虞稷《千頃堂書目・地理類中》劉春《荊門州志》。

安陸府志

楊士奇等《文淵閣書目・舊志》《安陸府志》。二册。

興都志由

晁瑮《晁氏寶文堂書目・圖誌》《興都志由》。

[嘉靖]興都志

黄虞稷《千頃堂書目・地理類中》 顧璘《興都志》二十四卷。

[嘉靖]承天大志

王圻《續文獻通考・經籍考・地理》《承天大志》。嘉靖癸亥年，世宗命儒臣張居正等纂修以進，賜名《興都承天府志》。

張萱等《内閣藏書目録・志乘部・湖廣》《承天大志》。四册。全。嘉靖間禮垣邱岳請修。上命儒臣分纂。凡四十卷。又十二册。全。

黄虞稷《千頃堂書目・地理類中》 徐階等修《承天大志》四十卷。

《明史・藝文志・地理類》《承天大志》四十卷。嘉靖中，顧璘修《興都志》二十四卷。世宗以其載獻帝事實，於志體例不合，詔徐階等重修。

[萬曆]承天府志

徐㶿《徐氏家藏書目・湖廣省》《承天府志》二十卷。孫文龍。

祁承㸁《澹生堂藏書目・圖志・郡志》《承天府志》。

黄虞稷《千頃堂書目・地理類中》（張居正）[孫文龍]等修興都《承天府志》二十卷。

富水志

《宋史・藝文志・地理類》 張孝曾《富水志》十卷。

漢東新志

黄虞稷《千頃堂書目・地理類中》 董之奇《漢東新志》。

京山縣志

趙琦美《脈望館書目・史・湖廣・承天府》《京山縣志》一本。

[嘉靖]京山縣志

張萱等《内閣藏書目録・志乘部・湖廣》《京山縣志》。四册。全。嘉靖庚申，邑人王格修。

黄虞稷《千頃堂書目・地理類中》 王格《京山縣志》。嘉靖庚申修，邑人。

[崇禎]京山縣志

黄虞稷《千頃堂書目・地理類中》 章聚奎《京山縣志》。崇禎間修。

景陵志

趙希弁《讀書附志・地理類》《景陵志》十四卷。右嘉定庚辰郡文學林英發修。詩文集録附焉。唐陸鴻漸、皮日休、陸龜蒙，皇朝朱昂、宋祁、晏殊、吴育、楊徽之、蘇紳、石延年、王禹偁、張耒諸公之作爲多。

《宋史・藝文志・地理類》林英發《景陵志》十四卷。

[嘉慶]景陵縣志

張萱等《内閣藏書目録・志乘部・湖廣》《景陵縣志》。二册。全。嘉靖庚申，邑令丘宜修。又一册。不全。

黄虞稷《千頃堂書目・地理類中》丘宣《景陵縣志》。嘉靖庚申修。令。

景陵縣志

黄虞稷《千頃堂書目・地理類中》袁福徵《景陵縣志》。

[乾隆]天門縣志

張之洞《書目答問・地理・附録國朝省志府州縣誌善本》《天門縣志》。章學誠。

金皋潛江縣志

朱睦㮮《萬卷堂書目・地志》《潛江縣志》。金皋。

潛江縣志

張萱等《内閣藏書目録・志乘部・湖廣》《潛江縣志》一册。莫詳編纂姓氏。

潛江縣志

黄虞稷《千頃堂書目・地理類中》吕枏《潛江縣志》四卷。

潛江縣志

黄虞稷《千頃堂書目・地理類中》劉楚先《潛江縣志》。

古沔志

《宋史・藝文志・地理類》史本《古沔志》一卷。

楊士奇等《文淵閣書目・舊志》《古沔志》。一册。

復州圖經

《宋史・藝文志・地理類》《復州圖經》三卷。

沔陽志

楊士奇等《文淵閣書目・舊志》《沔陽志》。二册。

沔陽州志

楊士奇等《文淵閣書目・舊志》 《沔陽州志》。

[嘉靖]沔陽縣志

范邦甸等《天一閣書目・地理類》 《安陸府沔陽縣志》十八卷。刊本。明嘉靖十年曾儲撰，童承序。

徐𤊹《徐氏家藏書目・湖廣省》 《沔陽州志》十八卷。曾儲。

黄虞稷《千頃堂書目・地理類中》 童承叙《沔陽縣志》十八卷。

《明史・藝文志・地理類》 童承叙《沔陽縣志》十八卷。

公安志

黄虞稷《千頃堂書目・地理類中》 袁宏道《公安志》。

[成化]公安縣志

黄虞稷《千頃堂書目・地理類中》 梁善《公安志》。

宜昌地區

宜都記

李昉《太平御覽經史圖書綱目》 《宜都記》。

章宗源《隋書經籍志考證・地理》 《宜都記》。卷亡。袁山松撰。不著録。《藝文類聚》地部：自西陵泝江西北行三十里，入峽口，其山週迴隱映，如絶復通，高山重嶂，非日中夜半不見日月也。《初學記》地部：對西陵南岸有山，其峯孤秀，自山南上至頂，俯臨大江如縈帶，視舟船如鳧雁，並引袁山松《宜都記》。《初學記》地部：郡西北陸行三十里有丹口，天晴山嶺忽有霧起，不過崇朝，雨必降。此稱《宜都山川記》。《北堂書鈔》天部：郡西北有丹山，天晴山嶺有霞忽起，此即《初學記》所引，而稱《宜都記》，省「山川」二字。《藝文類聚》獸部亦引《宜都山川記》。

夷陵圖經

李昉《太平御覽經史圖書綱目》 《夷陵圖經》。

黄環夷陵志

《宋史・藝文志・地理類》 黄環《夷陵志》六卷。

峽山路夷陵志

楊士奇等《文淵閣書目・舊志》 《峽山路夷陵志》。三册。

錢大昕《補元史藝文志・地理類》 《峽州路夷陵志》。三册。

夷陵志

楊士奇等《文淵閣書目・舊志》 《夷陵志》。五册。

峽州府夷陵志

楊士奇等《文淵閣書目・舊志》《峽州府夷陵志》。二册。

夷陵州志

祁承㸁《澹生堂藏書目・圖志・州志》《夷陵州志》一册。十卷。

黃虞稷《千頃堂書目・地理類中》張春《夷陵州志》十卷。

《明史・藝文志・地理類》張春《夷陵州志》十卷。

夷陵州志

黃虞稷《千頃堂書目・地理類中》俞彥《夷陵州志》。

宜都記

黃虞稷《千頃堂書目・地理類中》吴應台《宜都記》。荆州府人。叙州府同知。

[萬曆]當陽縣志

張萱等《内閣藏書目録・志乘部・湖廣》《當陽縣志》。二册。萬曆丙子，邑人任夢榛修。

黃虞稷《千頃堂書目・地理類中》任夢榛《當陽縣志》。萬曆丙子修。邑人。

[萬曆]宜都縣志

張萱等《内閣藏書目録・志乘部・湖廣》《宜都縣志》。□册。萬曆甲午，縣令姬世文修。

黃虞稷《千頃堂書目・地理類中》姬世文《宜都縣志》。萬曆甲午修。令。

枝江縣志

祁承㸁《澹生堂藏書目・圖志・邑志》《枝江縣志》。

古歸志

《宋史・藝文志・地理類》林仁伯《古歸志》十卷。

歸州郡志

楊士奇等《文淵閣書目・舊志》《歸州郡志》。一册。

歸州志

楊士奇等《文淵閣書目・舊志》《歸州志》。一册。

宜昌府歸州志

范邦甸等《天一閣書目・地理類》《宜昌府歸州志》八卷。刊本。明黄鈞纂，李嵩序。

[嘉靖]歸州志

范邦甸等《天一閣書目・地理類》《歸州志》四卷。刊本。明嘉靖四十三年鄭喬脩并序。

黄虞稷《千頃堂書目・地理類中》□□□《歸州志》五卷。嘉靖間修。

歸州秭歸縣志

楊士奇等《文淵閣書目・舊志》《歸州秭歸縣志》。二册。

巴東縣志

范邦甸等《天一閣書目・地理類》《巴東縣志》二卷。刊本。明陳經濟纂輯，何山校正，向文傑采訪，正德七年侯啟忠序。

[嘉靖]巴東縣志

范邦甸等《天一閣書目・地理類》《巴東縣志》三卷。明嘉靖辛亥楊培之纂脩，許周校刊，姜恩序。

鄖陽地區

開建鄖陽志

晁瑮《晁氏寶文堂書目・圖誌》《開建鄖陽志》一。

鄖陽府志

朱睦㮮《萬卷堂書目・地志》《鄖陽府志》八卷。任惟友。

[萬曆]鄖陽府志

張萱等《内閣藏書目録・志乘部・湖廣》《鄖陽府志》。六册。萬曆戊寅，滇人周紹稷修。

黄虞稷《千頃堂書目・地理類中》周紹稷《鄖陽府志》二十一卷。萬曆戊寅修。滇人。

《明史・藝文志・地理類》周紹稷《鄖陽府志》二十一卷。

[嘉靖]鄖臺志略

晁瑮《晁氏寶文堂書目・圖誌》《鄖臺志略》。

黄虞稷《千頃堂書目・地理類中》葉熙《鄖臺志》九卷。慈溪人。嘉靖間巡撫鄖陽時輯。（吴補）

[萬曆]鄖臺縣志

徐𤊹《徐氏家藏書目·湖廣省》《鄖臺志》十卷。裴應章。

黃虞稷《千頃堂書目·地理類中》(張)[裴]應章《鄖臺志》十卷。(盧補)

房州圖志

陳振孫《直齋書録解題·地理類》《房州圖志》三卷。郡守毗陵陳宇撰。

馬端臨《文獻通考·經籍考·地理》《房州圖志》三卷。

《宋史·藝文志·地理類》陳宇《房州圖志》三卷。

房縣志

黃虞稷《千頃堂書目·地理類中》陶釜《房縣志》六卷。

均州圖經

《宋史·藝文志·地理類》段子游《均州圖經》五卷。

均州志

范邦甸等《天一閣書目·地理類》《均州志》八卷。藍絲闌鈔本。明謝雍編纂，成化丁酉黨以平序，嘉靖甲寅魏尚純後序。

黃虞稷《千頃堂書目·地理類中》謝濉《均州志》八卷。

《明史·藝文志·地理類》謝濉《均州志》八卷。

上津縣志

張萱等《内閣藏書目録·志乘部·湖廣》《上津縣志》。一册。莫詳編纂姓氏，鈔本。

黃虞稷《千頃堂書目·地理類中》□□□《上津縣志》。

襄陽志

尤袤《遂初堂書目·地理類》《襄陽志》。

陳振孫《直齋書録解題·地理類》《襄陽志》四十卷。郡守朐山高夔命教授吳興劉宗、幕官上蔡任澇編纂。爲書既詳備，而刊刻亦精緻，圖志之佳者。

馬端臨《文獻通考·經籍考·地理》《襄陽志》四十卷。

《宋史·藝文志·地理類》劉宗《襄陽志》四十卷。

黃虞稷《千頃堂書目·地理類中》高夔《襄陽志》四十卷。

襄陽府志

楊士奇等《文淵閣書目·舊志》《襄陽府志》。一册。

[正統以前]襄陽府志

楊士奇等《文淵閣書目·新志》《襄陽府志》。

[天順]襄陽縣志

祁承㸁《澹生堂藏書目・圖志・邑志》《襄陽縣志》。四册。四卷。

[正德]襄陽府志

范邦甸等《天一閣書目・地理類》《襄陽府志》二十卷。刊本。明正德丁丑張邦奇序。

黄虞稷《千頃堂書目・地理類中》曹璘《襄陽府志》二十卷。

《明史・藝文志・地理類》曹璘《襄陽府志》二十卷。

襄陽府志

黄虞稷《千頃堂書目・地理類中》王復善《襄陽府志》十六卷。

[萬曆]襄陽府志

黄虞稷《千頃堂書目・地理類中》胡價《襄陽府志》四十二卷。萬曆間修。

張萱等《内閣藏書目録・志乘部・湖廣》《襄陽府志》。十二册。全。萬曆甲申，郡守吴道邇修。又十二册全。

黄虞稷《千頃堂書目・地理類中》吴道邇《襄陽府志》。萬曆甲申修。守。（吴補）

《四庫全書總目提要・地理類存目三・都會郡縣》《萬曆襄陽府志》五十一卷。兩淮鹽政採進本。不著撰人名氏。卷首宜城胡價序，稱郡守吴公勒成。凡爲目二十有六。明封襄藩於襄陽，故敘歷代藩封，別作《襄世家》一卷，於例應爾。至以孔子曾適楚國，遂於古蹟之外別出聖蹟一門，則冗碎甚矣。

隋州郡縣簿

鄭樵《通志・藝文略・地里・地理》《隋州郡縣簿》七卷。

隋州志

楊士奇等《文淵閣書目・舊志》《隨州志》。二册。

范邦甸等《天一閣書目・地理類》《隨志》二卷。刊本。明顔木撰。

徐𤊹《徐氏家藏書目・湖廣省》《隨志》二卷。德安府任德。

祁承㸁《澹生堂藏書目・圖志・州志》《隨州志》二册。二卷。

黄虞稷《千頃堂書目・地理類中》顔木《隨州志》二卷。

《明史・藝文志・地理類》顔木《隨州志》二卷。

《四庫全書總目提要・地理類存目二・都會郡縣》《隨志》二卷。安徽巡撫採進本。明顔木撰。木字維喬，應山人。正德丁丑進士。官亳州知州。《明史・文苑傳》附見王廷陳傳末。是志乃木罷歸後，隨州知州蓬溪任德屬木所作。上卷編年紀事，始自羲皇，迄於明代。下卷皆録詩文。雖以《隨志》爲名，而木籍隸應山，與隨接壤。《志》中所載，皆合二邑收之。其編年之例，全仿《春秋》經文，稱隨爲我，而以地之沿革、官之遷除，士之中鄉會試貢大學者案年紀載，皆地志未有之例也。史稱嘉靖十八年詔修《承天大志》，巡撫顧璘以王廷陳、顔木王格薦。書成不稱旨，賜銀幣而已。其書今未之見。觀於是志，亦約略可知矣。

宜城縣志

黄虞稷《千頃堂書目・地理類中》朱鴻儒《宜城縣志》二卷。

[正德]光化縣志

范邦甸等《天一閣書目・地理類》 《光化縣志》六卷。刊本。明正德，乙亥曹璘序。

黄虞稷《千頃堂書目・地理類中》 曹璘《光化縣志》。

湖南省

桂陽郡事

姚振宗《三國藝文志・地理類・總志郡縣》 楊元鳳《桂陽記》。《梁書・文學・劉杳傳》：杳在任昉坐，昉曰：酒有千日醉，當是虚言。杳云：桂陽程鄉有千里酒，飲之至家而醉，亦其例也。昉大驚曰：吾自當遺忘，實不憶此。杳云：出楊元鳳所撰置郡事。元鳳是魏代人，此書仍載其賦云：三重五品，商溪摽里，時即檢《楊記》，言皆不差。《南史》四十九劉懷珍附傳同。案：《續漢・郡國志》云：荆州桂陽郡，高帝置。考三國之初，是郡屬劉表，及曹操赤壁敗回，爲先主所得，後與孫權連和，分以與吴，自是遂爲吴地。楊元鳳始末未詳，當是吴魏間人。《隋經籍志》云：梁任昉增陸澄之書八十四家，爲《地記》二百五十二卷，此云「時即檢《楊記》」，殆即在昉所集八十四家中。

湘中記

李昉《太平御覽經史圖書綱目》 羅含《湘中記》。

焦竑《國史經籍志・地里・郡邑》 《湘川記》一卷。羅含。

章宗源《隋書經籍志考證・地理》 《湘中記》。卷亡。羅含撰。不著録。《水經・湘水注》：湘水之出於陽朔，則觴爲之，舟至洞庭，日月若出入於其中也。《續漢・郡國志》注：營、洮、雍、祁、宜春、烝、表、來、淥、連、(倒)[瀏]、(僞)[潙]、(泊)[汩]、資水皆注湘。《藝文類聚》山部：南陽劉遺民嘗遊衡山，行數十里有絶谷，不得前，遥望見三石囷，二囷閉，一囷開。《初學記》地理部：衡山、九疑皆有舜廟，太守至官，常遣户曹致敬修祀，則如有絃歌之聲。並引羅含《湘中記》。含字君章。《史記・屈賈列傳正義》：賈誼宅中有一井，傍有石牀，相承云誼所坐，此稱《湘水記》，不著撰名。

沈家本《續漢書志注所引書目・地理》 羅含《湘中記》。郡國四。《宋志》羅含《湘中山水記》三卷，《文選》引作《湘州記》者，傳寫誤也。

湘中記

鄭樵《通志・藝文略・地里・郡邑》 《湘中記》一卷。

《宋史・藝文志・地理類》 《湘中記》一卷。

楊士奇等《文淵閣書目・舊志》 《湘中記》。一册。

錢東垣等輯《崇文總目輯釋・地理類》 《湘中記》一卷。《宋志》不著撰人。

湘中記

焦竑《國史經籍志・地里・郡邑》 《湘中記》一卷。張譖。

湘中新記

鄭樵《通志・藝文略・地里・郡邑》 《湘中新録》七卷。周衡撰。

《宋史・藝文志・地理類》 周衡《湘中新記》七卷。

[乾隆]湖南通志

《四庫全書總目提要・地理類存目三・都會郡縣》《湖南通志》一百七十四卷。通行本。國朝大學士陳宏謀等監修。湖南省治即唐之武安軍，原與荆鄂兼立節鎮。宋代亦分荆湖南北兩路。至明代始併隸湖廣布政使，而幅幁廣闊，形勢各殊。本朝康熙三年，始析置湖南布政司，以控制嶺嶠。其後修通志者，仍合湖南北爲一編。又書局開於武昌，未免詳近而略遠。故湖南事蹟，未能賅備。乾隆二十一年，宏謀巡撫湖南，因與藩臬諸臣創修此志，以補其闕，共分三十七門。其中如山川一門，全志每縣祇載數條，此則分列方隅。職官一門，全志文職至知府，武職至遊擊而止，此則同知、通判、守備具録無遺。選舉一門，全志詳文而略武，此則兩途竝登。故所載雖止九府四州，而卷帙則較全志贏幾十之四五云。

荆湖南路圖經

鄭樵《通志・藝文略・地里・圖經》《荆湖南路圖經》三十九卷。

焦竑《國史經籍志・地里・圖經》《荆湖南路圖經》三十九卷。

長沙市

湘州記

《隋書・經籍志・地理》《湘州記》三卷。庾仲雍撰。

文廷式《補晉書藝文志・地志類》 庾仲雍《湘洲記》二卷。章宗源《考證》曰：《初學記》天部：零陵山有石燕，地理部：應陽縣蔡子池南有石臼，云是蔡倫舂紙石。並引庾仲雍《湘洲記》。《御覽》地部：君山昔秦皇欲入湘，觀衡山，遇風浪至此山而免。此稱庾穆之《湘州記》。

湘中記

文廷式《補晉書藝文志・地志類》 庾仲雍《湘中記》。《藝文類聚》山部引此書曰：桂陽郴縣東北有馬嶺山，蘇耽所栖遊處，因而得仙，後見耽乘白馬還此，山因名馬嶺。

湘州記

《新唐書・藝文志・地理類》《湘州記》四卷。

鄭樵《通志・藝文略・地里・郡邑》《湘州記》四卷。

佚名《新唐書藝文志注・地理》《湘州記》四卷。《隋志》《湘州記》二卷，庾仲雜撰。《殷芸小説》引庾穆之《湘州記》，似穆之即仲雍也。

湘州記

《隋書・經籍志・地理》《湘州記》一卷。郭仲産撰。

錢東垣等輯《崇文總目輯釋・地理類》《湘州記》一卷。郭仲彦撰。繹按，《舊唐志》有《湘州圖記》，不著撰人。《唐志》、《湘州記》四卷，亦不著撰人。《通志略》作羅含撰，此從《隋志》，舊本湘誤作相，今校改。

章宗源《隋書經籍志考證・地理》《湘州記》一卷。郭仲彦撰。《太平御覽》飲食部：衡陽縣東南有酃湖，土人取此水以釀酒，其味醇美。《寰宇記》嶺南道平樂縈山多曲竹，有木客形似小兒，歌哭行坐衣服，不異於人，言語亦可解，精別木理。並作郭仲産《湘州記》。

湘州記

李昉《太平御覽經史圖書綱目》 甄烈《湘州記》。

章宗源《隋書經籍志考證・地理》《湘州記》卷亡。甄烈撰。不著録。《太平御覽》地部：石鷰，山石形似鷰，大小如一，山明雲净，即翩翩飛翔。州郡部：荆大明中，望氣者云，湘東有天子氣，遣日者巡視，斬岡以厭之。並引甄烈《湘州記》。

湘州圖記

《舊唐書・經籍志・地理》《湘州圖記》一卷。

湘州圖副記

《隋書・經籍志・地理》《湘州圖副記》一卷。

《新唐書・藝文志・地理類》《湘州圖副記》一卷。

鄭樵《通志・藝文略・地里・郡邑》《湘州圖副記》一卷。

長沙圖經

李昉《太平御覽經史圖書綱目》《長沙圖經》。

[紹熙]長沙志

趙希弁《讀書附志・地理類》《長沙志》五十二卷。右紹興辛亥，帥趙善俊修而爲之序。

尤袤《遂初堂書目・地理類》《長沙志》。

陳振孫《直齋書録解題・地理類》《長沙志》五十二卷。郡守趙善俊以紹熙二年命教授褚孝錫等七人撰。時陳止齋將漕，相與攷訂商略，故序言當與《長樂志》並也。

馬端臨《文獻通考・經籍考・地理》《長沙志》五十二卷。

續長沙志

陳振孫《直齋書録解題・地理類》《續長沙志》十一卷。不著名氏。録紹興以後事。

馬端臨《文獻通考・經籍考・地理》《長沙續志》十一卷。

《宋史・藝文志・地理類》 褚孝錫《長沙志》十一卷。

長沙府志

楊士奇等《文淵閣書目・舊志》《長沙府志》。二十二册。《長沙府志》。十一册。《長沙府志》。三册。

長沙圖志

楊士奇等《文淵閣書目・舊志》《長沙圖志》。十九册。

長沙府志

楊士奇等《文淵閣書目・新志》《長沙府志》。

［嘉靖］長沙府志

范邦甸等《天一閣書目・地理類》《長沙府志》六卷。刊本。明嘉靖十二年徐一鳴撰，新安潘鎰序。

范邦甸等《天一閣書目・地理類》《長沙縣志》六卷。刊本。明知縣潘鎰脩并序。

徐𤊹《徐氏家藏書目・湖廣省》《長沙府志》六卷。

祁承㸁《澹生堂藏書目・圖志・郡志》《長沙府志》六册。六卷。

黄虞稷《千頃堂書目・地理類中》張治《長沙府志》六卷。

《明史・藝文志・地理類》張治《長沙府志》六卷。

［萬曆］長沙府志

張萱等《内閣藏書目録・志乘部・湖廣》《長沙府志》。八册。全。萬曆癸巳，郡守吴道行修。

黄虞稷《千頃堂書目・地理類中》吴道行《長沙府志》。萬曆癸巳修。守。

岳陽志甲

陳振孫《直齋書録解題・地理類》《岳陽志甲》二卷。甲集建安馬子嚴莊父、郡守。

馬端臨《文獻通考・經籍考・地理》《岳陽志甲》二卷。

《宋史・藝文志・地理類》馬子嚴《岳陽志》二卷。

岳陽志乙

陳振孫《直齋書録解題・地理類》《岳陽志乙》三卷。乙集永嘉張聲道、聲之所修，皆郡守也。

馬端臨《文獻通考・經籍考・地理》《岳陽乙》三卷。

岳陽郡志

晁瑮《晁氏寶文堂書目・圖誌》《岳陽郡志》。元刻。

黄虞稷《千頃堂書目・地理類下》《岳陽郡志》。不知撰人。

岳州志

楊士奇等《文淵閣書目・舊志》《岳州志》。一册。《岳州志》。一册。

岳州府志

楊士奇等《文淵閣書目・新志》《岳州府志》。

岳州并屬縣圖志

楊士奇等《文淵閣書目・新志》《岳州府并屬縣圖志》。

[弘治]岳州府志

范邦甸等《天一閣書目·地理類》《岳州府志》十卷。刊本。明劉璣編次，顔公輔校正，弘治元年張元禎序。

祁承㸁《澹生堂藏書目·圖志·郡志》《岳州府志》五册。十卷。

黄虞稷《千頃堂書目·地理類中》劉璣《岳州府志》十卷。

《明史·藝文志·地理類》劉璣《岳州府志》十卷。

[隆慶]岳州府志

范邦甸等《天一閣書目·地理類》《岳州府志》十六卷。刊本。明同知鍾崇文纂脩，方啟參訂胥焯考校。

張萱等《内閣藏書目録·志乘部·湖廣》《重修岳州府志》六册。隆慶壬申，郡人參政方啟參修。

黄虞稷《千頃堂書目·地理類中》鍾崇文《岳州府志》十八卷。

又 方啓《岳州府志》。隆慶壬申修。郡人。參政。

[萬曆]臨湘縣志

張萱等《内閣藏書目録·志乘部·湖廣》《臨湘縣志》。四册。全。萬曆己丑，縣令張明孺修。

黄虞稷《千頃堂書目·地理類中》張明儒《臨湘縣志》。萬曆乙丑修。令。

平江縣志

趙琦美《脈望館書目·史·湖廣·岳州府》《平江縣志》二本。

湘陰縣志

楊士奇等《文淵閣書目·舊志》《湘陰志》。二册。

[嘉靖]湘陰縣志

徐𤊹《徐氏家藏書目·湖廣省》《湘陰縣志》二卷。嘉靖甲寅張燈修。

黄虞稷《千頃堂書目·地理類中》張燈《湘陰縣志》二卷。

湘陰古羅志

楊士奇等《文淵閣書目·舊志》《湘陰古羅志》。二册。

大荆驛志

黄虞稷《千頃堂書目·地理類下》趙文琪《大荆驛志》二卷。

[康熙]華容縣志

黄虞稷《千頃堂書目·地理類中》孫羽侯《華容縣志》七卷。

湘潭地區

湘潭志

楊士奇等《文淵閣書目・舊志》《湘潭志》。一册。

[萬曆]湘潭縣志

黄虞稷《千頃堂書目・地理類中》 李騰芳《湘潭縣志》。

瀏川志

楊士奇等《文淵閣書目・舊志》《瀏川志》。一册。

瀏陽縣志

趙琦美《脈望館書目・史・湖廣・長沙府》《瀏陽縣志》一本。

渌江志

趙希弁《讀書附志・地理類》《渌江志》十二卷。右嘉定中邑令張耕修。

楊士奇等《文淵閣書目・舊志》《渌江志》。一册。

攸縣志

楊士奇等《文淵閣書目・舊志》《攸縣志》。一册。

茶陵志

晁瑮《晁氏寶文堂書目・圖誌》《茶陵志》二。

[嘉靖]茶陵州志

范邦甸等《天一閣書目・地理類》《茶陵州志》二卷。刊本。明嘉靖四年夏良勝序。

[嘉靖]古酃志

張萱等《内閣藏書目録・志乘部・湖廣》《古酃志》。三册。全。即《酃縣志》。嘉靖五年，縣令易宗周修。

黄虞稷《千頃堂書目・地理類中》 易宗周《古酃志》。嘉靖丙戌修。令。即酃縣志。

郴江志

尤袤《遂初堂書目・地理類》《郴江志》。

郴州舊志

楊士奇等《文淵閣書目・舊志》《郴州志》。二册。《郴州志》。二册。

郴州新志

楊士奇等《文淵閣書目・新志》《郴州志》。

［萬曆］郴州志

范邦甸等《天一閣書目・地理類》《郴州志》二十卷。刊本。明萬曆丙子胡漢纂脩，黄尚明序。

張萱等《内閣藏書目録・志乘部・湖廣》《郴州志》。四册。全。萬曆丙子，州守胡漢修。

黄虞稷《千頃堂書目・地理類中》胡漢《郴州志》。萬曆丙子修。守。

郴州志

趙琦美《脈望館書目・史・湖廣・永州府》《郴州志》一本，又二本。

王心郴州志

黄虞稷《千頃堂書目・地理類中》王心《郴州志》六卷。

《明史・藝文志・地理類》王心《郴州志》六卷。

［萬曆］安仁縣志

張萱等《内閣藏書目録・志乘部・湖廣》《安仁縣志》。四册，全。萬曆癸未邑令賴霖修。

黄虞稷《千頃堂書目・地理類中》賴霖《安仁縣志》。萬曆癸未修。令。

桂州府并屬縣志

楊士奇等《文淵閣書目・新志》《桂州府并屬縣志》。四册。

桂陽圖志

《宋史・藝文志・地理類》鄭紳《桂陽圖志》六卷。

［宋］桂陽志

《宋史・藝文志・地理類》周端朝《桂陽志》五卷。

桂陽志

楊士奇等《文淵閣書目・舊志》《桂陽志》。三册。《桂陽志》。二册。

桂陽府志

楊士奇等《文淵閣書目・舊志》《桂陽府志》。二册。

[萬曆]桂陽州志

張萱等《内閣藏書目録・志乘部・湖廣》《桂陽州志》。四册，全。萬曆甲午，州守郭槩修。

黄虞稷《千頃堂書目・地理類中》郭槩《桂陽州志》。萬曆甲午修。守。

桂陽州志

張之洞《書目答問・地理・附録國朝省志府州縣誌善本》《桂陽州志》。今人。

[萬曆]耒陽縣志

張萱等《内閣藏書目録・志乘部・湖廣》《耒陽縣志》。二册。全。萬曆甲申，縣令婁九成修。

黄虞稷《千頃堂書目・地理類中》婁九成《耒陽縣志》。萬曆甲申修。令。

衡州圖經

尤袤《遂初堂書目・地理類》《衡州圖經》。

陳振孫《直齋書録解題・地理類》《衡州圖經》三卷。郡守三山孫德輿行之撰。嘉定戊寅刻。

馬端臨《文獻通考・經籍考・地理》《衡州圖經》三卷。

《宋史・藝文志・地理類》劉清之《衡州圖經》三卷。

衡州圖志

楊士奇等《文淵閣書目・舊志》《衡州圖志》。二册。

衡州府舊志

楊士奇等《文淵閣書目・舊志》《衡州府志》。二册。

衡州府新志

楊士奇等《文淵閣書目・新志》《衡州府志》。

[嘉靖]衡州府志

范邦甸等《天一閣書目・地理類》《衡州府志》九卷。刊本。明嘉靖丙申楊佩序。

徐𤊹《徐氏家藏書目・湖廣省》《衡州府志》九卷。楊佩。

黄虞稷《千頃堂書目・地理類中》楊佩《衡州府志》九卷。

《明史・藝文志・地理類》楊佩《衡州府志》九卷。

劉黻衡州府志

朱睦㮮《萬卷堂書目・地志》《衡州府志》九卷。劉黻。

[萬曆]衡州府志

張萱等《内閣藏書目録・志乘部・湖廣》《衡州府志》。十三册。全。萬曆癸巳，郡守陸志孝修。

黄虞稷《千頃堂書目・地理類中》陸志孝《衡州府志》。萬曆癸巳修。守。

[萬曆]衡州府志

《四庫全書總目提要・地理類存目三・都會郡縣》[萬曆]《衡州府志》十五卷。兩淮鹽政採進本。明伍讓撰。讓衡陽人。萬曆甲戌進士。官至貴州提學僉事。是志成於萬曆乙酉，舊本簽題弘治《衡州府志》，誤也。凡十一門，又各有附録。然如併天文於地理，用《漢書》例可也。統詞章於學校，是何例乎？其沿革門云：宋元嘉中以衡陽湘東爲王國。不知宋時祇衡陽國爲衡州地。又云唐天寶元年改爲衡陽郡。不知先已改衡山郡。大抵草略成編耳。

祁承㸁《澹生堂藏書目・圖志・郡志》《衡州府志》。三册。九卷。

[萬曆]衡山縣志

趙琦美《脈望館書目・史・湖廣・衡州府》《衡山縣志》二本。

黄虞稷《千頃堂書目・地理類中》王三畏《衡山縣志》。萬曆戊子修。令。

張萱等《内閣藏書目録・志乘部・湖廣》《衡山縣志》。二册。全。萬曆戊子，縣令王三畏修。

[萬曆]常寧縣志

張萱等《内閣藏書目録・志乘部・湖廣》《常寧縣志》。二册。全。萬曆丙子，郡人曾喬修。

黄虞稷《千頃堂書目・地理類中》曾喬《常寧縣志》。萬曆丙子修。郡人。

[萬曆]祁陽縣志

張萱等《内閣藏書目録・志乘部・湖廣》《祁陽縣志》。三册。全。萬曆乙亥邑人鄧球修。

黄虞稷《千頃堂書目・地理類中》鄭球《祁陽縣志》二册。邑人。萬曆乙亥修。

浯溪志

王士禛《漁洋書跋》《浯溪志》。祁陽浯溪。

零陵地區

零陵録

《新唐書・藝文志・地理類》韋宙《零陵録》一卷。

鄭樵《通志・藝文略・地里・郡邑》《零陵録》一卷。韋宙撰。

《宋史・藝文志・地理類》韋宙一作「寅」《零陵録》一卷。

零陵總記

《宋史・藝文志・地理類》 陶岳《零陵總記》十五卷。

鄭樵《通志・藝文略・地里・郡邑》 《零陵總記》十五卷。陶岳撰。

零陵記

晁公武《郡齋讀書志・地里類》 《零陵記》十五卷。袁本前志卷二下地理類第三十二。右皇朝陶岳撰。永州地里志也。今永州所部才三縣，其所録多連及數郡。自序云：「以其皆零陵舊地，故收之。」

馬端臨《文獻通考・經籍考・地理》 《零陵記》十五卷。

零陵志

《宋史・藝文志・地理類》 張埏《零陵志》十卷。

[嘉定]零陵志

《宋史・藝文志・地理類》 徐自明《零陵志》十卷。

陳振孫《直齋書録解題・地理類》 《零陵志》十卷。郡守徐自明嘉定己卯重修。

[洪武]永州府志

楊士奇等《文淵閣書目・新志》 《永州府志》。

永州十三志

晁瑮《晁氏寶文堂書目・圖誌》 《永州十三志》。

永州府志提綱

晁瑮《晁氏寶文堂書目・圖誌》 《永州府志提綱》。

[弘治]永州府志

范邦甸等《天一閣書目・地理類》 《永州府志》八卷。刊本。明弘治七年，沈鍾撰，知府姚昺脩，山陰林華校正，陳銓後序。

朱睦㮮《萬卷堂書目・地志》 《永州府志》十卷。姚昺。

祁承㸁《澹生堂藏書目・圖志・郡志》 《永州府志》。四册。十卷。

黃虞稷《千頃堂書目・地理類中》 姚昺《永州府志》十卷。

《明史・藝文志・地理類》 姚昺《永州府志》十卷。

[隆慶]永州府志

范邦甸等《天一閣書目・地理類》 《永州府新志》十七卷。刊本。明隆慶庚午，姚宏謨訂正，史朝富重脩，閃應雷校刊。

張萱等《内閣藏書目録・志乘部・湖廣》 《永州府志》。七册。全。嘉靖辛未，郡守史朝富修。

黃虞稷《千頃堂書目・地理類中》 史朝富《永州府志》十七卷。嘉靖辛未修。守。

《四庫全書總目提要・地理類存目三・都會郡縣》［隆慶］《永州府志》十七卷。兩淮鹽政採進本。明史朝富、陳良珍同撰。朝富，晉江人。嘉靖癸丑進士。官永州府知府。良珍，南海人。官永州府推官。永州志編於成化，續於嘉靖。朝富謂前志核而簡，後志詳而雜。因斟酌其間，以爲此志。成於隆慶庚午。凡圖經一、紀一、表三、志七、傳五。其人物表一卷，自漢訖明，第其差等，後加論贊。謂周濂溪乃三代以上人物，雖宗《漢書》之例，而非志書體也。又既作郡邑紀，復作郡邑表，亦未免冗雜。

濂溪志

趙琦美《脈望館書目・史・湖廣・永州府》《濂溪志》四本，又五本。

春陵圖志

陳振孫《直齋書録解題・地理類》《春陵圖志》十卷。教授臨江章穎茂憲撰。淳熙六年，太守趙汝誼。

楊士奇等《文淵閣書目・舊志》《道州春陵志》。二册。

春陵圖志

《宋史・藝文志・地理類》孫楙《春陵圖志》十卷。

馬端臨《文獻通考・經籍考・地理》《春陵圖志》十卷。

楊士奇等《文淵閣書目・舊志》《春陵圖志》。

［正統］春陵志

黃虞稷《千頃堂書目・地理類中》盛祥《春陵志》。正統間修。

［萬曆］寧遠縣志

張萱等《内閣藏書目録・志乘部・湖廣》《寧遠縣志》。二册。全。萬曆初，教諭唐之儒修。

黃虞稷《千頃堂書目・地理類中》唐之儒《寧遠縣志》。萬曆初修。教諭。

江華志

趙琦美《脈望館書目・史・湖廣・永州府》《江華志》一本。

［萬曆］江華縣志

張萱等《内閣藏書目録・志乘部・湖廣》《江華縣志》。二册。全。萬曆乙亥，邑人費柏修。

黃虞稷《千頃堂書目・地理類中》費柏《江華縣志》。萬曆乙亥修。邑人。

永明縣志

張萱等《内閣藏書目録・志乘部・湖廣》《永明縣志》。一册。莫詳編纂姓氏，鈔本。

黃虞稷《千頃堂書目・地理類中》□□□《永明縣志》。

湘州營陽郡記

章宗源《隋書經籍志考證・地理》《湘州(滎)[營]陽郡記》。卷亡。不著録。

《續漢・郡國志》注：九疑山下有舜祠，故老相傳，舜登九疑。又營浦縣南三里餘，有舜南巡止宿處，今立廟。並引《湘州滎陽郡記》。《水經・溱水注》：林水源石室有銀餅，晉太元中民封驅之家僕密竊三枚，驅之夢神語曰，君奴不謹，即日顯戮，覺視則奴死矣。此引《湘州記》，不著撰名。

道州圖經

尤袤《遂初堂書目・地理類》《道州圖經》。

道州志

楊士奇等《文淵閣書目・舊志》《道州志》。四册。

晁瑮《晁氏寶文堂書目・圖誌》《道州志》。

祁承㸁《澹生堂藏書目・圖志・州志》《道州志》四册。二十卷。

[嘉靖]道州志

黄虞稷《千頃堂書目・地理類中》王會《道州志》。嘉靖間修。

[萬曆]道州志

黄虞稷《千頃堂書目・地理類中》(王)[黄]應元《道州志》。萬曆間修。

[嘉靖]東安縣志

張萱等《内閣藏書目録・志乘部・湖廣》《東安縣志》。三册。全。嘉靖癸未邑人吴懷周修。

黄虞稷《千頃堂書目・地理類中》吴懷周《東安縣志》。嘉靖癸未修。邑人。

邵陽地區

寶慶府舊志

楊士奇等《文淵閣書目・舊志》《寶慶府志》。三册。

寶慶府新志

楊士奇等《文淵閣書目・新志》《寶慶府志》。

[隆慶]寶慶府志

范邦甸等《天一閣書目・地理類》《寶慶府志》五卷。刊本。明隆慶元年，知府陸柬脩并序，叚文岳後序。

徐𤊹《徐氏家藏書目・湖廣省》《寶慶府志》五卷。陸柬。

張萱等《内閣藏書目録・志乘部・湖廣》《寶慶府志》。二册，全。隆慶丁卯，郡守陸柬修。

朱睦㮮《萬卷堂書目・地志》《寶慶府志》五卷。(陳)[陸]柬。

黄虞稷《千頃堂書目・地理類中》陸柬《寶慶府志》五卷。陸慶丁卯修。守。

《明史・藝文志・地理類》陸柬《寶慶府志》五卷。

寶慶府志

徐圖等《行人司重刻書目・地理類》《寶慶府志》六本。

邵陽圖志

《宋史・藝文志・地理類》 李韋之《邵陽圖志》三卷。

[淳熙]邵陽志

趙希弁《讀書附志・地理類》 《邵陽志》一卷。右淳熙壬寅郡文學李韋之序。

邵陽志

楊士奇等《文淵閣書目・舊志》 《邵陽志》。五册。

[嘉靖]邵陽縣志

趙琦美《脈望館書目・史・湖廣・寶慶府》 《邵陽縣志》二本。

張萱等《内閣藏書目録・志乘部・湖廣》 《邵陽縣志》。二册。全。嘉靖辛酉，縣令趙維紳修。

黄虞稷《千頃堂書目・地理類中》 趙維坤《邵陽府志》。嘉靖辛酉修。令。

武岡州志

楊士奇等《文淵閣書目・舊志》 《武岡州志》。二册。

[萬曆]武岡州志

張萱等《内閣藏書目録・志乘部・湖廣》 《武岡州志》。二册。萬曆戊寅，州守朱諭修。

黄虞稷《千頃堂書目・地理類中》 朱諭《武岡州志》。萬曆戊寅修。守。

城步縣志

趙琦美《脈望館書目・史・湖廣・寶慶府》 《城步縣志》二本。

[萬曆]城步縣志

張萱等《内閣藏書目録・志乘部・湖廣》 《城步縣志》。一册。萬曆甲午，邑人蕭應韶編鈔本。

黄虞稷《千頃堂書目・地理類中》 蕭應紹《城步縣志》。萬曆甲午修。邑人。

新化府志

楊士奇等《文淵閣書目・新志》 《新化府志》。

[嘉靖]新化縣志

范邦甸等《天一閣書目・地理類》 《新化縣志》十一卷。刊本。明邑人宗傑重脩，楊如鯨校正，劉軒序。

[萬曆]新化縣志

張萱等《内閣藏書目録·志乘部·湖廣》 《新化縣志》。一册。萬曆戊子，邑令姚九功修。

黄虞稷《千頃堂書目·地理類中》 姚九功《新化縣志》。萬曆戊子修。令。

黔陽地區

辰州府舊志

楊士奇等《文淵閣書目·舊志》 《辰州府志》。二册。

辰州府新志

楊士奇等《文淵閣書目·新志》 《辰州府志》。

[成化]辰州府志

張萱等《内閣藏書目録·志乘部·湖廣》 《辰州府志》。四册，全。成化十年，易天爵修。

黄虞稷《千頃堂書目·地理類中》 易天爵《辰州府志》。成化甲午修。

辰州紹慶志

楊士奇等《文淵閣書目·舊志》 《辰州紹慶志》。三册。

黔陽縣志

黄虞稷《千頃堂書目·地理類中》 □□□《黔陽縣志》。正德間修。

沅陵記

李昉《太平御覽經史圖書綱目》 《沅陵記》。

靖州圖經

《宋史·藝文志·地理類》 孫顯祖《靖州圖經》四卷。

靖州志

楊士奇等《文淵閣書目·舊志》 《靖州志》。二册。

[洪武]靖州志

楊士奇等《文淵閣書目·新志》 《靖州志》。

沅州圖經

《宋史·藝文志·地理類》 《沅州圖經》四卷。

沅州圖經

《宋史・藝文志・地理類》 吴芸《沅州圖經》四卷。

沅州府志

楊士奇等《文淵閣書目・舊志》 《沅州府志》。一册。又《沅州府志》。二册。

沅州志

朱睦㮮《萬卷堂書目・地志》 《沅州志》十卷。胡靖。

黄虞稷《千頃堂書目・地理類中》 胡靖《沅州志》七卷。

《明史・藝文志・地理類》 胡靖《沅州志》七卷。

沅州志

趙琦美《脈望館書目・史・湖廣・辰州府》 《沅州志》三本。

盧陽志

晁瑮《晁氏寶文堂書目・圖誌》 《盧陽志》。

焦竑《國史經籍志・地里・郡邑》 《盧陽志》十三卷。潘鎧。

黄虞稷《千頃堂書目・地理類上》 潘鎧《盧陽志》三十卷。

《明史・藝文志・地理類》 潘鎧《盧陽志》三十卷。

乾州志

晁瑮《晁氏寶文堂書目・圖誌》 《乾州志》。

[嘉靖]乾州志

朱睦㮮《萬卷堂書目・地志》 《乾州志》二卷。宋廷佐。

黄虞稷《千頃堂書目・地理類上》 宋廷佐《乾州志》二卷。嘉靖乙酉修。郡人。

《明史・藝文志・地理類》 宋廷佐《乾州志》二卷。

[崇禎]乾州新志

黄虞稷《千頃堂書目・地理類上》 楊殿元《乾州新志》二卷。崇禎間修。

[萬曆]瀘溪縣志

黄虞稷《千頃堂書目・地理類中》 吴一本《瀘溪縣志》。萬曆癸未修。令。

張萱等《内閣藏書目録・志乘部・湖廣》 《瀘谿縣志》。二册，全。萬曆癸未，縣令吴一本修。

常德地區

武陵記

李昉《太平御覽經史圖書綱目》 黄閔《武陵記》。

章宗源《隋書經籍志考證・地理》《武陵記》。卷亡。黄閔撰，不著録。《後漢書・南蠻西南夷傳》注：武溪山高萬仞，山半有槃瓠石室，中有石牀，槃瓠行迹。《太平御覽》地部：周陂週迴數百頃，清波澄映，洲嶼相望。樂部有：緑蘿山側明月池，碧石潭，澄徹百尺。《北堂書鈔》樂部並引。並引黄閔《武陵記》。

武陵圖經

《宋史・藝文志・地理類》 劉子登《武陵圖經》十四卷。

武陵圖志

楊士奇等《文淵閣書目・舊志》《武陵圖志》。六册。

常德府志

楊士奇等《文淵閣書目・舊志》《常德府志》。一册。《常德府志》。一册。

[永樂]常德府志

楊士奇等《文淵閣書目・新志》《常德府志》。

[嘉靖]常德府志

范邦甸等《天一閣書目・地理類》《常德府志》二十卷。刊本。明嘉靖戊戌，顧璘序。

張萱等《内閣藏書目録・志乘部・湖廣》《常德府志》六册。嘉靖戊戌，少司馬陳洪謨修。

黄虞稷《千頃堂書目・地理類中》 陳洪謨《常德府志》。嘉靖戊戌修。少司馬。

又 王儼《常德府志》二十卷。

[隆慶]常德府志

黄虞稷《千頃堂書目・地理類中》 朱麟《常德府志》二卷。

《明史・藝文志・地理類》 朱麟《常德府志》二卷。

[萬曆]龍陽縣志

張萱等《内閣藏書目録・志乘部・湖廣》《龍陽縣志》。四册。全。萬曆乙酉，縣令黄師表修。

黄虞稷《千頃堂書目・地理類中》 黄師表《龍陽縣志》。萬曆乙酉修。令。

澧陽圖志

《宋史・藝文志・地理類》 霍篪《澧陽圖志》八卷。

澧陽志

楊士奇等《文淵閣書目・舊志》《澧陽志》。六册。《澧陽志》。六册。

澧州志

楊士奇等《文淵閣書目・舊志》《澧州志》。二册。

[嘉靖]澧州志

范邦甸等《天一閣書目・地理類》《澧州志》六卷。刊本。明嘉靖壬戌，雷逵撰，水之文彙正，李獻陽編輯，曾於冕跋。

張萱等《内閣藏書目録・志乘部・湖廣》《澧州志》。四册。全。嘉靖庚申，郡人李獻陽修。

黄虞稷《千頃堂書目・地理類中》李獻《澧州志》。嘉靖庚申修。郡人。

[萬曆]安鄉縣志

張萱等《内閣藏書目録・志乘部・湖廣》《安鄉縣志》。二册。全。萬曆癸巳，縣令楊繼韶修。

黄虞稷《千頃堂書目・地理類中》楊繼韶《安鄉縣志》。萬曆癸巳修。令。

桃花源集

趙琦美《脈望館書目・史・湖廣・常德府》《桃花源集》三本。

[萬曆]桃源縣志

徐𤊹《徐氏家藏書目・湖廣省》《桃源縣志》二卷。常德府。萬曆丙子，邑人李徽修，邑令鄭天佑刻。

張萱等《内閣藏書目録・志乘部・湖廣》《桃源縣志》。二册。全。萬曆丙子，邑人李春熙修。

黄虞稷《千頃堂書目・地理類中》李徽《桃源縣志》六卷。

又 李春熙《桃源縣志》。萬曆丙子修。邑人。

桃源縣志

黄虞稷《千頃堂書目・地理類中》袁宏道《桃源縣志》。

[萬曆]慈利縣志

范邦甸等《天一閣書目・地理類》《慈利縣志》十八卷。刊本。明萬曆元年，陳光前纂脩并序。

慈利志

趙琦美《脈望館書目・史・湖廣・岳州府》《慈利志》二本。

[嘉靖]安化縣志

范邦甸等《天一閣書目・地理類》《安化縣志》六卷。刊本。明嘉靖癸卯方清脩并序。

廣東省

交廣二州記

《新唐書・藝文志・地理類》 王範《交廣二州記》一卷。

鄭樵《通志・藝文略・地里・郡邑》 《交廣二州記》一卷。王範撰。

章宗源《隋書經籍志考證・地理》 《交廣二州記》一卷。王範撰。不著録。見《唐志》。按《吴志・孫策傳》注，臣松之按太康八年，廣州大中正王範上《交廣二州春秋》，《續漢・郡國志注》，交州治嬴陵縣，元封五年移治蒼梧廣信縣，建安十五年治番禺縣，引王範《交廣春秋》。《水經・温水注》朱注朱崖、儋耳二郡，帝所置，浪水注步騭殺吴巨、區景，合兵取南海，並稱王氏《交廣春秋》。《藝文類聚・地部》，建安二年拜張津交州牧，錫彤弓彤矢，與中州方伯齊同，此稱苗恭《交廣記》。《太平御覽・州郡部》，秦改附庸爲鄉都，職官部秦改州牧爲刺史，朱明之月，出巡行部，元英之月，還詣天府表奏，此稱黄恭《交廣記》。又職官部，合浦士尹牙爲郡主簿事，作黄義仲《交廣二州記》。

交廣記

丁國鈞《補晉書藝文志・地理類》 《交廣記》。王隱。謹按：見《三國志注》。

秦榮光《補晉書藝文志・地理類・都會郡縣》 《交廣記》。王隱撰。據《國志》注引。

文廷式《補晉書藝文志・地志類》 王隱《交廣記》。《吴志・吕岱傳》注引之。疑是王範之誤，姑録以備考。

交廣記

文廷式《補晉書藝文志・地志類》 黄恭《交廣記》。恭見《廣州人物傳》。按《藝文類聚・地部》引苗恭《交廣記》，苗黄形近而譌。《太平御覽・州郡部》引作苗恭，不誤。又二百六十五職官部引黄義仲《交廣二州記》，義仲蓋恭字也。《御覽》四百四十引黄恭《廣南記》，一百五十七引黄恭《交廣記》。《書鈔》七十二引黄恭《交州記》，《御覽》三百九十一亦引黄義仲記交廣，與二百六十五同記尹牙事。

交州記

李昉《太平御覽經史圖書綱目》 《交州記》。

章宗源《隋書經籍志考證・地理》 《交州記》。卷亡。劉欣期撰。不著録。《水經・葉榆河注》：龍編縣功曹左飛，曾化爲虎，數月還作吏。《左傳》宣公《正義》：犀其毛如豕，蹏有甲，頭如馬。《文選・吴都賦注》：金華出珠崖，謂金有光采者，七啓七命注同。又一歲八繭蠶出日南。《藝文類聚・山部》：浮石山在海中時，高數十丈，浮在水上。《太平御覽・刑法部》：居風山去郡四里，山有金牛，夜出光耀數十里。《廣韻》注：鸂鶒，水鳥，黄喙，喙長尺餘，南人以爲酒器。並引劉欣期《交州記》。

交州記

文廷式《補晉書藝文志・地志類》 鄧中缶《交州記》三卷。《豫章古今記》云豫章人。王謨《豫章十代文獻略》云：案《通志》引豫章書作中缶，別無可考，疑亦流寓交州者也。

南方志

李昉《太平御覽經史圖書綱目》 《南方志》。

廣州記

章宗源《隋書經籍志考證・地理》《廣州記》。卷亡。顧微撰。不著録。《藝文類聚・山部》：白水山、牛鼻山、夫盧山、金岡山、參里山、鬱林郡太山，《白帖》同。多引顧微《廣州記》。

廣州記

章宗源《隋書經籍志考證・地理》《廣州記》。卷亡。裴淵撰。不著録。《水經・泿水注》：尉佗墓後有大岡，謂之馬鞍岡。《藝文類聚》地部亦引之。又東海蝦鬚長丈四尺，鱔魚長二丈，大數圍。《文選》陸士衡《贈顧交趾詩》注五嶺：大庾、始賀、臨賀、桂陽、揭陽，《史記・張耳傳》索隱、《前漢書・張耳傳》注、《御覽・地部》同。《漢書・地理志》注：龍川本博羅縣之東鄉也。《史記・南越尉佗傳》正義同。《北堂書鈔・儀飾部》：南海豪富女子以金銀爲大釵，執以叩銅鼓，故號爲銅鼓釵。《初學記・道釋部》：桂父常食桂葉，一旦與鄉曲別，飄然入雲。並引裴淵《廣州記》，或稱裴氏。

廣州記

章宗源《隋書經籍志考證・地理》《廣州記》。卷亡。劉澄之撰。不著録。《太平御覽・地部》：劉澄之《廣州記》曰，新城縣東倶山，山上有湖，湖中有白鵝一隻，時時飛來，不可常見。

交州記

章宗源《隋書經籍志考證・地理》《交州記》。卷亡。姚文感撰。不著録。《太平寰宇記・嶺南道》，姚文感《交州記》曰，尉佗作朝殿，以朝天子。

南越志

《舊唐書・經籍志・地理》《南越志》五卷。沈懷遠撰。

《新唐書・藝文志・地理類》沈懷遠《南越志》五卷。

鄭樵《通志・藝文略・地里・郡邑》《南越志》五卷。宋沈懷遠撰。

尤袤《遂初堂書目・地理類》唐沈懷遠《南越志》。

陳振孫《直齋書録解題・地理類》《南越志》七卷。宋武康令吴興沈懷遠撰。此五嶺諸書之最在前者也。懷遠，懷充之弟，見《宋書》。

馬端臨《文獻通考・經籍考・地理》《南越志》七卷。

《宋史・藝文志・地理類》沈懷遠《南越志》五卷。

錢東垣等輯《崇文總目輯釋・地理類》《南越志》七卷。沈懷遠撰。繹按，諸家書目並五卷。

朱記榮《國朝未刊遺書志略・史目》沈懷遠《南越志》二卷。嚴可均輯。

續南越志

李昉《太平御覽經史圖書綱目》《續南越志》。

南越記

鄭樵《通志・藝文略・地里・郡邑》《南越記》一卷。陳承韜撰。

廣東路圖經

鄭樵《通志・藝文略・地里・圖經》《廣東路圖經》五十七卷。

廣東要會

鄭樵《通志・藝文略・地里・郡邑》《廣東要會》四卷。

尤袤《遂初堂書目・地理類》《廣東西會要》。

《宋史・藝文志・地理類》王靖《廣東會要》四卷。

[嘉靖]廣東通志

黄虞稷《千頃堂書目・地理類中》戴璟《廣東通志》七十二卷。

《明史・藝文志・地理類》戴璟《廣東通志》七十二卷。

《四庫全書總目提要・地理類存目三・都會郡縣》《廣東通志初稾》四十卷。兩淮鹽政採進本。明戴璟撰。璟字孟光,號石屏,奉化人。嘉靖丙戌進士。官至僉都御史巡撫廣東。是書乃璟於嘉靖乙未以臨代之時兩月而成,未免涉於潦草。其門類亦多未當。如人物之外別立道學一門,介於學校、風俗之間。雖本之《宋史》,而於地志爲創聞,位置先後亦非其所。又政紀一門,凡歷代竄流嶺表之人皆備書之。此自朝政,何與輿圖。又行次一門,惟紀宋末崖山之事。此在史氏爲大綱,在地志則軼事矣。別爲標目,更未允愜也。

廣東通志叙贊

晁瑮《晁氏寶文堂書目・圖誌》《廣東通志叙贊》。

朱睦㮮《萬卷堂書目・雜志》《廣東通志叙贊》二卷。戴景。

[嘉靖]廣東通志

范邦甸等《天一閣書目・地理類》《廣東通志》七十卷。刊本。不著撰人名氏。

徐𤊹《徐氏家藏書目・廣東省》《廣東舊通志》七十卷。

張萱等《內閣藏書目録・志乘部・廣東》《廣東通志》。三十二册。全。嘉靖間郡人宮詹王佐修。又三十二册。全。同前。

黄虞稷《千頃堂書目・地理類中》黄佐《廣東通志》七十卷。嘉靖間修,郡人。宮詹。

[萬曆]廣東新通志

張萱等《內閣藏書目録・志乘部・廣東》《廣東新通志》。□册。全。萬曆壬寅,南海郭棐、東莞袁昌祚修。

祁承㸁《澹生堂藏書目・圖志・通志》《廣東通志》三十二册。七十卷。郭棐重修。

黄虞稷《千頃堂書目・地理類中》郭棐、袁昌祚《廣東新通志》七十二卷。萬曆壬寅修。棐,字篤周,東莞人。嘉靖壬戌進士。雲南右布政使,晉光禄寺正卿,致仕。

《四庫全書總目提要・地理類存目三・都會郡縣》[萬曆]《廣東通志》七十二卷。兩淮鹽政採進本。明郭棐、王學曾、袁昌祚同撰。棐南海人,嘉靖壬戌進士,官至布政使、加光禄寺卿。學曾履貫未詳,官光禄寺丞。昌祚東莞人,隆慶辛未進士,官布政司參義。是書成於萬曆壬寅。凡爲藩省志十三卷,郡縣志四十九卷,藝文志三卷,外志七卷。其藩省志輿圖之後,即列事紀五卷,茫無端緒。惟仙釋、寺觀列之外志,較他志體例爲協。又增罪放、貪酷二門,以示譏貶,則仿彿嘉靖江西志例也。

粵大記

趙琦美《脈望館書目・史・廣東・廣州府》《廣東通志》十六本。

張萱等《內閣藏書目録・志乘部・廣東》《粵大記》。十六册。全。萬曆間南海郭棐著。

黃虞稷《千頃堂書目・地理類中》 郭棐《粵大記》三十二卷。

《明史・藝文志・地理類》 郭棐《粵大記》三十二卷。

[雍正]廣東通志

《四庫全書總目提要・地理類一・都會郡縣》《廣東通志》六十四卷。通行本。國朝巡撫廣東兵部右侍郎兼都察院右副都御史郝玉麟等監修。嶺南爲炎海奧區，漢魏以還，輿圖可考。然如《南方草木狀》但誌物宜，《嶺表録異》僅徵雜事，而山川阨塞，或未之詳。明代有戴璟、郭棐、謝肇淛、張雲翼諸家之書，大輅椎輪，又不過粗具崖略。國朝康熙二十二年，始輯有《通志》，視舊本漸具條理。此爲雍正七年，玉麟等承命所輯，採掇補苴，較爲賅備。開局於雍正八年六月，竣事於九年五月，告成視他省爲獨先故。中間或沿襲舊文，失之冗蔓；或體例不一，彼此牴牾，皆未能悉加訂正。然全書三十五門内新增者四，葺舊者三十有一，大都首尾詳明，可資檢閱。至外番一門，爲他志所罕見。然粵中市舶駢集，韓愈所謂「東南際天地以萬數」者，莫不瞻星戴斗，會極朝宗。裒而録之，足見聖朝聲教之遠，亦《通典》述邊防而兼及海外諸國之例也。

[道光]廣東通志

張之洞《書目答問・地理・附録國朝省志府州縣誌善本》《廣東通志》阮元。

廣州市

廣州圖經

陳振孫《直齋書録解題・地理類》《廣州圖經》二卷。教授王中行撰。

馬端臨《文獻通考・經籍考・地理》《廣州圖經》二卷。

番禺記

鄭樵《通志・藝文略・地里・郡邑》《番禺記》一卷。王德璉撰。

廣州府圖志

楊士奇等《文淵閣書目・舊志》《廣州府圖志》。二册。

[成化]廣州志

黃虞稷《千頃堂書目・地理類中》 王文鳳《廣州府志》三十二卷。

[嘉靖]廣州府志

黃虞稷《千頃堂書目・地理類中》 黃佐《廣州府志》二十二卷。

《明史・藝文志・地理類》 黃佐《廣州府志》二十二卷。

增城縣志

趙琦美《脈望館書目・史・廣東・廣州府》《增城縣志》四本。

[嘉靖]增城縣志

黃虞稷《千頃堂書目・地理類中》 湛若水《增城志》十九卷。

龍門縣志

黃虞稷《千頃堂書目・地理類中》 樊得仁《龍門縣志》二卷。

龍門縣志

黃虞稷《千頃堂書目・地理類中》 袁承仲《龍門縣志》四卷。

佛山市

廣州府香山縣志

范邦甸等《天一閣書目・地理類》 《廣州府香山縣志》八卷。刊本。明知縣鄧復延編，邑人王佐序。

韶關市

曲江志

《宋史・藝文志・地理類》 蘇思恭《曲江志》十二卷。

王圻《續文獻通考・經籍考・地理》 《曲江志》。晉江蘇思孝修。

曲江志

楊士奇等《文淵閣書目・舊志》 《曲江志》。一册。《曲江志》。一册。

韶關地區

韶州新圖經

《宋史・藝文志・地理類》 趙伯謙《韶州新圖經》十二卷。

韶州府圖志

楊士奇等《文淵閣書目・舊志》 《韶州府圖志》。一册。

韶州府并屬縣志

楊士奇等《文淵閣書目・新志》 《韶州府并屬縣志》。一册。

[成化]韶州府志

黃虞稷《千頃堂書目・地理類中》 方玭《韶州府志》十二卷。

韶州府志

范邦甸等《天一閣書目・地理類》《韶州府志》十卷。刊本。明林雲同編并序。

[嘉靖]韶州府志

徐𤊹《徐氏家藏書目・廣東省》《韶州府志》十卷。符錫。

黃虞稷《千頃堂書目・地理類中》符錫《韶州府新志》十卷。

《明史・藝文志・地理類》符錫《韶州府志》十卷。

[嘉靖]仁化縣志

范邦甸等《天一閣書目・地理類》《仁化縣志》五卷。烏絲闌鈔本。明胡居安脩。

[萬曆]仁化縣志

趙琦美《脈望館書目・史・廣東・韶州府》《仁化志》。二本。

南雄路志

楊士奇等《文淵閣書目・舊志》《南雄路志》。一册。

錢大昕《補元史藝文志・地理類》《南雄路志》一册。

南雄郡志

楊士奇等《文淵閣書目・舊志》《南雄郡志》。二册。

南雄府圖志

楊士奇等《文淵閣書目・舊志》《南雄府圖志》。一册。

南雄府并屬縣志

楊士奇等《文淵閣書目・新志》《南雄府并屬縣志》。一册。

南雄府志

晁瑮《晁氏寶文堂書目・圖誌》《南雄府志》。

趙琦美《脈望館書目・史・廣東・韶州府》《南雄府志》二本。

徐圖等《行人司重刻書目・地理類》《南雄府志》四本。

[嘉靖]南雄府志

范邦甸等《天一閣書目・地理類》《南雄府志》八卷。刊本。明知府胡永成脩，林雲同序。

黃虞稷《千頃堂書目・地理類中》譚大初《南雄府志》十八卷。

保昌志

《宋史・藝文志・地理類》 楊彥爲《保昌志》八卷。

保昌志

楊士奇等《文淵閣書目・舊志》 《保昌志》。一册。

保昌志

黃虞稷《千頃堂書目・地理類中》 楊彥爲《保昌志》八卷。

始興記

李昉《太平御覽經史圖書綱目》 王韶之《始興記》。

章宗源《隋書經籍志考證・地理》 《始興記》。卷亡。王歆之撰。不著録。《水經・洭水注》：白鹿城南有白鹿岡，咸康中張魴爲縣，有善政，白鹿來遊，故城及岡並名焉。《初學記》地部，靈水源有温涌泉，溜如沸湯，有細赤魚出游，莫有獲之者。《文選・苦熱行》注同。《藝文類聚》地部，有貞女峽，峽西岸有石狀如女子，是曰貞女。又芙蓉岡高若玉山，鄰枕郊郭，周四十餘里。二事又見《御覽》地部。並引王歆之《始興記》。歆又作韶。

丁立中《八千卷樓書目・地理類・雜記》 《始興記》一卷。宋王韶之撰，國朝曾釗輯。嶺南遺書本。

翁源縣志

范邦甸等《天一閣書目・地理類》 《翁源縣志》一卷。藍絲闌鈔本。不著撰人名氏。

湞陽志

楊士奇等《文淵閣書目・舊志》 《湞陽志》。二册。

[嘉靖]英德縣志

范邦甸等《天一閣書目・地理類》 《英德縣志》八卷。刊本。明嘉靖三十五年知縣諶廷詔纂并序。

英德縣志

趙琦美《脈望館書目・史・廣東・韶州府》 《英縣志》二本。

徐圖等《行人司重刻書目・地理類》 《英德縣志》三本。

黃虞稷《千頃堂書目・地理類中》 諶廷詔《英德志》三卷。

廣州府山陽縣志

楊士奇等《文淵閣書目・舊志》 《廣州府山陽縣志》。二册。

陽山志

錢謙益等《絳雲樓書目・地誌類》《陽山志》。

黃虞稷《千頃堂書目・地理類下》《陽山志》一卷。

連桂州志

楊士奇等《文淵閣書目・舊志》《連桂州志》。三册。

連州并屬縣志

楊士奇等《文淵閣書目・新志》《連州(府)并屬縣志》。二册。

惠陽地區

惠陽志

《宋史・藝文志・地理類》黃以寧《惠陽志》十卷。

惠州府圖志

楊士奇等《文淵閣書目・舊志》《惠州府圖志》。一册。

惠州府惠陽志

楊士奇等《文淵閣書目・舊志》《惠州府惠陽志》。一册。

[永樂]惠州志

黃虞稷《千頃堂書目・地理類中》古龔賓質《惠州志》。永樂間修。

[景泰]惠州志

黃虞稷《千頃堂書目・地理類中》鄧璉《惠州志》。景泰間修。

[天順]惠州志

黃虞稷《千頃堂書目・地理類中》蘇潤《惠州志》。天順間修。

[嘉靖]惠州志

黃虞稷《千頃堂書目・地理類中》史之謨《惠州志》。嘉靖戊戌修。

[嘉靖]續修惠州府志

祁承㸁《澹生堂藏書目・圖志・郡志》《惠州府舊志》四册。十二卷。

黄虞稷《千頃堂書目・地理類中》《惠州志》十二卷。嘉靖壬寅李圯修。劉梧纂。

[嘉靖]三修惠州府志

范邦甸等《天一閣書目・地理類》《惠州府志》十六卷。刊本。明教諭楊宗甫脩并序。

黄虞稷《千頃堂書目・地理類中》楊載鳴《惠州志》十六卷。嘉靖丙辰修。

惠州府志

趙琦美《脈望館書目・史・廣東・惠州府》《惠州府志》六本。

[嘉靖]惠志略

趙琦美《脈望館書目・史・廣東・惠州府》《惠志略》一本。

[萬曆]惠州府志

徐𤊹《徐氏家藏書目・廣東省》《惠州府志》二十一卷。

祁承㸁《澹生堂藏書目・圖志・郡志》《惠州府新志》十册。二十一卷，楊起元。内缺一册。

黄虞稷《千頃堂書目・地理類中》楊起元《惠州志》。萬曆間修。

[崇禎]惠州府志

黄虞稷《千頃堂書目・地理類中》鄭□□《惠州志》。崇禎間修。

河源記

祁承㸁《澹生堂藏書目・圖志・山川》《河源記》。十卷。潘昂霄。説郛本。

丁立中《八千卷樓書目・地理類・河渠》《河源記》一卷。元潘昂霄撰。學海類編本。

[乾隆]河源縣志

丁立中《八千卷樓書目・地理類・都會郡縣》[乾隆]《河源縣志》十五卷。國朝陳張翼撰。刊本。

循陽志

楊士奇等《文淵閣書目・舊志》《循陽志》。一册。

龍川郡志

楊士奇等《文淵閣書目・舊志》《龍川郡志》。二册。

新安縣志

楊士奇等《文淵閣書目・新志》《新安縣志》。

祁承㸁《澹生堂藏書目・圖志・邑志》《新安縣志》二册。四卷。

又《新安縣志》二册。

[乾隆]新安縣志

丁立中《八千卷樓書目・地理類・都會郡縣》[乾隆]《新安縣志》十六卷。

國朝邱峨撰。刊本。

[弘治]東莞縣志

黃虞稷《千頃堂書目・地理類中》劉存業《東莞志》十五卷。

東莞縣志

黃虞稷《千頃堂書目・地理類中》李懋卿《東莞縣志》。

梅縣地區

程江志

《宋史・藝文志・地理類》趙汝廈《程江志》五卷。

程鄉縣志

徐𤊹《徐氏家藏書目・廣東省》《程鄉縣志》。

[嘉靖]程鄉縣志

黃虞稷《千頃堂書目・地理類中》陳應奎《程鄉縣志》七卷。嘉靖間修。

[嘉靖]平遠志

黃虞稷《千頃堂書目・地理類中》劉胤祚《平遠志》。嘉靖間修。

[嘉靖]大埔縣志

范邦甸等《天一閣書目・地理類》《大埔縣志》九卷。刊本。明知縣吴思立脩，邑人饒相志序。

徐𤊹《徐氏家藏書目・廣東省》《大埔縣志》。

黃虞稷《千頃堂書目・地理類中》吴思立《大埔志》九卷。嘉靖間修。

張大光長樂縣志

徐𤊹《徐氏家藏書目・廣東省》《長樂縣志》十二卷。張大光。

黃虞稷《千頃堂書目・地理類中》張大光《長樂縣志》十二卷。

長樂縣志

黄虞稷《千頃堂書目・地理類中》 陳朴《長樂縣志》五卷。

［正德］興寧縣志

黄虞稷《千頃堂書目・地理類中》 祝允明《興寧縣志》五卷。

［嘉靖］興寧縣志

范邦甸等《天一閣書目・地理類》 《嘉應州興寧縣志》三卷。刊本。明知縣黄國奎輯并序。

興寧縣志

黄虞稷《千頃堂書目・地理類中》 李正芳《興寧縣志》六卷。

汕頭地區

潮州圖經

《宋史・藝文志・地理類》 趙師宊《潮州圖經》二卷。

潮州記

《宋史・藝文志・地理類》 王中行《潮州記》一卷。

潮州府志

楊士奇等《文淵閣書目・舊志》 《潮州府志》。一册。

潮州圖志

楊士奇等《文淵閣書目・舊志》 《潮州圖志》。二册。

潮州府并屬縣志

楊士奇等《文淵閣書目・新志》 《潮州府并屬縣志》。一册。

［永樂］潮州志

黄虞稷《千頃堂書目・地理類中》 雷春《潮州志》。永樂間修。

［正統］潮州志

黄虞稷《千頃堂書目・地理類中》 王源《潮州志》。正統間修。

[景泰]潮州志

黃虞稷《千頃堂書目・地理類中》沈聲《潮州志》。景泰間修。

[天順]潮州志

黃虞稷《千頃堂書目・地理類中》□□□《潮州志》。天順間修。

[弘治]潮州志

黃虞稷《千頃堂書目・地理類中》車份《潮州志》五卷。弘治間修。

[嘉靖]潮州府志

范邦甸等《天一閣書目・地理類》《潮州府志》八卷。刊本。明郭春震脩并序。

徐𤊹《徐氏家藏書目・廣東省》《潮州府志》八卷。弘治郭春震。

祁承㸁《澹生堂藏書目・圖志・郡志》《潮州府志》。四册。八卷。郭春震輯。

黃虞稷《千頃堂書目・地理類中》郭春震《潮州志》八卷。嘉靖間修。

《明史・藝文志・地理類》郭春震《潮州府志》八卷。

[順治]潮州府志

黃虞稷《千頃堂書目・地理類中》吴穎《潮州府志》十二卷。

潮州府三陽志

楊士奇等《文淵閣書目・舊志》《潮州府三陽志》。二册。

潮州三陽志

楊士奇等《文淵閣書目・舊志》《潮州三陽志》。二册。

三陽志

楊士奇等《文淵閣書目・舊志》《三陽志》。一册。

[嘉靖]饒平志

黃虞稷《千頃堂書目・地理類中》羅胤凱《饒平志》六卷。嘉靖間修。

[永樂]潮陽縣志

黃虞稷《千頃堂書目・地理類中》陳時可《潮陽縣志》。永樂間修。

[景泰]潮陽縣志

黃虞稷《千頃堂書目・地理類中》何晟《潮陽縣志》。景泰間修。

[成化]潮陽縣志

黄虞稷《千頃堂書目・地理類中》 吴穀《潮陽縣志》。成化間修。

[弘治]潮陽縣志

黄虞稷《千頃堂書目・地理類中》 王鑾《潮陽縣志》。弘治間修。

[隆慶]潮陽縣志

黄虞稷《千頃堂書目・地理類中》 林大春《潮陽縣志》。隆慶間修。

惠來縣志

趙琦美《脈望館書目・史・廣東・肇慶府》 《惠來縣志》一本。

徐𤊹《徐氏家藏書目・廣東省》 《惠來縣志》。

[嘉靖]惠來志

黄虞稷《千頃堂書目・地理類中》 林春秀《惠來志》五卷。嘉靖間修。

[萬曆]惠來縣志

黄虞稷《千頃堂書目・地理類中》 游之光《惠來縣志》。萬曆間修。

[成化]海豐縣志

朱睦㮮《萬卷堂書目・地志》 《海豐縣志》二卷。梁善。

黄虞稷《千頃堂書目・地理類中》 梁善《海豐志》。

普寧志

《宋史・藝文志・地理類》 胡槻《普寧志》三卷。

[萬曆]普寧縣志略

黄虞稷《千頃堂書目・地理類中》 阮以臨《普寧縣志略》十卷。萬曆間修。

揭邑志

晁瑮《晁氏寶文堂書目・圖誌》 《揭邑志》。

揭陽縣志

徐𤊹《徐氏家藏書目・廣東省》 《揭陽縣志》。

佛山地區

南海志

《宋史・藝文志・地理類》陳峴《南海志》十三卷。

南海志

楊士奇等《文淵閣書目・舊志》《南海志》。六册。《南海志》。八册。

南海縣志

徐𤊹《徐氏家藏書目・廣東省》《南海縣志》。

順德府圖志

楊士奇等《文淵閣書目・舊志》《順德府圖志》。二册。

〔正統以前〕順德縣志

楊士奇等《文淵閣書目・新志》《順德縣志》。

順德縣志

晁瑮《晁氏寶文堂書目・圖誌》《順德縣志》。

趙琦美《脈望館書目・史・廣東・廣州府》《順德縣志》二本。

〔弘治〕順德縣志

黃虞稷《千頃堂書目・地理類中》李承箕《順德縣志》十二卷。弘治間修。

〔正德〕順德新志

黃虞稷《千頃堂書目・地理類中》鄧炳、鍾華《順德新志》十卷。

〔萬曆〕順德縣志

黃虞稷《千頃堂書目・地理類中》葉春及《順德縣志》。

龍江志

趙希弁《讀書附志・地理類》《龍江志》十卷。右嘉定庚午邑丞吴紹古修。令沈燮序。

香山志

晁瑮《晁氏寶文堂書目・圖誌》《香山志》。

趙琦美《脈望館書目・史・廣州府》《香山志》二本。

黄虞稷《千頃堂書目・地理類中》黄佐《香山志》八卷。

《明史・藝文志・地理類》黄佐《香山志》八卷。

香山縣志

晁瑮《晁氏寶文堂書目・圖誌》《香山縣志》。

新會縣志

晁瑮《晁氏寶文堂書目・圖誌》《新會縣志》二。

范邦甸等《天一閣書目・地理類》《新會縣志》二卷。刊本。明邑人許炯脩并序。

趙琦美《脈望館書目・史・廣東・廣州府》《新會志》二本。

[弘治]新會志

黄虞稷《千頃堂書目・地理類中》李承箕《新會志》十八卷。弘治間修。

[嘉靖]新會志

黄虞稷《千頃堂書目・地理類中》蕭廷相《新會志》十八卷。嘉靖間修。

新會志

黄虞稷《千頃堂書目・地理類中》余懋衡《新會志》。

恩平志

楊士奇等《文淵閣書目・舊志》《恩平志》。一册。

湛江地區

高涼志

陳振孫《直齋書録解題・地理類》《高涼志》七卷。教授莆田劉棠撰。太守春陵義太初，嘉泰壬戌也。

馬端臨《文獻通考・經籍考・地理》《高涼志》七卷。

《宋史・藝文志・地理類》義太初《高涼圖志》七卷。

高州圖志

楊士奇等《文淵閣書目・舊志》《高州圖志》。一册。

高州志

楊士奇等《文淵閣書目・舊志》《高州志》。一册。

［洪武］高涼志又節要

黄虞稷《千頃堂書目・地理類中》 葉均禎《高涼志》又《節要》。洪武間修。

［宣德］高州志

黄虞稷《千頃堂書目・地理類中》 富敬《高州志》七卷。宣德間修。

高州府并屬縣志

楊士奇等《文淵閣書目・新志》《高州府并屬縣志》。一册。

［嘉靖］高州府志

范邦甸等《天一閣書目・地理類》《高州府志》十六卷。刊本。明知府歐陽烈脩，王佐序。

高州府志

趙琦美《脈望館書目・史・廣東・高州府》《高州府志》二本。

徐㶿《徐氏家藏書目・廣東省》《高州府志》。

化州郡志

楊士奇等《文淵閣書目・舊志》《化州郡志》。一册。

陽春縣志

趙琦美《脈望館書目・史・廣東・肇慶府》《陽春縣志》二本。

恩平郡譜

鄭樵《通志・藝文略・地里・郡邑》《恩平郡譜》三卷。楊備撰。

《宋史・藝文志・地理類》 楊備《恩平郡譜》一卷。

陽江縣恩平志

楊士奇等《文淵閣書目・舊志》《陽江縣恩平志》。一册。

陽江志

黄虞稷《千頃堂書目・地理類中》 俞宗周《陽江志》五卷。

［嘉靖］陽江志

黄虞稷《千頃堂書目・地理類中》 吴焕章《陽江志》七卷。

[道光]陽江直隸廳志

丁立中《八千卷樓書目・地理類・都會郡縣》 [道光]《陽江直隸廳志》八卷。國朝胡琫撰。刊本。

[萬曆]吳川志

黄虞稷《千頃堂書目・地理類上》 李懿《吳川志》。萬曆甲戌修。邑人。即吳橋縣志。

雷州志

楊士奇等《文淵閣書目・舊志》 《雷州志》。二册。

雷州府圖志

楊士奇等《文淵閣書目・舊志》 《雷州府圖志》。二册。

雷州府并屬縣志

楊士奇等《文淵閣書目・新志》 《雷州府并屬縣志》。一册。

[正德]雷州府志

黄虞稷《千頃堂書目・地理類中》 方獻夫《雷州府志》十五卷。

[嘉靖]雷州府志

范邦甸等《天一閣書目・地理類》 《雷州府志》二十二卷。刊本。明郡人馮彬編，湛若水序。

雷州府志

祁承㸁《澹生堂藏書目・圖志・郡志》 《雷州府志》五册。二十五卷。

肇慶地區

肇慶府圖志

楊士奇等《文淵閣書目・舊志》 《肇慶府圖志》。一册。

肇慶府并屬縣志

楊士奇等《文淵閣書目・新志》 《肇慶府并屬縣志》。一册。

[永樂]肇慶府志

黃虞稷《千頃堂書目・地理類中》□□□《肇慶府志》。永樂間修。

[嘉靖]肇慶府志

黃虞稷《千頃堂書目・地理類中》盧璘《肇慶府志》十七卷。

[崇禎]肇慶府志

黃虞稷《千頃堂書目・地理類中》陸鏊《肇慶府志》五十卷。

[萬曆]肇慶府志

祁承㸁《澹生堂藏書目・圖志・郡志》《肇慶府志》八册。二十二卷。葉春及輯。

黃虞稷《千頃堂書目・地理類中》葉春及《肇慶府志》二十二卷。

《明史・藝文志・地理類》葉春及《肇慶府志》二十卷。

肇慶府松臺志

楊士奇等《文淵閣書目・舊志》《肇慶府松臺志》。二册。

[萬曆]懷集縣志

張萱等《內閣藏書目録・志乘部・廣西》《懷集縣志》。二册。萬曆丙戌，邑人林春茂修。

黃虞稷《千頃堂書目・地理類中》林春茂《懷集縣志》。萬曆丙戌修。邑人。

新昌圖志

楊士奇等《文淵閣書目・舊志》《新昌圖志》。一册。

[嘉靖]新興志

黃虞稷《千頃堂書目・地理類中》林藩《新興志》七卷。

新興志

趙琦美《脈望館書目・史・廣東・肇慶府》《新興志》四本。

新興縣志

徐𤊹《徐氏家藏書目・廣東省》《新興縣志》。

晉康志

《宋史・藝文志・地理類》 蕭玠《晉康志》七卷。

晉康志

楊士奇等《文淵閣書目・舊志》 《晉康志》。二册。

[永樂]德慶州志

黄虞稷《千頃堂書目・地理類中》 梁普《德慶州志》。永樂間修。

[成化]德慶州志

黄虞稷《千頃堂書目・地理類中》 彭原《德慶州志》。成化間修。

[嘉靖]德慶州志

黄虞稷《千頃堂書目・地理類中》 陸舜臣《德慶州志》六卷。嘉靖間修。

德慶州志

趙琦美《脈望館書目・史・廣東・肇慶府》 《德慶州志》二本，又一本。

臨封志

《宋史・藝文志・地理類》 虞太中《臨封志》三卷。

澳門特別行政區

[乾隆]澳門記略

《四庫全書總目提要・地理類存目三・都會郡縣》 《澳門記略》二卷。安徽巡撫採進本。國朝印光任、張汝霖同撰。光任字黻昌，寶山人。官至太平府知府。汝霖字芸墅，宣城人。由拔貢生官至澳門同知。考濠鏡澳之名見於《明史》。其南有四山離立，海水交貫成十字，曰十字門。今稱澳門。屬香山縣。乾隆九年，始置澳門同知。光任汝霖相繼爲此職。光任初作是書，未竟，至汝霖乃踵成之。凡爲三篇。首形勢、次官守、次澳番，形勢篇爲圖十二，澳番篇爲圖六。考《明史・地理志》祇載南頭屯門、雞棲佛堂門、十字門、冷水角、老萬山、零丁洋澳諸名，與虎頭山關之類。其他皆未記其詳。此書於山海之險要，防禦之得失，言之最悉。蓋史舉大綱，志詳細目，載筆者各有體裁耳。

海南省

珠崖傳

《隋書・經籍志・地理》 《珠崖傳》一卷。僞燕聘晉使蓋泓撰。

鄭樵《通志・藝文略・地里・郡邑》 《珠崖傳》一卷。僞燕蓋泓撰。

姚振宗《隋書經籍志考證・地理類》 《珠崖傳》一卷。僞燕聘晉使蓋泓撰。蓋泓始末未詳。《漢書・武帝本紀》：元鼎六年，遂定南越地以爲南海、蒼梧、鬱林、合浦、交阯、九真、日南、珠崖、儋耳郡。應劭曰：珠厓、儋耳二郡在大海中，崖岸之邊出真珠，故曰珠厓。張晏曰：《異物志》，二郡在海中，東西千里，南北五百里，珠厓言珠若厓矣。臣瓚曰：茂陵書珠厓郡，治瞫都，去長安七千三百二十四里。師古曰：瞫音審。《晉書・地理志》：交州部，漢武帝元封中置儋耳、珠厓二郡，昭帝始元五年罷儋耳，并珠厓。元帝元初三年，又罷珠厓郡，吴赤烏五年復置。平吴後省珠厓，入合浦。《章氏考證》、《太平御覽》果部引《珠厓傳》、《珠厓故事各》一條。

瓊管圖經

《宋史・藝文志・地理類》 趙汝廈《瓊管圖經》十六卷。

瓊州府圖志

楊士奇等《文淵閣書目・舊志》 《瓊州府圖志》。一册。

瓊州府瓊郡志

楊士奇等《文淵閣書目・舊志》 《瓊州府瓊郡志》。二册。

瓊州府并屬縣志

楊士奇等《文淵閣書目・新志》 《瓊州府并屬縣志》。一册。

[正德]瓊臺志

范邦甸等《天一閣書目・地理類》 《瓊臺志》四十四卷。刊本。明郡人唐胄撰并序。

黄虞稷《千頃堂書目・地理類中》 唐胄《瓊臺志》二十卷。正德間修。

厓門新志

黄虞稷《千頃堂書目・地理類中》 張詡《厓門新志》十八卷。

《明史・藝文志・地理類》 張詡《厓門新志》十八卷。

樂會志

黄虞稷《千頃堂書目・地理類中》 魯彭《樂會志》八卷。

[萬曆]儋州志

祁承㸁《澹生堂藏書目・圖志・州志》 《儋州志》三册。三卷。曾邦泰輯。

陵水志

趙希弁《讀書附志・地理類》 《陵水志》三卷。右慶元丙辰郡文學劉奕修，詩文附。

陵水圖志

《宋史・藝文志・地理類》 劉伋《陵水圖志》三卷。

吉陽軍圖經

《宋史・藝文志・地理類》 《吉陽軍圖經》一卷。

崖州志略

黄虞稷《千頃堂書目・地理類中》 鍾芳《崖州志略》四卷。

廣西壯族自治區

廣西郡邑圖志

《宋史・藝文志・地理類》 《廣西郡邑圖志》一卷。張維序。

廣西路圖經

鄭樵《通志・藝文略・地里・圖經》 《廣西路圖經》一百六卷。

廣西府志

楊士奇等《文淵閣書目・新志》 《廣西府志》。二册。

廣西通志

徐𤊹《徐氏家藏書目・廣西省》 《廣西通志》四十二卷。

祁承㸁《澹生堂藏書目・圖志・通志》 《廣西通志》。二十七册。四十二卷，王佐。

[弘治]廣西通志

黄虞稷《千頃堂書目・地理類中》 周孟中《廣西通志》六十卷。弘治間修。

《明史・藝文志・地理類》 周孟中《廣西通志》六十卷。

[嘉靖]廣西通志

范邦甸等《天一閣書目・地理類》 《廣西通志》六十卷。刊本。明嘉靖辛卯，巡撫林富纂脩并序。

黄虞稷《千頃堂書目・地理類中》 黄佐《廣西通志》六十卷。

《四庫全書總目提要・地理類存目二・都會郡縣》 [嘉靖]《廣西通志》六十卷。兩淮鹽政採進本。明黄佐撰，林富參修。佐有《泰泉鄉禮》已著録。富，莆田人。弘治壬戌進士。官至兵部侍郎兼僉都御史，總理兩廣。是編凡圖經二卷、表八卷、志三十卷、列傳九卷、外紀十一卷，大致頗謹嚴。其沿革、分野、職官、選舉皆作表，以省簡牘，體例亦善。惟土官已隸職方，命以爵秩，而列之外紀，非大一統之義。寺觀亦列外紀，云辟異端，然仙釋則入之列傳中，不外其人，而外其人之所居，慎矣。藝文苟無關於土風則可不録，既以其有關録之，而列之於外紀中，尤不允也。

廣西志略

范邦甸等《天一閣書目・史・地理類》 《廣西志略》一卷。刊本。不著撰人名氏。

廣西通志

趙琦美《脈望館書目・史・廣西》 《廣西通志》十二本。

徐圖等《行人司重刻書目・地理類》 《廣西通志》十二本。

右江大志

張萱等《內閣藏書目録・志乘部・廣西》 《右江大志》六册。萬曆丙戌憲使郭棐修。

黄虞稷《千頃堂書目・地理類中》 郭棐《右江大志》三十卷。一作十二卷。萬曆丙戌。爲憲使輯。

《明史・藝文志・地理類》 郭棐《右江大志》十二卷。

[萬曆]廣西通志

黄虞稷《千頃堂書目・地理類中》 蘇濬《廣西通志》四十二卷。

張鳴鳳廣西通志

黄虞稷《千頃堂書目・地理類中》 張鳴鳳《廣西通志》。

楊芳廣西通志

黄虞稷《千頃堂書目・地理類中》 楊芳《廣西通志》。萬曆間修。

廣西附志

錢謙益等《絳雲樓書目・地誌類》 《廣西附志》。

黄虞稷《千頃堂書目・地理類中》 □□□《廣西附志》五卷。

[康熙]廣西通志

周中孚《鄭堂讀書記補逸・地理類二・都會郡縣》 《廣西通志》四十卷。康熙癸亥刊本。國朝兩廣總督吴興祚等監修。按總記五嶺之書，最在前者宋有沈懷遠之《南越志》七卷，而其書不傳。至明弘治癸丑，提學副使周孟中始作《通志》六十卷。嘉靖乙酉，提學僉事唐胄續爲修輯，未脱稿，以遷官去輟事。越五載，巡撫林富屬提學僉事黄佐纂成之，亦六十卷。興祚等於康熙二十二年，檄諸司延材雋重修新志，櫽括前聞，增以近事，參互考訂，删繁就簡，數月告竣。首圖經，終雜記，凡三十五門，頗爲綱舉目張，條分縷析，而無乖舛浮膚之病。然嶺南逆變初平，郡邑志多不備，又急於成書，事但取其典核，文但取其簡要，有裨於治體，而因仍舊志者十之八九，則是是志資官方則有餘，備掌故則不足。其後歷年既多，制度文爲，益爲大備，於是雍正十一年，巡撫金鉷等復增修爲一百二十八卷，著録於《四庫全書》

焉。此本前有興祚暨布政使崔維雅、按察使黄元驥、參議簡上、提學僉事王如辰五序，及凡例、修志姓氏，又載舊志序四篇。

[雍正]廣西通志

《四庫全書總目提要・地理類一・都會郡縣》《廣西通志》一百二十八卷。通行本。國朝巡撫廣西都察院右副都御史金鉷等監修。自桂林象郡之名著於《史記》，厥後南荒輿志漸有成編。其存於今者如唐莫休符之《桂林風土記》，段公路之《北户録》，宋范成大之《桂海虞衡志》，明魏濬之《嶠南瑣記》，張鳳鳴之《桂故》、《桂勝》皆敘述典雅，掌故可稽。惟其間郡縣沿革，前代既損益不一，而本朝版圖式廓，建置周詳，若泗城鎮安東蘭歸順寧，明諸府州皆已改土歸流。凡昔所稱羈縻州者，無不隸王官而登户籍，與前代半隸蠻獠者形勢迥殊，未可執舊文以談新制。此書成於雍正十一年，亦當時奉詔所纂集。其遺聞故事，雖頗以諸家遺籍爲憑，而於昭代良規，分析具載，指掌釐然，尤足爲考稽之助。固不比《驂鸞録》等，僅主模山範水已也。

[嘉慶]廣西通志

張之洞《書目答問・地理・附録國朝省志府州縣誌善本》《廣西通志》謝啓昆。

南寧地區

邕州志

楊士奇等《文淵閣書目・舊志》《邕州志》。一册。

南寧府志

楊士奇等《文淵閣書目・舊志》《南寧府志》。一册。

南寧府并屬縣志

楊士奇等《文淵閣書目・新志》《南寧府并屬縣志》。一册。

[嘉靖]南寧府志

范邦甸等《天一閣書目・地理類》《南寧府志》十卷。刊本。明郭世重脩并序。

[嘉靖]南寧府志

趙琦美《脈望館書目・史・廣西・南寧府》《南寧府志》四本。

張萱等《内閣藏書目録・志乘部・廣西》《南寧府志》。四册。全。嘉靖甲子，郡守方瑜修。

黄虞稷《千頃堂書目・地理類中》方瑜《南寧府志》十一卷。嘉靖甲子修。守。

思恩府志

趙琦美《脈望館書目・史・廣西・思恩府》《思恩府志》一本。

[萬曆]思恩府志

張萱等《內閣藏書目録・志乘部・廣西》《重修思恩府志》。四册。又《西南紀事》。三册，全，萬曆癸巳，郡守朱袞修。

黃虞稷《千頃堂書目・地理類中》朱袞《思恩府志》萬曆癸巳修。守。

思恩府志

黃虞稷《千頃堂書目・地理類中》黨緒《思恩府志》四卷。

《明史・藝文志・地理類》黨緒《思恩府志》四卷。

[萬曆]武緣縣志

張萱等《內閣藏書目録・志乘部・廣西》《武緣縣志》。二册。全。萬曆丙戌，邑令鄭學醇修。

黃虞稷《千頃堂書目・地理類中》鄭學醇《武緣縣志》。萬曆丙戌修。令。

奉議州志

楊士奇等《文淵閣書目・舊志》《奉議州志》。二册。

[萬曆]上林縣志

張萱等《內閣藏書目録・志乘部・廣西》《上林縣志》。一册。全。萬曆癸丑，邑人平順修。

黃虞稷《千頃堂書目・地理類中》平順《上林縣志》。萬曆癸丑修。邑人。

賓陽志

楊士奇等《文淵閣書目・舊志》《賓陽志》。二册。

[萬曆]賓州志

張萱等《內閣藏書目録・志乘部・廣西》《賓州志》。四册。全。萬曆間憲使郭棐修。

黃虞稷《千頃堂書目・地理類中》郭棐《賓州志》。萬曆間修。

橫州郡志

楊士奇等《文淵閣書目・舊志》《橫州郡志》。一册。

[嘉靖]橫州志

張萱等《內閣藏書目録・志乘部・廣西》《橫州志》。一册。全。嘉靖庚申，郡人陸舜臣編。鈔本。

黃虞稷《千頃堂書目・地理類中》陸舜臣《橫州志》。嘉靖庚申修。郡人。

永淳縣志

黃虞稷《千頃堂書目・地理類中》童時明《永淳縣志》八卷。

新寧志

趙琦美《脈望館書目・史・廣東・廣州府》《新寧志》一本。

[萬曆]太平府志

張萱等《内閣藏書目録・志乘部・廣西》《太平府志》。三册。全。萬曆己亥，郡訓導甘東陽修。

黄虞稷《千頃堂書目・地理類中》甘東陽《太平府志》萬曆己亥修。訓導。

思明府并屬縣志

楊士奇等《文淵閣書目・新志》《思明府并屬縣志》。一册。

龍州志

楊士奇等《文淵閣書目・舊志》《龍州志》。三册。

龍州新志

楊士奇等《文淵閣書目・新志》《龍州志》。

養利州志

黄虞稷《千頃堂書目・地理類中》孔從先《養利州志》一卷。

[萬曆]隆安縣志

張萱等《内閣藏書目録・志乘部・廣西》《隆安縣志》。二册。全。萬曆己丑，邑令袁璧修。

黄虞稷《千頃堂書目・地理類中》袁璧《隆安縣志》。萬曆己丑修。令。

河池地區

慶遠志

楊士奇等《文淵閣書目・舊志》《慶遠志》。二册。

慶遠府并屬縣志

楊士奇等《文淵閣書目・新志》《慶遠府并屬縣志》。一册。

慶遠府志

趙琦美《脈望館書目・史・廣西・慶遠府》《慶遠府志》六本。

徐𤊹《徐氏家藏書目・廣西省》《慶遠府志》十二卷。

[萬曆]慶遠府志

張萱等《内閣藏書目録・志乘部・廣西》《慶遠府志》三册。全。萬曆壬午，郡守王文炳修。又六册，全。

黄虞稷《千頃堂書目・地理類中》王文炳《慶遠府志》萬曆壬午修。守。

宜州志

楊士奇等《文淵閣書目・舊志》《宜州志》。一册。

柳州地區

龍城圖志

《宋史・藝文志・地理類》黄疇若《龍城圖志》十卷。

重修龍城圖志

《宋史・藝文志・地理類》胡至《重修龍城圖志》十卷。

象臺志

楊士奇等《文淵閣書目・舊志》《象臺志》。二册。

柳州志

楊士奇等《文淵閣書目・舊志》《柳州志》。一册。

柳州府并屬縣志

楊士奇等《文淵閣書目・新志》《柳州府并屬縣志》。一册。

柳州府志

張萱等《内閣藏書目録・志乘部・廣西》《柳州府志》。四册。全。莫詳編纂姓氏。鈔本。

黄虞稷《千頃堂書目・地理類中》□□□《柳州府志》。

柳州府志

黄虞稷《千頃堂書目・地理類中》吕景蒙《柳州府志》十六卷。

[萬曆]象州志

張萱等《内閣藏書目録・志乘部・廣西》《象州志》。一册。全。萬曆戊子，訓導甘應可修。

黄虞稷《千頃堂書目・地理類中》甘應可《象州志》。萬曆戊子修。訓導。

柳江志

楊士奇等《文淵閣書目・舊志》《柳江志》。一册。

桂林地區

始安記

李昉《太平御覽經史圖書綱目》《始安記》。

章宗源《隋書經籍志考證・地理》《始安郡記》卷亡，不著録。《續漢・郡國志》注：《始安郡記》曰，縣東有駁樂山，東有遼山。

沈家本《續漢書志注所引書目・地理》《始安郡記》。郡國四。

静江志

趙希弁《讀書附志・地理類》《静江志》十二卷。右嘉泰癸亥帥蔡戡修。以高宗皇帝除太傅静江奉寧軍節度使、桂州牧兼鄭州牧制詞冠于篇端。

《宋史・藝文志・地理類》蔡戡《静江府圖志》十二卷。

[宋]桂林志

陳振孫《直齋書録解題・地理類》《桂林志》一卷。静江教授江文叔編。時乾道五年，張維爲帥。撰次疏略，刊刻草率，亦不分卷次。

馬端臨《文獻通考・經籍考・地理》《桂林志》一卷。

《宋史・藝文志・地理類》江文叔《桂林志》一卷。

黄虞稷《千頃堂書目・地理類・補宋》江文叔《桂林志》二十七卷。静江軍教授。

倪燦等《宋史藝文志補・地理類》江文叔《桂林志》二十七卷。静江軍教授。

桂林志

楊士奇等《文淵閣書目・舊志》《桂林志》。十册。

桂林續志

楊士奇等《文淵閣書目・舊志》《桂林續志》。一册。《桂林續志》。四册。

桂林府圖志

楊士奇等《文淵閣書目・舊志》《桂林府圖志》。一册。

桂林府并屬縣志

楊士奇等《文淵閣書目・新志》《桂林府并屬縣志》。一册。

桂林府志

趙琦美《脈望館書目・史・廣西》《桂林府志》五本。

徐圖等《行人司重刻書目・地理類》《桂林府志》五本。

桂林府全州志

范邦甸等《天一閣書目·地理類》《桂林府全州志》七卷。刊本。明楊本仁重脩并序。

[宣統]桂林志

黄虞稷《千頃堂書目·地理類中》陳璉《桂林志》三十卷。

《明史·藝文志·地理類》陳璉《桂林志》三十卷。

桂林府志

張萱等《内閣藏書目録·志乘部·廣西》《桂林府志》。五册。全。萬曆庚辰，郡守傅時望修。又五册。全。同前。

黄虞稷《千頃堂書目·地理類中》傅時望《桂林府志》。萬曆庚辰修。守。

[嘉靖]義寧縣志

張萱等《内閣藏書目録·志乘部·廣西》《義寧縣志》。一册。嘉靖己未，邑令黄榜修。

黄虞稷《千頃堂書目·地理類中》黄榜《義寧縣志》。嘉靖己未修。令。

[同治]義寧州志

丁立中《八千卷樓書目·地理類·都會郡縣》[同治]《義寧州志》四十卷。

國朝王維新撰。刊本。

[隆慶]靈川縣志

張萱等《内閣藏書目録·志乘部·廣西》《靈川縣志》二册。隆慶乙巳，華全修。

黄虞稷《千頃堂書目·地理類中》華全《靈川縣志》。隆慶乙巳修。

興安縣志

徐圖等《行人司重刻書目·地理類》《興安縣志》二本。

張萱等《内閣藏書目録·志乘部·廣西》《興安縣志》。一册。莫詳編纂姓氏。鈔本。

黄虞稷《千頃堂書目·地理類中》□□□《興安縣志》。

[嘉泰]清湘記

陳振孫《直齋書録解題·地理類》《清湘志》六卷。郡守永嘉陳峴壽南俾教授林瀛修。案：《文獻通攷》作林瀛，原本誤作「灑」，今改正。嘉泰二年也。

清湘記

馬端臨《文獻通考·經籍考·地理》《清湘志》六卷。

清湘志

《宋史·藝文志·地理類》余元一《清湘志》六卷。

清湘舊志

楊士奇等《文淵閣書目・舊志》《清湘志》。二册。《清湘志》。一册。

[嘉靖]全州志

徐圖等《行人司重刻書目・地理類》《全州志》。四本。

張萱等《内閣藏書目録・志乘部・廣西》《全州志》。四册。全。嘉靖己酉，州守王瑩之修。

黄虞稷《千頃堂書目・地理類中》王瑩之《全州志》。嘉靖己酉修。守。

又 謝少南《全州志》七卷。

《明史・藝文志・地理類》謝少南《全州志》七卷。

《四庫全書總目提要・地理類存目三・都會郡縣》［嘉靖］《全州志》六卷。兩淮鹽政採進本。明謝少南撰。少南，上元人。嘉靖壬辰進士。官至廣西提學僉事。全州置於石晉。洪武元年，改州爲府。九年復爲州，領灌陽縣。國朝始以全州灌陽同隸桂林府。此志輯於嘉靖己酉。其時灌陽爲州屬，故各門皆載灌陽也。全州舊有志，少南重加修輯。凡爲綱七，爲目五十有八。其建置門所載沿革云：隋平陳，改洮陽爲湘源。不知隋改隸永州，載於《隋書・地里志》甚詳。又不載後周時地屬南唐。洮水出洮陽縣，載於《水經注》，亦未徵引。均未免脱略也。

[萬曆]全州志

楊士奇等《文淵閣書目・舊志》《全州志》。二册。

張萱等《内閣藏書目録・志乘部・廣西》《全州志》。二册。全。萬曆己卯，學博王大猷等修。

黄虞稷《千頃堂書目・地理類中》王大猷等《全州志》。萬曆己卯修。學博。

[萬曆]恭城縣志

張萱等《内閣藏書目録・志乘部・廣西》《恭城縣志》。二册。全。萬曆癸巳，教諭曾三接修。

黄虞稷《千頃堂書目・地理類中》曾三接《恭城縣志》。萬曆癸巳修。教諭。

昭潭志

《宋史・藝文志・地理類》韋楫《昭潭志》一卷。

楊士奇等《文淵閣書目・舊志》《昭潭志》。二册。

平樂府志

趙琦美《脈望館書目・史・廣西・平羅府》《平樂府志》三本。

[萬曆]平樂府志

張萱等《内閣藏書目録・志乘部・廣西》《平樂府志》。四册。全。萬曆閒，郡守王文炳修。

黄虞稷《千頃堂書目・地理類中》王文炳《平樂府志》。萬曆閒修。守。

平樂府并屬縣志

楊士奇等《文淵閣書目・新志》《平樂府并屬縣志》。一册。

陽朔縣志

張萱等《内閣藏書目録・志乘部・廣西》《陽朔縣志》。一册。莫詳編纂姓氏。鈔本。

黄虞稷《千頃堂書目・地理類中》□□□《陽朔縣志》。

荔浦縣志

趙琦美《脈望館書目・史・廣西・平羅府》《荔浦縣志》一本。

[萬曆]荔浦縣志

張萱等《内閣藏書目録・志乘部・廣西》《荔浦縣志》二册。萬曆甲申，邑令吕文案修。

黄虞稷《千頃堂書目・地理類中》吕文案《荔浦縣志》。萬曆甲申修。令。

永寧州事略

張萱等《内閣藏書目録・志乘部・廣西》《永寧州事略》。一册。莫詳編纂姓氏。鈔本。

黄虞稷《千頃堂書目・地理類中》□□□《永寧州事略》。

[道光]永寧州志

丁立中《八千卷樓書目・地理類・都會郡縣》[道光]《永寧州志》十二卷。國朝黄培杰撰。刊本。

永福縣志

祁承㸁《澹生堂藏書目・圖志・邑志》《永福縣志》。四册。六卷。唐學仁。

梧州地區

梧州府并屬縣志

楊士奇等《文淵閣書目・新志》《梧州府并屬縣志》。一册。

梧州府志

晁瑮《晁氏寶文堂書目・圖誌》《梧州府志》。

[萬曆]梧州府志

張萱等《内閣藏書目録・志乘部・廣西》《梧州府志》。八册。全。萬曆戊子，郡守林喬楠修。

黄虞稷《千頃堂書目・地理類中》林喬楠、陳鑑、陳熙《梧州府志》十二卷。萬曆戊子修。守。

[崇禎]梧州府志

黄虞稷《千頃堂書目・地理類中》謝君惠《梧州府志》二十卷。崇禎間修。

蒼梧郡志

楊士奇等《文淵閣書目・舊志》《蒼梧郡志》。一册。《蒼梧郡志》。二册。

蒼梧志

黄虞稷《千頃堂書目・地理類中》薛誠之《蒼梧志》。

應櫝蒼梧軍門志

徐𤊹《徐氏家藏書目・廣西省》《蒼梧軍門志》三十四卷。應櫝。

黄虞稷《千頃堂書目・地理類中》應櫝《蒼梧軍門志》二十四卷。

蒼梧總督軍門志

張萱等《内閣藏書目録・志乘部・廣西》《蒼梧總督軍門志》。十二册。全。萬曆辛巳，總督劉堯誨修。又十二册。全。同前。

蒼梧軍門志

祁承㸁《澹生堂藏書目・圖志・關鎮》《蒼梧軍門志》八册。二十卷。

[紹熙]富川志

陳振孫《直齋書録解題・地理類》《富川志》六卷。軍學教授括蒼潘廷立撰。太守趙善宣，紹熙四年也。軍治永興，本富川縣，故名。

馬端臨《文獻通考・經籍考・地理》《富川志》六卷。

《宋史・藝文志・地理類》潘廷立《富川圖志》六卷。

[嘉定]富川志

趙希弁《讀書附志・地理類》《富川志》三卷。右嘉定甲申守李壽朋修。

[萬曆]富川縣志

張萱等《内閣藏書目録・志乘部・廣西》《富川縣志》。二册。全。萬曆癸未，邑令周篤棐修。

黄虞稷《千頃堂書目・地理類中》周篤棐《富川縣志》。萬曆癸未修。令。

臨賀志

趙希弁《讀書附志・地理類》《臨賀志》三卷《集》二卷。右莫詳誰所修也。集以蘇東坡《答彭賀州啓》爲首。

臨賀郡志

《宋史・藝文志・地理類》《臨賀郡志》一卷。不知作者。

[萬曆]賀縣志

張萱等《内閣藏書目録・志乘部・廣西》《賀縣志》。三册。全。萬曆辛巳，平樂府判朱應辰修。

黄虞稷《千頃堂書目・地理類中》朱應辰《賀縣志》。萬曆辛巳修。平樂通判。

古藤郡志

楊士奇等《文淵閣書目・舊志》《古藤郡志》。二册。

藤縣志

張萱等《内閣藏書目録・志乘部・廣西》《藤縣志》。一册。莫詳編纂姓氏。

藤縣志

黄虞稷《千頃堂書目・地理類中》傅鑑中《藤縣志》。

藤縣志

黄虞稷《千頃堂書目・地理類中》王好善《藤縣志》四卷。

[道光]藤縣志

丁立中《八千卷樓書目・地理類・都會郡縣》[道光]《滕縣志》十四卷。國朝王政撰。刊本。

玉林地區

鬱林郡志

楊士奇等《文淵閣書目・舊志》《鬱林郡志》。二册。

鬱林州志

張萱等《内閣藏書目録・志乘部・廣西》《鬱林州志》。三册。全。學正周希舜等修。

黄虞稷《千頃堂書目・地理類中》周希舜等《鬱林州志》。學正。

[嘉靖]興業縣志

張萱等《内閣藏書目録・志乘部・廣西》《興業縣志》。一册。全。嘉靖己酉，邑令冒詩臣修。

黄虞稷《千頃堂書目・地理類中》冒詩臣《興業縣志》。嘉靖己酉修。令。

潯州府并屬縣志

楊士奇等《文淵閣書目・新志》《潯州府并屬縣志》。一册。

潯州府志

張萱等《内閣藏書目録・志乘部・廣西》《潯州府志》。三册，全。莫詳編纂姓氏。鈔本。

黄虞稷《千頃堂書目・地理類中》□□□《潯州府志》。

[崇禎]潯州府志

黄虞稷《千頃堂書目・地理類中》□□□《潯州府志》十卷。崇禎間修。

[萬曆]平南縣志

張萱等《内閣藏書目録・志乘部・廣西》《平南縣志》。一册，全。萬曆辛卯，邑人張楷修。

黄虞稷《千頃堂書目・地理類中》張楷《平南縣志》。萬曆辛卯修。邑人。

容州志

楊士奇等《文淵閣書目・舊志》《容州志》。二册。

容城縣志

祁承㸁《澹生堂藏書目・圖志・邑志》《容城縣志》。三册。七卷。

[萬曆]容縣志

黄虞稷《千頃堂書目・地理類中》鄭儒《容縣志》。萬曆戊寅修。訓導。

張萱等《内閣藏書目録・志乘部・廣西》《容縣志》。二册。全。萬曆戊寅，訓導鄭儒修。

容縣志

黄虞稷《千頃堂書目・地理類中》彭清《容縣志》。

陸川縣志

楊士奇等《文淵閣書目・新志》《陸川縣志》。

[萬曆]陸川縣志

張萱等《内閣藏書目録・志乘部・廣西》《陸川縣志》。一册。全。萬曆己卯，邑令彭懋祖修。

黄虞稷《千頃堂書目・地理類中》彭懋祖《陸川縣志》。萬曆己卯修。令。

博白縣志

晁瑮《晁氏寶文堂書目・圖誌》《博白縣志》。

永安縣志

趙琦美《脈望館書目・史・廣東・潮州府》《永安縣志》一本。

永安縣志

祁承㸁《澹生堂藏書目・圖志・邑志》《永安縣志》。二册。九卷。蘇民望。

魏永安記

鄭樵《通志・藝文略・地里・郡邑》《魏永安記》三卷。温子昇撰。

章宗源《隋書經籍志考證・地理》《魏永安記》三卷。温子昇撰。《後魏書・温子昇傳》：子昇撰《永安記》三卷。《史通・叙事》篇曰：子昇取譏於君懋。原注：王劭《齊志》曰：温子昇撰《永安記》，率是支言。

永安州志

張萱等《内閣藏書目録・志乘部・廣西》《永安州志》。二册。全。萬曆甲戌，州守廖憲修。

黄虞稷《千頃堂書目・地理類中》廖憲《永安州志》。萬曆甲戌修。守。

［道光］永安縣三志

丁立中《八千卷樓書目・地理類・都會郡縣》［道光］《永安縣志》五卷。國朝劉彬華撰。刊本。

欽州地區

寧越志

趙希弁《讀書附志・地理類》《寧越志》三卷。右慶元改元郡守林會修。

楊士奇等《文淵閣書目・舊志》《寧越志》。一册。

欽州志

楊士奇等《文淵閣書目・舊志》《欽州志》。二册。

［嘉靖］欽州志

范邦甸等《天一閣書目・地理類》《欽州志》九卷。刊本。明知縣林希元輯并序。

廉州府并屬縣志

楊士奇等《文淵閣書目・新志》《廉州府并屬縣志》。一册。

廉州府志

范邦甸等《天一閣書目·地理類》《廉州府志》六卷。刊本。明何御脩并序。

黄虞稷《千頃堂書目·地理類中》何御《廉州府志》六卷。

廉州縣志

徐㶿《徐氏家藏書目·廣東省》《廉州縣志》。

廉州合浦郡志

楊士奇等《文淵閣書目·舊志》《廉州合浦郡志》。一册。

[嘉靖]上思州志

張萱等《内閣藏書目録·志乘部·廣西》《上思州志》。一册，全。嘉靖戊戌，州守劉遇春修。

黄虞稷《千頃堂書目·地理類中》劉寓春《上思州志》。嘉靖戊戌修。守。

利州圖志

楊士奇等《文淵閣書目·舊志》《利州圖志》。一册。

泗城州圖志

楊士奇等《文淵閣書目·舊志》《泗城州圖志》。一册。

田陽志

楊士奇等《文淵閣書目·舊志》《田陽志》。一册。

田州府并屬縣志

楊士奇等《文淵閣書目·新志》《田州府并屬縣志》。一册。

鎮安府舊志

楊士奇等《文淵閣書目·舊志》《鎮安府志》。一册。

鎮安府新志

楊士奇等《文淵閣書目·新志》《鎮安府志》。一册。

四川省

巴郡圖經

姚振宗《後漢藝文志・地理類・州郡》 《巴郡圖經》。《華陽國志・巴志》：孝桓帝以并州刺史泰山但望，字伯闔，爲巴郡太守。永興二年三月，望上疏曰：謹按《巴郡圖經》，境界南北四千，東西五千，周萬餘里，屬縣十四。鹽鐵五官，各有丞史，户四十六萬四千七百八十，口百八十七萬五千五百三十五。遠縣去郡千二百至千五百里，鄉亭去縣或三四百，或及千里云云。按：桓帝時，巴郡守但望上疏，引《巴郡圖經》，則「圖經」之名起于漢代，諸郡必皆有圖經，特無由考見耳。

蜀本紀

姚振宗《後漢藝文志・地理類・州郡》 鄭廑《蜀本紀》。

蜀本紀

姚振宗《後漢藝文志・地理類・州郡》 尹貢《蜀本紀》。《華陽國志・序志》曰：司馬相如、嚴君平、揚子雲、陽成子玄、鄭伯邑、尹彭城等，各集傳記以作本紀，略舉其隅。按：鄭廑，字伯邑，有《巴蜀耆舊傳》見前雜傳記類。常璩《南中志》曰：夜郎尹貢，亦有名德，歷尚書郎、長安令。巴郡太守彭城相與毋斂尹珍、平夷傅保號南州人士。按：尹珍爲許慎應奉弟子，見范書《西南夷傳》，貢與之同時，則桓靈時人也。

本蜀論

侯康《補三國藝文志・地志類》 來敏《本蜀論》。《水經注》二十七引來敏《本蜀論》云：秦惠王欲伐蜀，而不知道，作五石牛，以金置尾下，言能屎金。蜀王負力令五丁引之成道。秦使張儀、司馬錯尋路滅蜀，因曰石牛道。又卷三十三引來敏《本蜀論》曰：荆人鼈令死，其尸隨水上，荆人求之不得，令至汶山下復生，起見望帝。望帝者，杜宇也。從天下，女子朱利自江源出，爲宇妻，遂王于蜀，號曰望帝。望帝立以爲相。時巫山峽而蜀水不流，帝使令鑿巫峽通水，蜀得陸處。望帝自以德不若，遂以國禪，號曰開明。據此兩條，則是地記之書也。《太平寰宇記》益州條下亦引。

姚振宗《三國藝文志・地理類・總志郡縣》 來敏《本蜀論》。《蜀志》本傳：敏字敬達，義陽新野人，來歙之後也。初爲劉璋賓客，涉獵書籍，善《左氏春秋》，尤精于倉雅訓詁，好是正文字。先主定益州，署敏典學校尉，及立太子，以爲家令。後主踐阼，爲虎賁中郎將。丞相亮住漢中，請爲軍祭酒、輔軍將軍，坐事去職。亮卒，爲大長秋，又免。後累遷爲光禄大夫，復坐過黜。前後數貶削，皆以語言不節，舉動違常也。後以爲執慎將軍，欲令以官重自警戒。年九十七，景耀中卒。

蜀本紀

姚振宗《三國藝文志・地理類・總志郡縣》 譙周《蜀本紀》。周始末具經部禮類。《華陽國志序志》曰：司馬相如、嚴君平、揚子雲、陽城子玄、鄭伯邑、尹彭城、譙常侍、任給事等，各集傳記以作本紀，略舉其隅。侯《志》曰：《蜀志・秦宓傳》注引譙周《蜀本紀》曰：禹本汶山廣柔縣人也，生于石紐，其地名刳兒坪。《先主傳》注亦引之。其文與揚雄《蜀王本紀》同，則無以定其必爲譙書也。案：《蜀本紀》之書，据常道將言，則司馬長卿倡爲之，諸家遞有增益。鄭伯邑名廑，尹彭城名貢，並詳見《後漢・藝文志》地理類。任給事名熙，入晉不仕。見《後賢志》。自司馬氏以迄任氏爲《蜀本紀》者凡八家。

益州志

姚振宗《三國藝文志・地理類・總志郡縣》 譙周《益州志》。汪師韓《文選・理學權輿》曰：選注所引羣書有譙周《益州志》。章宗源《隋志考證》曰：《文選・蜀都賦》注引譙周《益州志》曰：成都織錦，既成，濯于江水，其文分明，勝于初成，他水濯之，不如江水也。

文廷式《補晉書藝文志・地志類》 譙周《益州記》。《文選・蜀都賦》注引之。按：《寰宇記》、《太平御覽》有引杜預《益州記》者，皆任預之譌，今不取。

三巴記

《隋書・經籍志・地理》 《三巴記》一卷。譙周撰。

《舊唐書・經籍志・地理》 《三巴記》一卷。譙周撰。

《新唐書・藝文志・地理類》 譙周《三巴記》一卷。

鄭樵《通志・藝文略・地里・郡邑》 《三巴記》一卷。譙周撰。

姚振宗《三國藝文志・地理類・總志郡縣》 譙周《三巴記》一卷。《隋書經籍志》：《三巴記》一卷，譙周撰。唐《經籍志》同《藝文志》：譙周《三巴記》一卷。《華陽國志・巴志》：漢獻帝初平元年，征東中郎將安漢趙建穎議分巴爲二郡，穎欲得巴舊名，故白益州牧劉璋，以墊江以上爲巴郡，江南龐羲爲太守，治安漢，以江州至臨江爲永寧郡，朐忍至魚復爲固陵郡，巴遂分矣。建安六年，魚復蹇允白璋，争巴名，璋乃改永寧爲巴郡，以固陵爲巴東，徙羲爲巴西太守，是爲三巴。章宗源《隋志考證》曰：《玉篇》巴部、《通典》州郡門、《御覽》地部、州郡部、人事部、禮儀部，《藝文類聚》樂部，並引譙周《三巴記》。侯志曰：譙周《三巴記》、《續漢書郡國志》巴郡下屢引之。案：《宋書・州郡志》益州巴西郡下亦兩引譙周巴記。

文廷式《補晉書藝文志・地志類》 譙周《三巴記》一卷。章宗源《考證》曰：《玉篇》巴部，閬白水東南遶，如巴字。《類聚》樂部，閬中有渝水，賨民鋭氣，善舞。高祖使樂人習之，故樂府中有巴渝舞。《御覽》人事部、禮儀部並引，巴國將軍曼子事，俱見譙周《三巴記》。《續漢郡國志》注引有《巴漢志》。余按，《續漢志》注引譙周《巴記》曰，初平六年，趙穎分巴爲二郡，欲得巴舊名故郡，以墊江爲治，漢以下爲永寧郡。建安六年，劉(綽)[璋]分巴，以永寧爲巴東郡，以墊江爲巴西郡。其餘引《巴漢志》八條，《巴記》四條，皆不著名，蓋《巴漢志》非譙周書也。

巴漢志

沈家本《續漢書志注所引書目・地理》 《巴漢志》。郡國五。

蜀志

《隋書・經籍志・地理》 《蜀志》一卷。東京武平太守常寬撰。

鄭樵《通志・藝文略・地里・郡邑》 《蜀志》一卷。後漢常寬撰。

章宗源《隋書經籍志考證・地理》 《蜀志》一卷。東京武平太守常寬撰。常璩《大同志》曰：族祖武平府君、漢嘉杜府君並作《蜀後志書》，其大同及其喪亂西州。《後賢志》曰：武平府君撰，簡授翰拾其遺闕，然但言三蜀、巴漢未列，又務在舉善，不必珍異。

姚振宗《隋書經籍志考證・地理類》 《蜀志》一卷。東京武平太守常寬撰。常寬有《續益部耆舊傳》二卷。見前雜傳家。《華陽國志・後賢志》：常寬撰《蜀後志》及《後賢傳》。又《後賢志》序曰：西州自奉聖晉後，俊偉倜儻之士，或羽儀上京，策勳王府，甄名史録，侔于先賢，會遇喪亂軋搆，華夏顛墜，典籍多缺。族祖武平府君，愍其若斯，乃操簡援翰，拾其遺闕，然但言三蜀，巴漢未列，又務在舉善，不必珍異。又《大同志》序曰：族祖武平府君作《蜀後志》，書其大同及其喪亂，然逮在李氏，未相條貫，又其始末有不詳第。

文廷式《補晉書藝文志・地志類》 常寬《蜀志》一卷。東京武平太守。

蜀圖籍

姚振宗《三國藝文志・地理類・三國版圖户籍》《蜀圖籍》。《蜀志・後主傳》注王隱《蜀記》曰：禪又遣尚書郎李虎送士民簿，領户二十八萬，男女口九十四萬，帶甲將士十萬二千，吏四萬人，米四十餘萬斛，金銀各二千斤，錦綺綵絹各二十萬匹，餘物稱此。《通典》州郡門：蜀主全制巴蜀，置益梁二州，有郡二十二，以漢中興勢、白帝並爲重鎮。案蜀未嘗置梁州，《通典》此條誤。洪亮吉《蜀漢疆域志》曰：漢建安十九年，先主定益州。二十四年，進定漢中。後主建興七年，復得涼州之武都郡，改益州郡爲建寧郡，遥領交州，凡得漢舊郡十一。漢末及蜀漢增置郡十一，共領郡二十二，治成都。又設庲降都督，統南中七郡，治肥縣。益州蜀郡領縣七，犍爲郡領縣五，江陽郡領縣三，汶山郡領縣八，漢嘉郡領縣四，朱提郡領縣五，越巂郡領縣六，牂牁郡領縣七，建寧郡領縣十五，興古郡領縣十，永昌郡領縣八，雲南郡領縣八，漢中郡領縣八，廣漢郡領縣九，梓潼郡領縣五，巴郡領縣五，巴西郡領縣五，巴東郡領縣四，涪陵郡領縣六，宕渠郡領縣三，武都郡領縣五，陰平郡領縣二。案：洪氏所考，凡州一，郡二十二，縣一百三十八。

華陽國志

楊士奇等《文淵閣書目・舊志》《華陽國志》。五册。

徐𤊹《徐氏家藏書目・四川省》《華陽國志》十二卷。

梁州巴記

丁國鈞《補晉書藝文志・地理類》《梁州巴記》。黄容。謹按見《華陽國志・容傳》。

巴蜀記

《隋書・經籍志・地理》《巴蜀記》一卷。

鄭樵《通志・藝文略・地里・郡邑》《巴蜀記》一卷。

章宗源《隋書經籍志考證・地理》《巴蜀記》卷亡，袁休明撰。不著録。《水經・若水注》袁休明《巴蜀志》曰：堂琅縣西，高山嵯峨，嶺石磊落，傾側縈迴，下臨峭壑，行者攀緣，牽援繩索，三蜀之人及南中諸郡以爲至險。

巴蜀志

李昉《太平御覽經史圖書綱目》《巴蜀志》。

蜀地記

李昉《太平御覽經史圖書綱目》《蜀地記》。

益州記

李昉《太平御覽經史圖書綱目》任豫《益州記》。

章宗源《隋書經籍志考證・地理》《益州記》。卷亡。任豫撰。不著録。《續漢・郡國志注》：廣都縣有望川源，武陽縣有王喬祠、袁祖祠。《文選・蜀都賦》注：嘉魚鱗似鱒魚。《藝文類聚》禮部：文翁學堂在大城南，昔經火災，蜀郡太守高勝修復，繕立圖畫聖賢古人之象，及禮器瑞物。此事可與李膺《益州記》互證，《御覽》禮儀部同引之。《初學記》地部：郫江，大江之枝也，亦曰涪江，亦曰湔水。《太平御覽》地部：廣平有石紐林，禹生處也，並引任豫《益州記》、《史記・河渠書正義》：

二江者，郫江、流江也。《北堂書鈔》酒食部：益州有卓王孫井，舊常於此井取水煑鹽，並引杜預《益州記》。杜預、仁豫字形相近，易訛，自是一書。

梁州記

汪師韓《文選注引群書目録上・地理》《梁州記》。

益州記

《隋書・經籍志・地理》《益州記》三卷。李氏撰。

姚振宗《隋書經籍志考證・地理類》《益州記》三卷。李氏撰。

益州記

《新唐書・藝文志・地理類》李充《益州記》三卷。

鄭樵《通志・藝文略・地里・郡邑》《益州記》三卷。隋李充撰。

蜀記

陳振孫《直齋書録解題・地理類》《蜀記》二卷。唐鄭暐撰。雜記蜀事、人物、古跡、寺觀之屬。未詳何人。

馬端臨《文獻通考・經籍考・地理》《蜀記》二卷。

蜀記

章宗源《隋書經籍志考證・地理》《蜀記》卷亡。段氏撰，不著録。《寰宇記》：劍南西道，戎人進猓猻褥，皂褐碧三色相間；江南西道，涪州出扇；山南西道，渝出花竹簟，巴川以竹根爲酒，注子。《太平御覽》布帛部：邛州鎮南蕉葛，上者一疋直十千，並引段氏《蜀記》。又《寰宇記》山南東道，忠州墊江縣以蘇薰爲席，絲爲經，其色深碧，此稱段氏《遊蜀記》。

蜀記

馬端臨《文獻通考・經籍考・地理》《蜀記》一卷。

蜀記

晁公武《郡齋讀書志・地里類》《蜀記》一卷。袁本前志卷二下地理類第九。右皇朝張守約撰。載孟昶初降至薨事。

川陝路圖經

鄭樵《通志・藝文略・地里・圖經》《川陝路圖經》三十卷。

益州路圖經

鄭樵《通志・藝文略・地里・圖經》《益州路圖經》八十二卷。

利州路圖經

鄭樵《通志・藝文略・地里・圖經》《利州路圖經》六十三卷。

梓州路圖經

鄭樵《通志・藝文略・地里・圖經》　《梓州路圖經》六十九卷。

梁益記

鄭樵《通志・藝文略・地里・郡邑》　《梁益記》十卷。

晁公武《郡齋讀書志・地里類》　《梁益記》十卷。袁本前志卷二下地理類第二十八。右皇朝任弁撰。天禧中，遊宦於成都，以《蜀記》數家，其言皆無所據依，乃引書傳刊正其事。

陳振孫《直齋書録解題・地理類》　《梁益記》十卷。著作佐郎益州知録事參軍任弁撰。天禧四年自爲序。

馬端臨《文獻通考・經籍考・地理》　《梁益記》十卷。

[正德]四川志

黄虞稷《千頃堂書目・地理類中》　熊相《四川志》三十七卷。

[嘉靖]四川總志

范邦甸等《天一閣書目・地理類》　重脩《四川總志》六十四卷。刊本。明嘉靖二十年，王元正重編，劉大謨、謝瑜、周復俊均有序。

趙琦美《脈望館書目・史・四川總志》　《四川總志》廿本。

焦竑《國史經籍志・地里・郡邑》　《四川總志》八十卷。

祁承㸁《澹生堂藏書目・圖志・通志》　《四川總志》。十五册。八十卷。内缺三册。

黄虞稷《千頃堂書目・地理類中》　王元正《四川統志》八十卷。

《明史・藝文志・地理類》　王元正《四川總志》八十卷。

[萬曆]四川總志

張萱等《内閣藏書目録・志乘部・四川》　《四川總志》十六册。萬曆己卯，學憲郭棐修。

徐𤊹《徐氏家藏書目・四川省》　《四川通志》三十六卷。

黄虞稷《千頃堂書目・地理類中》　郭棐《四川總志》三十六卷。萬曆己卯修。

《明史・藝文志・地理類》　郭棐《四川通志》三十六卷。

《四庫全書總目提要・地理類存目三・都會郡縣》　[萬曆]《四川總志》三十四卷。兩淮鹽政採進本。明魏檏如、游檏、童良同撰，提學副使海南郭棐裁正之。檏如題敘州府同知，良題諸生，皆不知其里貫。檏福寧人，萬曆甲戌進士，官成都府推官。是書凡省志四卷，郡縣志十四卷，經略志附以雜記共十四卷，文八卷，詩四卷。其書於尹吉甫、商瞿、董永、楊時之類舊志誤收者，頗有駁正。於趙戒、張商英之類舊志溢美者，亦頗有簡汰。惟職官不載守令，未免疎略。而以先代帝紀列於前，亦非輿記之體也。

[雍正]四川通志

《四庫全書總目提要・地理類一・都會郡縣》　《四川通志》四十七卷。通行本。國朝總督四川兵部右侍郎兼都察院右副都御史黄廷桂等監修。《四川通志》在明代凡四修，惟藝文出楊慎手，最爲雅贍，而其他則未能悉中體要。國朝康熙十二年，總督蔡毓榮、巡撫張德地又續事纂輯。以兵燹之後，文獻無徵，亦多所脱漏。是編乃雍正七年，廷桂等奉敕重修。凡分四十九類。舊志之闕者補之，略者增之，較爲詳備。其中沿舊志之誤，未及盡汰者，如唐韋昭度征陳敬瑄，無功而還；宋岳雲爲忠州防禦使，乃遥授之官，俱不應入名宦。虞允文爲四川宣撫，乃總制全蜀，應入統部，不當僅入保寧府。唐之鮮于仲通依附楊國忠，喪師南詔，新舊《唐書》所載甚明，乃反以爲忤國忠被貶，載入人物。此類尚不免地志附會緣飾之習，然其甄綜排比，較舊志則可據多矣。

成都市

蜀郡圖經

章宗源《隋書經籍志考證・地理》《蜀郡圖經》。卷亡。不著録。《文選・南都賦》注《蜀郡圖經》曰：太湖山，(山)[在]故縣縣南十里。

成都記

鄭樵《通志・藝文略・地里・郡邑》《成都記》五卷。唐盧求撰。

《新唐書・藝文志・地理類》盧求《成都記》五卷。西川節度使白敏中從事。

《宋史・藝文志・地理類》盧求《成都記》五卷。

焦竑《國史經籍志・地里・郡邑》《成都記》五卷。唐(羅)[盧]求。

錢東垣等輯《崇文總目輯釋・地理類》《成都記》五卷。盧求撰。繹按舊本「成」譌作「城」，今校改。

續成都記

鄭樵《通志・藝文略・地里・郡邑》《續成都記》一卷。杜光庭撰。

《宋史・藝文志・地理類》杜光庭《續成都記》一卷。

宋祖駿《補五代史藝文志・地理類》《續成都記》一卷。杜光庭撰。

成都志

尤袤《遂初堂書目・地理類》《成都志》。

楊士奇等《文淵閣書目・舊志》《成都志》。十八册。

[元]成都志

黄虞稷《千頃堂書目・地理類・補元》費著《成都志》。

倪燦等《補遼金元藝文志・地理類》費著《成都志》。

錢大昕《補元史藝文志・地理類》費著《成都志》。

成都府圖志

楊士奇等《文淵閣書目・新志》《成都府圖志》。十册。

成都府并屬縣志

楊士奇等《文淵閣書目・新志》《成都府并屬縣志》。三十六册。

彭韶成都志

黄虞稷《千頃堂書目・地理類中》彭韶《成都志》二十五卷。

《明史・藝文志・地理類》彭韶《成都志》二十五卷。

成都府志

趙琦美《脈望館書目・史・四川・成都府》《成都府志》五本。

郫縣志

張萱等《内閣藏書目録・志乘部・四川》《郫縣志》。一册。全。邑人葛宗亮修。

黃虞稷《千頃堂書目・地理類中》葛宗亮《郫縣志》。邑人。

郫縣志

徐圖等《行人司重刻書目・地理類》《郫縣志》。二本。

崇寧縣志

張萱等《内閣藏書目録・志乘部・四川》《崇寧縣志》。一册。邑人武憲修鈔本。

崇寧縣志

黃虞稷《千頃堂書目・地理類中》武憲《崇寧縣志》邑人。

永康軍圖志

《宋史・藝文志・地理類》虞剛簡《永康軍圖志》二十卷。

[萬曆]灌縣志

張萱等《内閣藏書目録・志乘部・四川》《灌縣志》。二册。全。萬曆辛巳，邑人周咨謀修。

黃虞稷《千頃堂書目・地理類中》周咨謀《灌縣志》。萬曆辛巳修。邑人。

九隴記

鄭樵《通志・藝文略・地里・郡邑》《九隴記》一卷。王韶撰。

彭縣志

趙琦美《脈望館書目・史・四川・成都府》《彭縣志》二本。

[嘉靖]什邡縣志

張萱等《内閣藏書目録・志乘部・四川》《什邡縣志》。一册。全。嘉靖甲子，教諭唐文淵修。

黃虞稷《千頃堂書目・地理類中》唐文淵《什邡縣志》。嘉靖甲子修，教諭。

漢州志

徐圖等《行人司重刻書目・地理類》《漢州志》六本。

[同治]漢州志

丁立中《八千卷樓書目・地理類・都會郡縣》同治《漢州志》十四卷。國朝陳元杰撰。刊本。

[萬曆]新繁縣志

張萱等《内閣藏書目録・志乘部・四川》成都府《新繁縣志》。一册。全。萬曆壬辰，教諭陳洋等修。

黄虞稷《千頃堂書目・地理類中》陳洋等《新繁縣志》萬曆壬辰修。教諭。

[嘉靖]新都縣志

張萱等《内閣藏書目録・志乘部・四川》《新都縣志》。四册。全。嘉靖間，邑人狀元楊慎修。

黄虞稷《千頃堂書目・地理類中》楊慎《新都縣志》。嘉靖間修，邑人。

新津志

趙琦美《脈望館書目・史・四川・成都府》《新津志》一本。

臨邛志

《宋史・藝文志・地理類》宇文紹奕《臨邛志》二十卷。又《補遺》十卷。

臨邛記

楊士奇等《文淵閣書目・舊志》《臨邛記》。七册。

焦竑《國史經籍志・地里・郡邑》《臨邛記》十四卷。

綿陽地區

[萬曆]龍安府志

張萱等《内閣藏書目録・志乘部・四川》《龍安府志》。一册。全。萬曆己卯，江油令葉自新修。

黄虞稷《千頃堂書目・地理類中》葉自新《龍安府志》。萬曆己卯修，江油令。

潼川府圖經

《宋史・藝文志・地理類》袁觀《潼川府圖經》十一卷。

潼川志

楊士奇等《文淵閣書目・舊志》《潼川志》。十四册。

潼川州并屬縣志

楊士奇等《文淵閣書目・新志》《潼川州并屬縣志》。四册。

[嘉靖]潼川州志

張萱等《内閣藏書目録・志乘部・四川》《潼川州志》。五册。全。嘉靖辛亥，邑人陳中川修。

[萬曆]潼川州志

黄虞稷《千頃堂書目・地理類中》陳中川《潼川州志》。萬曆辛亥修，邑人。

綿州志

楊士奇等《文淵閣書目・舊志》《緜州志》。一册。

[嘉靖]綿州志

張萱等《内閣藏書目録・志乘部・四川》《綿州志》。五册。全。嘉靖癸未，學博蘇民望修。

黄虞稷《千頃堂書目・地理類中》蘇民望《緜州志》。嘉靖癸未修，學博。

彰明志

楊士奇等《文淵閣書目・舊志》《彰明志》。一册。

廣元縣志

楊士奇等《文淵閣書目・舊志》《廣元縣志》。一册。

劍州圖志

楊士奇等《文淵閣書目・舊志》《劍州圖志》。一册。

[萬曆]劍州志

張萱等《内閣藏書目録・志乘部・四川》《劍州志》。二册。全。萬曆甲午，州同知萬國欽修。

祁承㸁《澹生堂藏書目・圖志・州志》《劍州志》。二册。八卷，楊慎輯。萬國欽修。

黄虞稷《千頃堂書目・地理類中》萬國欽《劍州志》。萬曆甲午修。州同知。

[萬曆]梓潼縣志

張萱等《内閣藏書目録・志乘部・四川》《梓潼縣志》。一册。全。萬曆丁丑，縣令寸居敬修。

黄虞稷《千頃堂書目・地理類中》 寸居敬《梓潼縣志》。萬曆丁丑修。令。

[弘治]鹽亭縣志

張萱等《内閣藏書目録・志乘部・四川》 《鹽亭縣志》。一册。全。弘治己酉，教諭潘縉修。

黄虞稷《千頃堂書目・地理類中》 潘縉《鹽亭縣志》。弘治己酉修。教諭。

[隆慶]射洪縣志

張萱等《内閣藏書目録・志乘部・四川》 《射洪縣志》。二册。全。隆慶己巳，縣令李猷修。

黄虞稷《千頃堂書目・地理類中》 李猷《射洪縣志》。隆慶己巳修。令。

遂寧縣志

趙琦美《脈望館書目・史・四川・夔州府》 《遂寧縣志》。二本。

蓬溪圖志

楊士奇等《文淵閣書目・舊志》 《蓬溪縣圖志》。一册。

中江縣志

楊士奇等《文淵閣書目・舊志》 《中江縣志》。一册。

[萬曆]中江縣志

趙琦美《脈望館書目・史・四川・潼川府》 《中江縣志》三本。

張萱等《内閣藏書目録・志乘部・四川》 《中江縣志》。二册。萬曆丁亥，邑令安正孝修。

黄虞稷《千頃堂書目・地理類中》 安正孝《中江縣志》。萬曆丁亥修。令。

[萬曆]德陽縣志

張萱等《内閣藏書目録・志乘部・四川》 《德陽縣志》。一册。萬曆丙戌，邑人羅世家修。

黄虞稷《千頃堂書目・地理類中》 羅世家《德陽縣志》。萬曆丙戌修。邑人。

[隆慶]綿竹縣志

張萱等《内閣藏書目録・志乘部・四川》 《綿竹縣志》。二册。全。隆慶庚午，縣令陶弼修。

黄虞稷《千頃堂書目・地理類中》 陶弼《緜竹縣志》。隆慶庚午修。令。

[成化]遠安縣志

黄虞稷《千頃堂書目・地理類中》 劉英《遠安縣志》。成化間修。

[嘉慶]羅江縣志

周中孚《鄭堂讀書記補逸・地理類三・都會郡縣》 《羅江縣志稾》十卷。函海本。國朝李調元撰。仕履見經部易類。羅江屬四川綿州，舊無專志。乾隆九年，邑令延雨村之父石亭化楠纂修。時兵燹初定，無書籍可考，又急於竣事，不及細訪。至是，南村因取其父所纂，翻閲羣書，重加考訂。其於所屬碑碣，手自摹搨。所采金石文，悉依式繪圖於旁。凡沿革、城池、縣署、名宦、各署、城内、東鄉、南鄉、西鄉、北鄉、人物、節孝、道繹、技術、土産十五門，偶有考證，則低二格以附按之。然是志雖經兩世修輯，聊以備修志者之取資而已。以言乎盡志書之能事，則未也。前有嘉慶壬戌自序，時年已七十，亦可謂耄而好學也。

[萬曆]羅江縣志

黃虞稷《千頃堂書目・地理類中》 丁澤《羅江縣志》七卷。萬曆間修。

石泉縣志

祁承爜《澹生堂藏書目・圖志・邑志》 《石泉縣志》。

内江地區

[萬曆]内江縣志

張萱等《内閣藏書目録・志乘部・四川》 《内江縣志》。三册。全。萬曆癸未，邑人高察修。

黃虞稷《千頃堂書目・地理類中》 高察《内江縣志》。萬曆癸未修，邑人。

[正德]樂至縣志

張萱等《内閣藏書目録・志乘部・四川》 《樂至縣志》。一册。正德癸酉，學博黃鍾修。

黃虞稷《千頃堂書目・地理類中》 黃鍾《樂至縣志》正德癸酉修，學博。

普州志

《宋史・藝文志・地理類》 楊泰之《普州志》三十卷。

[萬曆]榮縣志

張萱等《内閣藏書目録・志乘部・四川》 《榮縣志》。一册。全，萬曆甲戌，教諭石磬修。

黃虞稷《千頃堂書目・地理類中》 石磬《榮縣志》。萬曆甲戌修，教諭。

[萬曆]資縣志

張萱等《内閣藏書目録・志乘部・四川》 《資縣志》。四册。全。萬曆己丑，邑人冷逢震修。

黃虞稷《千頃堂書目・地理類中》 冷逢震《資縣志》。四册。縣人。萬曆己丑修。

[嘉靖]資陽縣志

張萱等《内閣藏書目録・志乘部・四川》《資陽縣志》。一册。全。嘉靖癸未，邑人熊□修。

黄虞稷《千頃堂書目・地理類中》熊□□《資陽縣志》。嘉靖癸未修。邑人。

簡州志

趙琦美《脈望館書目・史・四川・成都府》《簡州志》二本。

[萬曆]簡州志

張萱等《内閣藏書目録・志乘部・四川》《簡州志》。四册。全。萬曆己卯，州守駱秉韶修。

黄虞稷《千頃堂書目・地理類中》駱秉韶《簡縣志》。萬曆己卯修。守。

宜賓地區

戎州記

《新唐書・藝文志・地理類》李仁實《戎州記》一卷。

鄭樵《通志・藝文略・地里・郡邑》《戎州記》一卷。唐李仁實撰。

敘州圖經

《宋史・藝文志・地理類》俞聞中《敘州圖經》三十卷。

敘州府志

楊士奇等《文淵閣書目・舊志》《敘州府志》。三册。

敘州府并屬縣志

楊士奇等《文淵閣書目・新志》《敘州府并屬縣志》。三册。

敘州府志

張萱等《内閣藏書目録・志乘部・四川》《敘州府志》。二册。全。成化九年，郡人周洪謨修。

黄虞稷《千頃堂書目・地理類中》周洪謨《敘州府志》成化癸巳修。郡人。

《明史・藝文志・地理類》周洪謨《敘州府志》十二卷。

[萬曆]富順縣志

張萱等《内閣藏書目録・志乘部・四川》《富順縣志》。二册。全。萬曆辛巳，邑令秦可貞修。

黄虞稷《千頃堂書目・地理類中》秦可貞《富順縣志》萬曆辛巳修。令。

[乾隆]富順縣志

張之洞《書目答問・地理・附録國朝省志府州縣誌善本》《富順縣志》。段玉裁。

[嘉靖]南溪縣志

張萱等《内閣藏書目録・志乘部・四川》《南谿縣志》。一册。嘉靖丙寅，邑令高陽修。

黄虞稷《千頃堂書目・地理類中》高陽《南溪縣志》。嘉靖丙寅修。令。

[隆慶]江安縣志

張萱等《内閣藏書目録・志乘部・四川》《江安縣志》。一册。全。隆慶壬申，縣令單汝光修。

黄虞稷《千頃堂書目・地理類中》單汝光《江安縣志》。隆慶壬申修，令。

瀘州圖志

楊士奇等《文淵閣書目・舊志》《瀘州圖志》。十三册。

瀘州并屬縣志

楊士奇等《文淵閣書目・新志》《瀘州并屬縣志》。四册。

[隆慶]瀘郡全志

張萱等《内閣藏書目録・志乘部・四川》《瀘郡全志》。三册。全。隆慶庚午，郡人章懋修。

黄虞稷《千頃堂書目・地理類中》章懋《瀘郡全志》隆慶庚午修，郡人。

永寧宣撫司圖志

楊士奇等《文淵閣書目・舊志》《永寧宣撫司圖志》。

永寧宣撫司志

楊士奇等《文淵閣書目・新志》《永寧宣撫司志》。

九姓長官司志

楊士奇等《文淵閣書目・新志》《九姓長官司志》。一册。

[萬曆]長寧縣志

張萱等《内閣藏書目録・志乘部・四川》《長寧縣志》。二册。全。萬曆癸未，縣令翟時雨修。

黄虞稷《千頃堂書目・地理類中》翟時雨《長寧縣志》。萬曆癸未修，令。

[萬曆]武寧紀略

張萱等《内閣藏書目録・志乘部・四川》《武寧紀略》。八册。萬曆間，四川巡撫曾省吾平蠻時所輯《武寧地志》。

黄虞稷《千頃堂書目・地理類中》曾省吾《武寧紀略》八册。萬曆間巡撫平蠻時輯。

[萬曆]興文縣志

張萱等《内閣藏書目録・志乘部・四川》《興文縣志》。一册。萬曆間修，莫詳姓氏鈔本。

黄虞稷《千頃堂書目・地理類中》□□□《興文縣志》。萬曆間修。

建武志

楊士奇等《文淵閣書目・舊志》《建武志》。二册。

[萬曆]珙縣志

張萱等《内閣藏書目録・志乘部・四川》《珙縣志》。二册。全。萬曆癸未，縣令周曉修。

黄虞稷《千頃堂書目・地理類中》周曉《珙縣志》。萬曆癸未修。令。

[萬曆]高縣志

張萱等《内閣藏書目録・志乘部・四川》《高縣志》。一册。全。萬曆己卯，邑博陳時言修。

黄虞稷《千頃堂書目・地理類中》陳時言《高縣志》。萬曆己卯修。

馬湖府圖志

楊士奇等《文淵閣書目・舊志》《馬湖府圖志》。三册。

馬湖府志

楊士奇等《文淵閣書目・新志》《馬湖府志》。

[嘉靖]馬湖志

張萱等《内閣藏書目録・志乘部・四川》《馬湖志》。二册。全。嘉靖乙卯，青神人余承勛修。

黄虞稷《千頃堂書目・地理類中》余承勛《馬湖府志》。嘉靖乙卯修，青神人。

樂山地區

嘉州志

晁公武《郡齋讀書志・地里類》《嘉州志》二卷。袁本前志卷二下地理類第十五。右皇朝吕昌明撰。以《嘉州圖經》增廣之。

馬端臨《文獻通考・經籍考・地理》《嘉州志》二卷。

嘉定州圖志

楊士奇等《文淵閣書目・舊志》《嘉定州圖志》。二册。

又《嘉定州圖志》。一册。

嘉定州志

楊士奇等《文淵閣書目・新志》《嘉定州志》。四册。

嘉定州志

張萱等《内閣藏書目録・志乘部・四川》《嘉定州志》。四册。全。任有齡修。

黄虞稷《千頃堂書目・地理類中》任有齡《嘉定州志》。

嘉定州志

黄虞稷《千頃堂書目・地理類中》陳嘉言《嘉定州志》十卷。

《明史・藝文志・地理類》陳嘉言《嘉[定]州志》十卷。

[同治]嘉定府志

丁立中《八千卷樓書目・地理類・都會郡縣》[咸豐][同治]《嘉定府志》四十八卷。國朝朱慶鏞撰。刊本。

嘉州凌雲志

晁瑮《晁氏寶文堂書目・圖誌》《嘉州凌雲志》。

祁承㸁《澹生堂藏書目・圖志・山川》《嘉州凌雲志》。一册。二卷。毛鳳韶。

徐圖等《行人司重刻書目・地理類》《嘉州凌雲志》。二本。

[正德]夾江縣志

張萱等《内閣藏書目録・志乘部・四川》《峡江縣志》。一册。全。正德甲戌，邑人宿進修。

黄虞稷《千頃堂書目・地理類中》宿進《夾江縣志》。正德甲戌修。邑人。

夾江縣志

黄虞稷《千頃堂書目・地理類中》何堅《夾江縣志》九卷。

洪雅縣志

趙琦美《脈望館書目・史・四川・嘉定州》《洪雅縣志》二本。

[嘉靖]嘉定府洪雅縣志

范邦甸等《天一閣書目・地理類》嘉定府《洪雅縣志》五卷。刊本。明嘉靖戊戌，張可述撰次并序。

張萱等《内閣藏書目録・志乘部・四川》《洪雅縣志》。二册。嘉靖壬戌，邑人張可述修。

黄虞稷《千頃堂書目・地理類中》張可述《洪雅縣志》。嘉靖壬戌修。

青神縣志

晁瑮《晁氏寶文堂書目・圖誌》《青神縣志》。

[嘉靖]眉州青神縣志

范邦甸等《天一閣書目・地理類》《眉州青神縣志》七卷。刊本。明嘉靖辛亥，余承勛脩并序。

通義志

《宋史・藝文志・地理類》趙善贛《通義志》三十五卷。

四川眉州圖志

楊士奇等《文淵閣書目・舊志》《四川眉州圖志》。一册。

眉州志

楊士奇等《文淵閣書目・新志》《眉州志》。

[嘉靖]西眉郡縣志

張萱等《内閣藏書目録・志乘部・四川》《西眉郡縣志》。五册。全。即《眉州志》。嘉靖乙卯，郡人余承勛修。

黄虞稷《千頃堂書目・地理類中》余承勛《西眉郡縣志》十卷。嘉靖乙卯修。郡人。

《明史・藝文志・地理類》余承勛《西眉郡縣志》十卷。

[萬曆]彭山縣志

張萱等《内閣藏書目録・志乘部・四川》《彭山縣志》。二册。全。萬曆辛巳，縣令白比珩修。

黄虞稷《千頃堂書目・地理類中》白比珩《彭山縣志》。萬曆辛巳修。令。

[萬曆]井研縣志

張萱等《内閣藏書目録・志乘部・四川》《井研縣志》。一册。全。萬曆庚寅，縣令杜如桂修。

黄虞稷《千頃堂書目・地理類中》杜如桂《井研縣志》。萬曆庚寅修，令。

[萬曆]仁壽縣志

張萱等《内閣藏書目録・志乘部・四川》《仁壽縣志》。一册。全。萬曆乙酉，邑人羅從素修。

黄虞稷《千頃堂書目・地理類中》羅從素《仁壽縣志》。萬曆己酉修。邑人。

〔萬曆〕犍爲縣志

張萱等《内閣藏書目録・志乘部・四川》《犍爲縣志》。一册。萬曆甲午，教諭袁世登編。鈔本。

黃虞稷《千頃堂書目・地理類中》 袁世登《犍爲縣志》。萬曆甲午修。教諭。

峨眉志

晁公武《郡齋讀書志・地里類》《峨眉志》三卷。袁本前志、後志未收。右皇朝張開撰。峨眉，山名也。隋開皇十三年以名其邑。奇勝冠三蜀。郡守呂勤命開考圖經及傳記、石刻，綴輯成書，析爲十四門，宋白、吳中復詩文附於後。

馬端臨《文獻通考・經籍考・地理》《峨眉志》三卷。

〔萬曆〕峩眉縣志

張萱等《内閣藏書目録・志乘部・四川》《峩眉縣志》。二册。萬曆乙亥，邑令李寵修。

黃虞稷《千頃堂書目・地理類中》 李寵《峨眉縣志》。萬曆乙亥修。令。

〔萬曆〕峨眉縣志

張萱等《内閣藏書目録・志乘部・四川》《峩眉縣志》。二册。萬曆癸巳，縣令李應霖編。鈔本。

黃虞稷《千頃堂書目・地理類中》 李應霖《峨眉縣志》。萬曆癸巳修。令。

南充地區

果州圖經

《宋史・藝文志・地理類》《果州圖經》五卷。

寧武志

《宋史・藝文志・地理類》 鄒孟卿《寧武志》十五卷。

順慶府圖志

楊士奇等《文淵閣書目・舊志》《順慶府圖志》。三册。

順慶府并屬縣志

楊士奇等《文淵閣書目・新志》《順慶府并屬縣志》。三册。

保寧圖志

楊士奇等《文淵閣書目・舊志》《保寧府圖志》。二册。

保寧府并屬縣志

楊士奇等《文淵閣書目・新志》《保寧府并屬縣志》。四册。

[嘉靖]保寧府志

徐𤊹《徐氏家藏書目・四川省》《保寧府志》十四卷。楊思震。

張萱等《内閣藏書目録・志乘部・四川》《保寧府志》。六册。全。嘉靖癸卯，安樂教諭楊思震修。

黄虞稷《千頃堂書目・地理類中》楊思震《保寧府志》十四卷。嘉靖癸卯修，安樂教諭。

[道光]保寧縣志

丁立中《八千卷樓書目・地理類・都會郡縣》[道光]《保寧縣志》三十卷。國朝李澍撰，刊本。

南充縣志

黄虞稷《千頃堂書目・地理類中》韓士英《南充縣志》十卷。

南部縣志

張萱等《内閣藏書目録・志乘部・四川》《南部縣志》□册。莫詳編纂姓氏，鈔本。

黄虞稷《千頃堂書目・地理類中》□□□《南部縣志》。

[萬曆]營山縣志

范邦甸等《天一閣書目・地理類》《營山縣志》八卷。刊本。明萬曆四年，知縣王廷稷重脩并序。

[正德]蓬州志

范邦甸等《天一閣書目・地理類》順慶府《蓬州志》十卷。刊本。明正德十三年，知府吴德器編，王充棟序，徐泰後序。

[萬曆]慶安州志

張萱等《内閣藏書目録・志乘部・四川》《慶安州志》。二册。全。萬曆己卯，學正戈一龍修。

黄虞稷《千頃堂書目・地理類中》戈一龍《慶安州志》。萬曆己卯修，學正。

[萬曆]岳池縣志

張萱等《内閣藏書目録・志乘部・四川》《岳池縣志》。一册。全。萬曆辛巳，縣令屈乾亨修。

黄虞稷《千頃堂書目・地理類中》屈乾亨《岳池縣志》。萬曆辛巳修。令。

達縣地區

通川志

《宋史・藝文志・地理類》 馬景脩《通川志》十五卷。

東鄉縣志

晁瑮《晁氏寶文堂書目・圖誌》 《東鄉縣志》。

東鄉縣志

范邦甸等《天一閣書目・地理類》 《東鄉縣志》二卷。刊本。明饒文璧撰并序。

丁立中《八千卷樓書目・地理類・都會郡縣》 《東鄉縣志》六卷。饒文璧。

[萬曆]東鄉縣志

張萱等《内閣藏書目録・志乘部・四川》 《東鄉縣志》。一册。全。萬曆癸未，縣令雷大壯修。

黄虞稷《千頃堂書目・地理類中》 雷大壯《東鄉縣志》。萬曆癸未修，令。

[康熙]新寧縣志

丁立中《八千卷樓書目・地理類・都會郡縣》 [康熙]《新寧縣志》十卷。國朝張殿珠撰，刊本。

[萬曆]大竹縣志

張萱等《内閣藏書目録・志乘部・四川》 《大竹縣志》。二册。全。萬曆癸未，邑人江宗棐修。

黄虞稷《千頃堂書目・地理類中》 江宗棐《大竹縣志》。萬曆癸未修，邑人。

[乾隆]大竹縣志

周中孚《鄭堂讀書記補逸・地理類三・都會郡縣》 《大竹縣志》十卷。原刊本。國朝大竹縣知縣陳仕林主修。仕林號四圖，山陰人。是志成於乾隆丁未。前有自序及修志姓氏，其卷首所述縣之沿革殊誤，今重詳之，以備折衷。按：大竹縣爲春秋巴子國地，秦屬巴郡。漢屬宕渠縣地。梁置鄰山縣，兼置鄰州。後魏廢帝，改曰鄰山郡。隋開皇初，郡廢，併縣入鄰水。唐武德元年，復置鄰山縣，又置鄰州，八年州廢，縣屬渠州。元至元二十年，省入大竹，仍移大竹縣來治，屬順慶路。明洪武初，改路爲府，縣仍屬焉。本朝因之。雍正間，川省續修通志，遍徵府州縣志，以備採擇。知縣林良銓乃撮叙事蹟，鈔録以應，不免蕪雜掛漏。至乾隆壬寅，西闗令兹邑，即擬修志。越六載，始與縣丞陸滋加意訪求，得康熙中邑人王以曜手訂明人舊志鈔本，因得據爲藍本，并選邑人士修輯成書。凡分十門，五十八子目，冠以輿圖六。其於舊志，補闕續新，用力頗勤，而其沿革，仍不免沿譌踵謬者。良由邊地少書，不足以資參考故也。

[嘉靖]渠縣志

張萱等《内閣藏書目録・志乘部・四川》 《渠縣志》。一册。全。嘉靖壬寅，教諭葉松修。

黄虞稷《千頃堂書目・地理類中》 葉松《渠縣志》。嘉靖壬辰修，教諭。

南江縣志

祁承㸁《澹生堂藏書目・圖志・邑志》《南江縣志》。

[嘉靖]巴州志

張萱等《内閣藏書目録・志乘部・四川》《巴州志》。二册。全。嘉靖間，邑人何通衢修。

黄虞稷《千頃堂書目・地理類中》 何道衢《巴州志》。嘉靖間修，邑人。

通江志

趙琦美《脈望館書目・史・四川・保寧府》《通江志》一本。巴州。

通江縣志

張萱等《内閣藏書目録・志乘部・四川》《通江縣志》。一册。萬曆甲午，邑人向閣編。鈔本。

黄虞稷《千頃堂書目・地理類中》 向閣《通江縣志》。萬曆甲午修，邑人。

雅安地區

雅州圖志

楊士奇等《文淵閣書目・舊志》《雅州圖志》。三册。

雅州志

楊士奇等《文淵閣書目・新志》《雅州志》。

[萬曆]雅州志

張萱等《内閣藏書目録・志乘部・四川》《雅州志》。四册。萬曆乙亥，邑人劉璧修。

黄虞稷《千頃堂書目・地理類中》 劉璧《雅州志》。萬曆辛巳修。令。

[嘉慶]雅州府志

丁立中《八千卷樓書目・地理類・都會郡縣》 [嘉慶]《雅州府志》十六卷。國朝趙金笏撰，刊本。

蘆山縣志

張萱等《内閣藏書目録・志乘部・四川》《蘆山縣志略》。一册。教諭喻嘉元編。鈔本。

黄虞稷《千頃堂書目・地理類中》 喻嘉元《蘆山縣志略》。教諭。

[萬曆]名山縣志

張萱等《内閣藏書目録・志乘部・四川》《名山縣志》。二册。全。萬曆辛卯，縣令施電修。

名山縣志

黃虞稷《千頃堂書目・地理類中》 施電《名山縣志》萬曆辛卯修。令。

沈黎志

《宋史・藝文志・地理類》 王寅孫《沈黎志》二十三卷。

黎州安撫司志

楊士奇等《文淵閣書目・新志》 《黎州安撫司志》。

天全六番圖志

楊士奇等《文淵閣書目・舊志》 《天全六番圖志》。三册。

天全六蕃招討司志

楊士奇等《文淵閣書目・新志》 《天全六蕃招討司志》。

西昌地區

建昌志

趙琦美《脈望館書目・史・四川・眉州》 《建昌志》二本。

丁立中《八千卷樓書目・地理類・都會郡縣》 [光緒]《鹽源縣誌》十二卷。國朝歐陽銜撰。刊本。

阿壩藏族自治州

松潘軍民指揮司志

楊士奇等《文淵閣書目・新志》 《松潘軍民指揮司志》。

[嘉慶]直隸松潘廳志

丁立中《八千卷樓書目・地理類・都會郡縣》 [嘉慶]直隸《松潘廳志》不分卷。國朝徐星槎撰，抄本。

[萬曆]茂州志

張萱等《内閣藏書目録・志乘部・四川》 《茂州志》。四册。全。萬曆戊子，四川參議李承志修。

黃虞稷《千頃堂書目・地理類中》 李承《茂州志》。萬曆戊子修。四川參議。

叠溪守禦千户所志

楊士奇等《文淵閣書目・新志》《叠溪守禦千户所志》。

威州保縣志

楊士奇等《文淵閣書目・舊志》《威州保縣志》。一册。

重慶市

重慶府圖志

楊士奇等《文淵閣書目・舊志》《重慶府圖志》。二册。

重慶郡志

楊士奇等《文淵閣書目・舊志》《重慶郡志》。一册。又《重慶郡志》。七册。

重慶府并屬縣志

楊士奇等《文淵閣書目・新志》《重慶府并屬縣志》。四册。

重慶府志

趙琦美《脈望館書目・史・四川・重慶府》《重慶府志》三十本。

重慶府銅梁縣志

范邦甸等《天一閣書目・地理類》《重慶府銅梁縣志》四卷。刊本，有天一閣古司馬氏二印。明萬曆元年，邑人張佳允脩并序。

南平軍圖經

《宋史・藝文志・地理類》《南平軍圖經》一卷。

綦江縣志

張萱等《内閣藏書目録・志乘部・四川》《綦江縣志》。一册。知縣蒲林編鈔本。

黄虞稷《千頃堂書目・地理類中》蒲林《綦江縣志》。令。

江津地區

[萬曆]重慶府大足縣志

張萱等《内閣藏書目録・志乘部・四川》重慶府《大足縣志》。一册。全。

萬曆戊寅，邑令祝宗文修。

黄虞稷《千頃堂書目・地理類中》 祝宗文《大足縣志》。萬曆戊寅修。令。

［萬曆］銅梁縣志

徐𤊹《徐氏家藏書目・四川省》《銅梁縣志》四卷。萬曆元年張佳允。

張萱等《内閣藏書目録・志乘部・四川》《銅梁縣志》。四册。全。萬曆癸酉，邑人高啓愚修。

黄虞稷《千頃堂書目・地理類中》 高啓愚《銅梁縣志》。萬曆癸酉修。邑人。

合州志

趙琦美《脈望館書目・史・四川・重慶府》《合州志》一本。少一之四。

江津縣志

黄虞稷《千頃堂書目・地理類中》 楊元吉《江津縣志》七卷。

静南志

《宋史・藝文志・地理類》 黎伯巽《静南志》十二卷。

［萬曆］榮昌縣志

張萱等《内閣藏書目録・志乘部・四川》《榮昌縣志》。四册。全。萬曆庚辰，訓導曠昂霄修。

黄虞稷《千頃堂書目・地理類中》 曠昂霄《榮昌縣志》。萬曆庚辰修。訓導。

涪陵地區

古涪志

《宋史・藝文志・地理類》 王寬夫《古涪志》十七卷。

涪州志

晁瑮《晁氏寶文堂書目・圖誌》《涪州志》。

涪州志

黄虞稷《千頃堂書目・地理類中》 金光《涪州志》二卷。

《明史・藝文志・地理類》 金光《涪州志》二卷。

［萬曆］武隆縣志

張萱等《内閣藏書目録・志乘部・四川》《武隆縣志》。一册。全。萬曆戊寅，邑人陳策修。

黄虞稷《千頃堂書目・地理類中》 陳策《武隆縣志》。萬曆戊寅修。邑人。

墊江志

《宋史・藝文志・地理類》 任逢《墊江志》三十卷。

楊士奇等《文淵閣書目・舊志》 《墊江志》。四册。

酆都志

黄虞稷《千頃堂書目・地理類中》 楊孟瑛《酆都志》。

石砫宣撫司志

楊士奇等《文淵閣書目・舊志》 《石砫宣撫司志》。一册。

酉陽宣撫司志

錢謙益等《絳雲樓書目・地誌類》 《酉陽宣撫司志》。

楊士奇等《文淵閣書目・新志》 《酉陽宣揚司志》。

潛藩武泰志

《宋史・藝文志・地理類》 冉木《潛藩武泰志》十四卷。

[萬曆]彭水縣志

張萱等《内閣藏書目録・志乘部・四川》 《彭水縣志》。二册。全。萬曆辛卯修，莫詳姓氏。鈔本。

黄虞稷《千頃堂書目・地理類中》 □□□《彭水縣志》。萬曆辛卯修。

[萬曆]南川縣事蹟

張萱等《内閣藏書目録・志乘部・四川》 《南川縣事蹟》一册。萬曆甲午，教諭阮上卿編。鈔本。

黄虞稷《千頃堂書目・地理類中》 阮上卿《南川縣事蹟》。萬曆甲午修。教諭。

[咸豐]南川縣志

丁立中《八千卷樓書目・地理類・都會郡縣》 [咸豐]《南川縣志》十卷。國朝魏崧撰。刊本。

萬縣地區

夔州志

《宋史・藝文志・地理類》 馬導《夔州志》十三卷。

夔州圖經

《宋史・藝文志・地理類》劉德禮《夔州圖經》四卷。

夔州路圖經

鄭樵《通志・藝文略・地里・圖經》《夔州路圖經》五十二卷。

夔州府志

楊士奇等《文淵閣書目・舊志》《夔州府志》。一册。

夔州府并屬縣志

楊士奇等《文淵閣書目・新志》《夔州府并屬縣志》。一册。

[正德]夔州府志

范邦甸等《天一閣書目・地理類》《夔州府志》十二卷。刊本。明正德己巳，吴潛重脩，馬廷用、劉瑞均有序。

黄虞稷《千頃堂書目・地理類中》吴潮《夔州府志》十二卷。

[隆慶]夔記

張萱等《内閣藏書目録・志乘部・四川》《夔紀》。一册。全。隆慶壬申，嶺南郭棐爲夔州守，取羣書所載。夔土歷代割據附屬戰争承平諸事類而爲記，凡四卷。

黄虞稷《千頃堂書目・地理類中》郭棐又《夔記》四卷。隆慶壬申修。守。

《明史・藝文志・地理類》郭棐《夔記》四卷。

[萬曆]夔傳

張萱等《内閣藏書目録・志乘部・四川》《夔傳》。一册。全。萬曆初，郡守郭棐編，大學士王公錫爵序。

黄虞稷《千頃堂書目・地理類中》郭棐又《夔傳》□卷。萬曆初修。

[萬曆]夔州府志

趙琦美《脈望館書目・史・四川・夔州府》《夔州府志》。六本。

張萱等《内閣藏書目録・志乘部・四川》《夔州府志》。六册。全。萬曆丙子，郡守郭棐修。

祁承㸁《澹生堂藏書目・圖志・郡志》《夔州府志》六册，十二卷，郭棐輯。

黄虞稷《千頃堂書目・地理類中》郭棐《夔州府志》十二卷。萬曆丙子修。

《明史・藝文志・地理類》郭棐《夔州府志》十二卷。

大寧監圖經

《宋史・藝文志・地理類》《大寧監圖經》六卷。並不知作者。

大昌縣志

楊士奇等《文淵閣書目・舊志》《大昌縣志》。一册。

徐圖等《行人司重刻書目・地理類》《大昌縣志》。二本。

巫山縣志

晁瑮《晁氏寶文堂書目・圖誌》《巫山縣志》。

新修奉節志

晁瑮《晁氏寶文堂書目・圖誌》《新修奉節志》二。

[嘉靖]雲陽縣志

范邦甸等《天一閣書目・地理類》《雲陽縣志》二卷。刊本。明知縣楊鸞序，訓導施繼宗序，嘉靖辛丑邑人李覺脩并序。

忠州圖經

《宋史・藝文志・地理類》《忠州圖經》一卷。

黄虞稷《千頃堂書目・地理類中》《忠州圖經》一卷。

忠州志

黄虞稷《千頃堂書目・地理類中》舒容《忠州志》。

[嘉慶]深山縣志

周中孚《鄭堂讀書記補逸・地理類三・都會郡縣》《深山縣志》十八卷。

【略】國朝梁山縣知縣符永培主修。永嘉字子田，寧陵人，由廩生仕。梁山本漢朐䏰縣地，西魏始分置今縣，屬萬川郡，後周屬巴東郡，隋屬信州，唐改屬萬州，宋改梁山軍，元升爲州，明省州入縣，屬夔州府，本朝雍正十二年，改隸忠州。明以前當有志書，或經兵燹無存。至子田令是邑，始與吾郡瞿霞飛鏊四明邵冶塘堃等創修爲志，閱四月告成。自星野以至難識，凡分二十六門，冠以聖謨輿圖爲卷首，不入卷數。採擇頗勤，叙述亦詳，梁山掌故，於是始備。前有嘉慶戊辰布政使姚令儀、巡道胡稷二序及自序、凡例、修志姓氏。

貴州省

貴州新志

黄虞稷《千頃堂書目・地理類中》趙瓚《貴州新志》十七卷。

《明史・藝文志・地理類》趙瓚《貴州新志》十七卷。

《四庫全書總目提要・地理類存目三・都會郡縣》[嘉靖]《貴州圖經新志》十八卷。兩淮鹽政採進本。明趙讚撰。讚，葉榆人。官貴州宜慰使司儒學教授。是編成於嘉靖中，其凡例謂舊志考究採掇，挂漏可笑。然此書亦殊舛陋。如第二卷内所載題詠，每詩皆取一句，大書於上，而以全詩細字分註於下，是何體例也。

［嘉靖］貴州通志

范邦甸等《天一閣書目・地理類》《貴州通志》十二卷。刊本。明嘉靖二十四年，訓導張道編，楊慎序。

徐圖等《行人司重刻書目・地理類》《貴州通志》。十二本。

黃虞稷《千頃堂書目・地理類中》胡禾同《貴州通志》十二卷。

張萱等《内閣藏書目録・志乘部・貴州》《貴州通志》。十二册。全。嘉靖乙卯，謝東山修。

《四庫全書總目提要・地理類存目三・都會郡縣之屬》［嘉靖］《貴州通志》十二卷。兩淮鹽政採進本。明張道撰，謝東山删正。道，里貫未詳。官貴州宣慰司訓導。東山，射洪人。嘉靖辛丑進士。官至右副都御史，巡撫山東。其刊定此書時，則官貴州按察司副使也。書頗簡略，以孝義、隱逸別於人物之外，而如陸京、張伯安諸人又以孝友入人物志，亦無體例也。

黔記

張萱等《内閣藏書目録・志乘部・貴州》《黔記》。二十八册。全。萬曆甲辰，貴州撫臺郭子章著。即《貴州通志》也。

祁承㸁《澹生堂藏書目・圖志・通志》《黔志》二十册。六十卷，郭子章。

黃虞稷《千頃堂書目・地理類中》郭子章《黔記》六十卷。即《貴州通志》。

《明史・藝文志・地理類》郭子章《黔記》六十卷。萬曆甲寅著。

［乾隆］貴州通志

《四庫全書總目提要・地理類一・都會郡縣》《貴州通志》四十六卷。通行本。國朝大學士鄂爾泰等監修。其書與《雲南通志》同時纂次，司其事者亦姚州知州靖道謨，繼之者則仁懷知縣杜詮也。其視各省通志成書最後，至乾隆六年刊刻始竣，總督管巡撫事張廣泗奉表上之。貴州僻在西南，苗蠻雜處。明代始建都指揮司，後改布政司，分立郡縣，與各行省竝稱。而自唐宋以前，不過羈縻弗絶，尚未能盡闢狉榛。故古來紀載寥寥，最爲荒略。明趙瓚始創修新志，其後謝東山、郭子章及本朝衛既齊等，遞事增修，漸有輪廓，終以文獻難徵，不免闕漏。惟田雯之《黔書》筆力頗稱奇偉，而意在修飾文采，於事實亦未臚具。此書綜諸家著述，彙成一編。雖未能淹貫古今，然在黔省輿記之中，則詳於舊本遠矣。

貴州宣慰司志

楊士奇等《文淵閣書目・新志》《貴州宣慰司志》。

遵義地區

［道光］遵義府志

張之洞《書目答問・地理・附録國朝省志府州縣誌善本》《遵義府志》。鄭珍、莫友芝。

播州宣慰使司志

楊士奇等《文淵閣書目・舊志》《播州宣慰使司志》。三册。

播州宣慰司志

楊士奇等《文淵閣書目・新志》《播州宣慰司志》。

珍州圖經

《宋史·藝文志·地理類》《珍州圖經》三卷。

銅仁地區

銅仁府志

楊士奇等《文淵閣書目·新志》《銅(化)[仁]府志》。

思州圖經

《宋史·藝文志·地理類》《思州圖經》一卷。

思州府志

楊士奇等《文淵閣書目·新志》《思州府志》。

思州府志略

趙琦美《脈望館書目·史·貴州·思州府》《思州府志略》二本。

思南府志

楊士奇等《文淵閣書目·新志》《思南府志》。

祁承㸁《澹生堂藏書目·圖志·郡志》《思南府志》。二册。八卷。

田秋思南府志

黄虞稷《千頃堂書目·地理類中》 田秋《思南府志》八卷。

《明史·藝文志·地理類》 田秋《思南府志》八卷。

[嘉靖]思南府志

范邦甸等《天一閣書目·地理類》《思南府志》八卷。刊本。明嘉靖十六年郡人田祈編并序，知府洪月峯、錢唐田汝成均有序。

明陽志

楊士奇等《文淵閣書目·舊志》《明陽志》。一册。

烏羅府志

楊士奇等《文淵閣書目·新志》《烏羅府志》。

石阡府志

楊士奇等《文淵閣書目·新志》《石阡府志》。

祁順石阡府志

黄虞稷《千頃堂書目·地理類中》祁順《石阡志》十卷。

《明史·藝文志·地理類》祁順《石阡府志》十卷。

[永樂]南籠府普安州志

范邦甸等《天一閣書目·地理類》《南籠府普安州志》十卷。刊本。明永樂十六年沈勗脩并序。

普安州志

楊士奇等《文淵閣書目·新志》《普安州志》。

[萬曆]普安續志

黄虞稷《千頃堂書目·地理類中》蔣杰《普安續志》。字美君，貴州人。萬曆己丑進士。廣東副使。

烏撒軍民府志

楊士奇等《文淵閣書目·新志》《烏撒軍民府志》。

貴陽府開州志

范邦甸等《天一閣書目·地理類》《貴陽府開州志》十卷。刊本。明王崇慶編集，郡人趙廷瑞序。

永寧州志略

黄虞稷《千頃堂書目·地理類中》馬光《永寧州志略》五卷。

黔東南苗族侗族自治州

鎮遠府志

楊士奇等《文淵閣書目·新志》《鎮遠府志》。

趙琦美《脈望館書目·史·貴州·鎮遠府》《鎮遠府志》三本。

[弘治]鎮遠府志

范邦甸等《天一閣書目·地理類》《鎮遠府志》八卷。刊本。明弘治辛亥，劉向陽編輯，周瑛、李文祥均有序。

黎平府志

徐㶿《徐氏家藏書目·雲南省》 《黎平府志》九卷。袁表。

黃虞稷《千頃堂書目·地理類中》 袁表《黎平府志》九卷。

《明史·藝文志·地理類》 袁表《黎平府志》九卷。

雲南省

永昌郡傳

李昉《太平御覽經史圖書綱目》 《永昌郡傳》。

南中八郡志

章宗源《隋書經籍志考證·地理》 《南中八郡志》。不著録。《後漢書·南蠻·西南夷傳》注：貊大如驢，狀頗似熊，多力食鐵，所觸無不崩。又云邛河，縱横廣岸二十里，深百餘丈，多大魚，長一二丈，頭特大，遥視如戴鐵釜狀。《藝文類聚》菓部檳榔，土人以爲貴，款客必先進，若邂逅不設，用相嫌恨。並引《南中八郡志》。《文選·謝玄暉夜發新林詩》注：交阯郡治龍編縣，自興古烏道四百里。此稱《南中八志》，疑脱「郡」字。《續漢郡國志》注引有《南中志》，省「八郡」二字。《漢書·吴漢傳》注亦引之。《文選·蜀都賦》注，貊獸出建寧郡，食毒鹿，出雲南郡。稱魏完《南中志》。

文廷式《補晉書藝文志·地志類》 《南中八郡志》。《書鈔》、《御覽》屢引之。案《御覽》八百十三《南中八郡志》曰：雲南舊有銀窟數十，劉禪時歲常納貢，亡破以來，時往採取，銀化爲銅不復中用。詳其文義，當是晉人作也。《御覽》九百二十四引作《南中八郡異物志》。

南中八志

汪師韓《文選注引群書目録上·地理》 《南中八志》。

魏完南中志

文廷式《補晉書藝文志·地志類》 魏完《南中志》。《文選·蜀都賦》劉淵林注云：貊獸，毛黑白，臆似熊而小，以舌舐鐵，須臾便數十斤，出建寧郡也。有神鹿兩頭，主食毒草，名之食毒鹿，出雲南郡。此二事魏完《南中志》所記也。

南中志

晁瑮《晁氏寶文堂書目·圖誌》 《南中志》。

常璩南中志

《四庫全書總目提要·地理類存目七·外紀》 《南中志》一卷。浙江范懋柱家天一閣藏本。舊本題曰晉常璩撰。前有顧應祥序云，此書附在《華陽國志》，近世無傳。升菴楊太史謫居於滇，以其舊所藏本手録見示云云。考隋以來經籍、藝文諸志，皆無此書。宋李垕校正《華陽國志》，原序具存，亦不云附有此卷。且漢王恢攻南越在建元六年，張騫使大夏在元狩元年，此云騫以白帝東越攻南越，大行王恢救之。年月之先後既殊，事蹟亦不知何據。又晉泰始七年，分益州置寧州，而此云六年。牂柯郡下，元鼎六年亦誤作元鼎二年，牴牾不一。楊慎好撰僞書，此書當亦《漢雜事祕辛》之類也。

袁滋雲南記

《新唐書・藝文志・地理類》 袁滋《雲南記》五卷。

鄭樵《通志・藝文略・地里・蠻夷》 《雲南記》一卷。袁滋撰。

樊綽雲南志

錢東垣等輯《崇文總目輯釋・地理類》 《蠻書》十卷。樊綽撰。

《新唐書・藝文志・地理類》 樊綽《蠻書》十卷。咸通嶺南西道節度使蔡襲從事。

鄭樵《通志・藝文略・地里・蠻夷》 《蠻書》十卷。樊綽纂。

尤袤《遂初堂書目・地理類》 《雲南志》。

《宋史・藝文志・地理類》 樊綽《雲南志》十卷。又《南蠻記》十卷。

張之洞《書目答問・地理・邊防》 《蠻書》十卷。唐樊綽。聚珍本福雲南備徵志本、琳琅祕室本。

雲南別録

錢東垣等輯《崇文總目輯釋・地理類》 《雲南別録》一卷。竇滂撰。

《新唐書・藝文志・地理類》 竇滂《雲南別録》一卷。

鄭樵《通志・藝文略・地里・蠻夷》 《雲南別録》一卷。竇滂撰。

《宋史・藝文志・地理類》 竇滂《雲南別録》一卷。

南詔録

錢東垣等輯《崇文總目輯釋・地理類》 《南詔録》三卷，徐雲虔撰。

《新唐書・藝文志・地理類》 徐雲虔《南詔録》三卷。乾符中人。

鄭樵《通志・藝文略・地里・蠻夷》 《南詔録》三卷。徐雲虔撰。

陳振孫《直齋書録解題・地理類》 《南詔録》三卷。唐嶺南節度巡官徐雲虔撰。乾符中，邕州遣雲虔使南詔所作。上卷記山川風俗，後二卷紀行及使事。

馬端臨《文獻通考・經籍考・地理》 《南詔録》三卷。

《宋史・藝文志・地理類》 徐雲虔《南詔録》三卷。

雲南志略

王圻《續文獻通考・經籍考・地理》 《雲南志略》四卷。大德五年李京奉命宣慰南蠻，始悟前人紀載之失，悉其見聞爲《志略》，虞集序。

黄虞稷《千頃堂書目・地理類・補元》 李京《雲南志略》四卷。

倪燦等《補遼金元藝文志・地理類》 李京《雲南志略》四卷。

《明史・藝文志・地理類》 《雲南志書》六十一卷。洪武十四年既平雲南，詔儒臣考定爲書。

錢大昕《補元史藝文志・地理類》 李京《雲南志略》四卷。字景山，河間人，大德中烏撒、烏蒙宣慰副使。

雲南志書

黄虞稷《千頃堂書目・地理類中》 《雲南志書》六十一卷。洪武十四年既平雲南，上命儒臣考按圖籍及前代所有志書，更定而删正之，明年六月書成。

雲南志

楊士奇等《文淵閣書目・舊志》 《雲南志》。五册。《雲南志》。五册。《雲南志》。四册。

趙琦美《脈望館書目・史・雲南》《雲南志》四本。

雲南志

楊士奇等《文淵閣書目・新志》《雲南志》。一册。《雲南志》。三册。

[正德]雲南志

范邦甸等《天一閣書目・地理類》《雲南志》四十四卷。刊本。明正德五年，周季鳳編，晁必登序。

雲南紀略

張萱等《内閣藏書目録・志乘部・雲南》《雲南紀略》。一册。全。嘉靖間，御史高對編。

黄虞稷《千頃堂書目・地理類中》高蔚《雲南紀略》一册。嘉靖間御史。

[萬曆]雲南通志

徐𤊹《徐氏家藏書目・雲南省》《雲南通志》十七卷。

張萱等《内閣藏書目録・志乘部・雲南》《雲南通志》。十二册。全。李元陽修。

《明史・藝文志・地理類》李元陽《雲南通志》十(八)[七]卷。

滇略

徐𤊹《徐氏家藏書目・雲南省》《滇略》(八)[十]卷。謝肇淛。

黄虞稷《千頃堂書目・地理類中》謝肇淛《滇略》(八)[十]卷。長樂人。左布政使。

張之洞《書目答問・地理・古地志》《滇略》十卷。明謝肇淛。雲南備徵志本。

《四庫全書總目提要・地理類一・都會郡縣之屬》《滇略》十卷。浙江巡撫採進本。明謝肇淛撰。肇淛有《史觿》，已著録。此書乃其官雲南時所作。分爲十門。一曰版略，志疆域也。二曰勝略，志山川也。三曰産略，志物産也。四曰俗略，志民風也。五曰績略，志名宦也。六曰獻略，志鄉賢也。七曰事略，志故實也。八曰文略，志藝文也。九曰夷略，志苗種也。十曰雜略，志瑣聞也。雖大抵本圖經舊文，稍附益以新事，然肇淛本屬文士，記誦亦頗博洽。故是書引據有徵，敘述有法，較諸家地志體例特爲雅潔。薛承矩序稱其上以搜楊終、常璩之所未及，下以補辛顯怡、李京、楊慎、田汝成諸紀載之漏遺。杭世駿《道古堂集》有是書跋，亦謂其詳遠略近，博觀而約取，蒼山、洱水之墟，稱善史焉。均非溢詞也。

昆明市

雲南府志

楊士奇等《文淵閣書目・新志》《雲南府志》。一册。

東川軍民府志

楊士奇等《文淵閣書目・新志》《東川軍民府志》。

昭通地區

芒部軍民府志

楊士奇等《文淵閣書目・新志》《芒部軍民府志》。

烏蒙軍民府志

楊士奇等《文淵閣書目・新志》《烏蒙軍民府志》。

曲靖地區

曲靖軍民府志

楊士奇等《文淵閣書目・新志》《曲靖軍民府志》。二册。

曲靖府尋甸縣志

范邦甸等《天一閣書目・地理類》《曲靖府尋甸縣志》二卷。刊本。明嘉靖庚戌，知府王尚用脩并序。

[康熙]師宗州志

《四庫全書總目提要・地理類存目三・都會郡縣之屬》《師宗州志》二卷。兩淮馬裕家藏本。國朝管棆撰。棆，武進人。官師宗州知州。是書成於康熙丁酉。分九圖、五紀略、九考、四傳。師宗舊無志，是書草創簡略，粗具大綱。附藝文於各門中，用宋人舊例。惟多録已作，殆成紀遊之集，則未免輿記之結習耳。

尋甸軍民府志

楊士奇等《文淵閣書目・新志》《尋甸軍民府志》。三册。

[嘉靖]尋甸府志

張萱等《内閣藏書目録・志乘部・雲南》《尋甸府志》。二册。全。嘉靖庚戌，郡守王尚用修。

黄虞稷《千頃堂書目・地理類中》王尚用《尋甸府志》嘉靖庚戌修。守。

玉溪地區

澂江府志

楊士奇等《文淵閣書目・新志》《澂江府志》。二册。

[康熙]寧州志

丁立中《八千卷樓書目・地理類・都會郡縣》[康熙]《寧州志》五卷。國朝王星麟撰。刊本。

元江軍民府志

楊士奇等《文淵閣書目・新志》《元江軍民府志》。二册。

馬龍他郎甸志

楊士奇等《文淵閣書目・新志》《馬龍他郎甸志》。一册。

景東府志

楊士奇等《文淵閣書目・新志》《景東府志》。一册。

鎮元府志

楊士奇等《文淵閣書目・新志》《鎮(元)[沅]府志》。二册。

者樂甸長官司志

楊士奇等《文淵閣書目・新志》《者樂甸長官司志》。

臨滄地區

順寧府志

楊士奇等《文淵閣書目・新志》《順寧府志》。

[嘉靖]順寧府志

張萱等《内閣藏書目録・志乘部・雲南》《順寧府志》。一册。全。嘉靖壬戌，土官猛寅編鈔本。

黄虞稷《千頃堂書目・地理類中》土官猛寅《順寧府志》一册。嘉靖壬戌編。

保山地區

金齒軍民指揮司志

楊士奇等《文淵閣書目・新志》《金齒軍民指揮司志》一册。

永昌府志

張萱等《内閣藏書目録・志乘部・雲南》《永昌府志》。四册。全。嘉靖甲寅，同知虞价修。

黄虞稷《千頃堂書目・地理類中》虞价《永昌府志》嘉靖甲寅修。同知。

麗江地區

麗江府志

楊士奇等《文淵閣書目・新志》《麗江府志》。一册。

瀾滄軍民指揮司志

楊士奇等《文淵閣書目·新志》《瀾滄軍民指揮司志》。一册。

永寧府志

楊士奇等《文淵閣書目·新志》《永寧府志》。

永寧宣撫司志

楊士奇等《文淵閣書目·新志》《永寧宣撫司志》。

廣南府志

楊士奇等《文淵閣書目·新志》《廣南府志》。二册。

紅河哈尼族彝族自治州

臨安府志

楊士奇等《文淵閣書目·新志》《臨安府志》。二册。

楚雄彝族自治州

楚雄府志

楊士奇等《文淵閣書目·新志》《楚雄府志》。一册。

[隆慶]楚雄府志

張萱等《内閣藏書目録·志乘部·雲南》《楚雄府志》。二册。全。隆慶丁卯，郡守張澤等修。

黄虞稷《千頃堂書目·地理類中》張澤等《楚雄府志》。隆慶丁卯修。守。

[萬曆]元謀縣志

張萱等《内閣藏書目録·志乘部·雲南》《元謀縣志》一册。萬曆乙未，教授譚鎬修。

黄虞稷《千頃堂書目·地理類中》譚鎬《元謀縣志》。萬曆乙未修。教諭。

武定軍民府志

楊士奇等《文淵閣書目·新志》《武定軍民府志》。二册。

姚安軍民府志

楊士奇等《文淵閣書目·新志》《姚安軍民府志》。一册。

[嘉靖]姚安府志

張萱等《内閣藏書目録・志乘部・雲南》《姚安府志》。二册。全。嘉靖癸卯郡人陳其備修。

黄虞稷《千頃堂書目・地理類中》陳其備《姚安府志》。嘉靖癸卯修。郡人。

[萬曆]禄勸州志

張萱等《内閣藏書目録・志乘部・雲南》《禄勸州志》一册。萬曆壬子，州守何守拙修。

黄虞稷《千頃堂書目・地理類中》何守拙《禄勸州志》萬曆壬午修。守。

[康熙]琅鹽井志

《四庫全書總目提要・地理類存目三・都會郡縣之屬》《琅鹽井志》四卷。浙江巡撫採進本。國朝沈鼒撰。鼒，字枚臣，長洲人。由貢生官雲南琅鹽井鹽課提舉。是書成於康熙壬辰，因來度舊志重爲增輯。首列圖考，次分天文、地理、建設、賦役、官師、學校、選舉、祠祀、人物、藝文凡十類。

南安州志

趙琦美《脈望館書目・史・江西・南安州》《南安州志》四本。

大理白族自治州

大理府志

楊士奇等《文淵閣書目・新志》《大理府志》。一册。

[萬曆]大理府志

徐𤊹《徐氏家藏書目・雲南省》《大理府志》十卷。李元陽。

張萱等《内閣藏書目録・志乘部・雲南》《大理府志》。四册。全。萬曆丁丑，郡人李元陽修。

黄虞稷《千頃堂書目・地理類中》李元陽《大理府志》十卷。萬曆丁丑修。郡人。

《明史・藝文志・地理類》[李元陽]《大理府志》十卷。

趙州志

祁承㸁《澹生堂藏書目・圖志・州志》《趙州志》四册。十卷。

鶴慶軍民府志

楊士奇等《文淵閣書目・新志》《鶴慶軍民府志》。一册。

德宏傣族景頗族自治州

南甸州志

楊士奇等《文淵閣書目・新志》《南甸州志》。

西藏自治區

西藏記

馬國翰《玉函山房藏書簿録・史編・地理類》《西藏記》一卷。撰人缺。

[乾隆]衛藏圖志識

張之洞《書目答問・地理・邊防》《衛藏圖志》五卷。盛繩祖。刻本。

邊防

唐藩鎮指掌

徐𤊹《徐氏家藏書目・各省雜誌》《唐藩鎮指掌》一卷。張大齡。

薊遼始末

黄虞稷《千頃堂書目・地理類下》閻世科《薊遼始末》四卷。萬曆時督餉户部。

居庸關志

趙琦美《脈望館書目・史・北直》《居庸關志》。二本。

薊昌鎮圖説

趙琦美《脈望館書目・史・北九邊》《薊昌鎮圖説》二本。

正德金山衛志

《續修四庫全書總目提要・地理類》正德《金山衛志》六卷。影印明本。明正德十年，都指揮僉事張文光主修。【略】案金山築城，始於吴越錢氏，宋元明因之。舊所傳周康王東游鎮大海所築，遠無可稽矣。是志修於指揮使，而衛治亦以軍事爲重，故關於武備者爲上志，兼及文治、土産者爲下志，意亦尊所重也。此本舊爲海虞瞿氏所藏，今歸於北平圖書館，海寧陳乃乾乘其傳流之際，影印以傳之。凡印僅百部，編號以紀之，此其八十一云。

安亭志

周中孚《鄭堂讀書記補逸・地理類三・都會郡縣》《安亭志》二十卷。含清暉池館刊本。國朝陳樹德撰。樹德字以誦，號槐江，嘉定人，居安亭鎮。安亭鎮爲崑山之永安鄉，在縣東南，去縣治四十五里。又爲嘉定之服禮鄉，在縣西南，去縣治二十四里。界接青浦，居民稠叠，統謂之安亭鎮。康熙、雍正間，夏澄、衛梮皆創爲志而未成。後槐江之甥孫岱輯安亭人物傳四卷，又粗成而卒。槐江因就聞見所及，約舉二十餘條，分十七卷，合岱所編爲二十卷。凡分十七門，而冠以圖。其書以草創方始，寧詳毋略，遂至坐長繁蕪，而譌謬處亦不加訂正，僅可備邑志之採擇而已。其所分疏，首嘉定而後崑山，以志爲嘉定作也。前有嘉慶戊辰嘉定知縣吴桓序及自撰凡例，後復有自跋。

南翔鎮志

周中孚《鄭堂讀書記補逸・地理類三・都會郡縣》《南翔鎮志》十二卷。尋樂草堂刊本。【略】南翔鎮在嘉定縣之南，蕭梁時建白鶴南翔寺於此，因寺成鎮，遂以寺名。别名槎溪者，以三槎浦在其境也。明四先生輩皆是里人，素多文獻。康熙間楊勷平志逸始創爲《槎溪里志》。乾隆壬寅，史亭又重爲之，分疆里、營建、小學、職官、選舉、人物、藝文、雜誌八門，每門又分各子目。嘉慶丙寅，謇堂即其本，删繁訂訛，增補二十餘年間所未及者，改題今名。其門目則一仍其舊，惟增鎮圖及水利關於卷首，而南翔寺圖别見寺觀。所載頗爲詳核，前有知縣吴桓、里人李賢芸暨謇堂三序、校定姓氏，并載史亭、謇堂先後凡例各一篇。

天津三衛志

朱睦㮮《萬卷堂書目・地志》《天津三衛志》十卷。胡璧文。

《明史・藝文志・地理類》 胡文璧《天津三衛志》十卷。

天津衛志

趙琦美《脈望館書目・史・北直》《天津衛志》。二本。又二本。

天津三衛志

祁承㸁《澹生堂藏書目・圖志・關鎮》《天津三衛志》。三册。六卷。

懷安衛志

楊士奇等《文淵閣書目・新志》《懷安衛志》。

懷來衛志

楊士奇等《文淵閣書目・新志》《懷來衛志》。

懷延二衛志

張萱等《内閣藏書目録・志乘部・北直隸》《懷延二衛志》□册。全。懷來、延慶二衛，萬曆庚寅，衛教授詹洲修。鈔本。

黄虞稷《千頃堂書目・地理類上》 詹州《懷延二衛志》。萬曆庚寅修。衛教授。

大寧考

晁瑮《晁氏寶文堂書目・圖誌》《大寧考》。

楊守謙大寧考

黄虞稷《千頃堂書目・地理類下》 楊守謙《大寧考》一卷。

《明史・藝文志・地理類》 楊守謙《大寧考》一卷。

瞿九思大寧考

祁承㸁《澹生堂藏書目・國朝史類・風土・異域》 《大寧考》。一卷。瞿九思。名臣寧攘前編本。

建昌疆場圖志

黄虞稷《千頃堂書目・地理類下》 《建昌疆場圖志》四卷。

三鎮并守議

范邦甸等《天一閣書目・地理類》 《三鎮并守議》一卷。刊本。明嘉靖丁未翁萬達撰。

三鎮閲視

趙琦美《脈望館書目・史・北九邊》 《三鎮閲視》三本。

三鎮一覽圖説

趙琦美《脈望館書目・史・北九邊》 《三鎮一覽圖説》一本。

三鎮事略

黄虞稷《千頃堂書目・地理類下》 戴時宗《三鎮事略》。

三衛志

祁承㸁《澹生堂藏書目・國朝史類・風土・異域》 《三衛志》一卷。

兩鎮邊關圖説

黄虞稷《千頃堂書目・地理類下》 劉昌《兩鎮邊關圖説》二卷。

《明史・藝文志・地理類》 劉昌《兩鎮邊關圖説》二卷。

[嘉靖]兩鎮三關通志

趙琦美《脈望館書目・史・北九邊》 《兩鎮三關通志》十六本。

西關志

晁瑮《晁氏寶文堂書目・圖誌》 《西關志》。

西關志

范邦甸等《天一閣書目・地理類》《西關志》十卷。刊本。明王士翹撰，歐陽德序。

[嘉靖]西關志

趙琦美《脈望館書目・史・北九邊》《西關志》。六本。嘉靖年脩。

祁承㸁《澹生堂藏書目・圖志・關鎮》《西關志》。六册。三十二卷。

西關三鎮通志

晁瑮《晁氏寶文堂書目・圖誌》《西關三鎮通志》。

河西關志

范邦甸等《天一閣書目・地理類》《河西關志》一册。刊本。不著撰人名氏。

河西關志

徐𤊹《徐氏家藏書目・北直隸》《河西關志》六卷。袁表。

三關四鎮志

黃虞稷《千頃堂書目・地理類下》陳錡《三關四鎮志》。

四鎮三關志

徐圖等《行人司重刻書目・地理類》《四鎮三關志》十本。

黃虞稷《千頃堂書目・地理類下》劉效祖《四鎮三關志》十二卷。武功左衛人。嘉靖庚戌進士。陝西按察司副使。

《明史・藝文志・地理類》劉效祖《四鎮三關志》十二卷。

英廉奏《抽毁書目》《四鎮三關志》十本。查《四鎮三關志》係明劉效祖等撰，書成于萬曆初年。其第十卷夷部，語多誣謬，應請抽燬。

四鎮三關通志

黃虞稷《千頃堂書目・地理類下》《四鎮三關通志》二十三卷。不著撰人。

紫荆考

晁瑮《晁氏寶文堂書目・圖誌》《紫荆考》。

黃虞稷《千頃堂書目・地理類下》楊守謙《紫荆考》一卷。

《明史・藝文志・地理類》楊守謙《紫荆考》一卷。

偵宣鎮記

黃虞稷《千頃堂書目・地理類下》 張孟濬《偵宣鎮記》。

［弘治］宣府鎮志

朱睦㮮《萬卷堂書目・地志》《宣府鎮志》十卷。馬中錫。

黃虞稷《千頃堂書目・地理類上》 馬中錫《宣府鎮志》十卷。

《明史・藝文志・地理類》 馬中錫《宣府鎮志》十卷。

宣府志

徐圖等《行人司重刻書目・地理類》《宣府志》。三本。

［正德］宣府鎮志

范邦甸等《天一閣書目・地理類》《宣府鎮志》十卷。刊本。明王崇猷脩，劉健序。

［嘉靖］宣府鎮志

趙琦美《脈望館書目・史・山西・宣府》《宣府鎮志》。十二本。

徐圖等《行人司重刻書目・地理類》《宣府鎮志》。十二本。

張萱等《內閣藏書目録・志乘部・山西》《宣府志》十二册。全。嘉靖辛酉鎮人修撰，孫世芳修。

黃虞稷《千頃堂書目・地理類上》 孫世芳《宣府鎮志》四十二卷。嘉靖辛酉修。鎮人。

黃虞稷《千頃堂書目・地理類下》 孫世芳《宣府鎮志》四十二卷。嘉靖間修。

［嘉靖］山海關志

范邦甸等《天一閣書目・地理類》《山海關志》八卷。刊本。明御史張敕撰并序。

趙琦美《脈望館書目・史・北直・永平府》《山海關志》二本。

徐𤊹《徐氏家藏書目・北直隸》《山海關志》八卷。永平府。嘉靖乙未，詹榮脩。

張萱等《內閣藏書目録・志乘部・北直隸》《山海關志》二册。嘉靖乙未，郡人詹榮修。又二册，全。同前。

祁承㸁《澹生堂藏書目・圖志・關鎮》《山海關志》二册。八卷。

黃虞稷《千頃堂書目・地理類下》 詹榮《山海關志》八卷。嘉靖乙未修。

《明史・藝文志・地理類》 詹榮《山海關志》八卷。

尚絅山海關志

朱睦㮮《萬卷堂書目・雜志》《山海關志》五卷。尚絅。

黃虞稷《千頃堂書目・地理類下》 尚絅《山海關志》五卷。

榆關志

黃虞稷《千頃堂書目・地理類下》 姜鴻緒《榆關志》。

盧龍塞略

黄虞稷《千頃堂書目・地理類下》 郭造卿《盧龍塞略》四卷。

安平鎮志

黄虞稷《千頃堂書目・地理類下》 黄承玄《安平鎮志》十一卷。

《明史・藝文志・地理類》 黄承玄《安平鎮志》十一卷。

三關紀要

晁瑮《晁氏寶文堂書目・圖誌》 《三關紀要》。

黄虞稷《千頃堂書目・地理類下》 蘇祐《三關紀要》三卷。

《明史・藝文志・地理類》 蘇祐《三關紀要》三卷。

三關志

晁瑮《晁氏寶文堂書目・圖誌》 《三關志》。

[嘉靖]三關志

張萱等《内閣藏書目録・志乘部・北直隸》 《三關志》。三册。全。嘉靖乙巳，山西學憲廖希賢修。又三册，全。

黄虞稷《千頃堂書目・地理類下》 廖希賢《三關志》十卷。嘉靖乙巳修。

三關圖記

黄虞稷《千頃堂書目・地理類下》 康丕揚《三關圖記》。

三關圖説

耿文光《萬卷精華樓藏書記・地理類四》 《三關圖説》三卷。明康丕揚撰。

明本。萬曆三十五年刊板，甚闊大，以藍印之。前有康丕揚自序，巡按山西時所作也。三關皆晉地，東路雁門，中路寧武，西路偏老。

大同鎮圖説

黄虞稷《千頃堂書目・地理類下》 楊時寧《大同鎮圖説》三卷。

《明史・藝文志・地理類》 楊時寧《大同鎮圖説》三卷。

閲視山西録

黄虞稷《千頃堂書目・地理類下》 《閲視山西録》一卷。

閲視大同録

黄虞稷《千頃堂書目・地理類下》 《閲視大同録》一卷。

閱視宣雲圖說

黃虞稷《千頃堂書目・地理類下》《閱視宣雲圖說》一卷。

山西大同鎮圖說

黃虞稷《千頃堂書目・地理類下》《山西大同鎮圖說》一卷。

全陝邊政攷

朱睦㮮《萬卷堂書目・雜志》《全陝邊政攷》十二卷。張丙。

張萱等《内閣藏書目録・志乘部・陝西》《全陝邊政考》。五册。不全。闕第一册。

黃虞稷《千頃堂書目・地理類下》張雨《全陝邊政考》十二卷。

《明史・藝文志・地理類》張雨《全陝邊政考》十二卷。

全陝邊政志

晁瑮《晁氏寶文堂書目・圖誌》《全陝邊政志》。

徐圖等《行人司重刻書目・地理類》《全陝邊鎮志》六本。

陝西鎮考

《四庫全書總目提要・地理類存目四・邊防》《陝西鎮考》一卷。浙江范懋柱家天一閣藏本。不著撰人名氏。略記陝西諸鎮城堡之屬，大抵從王圻《續文獻通考》邊防門中録出。蓋明人所爲也。

榆林鎮志

張萱等《内閣藏書目録・志乘部・陝西》《榆林鎮志》。五册。全。鎮人馬希龍修。

黃虞稷《千頃堂書目・地理類下》馬希龍《榆林鎮志》。

榆林全鎮圖說

黃虞稷《千頃堂書目・地理類下》馮舜漁《榆林全鎮圖說》一卷。隆慶三年輯。蒲坂人。

錢曾《讀書敏求記・地理輿圖》《榆林全鎮圖說》一卷。前有總圖，後分極衝、次衝諸圖。榆林乃九邊保障之首，總轄三十六堡，邊墻一千二百里。余叔敏建設于前，文巡撫增修于後。隆慶三年，蒲坂馮舜漁著此圖說。

延綏鎮志

祁承㸁《澹生堂藏書目・國志・通志》《延綏鎮志》八册。八卷。

黃虞稷《千頃堂書目・地理類下》鄭汝璧《延綏鎮志》六卷。

《明史・藝文志・地理類》鄭汝璧《延綏鎮志》八卷。

《四庫全書總目提要・地理類存目四・邊防之屬》《延綏鎮志》六卷。内府藏本。國朝譚吉璁撰。吉璁字舟石，嘉興人。由内閣中書官至登州府知府。明時以延綏爲重鎮，設重兵以防河套。本朝順治初年，罷延綏巡撫不設，而延綏鎮尚仍舊名。康熙十二年，吉璁以延安府同知分駐榆林城，乃因明巡撫涂宗濬舊本，重修此志。自圖譜至藝文凡分十二類，所載皆明代邊防之事。

延鎮圖説

黄虞稷《千頃堂書目・地理類下》 劉敏寬《延鎮圖説》一卷。安邑人。萬曆丁未巡按御史。

《明史・藝文志・地理類》 劉敏寬《延鎮圖説》二卷。

岷州衛志

黄虞稷《千頃堂書目・地理類上》 張最《岷州衛志》一卷。

《明史・藝文志・地理類》 張最《岷州衛志》一卷。

洮州衛志

黄虞稷《千頃堂書目・地理類上》 李璣《洮州衛志》五卷。

《明史・藝文志・地理類》 李璣《洮州衛志》五卷。

甘肅衛志

朱睦㮮《萬卷堂書目・地志》 《甘州衛志》十卷。郭紳。

黄虞稷《千頃堂書目・地理類上》 郭伸《甘州衛志》十卷。

《明史・藝文志・地理類》 郭伸《甘肅衛志》十卷。

甘鎮圖説

黄虞稷《千頃堂書目・地理類下》 《甘鎮圖説》一卷。

甘肅鎮考見略

丁立中《八千卷樓書目・地理類・邊防》 《甘肅鎮考見略》一卷。國朝周一敬撰。原刊本。

寧夏衛志

徐𤊹《徐氏家藏書目・陝西省》 《寧夏衛志》二卷。

花馬池考

黄虞稷《千頃堂書目・地理類下》 楊守謙《花馬池考》一卷。

《明史・藝文志・地理類》 楊守謙《花馬池考》一卷。

清源關志

晁瑮《晁氏寶文堂書目・圖誌》 《清源關志》。

朱睦㮮《萬卷堂書目・雜志》 《清源關志》四卷。潘潢。

趙琦美《脈望館書目・史・山東・東昌府》 《清源關志》一本。

滸墅關志

晁瑮《晁氏寶文堂書目・圖誌》 《滸墅關志》。

趙琦美《脈望館書目・史・南直・蘇州府》 《滸墅關志》六本。

徐圖等《行人司重刻書目・地理類》 《滸墅關志》十一本。

[嘉靖]滸墅關志

朱睦㮮《萬卷堂書目・雜志》《滸墅關志》十六卷。張裕。

維揚關志

朱睦㮮《萬卷堂書目・地志》《維揚關志》四卷。焦希程。

淮關志

徐圖等《行人司重刻書目・地理類》《淮關志》二本。

北關新志

晁瑮《晁氏寶文堂書目・圖誌》《北關新志》二。

徐圖等《行人司重刻書目・地理類》《北新關志》二本。

浙北關志

朱睦㮮《萬卷堂書目・地志》《浙北關志》十六卷。王儒。

北新鈔關考

趙琦美《脈望館書目・史・浙江省》《北新鈔關考》一本。

兩浙南關志

徐圖等《行人司重刻書目・地理類》《兩浙南關志》二本。

海寧衛乘

黃虞稷《千頃堂書目・地理類中》來士英《海寧衛乘》十卷。字茂含。

浙洋哨守册

黃虞稷《千頃堂書目・地理類下》《浙洋哨守册》。

海寧衛志

黃虞稷《千頃堂書目・地理類中》王文禄《海寧衛志》。

咸豐南潯鎮志

丁立中《八千卷樓書目・地理類・都會郡縣》[咸豐]《南潯鎮志》四十一卷。國朝汪日楨撰。刊本。

[萬曆]烏青志

黃虞稷《千頃堂書目・地理類上》李樂《烏青志》。

虔臺志

祁承㸁《澹生堂藏書目・圖志・關鎮》《虔臺志》三册。十二卷。

續虔臺志

祁承㸁《澹生堂藏書目・圖志・關鎮》《續虔臺志》三册。五卷。

漳南道志

徐圖等《行人司重刻書目・地理類》《漳南道志》二本。

祁承㸁《澹生堂藏書目・圖志・關鎮》《漳南道志》三册。

興隆衛志

黄虞稷《千頃堂書目・地理類中》 周瑛《興隆衛志》二卷。衛人。景泰甲戌進士。廣西布政使。與莆田周瑛别一人。

《明史・藝文志・地理類》 周瑛《興隆衛志》二卷。

九邊圖

范邦甸等《天一閣書目・地理類》《九邊圖》一卷。明嘉靖甲午，禮部祠祭司主事許論撰。

宣鎮圖

黄虞稷《千頃堂書目・地理類上》《宣鎮圖》一卷。

又《地理類下》《宣鎮圖》一卷。

太喜松馬四路形勢山險邊圖

黄虞稷《千頃堂書目・地理類下》《太喜松馬四路形勢山險邊圖》一卷。

九邊形勝圖

黄虞稷《千頃堂書目・地理類下》 武略神機《九邊形勝圖》一卷。

居庸等關地形圖

晁瑮《晁氏寶文堂書目・圖誌》《居庸等關地形圖》。

三關地里圖

晁瑮《晁氏寶文堂書目・圖誌》《三關地里圖》。

山海等關地形圖本

晁瑮《晁氏寶文堂書目・圖誌》《山海等關地形圖本》。

西關圖蹟

范邦甸等《天一閣書目・地理類》《西關圖蹟》一册。刊本。明錢嶫撰并序。

薊鎮圖

趙琦美《脈望館書目・史・北九邊》《薊鎮圖》二本。

薊鎮東路圖册

黄虞稷《千頃堂書目・地理類上》 麻承訓《薊鎮東路圖册》一卷。

錢曾《讀書敏求記・地理輿圖》《薊鎮東路圖册》一卷。萬曆三十年二月，副總兵麻承訓將所屬山右燕建四路自山海關南海口靖虜一號臺起，至建昌路白道子地方交界白草窪一百四十五號臺止。邊長、丈尺、臺墩、烽堠，一一畫圖貼説開報，誠聚米畫笏之心事也。

四鎮三關圖

焦竑《國史經籍志・地里・圖經》《四鎮三關圖》□卷。

黄虞稷《千頃堂書目・地理類下》《四鎮三關圖》。（盧補）

居庸關圖

黄虞稷《千頃堂書目・地理類下》《居庸關圖》一卷。

東關地理圖

高儒《百川書志・地理》《東關地理圖》二卷。不著作者。凡載關塞堡府州縣里路，合二百七十三處，爲圖四十。

黄虞稷《千頃堂書目・地理類下》《東關地理圖》二卷。

東關圖

嵇璜等《續通志・圖譜略・記有・地理》 聞人詮《東關圖》。

《四庫全書總目提要・地理類存目四・邊防》《東關圖》一卷。浙江巡撫採進本。明聞人詮輯。詮有《南畿志》，已著録。是編乃嘉靖壬辰，詮爲監察御史時巡視山海等關，以莅任例取地圖，而繪畫不免勞費，乃取平原張祿舊時所繪諸圖，重加校正，刊以備閲。所載關塞二百一十有二，紀其道里遠近、形勢險易頗詳。詮即刊刻《舊唐書》者，《舊唐書》明代幾佚，其得重見於世者，實詮之力。較方從哲官内閣時竊謝承《後漢書》以出，匿不示人，遂致天地之間，不復得見是書者。其用心之廣隘，相去遠矣。

宣大山西諸邊圖

張萱等《内閣藏書目録・圖經部》《宣大山西諸邊圖》一册。宙。嘉靖間總督翁萬達進。

黃虞稷《千頃堂書目・地理類下》 翁萬達《宣大山西諸邊圖》一卷。

《明史・藝文志・地理類》 翁萬達《宣大山西諸邊圖》一卷。

大同分營地方圖

張萱等《内閣藏書目録・圖經部》《大同分管地方圖》一卷。宙。

黃虞稷《千頃堂書目・地理類下》《大同分營地方圖》一卷。

《明史・藝文志・地理類》 楊時寧《大同分營地方圖》一卷。

遼東全鎮圖

黃虞稷《千頃堂書目・地理類上》《遼東全鎮圖》。

榆林全鎮圖

趙琦美《脈望館書目・史・北九邊》《榆林全鎮圖》一本。

固鎮分屬圖

黃虞稷《千頃堂書目・地理類下》《固鎮分屬圖》一卷。

敘南邊圖

黃虞稷《千頃堂書目・地理類下》 吴應台《敘南邊圖》。荆州府人，敘州府同知。

沿海七邊圖

朱睦㮮《萬卷堂書目・雜志》《沿海七邊圖》一卷。

萬里海防圖

趙琦美《脈望館書目・史・南九邊》《萬里海防圖》一本。

籌海圖編

徐𤊹《徐氏家藏書目・邊海省》《籌海圖編》十二卷。

黃虞稷《千頃堂書目・地理類下》 胡宗憲《籌海圖編》八卷。一本十三卷。

《明史・藝文志・地理類》 胡宗憲《籌海圖編》十三卷。

《四庫全書總目提要・地理類二・邊防之屬》《籌海圖編》十三卷。安徽巡撫採進本。明胡宗憲撰。宗憲字汝貞，號梅林，績溪人。嘉靖戊戌進士，官至兵部尚書，督師剿倭寇，以言官論劾，下獄瘐死。萬曆初，追復原官，謚襄懋。

丁立中《八千卷樓書目・地理類・邊防》《籌海圖編》十三卷。明胡宗憲撰。明天啓刊本。

繆荃孫《藝風藏書續記・輿地第四》《籌海圖編》十三卷。明刻本。明胡宗憲撰。

嶺海輿圖

晁瑮《晁氏寶文堂書目・圖誌》《嶺海輿圖》。

朱睦㮮《萬卷堂書目・雜志》《嶺海輿圖》□卷。姚虞。

黃虞稷《千頃堂書目·地理類中》　姚虞《嶺海輿圖》一卷。莆田人，嘉靖間按部廣東著。

錢曾《讀書敏求記·地理輿圖》　《嶺海輿圖》一卷。唐分廣南爲廣南東路、廣南西路，後人省文，但稱廣東、廣西，如江西之例，承譌襲謬，其來已久，無識者正之，良可慨也。此稱《嶺海輿圖》，莆田姚虞撰。虞于嘉靖年間按部廣東，著此書，爲圖十二，各係以敘記，其言雖簡，而要者咸得考焉。

嵇璜等《續通志·圖譜略·記有·地理》　［明］姚虞《嶺海輿圖》。

《四庫全書總目提要·地理類一·都會郡縣之屬》　《嶺海輿圖》一卷。浙江鄭大節家藏本。明姚虞撰。虞字澤山，莆田人。嘉靖壬辰進士，官至淮安府知府。是編乃其官監察御史時巡按廣東所作。凡爲圖十有二，首爲全省圖，次十府十圖，終以南夷圖，圖各有敘。敘之例，首述沿革形勢利病，次州縣，次户口，次田糧課税，次官兵馬匹。其總圖則首以職官，以布政、按察二司分統之。蓋其時撫、按皆爲使臣，尚未定爲守土官也。其南夷諸國，列通貢者於前，而通市者亦附後。爲海防之計，不論其奉朔否也。大旨略於前代而詳於當代，略於山川而詳於阸塞，略於職官而詳於兵馬錢糧，略於文事而詳於武備。於志乘之中，別爲體例。然較之侈山水、誇人物、輯詩文者，其有用無用則迥殊矣。意古者輿圖，不過如是。後來者踵事增華，失其本耳。前有嘉靖壬寅湛若水序，極稱之。錢曾《讀書敏求記》亦稱其簡而要云。

山川分部附園林　書院

嶽瀆經

顧櫰三《補後漢書藝文志·輿地類》　《嶽瀆經》第八卷。永和元年，李佐汎洞庭，登包山，入靈洞，得古文《嶽瀆經》第八卷，奇字蠹毀，不能解。譙周允南解云：禹治淮水，三至桐柏，山驚風迅，雷石號，木鳴。土伯擁川，天老肅兵，功不能興。禹怒，召集百靈授命，夔龍、桐柏千君長稽首請命。禹因囚鴻蒙氏、彰商氏、兜氏、盧氏、黎婁氏，乃獲淮渦水神無支祈善應對言語，形若猨猱，縮鼻高頟，青軀白首，金目雪牙，頸伸百尺，力逾九象，搏擊騰踔，疾利倏忽，視不可久。禹授之童律，童律不能制。授之烏木田，烏木田不能制。授之庚辰，庚辰能制。鴟脾、柏胡、木魅、水靈、山妖、石怪奔號叢繞者以千數，庚辰持戟逐去，頸鏁大械，鼻穿金鈴，徙之淮陰龜山之足，俾淮水安流。

郭璞注山海經

《隋書·經籍志·地理》　《山海經》二十三卷。郭璞注。

《新唐書·藝文志·地理類》　郭璞注《山海經》二十三卷。

鄭樵《通志·藝文略·地里》　《山海經》二十三卷。郭璞撰。

錢謙益等《絳雲樓書目·地誌類》　《山海經》。二十三卷。郭璞注。舊刻分三卷者佳。

文廷式《補晉書藝文志·地志類》　郭璞《山海經》二十三卷。今存。

《舊唐書·經籍志·地理》　《山海經》十八卷。郭璞撰。

錢東垣等輯《崇文總目輯釋·地理類》　《山海經》十八卷。原釋郭璞注。見天一閣鈔本。侍中秀領校。見東觀餘論。繹按：《玉海》引《崇文目》同《漢志》十三篇，《隋志》、《唐志》並二十三卷。黃長睿校正《崇文總目》云：秀，即劉歆也。

鄭樵《通志·藝文略·地里·方物》　《山海經》十八卷。

晁公武《郡齋讀書志·地理類》　《山海經》十八卷。袁本後志卷一地理類第一。右大禹製，晉郭璞傳。漢侍中、奉車都尉劉秀校定。表言：「禹別九州，而益等類物善惡，著此書。皆聖資之遺事，古文著明者也。」十父嘗考之，於其書有曰：「長沙零陵鴈門，皆郡縣名，又自載禹、鯀，似後人因其名參益之。」

陳振孫《直齋書録解題·地理類》　《山海經》十八卷。漢侍中奉車都尉臣秀所校祕書。秀，即劉歆也。晉郭璞注。案《唐志》二十三卷，《音》二卷。今本錫山尤袤延之校定。世傳禹、益所作，其事見《吳越春秋》，曰：「禹東巡，登南岳，得金簡玉字，通水之理，遂行四瀆，與益共謀，所至使益疏而記之，名《山海經》。」此其爲説，恢誕不典。司馬遷曰：「言九州山川，《尚書》近之矣。至《禹本紀》、《山海經》所書怪物，余不敢言之也。」可謂名言，孰曰多愛乎！故尤跋明其爲非禹、伯翳所作，而以爲先秦古書無疑。然莫能名其爲何人也。洪慶善補注《楚辭》，引《山海經》、《淮南子》以釋《天問》。而朱晦翁則曰：「古今説《天問》者，皆本此二書，今以文意考之，疑此二書本皆緣解《天問》而作。」可以破千載之惑。古今相傳既久，姑以冠地理書之録。盧校本「《音》二卷」上有《圖讚》二卷」。

高儒《百川書志・地理》《山海經注》十八卷。大禹製，晉郭璞傳。

徐𤊹《徐氏家藏書目・方輿》《山海經》十八卷。郭璞注。

《四庫全書總目提要・子部五十二・小説家類三》《山海經》十八卷。内府藏本。晉郭璞註。卷首有劉秀校上奏，稱爲伯益所作。案《山海經》之名始見《史記・大宛傳》。司馬遷但云：《禹本紀・山海經》所有怪物余不敢言，而未言爲何人所作。《列子》稱：大禹行而見之，伯益知而名之，夷堅聞而志之。似乎即指此書而不言其名《山海經》。王充《論衡・別通篇》曰：「禹主行水，益主記異物。海外山表，無所不至，以所見聞作《山海經》。」趙煜《吴越春秋》所説亦同。惟《隋書經籍志》云：蕭何得秦圖書，後又得《山海經》，相傳夏禹所記。其文稍異，然似皆因《列子》之説推而衍之。觀書中載夏后啟、周文王及秦漢長沙、象郡、餘暨、下嶲諸地名，斷不作於三代以上。殆周秦間人所述，而後來好異者又附益之歟。觀《楚詞・天問》，多與相符，使古無是言，屈原何由杜撰。朱子《楚詞辨證》謂其反因《天問》而作，似乎不然。至王應麟《王會補傳》引朱子之言，謂《山海經》記諸異物飛走之類，多云東向，或曰東首，疑本因圖畫而述之。古有此學，如《九歌》、《天問》皆其類云云。則得其實矣。郭璞註是書，見於《晉書》本傳。隋唐二《志》，皆云二十三卷。今本乃少五卷，疑後人併其卷帙，以就劉秀奏中一十八篇之數，非闕佚也。隋唐《志》又有郭璞《山海經圖讚》二卷，今其《讚》猶載璞集中。其圖則《朱志》已不著録，知久佚矣。舊本所載劉秀奏中，稱其書凡十八篇，與《漢志》稱十三篇者不合。《七略》即秀所定，不應自相牴牾。疑其贋託。然璞《序》已引其文，相傳既久，今仍併録焉。書中序述山水，多參以神怪，故道藏收入太元部競字號中。究其本旨，實非黄老之言。然道里、山川，率難考據，案以耳目所及，百不一真。諸家竝以爲地理書之冠，亦爲未允。核實定名，實則小説之最古者爾。

尤袤《遂初堂書目・地理類》祕閣本《山海經》。又池州本《山海經》。

楊士奇等《文淵閣書目・古今志》郭璞《山海經》。二册。

范邦甸等《天一閣書目・地理類》《山海經》二卷。卷首有范氏子受崑崙山人二圖章。晉郭璞傳。

張萱等《内閣藏書目録・圖經部》《山海經》二册。全。晉郭璞注。

楊士奇等《文淵閣書目・古今志》《山海經》一册。

山海經圖讚

《隋書・經籍志・地理》《山海經圖讚》二卷。郭璞注。

《舊唐書・經籍志・地理》《山海經圖讚》二卷。郭璞注。

錢東垣等輯《崇文總目輯釋・地理類》《山海經圖讚》二卷。郭璞撰。繹按：宋志無圖字。

《新唐書・藝文志・地理類》郭璞又《山海經圖讚》二卷。

鄭樵《通志・藝文略・地里・川瀆》《山海經圖讚》二卷。郭璞注。

尤袤《遂初堂書目・地理類》郭璞《山海經圖贊》。

《宋史・藝文志・地理類》郭璞《山海經讚》二卷。

徐𤊹《徐氏家藏書目・方輿》《山海經贊》一卷。郭璞。

錢謙益等《絳雲樓書目・地誌類》郭璞《山海經圖讚》二卷。

周中孚《鄭堂讀書記補逸・地理類六・山川》《山海經圖讚》一卷。郝氏《山海經箋疏》附葉本。晉郭璞撰。《隋志》、新舊《唐志》、《崇文總目》、《宋志》俱作二卷。《宋志》無「圖」字，又五行類中載有《山海圖經》十卷，注云「郭氏序」，不著姓名，則別是《山海經圖》一書。《玉海》亦載之。而誤倒「經圖」爲「圖經」二字，非是書也。按《玉海》引《中興書目》云，《山海經》十八卷，晉郭璞傳。凡二十三篇，每卷有讚。知南宋時已無單行之本，故晁、陳書目俱不著録也。明以來，刻《山海經》者又多遺之。吴志伊作《廣注》，雖以之附見注中而不全。惟明《道藏》本《山海經傳》載有之，與經文時有異同。郝氏既注《山海經》，并取《圖讚》，各如其文，録爲一卷，以諸書所引參訂，多有舛誤，因校注於下，《大荒東經》以下圖讚，《道藏》本原闕，此從諸書增補六首，尚多闕略。今考張氏《百三名家集》中《郭宏農集》及盧氏《羣書拾補》、吴氏《藝海珠塵》三書所載，均係《道藏》本，而卷末各附有補遺四十四首。此本所補弱水、若木、封豕三首，亦在内，則是此本不及其備，然《藝海珠塵》本於《西山經》搖木以下六首俱失載，則亦未得爲善也。《唐宋叢書》所收，余藏本偶闕之，故不知其異同云。

文廷式《補晉書藝文志・地志類》《山海經圖讚》二卷。

山海經音

《隋書・經籍志・地理》《山海經音》二卷。

《舊唐書・經籍志・地理》《山海經音》二卷。

《新唐書・藝文志・地理類》《山海經音》二卷。

鄭樵《通志・藝文略》《山海經音》二卷。

姚振宗《隋書經籍志考證・地理類》《山海經音》二卷。不著撰人。【略】畢沅《山海經篇目考》、《山海經音》二卷，郭璞撰。《隋書》、《舊唐書》經籍志並云。案二志並不著撰人。案《音》古本別行，今見注中，當是後人所合。

文廷式《補晉書藝文志・地志類》《山海經音義》。郝懿行《山海經箋疏・叙》云，郭注《南山經》兩引燦曰，其注南荒經昆吾之師，又引音義云云，是必郭以前音訓注解人，惜其姓字爵里與時代俱湮，良可於邑。

舒雅山海經圖

錢東垣等輯《崇文總目輯釋・地理類》《山海經圖》十卷。原釋舒雅修。見《玉海》地理類。繹按：《讀書後志》云，皇朝舒雅等撰。閩中刊行本，或題曰「張僧繇書」，妄也。

鄭樵《通志・藝文略・地理・川瀆》《山海經圖》十卷。宋朝舒雅等撰。原釋本梁張僧繇畫咸平二年校理，舒雅銓次，館閣圖書見僧繇舊蹤尚有存者，重繪爲十卷。又載工侍朱昂進僧繇畫圖表於首。僧繇在梁以善畫著。每卷中先類所畫，名凡二百四十七種，「其經文不全見」。

晁公武《郡齋讀書志・地理類》《山海經圖》十卷。右皇朝舒雅等撰。雅，仕江南，韓熙載之門人也，後入朝數預修書之選。閩中刊行本或題曰「張僧繇畫」，妄也。

馬端臨《文獻通考・經籍考・地理》《山海圖經》十卷。

山海經圖

高儒《百川書志・地理》《山海經圖》四卷。不著作者，凡載海外諸國及龍魚鳥獸之像，凡一百三十八種，有序文。

山海經圖

嵇璜等《續通志・圖譜略・記无・地理》王崇慶《山海經圖》。

山海經釋義

范邦甸等《天一閣書目・地理類》《山海經釋義》十八卷。刊本。晉郭璞傳，王崇慶釋義并序。

徐𤊹《徐氏家藏書目・方輿》《山海經釋義》十八卷。王崇慶。

黃虞稷《千頃堂書目・地理類下》王崇慶《山海經釋義》十卷。

周中孚《鄭堂讀書記補逸・地理類六・山川》《山海經釋義》十八卷。明刊本。明王崇慶撰。崇慶字德徵，號端溪。開州人。正德戊辰進士，官至南京吏、禮二部尚書。《四庫全書存目》，是編就郭景純注本，於每節後各爲之釋義，詞多膚淺，於經注無甚發明，間有駁及經文，尤爲乖謬，與楊升庵之補注，可謂魯、衛之政矣。原本有圖二卷，此本偶佚之。然其圖亦書肆俗工所爲，不足當郭氏之補亡也。卷末有萬曆己未趙維垣跋。

山海經補註

徐𤊹《徐氏家藏書目・方輿》《山海經補註》一卷。楊慎。

釋義補注山海經

錢謙益等《絳雲樓書目・地誌類》 《釋義補註山海經》。

山海經補注

黃虞稷《千頃堂書目・地理類下》 楊慎《山海經補注》一卷。

周中孚《鄭堂讀書記補逸・地理類六・山川》 《山海經補注》一卷。《函海》本。明楊慎撰。仕履見經部禮類。按升庵《山海經後序》不言其有補注，惟《彙刻書目》載升庵著作，其《外集》中有此書。而吴志伊任臣作《廣注》亦屢引其説，幾於全書收入。此本乃李雨村調元從周書倉永年所得，爲序而重刊之。雨村序謂補景純所未備，而畢氏《山海經新校正篇目考》稱《山海經》明楊慎、國朝吴任臣皆有《廣注》。楊注多由蹈虚而非徵實，其於地理全無發明。按升庵別無所謂《廣注》，疑畢氏所稱即《補注》而譌爲「廣注」耳。然其書蓋偶據一隅之見記録，非有意於著書，亦可見矣。《藝海珠塵》亦收入。

山海經廣注

《四庫全書總目提要・子部五十二・小説家類三》 《山海經廣註》十八卷。浙江巡撫採進本。國朝吴任臣撰。任臣有《十國春秋》，已著録。是書因郭璞《山海經註》而補之，故曰《廣註》。於名物訓詁、山川道里，皆有所訂正。雖嗜奇愛博，引據稍繁，如堂庭山之黃金，青邱山之鴛鴦，雖販婦傭奴，皆識其物，而旁徵典籍，未免贅疣。卷首冠雜述一篇，亦涉冗蔓。然掎摭宏富，多足爲考證之資。所列逸文三十四條，自楊慎《丹鉛録》以下十八條，皆明代之書，所見實無別本。其爲裨販誤記，無可致疑。至應劭《漢書註》以下十四條，則或古本有異，亦頗足以廣見聞也。舊本載圖五卷，分爲五類，曰靈祇、曰異域、曰獸族、曰羽禽、曰鱗介。云本宋咸平舒雅舊稾。雅本之張僧繇，其説影響依稀，未之敢據。其圖亦以意爲之，無論不真出雅與僧繇，即説果確實，二人亦何由見而圖之。故今惟録其註，圖則從删。又前列引用書目五百三十餘種，多採自類書。虚陳名目，亦不瑣録焉。

山海經新校正

耿文光《萬卷精華樓藏書記・地理類一》 《山海經新校正》十八卷。國朝畢沅撰。靈巖山館本。乾隆四十六年校刊。前有畢沅自序，次郭璞序，次目録，次古今本篇目考，次陽湖孫星衍後序，次劉歆校進表。

山海經箋疏

耿文光《萬卷精華樓藏書記・地理類一》 《山海經箋疏》十八卷，《圖讚》一卷，《訂譌》一卷。國朝郝懿行撰。還讀樓本。光緒丙戌李氏校刊，前有阮相國序，又海上蔡爾康序。校勘爵里姓氏，自相國以下共十八人，末有劉秀進書表，郭璞序，郝懿行序。

張駿山海經圖讚

文廷式《補晉書藝文志・地志類》 張駿《山海經圖讚》。《御覽》九百三十七、九百三十九，又引張駿《山海經》飛魚讚。《初學記》卷二十九引之，作《山海經圖畫讚》。

域中郡國山川圖經

《宋史・藝文志・地理類》 韋瑾《域中郡國山川圖經》一卷。

山水志

尤袤《遂初堂書目・地理類》《山水志》。

名山水記

王圻《續文獻通考・經籍考・地理》《名山水記》三百卷。沈立著。立，歷陽人。以進士累官右諫議大夫、判都水監。嘗著《河防通議》，治河者守爲法。

山川遊覽圖記

徐圖等《行人司重刻書目・地理類》《山川遊覽圖記》。

天下名山水志

黄虞稷《千頃堂書目・地理類下》霍尚守《天下名山水志》。

山川紀異録

錢謙益等《絳雲樓書目・地誌類》《山川紀異録》。

黄虞稷《千頃堂書目・地理類下》《山川紀異録》。

煙雲手鏡

《四庫全書總目提要・地理類存目五・山川》《煙雲手鏡》二卷。浙江巡撫採進本。明楊繼益撰。繼益始末未詳。前有萬曆甲寅自序，稱居恒遊思險遠，因檢閲羣書，摭其山川喜懼之境，録成二帙。然所載諸山水，俱隨手雜録。鈔撮舊文，無所損益。既不註原書之名，前後次序亦無義例。如上卷有房山、石徑山，而房山水洞又在下卷。上卷有牛首山、鍾山，而獅子山又在下卷。以至廬山之與瀑布、金山之與妙高臺，皆顛倒破析，棼如亂絲。以比名勝志、遊名山記諸書，可謂每況愈下矣。

出塞圖畫山川記

丁立中《八千卷樓書目・地理類・外紀》《出塞[圖畫]山川記》一卷。國朝温睿臨撰。抄本。

昌平山水記

黄虞稷《千頃堂書目・地理類下》顧炎武《昌平山水記》二卷。（盧補）

《四庫全書總目提要・地理類存目五・山川》《昌平山水記》二卷。兩江總督採進本。國朝顧炎武撰。炎武有《左傳杜解補正》，已著録。炎武博極羣書，足迹幾徧天下，故最明於地理之學。是書雖第舉一隅，然辨證皆多精確。惟長城以外爲炎武目所未經，所敘時多舛誤。如稱塞外有鳳州，不知蘇轍詩所云興州東谷鳳州西者，乃回憶鄉關之語。唐書遼志，塞外均無鳳州之名。又如古北口之楊業祠，炎武據《宋史》辨其僞。然劉敞、蘇轍皆有過業祠詩，在托克托修史之前幾二百載。必執後代傳聞以駁當年之目見，亦過泥史傳之失也。

張之洞《書目答問・地理・雜地志》《昌平山水記》二卷。顧炎武。亭林遺書本。

道園紀略

祁承㸁《澹生堂藏書目・圖志・山川》《道園紀略》二册。四卷。吴有鼎輯。

越中山水志

趙琦美《脈望館書目・史・浙江》《越中山水志》二本。

峽石山水志

《四庫全書總目提要・地理類存目五・山川》《峽石山水志》一卷。浙江巡撫採進本。國朝蔣宏任撰。宏任字擔斯，海寧人。海寧縣有峽石鎮，兩山竝峙，東曰審山，西曰紫微山，爲上人遊眺之所。宏任因爲之志。末有雍正戊申自跋，稱舊有《志略》，爲前輩沈伯翰所集，其家伏羌令丹厓所訂。則仍舊稾增修也。敘述頗爲雅潔，然兩山舊蹟載於咸淳《臨安志》者甚詳，皆略而不載。審山之名沈山，宋元時志書皆有辨證，亦未徵引，而紫微山有東峯、磨劒池，叙述更爲疎漏。惟所載碧雲寺之建於唐大歷中，天開圖畫樓之起於宋天聖閒，爲足補志乘所未及爾。

丁立中《八千卷樓書目・地理類・山水》《峽石山水志》一卷。國朝蔣宏任撰。昭代叢書本。別下齋本。

海陽山水志

《四庫全書總目提要・地理類存目五・山川》《海陽山水志》四卷。江蘇周厚堉家藏本。明丁惟曜撰。惟曜字貞白，休寧人。是書成於萬曆戊午。紀休寧境內名勝，凡山二十九篇、水八篇，各冠以圖。所録藝文，但載記、序、銘、頌諸體，而不及詩詞，較他志之濫列題詠者，稍爲簡净。然嚴於去取可矣，竟廢此一體，則又矯枉過直也。

太平三書

《四庫全書總目提要・地理類存目五・山川》《太平三書》十二卷。江西巡撫採進本。國朝張萬選編。萬選字舉之，濟南人。官太平府推官。是三書成於順治戊子。據其序例，一曰圖畫，二曰勝概，三曰風雅，圖凡四十有二，見唐允甲題詞中。此本佚其圖畫一卷，惟存勝概七卷、風雅四卷。原本紙墨尚新，不應遽闕失無考，或裝輯者偶遺歟。

零陵山水志

黄虞稷《千頃堂書目・地理類下》易三接《零陵山水志》。

孤嶼志

劉錦藻《清續文獻通考・經籍考・地理類・山水》《孤嶼志》八卷。陳舜咨撰。舜咨，號春堤，浙江永嘉人，嘉慶辛酉拔貢。

新安山水志

趙琦美《脈望館書目・史・南直・徽州府》《新安山水志》一本。

祁承㸁《澹生堂藏書目・圖志・山川》《新安山水志》八册。十卷。又二册。二卷。

黃虞稷《千頃堂書目・地理類下》 潘之恒《新安山水志》十卷。郡人。

《明史・藝文志・地理類》 潘之恒《新安山水志》十卷。

湘中山水記

錢東垣等輯《崇文總目輯釋・地理類》 《湘中山水記》三卷。羅含撰，盧拯注。繹按：《通志略》作盧拯撰，誤。

《宋史・藝文志・地理類》 羅含《湘中山水記》三卷。

尤袤《遂初堂書目・地理類》 《湘中山水記》。

陳振孫《直齋書録解題・地理類》 《湘中山水記》三卷。晉耒陽羅含君章撰，范陽盧拯注。案《文獻通攷》作盧拯，此本誤作「盧極」，今改正。其書頗及隋唐以後事，則亦後人附益也。

馬端臨《文獻通考・經籍考・地理》 《湘中山水記》三卷。

文廷式《補晉書藝文志・地志類》 羅含《湘中山水記》三卷。見《宋史・藝文志》。《崇文總目》云：《湘中山水記》三卷，羅含撰，盧拯注。《書録解題》云：其書頗及隋唐以後事，則亦後人附益也。《史通・覈才篇》曰：羅含謝客宛爲歌頌之文。

惠陽山水紀勝

《四庫全書總目提要・地理類存目五・山川》 《惠陽山水紀勝》四卷。浙江汪啟淑家藏本。國朝吴騫撰。騫字益存，號樂園，當塗人。康熙辛未進士。官至惠州府知府。是編以羅浮與西湖各分上下二卷。其紀羅浮，則本宋廣業《羅浮志》稍爲芟節。其紀西湖，則本近人增輯西湖志而更編之。亦閒有所補正。他如霍山、河源、龍川亦隸惠州，稱名勝，而志不及焉。蓋專爲二地作也。惠州在漢曰南海，晉曰東官，隋唐或曰循，或曰雷鄉，至宋仁宗時始曰惠州。而惠陽之名則於傳無之，以是標題，亦相沿杜撰之文矣。

巴南山川記

李昉《太平御覽經史圖書綱目》 《巴南山川記》。

雲南山川志

周中孚《鄭堂讀書記補逸・地理類六・山川》 《雲南山川志》一卷。奇晉齋叢書本。明楊慎撰。仕履見經部禮類。是編乃其謫居時偶然劄記，不必求備之作。後人録而存之耳。陸梅谷烜跋云：升庵先生著書，多在滇南，此當時雙髻簪花，蠻妓扶輿時，遊歷所志，書僅數葉，蓋隨所登涉爲之也。《續説郛》、《函海》亦收入之。

丁立中《八千卷樓書目・地理類・山水》 《雲南山川志》一卷。明楊慎撰。函海本。

嶽瀆福地圖

鄭樵《通志・圖譜略・記无・地里》 《嶽瀆福地圖》。

禹貢山川圖

楊士奇等《文淵閣書目・古今志》 《禹貢山川圖》二册。

又 《禹貢山川圖》二册。

江山勝概圖

楊士奇等《文淵閣書目・舊志》 《江山勝槩圖》一册。

黄虞稷《千頃堂書目・地理類下》《江山勝概圖》一册。

水經

尤袤《遂初堂書目・地理類》《水經》。

高儒《百川書志・地理》《水經》三卷。漢桑欽撰。

錢謙益等《絳雲樓書目・地誌類》桑欽《水經》。三卷。西漢人。

侯康《補三國藝文志・地志類》《水經》三卷。《四庫全書總目》曰：《水經》作者，《唐書》題曰桑欽，然班固常引欽説與此經文異，道元注亦引欽所作《地理志》不曰《水經》。觀其涪水條中稱廣漢已爲廣魏，則決非漢時。鍾水條中稱晉寧仍曰魏寧，則未及晉代，推尋文句，大抵三國時人。今得道元原序，知並無桑欽之文，據以削去。《通典・州郡四》：《水經》不知何代之書，云濟水過壽張，則前漢壽良縣，光武更名。又東北過臨濟，則狄縣，安帝更名。荷水過湖陸，則湖陵縣，章帝更名。汾水過永安，則彘縣，順帝更名，故知順帝以後纂序也。施廷樞曰：《水經》全用後漢地名，上曲陽稱中山，河關屬隴西，知《水經》爲東京之作。康案杜氏、施氏意在辨《水經》非桑欽作，故退而系之後漢，不如《四庫總目》系之三國爲尤當。蓋壽張、臨濟、湖陸、永安諸名，及上曲陽之屬中山、河關之屬隴西，至魏時猶然。杜氏、施氏所引證固與《四庫總目》之説無礙，至王伯厚所稱武侯壘、歐陽圭齋所稱永安宫諸條，則是傳文殽入之故，非經文也。

郭璞注水經

《隋書・經籍志・地理》《水經》三卷。郭璞注。

《舊唐書・經籍志・地理》《水經》二卷。郭璞撰。

《新唐書・藝文志・地理類》桑欽《水經》三卷。一作郭璞撰。

鄭樵《通志・藝文略・地理・川瀆》《水經》三卷。漢桑欽撰，郭璞注。

文廷式《補晉書藝文志・地志類》《郭璞注水經》三卷。《通典》一百七十四云：《水經》既順帝時所撰，都不詳悉，景純注解又甚疎略，亦多迂怪。

酈道元注水經

《隋書・經籍志・地理》《水經》四十卷。酈善長注。

《舊唐書・經籍志・地理》《水經》四十卷。酈道元注。

錢東垣等輯《崇文總目輯釋・地理類》《水經》四十卷。桑欽撰。繹按：《水經》本三卷，此作四十卷，當是酈道元注也。經下應增注字。

《新唐書・藝文志・地理類》酈道元注《水經》四十卷。

鄭樵《通志・藝文略・地理・川瀆》《水經》四十卷。酈道元注。

晁公武《郡齋讀書志・地里類》《水經》四十卷。袁本前志卷二下地理類第二。右漢桑欽撰。欽，成帝時人。《水經》三卷，後魏酈道元注。道元，範之子，爲政嚴酷，蕭寶夤叛，死之。史稱道元好學，歷覽奇書，撰注《水經》行於世。

陳振孫《直齋書録解題・地理類》《水經》三卷，《水經注》四十卷。桑欽撰。後魏御史中尉范陽酈道元善長注。桑欽，不知何人。《邯鄲書目》以爲漢人。晁公武曰成帝時人，當有所據。案《唐志》注或云郭璞撰。又杜氏《通典》案，《水經》，晉郭璞注，二卷。後魏酈道元注，四十卷。皆不詳所撰者名氏，亦不知何代之書。佑謂二子博贍，解釋固應精當。然其《經》云，濟水過壽張，則前漢壽良縣，光武更名。又東北過臨濟，則前漢狄縣，安帝更名。又云荷水過湖陸，則前漢湖陵縣，章帝更名。又云汾水過河東郡永安，則前漢彘縣，順帝更名，故知順帝以後纂序也。詳《水經》所作，殊爲詭誕，全無憑據。案《後漢・郡國志》濟水，王莽末，因旱渠塞，不復截河南過，統順帝時所撰，都不詳悉，其餘可知。景純注解，又甚疎略，亦爲迂怪，以其僻書，人多不覩，謂其審正未之精也。案：「成帝時人」以下原本俱脱漏，今據《文獻通攷》所引陳氏之言補入。

馬端臨《文獻通考・經籍考・地理》《水經》四十卷。

《宋史・藝文志・地理類》桑欽《水經》四十卷。酈道元注。

楊士奇等《文淵閣書目・古今志》《水經》。十二册。

范邦甸等《天一閣書目・地理類》《水經》四十卷。刊本。漢桑欽撰，後魏酈道元注，嘉靖甲午黄省曾序。

張萱等《内閣藏書目録・志乘部》《水經》一册。全。正文范陽酈道元著。

祁承㸁《澹生堂藏書目・圖志・山川》《水經註》十册。四十卷。桑欽撰，酈道元註。

錢謙益等《絳雲樓書目·地誌類》 酈道元《水經註》四十卷。

錢曾《讀書敏求記·地理輿圖》 酈道元《註水經》四十卷。昔者陸孟凫先生有影鈔宋刻《水經注》，與吾家藏本相同，後多宋板題跋一葉，不著名氏。余因録之，其跋云：《水經》舊有三十卷，刊于成都府學宫。元祐二年春，運判孫公始得善本于何聖從家，以舊編校之，繞三分之一耳。乃與運使晏公委官校正，募工鏤版，完缺補漏，比舊本凡益編一十有二，共成四十卷。其編帙小失次第先後，咸以何氏本爲正。元祐二年八月初一日記。詳觀跋語，是本在當時蓋稱完善，惜後人無翻雕之者。余故備録此跋，以告世之藏書家。

彭元瑞等《天禄琳琅書目後編·明版史部》 《水經注》四函三十册。後魏酈道元注。道元字善長，范陽人，官御史中尉，見《魏書·酷吏傳》。書四十卷，凡水百十有九。考《水經》作者，《唐書》題曰桑欽，然班固引欽説，與此經文異。道元注引欽所作《地理志》，不曰《水經》。《永樂大典》中有道元原序，並無桑欽之名，故不從之。《崇文總目》云已佚五卷，今仍作四十卷，蓋宋人重刊，分析以足原書也。是本爲新安吴琯所刻，有王世懋、方沈序。

《四庫全書總目提要·地理類二·河渠》 《水經注》四十卷。永樂大典本。後魏酈道元撰。道元字善長，范陽人。官至御史中尉，事迹具《魏書·酷吏傳》。自晉以來，注《水經》者凡二家。郭璞注三卷，杜佑作《通典》時猶見之。今惟道元所注存。《崇文總目》稱其中已佚五卷，故《元和郡縣志》、《太平寰宇記》所引滹沱水、洛水、涇水皆不見於今書。然今書仍作四十卷，蓋宋人重刊，分析以足原數也。是書自明以來，絶無善本。惟朱謀㙔所校盛行於世，而舛謬亦復相仍。今以《永樂大典》所引，各案水名，逐條參校。非惟字句之譌，層出疊見。其中脱簡錯簡，有自數十字至四百餘字者。其道元自序一篇，諸本皆佚，亦惟《永樂大典》僅存。蓋當時所據，猶屬宋槧善本也。謹排比原文，與近代本鉤稽校勘。凡補其闕漏者二千一百二十八字，删其妄增者一千四百四十八字，正其臆改者三千七百一十五字。神明焕然，頓還舊觀。三四百年之疑竇，一旦曠若發蒙。是皆我皇上稽古右文，經籍道盛，瑯嬛宛委之祕，嚮然竝臻。遂使前代遺編，幸逢昌運。發其光於蠹簡之中，若有神物撝呵，以待聖朝而出者，是亦曠世之一遇矣。至於經文、注語，諸本率多混淆。今考驗舊文，得其端緒。凡水道所經之地，經則云過，注則云逕。經則統舉都會，注則兼及繁碎地名。凡一水之名，經則首句標明，後不重舉。注則文多旁涉，必重舉其名以更端。凡書内郡縣，經則但舉當時之名，注則兼考故城之迹。皆尋其義例，一一釐定，各以案語附於下方。至塞外羣流，江南諸派，道元足迹皆所未經，故於灤河之正源，三藏水之次序，白檀要陽之建置，俱不免附會乖錯。甚至以浙江妄合姚江，尤爲傳聞失實。自我皇上命使履視，盡得其脈絡曲折之詳。御製《熱河考》、《灤源考證》諸篇，爲之抉摘舛謬。條分縷擘，足永訂千秋耳食沿譌。謹録弁簡，永昭定論。又《水經》作者，《唐書》題曰桑欽。然班固嘗引欽説，與此經文異。道元注亦引欽所作《地理志》，不曰《水經》。觀其涪水條中稱廣漢已爲廣魏，則決非漢時。鍾水條中稱晉寧仍曰魏寧，則未及晉代。推尋文句，大抵三國時人。今既得道元原序，知竝無桑欽之文，則據以削去舊題，亦庶幾闕疑之義云爾。

黄丕烈《蕘圃藏書題識續録·史類》 《水經注》四十卷。明刻本。道光癸未正月二十一日，訪舊城南，歸途憩臯轅東中有堂書坊，主人鄭姓，余數十年友也。是日主人既樸實，無時下叫囂習氣，遇有古籍必攜以相質，爲余言之，不相誑也。是日主人不□家，見插架有《水經注》舊刻本棉紙者，取視之，知爲黄省曾刻，而失其首三卷，已鈔補全。鈔刻卷中皆有朱書校勘，初不知爲誰何筆。既而諦視首末册朱墨書及諸圖記，始知出錢叔寶、功甫父子手。書法圖記，證以他所藏書無少異，惟錢長谷一印無考。考功甫原名府，字允治，後以字行，更字功甫，又號少室山人，故稱之曰少室先生。案志錢穀傳附見子允治，字功甫，貧而好學，酷似其父。年八十餘，隆冬病瘍，映日鈔書，薄暮不止，殁無子，遺書皆散去，自是吴中文獻無可訪問先輩，讀書種子絶矣。據此則八十二翁之稱，非功甫而何。特錢長谷一印，他未之見。檢《韻府》谷字下引長谷之山，杳杳巍巍，見《抱朴子》，殆即少室類乎。又跋云：今歲三伏少熱，新秋薦涼，老人殊不苦也。知寒暑不輟，一鐙瑩然，光景如在目前也。余年與學俱不逮古人，而嚮慕之心無時或已，故遇此如獲珍珠船矣。驚蟄節記。

續經諦審圖記，乃長公，非長谷也。余所引證，未免舉燭之誤矣。季夏下澣一日，蕘夫記。

顧廣圻《思適齋書跋·史部》 《水經注》四十卷。校本。伯淵觀察於此書用功最深，晚年對客，猶能稱引，瀾翻不須持本也。手校丹黄滿紙，中多與戴東原氏異説，尤可資考索。道光四年閏月，觀於桐城汪君均之插架，爲識其後。顧千里。

張之洞《書目答問·地理·水道》 戴校《水經注》四十卷。魏酈道元。戴震校。聚珍本、杭本、福本、戴氏遺書本。戴校以前，黄刻諸本皆遜。全祖望校《水經注》，靈石楊氏刻本未成，今京師印行者止百餘葉。

删水經

《新唐書·藝文志·地理類》 李吉甫《删水經》十卷。

鄭樵《通志·藝文略·地里·川瀆》 《删水經》十卷。唐李吉甫撰。

補正水經

王圻《續文獻通考·經籍考·地理》 《補正水經》五篇，《晉陽志》十二卷。金真定蔡珪著。

黄虞稷《千頃堂書目·地理類·補金》 [蔡珪]《補正水經》三卷。歐陽玄序。

倪燦等《補遼金元藝文志·地理類》 蔡珪《水經補亡》三卷。字正甫，真定人，翰林院脩撰。《水經補亡》本四十篇，刊本釐爲三卷。《金史》作《補正水經》五篇，誤也。據元好問《中州集》正之。

錢大昕《補元史藝文志·地理類》 蔡珪《補正水經》三卷。一作《水經補亡》四十篇。

龔顯曾《金藝文志補録·地理類》 《水經補亡》四十篇三卷。蔡珪字正甫，真定人，翰林院修撰。錢氏《補志》中有《水經》三卷，又云一作《水經補亡》四十篇。按《金史》作《補正水經》五篇，金門詔《補志》因之誤也。《中州集》作《水經補亡》四十篇，《圭齋集序》云三卷。蓋補酈注之亡，每卷一篇，至蘇滋溪刊行釐爲三卷，考詳趙一清《水經注釋》附録下，今依《中州集》系録，倪《志》亦作三卷，與此説同。

孫德謙《金史藝文略·地理》 《補正水經》三卷。蔡珪撰。《金史》本傳作五篇。《中州集》作四十篇。今從歐陽玄序著録。《序》曰：金禮部郎中蔡正甫作《補正水經》三卷，翰林應奉蘇君伯修購得其書，將版行之，屬余叙其篇端。案《隋經籍志》有兩：《水經》一本，三卷，郭璞注；一本四十卷，酈善長注，善長即道元也。然皆不著撰人名氏。唐杜佑作《通典》時，尚見兩書，言郭璞疏略于酈注，無所言撰人，則槩未之考也。《舊唐志》始云郭璞作，宋《崇文總目》亦不言撰人爲誰，但云酈注四十卷，亡其五。然未知兩《水經》之一存一亡，已見於斯時否也？《新唐志》乃謂漢桑欽作《水經》，一云郭璞作，今人言桑欽者本此也。《崇文總目》作于宋景祐，與《新唐書》同時，又未知《新志》何所據以爲説也。余嘗參訂之，説者疑欽爲東漢順帝以後人，以氿一縣疑之也。今經言江水東逕永安宫南，永安宫昭烈託孤于孔明之地也，今特著于斯。又若因其人而重者，得非蜀漢間人所爲也。不寧惟是也。其言北縣名多曹氏置，南縣名多孫氏置，余又未暇一二數也。斯則近代宇文氏以爲經傳相淆者，此説近之也。然必作經作傳之人定而後可分也。或者又曰豈非欽作于前，二氏附益于其後，他書或然也，而此未必也。西漢《儒林傳》言塗惲授河南桑欽君長《尚書》，晁氏言欽成帝時人。使古有兩桑欽，則可審爲成帝時欽，則是書不當見遺于《漢藝文志》也。抑余又有疑于斯，《水經》述作，往往見于南北分裂之時。借曰《舊唐志》可據，則作者南人，注者北人，在當時皆有此疆彼界之殊，又焉知其詳略異同，不限于一時聞見之所逮也？嗟夫！古今有志之士，思皇極之不作，傷同風之無時，又焉知其不寓深意于是書也？然則景純也，道元也，正父也，是或一道也。然以余觀正父之博洽多識，其見于它著作者，蓋有劉原父、鄭漁仲之風，中州士之巨擘也。是書雖因宇文氏之感發，而有以正蜀版遷就之失，其詳于趙代間水，此固景純之所難。若江自尋陽以北，吴松以東，則又能使道元之無遺恨者也。伯修生車書混一之代，身爲史官，年學俱富，于金人放失舊聞，多所收攬，而是書又有關于職方之大者，故余亦願附著其説焉，而不自知其妄也。序文載《元文類》。

金門詔《補三史藝文志·地理類·金》 蔡珪《補正水經》五篇。

水經碑目

朱睦㮮《萬卷堂書目·雜志》 《水經碑目》。

徐𤊹《徐氏家藏書目·方輿》 《水經碑目》一卷。楊慎。

黄省曾水經

徐𤊹《徐氏家藏書目·方輿》 《水經》四十卷。黄省曾。

水經白文

徐㶿《徐氏家藏書目・方輿》《水經白文》三卷。

水經注删

祁承㸁《澹生堂藏書目・圖志・圖志》《水經注删》一册。一卷。李桂芳。

水經補

黄虞稷《千頃堂書目・地理類下》龔弘《水經補》一卷。

水經注箋

徐㶿《徐氏家藏書目・方輿》《水經注箋》四十卷。朱謀㙔。

祁承㸁《澹生堂藏書目・圖志・攬勝》《水經註箋》十册。四十卷。朱謀㙔箋。

黄虞稷《千頃堂書目・地理類下》朱謀㙔《水經注箋》四十卷。

今水經

《四庫全書總目提要・地理類存目四・河渠》《今水經》一卷。浙江巡撫採進本。國朝黄宗羲撰。宗羲有《易學象數論》，已著録。是書前列諸水之名，其爲一表，皆以入海者爲主，而來會者以次附之。如汴入河，須鄭入汴，京入鄭，索入京之類，自下流記其委也。後各自爲說，分南北二條，皆以發源者爲主，而所受之水以次附之。如衛河出輝縣蘇門山，逕衛輝府北，東流淇水來注之，又過濬縣内黄界，漳水入焉之類，自上流記其源也。其所說諸水，用今道不用故道，用今地名不用古地名，創例本皆有法。而表不用旁行斜上之體，但直下書之，某入海，某入某，某又入某，頗不便檢尋。又渭入河，漳、清、汧、涇、沮入渭，洛入河，瀍、澗、伊入洛之類，皆分條。淇、漳、汶、滹、桑入衛，清入淇，沙、易入滹，温、義入易，洋入桑之類，又合條，則排纂未善也。其書作於明末，西嘉峪，東山海，北喜峯、古北、居庸，皆不能踰越一步。宗羲生於餘姚，又未親歷北方，故河源尚剽《元史》之說，而灤河之類亦沿《明一統志》之舊。松花、黑龍、鴨緑混同諸江，尤傳聞彷彿，不盡可據。我朝幅員廣博，古所稱絶域，皆入版圖，得以驗傳聞之真妄。《欽定西域圖志》、《河源紀略》諸書，勘驗精詳，昭示萬代。儒生一隅之見，付之覆瓿可矣。

水經注集釋訂譌

《四庫全書總目提要・地理類存目四・河渠》《水經注集釋訂譌》四十卷。浙江巡撫採進本。國朝沈炳巽撰。炳巽字繹旃，歸安人。其書據明嘉靖間黄省曾所刊《水經注》本，而以己意校定之，多所釐正。又以道元徵引之書，極爲博贍。傳寫既久，譌誤相仍。因徧檢《史記》、《漢書》志表，及諸史各志，取其文字異同者，録於下方，以備參考。其無他書可校者則闕之，閒附以諸家考訂之說。凡州縣沿革，則悉以今名釋焉。中閒於地理方位，往往有不能詳審而漫爲臆度者。如《漳水注》稱絳瀆逕九門城南，又東南逕南宫城北。炳巽釋云：九門城今在藁城縣西北二十里，而不知一在滹沱之南，一在滹沱之北，中隔新河、寧晉、束鹿、晉州，相去甚遠。《水經》沁水過穀遠縣東，又南過陭氏縣東。此陭氏在潞安府屯留縣西南，即北魏之寄氏。陭譌作猗，而炳巽釋云：今屬平陽府，則不知漢志有上黨之陭氏，非即河東之猗氏。他若河水過高唐縣南，道元言河水於縣漯水注之，此下有地理志曰：漯水出東武陽，今漯水上承河水於武陽縣東南，西北逕武陽新城東云云。炳巽以其重見於前，删此存彼。不知下文水自城東北逕東武陽縣故城南，所謂自城者承武陽新城言也。使如所删，則自城直接高唐，不可通矣。此類皆爲舛誤，然炳巽作此書，凡歷九年而成，丹鉛矻矻，手自點定。其初未見朱謀㙔本，後求得之，而所見大略相同。亦可知其用心之勤至，雖不能盡出前人範圍，而鉤索考證之功，亦未可没也。

水經注校正

丁立中《八千卷樓書目・地理類・河渠》《水經注校正》四十卷，《補遺》一卷，《附録》二卷。國朝全祖望撰。刊本。

水經注釋

《四庫全書總目提要・地理類二・河渠》《水經注釋》四十卷，《刊誤》十二卷。浙江巡撫採進本。國朝趙一清撰。一清字誠夫，仁和人。酈道元《水經注》，傳寫舛譌，其來已久。諸家藏本，互有校讎，而大致不甚相遠。歐陽元功、主禕諸人但稱經注混淆而已，於注文無異詞也。近時寧波全祖望，始自稱得先世舊聞，謂道元注中有注，本雙行夾寫。今混作大字，幾不可辨。一清因從其說，辨驗文義，離析其注中之注，以大字細字分別書之。使語不相雜，而文仍相屬。考沈約《宋書》稱漢鐃歌本大字爲詞，細字爲聲。後人聲詞合寫，是以莫辨。是傳録混淆，古有是事。又如明嘉靖中所刻《齊民要術》，簡端周書曰：神農之時，天雨粟云云一條。崇禎中刻《孔子家語》本姓解中微國名子爵五字，閒以注文刻作大字者，亦時有之。至於巨帙連篇盈四十卷，而全部夾注，悉誤寫爲正文，揆以事理，似乎不近。姚宏《補注戰國策》、范成大作《吴郡志》，並於注中夾注，前人嘗舉以爲例。而自宋以來，未嘗有舉及《水經注》者。祖望所云先世舊聞，不識傳於何代，載在何書。殆出於以意推求，而詭稱授受。然倪思作《班馬異同》，以大字細字連書，猝難辨析明。許相卿改爲《史漢方駕》，以班馬相同者書於中，以馬有而班無者側注於左，以班有而馬無者側注於右。遂使增删之意，開卷釐然，而原書仍無改易，最爲善變。一清此書，殆亦類是。但使正文旁義，條理分明，是亦道元之功臣矣。何必託諸原本，效豐坊之故智乎？又《唐六典》

注稱桑欽所引天下之水百三十七，江河在焉。今本所列僅一百一十六水。考《崇文總目》載《水經注》三十五卷，蓋宋代已佚其五卷。今本乃後人離析篇帙，以合原數。此二十一水蓋即在所佚之中。一清證以本注，雜採他籍，得滏、洺、滹沱、泒、滋、伊、瀍、澗、洛、豐、涇、汭、渠獲、洙、滁、日南、弱、黑十八水。於㶟水下分㶟餘水。又考驗本經，知清漳水、濁漳水、大遼水、小遼水皆原分爲二，共得二十一水，與《六典》注原數相符。其考據訂補，亦極精核。卷首列所據以校正者凡四十本，雖其中不免影附誇多。如所稱黄宗羲本，原無成書。顧炎武本、顧祖禹本、閻若璩本，皆所著書引用考辨，實無刻本。又黄儀本，稱其書今歸新城王氏池北書庫，考王士禎没後，池北書庫所藏皆已散佚，見趙執信《因園集》，是其子孫斷無收書之事。若士禎存時所收，則書歸王氏在康熙辛卯以前，一清年齒亦斷不及見也。然旁引博徵，頗爲淹貫。訂疑辨譌，是正良多。自官校宋本以外，外間諸刻固不能不以是爲首矣。

張之洞《書目答問・地理・水道》《水經注釋》四十卷，《刊誤》十二卷。趙一清。原刻本。

訂正水經注

周中孚《鄭堂讀書記補逸・地理類四・河渠》《訂正水經注》。不分卷數。戴氏遺書附刊本。國朝戴震編。仕履見經部詩類。東原在館時，預校《水經注》，後復私刊爲此本，悉移原本次序，以衆水各自爲篇，使之地相連比，川渠纏絡，有條不紊。凡分十四册，首册河水一，爲阿耨達山諸水，河水二爲葱嶺於闐二水。二册河水三，乃入中國河也。三册渠至瓠子，皆出於河之水。四册汾至清，自左以次入河，其間如晉水、文水、原公水自右以次入汾河，同過水、澮水自左入汾，餘先後准此。五册渭至伊，自右入河。六册淇至潦，古皆入於河，七册滱至溳，則河北以東，終於欒浪朝鮮。八册首濟瀆，而汶則入于濟。九册淄至沭，皆濟汶以次而南之水。十册首淮瀆，而汝至肥，皆淮之左右，以次入淮，惟施别于肥面入巢河。十一册首大江，而夷夏皆出于江，溳則入夏，澇又入溳。十二册漾至蘄，自左以次入江。十三册沫至贛，自右入江。十四册漸至日南二十水名，則越及南海羣川，罔不就序，末載禹貢山澤地，與舊篇同。蓋即從武英殿校正之本，而分爲一百二十五篇。具列諸水次序爲目録，較之宋明人之更易舊書，誠爲有間，然究失廬山真面目矣。前有曲阜孔繼涵序，目録之首有自序。

水經注釋地

張之洞《書目答問·地理·水道》《水經注釋地》四十卷。張匡學。嘉慶二年新安張氏刻本。

水經注疏證

朱記榮《國朝未刊遺書志略·史目》《水經注疏證》。吴縣沈欽韓文起。鄭君尗問云：趙東潛取十四家校本參訂，可稱該洽，文起生其後，精於輿地之學，脈水尋經，旁通津緒，當有裨實用，突過前人也。强賡老曾見是書稾本，爲余言之。

水經注圖説殘稿

張之洞《書目答問·地理·水道》《水經注圖説殘稾》四卷。董祐誠。董方立遺書本。

耿文光《萬卷精華樓藏書記·地理類一》《水經注圖説》四卷。國朝董佑誠撰。原本。此方立遺書之六，或歷引諸地志證明本經，或辨戴、趙、全之誤，或注某山水當在今某地，惜其未完，至涑水而止，殘稿也。基誠序曰：方立年二十五始究心地理之學，嘗節取《水經注》證以今之水道，分圖系説，自成一書。爲之累年，僅得四卷。卷中圖説俱備，惟河水自採桑津以下有圖而無説。圖大者徑數尺，小者亦徑尺許，當别爲一册，今録入遺書者僅其説也。方立以本朝幅員之廣，遠過前代，康熙、乾隆兩朝内府輿圖世不多見，乃多方求得之。精心參校，敬謹摹繪。更復博稽掌故，旁采方志。自乾隆迄今數十年間，凡疆域之沿革，水道之改易，罔不考証確實，著之於圖。以道光二年爲斷。東至費雅哈，西極葱嶺北界俄羅斯，南至於海，爲圖四十一。時方奉命修一統志，儻得上之史館以備裁擇，庶無負作者之志云。

水經注西南諸水考

丁立中《八千卷樓書目·地理類·河渠》《水經注西南諸水考》三卷。國朝陳澧撰。廣雅書局本。

水經注提綱

朱記榮《國朝未刊遺書志略·史目》《水經注提綱》四十卷。江寧汪士鐸。

水經注釋文

朱記榮《國朝未刊遺書志略·史目》《水經注釋文》。汪士鐸。

合校水經注

丁立中《八千卷樓書目·地理類·河渠》《合校水經注》四十卷，《附録》二卷。國朝王先謙撰。刊本。

水經注洛涇二水補

丁立中《八千卷樓書目·地理類·河渠》《水經注洛涇二水補》一卷。國朝謝鍾芳撰。南菁書院叢書本。

水經注圖

張之洞《書目答問・地理・水道》　《水經注圖》一卷。今人。武昌刻本。

潮水論

顧櫰三《補後漢書藝文志・與地類》　嚴畯《海潮論》一卷。

姚振宗《三國藝文志・地理類・河渠》　嚴畯《潮水論》。畯始末具經部孝經類。

《吴志》本傳，畯著《孝經傳》、《潮水論》，又與裴玄、張承論，管仲、季路皆傳于世。

潮説

尤袤《遂初堂書目・地理類》　《潮説》。

馬端臨《文獻通考・經籍考・地理》　《潮説》一卷。

文廷式《補晉書藝文志・地志類》　葛洪《潮説》。姚寬《西溪叢話》云，舊於會稽得一石碑論海潮，不知誰氏云。觀古今諸家海潮之説者多矣，或謂天河激湧，注云葛洪《潮説》。據此則洪以潮爲天河所激，與盧肇諸家之説不同，於理未當，今姑録其目。

四海百川水源記

《隋書・經籍志・地理》　《四海百川水源記》一卷。釋道安撰。

《舊唐書・經籍志・地理》　《四海百川水源記》一卷。釋道安撰。

《新唐書・藝文志・地理類》　僧道安《四海百川水源記》一卷。又一卷。

鄭樵《通志・藝文略・地里・川瀆》　《四海百川水源記》一卷。晉僧道安撰。

姚振宗《隋書經籍志考證・地理類》　《四海百川水源記》一卷。釋道安撰。

慧皎《高僧傳》釋道安，姓衛氏，常山扶柳人也。家世英儒，早失覆陰，爲外兄孔氏所養。年十二出家，神性聰敏，而形皃甚陋。游學至鄴，遇佛圖澄，事澄爲師。後至襄陽，又後從苻堅入長安。晉太元十年二月八日，無疾而卒。孫綽爲《名德沙門論》云：道安博物多才，通經名理。又爲之贊曰：物有廣贍，人固多宰。淵淵釋安，專能兼倍。飛聲汧隴，馳名淮海。形雖草化，猶若常在。本志道佛篇：常山沙門衛道安欲令玄宗所在流布，分遣弟子各趣諸方，法性詣揚，法和入蜀，道安與慧遠之襄陽。《唐書・經籍志》：《四海百川水記》一卷。釋道安撰。《唐書・藝文志》：僧道安《四海百川水源記》一卷，又一卷。

文廷式《補晉書藝文志・地志類》　釋道安《四海百川水源記》一卷。

襄川記

李昉《太平御覽經史圖書綱目》　《襄川記》。

海中經

李昉《太平御覽經史圖書綱目》　《海中經》。

海濤志

鄭樵《通志・藝文略・地里・川瀆》　《海濤志》一卷。竇叔蒙撰。

陳振孫《直齋書録解題・地理類》　《海濤志》一卷。唐竇叔蒙撰。

馬端臨《文獻通考・經籍考・地理》　《海濤志》一卷。

楊士奇等《文淵閣書目・古今志》　《海濤志》一册。

海潮賦

《宋史・藝文志・地理類》 盧肇《海潮賦》一卷。

海潮論

鄭樵《通志・藝文略・地里・川瀆》 邱光庭《海潮論》一卷。

宋祖駿《補五代史藝文志・地理類》 《海潮論》一卷。邱光庭撰。

海潮記

宋祖駿《補五代史藝文志・地理類》 《海潮記》一卷。邱光庭撰。

海潮論

鄭樵《通志・藝文略・地里・川瀆》 燕肅《海潮論》三卷。

陳振孫《直齋書録解題・地理類》 《海潮圖論》一卷。龍圖閣學士燕肅撰進。

馬端臨《文獻通考・經籍考・地理》 《海潮圖論》一卷。

焦竑《國史經籍志・地里・川瀆》 燕肅《海潮論》三卷。

海潮圖論

《宋史・藝文志・地理類》 謝頤素《海潮圖論》一卷。

潮説

陳振孫《直齋書録解題・地理類》 《潮説》一卷。知錢塘縣張君房撰。凡三篇。

楊士奇等《文淵閣書目・古今志》 《潮説》三篇。一册。

海潮論

鄭樵《通志・藝文略・地里・川瀆》 張君房《海潮論》三卷。

水簾詩集

趙希弁《讀書附志・地理類》 《水簾詩集》三卷。右編集水簾洞之詩文也。

水山記

《宋史・藝文志・地理類》 《水山記》一卷。

潮賾

黄丕烈《蕘圃藏書題識・史類二》 《潮賾》一卷。鈔本。 此《潮賾》一書，據序文云，是嘉定朱中有所作。偏檢宋人書目，均所未載此書，蓋得於蓮涇王聞遠族孫秋濤家，去歲甲寅事也。今茲夏孟得書於朱丈文游處，蓮涇《孝慈堂書目》適在，是册編入川瀆門，注云：鈔，白，十一番。數之卻合，則其爲蓮涇物無疑，且外間傳播絶少，可稱祕册，爰重裝而藏之。乾隆乙卯中秋後五日，棘人黄丕烈識。

海道經

高儒《百川書志・地理》《海道經》一卷。無名氏。録登郡溟渤漕運故道，及山川島嶼之殊，風雷變占之法，波濤之險，艘艦之製，備載無遺，真海運一實録也。瞿校，運鈔本作道。

晁瑮《晁氏寶文堂書目・圖誌》《海道經》。

又《海道經》附録小卷。

趙琦美《脈望館書目・史・南九邊》《海道經》一本。

《四庫全書總目提要・地理類存目四・河渠》《海道經》一卷。浙江范懋柱家天一閣藏本。不著撰人名氏。惟書中揚子江一條，自稱其名曰璚，其姓則不可考。前有明嘉靖中應良序，疑爲元初人所撰，而後人增修之。今觀書末附朱晞顔鯨背詩三十三首，晞顔爲元人，則此書亦出元人可知矣。其書言海路要害，及占風雨潮汛諸事，大抵皆爲海運而作。其後歌訣，與今人所説亦同，然未免失之於太簡。

海道經

《四庫全書總目提要・地理類存目四・河渠》《海道經》一卷。户部尚書王際華家藏本。不著撰人名氏。紀海運道里之數，自南京歷劉家港開洋，抵直沽，及閩、浙來往海道。凡碇泊遠近，險惡宜避之地，皆詳誌之。又有占天、占雲、占風、占月、占虹、占霧、占電、占海、占潮各門。蓋航海以風色爲主，故備列其占候之術。疑舟師習海事者所録，詞雖不文，而語頗可據。考海運惟元代有之，則亦元人書也。後有海道指南圖，乃龍江至直沽針路。嘉靖中袁褧以二本參校，刻入所編《金聲玉振集》。復録元延祐閒海道都漕運萬户府海運則例圖，至正閒周伯琦供祀記二碑，附於其末。

周中孚《鄭堂讀書記補逸・地理類四・河渠》《海道經》一卷。併月山房彙鈔本。不著撰人名氏。《四庫全書存目》按書中稱及洪武、永樂年號，而揚子江一條，自稱其名曰璚，蓋明初人所作，其姓與里貫，則不可考矣。所紀海運道里之數，後載海道指南圖説，及古候諸門。考海運始於元至元十七年，明初嘗一舉，即改從河道，此書殆追記舊則也。卷末有袁褧所附《元海運則例圖》，周伯琦供祀記二碑，劉仁本興復海道記，及送伯顔帖木兒回京叙二篇，又有褧跋。蓋嘉靖中褧嘗校刻是書，入所編《金聲玉振集》中也。

海潮通考

楊士奇等《文淵閣書目・古今志》《海潮通考》一册。

林水録

丁立中《八千卷樓書目・地理類・河渠》《林水録》一卷。明彭年撰。廣百川本。

東湖紀勝

朱睦㮮《萬卷堂書目・雜志》《東湖紀勝》。

碧玉温泉賦

徐圖等《行人司重刻書目・地理類》《碧玉温泉賦》。一本。

江北三勝紀

祁承㸁《澹生堂藏書目・圖志・山川》《江北三勝紀》一册。七卷。

河海志録

黃虞稷《千頃堂書目・地理類下》 王萬祺《河海志録》。

三泉志

黃虞稷《千頃堂書目・地理類下》 《三泉志》一卷。

三江圖説

黃虞稷《千頃堂書目・地理類下》 王億《三江圖説》一卷。

三江考

馬國翰《玉函山房藏書簿録・史編・地理類》 《三江考》一卷。國朝毛奇齡撰。據韋昭《國語注》：松江、浙江、浦陽江，而以松江、婁江、東江之説爲非，引證確鑿。

阮元三江考

李慈銘《越縵堂讀書記・地理類》 《三江考》。清阮元撰。阮文達《三江考》。據《説文》漸浙二江之別，謂自杭城西至富陽者爲漸江，自杭城東至餘姚入海者爲浙江，即南江，是岷江之委。南江自北魏時，石門仁和流塞，唐時築海塘捍潮，其流遂絶。而今自吴江至杭州北新關清流一線，猶是南江故道。按三江之説，國朝浙儒全氏祖望趙氏佑等力主郭義，以岷江、松江、浙江爲定。汪容甫、王西莊、錢溉亭、洪稚存、孫淵如等皆從之，餘姚邵氏晉涵遂以南江爲號，其説已備。段氏《説文注》始力明漸浙爲兩江，阮氏更得之目驗。此考出而三江岷、松、浙之説益明，後人可無疑於浙江出三天子都與《禹貢》三江同源之旨不合矣。

水道記

周中孚《鄭堂讀書記補逸・地理類四・河渠》 《水道記》一卷。戴氏遺舊本。國朝戴震撰。仕履見經部詩類。是書仿《水經》及注之文，專記西北水道，所出諸山，各詳注於下。脈絡分明，如錐指地。其意蓋欲遍及宇内而記之，恉止成此一卷，後人依其成例而續成之可也。

水地小記

周中孚《鄭堂讀書記補逸・地理類四・河渠》 《水地小記》一卷。通藝録本。國朝程瑤田撰。仕履見經部書類。乃其考論古今王畿水地之文，首周官畿内經地考、附圖四，次讀鄭氏考工記匠人注，三灅水考、附圖一，四庚水考、附圖一，五論朱竹垞言京東水地之誤，六遊盤山記，七唐盤山上方院碑銘并序書後。蓋因考周官經義，而類及灅水、庚水，俱採自遺經雅記，比事屬辭，拒彼游談，不憑孤證，所謂非故爲好辨也。

海潮説

丁立中《八千卷樓書目・地理類・河渠》 《海潮説》一卷。國朝周春撰。

水道直指

張之洞《書目答問・地理・水道》 《水道直指》一卷，《補遺》一卷。張匡學。

嘉慶二年新安張氏刻本。

海潮輯説

丁立中《八千卷樓書目・地理類・河渠》《海潮輯説》二卷。國朝(余)[俞]思謙撰。藝海珠塵本。

吐蕃黃河録

《新唐書・藝文志・地理類》《吐蕃黃河録》四卷。

鄭樵《通志・藝文略・地里・川瀆》《吐蕃黃河録》四卷。

黃宗羲崑崙河源考

張之洞《書目答問・地理・水道》《崑崙河源考》一卷。黃宗羲。指海本、守山閣本。

萬斯同崑崙河源考

《四庫全書總目提要・地理類二・河渠之屬》《崑崙河源考》一卷。浙江鮑士恭家藏本。國朝萬斯同撰。斯同有《廟制圖考》，已著録。是書以元篤什言河源崑崙，與《史記》、《漢書》不合，《水經》所載亦有謬誤。因歷引《禹貢》、《禹本紀》、《爾雅》、《淮南子》及各史之文以考證之。考張騫言河源出鹽澤，司馬遷又言河源出于闐，天子案古圖書，名河所出山曰崑崙。後來諸書，都無異説。《唐書・吐谷渾傳》始有李靖望積石山覽觀河源之言，而亦未確有所指。迨篤什奉命行求，稱得之採甘思西鄙。潘昂霄等妄爲附會經傳，音譯舛譌，遂以鄂敦塔拉之潛行復見者，指爲河源。以阿木尼瑪勒古木遜山即古積石山者，指爲崑崙，

《元史》因而採入地理志中。耳食相沿，混淆益甚。我國家德威遐播，天山兩道，盡入版圖。月窟以西，皆我户闥。案圖考索，知河有重源。篤什所訪，僅及其伏地再出者。而河水之出葱嶺于闐，注鹽澤，潛行至積石者，則篤什皆未之見。伏讀《御批通鑑輯覽》，考核精詳，河源始確有定論。斯同此書，作於康熙之初，核以今所目驗，亦尚不盡脗合。然時西域未通，尚未得其實據。而斯同穿穴古書，參稽同異，即能灼知張騫所説之不誣，而極論潘昂霄等之背馳舛亂。凡所指陳，俱不甚相遠，亦可謂工於考證，不汩没於舊説者矣。録存其書，益以見睿鑒折衷，超軼萬古也。

欽定河源紀略

《四庫全書總目提要・地理類二・河渠》《欽定河源紀略》三十六卷。乾隆四十七年奉敕撰。是年春，以中州有事於河工，特命侍衛阿彌達祭告西寧河神。因西溯河源，繪圖具奏。言星宿海西南三百餘里有阿勒坦郭勒水，色獨黃。又西有阿勒坦噶達素齊老，流泉百道，入阿勒坦郭勒，是爲黃河真源，爲自古探索所未及。皇上因考徵實驗，參訂舊文，御製《河源詩》一章，詳爲訓釋，系以案語。又御製《讀宋史河渠志》一篇，以正從來之譌誤。復命兵部侍郎臣紀昀、大理寺卿臣陸錫熊等，尋繹史傳，旁稽衆説，綜其向背，定其是非，輯爲一書。首冠以圖，凡開方分度，悉準欽定輿圖。而以河流所逕及諸水之潛通顯會者，各依方隅繪畫，以著其詳。次列以表，以分、合、伏、見四例，該水道之脈絡。俾旁行斜上，經緯相貫，綱目相從，以提其要。次曰質實，詳核水道之源流，兼仿《水經》及酈道元注之例，旁支正幹，一一疏通證明。次曰證古，凡載籍所陳，與今所履勘相符者，竝條列原文，各加案語，以互相參訂。次曰辨譌，凡舊説之紕繆，亦條列原文，各爲糾駁，以祛惑釋疑。次曰紀事，凡撻伐所經，部族所聚，職貢所通，及開屯列戍，與靈源相值者，一一臚載。其前代軼聞，亦以類附見。次曰雜録，凡名山、古蹟、物産、土風介在洪流左右者，皆博採遺文，以旁資稽核。而恭録御製詩文，弁冕全書，用以挈剛領，定權衡焉。考自古談河源者，或以爲在西域，或以爲在吐蕃，各持一説，紛如聚訟，莫能得所折衷。推索其由，大抵所記之真妄，由其地之能至不能至。所考之疎密，由其時之求詳不求詳。《山海經》稱禹命豎亥，步自東極，至於西極，紀其億選之數，其事不見於經傳。見經傳者，惟導河積

石，灼爲禹跡所至而已。故禹本紀諸書言河源弗詳，儒者亦不以爲信。漢通西域，張騫僅得其梗概，以三十六國不入版圖故也。元世祖時，嘗遣篤什窮探，乃僅至星宿海而止，不知有阿勒坦郭勒之黄水，又不知有鹽澤之伏流。豈非以開國之初，倥偬草創，不能事事責其實，故雖能至其地，而考之終未審歟。我國家重熙累洽，荒憬咸歸。聖祖仁皇帝平定西藏，黄圖括地，已大擴版章。我皇上七德昭宣，天弧耆定。天山兩道，拓地二萬餘里。西通濛汜，悉主悉臣。月蛸以東，皆我疆索。星軺虎節，絡繹往來，如在户闥之内。與張騫之轉徙絶域，潛行竊睨，略得彷彿者，其勢迥殊。且自臨御以來，無逸永年，恒久不已。乾行彌健，睿照無遺。所綜核者，無一事不得其真。所任使者，亦無一人敢飾以僞。與篤什之探尋未竟，遽顢頇報命者，更復迥異。是以能沿溯真源，祛除謬説，親加釐定，勒爲一帙，以昭示無窮。臣等載筆之餘，仰頌聖功之無遠弗届，又仰頌聖鑒之無微弗周也。

江　記

《隋書·經籍志·地理》《江記》五卷。庾仲雍撰。

《舊唐書·經籍志·地理》《江記》五卷。庾仲雍撰。

《新唐書·藝文志·地理類》庾仲雍《江記》五卷。

鄭樵《通志·藝文略·地里·川瀆》《江記》五卷。庾仲雍撰。

文廷式《補晉書藝文志·地志類》庾仲雍《江記》五卷。章宗源曰：《水經·江水注》引庾仲雍《江水記》，《文選》殷仲文《南州桓公九井詩注》、鮑明遠《還都道中詩注》題庾仲雍《江圖》。

庾仲雍尋江源記

《舊唐書·經籍志·地理》《尋江源記》五卷。庾仲雍撰。又一卷。

《新唐書·藝文志·地理類》《尋江源記》五卷。

鄭樵《通志·藝文略·地里·川瀆》《尋江源記》五卷。

佚名尋江源記

《隋書·經籍志·地理》《尋江源記》一卷。

章宗源《隋書經籍志考證·地理》《尋江源記》一卷。唐志五卷，《太平寰宇記·山南東道》南浦郡高梁山東西數千里，其峯崔嵬，於蜀市望之，若長雲垂天，一日行之乃極其頂。又云景穴有嘉魚，其味甚美，景穴出柏枝山，並引《尋江源記》。

江源記

李昉《太平御覽經史圖書綱目》《江源記》。

江行圖

《宋史·藝文志·地理類》《江行圖志》一卷。沈該訂正，不知作者。

六臣注郭氏江賦

范邦甸等《天一閣書目·地理類》《六臣注郭氏江賦》一卷。刊本。明嘉靖八年江陰張簡編輯、陳言校正。

江源説

丁立中《八千卷樓書目·地理類·河渠》《江源説》一卷。國朝查拉吴麟撰。刊本。

曾國藩長江圖説

丁立中《八千卷樓書目・地理類・河渠》《長江圖説》十二卷。國朝曾國藩撰。刊本。

泖湖志

黃虞稷《千頃堂書目・地理類下》《泖湖志》六卷。

兩河記

李昉《太平御覽經史圖書綱目》《兩河記》。

西域水道記

張之洞《書目答問・地理・水道》《西域水道記》五卷。徐松。原刻本。

徐源山東泉志

黃虞稷《千頃堂書目・地理類下》徐源《山東泉志》六卷。

《明史・藝文志・地理類》徐源《山東泉志》六卷。

東泉百詠

黃虞稷《千頃堂書目・地理類下》張文淵《東泉百詠》。上虞人。

王寵東泉志

朱睦㮮《萬卷堂書目・雜志》《東泉志》四卷。王寵。

黃虞稷《千頃堂書目・地理類下》王寵《東泉志》四卷。字仲錫，歙人。工部都水司主事，正德庚午自序。時方董濟寧河防閘座之故。

《明史・藝文志・地理類》王寵《東泉志》四卷。

東泉志

晁瑮《晁氏寶文堂書目・圖誌》《東泉志》。

趙琦美《脈望館書目・史・山東總志》《東泉志》一本。

徐圖等《行人司重刻書目・地理類》《東泉志》二本。

黃虞稷《千頃堂書目・地理類下》《東泉志》。（別本補）

泉河志

黃虞稷《千頃堂書目・地理類下》張橋《泉河志》六卷。字衡如。雲南右御史。嘉靖乙未進士。

《明史・藝文志・地理類》張橋《泉河志》六卷。

張純泉河紀略

黃虞稷《千頃堂書目・地理類下》 張純《泉河紀略》八卷。

《明史・藝文志・地理類》 張純《泉河紀略》八卷。

泉河紀略

趙琦美《脈望館書目・史・河》 《泉河紀略》四本。

黃虞稷《千頃堂書目・地理類下》 《泉河紀略》八卷。（别本補）

泉河史

張萱等《内閣藏書目録・志乘部》 《泉河史》五册。全。萬曆間工部郎中胡瓚著。

黃虞稷《千頃堂書目・地理類下》 胡瓚《泉河史》十五卷。桐城人。

《明史・藝文志・地理類》 胡瓚《泉河史》十五卷。

《四庫全書總目提要・地理類存目四・河渠之屬》 《泉河史》十五卷。安徽巡撫採進本。明胡瓚撰。瓚有《禹貢備遺增註》，已著録。是編圖紀一卷、職制一卷、泉源一卷、河渠一卷、職官表二卷、泉河派表一卷，疆域、山川、夫役、漕艘、宫室、人物、秩祀、敘傳各一卷。乃瓚分司南旺時，據《河志》、《閘河考》、《泉河志》諸書删輯而作。於河湖閘壩隄防瀦洩之道，載之頗悉。特體例冗雜，尚有待於後人之潤色耳。末附泉河大事記一卷，用編年體以總括全書，大略亦近複贅。又《泉源志》後有天啓二年主事薛玉衡新開泉名二十七處，則後人所續入也。

山東全河備考

《四庫全書總目提要・地理類存目四・河渠》 《山東全河備考》四卷。江蘇周厚堉家藏本。國朝葉方恒撰。方恒字學亭，崑山人。順治戊戌進士，官至山東濟寧道。是編乃其督理山東河道時所輯，專言漕河之在山東者。首圖志，次河渠，次職制，次人文。大致採掇明王恕《漕河通志》、王瓊《漕河圖志》、車璽《漕河總考》諸書，而稍參以近時之形勢。

翁浦太湖志

高儒《百川書志・地理》 《太湖志》八卷。皇明知縣翁浦修。

黃虞稷《千頃堂書目・地理類下》 翁浦《太湖志》八卷。

震澤記

王圻《續文獻通考・經籍考・地理》 《震澤記》。朱伯賢著。

震澤編

晁瑮《晁氏寶文堂書目・圖誌》 《震澤編》。

朱睦㮮《萬卷堂書目・雜志》 《震澤編》八卷。蔡昇。

祁承㸁《澹生堂藏書目・圖志・山川》 《震澤編》四册。八卷。蔡昇輯，王鏊修。

黃虞稷《千頃堂書目・地理類下》 王鏊《震澤編》八卷。

《明史・藝文志・地理類》 王鏊《震澤編》八卷。

蔡昇太湖志

黄虞稷《千頃堂書目・地理類下》　蔡昇《太湖志》十卷。

蔡洋太湖續編

黄虞稷《千頃堂書目・地理類下》　蔡洋《太湖續編》。

太湖新録

徐𤊹《徐氏家藏書目・各省題咏》　《太湖新録》一卷。徐禎卿、文徵明唱和。

程紹頤太湖志

朱睦㮮《萬卷堂書目・雜志》　《太湖志》八卷。程紹頤。

泛太湖游洞庭記

祁承㸁《澹生堂藏書目・圖志・攬勝》　《泛太湖游洞庭記》一卷。王思任。

具區志

《四庫全書總目提要・地理類存目四・河渠之屬》　《具區志》十六卷。兩淮馬裕家藏本。國朝翁澍撰。澍字季霖，吴縣人。是書以明蔡羽《太湖志》、王鏊《震澤編》爲本，參酌增損，續成此書。於瀕湖港瀆，區畫獨詳。

太湖備考

《四庫全書總目提要・地理類存目四・河渠之屬》　《太湖備考》十六卷。浙江巡撫採進本。國朝金友理撰。友理字玉相，吴縣人。是書卷首爲巡幸圖説，卷一總誌太湖，卷二爲沿湖水口、濱湖山，卷三爲水治、水議，卷四爲兵防、湖防、論説、記兵、職官，卷五爲湖中山泉、港瀆、都圖、田賦，卷六爲坊表、祠廟、寺觀、古蹟、風俗、物産，卷七爲選舉、鄉飲，卷八爲人物，卷九爲列女，卷十、十一爲詩，卷十二、十三爲文，卷十四爲書目、災異，卷十五爲補遺，卷十六爲雜記。大旨爲明人《太湖志》、《震澤編》皆詳於湖中而略於湖外，以所重在名勝，而水利、兵防不及悉，故以此書補所闕云。

後湖志

晁瑮《晁氏寶文堂書目・圖誌》　《後湖志》。

范邦甸等《天一閣書目・地理類》　《後湖志》十卷，《附歷朝詩文》一卷。明南京右通政豐城楊廉、太常少卿泰和羅欽順校正，臨安萬文彩、南豐李萬實重脩，閩中王學漠、滇南郭斗重刊，蘭谿陸鳳儀重脩，番禺王道廣重校，南京户科給事中趙宫編次并後記。

朱睦㮮《萬卷堂書目・雜志》　《後湖志》十卷。趙宫。

趙琦美《脈望館書目・史・南直》　《後湖志》四本。

吴中横溪録

黄虞稷《千頃堂書目・地理類下》　徐鳴時《吴中横溪録》八卷。

横谿録

《四庫全書總目提要·地理類存目五·山川》《横谿録》八卷。兩淮鹽政採進本。明徐鳴時撰。鳴時字君和,吴縣人。崇禎乙亥選貢生,除武寧縣知縣。横谿鎮一曰横塘,在蘇州府城西南十三里。水自城中來,西南横流過鎮而入太湖,故名。是志分十九門,體例略如郡縣志,然如古蹟類中多列先賢舊宅,又云其址無考。夫使遺墟猶存,自應深憑弔之思,否則既生是鄉,自必人人有宅,安能一一虚列乎。宜其一鄉之志,曼衍至於八卷也。

珠泉志

黄虞稷《千頃堂書目·地理類下》丁雄飛《珠泉志》。

二泉志

黄虞稷《千頃堂書目·地理類下》丁雄飛《二泉志》。

烏龍潭志

黄虞稷《千頃堂書目·地理類下》丁雄飛《烏龍潭志》。

婁江志

丁立中《八千卷樓書目·地理類·河渠》《婁江志》二卷。國朝白登明撰。

刊本。

北湖小志

丁立中《八千卷樓書目·地理類·山水》《北湖小志》六卷。國朝焦循撰。原刊本。焦氏叢書本。

曲江復對

丁立中《八千卷樓書目·地理類·山水》《曲江復對》一卷。國朝張大昌撰。稿本。

浙江論

鄭樵《通志·藝文略·地里·川瀆》《浙江論》一卷。潘洞撰。

焦竑《國史經籍志·地里·川瀆》《浙江論》一卷。潘洞。

太虚潮論

鄭樵《通志·藝文略·地里·川瀆》《太虚潮論》一卷。

陳振孫《直齋書録解題·地理類》《太虚潮論》一卷。永泰縣令錢棲業述。末稱天祐六年。

馬端臨《文獻通考·經籍考·地理》《太虚潮論》一卷。

西湖紀逸

胡師安等《元西湖書院重整書目》《西湖紀逸》。

浙江潮候圖説

錢大昕《補元史藝文志・地理類》宣伯聚《浙江潮候圖説》。

新修西湖志并志餘

晁瑮《晁氏寶文堂書目・圖誌》《新修西湖志并志餘》。杭刻。

西湖圖説

黄虞稷《千頃堂書目・地理類下》何琮《西湖圖説》。

東湖十詠

黄虞稷《千頃堂書目・地理類下》周旋《東湖十詠》。

西湖録

錢謙益等《絳雲樓書目・地誌類》《西湖録》。田叔禾著《西湖游覽志》五十卷，爲時所稱。叔禾，嘉靖丙戌進士，歷官參政，杭州錢塘人。

南湖考

黄虞稷《千頃堂書目・地理類下》陳幼學《南湖志考》一卷。萬曆己酉修。

丁丙《善本書室藏書志・地理類・河渠》《南湖攷》一卷。明刊本。羅鏡泉藏書。

南湖在餘杭郭外，發源天目，爲浙西水利之樞機。今則侵佔過半，湮塞又幾半矣。此萬曆三十七年，梁谿陳幼學所序刊之本。云南上、南下兩湖，肇於漢之陳，復於唐之歸，守於宋之楊，入元而盡失之。我明自傅院而後，寥寥無聞。今南湖非復漢唐宋之南湖矣。當事者有意清復，庶幾比烈三賢。幼學幸從杭嘉兩郡長之後得一寓目，而不能忘情，爲《南湖攷》，分陳令創築之圖、傅院清理之圖、士人指視之圖、奸豪侵佔之圖、苕溪總會之圖，各爲之説，並著浚湖説略於後。有江東羅氏所藏一印。

丁立中《八千卷樓書目・地理類・河渠》《南湖攷》一卷。《事略》一卷。明陳幼學撰。明刊本、抄本、浙局刊本。

西湖志鈔

徐𤊹《徐氏家藏書目・浙江省》《西湖志鈔》二卷。邑人俞思冲。

黄虞稷《千頃堂書目・地理類下》俞思冲《西湖志類鈔》三卷。字似宗，錢唐人。

幽溪別志

黄虞稷《千頃堂書目・地理類下》《幽溪別志》十六卷。天台高明寺，本幽溪道場。

《四庫全書總目提要・地理類存目五・山川》《幽溪別志》十六卷。浙江巡撫採進本。明釋無盡撰。幽溪在天台山，無盡嘗居其地，因撰是志。凡十六門，每門附以藝文，而同時人所作爲多。名爲地志，實同社刻，猶園稱其所至講席如雲。蓋明末標榜之風，浸淫乎方以外矣。

周中孚《鄭堂讀書記補逸・地理類六・山川》《幽溪別志》十六卷。原刊本。亦釋傳燈撰。《四庫全書・存目》。天台山有幽溪，在縣東北二十里，源出大慈山，流入螺溪，以山谷幽深，溪流幽清得名。溪上爲無盡道場。無盡既撰《天台山方外志》，復創爲是志。分形勝、開山沿革、重興規制、宗乘、泉石、人物、金湯、檀度、福田、塔墓、古蹟、著述、贈遺、餘學十六考。每考皆具事實，備藝文。其藝文取盈卷帙，載同時人所作爲多。體例較之方外志大異，而實可以相輔焉。前有天啓甲子自序，又有張師鐸、朱輅及其徒孫受教三序。

西湖夢尋

《四庫全書總目提要・地理類存目五・山川》《西湖夢尋》五卷。浙江鮑士恭家藏本。國朝張岱撰。岱字陶菴，自號蝶菴居士。家本劍州，僑寓錢塘。是編乃於杭州兵燹之後，追記舊遊。以北路、西路、南路、中路、外景五門，分記其勝。每景首爲小序，而雜採古今詩文列於其下。岱所自作尤夥，亦附著焉。其體例全仿劉侗《帝京景物略》，其詩文亦全沿公安竟陵之派。

西湖覽勝志

《四庫全書總目提要・地理類存目五・山川》《西湖覽勝志》十四卷。內府藏本。國朝夏基撰。基字樂只，杭州人。是編因明田汝成本重修。十四卷中，題詠居其六卷。

丁立中《八千卷樓書目・地理類・山水》《西湖覽勝志》十四卷。國朝夏基撰。抄本殘、刊八卷本。

姚靖西湖志

周中孚《鄭堂讀書記補逸・地理類六・山川》《西湖志》八卷。《志餘》十八卷。三鑑堂刊本。國朝姚靖重編。靖，吳郡人。明田叔禾汝成撰。《西湖遊覽志》二十四卷，《志餘》二十六卷，頗稱於世。靖取其書，稍加增删，彙遊覽志爲八卷，冠以圖十六，改題《西湖志》，删去「遊覽」二字，又損「志餘」爲十八卷。其門目悉仍其舊，惟删去「術技名家」一門，故祇有十二門，雖卷第僅存其半，而頗增入嘉靖己巳以後藝文，卷第仍復相等，則其書別無可取，徒改易原書面目耳。至如原書於所引故實，皆不列書名，是其瑕纇，而靖間有所增，亦如之。致使孰爲原本，孰爲新增，不可辨別。尤爲不善學古人矣。前有康熙己巳自序，并載叔禾原序。

丁立中《八千卷樓書目・地理類・山水》增删《西湖志》八卷，《志餘》十八卷。國朝姚靖撰。刊本。

小西湖志

丁立中《八千卷樓書目・地理類・山水》《小西湖志》五卷。國朝廖必琦等撰。刊本。

傅王露西湖志

《四庫全書總目提要・地理類存目五・山川》《西湖志》四十八卷。通行本。國朝傅王露撰。王露號玉笥，會稽人。康熙乙未進士。官翰林院編修，乾隆辛巳特恩加中允銜。初，雍正三年命浙江總督李衛開濬西湖，越三年而蕆功。時衛方奉詔纂修通志，以《西湖志》自出汝成後久未續輯，因以王露總其事，而以舉人厲鶚等十人分任纂修之。悉仿通志之例，分門記載，列目二十。徵引極博，而體例頗涉汎濫，其後梁詩正等復訂爲《西湖志纂》，實據此本而删潤之云。

西湖志纂

《四庫全書總目提要・地理類三・山川》《西湖志纂》十二卷。内府藏本。

國朝大學士梁詩正、禮部尚書銜沈德潛等同撰。初，雍正中浙江總督李衛修《西湖志》，延原任編修傅王露總其事，而德潛以諸生爲分修。凡成書四十八卷。雖敘次詳明，而徵引浩繁，頗嫌冗蔓。至乾隆十六年，恭逢聖駕南巡，清蹕所臨，湖山生色。德潛因取舊志，復與王露重加纂録，芟繁就簡，别爲十卷。而梁詩正亦奏請重輯《西湖志》，會德潛書稾先成，繕録進御。蒙皇上優加錫賚，特製詩篇，以弁其首。並敕詩正，即以德潛此稾合成之。詩正復偕王露參考釐訂爲十二卷，於乾隆十八年十二月奏進。首名勝各圖，次西湖水利，次孤山、南山、北山、吴山、西溪諸勝蹟，而終以藝文。雖門目減於舊志，而大綱已包括無餘，且仰荷宸翰親題，榮光下燭，尤從來輿記所未有。固非田汝成輩區區記載所得並稱矣。

南湖紀略稾

《四庫全書總目提要・地理類存目五・山川》《南湖紀略稾》六卷。浙江巡撫採進本。

國朝邱峻撰。峻字晴巖，仁和人。南湖一名白洋地，在杭州城北隅。宋張俊賜第，四世孫鎡别業，據湖之上。湖在宅南，因名南湖。楊萬里、陸游諸人皆爲之題詠，而鎡亦以自名其集，遂傳爲古蹟。峻少居其地，因採輯宋時志乘及説部文集，勒成此志。

香泉志

朱睦㮮《萬卷堂書目・雜志》 和州《香泉志》□卷。胡永成。

黄虞稷《千頃堂書目・地理類下》 胡松《香泉志》一卷。滁州守。安福胡承成編。（盧補）

香泉志

晁瑮《晁氏寶文堂書目・圖誌》《香泉志》。

范邦甸等《天一閣書目・地理類》《香泉志》四卷。刊本。明李渭撰，胡松序。

九鯉湖集

范邦甸等《天一閣書目・地理類》《九鯉湖集》二卷。刊本。明嘉靖陳君傑輯，黄懋學、柯一龍同刊。莆田陳光華撰序，卷首有引。

鯉湖考略

徐𤊹《徐氏家藏書目・福建省》《鯉湖考略》二卷。王世懋訂。

九鯉湖考略

黄虞稷《千頃堂書目・地理類下》 王世懋《九鯉湖考略》二卷。

智泉志

徐𤊹《徐氏家藏書目・福建省》《智泉志》一卷。何南金。

九鯉湖志

趙琦美《脈望館書目・史・福建・興化府》《九鯉湖志》二本。又二本。

徐𤊹《徐氏家藏書目・福建省》《九鯉湖志》六卷。黄天全。

張萱等《内閣藏書目録・志乘部・福建》《九鯉湖志》二册。全。萬曆丙戌莆田黄天全編。

祁承㸁《澹生堂藏書目・圖志・山川》《九鯉湖志》四册。六卷。黄天全輯。

黃虞稷《千頃堂書目・地理類下》黄天全《九鯉湖志》六卷。莆田人。萬曆丙戌修。

《明史・藝文志・地理類》黄天全《九鯉湖志》六卷。

《四庫全書總目提要・地理類存目五・山川》《九鯉湖志》六卷。兩淮馬裕家藏本。明黄天全撰。天全，莆田人。其書成於萬曆中。九鯉湖在福建仙遊縣。天全以舊志僅載游覽之作，而遺山水，乃重爲釐訂。分爲山水、建置、夢驗、藝文四門。夢驗者，以九鯉湖祠乃閩人祈夢處也。

九鯉湖新志

徐𤊹《徐氏家藏書目・福建省》《九鯉湖新志》卷。康當世。

黃虞稷《千頃堂書目・地理類下》康當世《九鯉湖新志》十五卷。

智泉志

黃虞稷《千頃堂書目・地理類下》何南金《智泉志》一卷。

鯉湖志

周中孚《鄭堂讀書記補逸・地理類六・山川》《鯉湖志》二卷。鳳刊本。明方應侁、柯憲世同撰。應侁字行漸，憲世字爾琛，俱莆田人。仙遊縣有九鯉湖，距縣五十里，其源發於永福，蓋不啻百餘里也。郡志稱九鯉仙，何姓，故漢臨川人。入閩，鍊石湖畔，丹成，鯉食丹，化爲龍，九人各乘以去。靈著湖中，間夢數驗。湖舊有志，世遠審佚。明黄全之天全爲撰志六卷，明志載之。後康孟擔修之，紀載幾倍，行漸以其卷帙浩繁，乃與爾琛約成是編。凡山水五篇，夢驗三十六則，王世縱遊記一篇，及古今人時。卷首冠以鯉湖圖一，大都湖中勝蹟，已略具於斯。其祇稱鯉湖者，則明人删字之謬也。前有萬曆乙卯行漸、爾琛小引各一首，及何喬遠、方應侁二序。

洞山九潭志

徐𤊹《徐氏家藏書目・福建省》《洞山九潭志》一卷。劉中藻。

九鯉湖舊志

徐𤊹《徐氏家藏書目・福建省》《九鯉湖舊志》四卷。

莆陽山水志

黃虞稷《千頃堂書目・地理類下》黄擔《莆陽山水志》。

九鯉湖記

黄虞稷《千頃堂書目・地理類下》 黄擔《九鯉湖記》。

坤壤語

焦竑《國史經籍志・地里・川瀆》 《坤壤語》一卷。黄閎。記滎陽山水。

新河集

趙琦美《脈望館書目・史・河》 《新河集》二本。

漢水記

李昉《太平御覽經史圖書綱目》 《漢水記》。

《隋書・經籍志・地理》 《漢水記》五卷。庾仲雍撰。

《舊唐書・經籍志・地理》 《漢水記》五卷。庾仲雍撰。

《新唐書・藝文志・地理類》 [庾仲雍]《漢水記》五卷。

鄭樵《通志・藝文略・地理・川瀆》 《漢水記》五卷。庾仲雍撰。

章宗源《隋書經籍志考證・地理》 《漢水記》五卷。庾仲雍撰。唐志同。《初學記・地部》漢水出廣漢，漾水出嶓冢，東流至武都，與漢水合。沔水出武都沮縣，亦與漢水相合。《藝文類聚・水部》漢水有泉，方圓數十步，夏長沸湧，望見白氣衝天，能瘥百病，常有數百人飲浴之。《史記・夏本紀正義》武當縣西十里漢水中有洲，名滄浪洲，並引庾仲雍《漢水記》。《水經・沔水注》滄浪洲謂之千齡洲，稱仲雍《漢中記》。《寰宇記・山南西道》興道七女池事，亦稱《漢中記》，不著仲雍名。

秦榮光《補晉書藝文志・地理類・河渠》 《漢水記》五卷。上二種並庾仲雍撰。案《水經》沔水注引作《漢中記》。

東西二漢水辨

丁立中《八千卷樓書目・地理類・河渠》 《東西二漢水辨》一卷。國朝王士禎撰。昭代叢書本。

漢水發源考

丁立中《八千卷樓書目・地理類・河渠》 《漢水發源考》一卷。國朝王筠撰。昭代叢書本。

湘川記

鄭樵《通志・藝文略・地里・郡邑》 《湘川記》一卷。羅含撰。

尤袤《遂初堂書目・地理類》 《湘川記》。

洞庭譜

錢東垣等輯《崇文總目輯釋・地理類》 《洞庭譜》一卷。《通志略》不著撰人。

鄭樵《通志・藝文略・地里・名山洞府》 《洞庭譜》一卷。

鄭樵《通志・圖譜略・記無・地理》 《洞庭譜》。

黄虞稷《千頃堂書目・地理類下》 《洞庭譜》一卷。

洞庭譜記

尤袤《遂初堂書目・地理類》《洞庭譜記》。

湘江論

陳振孫《直齋書録解題・地理類》《湘江論》一卷。案:《文獻通攷》作「湘江」,此本訛作「浙」,今改正。太常博士潘洞撰。

馬端臨《文獻通考・經籍考・地理》《湘江論》一卷。宋太常博士潘洞撰。

郴江記

《宋史・藝文志・地理類》徐得之《郴江記》八卷。

浯溪題咏

朱睦㮮《萬卷堂書目・雜志》《浯溪題咏》一卷。元繼。

洞庭湖詩集

朱睦㮮《萬卷堂書目・雜志》《洞庭湖詩集》一卷。韓廷。

洞庭集

趙琦美《脈望館書目・史・湖廣》《洞庭集》二本。

洞庭湖詩集

祁承㸁《澹生堂藏書目・圖志・山川》《洞庭湖詩集》一册。二卷。

洞庭湖詩

黃虞稷《千頃堂書目・地理類下》《洞庭湖詩》一卷,《文》一卷,《紀事》一卷。

浯溪考

丁立中《八千卷樓書目・地理類・山水》《浯溪考》二卷。國朝王士禎撰。原刊本。全集本。

增江志

黃虞稷《千頃堂書目・地理類中》王仲行《增江志》四卷。洪熙間修。

曹鎬湟川志

黄虞稷《千頃堂書目・地理類下》 曹鎬《湟川志》十卷。

葉邦榮湟川志

黄虞稷《千頃堂書目・地理類下》 葉邦榮《湟川志》六卷。嘉靖間修。

六脈渠圖説

丁立中《八千卷樓書目・地理類・河渠》 《六脈渠圖説》一卷。國朝陳珅撰。如不及齋本。

蜀江志

《宋史・藝文志・地理類》 沈立《蜀江志》十卷。

涪溪勝覽集

黄虞稷《千頃堂書目・地理類下》 《涪溪勝覽集》一卷。

黑水集證

黄虞稷《千頃堂書目・地理類中》 楊士雲《黑水集證》一卷。

《明史・藝文志・地理類》 楊士雲《黑水集證》一卷。

温泉詩

晁瑮《晁氏寶文堂書目・圖誌》 《温泉詩集》。

朱睦㮮《萬卷堂書目・雜志》 《温泉集》一卷。楊慎。

黄虞稷《千頃堂書目・地理類下》 楊慎《温泉詩》一卷。

名山略記

李昉《太平御覽經史圖書綱目》 《名山略記》。

章宗源《隋書經籍志考證・地理》 《名山略記》。卷亡，不著録。《文選・遊天台山賦》注《名山略記》曰：天台山即是定光寺諸佛所降葛仙公山也。《藝文類聚》山部，天台山在剡縣，即是衆聖所降。《太平寰宇記》山南西道引上津縣天柱山事，稱《殷武名山記》。

秦榮光《補晉書藝文志・地理類・山水》 《名山記》。殷武撰。據寰宇記引。

法顯山記

李昉《太平御覽經史圖書綱目》 《法顯山記》。

竺法護耆闍崫山解

吴士鑒《補晉書經籍志・地理類》 竺法護《耆闍崫山解》。

竺法真登羅山疏

文廷式《補晉書藝文志・地志類》 竺法真《登羅山疏》。《類聚》山部、菓部，《御覽》香部、竹部並引之。

道書福地志

李昉《太平御覽經史圖書綱目》 《道書福地志》。

道書福地記

李昉《太平御覽經史圖書綱目》 《道書福地記》。

諸山記

錢東垣等輯《崇文總目輯釋・地理類》 《諸山記》一卷。[原釋]闕。見天一閣鈔本。

鄭樵《通志・藝文略・地里・名山洞府》 《諸山記》一卷。

《宋史・藝文志・地理類》 元結《諸山記》一卷。

方岳志

鄭樵《通志・藝文略・地里・地理》 《方岳志》五十卷。晏殊等撰。

福地記

鄭樵《通志・藝文略・地里・名山洞府》 《福地記》一卷。

焦竑《國史經籍志・地里・名山洞府》 《福地記》一卷。

名山洞天記

鄭樵《通志・藝文略・地里・名山洞府》 《名山洞天記》一卷。

十大洞天記・三十六小洞天記

鄭樵《通志・藝文略・地里・名山洞府》 《十大洞天記・三十六小洞天記》一卷。

洞天集

鄭樵《通志・藝文略・地里・名山洞府》 《洞天集》五卷。王正範撰。

五嶽諸山記

鄭樵《通志・藝文略・地里・名山洞府》 《五嶽諸山記》一卷。

馬端臨《文獻通考・經籍考・地理》 《五嶽諸山記》一卷。

《宋史・藝文志・地理類》 《五嶽諸山記》一卷。無名氏，多鄙誕不經。

五嶽記

鄭樵《通志・藝文略・地里・名山洞府》《五嶽記》一卷。

山林地志集略

楊士奇等《文淵閣書目・古今志》《山林地志集略》六册。

名山洞天福地記

高儒《百川書志・地理》《名山洞天福地記》一卷。

洞天福地志

晁瑮《晁氏寶文堂書目・圖誌》《洞天福地志》。

馬國翰《玉函山房藏書簿録・史編・地理類》《洞天福地記》一卷。並仁和王氏本。唐白雲溪道士括蒼杜光庭聖賓撰。自號東瀛子，蜀王建賜號廣成先生。本《道藏・白玉山經》標列三十六小洞天、七十二福地名目，及所在之處。

陸心源《皕宋樓藏書志・地理類五・雜記》《洞天福地記》一卷。宋刊本。宋杜光庭撰。國家保安社稷，修金籙齋，設羅天醮，祈恩請福，謝過消灾，投金龍玉簡於天下名山洞府。謹按本教《龜山白玉上經》具列所在去處云爾。

山經

王圻《續文獻通考・經籍考・地理》《山經》三十卷。徐天麟著。

名山百詠詩集

朱睦㮮《萬卷堂書目・雜志》《名山百詠詩集》二卷。顧璘。

祁承㸁《澹生堂藏書目・圖志・山川》《名山百詠》一册。一卷。顧璘。

青雲峰志

晁瑮《晁氏寶文堂書目・圖誌》《青雲峯志》。

五嶽考

趙琦美《脈望館書目・史・總志》《五嶽考》三本。又二本。

何鏜名山記

《明史・藝文志・地理類》何鏜《名山記》十七卷。

馬國翰《玉函山房藏書簿録・史編・地理類》《名山記》四十八卷。明觀察使括蒼何鏜振卿撰。六朝唐宋以來，凡游歷譏賞之作，無不搜羅，明代文居十之六七。前有圖五十五，附録自東方朔《神異經》，至沈括《忘懷録》、屠隆《游具箋》，共十一種。王稚登、湯顯祖、王世貞皆有序。鏜原書十七卷，未知誰所續補也。

名山諸勝一覽志

徐圖等《行人司重刻書目・地理類》《名山諸勝一覽志》二十本。

祁承㸁《澹生堂藏書目・圖志・山川》《名山一覽記》十册。十五卷。愼蒙編輯。

黄虞稷《千頃堂書目・地理類下》愼蒙《名山一覽記》十五卷。壻張守謙編輯。含經堂作十六卷。蒙，歸安人，號山泉。

《明史・藝文志・地理類》愼蒙《名山一覽記》十五卷。

五嶽卧遊

徐𤊹《徐氏家藏書目・各省題咏》《五嶽卧游》一卷。俞瞻白。

岳　紀

祁承㸁《澹生堂藏書目・圖志・山川》《岳記》二册。六卷。陳士元歸雲外集本。

黄虞稷《千頃堂書目・地理類下》陳士元《嶽記》六卷。

岳紀續志

焦竑《國史經籍志・地里・郡邑》《[岳紀]續志》三卷。郭樸。

名山注

祁承㸁《澹生堂藏書目・圖志・山川》《名山注》一册。四卷。

王萬祺名山雜記

黄虞稷《千頃堂書目・地理類下》王萬祺《名山雜記》。

五嶽志略

黄虞稷《千頃堂書目・地理類下》李先芳《五嶽志略》。

五嶽志概

黄虞稷《千頃堂書目・地理類下》《五嶽志概》四卷。

崑崙圖説

黄虞稷《千頃堂書目・地理類下》趙惟鵬《崑崙圖説》四卷。

浣山旅地志

黄虞稷《千頃堂書目・地理類下》《浣山旅地志》。

五岳圖考

周中孚《鄭堂讀書記補逸・地理類六・山川》《五岳圖考》六卷。嘉樹堂刊本。國朝史學海撰。學海字孟潮，號著川，溧陽人。是編詳考五岳源流，卷一爲圖説八，卷二爲經傳注疏表，卷三爲正史表，卷四爲别史諸子表，卷五爲碑目表，卷六爲上下二辨，皆徵引博洽，考據詳明，用力甚勤，洵足爲輔翼經史之學，非山志比也。其於五岳之外，并及冀之太岳、豫之秦室、楊之天柱者，以前人亦嘗列之五岳，故附列焉。書刊於嘉慶丁丑，前有自撰例言，及孫星衍陸炳所題辭，祁離藻彭虎文所題詩，又載屠倬一書。

五嶽真形圖

李昉《太平御覽經史圖書綱目》《五嶽真形圖》。

嶽瀆福地圖

錢東垣等輯《崇文總目輯釋・地理類》《嶽瀆福地圖》一卷。宋志不著撰。

[原釋]闕。見天一閣鈔本。

鄭樵《通志・藝文略・地里・名山洞府》《嶽瀆福地圖》一卷。

《宋中・藝文志・地理類》《嶽瀆福地圖》一卷。

五岳真形圖翼

徐𤊹《徐氏家藏書目・各省雜誌》《五岳真形圖翼》一卷。

九州名山圖

文廷式《補晉書藝文志・地志類》戴勃《九州名山圖》。勃，逵長子。見逵傳，見《歷代名畫記》。

山　圖

章宗源《隋書經籍志考證・地理》《山圖》。卷亡，陶弘景撰。不著録。《太平寰宇記》淮南道陶弘景《山圖》曰，霍山、牛山出藥草，其山東南角有伏石似牛。山中出石斛，今入貢。

天下名山圖

丁立中《八千卷樓書目・地理類・山水》《天下名山圖》一卷。不著撰人名氏。日本刊本。

五嶽圖

鄭樵《通志・藝文略・地里・名山洞府》《五嶽圖》一卷。

焦竑《國史經籍志・地里・名山洞府》《五嶽圖》一卷。

黄山廬山二圖

錢謙益等《絳雲樓書目・地誌類》《黄山廬山二圖》。

西山圖

鄭樵《通志・藝文略・地里・名山洞府》《西山圖》一卷。蔣炳撰。

又《圖譜略・記無・地理》蔣炳《西山圖》。

王官谷圖集

朱睦㮮《萬卷堂書目・雜志》《王官谷圖集》□卷。吕柟。

晁瑮《晁氏寶文堂書目・圖誌》《王官公圖集》。

黄虞稷《千頃堂書目・地理類下》 丁守中《王官谷圖集》四卷。守中，山西臨晉知縣。

關山圖

李昉《太平御覽經史圖書綱目》《關山圖》。

天台山圖

尤袤《遂初堂書目・地理類》《天台山圖》。

汪師韓《文選注引群書目録上・地理》《天台山圖》。

鴈山圖録

晁瑮《晁氏寶文堂書目・圖誌》《鴈山圖録》。

盤山十六景圖

嵇璜等《清通志・圖譜略・御定地理》《盤山十六景圖》。謹按：盤山爲畿甸名區，慎郡王允禧恭繪成圖，皆經御題，爲幅其十有六。

廬山圖

錢曾《讀書敏求記・地理輿圖》《廬山圖》一卷。圖尚總要，故首之以總圖，山勢四面皆奇，非一圖可盡，故次之以分圖，山頂之攢峰叢嶺未及也。廬山之勝，在瀑布也，故又次之以山頂之圖、瀑布之圖。三叠泉之奇，更在瀑布止，非圖家所能及，故圖缺焉。

滑州白馬山開山圖

李昉《太平御覽經史圖書綱目》《滑州白馬山開山圖》。

荆山圖

李昉《太平御覽經史圖書綱目》《荆山圖》。

九疑山圖

焦竑《國史經籍志・地里・名山洞府》《九疑山圖》一卷。

南山圖考

朱睦㮮《萬卷堂書目・雜志》《南山圖考》□卷。劉廷臣。

兩山編

徐𤊹《徐氏家藏書目・各省題咏》《兩山編》一卷。朱之蕃。

[乾隆]盤山志

《四庫全書總目提要・地理類三・山川》《欽定盤山志》二十一卷。國朝大學士蔣溥等奉敕撰。盤山在薊州城北二十五里，爲漢末田疇隱居之地。五峰三盤，林壑幽邃。單椒秀澤，雄甲畿東。自聖祖仁皇帝四度臨幸，宸章題詠，照燦巖阿。然舊無山志，青溝釋智朴，始草創成編，辭旨宂蔓，體例尚多未備。我皇上宸游莅止，靈境日開。乾隆九年始命發内帑，建静寄山莊於山之陽。天闢名區，全攬勝槩。歲春秋有事於祖陵，每駐蹕行宫。幾餘静憇，智仁樂趣，暢洽宸襟。山水效靈，益增神秀。乾隆十九年二月，因行幸山莊，爰命蔣溥、汪由敦、董邦達纂修新志。溥等承詔屬稾，詳加裒輯，分圖考、名勝、寺宇、流寓、方外、藝文、物産、雜綴八門，釐爲十六卷。首冠以巡典、天章五卷。至十二月，書成，奉表恭進焉。臣等敬繹睿製，旁考舊聞。惟兹山之靚潤深奥，足與嶽鎮競秀，而其名不大顯於前世。以是知天地清淑之氣，扶輿磅礴，固必待時而出，以奉大聖人泮奂之娱。而天筆昭回，鏤巘耀谷，品題甲乙，榮幸無涯，尤自古所未有。敬録斯編，亦以慶兹山之遭也。

[康熙]盤山志

周中孚《鄭堂讀書記補逸・地理類六・山川》《盤山志》十卷。原刊本。國朝釋智朴撰。智朴，號拙庵，盤山僧。盤山舊名四正山，一名徐無山，以漢末田疇隱居於此，又名田盤山，約稱盤山。在薊州西北二十五里，高二千仞，周百餘里。久爲畿東名勝，而從未有志，至拙庵始爲是編。諮詢山僧野老，訪尋斷碣殘幢，彙輯編次。凡分名勝、人物、建置、物産、遊幸、文部、詩部、七門，而以序文凡例報單山圖爲首卷。其搜采頗勤，惜事由草創，辭旨冗蔓，體例不備。是以乾隆十九年，大學士蔣溥等奉敕纂修爲新志二十一卷，著録於《四庫全書》焉。是志成於康熙辛未，爲之序者，王澤宏、王士禎二人，拙庵又自序之。

羊頭山記

李昉《太平御覽經史圖書綱目》《羊頭山記》。

尤袤《遂初堂書目・地理類》《羊角山記》。

文廷式《補晉書藝文志・地志類》《羊頭山記》。《御覽》一百七十六引三條記漢石經、石虎、聖壽堂原城萬歲樓三事，疑晉人書也。

王屋山新記

鄭樵《通志・藝文略・地里・名山洞府》《王屋山新記》一卷。

陳振孫《直齋書録解題・地理類》《王屋山記》一卷。唐乾符三年道士李歸一撰。

馬端臨《文獻通考・經籍考・地理》《王屋山記》一卷。

《宋史・藝文志・地理類》李居一《王屋山記》一卷。

烏嶺山記

李昉《太平御覽經史圖書綱目》《烏嶺山記》。

龍門記

《宋史・藝文志・地理類》王向弼《龍門記》三卷。

龍門志

晁瑮《晁氏寶文堂書目・圖誌》《龍門志》。欠上本。

張萱等《内閣藏書目録・志乘部・山西》《龍門志》二册。全。在河津縣。郡守修。

黄虞稷《千頃堂書目・地理類上》《龍門志》三卷。（盧補）

郭相龍門志

朱睦㮮《萬卷堂書目・地志》《龍門志》二卷。郭相。

黄虞稷《千頃堂書目・地理類下》郭相《龍門志》三卷。

又 郭相《龍門志》三卷。

樊得仁龍門志

黄虞稷《千頃堂書目・地理類下》樊得仁《龍門志》三卷。關中人，河津令。

又 樊得仁《龍門志》三卷。

《四庫全書總目提要・地理類存目五・山川》《龍門志》三卷。浙江范懋柱家天一閣藏本。明樊得仁撰。得仁，不知何許人。是書首載龍門圖及事蹟，次紀文類，次紀詩類。首卷考證甚陋，若龍門特爲河水所經過，止載《水經注》河水又南出龍門口諸條足矣。至摭及歷代河源，則迂闊無當。又《玉海》云：梁山之北有龍門山，大禹所鑿，通孟津，河口廣八十步。是書既已引之，而後又引此數語，别標曰出魏地理志，顛倒重複，殊爲蕪雜。

北岳編

晁瑮《晁氏寶文堂書目・圖誌》《北岳編》。

范邦甸等《天一閣書目・地理類》《北岳編》三卷。刊本。明御史施山序。

婁虛心北嶽編

黄虞稷《千頃堂書目・地理類下》婁虛心《北嶽編》五卷。含經堂作三卷。

《明史・藝文志・地理類》婁虛心《北嶽編》五卷。

渾源州地嶽編

趙琦美《脈望館書目・史・山西・大同府》《渾源州地嶽編》。二本。

北岳代録

王圻《續文獻通考・經籍考・地理》《北岳代録》。彭惠安著。

黄虞稷《千頃堂書目・地理類下》彭韶《北嶽代行録》。

[萬曆]恒嶽志

祁承㸁《澹生堂藏書目・圖志・圖志》《恒岳志》二册。二卷。王濬初輯。

黄虞稷《千頃堂書目・地理類下》王濬和《恒嶽志》二卷。

《明史・藝文志・地理類》王濬和《恒嶽志》二卷。

《四庫全書總目提要・地理類存目五・山川》《恒嶽志》二卷。兩淮馬裕家藏本。明趙之韓、王濬初同撰。之韓，汜水人，官渾源州知州。濬初，山陰縣舉人。是書成於萬曆壬子，其目十一，曰外紀、星紀、山紀、廟紀、祀紀、事紀、物紀、游紀、仙紀、文紀、詩紀，搜考頗稱詳核。又以自宋以來皆祠北嶽於上曲陽，故復取曲陽嶽廟詩附於卷末。後五年，知州衡陽張述齡爲刻而行之。然其文紀有目無書，已非完本矣。

北嶽恒山神祠事録

黄虞稷《千頃堂書目・地理類下》《北嶽恒山神祠事録》五卷。

[順治]恒嶽志

《四庫全書總目提要・地理類存目五・山川》《恒嶽志》三卷。浙江巡撫採進本。國朝張崇德撰。崇德字懋修，順天人，官渾源州知州。北嶽恒山在渾源州城南二十里，自漢以後，皆祠於上曲陽。國朝順治十七年，以刑科都給事中粘本盛之請，改祠於渾源州，部議令山西撫司官吏詳察恒山遺蹟。於時主其説者，禮部尚書王崇簡，疏載所著青箱堂集中。據紳耆之議以上達者，即崇德也。故輯斯志，於祀典特詳。曲陽飛石之僞，亦辨之甚悉。

[康熙]恒嶽志

馬國翰《玉函山房藏書簿録・史編・地理類》《恒嶽志》八卷。國朝閩中朱衮與襄陽袁奂同撰，有康熙甲辰閩縣黄肇熙序。

北嶽恒山歷祀上陽考

馬國翰《玉函山房藏書簿録・史編・地理類》《北嶽恒山歷祀上陽考》一卷。昭代叢書本。國朝江都劉師峻峻度撰。考自漢至順治八年，凡天子巡幸親祠者三，即位祭告者十八，災旱禱祠者十九，修常祀者二十四，皆在曲陽，而以渾源之恒山非北嶽，辨證甚詳。

[乾隆]恒山志

耿文光《萬卷精華樓藏書記・地理類七》《恒山志》六卷。國朝桂敬順等撰。渾源州官修本。乾隆二十八年刊，前有總目、孫大山序文，圖考爲第一卷，御製爲乾集，以下元、亨、利、貞四集，自星野至詩志，凡十五門。

五臺山志

張萱等《内閣藏書目録・志乘部・山西》《五臺山志》一册。全。萬曆丁巳喬世寧修。

黄虞稷《千頃堂書目・地理類下》喬世寧《五臺山志》一卷。萬曆間修。

《明史・藝文志・地理類》喬世寧《五臺山志》一卷。

清涼山志

趙琦美《脈望館書目・史・山西・太原府》《清涼山志》四本。

祁承㸁《澹生堂藏書目・圖志・梵院》《清涼山志》四册。

釋鎮澄清涼山志

黃虞稷《千頃堂書目・地理類下》《清涼山志》十卷。（盧補）

丁雄飛清涼山志

黃虞稷《千頃堂書目・地理類下》丁雄飛《清涼山志》。

清涼山新志

清敕撰《國朝宮史・書籍門・志乘》《清涼山新志》一部。聖祖仁皇帝屢駐蹕清涼山，命纂山志。釐爲十門，曰化宇、曰原聖、曰靈蹟、曰伽藍、曰崇建、曰顯應、曰外護、曰高僧、曰緣感、曰題詠，凡十卷，康熙四十年校刊。

清涼山小志

丁立中《八千卷樓書目・地理類・山水》《清涼山小志》一卷。國朝和碩和親王撰。刊本

九嵕山記

《新唐書・藝文志・地理類》王方慶《九嵕山志》十卷。

鄭樵《通志・藝文略・地里・名山洞府》《九嵕山記》。唐王方慶撰。

焦竑《國史經籍志・地里・名山洞府》《九嵕山記》二卷。唐王方慶。

華嶽銘序

文廷式《補晉書藝文志・地志類》傅玄《華嶽銘序》。類聚卷七引之。

華山記

李昉《太平御覽經史圖書綱目》《華山記》。

錢東垣等輯《崇文總目輯釋・地理類》《華山記》一卷。諸家書目並不著撰人。[原釋]闕。見天一閣鈔本。

鄭樵《通志・藝文略・地里・名山洞府》《華山記》一卷。

陳振孫《直齋書録解題・地理類》《華山記》一卷。不知名氏。

馬端臨《文獻通考・經籍考・地理》《華山記》一卷。

《宋史・藝文志・地理類》《華山記》一卷。

華山志

錢謙益等《絳雲樓書目・地誌類》《華山志》一卷。亡名氏。

西嶽華山志

《天一閣書目・地理類》《西嶽華山志》一册。刊本。明王處一撰，謝少南序。

焦竑《國史經籍志・地里・名山洞府》《西嶽華山志》二卷。見道藏。

祁承㸁《澹生堂藏書目・圖志・圖志》《西嶽華山志》一册。二卷。王處一編。

黃虞稷《千頃堂書目・地理類下》王處一《西嶽華山志》一卷。

又 李處一《西嶽華山志》一卷。

倪燦等《補遼金元藝文志・地理類》 李處一《西岳華山志》一卷。

耿文光《萬卷精華樓藏書記・地理類四》 《西嶽華山志》一卷。金王處一撰。鈔本。前有大定癸卯泥陽劉大用器之序。

華岳集

晁瑮《晁氏寶文堂書目・圖誌》 《華岳集》。

趙琦美《脈望館書目・史・陝西省・西安府》 《華岳集》四本。

東蔭商華山經

黄虞稷《千頃堂書目・地理類下》 《東蔭商華山經》。

李時芳華嶽全集

張萱等《内閣藏書目録・志乘部・陝西》 《華嶽全集》四册。全。嘉靖壬戌華陰令李時芳修。

朱睦㮮《萬卷堂書目・雜志》 《華岳全集》十一卷。李時芳。

徐圖等《行人司重刻書目・地理類》 《華嶽全集》四本。

黄虞稷《千頃堂書目・地理類下》 李時芳《華嶽全集》十卷。嘉靖壬戌修。華陰知縣。含經堂作十一卷。

《明史・藝文志・地理類》 李時芳《華嶽全集》十卷。

華嶽志

徐㶿《徐氏家藏書目・陝西省》 《華嶽志》十三卷。張維新。

黄虞稷《千頃堂書目・地理類下》 張維新《華嶽志》十三卷。

華嶽全集

《四庫全書總目提要・地理類存目五・山川》 《華嶽全集》十三卷。兩淮鹽政採進本。舊本題明華陰縣知縣李時芳撰。今案時芳之本，《千頃堂書目》作十卷，乃嘉靖四十一年所修。至萬曆二十四年，汝州張維新爲潼關道副使，以時芳書多舛錯，與華陰縣知縣貴陽馬明卿重加詮敘。前載圖説、形勝、物產、靈異、封號，後載藝文，增成十三卷。前有巡撫賈待問序，及維新自序，述之頗詳。題時芳所撰，誤也。後六年壬寅，知縣河間馮嘉會又增文數篇，亦註於書内。至所載國朝祭告之文，與宋琬、蔣超諸人之詩，則莫知誰所續入。考其中多有潼關道溧陽狄敬姓名，意者即敬所增歟。

華山經

周中孚《鄭堂讀書記補逸・地理類六・山川》 《崋山經注》一卷。檀几叢書本。國朝商雲雝撰。雲雝，華陰人。崋，古華字。其書以華山峯巒岩洞、草木宫觀、神仙之類，檃括成語爲經，自引諸書以注之，末附辨七條，則其著書之例也，頗爲謹嚴有法，并多考證。

馬國翰《玉函山房藏書簿録・史編・地理類》 《華山經》一卷。國朝華蔭東蔭商雲雝撰並注。誌仙隱爲多，附辨七條，極詳賅。

隴州吴山志

晁瑮《晁氏寶文堂書目・圖誌》 《隴州吴山志》。

范邦甸等《天一閣書目・地理類》 《隴州吴山志》二册。刊本。明司靈鳳撰，胡纘序。

上巳遊蹕山詩

晁瑮《晁氏寶文堂書目·圖誌》《上巳遊蹕山詩》。

岷峨山志

朱睦㮮《萬卷堂書目·雜志》《岷峨山志》四卷。張庭。

祁承㸁《澹生堂藏書目·圖志·山川》《岷峨山志》一册。二卷。

黄虞稷《千頃堂書目·地理類下》張庭《岷峨山志》一卷。

李應奇崆峒山志

張萱等《内閣藏書目録·志乘部·陝西》《崆峒志》三册。全。萬曆乙丑，郡人李應奇修。

黄虞稷《千頃堂書目·地理類下》李應奇《崆峒山志》二卷。萬曆己丑修。郡人。

《明史·藝文志·地理類》李應奇《崆峒志》二卷。

《四庫全書總目提要·地理類存目五·山川之屬》《崆峒志》三卷。江蘇周厚堉家藏本。明李應奇撰。應奇字鶴崖，平凉人。崆峒山在平凉府城西。是書成於萬曆中。凡分七門，曰分野、曰建革、曰疆域、曰形勝、曰田賦、曰仙蹟、曰題詠。然一山之志，即不應及分野建革。而中閒兼記及瓦亭關會盟壇之類，又殊似府志之體例，殊叢雜無限斷也。

許登崆峒山志

黄虞稷《千頃堂書目·地理類下》許登《崆峒山志》。

鄒山記

李昉《太平御覽經史圖書綱目》《鄒山記》。

章宗源《隋書經籍志考證·地理》《鄒山記》卷亡。不著録。《水經·汶水注》：徂徠山有美松，亦曰尤徠之山。《史記·夏本紀正義》：鄒山，古之嶧山，言絡驛相連屬也，今猶多桐樹。並引《鄒山記》。

鄒嶧山

祁承㸁《澹生堂藏書目·圖志·圖志》《鄒嶧山乘》三册。四卷。荀虞龍輯。

泰山記

李昉《太平御覽經史圖書綱目》《泰山記》。

章宗源《隋書經籍志考證·地理》《太山記》卷亡。不著録。《史記·趙世家正義》：太山西北有長城，緣河經太山千餘里，瑯琊入海。又《楚世家正義》引作《太山郡記》。《藝文類聚·木部》：山南有太山廟，柏樹千株，長老傳云漢武所種。並引《太山記》。《太平御覽·地部》引太山天門日觀秦觀吴觀周觀諸岫語，與《漢官儀》同。

泰山勝覽

朱睦㮮《萬卷堂書目·雜志》《泰山勝覽》三卷。高(海)[誨]。

徐𤊹《徐氏家藏書目·山東省》《泰山勝覽》一卷。合肥高[誨]。

黄虞稷《千頃堂書目·地理類下》高(晦)[誨]《泰山勝覽》三卷。

[嘉靖]泰山志

范邦甸等《天一閣書目・地理類》《泰山志》四卷。刊本。明吴伯朋撰，洪章、沈應龍等序。

朱睦㮮《萬卷堂書目・雜志》《泰山志》四卷。汪子卿。

徐圖等《行人司重刻書目・地理類》《泰山志》四本。

祁承㸁《澹生堂藏書目・圖志・山川》《泰山志》四册。四卷。吴伯朋輯。

黄虞稷《千頃堂書目・地理類下》汪子卿《泰山志》四卷。字仲蘇，歙人，順天府學訓導。

太山志

趙琦美《脈望館書目・史・山東・濟南府》《太山志》四本。

泰嶽志

徐圖等《行人司重刻書目・地理類》《泰嶽志》四本。

泰山蒐玉集

徐圖等《行人司重刻書目・地理類》《泰山蒐玉集》二本。

祁承㸁《澹生堂藏書目・圖志・山川》《泰山蒐玉集》三册。四卷。袁稭輯。

黄虞稷《千頃堂書目・地理類下》袁稭《泰山蒐玉集》三卷。別號玉田，湖廣人。時爲郡守，命生員張重光編次。

馬國翰《玉函山房藏書簿録・史編・地理類》《泰山蒐玉》四卷。明泰安知州荆塗袁稭玉田撰。自秦迄明，凡泰山藝文紀之以集，中諸作如玉散逸於櫝之外者，兹從而蒐輯之，名書之義也。有萬曆己卯訓導六安王化序，毘陵周希旦跋。

岱　史

徐圖等《行人司重刻書目・地理類》《岱史》二本。

祁承㸁《澹生堂藏書目・圖志・山川》《岱史》七册。十八卷。

愚公谷乘

黄虞稷《千頃堂書目・地理類下》鄒迪光《愚公谷乘》八卷。

岱宗小史

徐𤊹《徐氏家藏書目・山東省》《岱宗小史》一卷。

黄虞稷《千頃堂書目・地理類下》陳富春《岱宗小史》。

泰山紀事

《明史・藝文志・地理類》宋燾《泰山紀事》十二卷。

《四庫全書總目提要・地理類存目五・山川之屬》《泰山紀事》三卷。山東巡撫採進本。明宋燾撰。燾字繹田，泰安州人。萬曆辛丑進士，官翰林院編修。此書一卷曰天集，記天神事。二卷曰地集，記古蹟。三卷曰人集，記名宦人物。所言神鬼冥報，已涉荒誕。至泰山太守、泰安知州爲守土之官，柳下惠、王章、羊祜諸人亦不過生長其鄉，並未嚴棲谷汲，乃概行摭入，不知於岱宗故事何涉也。

馬國翰《玉函山房藏書簿録・史編・地理類》《泰山紀事》二卷。並明刊本。

明宋燾撰。分天集一卷，人集一卷。

泰山正雅

祁承㸁《澹生堂藏書目・圖志・山川》《泰山正雅》四册。四卷續一卷。汪湛然。

泰山小史

馬國翰《玉函山房藏書簿録・史編・地理類》《泰山小史》一卷。泰安郡署刊本。明順天府治中泰安蕭協中公黼撰。死甲申之難，雍正中入忠義祠。書紀泰山勝蹟，文筆雅潔，郡守朱思仁校刊。

泰山輯瑞集

黄虞稷《千頃堂書目・地理類下》《泰山輯瑞集》。

泰山道里記

《四庫全書總目提要・地理類存目五・山川》《泰山道里記》一卷。兵部侍郎紀昀家藏本。國朝聶鈫撰。鈫字劒光，泰安人。是編前有自序，稱生長泰山下，少爲府胥。性嗜山水，每攀幽躋險，探稽往躅。因讀劉其旋《泰山紀略》、成城《泰山勝概》，其中有一地兩稱，或名同地異。巖谷深阻，題刻爲苔蘚所蔽者，閒遺而未録。近乃架梯刮磨垢蝕而求之，雖風雨寒暑，弗憚其勞。又質之野老，參考羣書。竭半生精力，彙成一編。提挈道里爲綱領，分之爲五，合之爲一。曰《泰山道里記》。末有其從孫學文跋，稱其蒐討金石之文，閲二十餘年。凡諸紀載所未詳者，如石經峪刻金剛經，據徂徠刻石辨爲北齊王冠軍書。唐紀泰山銘下截剥落，葉彬補書百八字。宋述功德銘、唐勒岱巔，鑱毁原碑，字猶存。介邱巖分水谿及古明堂，均失覈蓄疑。又肅然山奉高城季札子墓與白騾冢，俱誤指其地。汶、泮、三谿諸水，皆牽混源流。岱背琨瑞、靈巖諸山，因隸他縣而未録。併逐加考驗，辨譌補闕。蓋以土居之人，竭平生之力以考一山之蹟，自與傳聞者異矣。

泰山圖志

周中孚《鄭堂讀書記補逸・地理類六・山川》《泰山圖志》八卷。原刊本。國朝朱孝純撰。孝純字子頤，漢軍正紅旗人，乾隆壬午舉人，官至兩淮鹽運使。是編乃其官泰安知府時所纂，以府及縣，舊各有志，而語泰山事，都不詳。山之專志，則有明查志隆《岱史》、孔貞瑄《泰山紀事》等書。又率踳駁，不中史法。乃求亡書，聘名士，悉力搜輯，凡閲歲餘而始告成。冠以圖三十有一，故曰圖志。卷首爲天章，卷一上爲國朝盛典，附行宫座落。卷一下爲歷朝祀典，卷二上下爲封禪，卷三上下爲山水，附徂徠諸山。卷四上下爲祠宇，附壇壝。卷五上下爲金石，附碑刻。卷六爲名蹟，附方外。卷七上下爲藝文，附徂徠。卷八爲雜綴。其自攢弁言，稱卷首恭列天章，非但尊王，亦昭建極也。著夫附行宫於盛典，冠盛典於廳朝，以迄封禪之卷軼稍繁，載筆時俱有微意，語並詳小敍及按語下。他如祠宇之不侈盧幻，名蹟之不妄搜羅，金石則僅存其名，而多佚其文，藝文且不免挂一而轉漏乎萬。凡此皆所以崇體例也。蓋志泰山，則亦在山言山，自不應事雜言龐。乃至如志泰安府，志東安縣，必欲周析無遺，始見體制也。至於建置星野，物産祥異，舊志諸色目，竟與府縣志無別，更是憒憒，概不闌入。惟恐部爲太簡者，乃殿以雜綴一門，庶厭觀者之目，非本志也。其言如此，則其書之體裁悉當，非明以來所可跂及，是足爲後來志山者之法矣。前又有乾隆甲午自序，及纂修職名、校刊姓氏。

岱覽

耿文光《萬卷精華樓藏書記・地理類七》《岱覽》四十卷，《附録》一卷。國朝唐仲冕撰。

[乾隆]泰山志

周中孚《鄭堂讀書記補逸・地理類六・山川》《泰山志》二十卷。金氏自刊本。國朝金棨撰。棨字素中，休寧人，官泰安府知府。素中官泰安府時，以前府尹朱子穎孝純所撰《泰山圖志》爲未備，因本其書，兼聶劍光之《泰山道里記》，重加纂輯，成是編。凡分天章紀二卷，盛典紀一卷，圖考一卷，岱志三卷，支山志、川泉志、祠廟志、秩祀志、封禪志、郡邑志、人物志各一卷，金石記四卷，逸事記一卷，敍録一卷。其所搜討，皆著出典，并是正誤謬。於遺文軼事，及金石之屬，皆多所增廣，而以己意爲之考辨。又以朱志不載郡邑，失之太簡，因撰志一卷，列其大概。蓋以泰山之大包郡邑，而不欲以郡邑包山也。是以言乎簡凈則朱志，言乎賅備，而又體例不失，則是志也。至若明查志隆之《岱史》、宋燾之《泰山紀事》、蕭協中之《泰山小史》、國朝林杭學之《泰山輯瑞集》則皆疎略淺陋，不足道矣。前有自撰凡例目録，後有嘉慶戊午自識，又有阮雲臺元、孫淵如星衍二序。

匡山志

徐圖等《行人司重刻書目・地理類》《匡山志》。二本。

長白山録

《四庫全書總目提要・地理類存目五・山川》《長白山録》一卷，《補遺》一卷。山東巡撫採進本。國朝王士禎撰。長白山一名常白山，一名常在山，在鄒平縣東南。是録皆紀其山形勝及故實藝文，已編入士禎《漁洋文略》第十四卷中，此其別行之本也。末附補遺一卷，則因宋紹定間丁黼作《池州范仲淹祠記》，以青陽縣東十五里之長山指爲長白，地理舛誤，雜引諸説以辨之，考證亦確。然附會古賢，誇飾形勝，移甲入乙，乃天下地志之通弊。士禎以此一記，奪其鄉中之流寓，遂詆之爲小人，所見亦爲不廣矣。

六峯志

《宋史・藝文志・地理類》劉昌詩《六峯志》十卷。

獻花巖志詩

晁瑮《晁氏寶文堂書目・圖誌》《獻花巖志詩》一。

獻花巖志

朱睦㮮《萬卷堂書目・雜志》《獻花岩志》□卷。陳沂。

趙琦美《脈望館書目・史・南直》《獻花岩志》一本。

黄虞稷《千頃堂書目・地理類下》陳沂《獻花巖志》一卷。

棲霞志

趙琦美《脈望館書目・史・南直》《棲霞志》一本。又一本。

棲霞小志

焦竑《國史經籍志・地里・名山洞府》《棲霞小志》一卷。盛時泰。

黄虞稷《千頃堂書目・地理類下》盛時泰《棲霞小志》一卷。

又　盛時泰《棲霞小志》一卷。

牛首山志

徐𤊹《徐氏家藏書目・南直隸》　金陵《牛首山志》二卷。盛時泰。

祁承㸁《澹生堂藏書目・圖志・山川》　《牛首山志》二册。二卷。盛時泰輯。

黄虞稷《千頃堂書目・地理下》　盛時泰《牛首山志》二卷。

《四庫全書總目提要・地理類存目五・山川》　《牛首山志》二卷。兩淮馬裕家藏本。明盛時泰撰。時泰字仲交，江寧人，嘉靖中貢生。牛首山在江寧城南，一名天闕。是書首志山名，次志巖洞、池泉、殿廬、草樹、法寶、遊覽、麗藻。其文頗近遊記，不盡洽志書窠臼。其藝文多著出某書，亦明人所難。惟地畞弓口一條，全録稟帖批詞，首尾不加删削，殊失體例。

攝山志

焦竑《國史經籍志・地里・名山洞府》　《攝山志》二卷。金鑾。

黄虞稷《千頃堂書目・地理類下》　金鑾《攝山志》二卷。

燕子磯志

祁承㸁《澹生堂藏書目・圖志・山川》　《燕子磯志》一册。一卷。

天平山志

黄虞稷《千頃堂書目・地理類下》　釋宗㿄《天平山志》六卷。天順間集。（盧補）

紫金山志

黄虞稷《千頃堂書目・地理類下》　丘衍箕《紫金山志》一卷。

林屋民風

《四庫全書總目提要・地理類存目五・山川之屬》　《林屋民風》十二卷。浙江鮑士恭家藏本。國朝王維德撰。維德字洪緒，吴縣人。是書成於康熙癸巳，因蔡昇《太湖志》、王鏊《震澤編》、翁澍《具區志》而廣之。林屋爲洞庭西山之别名。維德以太湖諸山，洞庭最大，故舉以名其集，而諸山則附載焉。其所採録，賦詠居多，考證殊尠。如所載馬蹟山引《毘陵志》以證舊志之誤，津里山之一名秦履山，引《四蕃志》以證《具區志》之非，特偶然一見耳。目録載附《見聞録》一卷，此本無之，或偶佚歟。

虎邱山序

文廷式《補晉書藝文志・地志類》　顧愷之《虎邱山序》。《類聚》卷八晉顧愷之《虎邱山序》曰：吴城西北有虎邱山者，含真藏古，體虚窮玄，隱嶙陵堆之中。望形不出常阜，至乃㟪崿絶於華峯。《御覽》四十六引首二語。

虎邱記

文廷式《補晉書藝文志・地志類》　王珣《虎邱記》。《類聚》卷八王珣《虎邱記》曰：山大勢，四面周嶺，南則是山逕，兩面壁立，交林上合，谿路下通，升降窈窕，亦不卒至。又《虎邱山銘》曰：晉司徒東亭獻公王珣撰，曰虎邱山，先名海涌山。

[洪武]虎邱山志

范邦甸等《天一閣書目・地理類》《虎邱山志》二册。刊本。明郡人王賓撰并序。

朱睦㮮《萬卷堂書目・雜志》《虎丘志》二卷。王賓。

黃虞稷《千頃堂書目・地理類下》王賓《虎丘集》二卷。

丁丙《善本書室藏書志・地理類・山川》《虎邱山志》一卷，《文詩》三卷。影寫本。錢遵王貝墉藏書。郡人王賓撰，鄉貢進士邑後學茹昂重輯，致安仁縣事邑人謝縉書，知長洲縣事孝感劉輝入梓。前有王賓原序，成化丙午士兵部武庫清吏主事郡人徐源重輯序，邑令劉輝後序。志山泉、石寺、殿閣、亭臺、塚墓、廟名、公祠、庵院、溪塘、土產、異僧、名僧、異人、名人、名賢、異蹟、異聞、雜志、文辭、書翰、繪塑，凡二十一門。文及前朝詩、明代詩，各爲一卷。按《千頃堂書目》止載王賓《虎邱集》二卷，而不及志。此帙有虞山錢曾王述古堂藏書一條，影寫精湛，證以《述古堂藏書目》相合，殆即遵王故籍也。有千墨盦、平江貝氏、文苑貝墉、見香居士諸印。墉字簡香，吳縣人，嘗萃明人墨迹彙刻之，爲《千墨庵帖》。

[萬曆]虎丘山志

徐圖等《行人司重刻書目・地理類》《虎丘山志》四本。

祁承㸁《澹生堂藏書目・圖志・攬勝》《虎邱志》四册。四卷。文肇祉輯。

黃虞稷《千頃堂書目・地理類下》文肇祉《虎丘山圖志》四卷。

明虎邱題咏

錢謙益等《絳雲樓書目・地誌類》《皇明虎邱題咏》。

[乾隆]虎阜志

周中孚《鄭堂讀書記補逸・地理類六・山川》《虎阜志》十卷。隕溪別厭刊本。國朝陸肇域、任兆麟同撰。肇域號豫齋，長洲人，兆麟，履貫，見經部詩類。虎阜舊名虎邱，以山象蹲虎形也。唐避諱改武邱，聖祖仁皇帝御題山門，遂定今名，在蘇州府西北金閶門外七里。是山之志，剏於明王仲光賓，繼修於文基聖肇祉，暨國朝顧伊人湄、顧禄百諸人，豫齋以其采摭故實，失之闕略。藝文一門，或冗蔓弗擇。因稽往籍，參以近聞，復輯成斯志。必齋爲之訂正，并條次其目。凡分輯略、名蹟、石刻、冢墓附坊表、祠祀附義舍、寺院附塔院、物產、名賢、名僧、藝文、雜記附舊序。十一門。冠以巡典宸翰及圖爲首卷，不入卷數。其書所采，以東起山塘，西至西郭橋，北距長蕩，南盡野芳浜爲限。條例頗爲矜慎，而搜考亦屬賅博。較之從前諸志，有過之無不及焉。書成於乾隆辛亥，前有王西沚鳴盛、錢竹汀大昕、暨心齋三序，又有豫齋所撰凡例，及修志姓名。

靈巖古今雜詠詩

朱睦㮮《萬卷堂書目・雜志》《靈巖古今雜詠詩》一卷。唐趙嘏。

靈巖山志

黃虞稷《千頃堂書目・地理類下》黃習遠《靈巖山志》八卷。字伯傳，吳縣人。

玉山名勝集

錢謙益等《絳雲樓書目・地誌類》《玉山名勝集》。顧阿瑛。起張翥虞集，終朱熙詩，凡一百二首，皆一時名勝，流連玉山草堂倡酬之作。阿瑛爲堂之主人，薈萃諸名勝詩，爲一集也。

黄虞稷《千頃堂書目・地理類下・補元》 顧阿瑛《玉山名勝集》八卷。

惠山集

朱睦㮮《萬卷堂書目・雜志》 《惠山集》二卷。邵寶。

黄虞稷《千頃堂書目・地理類下》 邵寶《慧山集》六卷。録永樂以前慧山詩文。

慧山記

趙琦美《脈望館書目・史・南直・常州府》 《惠山記》一本。

《四庫全書總目提要・地理類存目五・山川》 《慧山記》三卷。浙江范懋柱家天一閣藏本。一名《九龍山志》。明邵寶撰，寶有《左觽》，已著録。慧山即惠山，在無錫縣界，局狹而氣秀，地近而景幽，自昔號爲佳境。寶居近是山，釣游所及，時有品題。所作如惠山雜歌、惠山十二詠、敘竹茶罏等篇，具載於《容春堂續集》中。此書仿賀知章會稽洞、郭子美羅浮山之例，搜輯舊事遺文，爲之作志。

惠山泉亭記

祁承㸁《澹生堂藏書目・圖志・山川》 《惠山泉亭記》一册。鄒彦吉。

惠山古今考

黄虞稷《千頃堂書目・地理類下》 談修《惠山古今考》十卷。附録三卷，補遺一卷。無錫人。

《明史・藝文志・地理類》 談修《惠山古今考》十卷。

《四庫全書總目提要・地理類存目五・山川》 《惠山古今考》十卷、《附録》三卷、《補遺》一卷。浙江巡撫採進本。明談修撰。修字思永，無錫人。是編以無錫惠山爲一邑勝境，唐張祜題詩有「小洞穿斜竹，重堦夾細莎」之句。而舊蹟已湮，修營建以復其舊，故首卷載小洞重堦考，及祠院菴觀諸考。自二卷至十卷，則自唐及明之詩文。附録三卷，皆同人賦贈之作。補遺一卷，則雜記惠山遺事。卷末自跋，有夢惠山之神云云，則未免幻妄矣。

錫山遺響

范邦甸等《天一閣書目・地理類》 《錫山遺響》十卷。刊本。明工部主事莫善誠撰。有序云：先是邑人翟公厚嘗輯之，君謂其未備，再集如左。視翟所輯，減十之二，增十之四，而采選精矣。錫之爲邑，在三吴間，山水清麗豐曠，生其地者，多以文名家，代不乏人。詩文之一也，其於人也，係才與學而風化之，美惡因之。古有采詩之官，去古既遠，斯意不存。地志所載，率附會假借，無以徵實。茲集詩以氏分，氏以世序，由辭以知其人，而風化亦著，豈非邑之良史哉。正德庚午季冬朔，巡撫貴州地方兼理軍務前總督漕運邑人邵寶序。

錫山續志

黄虞稷《千頃堂書目・地理類上》 馮善《錫山續志》。

錫山景物略

黄虞稷《千頃堂書目・地理類下》 《錫山景物略》十卷。

《四庫全書總目提要・地理類存目五・山川之屬》 《錫山景物略》八卷。江蘇周厚堉家藏本。明王永積撰。永積字崇巖，自號蠡湖野史，無錫人。崇禎甲戌進士，官至兵部職方司郎中。是書紀無錫山川名勝，略分四正四隅。每紀一地，皆首載沿革，次載詩文，永積詩亦往往附載。然採録過濫，邀飲聯吟之作，動輒盈編。於錫山地志圖經，渺不相涉。則貪於標榜，未講體例之過耳。

[嘉靖]鄧尉山志

黄虞稷《千頃堂書目・地理類下》 沈津《鄧尉山志》一册。長洲人。（吴補）

《四庫全書總目提要・地理類存目五・山川》 《鄧尉山志》一卷。浙江范懋柱家天一閣藏本。明沈津撰。津字潤卿，蘇州人。是書分本志泉石、祠墓、梵宇、山居、名釋、草木、食品、集詩、集文十類。前爲總敘一篇。其稱本志者，以專紀山之形勢爲作志本意，故以冠於各類之首也。書成於嘉靖壬寅，靳學顔嘗爲之序。黄虞稷《千頃堂書目》遂以爲學顔所作，失考甚矣。

鄧尉山志

朱睦㮮《萬卷堂書目・雜志》 《鄧尉山志》□卷。靳學顔。

黄虞稷《千頃堂書目・地理類下》 靳學顔《鄧尉山志》一卷。

鄧尉山志

趙琦美《脈望館書目・史・南直・蘇州府》 《鄧尉山志》一本。

寒山志

徐𤊹《徐氏家藏書目・南直隸》 《寒山志》一卷。趙宧光。

黄虞稷《千頃堂書目・地理類下》 趙宧光《寒山志》一卷。

堯峰山志

徐𤊹《徐氏家藏書目・南直隸》 《堯峰山志》五卷。陳仁錫。

黄虞稷《千頃堂書目・地理類下》 陳仁錫《堯峰志》一卷。

包山集

黄虞稷《千頃堂書目・地理類下》 蔡雲程《包山集》四卷。

穹窿山志

黄虞稷《千頃堂書目・地理類下》 李標《穹窿山志》六卷。

《四庫全書總目提要・地理類存目五・山川》 《穹窿山志》六卷。兩淮馬裕家藏本。國朝李標撰。山在蘇州府城西。是編前四卷，雜録序記疏引等作。後二卷，紀遊覽題贈之詩。蓋是時道士施亮生居此山，方以符術鳴於東南。其書實爲亮生而作，非專志山之名勝也。

横山志略

周中孚《鄭堂讀書記補逸・地理類六・山川》 《横山志略》六卷。香雪巢刊本。國朝顧嘉譽撰。嘉譽字來章，號澗四，吴縣人。横山在蘇州府城之西南，山四面皆横，故名。又名踞湖山，以山臨太湖也。周迴四十餘里，爲中吴重鎮，歷世久遠，未有爲之志者。澗西家山之下，嘗於游覽之餘，多所紀載，搜閲簡編，復多纂録，久之彙次成書。分爲一十八門，冠以四面圖四。凡山之四隅巒嶺，水道周遭，人物古蹟，祠廟園亭，以及古今題詠，無不詳載。惟其事屬創始，間有訛闕，不能無待於後人之補正耳。前有雍正庚戌沈歸愚德潛、辛亥徐澂齋葆光、乾隆戊辰萬南園卓三序，及自撰凡例。

山　記

文廷式《補晉書藝文志・地志類》　王演《山記》。《初學記》卷五謝靈運《遊名山志》曰：地肺山者，王演《山記》謂之木榴山，一名地肺。

茅山記

錢東垣等輯《崇文總目輯釋・地理類》　《茅山記》一卷。陳倩撰。繹按：《通志略》此書凡兩見，並不著撰人。

鄭樵《通志・藝文略・地里・名山洞府》　《茅山記》一卷。

陳振孫《直齋書録解題・地理類》　《茅山記》一卷。嘉祐六年，句容令陳倩修。

馬端臨《文獻通考・經籍考・地理》　《茅山記》一卷。

《宋史・藝文志・地理類》　陳倩《茅山記》一卷。

錢謙益等《絳雲樓書目・地誌類》　《茅山志》。一卷。嘉祐中句容令陳倩修。

茅山新小記

鄭樵《通志・藝文略・地里・名山洞府》　《茅山新小記》一卷。

《宋史・藝文志・地理類》　《茅山新記》一卷。

三茅記

尤袤《遂初堂書目・地理類》　《三茅記》。

句曲山記

《宋史・藝文志・地理類》　曾洵《句曲山記》七卷。

尋山志

黃虞稷《千頃堂書目・地理類下・補元》　張天雨《尋山志》十五卷。

倪燦等《補遼金元藝文志・地理類》　張天雨《尋山志》十五卷。

茅山志

楊士奇等《文淵閣書目・舊志》　《茅山志》。十册。

范邦甸等《天一閣書目・地理類》　《茅山志》十五卷。刊本。明張全恩脩，徐九思序。

朱睦㮮《萬卷堂書目・雜志》　《茅山志》十卷。劉大賓。

趙琦美《脈望館書目・史・南直・鎮江府》　《茅山舊志》二本。

焦竑《國史經籍志・地里・名山洞府》　《茅山志》三十三卷。見道藏。

祁承㸁《澹生堂藏書目・圖志・山川》　《茅山志》四册。十五卷。劉大彬。

黃虞稷《千頃堂書目・地理類下》　劉大彬《茅山志》三十三卷。自稱四十五代宗師洞觀。

《明史・藝文志・地理類》　劉大彬《茅山志》十五卷。

倪燦等《補遼金元藝文志・地理類》　劉大彬《茅山志》三十二卷。元刻止十五卷。

《四庫全書總目提要・地理類存目五・山川》　《茅山志》十五卷。浙江孫仰曾家藏本。元道士劉大彬撰。大彬號玉虛子，錢塘人。延祐中襲封茅山四十五代宗師、洞觀微妙元應真人。是書分志誥副墨、三神紀、括神區、稽古蹟、道山册、上清品、仙曹署、采真游、樓觀部、靈植檢、録金石、金薤編十二門，每門以三字爲題，蓋仿陶宏景真誥例也。前有永樂癸卯胡儼序，稱舊本爲張雨所書，至爲精潔。後燬於兵，姚廣孝復爲刊版。後成化庚寅、嘉靖庚戌又重刻者再。此本即嘉靖時刻，不但紙版惡劣，非張雨之舊，且爲無識道流續入明事，敘述凡鄙，亦非劉大彬之舊矣。

錢大昕《補元史藝文志・地理類》 劉大彬《茅山志》三十三卷。

錢大昕《補元史藝文志・地理類》 張天羽《茅山志》十五卷。

吴壽暘《拜經樓藏書題跋記》卷三 《茅山志》。元槧本《茅山志》每葉二十六行，行二十三字。闕三、四、五、六、七、十四、十五七卷。又文漁先生藏本卷一至卷八合之得十三卷，其十四、十五二卷終闕焉。先君子書云，據《六硯齋筆記》，此本的屬句曲外史手寫付梓者，雖吉光片羽，猶宜珍惜。

茅山百詠詩

晁瑮《晁氏寶文堂書目・圖誌》 《茅山百詠詩》。

名山百詠

范邦甸等《天一閣書目・地理類》 《名山百詠》二卷。刊本。明吴郡徐霖撰序。黄裳跋云：吾容山之景八，茅山其一也。屬王京爲地胏，載仙録爲洞天。裳生也晚，未遊其地，故亦未寫其蹟。璞庵李翁乃先我而爲之詩，翁地之傑人也歟。

[康熙]茅山志

周中孚《鄭堂讀書記補逸・地理類六・山川》 《茅山志》十四卷。原刊本。國朝笪蟾光撰。蟾光即重光之改名，號江上，又號鬱岡真隱，句容人，順治壬辰進士，官御史。茅山東及南屬金壇，北屬句容。道書云，秦時名爲句金之壇，以洞天内有金壇百丈，此縣之所由名也。山舊有志，江上此書，則專取道書，及金石藝文之屬，廣搜精訂，以類相從，視舊志别爲一體，蓋專爲表章三茅真君得道之地而設也。前冠以總圖六幅，并有康熙己酉自序。又載舊志序七篇，末有道士丁昌紀略。

金山志

晁瑮《晁氏寶文堂書目・圖誌》 《金山志》。

晁瑮《晁氏寶文堂書目・圖誌》 《金山志》。

趙琦美《脈望館書目・史・南直・鎮江府》 《金山志》一本。

楊循吉金山志

焦竑《國史經籍志・地里・名山洞府》 《金山志》一卷。楊循吉。

徐𤊹《徐氏家藏書目・南直隸》 《金山小志》一卷。楊循吉。

黄虞稷《千頃堂書目・地理類下》 楊循吉《金山小志》一卷。

金山雜志

晁瑮《晁氏寶文堂書目・圖誌》 《金山雜志》。

祁承㸁《澹生堂藏書目・圖志・山川》 《金山雜志》一卷。楊循吉。

黄虞稷《千頃堂書目・地理類下》 《金山雜録》一卷。

《四庫全書總目提要・地理類存目五・山川之屬》 《金山雜志》一卷。浙江汪汝瑮家藏本。明楊循吉撰。循吉有《蘇州府纂修識略》，已著録。金山在吴縣西三十里，循吉少時，嘗讀書其中，歸田後因爲之志。分八篇，一山勢、二品石、三泉、四山居、五游觀、六草木、七飲食、八勝事，每篇各有論讚。

丁立中《八千卷樓書目・地理類・山水》 《金山雜志》一卷。明楊君謙撰。廣百川本。

胡經金山志

晁瑮《晁氏寶文堂書目・圖誌》《金山新志》四。

范邦甸等《天一閣書目・地理類》《金山志》四卷。刊本。明胡經撰并序。

朱睦㮮《萬卷堂書目・雜志》《金山志》二卷。胡經。

黃虞稷《千頃堂書目・地理類下》胡經《金山志》四卷。

釋行海金山志略

丁立中《八千卷樓書目・地理類・山水》《金山志略》四卷。國朝釋行海撰。刊本。

京口三山志

范邦甸等《天一閣書目・地理類》《京口三山志》十卷。刊本。明張萊撰。正德七年史魯序。

趙琦美《脈望館書目・史・南直・鎮江府》《京口三山志》三本。張萊修。又三本。

徐𤊹《徐氏家藏書目・南直隸》《京口三山志》三卷。張萊。

祁承㸁《澹生堂藏書目・圖志・山川》《京口三山舊志》三册。十卷。張來輯，許國誠修。

黃虞稷《千頃堂書目・地理類下》張萊《京口三山志》十卷。鎮江人。正德間修。

《明史・藝文志・地理類》張萊《京口三山志》十卷。

《四庫全書總目提要・地理類存目五・山川》《京口三山志》十卷。江蘇巡撫採進本。明張萊撰。萊字廷心，丹徒人，弘治閒舉人。北固、金焦三山，皆古來勝境，而未有裒輯遺文舊事合爲一志者。兗州史宗道爲鎮江推官，始屬萊考三山名蹟沿革及歷代詩文，彙成此編，頗能訂譌正謬。如金山之名，舊云創於唐李錡，萊則謂梁天監四年即金山修水陸會，其名已始於六朝，考證頗爲典核。然如事物紀原引宋大中祥符七年四月詔封焦山大聖祠爲明應公，本非僻書僻事，而祠廟類中乃失收之，則疎密亦不免互見。蓋萊所依據，多取諸郡縣圖經，未能博徵羣籍，故每有漏略也。

京口三山續志

張萱等《內閣藏書目録・志乘部・南直隸》《京口三山續志》。隆慶丁卯學博朱文山修。

黃虞稷《千頃堂書目・地理類下》朱文《京口三山續志》二卷。

《四庫全書總目提要・地理類存目五・山川》《京口三山續志》四卷。浙江巡撫採進本。明徐邦佐、陳朝用、朱文山同撰。邦佐號雁洲，浦城人，官鎮江府教授。朝用號南湖，寧都人；文山號仰泉，常寧人，皆官鎮江府訓導。是書成於隆慶中，以補史宗道《三山志》之闕，故以續志爲名。專取當時人遊覽詩賦，彙萃成帙，而邦佐等所自作，附録尤夥。蓋意在釣名，於三山考訂無涉也。

京口三山新志

祁承㸁《澹生堂藏書目・圖志・山川》《京口三山新志》二十册。三十卷。霍鎮方、陳仁錫輯。

京口三山志

黃虞稷《千頃堂書目・地理類下》高一福《京口三山志》十二卷。郡司訓。末附鹿泉、鶴林二寺志。

焦山志

晁瑮《晁氏寶文堂書目・圖誌》《焦山志》。

張春焦山志

黄虞稷《千頃堂書目・地理類下》張春《焦山志》四卷。

[乾隆]焦山志

周中孚《鄭堂讀書記補逸・地理類六・山川》《焦山志》十二卷。雅雨堂刊本。國朝盧見曾撰。見曾字抱孫，德州人。康熙辛丑進士，初任四川洪雅令，以雅雨自號，歷官兩淮監運使。焦山在鎮江府城東北揚子江中，距城九里，西有金山並峙，十五里而遥。此山古名樵山，以漢處士焦光隱此，因名焦山，又名譙山。舊無專志，明天啓間，釋智先嘗草創而未就。至本朝，釋行載始與江都謝家樹、山陰潘甯共補綴之。後釋祥印等，復據行載稿重修爲志略，搜羅雖富，而體裁未備，皆未成之書也。雅雨既修《金山志》，因復據此二志爲藍本，重纂是志。凡分山水、建制、碑刻、古鼎考、瘞鶴銘考、方外、雜識、藝文、八門，卷首冠以宸翰及圖。其以古鼎、瘞鶴銘列爲考者，仿朱竹垞《日下舊聞》有鼓考之例也。凡圖經、史志、碑銘、文集之屬，搜采殆遍，而又考訂精覈，博而不繁，質而不俚，較舊志爲有條理多矣。前有乾隆壬午自序、凡例。

寶華山志

《四庫全書總目提要・地理類存目五・山川》《寶華山志》十卷。兩淮馬裕家藏本。國朝釋德基撰。寶華山在句容縣北六十里，齊釋寶誌結廬於此，後人重寶誌之名，因以名山。是山以道場顯，故首誌開創興起，而次及山水、梵宇各門，與他山志書體例稍異，固亦各因其地耳。

華陽志

周中孚《鄭堂讀書記補逸・地理類六・山川》《華陽志》八卷。原刊本。明鄧列撰。列字秦釪，號天湖外史，金壇人。金壇縣之句曲山，相傳爲漢三茅君修真之所，故又名茅山，上有華陽洞天。元道士劉大彬始輯《茅山志》十五卷，今展轉增刻，已非其舊。秦釪是志，凡分八門，每門各有子目，大都摭拾遺藏成帙，多傅會事蹟。其書籍門内，止有無名氏《茅山記》一卷，則大彬之書，尚未寓目也。前有崇禎辛未自敍，又有鄧氏家言六則，皆其弟姪評語。

狼五山志

黄虞稷《千頃堂書目・地理類下》王楊德《狼五山志》四卷。

五山小史

黄虞稷《千頃堂書目・地理類下》陳魁文《五山小史》十卷。

睢陵九頂山記

祁承㸁《澹生堂藏書目・圖志・山川》《睢陵九頂山記》一冊。王應乾。

畫雲龍山記

丁國鈞《補晉書藝文志·地理類》《畫雲龍山記》。顧凱之。謹按：見《歷代名畫記》。

九里山緣起

祁承㸁《澹生堂藏書目·圖志·攬勝》《九里山緣起》一卷。張汝霖。

東海雲臺山志

黃虞稷《千頃堂書目·地理類下》《東海雲臺山志》四卷。海州顧乾萬曆辛丑序。

武林山記

鄭樵《通志·藝文略·地里·名山洞府》《武林山記》一卷。

焦竑《國史經籍志·地里·名山洞府》《武林山記》一卷。

武林山七志

黃虞稷《千頃堂書目·地理類下》邵穆生《武林山七志》。

瑞石山紫陽集

晁瑮《晁氏寶文堂書目·圖誌》《瑞石山紫陽集》。

黃虞稷《千頃堂書目·地理類下》范棲雲《瑞石山紫陽集》二卷。

古岩志

朱睦㮮《萬卷堂書目·雜志》《古岩志》三卷。余育。

黃虞稷《千頃堂書目·地理類下》金育《古巖志》三卷。

西天目志

趙琦美《脈望館書目·史·浙江·杭州府》《西天目志》二本。

[萬曆]西天目山志

黃虞稷《千頃堂書目·地理類下》譚廷輔《西天目山志》四卷。於潛令。萬曆辛巳修。

[萬曆]重修西天目山志

黃虞稷《千頃堂書目·地理類下》徐嘉泰《西天目山志》四卷。字道亨，循州人。於潛令，萬曆甲寅修。

《四庫全書總目提要·地理類存目五·山川》《天目山志》四卷。浙江汪啟淑家藏本。明徐嘉泰撰。嘉泰字道亨，循州人，官於潛縣知縣。是書乃萬曆甲寅，嘉泰因舊志重修。浙江有東西二天目，東天目在臨安縣之西五十里，西天目在於潛縣西北四十五里。據此書所圖，則本屬一山。東西水源若兩目然，故曰天目。然此書所紀多屬西天目事，統稱天目山志，非也。

[天啓]西天目山志

黄虞稷《千頃堂書目・地理類下》 孫昌裔《西天目山志》四卷。

[天啓]東西天目山志

黄虞稷《千頃堂書目・地理類下》 章之采《東天目山志》四卷，《西天目山志》四卷。

《四庫全書總目提要・地理類存目五・山川》 《東西天目志》八卷。兩淮馬裕家藏本。明章之采撰。之采字去浮，仁和人。是書作於天啓中，以天目山東西二峯，輯爲二志，各分四卷。起引述圖考，訖詩賦、記跋。杭州守李煜然合而刻之。

周中孚《鄭堂讀書記補逸・地理類六・山川》 《東天目山志》四卷，《西天目山志》四卷。原刊本。明(張)[章]之采撰。之采字去浮，仁和人。《四庫全書存目》浙江有東西二天目山，東天目在臨安縣西五十里，西天目在於潛縣西北四十五里。本屬一山，以東西水源，若兩目然，故曰天目。萬曆甲寅，知於潛縣徐嘉泰因舊志重修爲《天目山志》四卷，多詳於西，而略於東。而東天目，又從無特志。至天啓中，西志版燬於火。杭州守孫昌裔因屬去浮，次第增輯，綜核異同，東西天目，各自爲志。繪圖列説，體例相同。卷一爲序引例目，卷二爲圖考、仙釋、巒泉、寺剎、物産、游屐，卷三爲古今詩，卷四爲雜文，敘述頗爲井井。其多載藝文，則山志之積習也。書成於天啓辛酉，越四年甲子，嗣守李然爲刊之。前又有昌裔總序，東志後有臨安令姚鏜跋。

[天啓]東天目山志

黄虞稷《千頃堂書目・地理類下》 李暐然《東天目山志》四卷。

天目山志

徐𤊹《徐氏家藏書目・浙江省》 《天目山志》八卷。僧廣賓。

黄虞稷《千頃堂書目・地理類下》 釋廣賓《天目山志》八卷。

無門洞志

祁承㸁《澹生堂藏書目・圖志・山川》 《無門洞志》一册。八卷。

牛塢志

祁承㸁《澹生堂藏書目・圖志・山川》 《牛塢志》。司馬泰。

上天竺山志

《四庫全書總目提要・地理類存目五・山川》 《上天竺山志》十五卷。兩淮馬裕家藏本。明釋廣賓撰。天竺爲東南巨剎，舊有李金庭志。廣賓以其附會舛譌，甚至僞撰明太祖《竺隱説》一篇以炫俗，乃删補而成此書。曰普門示現品，曰尊宿住持品，曰器界莊嚴品，曰帝王檀越品，曰宰官外護品，曰風範隆污品，曰詩文紀述品，凡七門。其風範隆污一品，於寺僧污行，備書不隱，較他志獨存直筆。據總目尚有卷首一卷，此本已佚不存。

龍唐山志

《四庫全書總目提要・地理類存目五・山川》《龍唐山志》五卷。浙江巡撫採進本。國朝僧性制撰。龍唐山在昌化縣西七十里，以其上有龍池，故名。《浙江通志》作龍塘，獨此本作唐。其中龍池一條内唐井等字亦從唐，殆亦猶錢塘、錢唐，各異文歟。志本爲佛刹而作，故多述禪家之語，非地志之正體也。

御覽孤山志

周中孚《鄭堂讀書記補逸・地理類七・古蹟》《御覽孤山志》一卷。康熙己亥刊本。亦王復禮撰。康熙丙子，聖祖仁皇帝御書《舞鶴賦》一通，廷臣復請勒石杭州之孤山，以宋處士林逋放鶴亭故址在其麓也。復禮又輯爲是志，分圖影、疆域、勝蹟、建置、題詠、軼事、藝文八門。初以題詠居前，己卯，聖駕南巡，毛奇齡進呈是志及《蘭亭志》，諭令改正，即今本也，故亦稱御覽云。其末有奇齡二志總跋，及崇安知縣陸延燦刊二志時總跋。

瑞石山志

丁立中《八千卷樓書目・地理類・山水》《瑞石山志》一卷。不著撰人名氏。抄本。

玲瓏山志

丁立中《八千卷樓書目・地理類・山水》《玲瓏山志》二卷。明童以登撰。刊本。

續玲瓏山志

丁立中《八千卷樓書目・地理類・山水》《續玲瓏山志》一卷。國朝童萃光撰。刊本附正志後。

顧渚山記

鄭樵《通志・藝文略・地里・名山洞府》《顧渚山記》一卷。

陳振孫《直齋書録解題・地理類》《顧渚山記》一卷。唐陸羽鴻漸撰。鄉邦不貢茶久矣，遺迹未必存也。

馬端臨《文獻通考・經籍考・地理》《顧渚山記》一卷。

《宋史・藝文志・地理類》陸鴻漸《顧渚山記》一卷。

道場山志

徐𤊹《徐氏家藏書目・浙江省》《道場山志》四卷。僧明岑輯。

黄虞稷《千頃堂書目・地理類下》釋明岑《道場山志》四卷。烏程。

石林集

徐𤊹《徐氏家藏書目・各省題咏》《石林集》二卷。

碧巖志

黄虞稷《千頃堂書目・地理類下》張稈通《碧巖志》。

四山叙詠

黄虞稷《千頃堂書目・地理類下》 王埜《四山叙詠》。金華人。自叙云叙四山之景而詠歌之也。四山者，何山、橋山、野城山、屏山。

吴興峴山志

祁承㸁《澹生堂藏書目・圖志・山川》 《吴興峴山志》八册。六卷。張睿卿。

黄虞稷《千頃堂書目・地理類下》 張睿卿《吴興峴山志》六卷。

《四庫全書總目提要・地理類存目五・山川》 《峴山志》六卷。浙江巡撫採進本。明張睿卿撰。睿卿字稚通，號心嶽，歸安人。《湖州府志》稱其博雅豪邁，遊歷山川，以著書爲樂，然是書頗無體例。此峴山乃烏程之一山，非城邑郡縣之比。而首曰建置，名實已不相副。次曰勝概，而多與建置互見，不過雜載詩文。三曰遺愛，敘古名賢王右軍以下數人，終於王世貞，皆湖州大吏，與山不甚相涉。四曰社會，五曰放生，六曰藝文，又先散載各門，均失之泛濫也。

乍浦九山補志

《四庫全書總目提要・地理類存目五・山川》 《乍浦九山補志》十二卷。浙江巡撫採進本。國朝李確撰。確有《平寇志》，已著録。乍浦在嘉興府東南，屬平湖縣境。九山者，雅山、苦竹山、湯山、觀山、龍湫山、暈頂山、高公山、蓋山、獨山也。平湖舊有九峯之名，而不得其地。確始考而定之，因著是編。凡分十二門，曰圖譜、山水、古蹟、寺觀、邱墓、土産、碑碣、烽寨、右塘、變怪、人物、題詠。

金井志

《四庫全書總目提要・地理類存目五・山川》 《金井志》四卷。浙江巡撫採進本。國朝姜虬緑撰。虬緑字秋島，烏程人，自號蒼弁山人，又號大海樵人。案：金井在烏程之黄龍山，後梁丙子，有黄龍破洞出，又名黄龍洞。虬緑卜居弁山，時得遊覽，因作此志。成於乾隆庚午，自序謂住山以來，日有紀録。并見古人詩歌雜識，手輒鈔摘。凡分山谷、文獻、金石、藝文四門。然藝文内多附虬緑所自作，不若待諸論定後也。

丹山圖咏

徐𤊹《徐氏家藏書目・浙江省》 《丹山圖咏》一卷。晋木元虚著。李桐刻本。

丹邱仙迹

尤袤《遂初堂書目・地理類》 《丹邱仙迹》。

四明山記

鄭樵《通志・藝文略・地里・名山洞府》 《四明山記》一卷。

《宋史・藝文志・地理類》 《四明山記》一卷。

四明洞天丹山圖詠集

焦竑《國史經籍志・地里・圖經》 《四明洞天丹山圖詠集》一卷。

錢大昕《補元史藝文志・地理類》 曾堅《四明洞天丹山圖詠集》一卷。

阿育王山志

黃虞稷《千頃堂書目・地理類下》 郭子章《阿育王山志》十卷。萬曆壬子修。

《四庫全書總目提要・地理類存目五・山川》 《阿育王山志》十卷。兩淮馬裕家藏本。明郭子章撰。子章有《蠙衣生易解》，已著録。阿育王山在浙江寧波府，去府治四十里。山有阿育王寺舍利塔，相傳爲地中湧出，因以名寺，遂因以名山。蓋緇流梵筴有是異聞，年祀綿遠，亦無從而究詰也。是志凡分十類，撰其大旨，主於闡釋氏之顯應。故標兹靈迹，以啟彼信心。原不以核訂地理，考證古今爲事也。

四明山志

《四庫全書總目提要・地理類存目五・山川》 《四明山志》九卷。江蘇周厚堉家藏本。國朝黃宗羲撰。宗羲有《易學象數論》，已著録。四明山舊稱名勝，而巖壑幽邃，文士罕能周歷，故記載多疎。宗羲家於北七十峯之下，嘗捫蘿越險，尋覽帀月，得以考求古蹟，訂正譌傳。乃博採諸書，輯爲此志，凡九門。宗羲記誦淹通，序述亦特詳贍。惟所收詩文過博，併以友朋倡和之作牽連附入，猶不出地志之習。又既列名勝，復以皮陸九題丹山圖、詠石田山房，別出三門。其諸門之内既附誌，於各條下又別出詩括、文括二門，爲例亦未免不純也。

四明山古蹟記

《四庫全書總目提要・地理類存目五・山川》 《四明山古蹟記》五卷。浙江巡撫採進本。不著撰人名氏，亦無序跋。詳書中所載，即黃宗羲所撰《四明山志》稾本也。宗羲《四明山志》自序有曰：壬午歲，余作四明志，亡友陸文虎欲刻之而未果。癸丑歲盡，偶展此卷，文虎評校之朱墨，如初脱手。然其間凡例不齊，詞不雅馴。重爲竄改，始得成書。其序作於康熙十一年，所稱壬午，蓋明崇禎十六年也。此書不署年月，亦無文虎姓名題識，而中有朱墨數處，與宗羲序合，殆即文虎評校之本歟。其第三卷、四卷、五卷内有黃時貞添註四條，其一條稱壬辰六月識，又一條述老人談天啓間事，當在順治九年以後。或時貞得此稾本，又以意爲訂正耶。《四明山志》既有成書，此未定之草，固可置而不論矣。

甬東山水古蹟記

錢大昕《補元史藝文志・地理類》 吴萊《甬東山水古蹟記》一卷。

補陀洛迦山考

錢大昕《補元史藝文志・地理類》 盛熙明《補陀洛迦山考》。

普渡落伽山志

徐圖等《行人司重刻書目・地理類》 《普渡落伽山志》二本。

補陀洛伽山志

祁承㸁《澹生堂藏書目・圖志・梵院》 《補陀洛伽山志》四册。六卷。

舟山志

黃虞稷《千頃堂書目・地理類下》 邵輔忠《舟山志》四卷。

[萬曆]普陀山志

徐𤊹《徐氏家藏書目・浙江省》《補陀山志》六卷。周應賓。

祁承㸁《澹生堂藏書目・圖志・圖志》《重修普陀志》六册。周應賓。

黄虞稷《千頃堂書目・地理類下》周應賓《普陀山志》五卷。萬曆丁未修。又《游山志》。

《明史・藝文志・地理類》周應賓《普陀山志》五卷。

《四庫全書總目提要・地理類存目五・山川》《普陀山志》六卷。兩淮馬裕家藏本。明周應賓撰。應賓有《九經考》，已著録。普陀山在浙江之定海。是編因舊志重輯，凡六卷，十五門。而應賓自序稱五卷，十七門。勘驗卷帙，並無闕佚，未審何以矛盾也。

[康熙]普陀山志

《四庫全書總目提要・地理類存目五・山川》《普陀山志》十五卷。内府藏本。國朝朱謹、陳璿同撰。謹有《中庸本旨》，已著録。璿始末未詳。普陀山在定海縣東海中，佛經稱爲觀音大士道場。自梁迄明，代有興建。是志所述，本末頗具，而敘事宂沓無法。

南海普陀山志

周中孚《鄭堂讀書記補逸・地理類六・山川》《南海普陀山志》十五卷。原刊本。國朝裘槤撰。槤號魚山，慈谿人。普陀山一名補陀，一名落伽，在定海縣東海中。以其介於東南，故又稱南海。距縣百餘里，孤峙水際，縱横各十里許，周遭四十餘里。佛經稱爲觀音大士道場，自梁迄明，代有興建。明周應賓始撰山志五卷載明志。此本爲寧海總兵藍理延魚山據舊志重修，藍爲之序。卷首冠以康熙四十三年

御製普濟寺碑記、法雨寺碑文，及僧通旭等奏疏。卷一爲山圖志例，卷二以下，自星野、形勝，以迄藝文，凡十六門。其藝文雖止五卷，實居全書之半，蓋亦非此不足以廣卷帙也。編中敍述山川名勝之類，皆頗本末賅具。其志例中，謂非切於補陀，信而有徵者不録。而事略一門之末，又深言修志家之穢雜，故其書較同時朱謹、陳璿之所修山志十五卷，其宂沓無法，尚爲少勝焉。

普陀全勝

丁立中《八千卷樓書目・地理類・山水》《普陀全勝》一卷。國朝祝德風撰。原刊本。

石簣山記

秦榮光《補晉書藝文志・地理類・山水》《石簣山記》。賀循撰，據御覽引。

居名山志

《隋書・經籍志・地理》《居名山志》一卷。謝靈運撰。

鄭樵《通志・藝文略・地里・名山洞府》《居名山志》一卷。謝靈運撰。

焦竑《國史經籍志・地里・名山洞府》《山居志》一卷。謝靈運。

姚振宗《隋書經籍志考證・地理類》《居名山志》一卷。謝靈運撰。謝靈運有遊山志，見前。《宋書》本傳少帝即位，司徒徐羨之等出靈運爲永嘉太守，在郡一周，稱疾去職。永寧縣有故宅及墅，遂移籍會稽，脩營别業，傍山帶江，盡幽居之美，有終焉之志，作《山居賦》並自注以言其事。案《山居賦》當在是志，賦及注多至六七千言。

《册府元龜》國史地理部謝靈運爲御史中丞，免官東還永嘉，撰《遊名山志》一卷、《居名山志》一卷。案本傳靈運未嘗爲御史中丞，又作《山居賦》在始寧，非永嘉。蓋本傳

有復爲御史中丞，傅隆所奏坐以免官之語。又有靈運既東還，靈運去永嘉還始寧時之語，遂有此誤會之説，不可信也。册府類此者觸目皆是，亦有爲他書所未有者。

章氏考證水經漸江水注引謝康樂《山居記》。

聶崇岐《補宋書藝文志・地志類》《居名山志》一卷。謝靈運撰。

會稽洞記

鄭樵《通志・藝文略・地里・名山洞府》《會稽洞記》一卷。賀知章撰。

會稽洞天記

尤袤《遂初堂書目・地理類》《會稽洞天記》。

李宗諤陽明洞天圖經

《宋史・藝文志・地理類》李宗諤《陽明洞天圖經》十五卷。

陳謙陽明洞天圖經

王圻《續文獻通考・經籍考・地理》《陽明洞天圖經》。陳謙著。

禹穴陽明洞天圖經

焦竑《國史經籍志・地理・圖經》《禹穴陽明洞天圖經》一卷。

越山録秀集

朱睦㮮《萬卷堂書目・雜志》《越山録秀集》二卷。唐肅。

雲門志略

趙琦美《脈望館書目・史・浙江・紹興府》《雲門志略》一本。

祁承㸁《澹生堂藏書目・圖志・山川》《雲門志略》二册。五卷。張元忭輯。

黃虞稷《千頃堂書目・地理類下》張元忭《雲門志略》五卷。

《明史・藝文志・地理類》張元忭《雲門志略》五卷。

《四庫全書總目提要・地理類存目五・山川》《雲門志略》五卷。浙江巡撫採進本。明張元忭撰。元忭有《紹興府志》，已著録。雲門山在會稽城南。元至正十年，相里允若作《雲門集》，黃溍序之。元忭以其未備，補輯是編。以山川、古蹟、名賢爲一卷，而餘四卷皆藝文，又末大於本矣。

苧蘿志

黃虞稷《千頃堂書目・地理類下》張夬《苧蘿志》七卷。

寓山注

丁立中《八千卷樓書目・地理類・山水》《寓山注》二卷。明祁彪佳撰。平氏刊本。

天台山圖

吴士鑒《補晉書經籍志・地理類》 支遁《天台山圖》。《文選・天台山賦》注。

天台山記

鄭樵《通志・藝文略・地里・名山洞府》 《天台山記》一卷。

馬端臨《文獻通考・經籍考・地理》 《天台山記》一卷。

焦竑《國史經籍志・地里・名山洞府》 《天台山記》一卷。唐徐靈府。

陳振孫《直齋書録解題・地理類》 《天台山記》一卷。唐道士徐靈府撰。元和中人也。余假守臨海，就使本道。嘉熙丙申十月，解郡符趨會稽治所，道過之，鋭欲往遊，會大雪不果，改轅由驛道。至今以爲恨。偶見此記，録之以寄卧遊之意。

徐靈府台山靈異録

錢謙益等《絳雲樓書目・地誌類》 《台山靈異録》。唐道士徐靈府撰。《天台山記》一卷。

天台勝迹録

祁承㸁《澹生堂藏書目・圖志・山川》 《天台勝迹録》一册。二卷。潘瑊編。

天台小録

尤袤《遂初堂書目・地理類》 《天台小録》。

天台集

朱睦㮮《萬卷堂書目・雜志》 《天台集》□卷。李兼。

天台山志

錢大昕《補元史藝文志・地理類》 《天台山志》一卷。無撰人。

《四庫全書總目提要・地理類存目五・山川》 《天台山志》一卷。兩淮鹽政採進本。不著撰人名氏。末稱世祖皇帝封道士王中立爲仁靖純素真人。知爲元人所作。又稱前至元間，知爲順帝時人矣。其書頗典雅可觀，惟七十二福地一條，不引杜光庭書而引《記纂淵海》，知爲裨販之學矣。

天台要略

黄虞稷《千頃堂書目・地理類中》 范理《天台要略》八卷。

《明史・藝文志・地理類》 范理《天台要略》八卷。

天台勝蹟

范邦甸等《天一閣書目・地理類》 《天台勝蹟》四卷。刊本。明潘瑊撰，王爌序。

徐圖等《行人司重刻書目・地理類》《天台勝蹟》四本。

張萱等《内閣藏書目録・志乘部・浙江》《天台勝蹟》二册。全。邑人潘瑊編天台山志也。

黄虞稷《千頃堂書目・地理類下》潘瑊《天台勝蹟》。邑人。

天台志

趙琦美《脈望館書目・史・浙江・台州府》《天台志》一本。

徐表熙天台山志

黄虞稷《千頃堂書目・地理類下》徐表熙《天台山志》。

天台勝記

黄虞稷《千頃堂書目・地理類下》李素《天台勝記》。邑人。

黄虞稷《千頃堂書目・地理類下》陳偕《天台勝記》。青田人。

龐櫟台山靈異録

黄虞稷《千頃堂書目・地理類下》龐櫟《台山靈異録》一卷。號瓊臺山人。

錢曾《讀書敏求記・地理輿圖》《台山靈異録》一卷。瓊臺山人龐櫟輯《古今靈異圖志》二十餘事編成此書。

天台山方外志

祁承㸁《澹生堂藏書目・圖志・山川》《天台山方外志》四册。三十卷。傳燈輯。

徐𤊹《徐氏家藏書目・浙江省》《天台山志》二十卷。僧無盡修。

黄虞稷《千頃堂書目・地理類下》釋無盡《天台山方外志》二十九卷。字傳鐙。衢州僧。萬曆辛丑修。

《明史・藝文志・地理類》僧傳燈《天台山志》二十九卷。

《四庫全書總目提要・地理類存目五・山川》《天台山方外志》三十卷。浙江汪啟淑家藏本。明釋無盡撰。案錢希言《獪園釋異篇》曰：有門法師名傳燈，一號無盡，太末人也。出家天台之高明寺，少精鍊戒行，學識高出道流。嘗撰《天台山志》，甚有禪藻云云。則無盡者乃其號也。天台山自孫綽作賦以來，登臨題詠，翰墨流傳，已多見於地志。此書成於萬曆癸卯，出自釋家之手。述梵蹟者爲多，與專志山川者體例稍殊，故别題曰方外志焉。

委羽山志

黄虞稷《千頃堂書目・地理類下》胡昌賢《委羽山志》六卷。字伯舉。黄巖人。

天台山方外紀

丁立中《八千卷樓書目・地理類・山水》《天台山方外紀》十卷。國朝齊世南撰。刊本。

天台山全志

周中孚《鄭堂讀書記補逸・地理類六・山川》《天台山全志》十八卷。原刊本。國朝張聯元撰。聯元字覺庵，鍾祥人。康熙辛未進士，官至台州府知府。天台山自孫興公作賦以來，登臨題詠，翰墨流傳，已多見於地志、文集。其專爲一志，則昉於元季之無名氏，其書止一卷，頗典雅可觀。至明釋傳燈又撰方外志三十卷，覺菴以其泥於方外，似志釋而非志山。又其所採，僅在一縣之内，而山之入於旁縣者，未有所録。因删繁去蕪，并廣采新昌、寧海、嵊縣名勝之通於山者，彙輯成是編。凡分二十四類，頗爲博而不支，簡而不漏。雖亦多載詩文，然較之方外志，止得其半，不得其全者，相去甚遠，而可以直接元人之書，而無愧者也。前有康熙丁酉自序并啓，又有汪荇洲灐、陳東谿王謨二序，并載明顧起元方外志原序。

石洞紀遊詩

范邦甸等《天一閣書目・地理類》《石洞紀遊詩》一卷。刊本。國朝會稽董肇勳自序云：石洞距城五十里，向有書院，爲郭氏先世所刱，以延考亭、東萊諸大儒講學之所。其後葉水心、陸務觀皆嘗一至，著詩文篇百餘，旲寧以爲美談。今秋偶閲《石洞餘芳》，急索肩輿造其地。郭氏賢文學相與至石洞之下，乃與郭子翰仲、李子紫翔分韻倡酬，裒集得若干首，付之梓以存素志焉。

郭德誼石洞遺芳集

王圻《續文獻通考・經籍考・地理》《石洞遺芳集》。郭德誼著。

郭鐵石洞遺芳集

黄虞稷《千頃堂書目・地理類下》郭鐵《石洞遺芳集》二卷。東陽郭德誼裔孫。

金華赤松山志

焦竑《國史經籍志・地里・名山洞府》《金華赤松山志》一卷。見道藏。

《四庫全書總目提要・地理類三・山川》《赤松山志》一卷。兩淮馬裕家藏本。宋道士倪守約撰。守約未詳何許人。書前自序稱捨家辭父母，來投師資。又自署松山羽士，知爲黄冠。書中稱真廟、神廟、孝廟、寧廟，知爲宋人。人物之末稱咸淳年號，知作於度宗時矣。其書首序皇初起、皇初平兄弟仙迹，以著是山靈異，爲全書綱領。次丹類、次洞穴類、次山類、次水類、次宫宇類、次人物類、次制誥類、次碑籍類。書末又有正統四年明英宗御製數行，非詩非文，似乎聯額，與此書篇頁不相屬，蓋後人所附入。明代刊本喜於竄亂古書，往往如是。今删汰不録，以存守約之舊焉。

靈洞山房

徐圖等《行人司重刻書目・地理類》《靈洞山房》三本。

徐日炅爛柯山洞志

黄虞稷《千頃堂書目・地理類下》徐日炅《爛柯山洞志》二卷。字闇仲，西安人。

《四庫全書總目提要・地理類存目五・山川》《爛柯山志》二卷。兩淮馬裕家藏本。明徐日炅撰。日炅後改名日曦，浙江西安人，天啓壬戌進士。爛柯山在衢州府城南二十里，因晉樵者王質遇仙觀棋於此，因以爲名。日炅居與山近，因纂輯晉唐迄明詩賦雜文，以成是編。

冷時中爛柯山志

丁立中《八千卷樓書目・地理類・山水》 《爛柯山志》一卷。明冷時中撰。明刊本。

北山志

黄虞稷《千頃堂書目・地理類下》 錢奎《北山志》十卷。金華北山。奎成化時人。趙寛有序。

白原山志

黄虞稷《千頃堂書目・地理類下》 商大輅《白原山志》一卷。

隆山志

《宋史・藝文志・地理類》 趙甲《隆山志》三十六卷。

仙岩志

趙琦美《脈望館書目・史・浙江・温州府》 《仙岩志》二本。

處州仙岩志

徐𤊹《徐氏家藏書目・浙江省》 《處州仙岩志》一卷。

瑞安仙岩志

徐𤊹《徐氏家藏書目・浙江省》 《瑞安仙岩志》四卷。王應辰。

黄虞稷《千頃堂書目・地理類下》 王應辰《瑞安仙巖志》四卷。

《四庫全書總目提要・地理類存目五・山川》 《仙巖志》六卷。兩淮馬裕家藏本。明王應辰撰。應辰自署曰舉人，不著里貫。考《太學題名碑》有隆慶辛未進士王應辰，信陽人。去作此書時僅十六年，未知即其人否也。仙巖山在浙江瑞安縣境，爲道書第二十六福地。嘉靖壬戌，兵部郎中永嘉王叔果屬應辰爲此編。首載圖景，次録詩文，序次尚頗簡潔。

釋道瑞仙巖志

黄虞稷《千頃堂書目・地理類下》 釋道瑞《仙巖志》。

江南華蓋山志

范邦甸等《天一閣書目・地理類》 《江南華蓋山志》五卷。刊本。不著撰人名氏。

華蓋山志

徐圖等《行人司重刻書目・地理類》 《華蓋山志》二本。

華蓋山舊志

徐𤊹《徐氏家藏書目・江西省》《華蓋山舊志》四卷。

[永樂]華蓋山志

黄虞稷《千頃堂書目・地理類下》鄒黼《華蓋山志》。永樂間修。

[萬曆]華蓋山志

黄虞稷《千頃堂書目・地理類下》孔軾《華蓋山志》八卷。萬曆間修。

[天啓]華蓋山新志

徐𤊹《徐氏家藏書目・江西省》《華蓋山新志》八卷。崔世召。

黄虞稷《千頃堂書目・地理類下》崔世召《華蓋山志》八卷。天啓間修。

平陽倉鳳山志

黄虞稷《千頃堂書目・地理類下》《平陽[錢]倉鳳山志》一卷。不著名氏。

玉甑峰志

黄虞稷《千頃堂書目・地理類下》陳崇雅《玉甑峰志》十卷。

雁蕩山記

鄭樵《通志・藝文略・地里・名山洞府》《雁蕩山記》一卷。

焦竑《國史經籍志・地里・名山洞府》《雁蕩山記》一卷。

[洪武]雁山志

黄虞稷《千頃堂書目・地理類下》釋永昇《雁山志》一卷。明初僧。

鴈蕩山志

晁瑮《晁氏寶文堂書目・圖誌》《鴈蕩山志》。

祁承㸁《澹生堂藏書目・圖志・山川》《雁蕩山志》二册。四卷。

雁山十記

王圻《續文獻通考・經籍考・地理》《雁山十記》。李光孝著。

黄虞稷《千頃堂書目・地理類下・補元》李孝光《雁山十記》一卷。

倪燦等《補遼金元藝文志・地理類》李孝光《雁山十記》一卷。

錢大昕《補元史藝文志・地理類》李孝光《雁山十記》一卷。

[嘉靖五年]雁山志

趙琦美《脈望館書目・史・浙江・温州府》《雁山志》又二本。嘉隋五年修。

[嘉靖十八年]雁山志

范邦甸等《天一閣書目・地理類》《雁山志》四卷。刊本。明御史(馬)[潘]倣撰并序。

朱睦㮮《萬卷堂書目・雜志》《雁山志》四卷。朱賦。

徐𤊹《徐氏家藏書目・浙江省》《温州雁宕山志》四卷。潘潢序，朱[蕩]南輯。

黄虞稷《千頃堂書目・地理類下》朱諫《雁山志》四卷。嘉靖己亥修。

《明史・藝文志・地理類》朱諫《雁山志》四卷。

《四庫全書總目提要・地理類存目五・山川》《雁山志》四卷。浙江汪啟淑家藏本。明朱諫撰。諫號蕩南，樂清人。弘治丙辰進士，官至吉安府知府。雁蕩山在温州府，跨樂清、平陽二縣，於古無稱。自宋太平興國中，始有僧居之，奇秀甲於浙東。明初僧永昇者，始輯爲《雁山集》一卷，編次無法。嘉靖己亥，諫因舊本搜討，增爲四卷，列三十二門，樂清知縣徽州潘潢序之。萬曆辛巳，知州南昌胡汝寧復爲翻雕，而以續得詩文冠於卷前，殊爲猥雜。

[嘉靖廿九年]雁山志

趙琦美《脈望館書目・史・浙江・温州府》《雁山志》二本。嘉靖廿九年修。

徐圖等《行人司重刻書目・地理類》《雁山志》二本。

吴元梅雁山志續集

黄虞稷《千頃堂書目・地理類下》吴元梅《雁山志續集》二卷。

蔣國輔重修雁山志

黄虞稷《千頃堂書目・地理類下》蔣國輔《重修雁山志》。

陳玭南雁蕩志

黄虞稷《千頃堂書目・地理類下》陳玭南《雁蕩志》二卷。嘉靖丙辰修。邑人。

[萬曆九年]雁山志

趙琦美《脈望館書目・史・浙江・温州府》《雁山志》又二本。萬曆辛巳年修。

雁蕩山志

黄虞稷《千頃堂書目・地理類下》徐待聘《雁蕩山志》四卷。

《四庫全書總目提要・地理類存目五・山川》《雁山志勝》四卷。兩淮鹽政採進本。明徐待聘撰。待聘字廷珍，常熟人。萬曆辛丑進士，官至按察使副使。是編乃其官樂清知縣時所撰。卷一爲山之名勝及人物土産雜事，二卷三卷皆佛刹，四卷則所自作詩文也。其凡例有曰：舊志凡詩賦題雁山者，或以臨涖，或以要津，皆旁搜而詮之，而文之微占於山者亦聚焉。又有欲世識其名者，賂剞劂氏私刻攙入，真贋並收，薰蕕莫辨。山靈有知，定當作嘔，今皆删去云云。其言可謂深中地志之陋習。然舊作雖已汰除，而又獨録己作一卷，其亦尤而效之矣。

[萬曆三十四年]雁山志

趙琦美《脈望館書目・史・浙江・温州府》《雁山志》二本。萬曆三十四年修。

雁山雜記

馬國翰《玉函山房藏書簿録・史編・地理類》《雁山雜記》一卷。國朝鄢陵韓則愈秋巖撰。韓客永嘉十一年，始得作雁蕩之遊，往返二十日，記其名勝凡十七條，有自序。

僧實行雁山圖志

嵇璜等《清通志・圖譜略・臣下地理》僧實行《雁山圖志》。謹按僧實行居雁山能仁寺，因搜羅名勝，編次成書。

《四庫全書總目提要・地理類存目五・山川》《雁山圖志》。無卷數。江蘇巡撫採進本。國朝僧實行撰。實行字奕菴，山陰林氏子，居雁山能仁寺。因搜羅名勝，編次成書。首雁山十八刹，皆有圖。次山水諸説，次藝文。

釋能仁雁山圖志

丁立中《八千卷樓書目・地理類・山水》《雁山圖志》一卷。國朝釋能仁撰。刊本。

白石山志

丁立中《八千卷樓書目・地理類・山水》《白石山志》八卷。國朝施元浮撰。戴咸弼重修本。

[至正]仙都志

黄虞稷《千頃堂書目・地理類下》陳性定《仙都志》一卷。道士。

《四庫全書總目提要・地理類存目五・山川》《仙都志》二卷。兩淮馬裕家藏本。元道士陳性定撰。仙都山古名縉雲山，唐天寶中敕改今名。此志分六門，曰山川、曰祠宇、曰神仙、曰高士、曰草木、曰碑碣題詠。前序題至正戊子，不著姓名。以序及志中祠宇門考之，蓋元延祐中給道士趙嗣祺五品印、提點是山玉虚宫。羽流榮之，因撰是志也。

錢大昕《補元史藝文志・地理類》陳性定《仙都志》二卷。字此一。

李永明仙都志

黄虞稷《千頃堂書目・地理類下》李永明《仙都志》。縉雲人。

[隆慶]仙都志

趙琦美《脈望館書目・史・浙江・處州府》《仙都志》二本。又二本。

徐𤊹《徐氏家藏書目・浙江省》《縉雲仙都山志》五卷。隆慶縉雲令崑山李時孚修。

祁承㸁《澹生堂藏書目・圖志・山川》《仙都志》二册。五卷。李時孚輯。

黄虞稷《千頃堂書目・地理類下》 李時孚《仙都山志》五卷。

南明山志

徐𤊹《徐氏家藏書目・浙江省》 《南明山志》四卷。鄭奎光。

黄虞稷《千頃堂書目・地理類下》 鄭奎光《南明山志》四卷。

桃花嶺集

祁承㸁《澹生堂藏書目・圖志・園林》 《桃花嶺集》二册。六卷。

温廷心小狐山志

朱睦㮮《萬卷堂書目・雜志》 《小孤山志》八卷。温廷心。

灊山志

趙琦美《脈望館書目・史・南直・安慶府》 《灊山志》二本。

潜岳志

徐𤊹《徐氏家藏書目・南直隸》 《潜岳志》五卷。吕允章。

南滁會景編

祁承㸁《澹生堂藏書目・圖志・山川》 《南滁會景編》六册。十二卷。趙廷瑞編。

浮邱四賦

范邦甸等《天一閣書目・地理類》 《浮邱四賦》一册。刊本。明黎陽盧枏撰。

蟂磯志

趙琦美《脈望館書目・史・南直・太平府》 《蟂磯志》一本。又一本。

[嘉靖]蟂蟣山志

祁承㸁《澹生堂藏書目・圖志・山川》 《蟂蟣山志》一册。二卷。邊維垣輯。

[康熙]蟂蟣山志

《四庫全書總目提要・地理類存目五・山川》 《蟂磯山志》二卷。安徽巡撫採進本。國朝柯顧撰。顧字又鄒，龍溪人。康熙甲辰進士，以主事督理蕪湖鈔關。蟂磯山在蕪湖西南七里大江中。《江南通志》云：蟂，老蛟也。今磯有石穴，廣一丈，深不可測。案《廣韻》：蟂，古堯切。水蟲，似蛇，四足，能害人。賈誼弔屈原文所謂偭蟂獺以隱處者是也。通志所云，未知何本。山上有靈澤夫人祠，相傳蜀先主妃孫權妹死葬於此，故廟祀焉。其事不見於史傳，殆齊東之語耳。是編蓋因明邊維垣舊本原文重訂。首爲圖，末附載扁聯，所録率荒唐之説。惟弘治中劉淮、嘉靖中王宗聖二記，稍能引據史傳，以駁俚説，而亦終歸於附會，餘皆蕪雜。又凡例稱降乩之作不録，而卷末仍有諸葛亮、徐庶、鄧芝之詩，皆七言絶句，殆足笑噱，尤前後自相矛盾云。

釋普職雲嶺志

丁立中《八千卷樓書目・地理類・山水》《雲嶺志》六卷。國朝釋普職撰。刊本。

齊山記

鄭樵《通志・藝文略・地里・名山洞府》《齊山記》一卷。

黃虞稷《千頃堂書目・地理類下》《齊山記》一卷。

敕賜齊雲山志

晁瑮《晁氏寶文堂書目・圖誌》《敕賜齊雲山志》齊原誤齋。今改。

齊雲山志

《天一閣書目・地理類》《齊雲山志》二册。刊本。不著撰人名氏。

徐圖等《行人司重刻書目・地理類》《齊雲山志》二本。

方漢齊雲山志

朱睦㮮《萬卷堂書目・雜志》《齊雲山志》七卷。方漢。

黃虞稷《千頃堂書目・地理類下》方漢《齊雲山志》七卷。

《明史・藝文志・地理類》方漢《齊雲山志》七卷。

田賦齊山志

朱睦㮮《萬卷堂書目・雜志》《齊山志》四卷。田賦。

徐𤊹《徐氏家藏書目・南直隸》《齊山志》四卷。

黃虞稷《千頃堂書目・地理類下》田賦《齊山志》四卷。

齊山志

徐圖等《行人司重刻書目・地理類》《齊山志》二本。

魯點齊雲山志

徐𤊹《徐氏家藏書目・南直隸》《齊雲山志》五卷。曾點。

祁承㸁《澹生堂藏書目・圖志・山川》《齊雲山志》五册。五卷，魯點輯。

黃虞稷《千頃堂書目・地理類下》魯點《齊雲山志》五卷。南漳人，休寧令。

《四庫全書總目提要・地理類存目五・山川之屬》《齊雲山志》五卷。浙江汪啟淑家藏本。明魯點撰。點字子與，南漳人。萬曆癸未進士，官休寧縣知縣。齊雲山在休寧縣，名齊雲巖，蓋白嶽西北分支也。上有北極佑聖真君神祠，明代數經修葺，嘉靖中始有齊雲山之號。茲志因雲巖舊本而重輯之，分三十七目。卷前又有順治中告示二通，乃後人刊入，非原書之舊矣。

丁立中《八千卷樓書目・地理類・山水》《齊雲山志》五卷。明魯點撰。刊本。明刊六卷本。

朱宗相齊雲山志

丁立中《八千卷樓書目・地理類・山水》《齊雲山志》六卷。明朱宗相編。明刊本。

齊雲桃花洞天志

丁立中《八千卷樓書目・地理類・山水》《齊雲桃花洞天志》一卷。明魯點撰。刊本。

黄山圖經

尤袤《遂初堂書目・地理類》《徽州黄山圖經》。

《宋史・藝文志・地理類》汪師孟《黄山圖經》一卷。

晁瑮《晁氏寶文堂書目・圖誌》《黄山圖經》。

錢曾《讀書敏求記・地理輿圖》《黄山圖經》一卷。黄山，舊名黟山，軒轅黄帝栖真之地，當宣、歙二郡。唐天寶六年六月七日敕改爲黄山。今名《圖經》，尊此書也。予注牧翁《游黄山詩》，大半取此，披覽全圖，真神游于三十六峰之間矣。

黄山圖志

焦竑《國史經籍志・地里・名山洞府》《黄山圖志》四卷。桑喬。

黄虞稷《千頃堂書目・地理類下》《黄山圖志》四卷。

黄山兔柴記

祁承㸁《澹生堂藏書目・圖志・圖志》《黄山兔柴記》一册。二卷。張延登。

黄海

祁承㸁《澹生堂藏書目・圖志・攬勝》《黄海》十六册。七十五卷。紀初五卷，紀藏四卷，紀蹟二十九卷，紀遊二十九卷，紀異八卷。

《明史・藝文志・地理類》潘之恒《黄海》二十九卷。

《四庫全書總目提要・地理類存目五・山川》《黄海》六十卷。兩江總督採進本。明潘之恒撰。之恒字景昇，歙縣人，嘉靖間官中書舍人。考《明史・藝文志》有潘之恒《黄海》二十九卷，此本雖卷數未標，其曰紀初者八、曰紀藏者七、曰紀蹟者十有八、曰紀遊者二十有一、曰紀異者六，皆别之爲卷，則已六十卷矣。史稱二十九卷，未爲確數。然其中次第卷數，或有或闕，或參差錯互，蓋猶未定之稾，不知其止此六十卷否也。黄山在徽州府西北百三十里，舊名黟山，唐改今名。跨據宣、池、江、浙數郡。世傳黄帝與容成子、浮邱公煉藥於此，故有浮邱、容成諸峯。此姑存圖經之説，以備古蹟一條則可。之恒竟上溯軒轅，採摭經傳，凡語涉黄帝者皆入焉。至以《廣黄帝本行紀》、《真仙通鑑》諸書與六經之文並列，何其誕歟。大抵以多爲勝，而考證之學與著述之體則非所講也。

黄山小録

黄虞稷《千頃堂書目・地理類下》程孟《黄山小録》。成化中人。

黃山録

黃虞稷《千頃堂書目・地理類下》 傅巖《黃山録》四卷。

釋宏眉黃山志

周中孚《鄭堂讀書記補逸・地理類六・山川》 《黃山志》十卷。慧光寺刊本。國朝釋宏眉撰。宏眉字紫石，號入水，婺源人，硃砂峯下悲光寺住持。黃山在徽州府西北百三十里，本名黟山，唐改今名，據跨宣池江浙數郡。明潘景昇之恒有《黃海》六十卷，頗爲繁富，版久廢失。紫石據其本，重爲刪訂。凡圖考、山水、寺觀、書院、物産、賦税、靈異、古蹟八類一卷，人物一卷。而藝文乃至八卷，有同總集，殊乖體制。所紀人物，亦多龐雜。惟圖考以下八類，紀載尚爲有緒。國初歙縣閔賓連麟嗣嘗輯《黃山志》七卷，雖亦不盡精核，尚較是編爲勝。紫石未之見，故復有事於纂録耳。前有康熙丁未自序凡例，及竇遴奇、劉其仁、王國相三序。

閔麟嗣黃山志

《四庫全書總目提要・地理類存目五・山川之屬》 《黃山志》七卷。兩江總督採進本。國朝閔麟嗣撰。麟嗣字賓連，歙縣人。其書首列山圖，次形勝，次建置，次山産，次人物，次靈異，次藝文，次詩賦。蒐輯頗博，而不盡精核。

黃山領要録

周中孚《鄭堂讀書記補逸・地理類六・山川》 《黃山領要録》二卷。《知不足齋叢書》本。國朝汪洪度撰。洪度字于鼎，歙縣人。黃山之志明以來不下十數家，或偶因遊覽，或專憑卷軸，或僅鈔撮舊志而成，總未有兼備者。于鼎結廬於始信峯頭，讀書之隙，陟巘窮源，於凡古今流傳之迹，皆領其要，因撮録成編。所謂周山之脈絡分明，羣牘之精華備萃，體製亦別具機杼，一洗志家格套之陋。前有康熙庚辰王阮亭士禎、宋漫堂犖及同里吳苑三序。據漫堂序，稱其廣輯山圖，以列於前。遴選遊什，以系於後。今本俱無，所謂山圖遊什，蓋書成未刊。至乾隆乙未，其元孫詒德始從稾本録出付梓。其圖與遊什已佚，特詒德跋中，未爲別白，亦其疎也。

雲巖史

范邦甸等《天一閣書目・地理類》 《雲巖史》二卷。刊本。明五經博士江山撰并序。

趙琦美《脈望館書目・史・南直・徽州府》 《雲岩史》一本。

黃虞稷《千頃堂書目・地理類下》 《雲巖史》二卷。

雲巖志

黃虞稷《千頃堂書目・地理類下》 《雲巖志》四卷。

山門集

祁承㸁《澹生堂藏書目・圖志・山川》 《山門集》一册。一卷。

城陽山志

黃虞稷《千頃堂書目・地理類下》 《城陽山志》三卷。

九華山録

李昉《太平御覽經史圖書綱目》《九華山録》。

鄭樵《通志・藝文略・地里・名山洞府》《九華山録》一卷。釋應物撰。

九華山舊録

鄭樵《通志・藝文略・地里・名山洞府》《九華山舊録》一卷。

《宋史・藝文志・地理類》僧應物《九華山舊録》一卷。

宋祖駿《補五代史藝文志・地理類》《九華山舊録》一卷。僧應物撰。

九華山記

《宋史・藝文志・地理類》僧應物《九華山記》二卷。

宋祖駿《補五代史藝文志・地理類》《九華山記》二卷。僧應物撰。

九華山新録

鄭樵《通志・藝文略・地里・名山洞府》《九華山新録》一卷。滕宗諒撰。

《宋史・藝文志・地理類》滕宗諒《九華山新録》一卷。

九華山拾遺

鄭樵《通志・藝文略・地里・名山洞府》《九華山拾遺》一卷。

陳振孫《直齋書録解題・地理類》《九華拾遺》一卷。山居劉放至和二年自序曰：「滕天章作新録於前，沈太守撰總録於後，博攷傳聞，復得三十餘節。」

馬端臨《文獻通考・經籍考・地理》《九華拾遺》一卷。

九華録

尤袤《遂初堂書目・地理類》《九華録》。

九華總録

陳振孫《直齋書録解題・地理類》《九華總録》十八卷。邑人程太古撰。裒集諸家所記萃爲一編也。

馬端臨《文獻通考・經籍考・地理》《九華總録》十八卷。

九華山詩集

晁瑮《晁氏寶文堂書目・圖誌》《九華山詩集》。

錢謙益等《絳雲樓書目・地誌類》《九華山詩集》。

黄虞稷《千頃堂書目・地理類下》陳清隱《九華詩集》四卷。爲五言絶句。題詠九華之勝。

九華山志

晁瑮《晁氏寶文堂書目・圖誌》《九華山志》。

趙琦美《脈望館書目・史・南直徽州府》《九華山志》二本。

徐圖等《行人司重刻書目・地理類》《九華山志》一本。

施宗道九華山志

祁承㸁《澹生堂藏書目・圖志・攬勝》《九華山志》二册。二卷。施宗道等編。

汪可立九華山志

朱睦㮮《萬卷堂書目・雜志》《九華山志》□卷。汪可立。

黄虞稷《千頃堂書目・地理類下》汪可立《九華山志》二卷。

《明史・藝文志・地理類》汪可立《九華山志》二卷。

[萬曆]九華山志

范邦甸等《天一閣書目・地理類》《九華山志》六卷。刊本。明萬曆己卯史元熙撰并序。

徐𤊹《徐氏家藏書目・南直隸》《九華山志》六卷。蘇萬民。

黄虞稷《千頃堂書目・地理類下》孫檖《九華山志》六卷。

黄虞稷《千頃堂書目・地理類下》蘇萬民《九華山志》六卷。

[萬曆]重修九華山志

黄虞稷《千頃堂書目・地理類下》蔡立身《九華山志》六卷。

[崇禎]九華山志

黄虞稷《千頃堂書目・地理類下》顧元鏡《九華山志》八卷。

《四庫全書總目提要・地理類存目五・山川之屬》《九華山志》八卷。兩淮鹽政採進本。明顧元鏡撰。元鏡，歸安人。萬曆己未進士，官池州府知府。是書成於崇禎己巳，前列全圖及十八景圖，次列山水、建置、物産、人物、文翰五門，門復各立子部。意主誇多，故山分爲六，水分爲八，寺院、菴觀區爲二名，樓閣、亭館別爲兩類，標目頗爲煩碎。又杜荀鶴之污僞命，朱齊邱之逞姦謀，列之流寓，以爲山水之光，殊乏簡擇，又王守仁游蹤僅至，亦列寓公，并僞撰其贈周金和尚一偈，斯尤地志之積習矣。

幙阜山記

鄭樵《通志・藝文略・地里・名山洞府》《幕阜山記》一卷。

陳振孫《直齋書録解題・地理類》《幙阜山記》一卷。案：《方輿勝覽》寧州有幙阜山，在分寧西百四十里，此本誤作「纂阜」，今改正。葛洪撰。其山在豫章。

馬端臨《文獻通考・經籍考・地里》《幙阜山記》一卷。

文廷式《補晉書藝文志・地志類》葛洪《幙阜山記》一卷。《太平寰宇記》一百六，分寧縣幕阜山在縣西二百九十里。晉葛洪著《山記》一卷。《書録解題》云：《幙阜山記》一卷。葛洪撰。其山在豫章。

豫章西山記

鄭樵《通志・藝文略・地里・名山洞府》《豫章西山記》二卷。李上交撰。

陳振孫《直齋書録解題・地理類》《豫章西山記》一卷。贊皇李上交撰。嘉祐丁酉歲。

馬端臨《文獻通考・經籍考・地理》《豫章西山記》一卷。

《宋史・藝文志・地理類》 李上交《豫章西山記》二卷。

遐齡洞天志

徐𤊹《徐氏家藏書目・江西省》《遐齡洞天志》四卷。南昌西山。寧王,臞仙。

黄虞稷《千頃堂書目・地理類下》 寧獻王權《遐齡洞天志》四卷。

王彪之廬山記

文廷式《補晉書藝文志・地志類》 王彪之《廬山記》。《書鈔》一百五十八王彪之《廬山記》曰：若乃飄颻高崖,迢遞峻峯,箕風吐穴而蓬勃,暈雲出岫而鬱蓊。

慧遠廬山記

李昉《太平御覽經史圖書綱目》 遠法師《廬山記》。

丁國鈞《補晉書藝文志・地理類》《廬山記略》一卷。釋慧遠。謹按：見唐志原本,書鈔百五十一雨類兩引是記無略字。白帖卷五兩引是記亦無略字。

沈家本《世説注所引書目・地理》 遠法師《廬山記》。規箴,今有釋惠遠《廬山紀略》一卷,當即是書。

又 釋慧遠《廬山記略》。郡國四,詳二編遠法師《廬山記》。

文廷式《補晉書藝文志・地志類》 釋慧遠《廬山記》一卷。羣書所引稱《廬山記》,今存本名《廬山紀略》,御覽四十一又引遠法師遊山記。

劉遺民廬山記

文廷式《補晉書藝文志・地志類》 劉遺民《廬山記》。《書鈔》一百五十一引劉遺民《廬山記》云：白氣映嶺下。

張野廬山記

李昉《太平御覽經史圖書綱目》 張野《廬山記》。

文廷式《補晉書藝文志・地志類》 張野《廬山記》。《藝文類聚》卷七張野《廬山記》曰：廬山天將雨則有白雲或冠峯岫,或亘中嶺,俗謂之山帶,不出三日必雨。《御覽》四十一亦引之,陳舜俞《廬山記》卷一引之。按陶潛傳有鄉親張野,即其人。《世説文學門》注引張野遠法師銘。《永樂大典》六千三百三十九引《江州志》曰：張野字萊民,詮族也,徙家柴桑,與陶潛通姻,學兼華竺州,舉秀才,南中郎府功曹州治中,後徵散騎常侍,卒不就,躬耕樂道,號東皋春農。入惠遠蓮社,遠之葬謝靈運,作銘野序焉。年六十九卒,有《廬山記》行於世。

周景式廬山記

李昉《太平御覽經史圖書綱目》 周景式《廬山記》。

章宗源《隋書經籍志考證・地理》《廬山記》卷亡。周景式撰。不著録。《藝文類聚・山部》周景式《廬山記》曰：匡俗,周威王時生而神靈,廬於此山,世稱廬君,故山取號焉。

廬山雜記

錢東垣等輯《崇文總目輯釋・地理類》《廬山雜記》一卷。張密撰。

《新唐書・藝文志・地理類》 張密《廬山雜記》一卷。

鄭樵《通志・藝文略・地里・名山洞府》《廬山雜記》一卷。張密撰。

僧法琳廬山記

《宋史・藝文志・地理類》 僧法琳《廬山記》一卷。

廬山記

尤袤《遂初堂書目・地理類》《廬山記》。

陳舜俞廬山記

陳振孫《直齋書録解題・地理類》《廬山記》五卷。屯田員外郎嘉禾陳舜俞令舉撰。劉涣凝之、李常公擇皆爲之序。令舉熙寧中謫居所作。

馬端臨《文獻通考・經籍考・地理》《廬山記》五卷。

《宋史・藝文志・地理類》 陳舜俞《廬山記》二卷。

晁公武《郡齋讀書志・地里類》《廬山記》五卷。袁本前志卷二下地理類第二十。

右皇朝陳令舉舜俞撰。先是，劉焕嘗爲記，令舉因而增廣之，又爲俯視圖，紀尋山先後之次云。

《四庫全書總目提要・地理類三・山川之屬》《廬山記》三卷，《附廬山紀略》一卷。兵部侍郎紀昀家藏本。宋陳舜俞撰。舜俞字令舉，烏程人。所居曰白牛村，因自號白牛居士。慶曆六年進士，嘉祐四年又中制科第一。歷官都官員外郎，熙寧中出知山陰縣。以不奉行青苗法，謫南康監税。事蹟具《宋史》本傳。舜俞謫官時，與致仕劉涣游覽廬山，嘗以六十日之力，盡南北山水之勝。每恨慧遠、周景武輩作山記疎略，而涣舊嘗雜録聞見，未暇詮次。舜俞因採其説，參以記載耆舊所傳，晝則山行，夜則發書考證。泓泉塊石，具載不遺。折衷是非，必可傳而後已。又作俯仰之圖，尋山先後之次以冠之，人服其勤。自記云：余始游廬山，問山中塔廟興廢及水石之名，無能爲予言者。雖言之，往往襲謬失實。因取九江圖經前人雜録，稽之本史，或親至其處考驗銘志，參訂耆老，作《廬山

記》。其湮渺蕪没，不可復知者，則闕疑焉。凡唐以前碑記，因其有歲月甲子爵里之詳，故并録之，庶或有補史氏云云。其目有總敘山篇第一，敘北山篇第二，敘南山篇第三，而無第四、五篇，圖亦不存。勘驗《永樂大典》，所闕亦同。然北宋地志，傳世者稀。此書考據精核，尤非後來廬山紀勝諸書所及。雖經殘闕，猶可寶貴，故特録而存之。釋惠遠《廬山紀略》一卷，舊載此本之末，不知何人所附入。今亦併録存之，備參考焉。

李常續廬山記

《宋史・藝文志・地理類》 李常《續廬山記》一卷。

馬玗續廬山記

尤袤《遂初堂書目・地理類》《續廬山記》。

陳振孫《直齋書録解題・地理類》《續廬山記》四卷。南康守廣陵馬玗録山中碑記之文，以續前録。

馬端臨《文獻通考・經籍考・地理》《續廬山記》四卷。

《宋史・藝文志・地理類》 馬紆《續廬山記》四卷。

廬山事迹

《宋史・藝文志・地理類》《廬山事迹》三卷。並不知作者。

陳令舉廬山雜記

焦竑《國史經籍志・地里・名山洞府》《[廬山雜]記》五卷。陳令舉。

廬山拾遺

《宋史・藝文志・地理類》 朱端章《廬山拾遺》二十卷。

廬山志

楊士奇等《文淵閣書目・舊志》 《廬山志》。五册。

徐圖等《行人司重刻書目・地理類》 《廬山志》四本。

廬山紀事

范邦甸等《天一閣書目・地理類》 《廬山紀事》十二卷。刊本。明嘉靖辛酉廣陵桑喬撰并序。《廬山紀事》十卷。卷首有范光文潞公二印。明廣陵桑喬子木父纂著，燕山許世昌克長父脩輯，會稽范礽祖生父補訂。

趙琦美《脈望館書目・史・江西・南康府》 《廬山紀事》四本。又四本。

焦竑《國史經籍志・地里・名山洞府》 《廬山紀事》一卷。桑喬。

徐𤊹《徐氏家藏書目・江西省》 《廬山紀事》十二卷。桑喬。

祁承㸁《澹生堂藏書目・圖志・山川》 《廬山紀事》四册。十二卷。桑喬輯。

黄虞稷《千頃堂書目・地理類下》 桑喬《廬山紀事》十二卷。江都人，監察御史。

《明史・藝文志・地理類》 桑喬《廬山紀事》十二卷。

《四庫全書總目提要・地理類存目五・山川之屬》 《廬山紀事》十二卷。浙江汪汝瑮家藏本。明桑喬撰，國朝范礽補訂。喬字子木，江都人。嘉靖壬辰進士，官至監察御史。以首劾嚴嵩，爲所搆陷，謫戍九江以卒，事蹟具《明史》本傳。此書即其在戍所時作，成於嘉靖辛酉。至國朝順治戊戌，巡按御史許世昌屬南康推官會稽范礽重爲補訂。以山陰、山陽别其條貫，屬南康者列於陽，屬九江者列於陰。又取喬後百餘年閒事蹟、題詠，綴補於後。礽序稱喬書質而辨，文而約，紀事皆題原採書名，礽所補悉仿其例云。

廬山文紀

黄虞稷《千頃堂書目・地理類下》 《廬山文紀》十二卷。

廬山通志

《四庫全書總目提要・地理類存目五・山川》 《廬山通志》十二卷。兩淮馬裕家藏本。國朝釋定暠撰。因明嘉靖閒桑喬《廬山紀事》而稍增損之，無大發明考證。

[康熙]廬山志

周中孚《鄭堂讀書記補逸・地理類六・山川》 《廬山志》十五卷。日思堂刊本。國朝吴煒、李瀅同撰。煒字粲叟，宛平人，舉人，康熙初官江西提學道。瀅字鏡月，興化人，順治乙酉舉人。明桑子木喬撰《廬山紀事》十二卷，國朝范礽嘗補訂之，釋定暠又因桑氏原書，而稍加增損，爲通志十二卷。粲叟等是編，亦爲補桑書而作。凡分星野、輿圖、祀典、隱逸、仙釋、物産、雜志、災祥八門爲一卷，山川分紀十二卷，藝文二卷。補冠以總圖四幅，及詩文爵里姓氏考、引用書目。其所增事蹟，上顔「續志」二字。所益詩文，傍注增字。自謂並書以實，而不匿美。然其嫽陋挂漏之處，復不能免，止可與范礽、定暠二書稱鼎足，猶未及桑氏原書也。後毛心齋德琦復取桑氏書及是志彙訂，多仍是志之舊，惟於文翰，則隨時增益，是又不能有所加矣。是書刊於康熙戊中，前有李明睿及粲叟、鏡月三序，又有凡例，并載桑志舊序。

[乾隆]廬山志

《四庫全書總目提要・地理類存目五・山川》《廬山志》十五卷。安徽巡撫採進本。國朝毛德琦撰。德琦字心齋，鄞縣人，由貢生官星子縣知縣。是編取桑喬《廬山紀事》、吴煒《廬山續志》二書彙而訂之。首星野，次輿地，次祀典，次隱逸，次仙釋，次物産，次雜志，次災祥，共一卷。次山川分紀十二卷，次藝文二卷。琦自序云：山川分紀多仍其舊，文翰則隨時而增。書之冗濫，二語已自道之矣。

石鐘山集

晁瑮《晁氏寶文堂書目・圖誌》《石鐘山集》。

范邦甸等《天一閣書目・地理類》《石鐘山集》九卷。刊本。明武林沈韶撰。成化七年，商輅序云：九江湖口有上下石鐘，直縣治南北，懸巖絶壁，下瞰深潭，奇石突兀，多空中而竅，遇風濤盪激，有聲如鐘，山由是名，蓋《水經》云。宋元豐間，東坡居士還自齊安，嘗乘舟夜泊，親聆石音，援筆記之，磨崖刻之。自是文人才子經行其處，必一寓目，或登山縱觀，留題而去。廣東參議前夏官尚書郎王恕尚忠，世家湖口，未仕時，嘗讀書是山之蘭若。及舉進士，通籍于朝，寤寐鄉山，不能忘情。因命善工繪而爲圖，公餘時一展玩。一時士大夫高其雅趣，題詠甚富。尚忠合古今文若詩録爲一帙，將鋟之梓，特虚首簡來徵予序。尚忠試禮闈時，予忝校文。有斯文之好，因其請以復之。

朱睦㮮《萬卷堂書目・雜志》《石鐘山集》十卷。王恕。

趙琦美《脈望館書目・史・江西・九江府》《石鐘山集》一本。

徐𤊹《徐氏家藏書目・江西省》《石鐘山志》九卷。

黄虞稷《千頃堂書目・地理類下》《石鍾山集》九卷。

元明善龍虎山志

倪燦等《補遼金元藝文志・地理類》元明善《龍虎山志》三卷。

張萱等《内閣藏書目録・志乘部・江西》《龍虎山志》四册。全。元學士元明善奉敕修。

黄虞稷《千頃堂書目・地理類下》元明善《龍虎山志》三卷。

錢大昕《補元史藝文志・地理類》元明善《龍虎山志》三卷。

張鐵龍虎山志

楊士奇等《文淵閣書目・舊志》《龍虎山志》。四册。

范邦甸等《天一閣書目・地理類》《龍虎山志》四卷。刊本。明張鐵撰，朱熲序。

龍虎山志

徐𤊹《徐氏家藏書目・江西省》《龍虎山志》。

祁承㸁《澹生堂藏書目・圖志・梵院》《龍虎山志》三册。六卷。

張國祥續修龍虎山志

黄虞稷《千頃堂書目・地理類下》張國祥《續修龍虎山志》三卷。正一嗣教五十代天師。

《四庫全書總目提要・地理類存目五・山川》《龍虎山志》三卷。兩淮馬裕家藏本。元元明善撰，明張國祥續修。明善字復初，清河人。以浙東使者薦，爲學正。擢太子文學，歷翰林學士。謚文敏，事蹟具《元史》本傳。國祥則嗣封真人也。是書乃皇慶三年明善官翰林學士時奉敕所修。然原本體例，不可復考，惟存延祐元年程鉅夫序及吴全節進表。此本載山川、建置、人物、道侶並累朝制敕、藝文，頗爲龐雜。殆已多所竄亂，非其舊矣。

水巖志

徐𤊹《徐氏家藏書目・江西省》《水巖志》四卷。在貴溪張真人發蹟之所。

洪陽洞志

祁承㸁《澹生堂藏書目・圖志・山川》《洪陽洞志》一册。一卷。

黄虞稷《千頃堂書目・地理類下》《洪陽洞志》六卷。

撫州府羅山志

楊士奇等《文淵閣書目・舊志》《撫州府羅山志》四册。

麻姑志

晁瑮《晁氏寶文堂書目・圖誌》《麻姑志》。

麻姑山集

徐𤊹《徐氏家藏書目・江西省》《麻姑山集》十二卷。舊刻建守朱廷臣刻。

從姑山集

黄虞稷《千頃堂書目・地理類下》羅汝芳《從姑山集》。

續刻麻姑山志

徐𤊹《徐氏家藏書目・江西省》《麻姑山新志》十七卷。左宗郢。

黄虞稷《千頃堂書目・地理類下》左宗郢《麻姑山志》十七卷。鄞縣人。

《明史・藝文志・地理類》左宗郢《麻姑山志》十七卷。

《四庫全書總目提要・地理類存目五・山川》《續刻麻姑山志》十七卷。浙江汪啟淑家藏本。明左宗郢撰，國朝何天爵、邱時彬重修。宗郢，南城人。萬曆己丑進士，官至太常寺少卿。天爵、時彬皆建昌人。磨姑山唐時隸撫州，故顔真卿麻姑仙壇記有撫州南城縣之語。今則在建昌府城西十里。宗郢志見於《明史・藝文志》，著録卷數相同。此本每卷標題，或稱麻姑而去山字，或又加洞天字，或加丹霞字。名目紛然，可知體例之龐雜。考《明史》作《續刻麻姑山志》，今姑從標目焉。

麻姑山丹霞洞天志

黄虞稷《千頃堂書目・地理類下》蕭韻《麻姑山丹霞洞天志》十六卷。

麻姑山丹霞洞天志

《四庫全書總目提要・地理類存目五・山川》《麻姑山丹霞洞天志》十七卷。內府藏本。國朝羅森撰。森字約齋，大興人。順治丁亥進士，官至陝西督糧道。是編因明萬曆中左宗郢志而修。第一卷爲圖者八，第二卷爲考者四，第三卷爲表者二，第四卷爲志者四，第五卷爲紀者五，其餘藝文分七卷。末則麻源附録一卷，從姑附録一卷，育英堂附録一卷，姑山雜記一卷，詩文補遺一卷。

閣皁山記

鄭樵《通志・藝文略・地里・名山洞府》《閣皁山記》一卷。楊申撰。

黄虞稷《千頃堂書目・地理類下》楊申《閣皁山記》一卷。

閣皂注

祁承㸁《澹生堂藏書目・圖志・山川》《閣皂注》一册。二卷。

閣皁山志

《四庫全書總目提要・地理類存目五・山川》《閣皁山志》二卷。兩淮馬裕家藏本。明俞策撰，策不知何許人。閣皁山在江西新淦縣，相傳爲張道陵、葛孝先、丁令威修煉之所。茲編上卷紀載形勝，下卷編列藝文，末自載其詩數首，亦非佳作。

石屋山志

朱睦㮮《萬卷堂書目・雜志》《石屋山志》一卷。彭簪。

玉石岩志

徐圖等《行人司重刻書目・地理類》龍南《玉石岩志》一本。

武山志

祁承㸁《澹生堂藏書目・圖志・山川》《武山志》一册。一卷。王鶴鳴輯。

玉山遺響

《四庫全書總目提要・地理類存目七・遊記之屬》《玉山遺響》六卷。江西巡撫採進本。國朝張貞生撰。貞生號簣山，廬陵人。順治戊戌進士，官至翰林院侍讀學士。玉山在泰和仁善鄉，初名義山，又改匡山，土人稱子瑶山。貞生嘗游息其中。是編首載所作詩，次載所題對聯，次載所作記，次爲茅屋隨劄，則山中之日記，次爲他人所作詩賦傳記。前有羅麗序，謂貞生所著文集尚未刊行。此其家居一載之内，流連山水，隨筆記之，以示其意之所寓者。所録雖皆詩文，而其體例在游記、地志之閒，故附之地理類焉。

玉笥山記

錢東垣等輯《崇文總目輯釋・地理類》《玉笥山記》一卷。道士令狐見堯撰。

鄭樵《通志・藝文略・地里・名山洞府》《玉笥山記》一卷。唐道士令狐見堯撰。

陳振孫《直齋書録解題・地理類》《玉笥山記》一卷。唐道士令狐見堯撰。山在新淦。别本又有南唐及本朝事，後人所益也。

馬端臨《文獻通考・經籍考・地理》《玉笥山記》一卷。

《宋史・藝文志・地理類》令狐見堯《玉笥山記》一卷。

金精山志

徐𤊹《徐氏家藏書目・江西省》《金精山志》二卷。

石鼓山靈源志

晁瑮《晁氏寶文堂書目・圖誌》《石鼓山靈源志》。

鼓山志

徐𤊹《徐氏家藏書目・福建省》《鼓山志》十二卷。謝肇淛。

黃虞稷《千頃堂書目・地理類下》謝肇淛《鼓山志》十二卷。

《明史・藝文志・地理類》謝肇淛《鼓山志》十二卷。

鼓山續志

徐𤊹《徐氏家藏書目・福建省》《鼓山續志》八卷。徐𤊹。

黃虞稷《千頃堂書目・地理類下》徐𤊹《鼓山續志》八卷。

榕城三山志

徐𤊹《徐氏家藏書目・福建省》《榕城三山志》十二卷。徐𤊹。

黃虞稷《千頃堂書目・地理類下》徐𤊹《榕城三山志》十二卷。

雪峰山志

徐𤊹《徐氏家藏書目・福建省》《雪峰志》八卷。徐𤊹。

黃虞稷《千頃堂書目・地理類下》[徐𤊹]《雪峰志》八卷。

鼓山志

黃虞稷《千頃堂書目・地理類下》釋元賢《鼓山志》十二卷。

《四庫全書總目提要・地理類存目五・山川》《鼓山志》十二卷。兩淮鹽政採進本。國朝僧元賢撰。其序不標年月，書中記事至順治壬辰、癸巳，則國初人也。鼓山在福州城東三十里。是書分勝蹟、建置、開士、貞珉、藝文、叢談六門。大旨以佛刹爲主，名爲山志，實則寺志耳。其凡例有云：茲山知名海内者，實以人重，非以形勝重也。緇徒妄自標置，可謂不知分量者矣。

萬石山筆嘯

徐𤊹《徐氏家藏書目・各省題咏》《萬石山筆嘯》三卷。歐應昌。

武夷山記

錢東垣等輯《崇文總目輯釋・地理類》《武夷山記》一卷。杜光庭撰。繹按：通志略、宋志並別有劉夔撰一卷。

鄭樵《通志・藝文略・地里・名山洞府》《武夷山記》一卷。杜光庭撰。

陳振孫《直齋書録解題・地理類》《武夷山記》一卷。杜光庭撰。

馬端臨《文獻通考・經籍考・地理》《武夷山記》一卷。

武夷山記

鄭樵《通志・藝文略・地里・名山洞府》《武夷山記》一卷。劉夔撰。

《宋史・藝文志・地理類》劉夔《武夷山記》一卷。

武夷諸山記

尤袤《遂初堂書目・地理類》《武夷諸山記》。

武夷山志

楊士奇等《文淵閣書目・舊志》《武夷山志》。一册。

徐圖等《行人司重刻書目・地理類》《武夷山志》四本。

徐圖等《行人司重刻書目・地理類》《武夷山志》六本。

武夷詩集

晁瑮《晁氏寶文堂書目・圖誌》《武夷詩集》。

張萱等《内閣藏書目録・志乘部・福建》《武夷詩集》一册。全。

武夷山詩集

晁瑮《晁氏寶文堂書目・圖誌》《武夷山詩集》。舊刻。

［洪武］武夷山志

黄虞稷《千頃堂書目・地理類下》袁仲孺《武夷小志》十九卷。

《四庫全書總目提要・地理類存目五・山川》《武夷山志》十九卷。江蘇巡撫採進本。明袁仲孺撰。仲孺字穉生，崇安人。洪武初，薦授平遠縣知縣。其書凡十一篇，首名勝，次雲構，次題刻，次仙真，次羽流，次存疑，次物産，次游寓，次祀典，次掞藻，次餘韻。末一卷爲詞訂，則詩文之續得者也。體例龎雜，殊不足觀。掞藻一篇，幾及全書之半，尤乖裁制也。

［正德］武夷山志

朱睦㮮《萬卷堂書目・雜志》《武夷山志》六卷。楊亘。

黄虞稷《千頃堂書目・地理類下》楊亘《武夷山志》六卷。

《明史・藝文志・地理類》楊亘《武夷山志》六卷。

武夷舊志

徐𤊹《徐氏家藏書目・福建省》《武夷舊志》二卷。汪佃。

黄虞稷《千頃堂書目・地理類下》汪佃《武夷山志》二卷。

武夷山志

黄虞稷《千頃堂書目・地理類下》丘雲霄《武夷山志》六卷。

武夷志詠

徐𤊹《徐氏家藏書目・福建省》《武夷志咏》二卷。陳省。

祁承㸁《澹生堂藏書目・圖志・山川》《武夷志詠》二册。十卷。陳省。

武夷圖説

徐𤊹《徐氏家藏書目・福建省》《武夷圖説》一卷。袁中道。

黄虞稷《千頃堂書目・地理類下》袁中道《武夷圖説》一卷。

[萬曆]武夷山志

范邦甸等《天一閣書目・地理類》《武夷山志》四卷。刊本。明勞堪重編并序。

趙琦美《脈望館書目・史・福建・建寧府》《武夷山志》六本。又四本。

徐𤊹《徐氏家藏書目・福建省》《武夷新志》四卷。勞堪。

張萱等《内閣藏書目録・志乘部・福建》《武夷山志》六册。萬曆辛巳福建撫臺勞堪重編。

祁承㸁《澹生堂藏書目・圖志・圖志》《武夷山志》六册。四卷。勞堪。

黄虞稷《千頃堂書目・地理類下》勞堪《武夷山志》四卷。

梅仙山志

徐𤊹《徐氏家藏書目・福建省》《梅仙山志》一卷。

武夷小志

徐𤊹《徐氏家藏書目・福建省》《武夷小志》二卷。卓有見。

黄虞稷《千頃堂書目・地理類下》卓有見《武夷小志》一卷。

武夷山舊志

祁承㸁《澹生堂藏書目・圖志・攬勝》《武夷山舊志》四册。八卷。卓有見編。

武夷山志

徐𤊹《徐氏家藏書目・福建省》《武夷山志》十卷。安如坤。

武夷山志略

徐𤊹《徐氏家藏書目・福建省》《武夷志略》四卷。徐表然。

黄虞稷《千頃堂書目・地理類下》徐表然《武夷志略》四卷。

《四庫全書總目提要・地理類存目五・山川之屬》《武夷山志略》四卷。浙江范懋柱家天一閣藏本。明徐表然撰。表然字德望，崇安人。嘉靖中嘗結漱藝山房於武夷第三曲，因撰次是書。分爲四集，繪山之全圖，及武夷宫左各景、宫右九曲諸勝，悉以題詠附於後。凡名勝、古蹟，皆分附於山川。較他地志尤便省覽，此變例之可取者。至於寓賢及仙真之類，人繪一圖，則不免近兒戲矣。其名志略者，謂兹山已有全志也。

武夷山新志

祁承㸁《澹生堂藏書目・圖志・攬勝》《武夷山新志》四册。十卷。江維禎編，徐表然輯。

武夷山小志

徐𤊹《徐氏家藏書目・福建省》《武夷山小志》一卷。劉佃。

武夷綴稿

徐𤊹《徐氏家藏書目・福建省》《武夷綴稿》四卷。楊德周。

武夷王子章志

徐𤊹《徐氏家藏書目・福建省》《武夷王子章志》十卷。王伯甫。

梅仙山詩

徐𤊹《徐氏家藏書目・各省題咏》《梅仙山詩》一卷。

邵武屏山十咏

徐𤊹《徐氏家藏書目・各省題咏》《邵武屏山十咏》一卷。

九龍山翰墨志

祁承㸁《澹生堂藏書目・圖志・山川》《九龍山翰墨志》一册。一卷。趙桌。

武夷雜志

黄虞稷《千頃堂書目・地理類下》吴栻《武夷雜志》一卷。

［康熙］武夷山志

周中孚《鄭堂讀書記補逸・地理類六・山川》《武夷山志》二十八卷。原刊本。國朝倪煒傳。煒字釋仲，晉江人，官崇安縣訓導。武夷山距崇安縣三十里，道書稱爲昇真元化洞天，幽深僻遽，若與世隔。相傳有神仙降此山，曰予武夷君也，統録地仙，受館於此，後人因名曰武夷。朱子《武夷山圖原序》，所謂詭妄不足考信也。北宋劉道元夔始撰山志，明正德間，楊亘重輯猶及見其書。楊後遞修，凡有十種。懌仲官訓導之八載，得見舊志七種，因據以爲本，益以己所見明，更參省郡邑志，及古今人文集，廣徵博引，遂成是編。凡總志三卷，星野、形勢、繪圖、寵錫一卷，一曲至九曲及山北十卷，名賢三卷，方外、雜録、物産一卷，藝文十卷。其書於舊志，補闕正訛，而詳所當詳，略所當略，頗不失之泛濫無稽。越九載，王草堂復禮撰《九曲志》，則體例益善矣。是編前有康熙庚寅自序凡例，及採用書目，至乙未李厚庵光地復爲之序。

武夷九曲志

《四庫全書總目提要・地理類存目五・山川之屬》《武夷九曲志》十六卷。

浙江巡撫採進本。國朝王復禮撰。復禮有《家禮辨定》，已著録。武夷山在福建崇安縣南三十里，其溪九曲。宋劉道元初爲作志，其後屢有增輯。是書成於康熙五十七年，前卷既以詩文分入山水，而後卷又列藝文一門，體例頗雜。又附録已作，連篇累牘，是竟以山經爲家集矣。

支提山志

徐𤊹《徐氏家藏書目・福建省》《支提山志》七卷。謝肇淛。

黄虞稷《千頃堂書目・地理類下》 謝肇淛《支提山志》七卷。

《明史・藝文志・地理類》 謝肇淛《支提山志》七卷。

太姥山志

徐𤊹《徐氏家藏書目・福建省》《太姥山志》一卷。史起欽。

黄虞稷《千頃堂書目・地理類下》 史起欽《天姥山志》三卷。

《四庫全書總目提要・地理類存目五・山川之屬》《太姥志》一卷。浙江巡撫採進本。明史起欽撰。起欽字敬所，鄞縣人。萬曆己丑進士，官福寧州知州。太姥山在福寧州境，傳堯時有老母業採藍，後得仙去，故以爲名。中有鍾離巖、一線天諸勝蹟。起欽因創爲此書，成於萬曆乙未。前列圖，次列記序及題詠之作。然山以巖壑寺宇爲主，法當分門編載。起欽但爲總繪一圖，悉不加分別詮次，非體例也。

洞天外史

徐𤊹《徐氏家藏書目・福建省》《洞天外史》二卷。鄭廷占。

太姥山志記

祁承㸁《澹生堂藏書目・圖志・圖志》《太姥山志記》四册。謝肇淛。

洞山九潭志

黄虞稷《千頃堂書目・地理類下》 劉中藻《洞山九潭志》四卷。

《明史・藝文志・地理類》 劉中藻《洞山九潭志》四卷。

玉融志

楊士奇等《文淵閣書目・舊志》《玉融志》。二册。

王圻《續文獻通考・經籍考・地理》《玉融志》。黄謌著。謌字忠甫，福清人。讀書精博，不交世事。同縣陳革亦博學工文，所著有《中隱集》。

瑞岩古今題詠

晁瑮《晁氏寶文堂書目・圖誌》《瑞岩古今題詠》。

滴水岩志

趙琦美《脈望館書目・史・江西・汀洲府》《滴水岩志》一本。

黄虞稷《千頃堂書目・地理類下》《滴水巖志》。

福廬山志

徐𤊹《徐氏家藏書目·福建省》《福廬山志》三卷。葉向高。

黄虞稷《千頃堂書目·地理類下》葉向高《福廬山志》三卷。

方廣岩志

徐𤊹《徐氏家藏書目·福建省》《方廣岩志》卷。謝肇淛。

黄虞稷《千頃堂書目·地理類下》謝肇淛《方廣巖志》五卷。

《四庫全書總目提要·地理類存目六·古蹟之屬》《方廣巖志》四卷。江西巡撫採進本。明謝肇淛撰。肇淛有《史觿》，已著録。方廣巖在永福縣東。宋給事中黄非熊嘗讀書山中，作十咏以紀其勝。肇淛時爲工部郎，奉使過家，遊於是巖，因輯此志。前爲義例一條，作本紀以志方廣，作外紀以志旁近巖壑，作別紀以志方外，作文紀、詩紀以輯前人之作。然本紀之名，史家以載帝王事跡，用之山水，殊乖體例。別紀信志寧之託生三元，德涵之麗刑地獄，佛氏之説，儒者所不道。詩紀末有國朝人所作，則雍正中江績重修是書所附人也。

瑞岩志

徐𤊹《徐氏家藏書目·福建省》《瑞岩志》一卷。歐應昌。

黄虞稷《千頃堂書目·地理類下》歐陽昌《瑞巖志》一卷。

又　歐應昌《瑞巖志》一卷。

石竹山志

徐𤊹《徐氏家藏書目·福建省》《石竹山志》四卷。

高盖山志

徐𤊹《徐氏家藏書目·福建省》《高盖山志》一卷。

莆陽羅山紀勝

徐𤊹《徐氏家藏書目·各省題咏》《莆陽羅山紀勝》一卷。陳鳳翔。

黄檗山志

丁立中《八千卷樓書目·地理類·山水》《黄檗山志》八卷。明釋隱元琦撰。明刊本。

泉山記

李昉《太平御覽經史圖書綱目》《泉山記》。

紫金山名勝志

徐𤊹《徐氏家藏書目·福建省》《紫金山名勝志》一卷。邱衍箕。

應喜臣玉華洞志

徐𤊹《徐氏家藏書目·福建省》《玉華洞志》七卷。應喜臣刻。

黃虞稷《千頃堂書目・地理類下》 應喜臣《玉華洞志》七卷。

莆夢瑚玉華洞志

徐𤊹《徐氏家藏書目・福建省》 《玉華洞志》卷。莆夢瑚刻。

玉華洞志

祁承㸁《澹生堂藏書目・圖志・圖志》 《玉華洞志》一册。一卷。

陳文在玉華洞志

《四庫全書總目提要・地理類存目五・山川》 《玉華洞志》六卷。浙江巡撫採進本。國朝陳文在撰。文在字新我，將樂人。將樂縣南十里許有玉華洞，幽深窅窈，秉炬乃入。其中石鍾乳滴成人物諸形，千態萬狀，一一曲肖，爲閩中奇觀。明萬曆壬辰，邑令海陽林熙春始爲志。順治甲午，邑令曲阜孔興訓重修，歲久版燬。康熙乙未，文在又復修之。冠以圖景，而序記賦詩之屬，以次備録。末有慶玉華詩一册，則以邑人鬻煤燒鑿，洞且頹壞。雍正辛亥，邑令馮景會始禁開窯場，邑人作詩慶之。併彙成帙，附於志末云。

神壤記

《隋書・經籍志・地理》 《神壤記》一卷。記滎陽山水。黃閔撰。

鄭樵《通志・藝文略・地里・川瀆》 《神壤記》一卷。黃閔撰，記滎陽山水。

姚振宗《隋書經籍志考證・地理類》 《神壤記》一卷。記滎陽山水，黃閔撰。黃閔始末未詳。章氏云：《後漢書・南蠻西南夷傳》注、《御覽・地部、樂部》《書鈔・樂部》並引黃閔《武陵記》。案《續漢・郡國志》河南尹滎陽有鴻溝水，有廣武城，有虢亭，虢叔國。有隴城之薄亭，有敖亭，有費澤。注云：鴻溝即官渡水，廣武東西二城，在三皇山，或謂三室山。漢祖與項籍語處。敖亭即秦敖倉，費澤即滎澤，蓋古戰場也。又《御覽・地部、人事部》引王韶之《神境記》云：滎陽縣蘭巖山有雙鶴，昔有夫婦隱此山，化成鶴。又九嶷有青澗，中有黃色蓮花。又云滎陽有靈源山，有石髓、紫芝。《神境記》蓋亦記滎陽山水古蹟，與此相類，特不知黃閔與王韶之孰先孰後耳。此疑武陵記之一。

嵩高山記

李昉《太平御覽經史圖書綱目》 《嵩高山記》。

李昉《太平御覽經史圖書綱目》 盧氏《嵩山記》。

章宗源《隋書經籍志考證・地理》 《嵩山記》卷亡。盧元明撰。不著録。《太平寰宇記・河南道》盧元明《嵩山記》曰：漢有王彦者隱於俟山，後學道得成，至今指所住爲王彦嶺。《水經注・禹貢山水釋地》：嵩山石室有自然經書，自然飲食。又山有玉女臺。《文選・洛神賦注》山上神芝，並引《嵩高山記》，不著撰名。

李正奮《補後魏書藝文志・地理類》 《嵩高山廟記》。盧元明撰。見《隋書・崔廓傳》。《水經注》、《齊民要術》均引作《嵩山記》。《藝文類聚》、《初學記》、《文選洛神賦注》均引作《嵩高山記》。《太平御覽》屢引之，或作《嵩高山記》，或作《嵩山記》，或作《盧氏嵩山記》，不一其例。《寰宇記》引作盧元明《嵩山記》。隋唐志均不著録。佚已久。

嵩嶽記

《宋史・藝文志・地理類》 盧鴻《嵩嶽記》一卷。

嵩山記

《新唐書・藝文志・地理類》 盧鵂《嵩山記》一卷。天寶人。

鄭樵《通志・藝文略・地里・名山洞府》《嵩山記》一卷。盧鴻撰。

嵩山記

鄭樵《通志・藝文略・地里・名山洞府》《嵩山記》一卷。張景儉撰。

嵩嶽志

趙琦美《脈望館書目・史・河南・河南府》《嵩嶽志》五本。又五本。

祁承㸁《澹生堂藏書目・圖志・圖志》《嵩嶽志》五册。七卷。圖志二卷，詩文五卷。

玉照新志

楊士奇等《文淵閣書目・古今志》《玉照新志》。一册。

嵩嶽古今集録

黄虞稷《千頃堂書目・地理類下》燕汝靖《嵩嶽古今集録》二卷。

《明史・藝文志・地理類》燕汝靖《嵩(獄)[嶽]古今集録》二卷。

嵩嶽志

黄虞稷《千頃堂書目・地理類下》陸東《嵩嶽志》二卷。字道函，號夢洲，祥符人，隆慶辛未序。

馬國翰《玉函山房藏書簿録・史編・地理類》《嵩嶽志》十卷。並明刊本。明祥符陸東道函撰。一號夢洲，河南道監察御史。上饒蔣機日峯訂刊，以乾、元、亨、利、貞分卷上下。

嵩書

《四庫全書總目提要・地理類存目五・山川》《嵩書》二十二卷。兩江總督採進本。明傅梅撰。梅字元鼎，邢臺人。萬曆辛卯舉人，由登封縣知縣擢刑部主事。與員外郎陸夢龍力争梃擊一案，鄭氏之黨中以察典，罷官。後起爲台州府知府。崇禎中，解職家居。大兵下順德，抗節死，贈太常寺少卿，事蹟附見《明史・張問達傳》。乾隆乙未，賜謚忠節。是編乃其官登封知縣時所作，分星政、峙勝、卜營、宸望、嶽生、官履、巖棲、黄裔、竺業、物華、靈緒、顔始、章成爲十三篇，立名頗嫌塗飾。全書意在廣搜，亦殊多駁雜。

説嵩

《四庫全書總目提要・地理類存目五・山川》《説嵩》三十二卷。直隸總督採進本。國朝景日昣撰。日昣字東陽，登封人。康熙辛未進士，官至户部侍郎。是書自卷一至卷八，統紀嵩高及二室。卷九以下，分星野、形勝、封域、巡祀、古蹟、金石、傳人、物産、仙釋、摭異、藝林、風什九門。考嵩山爲中嶽，本於《爾雅》、《毛詩》，故《史記》主其説。胡渭《禹貢錐指》信《爾雅》前條河南華之文，而指後條嵩高爲中嶽乃後人附益。然鄭康成注大司樂，謂華爲中嶽。而註小宗伯，則以嵩爲中嶽。賈疏謂大司樂註據鎬京，小宗伯註據洛邑，其説似可與《爾雅》前後二文相證。即云後人附益，而康成已兼據之矣。又外方之爲嵩山，見於《尚書》孔註、《水經注》諸書。金吉甫乃謂嵩高非外方，殊妄。此書於中嶽宗《史記》，於外方引《水經注》，考核殊不繆。然《嵩書》及《嵩山志》，天下名山志之類，於此山形勝沿革，已爲廣徵博輯。此特綜彙舊文，踵而成之耳。

嵩嶽廟史

《四庫全書總目提要・地理類存目五・山川》《嵩嶽廟史》十卷。江蘇巡撫採進本。國朝景日昣撰。是書以嵩嶽廟舊未有志，因創爲編輯。分圖繪、星野、沿革、形勢、營建、祀典、靈異、嶽生、詩賦、藝文，各爲一卷。其凡例謂漢武之登封，孝明之巡幸，胡后、武曌之離宫别院，事涉游盤，無關秩祀，概從删削。可謂矜慎。然靈異類中所引《述異記》、《虞初志》諸書，半是寓言。藝文類載嵩嶽嫁女記，尤爲不經。詩賦、藝文析爲二類，金石之文如石闕碑别見於營建類中，亦爲錯亂，則亦仍地志之龐雜而已。

赤壁集

祁承㸁《澹生堂藏書目・圖志・山川》《赤壁集》二册。十二卷。茅瑞徵輯。

玉泉山志

徐𤊹《徐氏家藏書目・湖廣省》《玉泉山志》一卷。荆門。附関侯廟。

清溪山記

錢東垣等輯《崇文總目輯釋・地理類》《青溪山記》一卷。僧法琳撰。

鄭樵《通志・藝文略・地里・名山洞府》《清溪山記》一卷。法琳撰。

尤袤《遂初堂書目・地理類》《青溪山記》。

《宋史・藝文志・地理類》《清溪山記》一卷。

三遊洞集

晁瑮《晁氏寶文堂書目・圖誌》《三遊洞集》。

仰山乘

黄虞稷《千頃堂書目・地理類下》程文舉《仰山乘》五卷。

武當山記

李昉《太平御覽經史圖書綱目》《武當山記》。

武當福地總真集

馬國翰《玉函山房藏書簿録・史編・地理類》《武當福地總真集》三卷。宋林下洞陽道人劉道明撰。

太和山志書

楊士奇等《文淵閣書目・國朝》《太和山志書》。一部，二册。闕。

太和山志

晁瑮《晁氏寶文堂書目・圖誌》《太和山志》二册。

趙琦美《脈望館書目・史・湖廣・承天府》《太岳太和山志》一本。

[宣德]太岳太和山志

高儒《百川書志・地理》《太岳太和山志》十五卷。本朝宣德六年太常寺寺丞任自垣表上。

范邦甸等《天一閣書目・地理類》《太岳太和山志》十卷。刊本。明任自垣撰，有進書表。

朱睦㮮《萬卷堂書目・雜志》《太和山志》五卷。任自垣。

黄虞稷《千頃堂書目・地理類下》《太岳太和山志》十五卷。道士任自垣編。垣號瞻宇，爲太和山提點，神仁宗常爲瞻宇歌賜之。

《明史・藝文志・地理類》《太岳太和山志》十五卷。洪熙中，道士任自垣編。

太岳志略

范邦甸等《天一閣書目・地理類》《太岳志略》五卷。刊本。

登太岳記

朱睦㮮《萬卷堂書目・雜志》《登太岳記》□卷。吴檄。

承天府太和山志

趙琦美《脈望館書目・史・湖廣・承天府》《承天府太和山志》四本。

黄虞稷《千頃堂書目・地理類下》陳紹《承天府太和山志》十七卷。

太和山志蒐遺

趙琦美《脈望館書目・史・湖廣・承天府》《太和山志蒐遺》一本。

黄虞稷《千頃堂書目・地理類下》《太和山志蒐遺》三卷。

[嘉靖]太和山志

錢謙益等《絳雲樓書目・地誌類》《太和山志》。十五卷。彭簪。

[隆慶]太岳太和山志

徐圖等《行人司重刻書目・地理類》《太岳太和山志》五本。

祁承㸁《澹生堂藏書目・圖志・山川》《太岳太和山志》五册。八卷。

丁立中《八千卷樓書目・地理類・山水》《太岳太和山志》八卷。明盧重華撰。明刊本。

[萬曆]太岳太和山志

《四庫全書總目提要・地理類存目五・山川》《太岳太和山志》十七卷。江蘇巡撫採進本。明田玉撰。玉不知何許人，萬曆中宦官也。太和山即湖廣均州之武當山，相傳爲北極元武修真地。明成祖即位時，自謂得神之祐，因尊爲太嶽，敕建宫觀，常遣内臣司其香火。嘉靖間，提督太監王佐始剏爲志，太監吕評續增之。萬曆癸未，玉復增廣爲此本。前載修建廟宇始末實事，並仙蹟、徵應、物産，後載唐宋元明序記詩賦等作。

太嶽太和山紀略

《四庫全書總目提要・地理類存目五・山川》《太嶽太和山紀略》八卷。江蘇巡撫採進本。國朝王概撰。概字成木，諸城人。雍正癸丑進士，官至兩廣鹽運使。是編乃概官分守安襄鄖兵備道時所作。凡爲十類，曰星野、曰圖考、曰山川、曰聖紀、曰宮殿、曰祀典、曰仙真、曰物産、曰拾遺、曰藝文。較舊志蒐輯頗富，而亦不免於蕪雜。

勾將山記

文廷式《補晉書藝文志・地志類》 袁山松《勾將山記》。章宗源曰：《寰宇記》山南東道登勾將山，北見高筐山，嶷然半天。《御覽・地部》卷四十九堯時大水，此山不没如筐，因名焉，並引袁山松《勾將山記》。余按《御覽》四十九又引此記叙勾將山特詳，章氏未檢。又《初學記》卷八《勾將山記》曰：縣去四十里，別從狼尾灘下南崖。不題袁山松名。

南嶽記

文廷式《補晉書藝文志・地志類》 徐靈期《南嶽記》。章宗源考證曰：《藝文類聚・居處部、服飾部》、《太平御覽・地部》卷三十九並引徐靈期《南嶽記》。廷式案：《通典》一百三稱東晉徐靈期問張憑，即此人。

衡山記

《隋書・經籍志・地理》《衡山記》一卷。宗居士撰。

李昉《太平御覽經史圖書綱目》《衡山記》。

錢東垣等輯《崇文總目輯釋・地理類》《南嶽衡山記》一卷。

鄭樵《通志・藝文略・地里・名山洞府》《南嶽衡山記》一卷。又一卷。宋居士撰。

《宋史・藝文志・地理類》《衡山記》一卷。

又《南岳衡山記》一卷。

章宗源《隋書經籍志考證・地理》《衡山記》一卷。宋居士撰。《南齊書・高逸傳》宗測字敬微，宋徵士炳孫也。測少静退，辟徵不就，嘗遊衡山，著《衡山記》。隋志，宋當作宗。《文選・江文通雜體詩注》空青崗有天津玉池。《藝文類聚・地部》衡山有曾青崗，出曾青可合仙藥。有靈壽崗，多靈壽木。《御覽・地部》又云週迴數十里，芝草崗有神芝靈草。並引《衡山記》。

黎世衡《補南齊書經籍志・地理類》 宗測《衡山廬山記》。又嘗遊衡山七嶺，著《衡山廬山記》。《南齊書》五四《宗測傳》，《南史》七五《隱逸上・宗少文傳》宗測。

衡山圖經

李昉《太平御覽經史圖書綱目》《衡山圖經》。

南嶽小録

鄭樵《通志・藝文略・地里・名山洞府》《南嶽小録》一卷。李仲昭撰。

尤袤《遂初堂書目・地理類》《南岳小録》。

錢謙益等《絳雲樓書目・地誌類》《南岳小録》。一卷。唐道士李沖昭。

《四庫全書總目提要・地理類三・山川之屬》《南嶽小録》一卷。浙江汪汝瑮家藏本。唐道士李沖昭撰。卷首有自序，稱弱年悟道，近歲依師。洎臨嶽門，頻訪靈蹟。徧閲古碑及衡山圖經、湘中記，仍致詰於師資長者、嶽下耆年。或得一事，旋貯篋笥。撮而直書，總成一卷。案書中有咸通年號，當作於懿宗以後。序末所題壬戌歲，蓋昭宗天復二年也。《舊唐書・經籍志》、《新唐書・藝文志》皆不著録。鄭樵《通志·藝文略》始載有此名，與此本卷數相合。惟沖昭作仲昭，或傳刻誤歟。書中先列五峯、三澗，次敘宫觀、祠廟、壇院之屬，而以歷代得道飛昇之迹附之。雖黄冠自張其教，不無夸誕之辭。而唐世名山洞府之書，如盧鴻一《嵩山記》、張密《廬山雜記》、令狐見堯《玉笥山記》、杜光庭《武夷山記》，今並無存。此獨以舊本流傳。勝境靈蹤，足資掌故，是亦考圖經者所宣徵據矣。此本爲明蔡汝楠守衡州時所刻。前有小引，亦謂所載事蹟、名物悉與今本不同云。

南嶽總勝集

趙希弁《讀書附志·地理類》《南嶽總勝集》三卷。右紀載南嶽之勝槩也。

楊士奇等《文淵閣書目·古今志》《南嶽總集》。三册。

焦竑《國史經籍志·地里·名山洞府》《南嶽總勝集》三卷。見藏道。

阮元《四庫未收書目提要·地理類》《南嶽總勝集》三卷。宋道士陳田夫撰。田夫字耕叟，居南嶽九真洞老圃菴。是編從明人影宋本依樣過録，首卷列總圖一，分圖五，及五峯靈迹，又洞天福地，以至歷代帝王，爲類二十有七。中卷敘寺觀，及所産珍禽雜藥、異花靈草、靈禽異獸，纏悉畢載。下卷敘唐宋異人高僧，末附以隱逸之士。徵引博而敘述簡，深有體要。前有隆興甲申拙叟序，稱耕叟居南嶽，往來七十二峯間，三十餘年，訪求前古異人高僧，靈蹤祕迹，攷其事而紀之云云。案《宋史》地志，傳者頗希，此則較唐李冲昭《南嶽小録》更爲詳備，尤足以證《文淵閣書目》作《南嶽集》三册，乃轉寫脱誤耳。

南嶽尋勝録

尤袤《遂初堂書目·地理類》《南岳尋勝録》。

《宋史·藝文志·地理類》僧文政《南嶽尋勝録》一卷。

南嶽勝概

《宋史·藝文志·地理類》錢景衎《南嶽勝概》一卷。

[嘉靖]衡嶽志

范邦甸等《天一閣書目·地理類》《衡嶽志》十九卷。刊本。明彭簪撰并序。

趙琦美《脈望館書目·史·湖廣·衡州府》《衡岳志》二本。

張萱等《内閣藏書目録·志乘部·湖廣》《衡岳志》二册。全。嘉靖戊子，衡山尹彭簪修。

黄虞稷《千頃堂書目·地理類下》彭簪《衡嶽志》八卷。嘉靖戊子修。簪字民望，安福人，官衡山知縣。

《明史·藝文志·地理類》彭簪《衡岳志》八卷。

静谷志

朱睦㮮《萬卷堂書目·雜志》《静谷志》□卷。彭簪。

[隆慶]衡嶽志

徐𤊹《徐氏家藏書目·湖廣省》《衡岳舊志》十三卷。

黄虞稷《千頃堂書目·地理類下》姚弘謨《重修衡岳志》十三卷。檇李人，督學，隆慶中修。（吴補）

《四庫全書總目提要·地理類存目五·山川》《衡嶽志》十三卷。浙江汪啟淑家藏本。明彭簪撰，姚宏謨重訂。考《明史·藝文志》，載彭簪《衡嶽志》八卷，此多五卷，當即宏謨所增。然宏謨序已稱續刻者隨時竄入而不之究，則未經重修以前已非簪之原本矣。序又稱總形勝於多景之前，補事紀於諸卷之首。此本一卷爲事紀，二卷、三卷爲形勢，知爲宏謨所增。至所稱詩文以景附，景以類分者，則散綴各卷，不可復考。簪自號石屋山人，安城人，官衡山縣知縣。其書成於嘉靖戊子。宏謨，秀水人。嘉靖癸丑進士，官至吏部左侍郎。其書成於隆慶辛未。時提督湖廣學政，應知縣章宣之請，續此編云。

衡嶽集

徐圖等《行人司重刻書目・地理類》《衡嶽集》二本。

衡岳志

徐𤊹《徐氏家藏書目・湖廣省》《衡岳志》八卷。鄧雲霄。

祁承㸁《澹生堂藏書目・圖志・山川》《衡岳志》八册。八卷。鄧雲霄删輯。

黃虞稷《千頃堂書目・地理類下》鄧雲霄《衡嶽志》八卷。

衡山志

黃虞稷《千頃堂書目・地理類下》毛彬《衡山志》十三卷。

衡山志

黃虞稷《千頃堂書目・地理類下》曾鳳儀《衡山志》八卷。

南岳唱酬集

錢謙益等《絳雲樓書目・地誌類》《南岳唱酬集》。

嶽麓志

《四庫全書總目提要・地理類存目五・山川》《嶽麓志》八卷。浙江汪啟淑家藏本。國朝趙寧撰。寧字又裔，山陰人，官長沙府同知。是志因舊本增輯，成於康熙丁卯。第一卷爲新典及圖説，二卷爲山水、古蹟、新建寺觀、疆域，三卷爲書院，四卷以下皆藝文也。卷首序文，自爲一巨册，當全書四分之一。同修姓氏列至一百四十二人，則其書可知矣。

[乾隆]南岳志

周中孚《鄭堂讀書記補逸・地理類六・山川》《南岳志》八卷。開雲樓刊本。國朝高自位等撰。自位號紫庭，直隸人。雍正癸卯舉人，官衡山縣知縣。南嶽衡山距衡山縣三十里，縣故以山得名也。其中靈蹤勝蹟甚多，志之者，始於唐道士李沖昭之《南嶽小録》一卷。今《四庫全書》猶著録之。至明知縣彭簪撰志八卷，後巡道鄧雲霄暨國朝知縣朱袞又一再修之。紫庭爲令，距朱氏時，已閲九十載。因與邑人曠敏本同修是志，訂譌補遺，亦幾脱稿，適紫庭調善化，繼任黃宫又與教諭黃有福重訂成編。自星次以至文藝，凡分十六門，每門小序，則總列於卷一之首。其於九十載問之事，頗有所續。而文藝一門，亦幾逾全書之半焉。前有乾隆癸酉高曠二序，及黃宫序，又有知衡州府黃岳牧、舒成龍、知衡陽縣歐陽純三序。

馬國翰《玉函山房藏書簿録・史編・地理類》《南嶽志》八卷。國朝衡山知縣高自位，與邑人翰林院庶吉士曠敏本同撰。

神境記

章宗源《隋書經籍志考證・地理》《神境記》卷亡。王韶之撰。不著録。《太平御覽・地部》滎陽縣蘭巖山有雙鶴，傳云昔有夫婦隱此山，化成鶴。羽族部同。又九嶷有青潤，中有黄色蓮花，芳氣竟谷。人事部滎陽有靈源山，有石髓、紫芝。百卉部同。並引王韶之《神境記》。

聶崇岐《補宋書藝文志・地志類》《神境記》。王韶之撰。

九疑山圖記

鄭樵《通志・藝文略・地里・名山洞府》《九疑山圖記》一卷。

鄭樵《通志・藝文略・地里・名山洞府》《九疑山圖記》一卷。

《宋史・藝文志・地理類》元結《九疑山圖記》一卷。

黄虞稷《千頃堂書目・地理類下》《九疑山圖記》一卷。

九疑考古

尤袤《遂初堂書目・地理類》《九疑考古》。

陳振孫《直齋書録解題・地理類》《九疑攷古》二卷。道州崇道主簿吴致堯格甫撰。取《春陵志》所紀，而爲詩以記之。宣和甲辰序。

馬端臨《文獻通考・經籍考・地理》《九疑考古》二卷。

《宋史・藝文志・地理類》吴致堯《九疑考古》二卷。

九疑詩賦

晁瑮《晁氏寶文堂書目・圖誌》《九疑詩賦》。

［萬曆］九疑山志

《四庫全書總目提要・地理類存目五・山川》《九疑山志》九卷。兩淮馬裕家藏本。明蔣鐄撰。鐄，長洲人，萬曆中官寧遠縣知縣。九疑山在寧遠縣南四十里，相傳舜葬其地，有舜廟焉。雖輿記流傳，而舊無專志，鐄始刱修此編。首紀祭舜陵文，次載形勝、古蹟、人物、仙釋、土産，次録前人碑記詩文。崇禎中，平陵俞向葵爲令，復補圖於卷首。

［嘉慶］九疑山志

丁立中《八千卷樓書目・地理類・山水》《九疑山志》四卷。國朝吴繩祖撰。刊本。

峽山履平集

《宋史・藝文志・地理類》司馬儼《峽山履平集》一卷。

羅浮山記

李昉《太平御覽經史圖書綱目》《羅浮山記》。

馬端臨《文獻通考・經籍考・地理》《羅浮山記》一卷。

羅浮山記

李昉《太平御覽經史圖書綱目》袁彦伯《羅山疏》。

文廷式《補晉書藝文志・地志類》 袁宏《羅浮山記》。《元和郡縣志》卷三十四云：博羅縣羅浮山在縣西北二十八里，羅山之西有浮山。蓋蓬萊之一阜，浮海而至，與羅山並體，故曰羅浮。高三百六十丈，周迴三百二十七里，峻天之峯四百三十有二焉，事具袁彦伯記。《晉書・藝術單道開傳》：袁宏爲南海太守，與弟穎叔，及沙門支法防共登羅浮山。《藝文類聚》卷七引作袁彦伯《羅浮山疏》。《御覽》七百五十九袁彦伯《羅山疏》曰：善道開户在石室北壁下，形體朽壞，止有白骨。在昔成都識此道士，聞之使人惻然。其業行殊異，當蟬蜕解骨耳。石室中先有甌盛香，得便掃除燒香。

登羅山疏

丁國鈞《補晉書藝文志・地理類》 《登羅山疏》竺法真。謹按《御覽・地部、香部、獸部、豸部、竹部》均引《白帖卷五・山類》引作袁彦伯《羅浮山疏》，蓋誤竺書爲袁書。

羅浮山記

鄭樵《通志・藝文略・地里・名山洞府》 《羅浮山記》一卷。郭之美撰。

陳振孫《直齋書録解題・地理類》 《羅浮山記》一卷。廬陵郭之美撰。皇祐辛卯序。

《宋史・藝文志・地理類》 郭之美《羅浮山記》一卷。

羅浮志

黄虞稷《千頃堂書目・地理類下》 陳璉《羅浮山志》十五卷。

《明史・藝文志・地理類》 陳璉《羅浮志》十五卷。

丁立中《八千卷樓書目・地理類・山水》 《羅浮志》十卷。（宋）［明］陳槤撰。嶺南遺書本。

羅浮山志

范邦甸等《天一閣書目・地理類》 《羅浮山志》十二卷。刊本。明嘉靖三十年黄佐序。

黄虞稷《千頃堂書目・地理類下》 黄佐《羅浮山志》十二卷。

羅浮山志

趙琦美《脈望館書目・史・廣東・潮州府》 《羅浮山志》一本。

羅浮山志

黄虞稷《千頃堂書目・地理類下》 黎明表《羅浮山志》四卷。

羅浮野乘

黄虞稷《千頃堂書目・地理類下》 韓晃《羅浮野乘》六卷。字賓仲，號青崿山人，嶺南人。

《四庫全書總目提要・地理類存目五・山川》 《羅浮野乘》六卷。江蘇巡撫採進本。明韓晃撰。晃字賓仲，南海人。萬曆庚子舉人，官青田縣知縣。是編首全圖，次名峯，次勝蹟，次仙釋，次品物，次逸事。書成於崇禎己卯，其兄晟字寅仲，亦著《羅浮副墨》，今未見。

陶敬益羅浮山志

《四庫全書總目提要・地理類存目五・山川》《羅浮山志》十二卷。内府藏本。國朝陶敬益撰。敬益，江寧人。康熙中官博羅縣知縣。是編因黎惟敬舊志，益以僧塵異名峯圖説，互相補輯，合爲一書。然首有圖經，又有名峯圖，又有巖洞志。前後繁複，殊無義例。是則兼取兩家，未能融鑄翦裁之故也。

羅浮山志會編

《四庫全書總目提要・地理類存目五・山川》《羅浮山志會編》二十二卷。兩淮馬裕家藏本。國朝宋廣業撰。廣業字澄溪，長洲人。康熙中官至山東濟東道，後因其子志益爲瑞州知府，就養官署。以羅浮爲嶺南勝地，而舊志簡略，遂重爲考訂，綱羅闕逸，計事增舊十之五。後來羅浮諸志，多以是爲藍本云。

羅浮外史

《四庫全書總目提要・地理類存目五・山川》《羅浮外史》無卷數。浙江巡撫採進本。國朝錢以塏撰。以塏字庶山，嘉善人。康熙中歷官東莞、茂名二縣知縣。羅浮山屬於博羅，而遊人登眺則多由東莞之石龍鄉。以塏官東莞時，其父瑛就養縣署，往遊羅浮，記其名勝。以塏因參考諸籍，以成此編。首列圖二十，次述山中名勝靈蹟爲五十八篇。大抵多因仍舊志，又多以近人詩參錯其中，頗爲冗雜。

霍山記

尤袤《遂初堂書目・地理類》《霍山記》。

陳振孫《直齋書録解題・地理類》《霍山記》一卷。知循州林須撰。山在循州境内。

馬端臨《文獻通考・經籍考・地理》《霍山記》一卷。

《宋史・藝文志・地理類》林須《霍山記》一卷。

［嘉靖］西樵志

范邦甸等《天一閣書目・地理類》《西樵志》六卷。刊本。明嘉靖丙午周學心撰，主事沈桂奇序。

徐𤊹《徐氏家藏書目・廣東省》《西樵山志》六卷。

西樵山志

黄虞稷《千頃堂書目・地理類下》霍尚守《西樵山志》二卷。

西樵志

《四庫全書總目提要・地理類存目五・山川》《西樵志》六卷。浙江汪啟淑家藏本。國朝馬符録撰。符録字受之，南海人，官陸豐縣訓導。西樵山屬南海縣，在廣州府城西南一百二十里。明萬曆辛卯，郡人霍守尚初爲之志，歲久散佚。國朝羅國器重修未竟，符録乃因其舊本，輯爲此編。詳於人物藝文，而略於考證，故山中金石之文悉不録云。

崖山志

趙琦美《脈望館書目・史・廣東・廣州府》《崖山志》三本。

匡山新志

朱睦㮮《萬卷堂書目・雜志》《匡山新志》十八卷。張訊。

七星岩志

趙琦美《脈望館書目・史・廣東・肇慶府》《七星岩志》一本。

黄虞稷《千頃堂書目・地理類下》《七星巖志》三卷。

定山石室志

黄虞稷《千頃堂書目・地理類下》《定山石室志》八卷。南海蘇景熙朱完、高明區懷瑞彙修。

[順治]七星巖志

《四庫全書總目提要・地理類存目五・山川》《七星巖志》十六卷。浙江汪啟淑家藏本。國朝韓作棟撰。作棟字公吉，鑲藍旗漢軍。順治中官分巡肇高廉羅道，按察司僉事。七星巖在肇慶府高要縣城北，一名崧臺，一名定山，故此書又名《定山石室志》也。志本明王泮所撰，作棟因而重修，吴綺又爲之潤色。然有闕考核者，寥寥無多。如石刻門於唐李邕石堂記後乾道己丑秋一條，以後人題名之年月，誤爲摹石之年月。又載元符改元端午日，眉山蘇軾挈家來游。不思元符元年，蘇軾正在儋州，安得有挈家至七星巖之事。蓋據曹學佺《名勝志》所載，而不知爲傳譌之文也。

[康熙]湘山志

《四庫全書總目提要・地理類存目五・山川》《湘山志》八卷。浙江巡撫採進本。國朝徐泌撰。泌字鶴汀，衢州人。康熙中官全州知州。以州有湘山寺，祀無量壽佛。率郡人謝宂復等考佛出身本末，並山水古蹟藝文，輯爲是書。

青城山記

錢東垣等輯《崇文總目輯釋・地理類》《青城山記》一卷。《通志略》不著撰人。

鄭樵《通志・藝文略・地里・名山洞府》《青城山記》一卷。

馬端臨《文獻通考・經籍考・地理》《青城山記》一卷。

《宋史・藝文志・地理類》《青城山記》一卷。

楊士奇等《文淵閣書目・舊志》《青城山記》。一册。

青城山記

晁公武《郡齋讀書志・地里類》《青城山記》一卷。袁本前志卷二下地理類第四。右僞蜀杜光庭賓聖撰。集蜀山、若水在青城者，悉本道家方士之言。

陳振孫《直齋書録解題・地理類》《青城山記》一卷。蜀道士杜光庭撰。

峨眉山記

《宋史・藝文志・地理類》《峨眉山記》二卷。

峨眉光明山傳

祁承㸁《澹生堂藏書目・圖志・山川》《峨眉光明山傳》一册。一卷。

峨眉大光明山傳

黄虞稷《千頃堂書目・地理類下》《峨眉大光明山傳》一卷。

淩雲山志

黄虞稷《千頃堂書目・地理類下》《淩雲山志》二卷。

［康熙］峨眉山志

《四庫全書總目提要・地理類存目五・山川》《峩眉山志》十八卷。浙江汪啟淑家藏本。國朝蔣超撰。超字虎臣，金壇人。順治丁亥進士，官翰林院編修。晚入峩眉山爲僧，因輯是志。昔劉勰奏請出家，改名慧地。《梁書》本傳雖著其事，而傳首仍題原名，蓋不與士大夫之爲僧也。故今於超斯志，亦仍題其原名云。

峨眉志略

《四庫全書總目提要・地理類存目五・山川》《峩眉志略》一卷。浙江汪啟淑家藏本。國朝張能鱗撰。能鱗有《詩經傳説取裁》，已著録。是書於峩眉形勝古蹟，標撮甚略。末附詩文數篇，而自作乃登其二。《佛光解》一篇，命意雖善，措詞則未能免俗也。

［乾隆］增修峩眉山志

《四庫全書總目提要・地理類存目五・山川》《峩眉山志》十八卷。浙江汪啟淑家藏本。國朝曹熙衡撰。熙衡字素徵，錦州人，順治中官至貴州按察使。是編因蔣超舊志，成於疾病之餘，未能條理明晰，故即其本而重訂之。然據卷首修山志説，實戎州宋隸樟所定。熙衡時分巡建昌道，董其事耳。末一卷爲志餘，仍題超名。而中論普賢住世一條，有宣太史蔣公之辨論語，則亦非超之本文矣。

仙都山志

《四庫全書總目提要・地理類存目五・山川》《仙都山志》二卷。兩淮馬裕家藏本。明戴葵撰。葵，酆都人，始末未詳。據其自跋，此書葢嘉靖丁未作也。仙都山在四川酆都縣境，爲道經第四十二福地。稱前漢王方平、後漢陰長生得道處。葵雜採舊文，分爲八類，大抵神仙家言爲多。

華銀山志

丁立中《八千卷樓書目・地理類・山水》《華銀山志》十八卷。國朝釋可學撰。刊本。

天然洞記

祁承㸁《澹生堂藏書目・圖志・山川》《天然洞記》一册。一卷。

雞足山志

《四庫全書總目提要・地理類存目五・山川》《雞足山志》十卷。浙江汪啟淑家藏本。國朝范承勳撰。承勳，鑲黃旗漢軍。大學士文程之子，浙閩總督承謨之弟，官至雲貴總督。雞足山在雲南賓川州東一百里，一頂三支，儼如雞距，在蒼山、洱海之間。相傳爲迦葉尊者入定處，佛寺最多，故志山者多述佛門之事。是編乃康熙三十一年承勳因舊本增修，分圖紀、考證、星野、形勢、山水、寺院、人物、靈蹟、物産、藝文凡十門，而以迦葉像讚冠於卷端焉。

岳忠武王初瘞志

丁立中《八千卷樓書目・地理類・古蹟》《岳忠武王初瘞志》一卷，附《岳廟公言》一卷。國朝吳福成撰。刊本。

金龍四大王祠墓録

丁立中《八千卷樓書目・地理類・古蹟》《金龍四大王祠墓録》六卷。國朝仲學輅撰。掌故叢編本。

于忠肅公祠墓録

丁立中《八千卷樓書目・地理類・古蹟》《于忠肅公祠墓録》十二卷。國朝丁丙撰。掌故叢編本。

祖陵紀略

趙琦美《脈望館書目・史・南直・鳳陽府》《祖陵紀略》。二本。

黃虞稷《千頃堂書目・地理類下》朱自新《祖陵紀略》二卷。祠祭署奉祀。

附　園林

湛園記

黃虞稷《千頃堂書目・地理類下》米萬鍾《湛園記》二卷。

雲間第宅志

周中孚《鄭堂讀書記補逸・地理類七・古蹟》《雲間第宅志》一卷。藝海珠塵本。國朝王澐撰。澐字勝持，號僧士，華亭人。明貢生，入國朝不仕。僧士以吾郡自明嘉隆以前城中居民頗少，倭變後，士大夫始多城居。崇禎之末，廬舍櫛比，殆無隙壤。迨乙酉兵火之後，盪然無存。因追述舊時第宅，以爲斯編。先載府治一則，以提綱領。次爲十一則，各依其地分之。雖僅一卷，而所記第宅之盛，幾於指不勝屈。蓋宋李文叔《洛陽名園記》，敍之於全盛之時，僧士是編，則敍之於已衰之後也。

諸紹禹孔宅記

《四庫全書總目提要・地理類存目六・古蹟》《孔宅志》六卷。兩江總督採進本。國朝諸紹禹撰。紹禹，松江人。青浦縣治之北，地名孔宅。舊有孔子廟，相傳隋末孔子三十四代裔孫蘇州刺史禎僑寓於吴，乃立家廟，并葬先聖衣冠於此。後漸湮廢，明陸應陽重修之，始述爲孔廟記。陳功又作續記。康熙中，紹禹增删舊本，以成是編。案禎生於隋代，不應尚存先聖衣冠。即有之，亦不應攜至吴中。且隋時郡縣，並無蘇州之名。其説殊未可盡信也。

避暑山莊三十六景圖

嵇璜等《清通志・圖譜略・御定地理》《避暑山莊三十六景圖》。謹按熱河乃近塞名區，聖祖仁皇帝肇建避暑山莊爲秋獮駐蹕之地。天開勝境，繪圖三十六幅，悉經寶翰親題。每歲我皇上翠華臨幸，摛揚奎藻，寄興知仁，復增三十六景，地靈日闢，屹爲都會，敬附誌於此。

瀑園志

徐燉《徐氏家藏書目・陝西省》《瀑園志》四卷。南居益。

黄虞稷《千頃堂書目・地理類下》南□□《瀑園志》四卷。

甘露園記

朱睦㮮《萬卷堂書目・雜志》《甘露園記》。

太白樓志

趙琦美《脈望館書目・史・山東・東昌府》《太白樓志》二本。

小山玄賞

祁承㸁《澹生堂藏書目・圖志・園林》《小山玄賞》四册。四卷。

兩居雜記

祁承㸁《澹生堂藏書目・圖志・園林》《雨居雜記》一册。一卷。俞彦。

寒松館遊覽草

祁承㸁《澹生堂藏書目・圖志・園林》《寒松館遊覽草》三册。六卷。顧起元。

平山堂小志

周中孚《鄭堂讀書記補逸・地理類七・古蹟》《平山堂小志》十二卷。江都汪氏刊本。國朝程夢星撰。

平山堂圖志

丁立中《八千卷樓書目・地理類・古蹟》《平山堂圖志》十卷。國朝趙之壁撰。日本刊本。

五畝園志

丁立中《八千卷樓書目・地理類・古蹟》《五畝園志》一卷。國朝謝家福撰。刊本。

郊居雜記

祁承㸁《澹生堂藏書目・圖志・園林》《郊居雜記》一册。一卷。張汝霖。

西湖觀

祁承㸁《澹生堂藏書目・圖志・園林》《西湖觀》二册。三卷。

遯園記

祁承㸁《澹生堂藏書目・圖志・園林》《遯園記》一册。一卷。

淇園雅集

祁承㸁《澹生堂藏書目・圖志・園林》《淇園雅集》一册。六卷。

愚公谷乘

祁承㸁《澹生堂藏書目・圖志・園林》《愚公谷乘》二册。二卷。鄒迪光。

密園前後記

祁承㸁《澹生堂藏書目・圖志・園林》《密園前後記》二册。二卷。

葵圃記

祁承㸁《澹生堂藏書目・圖志・園林》《葵圃記》一册。一卷。應臬。

吴興園圃記

錢謙益等《絳雲樓書目・地誌類》《吴興園圃記》。周密。

續園圃記

錢謙益等《絳雲樓書目・地誌類》《續園圃記》。

將就園記

丁立中《八千卷樓書目・地理類・古蹟》《將就園記》一卷。國朝黄周星撰。昭代叢書本。

竹垞小志

周中孚《鄭堂讀書記補逸・地理類七・古蹟》《竹垞小志》五卷。七録書閣刊本。國朝阮元撰。

武林第宅考

丁立中《八千卷樓書目・地理類・古蹟》《武林第宅考》一卷。國朝柯汝霖撰。掌故叢編本。

榜仙樓集

趙琦美《脈望館書目・史・南直・太平府》《榜仙樓集》一本。

何氏山莊次序本末

陳振孫《直齋書録解題・地理類》《何氏山莊次序本末》一卷。尚書崇仁何異同叔撰。其别墅曰三山小隱。「三山」者，浮石山、巖石山、玲瓏山，其實一山也。周回數里，敍其景物次序爲此編。自號月湖，標韻清絶，如神仙中人，膺高壽而終。

馬端臨《文獻通考・經籍考・地理》《何氏山莊次序本末》一卷。其山聞今蕪廢矣。

宜春臺詩

祁承㸁《澹生堂藏書目・圖志・山川》《宜春臺詩》一册。一卷。

後園記

《隋書・經籍志・地理》《後園記》一卷。

鄭樵《通志・藝文略・地里・都城宮苑》《後園記》一卷。

姚振宗《隋書經籍志考證・地理類》《後園記》一卷。案《初學記・居處部》載晉潘尼《後園頌》，爲晉武帝後園校射而作。又有梁元帝《遊後園詩》、晚景《遊後園詩》。《藝文類聚》六十五有齊謝朓《遊後園賦》，似此爲《洛陽後園記》。又《晉書・涼武昭王李玄盛傳》隆安中，有赤氣起於後園，起嘉納堂以圖讚所志，時白狼、白兔、白雀、白雉、白鳩皆棲其園囿。其羣下以爲白祥金精所誕，皆應時雍而至。又有神光甘露、連理嘉禾衆瑞，請史官記其事。玄盛從之，則又似西涼李氏《燉煌後園記》。

洛陽名園記

尤袤《遂初堂書目・地理類》《洛陽名園記》。

晁公武《郡齋讀書志・地里類》《洛陽名園記》一卷。袁本前志卷二下地理類第三十四。右皇朝李格非撰。記洛中園圃自富鄭公以下十九所。其論以爲洛陽之盛衰，爲天下治亂之候，園圃之興廢，爲洛陽盛衰之候。則《名園記》之作，豈徒然哉！公卿大夫忘天下之治忽而欲退享此樂，得乎？唐之末路是也。

陳振孫《直齋書録解題・地理類》《洛陽名園記》一卷。禮部員外郎濟南李格非文叔撰。記開國以來卿公家園囿之盛，其末言天下治亂之候，在洛陽之盛衰。洛陽盛衰之候，在名園之興廢，使人感慨。格非以不肯與編元祐章奏，入黨籍。《國史・文苑》有傳。世所謂易安居士清照者，其女也。格非苦心爲文，而集不傳，館中亦無有，惟錫山尤氏有之。《文鑑》僅存此跋，蓋亦未嘗見其全集也。

馬端臨《文獻通考・經籍考・地理》《洛陽名園記》一卷。

徐𤊹《徐氏家藏書目・河南省》《洛陽名園記》一卷。宋李文叔。

錢謙益等《絳雲樓書目・地誌類》 李文叔《洛陽名園記》。一卷。張琰序，紹興八年也。序中并及文叔女易安上書宰相救父事，蓋文叔亦嘗坐元祐邪黨遠謫也。宰相即易安之舅。

又《雒陽名園記》。重出。

《四庫全書總目提要・地理類三・古蹟》《洛陽名園記》一卷。兩江總督採進本。宋李格非撰。格非字文叔，濟南人。元祐末爲國子博士，紹聖初進禮部郎，提點京東刑獄，以黨籍罷。是書記洛中園囿，自富弼以下凡十九所。【略】《書録解題》、《郡齋讀書志》俱載李格非撰。惟《津逮祕書》題曰華州李廌。考邵博《聞見後録》第十七卷，全載此書，不遺一字，題標格非之名。同時之人，不應有誤，知毛晉之誤題審矣。王士禎《居易録》記是書，前有紹興中張琰德和序，首曰山東李文叔云云，此本亦佚之。殆又後人因標題姓名與序不符，而刊除其文歟。

張之洞《書目答問・地理・雜地志》《洛陽名園記》一卷。宋李格非。海山仙館本。《津逮》本。《學津》本。

斗園乘

祁承㸁《澹生堂藏書目・圖志・園林》《斗園乘》一册。一卷。吕維祺。

終南草堂十志

馬國翰《玉函山房藏書簿録・史編・地理類》《終南草堂十志》一卷。唐徵諫議大夫洛陽盧鴻灝然撰。其先幽州范陽人，隱居嵩山。開元中，屢徵不起，賜隱居服，營草堂，恩禮殊渥，所居室自號寧極，見《唐書・隱逸傳》。書志終南草堂十景，皆有吟詠。

山園雜志

趙琦美《脈望館書目・史・河南・歸德府》《山園雜記》。一本。

祁承㸁《澹生堂藏書目・圖志・園林》《山園雜記》。一册。一卷沈鯉。

醉翁亭集

趙琦美《脈望館書目・史・南直・涂州》《醉翁亭集》。一本。

閬苑記

《宋史・藝文志・地理類》王震《閬苑記》三十卷。

附　書院

鶴山書院録

晁瑮《晁氏寶文堂書目・圖誌》《鶴山書院録》。

雨邑城學記

晁瑮《晁氏寶文堂書目・圖誌》《(兩)[雨]邑城學記》。

天關精舍志

范邦甸等《天一閣書目・地理類》《天關精舍志》十四卷。明吴純撰并序。

正學書院志

朱睦㮮《萬卷堂書目・雜志》《正學書院志》六卷。王世相。

河中書院圖記

黃虞稷《千頃堂書目・地理類下》 吕經《河中書院圖記》一卷。

解梁書院志

晁瑮《晁氏寶文堂書目・圖誌》 《解梁書院志》。

河東書院志

朱睦㮮《萬卷堂書目・雜志》 《河東書院志》六卷。張仲修。

黃虞稷《千頃堂書目・地理類下》 張仲修《河東書院志》七卷。

恒嶽甘泉書院志

楊士奇等《天一閣書目・地理類》 《恒嶽甘泉書院志》九卷。刊本。明周棨朱脩，郭應奎序。

華山精舍記

《隋書・經籍志・地理》 《華山精舍記》一卷。張光禄撰。

李昉《太平御覽經史圖書綱目》 《華山精舍記》。

姚振宗《隋書經籍志考證・地理類》 《華山精舍記》一卷。張光禄撰。張光禄始末未詳。

新泉精舍志

晁瑮《晁氏寶文堂書目・圖誌》 《新泉精舍志》。

蘇州學志

徐圖等《行人司重刻書目・地理類》 《蘇州學志》。四本。

常熟學志

徐𤊹《徐氏家藏書目・南直隸》 《常熟學志》。

崇正書院志

黃虞稷《千頃堂書目・地理類下》 胡僖《崇正書院志》十一卷。

虞山書院志

黃虞稷《千頃堂書目・地理類下》 錢璠《虞山書院志》。

虞山書院志

祁承㸁《澹生堂藏書目・圖志・圖志》 《虞山書院志》。六册。十五卷。孫慎行編。

東林書院志

《四庫全書總目提要・地理類存目六・古蹟》《東林書院志》二十二卷。兩江總督採進本。國朝高岵、高隆、高廷珍、高陛、許獻同撰。岵等四人皆高攀龍之裔，獻亦攀龍同縣人也。其書分建置、院規、會語、祀典、列傳、公移、文翰、典守、著述、軼事十門。意在博搜廣採，而體例冗雜頗甚。所附諸人，又多牽附，不特孫承澤濫厠其閒，即宋犖平生，亦僅刻意於文章，未嘗聞其講學也。

太倉州儒學志

周中孚《鄭堂讀書記補逸・地理類七・古蹟》《太倉州儒學志》。原刊本。國朝俞天倬撰。

鹿城書院集

朱睦㮮《萬卷堂書目・雜志》《鹿城書院集》□卷。鄧淮。

黃虞稷《千頃堂書目・地理類下》鄧淮《鹿城書院集》。知府。

長州學志

徐圖等《行人司重刻書目・地理類》《長州學志》。四本。

吴郡學志

黃虞稷《千頃堂書目・地理類上》王穀祥《吴郡學志》。

西湖書院志

黃虞稷《千頃堂書目・地理類下》徐奇《西湖書院志》。仁和人。

瀛山書院志

黃虞稷《千頃堂書目・地理類下》方應時《瀛山書院志》。

虎林書院

黃虞稷《千頃堂書目・地理類下》聶心湯《虎林書院志》一卷。

貞義書院集

黃虞稷《千頃堂書目・地理類下》張孚敬《貞義書院集》。

安定書院集

黃虞稷《千頃堂書目・地理類下》沈桐《安定書院集》。

首善書院志

黃虞稷《千頃堂書目・地理類下》王應遴《首善書院志》。

天心書院志

黄虞稷《千頃堂書目・地理類下》 岳元聲《天心書院志》。

天真精舍志

黄虞稷《千頃堂書目・地理類下》 《天真精舍志》四卷。

辯利院志

丁立中《八千卷樓書目・地理類・古蹟》 《辯利院志》三卷。國朝翟灝撰。原刊本。抄本。

杭嘉義學合誌

丁立中《八千卷樓書目・地理類・古蹟》 《杭嘉義學合誌》一卷。國朝周士璉撰。刊本。

嘉興府學徵信録

丁立中《八千卷樓書目・地理類・古蹟》 《嘉興府學徵信録》一卷。國朝瑞元撰。原刊本。

柳溪書院志

朱睦㮮《萬卷堂書目・雜志》 《柳溪書院志》二卷。汪尚。

循理書院約

祁承㸁《澹生堂藏書目・圖志・祠宇》 《循理書院約》。一册。黄奇士。

桐溪講堂集

丁立中《八千卷樓書目・地理類・古蹟》 《桐溪講堂集》一卷。不著撰人名氏。明刊本。

還古書院志

丁立中《八千卷樓書目・地理類・古蹟》 《還古書院志》十八卷。國朝施璜撰。刊本。

紫陽書院志

丁立中《八千卷樓書目・地理類・古蹟》 《紫陽書院志》十八卷，附《四書講義》五卷。國朝施璜撰。刊本。

東山書院誌略

丁立中《八千卷樓書目・地理類・古蹟》《東山書院誌略》一卷。國朝唐治撰。刊本。

白鹿洞記

晁瑮《晁氏寶文堂書目・圖誌》《白鹿洞記》。

白鹿洞山堂講集

晁瑮《晁氏寶文堂書目・圖誌》《白鹿洞山堂講集》。

白鹿洞新志

朱睦㮮《萬卷堂書目・雜志》《白鹿洞新志》八卷。李□。

徐𤊹《徐氏家藏書目・江西省》《白鹿洞書院志》。

祁承㸁《澹生堂藏書目・圖志・祠宇》《白鹿洞書院志》。二册。八卷，劉峻輯。

黄虞稷《千頃堂書目・地理類下》劉俊《白鹿洞書院志》六卷。

《明史・藝文志・地理類》劉俊《白鹿洞書院志》六卷。

白鹿書院志

范邦甸等《天一閣書目・地理類》《白鹿書院志》七卷。刊本。明南康知府張愈嚴重刊，周廣序。

白鹿書院志

朱睦㮮《萬卷堂書目・雜志》《白鹿書院志》十九卷。袁友德。

周偉白鹿洞書院志

趙琦美《脈望館書目・史・江西・南康府》《白鹿洞書院志》。四本。

祁承㸁《澹生堂藏書目・圖志・祠宇》《增定白鹿洞書院新志》。四册。十二卷，周偉輯。

白鹿書院志

《四庫全書總目提要・地理類存目六・古蹟》《白鹿書院志》十六卷。安徽巡撫採進本。國朝廖文英撰。文英有《正字通》，已著録。初，唐李渤與其兄涉讀書廬山，蓄一白鹿甚馴，因名白鹿洞。宋初置書院於五老峯下。朱子守南康軍，援嶽麓書院例，疏請敕額，遂爲四大書院之一。康熙中，文英爲南康知府，因即舊志修輯，以成是書。意求繁富，頗失翦裁。

白鹿書院志

《四庫全書總目提要・地理類存目六・古蹟》《白鹿書院志》十九卷。安徽巡撫採進本。國朝毛德琦撰。德琦有《廬山志》，已著録。康熙甲午，德琦爲星子縣知縣，因取廖文英原志重加訂正。分類凡十，曰形勝、曰興復、曰沿革、曰先獻、曰主洞、曰學規、曰書籍、曰藝文、曰祀典、曰田賦。形勝等七門，皆因舊志。興復、主洞、書籍三門，則德琦所增也。

白鷺書院志

晁瑮《晁氏寶文堂書目・圖誌》《白鷺書院志》。

趙琦美《脈望館書目・史・江西・吉安府》《白鷺書院志》。一本。

祁承㸁《澹生堂藏書目・圖志・梵院》《白鷺書院志》。二册。二卷，王時槐。

白鷺洲書院志

朱睦㮮《萬卷堂書目・雜志》《白鷺洲書院志》七卷。曾洋。

白鷺書院正學會規

祁承㸁《澹生堂藏書目・圖志・祠宇》《白鷺書院正學會規》。一册。二卷。

吉安白鷺洲書院志

黄虞稷《千頃堂書目・地理類下》《吉安白鷺洲書院志》。永新甘雨編。號嘉禾外史，萬曆甲午序。

《四庫全書總目提要・地理類存目六・古蹟》《白鷺洲書院志》二卷。浙江汪啟淑家藏本。明甘雨撰。雨有《古今韻分註撮要》，已著録。初，宋淳祐辛丑，江萬里知吉州，建書院於白鷺洲。洲在二水之中，故借李白詩二水中分白鷺洲句以名之，非金陵之白鷺洲也。時宋理宗方重道學，爲賜額立山長，嗣後遂相承爲古蹟。萬曆辛卯，黄梅汪可受爲吉安府知府，又重修之，雨因撰是志。分沿革、建置、教職、祀典、儲贍、名宦、人物、公移、賢勞、義助、紀述、書籍、生祠記十三門。生祠記者，即可受生祠也。至别立爲一門，此其作志之意不在書院矣。

白鷺洲書院三祀志

黄虞稷《千頃堂書目・地理類下》吴士奇《白鷺洲書院三祀志》十三卷。新都人。知吉安府。

清江庠志

趙琦美《脈望館書目・史・江西・臨江府》《清江庠志》。一本。

鵞湖志

徐𤊹《徐氏家藏書目・江西省》《鵞湖志》四卷。

鵝湖講學彙編

《四庫全書總目提要・地理類存目六・古蹟》《鵝湖講學會編》十二卷。江西巡撫採進本。國朝鄭之僑撰。之僑字東里，潮陽人。乾隆丁巳進士，官至寶慶府知府。鵝湖爲朱、陸講學之所，今其地屬鉛山。之僑官鉛山知縣時，因作是編。首卷爲之僑所作圖、傳、贊、考。二卷至八卷皆四賢問答諸書，及學規、條約、講義。九卷爲之僑及雷鋐所立條約。十卷、十一卷皆自宋迄今詩文之有關於鵝湖者，而之僑所作亦並録焉。十二卷則之僑所作鵝湖書田志也。書中大旨，多調停朱、陸之異同，其意蓋欲附於講學。然實則惟以書院爲主，故題詠名勝諸作，亦皆收録。今仍附之地理類焉。

江西石鼓書院志

徐𤊹《徐氏家藏書目·江西省》《石鼓書院志》。

復古書院志

祁承㸁《澹生堂藏書目·圖志·祠宇》《復古書院志》。四册。四卷。鄒德泳。

黄虞稷《千頃堂書目·地理類下》《復古書院志》。

求仁書社志

祁承㸁《澹生堂藏書目·圖志·祠宇》《求仁書社志》。一册。一卷。胡直編。

能仁會志

祁承㸁《澹生堂藏書目·圖志·祠宇》《能仁會志》。一册。一卷。

鄭溪書院志

黄虞稷《千頃堂書目·地理類下》龍紫海《鄭溪書院志》。

龍光書院志

黄虞稷《千頃堂書目·地理類下》榮塘《龍光書院志》四卷。在豐城。宋紹興時里人陳武構萬曆壬子翰林院檢討丘士毅。程遠序。

南溪書院志

朱睦㮮《萬卷堂書目·雜志》《南溪書院志》三卷。方溥。

南谿書院志

張萱等《内閣藏書目録·志乘部·福建》《南谿書院志》。一册。全。南谿即尤谿縣，朱晦菴誕生地也。教諭紀[延]譽修。

黄虞稷《千頃堂書目·地理類下》紀[延]譽《南溪書院志》。

《四庫全書總目提要·地理類存目六·古蹟》《南溪書院志》四卷。兩淮鹽政採進本。明葉廷祥、郭以隆、紀延譽、陳翹卿同撰。

考亭志

徐𤊹《徐氏家藏書目·福建省》《考亭志》十三卷。朱世澤。

黄虞稷《千頃堂書目·地理類下》朱世澤《考亭志》十三卷。

福安學志

徐𤊹《徐氏家藏書目·福建省》《福安學志》五卷。吴士訓。

共學書院志

黃虞稷《千頃堂書目・地理類下》《共學書院志》。

考亭志

丁立中《八千卷樓書目・地理類・古蹟》《考亭志》十卷。明朱世澤撰。明刊本。

百泉書院志

晁瑮《晁氏寶文堂書目・圖誌》《百泉書院志》。

范邦甸等《天一閣書目・地理類》《百泉書院志》四卷。刊本。明呂顓脩并識。

朱睦㮮《萬卷堂書目・雜志》《百泉書院志》四卷。葉炤。

趙琦美《脈望館書目・史・河南》《百泉書院志》。一本。

黃虞稷《千頃堂書目・地理類下》《百泉書院志》四卷。

舞泉書院志

朱睦㮮《萬卷堂書目・雜志》《舞泉書院志》一卷。任柱。

沔學志

朱睦㮮《萬卷堂書目・雜志》《沔學志》六卷。王鑾。

嶽麓書院集

朱睦㮮《萬卷堂書目・雜志》《嶽麓書院集》二卷。楊溥。

嶽麓書院志

趙琦美《脈望館書目・史・湖廣・衡州府》《嶽麓書院志》二本。

范邦甸等《天一閣書目・地理類》《嶽麓書院志》十一卷。刊本。明舒詰撰并序。

嶽麓書院禹碑

范邦甸等《天一閣書目・地理類》《嶽麓書院禹碑》一卷。石刻。

嶽麓書院禹碑集

范邦甸等《天一閣書目・地理類》《嶽麓書院禹碑集》一卷。刊本。明宋楫校刊。

嶽麓書院圖志

晁瑮《晁氏寶文堂書目・圖誌》《嶽麓書院圖志》。

祁承㸁《澹生堂藏書目・圖志・祠宇》《嶽麓書院圖志》。二册。十卷。孫存、陳論輯。

黃虞稷《千頃堂書目・地理類下》 陳論《嶽麓書院圖志》十卷。山長。正德甲戌提學陳鳳梧屬修。

又 孫存《嶽麓書院圖志》一卷。

《明史・藝文志・地理類》 孫存《嶽麓書院圖志》一卷。

吴道行嶽麓書院圖志

黃虞稷《千頃堂書目・地理類下》 吴道行《嶽麓書院圖志》。長沙人。崇禎癸酉修。

湖廣石鼓書院志

晁瑮《晁氏寶文堂書目・圖誌》《石鼓書院志》。

趙琦美《脈望館書目・史・湖廣・衡州府》《石鼓書院志》。二本。

張萱等《内閣藏書目録・志乘部・湖廣》《石鼓書院志》。二册。全。石鼓山在衡州，唐刺史齊映建合江亭於其陰。元和間，士人李寬隱焉。宋至道間，李士真即其遺阯重建之。景祐間，集賢校理劉沆以書院上請賜額并學田，其名遂盛。

石鼓書院志

朱睦㮮《萬卷堂書目・雜志》《石鼓書院志》一卷。鄧淮。

石鼓書院志

張萱等《内閣藏書目録・志乘部・湖廣》《石鼓書院志》。二册。全。嘉靖癸巳，衡州郡守(李安仁)[周詔]修。

《四庫全書總目提要・地理類存目六・古蹟》《石鼓書院志》四卷。浙江范懋柱家天一閣藏本。明周詔撰。案是時有二周詔，一爲延津人，嘉靖庚戌進士，見太學題名碑。一即此周詔，號臺山，富順人，嘉靖癸巳官衡州府知府。石鼓書院在衡州府治北石鼓山。宋景祐間，允集賢校理劉沆之請，賜額置田，與睢陽、嶽麓、白鹿號爲四大書院。講學家喜稱道之。詔官於衡州，因勦取舊志，稍增損以爲此編。首地理，次室宇，次人物，次祠翰，而附録文移於末。潦草漏略，殊無義例，蓋書帕本也。

石鼓書院志

黃虞稷《千頃堂書目・地理類下》 李安仁《石鼓書院志》五卷。

《四庫全書總目提要・地理類存目六・古蹟》《石鼓書院志》二卷。兩淮馬裕家藏本。明李安仁撰。安仁字裕居，遷安人。萬曆中官衡州府知府。是編因周詔舊志重修，分上下部。上部紀地理、室宇、人物、名宦，下部載藝文。採據較詔志爲詳。

明山書院私志

范邦甸等《天一閣書目・地理類》《明山書院私志》二卷。刊本。不著撰人名氏。

嶺表書院志

晁瑮《晁氏寶文堂書目・圖誌》《嶺表書院志》。

朱睦㮮《萬卷堂書目・雜志》《嶺表書院志》六卷。陶諧。

道鄉書院志

朱睦㮮《萬卷堂書目・雜志》《道鄉書院志》一卷。莫華。

江津學志

晁瑮《晁氏寶文堂書目・圖誌》《江津學志》。

太益書院志

朱睦㮮《萬卷堂書目・雜志》《太益書院志》五卷。崔槐廷。

懷忠書院志

朱睦㮮《萬卷堂書目・雜志》《懷忠書院志》三卷。黄器重。

趙琦美《脈望館書目・史・四川・重慶府》《懷忠書院志》。一本。

黄虞稷《千頃堂書目・地理類下》《懷中書院志》一卷。

雜記分部

北京市

幽州山川屯田聚落

顧懷三《補後漢書藝文志・輿地類》李恂《幽州山川屯田聚落》百餘卷。恂字叔英，安定臨涇人。官至武威太守。

燕京會要

尤袤《遂初堂書目・地理類》《燕京會要》。

北平八府圖總目

楊士奇等《文淵閣書目・舊志》《北平八府圖總目》。一册。

黄虞稷《千頃堂書目・地理類上》《北平八府圖總目》一卷。

皇元建都記

錢謙益等《絳雲樓書目・地誌類》《皇元建都記》。

黄虞稷《千頃堂書目・地理類・補元》《皇元建都記》。

倪燦等《補遼金元藝文志・地理類》朱思本又《皇元建都記》失名。

錢大昕《補元史藝文志・地理類》《皇元建都記》。

北京八景圖詩

范邦甸等《天一閣書目・地理類》《北京八景圖詩》一卷。刊本。明鄒緝等撰。永樂癸巳，胡廣序云：地志載明昌遺事有燕京八景，前代士大夫間嘗賦詠，往往見于簡册。聖天子龍飛于兹，肇建北京，爲萬方會同之都。車駕凡再巡狩，文學之臣多列扈從，侍講兼中允鄒緝仲熙獨曰：昔之八景，偏居一隅，猶且見於歌詠，矧當大一統文明之運，爲聖天子侍從之臣，以所業而從遊於此，縱觀神京鬱蔥，佳麗山川，草木衣被，雲漢之昭回，焉可無賦以播于歌誦。于是仲熙作詩爲倡，繼賦者祭酒胡儼若思、春坊庶子楊榮勉仁、諭德金善幼孜、侍講曾棨子啟、林環崇璧、脩撰梁潛用之、王洪希範、王英時彥、王直行儉、中書舍人王紱孟端、許輸鳴、鶴暨廣，凡十三人，得詩一百一十二首。廣兩和仲熙之韻，忝厠名焉，乃寫八景圖，并集諸作寘各圖之後，表爲一卷。

京城四至水馬驛程

楊士奇等《文淵閣書目·國朝》《京城四至水馬驛程》。一部三册。闕。

黄虞稷《千頃堂書目·地理類上》《京城四至水馬驛程》一卷。

北平成均志

楊士奇等《文淵閣書目·舊志》《北平成均志》。二册。

五城衚衕記

趙琦美《脈望館書目·史·北直》《五城衚衕記》一本。

黄虞稷《千頃堂書目·地理類上》張爵《五城坊巷衚衕集》。

品膳録

趙琦美《脈望館書目·史·北京》《品膳録》一本。

北京名勝志

徐𤊹《徐氏家藏書目·北直隸》《北京名勝志》十二卷。

平泉山居記

錢謙益等《絳雲樓書目·地誌類》《平泉山居記》。

北平事蹟

黄虞稷《千頃堂書目·地理類上》劉崧《北平事迹》一帙。

《明史·藝文志·地理類》劉崧《北平事蹟》一卷。

北都景記

黄虞稷《千頃堂書目·地理類上》周公建《北都景記》。

皇明京都景

黄虞稷《千頃堂書目·地理類上》《皇明京都景》八卷。

客燕雜記

黄虞稷《千頃堂書目·地理類上》陸啓浤《客燕雜記》三卷。

長安歲時記

黄虞稷《千頃堂書目·地理類上》陸啟浤《長安歲時記》一卷。

宛署雜記

張萱等《内閣藏書目録·志乘部·北直隸》 《宛署雜記》五册。全。萬曆壬辰宛平令沈榜修。

黄虞稷《千頃堂書目·地理類上》 沈(標)[標]《宛署雜記》二十卷。萬曆壬辰榜爲宛平知縣修。

帝京景物略

范邦甸等《天一閣書目·地理類》 《帝京景物略》八卷。刊本。明麻城劉侗、宛平于弈正同撰，遂安方逢年定。

黄虞稷《千頃堂書目·地理類上》 劉侗、于奕正《帝京景物略》八卷。

《明史·藝文志·地理類》 劉侗《帝京景物略》八卷。

《四庫全書總目提要·地理類存目六·雜記》 《帝京景物略》八卷。編修汪如藻家藏本。明劉侗、于奕正同撰。侗字同人，麻城人。崇禎甲戌進士，官吴縣知縣。奕正字司直，宛平人。崇禎中諸生。是編詳載北京景物。奕正摭求事迹，而侗排纂成文。以京師東西南北各分城内、城外，而西山及畿輔併載焉。所列目凡一百二十有九，每篇之末，各繫以詩，採摭頗疎。王士禎《池北偶談》嘗譏其不考《薩都拉集》，失載安禄山、史思明所造雙塔事。考據亦多不精確。其爲朱彝尊《日下舊聞》所駁正者，尤不一而足。其割裂藝元二字爲塑工姓名一條，殆足資笑噱。又侗本楚人，多染竟陵之習。其文皆幺弦側調，惟以纖詭相矜。至如太學石鼓一條，舍石鼓而頌太學，殊傷冗濫。又首善書院近在同時，泛敘講學，何關景物，於體例亦頗有乖。所附諸詩，尤爲猥雜。方今奉命重輯《日下舊聞》，考古證今，務求傳信。朱彝尊之所撰且爲大輅之椎輪，侗等弔詭之詞，益可爲覆瓿用矣。

天府廣記

《四庫全書總目提要·地理類存目六·雜記》 《天府廣記》四十四卷。編修勵守謙家藏本。國朝孫承澤撰。承澤有《尚書集解》，已著録。是書以京畿事實分類編輯，凡建置、府治、學宫、城池、宫殿各一卷；壇廟四卷；官署二十三卷；其中倉場漕務附户部，選舉貢院附禮部之類，又各以所屬繫録；人物二卷，名勝、川渠、名蹟、寺廟、石刻、陵園各一卷；賦一卷；詩三卷。全用志乘之體。承澤所作《春明夢餘録》多記明事，是編則上該歷代，下迄於明，爲例稍殊。其中如因工部而及修築，遂併淮、黄形勢而詳述之，則是南河而非北都；因禮部而及儀注，因併貴賤章服而縷載之，則是會典而非地志。且既以天府爲名，自應以地爲限。乃明建都在永樂時，而内閣題名上溯洪武之初；移石鼓入大都在元時，而石鼓歌兼收韓愈、韋應物、蘇軾、鳳翔所作。如斯之類，皆務博貪多，未免失之泛濫。至於六科條下自載其奏疏，名蹟類中自載其别業，如斯之類，亦未免明人自炫之習。他如《人物門·成德傳》末附載德殉難時與馬世奇書，有「在都縉紳盡如光含萬、孫北海，天下事尚可爲」之語。含萬即光時亨字，以給事中從賊，後爲福王所誅者也。以德之剛直明決，與時亨、承澤決非氣類，未必肎作是語。如斯之類，或不免有所依託。李國禎降賊拷死，具載諸書，而以爲棄城遁去，賊追殺之。如斯之類，或不免傳聞失實。前卷以翰林院爲元光禄寺，後卷又以翰林院爲元鴻臚寺，如斯之類，或不免小有牴牾。核其全書，大抵瑕多而瑜少也。

春明夢餘録

周中孚《鄭堂讀書記補逸·地理類八·雜記》 《春明夢餘録》七十卷。古香齋袖珍本。國朝孫承澤撰。仕履見經部書類。《四庫全書》著録。是編乃其於康熙中追録前明京師輿地之事，故曰「春明夢餘」。其分凡八十，然不越十四門而已。自卷一至卷二十二爲建置、形勝、城池、畿甸、城坊、宫闕、壇廟七門，自卷六十四至卷末爲名蹟、寺廟、石刻、岩麓、川渠、陵園六門，皆地志之屬也。惟卷二十三至卷六十三皆官署一門，雖亦爲地志所當具，而頗汎濫及前代故事，并明人章疏，甄録尤多，此則非專爲地志而設矣。然其紀載至爲繁富，爲朱竹垞《日下舊聞》之濫觴，考輿地者所不能廢，視劉同人等之《帝京景物略》固不得同年而語矣。

燕臺筆録

《四庫全書總目提要·地理類存目六·雜記》《燕臺筆録》一卷。編修程晉芳家藏本。此本載曹溶《學海類編》中，題國朝項惟貞撰。惟貞字端伯，秀水人，朱彝尊之門人也。然檢核其文，實即朱彝尊《日下舊聞》内風俗一門。疑彝尊嘗屬之裒輯，偶存殘稾，作僞者遂别標此名也。且彝尊撰《日下舊聞》時，溶殁已久，又安得而録之。《學海類編》多書賈所竄入，非溶原本，此亦一證矣。

日下舊聞考

《四庫全書總目提要·地理類一·都會郡縣》《欽定日下舊聞考》一百二十卷。乾隆三十九年奉敕撰。因朱彝尊《日下舊聞》原本，删繁補闕，援古證今，一一詳爲考覈，定爲此本。原書分星土、世紀、形勝、宫室、城市、郊坰、京畿、僑治、邊障、户版、風俗、物産、雜綴十三門。其時城西玉泉、香山諸處臺沼尚未經始，故列郊坰門中，與今制未協。諸廨署入城市門中，太學石鼓獨别爲三卷，於體例亦屬不倫。今增列苑囿、官署二門，并前爲十五門。而石鼓考三卷則并於官署門國子監條下。又原本城市、京畿二門五城及各州縣分屬之地，今昔不同，一一以新定界址爲之移正。原本所列古蹟，皆引據舊文，誇多務博，不能實驗其有無，不免傳聞訛舛，彼此互岐，亦皆一一履勘遺蹤，訂妄以存真，闕疑以傳信。所引藝文，或益其所未備，或删其所可省，務使有關考證，不漏不支。至於列聖宸章，皇上御製，凡涉於神京風土者，悉案門恭載，尤足以昭垂典實，藻繪山川。古來誌都京者，前莫善於《三輔黄圖》，後莫善於《長安志》。彝尊原本蒐羅詳洽，已駕二書之上。今仰承睿鑒，爲之正譌補漏，又駕彝尊原本而上之。千古輿圖，當以此本爲準繩矣。

張之洞《書目答問·地理·今地志》《日下舊聞考》一百二十卷。乾隆三十九年敕撰。殿本。

日下舊聞

周中孚《鄭堂讀書記補逸·地理類三·都會郡縣》《日下舊聞》四十二卷。古藤書屋刊本。國朝朱彝尊撰。彝尊字錫鬯，號竹垞，秀水人。康熙己未，以布衣薦舉博學鴻詞，召試授檢討。竹垞以京師遼、金、元、明歷代建都，不有以紀之，慮舊聞之放失也，乃采摭羣籍及金石遺文，會粹成是編。凡分星土、世紀、形勝、宫室、城市、郊坰、京畿、僑治、邊障、户版、風俗、物産、雜綴十三門，而終之以《石鼓考》。前列鈔撮書目，凡一千三百十五種，續采書目又三百三十四種。故其書所載，上自軒轅，下迄明季，廣搜博覽，詳覈典贍。又間以己意，辨論其是非，亦證據確鑿，辭雅義暢，中間滲漏，隨閲隨增，復命其子西畯昆田以剩義補所遺闕，附於各卷之末。書成於康熙戊辰，前有自序及馮溥、張鵬、陳廷敬、徐乾學、徐元文、高士奇、姜宸英七序，後有王原跋。至乾隆三十九年廷臣奉敕撰《日下舊聞考》一百六十卷，於原本删繁補闕，援古證今，一一詳爲考覈，欽定著録於《四庫全書》中，則又駕原本而上之矣。

蒜市雜記

朱記榮《國朝未刊遺書志略·史目》《蒜市雜記》。仁和杭世駿。是編，雍正癸丑舟中譔，稾在嘉興錢氏。

藤陰雜記

李慈銘《越縵堂讀書記·地理類》《藤陰雜記》。清戴璐撰。夜閲歸安戴菔塘侍郎璐《藤陰雜記》凡十二卷，嘉慶丙辰其官太常少卿時所作。前四卷雜記國朝掌故瑣事，卷五以下分記五城、郊坰、居宅、寺觀，自序謂《舊聞考》、《宸垣識略》已載者悉去之，而見聞殊隘，筆亦冗漫。光緒戊寅（一八七八）二十月初十日。

宸垣識餘

丁立中《八千卷樓書目・地理類・雜記》《宸垣識餘》一卷。國朝吴長元撰。昭代叢書本。

上海市

天方地

朱睦㮮《萬卷堂書目・雜志》《天方地》一卷。錢福。

山房九笈

黄虞稷《千頃堂書目・地理類上》徐獻忠《山房九笈》。(盧補)

淞故述

《四庫全書總目提要・地理類存目六・雜記》《淞故述》一卷。兩淮鹽政採進本。明楊樞撰。樞字運之，自稱細林山人，華亭人。嘉靖戊子舉人，官至江西臨江府同知。是書乃所述松江一郡遺聞軼事，以補志乘之闕略者。松江本以吴淞江得名，明初因地多水災，故去水旁以禳之。此書標目則猶仍其本名也。書中於地理、人物、行誼、藝能、文字、題詠以及詼諧、瑣屑之事無不備載。其藝文籍用宋孝王《關東風俗傳》例，載陸續渾天圖以下凡百餘種，悉其鄉人著作，可爲徵文考獻之資。至於元楊維禎之名，或從木，或從示，諸書參差不一，樞以歲月求之，謂字本從木，入明後以諸王有諱楨者，始改從示。其言殊臆測無據。又李至剛在永樂時以善於附會，深蒙傾險之譏，而樞信《明一統志》之虚詞，反目以德量寬宏，惜松江舊志略而不載，亦未免涉回護鄉曲之私也。

丁立中《八千卷樓書目・地理類・雜記》《淞故述》一卷。明楊樞撰。藝海珠塵本。

雲間據目鈔

周中孚《鄭堂讀書記補逸・地理類八・雜記》《雲間據目鈔》五卷。寫本。明范濂撰。濂，字叔子，華亭人，諸生。萬曆癸酉，知府李思弦多見將重修志書，延叔子預其事。思弦以吏議去，事遂寢。叔子因據所睹記，輯成是編，以備修志者采擇。凡分人物、祥異、土木、賦役、風俗五紀，紀各一卷。其人物傳有論贊者多，蓋其所長也。嘉慶間新修郡志間采用焉。前有萬曆癸巳高進孝張重華二序，又載王穉登所撰叔子傳及其家傳。

閱世編

周中孚《鄭堂讀書記補逸・地理類八・雜記》《閱世編》十卷。寫本。國朝葉夢珠撰。夢珠，字濱江，上海人。是編皆記吾郡故實以及舊聞軼事。凡分天象、曆法、水利、災祥、田産、學校、禮樂、科舉、建設、士風、宦蹟、名節、門祚、賦税、徭役、食貨、種植、錢法、冠服、内裝、文章、交際、宴會、師長、及門、釋道、居第、紀聞二十八門，而於吾邑尤詳。蓋生長是鄉，見聞較多也。然專旁涉，大概事蹟不盡專屬一方，其標題曰《閱世編》，殆以是歟。嘉慶中，吾郡邑俱重修志，嘗一采及焉。其書敍至康熙癸酉而止，當即成於是年，故科舉門亦迄於辛未科云。

西林雜記

周中孚《鄭堂讀書記補逸・地理類八・雜記》《西林雜記》一卷。寫本。國朝張端木撰。端木，字崑喬，號林長，上海人。乾隆壬戌道士，官諸暨縣知縣。吾邑有村曰三林塘，塘又分爲東西，而西林塘其北爲邑界，其南爲南匯界，蓋介於二邑間也。林長世家西林，因就其蹊徑古蹟、遺文雜事撰次成是編，舉塘之南北而總記之。其地户口無多，無山林之勝、物産之奇，惟植木棉爲一邑最。居人力田紡織者多，而讀書仕宦者亦代不乏人，故所載藝文皆有可觀。林長敍述亦頗簡潔，無所藻飾。此本爲其弟興載所增訂，前有乾隆癸丑葉恒齋鳳毛序，後有嘉慶丙寅興載跋。

滬城備考

周中孚《鄭堂讀書記補逸・地理類八・雜記》 《滬城備考》六卷。寫本。國朝褚華撰。履貫見前卷。文洲好留心故鄉文獻之事，嘗以邑之舊志譌誤遺漏，二者厥弊惟均，因爲之博考而筆記之，久而成帙，初名《澤國紀聞》，後以澤國二字爲泛指，非吾邑別名，乃改今題焉。然其書未及釐正而没，稿藏友人家，梅復齋益徵見之，因爲依韻編次，得六卷。凡核實一卷，補遺二卷，訂誤、策要、雜記各一卷。其《核實》中有《上海鎮市舶司水道圖》、《上海未築城古蹟圖》二，存宋元以上之地形，尤爲有資於考古。其他古蹟人物既詳爲核訂，而水利、田賦、荒政諸事亦多講貫，足以補正舊志之脱誤，故嘉慶中新修邑志頗采入焉。陸秀農慶循亦嘗録一本，則已改名《上海志備考》，或有以《澤國紀聞》、《滬城備考》歧而爲二書者，亦誤也。卷末有嘉慶十八年復齋跋。

申江名勝圖説

丁立中《八千卷樓書目・地理類・雜記》 《申江名勝圖説》二卷。不著撰人名氏。刊本。

瀛壖雜記

丁立中《八千卷樓書目・地理類・雜記》 《瀛壖雜記》六卷。國朝王韜撰。刊本。

天津市

寶砥政書

徐𤊹《徐氏家藏書目・各省雜誌》 《寶砥政書》四卷。袁黄。

寶坻縣全城記

黄虞稷《千頃堂書目・地理類上》 高承埏《寶坻縣全城記》四卷。

薊東圖説

黄虞稷《千頃堂書目・地理類上》 《薊東圖説》一卷。

河北省

冀州風土記

李昉《太平御覽經史圖書綱目》 盧植《冀州風土記》。

姚振宗《後漢藝文志・地理類・州郡》 盧植《冀州風土記》。植始末具經部書類。章宗源《隋志考證》曰：《寰宇記》河北道盧植《冀州風土記》曰「黄帝以前未可備聞，唐虞以來冀州乃聖賢之泉藪、帝王之舊地」。按：泉藪，唐人所改也。侯志曰：《御覽》一百六十一引之云「冀州聖賢之泉藪，帝王之舊地」。

中山記

李昉《太平御覽經史圖書綱目》　張曜《中山記》。

燕北雜記

鄭樵《通志・藝文略・地里・蠻夷》　《燕北雜記》三卷。

焦竑《國史經籍志・地里・蠻夷》　《燕北雜記》三卷。

燕北録

尤袤《遂初堂書目・地理類》　《燕北録》。

藁事雜詠

晁瑮《晁氏寶文堂書目・圖誌》　《藁事雜詠》。

燕史

黄虞稷《千頃堂書目・地理類上》　郭造卿《燕史》一百二十卷。

《明史・藝文志・地理類》　郭造卿《燕史》一百二十卷。

碣石叢談

黄虞稷《千頃堂書目・地理類上》　郭造卿《碣石叢談》八卷。

燕山叢録

黄虞稷《千頃堂書目・地理類上》　徐昌祚《燕山叢録》二十二卷。字伯昌，常熟人，爲太僕寺卿時作。

營平二州地名記

《四庫全書總目提要・地理類三・古蹟》　《營平二州地名記》一卷。兩淮鹽政採進本。國朝顧炎武撰。炎武有《春秋杜解補正》已著録。案《爾雅》營州，孫炎註以爲殷制。孔穎達《尚書疏》謂：舜十二州有營州，殷本虞制，分青州地爲之。凡在遼水東者，東至朝鮮之境，皆古營州地也。平州即今永平府，在虞時亦爲營州地，秦時爲右北平遼西地，後漢洎晉皆爲遼西地。後漢末，公孫度自號平州牧，於是平州之名始見於史。炎武遊永平時，郡人以志屬之。炎武未應其求，因摭古來營平二州故實纂爲六卷付之，題曰《營平二州史事》，今其書不存。此本出自惠棟紅豆齋，惟載二州古地名，至五代而止，又僅一卷，意其爲六卷之一也。其中卑耳之谿一條，既引《管子》，最後一頁又載俞兒一事全文，當是隨筆雜鈔，失於删削。不但非其完書，並爲未定之槀本矣。然炎武嫻於地理，所纂述多可依據。書雖殘闕，要於考證之學不爲無補焉。

京東考古録

《四庫全書總目提要・地理類存目六・雜記》　《京東考古録》一卷。大學士英廉家藏本。舊本題國朝顧炎武撰。載吴震方《説鈴》中，其文皆見炎武所撰《日知録》及《昌平山水記》，殆震方勦取別行，僞立此名也。

燕魏雜記

周中孚《鄭堂讀書記補逸・地理類八・雜記》《燕魏雜記》一卷。函海本。宋吕頤浩撰。頤浩，字元直，齊州人，登進士第。南渡後，歷官同中書門下平章事，謚忠穆。是編乃其於徽宗時官河北都轉運使所作，所記燕魏間事，凡十九則，於古蹟原委，頗有考證，間及王安石諸人事，亦多闕事實，非苟作也。本載在《忠穆集》中，李雨邨調元從之録出，爲別刊以行耳。吴氏藝海珠塵亦收入之。

畿輔見聞録

丁立中《八千卷樓書目・地理類・雜記》《畿輔見聞録》一卷。國朝黄可潤撰。刊本。

趙州石稿詩集

朱睦㮮《萬卷堂書目・雜志》《趙州石稿詩集》一卷。孫榮。

尹耕鄉約

黄虞稷《千頃堂書目・地理類下》《尹耕鄉約》一卷。

白冶小紀

晁瑮《晁氏寶文堂書目・圖誌》《白冶小紀》。

薊州鎮考

范邦甸等《天一閣書目・地理類》《薊州鎮考》二册。緜紙藍絲闌鈔本。不著撰人名氏。

唐山紀事

錢大昕《補元史藝文志・地理類》淩緯《唐山紀事》。

金臺雅會稿

朱睦㮮《萬卷堂書目・雜志》《金臺雅會稿》。

金臺紀聞

黄虞稷《千頃堂書目・地理類上》陸深《金臺紀聞》一卷。

滄州事蹟

張萱等《内閣藏書目録・志乘部・北直隷》《滄州事蹟》一册。萬曆甲午州守盧廷選編鈔本。

黄虞稷《千頃堂書目・地理類上》 盧廷選《滄州事蹟》。萬曆甲午修。守。

東光縣事蹟

張萱等《内閣藏書目録・志乘部・北直隸》《東光縣事蹟》一册。莫詳編纂姓氏鈔本。

黄虞稷《千頃堂書目・地理類上》《東光縣事蹟》。

南皮事蹟

張萱等《内閣藏書目録・志乘部・北直隸》《南皮事蹟》一册。莫詳編纂姓氏鈔本。

黄虞稷《千頃堂書目・地理類上》《南皮事蹟》。

饒陽名勝録

朱睦㮮《萬卷堂書目・雜志》《饒陽名勝録》八卷。陳榮。

磁州保障録

黄虞稷《千頃堂書目・地理類下》 李文察《磁州保障録》一卷。

山西省

山西山川關隘

楊士奇等《文淵閣書目・舊志》《山西山川關隘》一册。

三關紀詠

朱睦㮮《萬卷堂書目・雜志》《三關紀詠》一卷。許銘。

河汾諸老詩集

朱睦㮮《萬卷堂書目・雜志》《河汾諸老詩集》八卷。

正祀攷

朱睦㮮《萬卷堂書目・雜志》《正祀攷》。

清涼傳

趙琦美《脈望館書目・史・山西・太原府》《清涼傳》三本。

錢謙益等《絳雲樓書目・地誌類》《古清涼傳》。

山西名勝志

《徐氏家藏書目・山西省》《山西名勝志》八卷。

晉録

《四庫全書總目提要・地理類存目六・雜記》《晉録》一卷。編修程晉芳家藏本。明沈思孝撰。所載多邊障形勝及防守扼要之處。其田賦、鹽課諸條。與《明會典》亦略有同異。至敘黄河所經州縣及太原晉祠，則大抵習見之文，無足以資考證。

丁立中《八千卷樓書目・地理類・雜記》《晉録》一卷。明沈思孝撰。學海類編本。

太原事迹記

《新唐書・藝文志・地理類》李璋《太原事迹記》十四卷。

鄭樵《通志・藝文略・地里・郡邑》《太原事迹記》十四卷。李璋撰。

《宋史・藝文志・地理類》李璋《太原事迹》十四卷。

佚名《新唐書藝文志注・地理》李璋《太原事迹記》十四卷。璋，見本書《宗室傳》。太祖子，仕周，爲梁州刺史，以謀隋文帝被殺。

晉陽事跡雜記

陳振孫《直齋書録解題・地理類》《晉陽事跡雜記》十卷。唐河東節度使李璋纂。序言四十卷，《唐志》亦同，今删爲十卷。蓋治平中太原府所刻本也，從莆田李氏借録。自南渡以來，關河阻絶，圖志泯亡，得見一二僅存者，猶足以發傷今思古之歎。然唐并州治晉陽、太原二縣，國初克復，徙治陽曲，而墟其故。二縣後皆併省，則唐之故跡，皆不復存矣。

馬端臨《文獻通考・經籍考・地理》《晉陽事跡雜記》十卷。

代都略記

《隋書・經籍志・地理》《代都略記》三卷。

鄭樵《通志・藝文略・地里》《代都略記》三卷。

姚振宗《隋書經籍志考證・地理類》《代都略記》三卷。不著撰人。案元魏始居代，《晉書・愍帝本紀》：建興三年二月進封代公猗盧爲代王，此其始基也。至成帝咸康中，猗盧孫昭成帝什翼犍即位，國號代，年號建國，建國三十九年爲苻堅所破。後十年，道武帝拓跋珪即代王位，年號登國。後十二年，改元天興，定國號曰魏，遷都平城。此大抵記天興以前都代京時事。《隋書・牛弘傳》：弘奏議云「後魏代都造明堂，出自李沖」，殆即此記中之一事。

焦竑《國史經籍志・地里・郡邑》《代都略記》三卷。

大同五記

晁瑮《晁氏寶文堂書目・圖誌》《大同五記》。

雁門勝蹟詩集

晁瑮《晁氏寶文堂書目・圖誌》《鴈門勝蹟詩》。

張萱等《内閣藏書目録・雜部》《雁門勝蹟詩集》二册。全。成化間雁門王岩著，其孫鑰序刻。

五臺縣事蹟紀略

張萱等《内閣藏書目録・志乘部・山西》《五臺縣事蹟紀略》一册。全。萬曆甲午教諭盛名揚編鈔本。

黄虞稷《千頃堂書目・地理類上》盛名揚《五臺縣事蹟紀略》。萬曆甲午修。教諭。

寧武存徵録

黄虞稷《千頃堂書目・地理類下》陳昌明《寧武存徵録》二卷。稱浙湝扈冶子。崇禎壬申自序。

潞安百詠

晁瑮《晁氏寶文堂書目・圖誌》《潞安百詠》。

仇氏雄山集

朱睦㮮《萬卷堂書目・雜志》《仇氏雄山集》一卷。仇時濟。

平定州事蹟

黄虞稷《千頃堂書目・地理類上》周繼《平定州事蹟》。萬曆丙子修。訓導。

平定州事蹟要略

張萱等《内閣藏書目録・志乘部・山西》《平定州事蹟要略》一册。萬曆甲午訓導周繼志編。鈔本。

陽城紀勝

黄虞稷《千頃堂書目・地理類下》朱化孚《陽城紀勝》。

四州文獻摘鈔

《四庫全書總目提要・地理類存目六・雜記之屬》《四州文獻摘鈔》四卷。山西巡撫採進本。國朝畢振姬撰，其邑人司昌齡所摘鈔也。振姬字亮四，高平人。順治丙戌進士，官至廣西按察使。《山西通志》稱其所著有《四州文獻》藏於家。此本有司昌齡跋曰：《四州文獻》，蓋潞、澤、遼、沁之通考也。其閒有懸揣附會之説。前無總序，條類紛雜，蓋草創未就而其徒所鈔次，凡二十五册。余以前人舊文各有原書，又繁不能盡録，乃節其論著之要者，與其所纂物産釐爲四卷，題曰《四州文獻摘鈔》。據其所云，則所存不及十之一，尚龐雜如是，則全書可以想見矣。

王官谷集

錢謙益等《絳雲樓書目・地誌類》《王官谷集》。

渤海國記

錢東垣等輯《崇文總目輯釋・地理類》《渤海國記》三卷。張建章撰。

《新唐書・藝文志・地理類》張建章《渤海國記》三卷。

鄭樵《通志・藝文略・地里・蠻夷》《渤海國記》三卷。張建章撰。

《宋史・藝文志・地理類》張建章《渤海國記》三卷。

遼東行部誌

錢大昕《補元史藝文志・地理類》王寂《遼東行部誌》一卷。

龔顯曾《金藝文志補録・地理類》《遼東行部誌》一卷。王寂。

孫德謙《金史藝文略・地理》《遼東行部誌》一卷。王寂撰。案此書《皕宋樓藏書志》有鈔本，謂從《永樂大典》中録出。

鴨江行部誌

錢大昕《補元史藝文志・地理類》王寂《鴨江行部誌》一卷。以上金。

龔顯曾《金藝文志補録・地理類》《鴨江行部誌》一卷。王寂。

孫德謙《金史藝文略・地理》《鴨江行部誌》一卷。王寂撰。（以上二書《中州集》小傳不載，今見《補元史藝文志》。）

塞上曲

朱睦㮮《萬卷堂書目・雜志》《塞上曲》。

清滿洲源流考

《四庫全書總目提要・地理類一・都會郡縣》《欽定滿洲源流考》二十卷。乾隆四十三年奉敕撰。洪惟我國家朱果發祥，肇基東土，白山黑水實古肅慎氏之舊封，典籍遺文，班班可考。徒以年祀綿長，道途修阻，傳聞不免失真。又文字互殊，聲音屢譯，記載亦不能無誤。故歷代考地理者多莫得其源流。是編仰稟聖裁，參考史籍，證以地形之方位，驗以舊俗之流傳，博徵詳校，列爲四門。一曰部族。自肅慎氏以後，在漢爲三韓，在魏晉爲挹婁，在元魏爲勿吉，在隋唐爲靺鞨、新羅、渤海、百濟諸國，在金爲完顏部，並一一考訂異同，存真辨妄，而索倫費雅喀諸部毗連相附者亦並載焉。二曰疆域。凡渤海之上京龍泉府，靺鞨之黑水府，燕州、勃利州，遼之上京黃龍府，金之上京會寧府，元之肇州，並考驗道里，辨正方位，而一切古蹟附見焉。三曰山川。凡境内名勝分條臚載。如白山之或稱太白山、徒太山，黑水或稱完水，或稱室建河，以及松花江即粟末水，寧古塔即忽汗水，今古異名者皆詳爲辨證，其古有而今不可考者則別爲存疑附於末。四曰國俗。如《左傳》所載楛矢貫隼，可以見騎射之原，《松漠紀聞》所載軟脂蜜膏，可以見飲食之槩。而《後漢書》所載辰韓生兒以石壓頭之類，妄誕無稽者，則訂證其謬。至於渤海以來之文字，金源以來之官制，亦皆並列。其體例，每門以國朝爲綱，而詳述列朝，以溯本始。其援據以御製爲據，而博採諸書以廣參稽。允足訂諸史之譌，而傳千古之信，非諸家地志影響附會者所能擬也。

内蒙古自治區

陰山雜録

鄭樵《通志・藝文略・地里・蠻夷》《陰山雜録》六卷。趙至忠撰。

尤袤《遂初堂書目・地理類》趙志忠《陰山雜録》。

塞語

黄虞稷《千頃堂書目・地理類下》 尹耕《(寒)[塞]語》一卷。

蒙古游牧記

丁立中《八千卷樓書目・地理類・外紀》 《蒙古游牧記》十六卷。國朝張穆撰。刊本。

遼寧省

遼海編

《明史・藝文志・地理類》 倪謙《遼海編》四卷。

全遼地理志

晁瑮《晁氏寶文堂書目・圖誌》 《全遼地里志》。

徐圖等《行人司重刻書目・地理類》 《全遼地理志》二本。

全遼圖説

黄虞稷《千頃堂書目・地理類上》 龔立本《全遼圖説》。

陝西省

關輔古語

顧櫰三《補後漢書藝文志・輿地類》 楊震《關輔古語》。甘泉谷北岸有槐樹，今謂玉樹，根幹槃峙，三二百年木也。楊震《關輔古語》云：耆老相傳，咸謂此樹即扬雄《甘泉賦》所謂玉樹青葱者也。《三輔黄圖》。長安民俗謂：鳳皇闕爲貞女樓。《天中記》。

三輔故事

《隋書・經籍志・地理》 《三輔故事》二卷。晉世撰。

章宗源《隋書經籍志考證・地理》 《三輔故事》二卷。晉世撰。《唐志》地理類有《三輔舊事》三卷，不著撰名。故事類又有韋氏《三輔舊事》一卷。愚按《漢書・郊祀志》注建章宫承露盤仙人掌、《續漢・祭祀志》注長安城東靈星祠、《史記・始皇紀》索隱聚天下兵器鑄銅人、《後漢書・盆子傳》注長安城中有蒿街，或稱《三輔故事》，或稱《舊事》，《初學記》、《藝文類聚》諸書亦《故事》、《舊事》互引。疑同一書，而《唐志》重出也。《北堂書鈔》藝文部引：婁敬爲高車使者，持節至匈奴，與分地界，作丹書鐵券曰「海以南，冠蓋之士處焉；海以北，控弦之士處焉」。《御覽》奉使部同。又云：衛太子大鼻，《御覽》作嶽鼻。武帝病，太子入省，江充曰「上惡大鼻，當持紙塞其鼻而入。帝怒」。《御覽》人事部、疾病部，又江充語武帝曰：太子不欲聞陛下膿臭。考《漢書・婁敬傳》、《匈奴傳》、《衛太子傳》、《江充傳》並可補闕。《太平御覽》資産部引：更始遣將軍李松攻王莽，屠兒賣餅者皆從之。屠兒杜虞手殺莽。《漢書・莽傳》稱商人杜吴殺莽，吴、虞通用字。《隋志》稱此書撰自晉世，故梁劉昭已引其詞。《唐志》題爲韋氏。據《後漢書・韋彪傳》：帝數召彪入問，以《三輔舊事》、《禮儀風俗羣輔録》載順、豹、義爲韋氏三君。又韋孟達爲扶風三達之一，是韋氏固三輔聞人也。《文選・西京賦》注建章宫北作清淵海，《陶徵士誄》注四皓秦時爲博士，辟於上洛熊耳山二事，稱《三輔三代舊事》。撰注所引他事祇稱故事、舊事，無三代二字。三代二字未詳。

文廷式《補晉書藝文志・地志類》《三輔故事》二卷。《隋志》稱晉世撰。張澍二酉山房有輯本。

三輔舊事

《新唐書・藝文志・地理類》《三輔舊事》三卷。

秦榮光《補晉書藝文志・地理類・古蹟》《三輔舊事》三卷。

又 韋氏《三輔舊事》一卷。上三種並據唐志。

丁立中《八千卷樓書目・地理類・宮殿》《三輔舊事》一卷。不著撰人名氏。國朝張澍輯二酉堂本。

雍録

陳振孫《直齋書録解題・地理類》《雍録》十卷。吏部尚書新安程大昌泰之撰。周、秦、漢、隋、唐五代皆都雍，故以名。録《前史》及《黄圖》、《宋志》異同，往往辨訂。其辨《黄圖》有唐縣名，且晉灼所引《黄圖》皆今書所無，蓋唐人續成之，非見漢事者。

馬端臨《文獻通考・經籍考・地理》《雍録》十卷。

《宋史・藝文志・地理類》程大昌《雍録》十卷。

楊士奇等《文淵閣書目・舊志》《雍録》。五册。

又《古今志》《雍録》。五册。

晁瑮《晁氏寶文堂書目・圖誌》《雍録》。

范邦甸等《天一閣書目・地理類》《雍録》十卷。刊本。宋程大昌撰，康海序。

徐圖等《行人司重刻書目・地理類》《雍録》。四本。

徐𤊹《徐氏家藏書目・陝西省》《雍録》十卷。宋程大昌。

又 《雍録》十卷。宋程大昌。

祁承㸁《澹生堂藏書目・國志・通志》《雍録》四册。二十卷。程大昌。《古今逸史》本。

錢謙益等《絳雲樓書目・地誌類》《雍録》十卷。程大昌撰。

又 《雍録》。重出。

《四庫全書總目提要・地理類三・古蹟》《雍録》十卷。大學士于敏中採進本。宋程大昌撰。大昌有《古周易占法》，已著録。是編考訂關中古蹟，以《三輔黄圖》、《唐六典》宋敏求《長安志》、吕大防《長安圖記》及《紹興祕書省圖》案書中稱「閣圖」者即祕書省圖。諸書，互相考證。於宮殿、山水、都邑皆有圖有說。謂《三輔黄圖》由唐人增續，初非親生漢時目覩漢事，故隨事立辨，不以其名古而不敢置議。《長安志》最爲明晰，然亦時有駁複。吕大防《圖》凡唐世邑屋、宮苑已自不存，特其山川地望悉是親見，今故本而言之。若與古記不合，亦復訂正。其參校亦可謂勤矣。今考其書，如函谷關參都邑之中，太子宮序職官之次，地圖之後忽列書目數條，都邑之前突出山名一處，驟然尋之不得端緒，體例稍爲叢雜，又集古諸録所列碑刻，自獵碣以外，罕登紀載。考古圖有犛酉宮，亦不著其名。蓋但憑圖籍而未考金石之文，故未免於疎漏。然其蒐羅既富，辨證亦詳，在輿記之中固爲最善之本也。明代陝西諸志皆號有法，其亦以是數書者在前歟。考大昌之時，關中已爲金土，而隔越江表爲鄰國著書，殊爲無謂。蓋孝宗鋭意恢復，有志中原。大昌所作《北邊備對》一書，即隱寓經略西北之意。此書猶此志焉耳。第五卷中特創漢、唐用兵攻取守備要地一圖，其圖說多舉由蜀入秦之迹，與郭允蹈《蜀鑑》所謂由漢中取關陝者大旨相合，其微意固可見矣。

西夏民隱

趙琦美《脈望館書目・史・陝西總志》《西夏民隱》一本。

關中名勝志

黄虞稷《千頃堂書目・地理類上》殷奎《關中名勝志》。

雍語

黄虞稷《千頃堂書目・地理類上》 湛若水《雍語》。

雍音

趙琦美《脈望館書目・史・陝西・西安府》《雍音》四本。

錢謙益等《絳雲樓書目・地誌類》《雍音》。四卷。胡纘宗。

秦録

《四庫全書總目提要・地理類存目六・雜記》《秦録》一卷。編修程晉芳家藏本。明沈思孝撰。思孝字繼山，嘉興人。隆慶戊辰進士。官至都察院右副都御史，兼兵部侍郎。事蹟具《明史》本傳。是書多載陝西諸郡形勝風土，間引經史諸書爲證。其論復河套事，極以曾銑之議爲非，未免有所回護云。

丁立中《八千卷樓書目・地理類・雜記》《秦録》一卷。明沈思孝撰。學海類編本。

雍勝略

黄虞稷《千頃堂書目・地理類上》 李應祥《雍勝略》二十四卷。

《明史・藝文志・地理類》 李應祥《雍勝略》二十四卷。

雍勝略

祁承㸁《澹生堂藏書目・圖志・圖志》《雍勝略》六册。二十四卷。李應祥輯。

陝西名勝志

徐𤊹《徐氏家藏書目・陝西省》《陝西名勝志》十三卷。

京兆舊事

文廷式《補晉書藝文志・地志類》《京兆舊事》。集聖賢羣輔録引之。

西京雜記

《舊唐書・經籍志・地理》《西京雜記》一卷。葛洪撰。

《新唐書・藝文志・地理類》 葛洪《西京雜記》二卷。

徐𤊹《徐氏家藏書目・各省雜誌》《西京雜記》六卷。晉葛洪。

錢曾《讀書敏求記・地理輿圖》 葛洪《西京雜記》二卷。《後序》云：此兩卷在洪巾箱中，嘗以自隨，則原書爲二卷無疑。流俗本妄分六卷，繆甚矣。章丘李中麓所藏卷仍上下，但每事標題又分自甲至癸，殆猶存子駿《漢書》之舊與。俟博識者詳論之。

京兆郡方物志

《舊唐書・經籍志・地理》《京兆郡方物志》三十卷。

《新唐書・藝文志・地理類》《京兆郡方物志》二十卷。

鄭樵《通志・藝文略・地里・地理》《京兆方物志》二十卷。

長安城南記

楊士奇等《文淵閣書目·舊志》《長安城南記》。二册。

孟姜女集

趙琦美《脈望館書目·史·陝西·西安府》《孟姜女集》一本。

朱睦㮮《萬卷堂書目·雜志》《孟姜女集》一卷。馬理。

西丘志

趙琦美《脈望館書目·史·陝西·西安府》《西丘志》一本。

長安可遊記

黄虞稷《千頃堂書目·地理類上》宋啓明《長安可遊記》。(盧補)。

長安客話

黄虞稷《千頃堂書目·地理類上》蔣一葵《長安客話》八卷。

《明史·藝文志·地理類》蔣一葵《長安客話》八卷。

盩厔咏景

徐𤊹《徐氏家藏書目·各省題咏》《盩厔咏景》一卷。韓仲義。

豳風考略

黄虞稷《千頃堂書目·地理類上》范文光《豳風考略》三卷。

《明史·藝文志·地理類》范文光《豳風考略》三卷。

鳳翔府歷代事蹟紀略

黄虞稷《千頃堂書目·地理類上》賈鳳翔《鳳翔府歷代事蹟紀略》一卷。郡人。

《明史·藝文志·地理類》賈鳳翔《鳳翔府歷代事蹟紀略》二卷。

魏延昌地形志

朱記榮《國朝未刊遺書志略·史目》《延昌地形志》五十卷。平定張穆石州。鄭君叔問云:書未既,石州已殁。光澤何願船爲補成之。稾藏壽陽祁子和大司空許。

甘肅省

凉州異物志

《隋書·經籍志·地理》《凉州異物志》一卷。

《新唐書・藝文志・地理類》《涼州異物志》二卷。

馬國翰《玉函山房藏書簿録・史編・地理類》《涼士異物志》一卷。並二酉堂本。撰人缺。《隋志》一卷，《唐志》二卷，並作《涼州異物志》。《博物志》、《水經注》引作《涼士異物志》，均不傳作者姓字。其書久佚，武威張澍輯録，以史注引宋膺《異物志》，多説西方，且月氏羊尾，文與《涼州異物志》同，《太平廣記》引《涼州異物志》，羊子生土中，文亦與宋膺《異物志》同，疑此書即宋膺所纂云。

姚振宗《隋書經籍志考證・地理類》《涼州異物志》一卷。不著撰人。《唐書藝文志》、《涼州異物志》二卷。武威張澍輯本序曰：異物有志，在昔繁矣。《隋志》有萬震《南州異物志》，《史記正義》引宋膺《異物志》，而《涼州異物志》著于隋唐志，隋一卷，唐二卷。《博物志》、《水經注》均引作《涼士異物志》，惜不傳作者姓氏。觀其寫致敷詞，頗諧聲律，采藻精華，方諸萬氏，又未嘗不歎其散佚也。宋膺《異物》隱匿鮮章史注所引，多説西方，且月氏羊尾，文與《涼州異物志》全同，《太平廣記》引《涼州異物志》，羊子生土中，文亦與宋膺《異物志》同，疑《涼州異物志》即宋膺所纂。漢晉之時，敦煌宋氏，俊才如林，文采多麗，亶其然乎。以無左證，未能質言耳。間有音注，仍舊存之，偶得事比，亦注于末。案：宋膺似是朱應之傳譌，朱應有《扶南異物志》，詳見于前。

西河舊事

《新唐書・藝文志・地理類》《西河舊事》一卷。

鄭樵《通志・藝文略・地里・郡邑》《西河舊事》一卷。

西河舊事

章宗源《隋書經籍志考證・地理》《西河舊事》一卷。不著録。見《唐志》。《世説・言語篇》注：河西牛羊肥酪過精好，但瀉酪置草上，都不解散也。《後漢書・明帝紀》注：白山冬夏有雪，故曰白山。匈奴謂之天山，過之皆下馬拜焉。去蒲類百里之内。並引《西河舊事》。

文廷式《補晉書藝文志・地志類》《西河舊事》一卷。見《唐志》。張澍二酉山房有輯本。

西河記

李昉《太平御覽經史圖書綱目》《西河記》。

丁立中《八千卷樓書目・地理類・雜記》《西河記》一卷。晉喻歸撰。國朝張澍輯。二酉堂本。

涼州記

丁立中《八千卷樓書目・地理類・雜記》《涼州記》一卷。涼段龜龍撰。國朝張澍輯。二酉堂本。

熙河六州圖記

《宋史・藝文志・地理類》陳冠《熙河六州圖記》一卷。

岷臺集

朱睦㮮《萬卷堂書目・雜志》《岷臺集》三卷。常承思。

西陲聞見録

丁立中《八千卷樓書目・地理類・外紀》《西陲聞見録》一卷。國朝黎士宏撰。學海類編本。

首陽録

晁瑮《晁氏寶文堂書目・圖誌》《首陽録》。

莊浪漫記

黃虞稷《千頃堂書目・地理類上》王崇古《莊浪漫記》八卷。王官陝西布政司時編。（盧補）

《明史・藝文志・地理類》王崇古《莊浪漫記》八卷。

北地記

朱睦㮮《萬卷堂書目・雜志》《北地紀》。

趙琦美《脈望館書目・史・陝西總志》《北地記》二本。

《四庫全書總目提要・地理類存目三・都會郡縣》《北地紀》四卷。安徽巡撫採進本。明汪來撰。來，字君復，天津衛人。嘉靖辛丑進士，官慶陽府知府。慶陽爲漢北地郡，故以名書。不分門目，惟以時代先後爲序。採事蹟、詩文之有關慶陽者得八十一人，以后稷居首，次以淳維，而自附其名於末。故實、藝文，錯雜互編；人物、名宦，混淆並列。爲從來志乘所未有。其前三卷題來名，而四卷獨標北地舉人孫倌撰。蓋末卷皆來之文章，嫌於自炫，故託之倌云。

贛庵集

朱睦㮮《萬卷堂書目・雜志》《贛庵集》一卷。王直。

金昌事纂

黃虞稷《千頃堂書目・地理類上》伍餘福《金昌事纂》。

青唐録

晁公武《郡齋讀書志・地里類》《青唐録》二卷。袁本《前志》卷二下《地理類》第二十五。右皇朝汪藻撰。青唐，吐蕃遺種也。崇寧中，命童貫取湟、廓、西寧州，擒趙懷德，上爲之御樓受降，宰臣蔡京以下進官有差。

星餘筆記

《四庫全書總目提要・地理類存目六・雜記》《星餘筆記》一卷。山東巡撫採進本。國朝王鉞撰。鉞有《粵游日記》，已著録。此其《世德堂遺書》之第三種也，皆其官西寧知縣時記其風土物産，如蚺、蛇、狒狒諸條，於舊説閒有駁正。所記𣡕字、[illegible]字、滘字、垈字、本字、冇字之類，亦足補《桂海虞衡志》所遺，然大抵地志所已載也。以方爲邑令，故取「巫馬期戴星」之義，名曰「星餘」云。

新疆維吾爾自治區

西域道里記

焦竑《國史經籍志・地里・蠻夷》《西域道里記》三卷。程士章。

西域記

丁立中《八千卷樓書目・地理類・外紀》　《西域記》八卷。國朝七十一撰。刊本。

遐域瑣談

丁立中《八千卷樓書目・地理類・外紀》　《遐域瑣談》四卷。國朝七十一撰。抄本。

外家紀聞　伊犂日記　天山客話

李慈銘《越縵堂讀書記・地理類》　《外家紀聞》、《伊犂日記》、《天山客話》。清洪亮吉撰。閲洪稚存《外家紀聞》、《伊犂日記》、《天山客話》。三書各家誌傳中皆云未刻，今此本惟《天山客話》前有徐星伯小序數行，其末紀年曰道光甲午，蓋稚存幼子詒孫所刻者也。《外家紀聞》二十一葉，《伊犂日記》附《出塞紀聞》共二十葉，《天山客話》九葉，三書合爲一册，雖寥寥而叙致簡雅，亦多足資考證。徐序謂「余居伊犂八年，曾奉檄回疆，又纂成《識略》，蒐輯粗具梗概。今讀《天山客話》，尚有數事余未及收録者，先生居伊犂僅百日，而見聞賅洽如此」云云，則其書之不苟作可知矣。《外家紀聞》皆述其幼時居蔣氏時瑣事，而故家承平之態，毘陵繁盛之觀，第宅清華，子弟蘊籍，俱可想見。余嘗欲編家世舊聞，亦此志也。稚存此書，作於戍塞上時，余則作於滄桑之後，寄託雖均，感喟益結矣。同治癸亥(一八六三)十二月二十六日。

傍晚坐槐陰下，閲洪北江《外家紀聞》。北江少依蔣氏，叙述中外之難，想見一時承平風景，雖極細瑣事，亦有王謝家規。北江與其内姊適程氏者，幼相親愛，頗有玉鏡臺之慕，而姻事不諧。北江別娶舅黨一人，殆非本願，而程氏所儷非偶。北江《附鮚軒詩集》中有《雲谿雜憶詩》，皆言其事。是書北江戍塞外時所作，尚沾沾及之，蓋顧梁汾所謂非才子不能多情，非文人不能善恨者也。惟北江作此時，適程氏者已前卒，生子已與北江長子飴孫同中嘉慶戊午舉人，而北江尚以天壤王郎之語，致誚所天，是近于輕薄者耳。又言其父爲蔣曙齋檢討，所著有《周易遵翼訓》等書。曙齋名衡，以副榜年老賜檢討銜者。同治甲子(一八六四)五月初九日。

伊犂總統事略

丁立中《八千卷樓書目・地理類・外紀》　《伊犂總統事略》十二卷。國朝汪廷楷、祁韻士撰。刊本。

西域釋地

丁立中《八千卷樓書目・地理類・外紀》　《西域釋地》一卷。國朝祁韻士撰。刊本。續粤雅堂本。

西域考古録

李慈銘《越縵堂讀書記・地理類》　《西域考古録》，清俞浩撰。閲海鹽俞湛持浩《西域考古録》，共十八卷。首以甘肅、蘭州、西寧、涼州、甘州四府，肅州、安西、鎮西三州；次及新疆、西藏、蒙古源流，而終以俄羅斯考略。其書成於道光之末，所采自《西域圖志》外，如彭氏之《西域圖形訓》、顧氏之《方輿紀要》、常氏之《行國風土紀》、謝氏之《戎幕隨筆西北域記》、七氏之《西域聞見録》、戴氏之《水地記》、萬氏之《河源彙考》、孔氏之《胡注拾遺》、和氏之《烏斯藏賦》、圖氏之《使俄羅斯記》、董氏之《外藩圖説》、杜氏之《藏行日記》、松氏之《西陲圖紀》、《三州輯覽》、札氏之《喀爾喀使記》、紀氏之《烏魯木齊賦》、徐氏之《西域水道記》、錢氏之《秦邊紀略》、洪氏之《乾隆府廳州縣志》、祁氏之《西陲紀略》、《西域釋地》、魏氏之《海國圖志》、《昭武記》，凡若干種，頗能參證古今，多所駁正。而提行別類，體例錯雜，忽按忽叙，全無條貫。方隅道理，尤多溷淆。且校刻粗疏，字句脱誤，往往有鈔撮他人書而無首尾者。以其摭拾説部頗多，亦爲考邊防者不可少之書，不知視後出之《朔方備乘》何如也。今坊間所刻《朔方備乘》僅數卷，其經進之書稱八十卷，庚申澄懷園焚時已毁，外無傳本也。同治壬申（一八七二）三月初五日。

山東省

山東山川險易圖

楊士奇等《文淵閣書目・舊志》 《山東山川險易圖》。一册。

山東名勝志

徐𤊹《徐氏家藏書目・山東省》 《山東名勝志》九卷。

北平山東事蹟

黄虞稷《千頃堂書目・地理類上》 吕仲古《北平山東事蹟》八十一卷。

山東郡邑勝覽

《明史・藝文志・地理類》 彭勖《山東郡邑勝覽》九卷。

山東郡縣通省勝覽

黄虞稷《千頃堂書目・地理類上》 彭勖《山東郡縣通省勝覽》九卷。字祖期，盧陵人，永樂乙未進士，山東按察司副使。

岱史

趙琦美《脈望館書目・史・山東・濟南府》 《岱史》四本。

黄虞稷《千頃堂書目・地理類下》 查志隆《岱史》十八卷。海寧人。嘉靖乙未進士。

《明史・藝文志・地理類》 查志隆《岱史》十八卷。

青州風土記

黄虞稷《千頃堂書目・地理類上》 鍾羽正《青州風土記》。

《明史・藝文志・地理類》 鍾羽正《青州風土記》四卷。

齊魯陰功集

朱睦㮮《萬卷堂書目・雜志》 《齊魯陰功集》□卷。鄧邢表。

山東經會録

趙琦美《脈望館書目・史・山東總志》 《山東經會録》十二本。

山東觀風便覽

趙琦美《脈望館書目・史・山東總志》《山東觀風便覽》四本。

黄虞稷《千頃堂書目・地理類上》《山東觀風便覽》四卷。

山左筆録

《四庫全書總目提要・地理類存目六・雜記》《山左筆談》一卷。編修程晉芳家藏本。舊本題明黄淳耀撰。淳耀字蕴生，號陶菴，嘉定人，崇禎癸未進士。南都破後，殉節死。事蹟具《明史・儒林傳》。是編所紀，皆山東風土、形勢、山川、古蹟及海運、備倭諸事宜。徵引拉雜，殊鮮倫理。案淳耀生平未嘗遊山東，所著《陶菴集》内亦無此書名。此本見曹溶《學海類編》中，疑亦出僞託也。

丁立中《八千卷樓書目・地理類・雜記》《山左筆談》一卷。明黄淳耀撰。學海類編本。

山東考士録

馬國翰《玉函山房藏書簿録・史編・地理類》《山東考士録》一卷。石門吴氏刊本。顧炎武撰。

山東考古録

《四庫全書總目提要・地理類存目六・雜記》《山東考古録》一卷。大學士英廉家藏本。舊本題國朝顧炎武撰。載吴震方《説鈴》中。然《説鈴》載炎武書四種，其三皆雜剽《日知録》，而此書之文獨《日知録》所不載，末題辛丑臘望日庚申，是日立春字，蓋作於順治十八年。考王士禎《居易録》記炎武嘗預修《山東通志》，或是時所遺槀本，亦未可知也。

馬國翰《玉函山房藏書簿録・史編・地理類》《山東考古録》一卷。顧炎武撰。蒐考山東古事，博徵廣證，以求其確當。

肇域記山東省

黄丕烈《蕘圃藏書題識續録・史類》《肇域記》六卷。鈔本。此《肇域記》山東省六卷。題曰東吴顧炎武，則亭林先生所撰原本也。然余不能無疑焉。考《亭林集》《天下郡國利病書序》、《肇域志序》俱載之，而於《天下郡國利病書序》則曰「有得即録，共成四十餘册，一爲輿地之記，一爲利病之書」，是二書原出一槀。於《肇域志序》則云「本行不盡則書於旁，旁又不盡則别爲一書曰備録」。余得《天下郡國利病書》手槀與《肇域志序》所云都合，是輿地之記、利病之書原盡在四十餘册中也。特因銓次未定，故不判爲二書。向而聞郡中有識古者，曾以《肇域志槀》之奇零者賣於他省，余疑其無是事，及見此書乃信《肇域志》果有定本，而此書之序與集中之序又全然不對，且祇山東一省又以山東爲一卷之始，是一可疑也。卷中語不盡合於《利病書》，則四十餘册之外又鑿然有一《肇域志》，是又一可疑也。意者，亭林在山東日所著，故先成此數卷以爲例，其起例於山東者，如《山東考古録》亦即一地以名書，而《肇域志》之不妨有别本者亦如《日知録》之有初刻而與本書不盡同者乎。至於撰述之語爲地理志所係，較《明一統志》稍檢數條已知此善於彼，若欲博訪而遐搜之，有西賓夏方米在，已屬其悉心考核矣。嘉慶四年己未夏六月十日書於士禮居。黄丕烈。

德州倉新集便覽

趙琦美《脈望館書目・史・山東・濟南府》《德州倉新集便覽》一本。

顔山雜記

《四庫全書總目提要・地理類三・雜記》 《顔山雜記》四卷。山東巡撫採進本。國朝孫廷銓撰。廷銓字伯度，又字枚先，號沚亭，益都人。前明崇禎庚辰進士，入國朝以薦授河閒府推官，擢吏部主事，歷官内祕書院大學士，謚文定。益都有顔神鎮，形勢險厄，明代嘗建城設官以治之。廷銓世居其地，康熙丙午，予告在籍，因蒐輯舊聞，作爲此書。分山谷、水泉、城市、官署、鄉校、逸民、孝義、風土、歲時、長城、考靈、泉廟、災祥、物變、物産、物異、遺文諸目，敘次簡核，而造語務求雋異。王士禎《居易録》稱田雯《黔書》七十六篇有似《爾雅》者，有似《考工記》者，有似《公》《穀》《檀弓》者，有似《越絶書》者，故相孫文定公廷銓作《顔山雜記》，記山蠶、琉璃、窯器、煤井、鐵冶等，文筆奇峭，亦如此云云。今考琉璃、窯器、煤井、鐵冶俱此書所載，其山蠶一條則在廷銓《南征記略》中，士禎蓋偶然誤記。又士禎《香祖筆記》引此書所載鳳皇嶺玉皇宫石刻，宋太祖、太宗、真宗御押，與周密《癸辛雜識》所載不同，云並載以備參考。案《癸辛雜識》爲明代重刊，此石爲宋代原刻，木版易譌，當以碑本爲據。士禎兩存亦非也。惟《香祖筆記》又據黄瓚《雪洲集》《議礦盗》一疏，謂顔神設官之議起於瓚，而駁此書正德十二年巡按黄某奏請之説爲非，是則誠廷銓考核之疎矣。

長河志籍考

周中孚《鄭堂讀書記補逸・地理類三・都會郡縣》 《長河志籍考》十卷。古歡堂集附刊本。國朝田雯撰。雯字子綸，一字綸霞，號蒙齋，又號山薑，德州人。康熙甲辰進士，官至兵部侍郎。《四庫全書》著録。附其所著《古歡堂集》後。長河者，古之原平郡。隋爲長河縣，唐末廢爲長河鎮，宋時移將陵縣治於此，元改陵州，明改德州，本朝因之，山薑居是州，以舊志紛遝無倫，踳駁鮮要，因周覽輿籍，詳觀圖牒，取長乘短，摭英略穢，彙敘類分，附以論辨，别爲是編。冠以九河圖及敘説。其書於建置沿革、河渠州鎮、古蹟祠廟、風俗物産、寺觀塚墓以及雜事之屬，無不考證綦詳，足正舊志之誤。間又行以駢儷，文采斐然，楊衒之之《伽藍記》、孟元老之《夢華録》大概如斯，與所作《黔書》，異曲而同工也。前有康熙戊寅自撰題辭。

超然臺集

朱睦㮮《萬卷堂書目・雜志》 《超然臺集》□卷。蘇軾。

桃花洞集

朱睦㮮《萬卷堂書目・雜志》 《桃花洞集》□卷。李學詩。

杞紀

丁立中《八千卷樓書目・地理類・都會郡縣》 《杞紀》二十二卷。國朝張貞撰。刊本。

海廟集

朱睦㮮《萬卷堂書目・雜志》 《海廟集》。

蓬萊觀海亭集

朱睦㮮《萬卷堂書目・雜志》 《蓬萊觀海亭集》二卷。王(崇)[崇]慶。

趙琦美《脈望館書目・史・山東・登州府》 《觀海亭集》三本。

徐圖等《行人司重刻書目・地理類》 《蓬萊觀海亭集》二本。

黄虞稷《千頃堂書目・地理類下》王崇慶《蓬萊觀海亭集》三卷。一作十卷。

海市辯

朱睦㮮《萬卷堂書目・雜志》《海市辯》一卷。王崇慶。

蓬萊閣集

晁瑮《晁氏寶文堂書目・圖誌》《蓬萊閣集》。

朱睦㮮《萬卷堂書目・雜志》《蓬萊閣集》□卷。喻崇府。

趙琦美《脈望館書目・史・山東・萊州府》《蓬萊閣集》三本。

重刻蓬萊

范邦甸等《天一閣書目・地理類》《重刻蓬萊集》一卷。刊本。明嘉靖登州知府連江游璉編集并序。云登之名蓬萊舊矣，余初聞蓬萊之海市，亦曰創自好事。逮莅郡，見者屢屢。《海市倡和集》別有刻，《蓬萊集》刻久，浸訛缺，且敘記與詩叢錯，而詩又不類今古。今因舊集分類重刻，使後人欲知海市以珍蓬萊者稽是集也。

山東萊郡海神廟集

范邦甸等《天一閣書目・地理類》《山東萊郡海神廟集》四卷。刊本。明嘉靖山東按察憲副貴溪吴道南輯録并序。吉水李中、順德何允魁均有序。

蓬萊閣海市詩圖

趙琦美《脈望館書目・史・山東・萊州府》《蓬萊閣海市詩圖》一册。

海市圖詩刻

趙琦美《脈望館書目・史・山東・萊州府》《海市圖詩刻》二册。

蓬萊地理圖説

黄虞稷《千頃堂書目・地理類上》《蓬萊地理圖説》一卷。

蓬萊閣集

馬國翰《玉函山房藏書簿録・史編・地理類》《蓬萊閣集》十卷。並明刊本。明蓬萊知縣大寧馬健輯。自秦晉逮明，凡題詠蓬萊閣者彙爲一編。有登州知府新河程式、提督操江萊陽孫旬滸西二序。

勞山仙跡詩

錢謙益等《絳雲樓書目・地誌類》《勞山仙跡詩》。

錢曾《讀書敏求記・地理輿圖》《勞山仙蹟詩》一卷。丘長春詩三十餘首，王重陽、馬丹陽、劉朗然各數首。是集人間絶少，萬曆乙卯，趙清常借柏臺靖恭堂本繕寫。

萊陽地理圖説

黄虞稷《千頃堂書目・地理類上》《萊陽地理圖説》一卷。

黄縣地理圖説

黄虞稷《千頃堂書目・地理類上》《黄縣地理圖説》一卷。

棲霞地理圖説

黄虞稷《千頃堂書目・地理類上》《棲霞地理圖説》一卷。

招遠地理圖説

黄虞稷《千頃堂書目・地理類上》《招遠地理圖説》一卷。

寧海地理圖説

黄虞稷《千頃堂書目・地理類上》《寧海地理圖説》一卷。

文登地理圖説

黄虞稷《千頃堂書目・地理類上》《文登地理圖説》一卷。

成山地理圖説

黄虞稷《千頃堂書目・地理類下》《成山地理圖説》一卷。

浴沂亭詩集

朱睦㮮《萬卷堂書目・雜志》《浴沂亭詩集》一卷。方秋。

忠武録

錢謙益等《絳雲樓書目・地誌類》《忠武録》。

東平紀略

黄虞稷《千頃堂書目・地理類上》陳觀衡《東平紀略》二卷。

東平忠靖王傳

錢謙益等《絳雲樓書目・地誌類》《東平忠靖王傳》。

寧陽圖説

黄虞稷《千頃堂書目・地理類下》張應槐《寧陽圖説》。浦江人。

闕里誌書集略

晁瑮《晁氏寶文堂書目・圖誌》《闕里誌書集略》。

鉅野縣鄉文集

晁瑮《晁氏寶文堂書目・圖誌》《鉅野縣鄉文集》。

太白樓集

徐圖等《行人司重刻書目・地理類》《太白樓集》二本。

錢謙益等《絳雲樓書目・地誌類》《太白樓集》。

闕里廣志

黄虞稷《千頃堂書目・地理類下》《闕里廣志》。

孔庭纂要

祁承㸁《澹生堂藏書目・圖志・祠宇》《孔庭纂要》二册。十卷。

江蘇省

江表傳

李昉《太平御覽經史圖書綱目》虞溥《江表傳》。

三吴土地記

章宗源《隋書經籍志考證・地理》《三吴土地記》。卷亡。顧長生撰。不著録。

《太平寰宇記・江南東道》：顧長生《三吴土地記》曰：有霅溪水至深者。又曰：掩浦者，昔項羽觀秦皇輿曰：可取而代也。項梁掩其口之處，因名之。王象之《輿地碑記目》曰：《三吴土地記》，顧長生作。

三吴雜志

祁承㸁《澹生堂藏書目・圖志・園林》《三吴雜志》一册。三卷。潘之垣。

江南文獻集

黄虞稷《千頃堂書目・地理類上》方繼學《江南文獻集》。温州人。

高宇泰敬止録

丁立中《八千卷樓書目・地理類・雜記》《敬止録》一卷。明高宇泰撰。抄本殘。

吳中勝記

丁立中《八千卷樓書目・地理類・雜記》《吳中勝記》一卷。明華鑰撰。廣百川本。

吳下名蹟詩

黃虞稷《千頃堂書目・地理類下》王賓《吳下名蹟詩》。

洪武京城圖志

楊士奇等《文淵閣書目・古今志》《洪武京城圖志》。

錢謙益等《絳雲樓書目・地誌類》《洪武京城圖志》。一卷。洪武間奉敕纂修。

黃虞稷《千頃堂書目・地理類上》《洪武京城圖志》一卷。述都城山川、地理、封域之沿革，宮闕、門觀之制度，以及壇廟、寺宇、街市、橋梁之建置更易，洪武二十八年編。

《明史・藝文志・地理類》《洪武京城圖志》一卷。

丁丙《善本書室藏書志・地理類・都會郡縣》《洪武京城圖志》一卷。明弘治重刊本。山陰杜煦藏書。首有皇都山川封域圖攷，乃敘楚威王、秦始皇、吳、晉、宋、齊、梁、陳、隋、唐、南唐、宋沿革也。次目録，分宮闕、城門、山川、壇廟、官署、學校、寺觀、橋梁、街市、樓館、倉庫、廄牧、園圃十三門。次爲京城圖，爲山川圖，已闕。爲大祀壇山川壇廟宇寺觀圖，爲官署圖，爲國學圖，爲街市橋梁圖樓館圖。其文簡括明初建國規模，瞭然在目。前爲洪武二十八年十二月二十二日承直郎詹事府丞杜澤序。稱神聖聰明，深謀遠略，詳內略外，經營邑都，其龍蟠虎踞之勢，長江衛護之雄，羣山拱翼之嚴，此天地之所造設也。若乃紫微臨金闕，煌煌黃道分玉街，坦坦城郭延袤市。衢有條，六卿居左，經緯以文，五府處西，鎮静以武。如十廟以祀忠烈，十樓以待嘉賓，此皇上之所經制也。以此觀之，京師天下之本，萬邦輻輳，重譯來庭，四海之所歸依，萬民之所取正，非遠代七朝偏據一方之可侔也。皇上萬幾之暇，命工繪圖，頒示天下。臣叨近侍之列，仰瞻天日之光，幸覩斯圖，不勝感戴。又承務郎右春坊右贊善臣王俊華記，後有承直郎南京户部主事臣王鴻儒識云：始鴻儒官南都，好訪求高皇帝定天下時神功聖德，及當時謀臣戰將効奇戮力、議論攻取之詳，而故老凋零，無所於質後生小子習聞俚談，亦往失實而不足稽據。獨時時從東南士大夫遊，間得一二而嘗遺八九，殊可恨也。弘治壬子，於杭人陳有功處忽得此書，雖未足以滿平生之懷，而金陵名勝之迹大抵得之矣。江甯知縣朱宗博雅好古，請壽諸梓以廣其傳，他日有欲賦南都之盛者，亦當有攷於此云。《絳雲樓書目》載有此書，上元朱緒曾《開有益齋讀書志》所藏。此圖志是明初印本，鏤刻精工，字仿趙松雪體。共六十葉，每半葉十行，每行十九字。篇幅寬闊，字大悦目，古香觸手，與宋元佳刻無異，惟闕杜澤一序。今雖弘治翻刻，而當時得於杭人之手，又增一重掌故矣。有杜煦之印，煦字尺莊，山陰人，嘉慶丁卯舉人，截取知縣。道光元年，舉孝廉方正。

玉亭題名

朱睦㮮《萬卷堂書目・雜志》《玉亭題名》一卷。諸公名氏。

湖海耆英詩集

朱睦㮮《萬卷堂書目・雜志》《湖海耆英詩集》□卷。徐庸。

燕子磯集

朱睦㮮《萬卷堂書目・雜志》《燕子磯集》三卷。薛甲。

金陵紀勝

趙琦美《脈望館書目・史・南直》《金陵紀勝》一本。

徐㶿《徐氏家藏書目・南直隸》《金陵紀勝》三卷。盛時恭。

黄虞稷《千頃堂書目・地理類下》盛時泰《金陵紀勝》三卷。

南京名勝志

徐㶿《徐氏家藏書目・南直隸》《南京名勝志》二十卷。

畱臺襍記

趙琦美《脈望館書目・史・南京各衙門志》《畱臺襍記》四本。

延賞編

祁承㸁《澹生堂藏書目・圖志・園林》《延賞編》二册。四卷。

雅遊編

祁承㸁《澹生堂藏書目・圖志・園林》《雅游編》一册。一卷。

黄虞稷《千頃堂書目・地理類上》陳沂《金陵世紀》四卷。又《金陵古今圖考》一卷。鄞人。太僕卿。

金陵圖詠

周中孚《鄭堂讀書記補逸・地理類八・雜記》《金陵圖詠》一卷。明刊本。

明朱之蕃撰。之蕃，字元介，號蘭嵎。南京錦衣衛籍。茌平人。萬曆乙未進士第一人。官至吏部右侍郎，贈禮部尚書。自來郡邑之志必標景物，以彰形勝、存名蹟。金陵相沿以八景十六景著稱，題詠者互有去取。蘭嵎生長於斯，乃祥加蒐討，共得四十景，屬陸壽柏策蹇浮舠，遍歷其境，圖寫逼真，因撮舉其概，各系以小引，及七言律詩一篇，彙爲是帙，前有天啓癸亥自序，後附雲間杜完三士全依韻和作四十首，亦有自序，皆蘭嵎手書附槧云。

舊京詞林志

張萱等《内閣藏書目録・志乘部》《舊京詞林志》三册。全。萬曆閒南翰林掌院周應賓編。

金陵名勝録

黄虞稷《千頃堂書目・地理類下》王萬祺《金陵名勝録》。

[吴郡]續志

陳振孫《直齋書録解題・地理類》《續志》一卷。嘉泰壬戌郡守耿與義序。

案：「郡守」以下原本闕，今據《文獻通攷》補。

龔道立崑山雜咏

張萱等《内閣藏書目録·雜部》《崑山雜詠》二册。全。宋嘉定間龔道立裒集崑山自唐以來名勝題詠。

雲山日記

丁立中《八千卷樓書目·地理類·雜記》《雲山日記》一卷。元郭翼撰。舊抄本。

姑蘇雜咏

錢謙益等《絳雲樓書目·地誌類》高啓《姑蘇雜咏》。一百三十六篇。

虎丘詩集

晁瑮《晁氏寶文堂書目·圖誌》《虎丘詩集》。

續吴都文粹

錢謙益等《絳雲樓書目·地誌類》錢穀《續吴都文粹》。錢穀，字叔寶，文待詔門人。著續吴都文粹數百卷。吴中故實，無踰此書。惜未梓行，見文文肅名賢小紀。

俞允文崑山雜咏

朱睦㮮《萬卷堂書目·雜志》《崑山雜詠》二十八卷。俞允文。

徐𤊹《徐氏家藏書目·各省題咏》《崑山雜咏》。

石湖文略

趙琦美《脈望館書目·史·南直·蘇州府》《石湖文略》一本。

金山褋録

趙琦美《脈望館書目·史·南直·蘇州府》《金山褋録》一本。

靈巖集

徐圖等《行人司重刻書目·地理類》《靈巖集》。二本。

祁承㸁《澹生堂藏書目·圖志·山川》《靈巖集》。二册。六卷。

金山集

黄虞稷《千頃堂書目·地理類下》僧浄談《金山集》三卷。

常熟賦役册

趙琦美《脈望館書目・史・南直・蘇州府》《常熟賦役册》一本。

師子林紀勝集

錢謙益等《絳雲樓書目・地誌類》《師子林紀勝集》。

常熟縣儒學志

黄虞稷《千頃堂書目・地理類下》繆紹祖《常熟縣儒學志》十卷。（盧補）

[萬曆]吴郡書册

趙琦美《脈望館書目・史・南直・蘇州府》萬曆十六年《吴郡書册》。一本。

百城煙水

《四庫全書總目提要・地理類存目五・山川》《百城煙水》九卷。浙江巡撫採進本。國朝徐崧、張大純同編。崧，吴江人。大純，長洲人。前有尤侗序，大略稱崧有詩名，好遊佳山水。閒嘗綴集吴地古蹟爲此書，取華嚴南詢之意以名之。其友張大純助其捃摭，未畢而崧殁。大純因重加纂輯刊行。凡蘇州府及所屬諸縣名勝山川，並爲臚載。然每條詮敘簡略，而所録題詠至夥。蓋頗仿祝穆《方輿勝覽》之例，以詞藻爲尚，而不主考證。然穆書徧及州郡，此獨有姑蘇一隅。穆書於前人著述採擷甚富，而此所收率係近人之作，并附入己詩，則又出穆書之下矣。書刊於康熙庚午，時尚未升太倉爲直隸州，故太倉及嘉定崇明二縣皆列於此書云。

寓記

張鵬一《隋書經籍志補・地理》《寓記》三卷。後周蘭陵蕭大圜。

宜興徐氏義田記

朱睦㮮《萬卷堂書目・雜志》《宜興徐氏義田記》。

陽湖小志

趙琦美《脈望館書目・史・浙江・温州府》《陽湖小志》一本。

荆溪外紀

趙琦美《脈望館書目・史・南直・常州府》《荆溪外紀》四本。

祁承㸁《澹生堂藏書目・圖志・山川》《荆溪外紀》八册。二十五卷沈敕編。

黄虞稷《千頃堂書目・地理類上》沈敕《荆溪外紀》二十五卷。字堯寅，宜興人。

《明史・藝文志・地理類》沈敕《荆溪外紀》二十五卷。

野志續編

祁承㸁《澹生堂藏書目・圖志・山川》《野志續編》五册。八卷。狄斯彬。

幸江都道里記

張鵬一《隋書經籍志補・地理》《幸江都道里記》一卷。諸葛穎。

揚州賦

范邦甸等《天一閣書目・地理類》《揚州賦》一册，附《續揚州賦》。刊本。

宋王觀撰。《續揚州賦》宋陳洪範撰，嘉靖乙巳張棨序。

趙琦美《脈望館書目・史・南直・揚州府》《揚州賦》一本。

錢謙益等《絳雲樓書目・地誌類》王觀《揚州賦》。

丁丙《善本書室藏書志・地理類・雜記》《揚州賦》一卷，《續賦》一卷。

影寫明刊本。宋將仕郎守大理丞知揚州江都縣事王觀撰。《續賦》宋揚州學正江都陳洪範撰。觀字通叟，如皋人。嘉祐間與從弟覿從胡安定學於上庠，秦少游謂其昆弟高才力學，無與比者。及試開封府，相舉爲第一，覿舉嘉祐二年進士，除少府，遷大理丞，知江都縣。卒。著有《天鬻子》、《府元集》、《芍藥譜》、《鬻子注》。其在江都著《揚州賦》，并自爲注，上諸朝，大蒙褒異，賜緋衣銀章。其賦麗而雅，有裨益規諷之忠。洪範，江都人，宋淳熙間爲揚州學正。是時郡守鄭興裔宗教右儒，居多懿政。洪範爲屬吏，親見行事，乃撰《續揚州賦》，頌著厥善，以稱述之詞頗藻麗，非溢美云。明嘉靖乙巳，儀真張棨序而梟梓之。范氏天一閣劫後尚存此書，因録之以作二分明月、三月烟花觀也。

廣陵詩集

趙琦美《脈望館書目・史・南直・揚州府》《廣陵詩集》十六本。

瓊華集

晁瑮《晁氏寶文堂書目・圖誌》《瓊華集》。

趙琦美《脈望館書目・史・南直・揚州府》《瓊花集》一本。

黄虞稷《千頃堂書目・地理類下》《瓊花集》三卷。

誌夷雜詠

趙琦美《脈望館書目・史・南直・揚州府》《誌夷雜詠》。

瓊華攷

錢謙益等《絳雲樓書目・地誌類》《瓊華攷》。

揚州鼓吹詞序

周中孚《鄭堂讀書記補逸・地理類八・雜記》《揚州鼓吹詞序》一卷。

說鈐後集本。國朝吴綺撰。綺，字園次，號豐南，江都人。順治甲午拔貢生。官至湖州府知府。聽翁嘗取揚州古蹟，自文選樓至茱萸灣，凡二十二處，各綴以詞，并繫以序。吴青壇震方録出其序，爲此編。然大都摭拾志乘而成，初無矜心作意於其間也。

揚州鼓吟詞序

丁立中《八千卷樓書目・地理類・雜記》《揚州鼓吟詞序》一卷。國朝吴綺撰。龍威秘書本。

彭門古今集志

《宋史・藝文志・地理類》李震《彭門古今集志》二十卷。

浙江省

吴越石壁記

宋祖駿《補五代史藝文志・地理類》《吴越石壁記》一卷。錢鏐撰。

浙江須知

楊士奇等《文淵閣書目・舊志》《浙江須知》十册。

浙江賦

王圻《續文獻通考・經籍考・地理》《浙江賦》沈幹著。

樂郊私語

錢大昕《補元史藝文志・地理類》姚桐壽《樂郊私語》一卷。字樂年。桐廬人，餘干州教授。

浙首會略

朱睦㮮《萬卷堂書目・雜志》《浙首會略》十七卷。方繼學。

浙江名勝志

徐𤊹《徐氏家藏書目・浙江省》《浙江名勝志》十一卷。

三縣經界錯壤圖説

黄虞稷《千頃堂書目・地理類中》岳元聲《三縣經界錯壤圖説》。

浙江省志圖説

丁立中《八千卷樓書目・地理類・都會郡縣》《浙江省志圖説》一卷。國朝沈德潛撰。全集本。

浙程備略

丁立中《八千卷樓書目・地理類・雜記》《浙程備略》一卷。國朝于敏中撰。觀自得齋本。

浙江全省輿圖並水陸道里記

丁立中《八千卷樓書目・地理類・都會郡縣》《浙江全省輿圖並水陸道里記》不分卷。國朝宗源瀚撰，石印本。

杜光庭西湖古蹟事實

王圻《續文獻通考・經籍考・地理》《西湖古蹟事實》杜光庭著。又有傅牧撰者，載前考中。以楊蟠《西湖百詠》增廣，共爲一百八十三目。

七述

丁立中《八千卷樓書目・地理類・雜記》《七述》一卷。宋晁補之撰。抄本。掌故叢編本。

錢塘勝蹟

王圻《續文獻通考・經籍考・地理》《錢塘勝蹟》。僧懷顯著。

清波雜志

于敏中等《天禄琳琅書目・影宋鈔史部》《清波雜志》。一函二册。宋周煇撰。十二卷。前宋張貴謨序，後宋章斯中、張訢、陳晦、楊寅、張巖、龔頤正、徐似道七跋。考《兩浙名賢録》：周煇，字昭禮，淮海人。紹熙間居錢塘清波門之南。嗜學工文，藏書萬卷，隱居不仕，當世名公卿多折節下之，而簡亢自高，未嘗報謝。撰《清波雜志》十二卷。是書張貴謨序作於紹熙癸丑。按癸丑爲宋光宗紹熙四年，書後章斯中、張訢、陳晦三跋皆是年作。其楊寅、張巖二跋作於寧宗慶元二年。龔頤正、徐似道二跋作於慶元三年。考《宋史》：張巖，字肖翁，揚州人。登乾道五年進士第。累官至知樞密院事，督視江淮軍馬，繼以銀青光禄大夫致仕，餘俱無傳。《浙江通志》載：張貴謨，遂昌人。乾道二年丙戌進士。官至朝議大夫。《長興縣志》載：陳晦，字自明。中童子科，又中博學宏詞科。仕至刑部侍郎兼中書舍人。有《文集》三十卷。凌迪知《萬姓統譜》載：龔頤正，楚人。寧宗嘉泰元年，以學問該博，賜同進士出身。官至祕書丞。徐似道，字淵子，天台人。少負才名，爲吴江尉。受知范成大。官至祕書少監。章斯中、訢、寅無考。似道跋最後作，有「余來中都，聞周處士《清波志》，急祈借傳録」云云。是當時此書已徵紙貴，今得影鈔，真堪什襲矣。御題：逸史犁然志紹熙，久無傳本此稱奇；唐鉤晉蹟隔一間，明影宋刊非兩歧。世道人心斯繫矣，南遷北代早卑之；清波門外西湖水，洗盡當年諛墓辭。乾隆甲午冬御筆。鈐寶二，曰：所寶惟賢，曰：乾隆御筆。

傅牧西湖古跡事實

陳振孫《直齋書録解題・地理類》《西湖古跡事實》一卷。錢塘進士傅牧撰。以楊蟠《百詠》增廣，共爲一百八十三首。案：「首」字《文獻通攷》作「目」。紹興壬午序。

馬端臨《文獻通考・經籍考・地理》《西湖古跡事實》一卷。

釣臺集

趙琦美《脈望館書目・史・浙江・嚴州府》《釣臺集》二本。

釣臺新集

張萱等《内閣藏書目録・雜部》《釣臺新集》二册。宋開禧間舒城王敷編集。釣臺形勝題詠碑文。

錢塘賦

丁立中《八千卷樓書目・地理類・雜記》《錢塘賦》一卷。宋葛澧撰。掌故叢編本。

行都紀事

丁立中《八千卷樓書目・地理類・雜記》《行都紀事》一卷。宋陳晦撰。瓶花齋抄本。

錢塘瑣記

丁立中《八千卷樓書目・地理類・雜記》《錢塘瑣記》一卷。宋于肇撰。瓶花齋本。

都城紀勝（古杭夢遊録）

楊士奇等《文淵閣書目・古今志》《都城紀勝》一册。

高儒《百川書志・地理》《古杭夢遊録》一卷。宋灌圃耐得翁著。紀杭風俗凡十三事。今世罕傳，中多斷文。惜專市肆，無政教之説焉。

錢謙益等《絳雲樓書目・編年類》《都城紀勝》一册。記南宋行都諸瑣細事，稱端平乙未耐得翁序，而不著其名。

《四庫全書總目提要・地理類三・雜記》《都城紀勝》一卷。内府藏本。不著撰人名氏，但自署曰耐得翁。其書成於端平二年，皆紀杭州瑣事。分十四門，曰市井、曰諸行、曰酒肆、曰食店、曰茶坊、曰四司六局、曰瓦舍衆伎、曰社會、曰園苑、曰舟船、曰鋪席、曰坊苑、曰閒人、曰三教外地。敘述頗詳，可以見南渡以後土俗民風之大略。考高宗駐蹕臨安，謂之行在，雖湖山宴樂，已無志於中原，而其名未改，故乾道中周淙修《臨安志》，於宮苑及百官曹署尚著舊稱。潛説友志亦因之。此書直題曰「都城」，蓋官司案牘流傳，僅存故事，民間則耳目濡染，久若定居矣。又史載端平元年，孟珙會元師滅金，是時舊敵已去，新釁未形，相與燕雀處堂，無復遠慮。是書作於端平二年，正文武恬嬉，苟且宴安之日。故競趨靡麗，以至於斯。作是書者既欲以富盛相誇，又自知苟安可愧，故諱而自匿，不著其名。伏讀御題，仰見聖鑒精深，洞其微曖起作者而問之，當亦無所置詞。以其中舊迹遺聞，尚足以資考核，而宴安鴆毒，亦足以垂戒千秋。故糾正其失，以示炯鑑，而書則仍録存之焉。

錢大昕《補元史藝文志・地理類》《古杭夢游録》一卷。自題灌園耐得翁。

周中孚《鄭堂讀書記補逸・地理類八・雜記》《都城紀勝》一卷。楝亭十二種本。舊題灌圃耐得翁撰。不著名氏。《四庫全書》著録，倪氏宋志補及補元志俱不載，錢氏補元志始載之，作《古杭夢遊録》，蓋一書而有二名。故《説郛》所節録者亦作《古杭夢遊録》云。前有端平乙未自序，以杭州山明水秀，民物康阜，又太平日久，因爲之集録。分市井、諸行、酒肆、食店、茶坊、司局、衆伎、社會、園苑、舟船、鋪席、坊院、閒人及三教外地，爲十四門。其已見於圖經志書者，則不重舉。雖不及吳氏《夢粱録》、周氏《武林舊事》之賅備，而敍述娓娓，亦足以形容當時之盛，其詳略可互資參考也。

丁立中《八千卷樓書目・地理類・雜記》 《都城紀勝》一卷。不著撰人名氏。楝亭十二種本、載氏鈔本、舊本抄、掌故叢編本。

夢粱録

楊士奇等《文淵閣書目・古今志》 《夢粱録》一册。

都穆《南濠居士文跋》卷二 《夢粱録》。《夢粱録》二十卷，錢唐吳自牧撰。錢唐自宋南渡建都，其山川、宮闕、衣冠、禮樂遂甲天下，而其時序、土俗、坊宇、遊戲之事多以細瑣，不登史册。自牧生長於宋，目擊其事，特爲之紀述。則南宋雖偏安一隅，而承平氣象，猶可因此想見，亦一快也。先自牧有孟元老者著《夢華録》，備載汴京故事，此録續元老，而作殆合璧也。

范邦甸等《天一閣書目・地理類》 《夢粱録》一册。紅絲闌鈔本。宋錢塘吳自牧撰。原書二十卷，此明人楊循吉删本也。

錢謙益等《絳雲樓書目・編年類》 吳自牧《夢粱録》。

黄虞稷《千頃堂書目・地理類・補元》 吳自牧《夢粱録》二十卷。一本二卷。

倪燦等《補遼金元藝文志・地理類》 吳自牧《夢粱録》二十卷。一本二卷。

《四庫全書總目提要・地理類三・雜記》 《夢粱録》二十卷。兩江總督採進本。宋吳自牧撰。自牧，錢塘人，仕履未詳。是書全仿《東京夢華録》之體，所紀南宋郊廟宮殿，下至百工雜戲之事。委曲瑣屑，無不備載，然詳於敍述而拙於文采，俚詞俗字，展笈紛如，又出《夢華録》之下，而觀其自序，實非不解雅語者，毋乃信劉知幾之説，欲如宋孝王《關東風俗傳》，方言世語由此畢彰乎。案語見《史通・言語篇》。要其措詞質實與《武林舊事》詳略互見，均可稽考遺聞，亦不必責以詞藻也。自牧自序云，緬懷往事，殆猶夢也，故名《夢粱録》。末署甲戌歲中秋日。考甲戌爲宋度宗咸淳十年，其時宋尚未亡，不應先作是語，意甲戌字傳寫誤歟。王士禎《漁洋文略》有是書跋云《夢粱録》二十卷，不著名氏，蓋士禎所見鈔本，又脱此序，故不知爲自牧耳。今檢《永樂大典》所引，條條皆題自牧之名，與此本相合，知非影附古書、僞標撰人姓氏矣。

錢大昕《補元史藝文志・地理類》 吳自牧《夢粱録》二十卷。

張之洞《書目答問・雜史》 《夢粱録》二十卷。宋吳自牧。知不足齋本。學津本。

西湖繁勝録

楊士奇等《文淵閣書目・古今志》 《西湖老人繁勝記》一册。

《四庫全書總目提要・地理類存目六・雜記》 《西湖繁勝録》一卷。永樂大典本。舊本題西湖老人撰。不著名氏，考書中所言，蓋南宋人作也。宋自和議既成之後，不復留意於中原。士大夫但知流連歌舞，笑傲湖山。故是書所述，大抵嬉游之事，以繁華靡麗相誇。蓋亦耐得翁《都城紀勝》之類，而瑣屑又甚焉。

武林舊事

高儒《百川書志・地理》 《武林舊事》六卷。泗水潛夫輯。載南渡杭州建置故事、風俗爲詳。潛夫未知何許人也，序文亦莫詳其姓氏。

范邦甸等《天一閣書目・地理類》 《武林舊事》六卷。刊本。宋周密撰。

趙琦美《脈望館書目・史・浙江》 《武林舊事》二本。

焦竑《國史經籍志・地里・都城宮苑》 《武林舊事》二卷。

徐𤊹《徐氏家藏書目・各省雜誌》 《武林舊事》六卷。宋泗水潛夫周密。

錢大昕《補元史藝文志・地理類》 周密《武林舊事》十二卷。

黄虞稷《千頃堂書目・地理類・補元》 周密《前武林舊事》六卷，又《後武林舊事》五卷。

錢曾《讀書敏求記・地理輿圖》 《武林舊事》十卷。《武林舊事》流俗本止六卷，予從元人鈔仇先生所藏録得後四卷，乾淳奉親之事，今昔所無，閲之不勝惋嘆。後過吴門書肆，又購得一本，校此添補數則，并録入泗水潜夫前序一篇，此書始無遺憾矣。

《四庫全書總目提要・地理類三・雜記之屬》《武林舊事》十卷。内府藏本。宋周密撰。密字公謹，號草牕，先世濟南人。其曾祖隨高宗南渡，因家湖州。淳祐中，嘗官義烏令。宋亡不仕，終於家。是書記宋南渡都城雜事，蓋密雖居弁山，實流寓杭州之癸辛街，故目睹耳聞，最爲真確。於乾道、淳熙閒三朝授受，兩宫奉養之故蹟，敘述尤詳。自序稱，欲如吕滎陽雜記而加詳，如孟元老夢華而近雅。今考所載，體例雖仿孟書，而詞華典贍。南宋人遺篇剩句，頗賴以存。近雅之言不謬，吕希哲歲時雜記，今雖不傳，然周必大《平園集》尚載其序，稱其上元一門，多至五十餘條，不爲不富，而密猶以爲未詳，則是書之賅備可知矣。明人所刻，往往隨意刊除，或僅六卷，或不足六卷，惟存故都、宫殿、教坊、樂部諸門，殊失著書之本旨。此十卷之本，乃從毛氏汲古閣元版傳鈔，首尾完具，其閒逸聞軼事，皆可以備考稽，而湖山歌舞，靡麗紛華，著其盛，正著其所以衰，遺老故臣，惻惻興亡之隱，實曲寄於言外。不僅作風俗記都邑簿也，第十卷末綦待詔以下，以是書體例推之，當在六卷之末，疑傳寫或亂其舊第，然無可考證，今亦姑仍之焉。

古杭夢遊録

黄虞稷《千頃堂書目・地理類・補宋》 李郁《古杭夢遊録》一卷。

倪燦等《宋史藝文志補・地理類》 李郁《古杭夢遊録》一卷。

古杭雜記

錢大昕《補元史藝文志・地理類》 李有《古杭雜記》四卷。

丁立中《八千卷樓書目・地理類・雜記》《古杭雜記》一卷。元李有撰。掌故叢編本。

睦州山水人物古蹟記

錢大昕《補元史藝文志・地理類》 謝翱《睦州山水人物古蹟記》一卷。

客杭日記

錢大昕《補元史藝文志・地理類》 郭天錫《客杭日記》一卷。名畀，以字行，丹徒人，江浙行省掾史。

錢塘百詠詩

黄虞稷《千頃堂書目・地理類下》 楊維楨《錢塘百詠詩》。

湖山百咏

黄虞稷《千頃堂書目・地理類下》 夏時《湖山百詠》一卷。字以正，錢塘人。永樂戊戌進士，廣西左布政使。

程敏政釣臺集

黄虞稷《千頃堂書目・地理類下》 程敏政《釣臺集》。

龔弘釣臺集

黄虞稷《千頃堂書目·地理類下》 龔弘《釣臺集》二卷。郡推官。

武林紀事

黄虞稷《千頃堂書目·地理類中》 吴瓚《武林紀事》八卷。字器之。仁和人。弘治庚戌進士。南通州知州。

《明史·藝文志·地理類》 吴瓚《武林紀事》八卷。

釣臺拾遺

黄虞稷《千頃堂書目·地理類下》 童琥《釣臺拾遺》四卷。字廷瑞，蘭溪人。正德己巳序。

玉樹芳聲

黄虞稷《千頃堂書目·地理類下》 謝君錫《玉樹芳聲》二卷。字允忠，錢塘人。輯金龍事迹。

蓮谷八詠并續集

黄虞稷《千頃堂書目·地理類下》 洪鼐《蓮谷八詠》并《續集》。壽昌人。

武林風俗略

黄虞稷《千頃堂書目·地理類中》 《武林風俗略》一卷。郡人。

《明史·藝文志·地理類》 陳善《武林風俗略》一卷。

吴希孟釣臺集

朱睦㮮《萬卷堂書目·雜志》 《釣臺集》八卷。吴希孟。

徐𤊹《徐氏家藏書目·浙江省》 《釣臺舊志》八卷。廖道南。

祁承㸁《澹生堂藏書目·圖志·山川》 《釣臺集》二册。八卷。吴希孟。

張萱等《内閣藏書目録·雜部》 《釣臺集》二册。全。嘉靖間桐廬令吴希孟輯。

黄虞稷《千頃堂書目·地理類下》 吴希孟《釣臺集》二卷。嘉靖乙未，桐廬令。

晁瑮《晁氏寶文堂書目·圖誌》 《續花巖志詩》一。

嚴陵八景

朱睦㮮《萬卷堂書目·雜志》 《嚴陵八景》一卷。李淑慎。

清溪詩集

趙琦美《脈望館書目·史·浙江·嚴州府》 《清溪詩集》二本。

徐𤊹《徐氏家藏書目·各省題咏》 《青溪詩集》六卷。淳安邑人徐芝。

錢謙益等《絳雲樓書目·地誌類》 《青溪詩集》。

劉伯潮釣臺集

黄虞稷《千頃堂書目·地理類下》 劉伯潮《釣臺集》二卷。萬曆丙子教諭。

楊束釣臺集

徐𤊹《徐氏家藏書目·浙江省》 《釣臺集》二卷。楊束刻。

湖山詩選

黄虞稷《千頃堂書目·地理類下》 徐懋升《湖山詩選》六卷。字元舉。萬曆間錢塘人。

湖山韻事

黄虞稷《千頃堂書目·地理類下》 汪汝謙《湖山韻事》。

西湖雜記

丁立中《八千卷樓書目·地理類·雜記》 《西湖雜記》一卷。明黎遂球撰。掌故叢編本。

增補武林舊事

《四庫全書總目提要·地理類存目六·雜記》 《增補武林舊事》八卷。浙江巡撫採進本。明朱廷焕撰。廷焕字中白，單縣人。崇禎甲戌進士，官工部主事。初，宋末周密嘗録南渡後百二十年典故及風俗游宴之盛，爲《武林舊事》。廷焕於崇禎閒司榷杭州，復採《西湖志》、《鶴林玉露》、《容齋隨筆》、《輟耕録》及密所著《癸辛雜志》諸書，補綴其闕，以成是編。密書十卷，此增補反爲八卷者。密書别有一六卷之本，廷焕據以推廣也。自序謂增補數十則，今案所增，凡睿藻、恩澤、開罏、故都、宫殿、湖産、災異六門，共補一百五十四則，與序不符，殆序文字誤耶。其中湖産一門，既非宋代所獨有，與斷限之例殊乖。共災異一門，亦非土俗、民風、朝章、國典，泛濫尤甚，均非密著書之本意，殊屬駢枝。明人點竄古書，多不解前人義例，動輒破壞其體裁，往往似此也。

丁立中《八千卷樓書目·地理類·雜記》 《增補武林舊事》八卷。明朱廷焕撰。明刊本。

武林近事雜記

黄虞稷《千頃堂書目·地理類中》 馮廷槐《武林近事雜記》。

武林内外志

黄虞稷《千頃堂書目·地理類中》 邵重生《武林内外志》。

杭志三詰三誤辨

《四庫全書總目提要·地理類存目三·都會郡縣》 《杭志三詰三誤辨》

一卷。浙江巡撫採進本。國朝毛奇齡撰。奇齡有《仲氏易》，已著録。是編因杭州舊志稱今地本皆江水，由隋唐來人力畚築而成，因爲此辨。三詰者，一詰秦定會稽郡有海鹽、餘杭、錢塘、富春四縣，何以錢塘獨無地；二詰西部都尉爲重鎮，何以僻處靈隱山中；三詰由富春以至海寧，無不兩岸平地，緣江如綫，何以上一折甫接吴山，忽西翻靈隱，下一折不走龕赭，忽北越臨平。三誤者，一由劉道真《錢塘記》誤。讀《漢書》西部都尉治武林山，武林水所出，東入海之文，不以西部都尉治爲句，而以治武林山爲句。二由不考劉昭註《郡國志》已駁秦始皇由餘杭渡江之説，而仍襲其誤。三由江水東合臨浦，而劉氏誤以臨浦爲臨湖，又誤以臨湖爲臨平湖。又附載宋之問靈隱寺詩，吴越王鐵幢浦二條，以爲不足辨者，不在所詰所辨之數焉。

蕭山縣志刊誤

《四庫全書總目提要・地理類存目三・都會郡縣》《蕭山縣志刊誤》三卷。浙江巡撫採進本。國朝毛奇齡撰。以蕭山新修縣志踳駁失考，因逐各條爲之釐正。凡沿革之誤二條，稱名之誤一條，封屬之誤二條，坊里之誤二條，古蹟之誤三十八條，人物之誤三十五條。案：毛奇齡此二編，本非郡縣志書，而列於郡縣志書中者，以所刊正者乃郡縣志書，猶《新唐書糾繆》列於正史之例也。

湖壖雜記

《四庫全書總目提要・地理類存目六・雜記》《湖壖雜記》一卷。大學士英廉家藏本。國朝陸次雲撰。次雲字雲士，錢塘人。康熙初由拔貢生官江陰縣知縣。是書蓋續田藝蘅《西湖志餘》而作。如慶忌塔夾城之類，亦頗有考辨。而近於小説者十之七八。蓋藝蘅之書，體例亦如是也。

神州古史考

《四庫全書總目提要・地理類存目六・雜記》《神州古史考》一卷，《方輿通俗文》一卷。安徽巡撫採進本。國朝倪璠撰。璠字魯玉，錢塘人。康熙乙酉舉人，官内閣中書舍人。是書自序云：按今之版圖，取自漢迄唐諸史地志，列於郡縣之首。上搜舊聞，旁摭遺逸，凡兩京十四省，共一百五十餘卷，謂之「神州古史考」。又取唐以後者别爲一編，名曰「方輿通俗文」。然所梓者惟杭州一府九縣而已，蓋未成之書也。案：此書據其原序，宜入總志。然所刻者惟一府，入之總志爲不倫，而又不可列於郡縣之中，故附存其目於《雜記》，此無類可歸之變例也。

丁立中《八千卷樓書目・地理類・雜記》《神州古史考》一卷。國朝倪璠撰。掌故叢編本。

南漳子

《四庫全書總目提要・地理類存目六・雜記》《南漳子》二卷。浙江巡撫採進本。國朝孫之騄撰。之騄所輯《尚書大傳》，已著録。之騄居於河渚，近南漳湖，因以自號。是書所紀，皆其一鄉之故實，乃自稱爲子。核其體例，實亦於古無徵。

丁立中《八千卷樓書目・地理類・雜記》《南漳子》二卷。國朝孫之騄撰。原刊本、掌故叢編本、昭代叢書一卷本。

郭西小志

丁立中《八千卷樓書目・地理類・雜記》《郭西小志》十二卷。國朝姚禮撰。抄本、掌故叢編本。

清波小志

丁立中《八千卷樓書目·地理類·雜記》《清波小志》二卷,《補》一卷。國朝徐逢吉撰,陳景鐘補。羅氏抄本、讀畫齋本、昭代叢書一卷本、掌故叢編本、刊本。

東城雜記

《四庫全書總目提要·地理類三·雜記》《東城雜記》二卷。浙江巡撫採進本。國朝厲鶚撰。鶚有《遼史拾遺》,已著録。杭城東地曰東園者,宋故園也。其名見於《宋史》。鶚家於此,爲考里中舊聞遺事,輿記所不及者八十五條,釐爲上下二卷。大抵略於古而詳於今。然所載九宫貴神壇紅亭醋庫諸條,考據頗爲典核。又紀高雲閣蘭菊草堂、竹深亭,及金石中之慈雲寺宋刻劍石銘諸舊蹟,俱浙江通志及武林各舊志所未詳。他如灌園生以下諸人,皆系以小傳,使後之修志乘者,有所徵引。其用力亦可謂勤矣。鶚素博覽,並工於詩詞,故是書雖偏隅小記,而敘述典雅,彬彬乎有古風焉。

清波三志

丁立中《八千卷樓數目·地理類·雜記》《清波三志》三卷。國朝陳景鐘撰。刊本。

褚堂閭史考證

丁立中《八千卷樓書目·地理類·古蹟》《褚堂閭史考證》一卷。國朝趙一清撰。抄本。

西湖名勝

丁立中《八千卷樓書目·地理類·山水》《西湖名勝》一卷。《普陀名勝》一卷。不著撰人名氏。抄本。

定鄉雜著

丁立中《八千卷樓書目·地理類·雜記》《定鄉雜著》二卷。國朝胡敬撰。掌故叢編本。

塘棲景物略

丁立中《八千卷樓書目·地理類·雜記》《塘棲景物略》十二卷。國朝張半庵撰。抄本。

東城記餘

丁立中《八千卷樓書目·地理類·雜記》《東城記餘》二卷。國朝楊文杰撰。稿本。

新門散記

丁立中《八千卷樓書目·地理類·雜記》《新門散記》一卷。國朝羅以智撰。掌故叢編本。

北隅掌録

丁立中《八千卷樓書目・地理類・雜記》《北隅掌録》二卷。國朝黄士珣撰。原刊本、掌故叢編本。

湖墅小志

丁立中《八千卷樓書目・地理類・雜記》《湖墅小志》四卷。國朝高鵬年撰。石印本。

杭防小志

丁立中《八千卷樓書目・地理類・雜記》《杭防小志》一卷。國朝盛元撰。抄本。

杭州府建置沿革考

丁立中《八千卷樓書目・地理類・都會郡縣》《杭州府建置沿革考》二卷。國朝張大昌撰。抄本。

鄉　言

丁立中《八千卷樓書目・地理類・雜記》《鄉言》一卷。國朝淩璋森撰。抄本。

吴興山墟名

章宗源《隋書經籍志考證・地理》《吴興山墟名》。卷亡。張充之撰。不著録。《太平寰宇記・江南東道》引張充之。又作元之。《吴興山墟名》有三山、金山、石城山、杼山、金鵝山、几山、七里橋山、餘英溪夏駕山、白鶴山、青山、藝香山、西顧山、雉山、西噎山、南嶼山、吴城湖荆山、紫花澗、顧渚苧溪二十三事。金山二事。《輿地碑記目》:《吴興山墟名》,張元之作。又云晉吴興太守王韶之撰。

黄逢元《補晉書藝文志・地理》《吴興山墟名》一卷。車騎將軍武康沈充士居撰。隋唐志不著録,嚴可均輯存其序云:《御覽》所載《吴興記》引有一事,《寰宇記》所載引有二十五事,皆作沈充之,或作沈玄之。元案:宋王象之《輿地碑記目》曰:《吴興山墟名》,張玄之作。又云:晉吴興太守王韶之撰。葉夢得《玉澗雜書》亦云張玄之,晉吴興太守,嘗爲《吴興山墟名》一卷,充王敦坿傳。又《世説・規箴篇》注引《晉陽秋》云:字士居,吴興人。《宋書・沈演之傳》云:高祖充晉車騎將軍、吴國内史。據此知各書作玄之誤。

吴興山墟名攷

朱記榮《國朝未刊遺書志略・史目》沈充《吴興山墟名攷》一卷。嚴可均。此書已佚,近繆筱珊太史荃孫有補輯本。

吴興雜録

《新唐書・藝文志・地理類》張文規《吴興雜録》七卷。

馬端臨《文獻通考・經籍考・地理》《吴興雜録》七卷。

《宋史・藝文志・地理類》《吴興雜録》七卷。

吴興賦

王圻《續文獻通考・經籍考・地理》《吴興賦》。趙子昂著。

吴會須知

鄭樵《通志・藝文略・地理・郡邑》《吴會須知》一卷。魏羽撰。

焦竑《國史經籍志・地里・郡邑》《吴會須知》一卷。魏羽。

嘉禾故事

陳振孫《直齋書録解題・地理類》《嘉禾故事》一卷。郡守毗陵張元成撰。

馬端臨《文獻通考・經籍考・地理》張元成《嘉禾故事》一卷。

嘉禾圖序

晁瑮《晁氏寶文堂書目・圖誌》《嘉禾圖序》。

嵎略

晁瑮《晁氏寶文堂書目・圖誌》《嵎略》。

埭谿文獻集

黄虞稷《千頃堂書目・地理類上》史學《埭谿文獻集》。

西吴里語

徐𤊹《徐氏家藏書目・各省雜誌》《西吴里語》四卷。宋雷。

錢謙益等《絳雲樓書目・地誌類》宋雷《西吴里語》。

黄虞稷《千頃堂書目・地理類中》宋雷《西吴里語》四卷。

檇李記

黄虞稷《千頃堂書目・地理類中》王樵《檇李記》一卷。

丁立中《八千卷樓書目・地理類・雜記》《檇李記》一卷。明王樵撰。鹽邑志林本。

三過堂集

黄虞稷《千頃堂書目・地理類下》龔勉《三過堂集》。

煙雨樓志

黄虞稷《千頃堂書目・地理類下》[龔勉]《煙雨樓志》四卷。

道場山集

黃虞稷《千頃堂書目・地理類下》《道場山集》。歸雲庵僧某集，王叔承序。

語溪宗輔録

黃虞稷《千頃堂書目・地理類下》胡其久《語溪宗輔録》四卷。字懋敬，崇德人。

檇李叢談

黃虞稷《千頃堂書目・地理類中》李日華《檇李叢談》四卷。（盧補）。

《明史・藝文志・地理類》李日華《檇李叢談》四卷。

西吴支乘

徐𤊹《徐氏家藏書目・各省雜誌》《西吴支乘》二卷。謝肇淛。

黃虞稷《千頃堂書目・地理類中》謝肇淛《西吴支乘》二卷。

武塘勝覽

趙琦美《脈望館書目・史・浙江・嘉興府》《武塘勝覽》一本。

錢謙益等《絳雲樓書目・地誌類》《武塘覽勝》。

嘉善人文紀略

黃虞稷《千頃堂書目・地理類中》浦端模《嘉善人文紀略》十二卷。

澹然齋八景咏

徐𤊹《徐氏家藏書目・各省題咏》《澹然齋八景咏》一卷。葉茂原。

嘉禾事紀

黃虞稷《千頃堂書目・地理類中》鄭振先《嘉禾事紀》二卷。

寧邑備考

黃虞稷《千頃堂書目・地理類中》趙惟寰《寧邑備考》十卷。教諭。

秀州百咏

黃虞稷《千頃堂書目・地理類下》許恂如《秀州百詠》一卷。

嗚吾紀事

丁立中《八千卷樓書目・地理類・雜記》《嗚吾紀事》一卷。明崔嘉祥撰。鹽邑志林本。

烏青文獻

丁立中《八千卷樓書目・地理類・都會郡縣》《烏青文獻》十二卷。國朝張炎貞撰。刊本。

峽川志

《四庫全書總目提要・地理類存目五・山川》《峽川志》一卷。兩淮馬裕家藏本。國朝潘廷章撰。延章字梅巖，自稱海峽樵人。蓋海寧人也。其書志硤石一鎮之事，頗有條理。然一村落之微，而首紀分野，未免太廓。科第皆列之人物，毫無行實，但載其由某經中式某科第幾名，亦未免太濫。所紀唐許遠守睢陽，臨難作《死别吟》，其詞不類，疑亦附會也。

雙溪物産疏

丁立中《八千卷樓書目・地理類・雜記》《雙谿物産疏》十五卷。國朝陳經撰。刊本。

當湖外志

丁立中《八千卷樓書目・地理類・雜記》《當湖外志》八卷。國朝馬承昭撰。刊本。

四明風俗賦

《宋史・藝文志・地理類》《四明風俗賦》一卷。不知何人撰。

明越風物志

晁公武《郡齋讀書志・地里類》《明越風物志》七卷。袁本前志卷二下地理類第八。右皇朝姜嶼撰。以明州本越地，故曰「明越」。又以郭璞注《爾雅》，多引江東，故詳載其風物云。

馬端臨《文獻通考・經籍考・地理》《明越風物志》七卷。

《宋史・藝文志・地理類》姜嶼《明越風物志》七卷。

鄭真四明文獻録

黄虞稷《千頃堂書目・地理類中》鄭真《四明文獻録》。字千之。别號滎陽外史。鄞縣人。

李孝謙四明文獻録

黄虞稷《千頃堂書目・地理類中》李孝謙《四明文獻録》。

句餘八景

范邦甸等《天一閣書目・地理類》《句餘八景》。刊本。明萬曆甲戌，東吴顧存仁序首并跋後曰：予少慕句餘邑治爲虞舜過化名都，入國朝，代生鉅人，恨不一至其地。嘉靖壬辰，私幸竊仕其邦。有龍泉山者，俯瞰大江，坐鎮邑治。予莅政堂署，每見秀壁蒼巖，朝夕萬狀，常在几舄。是歲甲午，衙舍之前有祕沿一區並蒂蓮生。明年乙未，連綴名魁特盛往額，予作《考祥亭記》。同年吕相公入佐政府，創築邑城，南北並峙，中貫大江，金湯險固，海警又安，疆宇人文，焕然一新。吕公伯子調甫以八景標題，歌詠隆平，有治沿呈祥、萬堞雙環等諸詠。邑人王郡博者，不遠千里，戾止吴門，首出題句，索予和篇，漫竊傚顰，并述始末。

四明龍薈

黄虞稷《千頃堂書目・地理類下》 聞性道《四明龍薈》一卷。崇禎間。慈谿人。

四明談助

丁立中《八千卷樓書目・地理類・雜記》 《四明談助》四十六卷。國朝徐兆昺撰。原刊本。

甬東軼事

黄虞稷《千頃堂書目・地理類中》 李垵《甬東軼事》。字子起，鄞人，生而聾。十餘歲父卒，哭五日夜，水漿不入口，咽枯而啞。博通多識，陳繼儒與華亭聾人唐汝詢稱爲兩異人，并爲之傳。

會稽先賢傳

顧懷三《補後漢書藝文志・輿地類》 《會稽先賢傳》五卷。隋七卷，唐五卷。謝承撰。

會稽録

《宋史・藝文志・地理類》 林特《會稽録》三十卷。

越地形記

李昉《太平御覽經史圖書綱目》 《越地形記》。

陳傳歐冶拾遺

《宋史・藝文志・地理類》 陳傳《歐冶拾遺》一卷。

檀林歐冶拾遺

《宋史・藝文志・地理類》 檀林《甌治拾遺》一卷。

會稽掇英集

張萱等《内閣藏書目録・雅部》 《會稽掇英集》八册，又《續集》二册。全。宋熙寧閒，孔延之知越州軍，搜采晉唐以來山川勝蹟、名賢詩文，共爲十卷。又會稽主簿王康弼編次名賢送行詩爲《續集》七卷。

祁承㸁《澹生堂藏書目・圖志・山川》 《會稽掇英集》四册。二十卷。孔延之。

會稽三賦

范邦甸等《天一閣書目·地理類》 《會稽三賦》一卷。刊本。宋王十朋撰，明南逢吉注，嘉靖二年南大吉序。

王圻《續文獻通考·經籍考·地理》 《會稽三賦》。王十朋著。

錢謙益等《絳雲樓書目·地誌類》 王十朋《會稽三賦》。

黄虞稷《千頃堂書目·地理類中》 南逢吉注釋《會稽三賦》三卷。

《四庫全書總目提要·地理類三·雜記》 《會稽三賦》三卷。禮部尚書曹秀先家藏本。宋王十朋撰。十朋字龜齡，樂清人，紹興二十七年進士第一，官至龍圖閣學士。謚文忠，事蹟具《宋史》本傳。所著有《梅溪集》，此賦三篇，又於集外別行。一曰《會稽風俗賦》，仿《三都賦》之體，歷敘其地山川、物產、人物、古迹。一曰《民事堂賦》，民事堂者，紹興中添差簽判廳之公堂也。元借寓小能仁寺，歲久圮廢，十朋始重建於車水坊。一曰《蓬萊閣賦》，其閣以元稹詩「謫居猶得住蓬萊」句得名，皆在會稽，故統名曰《會稽三賦》。初，嵊縣周世則嘗爲註《會稽風俗賦》，郡人史鑄病其不詳，又爲增註，併註後二賦。末有嘉定丁丑鑄自跋。十朋文章典雅，足以標舉兹邦之勝，鑄以當時之人，註當時之作，耳聞目覩，言必有徵，視後人想像考索者，亦特爲詳贍。且所引無非宋以前書，尤非近時地志杜撰故實，牽合名勝者可比。與十朋之賦相輔而行，亦劉逵張載分註三都之亞也。

唐之淳會稽懷古詩

祁承㸁《澹生堂藏書目·圖志·園林》 《會稽懷古詩》一册。二卷。唐之淳。

黄虞稷《千頃堂書目·地理類中》 唐之淳《會稽懷古詩》二卷。（盧補）

趙絶異記

楊士奇等《文淵閣書目·古今志》 《越絶異記》一册。

曹娥名賢題詠

晁瑮《晁氏寶文堂書目·圖誌》 《曹娥名賢題詠》。

黄虞稷《千頃堂書目·地理類下》 張翰英《曹娥名賢題詠》一卷。

蘭亭集

晁瑮《晁氏寶文堂書目·圖誌》 《蘭亭集》。

朱孝娥名賢詩

朱睦㮮《萬卷堂書目·雜志》 《朱孝娥名賢詩》。

會稽懷古詩集

朱睦㮮《萬卷堂書目·雜志》 《會稽懷古詩集》一卷。

南鎮碑文

晁瑮《晁氏寶文堂書目·圖誌》 《南鎮碑文》。

紹興雜詠

朱睦㮮《萬卷堂書目·雜志》 《紹興雜詠》一卷。黄韶。

會稽詩賦

徐圖等《行人司重刻書目・地理類》《會稽詩賦》。八本。

高廩會稽懷古集

黄虞稷《千頃堂書目・地理類下》高廩《會稽懷古集》二百八十首。山陰人。

唐澤會稽懷古詩

黄虞稷《千頃堂書目・地理類下》唐澤《會稽懷古詩》一卷。

王埜越詠

黄虞稷《千頃堂書目・地理類下》王埜《越詠》十二卷。輯晉唐以來名人詠越中山川古蹟。張天復增輯。

紹興紀略

祁承㸁《澹生堂藏書目・圖志・郡志》《紹興紀略》四册。十卷，陸夢斗。

黄虞稷《千頃堂書目・地理類中》陸夢斗《紹興紀略》四卷。山陰舉人，建寧府通判。

客越志

祁承㸁《澹生堂藏書目・國朝史類・風土・皇輿》《客越志》。一卷，王穉登。已上俱尊生齋集。皇輿。

居東雜纂

徐㶿《徐氏家藏書目・各省雜誌》《居東雜纂》二卷。謝肇淛。

曹娥靈孝志

徐㶿《徐氏家藏書目・浙江省》《曹娥靈孝志》二卷。許捷輯。

曹孝娥詩集

祁承㸁《澹生堂藏書目・圖志・山川》《曹孝娥詩集》一册。一卷。

於越新編

黄虞稷《千頃堂書目・地理類中》諸萬里《於越新編》四十五卷。萬曆戊午修。

會稽百詠

黃虞稷《千頃堂書目・地理類下》 羅紘《會稽百詠》。山陰人。

戴冠和會稽懷古詩

黃虞稷《千頃堂書目・地理類下》 戴冠和《會稽懷古詩》一卷。紹興府學訓導。

趙問

馬國翰《玉函山房藏書簿録・史編・地理類》 《越問》一卷。國朝錢塘王修玉倩修撰。記於越山川、人物之勝。託爲巖處先生問，遠游公子答。谷霖蒼跋云：神摹枚乘，才富柳州，故能清麗雄博，不數子安諸子。

廣會稽風俗賦

丁立中《八千卷樓書目・地理類・雜記》 《廣會稽風俗賦》一卷。國朝陶元藻撰。刊本。

楊孚臨海水土記

汪師韓《文選注引群書目録上・地理》 《臨海水土記》。

姚振宗《後漢藝文志・地理類・雜記》 楊孚《臨海水土記》。區大任《百越先賢志》曰：孚後爲臨海太守，復著《臨海水土記》，世服孚高識，不徒博雅。按：《續漢郡國志》唯有勃海、東海、北海、南海郡，無臨海郡。《吴志孫亮傳》：太平二年春二月，以會稽東部爲臨海郡，臨海立郡始此時。爲魏高貴鄉公。甘露二年，區氏稱臨海太守，豈南海之譌歟？抑漢時嘗立臨海郡，後復省并，史失其事歟？是書名目亦恐未碻，今姑過而録之。

沈瑩臨海水土志

李昉《太平御覽經史圖書綱目》 《臨海水土志》。

章宗源《隋書經籍志考證・地理》 《臨海水土物志》一卷。沈瑩撰。唐志作《臨海水土異物志》，《後漢書・東南夷傳》注：夷洲，在臨海東南，去郡二千里。引沈瑩《臨海水土志》省物字，《太平御覽》四夷部引此事尤詳，亦稱《臨海水土志》。《文選江賦》注：海豨豕，頭身長九尺。稱《臨海水土記》。《御覽》鱗介部多稱《臨海水土記》。《廣韻》注：鯪魚，腹背皆有刺，如三角菱稱《臨海風土記》。《御覽》鱗介部作「水土」。《文選江賦》注：鹿魚，長二尺餘，有角，腹下有脚，如人足。《思玄賦》注：鶗鴂，一名杜鵑，至三月，鳴晝夜不止，稱《臨海異物志》。省「水土」二字。《初學記》歲時部同，《藝文類聚》歲時部同。又《江賦》注蝟鰿魚、鼃黽、鼂鼊、海月、土肉、石華、蚶蠣並稱《臨海水土物志》。《御覽》鱗介部亦多同此稱。又三蠖，似蛤。《廣韻》注作《臨海異物志》，《御覽》作《水土物志》。江文通《雜體詩》注白石下有金潭，金光焕然。《一切經音義》烏賊以其懷板含墨，故號小史魚。《藝文類聚》木部石山，望之如雪山。有湖，傳云金鵝所集，八桂所植，並稱《臨海記》。《御覽》地部、時序部、《寰宇記》江南東道亦多引《臨海記》。

吴士鑒《補晉書經籍志・地理類》 沈瑩《臨海水土物志》一卷。《隋志》。

臨海異物志

李昉《太平御覽經史圖書綱目》 《臨海異物志》。

臨海水物志

李昉《太平御覽經史圖書綱目》《臨海水物志》。

臨海水土異物志

《隋書經籍志・地理》《臨海水土異物志》一卷。沈瑩撰。

《舊唐書・經籍志・地理》《臨海水土異物志》一卷。沈瑩撰。

《新唐書・藝文志・地理類》沈瑩《臨海水土異物志》一卷。

鄭樵《通志・藝文略・地里・方物》《臨海水土異物志》一卷。隋沈瑩撰。

王圻《續文獻通考・經籍考・地理》《臨海水土異物志》。沈瑩修。

土風志

黄虞稷《千頃堂書目・地理類中》胡融《土風志》。寧海人。

尊鄉録節要

晁瑮《晁氏寶文堂書目・圖誌》《尊鄉録節要》。

赤城會通記

黄虞稷《千頃堂書目・地理類中》王啓《赤城會通記》二十卷。

《明史・藝文志・地理類》王啓《赤城會通記》二十卷。

《四庫全書總目提要・地理類存目二・都會郡縣》《赤城會通記》二十卷。浙江范懋柱家天一閣藏本。明王啓撰。啓號柏山，黄巖人，成化丁未進士，官至刑部尚書。是編取陳耆卿《赤城志》、謝鐸《赤城續志》諸書彙爲一帙，而變其體例。自夏后氏迄明，每朝各爲一紀，唐以後則一帝爲一紀，其載官吏則分名宦、死難、儒臣、有事實官、無事實官、有疵官諸目。紀人物則分鄉獻、死節、孝子、烈女、鄉僇諸目，散入各紀之下。又有異聞、祠廟、鄉試、貢薦等目。分析破碎，殊無體要。至山川、分野，無可附麗則舉而列之，夏后氏紀，亦可見其例之，窒而難通矣。

朱文公台寓録

錢謙益等《絳雲樓書目・地誌類》《朱文公台寓録》。

黄虞稷《千頃堂書目・地理類下》朱紈《朱文公台寓録》三卷。

赤城詩集

朱睦㮮《萬卷堂書目・雜志》《赤城詩集》六卷。谷繼宗。

赤城集

祁承㸁《澹生堂藏書目・圖志・攬勝》《赤城集》一册。一卷，顧起綸。

台州外書

丁立中《八千卷樓書目・地理類・雜記》《台州外書》十七卷。國朝戚學標撰。刊本。

月泉吟社詩

朱睦㮮《萬卷堂書目·雜志》《月泉吟社詩》二卷。（雍）［羅］公福。

東陽聞記

黄虞稷《千頃堂書目·地理類中》李有則《東陽聞記》。

金華文紀

朱睦㮮《萬卷堂書目·雜志》《金華文紀》十二卷。趙鶴。

金華雜記

黄虞稷《千頃堂書目·地理類中》鄭東白《金華雜記》一卷。

補劉氏山棲志

黄虞稷《千頃堂書目·地理類下》胡應麟《補劉氏山棲志》十六卷。

金華雜識

黄虞稷《千頃堂書目·地理類中》楊德周《金華雜識》四卷。鄞縣人，知州。

谿上遺聞集録

丁立中《八千卷樓書目·地理類·雜記》《谿上遺聞集録》十卷，《别録》二卷。國朝（伊）［尹］元煒撰。刊本。

東甌志

楊士奇等《文淵閣書目·舊志》《東甌志》。十册。

仰忻永嘉百題詩集

黄虞稷《千頃堂書目·地理類下》仰忻《永嘉百題詩集》。

甌東私録

黄虞稷《千頃堂書目·地理類中》項喬《甌東私録》六卷。

甌江逸志

《四庫全書總目提要·地理類存目六·雜記》《甌江逸志》一卷。大學士英廉家藏本。國朝勞大與撰。大與字宜齋，石門人。順治辛卯舉人，官永嘉縣教諭。是編前紀温州舊事，後記其山川物産。大意欲補郡乘之闕，故命曰逸志。然捃拾未富，且皆不著所出，未爲精核。至謂錢玉蓮爲娼女，更齊東之語矣。

永嘉聞見録

丁立中《八千卷樓書目・地理類・雜記》《永嘉聞見録》二卷。國朝孫同元撰。刊本。

歐江小志

丁立中《八千卷樓書目・地理類・雜記》《歐江小志》一卷。國朝郭鍾岳撰。刊本。

括蒼集

張萱等《内閣藏書目録・雜部》《括蒼集》三册。全。麗水簿詹淵編集括蒼名勝留題詩文。

括蒼類記

徐圖等《行人司重刻書目・地理類》《括蒼類記》六本。

盤谷倡和詩

錢謙益等《絳雲樓書目・地誌類》《盤谷倡和詩》。二卷。劉廌著。青田之孫有《盤谷集》十卷。

栝蒼景物志

黃虞稷《千頃堂書目・地理類中》陳孝積《栝蒼景物志》。

安徽省

徽詩彙編

朱睦㮮《萬卷堂書目・雜志》《徽詩彙編》十卷。李敏。

廬陽客記

趙琦美《脈望館書目・史・南直・廬州府》《廬陽客記》一本。

黃虞稷《千頃堂書目・地理類上》楊循吉《廬陽客記》一卷。

《明史・藝文志・地理類》楊循吉《廬陽客記》一卷。

《四庫全書總目提要・地理類存目六・雜記》《廬陽客記》一卷。浙江汪汝瑮家藏本。明楊循吉撰。循吉有《蘇州府纂修識略》，已著録。正德元年，循吉同年進士西充馬金爲廬州守，請循吉修郡志，以議不合歸。後二年，因採其風土大概，述爲此編。凡十一目，簡潔古峭，頗有結構。蓋借此以馳騁其筆力。然漏略太甚，不足以備考證也。

廬江記

李昉《太平御覽經史圖書綱目》《廬江記》。

盧江百詠

朱睦㮮《萬卷堂書目・雜志》《盧江百詠》□卷。蔣昊。

小孤山詩

晁瑮《晁氏寶文堂書目・圖誌》《小孤山詩》。

朱睦㮮《萬卷堂書目・雜志》《小孤山詩集》一卷。謝枋得。

桐封二記

黃虞稷《千頃堂書目・地理類下》黃洪憲、黃承昊《桐封二記》一卷。

濠上摭遺

《宋史・藝文志・地理類》劉拯《濠上摭遺》一卷。

南滁會景編

晁瑮《晁氏寶文堂書目・圖誌》《南滁會景編》。

范邦甸等《天一閣書目・地理類》《南滁會景編》十二卷。刊本。明趙廷瑞著。嘉靖丁酉，朱廷立序。

趙琦美《脈望館書目・南直隸・涂州》《南涂會景編》四本。

朱睦㮮《萬卷堂書目・雜志》《南滁會景編》十卷。趙太僕。

徐𤊹《徐氏家藏書目・南直隸》《南滁會景篇》四卷。趙廷瑞。

又《各省題咏》《南滁會景編》十卷。

張萱等《内閣藏書目録・雜部》《南滁會景編》四册。全。嘉靖丁酉，南太僕卿趙廷瑞輯南滁古今名賢題詠也。

黃虞稷《千頃堂書目・地理類下》趙廷瑞《南滁會景編》四卷。嘉靖丁酉編。南京太僕寺卿。

徐圖等《行人司重刻書目・地理類》《南滁會景編》。四本。

錢謙益等《絳雲樓書目・地誌類》《南滁會景編》。

醉翁亭

朱睦㮮《萬卷堂書目・雜志》《醉翁亭》一卷。程汝章。

滁陽記勝

朱睦㮮《萬卷堂書目・雜志》《滁陽記勝》。

烏衣佳話

黃虞稷《千頃堂書目・地理類上》王兆雲《烏衣佳話》八卷。

《明史・藝文志・地理類》王兆雲《烏衣佳話》八卷。

鳳陽原城圖考

趙琦美《脈望館書目・史・南直・鳳陽府》《鳳陽原城圖考》一本。

南州集

張萱等《內閣藏書目録・雜部》《南州集》六册。全。宋淳熙間，姑孰守楊公命郡教授林㮣編集晉宋以來姑孰山川、名賢題詠也。前集十卷，續集八卷。姑孰在六朝稱南州，故名。又，《南州前集》四册。全。又，四册。全。

姑熟名賢詩

朱睦㮮《萬卷堂書目・雜志》《姑熟名賢詩》。

謫仙樓集

徐𤊹《徐氏家藏書目・各省題咏》《謫仙樓集》四卷。周統伯刊。

甬　志

黄虞稷《千頃堂書目・地理類上》崔維嶽《甬志》二十六卷。萬曆甲午修。

姑孰備考

《四庫全書總目提要・地理類存目六・雜記》《姑孰備考》八卷。安徽巡撫採進本。國朝夏之符撰。之符字玹伯，當塗人。順治中修《太平府志》未成，乃删其八志、二表而爲此書。首郡紀三卷，以擬本紀。次人物傳贊二卷，以擬列傳。次鄉音集三卷，皆之符自作之詩。非志非集，殊乖體例。又人物傳中列韋弦佩於先賢，而弦佩方序其書，則其人未死，亦豈蓋棺論定之義乎。弦佩原序稱是書十二卷，張總序又作九卷，互相矛盾。惟陶元鼎序作八卷，與此本相合云。

寧川志

楊士奇等《文淵閣書目・舊志》《寧川志》一册。

鄣大事記

黄虞稷《千頃堂書目・地理類上》程一枝《鄣大事記》二卷。休寧人。

《明史・藝文志・地理類》程一枝《鄣大事記》二卷。

漁梁詩集

趙琦美《脈望館書目・史・南直・徽州府》《漁梁詩集》一本。

歙　問

馬國翰《玉函山房藏書簿録・史編・地理類》《歙問》一卷。國朝歙縣洪玉圃愫菴撰。記歙邑山川、典故，託爲客問已答。

丁立中《八千卷樓書目・地理類・雜記》《歙問》一卷。國朝洪玉圖撰。《昭代叢書》本。

秋浦類集

黄虞稷《千頃堂書目・地理類下》楊少愚《秋浦類集》。

九華外史

黄虞稷《千頃堂書目・地理類下》 楊少愚《九華外史》。青陽人。

倪燦等《補遼金元藝文志・地理類》 （施）〔楊〕少愚《九華外史》。

錢大昕《補元史藝文志・地理類》 楊少愚《九華外史》。青陽人。

江西省

并帖省置諸郡舊事

《隋書・經籍志・地理》 《并帖省置諸郡舊事》一卷。

姚振宗《隋書經籍志考證・地理類》 《并帖省置諸郡舊事》一卷。不著撰人。案：《晉書・温嶠傳》，咸和初，代應詹爲江州刺史持節都督平南將軍鎮武昌，嶠陳豫章十郡之要，宜以刺史居之。尋陽濱江都督應鎮其地，今以州帖府進退不便，且古鎮將多不領州，皆以文武形勢不同故也。宜選單車刺史別撫豫章，專理黎庶。其言以州帖府，謂以刺史帖都督府，以都督兼刺史也。帖之義蓋如此。江左以來有此名目。

異物志

李昉《太平御覽經史圖書綱目》 曹叔雅《異物志》。

章宗源《隋書經籍志考證・地理》 《異物志》。卷亡。曹叔雅撰。不著録。《藝文類聚》水部，廬陵城中有一井，水灰汁，取作粥皆作金色，土人名灰汁爲金，故名爲金井。此引曹叔雅《異物志》。《太平寰宇記》江南西道亦引金井事。又山都、木客二事並稱叔雅《廬陵異物志》。

江州事迹

《宋史・藝文志・地理類》 韓昱《江州事迹》三卷。張密注。

臨江集

趙希弁《讀書附志・地理類》 《臨江集》三十四卷。右嘉定中守楊恕編。郡人劉昌詩序。

盱江三谷志

朱睦㮮《萬卷堂書目・雜志》 《盱江三谷志》□卷。左時翊。

江西名勝志

徐𤊹《徐氏家藏書目・江西省》 《江西名勝志》十三卷。

江西輿地圖説

祁承㸁《澹生堂藏書目・國志・通志》 《江西輿地圖説》。一卷。趙秉忠。紀録彙編本。

黄虞稷《千頃堂書目・地理類中》 趙秉忠《江西輿地圖説》一卷。

《明史・藝文志・地理類》 趙秉忠《江西輿地圖説》一卷。

三郡圖説

《四庫全書總目提要・地理類存目三・都會郡縣》《三郡圖説》一卷。兩淮鹽政採進本。明王世懋撰。世懋有《却金傳》，已著録。是編乃其官分守九江道時所作。三郡者，一饒州，二南康，三九江，皆所隸也。凡地之衝僻，俗之澆淳，民之利病，皆撮舉其大端，而不以山川、古蹟、登臨題詠爲重，蓋猶有古輿圖之遺法。末有世懋自跋，稱直指使者東萊趙公命郡縣長吏圖其地境，而系説於圖後，既而以所説失實，屬世懋改定之。故以圖説爲名，而不具其圖云。

豫章古今記

尤袤《遂初堂書目・地理類》《豫章古今記》。《豫章古今志》。

《宋史・藝文志・地理類》雷次宗《豫章古今記》三卷。

《四庫全書總目提要・地理類存目六・雜記》《豫章今古記》一卷。浙江范懋柱家天一閣藏本。不著撰人名氏。考《隋書・經籍志》有雷次宗《豫章記》一卷，宋王象之《輿地碑記目》又云：次宗作《豫章古今志》，是編首引次宗語，末云：次宗於元嘉六年撰《豫章記》，則必非雷書。觀所紀至唐而止，有「皇唐」、「大唐」之語，似爲唐人之作矣。書分郡記、寶瑞記、寺觀記、鬼神記、變化記、神祠記、山石記、冢墓記、翹俊記等九部，記載寥寥，絕無體例。疑依託者雜鈔成之也。

周中孚《鄭堂讀書記補逸・地理類八・雜記》《豫章古今記》一卷。説郛本。舊題宋雷次宗撰，《四庫全書存目》作不著撰人名氏，乃天一閣藏本也。按隋唐《志》俱載雷次宗《豫章記》一卷，《崇文總目》傳記類則作《豫章古今誌》三卷。「誌」即「記」也，《宋志》作「記」亦三卷。今考書中《翹俊部》有云，雷次宗，字仲倫，入廬山侍沙門慧遠，篤志好學，屢徵不起，卒。有文集，注《禮記》、《周易》，元嘉六年撰《豫章記》云云。則是仲倫原有是書，今本爲後人所附益明矣。又考書中稱「唐」爲「大唐」，而吴愛、李思元、滕王元嬰、應智項俱以唐人而記於末，可見竄益出唐人手，故有三卷，而此一卷者非足本也。凡分十一部，曰郡城縣，曰城闕，曰山石，曰水沙，曰津濟，曰泉池，曰寺觀，曰神祠，曰第宅，曰塚墓，曰翹俊。《提要》所載之本，則分郡記、寶瑞記、寺觀記、鬼神記、變化記、神祠記、山石記、冢墓記、翹俊記九部。部分各不相同，然是本部分雖多，而删節寥寥，不足以資考證也。

郭子章注豫章古今記

徐𤊹《徐氏家藏書目・江西省》《豫章古今記》一卷。郭子章注。

黄虞稷《千頃堂書目・地理類中》郭子章注《豫章古今記》一卷。

《明史・藝文志・地理類》郭子章註《豫章古今記》一卷。

滕王閣志

徐𤊹《徐氏家藏書目・江西省》《滕王閣志》十卷。王綸。正德中參政。

黄虞稷《千頃堂書目・地理類下》王綸《滕王閣集》十卷。正德中江西參政。

滕王閣集

晁瑮《晁氏寶文堂書目・圖誌》《滕王閣集》。

趙琦美《脈望館書目・史・江西・南昌府》《滕王閣集》二本。又二本。

祁承㸁《澹生堂藏書目・圖志・山川》《滕王閣集》二册。十卷。董遵。

黄虞稷《千頃堂書目・地理類下》董遵《滕王閣集》十卷。

豫章漫鈔

徐𤊹《徐氏家藏書目・各省雜誌》《豫章漫抄》四卷。陸深。

黃虞稷《千頃堂書目・地理類中》 陸深《豫章漫鈔》四卷。

豫章六記

祁承㸁《澹生堂藏書目・圖志・攬勝》 《豫章六記》一册。一卷。

豫章雜記

黃虞稷《千頃堂書目・地理類中》 郭子章《豫章雜記》八卷。

《明史・藝文志・地理類》 郭子章《豫章雜記》八卷。

廣豫章災祥記

黃虞稷《千頃堂書目・地理類中》 [郭子章]《廣豫章災祥記》六卷。

《明史・藝文志・地理類》 [郭子章]《廣豫章災祥記》六卷。

豫章全書

黃虞稷《千頃堂書目・地理類中》 徐必達《豫章全書》。

麻姑集

趙琦美《脈望館書目・史・江西・建昌府》 《麻姑集》一本。

黃虞稷《千頃堂書目・地理類下》 王華《麻姑集》。字廷光，南城人。成化乙未進士，廣西按察司副使。

麻姑集

徐圖等《行人司重刻書目・地理類》 《麻姑集》二本。

祁承㸁《澹生堂藏書目・圖志・攬勝》 《麻姑集》二册。十二卷。朱廷臣輯。

六合亭唱和詩論

晁瑮《晁氏寶文堂書目・圖誌》 《六合亭唱和詩論》。

九江府脩議

趙琦美《脈望館書目・史・江西・九江府》 《九江府脩議》一本。

潯陽蹠醢

《四庫全書總目提要・地理類存目六・雜記》 《潯陽蹠醢》六卷。江西巡撫採進本。國朝文行遠撰。行遠字樵菴，江西德化人。康熙中貢生。是書專志九江一郡故實。

鄱陽遺事

朱睦㮮《萬卷堂書目・雜志》 《鄱陽遺事》□卷。范仲淹。

祈閭雜詠

朱睦㮮《萬卷堂書目·雜志》　《祈閭雜詠》一卷。汪藻。

樂平廣記

晁瑮《晁氏寶文堂書目·圖誌》　《樂廣平記》。元刻。

黃虞稷《千頃堂書目·地理類下·補元》　李士會《樂平廣記》三十卷。字有元，邑人。

倪燦等《補遼金元藝文志·地理類》　李士會《樂平廣記》三十卷。字有元，邑人。

錢大昕《補元史藝文志·地理類》　李士會《樂平廣記》三十卷。字有元，樂平人。

續樂平廣記

黃虞稷《千頃堂書目·地理類中》　洪都《續樂平廣記》十卷。邑人。明初舉明經，官淯川知縣。續元李士會作。

饒南九江圖說

徐𤊹《徐氏家藏書目·江西省》　《饒南九江圖說》一卷。王世懋。

祁承㸁《澹生堂藏書目·圖志·通志》　《饒南九三郡輿地圖說》。一卷。王世懋。《紀録彙編》本，王奉常雜著本。

黃虞稷《千頃堂書目·地理類中》　王世懋《饒南九三府圖說》一卷。

《明史·藝文志·地理類》　王世懋《饒南九三郡輿地圖說》一卷。

邑乘私鈔

馬國翰《玉函山房藏書簿録·史編·地理類》　《邑乘私鈔》一卷。甲秀園本。明諸生鉛山費元禄無學撰。得宋元平邑逸志略加參訂，採其遺逸。永平，即今鉛邑也。

宜春傳信録

晁公武《郡齋讀書志·地里類》　《宜春傳信録》三卷。袁本前志卷二下地理類第二十二右皇朝羅誘述。載其地古今人物及牧守政績、山川、靈異云。

馬端臨《文獻通考·經籍考·地理》　《宜春傳信録》三卷。

瑞陽日記

黃虞稷《千頃堂書目·地理類中》　羊可立《瑞陽日記》。

邑乘紺珠

黃虞稷《千頃堂書目·地理類中》　趙師賓《邑乘紺珠》。

吉州正氣集

趙琦美《脈望館書目·史·江西·吉安府》　《吉州正氣集》四本。

安福叢録

黄虞稷《千頃堂書目・地理類中》 張崧《安福叢録》二十卷。字秋渠，邑人。

安福叢志

祁承㸁《澹生堂藏書目・圖志・邑志》 《安福叢志》三册。十六卷。

明山百詠詩集

朱睦㮮《萬卷堂書目・雜志》 《明山百詠詩集》二卷。胡大聲。

章貢集

張萱等《内閣藏書目録・雜部》 《章貢集》五册。全。宋寶慶閒贛州守聶公命教授黄師參采集境内名勝、古今題詠及記碣雜文，凡設施之本末、營繕之先後、邦人之去思，皆以類聚十卷。

福建省

閩湖廣都臺記

黄虞稷《千頃堂書目・地理類中》 唐胄江《閩湖廣都臺記》。

閩部疏

徐𤊹《徐氏家藏書目・各省雜誌》 《閩部疏》一卷。王世懋。

黄虞稷《千頃堂書目・地理類中》 王世懋《閩部疏》一卷。

《明史・藝文志・地理類》 王世懋《閩部疏》一卷。

《四庫全書總目提要・地理類存目六・雜記》 《閩部疏》。無卷數。兩江總督採進本。明王世懋撰。世懋有《却金傳》，已著録。是書記閩中諸郡風土、歲時及山川、鳥獸、草木之屬，亦地志之支流。蓋世懋曾官福建提學副使，記其身所閲歷者也。

八閩賦總

趙琦美《脈望館書目・史・福建》 《八閩賦總》四本。

八閩風物賦

趙琦美《脈望館書目・史・福建》 《八閩風物賦》一本。

黄虞稷《千頃堂書目・地理類中》 《八閩風物賦》一卷。

八閩驛傳册

趙琦美《脈望館書目・史・福建》 《八閩驛傳册》一本。

閩中海錯疏

《四庫全書總目提要·地理類三·雜記》《閩中海錯疏》三卷。浙閩總督採進本。明屠本畯撰。本畯字田叔，鄞縣人。以門蔭入仕，官至福建鹽運司同知。是書詳誌閩海水族，凡鱗部二卷，共一百六十七種，介部一卷，共九十種，又附非閩産而閩所常有者海粉、燕窩二種。

張之洞《書目答問·地理·雜地志》《閩中海錯疏》三卷。明屠本畯。珠塵本、學津本。

福建名勝志

徐𤊹《徐氏家藏書目·福建省》《福建名勝志》十卷。曹學佺。

閩中勝志

錢謙益等《絳雲樓書目·地誌類》《閩中名勝志》。曹能始。

閩中考

徐𤊹《徐氏家藏書目·各省雜誌》《閩中考》一卷。陳鳴鶴。

又《福建省》《閩中考》一卷。陳鳴鶴。

黄虞稷《千頃堂書目·地理類中》陳鳴鶴《閩中考》一卷。福州人。

《明史·藝文志·地理類》陳鳴鶴《閩中考》一卷。

《四庫全書總目提要·地理類存目六·雜記》《閩中考》一卷。浙江吴玉墀家藏本。明陳鳴鶴撰。鳴鶴有《東越文苑》，已著録。是書所考，皆福州府境山川古迹。稱得唐人《閩中記》於長樂農家，得宋人《三山志》於徐𤊹，參以聞見，訂志乘之舛譌。其考證舊事，如東冶非東治，泉山非泉州清源山，而越山、冶山皆泉之支麓。冶縣非東甌。鑪峯石在南嶼不在旗山。舊志本明，新志誤删其文，因誤移其地。亦頗精核。惟後幅多採小説怪事及僧家語録，未免傷於蕪雜。

閩間略

徐𤊹《徐氏家藏書目·福建省》《閩間略》四卷。黄大儒。

閩海叢書

黄虞稷《千頃堂書目·地理類中》《閩海叢書》四卷。

八閩風物賦或問

黄虞稷《千頃堂書目·地理類中》《八閩風物賦或問》一卷。以上不知撰人。

閩中紀略

丁立中《八千卷樓書目·地理類·雜記》《閩中紀略》一卷。國朝許旭撰。昭代叢書本。

續閩小紀

《四庫全書總目提要·地理類存目六·雜記》《續閩小紀》一卷。江蘇巡撫採進本。國朝黎定國撰。定國字于一，江都人。嘗客遊福建學使幕中。因據所聞見，輯爲此書。以舊書先有《閩小紀》，故以續爲名。凡七十六條。所載閩地風俗土産及瑣碎故實。大約通志所已具，別無創聞也。

容安十稿

王圻《續文獻通考・經籍考・地理》《容安十稿》。黄諤著。

晉安藝文志

黄虞稷《千頃堂書目・地理類中》謝肇淛《晉安藝文志》三卷。

晉安逸志

趙琦美《脈望館書目・史・福建・福州府》《晉安逸志》一本。

徐𤊹《徐氏家藏書目・各省雜誌》《晉安逸志》三卷。陳鳴鶴。

黄虞稷《千頃堂書目・地理類中》陳鳴鶴《晉安逸志》三卷。福州人。

《明史・藝文志・地理類》陳鳴鶴《晉安逸志》三卷。

榕陰新簡

徐𤊹《徐氏家藏書目・各省雜誌》《榕陰新簡》十卷。徐𤊹。

黄虞稷《千頃堂書目・地理類中》徐𤊹《榕陰新檢》八卷。

榕城隨筆

徐𤊹《徐氏家藏書目・各省雜誌》《榕城隨筆》一卷。凌登名。

黄虞稷《千頃堂書目・地理類中》凌登名《榕城隨筆》一卷。

長溪瑣語

徐𤊹《徐氏家藏書目・各省雜誌》《長溪瑣語》一卷。謝肇淛。

《四庫全書總目提要・地理類存目六・雜記》《長溪瑣語》一卷。兩淮鹽政採進本。明謝肇淛撰。肇淛有《史觽》，已著録。長溪，今之福寧府。是書雜載山川名勝及人物故事，閒及神怪。蓋亦志乘之支流也。

鶴場漫志

丁立中《八千卷樓書目・地理類・雜記》《鶴場漫志》二卷。國朝劉家謀撰。全集本。刊本。

莆陽比事

《宋史・藝文志・地理類》李幼傑《莆陽比事》七卷。

阮元《四庫未收書目提要・地理類》《莆陽比事》七卷。明林文豪刊本。宋李俊甫撰。俊甫字幼傑，莆田人。是編見《宋史・藝文志》。成于宋嘉定間，取唐以來上下千百年間凡莆陽事之可傳者，綺分璧合，釐爲七卷，名曰《比事》。其同邑人陳讜有序，林瑑有跋。此則從明人林兆珂宋本翻刻影鈔。

莆陽逸事

黃虞稷《千頃堂書目・地理類中》 宋端儀《莆陽逸事》。又《莆陽舊事偶録》。

南日寨小記

徐𤊹《徐氏家藏書目・福建省》 《南日寨小紀》十卷。安國賢。

《明史・藝文志・地理類》 安國賢《南日寨小記》十卷。

晉江海物異名記

錢東垣等輯《崇文總目輯釋・地理類》 《晉安海物異名記》二卷。陳致雍撰。

鄭樵《通志・藝文略・地里・方物》 《晉安海物異名記》二卷。僞唐陳致雍撰。

陳振孫《直齋書録解題・地理類》 《晉江海物異名記》三卷。祕書監莆田陳致雍撰。致雍仕僞閩，南唐後歸朝。

泉南録

鄭樵《通志・藝文略・地里・郡邑》 《泉南録》一卷。僧洞源撰。

《宋史・藝文志・地理類》 《泉南録》二卷。

泉南記

尤袤《遂初堂書目・地理類》 《泉南記》。

莆陽文獻志

朱睦㮮《萬卷堂書目・雜志》 《莆陽文獻志》七十四卷。鄭岳。

黃虞稷《千頃堂書目・地理類中》 鄭岳《莆陽文獻志》七十五卷。弘治中修。

《明史・藝文志・地理類》 鄭岳《莆陽文獻志》七十五卷。

泉南雜記

《明史・藝文志・地理類》 陳懋仁《泉南雜記》二卷。

《四庫全書總目提要・地理類存目六・雜記》 《泉南雜志》二卷。編修程晉芳家藏本。明陳懋仁撰。懋仁字無功，嘉興人。官泉州府經歷。《浙江通志》稱其不以簿書廢鉛槧，記泉南事多故牒所未備，即是書也。其所載山川、古蹟、禽魚、花木以及郡縣事實，頗爲詳具。

一隅録

吴壽暘《拜經樓藏書題跋記》卷四 《一隅録》，錢塘周澍著。先君子手寫本。蓋澍客臨汀時所記也。自序謂：臨汀，八閩一隅，故以名編。又云：疇曩旅、食金閶則有《姑蘇記事詩》二卷，都下則有《帝京篇》四卷，涿鹿與李中貴交則有《温樹録》一卷，今皆未見。予家所收者尚有《臺陽百咏》鈔本，先君子曾采其《茗壺詩》入《陽羨名陶録》。

臺灣省

臺海使槎録

《四庫全書總目提要・地理類三・雜記》《臺海使槎録》八卷。原任編修勵守謙家藏本。國朝黄叔璥撰。叔璥有《南征記程》，已著録。兹編乃康熙壬寅叔璥爲御史時巡視臺灣所作，故以「使槎」爲名。凡分三子目。卷一至卷四爲《赤嵌筆談》，卷五至卷七爲《番俗六考》，卷八爲《番俗雜記》。

張之洞《書目答問・地理・今地志》《臺海使槎録》八卷。黄叔璥。刻本。與前書同例。

臺灣雜記

馬國翰《玉函山房藏書簿録・史編・地理類》《臺灣雜記》一卷。國朝無錫李麟光蓉洲撰。

臺灣隨筆

《四庫全書總目提要・地理類存目六・雜記》《臺灣隨筆》一卷。編修程晉芳家藏本。國朝徐懷祖撰。懷祖字燕公，松江人。自序稱：乙亥之春，再至閩漳，復有臺灣之行。蓋康熙三十四年所作。其記臺灣風土及自閩赴海水程，俱不甚詳備。但就其所身歷者言之耳。

渡海輿記　袖海編

吴壽暘《拜經樓藏書題跋記》卷四《渡海輿記》、《袖海編》。鈔本。《渡海輿記》，不著撰人名氏。有雍正十年知將樂縣事蜀周于仁序。《袖海編》，汪鵬撰。有乾隆甲申鵬自作序。二種合爲一册，先君子手校並記，後云乾隆辛丑十月廿七日校於秦溪舟次，時與室人同送外氏葬，還經烏夜邨小泊志。

采硫日記

丁立中《八千卷樓書目・地理類・雜記》《采硫日記》三卷。國朝郁永河撰。粤雅堂本。

裨海紀游

丁立中《八千卷樓書目・地理類・遊記》《裨海紀游》一卷。國朝郁永河撰。昭代叢書本。

平臺紀略

張之洞《書目答問・地理・今地志》《平臺紀略》十一卷，附《東征集》六卷。藍鼎元。雍正壬子廣州刻本。詳於臺灣形勢，故附此類。

番社采風圖考

張之洞《書目答問・地理・邊防》《番社采風圖考》一卷。六十七。珠塵本。

丁立中《八千卷樓書目・地理類・外紀》《番社采風圖考》一卷。國朝六十七撰。藝海珠塵本。《昭代叢書》本。刊本。

東槎紀略

丁立中《八千卷樓書目・地理類・雜記》《東槎紀略》一卷。國朝姚瑩撰。《昭代叢書》本。

王凱泰臺灣雜詠

李慈銘《越縵堂讀書記・地理類》清王凱泰編《臺灣雜詠》一册。先爲閩撫王文勤七絶四十四首，閩人馬清樞七律三十首，而附刻竟山七律二十四首，皆有注，足備參考，而辭皆不工。

臺灣生熟番記事

丁立中《八千卷樓書目・地理類・外紀》《臺灣生熟番記事》一卷。國朝黄逢昶撰。刊本。

東槎聞見録

丁立中《八千卷樓書目・地理類・外紀》《東槎聞見録》四卷。國朝陳家麟撰。日本活字本。

河南省

中州集

朱睦㮮《萬卷堂書目・雜志》《中州集》十卷。元好問。

中州題詠集

朱睦㮮《萬卷堂書目・雜志》《中州題詠集》九卷。

河南詠古集

朱睦㮮《萬卷堂書目・雜志》《河南詠古集》一卷。劉士皆。

山園褉詠

趙琦美《脈望館書目・史・河南總志》《山園褉詠》一本。

河南名勝志

徐𤊹《徐氏家藏書目・河南省》《河南名勝志》十二卷。

中州題詠

徐𤊹《徐氏家藏書目・各省題咏》《中州題咏》十卷。

中州集詠

張萱等《内閣藏書目録・雜部》《中州集詠》一册。不全。莫詳編輯姓氏，皆中州名勝題詠。

錢謙益等《絳雲樓書目・地誌類》《中州集詠》。明萬曆中，西亭王孫著《中州人物志》，又撰《河南通志》、《開封郡志》。

中州野記

黃虞稷《千頃堂書目・地理類上》 程文獻《中州野記》。

兩河觀風便覽

《四庫全書總目提要・地理類存目六・雜記》《兩河觀風便覽》四卷。江蘇巡撫採進本。不著撰人名氏。中有稱萬曆二十年者，而所列宗藩一門尚無福府，則神宗中年之書也。分十門。一曰圖考，二曰封域，三曰官秩，四曰宗藩，五曰賦役、雜差，六曰户口，七曰河防，八曰驛傳，九曰儲積，十曰兵防。大抵鈔撮案牘爲之，而於河南掌故一一具詳。較地志諸書羅列山川、侈陳人物、濫載藝文者，較爲近實。特其大者多見於史，而小者亦備載於通志。不免爲已陳之故牘耳。

中州考

黃虞稷《千頃堂書目・地理類上》 張四知《中州考》。

中州雜俎

《四庫全書總目提要・地理類存目六・雜記》《中州雜俎》三十五卷。河南巡撫採進本。國朝汪價撰。價字介人，號三儂外史，自稱吳人，其里居則未詳也。順治己亥，賈漢復爲河南巡撫，修通志，价與其役。踰年書成，復採諸書所載軼聞瑣事關於中州者，薈粹以成是編。

陳留耆舊傳

顧櫰三《補後漢書藝文志・輿地類》《陳留耆舊傳》。舊唐書志三卷。蘇林撰。

袁湯陳留耆舊傳

顧櫰三《補後漢書藝文志・輿地類》 袁湯《陳留耆舊傳》。湯，字仲河。《袁宏紀》湯初爲陳留太守，褒善叙惡，以勵風俗。嘗曰不值仲尼，夷齊西山餓夫，柳下東國黜臣，致聲名不泯者，篇籍浸然也。乃使户曹追録舊聞，以爲《耆舊傳》。

圈稱陳留風俗傳

《隋書・經籍志・地理》《陳留風俗傳》三卷。圈稱撰。

《舊唐書・經籍志・地理》《陳留風俗傳》三卷。圈稱撰。

李昉《太平御覽經史圖書綱目》《陳留風俗記》。

《新唐書・藝文志・地理類》 圈稱《陳留風俗傳》三卷。

鄭樵《通志・藝文略・地里・郡邑》《陳留風俗傳》三卷。圈稱撰。

姚振宗《後漢藝文志・地理類・州郡》 圈稱《陳留風俗傳》三卷。《隋書・經籍志》：《陳留風俗傳》三卷，圈稱撰。《唐・經籍志》誤作闕稱。《藝文志》：圈稱《陳留風俗傳》三卷。顔師古《匡謬正俗》卷八：圈稱《陳留風俗傳》自序云：圈公之後。

弔梁郊賦

宋祖駿《補五代史藝文志・地理類》《弔梁郊賦》一卷。張策撰。

都城記

李昉《太平御覽經史圖書綱目》《都城記》。

東京夢華録

趙希弁《讀書附志・地理類》《夢華録》一卷。右夢想東都之録也。宋敏求《京城記》載坊門、公府、宮寺、第宅爲甚詳，而不及巷陌、店肆、節物、時好。孟元老記録舊所經歷而爲此書，坦庵趙師俠識其後。

尤袤《遂初堂書目・地理類》《夢華録》。

馬端臨《文獻通考・經籍考・地理》《東京夢華録》一卷。陳氏曰：稱幽蘭居士孟元老撰。元老不知何人，少游京師，晚值喪亂之後，追述舊事，兼及國家典祀、里巷風俗。以其首載京城宮闕、橋道、坊曲尤詳，故繫之地理類。

楊士奇等《文淵閣書目・古今志》《夢華録》。一册。又《夢華録》。一册。又《夢華録》。一册。

高儒《百川書志・地理》《東京夢華録》十卷。宋幽蘭居士孟元老追紀勝國時事也。八十六則。趙師俠曰：其事關宮禁典禮，得之傳聞，不無謬誤。若市井遊觀，歲時貨物，民情風俗，尚見聞習熟，皆得其真。

范邦甸等《天一閣書目・地理類》《東京夢華録》十卷。刊本。宋孟元老撰。

徐𤊹《徐氏家藏書目・各省雜誌》《東京夢華録》十卷。宋孟元老。

毛晉《汲古閣書跋》《東京夢華録》。宗少文好山水，愛遠游，既因老疾，發臥游之論。後來凡深居一室，馳神一遐者，輒祖其語，作夢游臥游以寫志，坊間乃與夢華合刻，不知臥游諸録，特作汗漫游耳，若幽蘭居士華胥一夢，直以當麥秀黍離之歌，正未可同玩。況昔人所云木衣綈繡，土被朱紫，一時豔麗驚人風景，悉從瓦礫堆中描畫幻相，即令虎頭捉筆，亦在阿堵間矣。庶幾與《洛陽伽藍記》並傳，元老無遺憾云。

錢謙益等《絳雲樓書目・編年類》《孟元老東京夢華録》四册。十卷。大觀間吕侍講著《歲時雜記》，皆記京都景物風俗，其文章必遠勝《夢華録》，惜未之見，僅見放翁跋語中，又南京王仲信著《京都歲時記》。

《四庫全書總目提要・地理類三・雜記》《東京夢華録》十卷。編修汪如藻家藏本。宋孟元老撰。元老始末未詳。蓋北宋舊人，於南渡之後追憶汴京繁盛，而作此書也。自都城、坊市、節序、風俗及當時典禮、儀衛，靡不賅載，雖不過識小之流，而朝章國制，頗錯出其間。核其所紀，與《宋志》頗有異同。

汴都名實志

《宋史・藝文志・地理類》環中《汴都名實志》三卷。

祥符縣纂修實録劄記

黃虞稷《千頃堂書目・地理類上》李曾生《祥符縣纂修實録劄記》四卷。

鄴都故事

《新唐書・藝文志・地理類》馬温《鄴都故事》二卷。肅、代時人。

鄭樵《通志・藝文略・地里・郡邑》《鄴都故事》二卷。馬温撰。

尤袤《遂初堂書目・地理類》《鄴都故事》。

《宋史・藝文志・地理類》馬温之《鄴都故事》二卷。

鄴城記

尤袤《遂初堂書目・地理類》《鄴城記》。

鄴城新記

《新唐書・藝文志・地理類》 劉公鋭《鄴城新記》三卷。

鄭樵《通志・藝文略・地里・郡邑》 《鄴城新記》二卷。劉公鋭撰。

《宋史・藝文志・地理類》 劉公鉉《鄴城新記》三卷。

瀨鄉記

李昉《太平御覽經史圖書綱目》 《瀨鄉記》。

鄭樵《通志・藝文略・地里・名山洞府》 《瀨鄉記》一卷。崔氏撰。

尤袤《遂初堂書目・地理類》 《魏瀨鄉記》。

章宗源《隋書經籍志考證・地理》 《瀨鄉記》卷亡。崔元山撰。不著録。《文選・新刻漏》注：老子母碑：老子把持仙籙，玉簡金字，編以白銀，紀綴善惡。《北堂書鈔・藝文部》同。此引崔元山《瀨鄉記》。《藝文類聚》諸書所引皆記老子事，其母碑文稱孝文聖母李夫人碑。《類聚・獸部》，又《御覽・人事部》。

漢東郡考

黄虞稷《千頃堂書目・地理類中》 張四知《漢東郡考》。

王鶚汝南遺事

黄虞稷《千頃堂書目・地理類・補元》 王鶚《汝南遺事》二卷。

倪燦等《補遼金元藝文志・地理類》 王鶚《汝南遺事》二卷。

蔡行漫稿

朱睦㮮《萬卷堂書目・雜志》 《蔡行漫稿》一卷。陳蜚。

李本固汝南遺事

黄虞稷《千頃堂書目・地理類上》 李本固《汝南遺事》二卷。萬曆間修。

南陽風俗傳

顧櫰三《補後漢書藝文志・輿地類》 《南陽風俗傳》。《隋志》光武始詔南陽作《風俗傳》，故沛魯國有耆舊節士之序，廬江有名德先賢之傳，郡國之書由是而作。

姚振宗《後漢藝文志・地理類・州郡》 《南陽風俗傳》。《藝文類聚・居處部》引：《東觀漢記》曰：光武中興，都洛陽，又于南陽置南都。《隋書・經籍志》曰：後漢光武始詔南陽撰作風俗郡國之書，由是而作。

曾樸《補後漢書藝文志考・地域》 光武皇帝詔纂《南陽風俗傳》。卷數佚。

析蹟

祁承㸁《澹生堂藏書目・國志・通志》 《析蹟》三册。五卷。李袞。

黄虞稷《千頃堂書目・地理類上》 李衮《淅蹟》五卷。

東都圖記

徐崇《補南北史藝文志・北史・地記》《東都圖記》二十卷。宇文愷撰。見本傳。《隋書》同。《隋經籍志》未收。

洛陽古今記

張鵬一《隋書經籍志補・地理》《洛陽古今記》一卷。諸葛潁。

徐崇《補南北史藝文志・地記・隋》《洛陽古今記》一卷。諸葛穎撰，見本傳，《隋書》同。《隋經籍志》未收。

東京雜記

李昉《太平御覽經史圖書綱目》韋述《東京雜記》。

平泉草木記

馬國翰《玉函山房藏書簿録・史編・地理類》《平泉草木記》一卷。仁和王氏本。唐李德裕撰。平泉在河南府南德裕舊莊也，此記其中奇石、異卉。

洛陽類事

鄭樵《通志・藝文略・地里・都城宫苑》《洛陽類事》一卷。王正倫撰。

《宋史・藝文志・地理類》王正倫《古今洛城事類》二卷。

嵩書

黃虞稷《千頃堂書目・地理類上》傅梅《嵩書》十三篇。字元鼎，又稱山子，邢臺人。舉鄉試，授登封知縣。因感父夢而輯，自序其事。（盧補）

新安考

黃虞稷《千頃堂書目・地理類下》劉兑《新安考》二卷。

湖北省

荆揚已南異物志

姚振宗《三國藝文志・地理類・外紀雜記》薛瑩《荆揚已南異物志》。瑩始末具正史類。章宗源《隋志考證》曰：《文選・吴都賦》注：《太平御覽・果部》並引薛瑩《荆揚已南異物志》。案：汪師韓《文選注》引《羣書目》作薛瑩《荆揚巴南異物志》，巳似已字之誤。

文廷式《補晉書藝文志・地志類》薛瑩《荆揚已南異物志》。章宗源曰：《文選・吴都賦》注：餘甘如梅李，核有刺，初食之味苦，後口中更甘。《御覽・果子》：梂子樹産山中，實似李，冬熟味酸，丹陽諸郡育之。並引薛瑩《荆揚已南異物志》。

荆楚歲時記

《四庫全書總目提要・地理類三・雜記》《荆楚歲時記》一卷。兩江總督採進本。舊本題晉宗懔撰。《書録解題》作梁人。考《梁書・元帝本紀》載承聖三年秋七月甲辰，以都官尚書宗懔爲吏部尚書。又《南史・元帝本紀》載武陵之平，議者欲因其舟艦遷都建鄴。宗懍、黄羅漢皆楚人，不願移。此書皆記楚俗，當即其人。舊本題晉人，誤也。唐宋《志》皆作一卷，與今本合。而《通考》乃作四卷。

張之洞《書目答問・地理・雜地志》《荆楚歲時記》一卷。梁宗懍。漢魏叢書本。

丁立中《八千卷樓書目・地理類・雜記》《荆楚歲時記》一卷。梁宗懍撰。説郛本。

楚紀

范邦甸等《天一閣書目・地理類》《楚紀》六十卷。明嘉靖廖道南撰并序，括蒼應櫝序。

趙琦美《脈望館書目・史・湖廣》《楚紀》二十本。

祁承㸁《澹生堂藏書目・國志・通志・》《楚紀》二十册。六十卷，廖道南。

黄虞稷《千頃堂書目・地理類中》廖道南《楚紀》六十卷。

《明史・藝文志・地理類》廖道南《楚紀》六十卷。

江漢叢談

《四庫全書總目提要・地理類三・雜記》《江漢叢談》二卷。兩淮鹽政採進本。不著撰人名氏，惟卷首題曰環中迂叟。前後無序跋，其著書年月及作者時代亦無考。按陶珽《續説郛》載有此書，題陳士元撰，當即作《易象鉤解》之陳士元也。其書於楚地故實，凡衆説異同者，各設爲荅問，以疏通證明，故曰「叢談」。若童士疇《沔志》，以楚之風城非伏羲後，士元則引《路史》伏羲之後封國者十有九，而風國居其首，不得謂伏羲之後無風國。又《山海經》舊稱伯益作，士元則摭其中長沙、零陵乃秦漢郡名，知其爲後人附益。《後漢書》載南方諸夷爲盤瓠犬種，士元則以爲人名，非犬名。如斯之類，持論皆極精確。惟隋侯得珠、孟宗得笋之類，舊籍相傳，事涉神怪，正可存之不論，士元必輾轉徵引以實之，未免失於附會。蓋夸飾土風，標榜鄉賢，乃明地志之陋習。士元亦未免是。要其引據賅洽，論斷明晰，則非明人地志所及也。觀所著《易象鉤解》，多發明漢學，知其留心古籍，非空談無根者比矣。

丁立中《八千卷樓書目・地理類・雜記》《江漢叢談》二卷。明陳士元撰。藝海珠塵本。湖北叢書本。

楚故略

黄虞稷《千頃堂書目・地理類中》陳士元《楚故略》二十卷。

《明史・藝文志・地理類》陳士元《楚故略》二十卷。

于敏中等《天禄琳琅書目后編・明版史部》《楚故略》一函四册。明陳士元撰書。二十卷。湖廣地志也。分二門：曰稽建，以府州分子目，詳其沿革；曰辨方，分子目七，爲遺蹟、書院、樓閣、形勝、故國、故宅、故墓，詳其事實。不列職官、人物、藝文等門，在地志中猶爲近古。前有萬曆十二年士元自序，湖廣布政司右參議武尚耕爲刻之，亦有序，後有德安府推官錢士冠跋。尚耕，溧水人，隆慶辛未進士。

楚絶書

黄虞稷《千頃堂書目・地理類中》陳士元《楚絶書》二卷。

楚史

黄虞稷《千頃堂書目・地理類中》魏裳《楚史》七十六卷。

楚寶

黄虞稷《千頃堂書目・地理類中》 高世泰《楚寶》四十五卷。

江漢清流集

朱睦㮮《萬卷堂書目・雜志》 《江漢清流集》。

湖廣名勝志

徐𤊹《徐氏家藏書目・湖廣省》 《湖廣名勝志》十六卷。

江夏風俗記

李昉《太平御覽經史圖書綱目》 《江夏風俗記》。

江夏辨疑

鄭樵《通志・藝文略・地里・郡邑》 《江夏辨疑》一卷。王得臣撰。

尤袤《遂初堂書目・地理類》 《江夏辨疑》。

《宋史・藝文志・地理類》 王得臣《江夏辨疑》一卷。

武昌土俗編

陳振孫《直齋書録解題・地理類》 《武昌土俗編》二卷。武昌令永嘉薛季宣撰。記一縣之事頗詳。紹興辛巳、壬午間也。其邑今爲壽昌軍。

王圻《續文獻通考・經籍考・地理》 《武昌土俗編》。薛季宣輯。

黄鶴樓集

晁瑮《晁氏寶文堂書目・圖誌》 《黄鶴樓集》。

徐𤊹《徐氏家藏書目・湖廣省》 《黄鶴樓集》三卷。武昌守長洲孫成榮刊。

黄鶴樓集

朱睦㮮《萬卷堂書目・雜志》 《黄鶴樓集》三卷。楊虎。

補黄鶴樓雜咏

錢謙益等《絳雲樓書目・地誌類》 《補黄鶴樓雜咏》。

漢口叢談

丁立中《八千卷樓書目・地理類・雜記》 《漢口叢談》六卷。國朝范鍇撰。刊本。

漢川圖咏

徐𤊹《徐氏家藏書目・各省題咏》《漢川圖咏》一卷。

漢陽晴川集咏

徐𤊹《徐氏家藏書目・各省題咏》《漢陽晴川集咏》一卷。

齊安拾遺

《宋史・藝文志・地理類》許靖夫《齊安拾遺》一卷。

黄州風咏集

朱睦㮮《萬卷堂書目・雜志》《黄州風咏集》一卷。劉三錫。

卷雪樓集

趙希弁《讀書附志・地理類》《卷雪樓集》二卷。右集富池昭勇廟記序詩文也。廟乃三國甘寧，累封昭毅武惠，遺愛靈顯王。

下雉纂

徐𤊹《徐氏家藏書目・各省雜誌》《下雉纂》一卷。馬欻。

渚宮故事

錢東垣等輯《崇文總目輯釋・地理類》《渚宮故事》十卷，余知古撰。繹按：《左傳》正義：渚宮在郢都之南。此書採摭荆楚故事，故以命名。舊本譌作「諸宮」，今校改。《書録解題》五卷云「本十卷，今缺後五卷」，今本「故事」作「舊事」，亦五卷。

《新唐書・藝文志・地理類》余知古《渚宮故事》十卷。文宗時人。

鄭樵《通志・藝文略・地里・郡邑》《渚宮故事》十卷。唐余知古撰。

晁公武《郡齋讀書志・地里類》《渚宮舊事》十卷。袁本前志卷二下地理類第一。右唐余知古撰。自鬻熊至唐江陵君臣人物事迹、史子傳記所載者，悉纂次之。

《宋史・藝文志・地理類》余知古《渚宮故事》十卷。

錢謙益等《絳雲樓書目・地誌類》《渚宮故事》。原十卷，後缺五卷。余知古撰。唐文宗時人。

渚宮舊事

張之洞《書目答問・地理・雜地志》《渚宮舊事》五卷，《補遺》一卷。唐余知古。平津館本。

馬國翰《玉函山房藏書簿録・史編・地理類》《渚宮舊事》五卷，《補遺》一卷。平津館本。唐將仕郎守太子校書余知古撰。《唐志》此書下注云：文宗時人。《漢上題襟集》十卷，注云段成式、温庭筠、余知古。則與段、温同時倡和，當爲游漢上時作。陳振孫以爲後周人，誤。

江陵百詠

朱睦㮮《萬卷堂書目・雜志》《江陵百詠》□卷。孔充學。

雲杜故事

丁立中《八千卷樓書目・地理類・雜記》《雲杜故事》一卷。國朝易本烺撰。《湖北叢書》本。

袁山松宜都山川記

李昉《太平御覽經史圖書綱目》袁山松《宜都山川記》。

丁國鈞《補晉書藝文志・地理類》《宜都山川記》。袁山松。謹按：是書原本《書鈔》、《藝文類聚》、《初學記》、《御覽》均引，或省作《宜都記》。蓋山松曾守宜都，本傳失載。此其在郡時所著。《藝文類聚・嘯類》載桓玄與袁宜都書，即山松。

文廷式《補晉書藝文志・地志類》袁山松《宜都山川記》。《水經注》、《藝文類聚》、《初學記》諸書並引之，或省山川字。

李氏宜都山川記

鄭樵《通志・藝文略・地里・名山洞府》李氏《宜都山川記》一卷。

焦竑《國史經籍志・地里・名山洞府》李氏《宜都山川記》一卷。

夷陵集

張萱等《内閣藏書目録・雜部》《夷陵集》三册。全。嘉泰間，郡守黄環采集夷陵名賢詩文題咏凡六卷。

楚臺贅録

晁瑮《晁氏寶文堂書目・圖誌》《楚臺贅録》。

玉泉詩集

范邦甸等《天一閣書目補遺・地理類》《玉泉詩集》七卷。刊本。明姚廷用編。按玉泉在今當陽縣南三十里，有陳用智者，愛其山水，燕坐于此。漢漢壽亭侯關公月下現影，願羽翼佛法，勸師住山，即其地也。此蓋裒集事蹟暨景物、藝文，終以時人題咏，當入志書類。

玉泉詩集

張萱等《内閣藏書目録・雜部》《玉泉詩集》一册。全。當陽玉泉山諸人題詠。

秭歸外志

黄虞稷《千頃堂書目・地理類中》陳深《秭歸外志》。湖州人。

漢南記

李昉《太平御覽經史圖書綱目》張瑩《漢南記》。

襄陽故事

《宋史・藝文志・地理類》 盧求《襄陽故事》十卷。

襄陽形勝賦

王圻《續文獻通考・經籍考・地理》 《襄陽形勝賦》。魏泰著。泰，襄陽人。

襄陽名績録

祁承㸁《澹生堂藏書目・圖志・山川》 《襄陽名績録》二卷。馬朴輯。

襄陽名蹟録

黄虞稷《千頃堂書目・地理類下》 馬樸《襄陽名蹟録》二卷。

湖南省

楚書

《四庫全書總目提要・地理類存目六・雜記》 《楚書》一卷。編修程晉芳家藏本。明陶晉楧撰。晉楧，字若楧，秀水人。崇禎間嘗侍親官楚，因雜記湖南山水物産，間及古蹟。然考證殊多疎漏，如辨《岣嶁碑》，信楊慎所録者爲真本，則其他可知矣。

丁立中《八千卷樓書目・地理類・雜記》 《楚書》一卷。明陶晉楧撰。學海類編本。

洞庭湖君山詩集

趙琦美《脈望館書目・史・湖廣》 《洞庭湖君山詩集》二本。

黄虞稷《千頃堂書目・地理類下》 胥文相《洞庭湖君山詩集》二卷。

楚南苗志

《四庫全書總目提要・地理類存目七・外紀》 《楚南苗志》六卷。湖北巡撫採進本。國朝段汝霖撰。汝霖字時齋，號梅亭，漢陽人。由舉人歷官建寧府知府。是書乃汝霖爲湖南永綏同知時所作，前五卷皆載苗人種類、風俗、物産、言語、衣服及歷朝控禦撫治之法，末一卷附載猺人、土人及粤西六寨蠻，而六寨蠻尤爲簡略，以非楚所治故也。體例宂雜，敘述亦不甚雅馴。而得諸見聞，事皆質實。惟首載星野，與苗蠻土人皆無所涉，未免沿地志之陋格耳。

湖南方物志

丁立中《八千卷樓書目・地理類・雜記》 《湖南方物志》八卷。國朝黄本驥撰。三長物齋本。

長沙土風碑

陳振孫《直齋書録解題・地理類》 《長沙土風碑》一卷。唐潭州刺史河南張謂撰。前有碑銘，後有《湘中記》，載事迹七十件。

馬端臨《文獻通考・經籍考・地理》《長沙風土碑》一卷。

巴陵古今記

鄭樵《通志・藝文略・地里・郡邑》《巴陵古今記》一卷。范致明撰。

焦竑《國史經籍志・地里・郡邑》《巴陵古今記》一卷。范致明。

岳陽風土記

尤袤《遂初堂書目・地理類》《岳陽風土記》。

陳振孫《直齋書録解題・地理類》《岳陽風土記》一卷。宣德郎監商税務建安危致明晦叔撰。案：《文獻通攷》作「范致明」。元符進士第二人，仕至次對，其在岳，蓋謫官也。

《宋史・藝文志・地理類》范致明《岳陽風土記》一卷。

楊士奇等《文淵閣書目・舊志》《岳陽風土記》。一册。

錢謙益等《絳雲樓書目・地誌類》《岳陽風土記》。一卷。范致明撰。元祐間謫官岳州作。

《四庫全書總目提要・地理類三・雜記之屬》《岳陽風土記》一卷。兩江總督採進本。宋范致明撰。致明，字晦叔，建安人。元符中登進士第。是編乃其以宣德郎謫監岳州商税時所作。不分門目，隨事載記。書雖一卷，而於郡縣沿革、山川改易、古蹟存亡考證特詳。

岳陽樓詩

趙琦美《脈望館書目・史・湖廣岳州府》《岳陽樓詩》二本。

錢謙益等《絳雲樓書目・地誌類》陳公舉編《岳陽樓詩》。

岳陽古今題樓詠

晁瑮《晁氏寶文堂書目・圖誌》《岳陽古今題樓詠》。

岳陽樓集

朱睦㮮《萬卷堂書目・雜志》《岳陽樓集》二卷。胥文相。

黃虞稷《千頃堂書目・地理類下》《岳陽樓詩集》二卷。郡人胥文相重編。

岳陽古集

趙琦美《脈望館書目・史・湖廣・岳州府》《岳陽古集》一本。

岳陽樓志

徐𤊹《徐氏家藏書目・湖廣省》《岳陽樓志》二卷。郡人胥文相。

悲原集

錢謙益等《絳雲樓書目・地誌類》梁汝璧《悲原集》。

岳陽樓詩

黃虞稷《千頃堂書目・地理類下》《岳陽樓詩》一卷，《序紀》一卷，《紀事》

一卷。

岳陽紀勝彙編

祁承㸁《澹生堂藏書目·圖志·山川》《岳陽紀勝彙編》四册。四卷。

黄虞稷《千頃堂書目·地理類下》《岳陽紀勝彙編》四卷。萬曆乙酉，錢唐張振先編。

岳都圖説

黄虞稷《千頃堂書目·地理類中》 黄元忠《岳都圖説》一卷。鄞縣人。岳通判。（吴補）

《四庫全書總目提要·地理類存目三·都會郡縣》《岳郡圖説》一卷。浙江巡撫採進本。明黄元忠撰。元忠字整菴，鄞縣人。萬曆中由國子監學正出爲岳州府通判。是編具述岳州郡城及所屬一州七縣三衛形勝。然題曰「圖説」，而止有説無圖，疑佚其半也。

耒陽遺記

黄虞稷《千頃堂書目·地理類中》 胡文璧《耒陽遺記》。邑人。弘治己未進士，四川按察使。

衡陽佳處詩集

晁瑮《晁氏寶文堂書目·圖誌》《衡陽佳處詩集》。

浯溪集

趙希弁《讀書附志·地理類》《浯溪集》前後續别四集。右自元結《中興頌》之後，凡刻之浯水之崖者，皆在焉。

浯谿石刻集

張萱等《内閣藏書目録·雜部》《浯谿石刻集》二册。全。元祁陽論李仁剛編。集浯谿古今名賢題詠。

澹山岩集

晁瑮《晁氏寶文堂書目·圖誌》《澹山岩集》。

趙琦美《脈望館書目·史·湖廣·永州府》《澹山岩集》一本。

澹山老集

朱睦㮮《萬卷堂書目·雜志》《澹山老集》一卷。白文。

朝陽岩集

晁瑮《晁氏寶文堂書目·圖誌》《朝陽岩集》。

朱睦㮮《萬卷堂書目·雜志》《朝陽岩集》□卷。黄焯。

趙琦美《脈望館書目·史·湖廣·永州府》《朝陽岩集》一本。

春陵三勝

徐圖等《行人司重刻書目・地理類》《春陵三勝》。二本。

桃川集

徐𤊹《徐氏家藏書目・湖廣省》《桃川集》。

永州野史略

黄虞稷《千頃堂書目・地理類中》易三接《永州野史略》。

浯溪考

《四庫全書總目提要・地理類存目五・山川》《浯溪考》二卷。山東巡撫採進本。國朝王士禛撰。士禛有《古懽録》，已著録。是書前有自序，稱楚山水之勝首瀟湘，瀟湘之勝首浯溪。浯溪以唐元結次山名，得魯公摩厓書而益張之。舊有浯溪前後兩集，爲李仁剛、綦光祖撰，見於《輿地碑目》，皆無傳。今志乃出庸手，冗雜泛濫，至不可耐。乃以退食之暇，窮搜遐摭，要取精覈。間録詩賦雜文，多郡志溪志所未收者。蓋其族姪官祁陽時，以舊志寄士禛，士禛爲改作也。其書不分門目。

邵陽紀舊

《宋史・藝文志・地理類》黄汰《邵陽紀舊》一卷。

邵陵類考

《宋史・藝文志・地理類》鞏嶸《邵陵類考》二卷。

五溪記

李昉《太平御覽經史圖書綱目》《五溪記》。

辰州風土記

陳振孫《直齋書録解題・地理類》《辰州風土記》六卷。教授縉雲田渭伯清撰。隆興二年，郡守徐彭年。

《宋史・藝文志・地理類》田渭《辰州風土記》六卷。

辰陽風土記

楊士奇等《文淵閣書目・舊志》《辰陽風土記》。一册。

溪蠻叢笑

高儒《百川書志・地理》《溪蠻叢笑》一卷。宋朱輔撰。採溪蠻五種之事，識其土産習俗。

范邦甸等《天一閣書目・地理類》《溪蠻叢笑》一卷。藍絲闌鈔本。宋朱輔撰。

錢謙益等《絳雲樓藏書志・地理類五・雜記》《溪蠻叢笑》。宋朱輔撰。輔字季公，桐鄉人。有葉錢序，時慶元乙卯也。

黄虞稷《千頃堂書目・地理類下》朱輔《溪巒叢笑》一卷。（别本補）

倪燦等《補遼金元藝文志・地理類》朱輔《溪蠻叢笑》一卷。

《四庫全書總目提要・地理類四・外紀》《溪蠻叢笑》一卷。編修程晉芳家藏書。宋朱輔撰。輔字季公，桐鄉人。不詳其仕履，惟《虎丘志》載所作詠虎丘詩一首，知爲南宋末人耳。溪蠻者，即《後漢書》所謂五溪蠻。章懷太子註稱武陵有雄溪、樠溪、西溪、潕溪、辰溪，悉是蠻夷所居，故謂五溪蠻，今在辰州界者是也。輔蓋嘗服官其地，故據所聞見，作爲是書。所記諸蠻風土、物産頗備，如闌干布之傳於漢代，三脊茅之出於包茅山，數典亦爲詳贍。至其俗尚之異，種類之别，曲折纖悉，臚列明晰。事雖鄙而詞頗雅，可謂工於敘述。用資考證，多益見聞，固不容以瑣屑廢焉。

潭陽文獻

黄虞稷《千頃堂書目・地理類中》《潭陽文獻》□卷。（盧補）

乾州小志

丁立中《八千卷樓書目・地理類・雜記》《乾州小志》一卷。國朝吴高曾撰。昭代叢書本。

武陵郡離合記

《宋史・藝文志・地理類》丁介《武陵郡離合記》六卷。

桃花源集

鄭樵《通志・藝文略・地里・名山洞府》《桃花源集》二卷。姚孳撰。

趙希弁《讀書附志・地理類》《桃花源集》一卷。右紹聖丙子四明姚孳序，淳熙庚子邑宰趙彦琇俾新澧陽簿張櫟重修。備載晉、唐、本朝諸公詩文。

徐圖等《行人司重刻書目・地理類》《桃花源集》三本。

桃花源志

徐㶿《徐氏家藏書目・湖廣省》《桃花源志》六卷。陳一德。

黄虞稷《千頃堂書目・地理類下》陳一德《桃花源志》一卷。

桃源題咏

徐㶿《徐氏家藏書目・各省題咏》《桃源題咏》一卷。鍾惺。譚元春。

廣東省

楊孚異物志

《隋書・經籍志・地理》《異物志》一卷。後漢議郎楊孚撰。

鄭樵《通志・藝文略・地里・方物》《異物志》一卷。後漢楊孚撰。

章宗源《隋書經籍志考證・地理》《異物志》一卷。後漢儀郎楊孚撰。《後漢書・賈琮傳》注：翠鳥形似鶩，翡赤而翠青其羽，可以爲飾。《馬融傳》注：鸘不生卵，而孕雛於池澤間，既胎而又吐生。《北堂書鈔・酒食部》：文草作酒，其味甚美，士人以金買草，不言貴也。並引楊孚《異物志》。《續漢志注》、《文選注》，諸書多引《異物志》，不著撰名。今採其著楊孚者，他倣此。

南裔異物志

姚振宗《後漢藝文志・地理類・雜記》 楊孚《南裔異物志》一卷。區大任《百越先賢志》：楊孚字孝元，南海人。章帝朝舉賢良，對策上第，拜議郎。和帝時，南海屬交阯部。刺史夏則巡行封部，冬則還奏天府，舉刺不法，其後競事珍獻。孚乃枚舉物性靈悟，指爲異品，以諷切之。著爲《南裔異物志》。自後羅浮、瑇瑁之屬日絶。時謂能通神明，後爲臨海太守。又曰：孚家江滸北岸。《隋書・經籍志》：《異物志》一卷，後漢議郎楊孚撰。章宗源《隋志考證》曰：《後漢書・賈琮傳》注、《馬融傳》注、《北堂書鈔・酒食部》並引楊孚《異物志》。《續漢志注》、《文選注》諸書多引《異物志》，不著撰名。又曰《水經》葉渝河注、温水注並引楊氏《南裔異物志》。按區氏《志》所載證以《水經注》，似《隋志》敚「南裔」二字。南裔所包者，廣、合、交州七郡言之，似其書之總名，或不止一卷。

交州異物志

《隋書・經籍志・地理》 《交州異物志》一卷。楊孚撰。

《舊唐書・經籍志・地理》 《交州異物志》一卷。楊孚撰。

李昉《太平御覽經史圖書綱目》 楊孝元《交州異物志》。

《新唐書・藝文志・地理類》 楊孚《交州異物志》一卷。

鄭樵《通志・藝文略・地里・方物》 《交州異物志》一卷。楊孚撰。

姚振宗《後漢藝文志・地理類・雜記》 楊孚《交州異物志》一卷。《隋書經籍志》：《交州異物志》一卷，楊孚撰。唐《經籍志》同，譌作文州。《藝文志》：楊孚《交州異物志》一卷。章宗源《隋志考證》曰：《藝文類聚・鳥部》引一條稱楊孝元《交州異物志》，又一引稱楊孝先《交阯異物志》。按：區氏《志》所云則是書似即《南裔異物志》之殘帙，或別有此一本。交阯郡屬交州刺史部，《類聚》一引稱交州，亦即其書之總名，一引稱交阯，則篇目也。

佚名《新唐書藝文志注・地理》 《(文)[交]州異物志》一卷。楊孚撰。

交廣春秋

沈家本《續漢書志注所引書目・地理》 王範《交廣春秋》，郡國五。詳一編。

薛珝異物志

章宗源《隋書經籍志考證・地理》 《異物志》。卷亡。薛珝撰。不著録。《一切經音義》鐇鐥鉅鐥引薛珝《異物志》。

姚振宗《三國藝文志・地理類・外紀雜記》 薛珝《異物志》。《吴志・薛綜傳》：綜子珝官至威南將軍，征交阯，還道病死。注引《漢晉春秋》曰：孫休時珝爲五官中郎將，奉使至蜀求馬。《吴主孫晧傳》：建衡元年十一月遣監軍虞汜、威南將軍薛珝、蒼梧太守陶璜由荆州就合浦擊交阯。三年汜、璜破交阯，禽殺晉所置守將，九真、日南皆還屬。珝卒當在建衡三年，瑩之兄也。章宗源《隋志考證》曰：《一切經音義》鐇鐥、鉅鐥引薛珝《異物志》。

南州異物志

《隋書・經籍志・地理》 《南州異物志》一卷。吴丹陽太守萬震撰。

《舊唐書・經籍志・地理》 《南州異物志》一卷。萬震撰。

《新唐書・藝文志・地理類》 萬震《南州異物志》一卷。

鄭樵《通志・藝文略・地里・方物》 《南州異物志》一卷。吴丹陽太守萬震撰。

姚振宗《三國藝文志・地理類・外紀雜記》 萬震《南州異物志》一卷。《隋書經籍志》：《南州異物志》一卷。吴丹陽太守萬震撰。《唐經籍志》：《南州異物志》一卷。萬震撰。《藝文志》《萬震南州異物志》一卷。章宗源《隋志考證》曰：《漢書·武紀》注：能言鳥有三種。《文選·江賦》注：鸚鵡，螺狀如覆杯。並引萬震《南州異物志》。《史記·大宛傳》正義引大月氏天竺事，祇稱萬震《南州志》。侯志曰：《藝文類聚》、《御覽》屢引之。其中有用四字韻語者，意此書體例每物各爲一贊語，而別以散文詳釋其形狀。如戴凱之《竹譜》之類，諸書或引散文，則無韻，或引讚語，則有韻，《御覽》引扶南海隅一條，有小注，蓋即取其散文附注各韻之下也。案《御覽》七百八十七斯條國一條引《南州異物志》。又接引萬震《南方異物志》似萬氏書，亦曰《南方》其篇目也。又汪師韓《文選》注引羣書目録有《巴蜀異物志》，注云：萬震撰。今案，《鵬鳥賦》注所引，不云萬震，今附識于此，不別出。

章宗源《隋書經籍志考證·地理》 《南州異物志》一卷。吴丹陽太守萬震撰。《唐志》同。《世説·汰侈篇》注：珊瑚生大秦國。《左傳》定公正義：象身倍數牛，目則如豕，鼻長七八尺。《漢書·武紀》注：能言鳥有三種，白及五色者性尤慧。《文選·江賦》注：鸚鵡，螺狀如覆杯。並引萬震《南州異物志》。《史記·大宛傳》正義大月氏、天竺事，祇稱萬震《南州志》。

嵇含南方草木狀

尤袤《遂初堂書目·地理類》 晉稽含《南方草木狀》。

陳振孫《直齋書録解題·地理類》 《南方草木狀》一卷。晉襄陽太守嵇含撰。

馬端臨《文獻通考·經籍考·地理》 《南方草木狀》一卷。

《四庫全書總目提要·地理類三·雜記》 《南方草木狀》三卷。兩江總督採進本。晉嵇含撰。含事蹟附載《晉書·嵇紹傳》。考《隋志》、《舊唐志》，俱有含集十卷。《隋志》云：其集已亡，但附載郭象集下。《舊唐志》仍著録。而不載此書。至《宋志》始著録。

張之洞《書目答問·地理·雜地志》 《南方草木狀》三卷。晉稽含。漢魏叢書本。

南方記

李昉《太平御覽經史圖書綱目》 徐哀《南方記》。

徐哀南方草木狀

李昉《太平御覽經史圖書綱目》 徐哀《南方草木狀》。

北荒風俗記

《隋書·經籍志·地理》 《北荒風俗記》二卷。

鄭樵《通志·藝文略·地里·蠻夷》 《北荒風俗記》二卷。

章宗源《隋書經籍志考證·地理》 《北荒風俗記》二卷。《太平寰宇記》河北道有隋《北蕃風俗記》曰：厥稽部渠長突地稽率八部衆内附，處之柳城。

南方異物記

章宗源《隋書經籍志考證·地理》 《南方異物記》卷亡。不著録。《文選·七啓》注：《南方異物記》曰：採珠人以珠肉作鲊。《一切經音義》：翡翠飛即羽鳴翠翠翡翡，因以名焉。《藝文類聚·寶玉部》：玳瑁如鼅，生南方海中，大者如蘧蒢。並引《南方異物志》。

北荒君長録

《新唐書·藝文志·地理類》 李繁《北荒君長録》三卷。

鄭樵《通志・藝文略・地里・蠻夷》《北荒君長録》一卷。李繁撰。

投荒録

李昉《太平御覽經史圖書綱目》《投荒録》。

錢東垣等輯《崇文總目輯釋・地理類》《投荒録》一卷，房千里撰。繹按：諸家書目並作雜録。

鄭樵《通志・藝文略・地里・蠻夷》《投荒雜録》一卷。房千里撰。

尤袤《遂初堂書目・地理類》唐房千里《投荒雜録》。

南荒録

李昉《太平御覽經史圖書綱目》《南荒録》。

南方異物志

錢東垣等輯《崇文總目輯釋・地理類》《南方異物志》一卷，房千里撰。

《新唐書・藝文志・地理類》房千里《南方異物志》一卷。

鄭樵《通志・藝文略・地里・方物》《南方異物志》一卷。房千里撰。

尤袤《遂初堂書目・地理類》《南方異物志》。

嶺南異物志

《新唐書・藝文志・地理類》孟琯《嶺南異物志》一卷。

鄭樵《通志・藝文略・地里・方物》《嶺南異物志》一卷。孟琯撰。

《宋史・藝文志・地理類》孟琯《嶺南異物志》一卷。

邕管溪洞雜記

鄭樵《通志・藝文略・地里・蠻夷》《邕管溪洞雜記》一卷。譚掞撰。

《宋史・藝文志・地理類》譚掞《邕管溪洞雜記》一卷。

北户録

錢東垣等輯《崇文總目輯釋・地理類》《北户襍録》三卷，段公路撰。繹按：今本無襍字。《宋志》陸希聲撰，三卷，别出段公路一卷。《學海類編》公路作公璐，傳寫之誤。

《新唐書・藝文志・地理類》段公路《北户雜録》三卷。文昌孫。

鄭樵《通志・藝文略・地里・蠻夷》《北户雜録》三卷。段公路撰。

尤袤《遂初堂書目・地理類》《北户雜録》。

楊士奇等《文淵閣書目・古今志》《北户録》一册。

祁承㸁《澹生堂藏書目・圖志・攬勝》《北户雜録》五卷。段公路。

錢謙益等《絳雲樓書目・地誌類》《北户録》。三卷。段公路撰。唐宰相文昌孫。北户乃日南郡也，其地開北户以向，故云北户。左太沖《吴都賦》：開北户以向日。

《四庫全書總目提要・地理類三・雜記》《北户録》三卷。兩淮鹽政採進本。唐段公路撰。《學海類編》作公璐，蓋字之譌。《新唐書藝文志》稱爲宰相文昌之孫，則當爲臨淄人。《學海類編》作東牟人，亦未詳所本。歷仕始末不可考，惟據書首結銜，知官京兆萬年縣尉。據書中稱咸通十年，知爲懿宗時人而已。是書當在廣州時作，載嶺南風土，頗爲賅備，而於物産爲尤詳，其徵引亦極博洽。

張之洞《書目答問・地理・雜地志》《北户録》三卷。唐段公路。説郛及他叢書本皆不全。

嶺表録異

《新唐書・藝文志・地理類》 劉恂《嶺表録異》三卷。

尤袤《遂初堂書目・地理類》 《嶺表録異》。

鄭樵《通志・藝文略・地里・方物》 《嶺表録異》三卷。劉恂撰。

馬端臨《文獻通考・經籍考・地理》 《嶺表異録》三卷。

《宋史・藝文志・地理類》 劉恂《嶺表録異》三卷。

《四庫全書總目提要・地理類三・雜記》 《嶺表録異》三卷。永樂大典本。

舊本題唐劉恂撰。宋僧贊寧《筍譜》稱：恂於唐昭宗朝出爲廣州司馬。官滿，上京擾攘，遂居南海，作《嶺表録》。

張之洞《書目答問・地理・雜地志》 《嶺表録異》三卷。唐劉恂。聚珍本、杭本、福本。

嶺外代答

趙希弁《讀書附志・地理類》 《嶺外代答》十卷。右周去非直夫記廣右二十五郡疆場之事、經國之具、荒忽誕漫之俗、瑰詭譎恠之産，耳目所治，與得諸學士大夫之緒談者四百餘條云。

尤袤《遂初堂書目・地理類》 《嶺外代答》。

陳振孫《直齋書録解題・地理類》 《嶺外代答》十卷。永嘉周去非直夫撰。去非，癸未進士，至郡倅。所記皆廣西事。

馬端臨《文獻通考・經籍考・地理》 《嶺外代答》十卷。

楊士奇等《文淵閣書目・古今志》 《嶺外代答》一册。

《四庫全書總目提要・地理類三・雜記》 《嶺外代荅》十卷。永樂大典本。

宋周去非撰。去非字直夫，永嘉人。隆興癸未進士。淳熙中官桂林通判。是書即作於桂林代歸之後。自序謂：本范成大《桂海虞衡志》，而益以耳目所見聞，録存二百九十四條。蓋因有問嶺外事者，倦於應酬，書此示之，故曰「代荅」。原本分二十門。今有標題者凡十九。一門存其子目，而佚其總綱，所言則軍制户籍之事也。其書條分縷析，視嵇含、劉恂、段公路諸書敘述爲詳。所紀西南諸夷，多據當時譯者之辭，音字未免舛譌。而邕帥、法制、財計諸門，實足補正史所未備。不但紀土風、物産，徒爲談助已也。《書録解題》及《宋史・藝文志》並作十卷。《永樂大典》所載併爲二卷，蓋非其舊。今從原目，仍析爲十卷云。

張之洞《書目答問・地理・雜地志》 《嶺外代答》一卷。宋周去非。知不足齋本。

北户雜記

馬端臨《文獻通考・經籍考・地理》 《北户雜記》三卷。

續南荒録

《宋史・藝文志・地理類》 陳隱之《續南荒録》一卷。

嶺表異物志

《宋史・藝文志・地理類》 《嶺表異物志》一卷。

南海古迹記

倪燦等《補遼金元藝文志・地理類》 吴萊《南海古迹記》一卷。

錢大昕《補元史藝文志・地理類》 吴萊《南海古迹記》一卷。

嶺南録

黄虞稷《千頃堂書目・地理類中》 劉崧《嶺南録》。

郭棐嶺南名勝記

張萱等《内閣藏書目録・志乘部・廣東》 《嶺南名勝記》十六册。全。郭棐。

黄虞稷《千頃堂書目・地理類中》 郭棐《嶺南名勝記》二十卷。

《明史・藝文志・地理類》 郭棐《嶺南名勝志》十六卷。

粤劍編

黄虞稷《千頃堂書目・地理類中》 王臨亨《粤劍編》四卷。

又《地理類下》 王臨亨《粤劍編》四卷。字止之，吴郡人。

嶺海異聞

徐𤊹《徐氏家藏書目・外夷省》 《嶺海異聞》一卷。蔡汝賢。

祁承㸁《澹生堂藏書目・國朝史類・風土・異域》 《嶺海異聞》。一卷。《嶺海續異聞》。一卷。共一册。

黄虞稷《千頃堂書目・地理類中》 蔡汝賢《嶺海異聞》一卷，又《續聞》一卷。

又《地理類下》 蔡汝賢《嶺海異聞》一卷，又《續異聞》一卷。

嶺南諸夷志

黄虞稷《千頃堂書目・地理類下》 郭棐《嶺南諸夷志》二卷。

江皋小築集

黄虞稷《千頃堂書目・地理類下》 李元弼《江皋小築集》三卷。

廣東名勝志

徐𤊹《徐氏家藏書目・廣東省》 《廣東名勝志》十卷。

嶠南瑣記

祁承㸁《澹生堂藏書目・國朝史類・風土・皇輿》 《嶠南瑣記》一册。二卷。魏濬。

嶺南風物紀

《四庫全書總目提要・地理類三・雜記》 《嶺南風物紀》一卷。江蘇巡撫採進本。國朝吴綺撰。宋俊增補。江闓删訂。綺字園次，號聽翁，江都人。順治甲午拔貢生。官至湖州府知府。俊字長白，山陰人。闓字辰六，自署貴陽人。而王士禎《蠶尾集》《書縮頭道人事》一篇，稱門人新安江闓辰六前知均州日云云。未審實籍何地也。綺本文士，故是書所敘述，率簡雅不支，與范成大《桂海虞衡志》可相伯仲。

海表奇觀

《四庫全書總目提要・地理類存目六・雜記》 《海表奇觀》八卷。浙江汪啟淑家藏本。不著撰人名氏。凡標二十三門，曰溯源、曰疆境、曰形勢、曰分野、曰氣候、曰潮汐、曰節序、曰風俗、曰黎俗、曰占歷、曰災祥、曰名山、曰水泉、曰名宦、曰人物、曰列傳、曰祠廟、曰古蹟、曰墳墓、曰物産、曰奇人、曰奇事、曰題咏。蓋即鈔撮瓊州府志，而每條附以論贊詩句。據其自序，稱戊申官於瓊州，又言家於齊魯。考《瓊州府志》，康熙七年戊申，知府牛天宿，山東人，當即此人也。

廣東新語

馬國翰《玉函山房藏書簿録・史編・地理類》 《廣東新語》二十八卷。粵刊本。國朝番禺屈大均翁山撰。記廣東風土鄉俗。分天語、地語、山語、水語、石語、神語、人語、女語、事語、學語、文語、詩語、藝語、食語、貨器器語、宫語、舟語、貢語、禽語、獸語、鱗語、介語、蟲語、木語、香語、草語、怪語，篇各爲一卷，有自序及吴江潘耒序。

嶺南雜記

《四庫全書總目提要・地理類存目六・雜記》 《嶺南雜記》二卷。大學士英廉家藏本。國朝吴震方撰。震方有《讀書正音》，已著録。是編記其客遊廣東時所見。上卷多記山川風土，兼及時事。所載番禺唐化鵬《夫務條議》、花田《立縣議》、廣西巡撫彭鵬《禁官販私鹽示》諸條，亦頗留心於利弊。下卷則記物産而已。書中稱平南王尚可喜爲逆藩。伏讀五朝國史列傳，可喜之子尚之孝，反覆悖亂，終於伏誅。謂之逆藩可也。可喜則終守臣節，未可目之以逆。是亦傳聞之未審矣。

廣東月令

馬國翰《玉函山房藏書簿録・史編・地理類》 《廣東月令》一卷。國朝廣東知縣吴江鈕琇玉樵撰。自序謂：余宦遊所至，其風土大略相同。唯粵中則不特與朔方絶異，即較之江淮亦甚懸殊，爰採耳目見聞，戲爲《廣東月令》，迺知炎陬譎詭，固不止於再稻入蠶已也。

嶺海見聞

《四庫全書總目提要・地理類存目六・雜記》 《嶺海見聞》四卷。兩淮馬裕家藏本。國朝錢以塏撰。以塏遊宦廣東，前後八載，所作《羅浮外史》，已著録。此編又其雜録見聞之書也。大致欲倣《水經注》、《洛陽伽藍記》，而才不逮古人。又採録宂雜，無所限斷。記陸賈使粵，乃泛及作新語事。記南漢事甚略，乃闌載劉鋹入宋後事。皆與嶺海無關。其他雜採小説，不核真僞。如《述異記》、《開元天寶遺事》之類，與聞見亦無涉。至於荔枝、銅鼓，前後各出二條，尤無體例矣。

南越筆記

周中孚《鄭堂讀書記補逸・地理類八・雜記》 《南越筆記》十六卷。《函海》本。國朝李調元輯。仕履見《經部・易類》。前有雨村自序，稱予自甲午乾隆三十九年典試粵東，惜所遊覽，僅五羊城而止。雖欲徵之前賢所記，而未遑也。歲次丁酉之冬，復來視學，遂得遍歷全省諸郡縣，疇見昔人著述，詫爲怪怪奇奇，驚心炫目者。至是又不覺知其或失之誣，或當於理，而因爲之棄取焉。且因爲之上下，草木鳥獸各從其類焉。書成，記一十有六卷。蓋聊以廣篋中之見聞爾。其書敘述極佳。然見一書無撰人名，前有潘稼堂耒序者，文多與此書同。今觀雨村自序云云，雖與郭象齊邱有别，然亦不免貽譏焉。

廣東圖説

丁立中《八千卷樓書目・地理類・都會郡縣》 同治《廣東圖》十三卷，《圖説》九十二卷。國朝毛鴻賓、瑞麟撰。刊本。

粤屑

丁立中《八千卷樓書目・地理類・雜記》 《粤屑》四卷。國朝劉世馨撰。刊本。

番禺雜録

鄭樵《通志・藝文略・地里・郡邑》 《番禺雜録》三卷。鄭熊撰。

陳振孫《直齋書録解題・地理類》 《番禺雜記》一卷。攝南海主簿鄭熊撰。國初人也。莆田借李氏本録之。蓋承平時舊書，末有「河南少尹家藏」六字，不知何人也。

馬端臨《文獻通考・經籍考・地理》 《番禺雜記》一卷。

番禺建立城池

鄭樵《通志・藝文略・地里・郡邑》 《番禺建立城池》一卷。

番禺紀異集

鄭樵《通志・藝文略・地里・方物》 《番禺紀異集》五卷。馮拯撰。

晁公武《郡齋讀書志・地里類》 《番禺記異》五卷。袁本前志卷二下地理類第三十。右皇朝馮拯撰。拯，淳化中謫知端州，見嶺表鳥獸草木、民俗物情舉異中原，録之。類爲三十門，凡二百事。還朝上之。

馬端臨《文獻通考・經籍考・地理》 《番禺紀異》五卷。

焦竑《國史經籍志・地里・方物》 《番禺記異集》五卷。(馬)[馮]拯。

南海異事

《宋史・藝文志・地理類》 《南海異事》五卷。

南海録

《宋史・藝文志・地理類》 《南海録》一卷。

南海古迹記

黄虞稷《千頃堂書目・地理類・補元》 吴萊《南海古迹記》一卷。

西村十記

丁立中《八千卷樓書目・地理類・雜記》 《西村十記》一卷。明史鑑撰。《掌故叢編》本。

南海雜詠

晁瑮《晁氏寶文堂書目・圖誌》 《南海雜詠》。

朱睦㮮《萬卷堂書目・雜志》《南海雜咏》十卷。張詡。
黄虞稷《千頃堂書目・地理類中》張詡《南海雜咏》十卷。

清泉小志

范邦甸等《天一閣書目・地理類》《清泉小志》一册。刊本。明黎民表脩并序。
徐𤊹《徐氏家藏書目・廣東省》《清泉小志》一卷。黎明袁園亭。

南粤概

黄虞稷《千頃堂書目・地理類中》馬𣿱《南粤概》四卷。
《明史・藝文志・地理類》馬𣿱《南粤概》四卷。

番禺建立城池記

黄虞稷《千頃堂書目・地理類中》《番禺建立城池記》一卷。

羊城古鈔

周中孚《鄭堂讀書記補逸・地理類八・雜記》《羊城古鈔》八卷。聽松閣刊本。國朝仇池石撰。池石，字泰山，號竹嶼，順德人。羊城爲廣東省會之地，因楚時五羊含穗之異而名。廣州府志載有羊城八景，竹嶼專在羊城作志，不及廣羅外地，混同各志，故取以名其書。然亦非止此城内外也。所載一以八景之地爲斷限，凡分十八門，冠以輿圖，附以羅浮山圖説。其所纂輯，皆以《大清一統志》、通志爲主，府志及南海、番禺兩邑志次之，而雜志、雜書亦多采及焉。間參己見，尚有根據。蓋以備吟眺中之考核，故分門雖似志乘體，而非可以作南、番合志也。前有自序、凡例及書目，又有嘉慶丙寅温謙山汝能序。

訶林社咏

徐𤊹《徐氏家藏書目・廣東省》《訶林社咏》一卷。南華寺。

陽山新録

徐𤊹《徐氏家藏書目・各省題咏》《陽山新録》一卷。顧元慶，岳岱唱和。
黄虞稷《千頃堂書目・地理類下》顧元慶《陽山新録》一卷。

連陽八排風土記

《四庫全書總目提要・地理類存目七・外紀》《連陽八排風土記》八卷。浙江巡撫採進本。國朝李來章撰。來章號禮山，本名灼然，以字行，襄城人。康熙乙卯舉人，官連山縣知縣，是書即其康熙戊子在連山時所作。八排者，猺獠所居，以竹木爲砦柵，謂之排也。凡分圖繪、形勢、風俗、言語、剿撫、建置、約束、向化八門，門爲一卷。其目尚有第九卷，題曰雜述上下。然有録無書，豈爲之而未成歟。中多自敘政績，其向化一門，紀所判斷之案，各爲標目，殆似傳奇，尤非體例。

惠大記

高儒《百川書志・地理》《惠大記》六卷。皇明豐湖鄭敬甫編。
徐𤊹《徐氏家藏書目・廣東省》《惠大記》六卷。
黄虞稷《千頃堂書目・地理類中》鄭敬甫《惠大記》六卷。稱豐湖鄭敬甫。

《明史・藝文志・地理類》 鄭敬甫《惠大記》六卷。

丁丙《善本書室藏書志・地理類・都會郡縣》 《惠大記》六卷。明刊本。汪魚亭藏書。惠州府，春秋爲百越地，秦始置縣曰博羅、龍川，屬南海郡。至明洪武始廢循州，置惠州府，領縣七，歸善、博羅、海豐、河源、龍川、長樂、興甯，隸廣東布政司。嘉靖戊子，豐湖鄭維新敬甫爲此志。卷一二曰《迹攷》上、下，卷三曰《獻略》，卷四曰《治略》，卷五、六曰《貢略》上、下。自爲序。有「汪魚亭藏閲書」一印。

客惠紀聞

徐𤊹《徐氏家藏書目・各省雜誌》 《客惠紀聞》一卷。徐𤊹。

黄虞稷《千頃堂書目・地理類中》 徐𤊹《客惠紀聞》一卷。

黄虞稷《千頃堂書目・地理類下》 徐𤊹《客惠紀聞》一卷。

惠陽圖説

徐圖等《行人司重刻書目・地理類》 《惠陽圖説》一本。

潮中雜記

黄虞稷《千頃堂書目・地理類中》 郭子章《潮中雜記》十二卷。

《明史・藝文志・地理類》 郭子章《潮中雜記》十二卷。

四賢潮語

黄虞稷《千頃堂書目・地理類中》 郭子章《四賢潮語》四卷。

南澳小記

《明史・藝文志・地理類》 安國賢《南澳小記》十二卷。

潮陽八景圖咏

徐𤊹《徐氏家藏書目・各省題咏》 《潮陽八景圖咏》一卷。吴仕訓。

嶺東記

黄虞稷《千頃堂書目・地理類中》 嚴爾珪《嶺東記》。

潮乘備采

丁立中《八千卷樓書目・地理類・雜記》 《潮乘備采録》一卷。國朝陳坤撰。

石室記

文廷式《補晉書藝文志・地志類》 殷斌《石室記》。《書鈔》一百五十八引此書。

石室志

趙琦美《脈望館書目・史・廣東・肇慶府》 《石室志》二本。

祁承㸁《澹生堂藏書目・圖志・圖志》 《石室志》二册。二卷。王泮。

海南省

海南諸蕃行記

《宋史・藝文志・地理類》《海南諸蕃行記》一卷。達奚通撰。

佚名《新唐書藝文志注・地理》 達奚通《海南諸蕃行記》一卷。《崇文總目》無「海南」二字。

海南集

趙希弁《讀書附志・地理類》《海南集》二十三卷，後集十二卷。右海外瓊管之集也。於中可見丁晉公、蘇長公、趙豐公、折仲古、李泰發、胡邦衡諸公之文筆。

瓊壹外紀

黄虞稷《千頃堂書目・地理類中》 王佐《瓊臺外紀》五卷。

《明史・藝文志・地理類》 王佐《瓊臺外紀》五卷。

珠崖録

黄虞稷《千頃堂書目・地理類中》 王佐《珠崖録》。明史作五卷。

《明史・藝文志・地理類》 王佐《珠崖録》五卷。

海槎餘録

徐𤊹《徐氏家藏書目・各省雜誌》《海槎餘録》一卷。顧玠。

祁承㸁《澹生堂藏書目・國朝史類・風土・異域》《海槎餘録》。一卷。顧岕。紀録彙編本、廣祕笈本、後四十家小説本。

錢謙益等《絳雲樓書目・地誌類》《海槎餘録》一卷。元顧岕。

黄虞稷《千頃堂書目・地理類中》 顧玠《海槎餘録》一卷。

《明史・藝文志・地理類》 顧玠《海槎餘録》一卷。

《四庫全書總目提要・地理類存目七・外紀》《海槎餘録》一卷。江蘇周厚堉家藏本。明顧岕撰。岕字匯堂，吴縣人。官至南安府知府。是編乃其官儋州時所著。凡風土物産悉隨筆記之，其四十餘則，皆地志所已具。惟處置叛黎一節，敘述頗詳，爲蠻司合志所未及云。

丁立中《八千卷樓書目・地理類・外紀》《海槎餘録》一卷。明顧玠撰。《秘笈》本、《紀録彙編》本、《百川》本。

海南雜事

徐𤊹《徐氏家藏書目・各省雜誌》《海南雜事》一卷。陳价夫。

黄虞稷《千頃堂書目・地理類中》 陳价夫《海南雜事》二卷。

瓊海方輿志

黄虞稷《千頃堂書目・地理類下・補元》 蔡微《瓊海方輿志》。字希元。瓊山人。任教官。

倪燦等《補遼金元藝文志・地理類》 蔡微《瓊海方輿志》。字希元，瓊山人。任學官。

錢大昕《補元史藝文志・地理類》 蔡微《瓊海方輿志》。字希元。瓊山人。

黎岐紀聞

丁立中《八千卷樓書目・地理類・外紀》《黎岐紀聞》一卷。國朝張慶長撰。

昭代叢書本。

廣西壯族自治區

邕管溪洞雜記

尤袤《遂初堂書目・地理類》《邕管溪峒雜記》。

焦竑《國史經籍志・地里・蠻夷》《邕管溪洞雜記》一卷。談惔。

錢謙益等《絳雲樓書目・地誌類》《邕管溪洞雜記》。一卷。宋談掞撰。

邕管雜記

馬端臨《文獻通考・經籍考・地理》《邕管雜記》一卷。

焦竑《國史經籍志・地里・郡邑》《邕管雜記》一卷。宋范旻。

錢謙益等《絳雲樓書目・地誌類》范旻《邕管雜記》三卷。

邕管雜記

《新唐書・藝文志・地理類》《邕管褋記》一卷，范旻撰。繹按：宋志三卷。

鄭樵《通志・藝文略・地里・郡邑》《邕管雜記》一卷。宋朝范旻撰。

尤袤《遂初堂書目・地理類》《邕管雜記》。

陳振孫《直齋書録解題・地理類》《邕管雜記》一卷。庫部員外郎范旻撰。旻，國初宰相質之子。嶺南初平，旻知邕州，兼轉運使。

《宋史・藝文志・地理類》范旻《邕管雜記》三卷。

廣西要會

鄭樵《通志・藝文略・地里・郡邑》《廣西要會》五卷。張田撰。

《宋史・藝文志・地理類》張田《廣西會要》二卷。

桂海虞衡志

趙希弁《讀書附志・地理類》《桂海虞衡志》三卷。右范文穆公成大帥静江日，志其風物土宜也，自爲之序。

陳振孫《直齋書録解題・地理類》《桂海虞衡志》二卷。府帥吴郡范成大至能撰。范自桂移蜀，道中追記昔游。

馬端臨《文獻通考・經籍考・地理》《桂(林)[海]虞衡志》二卷。

《宋史・藝文志・地理類》范成大《桂海虞衡志》三卷。

范邦甸等《天一閣書目・地理類》《桂海虞衡志》一卷。藍絲闌鈔本。

徐𤊹《徐氏家藏書目・各省雜誌》《桂海虞衡志》二卷。宋范成大。

又《廣西省》《桂海虞衡志》一卷。宋范成大。

錢謙益等《絳雲樓書目・地誌類》《桂海虞衡志》。二卷，范成大撰。范自桂林移鎮西蜀，追記昔游。

又《桂海虞衡志》。重出。

《四庫全書總目提要・地理類三・雜記》《桂海虞衡志》一卷。兩江總督採進本。宋范成大撰。乾道二年，成大由中書舍人出知静江府。淳熙二年，除敷文閣待制，四川制置使。是編乃由廣右入蜀之時，道中追憶而作。自序謂凡所登臨之處，與風物土宜方志所未載者，萃爲一書。

張之洞《書目答問・地理・雜地志》《桂海虞衡志》一卷。宋范成大。古今逸史本。唐宋叢書本。説海本。

炎徼紀聞

徐𤊹《徐氏家藏書目・各省雜誌》《炎徼紀聞》四卷。田汝成。

張萱等《内閣藏書目録・志乘部・廣西》《炎徼紀聞》二册。全。嘉靖閒田汝成著。皆西粤土司事蹟及軍中行移。

黄虞稷《千頃堂書目・地理類中》田汝成《炎徼紀聞》四卷。

黄虞稷《千頃堂書目・地理類下》田汝成《炎徼紀聞》四卷。

《明史・藝文志・地理類》田汝成《炎徼紀聞》四卷。

岑氏七志

徐𤊹《徐氏家藏書目・外夷省》《岑氏七志》七卷。閩張邦望。

黄虞稷《千頃堂書目・地理類下》張邦望《岑氏七志》七卷。閩人。

岑猛事蹟

錢謙益等《絳雲樓書目・地誌類》《岑猛事蹟》。

府江道路考

黄虞稷《千頃堂書目・地理類中》《府江道路考》一卷。萬曆丙戌輯。

殿粤要纂

黄虞稷《千頃堂書目・地理類中》楊芳《殿粤要纂》四卷。

嶠南瑣記

徐𤊹《徐氏家藏書目・各省雜誌》《嶠南瑣紀》二卷。魏濬。

黄虞稷《千頃堂書目・地理類中》魏濬《嶠南瑣記》二卷。字禹欽。

《明史・藝文志・地理類》魏濬《嶠南瑣記》二卷。

百粤風土記

徐𤊹《徐氏家藏書目・廣西省》《百粤風土記》一卷。謝肇淛。

黄虞稷《千頃堂書目・地理類中》謝肇淛《百粤風土記》一卷。

《明史・藝文志・地理類》謝肇淛《百粤風土記》一卷。

吴元美勾漏洞天十記

徐𤊹《徐氏家藏書目・各省雜誌》《勾漏洞天十記》一卷。宋福州吴元美。

黄虞稷《千頃堂書目・地理類・補宋》吴元美《勾漏洞天十記》一卷。福州人。

趙如白句漏洞天十記

錢謙益等《絳雲樓書目・地誌類》趙如白《句漏洞天十記》。

府江道路考

張萱等《内閣藏書目録・志乘部・廣西》《府江道路考》一册。萬曆丙戌修。府江新開路諸記也。

粵事鈔

黄虞稷《千頃堂書目・地理類中》 陳懋仁《粵事鈔》。

西事珥

徐𤊹《徐氏家藏書目・各省雜誌》《西事珥》八卷。魏濬。

錢謙益等《絳雲樓書目・地誌類》《西事珥》。

黄虞稷《千頃堂書目・地理類中》 魏濬《西事珥》八卷。

《明史・藝文志・地理類》 魏濬《西事珥》八卷。

《四庫全書總目提要・地理類存目六・雜記》《西事珥》八卷。福建巡撫採進本。明魏濬撰。濬有《易義古象通》，已著録。是書蓋其官粵西時所作。一卷多言山川地理，二卷多言風土，三卷多言時政，四卷、五卷多言故事及人物，六卷多言物産，七卷多言仙釋神怪，八卷多言制馭苗蠻之始末。雖不立地志之名，然核其編次，固地志之類，但不列門目耳。其考訂頗不苟，敘述亦爲雅潔，無説部沓雜之習。然如載舒宏志轉生之類，稍涉荒唐。明惠帝、程濟諸事，亦相沿譌謬也。

廣西名勝志

徐𤊹《徐氏家藏書目・廣西省》《廣西名勝志》十卷。

祁承㸁《澹生堂藏書目・國志・通志》《廣西名勝志》四册。十卷。曹學佺輯。

黄虞稷《千頃堂書目・地理類中》 曹學佺《廣西名勝志》十卷。

勾漏洞記

徐𤊹《徐氏家藏書目・各省題咏》《勾漏洞記》一卷。

赤雅

黄虞稷《千頃堂書目・地理類中》 鄺瑞露《赤雅》四卷。字湛若，更名露。南海人。

《四庫全書總目提要・地理類四・外紀》《赤雅》三卷。浙江巡撫採進本。明鄺露撰。露字湛若，南海人。鈕琇《觚賸》載其爲諸生應歲試時，題爲文行忠信。乃四比立格，以真草隸篆四體書之，坐是被斥。蓋亦放誕之士。王士禎《池北偶談》又載其少遊金陵，客阮大鋮之門。嘗爲大鋮作集序，大鋮亦爲露作集序。其人殊不足重。

粵西土司諸夷考

黄虞稷《千頃堂書目・地理類下》《粵西土司諸夷考》四卷。

粵述

《四庫全書總目提要・地理類存目六・雜記》《粵述》一卷。大學士英廉家藏本。國朝閔敘撰。敘號鶴瞿，歙縣人。《太學題名碑》作江都人，疑其寄籍也。順治乙未進士。官至監察御史。是編乃其督學廣西時所作。敘述山川物産，頗爲雅潔。其辨狄青取崑崙關一事，核以地理，足訂《宋史》之誤。惟好穿鑿字義。如謂猺字當作僥，即《説文》之僬僥，已爲無理。又謂猺人住屋作兩層，人居其上，豬圈牛欄皆在臥榻之下。《説文》家字宀下從豕，可會此義云云，尤爲附會。儒生喜談小學，動稱六書爲萬事之根本，其弊往往至此也。

西粵對問

《四庫全書總目提要・地理類存目六・雜記》《西粵對問》。無卷數。江蘇巡撫採進本。國朝江德中撰。德中字漢若，徽州人。官至廣西布政司參議。是書記西粵山川、風土、物産，頗資異聞。然其徵據疎謬，亦復不少。如引《左傳》有仍氏生女黰事，不檢杜注美髮爲黰之語，而誤以爲肌膚之黑。又云雉黑色者爲鷗雉。按《爾雅》秩秩海雉注，如雉而黑，在海中，不云名鷗也。殆緣海字而誤歟。殊失考。

粵西偶記

周中孚《鄭堂讀書記補逸・地理類八・雜記》《粵西偶記》一卷。滇鈴初集本。國朝陸祚蕃撰。祚蕃，字武園，平湖人。康熙癸丑進士，官至貴州貴東道。《四庫全書存目》是編所述，皆廣西一省風俗、物産之屬，凡六十一則。間有涉於瑣事，不過一二則耳，其書雖不及范石湖《桂海虞衡志》之詳，而亦有可相須而備者。

粵西叢載

周中孚《鄭堂讀書記補逸・地理類八・雜記》《粵西叢載》三十卷。梅雪堂刊本。

粵西瑣記

丁立中《八千卷樓書目・地理類・雜記》《粵西瑣記》一卷。國朝沈日霖撰。昭代叢書本。

粵西筆述

丁立中《八千卷樓書目・地理類・雜記》《粵西筆述》一卷。國朝張祥河撰。原刊本。

君子堂日詢手鏡

焦竑《國史經籍志・地里・蠻夷》《日詢手鏡》一卷。王濟。

祁承㸁《澹生堂藏書目・國朝史類・風土・異域》《君子堂日詢手鏡》一冊。一卷。王濟。國朝典故本、紀録彙編本、後四十家小説本。

黄虞稷《千頃堂書目・地理類中》王濟《君子堂日詢手鏡》一卷。字伯雨，烏程人。嘉靖中貢士，時任横州判官，君子堂在署中。

錢謙益等《絳雲樓書目・地誌類》《君子堂日詢手鏡》一卷。王濟。

周中孚《鄭堂讀書記補逸・地理類八・雜記》《君子堂日詢手鏡》一卷。顧氏四十家小説本。明王濟撰。濟字伯雨，烏鎮人。嘉靖初，官横州判官。是編乃其官廣西横州郡時，雜記其地山川、物産、民俗之事，及告養歸，客有問者，以此編示之，故稱《日詢手鏡》。君子堂者，郡廨側燕息所也。末有自跋。

桂勝　桂故

趙琦美《脈望館書目・史・廣西》《桂勝集》四本。

又《桂故集》二本。

徐圖等《行人司重刻書目・地理類》《桂勝集》六本。

徐𤊹《徐氏家藏書目・廣西省》《桂勝集》十四卷。張鳴鳳。

張萱等《内閣藏書目録・志乘部・廣西》《桂勝集》四册。《桂故集》二册。萬曆間姑安張鳴鳳著。共二十四卷。

祁承𤍠《澹生堂藏書目・國志・通志》《桂故》二册。八卷。《桂勝》四册。十六卷。張鳴鳳輯。

黄虞稷《千頃堂書目・地理類中》張鳴鳳《桂故集》八卷。《桂勝集》十六卷。始安人。通判。

《明史・藝文志・地理類》張鳴鳳《桂故》八卷。《桂勝》十四卷。

《四庫全書總目提要・地理類三・山川》《桂勝》十六卷。浙江鮑士恭家藏本。附《桂故》八卷。兩淮鹽政採進本。明張鳴鳳撰。鳴鳳有《西遷註》，已著録。是二書並成於萬曆癸丑。《桂勝》序題五月六日，《桂故》序題七月朔。劉繼文序稱，前十六卷爲《桂勝》，志桂槩也。後八卷爲《桂故》，志故實也。鳴鳳《桂勝》自序，亦稱外《桂故》八卷，用輔以行。

上林紀

朱睦㮮《萬卷堂書目・雜志》《上林紀》八卷。楊區。

桂林風土記

《新唐書・藝文志・地理類》莫休符《桂林風土記》三卷。

鄭樵《通志・藝文略・地里・郡邑》《桂林風土記》三卷。唐莫休符撰。

陳振孫《直齋書録解題・地理類》《桂林風土記》一卷。案：《唐書・藝文志》作三卷。唐融州刺史權知春州莫休符撰。昭宗光化二年也。

馬端臨《文獻通考・經籍考・地理》《桂林風土記》一卷。

《宋史・藝文志・地理類》莫休符《桂林風土記》一卷。

徐𤊹《徐氏家藏書目・廣西省》《桂林風土記》一卷。唐莫休符。

錢謙益等《絳雲樓書目・地誌類》《桂林風土記》三卷。唐莫休符撰。

《四庫全書總目提要・地理類三・雜記之屬》《桂林風土記》一卷。兵部侍郎紀昀家藏本。唐莫休符撰。休符里貫未詳。作此記時，在昭宗光化二年，休符以檢校散騎常侍守融州刺史，其終於何官，亦莫能考也。此記《新唐書・藝文志》作三卷，今存者一卷。卷中目録四十六條，今闕火山、採木二條。蓋殘闕之餘，非完書矣。朱彝尊《曝書亭集》有此書跋云：閩謝在杭小草齋所録，舊藏徐惟起家。跋稱獲自錢塘沈氏，是洪武十五年鈔傳。此本小草亭題識及洪武年月與彝尊所言合，蓋即彝尊所見本也。彝尊跋又稱，中載張固、盧順之、張叢、元晦、路單、韋瓘、歐陽臏、李渤諸人詩，向未著於録，亟當發其幽光。今觀諸詩外尚有楊尚書、陸宏休二首，亦唐代軼篇，爲他書所未載。今《全唐詩》採録諸篇，即據此本。則其可資考證者，又不止於譜民風記土産矣。

桂林編

黄虞稷《千頃堂書目・地理類中》黄岦《桂林編》。

桂林機要

黄虞稷《千頃堂書目・地理類中》王達《桂林機要》。

臨桂雜識

徐𤊹《徐氏家藏書目・各省雜誌》《臨桂雜識》一卷。葉繼熙。

黄虞稷《千頃堂書目・地理類中》葉繼熙《臨桂雜識》一卷。

蒼梧雜志

黄虞稷《千頃堂書目・地理類中》 胡珵《蒼梧雜志》。

梧潯雜佩

黄虞稷《千頃堂書目・地理類中》 張所望《梧潯雜佩》。

欽州攻略

張萱等《内閣藏書目録・志乘部・廣東》 《欽州攻略》□册。嘉靖壬寅州守林希元著。

西南地區

南夷國譜

顧櫰三《補後漢書藝文志・輿地類》 《南夷國譜》。諸葛亮撰。先畫天地、日月、君長、城府，次畫神龍，龍生夷及牛馬羊，後畫部主吏乘馬幡蓋巡行，又畫牽羊負酒、齎金詣之之象，夷甚重之。

南中夷經

顧櫰三《補後漢書藝文志・輿地類》 《南中夷經》。《華陽國志》夷中有桀黠能言議屈服種人者，謂之耆老，好議論譬物，謂之夷經。今南中人言論，雖學者，半引夷經。

姚振宗《三國藝文志・地理類・外紀雜記》 《西南夷夷經》。《華陽國志・南中志》夷中有桀黠能言議屈服種人者，謂之耆老。便爲主議論好譬喻物，謂之夷經。今南人言論，雖學者，亦半引夷經。案夷經緣起當在三國以前，至晉世始聞其言論稱説，蓋西南夷自相記述之書。

西南蠻入朝首領記

《舊唐書・經籍志・地理》 《西南蠻入朝首領記》一卷。

《新唐書・藝文志・地理類》 《西南蠻入朝首領記》一卷。

鄭樵《通志・藝文略・地里・朝聘》 《西南蠻入朝首領記》一卷。

南夷志

李昉《太平御覽經史圖書綱目》 《南夷志》。

互市諸蠻記

尤袤《遂初堂書目・地理類》 《互市諸蠻記》。

西南諸蕃記

尤袤《遂初堂書目・地理類》 《西南諸蕃記》。

地里西南夷補志

黃虞稷《千頃堂書目・地理類下》 熊太古《地里西南夷補志》五卷。

南夷書

黃虞稷《千頃堂書目・地理類下》 張洪《南夷書》。

《四庫全書總目提要・地理類存目七・外紀》 《南夷書》一卷。浙江范懋柱家天一閣藏本。明張洪撰。洪字宗海，常熟人。洪熙初，召入翰林，官修撰。是編乃永樂四年，緬甸宣慰使那羅塔刦殺孟養宣慰使刁查及思欒發而據其地，洪時爲行人齎敕往諭。因採摭見問，記其梗概。所載洪武初至永樂四年平定雲南各土司事，皆略而不詳。其於雲南郡建置始末，亦未能明晰。如南詔爲蒙氏改鄯闡府，歷鄭、趙、楊三姓，始至大理段氏。孟養、麓川，各有土司。書中皆遺之，唯載梁王拒守，及楊苴乘隙竊發諸事，稍足與史參考耳。書中瀾滄江作蘭滄江，思欒發作思鸞發，與史互異。蓋亦譯語對音之故也。

西夷事集

朱睦㮮《萬卷堂書目・雜志》 《西夷事集》。

四川省

蜀王本記

《隋書・經籍志・地理》 《蜀王本記》一卷。揚雄撰。

《舊唐書・經籍志・地理》 《蜀王本紀》一卷。揚雄撰。

《新唐書・藝文志・地理類》 揚雄《蜀王本記》一卷。

鄭樵《通志・藝文略・地里・郡邑》 《蜀王本記》一卷。揚雄撰。

姚振宗《隋書經籍志考證・地理類》 《蜀王本紀》一卷。揚雄撰。揚雄有《方言》，見經部論語類。

王文表巴蜀耆舊傳

顧懷三《補後漢書藝文志・輿地類》 王文表《巴蜀耆舊傳》。《華陽國志》：王商，字文表，廣漢人，以上皆以博學洽聞作《巴蜀耆舊傳》。

蜀郡鄉俗記

姚振宗《後漢藝文志・地理類・州郡》 趙寧《蜀郡鄉俗記》。《華陽國志・蜀志》曰：太守陳留高眹亦播文教，太尉趙公初爲九卿。適子寧還蜀，眹命爲文學，撰《鄉俗記》。侯《志》曰：范《書・趙典傳》載典父戒及兄子謙皆爲太尉。寧不知爲戒子、爲謙子也。《隸釋》有益州太守高眹《修周公禮殿記》，陳留人，事在初平五年。高眹蓋即高眣。

陳術巴蜀耆舊傳

顧懷三《補後漢書藝文志・輿地類》 陳術《巴蜀耆舊傳》。《華陽國志》：術，字申伯，作《耆舊傳》者也。失其行事。

巴蜀異物志

章宗源《隋書經籍志考證・地理》 《巴蜀異物志》卷亡，不著録。《文選・鵬鳥賦》注：有小鳥如雞，體有文色。土俗因形名之曰鵬。不能遠飛，行不出域。《漢書・賈誼傳》注，《史記・屈賈列傳》索隱同。《史記・周勃世家》集解：頭上巾爲冒絮。《漢書・周勃傳》注同。並引《巴蜀異物志》。

顧櫰三《補後漢書藝文志・與地類》 譙周《巴蜀異物志》。

鄭廑巴蜀耆舊傳

顧櫰三《補後漢書藝文志・與地類》 鄭廑《巴蜀耆舊傳》。《華陽國志》：廑，字伯邑，蜀郡人。

趙峻巴蜀耆舊傳

顧櫰三《補後漢書藝文志・與地類》 趙峻《巴蜀耆舊傳》。峻，字彦信，蜀郡人。

巴郡地説

顧櫰三《補後漢書藝文志・與地類》 譙周《巴郡地説》。後漢獻帝初平六年，臨江縣屬永寧郡。建安中改永寧爲巴東郡，臨江仍隸焉。《御覽》。

萬震巴蜀異物志

汪師韓《文選注引群書目録上・地理》 《巴蜀異物志》。萬震撰。

侯康《補三國藝文志・地志類》 萬震《巴蜀異物志》。見《文選》注。

華陽風俗録

錢東垣等輯《崇文總目輯釋・地理類》 《華陽風俗録》一卷。張周封撰。

[原釋]闕。見天一閣鈔本。釋按《玉海》引《崇文目》同。

《新唐書・藝文志・地理類》 張周封《華陽風俗録》一卷。字子望。西川節度使李德裕從事，試協律郎。

鄭樵《通志・藝文略・地里・郡邑》 《華陽風俗録》一卷。唐張周封撰。

《宋史・藝文志・地理類》 張周封《華陽風俗録》一卷。

益州理亂記

《新唐書・藝文志・地理類》 鄭暐《益州理亂記》三卷。

鄭樵《通志・藝文略・地里・郡邑》 《益州理亂記》三卷。唐鄭暐撰。

焦竑《國史經籍志・地里・郡邑》 《益州理亂記》三卷。唐鄭暐。

蜀爾雅

尤袤《遂初堂書目・地理類》 《蜀爾雅》。

益部方物記

徐𤊹《徐氏家藏書目・各省雜誌》 《益部方物記》一卷。宋祁。

錢謙益等《絳雲樓書目・地誌類》 《益部方物記》一卷。宋祁。

《四庫全書總目提要・地理類三・雜記》 《益部方物略記》一卷。江蘇巡撫採進本。宋宋祁撰。祁字子京，雍邱人。天聖二年進士。官至翰林學士承旨。謚景文。事蹟具《宋史》本傳。是編乃嘉祐二年祁由端明殿學士、吏部侍郎知益州時所作。因東陽沈立所撰劍南方物二十八種，補其闕遺。凡草木之屬四十一，藥之屬九，鳥獸之屬八，蟲魚之屬七，共六十五種。列而圖之，各繫以贊，而附註其形狀於題下。贊居前，題列後，古書體例，大抵如斯。今本《爾雅》，猶此式也。其圖已佚。贊皆古雅，蓋力摹郭璞《山海經圖讚》，往往近之。註則頗傷謇澀，亦每似所作《新唐書》。蓋祁敘記之文類如是也。

張之洞《書目答問・地理・雜地志》《益部方物略記》一卷。宋宋祁。《津逮》本。《學津》本。

劍南方物略圖讚

鄭樵《通志・藝文略・地里・地理》《劍南方物略圖讚》一卷。宋祁撰。

劍南須知

馬端臨《文獻通考・經籍考・地理》《劍南須知》十卷。巽岩李氏曰：宋如愚撰。第一、第二卷，但編集舊史，棄取或不倫；第三、第四、第五、第六，凡四卷，盡出唐樊綽《蠻書》；第七卷以下乃如愚自爲之文，及所畫計策耳。如熙寧買馬事，誠西南要害，異時或可補國史之闕云。如愚，眉山人，游場屋有俊聲，不第以死，亦可哀者。

續成都古今集記

陳振孫《直齋書録解題・地理類》《續成都古今集記》二十二卷。知府事王剛中居正撰。寔紹興三十年。

馬端臨《文獻通考・經籍考・地理》《續成都古今集記》二十二卷。

焦竑《國史經籍志・地里・郡邑》《續成都古今記》二十二卷。王剛中。

歲華記麗譜

《四庫全書總目提要・地理類三・雜記》《歲華記麗譜》一卷，附《牋紙譜》一卷，《蜀錦譜》一卷。兩江總督採進本。元費著撰。著，華陽人。嘗舉進士，授國子監助教。官至重慶府總管。成都自唐代號爲繁庶，甲於西南。其時爲之帥者，大抵以宰臣出鎮。富貴優閒，歲時燕集，寖相沿習。故張周封作《華陽風俗録》，盧求作《成都記》，以誇述其勝。遨頭行樂之説，今尚傳之。迨及宋初，其風未息。前後太守如張詠之剛方、趙抃之清介，亦皆因其土俗，不廢娛游。其侈麗繁華，雖不可訓。而民物殷阜，歌詠風流，亦往往傳爲佳話，爲世所豔稱。南宋季年，蜀中兵燹，井閭凋敝，乃無復舊觀。著因追述舊事，集爲此書。自元旦迄冬至，無不備載。其體頗近《荆楚歲時記》。而盛衰俯仰，追溯陳迹，亦不無《東京夢華》之思焉。唐韓鄂有《歲華紀麗》，爲類事之書。此譜蓋偶同其名，實則地志也。末附牋紙、蜀錦二譜，蓋漢唐以來二物爲蜀中所擅，而未有專述其源委者。著因風俗而及土産，稽求名品，臚列頗詳，是亦足資考證者矣。

張之洞《書目答問・地理・雜地志》《歲華紀麗譜》一卷，附《箋紙譜》一卷，《蜀錦譜》一卷。元費著。《續百川》本。

丁立中《八千卷樓書目・地理類・雜記》《歲華紀麗譜》一卷，附《箋紙譜》一卷，《蜀錦譜》一卷。元費著撰。《秘笈》本，《説郛》本。

四川險易圖

楊士奇等《文淵閣書目・舊志》《四川險易圖》。一册。

蜀都雜鈔

徐𤊹《徐氏家藏書目・各省雜誌》《蜀都雜抄》一卷。陸深。

黄虞稷《千頃堂書目・地理類中》 陸深《蜀都雜鈔》一卷。

《四庫全書總目提要・地理類存目六・雜記》 《蜀都雜鈔》一卷。兩江總督採進本。明陸深撰。深有《南巡日録》，已著録。此乃深爲四川左布政使時所録蜀中山川、古蹟。其論峨眉山當作蛾眉，又力辨禹生石紐爲《元和志》之誤，頗爲有識。其他亦多隨筆劄記之文。

汪應蛟蜀語

黄虞稷《千頃堂書目・地理類中》 汪應蛟《蜀語》。

四川土夷考

黄虞稷《千頃堂書目・地理類中》 蘇希忠《四川土夷考》四卷。茶陵人，巡撫。（吴補）

《四庫全書總目提要・地理類存目七・外紀》 《四川土夷考》四卷。浙江汪汝瑮家藏本。明譚希思撰。希思有《明大政纂要》，已著録。是書乃希思在蜀時命布政使官屬取全蜀土司、土府繪圖立説，裒爲一編，刻於萬曆二十六年。首全圖，次各土司土府分圖，圖各有説，凡七十八篇。其中所列，多沿邊城堡守禦名目，而於土司境壤、山川形勢，概未之及。蓋專爲防守之策而設，雖名爲土夷考，其實乃險隘圖也。所附之説，僅據州縣申册，簡略頗甚，亦不足以備考核。

西蜀三邊

趙琦美《脈望館書目・史・四川總志》 《西蜀三邊》二本。又二本。

觀教録

黄虞稷《千頃堂書目・地理類中》 郭莊《觀教録》。即《蜀小志》。

張萱等《内閣藏書目録・志乘部・四川》 《觀教録》一册。全。萬曆間郭莊按蜀時編，即《蜀小志》也。

益部談資

《四庫全書總目提要・地理類三・雜記》 《益部談資》三卷。兩淮鹽政採進本。明何宇度撰。宇度里貫未詳。萬曆中官夔州府通判。是書所紀，皆四川山川、物産及古今軼事。分上、中、下三卷，以體例不似圖經，故署曰「談資」，實亦地志之支流也。蜀雖僻處一隅，而蠶叢、魚鳧以下，古蹟爲多。長卿、子雲以後，文士爲衆。又地形奥衍，百産繁饒。富庶之餘，溢爲奢麗。歲時游樂，亦自古爲盛。故其見於記載，形於歌詠者，自揚雄《蜀王本紀》、譙周《三巴記》、李克《益州記》以下，圖籍最多。遺事佚聞，皆足資採摭。是書掇拾蒐羅，尚未能一一賅備。然詮擇不苟，去取頗嚴。其後曹學佺作《蜀中廣記》，徵引較博，不免稍涉氾濫，轉不若此本之雅潔。在明人雜説之中，尚可稱簡而有要者。原本有李維楨跋，亦極推爲善本，蓋不誣云。

丁立中《八千卷樓書目・地理類・雜記》 《益部談資》三卷。明何宇度撰。《學海類編》本。

四川名勝志

徐𤊹《徐氏家藏書目・四川省》 《四川名勝志》二十五卷。

祁承㸁《澹生堂藏書目・圖志・圖志》 《蜀中名勝記》。

黄虞稷《千頃堂書目・地理類中》 曹學佺《蜀中名勝記》三十五卷。

又 曹學佺《四川名勝志》三十五卷。

《四庫全書總目提要·地理類存目五·山川》 《蜀中名勝記》三十卷。浙江鮑士恭家藏本。明曹學佺撰。學佺有《易經通論》,已著録。案學佺所著,本無此書之名。此本乃萬曆戊午福清林茂之摘其《蜀中廣記》内名勝一門,刻之南京,而鍾惺爲之序。不知其何所取也。

蜀漢地理補

徐𤊹《徐氏家藏書目·四川省》 《蜀溪地理補》一卷。曹學佺。

黄虞稷《千頃堂書目·地理類中》 曹學佺《蜀漢地理補》二卷。

《明史·藝文志·地理類》 曹學佺《蜀漢地理補》二卷。

蜀漢地理補

祁承㸁《澹生堂藏書目·國志·通志》 《蜀漢地理補》一册。二卷。

蜀郡縣古今通釋

趙琦美《脈望館書目·史·四川總志》 《益部地理釋名》一本。

徐𤊹《徐氏家藏書目·四川省》 《蜀郡縣志釋名》四卷。曹學佺。

祁承㸁《澹生堂藏書目·圖志·通志》 《蜀郡縣古今通釋》。一卷。亦名《益部地理釋名》。

黄虞稷《千頃堂書目·地理類中》 曹學佺《蜀郡縣古今通釋》四卷。

《明史·藝文志·地理類》 曹學佺《蜀郡縣古今通釋》四卷。

蜀中風土記

徐𤊹《徐氏家藏書目·各省雜誌》 《蜀中風俗記》四卷。曹學佺。

黄虞稷《千頃堂書目·地理類中》 曹學佺《蜀中風土記》四卷。

《明史·藝文志·地理類》 曹學佺《蜀中風土記》四卷。

蜀中方物記

徐𤊹《徐氏家藏書目·各省雜誌》 《蜀中方物記》十二卷。曹學佺。

祁承㸁《澹生堂藏書目·國朝史類·風土·皇輿》 《蜀中方物記》三册。十二卷,曹學佺。

黄虞稷《千頃堂書目·地理類中》 曹學佺《蜀中方物記》十二卷。

《明史·藝文志·地理類》 曹學佺《方物記》十二卷。

蜀中廣記

《四庫全書總目提要·地理類三·雜記》 《蜀中廣記》一百八卷。兩淮馬裕家藏本。明曹學佺撰。學佺有《易經通論》,已著録。學佺嘗官四川右參政,遷按察使。是書蓋成於其時,目凡十二:曰名勝,曰邊防,曰通釋,曰人物,曰方物,曰仙,曰釋,曰游宦,曰風俗,曰著作,曰詩話,曰畫苑。蒐採宏富,頗不愧廣記之名。

川德志

黄虞稷《千頃堂書目·地理類中》 張潮《川德志》十卷。

李寔蜀語

黄虞稷《千頃堂書目·地理類中》 李寔《蜀語》一卷。

隴蜀餘聞

馬國翰《玉函山房藏書簿録·史編·地理類》 《隴蜀餘聞》一卷。《漁洋全集》本，又《石門吴氏》本，又《昭代叢書》本。王士正撰。已上諸書皆以事係日，以日係月，此則舉所聞，不可係於日月者，别爲一編。

蜀都碎事

《四庫全書總目提要·地理類存目六·雜記》 《蜀都碎事》六卷。兩淮馬裕家藏本。國朝陳祥裔撰。祥裔本姓喬氏，號藕漁，順天人。康熙中官成都府督捕通判。採蜀中故實爲《碎事》四卷。雜引諸書，或註或否，間附以考證案語，及前代題咏詩文。復以所採未盡，别爲藝文二卷，謂之《補遺》。祥裔所自作詩，亦併列於唐宋名作之閒。

金川瑣記

張之洞《書目答問·地里·邊防》 《金川瑣記》六卷。李心衡。《珠塵》本。

蜀　典

張之洞《書目答問·地理·今地志》 《蜀典》十二卷。張澍。自刻本。

馬國翰《玉函山房藏書簿録·史編·地理類》 《蜀典》十二卷。安懷堂本。國朝張澍撰。此嘉慶乙亥卸署興文篆，在省乞假時，因續修通志書成而作。分人物、居寓、宦蹟、故事、風俗、方言、器物、動植、著作、姓氏，凡十目。意欲補川志之缺也。

成都古今記

鄭樵《通志·藝文略·地里·郡邑》 《成都古今集記》三十卷。趙抃撰。

尤袤《遂初堂書目·地理類》 《成都古今記》。

陳振孫《直齋書録解題·地理類》 《成都古今集記》三十卷。知府事信安趙抃閲道撰。清獻自慶曆將漕之後，凡四入蜀，知蜀事爲詳，故成此書。熙寧七年也。

《宋史·藝文志·地理類》 趙抃《成都古今集記》三十卷。

晁公武《郡齋讀書志·地里類》 《成都古今記》三十卷。袁本前志卷二下地理類第十一。右皇朝趙抃編。抃自慶曆至熙寧凡四入蜀，知蜀事爲詳，摭其故實，以類相從，分百餘門。

蜀都故事

《宋史·藝文志·地理類》 楊備恩《蜀都故事》二卷。

鶴山叢志

《宋史·藝文志·地理類》 鄧樞《鶴山叢志》十卷。

靈應後集

趙希弁《讀書附志·地理類》 《靈應後集》十二卷。右集梓潼廟誥勑、記叙、詩、文也。范鎮、張浚、胡世將、王剛中、王之望、晁公武諸公祝文爲多，亦有唐僖宗之祝文。

蓉谿書屋前後集

朱睦㮮《萬卷堂書目・雜志》《蓉谿書屋前後集》四卷。李東陽。

江陽別集

楊士奇等《文淵閣書目・舊志》《江陽別集》。四册。

青城山方物志

鄭樵《通志・藝文略・地里・方物》《青城山方物志》五卷。句台符撰。

焦竑《國史經籍志・地里・方物》《青城山方物志》五卷。句台符。

離崔志

《宋史・藝文志・地理類》《離崔志》十卷。

劍閣集

趙琦美《脈望館書目・史・四川・保寧府》《劍閣集》一本。劍州。

錢謙益等《絳雲樓書目・地誌類》《劍閣集》。

劍閣山圖

錢謙益等《絳雲樓書目・地誌類》《劍閣山圖》。

貴州省

貴陽圖考

趙琦美《脈望館書目・史・貴州》《貴陽圖考》四本。

黄虞稷《千頃堂書目・地理類中》謝東山《貴陽圖考》二十六卷。

《明史・藝文志・地理類》謝東山《貴陽圖考》二十六卷。

九夷古事

祁承㸁《澹生堂藏書目・國朝史類・風土・異域》《九夷古事》。一卷。趙釴。《徵信叢録》本。

錢謙益等《絳雲樓書目・地誌類》《九夷古事》。

黄虞稷《千頃堂書目・地理類下》趙釴《九夷古事》一卷。

黔小志

黄虞稷《千頃堂書目・地理類中》郭子章《黔小志》一卷。巡撫。

《明史・藝文志・地理類》郭子章《黔小志》一卷。

貴州大征事蹟

趙琦美《脈望館書目·史·貴州》《貴州大征事跡》一本。

錢謙益等《絳雲樓書目·地誌類》《貴州大征事蹟》。

貴州觀風便覽

徐圖等《行人司重刻書目·地理類》《貴州觀風便覽》一本。

貴州名勝志

徐𤊹《徐氏家藏書目·雲南省》《貴州名勝志》四卷。

黔書

王士禛《漁洋書跋》《黔書》。田綸霞中丞作《黔書》，凡七十六篇。篇不一格。其記苗蠻種類，記水西烏蒙馬，記革器，記朱砂、水銀、雄黃、凱里鉛、蒟醬、邛竹諸篇，有似《爾雅》者，似《考工記》者，似公、穀、檀弓者，似《越絶書》者。讀之如觀偃師化人之戲，故相國孫文定公沚亭作《顔山雜記》，記山蠶、琉璃、窑器、煤井、鐵冶等。文筆奇陗亦如此。

張之洞《書目答問·地理·今地志》《黔書》二卷。田雯。古懽堂集附刻本。貴陽重刻本。

苗俗記

丁立中《八千卷樓書目·地理類·外紀》《苗俗記》一卷。國朝田雯撰。《昭代叢書》本。

黔中雜記

馬國翰《玉函山房藏書簿録·史編·地理類》《黔中雜記》一卷。國朝平遠府通判歙縣黄元治涵齋撰。黄以康熙二十二年通判平遠，次年春改府爲州，遂去任。追記風土，抒其籌畫。王阮亭、劉宣人及兄俞邰三跋皆極稱之。

續黔書

張之洞《書目答問·地理·今地志》《續黔書》八卷。張澍。自刻本。

李慈銘《越縵堂讀書記·地理類》《續黔書》。清張澍撰。閲張壽穀澍《續黔書》，共八卷，續田綸霞侍郎雯《黔書》而作也。前有自序及朱文正珪題辭五古一首。

平播全書

趙琦美《脈望館書目·史·貴州》《平播全書》十六本。

古州雜紀

丁立中《八千卷樓書目·地理類·外紀》《古州雜紀》一卷。國朝林溥撰。

刊本。

鎮陽風土記

黃虞稷《千頃堂書目・地理類・補元》 贍思《鎮陽風土記》。

倪燦等《補遼金元藝文志・地理類》 贍思《鎮陽風土記》。

錢大昕《補元史藝文志・地理類》 贍思《鎮陽風土記》。

雲南省

哀牢傳

姚振宗《後漢藝文志・地理類・外紀》 楊終《哀牢傳》。終始末具正史類。《范書・明紀》：永平十二年春正月，益州徼外夷哀牢王相率內屬，于是置永昌郡，罷益州西部都尉。《論衡・佚文》篇：楊子山爲郡上計吏。見三府爲《哀牢傳》不能成，歸郡作，上。孝明奇之，徵在蘭臺。《史通・史官》篇：楊子山爲郡上計吏，獻所作《哀牢傳》，爲明帝所異，徵在蘭臺。蘭臺之職，著述之所也。侯《志》曰：楊終《哀牢傳》。范史《西南夷傳》注引之。

曾樸《補後漢書藝文志考・地域》 楊終《哀牢傳》。卷數佚。《論衡・佚文篇》：楊子山爲郡上計吏，見三府爲《哀牢傳》不能成。歸郡作上，孝明奇之，徵在蘭臺。案范書《西南夷傳》注引：九隆代代相傳，名號不可得而數。至於禁高乃可記。知禁高死，吸代。吸死，子建非代。建非死，子哀牢代。哀牢死，子桑藕代立。桑藕死，子柳承代。柳承死，子柳貌代。柳貌死，子扈栗代。稱《哀牢傳》。

哀牢國譜

姚振宗《三國藝文志・地理類・外紀雜記》 諸葛亮《哀牢國譜》。

西南夷事狀

《宋史・藝文志・地理類》 韋皐一作「臯」《西南夷事狀》二十卷。

西南備邊録

錢東垣等輯《崇文總目輯釋・地理類》 《西南備邊録》一卷。李德裕撰。繹按：《通志略》十三卷。

尤袤《遂初堂書目・地理類》 唐李德裕《西南備邊録》。

馬端臨《文獻通考・經籍考・地理》 《西南備邊録》十三卷。巽岩李氏曰：唐李德裕撰。今特存其第一卷，而《崇文總目》亦止載一卷，豈嘉祐以前已亡逸乎？德裕之深謀遠慮，雖至今可用也，而所存止此，可惜哉！

至道雲南録

尤袤《遂初堂書目・地理類》 《至道雲南録》。

陳振孫《直齋書録解題・地理類》 《至道雲南録》三卷。左侍禁知興化軍辛怡顯撰。李順之亂，餘黨有散入蠻中者，怡顯往招安之，繼賜蠻酋告勑而歸，遂爲此録。天禧四年自序。或云此書妄也。余在莆田視壁記無怡顯名字，恐或然。

《宋史・藝文志・地理類》 辛怡顯《至道雲南録》三卷。

西南備邊志

尤袤《遂初堂書目・地理類》 鄧嘉猷《西南備邊志》。

陳振孫《直齋書録解題・地理類》 《西南備邊志》十二卷。嘉州進士鄧嘉猷撰。紹興末，犍爲有蠻擾邊。初，莫知其何種族也。已而，有能别識其爲虚恨蠻者。時蜀邊久無事，既去而朝廷憂之，詔諸司經度。嘉猷取秦漢以來訖於本朝，凡史傳所載蠻事，皆著於篇，時乾道中也。其爲志九，爲圖一。

馬端臨《文獻通考・經籍考・地理》 《西南備邊志》十二卷。

論西南夷事

尤袤《遂初堂書目・地理類》 李仁甫《論西南夷事》。

雲南風俗記

《宋史・藝文志・地理類》 《雲南風俗録》十卷。

錢東垣等輯《崇文總目輯釋・地理類》 《雲南風俗記》一卷。繹按：《玉海》引《崇文目》同。《宋志》十卷，「記」作「録」。原敘：昔禹去水害、定民居而别九州之名，記之《禹貢》。及周之興，畫爲九畿，而宅其中。內建五等之封，外撫四荒之表。職方之述備矣。及其衰也，諸矦並争并吞削奪。秦漢以來，郡國州縣廢興治亂，割裂分屬，更易不常。至於日月所照，要荒附叛，山川風俗，五方不同，行師用兵，順民施政，攷於圖牒可以覽焉。見《歐陽文忠公集》。繹按：以上原卷十八。

雲南實録

黄虞稷《千頃堂書目・地理類・補元》 郝天挺《雲南實録》五卷。

倪燦等《補遼金元藝文志・地理類》 郝天挺《雲南實録》五卷。

錢大昕《補元史藝文志・地理類》 郝天挺《雲南實録》五卷。

記古滇説集

范邦甸等《天一閣書目・地理類》 《記古滇説原集》一卷。刊本。明嘉靖己酉沐朝弼（撰并）序，楊順跋。

王圻《續文獻通考・經籍考・地理》 《紀古滇説原集》一卷。張道宗著。其書始自唐虞，迄於咸淳。滇之方域、年運、謡俗、服叛、記載事，一一詳具。

錢謙益等《絳雲樓書目・地誌類》 《紀古滇説》。

黄虞稷《千頃堂書目・地理類下・補元》 張宗道《紀古滇説集》一卷。

（别本補）

《四庫全書總目提要・地理類存目七・外紀》 《記古滇説》一卷。浙江巡撫採進本。舊本題宋張道宗撰。前有嘉靖己酉沐朝弼序，則稱道宗爲元人。卷末題咸淳元年春正月八日滇民張道宗録。而書中又載元統二年立段信苴實爲大理宣慰使司事。

張立道雲南風土記

黄虞稷《千頃堂書目・地理類・補元》 張立道《雲南風土記》。

倪燦等《補遼金元藝文志・地理類》 張立道《雲南風土記》。

金門詔《補三史藝文志・地理類・元》 張立道《雲南風土記》。

錢大昕《補元史藝文志・地理類》 張立道《雲南風土記》。

六詔通紀

黄虞稷《千頃堂書目・地理類・補元》 張立道《六詔通紀》。

倪燦等《補遼金元藝文志・地理類》 張立道《六詔通紀》。

金門詔《補三史藝文志・地理類・元》 張立道《六詔通説》。

錢大昕《補元史藝文志・地理類》　張立道《六詔通説》。

百夷傳

楊士奇等《文淵閣書目・古今志》　《百夷傳》一册。

又　《百夷傳》一册。

錢謙益等《絳雲樓書目・地誌類》　《百夷傳》。

黄虞稷《千頃堂書目・地理類下》　李思聰《百夷傳》一卷。洪武二十九年思聰爲行人，出使緬國，因采其山川、人物、風俗、道路爲書以進。

《明史・藝文志・地理類》　李思聰《百夷傳》一卷。洪武中，出使緬國所紀。

《四庫全書總目提要・地理類存目七・外紀》　《百夷傳》一卷。浙江范懋柱家天一閣藏本。明錢古訓撰。古訓，餘姚人。洪武甲戌進士，官至湖廣布政司參政。百夷即麓川平緬宣慰司。案百夷即今玀夷，譯語對音，故無定字。洪武二十九年，其酋思倫發訴與緬人構兵。古訓時爲行人，與其同官桂陽李思聰奉詔往諭，倫發等聽命而還。因述其山川、人物、風俗、道路，爲書以進。古訓旋以勞擢湖廣參政，請澤州楊砥序之。黄虞稷《千頃堂書目》以此書爲李思聰作。今據砥序及夏原吉後序，則實古訓所作，虞稷偶失考也。

南詔通紀

焦竑《國史經籍志・地里・郡邑》　《南詔通紀》十卷。楊鼐。

黄虞稷《千頃堂書目・地理類下》　楊鼐《南詔通紀》十卷。（盧補）

《明史・藝文志・地理類》　楊鼐《南詔通記》十卷。

撫滇翊華録

黄虞稷《千頃堂書目・地理類中》　王啓《撫滇翊華録》。

西南紀事

黄虞稷《千頃堂書目・地理類中》　朱袞《西南紀事》三册。

南詔事略

錢謙益等《絳雲樓書目・地誌類》　《南詔事略》。

黄虞稷《千頃堂書目・地理類中》　顧應祥《南詔事略》一卷。

黄虞稷《千頃堂書目・地理類下》　顧應祥《南詔事略》一卷。吴興人。雲南巡撫。

滇載記

范邦甸等《天一閣書目・地理類》　《滇載記》一卷。刊本。明嘉靖癸卯楊慎撰，姜龍序。

王圻《續文獻通考・經籍考・地理》　《滇載記》。俱楊慎用修著。

徐𤊹《徐氏家藏書目・各省雜誌》　《滇載記》一卷。楊慎。

馬國翰《玉函山房藏書簿録・史編・地理類》　《滇載記》一卷。楊慎撰。前書專紀雲南山水，此記雜事，二書皆謫滇時作。

六詔紀聞

祁承㸁《澹生堂藏書目・國朝史類・風土・皇輿》　《六詔紀聞》。一卷。彭汝寔。金聲玉振本。

黄虞稷《千頃堂書目・地理類中》　彭汝寔《六詔紀聞》一卷。

《明史・藝文志・地理類》 彭汝實《六詔紀聞》一卷。

平黔三記

錢謙益等《絳雲樓書目・地誌類》 《平黔三記》。

滇南類編

張萱等《内閣藏書目録・志乘部・雲南》 《黔南類編》五册。全。萬曆間布政陳善著。

黄虞稷《千頃堂書目・地理類中》 陳善《滇南類編》十卷。萬曆間修布政。

《明史・藝文志・地理類》 陳善《滇南類編》十卷。

西南夷風土記

丁立中《八千卷樓書目・地理類・外紀》 《西南夷風土記》一卷。國朝朱孟震撰。學海類編本。

雲南名勝志

徐𤊹《徐氏家藏書目・雲南省》 《雲南名勝志》二十四卷。

滇　史

黄虞稷《千頃堂書目・地理類下》 諸葛元聲《滇史》十四卷。

《明史・藝文志・地理類》 諸葛元聲《滇史》十四卷。

雲南諸夷圖説

張萱等《内閣藏書目録・志乘部・雲南》 《雲南諸夷圖説》二册。全。萬曆乙未巡撫大中丞陳用賓撰。

黄虞稷《千頃堂書目・地理類中》 陳用賓《雲南諸夷圖記》二册。（盧補）

雲南雜咏

錢謙益等《絳雲樓書目・地誌類》 《雲南雜咏》。

滇南雜記

黄虞稷《千頃堂書目・地理類中》 許伯衡《滇南雜記》二卷。崑山人。

《四庫全書總目提要・地理類存目六・雜記》 《滇南雜記》二卷。山東巡撫採進本。明許伯衡撰。伯衡號聽菴，崑山人。萬曆庚子舉人。官晉寧州知州，兼攝昆陽州事。伯衡嘗輯《晉寧志》，復雜採滇事爲此書。體例與輿記略同。惟不列仕宦人物姓名、坊巷公署之類，及雜事各自標目，爲小異耳。大抵略於古蹟而詳於時事，故下卷自丁産以下所載公牘爲最詳。自序謂於滇事無損益，而要不爲游談。其大旨可見矣。

南中紀聞

周中孚《鄭堂讀書記補逸・地理類八・雜記》 《南中紀聞》一卷。硯雲甲編本。明包汝楫撰。汝楫，字公剡。嘉興人。萬曆己酉舉人，官綏事縣知縣。公剡官綏事時，强半在常辰寶武間，於地方土風物志，若黔滇習俗之異，皆耳聞目見。因臚其大略爲是編。凡一百三十三條，而綏事爲多，可備邑乘采擇。綏事今屬湖南清州。卷首有萬曆癸酉自序。此本爲乾隆中金古還忠淳所刊，故末有古還跋。

丁立中《八千卷樓書目·地理類·雜記》《南中紀聞》一卷。明包汝楫撰。硯雲甲乙編本。

滇黔土司婚禮記

丁立中《八千卷樓書目·地理類·外紀》《滇黔土司婚禮記》一卷。國朝陳鼎撰。知不足齋本、昭代叢書本。

洱海叢談

《四庫全書總目提要·地理類存目七·外紀》《洱海叢談》一卷。浙江巡撫採進本。國朝釋同揆撰。同揆字輪菴，雲南大理府文殊寺僧也。是書紀滇南未入版圖之初。引《隋書》西海阿育國王仲子封蒼洱之閒，爲南詔之始祖。其後世滅而復興者有段氏、蒙氏、高氏。相承至明初，始皆内附。所載觀音大士結茅郡中，及唐永徽後現身七化之語，皆近荒誕。以緇徒爲地志，自張其教，固所不免耳。

滇南新語

周中孚《鄭堂讀書記補逸·地理類八·雜記》《滇南新語》一卷。藝海珠塵本。國朝張泓撰。泓，號四潭。鑲黄旗漢軍，官至雲南迤西道。西潭於乾隆中久宦滇中，因隨筆記其山川、風俗、草木、禽魚之異，以及地震諸事，凡六十條。

修昆明縣志

晁瑮《晁氏寶文堂書目·圖誌》《修昆明縣志》。

西藏自治區

郡大記

黄虞稷《千頃堂書目·地理類中》楊士雲《郡大記》一卷。雲南人。正德丁丑進士，户科右給事中。

《明史·藝文志·地理類》楊士雲《郡大記》一卷。

西番會盟記

鄭樵《通志·藝文略·地里·朝聘》《西蕃會盟記》三卷。

焦竑《國史經籍志·地里·朝聘》《西蕃會盟記》三卷。

西番烏思藏外紀

祁承爜《澹生堂藏書目·國朝史類·風土·異域》《西番烏思藏外紀》一卷。郭子章、郭青螺《徵信叢録》本全集本。

西招圖略

張之洞《書目答問·地理·邊防》《西招圖略》一卷。松筠。自刻本。

丁立中《八千卷樓書目·地理類·外紀》《西招圖略》一卷。國朝王師道撰。刊本。

西藏紀聞

丁立中《八千卷樓書目·地理類·外紀》《西藏紀聞》一卷。不著撰人名氏。抄本。

神異經

《隋書·經籍志·地理》《神異經》一卷。東方朔撰，張華注。

《舊唐書·經籍志·地理》《神異經》二卷。東方朔撰。

錢東垣等輯《崇文總目輯釋·地理類》《神異經》二卷。東方朔撰，張華注。

繹按：《玉海》引《崇文目》同《隋志》，《書録解題》、《通攷》並一卷。

鄭樵《通志·藝文略·地里·方物》《神異經》二卷。東方朔撰，張華注。

尤袤《遂初堂書目·地理類》《神異記》。

高儒《百川書志·地理》《神異經》一卷。漢東方朔曼倩撰，晉張茂先註。紀海外荒服異常之事，或曰《十洲記》及此皆後世好事者因取奇言怪語附著之，博士當自鏡也。「博」原作「傳」，從瞿校鈔本改。

姚振宗《隋書經籍志考證·地理類》《神異經》一卷。東方朔撰，張華注。張華有《博物志》，別見《子部·雜家》。唐《日本國見在書目》：《神異經》一卷。東方朔撰，張華注。《唐書·經籍志》：《神異經》二卷，東方朔撰。《唐書·經籍志》：《神異經》二卷，東方朔撰。《唐書·藝文志神仙家》：東方朔《神異經》二卷，張華注。《四庫·小説家提要》曰：凡四十七條，皆荒外之言，怪誕不經。然《隋志》載此書已稱東方朔撰、張華注，則其僞在隋以前。觀其詞華縟麗，格近齊梁，當由六朝文士影撰而成，與《洞冥》、《拾遺》諸記先後並出，故陸倕《石闕銘》、徐陵《玉臺新詠序》並引用之，流傳既久，不妨過而存之。

譙周異物志

侯康《補三國藝文志·地志類》譙周《異物志》。《文選·蜀都賦》注引譙周《異物志》曰：涪陵多大龜，其甲可以卜，其緣中又似瑇瑁，俗名曰靈乂。又曰：滇池在建寧界有大澤，水周二百餘里，水乍深廣，乍淺狹，似如倒流，故俗云滇池。

姚振宗《三國藝文志·地理類·外紀雜記》譙周《異物志》。周始末具經部禮類。章宗源《隋志考證》曰：《文選·蜀都賦注》：譙周《異物志》曰：涪陵多大龜，其甲可以卜，俗名曰靈乂。又曰滇池水乍深廣，乍淺狹，有如倒池，故俗云滇池。案《文選·鵬鳥賦注》、《史記·周勃世家集解、屈賈列傳索隱》、《漢書·周勃賈誼傳注》並引《巴蜀異物志》，不著撰人，疑即譙氏此書。

文廷式《補晉書藝文志·地志類》譙周《異物志》。《文選·蜀都賦注》引之。

甄別表狀

顧櫰三《補後漢書藝文志·輿地類》《甄別表狀》曹叡撰。

續咸異物志

文廷式《補晉書藝文志·地志類》續咸《異物志》十卷。文苑本傳。

宋膺異物志

李昉《太平御覽經史圖書綱目》宋膺《異物志》。

異物評

《宋史・藝文志・地理類》 張華《異物評》二卷。

博物志

楊士奇等《文淵閣書目・古今志》 張華《博物志》一册。

發蒙記

《隋書・經籍志・地理》 《發蒙記》一卷。束晳撰。載物産之異。

鄭樵《通志・藝文略・地里・方物》 《發蒙記》一卷。束晳撰。

文廷式《補晉書藝文志・地志類》 束晳《發蒙記》一卷。載物産之異。章宗源曰：《隋志・經部・小學類》有束晳《發蒙記》卷，此疑重出，然注特言記物産之異，或名同而書殊也。《史記・匈奴傳索隱》：駃騠剖其母腹而生。《殷本紀正義》：「鼈三足曰熊。」《初學記・獸部》：西域有火鼠之布，東海有不灰之木。《御覽・兵部》：「師子五色而食虎於巨木之岫，一噬則百人仆，惟畏鉤戟。」卷八十四並引《發蒙記》。此類與諸異物志相仿，故亦入《地理類》。余按：耶律鑄《雙溪醉隱集・花史序釋》自注引束晳《發蒙記》曰：「甘棗令人不惑。」是此書元時尚存。又按《初學記》卷八引《發蒙記》：侯官謝端得一大螺，中有美女，云我天漢中白水李女，令爲卿妻。此類則近小説矣。

閼象傳

《隋書・經籍志・地理》 《閼象傳》二卷。閭先生撰。

姚振宗《隋書經籍志考證・地理類》 《閼象傳》二卷，閭先生撰。閭先生，不詳何許人。案：閼與祕、閉並通，讖緯家有孔子《閉房記》，閉或作祕，又作閼。《舊唐書・音樂志》：「氾水初呈祕象，温洛薦表昌圖。」《魏都賦》云：「藏氣讖緯，閼象竹帛。」此皆言河圖洛書也。梁釋僧祐《世界記序》云：「雖復夏革説地不過户牖之間，鄒子談天甫在奥突之内。鍊石既誣，鼇足亦詭，俗書徒繁，竟無顯説，世士蒙昧，莫詳厥體，是以憑惠獨慮，閼六合之相持，桓譚拒問，率五藏以爲喻。」其言閼六合，似即説地勢之大略，謂閼藏不發之象歟？憑惠不知何人。憑似馮字之誤。又《説文》：象，長鼻牙，南越大獸。豈即言秦之象郡，漢之象林者歟？又《漢志・陰陽家》有「閭邱子十三篇。名快，魏人。」《漢書・人表第四》等有閭邱光。錢塘梁玉繩曰：孫侍御曰：光乃先字之誤。漢人稱先生，每單稱先，閭邱先生，齊宣王時人，見《説苑・善説篇》。或曰：人表傳寫敓生字。案《漢志》載其書于三鄒子之後，大抵亦是談天地，言終始之學者。此二卷豈猶是十三篇之殘賸歟？閭先生即閭邱先生歟？

巨鼇記

鄭樵《通志・藝文略・地里・地理》 《巨鼇記》六卷。

《宋史・藝文志・地理類》 歐陽忞《巨鼇記》五卷。

緑林廋辭

尤袤《遂初堂書目・地理類》 《緑林廋辭》。

祠祭事實

晁瑮《晁氏寶文堂書目・圖誌》 趙清獻《祠祭事實》。

聖域記

《宋史・藝文志・地理類》 余嘉《聖域記》二十五卷。

王圻《續文獻通考・經籍考・地理》 《聖域記》龍溪余嘉著。

巨鰲記

《宋史・藝文志・地理類》 《巨鰲記》六卷。

南海百詠

耿文光《萬卷精華樓藏書記・地理類四》 《南海百詠》一卷。宋方信孺撰。《嶺南叢書》本。道光元年吴蘭修校刊。前有葉孝錫序，後有康熙己亥金桌跋、吴氏刊書跋。信孺字孚若，莆田人。此其尉番禺時詠古之作，每題各疏緣始，時有考證，足以正《嶺表録異》、《番禺雜誌》諸書之失，不僅以韻藻稱也。金氏跋曰：是書大德間鏤板行世，未有重梓之者。予家向有抄本，承譌踵謬，恨不能一一正之。今春苕賈錢仲先攜一册，點畫精楷，裝潢鄭重。卷端有印曰：絳雲樓錢氏，乃知爲虞山家藏善本也。借觀三日而校勘之，因命學徒重爲繕寫，珍諸篋笥。吴氏跋曰：是集刻於元大德間，黄泰泉《廣東通志》多引之，而吴任臣作《十國春秋》、厲樊榭作《宋詩記事》皆不及見，則明季以來，流傳已尠。予從江鄭堂先生假得鈔本，爰爲校正，並稽其事迹，書於卷末。

冀越集

黄虞稷《千頃堂書目・地理類上》 熊太古《冀越集》二卷。熊朋來子。舉元鄉貢，爲翰林院編修，國子助教，入明嘗徵校雅學。（盧補）

寓齋研記

楊士奇等《文淵閣書目・古今志》 《寓齋研記》。一册。

古今異龜録

楊士奇等《文淵閣書目・古今志》 《古今異龜録》。一册。

獻瑞集

晁瑮《晁氏寶文堂書目・圖誌》 《獻瑞集》。

賢關百詠

晁瑮《晁氏寶文堂書目・圖誌》 《賢關百詠》。

兩京賦

范邦甸等《天一閣書目・地理類》 《兩京賦》二卷。刊本。不著撰人名氏。

趙琦美《脈望館書目・史・總志》 《兩京賦》一本。

沿海經略總要

范邦甸等《天一閣書目·地理類》 《沿海經略總要》一册。鈔本。撰人名氏無考。前半係論九邊及黄河各水，已殘。後半尚可讀。

齋山詩集

朱睦㮮《萬卷堂書目·雜志》 《齋山詩集》九卷。鄭紀。

通家雜述

朱睦㮮《萬卷堂書目·雜志》 《通家雜述》一卷。楊一清。

寓騷亭記

朱睦㮮《萬卷堂書目·雜志》 《寓騷亭記》一卷。劉謨。

諸州風雅詩

朱睦㮮《萬卷堂書目·雜志》 《諸州風雅詩》一卷。胡琰。

大地圖衍義

黄虞稷《千頃堂書目·地理類上》 徐獻忠《大地圖衍義》。

西峪集

朱睦㮮《萬卷堂書目·雜志》 《西峪集》一卷。許論。

冀越通

王圻《續文獻通考·經籍考·地理》 《冀越通》。烏程唐樞著。

徐𤊹《徐氏家藏書目·各省雜誌》 《冀越通》一卷。唐樞。

錢謙益等《絳雲樓書目·地誌類》 唐樞《冀越通》。

祁承㸁《澹生堂藏書目·國朝史類·風土·皇輿》 《冀越通》一卷。唐樞本鐘臺再集本。

丁立中《八千卷樓書目·地理類·雜記》 《冀越通》一卷。明唐樞撰。刊本。

月山叢談

祁承㸁《澹生堂藏書目·國朝史類·風土·異域》 《月山叢談》一卷。李文鳳編。餘苑本。

黄虞稷《千頃堂書目·地理類中》 李文鳳《月山叢談》四卷。

江南經略

朱睦㮮《萬卷堂書目·雜志》 《江南經略》八卷。鄭若曾。

怡春軒

朱睦㮮《萬卷堂書目・雜志》《怡春軒》二卷。鄢陵劉氏。

四都賦

范邦甸等《天一閣書目・地理類》《四都賦》一卷。刊本。明慈谿方詔撰，隆慶戊辰王交跋。

泰華集

朱睦㮮《萬卷堂書目・雜志》《泰華集》十卷。張景光。

義田義塚集議

朱睦㮮《萬卷堂書目・雜志》《義田義塚集議》。

燕吴興咏集

朱睦㮮《萬卷堂書目・雜志》《燕吴興咏集》一卷。文明徵。

瑞鶴堂迅稿

朱睦㮮《萬卷堂書目・雜志》《瑞鶴堂迅稿》一卷。

一園集

朱睦㮮《萬卷堂書目・雜志》《一園集白園竹園題詠詩集》□卷。楊壽。

雲中覽勝詩集

朱睦㮮《萬卷堂書目・雜志》《雲中覽勝詩集》。

止庵詩集

朱睦㮮《萬卷堂書目・雜志》《止庵詩集》一卷。王博。

愛日堂集

朱睦㮮《萬卷堂書目・雜志》《愛日堂集》一卷。高欽。

石齋集

朱睦㮮《萬卷堂書目・雜志》《石齋集》四卷。石岳。

金泉贈言

朱睦㮮《萬卷堂書目・雜志》《金泉贈言》一卷。褚文聲。

水竹集

朱睦㮮《萬卷堂書目・雜志》《水竹集》□卷。朱朝祕。

山南六桂集

朱睦㮮《萬卷堂書目・雜志》《山南六桂集》一卷。崔岳。

景賢私録

朱睦㮮《萬卷堂書目・雜志》《景賢私録》。

貢市邊記

趙琦美《脈望館書目・史・外夷》《貢市邊記》一本。

勝蹟紀略

徐𤊹《徐氏家藏書目・各省雜誌》《勝蹟紀略》三卷。張大齡。

襄山十景圖咏

徐𤊹《徐氏家藏書目・各省題咏》《襄山十景圖咏》一卷。

文備

錢謙益等《絳雲樓書目・地誌類》《文備》五册。

三省礦防圖説

錢曾《讀書敏求記・地理輿圖》《三省礦防圖説》一卷。三省者，浙江、南直隸、江西也。奸民礦徒，往往嘯聚乞掘。隆慶元年，頒行此圖説于各屬，以稽考禁止之。

兩山崇祀録

黄虞稷《千頃堂書目・地理類下》王在晉《兩山崇祀録》一卷。

海味十六品

祁承㸁《澹生堂藏書目・國朝史類・風土・皇輿》《海味十六品》一册。一卷。張如蘭。

三大征攷

丁立中《八千卷樓書目・地理類・外紀》《三大征攷》一卷。不著撰人名氏。抄本。

秦蜀幽勝録

黄虞稷《千頃堂書目・地理類下》 傅振商《秦蜀幽勝録》。

先餘録

《續修四庫全書總目提要・地理類》 《先餘録》八卷。明刻本。明姜志衡輯。志衡字無揺，曲河人。據其孫在宛序，謂其先大父呂濆公，留心經濟之書，一日偶從敝簏中發檢舊書，乃得其大父末年紀録之筆。其間山川之險阻，人事之得失，披覽皆在目前，不特服官從政，可用鑑衡，即吾屬操觚以應輒對，儘有足採觀者。於是妄加參訂，彙成八卷，以自備遺忘。按是書講求邊事，徵引頗詳。卷其二、卷三爲九邊總論、三關論，均有關於遼左史事。其《東夷篇》記女直之原始，及兀良哈三衛之建置，頗具條理。入《禁書總目》，前有其孫在宛序。

譎觚

《四庫全書總目提要・地理類存目六・雜記》 《譎觚》一卷。兩江總督採進本。國朝顧炎武撰。時有樂安李焕章，僞稱與炎武書，駁正地理十事，故炎武作是書以辨之。其論孟嘗君之封於薛，及臨淄之非營邱諸條，皆與地理之學有所補正。

李慈銘《越縵堂讀書記・地理類》 《譎觚》。清顧炎武撰。閱顧亭林《譎觚》凡十條。其自序言見時刻尺牘，有樂安李象先名焕章與顧寧人書，辨正地理十事，然未嘗有往復之札。又札中言僕讀其所著《乘州人物志》、《李氏八世譜》而深許之，僕亦未嘗見此二書。其所辨十事，僕所著書中有其五事，然似道聽而爲之説。又或以僕之説爲李君之説，則李君亦未見鄙書，故出其所見以質之。其書先列李原書，而後爲辨正。象先諸説，似亦博辨有志於古，而多引別史或近時地志，皆涉無據之談，又好逞臆武斷。然如言臨朐之逢山，據《漢書・地理志》臨朐有逢山祠，則逢山自以逢伯陵得名，非由逢萌一條，亭林亦稱之。又言周封太公於營邱一條，亭林謂《史記》言其地潟鹵，人民寡，而以封尚父者，蓋周初有千八百國，中原之地無閒土，故封止於此。象先謂千八百國，當伐紂後自有變置。殷都朝歌，千里内不免改王畿爲侯國。周都鎬京，千里内不免改侯國爲王畿。澗東瀍西，皆有諸侯，營雒以後，安能各守其地？言亦近理。蓋亦當時之矯矯者。亭林於地理爲專門，所辨自皆精當，固非象先所能敵也。同治戊辰（一八六八）十一月廿三日。

西北域記

馬國翰《玉函山房藏書簿録・史編・地理類》 《西北域記》一卷。龍威秘書本。明撰人缺。

柑園小識

丁立中《八千卷樓書目・地理類・雜記》 《柑園小識》二卷。國朝朱楓撰。抄本。

楚庭稗珠録

周中孚《鄭堂讀書記補逸・地理類八・雜記》 《楚庭稗珠録》六卷。九曜山房刊袖珍本。國朝檀萃撰。萃，字默齋，望江人，乾隆辛巳進士，官□□知縣。默齋久客黔、粵，自以黔故楚地，而粵爲楚庭。大長霸南徼，西役夜郎，則黔亦粵之所曾屬。粵爲珠海，珠有九品，而稗珠爲下，因録所見聞，名曰《楚庭稗珠録》。凡《黔囊》二卷，《粵琲》二卷，《説蠻物産附》一卷，計二百八十六則。其於山川、草木、鳥獸、蟲魚，靡不羅舉駢列。其中九江、五溪，考辨尤詳。至於前朝軼事、先賢名迹，片善必舉，單辭必録，大有合於《荆楚歲時記》、《襄陽耆舊傳》之意。惟其命名分目有類明萬曆間人小品之習，頗乖於大雅云。書成於乾隆癸巳，自爲序，并有黄蘋薌熹序。

東海小志

丁立中《八千卷樓書目·地理類·雜記》《東海小志》一卷。國朝李調元撰。函海本。

唐土名勝圖會

丁立中《八千卷樓書目·地理類·雜記》《唐土名勝圖會》六卷。日本木世肅撰。刊本。

春融堂雜記

丁立中《八千卷樓書目·地理類·雜記》《春融堂雜記》八卷。國朝王昶撰。刊本。

雪泥鴻爪録

丁立中《八千卷樓書目·地理類·遊記》《雪泥鴻爪録》一卷。國朝包珍撰。刊本。

憩遊偶考

丁立中《八千卷樓書目·地理類·雜記》《憩遊偶考》一卷。國朝華湛恩撰。昭代叢書本。

塞外雜識

丁立中《八千卷樓書目·地理類·外紀》《塞外雜識》一卷。國朝馮一鵬撰。澤古齋本。

諸蕃風俗記

鄭樵《通志·藝文略·地里·蠻夷》《諸蕃風俗記》二卷。

姚振宗《隋書經籍志考證·地理類》《諸蕃風俗記》二卷。不著撰人。章氏考證《通典·邊防門》注金姓相承三十餘葉，稱隋《東蕃風俗記》、洪遵《泉志·外國品》有三佛齊國錢、泥國錢，並引《諸蕃風俗記》。案兩唐志有裴矩《高麗風俗》一卷，似即此書之佚存者。矩在煬帝時領護西域諸番互市事，有西域圖見後。

突厥所出風俗事

《隋書·經籍志·地理》《突厥所出風俗事》一卷。

鄭樵《通志·藝文略·地里·蠻夷》《突厥所出風俗事》一卷。

姚振宗《隋書經籍志考證·地理類》《突厥所出風俗事》一卷。不著撰人。《隋書·北狄傳》突厥之先，平涼雜胡也。姓阿史那氏，後魏太武滅沮渠氏，阿史那以五百家奔茹茹，世居金山，工于鐵作。《北史》云居金山之陽，爲蠕蠕鐵工。金山狀如兜鍪，俗呼兜鍪，爲突厥因以爲號。後魏之末有木杆可汗擊茹茹，滅之，西破挹怛，東走契丹，北方戎狄悉歸之，抗衡中夏。《北史·突厥傳》：突厥者，其先居西海之右，獨爲部落，蓋匈奴之別種也。或曰突厥本平涼雜胡，又曰突厥之先出於索國，在匈奴之北。又傳論曰：夷之爲中國患地久矣，北狄尤甚。種類實繁，迭雄邊塞，年代遐邈，非一時也。五帝之世則有獯鬻，三代則獫狁，兩漢則匈奴，當塗典午則烏桓、鮮卑，後魏及周則蠕蠕、突厥。

此其酋豪相繼，互相君長者也。及蠕蠕衰而突厥始大，至于木杆，遂雄朔野。章氏考證《通典・邊防門》引有《突厥本末記》。

諸蕃國記

《隋書・經籍志・地理》《諸蕃國記》十七卷。

鄭樵《通志・藝文略・地里・蠻夷》《諸蕃國記》十七卷。

肅慎國記

李昉《太平御覽經史圖書綱目》《肅慎國記》。

南蠻獠民格

李昉《太平御覽經史圖書綱目》《南蠻獠民格》。

虜庭須知

鄭樵《通志・藝文略・地里・朝聘》《虜庭須知》一卷。

重修虜庭須知

鄭樵《通志・藝文略・地里・朝聘》《重修虜庭須知》一卷。

西夏須知

鄭樵《通志・藝文略・地里・朝聘》《西夏須知》一卷。

尤袤《遂初堂書目・地理類》《西夏須知》。

匈奴須知

鄭樵《通志・藝文略・地里・朝聘》《匈奴須知》一卷。

尤袤《遂初堂書目・地理類》《匈奴須知》。

契丹須知

鄭樵《通志・藝文略・地里・朝聘》《契丹須知》一卷。

尤袤《遂初堂書目・地理類》《契丹須知》。

諸蕃記

《新唐書・藝文志・地理類》戴斗《諸蕃記》一卷。

鄭樵《通志・藝文略・地里・蠻夷》《諸蕃記》一卷。戴氏撰。

《宋史・藝文志・地理類》張建章戴斗《諸蕃記》一卷。

契丹録

鄭樵《通志・藝文略・地里・蠻夷》《契丹録》一卷。

焦竑《國史經籍志・地里・蠻夷》《契丹録》一卷。

北庭會要

鄭樵《通志・藝文略・地里・蠻夷》《北庭會要》一卷。

焦竑《國史經籍志・地里・蠻夷》《北庭會要》一卷。

契丹夏州事迹

鄭樵《通志・藝文略・地里・蠻夷》《契丹夏州事迹》一卷。

焦竑《國史經籍志・地里・蠻夷》《契丹夏州事迹》一卷。

西戎記

鄭樵《通志・藝文略・地里・蠻夷》《西戎記》二卷。

《宋史・藝文志・地理類》《西戎記》二卷。

金虜承安須知

趙希弁《讀書附志・地理類》《金虜承安須知》一卷。右金虜名諱及增修官、職事、俸給、格式、服制、地里圖之類也。承安，蓋虜主璟之紀元也。時惟丁巳，乃寧宗皇帝慶元三年云。

契丹機宜通要

尤袤《遂初堂書目・地理類》《契丹機宜通要》。

契丹事迹

尤袤《遂初堂書目・地理類》《契丹事迹》。

契丹實録

尤袤《遂初堂書目・地理類》《契丹實録》。

契丹朝獻禮物例

尤袤《遂初堂書目・地理類》《契丹朝獻禮物例》。

契丹志

尤袤《遂初堂書目・地理類》《契丹志》。

《宋史・藝文志・地理類》王曾《契丹志》一卷。

北　志

尤袤《遂初堂書目・地理類》《北志》。

契丹會要

尤袤《遂初堂書目・地理類》《契丹會要》。

西夏雜記

尤袤《遂初堂書目・地理類》《西夏雜記》。

女真實録

尤袤《遂初堂書目・地理類》《女真實録》。

評議虜中録

尤袤《遂初堂書目・地理類》《評議虜中録》。

雜記金國事

尤袤《遂初堂書目・地理類》《雜記金國事》。

金國世系

尤袤《遂初堂書目・地理類》《金國世系》。

夏國樞要

《宋史・藝文志・地理類》蘇氏《夏國樞要》二卷。

異域四夷志

錢謙益等《絳雲樓書目・地誌類》《異域四夷志》。一卷。《十道四番志》記塞外事最詳，臞仙此書不及也。

黄虞稷《千頃堂書目・地理類下》寧獻王權《異域志》一卷。

《明史・藝文志・地理類》寧獻王權《異域志》一卷。

歸潛志

楊士奇等《文淵閣書目・舊志》《歸潛志》。一册。

金　志

晁瑮《晁氏寶文堂書目・圖誌》《金志》。

大金國志

晁瑮《晁氏寶文堂書目・圖誌》《大金國志》。此可入史類。

百咏蠻夷詩

晁瑮《晁氏寶文堂書目・圖誌》《百咏蠻夷詩》。

趙琦美《脈望館書目・史・外夷》《百詠蠻夷詩》一本。

契丹國志

晁瑮《晁氏寶文堂書目・圖誌》《契丹國志》。

金國志

朱睦㮮《萬卷堂書目・雜志》《金國志》。

破虜傳

朱睦㮮《萬卷堂書目・雜志》《破虜傳》一卷。許銘。

北虜考

趙琦美《脈望館書目・史・外夷》《北虜考》一本。

遼庭須知

焦竑《國史經籍志・地里・朝聘》《遼庭須知》一卷。

北虜事跡

趙琦美《脈望館書目・史・外夷》《北虜事跡》二本。

丁立中《八千卷樓書目・地理類・邊防》《北虜事跡》一卷。明王瓊撰。金聲玉振本。

東夷圖説

徐𤊹《徐氏家藏書目・外夷》《東夷圖説》一卷。蔡汝賢。

《四庫全書總目提要・地理類存目七・外紀》《東夷圖説》二卷,《嶺海異聞》一卷,《續聞》一卷。浙江吴玉墀家藏本。明蔡汝賢撰。汝賢字思齊,華亭人,隆慶戊辰進士。是編成於萬曆丙戌,所紀皆東南海中諸國,殊多傳聞失實。如謂琉球國人窅目深鼻,男去髭鬚,輯鳥羽爲冠,裝以珠玉赤毛。今琉球貢使旅來,目所共睹,殊不如其所説。海西諸國,統稱西洋,汝賢乃以西洋爲國名,則更謬矣。至於異聞、續聞,尤多荒誕不經。其圖像悉以意杜撰,亦毫無所據。

東夷考略

徐𤊹《徐氏家藏書目・外夷》《東夷考略》二卷。茅瑞徵。

丁立中《八千卷樓書目・地理類・外紀》《東夷考略》一卷。不著撰人名氏。抄本。

四夷考

徐𤊹《徐氏家藏書目・外夷》《四夷考》八卷。葉向高。

黄虞稷《千頃堂書目・地理類下》 葉向高《四夷考》八卷。

軍機處奏《禁毀書目》《四夷考》八本。查《四夷考》，明葉向高撰。其體例蕪陋，不似向高所作，疑出託名。內第二卷有謬妄之語，應請銷燬。

夷俗記

徐𤊹《徐氏家藏書目・外夷》《夷俗記》一卷。蕭大亨。

黄虞稷《千頃堂書目・地理類下》 蕭大亨《夷俗記》一卷。

《四庫全書總目提要・地理類存目七・外紀》《夷俗記》一卷。浙江鮑士恭家藏本。明蕭大亨撰。大亨號岳峯，泰安人。嘉靖壬戌進士，官至兵部尚書。是書專紀韃靼風俗，分匹配、生育、分家、治姦、治盜、聽訟、葬埋、崇佛、待賓、尊師、耕獵、食用、帽衣、敬上、禁忌、牧養、習尚、教戰、戰陣、貢市二十類。蓋大亨嘗爲宣大總督，故録其所聞如此。然殊多失實，不足徵信。惟順義王互市之地，《明史》載大同於左衛北威遠堡邊外，宣府於萬全右衛張家口邊外，山西於水泉營，而此書載大同互市有三堡，一曰守口堡，二曰得勝堡，三曰新平堡，則大亨所親見，較史爲詳云。

夷俗考

徐𤊹《徐氏家藏書目・外夷》《夷俗考》一卷。吴方鳳。

蒙韃備録

徐𤊹《徐氏家藏書目・外夷》《蒙韃備録》一卷。宋孟珙。

北虜始末志

祁承㸁《澹生堂藏書目・國朝史類・風土・異域》《北虜始末志》一卷。王世貞。以上六種俱弇州别集本史料本。

北虜記略

祁承㸁《澹生堂藏書目・國朝史類・風土・異域》《北虜記略》一卷。趙時春。澹生堂餘苑本。

外夷考

祁承㸁《澹生堂藏書目・國朝史類・風土・異域》《外夷考》二册。二卷。

諸夷續考

祁承㸁《澹生堂藏書目・國朝史類・風土・異域》《諸夷續考》二册。二卷。

土蠻傳

祁承㸁《澹生堂藏書目・國朝史類・風土・異域》《土蠻傳》二卷。

夷俗志

錢謙益等《絳雲樓書目・地誌類》《夷俗志》。

誌夷雜咏

錢謙益等《絳雲樓書目・地誌類》《誌夷雜咏》。

咏百蠻詩

錢謙益等《絳雲樓書目・地誌類》《咏百蠻詩》。

四夷館攷

錢謙益等《絳雲樓書目・地誌類》《四夷館攷》九册。
黄虞稷《千頃堂書目・地理類下》《四夷館考》九册。
錢曾《讀書敏求記・别志》 王宗載《四夷館考》二卷。

四夷廣記

錢謙益等《絳雲樓書目・地誌類》《四夷廣記》。
黄虞稷《千頃堂書目・地理類下》 慎懋賞《四夷廣記》九册。

東夷圖考

黄虞稷《千頃堂書目・地理類下》 蔡汝賢《東夷圖考》一卷。

諸夷續考

黄虞稷《千頃堂書目・地理類下》 蔡汝賢《諸夷續考》二卷。

土官底簿

黄虞稷《千頃堂書目・地理類下》《土官底簿》二卷。撰人未詳。(吴補)

回回館課

錢曾《讀書敏求記・别志》《回回館課》三卷。

屬夷枝派録

錢曾《讀書敏求記・别志》《屬夷枝派録》一卷。二祖以元之餘裔歸降効順，賜以大寧全地，立泰寧、朵顔、福餘三衛，設官襲職，歲通兩貢，其後唯朵顔獨盛。此書于三衛枝派住牧，詳細録之，有心哉斯人也。今撮略其要，以彰二祖撫賞之盛心，并以告後之秉史筆者。泰寧衛夷始祖都督兀捏帖木兒，右都督革于帖木兒，二枝之後。

東夷傳

汪師韓《文選注引群書目録上·地理》《東夷傳》。

夷政譜

嵇璜等《清通志·圖譜略·臣下政典》 朱栗《夷政譜》。謹按：是編摘録杜佑《通典》、馬端臨《文獻通考》及邱濬《大學衍義補》諸書以類排纂，凡十二門。

蠻司合志

《四庫全書總目提要·地理類存目四·邊防》《蠻司合志》十五卷。浙江巡撫採進本。國朝毛奇齡撰。奇齡有《仲氏易》，已著録。是編皆紀明代土司始末，凡湖廣一卷、貴州二卷、四川四卷、雲南四卷、兩廣四卷，亦其修史所餘之稾也。

張之洞《書目答問·地理·邊防》《蠻司合志》十五卷。毛奇齡。西河集本。

峒谿纖志

張之洞《書目答問·地理·邊防》《峝谿纖志》三卷，《志餘》一卷。陸次雲。説鈴本。

《四庫全書總目提要·地理類存目七·外紀》《峝谿纖志》三卷，《志餘》一卷。大學士英廉家藏本。國朝陸次雲撰。所記皆諸苗蠻種落風俗，前有題詞，稱諸書所載，同異攸殊。余徵諸見聞，詳爲考正。措詞雖簡，徵事彌該。上卷爲峝谿羣言考正，中卷爲蠻獠志，下卷爲滇中峝谿所産。志餘一卷則皆蠻中歌謡，自吴淇《粤風續》所採出者也。

苗俗紀聞

馬國翰《玉函山房藏書簿録·史編·地理類》《苗俗紀聞》一卷。國朝龍眠方亨咸邵村撰。記滇黔諸苗風俗。其種類有黑腳苗、花苗、犵狫、仲家、蔡家、龍家、僰兒子、倮羅、擺夷、羅鬼諸名。

金遼備考

丁立中《八千卷樓書目·地理類·雜記》《金遼備考》一卷。國朝林佶撰。抄本。

藩部要略

丁立中《八千卷樓書目·地理類·外紀》《藩部要略》十八卷，《表》四卷。國朝祁韻士撰。刊本。

苗防備覽

張之洞《書目答問·地理·邊防》《苗防備覽》□卷。嚴如煜。刻本。

啓東録

丁立中《八千卷樓書目・地理類・外紀》《啓東録》六卷。國朝林壽圖撰。刊本。

北虜紀略

丁立中《八千卷樓書目・地理類・外紀》《北虜紀略》一卷。明汪道昆撰。廣百川本。

建州女直考

丁立中《八千卷樓書目・地理類・外紀》《建州女直考》一卷。不著撰人名氏。廣百川本。

南中行記

焦竑《國史經籍志・地里・行役》《南中行記》一卷。陸賈。

張騫出關志

《隋書・經籍志・地理》《張騫出關志》一卷。

鄭樵《通志・藝文略・地里・行役》《張騫出關志》一卷。

姚振宗《隋書經籍志考證・地理類》《張騫出關志》一卷。

徐齊民北征記

章宗源《隋書經籍志考證・地理》《北征記》。卷亡。徐齊民撰。不著録。《續漢郡國志注》：徐齊民《北征記》曰：斐林縣東有大隧澗，鄭莊公所闕。又云雍邱有吕禄臺，高七丈，有酈生祠。

沈家本《續漢書志注所引書目・地理》徐齊民《北征記》。郡國二。

遠遊志

丁國鈞《補晉書藝文志・地理類》《遠遊志》十卷。續咸。謹按：見本書咸傳。

伏滔北征記

汪師韓《文選注引群書目録上・地理》伏滔《北征記》。

章宗源《隋書經籍志考證・地理》《北征記》。卷亡。伏滔撰。不著録。

沈家本《續漢書志注所引書目・地理》伏滔《北征記》郡國二。《晉書・文苑傳》：滔，字元度，桓温引爲參軍，從温伐袁真，至壽陽。《北征記》或是爾時所作。《世説注》三引《續晉陽秋》，稱袁宏從桓温征鮮卑，故作《北征賦》。滔與宏同在温府，則《記》與《賦》當同時所作。

文廷式《補晉書藝文志・地志類》伏滔《北征記》。

郭緣生述征記

《隋書・經籍志・地理》《述征記》二卷。郭緣生撰。

《舊唐書・經籍志・地理》《述征記》二卷。郭緣生撰。

《新唐書・藝文志・地理類》郭緣生《述征記》二卷。

鄭樵《通志・藝文略・地里・行役》郭緣生《述征記》二卷。

汪師韓《文選注引群書目録上・地理》郭緣生《述征記》。郭象。

章宗源《隋書經籍志考證・地理》《述征記》二卷。郭緣生撰。

姚振宗《隋書經籍志考證・地理類》《述征記》二卷。郭緣生撰。郭緣生有《武昌先賢志》，見前雜傳類。《唐書・經籍志》：《述征記》二卷，郭象撰。此稱郭象，豈緣生亦名象歟，未審是非。《唐書・藝文志》：郭緣生《述征記》二卷。

吴士鑒《補晉書經籍志・地理類》郭象述《征記》二卷。舊唐志。

續述征記

章宗源《隋書經籍志考證・地理》《續述征記》。卷亡。郭緣生撰。不著録。

裴松之述征記

章宗源《隋書經籍志考證・地理》《述征記》。卷亡。裴松之撰。不著録。

裴松之西征記

章宗源《隋書經籍志考證・地理》《西征記》。卷亡。裴松之撰。不著録。《魏志三・少帝紀注》：裴松之《西征記》曰：臣松之昔從征，西至洛陽，歷觀舊物，見《典論》石在太學者尚存，而廟門外無之。《太平寰宇記・河南道》老子宫前有雙松柏，左階之柏久枯。此稱裴松之《述征記》。

裴松之北征記

章宗源《隋書經籍志考證・地理》《北征記》。卷亡。裴松之撰。不著録。《後漢書・獻帝紀注》：裴松之《北征記》曰：中牟臺下臨汴水，是爲官渡，曹操、袁紹壘尚存焉。

戴延之西征記

《隋書・經籍志・地理》《西征記》二卷。戴延之撰。

章宗源《隋書經籍志考證・地理》《西征記》二卷。戴延之撰。《水經・河水注》多引戴延之《西征記》，其言天津橋東故城，謂之逮明壘。

隋王入沔記

《隋書・經籍志・地理》《隨王入沔記》六卷。宋侍中沈懷文撰。

《舊唐書・經籍志・地理》《隋王入沔記》十卷。沈懷文撰。

《新唐書・藝文志・地理類》沈懷文《隨王入沔記》十卷。

鄭樵《通志・藝文略・地里・行役》《隋王入沔記》一卷。宋侍中沈懷文撰。

姚振宗《隋書經籍志考證・地理類》《隋王入沔記》六卷。宋侍中沈懷文撰。隋，當爲隨。

焦竑《國史經籍志・地里・行役》《隋王入沔記》一卷。宋沈懷文。

章宗源《隋書經籍志考證・地理》《隋王入沔記》六卷。宋侍中沈懷文撰。《唐志》十卷。

魏聘使行記

《隋書・經籍志・地理》《魏聘使行記》六卷。
《舊唐書・經籍志・地理》《魏聘使行記》五卷。
《新唐書・藝文志・地理類》《魏聘使行記》五卷。
鄭樵《通志・藝文略・地里・朝聘》《魏聘使行記》五卷。
姚振宗《隋書經籍志考證・地理類》《魏聘使行記》六卷。不著撰人。

戴祚西征記

《隋書・經籍志・地理》《西征記》一卷。戴祚撰。
《舊唐書・經籍志・地理》《西征記》一卷。戴祚撰。
《新唐書・藝文志・地理類》戴祚《西征記》二卷。
鄭樵《通志・藝文略・地里・行役》戴祚《西征記》。二卷。
錢謙益等《絳雲樓書目・地誌類》《西征記》。二卷。戴祚撰。祚字延之。又宋盧褰著《西征記》，見顧氏山房刻四十家小說中。
章宗源《隋書經籍志考證・地理》《西征記》一卷。戴祚撰。

戴氏宋武北征記

《隋書・經籍志・地理》《宋武北征記》一卷。戴氏撰。
鄭樵《通志・藝文略・地里・行役》《宋武北征記》一卷。戴氏撰。
姚振宗《隋書經籍志考證・地理類》《宋武北征記》一卷。戴氏撰。

江表行記

《隋書・經籍志・地理》《江表行記》一卷。
鄭樵《通志・藝文略・地里・行役》《江表行記》一卷。
姚振宗《隋書經籍志考證・地理類》《江表行記》一卷。不著撰人。

從征記

章宗源《隋書經籍志考證・地理》《從征記》。卷亡。伍緝之撰。不著録。

入東記

章宗源《隋書經籍志考證・地理》《入東記》。卷亡。吴均撰。不著録。

李諧行記

《隋書・經籍志・地理》《李諧行記》一卷。
鄭樵《通志・藝文略・地里・行役》《李諧行記》一卷。
焦竑《國史經籍志・地里・行役》《李諧行記》一卷。
姚振宗《隋書經籍志考證・地理類》《李諧行記》一卷。

輿駕東行記

《隋書・經籍志・地理》《輿駕東行記》一卷。薛泰撰。

《舊唐書・經籍志・地理》《輿駕東幸記》一卷。薛泰撰。

李昉《太平御覽經史圖書綱目》 梁武《輿駕東行記》。

《新唐書・藝文志・地理類》 薛泰《輿駕東幸記》一卷。

鄭樵《通志・藝文略・地里・行役》《輿駕東行記》一卷。隋薛泰撰。

姚振宗《隋書經籍志考證・地理類》《輿駕東行記》一卷。薛泰撰。

序行記

《隋書・經籍志・地理》《序行記》十卷。姚最撰。

鄭樵《通志・藝文略・地里・行役》《序行記》十卷。姚最撰。

姚振宗《隋書經籍志考證・地理類》《序行記》十卷。姚最撰。姚最有《梁後略》，見前古史類。《唐書・經籍志》：《述行記》二卷，姚最撰。《唐書・藝文志》：姚最《述行記》二卷。

遊記分部

聘北道里記

《隋書・經籍志・地理》《聘北道里記》三卷。江德藻撰。

鄭樵《通志・藝文略・地里・朝聘》《聘北道里記》三卷。江德藻撰。

焦竑《國史經籍志・地里・朝聘》《聘北道里記》三卷。江德藻。

章宗源《隋書經籍志考證・地里》《聘北道里記》二卷。江德藻撰。《太平寰宇記》：淮南道江德藻《聘北道里記》曰：江淮間有露筋驛，今有祠存，一名鹿筋驛。云昔有孝女爲蚊蚋所食，惟存筋骸而已。《陳書・江德操傳》：德操，字德藻，天嘉四年，與中書郎劉師知使齊，著《北征道里記》三卷。隋志別有劉師知《聘游記》三卷。《酉陽雜俎・續集・貶誤篇》引《聘北道記》北方婚禮，用青廬交拜，催妝，並以竹杖打壻事，謂德藻所記爲異，南朝無此禮也。

姚振宗《隋書經籍志考證・地理類》《聘北道里記》三卷。江德藻撰。《陳書・文學傳》：江德藻，字德藻，濟陽考城人也。父革，梁度支尚書。德藻好學，美風儀。仕梁。入陳爲祕書監、尚書左丞，兼中書舍人。天嘉四年，與中書侍郎劉師知使齊，著《北征道里記》三卷。後爲通直散騎常侍。自求宰縣，出補新喻令。六年卒于官，年五十七。章氏考證：《寰宇記・淮南道》：《酉陽雜俎・續集・貶誤篇》並引江德藻《聘北道里記》。

聘遊記

《隋書・經籍志・地理》《聘遊記》三卷。劉師知撰。

鄭樵《通志・藝文略・地里・朝聘》《聘遊記》三卷。劉師知撰。

姚振宗《隋書經籍志考證・地理類》《聘遊記》三卷。劉師知撰。《南史》本傳劉師知，沛國相人也。

朝覲記

《隋書・經籍志・地理》《朝覲記》六卷。

鄭樵《通志・藝文略・地里・朝聘》《朝覲記》六卷。

焦竑《國史經籍志・地里・朝聘》《朝覲記》六卷。

姚振宗《隋書經籍志考證・地理類》《朝覲記》六卷。不著撰人。案此亦如《魏聘使行記》六卷，皆後人裒録爲書者。

盧思道西征記

章宗源《隋書經籍志考證・地理》《西征記》。卷亡。盧思道撰。不著録。

封君義行記

《隋書・經籍志・地理》《封君義行記》一卷。李繪撰。

鄭樵《通志・藝文略・地里・行役》《封君義行記》一卷。

章宗源《隋書經籍志考證・地理》《封君義行記》一卷。李繪撰。《酉陽雜俎・續集・貶誤篇》引李繪《封君義聘梁記》梁主客賀季指馬上立射二事。

姚振宗《隋書經籍志考證・地理類》《封君義行記》一卷。李繪撰。

諸葛穎北伐記

《隋書・經籍志・地理》《北伐記》七卷。諸葛穎撰。

鄭樵《通志・藝文略・地里・行役》《北伐記》七卷。諸葛穎撰。

巡撫揚州記

《隋書・經籍志・地理》《巡撫揚州記》七卷。諸葛穎撰。

《舊唐書・經籍志・地理》《巡總揚州記》七卷。諸葛穎撰。

《新唐書・藝文志・地理類》諸葛穎《巡撫揚州記》七卷。

鄭樵《通志・藝文略・地里・行役》《巡撫揚州記》七卷。諸葛穎撰。

姚振宗《隋書經籍志考證・地理類》《巡撫揚州記》七卷。諸葛穎撰。《隋書・文學傳》諸葛穎字漢，丹陽建康人也。

姚最述行記

《舊唐書・經籍志・地理》《述行記》二卷。姚最撰。

《新唐書・藝文志・地理類》姚最《述行記》二卷。

《宋史・藝文志・地理類》姚最《述行記》二卷。

平戎記

鄭樵《通志・藝文略・地里・蠻夷》《平戎記》五卷。

焦竑《國史經籍志・地里・蠻夷》《平戎記》五卷。裴肅。

孟奥北征記

章宗源《隋書經籍志考證・地理》《北征記》。卷亡。孟奥撰。不著録。

并州入朝道里記

《隋書・經籍志・地理》《并州入朝道里記》一卷。蔡允恭撰。

鄭樵《通志・藝文略・地里・郡邑》《并州入朝道里記》一卷。蔡允恭撰。

姚振宗《隋書經籍志考證・地理類》《并州入朝道里記》一卷。蔡允恭撰。《周書・蕭詧附傳》蔡大寶，濟陽考城人。

東征記

汪師韓《文選注引群書目録上・地理》《東征記》。

章宗源《隋書經籍志考證・地理》《東征記》。卷亡。不著録。《文選・西征賦注》：《東征記》曰：全節，地名。其西名桃原，古之桃林也。

中天竺國行記

《舊唐書・經籍志・地理》《中天竺國行記》十卷。王玄策撰。

海南諸蕃行記

《新唐書・藝文志・地理類》 達奚通《海南諸審行記》一卷。

《宋史・藝文志・地理類》 達奚弘通《西南海蕃行記》一卷。

錢東垣等輯《崇文總目輯釋・地理類》《諸番行記》一卷。達奚通撰。繹按：《唐志》、《通志略》上並有「海南」二字。《唐志》又有戴斗《諸蕃記》一卷，《宋志》同，云張建章撰。

海外三十六國記

《宋史・藝文志・地理類》 達溪洪一作「通」《海外三十六國記》一卷。

南征記

鄭樵《通志・藝文略・地里・行役》 韓琬《南征記》十卷。

焦竑《國史經籍志・地里・行役》 韓(瑗)[琬]《南征記》十卷。

遺使録

鄭樵《通志・藝文略・地里・朝聘》《遺使録》一卷。陸贄撰。

焦竑《國史經籍志・地里・朝聘》《遺使録》一卷。陸贄。

李德裕南遷録

鄭樵《通志・藝文略・地里・行役》 李德裕《南遷録》一卷。

周秦行記

鄭樵《通志・藝文略・地里・行役》《周秦行記》一卷。韋瓘撰。

焦竑《國史經籍志・地里・行役》《周秦行記》一卷。韋瓘。

來南録

馬國翰《玉函山房藏書簿録・史編・地理類》《來南録》一卷。並仁和王氏本。唐李翱撰。

四夷朝貢録

《新唐書・藝文志・地理類》 高少逸《四夷朝貢録》十卷。

鄭樵《通志・藝文略・地里・朝聘》《四夷朝貢録》十卷。唐高少逸撰。

尤袤《遂初堂書目・地理類》《唐四夷朝貢録》。

錢東垣等輯《崇文總目輯釋・地理類》《四夷朝貢録》十卷。高少逸撰。繹按：《玉海》引《崇文目》同。

雲南行記

《新唐書・藝文志・地理類》《雲南行記》一卷。

鄭樵《通志・藝文略・地里・行役》《雲南行記》一卷。

《宋史・藝文志・地理類》 韋齊一作「濟」休《雲南行記》二卷。

錢東垣等輯《崇文總目輯釋・地理類》《雲南行記》□卷。繹按：舊本原闕卷數，《通志略》作一卷，不著撰人。

峽程記

鄭樵《通志・藝文略・地里・行役》《峽程記》一卷。唐韋莊撰。

尤袤《遂初堂書目・地理類》《峽程記》。

《宋史・藝文志・地理類》 韋莊《峽程記》一卷。

蜀程記

鄭樵《通志・藝文略・地里・行役》《蜀程記》一卷。唐韋莊撰。

尤袤《遂初堂書目・地理類》《蜀程記》。

《宋史・藝文志・地理類》 韋莊《蜀程記》一卷。

燕吳行役記

《新唐書・藝文志・地理類》 張氏《燕吳行役記》二卷。宣宗時人，失名。

陳振孫《直齋書録解題・地理類》《燕吳行役記》二卷。不著名氏。大中九年崔鉉鎮淮南，諸鎮畢賀，爲此記者，燕帥所遣僚佐，道中紀所經行郡縣道里及事迹也。

鄭樵《通志・藝文略・地里・行役》 張氏《燕吳行役記》二卷。

尤袤《遂初堂書目・地理類》 張氏《燕吳行役記》。

馬端臨《文獻通考・經籍考・地理》《燕吳行役記》。

《宋史・藝文志・地理類》 張氏《燕吳行役記》二卷。不知作者。

唐夷狄貢

尤袤《遂初堂書目・地理類》《唐夷狄貢録》。

《宋史・藝文志・地理類》《唐夷狄貢》一卷。

入洛記

鄭樵《通志・藝文略・地里・行役》《入洛記》十卷。周王仁裕撰。

焦竑《國史經籍志・地里・行役》《入洛記》十卷。周王仁裕。

王氏東南行記

鄭樵《通志・藝文略・地里・行役》《王氏東南行記》一卷。

焦竑《國史經籍志・地里・行役》《王氏東南行記》一卷。

南行記

鄭樵《通志・藝文略・地里・行役》 王仁裕《南行記》一卷。

晁公武《郡齋讀書志・地里類》《南行記》三卷。袁本前志卷二下地理類第三十三。右王仁裕撰。

馬端臨《文獻通考・經籍考・地理》《南行記》三卷。

南行録

馬端臨《文獻通考・經籍考・地理》《南行録》一卷。

錢東垣等輯《崇文總目輯釋・地理類》《南行録》一卷。

于闐國行程記

鄭樵《通志・藝文略・地里・蠻夷》《于闐國行程記》一卷。平居誨撰。

《宋史・藝文志・地理類》平居誨《于闐國行程録》一卷。

錢東垣等輯《崇文總目輯釋・地理類》《于闐國行程記》一卷。平居誨撰。

繹按：宋志「記」作「録」。

南行記

鄭樵《通志・藝文略・地里・行役》李昉《南行記》一卷。遺祠南岳。

焦竑《國史經籍志・地里・行役》李昉《南行記》一卷。遺祠南岳。

陷虜記

《宋史・藝文志・地理類》胡嶠《陷虜記》一卷。

乘軺録

焦竑《國史經籍志・地里・朝聘》《乘軺録》一卷。路振。

錢謙益等《絳雲樓書目・地誌類》《乘軺録》。一卷。宋路振撰。祥符中奉使契丹歸，進此録。

高昌行紀

馬國翰《玉函山房藏書簿録・史編・地理類》《高昌行記》一卷。鈔本。宋左千牛衛上將軍、大名王延德撰。

通好後南北人使姓名録

鄭樵《通志・藝文略・地里・朝聘》《通好後南北人使姓名録》一卷。

錢王貢奉録

鄭樵《通志・藝文略・地里・朝聘》《錢王貢奉録》一卷。

焦竑《國史經籍志・地里・朝聘》《錢王貢奉録》一卷。

丁謂南遷録

鄭樵《通志・藝文略・地里・行役》丁謂《南遷録》一卷。

焦竑《國史經籍志・地里・行役》丁謂《南遷録》一卷。

朝陵記

鄭樵《通志・藝文略・地里・行役》李氏《朝陵記》一卷。李遵朂朝永熙陵撰。

焦竑《國史經籍志・地里・行役》李氏《朝陵記》一卷。李遵朂朝永熙陵撰。

接伴語録

鄭樵《通志・藝文略・地里・朝聘》《接伴語録》八卷。

接伴入國館伴録

鄭樵《通志・藝文略・地里・朝聘》《接伴入國館伴録》。

焦竑《國史經籍志・地里・朝聘》《接伴入國館伴録》□卷。

富韓公入國語録

鄭樵《通志・藝文略・地里・朝聘》《富韓公入國語録》一卷。

趙希弁《讀書附志・地理類》《富文忠入國語録》一卷。

張方平奉使録

錢謙益等《絳雲樓書目・地誌類》《張方平奉使録》。富韓公撰。《奉使別録》一卷。記慶曆使遼事。

奉行別録

焦竑《國史經籍志・地里・朝聘》《奉行別録》一卷。富弼。

陳襄奉使録

鄭樵《通志・藝文略・地里・朝聘》《陳襄奉使録》一卷。

焦竑《國史經籍志・地里・朝聘》《陳襄奉使録》一卷。

神宗皇帝即位使遼語録

陸心源《皕宋樓藏書志・地理類五・雜記》《神宗皇帝即位使遼語録》一卷。明抄本。宋三司鹽鐵判官朝奉郎守尚書工部郎中充祕閣校理騎都尉賜緋魚袋臣陳襄上進。

西行録

焦竑《國史經籍志・地里・朝聘》《西行録》一卷。劉渙。

慶曆奉使録

尤袤《遂初堂書目・地理類》《慶曆奉使録》。

余襄公奉使録

鄭樵《通志・藝文略・地里・朝聘》《余襄公奉使録》一卷。
焦竑《國史經籍志・地里・朝聘》《余襄公奉使録》一卷。

皇祐平蠻記

尤袤《遂初堂書目・地理類》《皇祐平蠻記》。

奉使金國語録

趙希弁《讀書附志・地理類》章忠恪《奉使金國語録》一卷。右紹興三年章誼以龍圖閣學士、樞密都承旨充軍前奉表通問使，給事中孫近副之。誼録其報聘之語也。誼字且叟。

使遼録

尤袤《遂初堂書目・地理類》張浮休《使遼録》。

北朝國信語録

鄭樵《通志・藝文略・地里・朝聘》林内翰《北朝國信語録》二卷。
焦竑《國史經籍志・地里・朝聘》林内翰《北朝國信語録》二卷。

盧襄西征記

倪燦等《補遼金元藝文志・地理類》盧襄《西征記》一卷。
黄虞稷《千頃堂書目・地理類下》盧襄《西征記》一卷。

松漠紀聞

尤袤《遂初堂書目・地理類》《松漠紀聞》。
焦竑《國史經籍志・地里・朝聘》《松漠紀聞》二卷。洪皓。
徐𤊹《徐氏家藏書目・外夷》《松漠紀聞》二卷。宋(洸)[洪]忠宣。

平蔡録

焦竑《國史經籍志・地里・行役》《平蔡録》一卷。鄭樵。

接伴北使回答土物録

鄭樵《通志・藝文略・地里・朝聘》《接伴北使回答土物録》一卷。
焦竑《國史經籍志・地里・朝聘》《接伴北使回答土物録》一卷。

江行録

陳振孫《直齋書録解題・地理類》《江行録》一卷。真州教授句穎紹聖三年所序云，太守張公所修也。張不著名。

馬端臨《文獻通考・經籍考・地理》《江行録》一卷。

南北國信記

鄭樵《通志・藝文略・地里・朝聘》《南北國信記》一卷。

使遼圖抄

鄭樵《通志・藝文略・地里・朝聘》《使遼圖抄》一卷。沈括撰。

焦竑《國史經籍志・地里・朝聘》《使遼圖抄》一卷。沈括。

隣國政事

鄭樵《通志・藝文略・地里・朝聘》《隣國政事》一卷。

北鄙須知

鄭樵《通志・藝文略・地里・朝聘》《北鄙須知》一卷。田瑋撰。

商胡行道圖

鄭樵《通志・藝文略・地里・朝聘》《商胡行道圖》一卷。

于闐進奉記

鄭樵《通志・藝文略・地里・朝聘》《于闐進奉記》一卷。

古今貢録

鄭樵《通志・藝文略・地里・朝聘》《古今貢録》一卷。

軺車事類

鄭樵《通志・藝文略・地里・朝聘》《軺車事類》三卷。編《春秋》及史傳奉使之辭。

焦竑《國史經籍志・地里・朝聘》《軺車事類》三卷。編《春秋》及史傳奉使之辭。

平蜀記

鄭樵《通志・藝文略・地里・行役》《平蜀記》一卷。

大理國行程

鄭樵《通志・藝文略・地里・蠻夷》《大理國行程》一卷。

《宋史・藝文志・地理類》檀林《大理國行程》一卷。

蜀程圖

鄭樵《通志・圖譜略・記無・地里》《蜀程圖》。

北　録

尤袤《遂初堂書目・地理類》范仲能《北録》。

征蒙記

尤袤《遂初堂書目・地理類》《征蒙記》。

政和大理國入貢記

尤袤《遂初堂書目・地理類》《政和大理國入貢記》。

聘燕録

尤袤《遂初堂書目・地理類》鄭汝諧《聘燕録》。

西州使程經

尤袤《遂初堂書目・地理類》《西州使程經》。

海外使程廣記

陳振孫《直齋書録解題・地理類》《海外使程廣記》三卷。南唐如京使章僚撰。使高麗所記海道及其國山川、事跡、物産甚詳。

馬端臨《文獻通考・經籍考・地理》《海外使程廣記》三卷。

《宋史・藝文志・地理類》章僚《海外使程廣記》三卷。

蜀北路秦程記

《宋史・藝文志・地理類》陳延禧《蜀北路秦程記》一卷。

北征雜記

《宋史・藝文志・地理類》陳延禧《北征雜記》一卷。

接伴語録

焦竑《國史經籍志・地里・朝聘》《接伴語録》八卷。

使遼見聞録

焦竑《國史經籍志・地里・朝聘》《使遼見聞録》二卷。李罕。

宣和使金録

焦竑《國史經籍志・地里・朝聘》《宣和使金録》一卷。連鵬舉。

入蜀記

徐𤊹《徐氏家藏書目・各省雜誌》《入蜀記》四卷。宋陸游。

錢謙益等《絳雲樓書目・地誌類》《入蜀記》。六卷。陸游。

錢曾《讀書敏求記・地理輿圖》陸游《入蜀記》六卷。

攬轡録

趙希弁《讀書附志・地理類》《攬轡録》一卷。右范成大乾道六年以資政殿大學士、左中大夫、醴泉觀使兼侍讀、丹陽郡開國公、食邑二千户、食實封八百户，與崇信軍節度使、領閤門事兼客省四方館事、信安郡開國侯、食邑一千六百户、食實封四百户康湑爲奉使大金國信使副，其往返地理日記也。成大，字至能，吴縣人。紹興二十四年進士，使金歸，除中書舍人。淳熙五年，參知政事。自號石湖。孝宗皇帝御書二字以賜之。

錢謙益等《絳雲樓書目・地誌類》范成大《攬轡録》。一卷。記乾道六年使金時所見聞也。

驂鸞録

李慈銘《越縵堂讀書記・地理類》《驂鸞録》。宋范成大撰。

吴船録

尤袤《遂初堂書目・地理類》《吴船録》。

趙琦美《脈望館書目・史・福建・福州府》《吴船録》一本。

北轅録

焦竑《國史經籍志・地里・朝聘》《北轅録》一卷。宋周煇。

馬國翰《玉函山房藏書簿録・史編・地理類》《北轅録》二卷。鈔本。舊題宋周煇撰。

北行雜録

焦竑《國史經籍志・地里・朝聘》《北行雜録》一卷。樓鑰。

使燕録

焦竑《國史經籍志・地里・朝聘》《使燕録》一卷。余嶸。

隆興奉使審議録

焦竑《國史經籍志・地里・朝聘》《隆興奉使審議録》一卷。雍堯佐。

乾道奉行録

焦竑《國史經籍志·地里·朝聘》《乾道奉行録》一卷。姚憲。

鴨江行記

孫德謙《金史藝文略·地理》《鴨江行記》。河南府治中長清閻長言子秀撰。

長春真人西游記

錢大昕《補元史藝文志·地理類》《長春真人西游記》二卷。李志常述邱處機事。

阮元《四庫未收書目提要·地理類》《長春子遊記》二卷。連筠簃叢書本。元李志常撰。

邊堠紀行

錢大昕《補元史藝文志·地理類》張德輝《邊堠紀行》。

行人志

錢大昕《補元史藝文志·地理類》郝經《行人志》。

使韃日録

焦竑《國史經籍志·地里·朝聘》《使韃日録》一卷。鄒伸之。

錢謙益等《絳雲樓書目·地誌類》鄒伸之《使韃日記》。伸之北使，在理宗中年。曾兩使北庭。

南詔紀行

王圻《續文獻通考·經籍考·地理》《南詔紀行》郭松年著。

黄虞稷《千頃堂書目·地理類下》郭松年《南詔紀行》。

西使録

錢謙益等《絳雲樓書目·地誌類》《西使録》。一卷。元劉郁都太僕嘗奉使至秦，作《西使記》。柯九思《敘潘昂霄河源志》云：憲宗皇帝二年，命皇太弟旭烈帥諸部軍征西域。凡六年，闢封疆四萬里，見《輟耕録》第二十二卷。郁蓋當時西征從軍者。

倪燦等《補遼金元藝文志·地理類》劉郁《西使記》一卷。

黄虞稷《千頃堂書目·地理類下·補元》劉郁《西使記》一卷。

錢大昕《補元史藝文志·地理類》劉郁《西使記》一卷。

天南行紀

馬國翰《玉函山房藏書簿録·史編·地理類》《天南行紀》一卷。紅藕花軒鈔本。元禮部郎徐明善撰。

河朔訪古記

楊士奇等《文淵閣書目・古今志》《河朔訪古記》。一册。

黄虞稷《千頃堂書目・地理類下・補元》 迺賢《河朔訪古記》十二卷。

倪燦等《補遼金元藝文志・地理類》 迺賢《河朔訪古記》十二卷。

《四庫全書總目提要・地理類四・遊記》《河朔訪古記》二卷。永樂大典本。不著撰人名氏。

錢大昕《補元史藝文志・地理類》 迺賢《河朔訪古記》十六卷。今存二卷。

顧廣圻《思適齋書跋・史部》《河朔訪古記》二卷。鈔本。

張之洞《書目答問・地理・雜地志》《河朔訪古記》二卷。舊題元迺賢。守山閣本。

西域行程記

祁承㸁《澹生堂藏書目・國朝史類・行役・使命》《西域行程記》。一卷。陳誠。

黄虞稷《千頃堂書目・地理類下》 陳誠《西域行程記》二卷。永樂十三年十月癸巳，中官李達、吏部員外郎陳誠等使西域還，上《使西域記》。所歷凡十七國，山川、風俗、物産悉備。

《明史・藝文志・地理類》 陳誠《西域行程記》二卷。

楊文貞公西巡從祀行録

祁承㸁《澹生堂藏書目・國朝史類・行役・使命》《楊文貞公西巡從祀行録》。一卷。楊士奇。

北京紀行録

黄虞稷《千頃堂書目・地理類下》 楊士奇《北京紀行録》一卷。

《明史・藝文志・地理類》 楊士奇《北京紀行録》二卷。

江行録

黄虞稷《千頃堂書目・地理類下》 沈立《江行録》一卷。洪武初溧陽縣主簿。

東行百詠

黄虞稷《千頃堂書目・地理類下》 陳循《東行百詠》八卷。謫戍遼東時作。

代祀録

黄虞稷《千頃堂書目・地理類下》 劉定之《代祀録》一卷。

《明史・藝文志・地理類》 劉定之《代祀録》一卷。

遼海編

王圻《續文獻通考・經籍考・地理》《遼海編》。上元倪岳著。

焦竑《國史經籍志・地里・行役》《遼海編》四卷。倪謙。

《明史・藝文志・地理類》 [倪謙]《遼海編》四卷。

南歸紀行録

祁承㸁《澹生堂藏書目·國朝史類·行役·官轍》《南歸記行録》。一卷。

黄虞稷《千頃堂書目·地理類下》 楊士奇《南歸紀行録》一卷。

展墓録

祁承㸁《澹生堂藏書目·國朝史類·行役·官轍》《展墓録》。一卷。楊士奇。

黄虞稷《千頃堂書目·地理類下》 楊士奇《展墓録》一卷。

楊都御史使虜記

祁承㸁《澹生堂藏書目·國朝史類·行役·使命》《楊都御史使虜記》。一卷。

使北録

祁承㸁《澹生堂藏書目·國朝史類·行役·使命》《使北録》。一卷。李寔。

北遊紀行

黄虞稷《千頃堂書目·地理類下》 陳喆《北遊紀行》。

炎方慟哭記

黄虞稷《千頃堂書目·地理類下》 劉昌《炎方慟哭記》。

使東日録

朱睦㮮《萬卷堂書目·雜志》《使東日録》一卷。董越。

朱睦㮮《萬卷堂書目·雜志》《使東日録》一卷。

又《使東日録》□卷。董天錫。

黄虞稷《千頃堂書目·地理類下》 董越《使東日録》一卷。寧都人，南工部尚書。

奉使録

黄虞稷《千頃堂書目·地理類下》 張寧《奉使録》二卷。

《明史·藝文志·地理類》 張寧《奉使録》二卷。

東祀録

祁承㸁《澹生堂藏書目·國朝史類·行役·使命》《東祀録》。一卷。澹生堂餘苑本。

李東陽東祀録

祁承㸁《澹生堂藏書目·國朝史類·行役·使命》《李文正公東祀録》。三卷。李東陽。懷麓堂集本。

黃虞稷《千頃堂書目・地理類下》 李東陽《東祀録》三卷。

《明史・藝文志・地理類》 李東陽《東祀録》三卷。

南歸紀程

朱睦㮮《萬卷堂書目・雜志》 《南歸紀程》□卷。黃璉。

紀行録

黃虞稷《千頃堂書目・地理類下》 黃瓚《紀行録》八卷。

使西日記

祁承㸁《澹生堂藏書目・國朝史類・行役・使命》 《使西日記》。二卷。

黃虞稷《千頃堂書目・地理類下》 都穆《使西日記》二卷。

東征紀行

祁承㸁《澹生堂藏書目・國朝史類・行役・使命》 《東征紀行》。一卷。都穆。國朝典故本。

西遷注

焦竑《國史經籍志・地里・行役》 《西(邊)[遷]注》一卷。張鳳鳴。

祁承㸁《澹生堂藏書目・國朝史類・行役・官轍》 《西遷注》。一卷。張鳴鳳。澹生堂餘苑本。

黃虞稷《千頃堂書目・地理類下》 張鳴鳳《西遷注》一卷。

南封録

黃虞稷《千頃堂書目・地理類下》 潘希曾《南封録》。

停驂録

焦竑《國史經籍志・地里・行役》 《停驂録》一卷。陸深。

黃虞稷《千頃堂書目・地理類下》 陸深《停驂録》一卷。

《明史・藝文志・地理類》 陸深《停驂録》二卷。

續停驂録

焦竑《國史經籍志・地里・行役》 《續停驂録》一卷。陸深。

祁承㸁《澹生堂藏書目・國朝史類・行役・使命》 《停驂録續録》。共四卷。

祁承㸁《澹生堂藏書目・國朝史類・行役・使命》 《停驂録》并《續録摘鈔》。二卷。

黃虞稷《千頃堂書目・地理類下》 陸深《續停驂録》一卷。

淮封日記

祁承㸁《澹生堂藏書目・國朝史類・行役・使命》 《淮封日記》。一卷。

黃虞稷《千頃堂書目・地理類下》 陸深《淮封日記》一卷。

南還日記

祁承㸁《澹生堂藏書目・國朝史類・行役・使命》《南還日記》。一卷。陸深。俱陸文裕公外集本。

西巡紀行稿

范邦甸等《天一閣書目・地理類》《西巡紀行稿》二卷。刊本。明嘉靖戊戌崔銑撰并序。

北上志

祁承㸁《澹生堂藏書目・國朝史類・行役・官轍》《北上志》。一卷。嚴嵩。

滇程記

徐𤊹《徐氏家藏書目・各省雜誌》《滇程記》一卷。楊慎。

祁承㸁《澹生堂藏書目・國朝史類・行役・官轍》《滇程記》。一卷。楊慎。《楊升庵雜録》本。

錢謙益等《絳雲樓書目・地誌類》《滇程記》。

黄虞稷《千頃堂書目・地理類中》楊慎《滇程記》一卷。

《明史・藝文志・地理類》楊慎《滇程記》一卷。

使職昭鑒

黄虞稷《千頃堂書目・地理類下》邊彦駱《使職昭鑒》五卷。嘉靖己丑蔣珤序。

雲南西行記

祁承㸁《澹生堂藏書目・國朝史類・行役・使命》《雲南西行記》。一卷。程立本。

蜀東撫夷録

王圻《續文獻通考・經籍考・地理》《蜀東撫夷録》。魏焕著。

撫夷録

錢謙益等《絳雲樓書目・地誌類》《撫夷録》。

戍邊紀事

焦竑《國史經籍志・地里・行役》《戍邊紀事》一卷。朱紈。

西粤宧遊記

徐㶿《徐氏家藏書目·各省雜誌》《西粤宧游記》一卷。田汝成。

黄虞稷《千頃堂書目·地理類下》田汝成《西粤宧遊記》一卷。

奉使雜録

焦竑《國史經籍志·地里·朝聘》《奉使雜録》一卷。何鑄。

征苗圖記

黄虞稷《千頃堂書目·地理類下》卜大同《征苗圖記》一卷。

《明史·藝文志·地理類》卜大同《征苗圖記》一卷。

路　記

徐圖等《行人司重刻書目·地理類》《路記》六本。

黄虞稷《千頃堂書目·地理類下》項篤壽《路記》六册。

撫馭貢夷記略

黄虞稷《千頃堂書目·地理類下》鄭洛《撫馭貢夷記略》二卷。保定人。總督宣大，山西兵部左侍郎。

行邊漫紀

黄虞稷《千頃堂書目·地理類下》龐尚鵬《行邊漫紀》。

適晉記行

祁承㸁《澹生堂藏書目·國朝史類·行役·宦轍》《適晉記行》。一卷。王世貞本集本。

江行記事

祁承㸁《澹生堂藏書目·國朝史類·行役·宦轍》《江行記事》。一卷。王世貞本集本。

秦蜀驛程後記

馬國翰《玉函山房藏書簿録·史編·地理類》《秦蜀驛程後記》二卷。並《漁洋全集》本。王士正撰。祭告華山時作。

闕洛記行

祁承㸁《澹生堂藏書目·國朝史類·行役·宦轍》《闕洛記行》。一卷。王世懋《王奉常雜著》本。

輶軒録

焦竑《國史經籍志・地里・行役》《輶軒録》三卷。黄洪憲。

祁承㸁《澹生堂藏書目・國朝史類・行役・使命》《輶軒録》。黄洪憲。

黄虞稷《千頃堂書目・地理類下》黄洪憲《輶軒録》四卷。

入浙記

祁承㸁《澹生堂藏書目・國朝史類・行役・官轍》《入浙記》一卷。馮時可、馮文敏全集本。

廣志繹

黄虞稷《千頃堂書目・地理類上》王士性《廣志繹》二卷。天臺人。

《四庫全書總目提要・地理類存目七・遊記之屬》《廣志繹》五卷，《雜志》一卷。編修汪如藻家藏本。明王士性撰。

古今使遠録

朱睦㮮《萬卷堂書目・雜志》《古今使遠録》一卷。

黄虞稷《千頃堂書目・地理類下》《古今使遠録》一卷。

陵祀扈蹕録

祁承㸁《澹生堂藏書目・國朝史類・行役・使命》《陵祀扈蹕録》。一卷。國朝徵信叢録本。

圖註水陸路程途

《四庫全書總目提要・地理類存目一・總志》《圖註水陸路程途》八卷。浙江鮑士恭家藏本。明黄汴撰。

東征客問

黄虞稷《千頃堂書目・地理類下》楊伯柯《東征客問》。

江上雜疏

黄虞稷《千頃堂書目・地理類下》彭宗孟《江上雜疏》一卷。

蜀中宦遊記

黄虞稷《千頃堂書目・地理類下》曹學佺《蜀中宦遊記》四卷。

王季重紀遊

英廉奏《全毀書目》《王季重紀遊》四本。明王思任撰。

蜀游紀程
徐𤏡《徐氏家藏書目・各省雜誌》《蜀游紀程》一卷。林有麟。

皇華集
黄虞稷《千頃堂書目・地理類下》姜曰廣《皇華集》三卷。

安南記行志
祁承㸁《澹生堂藏書目・國朝史類・行役・使命》《安南記行志》。一卷。紀録彙編本。

西使志
祁承㸁《澹生堂藏書目・國朝史類・行役・使命》《西使志》。一卷。

黔西于役記
祁承㸁《澹生堂藏書目・國朝史類・行役・官轍》《黔西于役記》。一卷。

西遷記
祁承㸁《澹生堂藏書目・國朝史類・行役・官轍》《西遷記》。一卷。

入鄖記
祁承㸁《澹生堂藏書目・國朝史類・行役・官轍》《入鄖記》。一卷。

前後西試記
祁承㸁《澹生堂藏書目・國朝史類・行役・官轍》《前後西試記》。一卷。郭子章。《郭青螺集》本。

數馬三記
祁承㸁《澹生堂藏書目・國朝史類・行役・官轍》《數馬三記》三卷。

出白門歴
祁承㸁《澹生堂藏書目・國朝史類・行役・官轍》《出白門歴》。一卷。

江行歴
祁承㸁《澹生堂藏書目・國朝史類・行役・官轍》《江行歴》。一卷。

歸航録
祁承㸁《澹生堂藏書目・國朝史類・行役・官轍》《歸航録》。二卷。

琅琊過眼録

祁承㸁《澹生堂藏書目・國朝史類・行役・官轍》《琅琊過眼録》。二卷。澹生堂著。俱澹生堂小著叢編本。

東藩紀行録

黄虞稷《千頃堂書目・地理類下》金本清《東藩紀行録》一卷。使朝鮮作，丘濬有序。本清，鄞縣人。

徐弘祖遊記

黄虞稷《千頃堂書目・地理類下》《徐弘祖遊記》十二卷。字霞客，江陰人。

《四庫全書總目提要・地理類四・遊記之屬》《徐霞客遊記》十二卷。兩江總督採進本。明徐宏祖撰。宏祖，江陰人，霞客其號也。

塞北小鈔

馬國翰《玉函山房藏書簿録・史編・地理類》《塞北小鈔》一卷。國朝高士奇撰。

滇行紀程

馬國翰《玉函山房藏書簿録・史編・地理類》《滇行紀程》一卷。國朝雲南按察使華亭許纘曾鶴沙撰。此赴滇時所作。

東還紀程

馬國翰《玉函山房藏書簿録・史編・地理類》《東還紀程》一卷。許纘曾撰。此自滇還時所紀。

出塞紀略

李慈銘《越縵堂讀書記・地理類》《出塞紀略》。清錢良擇撰。

滇黔紀游

《四庫全書總目提要・地理類存目七・遊記》《滇黔紀游》二卷。大學士英廉購進本。國朝陳鼎撰。

蒼洱小記

《四庫全書總目提要・地理類存目七・遊記》《蒼洱小記》一卷。兵部侍郎紀昀家藏本。國朝畢曰澪撰。

塞程別紀

馬國翰《玉函山房藏書簿録・史編・地理類》《塞程別紀》一卷。國朝山陰余宷同野撰。

使西紀程

李慈銘《越縵堂讀書記・地理類》《使西紀程》。清郭嵩燾撰。

遊名山志

《隋書・經籍志・地理》《遊名山志》一卷。謝靈運撰。

鄭樵《通志・藝文略・地里・名山洞府》《遊名山記》一卷。謝靈運撰。

李昉《太平御覽經史圖書綱目》謝靈運《遊名山志》。

姚振宗《隋書經籍志考證・地理類》《遊名山志》一卷。謝靈運撰。

遊名山志

李昉《太平御覽經史圖書綱目》《遊名山志》。

晁瑮《晁氏寶文堂書目・圖誌》《遊名山記》。

趙琦美《脈望館書目・史・總志》《游名山記》十二本。

趙琦美《脈望館書目・史・總志》《游名山記》一本。

徐圖等《行人司重刻書目・地理類》《游名山記》。十四本。

耶律楚材西游録

錢大昕《補元史藝文志・地理類》《耶律楚材西游録》。

劉崧東遊録

黃虞稷《千頃堂書目・地理類下》劉崧《東遊録》。

遊志續編

錢謙益等《絳雲樓書目・地誌類》陶九成《遊志續編》。

黃虞稷《千頃堂書目・地理類下・補元》陶九成《游志續編》一卷。

遊　記

黃虞稷《千頃堂書目・地理類下》段正宦《遊記》十卷。

遊名山記

高儒《百川書志・地理》《遊名山記》六卷。皇朝太僕少卿吴郡都穆所遊之處，皆敍履歷之實。瞿校：「履歷」二字，鈔本乙。爲文積二十年而成，凡二十九篇。

祁承㸁《澹生堂藏書目・圖志・山川》《遊名山記》。六卷。都穆徹雲館集本。

錢謙益等《絳雲樓書目・地誌類》都穆《遊名山記》。六卷。又嘗著《關中名勝記》。

黃虞稷《千頃堂書目・地理類下》都穆《遊名山記》六卷。

《明史・藝文志・地理類》都穆《遊名山記》六卷。

遊山記

晁瑮《晁氏寶文堂書目・圖誌》《遊山記》。

岳遊紀行録

范邦甸等《天一閣書目補遺・地理類》《岳遊紀行録》一卷。明湛若水著。

重遊南岳紀行録

范邦甸等《天一閣書目補遺・地理類》《重遊南岳紀行録》一卷。刊本。明湛若水著。

西遊隨筆

黄虞稷《千頃堂書目・地理類下》王九思《西遊隨筆》一卷。

遊名山録

范邦甸等《天一閣書目補遺・地理類》《遊名山録》四卷。刊本。明鄞邑陳沂撰。

黄虞稷《千頃堂書目・地理類下》陳沂《遊名山記》四卷。

南遊日記

黄虞稷《千頃堂書目・地理類下》陸深《南遊日記》一卷。

遊湯泉

朱睦㮮《萬卷堂書目・雜志》《遊湯泉》□卷。吕柟。

涇埜十四遊記

朱睦㮮《萬卷堂書目・雜志》《涇埜十四遊記》一卷。吕柟。

唐一菴遊録

祁承㸁《澹生堂藏書目・圖志・攬勝》《唐一菴遊録》。一卷。唐樞。

丁立中《八千卷樓書目・地理類・遊記》《遊録》一卷。明唐樞撰。刊本。

古今遊名山記

范邦甸等《天一閣書目・地理類》《古今遊名山記》十七卷。刊本。明括蒼何振撰。

徐𤊹《徐氏家藏書目・各省題咏》《游名山記》二十卷。何鏜。

黄虞稷《千頃堂書目・地理類下》何鏜《遊名山記》十七卷。

《四庫全書總目提要・地理類存目七・遊記》《古今游名山記》十七卷。安徽巡撫採進本。明何鏜撰。

于敏中等《天禄琳琅書目・明版史部》《古今遊名山記》。四函。二十六册。明何鏜撰。十七卷。

天下名山諸勝一覽記

《四庫全書總目提要・地理類存目七・遊記》《天下名山諸勝一覽記》十六卷。兩江總督採進本。明慎蒙撰。蒙字山泉，歸安人。嘉靖癸丑進士，官至監察御史。

西遊篇

朱睦㮮《萬卷堂書目・雜志》《西遊篇》一卷。蔡汝南。

黄海紀遊

黄虞稷《千頃堂書目・地理類下》潘景升《黄海紀遊》。

衡廬遊稿

朱睦㮮《萬卷堂書目・雜志》《衡廬遊稿》□卷。孫應鰲。

吴越遊稿

朱睦㮮《萬卷堂書目・雜志》《吴越遊稿》一卷。沈一貫。

紀遊稿

范邦甸等《天一閣書目補遺・地理類》《紀遊稿》二卷。刊本。明瑯琊王世懋著。平原陸遠校。

名山遊記

祁承㸁《澹生堂藏書目・圖志・山川》《名山遊記》一册。二卷。王世懋。王奉常雜著本。

黄虞稷《千頃堂書目・地理類下》王世懋《名山遊記》一卷。

《四庫全書總目提要・地理類存目七・遊記之屬》《名山游記》一卷。兩淮鹽政採進本。明王世懋撰。

唐鶴徵南遊記

黄虞稷《千頃堂書目・地理類下》唐鶴徵《南遊記》三卷。

名山游記

徐𤊹《徐氏家藏書目・各省題咏》《名山遊記》十六卷。慎蒙。

五嶽游草

徐𤊹《徐氏家藏書目・各省題咏》《五嶽遊草》十二卷。

祁承㸁**《澹生堂藏書目・圖志・攬勝》**《五嶽遊草》三册。十一卷。王士性。又三卷。翻刻本。

黄虞稷《千頃堂書目・地理類下》 王士性《五嶽游草》十一卷。

《四庫全書總目提要・地理類存目七・遊記之屬》《五嶽游草》十二卷。兩江總督採進本。明王士性撰。士性字恆叔，臨海人。萬曆丁丑進士，官至南京鴻臚寺卿，事蹟附見《明史・王宗沐傳》。

廣遊記

黄虞稷《千頃堂書目・地理類下》 王士性《廣遊記》。

遊山志

黄虞稷《千頃堂書目・地理類下》 周應賓《遊山志》。

海内奇觀

祁承㸁《澹生堂藏書目・圖志・山川》《海内奇觀》四册。十卷。楊爾曾。

黄虞稷《千頃堂書目・地理類下》 楊爾曾《海内奇觀》十卷。錢唐人。

丁丙《善本書室藏書志・地理類・遊記》《海内奇觀》十卷。明刊本。

張睿卿五大游記

黄虞稷《千頃堂書目・地理類下》《張睿卿五大游記》。

名山注

《四庫全書總目提要・地理類存目七・遊記》《名山注》。無卷數。内府藏本。明潘之恆撰。

紀游稾

《四庫全書總目提要・地理類存目七・遊記》《紀游稾》一卷。兩淮鹽政採進本。明王衡撰。衡字緱山，太倉人。萬曆辛丑進士，官翰林院編修。事蹟附見《明史・王錫爵傳》。

游溟詩歷

范邦甸等《天一閣書目・地理類》《游溟詩歷》二卷。刊本。國朝謝爲霖撰，馮佩實叙。

紀遊草

范邦甸等《天一閣書目・地理類》《紀遊草》一卷。刊本。國朝周球撰并序。

二岳紀遊録

朱睦㮮《萬卷堂書目・雜志》《二岳紀遊録》□卷。程喆。

勝遊録

朱睦㮮《萬卷堂書目・雜志》《勝遊録》一卷。張敬時。

勝游集

徐圖等《行人司重刻書目・地理類》《勝游集》。一本。

岳遊譜

徐𤊹《徐氏家藏書目・各省題咏》《岳遊譜》一卷。張蔚然。

黄虞稷《千頃堂書目・地理類下》張蔚然《嶽遊譜》一卷。

黄海獨遊草

祁承㸁《澹生堂藏書目・圖志・攬勝》《黄海獨遊草》一册。一卷。戴澳。

寓庸子紀遊

祁承㸁《澹生堂藏書目・圖志・攬勝》《寓庸子紀遊》。

澹樸齋游稿

祁承㸁《澹生堂藏書目・圖志・攬勝》《澹樸齋遊稿》一册。一卷。茅瑞徵。

遊　喚

祁承㸁《澹生堂藏書目・圖志・攬勝》王季重《遊喚》一册。一卷。

黄虞稷《千頃堂書目・地理類下》王思任《遊喚》一卷。

循滄集

《四庫全書總目提要・地理類存目七・遊記》《循滄集》二卷。兩江總督採進本。明姚希孟撰。希孟字孟長，長洲人。萬曆己未進士，官至詹事府詹事，事蹟具《明史》本傳。

乾城遊草

祁承㸁《澹生堂藏書目・圖志・園林》《乾城遊草》一册。三卷。

江上吟

祁承㸁《澹生堂藏書目・圖志・攬勝》《江上吟》一卷。

紀遊小草

祁承㸁《澹生堂藏書目・圖志・攬勝》《紀遊小草》。一卷。

秋遊漫草

祁承㸁《澹生堂藏書目·圖志·園林》《秋遊漫草》一册。一卷。

何櫆遊録

黄虞稷《千頃堂書目·地理類下》《何櫆遊録》一卷。

黄以陞遊名山記

黄虞稷《千頃堂書目·地理類下》黄以陞《遊名山記》六卷。

《明史·藝文志·地理類》黄以陞《遊名山記》六卷。

名山息遊

黄虞稷《千頃堂書目·地理類下》周光臨《名山息遊》。字元敬。嵊縣人。

山水遊記

黄虞稷《千頃堂書目·地理類下》楊子祥《山水遊記》二卷。

五嶽卧遊

黄虞稷《千頃堂書目·地理類下》俞瞻白《五嶽卧遊》一卷。

天鄣紀遊

黄虞稷《千頃堂書目·地理類下》余悦易《天鄣紀遊》。

新安三楚紀遊

黄虞稷《千頃堂書目·地理類下》倪虬《新安三楚紀遊》。

吴運嘉遊記

黄虞稷《千頃堂書目·地理類下》《吴運嘉遊記》八卷。

天下名山記鈔

《四庫全書總目提要·地理類存目七·遊記之屬》《天下名山記鈔》。無卷數。内府藏本。國朝吴秋士編。秋士字西湄，歙縣人。其書取何鏜《游名山記》及王世貞之廣編删而録之，無一字之考訂。

南遊日記

周中孚《鄭堂讀書記補逸·地理類八·雜記》《南遊日記》一卷。原刊本。

國朝丁續曾撰。

名山記

《四庫全書總目提要・地理類存目七・遊記之屬》 《名山記》四十八卷，圖一卷，附録一卷。浙江巡撫採進本。不著撰人名氏。

薊丘述遊録

黄虞稷《千頃堂書目・地理類下》 何中《薊丘述遊録》。

倪燦等《補遼金元藝文志・地理類》 何中《薊邱述遊録》。

錢大昕《補元史藝文志・地理類》 何中《薊邱述游録》一卷。

西山記遊

祁承㸁《澹生堂藏書目・圖志・攬勝》 《西山記遊》一册。一卷。吴汝紀。

日畿訪勝録

《四庫全書總目提要・地理類存目七・遊記》 《日畿訪勝録》二卷。編修程晉芳家藏本。明姚士粦撰。

燕還記游

祁承㸁《澹生堂藏書目・圖志・攬勝》 《燕還記游》。一卷。陳仁錫。

燕都游覽志

黄虞稷《千頃堂書目・地理類上》 孫國敉《燕都游覽志》四十卷。字伯觀，六合人。官中書舍人。

《明史・藝文志・地理類》 孫國敉《燕都游覽志》四十卷。

燕遊筆記

黄虞稷《千頃堂書目・地理類下》 曾偉芳《燕遊筆記》。

山行雜記

《四庫全書總目提要・地理類存目七・遊記》 《山行雜記》一卷。浙江鮑士恭家藏本。明宋彦撰。彦，華亭人，與趙宧光同時。

五臺遊記

祁承㸁《澹生堂藏書目・圖志・攬勝》 《五臺遊記》一册。一卷。

封長白山記

馬國翰《玉函山房藏書簿録・史編・地理類》 《封長白山記》一卷。國朝翰林院編修遂安方象瑛渭仁撰。

遊城南記

晁公武《郡齋讀書志・地里類》《遊城南記》一卷。袁本後志卷一地理類第四。

右皇朝張禮撰。禮，秦人。元祐中，與陳明微自長安城南，探奇訪古，以抵樊川，因次之爲記。

馬端臨《文獻通考・經籍考・地理》《游城南記》一卷。

徐𤊹《徐氏家藏書目・各省題咏》《遊城南記》一卷。宋張禮。

錢謙益等《絳雲樓書目・地誌類》《遊城南記》。一卷。張禮撰。禮，字茂中，元祐間人。記自長安城南抵樊川游歷諸勝。

《四庫全書總目提要・地理類四・遊記》《遊城南記》一卷。編修汪如藻家藏本。宋張禮撰。禮字茂中，浙江人。元祐元年與其友楚人陳微明遊長安城南，訪唐代都邑舊址，因作此記，而自爲之註。

華山遊集

晁瑮《晁氏寶文堂書目・圖誌》《華山遊集》。

華山遊詩

朱睦㮮《萬卷堂書目・雜志》《華山遊詩》□卷。顧璘。

關洛記遊

祁承㸁《澹生堂藏書目・圖志・攬勝》《關洛記遊》一册。一卷。王世懋。

黄虞稷《千頃堂書目・地理下》王世懋《關洛紀遊》一卷。

登華記

馬國翰《玉函山房藏書簿録・史編・地理類》《登華記》一卷。石門吴氏刊本。撰人缺。

紫陽先生東游記

楊士奇等《文淵閣書目・古今志》《紫陽先生東游記》一册。

朱睦㮮《萬卷堂書目・雜志》《東遊記》。

黄虞稷《千頃堂書目・地理類下》楊奂《紫陽東遊記》一卷。

倪燦等《補遼金元藝文志・地理類》楊奂《紫陽東遊記》一卷。

錢大昕《補元史藝文志・地理類》楊奂《紫陽東游記》一卷。

東遊闕里記

錢謙益等《絳雲樓書目・地誌類》《東遊闕里記》。

游嶧山記

祁承㸁《澹生堂藏書目・圖志・攬勝》《游嶧山記》一册。一卷。

泰岱紀游

祁承㸁《澹生堂藏書目・圖志・攬勝》《泰岱紀游》一册。二卷。

泰山紀勝

《四庫全書總目提要・地理類存目七・遊記》 《泰山紀勝》一卷。山東巡撫採進本。國朝孔貞瑄撰。

潤州遊山記

黃虞稷《千頃堂書目・地理類下》 都穆《潤州遊山記》二卷。

吴秀康莊記

黃虞稷《千頃堂書目・地理類下》 《吴秀康莊記》一卷。

金陵遊覽志

黃虞稷《千頃堂書目・地理類下》 劉同升《金陵遊覽志》一卷。

燕子磯遊覽志

黃虞稷《千頃堂書目・地理類下》 陳本《燕子磯遊覽志》六卷。

遊四郡記

文廷式《補晉書藝文志・地志類》 王羲之《遊四郡記》。《類聚》八十八引此書曰：永寧縣界海中有松門，西岸及嶼上皆生松，故名松門。

西湖行記

孫德謙《金史藝文略・地理》 《西湖行記》。蕭顯之撰。《中州集》録王競《無競詩》一首，其題爲奉使江左，讀同官蕭顯之《西湖行記》，因題其後。

鴈山行記

陳振孫《直齋書録解題・地理類》 《鴈山行記》一卷。永嘉陳謙撰。

馬端臨《文獻通考・經籍考・地理》 《鴈山行記》一卷。

《宋史・藝文志・地理類》 《鴈山行記》一卷。不知何人編。

浙東西遊録

黃虞稷《千頃堂書目・地理類・補宋》 謝翺《浙東西遊録》九卷。

錢大昕《補元史藝文志・地理類》 謝翺《浙東西游録》九卷。今存《金華游録》一卷。

西湖百詠

晁瑮《晁氏寶文堂書目・圖誌》 《西湖百詠》。

徐𤊹《徐氏家藏書目・各省題咏》 《西湖百咏》一卷。

黃虞稷《千頃堂書目・地理類下》 陳贄和、董嗣杲《西湖百詠》一卷。

湖山游詠録

黄虞稷《千頃堂書目・地理類下》《湖山游詠録》。南海鄧林、富陽姚肇、夏誠諸人宴游湖山所賦詩文。仁和張震編集。

武塘勝覽

黄虞稷《千頃堂書目・地理類下》孫詢《武塘勝覽》。字廷吉，嘉善人。宣德中官分宜丞。采邑山水人物每事各爲一詩，而叙其事於後。

西村十記

《續修四庫全書總目提要・地理類》《西村十記》一卷。光緒壬午刊本。松陵史鑑著。

遊江心寺詩

晁瑮《晁氏寶文堂書目・圖誌》《遊江心寺詩》。

黄虞稷《千頃堂書目・地理類下》王瓚《遊江心寺詩》一卷。

王瓚遊江心寺集

朱睦㮮《萬卷堂書目・雜志》《遊江心寺集》一卷。王瓚。

西湖百詠集

晁瑮《晁氏寶文堂書目・圖誌》《西湖百詠集》。

西湖遊詠

朱睦㮮《萬卷堂書目・雜志》《西湖遊詠》二卷。黄省曾。

黄虞稷《千頃堂書目・地理類下》黄省曾《西湖游詠》二卷。

遊江心寺集

朱睦㮮《萬卷堂書目・雜志》《遊江心寺集》九卷。張時徹。

西湖游覽志

趙琦美《脈望館書目・史・浙江》《西湖游覽志》十六本。

范邦甸等《天一閣書目・地理類》《西湖游覽志》二十六卷。刊本。明錢塘田汝成撰。《西湖游覽志餘》二十卷。刊本。同上。

徐圖等《行人司重刻書目・地理類》《西湖遊覽志》十六本。

徐㶿《徐氏家藏書目・浙江省》《西湖遊覽志》五十卷。田汝成。

祁承㸁《澹生堂藏書目・圖志・山川》《西湖遊覽志》十二册。五十卷。田汝成輯。舊本。

祁承㸁《澹生堂藏書目・圖志・攬勝》《增定西湖遊覽志》十六册。五十卷。田汝成。新本。

《明史・藝文志・地理類》田汝成《西湖遊覽志》二十四卷。

黃虞稷《千頃堂書目・地理類下》 田藝衡《西湖游覽志》二十四卷。又《志餘》二十六卷。

《四庫全書總目提要・地理類三・山川之屬》 《西湖遊覽志》二十四卷。《志餘》二十六卷。浙江汪啟淑家藏本。明田汝成撰。

南明紀遊詩

范邦甸等《天一閣書目・地理類》 《南明紀遊詩》一卷。刊本。明江都李遇元序，嘉靖甲寅臨安知府吳郡章士元後序云：括蒼黃公南明紀遊之作。

四明山遊籍

徐𤊹《徐氏家藏書目・各省題咏》 《四明山游籍》三卷。沈明臣。

黃虞稷《千頃堂書目・地理類下》 沈明臣《四明山遊籍》一卷。

台雁遊草

祁承㸁《澹生堂藏書目・國志・攬勝》 《台雁遊草》一冊。一卷。陳師。附《餐英集》一卷。

湖山紀遊

黃虞稷《千頃堂書目・地理類下》 王埜《湖山紀遊》。

王亮游天台山紀

黃虞稷《千頃堂書目・地理類下》 王亮《遊天台山記》。

游舟山籍

徐𤊹《徐氏家藏書目・浙江省》 《游舟山籍》一卷。屠本畯。

又《各省題咏》 《游舟山籍》二卷。屠本畯。

黃虞稷《千頃堂書目・地理類下》 屠本畯《遊舟山籍》二卷。

遊天台山志

黃虞稷《千頃堂書目・地理類下》 王士性《遊天台山志》。

西湖便覽

趙琦美《脈望館書目・史・浙江》 《西湖便覽》五本。

徐𤊹《徐氏家藏書目・浙江省》 《西湖便覽》四卷。高應科。

黃虞稷《千頃堂書目・地理類下》 高應科《西湖便覽》。

天目游記

黃虞稷《千頃堂書目・地理類下》 黃汝亨《天目游記》一卷。

《四庫全書總目提要・地理類存目七・遊記之屬》 《天目游記》一卷。兩江總督採進本。明黄汝亨撰。汝亨有《古奏議》，已著録。是記乃汝亨與佛慧寺僧同遊天目山而作。序是山景物頗詳，然記中敘月敘日，而不敘爲何年，亦行文之偶疏也。

遊雲門記

黄虞稷《千頃堂書目・地理類下》 黄汝亨《遊雲門記》一卷。

浮梅檻集

黄虞稷《千頃堂書目・地理類下》 黄汝亨《浮梅檻集》一卷。湘筏名。（盧補）

武林遊紀

丁立中《八千卷樓書目・地理類・遊記》 《武林遊紀》一卷。明高攀龍撰。掌故叢編本。

浙行偶記

丁立中《八千卷樓書目・地理類・遊記》 《浙行偶記》一卷。明程嘉燧撰。

雁山紀遊

祁承㸁《澹生堂藏書目・圖志・攬勝》 《雁山紀遊》一册。一卷，王嗣奭。

台蕩游

祁承㸁《澹生堂藏書目・圖志・攬勝》 《台蕩游》一册。一卷。張汝霖。

天台半遊記

祁承㸁《澹生堂藏書目・圖志・攬勝》 《天台半遊記》。二卷。澹生堂著。

湖山一覽

趙琦美《脈望館書目・史・浙江》 《湖山一覽》四本。

湖山一覽録

黄虞稷《千頃堂書目・地理類下》 《湖山一覽録》二卷。不著撰人。

西湖紀遊

丁立中《八千卷樓書目・地理類・遊記》 《西湖紀遊》一卷。明袁宏道撰。掌故叢編本。

西湖竹枝詞

黄虞稷《千頃堂書目・地理類下》 馮夢禎《西湖竹枝詞》一卷。

游西湖小記

丁立中《八千卷樓書目・地理類・遊記》《游西湖小記》一卷。明浦祊撰。掌故叢編本。

天目山遊籍

祁承㸁《澹生堂藏書目・圖志・攬勝》《天目山游籍》一册。一卷。林雲鳳。

西湖月觀記

丁立中《八千卷樓書目・地理類・遊記》《西湖月觀紀》一卷。明陳仁錫撰。掌故叢編本。

西溪百詠

黄虞稷《千頃堂書目・地理類下》釋大善《西溪百詠》二卷。

和西湖詠

錢謙益等《絳雲樓書目・地誌類》《和西湖詠》。

湖山敘遊

丁立中《八千卷樓書目・地理類・遊記》《湖山敘遊》一卷。明劉暹撰。掌故叢編本。

横山遊記

黄虞稷《千頃堂書目・地理類下》馬元調《横山遊記》。

丁立中《八千卷樓書目・地理類・遊記》《横山遊記》一卷。明馬元調撰。

九山遊志

黄虞稷《千頃堂書目・地理類下》李天植《九山遊志》。

湖山便覽

丁立中《八千卷樓書目・地理類・山水》《湖山便覽》十二卷。國朝翟灝翟瀚撰。原刊本。浙局刊本。

遊雁蕩山記

丁立中《八千卷樓書目・地理類・遊記》《遊雁蕩山記》一卷。國朝周清原撰。《龍威秘書》本。

西湖紀遊

丁立中《八千卷樓書目・地理類・遊記》　《西湖紀遊》一卷。國朝張仁美撰。刊本。

遊黃山紀

祁承㸁《澹生堂藏書目・圖志・攬勝》　《遊黃山紀》一册。二卷。吴伯與。

黃山遊記

丁立中《八千卷樓書目・地理類・遊記》　《黃山遊記》一卷。國朝錢謙益撰。抄本附《投筆集後》。

白嶽遊記

黃虞稷《千頃堂書目・地理類下》　鄭胤驥《白嶽遊記》。

九華日録

丁立中《八千卷樓書目・地理類・遊記》　《九華日録》一卷。國朝周天度撰。原刊本。昭代叢書本。

黝山記遊

丁立中《八千卷樓書目・地理類・遊記》　《黝山紀游》一卷。國朝汪淮撰。《昭代叢書》本。

豫　志

《四庫全書總目提要・地理類存目七・遊記》　《豫志》一卷。編修程晉芳家藏本。明王士性撰。亦其《五岳游草》之一篇，曹溶摘入學海類編者也。

丁立中《八千卷樓書目・地理類・遊記》　《豫志》一卷。明王士性撰。《學海類編》本。

遠法師遊山記

秦榮光《補晉書藝文志・地理類・遊記》　《遠法師遊山記》。據世說。

游廬山序

文廷式《補晉書藝文志・地志類》　伏滔《遊廬山序》。《類聚》卷七伏滔《游廬山序》曰：廬山者，江陽之名嶽。其大形也，背岷流，面彭蠡，蟠根所據，亘數百里。重嶺桀嶂，仰插雲日，俯瞰川湖之流焉。陳舜俞《廬山記》亦引之。

盧阜紀遊

陳振孫《直齋書録解題・地理類》 《盧阜紀遊》一卷。開封孫惟信季蕃撰。嘗大雪登山至絶頂，盡得其景物之詳，嘉定初年也。惟信能爲詩詞，善談謔。蓋嘗有官，棄去不仕，自號花翁，遊江湖間，人多愛之。

馬端臨《文獻通考・經籍考・地理》 《盧阜紀遊》一卷。

游廬山記

黄虞稷《千頃堂書目・地理類下》 黎崱《遊廬山記》三卷。字景高，本安南人，居漢陽。泰定中遊廬山，記其詩文山物爲書。

錢大昕《補元史藝文志・地理類》 黎崱《廬山游記》三卷。字景高，安南人。

廬遊記

黄虞稷《千頃堂書目・地理類下》 王思任《廬遊記》一卷。

盧胡紀遊

黄虞稷《千頃堂書目・地理類下》 劉師邵《盧胡紀遊》。

匡盧紀遊

《四庫全書總目提要・地理類存目七・遊記之屬》 《匡盧紀游》一卷。大學士英廉購進本。國朝吴闡思撰。闡思字道賢，武進人。所記廬山名蹟，凡五十八條，詞頗簡潔，然大抵以摹寫景物爲長。

丁立中《八千卷樓書目・地理類・遊記》 《匡盧紀游》一卷。國朝吴闡思撰。《龍威秘書》本。《昭代叢書》本。

查慎行廬山記遊

丁立中《八千卷樓書目・地理類・遊記》 《廬山記遊》一卷。國朝查慎行撰。昭代叢書本。

遊山日記

丁立中《八千卷樓書目・地理類・遊記》 《遊山日記》六卷。國朝舒夢蘭撰。刊本。

南灣遊小紀

徐𤊹《徐氏家藏書目・福建省》 《南灣遊小紀》十二卷。安國賢。

黄虞稷《千頃堂書目・地理類下》 安國賢《南澳遊小記》十二卷。《南日寨小記》十卷。福州人。

閩遊雜記

徐𤊹《徐氏家藏書目・各省雜誌》 《閩遊雜記》一卷。曹蕃。

黄虞稷《千頃堂書目・地理類下》 曹蕃《閩遊雜記》一卷。《游記》一卷。字介人。華亭人。

武夷游記

徐𤊹《徐氏家藏書目·各省雜誌》《武夷游記》一卷。

閩遊録

黄虞稷《千頃堂書目·地理類下》伍充《閩遊録》。

遊嵩紀

朱睦㮮《萬卷堂書目·雜志》《遊嵩紀》□卷。喬宇。

游梁雜記

徐𤊹《徐氏家藏書目·各省雜誌》《游梁雜記》一卷。馬電。

祁承㸁《澹生堂藏書目·國朝史類·風土·皇輿》《游梁雜録》一册。二卷。馬霆。

黄虞稷《千頃堂書目·地理類下》馬雷《遊梁雜記》一卷。

帝鄉遊覽

祁承㸁《澹生堂藏書目·圖志·園林》《帝鄉遊覽》一册。一卷。朱朝望。

巴陵遊譜

徐𤊹《徐氏家藏書目·各省雜誌》《巴陵遊譜》一卷。徐𤊹。

黄虞稷《千頃堂書目·地理類下》徐𤊹《巴陵遊譜》一卷。

遊衡紀事

黄虞稷《千頃堂書目·地理類下》丘兆麟《遊衡紀事》。

二山遊記

祁承㸁《澹生堂藏書目·圖志·攬勝》《二山遊記》一册。一卷。楊嗣昌。

衡遊記略

徐𤊹《徐氏家藏書目·各省雜誌》《衡遊記略》一卷。許如蘭。

黄虞稷《千頃堂書目·地理類下》許如蘭《(衢)[衡]遊紀略》一卷。

桃花源紀遊

徐𤊹《徐氏家藏書目·各省題咏》《桃花源紀遊》一卷。建陵徐謙。

黄虞稷《千頃堂書目·地理類下》徐謙《桃花源紀遊》一卷。

洞庭遊記

祁承爜《澹生堂藏書目・圖志・圖志》《洞庭遊記》一册。一卷。

南嶽紀遊

黄虞稷《千頃堂書目・地理類下》 洪逵《南嶽紀遊》。

南嶽勝遊録

鄭樵《通志・藝文略・地里・行役》《南嶽勝遊録》一卷。僧文政撰。

焦竑《國史經籍志・地里・行役》《南嶽勝遊録》一卷。僧文政。

楚遊客問

黄虞稷《千頃堂書目・地理類下》 王豫《楚遊客問》。

適楚紀勝

黄虞稷《千頃堂書目・地理類下》 姚履素《適楚紀勝》。

羅山紀勝

黄虞稷《千頃堂書目・地理類下》 陳鳳翔《羅山紀勝》。

粵遊日記

徐㶿《徐氏家藏書目・各省雜誌》《粵遊日記》一卷。黄用中。

黄虞稷《千頃堂書目・地理類下》 黄用中《粵遊日記》一卷。

粵遊記

黄虞稷《千頃堂書目・地理類下》 曹憲來《粵遊記》。

廣州游覽小志

《四庫全書總目提要・地理類存目七・遊記》《廣州游覽小志》一卷。山東巡撫採進本。國朝王士禎撰。士禎有《古懽録》，已著録。士禎以康熙甲子十一月祭告南海，以乙丑二月八日至，四月一日歸。計留廣州五十一日，因而游覽古蹟，作爲此志。凡光孝寺、六榕寺、五羊觀、海幢寺、海珠寺、越秀山、蒲澗寺、長壽寺、南園三忠祠九處，皆會城内外地也。

丁立中《八千卷樓書目・地理類・遊記》《廣州遊覽小志》一卷。國朝王士禎撰。刊本、全集本、《學海類編》本、《龍威秘書》本。

遊羅浮記

丁立中《八千卷樓書目・地理類・遊記》《遊羅浮記》一卷。國朝潘來撰。學海類編本。

桂遊日記

丁立中《八千卷樓書目・地理類・遊記》《桂遊日記》三卷。國朝張維屏撰。原刊本。

遊蜀記

鄭樵《通志・藝文略・地里・行役》《遊蜀記》一卷。宋朝李用和撰。

焦竑《國史經籍志・地里・行役》《遊蜀記》一卷。宋李用和。

蜀遊記

黄虞稷《千頃堂書目・地理類下》楊伯柯《蜀遊記》。

入蜀紀見

黄虞稷《千頃堂書目・地理類下》郝郊《入蜀紀見》一卷。

成都遊宴記

丁立中《八千卷樓書目・地理類・遊記》《成都遊宴記》一卷。宋費著撰。《學海類編》本。

岷山紀游

徐圖等《行人司重刻書目・地理類》《岷山紀游》一本。

大峨遊記

黄虞稷《千頃堂書目・地理類下》張振德《大峨遊記》。

劒南遊記

徐𤊹《徐氏家藏書目・各省雜誌》《劔南遊記》一卷。粤林培。

黄虞稷《千頃堂書目・地理類下》林培《劍南遊記》一卷。

黔志

《四庫全書總目提要・地理類存目七・遊記》《黔志》一卷。編修程晉芳家藏本。明王士性撰。曹溶收入學海類編中。核其所載，即士性游記中之一篇。書賈摘出，別立此名以售欺者也。

丁立中《八千卷樓書目・地理類・遊記》《黔志》一卷。明王士性撰。《學海類編》本。